U0961393

国家出版基金项目
NATIONAL PUBLICATION FOUNDATION

『十三五』国家重点出版物出版规划项目

抗日夏台档案选编

福建省档案馆 编著

第二册

北京师范大学出版集团
BEIJING NORMAL UNIVERSITY PUBLISHING GROUP
安徽大学出版社

福建省政府、崇安县政府等关于崇安县台民及其家属申请赴浙参加台湾义勇队及台童参加少年团的来往文电

一九三九年十二月—一九四一年十二月

福建省崇安縣政府翻譯來電用紙

發電者：南平綏署　發電日期：24.　來報號數：220　收到日期：12.25.晨10.

縣長又察据留該縣台民陳春圃呈以有志請纓決欲前往金華台湾義勇隊參加抗戰工作懇准放行等語特電仰查復核奪南陳儀敬綏申

123

驻闽绥靖公署关于查核陈春圃请求前往金华参加台湾义勇队给崇安县政府的电

一九三九年十二月二十四日

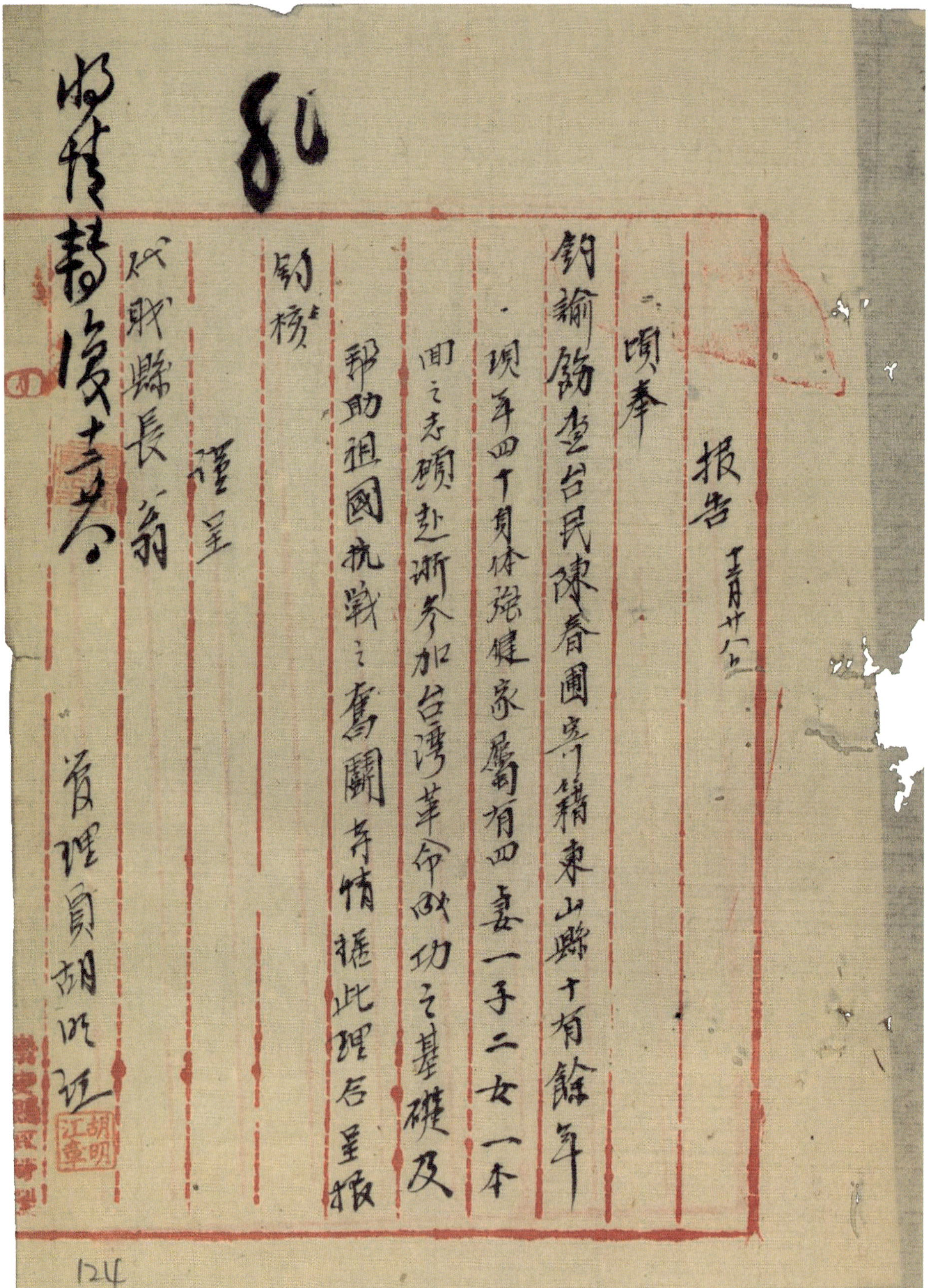
81

报告 十二月廿八日

一、頃奉

鈞諭飭查台民陳春圃寄籍東山縣十有餘年

現年四十員体強健家屬有四妻一子二女一本

聞之志願赴浙参加台灣革命成功之基礎及

帮助祖國抗戰之奮鬬等情據此理合呈報

鈞核

謹呈

代理縣長翁

管理員胡明江

胡明江章

124

台民管理员胡明江关于核报陈春圃志愿前往金华参加台湾义勇队给崇安县政府的报告(附:李友邦给陈春圃的便笺)

一九三九年十二月二十八日

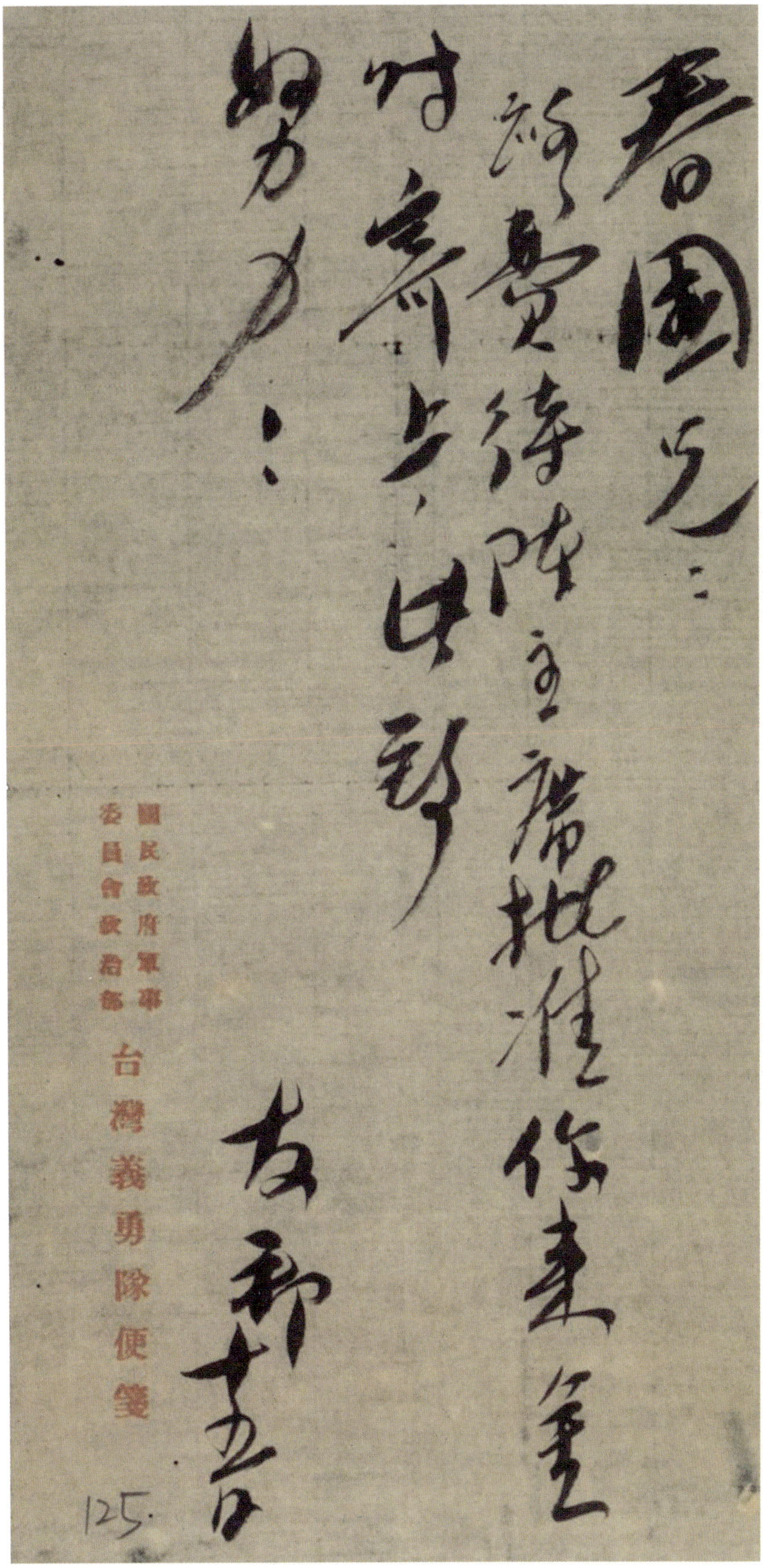

春圃兄：
頃[illegible]得陳主席批准作筆
時[illegible]到
努力努力：
友邦[illegible]

國民政府軍事委員會政治部
台灣義勇隊便箋

125.

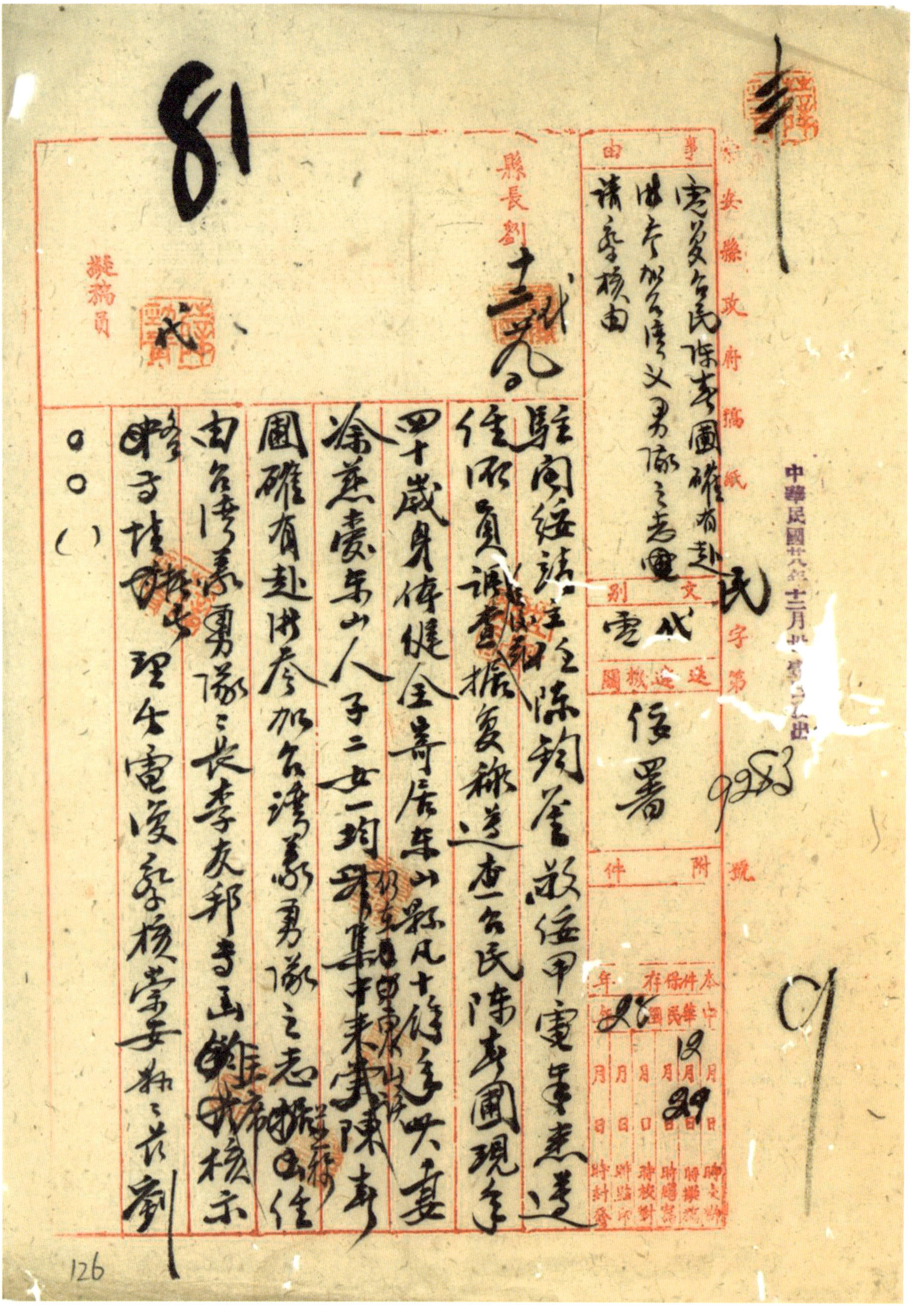

崇安县政府关于核报陈春圃志愿前往金华参加台湾义勇队给驻闽绥靖公署的电

一九三九年十二月二十九日

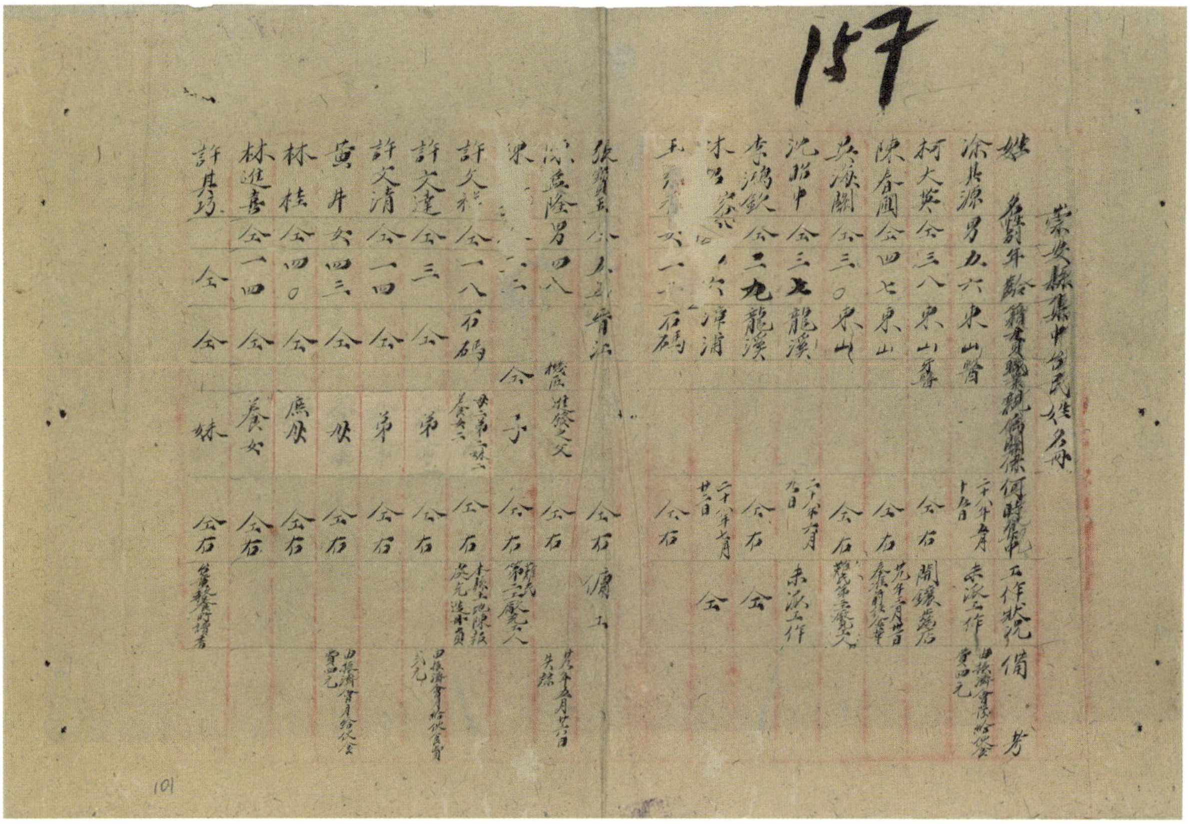

崇安县政府报送集中台民姓名册（部分）　　一九四〇年

141

照抄二份

注意冊內姓名上有"✓"符號者請不要抄并裝訂成冊

（浙）

要求參加少年團台童姓名清冊

姓名	性別	年齡	家長	備考
✓朱炳煇	男	一五	朱鵬輝	
林長樑	仝	一三	王林氏	
林長全	仝	一二	仝	
✓高聰明	仝	一四	黄少鳳	
✓高木生	仝	一〇	仝	
郭燕治	女	一四	郭仕傑	
郭昆海	男	九	仝	
黄月娟	女	一二	黄國瑞	

75

崇安县政府造送要求参加台湾义勇队、台湾少年团名单及家族名单　一九四〇年

黃月仙	女	九	仝
陳水華	仝	一〇	陳振義
曾雅華	仝	七	柯水治
陳水月	仝	九	仝
許文清	男	一五	許文祥
李金福	仝	一一	李國星
廖月英	女	一三	廖向章
盧為平	男	九	盧德祥
謝天立	仝	八	簡素
鄧楊秋	仝	九	鄧秉仁

76

142

石米来	女	九	石昆玉		
劉惠敏	仝	九	劉道榮		
蔡攀鰲	男	七	蔡人龍		即蔡兩傳
曾愛珠	女	十四	柯水治		

東來赴金僑家族名單（台灣義勇隊）

家族姓名	性别	年龄	队员姓名	家族间係	備考
林秋蓮	女	四〇	王宏寧	母子	
林美良	女	三四	鄧秉仁	夫妻	
鄧令宜	女	五	仝	父子	
鄧曉鐘	男	七	仝	仝	

77

鄧彩雲	女	四	仝	仝	
林淑惠	女	三八	郭汝候	夫妻	
郭崑俊	男	七	仝	父子	
蔡清鑾	女	三四	石昆玉	夫妻	
施美德	女	二四	謝子培	夫妻	
張約	女	三五	黃國瑞	夫妻	
黃鍾亮	男	七	仝	仝	
黃月端	女	五	仝	仝	已故
曾明華	男	五	柯水治	母子	

以上共十三名

143√

要求參加義勇隊在台胞姓名清冊

姓名	年齡	性別	職業	備攷
蔡湘洲	五一	男	醫	
凃其源	五〇	仝	仝	
沈貽中	三七	仝	仝	
柯大英	三五	仝	仝	
李瑞成	二二	仝	學生	
李世良	二〇	仝	仝	
蔡獲	一七	仝	仝	
朱榮皇	二二	仝	仝	

79

林阿相	二八	仝	商
陳依清	三二	仝	軍
周月英	二三	女	工
王石金	一八	女	工
何炎紅	二四	女	看護
柯水治	三四	女	醫
曾溪水	二三	男	看護
曾炳達	二一	仝	仝
陳守清	三九	仝	教育

80

144

要求參加廿年團台童名單

姓名	性別	年齡	家長	備考
朱炳源	男	一五	朱勝輝	
林長樑	仝	一三	王林氏	
林長全	仝	一二	仝	
高聰明	仝	一四	黃廿鳳	
高木生	仝	一〇	仝	
郭燕治	女	一四	郭汝俟	
郭昆海	男	九	仝	
黃月娟	女	一二	黃國瑞	

81

黄月仙	女	九	仝
陳水華	仝	一〇	陳振義
曾雅華	仝	七	柯水治
陳水月	仝	九	仝
許文清	男	一五	許文祥
李金福	仝	一一	李國星
廖月英	女	一三	廖向章
盧為平	男	九	盧德祥
謝天立	仝	八	簡素
鄧楊秋	仝	九	鄧秉仁

145

石米来	女	九	石昆玉		
劉惠敏	仝	九	劉道榮		
蔡攀鰲	男	七	蔡人龍	即蔡兩傳	
曾愛殊	女	十四	柯水治		

要求赴金門家族名單（台灣義勇隊）

家族姓名	性別	年齡	隊員姓名	家族關係	備考
林秋蓮	女	四〇	王宏寧	母子	
林美良	女	三四	鄧秉仁	夫妻	
鄧念宜	女	五	仝	父子	
鄧曉鐘	男	七	仝	仝	

83

鄧彩雲	女	四	仝	仝
林淑惠	女	三八	郭汝傑	夫妻
郭崑倫	男	七	仝	父子
蔡清鑾	女	三四	石昆玉	夫妻
施美德	女	二四	謝子培	夫妻
張約	女	三五	黃國瑞	夫妻
黃鐘亮	男	七	仝	仝
黃月端	女	五	仝	仝
曾明華	男	五	柯水治	母子

以上共十三名

146

要求参加義勇隊之台胞名单

姓名	年齡	性別	職業	備考
蔡相洲	五一	男	醫	
涂其源	五〇	仝	仝	
沈昭中	三七	仝	仝	
柯大英	三五	仝	仝	
李瑞成	二二	仝	学生	
李世良	二〇	仝	仝	
蔡獲	一七	仝	仝	
朱榮皇	二二	仝	仝	

85

林阿相	二八	仝	商
陳依清	三二	仝	軍
周月英	二三	女	工
王石金	一八	女	工
何炎红	二四	女	看護
柯水治	三四	女	醫
曾溪水	二三	男	看護
曾炳達	二一	仝	仝
陳守清	三九	仝	教育

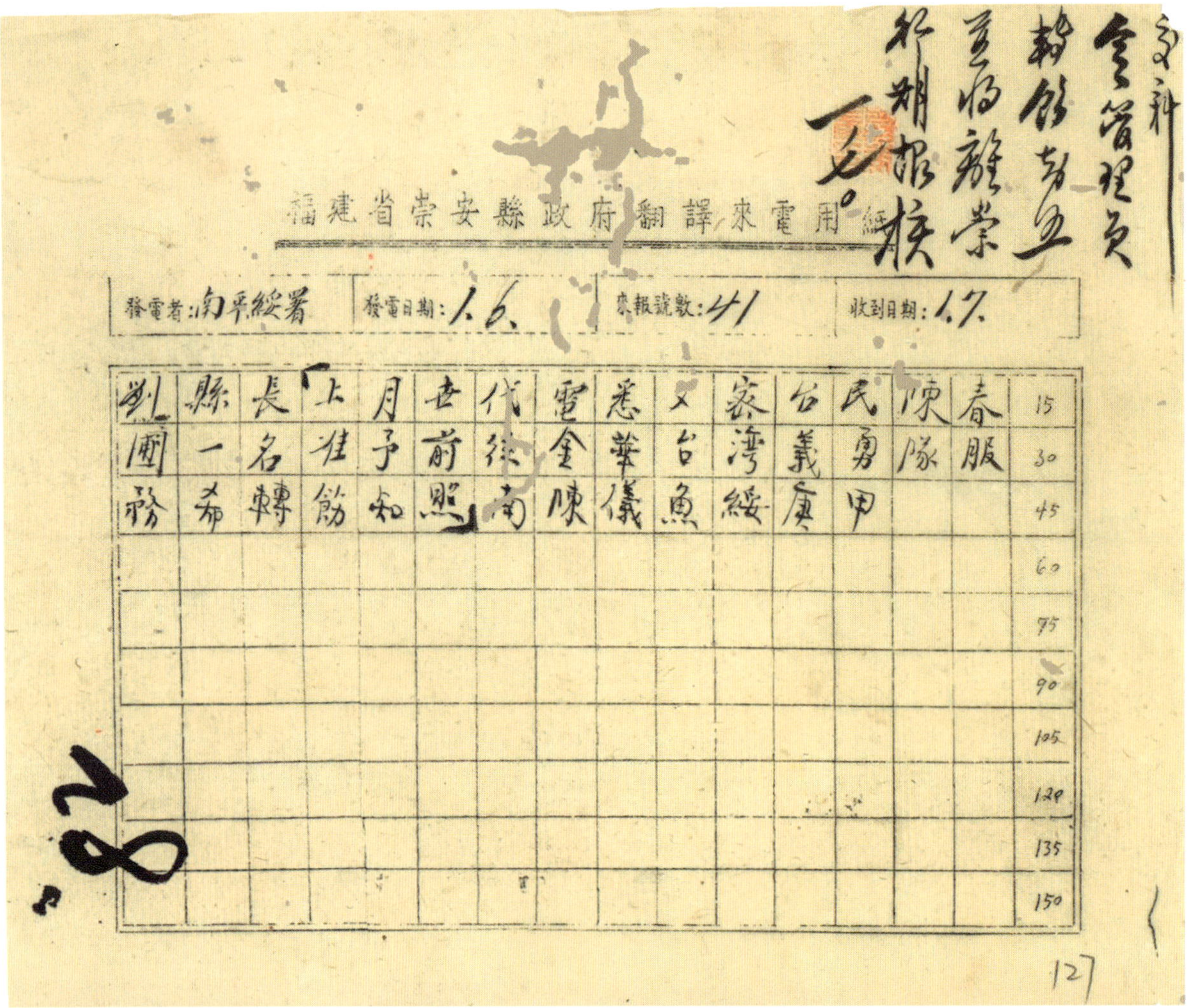

福建省崇安縣政府翻譯來電用紙

發電者：南平綏署　發電日期：1.6.　來報號數：41　收到日期：1.7.

劉	縣	長	上	月	世	代	電	悉	文	密	台	民	陳	春	15
圃	一	名	准	予	前	往	金	華	台	湾	義	勇	隊	服	30
務	希	轉	飭	知	照	南	陳	儀	魚	綏	庚	甲			45
															60
															75
															90
															105
															120
															135
															150

驻闽绥靖公署关于准予陈春圃前往金华台湾义勇队服务给崇安县政府的电　　一九四〇年一月六日

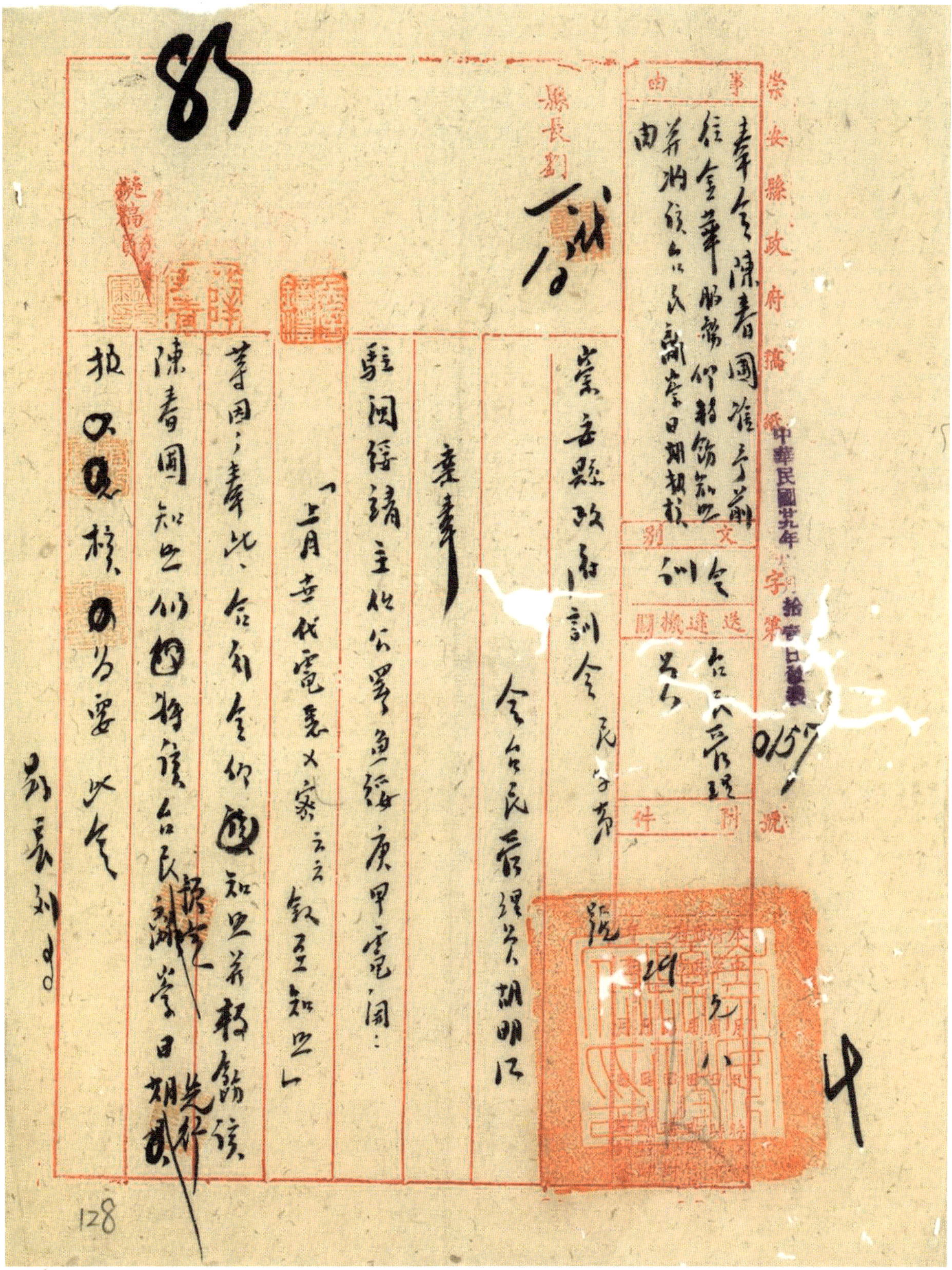

崇安县政府关于准许陈春圃前往金华服务并报核离崇日期给台民管理员胡明江的训令

一九四〇年一月十一日

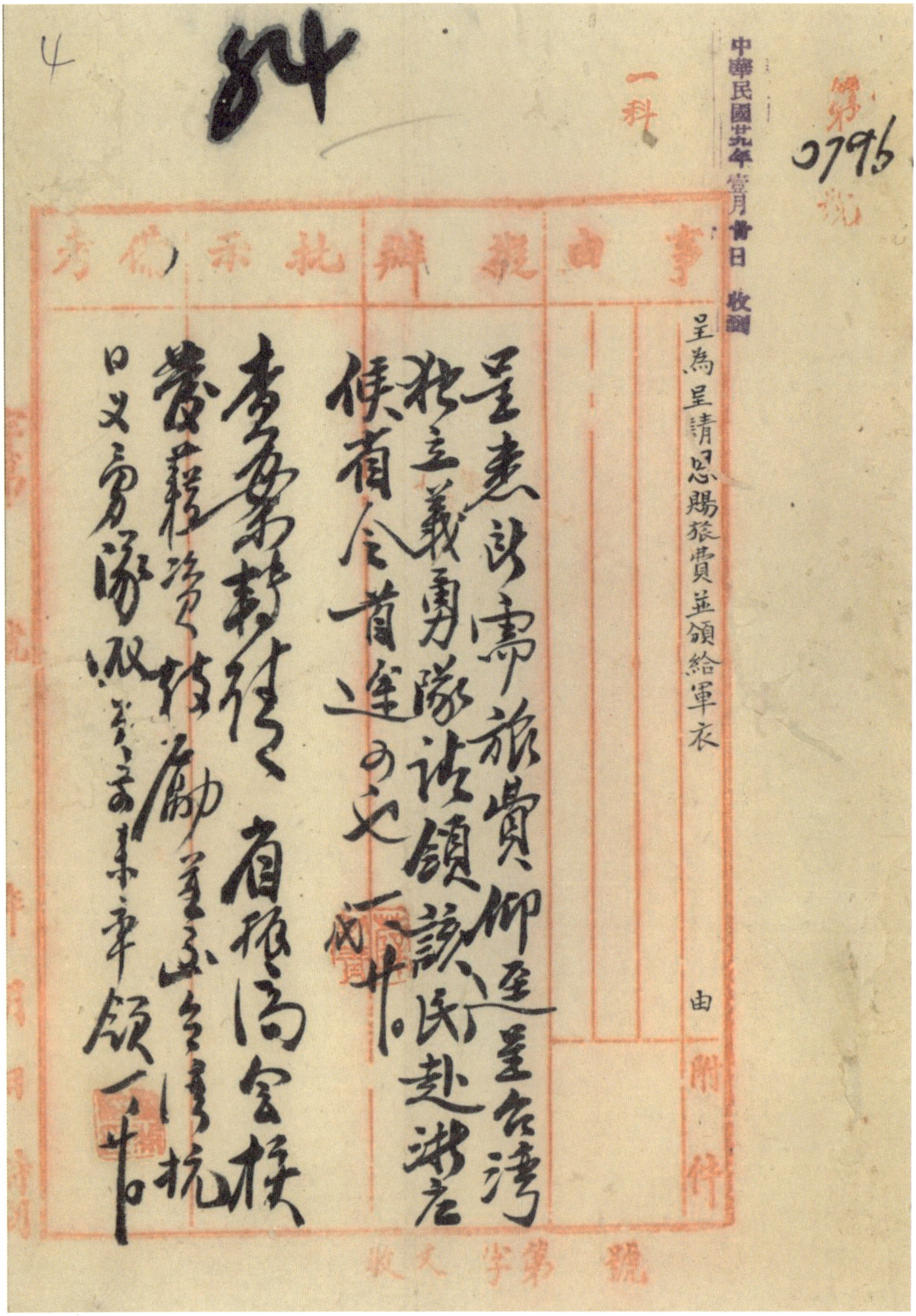
4
814

第0795號

中華民國廿九年壹月廿日 收到

一科

事由	擬辦	批示	備考
呈為呈請恩賜旅費並領給軍衣 由	呈悉。該需旅費仰逕呈台灣獨立義勇隊請領。該民赴浙省,俟有令首途可也。一.廿	查案轉請　省擬函金華台灣抗日義勇隊總隊部轉飭該民費藉資獎勵 一.廿	

附件

收文　第　字　號

陈春圃为前往浙江金华参加台湾义勇队请发旅费及军衣给崇安县政府的呈

一九四〇年一月二十日

呈為呈請恩賜旅費並領給軍衣事竊台民陳春圃者番蒙福建省政府
陳主席准許前往浙江金華參加台灣義勇隊奈民身無分文又無內外衣服
以禦寒是故懇請
鈞長體恤民窮恩賜旅費並領給一切應用衣類以便早日趕赴前方參加工作實感
德便
謹呈
崇安縣縣長劉

具呈民 陳春圃

陳春圃

5

中華民國二十九年一月二十日

85

6

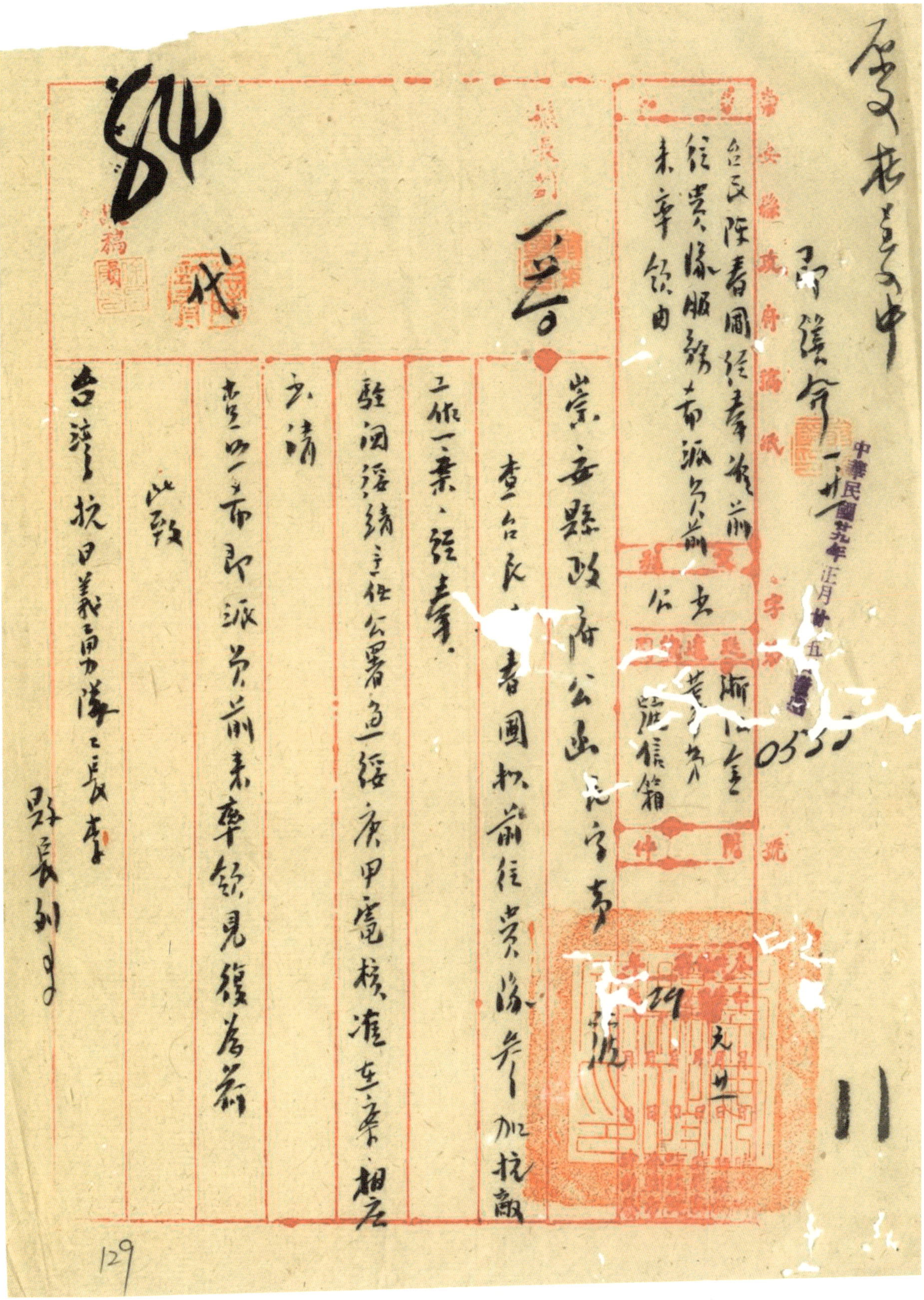

台民陈春圃经奉前往贵队服务希派员前来率领由

崇安县政府公函 民字第 号

查台民陈春圃拟前往贵队参加抗敌工作一案，经奉驻闽绥靖主任公署通经庚甲电核准在案，相应函请查照，希即派员前来率领，见复为荷。

此致

台湾抗日义勇队队长李

县长刘

崇安县政府关于陈春圃前往金华参加台湾义勇队请派员率领给台湾义勇队的函

一九四〇年一月二十五日

58號

新竹縣政府

訓練丈量土地人員

全宗號	案宗號	卷號
8	6	86

卷

立卷 34 年 月 日

第 宗
續訂宗數

130

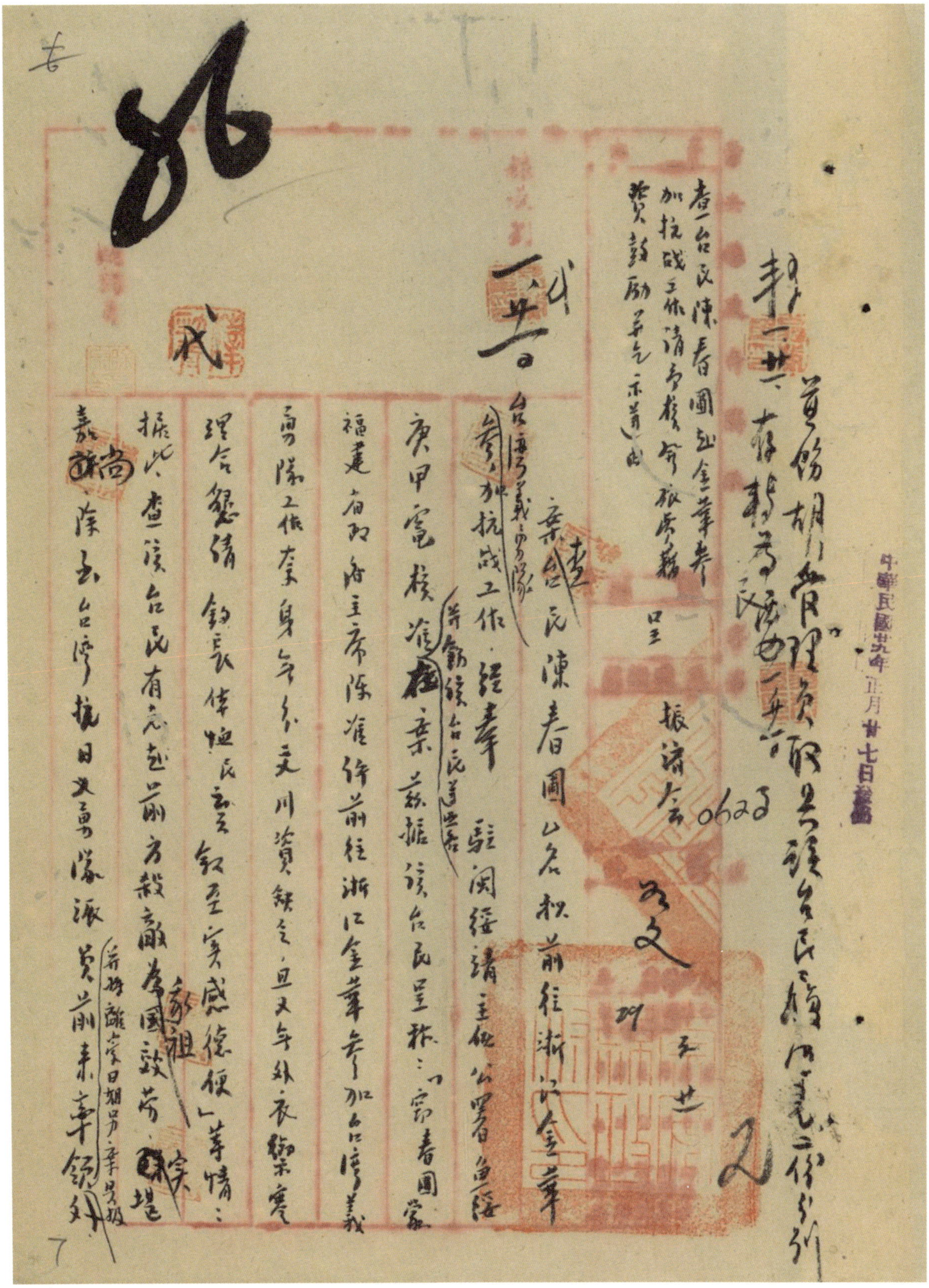

崇安县政府关于陈春圃赴浙江金华参加台湾义勇队请发旅费给福建省振济会的呈

一九四〇年一月二十七日

子

87

據呈家情甚窘無救濟老弱孤苦台民戚案求酌給寒衣費十元振濟合檢同文轉呈一一費二十五元以示救濟俾資救行之處（檢同該台民履歷表一份）察核請予賞給旅費若干並乞指令祗遵一一

謹呈

福建省振濟會主任陳

附呈台民陳來圖履歷表一份

全銜一一名

8

88

89

84

补二处

台民陳春圃履歷表

姓名	年齡	籍貫	經歷	備考
陳春圃	四一	台灣	民国四年在台湾公学毕业 民国九年东京铁道专门学校肄业 民国十一年开设广东治疗所 民国十四年回国设立中山医院 民国十六年在漳州设立中西医院	咸豐年祖父旅台经商至民国十四年回国

9

台民陳春圃履歷表

姓名	年齡	籍貫	經歷	備考
陳春圃	四一	台灣	民四年台灣公學畢業。民九年東京鐵道專門學院肄業。民十一年開設廣東治療所。民十四年回國設立中山醫院。民國十六年在漳州設立中西醫院	咸豐年祖父旅台經商民國十四年回國

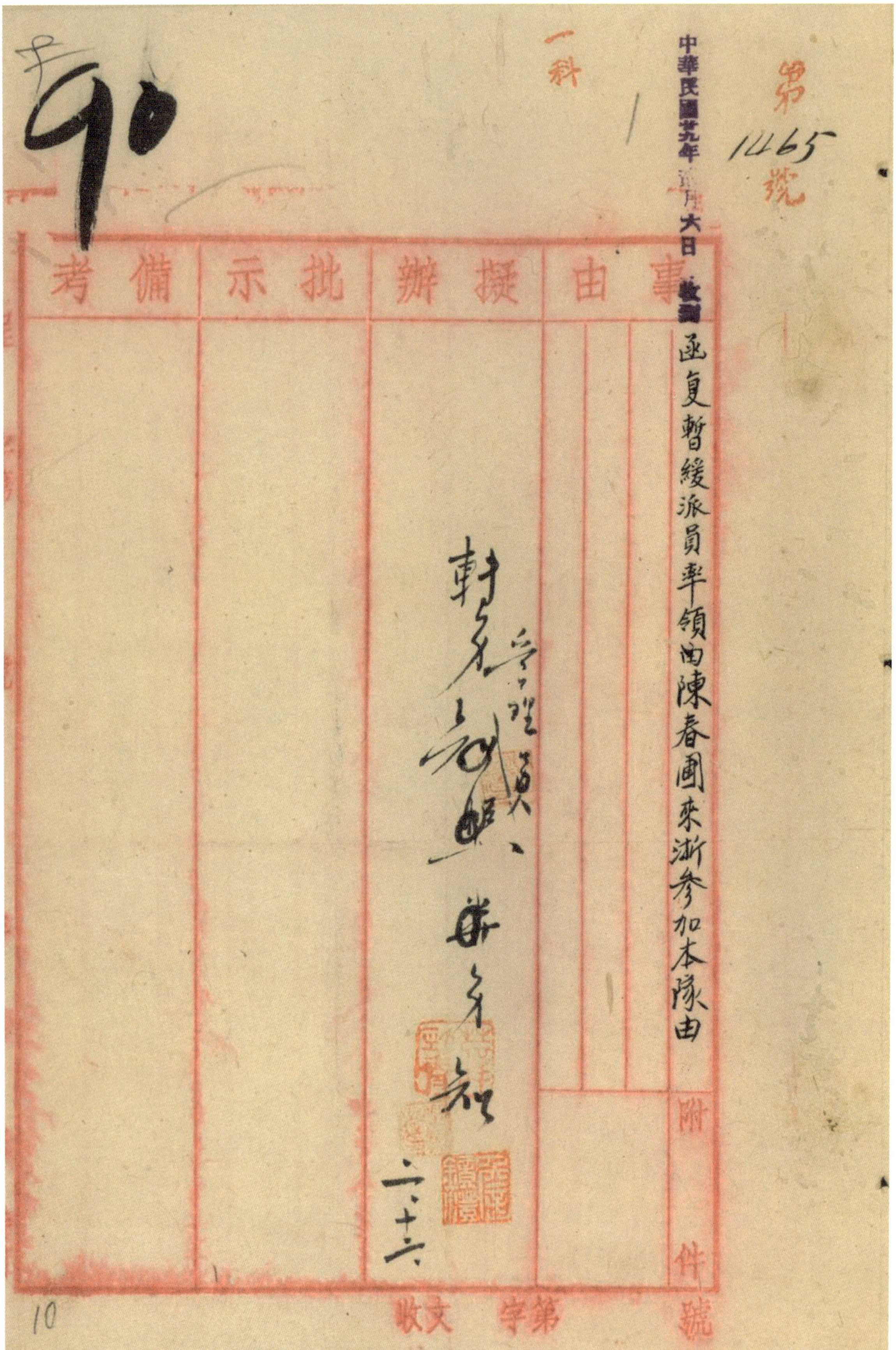
一科

第1165號

中華民國廿九年 月 日收到

事由	擬辦	批示	備考
函復暫緩派員率領由陳春圃來浙參加本隊由			

附件

收文 字第 號

台湾义勇队关于暂缓派员率领陈春圃来浙参队给崇安县政府的函　　一九四〇年二月一日

国民政府軍事委員會政治部台灣義勇隊公函　義字第　五七　號

中華民國二十九年弍月一日

案准

貴縣府民字第五三三號公函開：

「查台民陳春圃擬前往貴隊參加抗敵工作一案，經奉駐閩綏靖公署真綏庚甲電核准在案，相應函請查照，希即派員前來率領見復」

等由准此，自應照辦。惟本隊現正在調整中，希飭知該陳春圃在崇暫候，俟調整就緒，即派員率領入隊，相應函復，即希察照為荷。

此致

11

91

崇安縣縣長劉

隊長 李友邦

12

中華民國二十九年二月一日

13

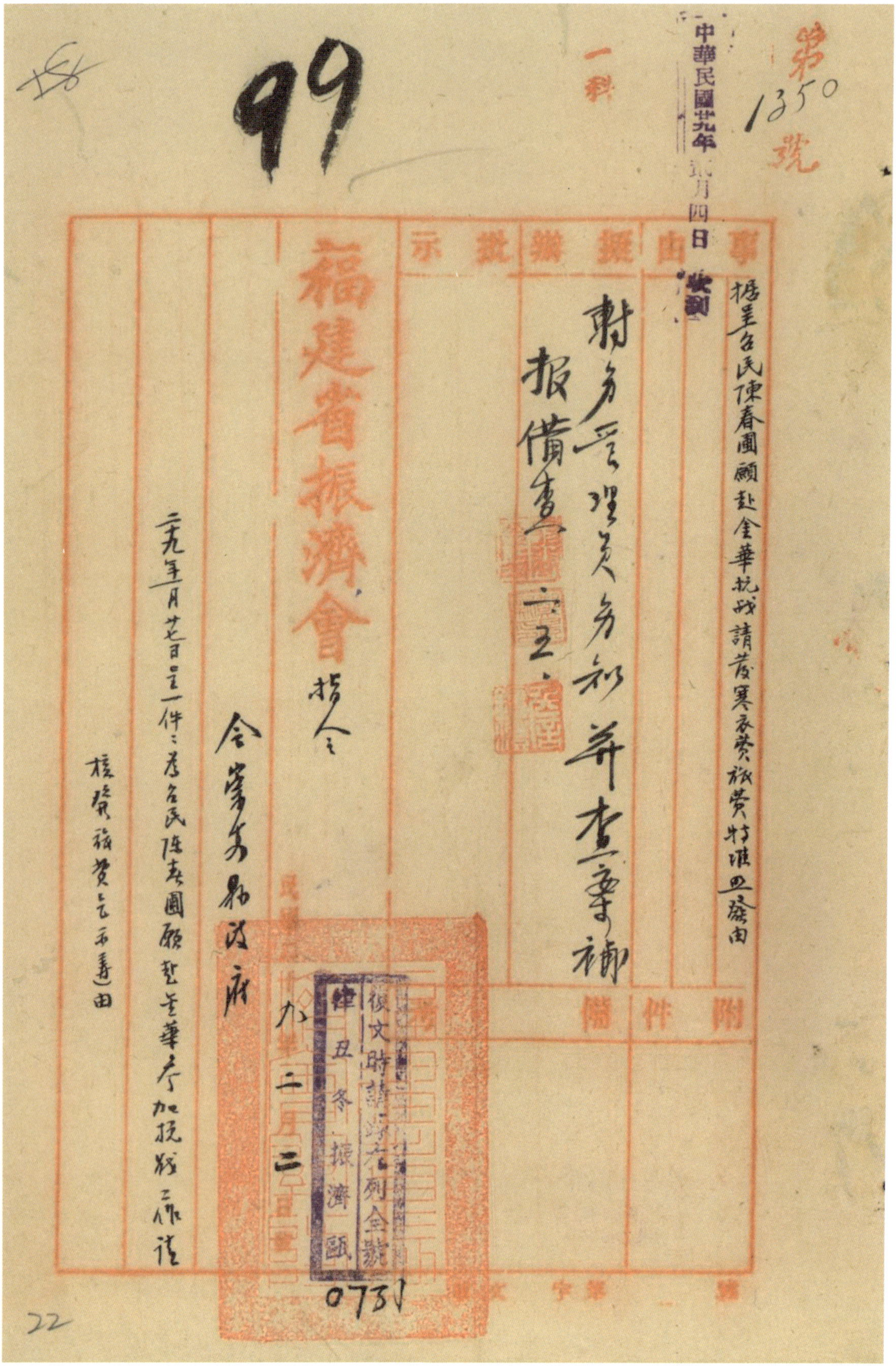
第1350號
一科
中華民國廿九年貳月四日收到
事由
據呈各民陳春圃願赴金華抗戰請發寒衣費旅費特准照發由
擬辦
批示
財務組照發并查案補報備查 二.五.
福建省振濟會指令
令崇安縣政府
二九年一月廿三日呈一件:為各民陳春圃願赴金華参加抗戰工作請核發旅費衣費由
附件
復文時請注明全號
律丑冬振濟甌
九二二
0731

福建省振济会关于准发陈春圃寒衣费及旅费并补报来崇情形给崇安县政府的指令

一九四〇年二月二日

呈悉。該台民既係願赴前方殺敵，據該部給與衣費旅費共廿五元之，特准照發。惟該部所送台民名冊中，並未有陳春圃姓名，究於何時何地遣送來案，仍仰補報備查！

此令。

兼主任委員 陳儀

監印 袁鏞

校對 鄭忠謀

23

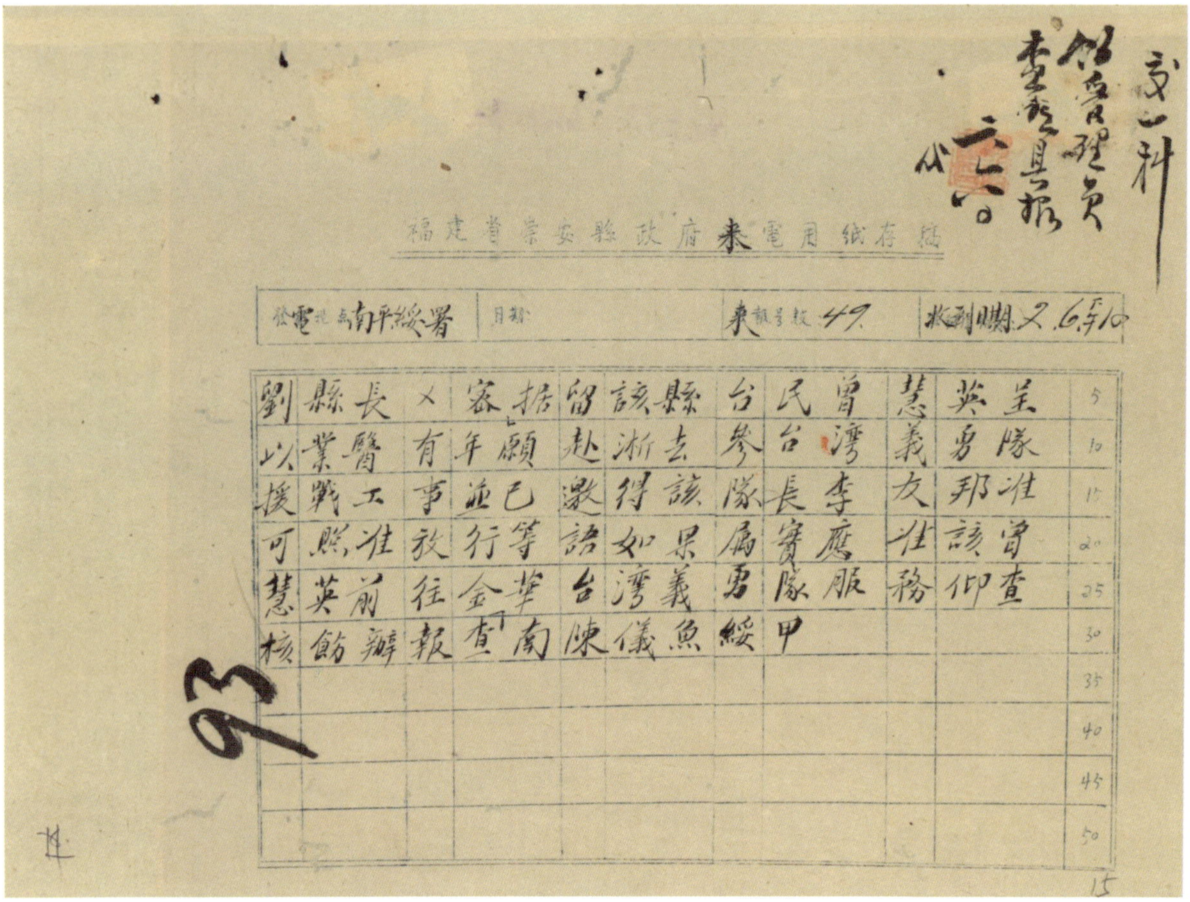

福建省崇安縣政府來電用紙存稿

發電地點 南平綏署	日期	來報字數 49	收到時間 2.6.午10

劉縣長〆密據留該縣台民曾慧英呈以業醫有年願赴浙去參台灣義勇隊援戰工事迭已邀得該隊長李友邦准可照准啟行等語如果屬實應准該曾慧英前往金華台灣義勇隊服務仰查核飭辦報查南陳儀魚綏甲

驻闽绥靖公署关于查核曾慧英请求赴浙参加台湾义勇队给崇安县政府的电　　一九四〇年二月六日

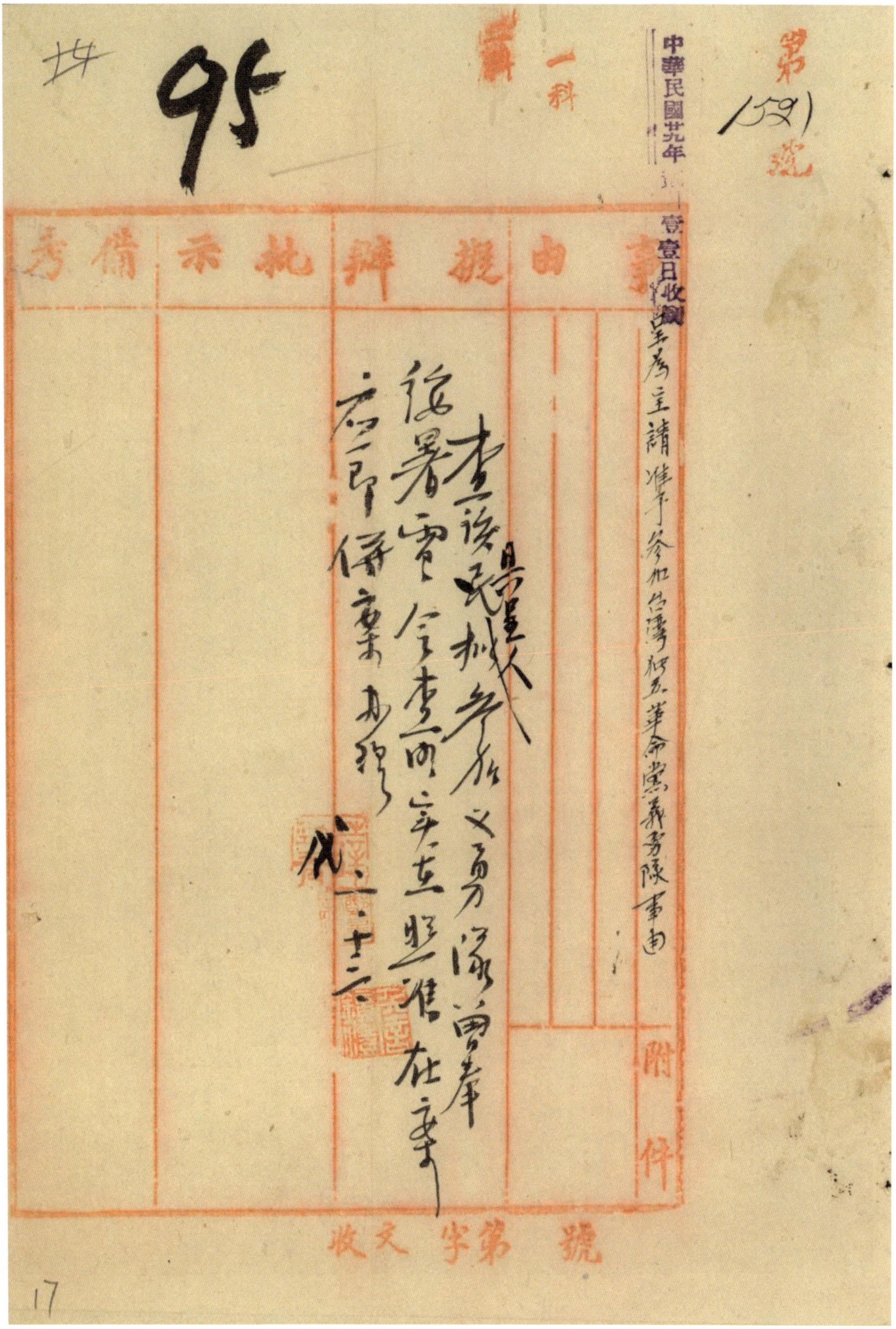

曾慧英为请准赴浙参加台湾义勇队给崇安县政府的呈(附:曾慧英履历表)

一九四〇年二月十一日

窃氏現年三十九歲前因倭奴擾乱祖國以來民二十七
年奉命集中來棠經過年餘因倭奴擾乱祖國以致奉命
集中到棠以來經过年餘展轉徘徊憤氣填胸全無減殺
当此抗戰特期忍吞声色幸得浙金義勇隊寅現氏得
此機会誓於前方効力听其言、政府發落否得該隊
救護工作氏之目的可達情出至誠不已瀝情

謹呈

棠安縣政府縣長劉

具呈人

曾慧英（印：曾慧英印）

字第　號　年　月　日收到

18

96

中華民國二十九年二月十九日

19

76

97

履歷表

姓名 曾慧英 性別 女 年齡 三九 籍貫 台灣 備考

什麼時候到中國 民廿年

曾任何處地方 晋江第三區

職業 助產

現住何地 晋江

現時生活 困難

對於祖國抗戰目的 成功 徹底勝利

對於復興台灣意見 擁護祖國抗戰勝利台灣革命成功

曾慧英

20

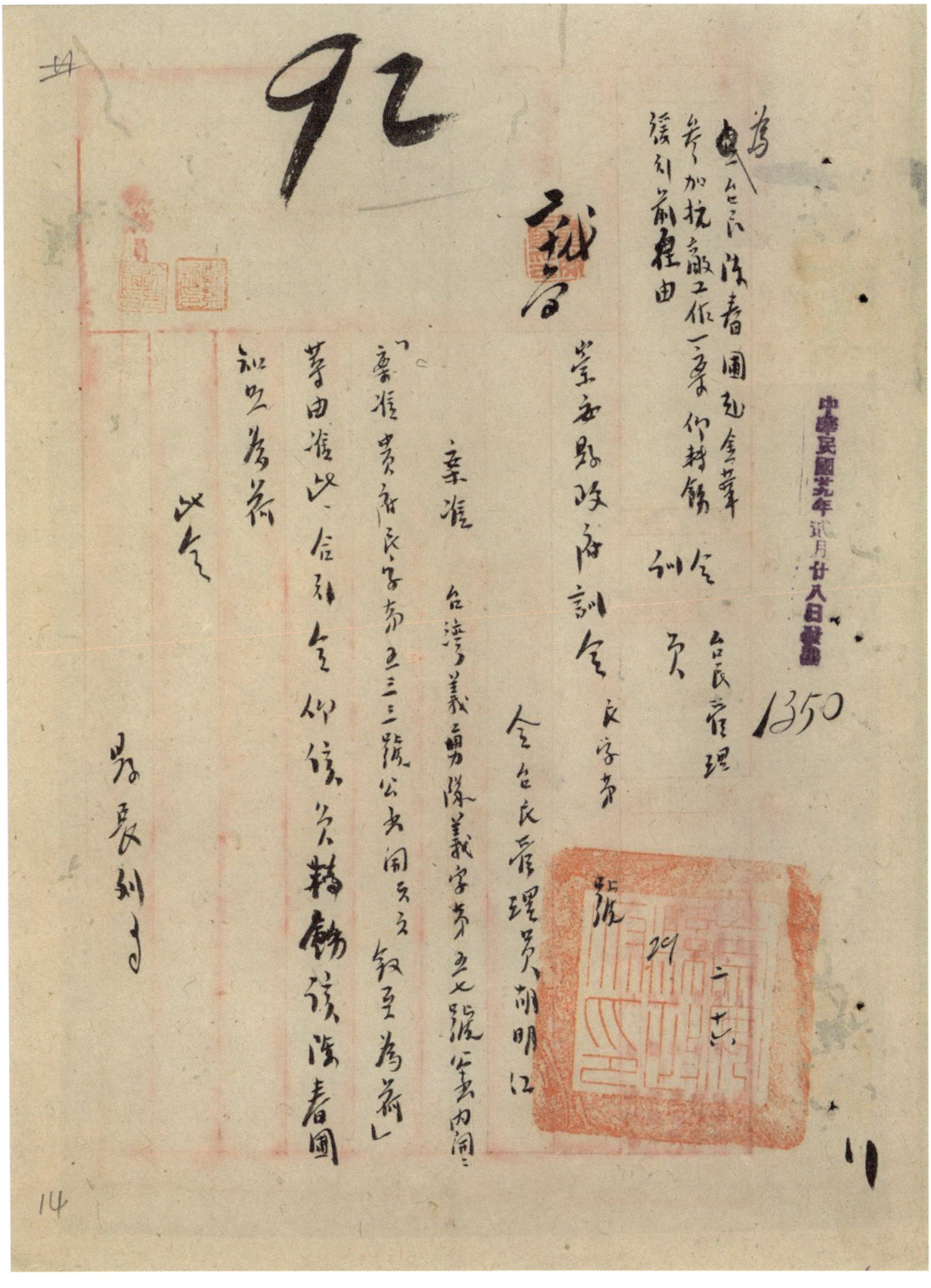
為據台民陳春圃赴金華參加抗敵工作一案仰轉飭緩行前往由

崇安縣政府訓令 民字第　號

令台民管理員胡明江

案准

台灣義勇隊義字第五七號公函內開：「案准貴府民字第五三三號公函云云敘至為荷」等由，准此，合行令仰該員轉飭該陳春圃知照為荷

此令

縣長劉

中華民國廿九年貳月廿八日發出

崇安县政府关于陈春圃暂缓赴浙参加台湾义勇队给台民管理员胡明江的训令

一九四〇年二月二十八日

中華民國廿九年貳月廿八日發出

浙江金華 第 號

查台民曾慧英願参加貴隊援敵工作，函請查照，并希派員前来率領由

崇安縣政府公函 民字第 號

案奉

駐閩綏靖主任公署省魚經甲電内開：「據留該縣台民曾慧英呈云云，敘至核查。」等因。奉此，經飭台民管理員查明屬實，應准予前往参加抗敵工作。奉令前因，除呈復外，相應函請

查照，并希派員前来率領為荷。此致

台湾義勇隊隊長李

縣長 劉

崇安县政府关于曾慧英愿赴浙参台湾义勇队请派员率领给台湾义勇队的函

一九四〇年二月二十八日

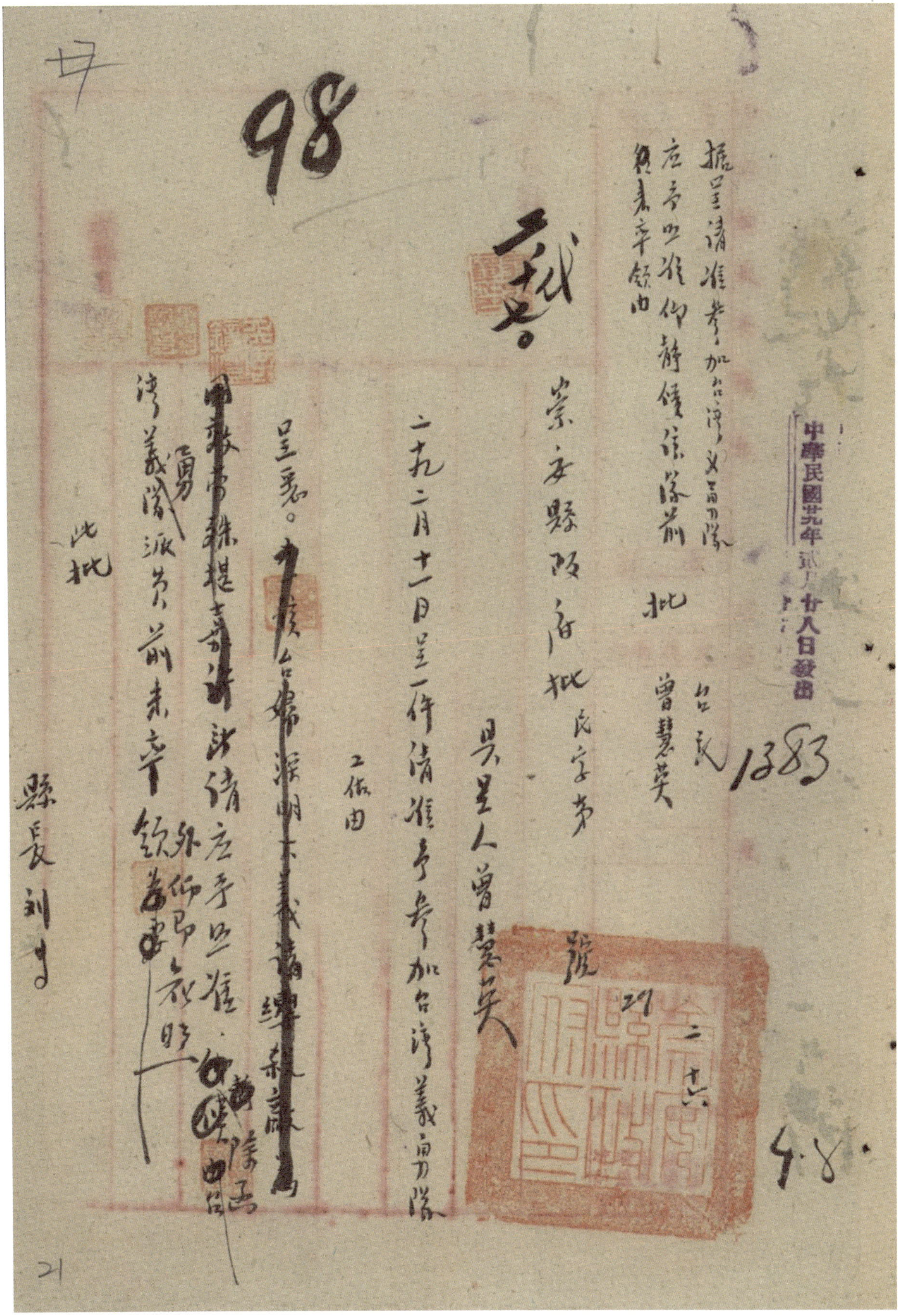

中華民國廿九年貳月廿八日發出

台民 1383

據呈請准參加台灣义勇隊應予照准仰靜候該隊前來領由

批 曾慧英

崇安縣政府批 民字第 號

具呈人曾慧英

二九二月十一日呈一件請准予參加台灣義勇隊工作由

呈悉。

經本府函請台灣義勇隊派員前來帶領外，仰即知照。

此批

縣長 劉

崇安县政府关于照准曾慧英参加台湾义勇队的批　　一九四〇年二月二十八日

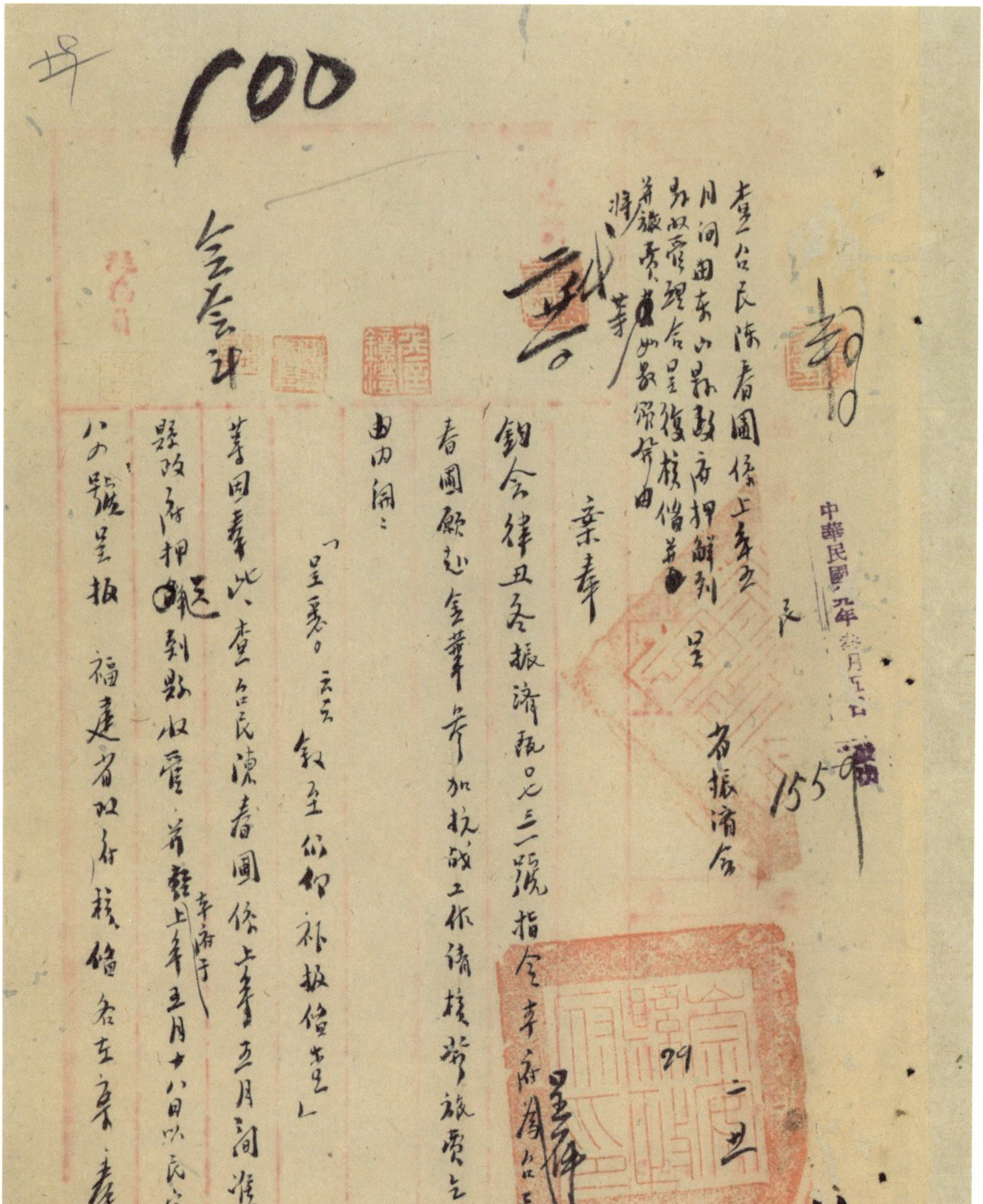
查台民陳春圃係上年五月間由東山縣政府押解到縣收管理合呈復核備並請發給旅費緣由

呈

中華民國廿九年叁月五日

省振濟會

案奉
鈞會律丑各振濟瓶已三一號指令本府為台民陳春圃願赴金華參加抗敵工作請核發旅費由內開：「呈悉。……仰補報備查」等因奉此，查台民陳春圃係上年五月間準東山縣政府押解到縣收管，並於上年五月十八日以民字第三〇八〇號呈報福建省政府核備在案。奉令……

崇安县政府关于查复陈春圃来崇情形并请发赴浙旅费给福建省振济会的呈

一九四〇年三月五日

101

前因，理合備文呈復

察核，准予查案令將該部長寒衣費、旅費如數頒發給，

俾便轉給，實為公便。

謹呈

福建省振濟會

崇安縣縣長 劉[illegible]

45

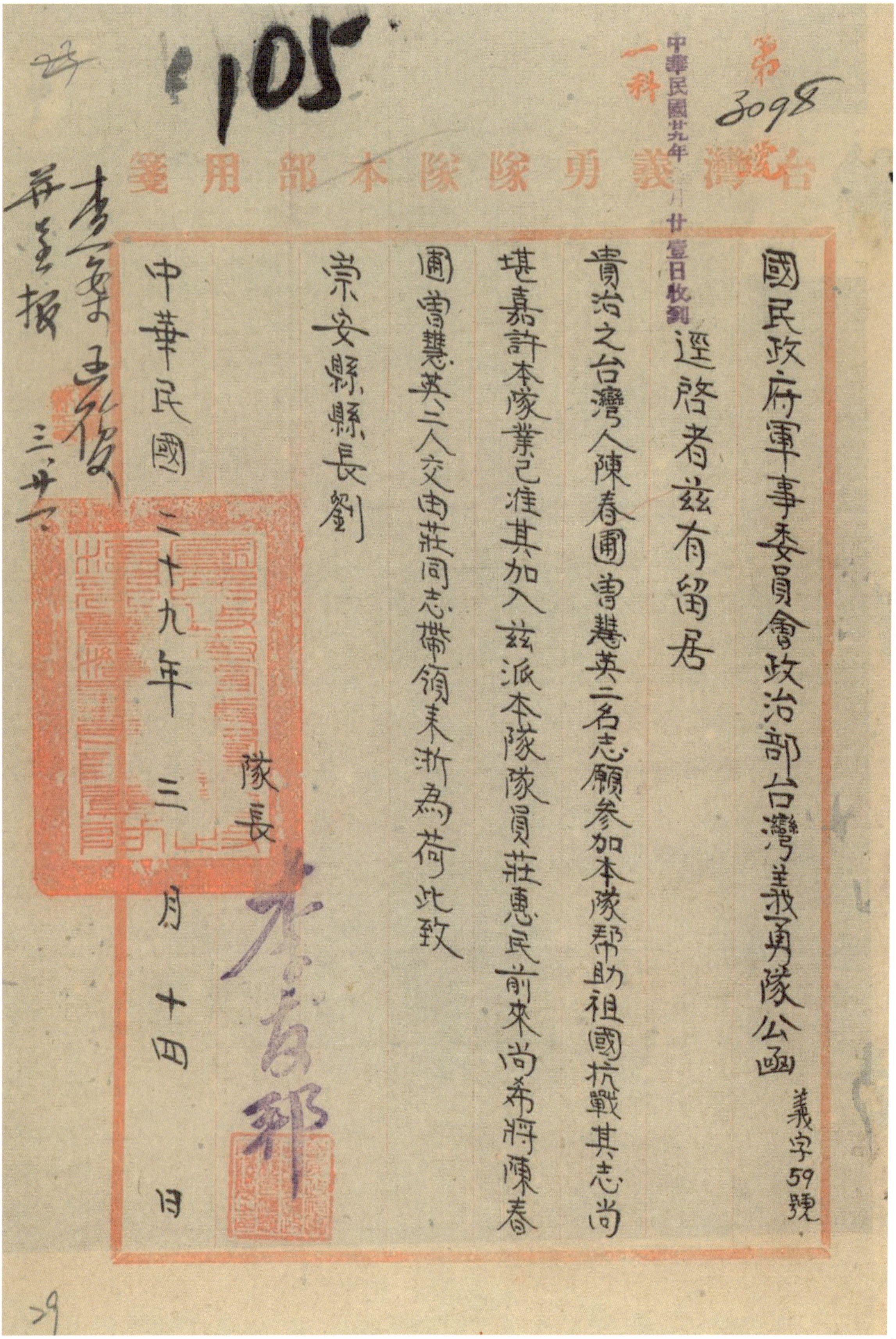
台灣義勇隊隊本部用箋

國民政府軍事委員會政治部台灣義勇隊公函　義字59號

逕啓者茲有留居
貴治之台灣人陳春圃曾慧英二名志願參加本隊幫助祖國抗戰其志尚堪嘉許本隊業已准其加入茲派本隊隊員莊惠民前來尚希將陳春圃曾慧英二人交由莊同志帶領來浙為荷此致
崇安縣縣長劉

隊長　李友邦

中華民國二十九年三月十四日

台湾义勇队关于派庄惠民带领陈春圃、曾慧英赴浙参队给崇安县政府的函

一九四〇年三月十四日

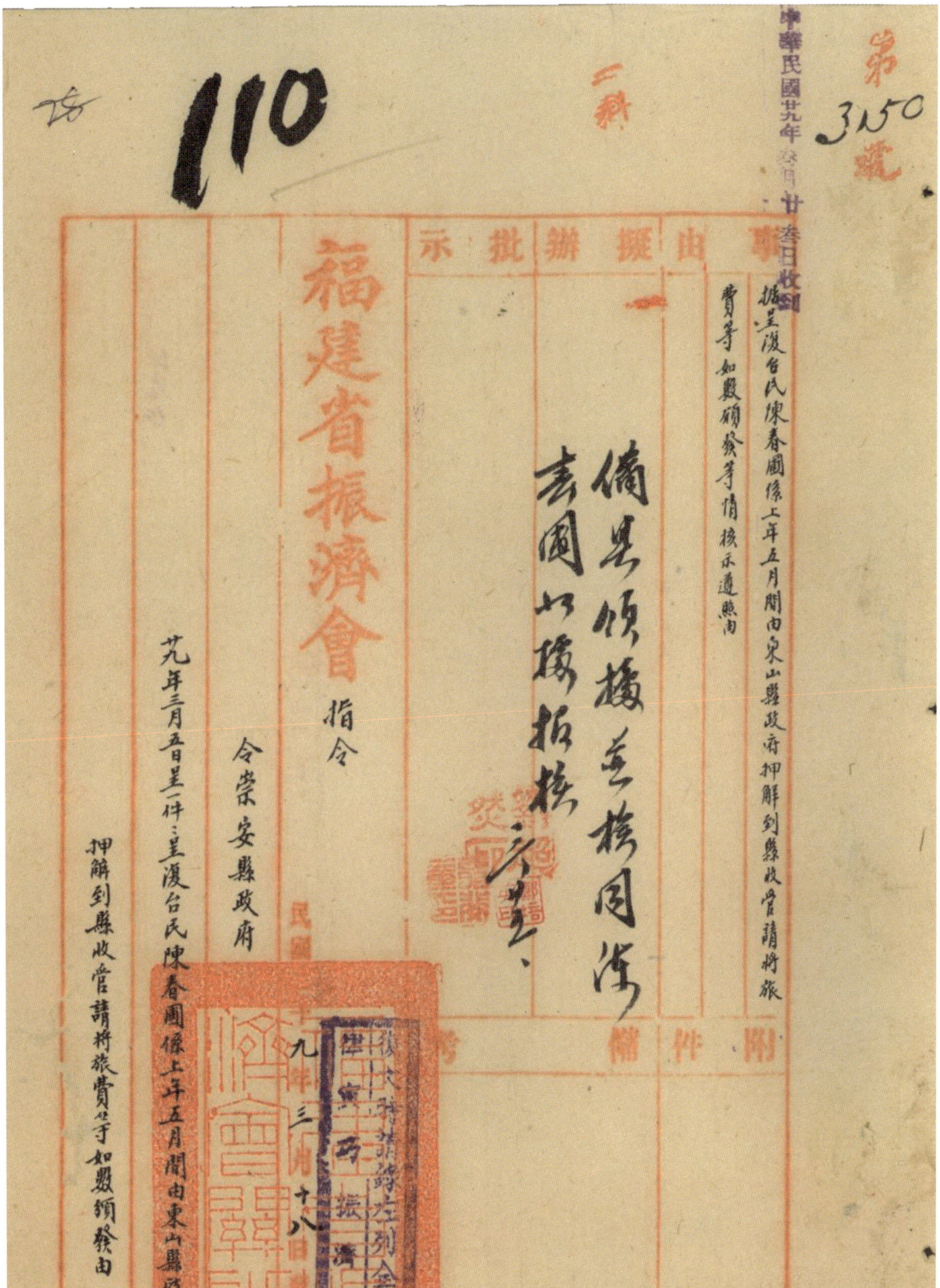

中華民國廿九年叁月廿叁日收到

第3150號

事由

據呈復台民陳春圃係上年五月間由東山縣政府押解到縣收管請將旅費等如數領發等情核示遵照由

福建省振濟會

指令

令崇安縣政府

廿九年三月五日呈一件：呈復台民陳春圃係上年五月間由東山縣政府押解到縣收管請將旅費等如數領發由

福建省振济会关于准发陈春圃赴浙寒衣费旅费二十五元给崇安县政府的指令

一九四〇年三月十八日

呈悉。該台民陳春圃寒衣費旅費共二十五元，應准照發，款另滙，仰即查收轉給，仍分別飭補送領據，並檢同該台民收據報會核查。

此令。

兼主任委員陳儀

校對 監印 鄭玉田

35

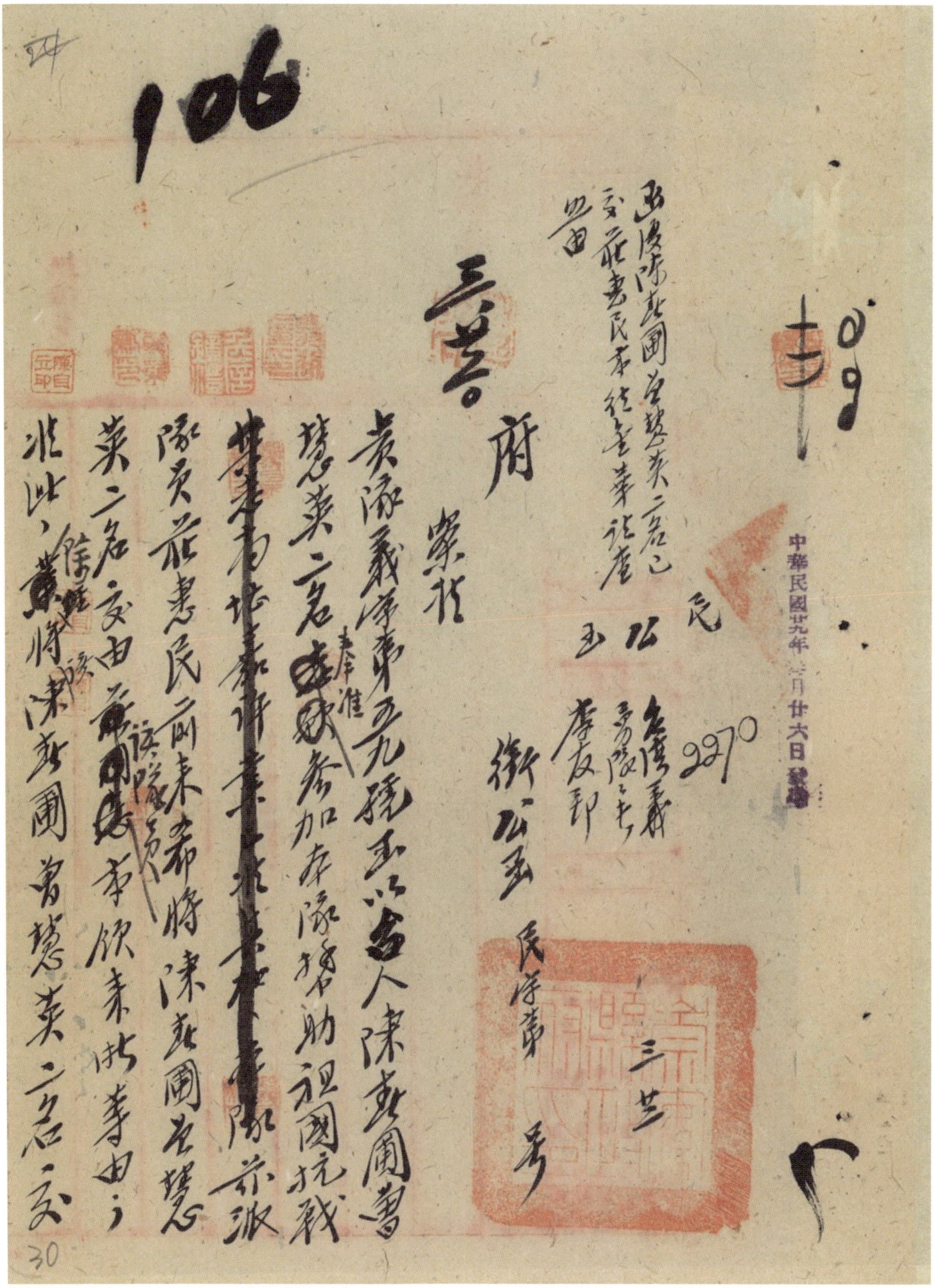
函復陳春圃曾慧英二名已交莊惠民帶往金華請查照由

中華民國廿九年三月廿六日發

民字第三廿三號

案准

貴隊義字第五九號函以台人陳春圃曾慧英二名奉准參加本隊協助祖國抗戰……派隊員莊惠民前來希將陳春圃曾慧英二名交由該隊員帶回等由；准此，除將陳春圃曾慧英二名交……

崇安县政府关于庄惠民已将陈春圃、曾慧英带往浙江金华给台湾义勇队的函

一九四〇年三月二十六日

215

107

貴隊員

莊君惠民奉往金華、蘇北外出前由，相應

函復

查照為荷

此致

台灣義勇隊隊長李

附送陸軍團曾慧之先生八袋

名

31

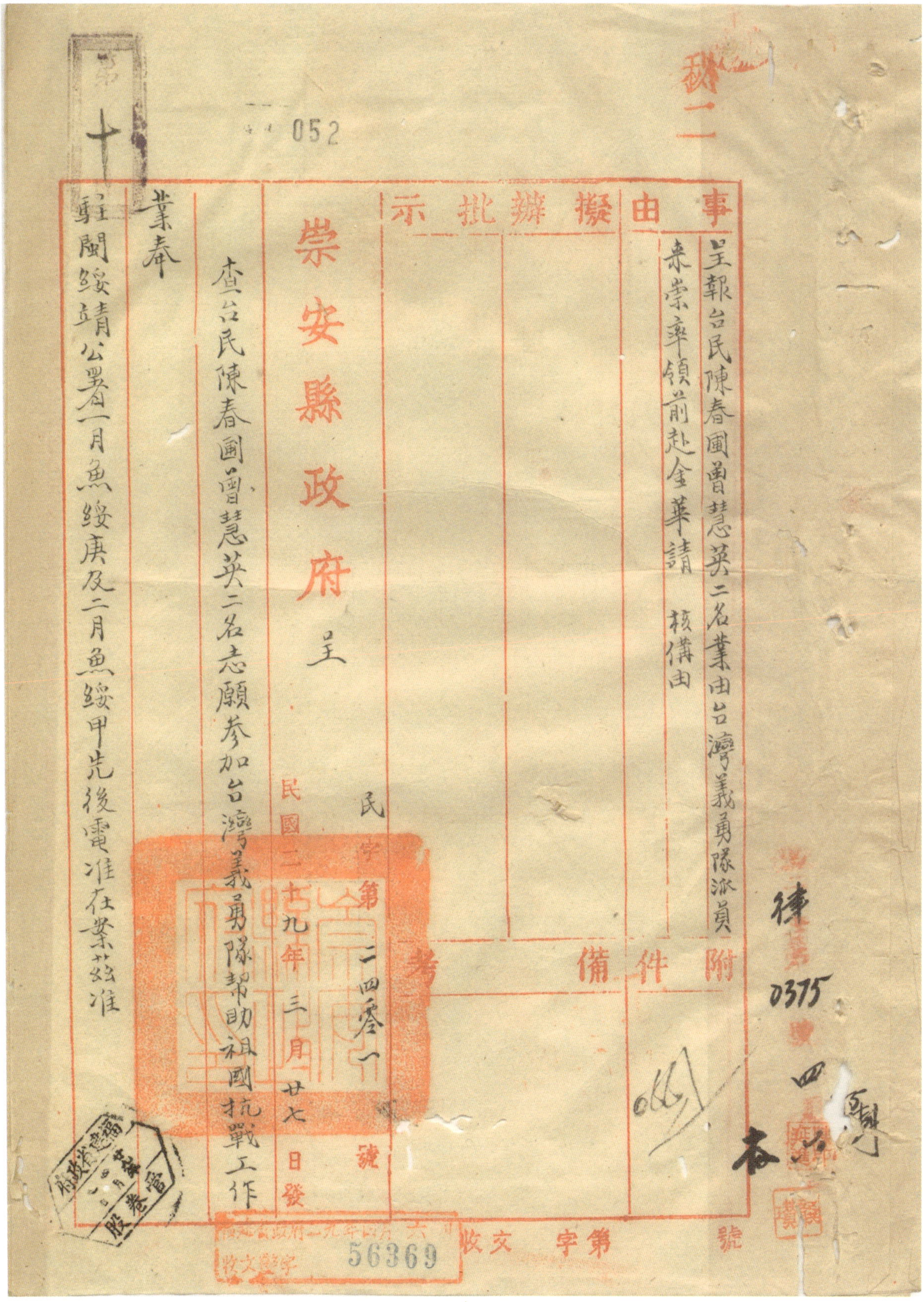

事由
呈報台民陳春圃曾慧英二名業由台灣義勇隊派員來崇率領前赴金華請　核備由

擬辦　批示

附件　備考

崇安縣政府呈　民字第二四叁一號

查台民陳春圃、曾慧英二名志願參加台灣義勇隊幫助祖國抗戰工作業奉
駐閩綏靖公署有一月魚綏庚及二月魚綏甲先後電准在案茲准

民國二十九年三月廿七日發

052

收文　字第　號

56369

崇安县政府关于台湾义勇队派员来崇率领陈春圃、曾慧英前赴金华给福建省政府的呈

一九四〇年三月二十七日

台灣義勇隊隊長李友邦派隊員莊惠民携函來崇率領經將該陳春圃

曾慧英二名交該隊員莊惠民帶往金華服務并函復在案除分呈

綏靖公署外理合備文報請

察核備查。//

謹呈

福建省政府主席陳

崇安縣縣長劉超然 代

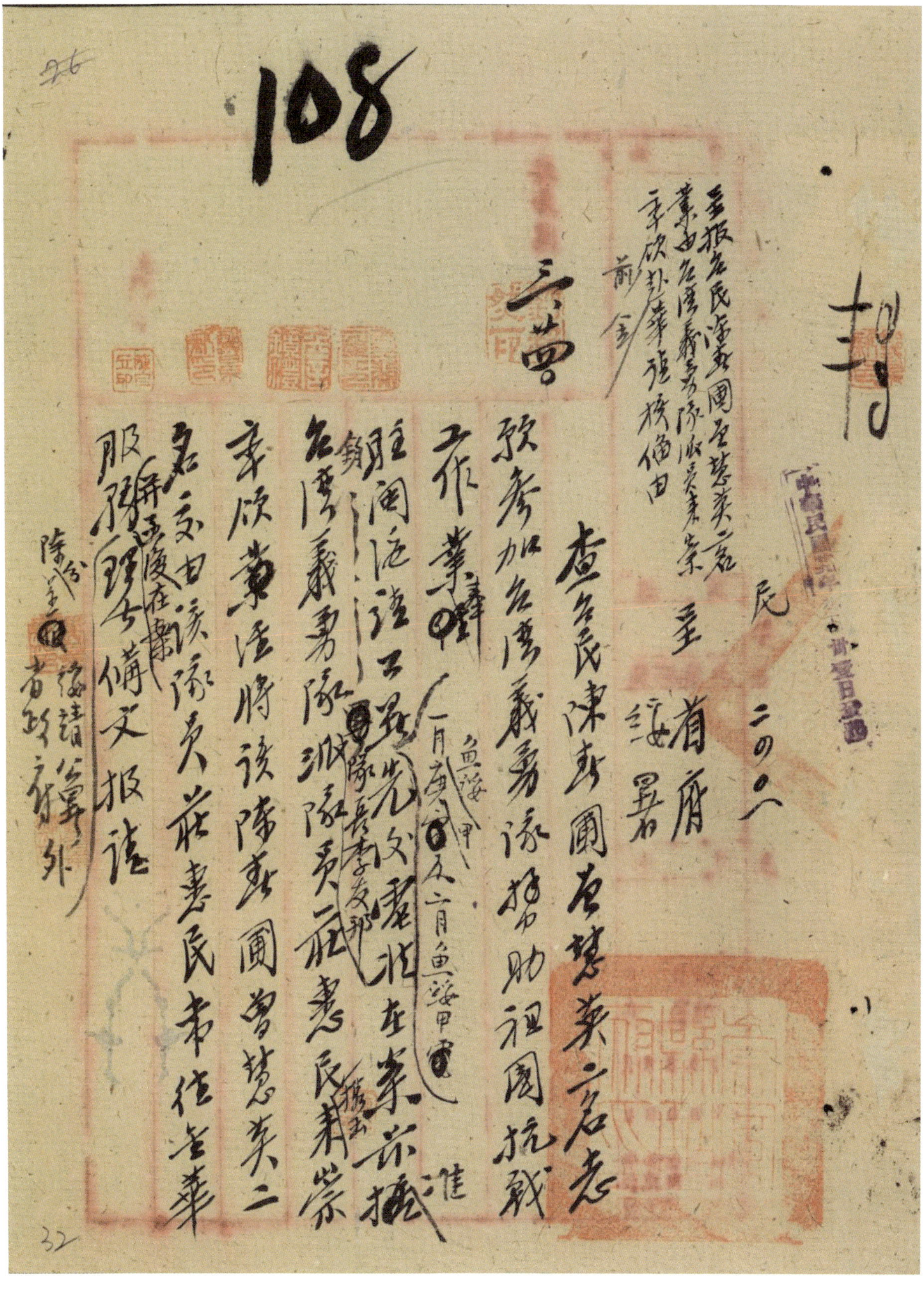

崇安县政府关于台湾义勇队已派员带领陈春圃、曾慧英赴浙参队给驻闽绥靖公署及福建省政府的呈

一九四〇年三月三十一日

察核備查。

謹呈

福建省政府主席陳

駐閩綏靖主任陳

銜

名

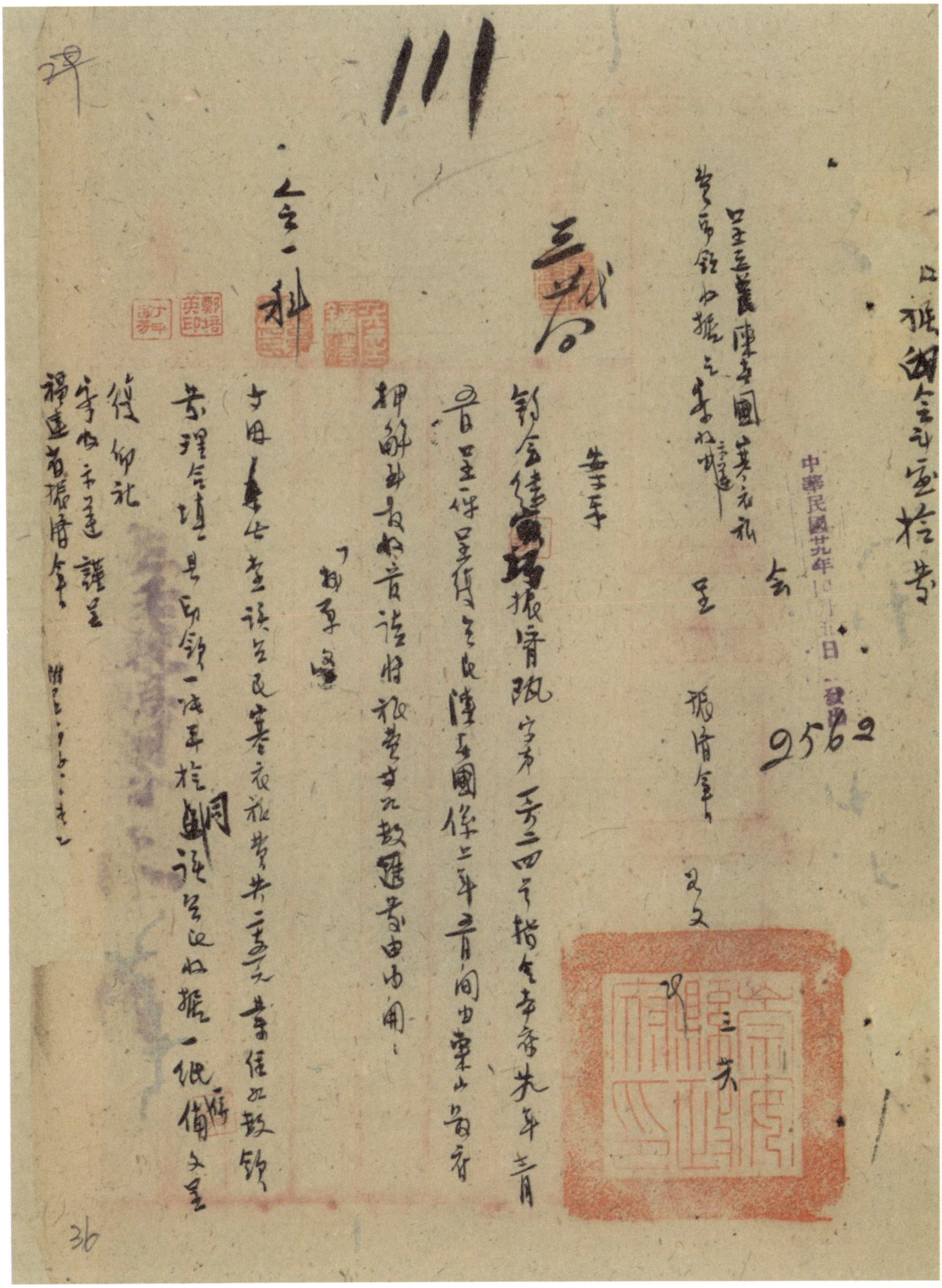

崇安县政府关于送陈春圃寒衣旅费领取收据给福建省振济会的呈　　一九四〇年四月五日

掌安寓台北刻孝和謹呈

福建省政府公鑒：欽聆韓專員召見陳專員國宗先生賜覆六二元正所呈各項是荷。

中華民國二十五年三月　日

掌安寓台北刻孝和

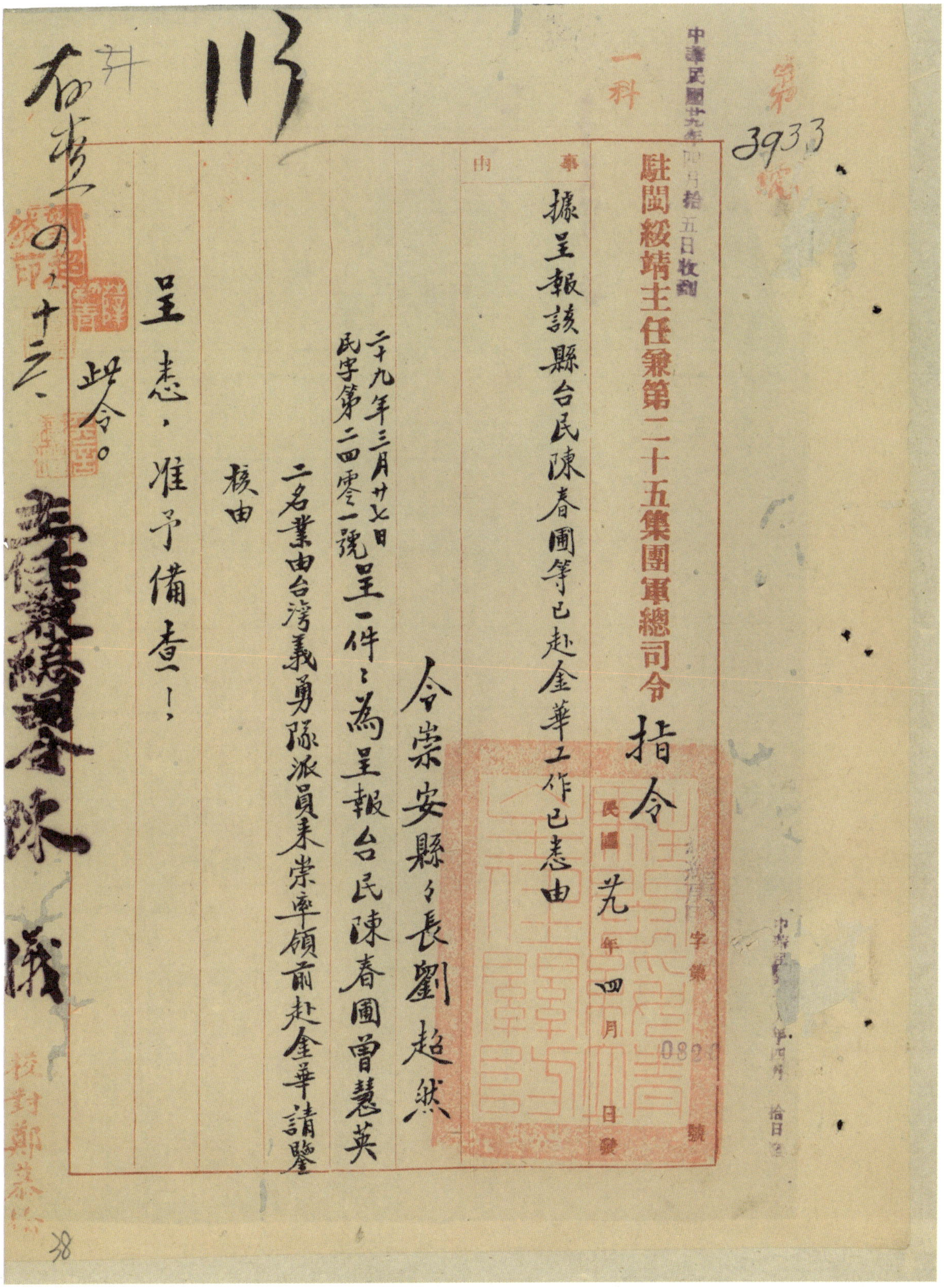
中華民國廿九年四月拾五日收到

一科

第 號 3933

駐閩綏靖主任兼第二十五集團軍總司令 指令

民國廿九年四月 日發 字第 號

事由：據呈報該縣台民陳春圃等已赴金華工作已悉由

令崇安縣縣長劉超然

二十九年三月廿七日民字第二四零一號呈一件：為呈報台民陳春圃曾慧英二名業由台灣義勇隊派員來崇率領前赴金華請鑒核由

呈悉，准予備查！此令。

主任兼總司令 陳儀

校對鄭恭然

驻闽绥靖主任兼第二十五集团军总司令陈仪关于陈春圃、曾慧英赴金华准予备查给崇安县政府的指令

一九四〇年四月十日

156

一科

第6040號

中華民國廿九年六月八日收到

國民政府軍事委員會政治部台灣義勇隊用箋

逕啟者：茲因本隊欲詳細調查住崇台胞人數及生活情況起見，特函懇

貴縣府將所存住崇台胞調查表檢贈一份，以資參考為荷！

此致

崇安縣政府縣長劉

台灣義勇隊隊長 李友邦

二十九年六月八日

106

台湾义勇队关于请检赠住崇台胞调查表给崇安县政府的函　　一九四〇年六月八日

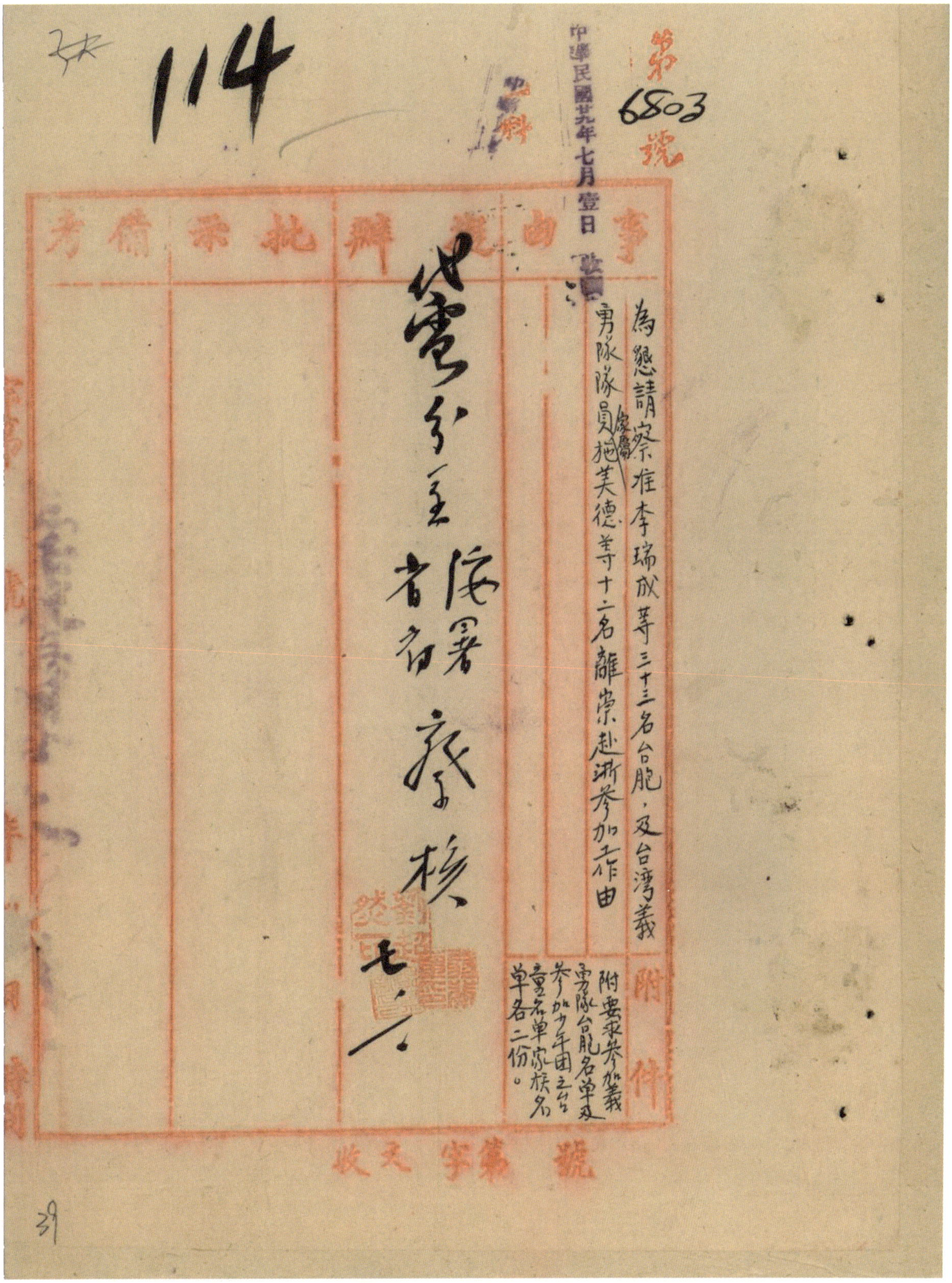

台湾义勇队关于请准李瑞成等台胞及队员家属施美德等离崇赴浙参加工作给崇安县政府的函

一九四〇年六月三十日

115

敬啟者、台灣義勇隊在祖國諸
長輩援引之下，奔走年餘，現端倪稍具，基礎既備，今
後工作開展當較不难，而今而後便我台胞能參加祖國抗日
戰線，竭其棉薄，遂其夙願，飲水思源，祖國諸長輩資
助之恩固實难忘，而 閩省諸長官一年来多方協助
之功尤為 友邦 及諸同志所感激無已者。 茲因義勇隊工作
開展甚速，中樞諸長官又皆許之以擴大義隊之組織尽量
羅致台胞參加抗戰為囑，本隊 業已派員分赴各地号召，近
有留崇台胞李瑞成等十四人，台童朱炳源等二十名屡次来函
要求參加 本隊 工作，本隊得信後即派指導訓練組牛光祖組

40

116

長赴崇考查，經長期教育及詳詢後，覺渠善尚堪造就

擬准其來浙參加工作希

鈞座俯念其愛國熱情，准其

離崇赴浙，參加抗戰工作，俾其夙願得遂。並有本隊隊員家

屬施美德等十二名要求來浙幫同其夫工作，亦擬請准其

離崇一併來浙

此致

崇安縣長 劉

轉呈

福建省主席 陳

台湾義勇隊總隊長 李友邦

41

中華民國二十九年六月三十日

中華民國廿九年七月壹日收到

42

福建省崇安縣政府快郵代電

民字第五一三七號

事由：准台灣義勇隊來函以留縣台胞李瑞成台童朱炳源等拟赴浙參加抗敵工作請准離崇等由理合轉呈[illegible]示由

福建省政府主席陳鈞鑒案准台灣義勇隊總隊長李友邦來函以義勇隊工作開展甚速中樞諸長官又諄諄以擴大義勇隊之組織盡量羅致台胞參加抗戰為囑本隊業已派員分赴各地號召近有留崇台胞李瑞成等十四人台童朱炳源等二十名屢次來函要求參加本隊工作本隊得信後即派指導訓練組牛光祖組長赴崇考查經長期教育及詳詢後覺渠等尚堪造就拟准其來浙參加工作希鈞座俯念其愛國熱情准其離崇赴浙參加抗戰

中華民國二十九年七月六

秘二

福建省政府二十九年七月十三日收文 字 119564

崇安县政府关于请准留县李瑞成及台童朱炳源等赴浙参加抗敌工作给福建省政府的代电（附：参加义勇队、少年团名单）

一九四〇年七月六日

072

福建省崇安縣政府快郵代電

字第　　號

事由

工作俾其夙願得遂並有本隊隊員家屬施美德等十二名要求來浙幫同其夫工作亦擬請准其離崇一併來浙等由附名單三份准此除分呈綏靖公署外理合檢同參加義勇隊少年團及隊員家屬要求赴浙名單各一份電請察核示遵崇安縣縣長劉超然叩魚

附呈參加台灣義勇隊少年團及隊員家屬要求赴浙名單各一份

中華民國二十九年七月　　六

第　　頁　共　　頁

073

参加義勇隊名单

姓名	性别	年齡	職業	備考
蔡湘洲	男	五一	醫業	
涂其源	男	五〇	仝	
李瑞成	男	二二	学生	
李世良	男	二〇	学生	
蔡獲	男	一七	学生	
沈昭中	男	三七	醫業	
林阿相	男	二八	商	
陳依清	男	三二	軍	
朱榮皇	男	二二	学生	

074

周月英	女	二三	工
王石金	女	一八	工
何奕红	女	二四	看護
柯大英	男	三五	醫
陳守青	男	四〇	教員

075

隊員家屬

要求赴浙的家族名單（台灣義勇隊）

家族姓別	性別	年齡	隊員姓名	家族關係	備考
林秋蓮	女	四十	王宏寧	母子	
林美良	女	三四	鄧東仁	妻妹	
鄧曉明 仝宜	女	五	仝	子	
鄧曉鐘	男	七	仝	父子	
鄧彩霞	女	四	仝	父子	
林淑惠	女	三六	郭汝候	[illegible]妹	
郭崑海	男	七	仝	父子	
蔡清思	女	三四	石崑玉	夫妻	
施美德	女	二四	林千培	夫妻	

076

張約	女	三三	黃國瑞	夫妻
黃鐘亮	男	七	仝	父子
黃月端	女	五	仝	父子

077

要求参加少年团台童名单

姓名	性别	年龄	家长	备考
朱炳源	男	一五	朱鹏辉	
林長梅	男	一三	林王氏	
林長全	男	一二	仝	
高聰明	仝	一四	黄少卿	
高木生	仝	一〇	仝	
郭燕治	女	一四	郭汝侯	
黄月娟	仝	一二	黄國瑞	
陳水華	仝	一〇	陳振義	
陳水月	仝	九	仝	
許文請	男	一五	許文祥	

078

李全福	男	一二	李國星
廖月英	女	一三	廖向章
盧鳶平	男	九	盧德祥
謝天立	仝	八	簡素
鄧揚秋	仝	九	鄧秉仁
石米末	女	九	石昆玉
劉惠敏	女	九	劉道榮
黄月仙	女	九	黄國瑞
蔡攀燕	男	七	蔡仁龍 即蔡兩傳
郭崑岳	男	九	郭汝僕

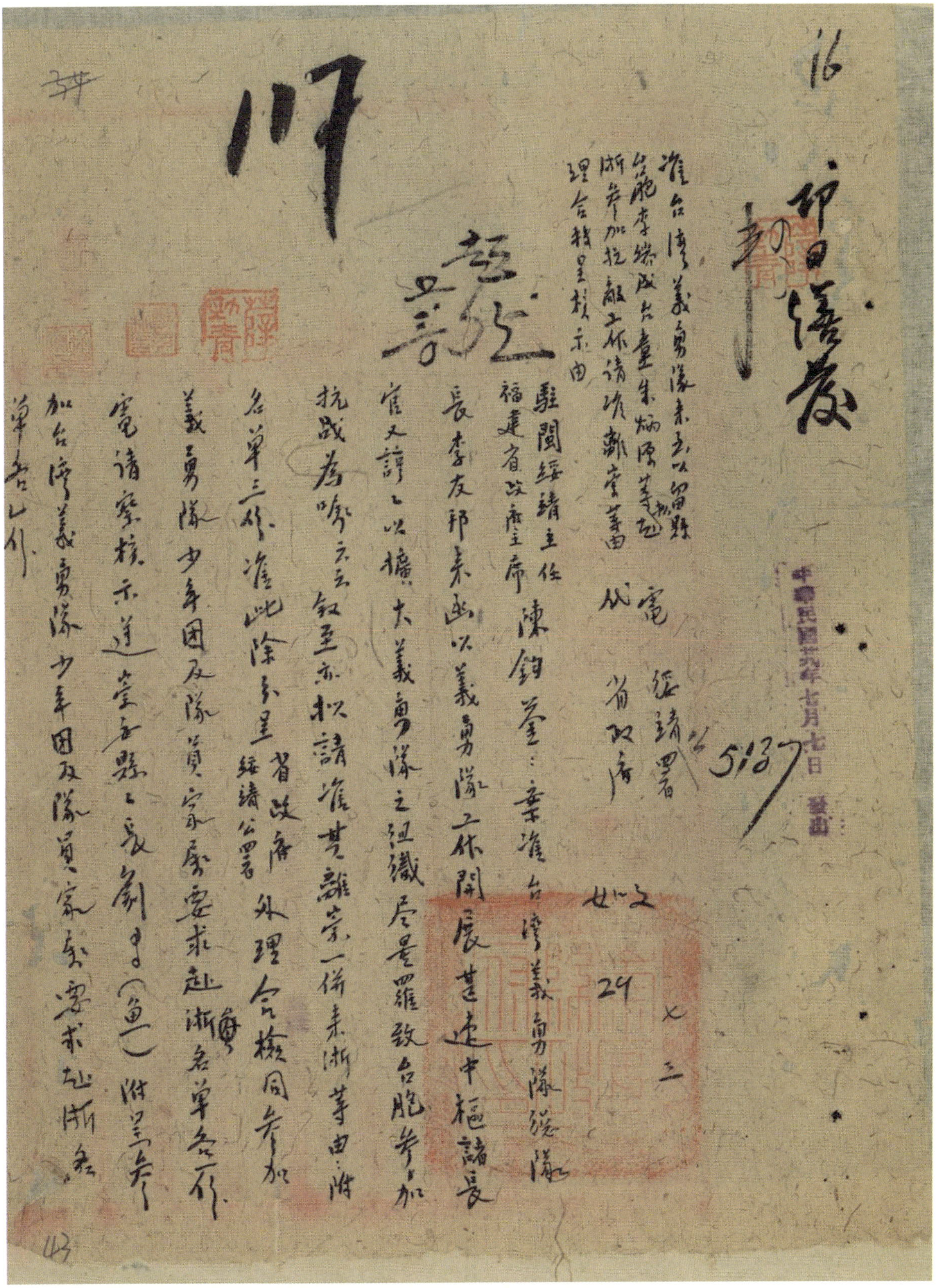

仰即譯發

准台灣義勇隊來函以留縣台胞李瑞成台籍朱炳源等赴浙參加抗敵工作請咨鄞查等由理合轉呈核示由

駐閩綏靖主任陳
福建省政府主席陳鈞鑒：案准台灣義勇隊總隊
長李友邦來函以義勇隊工作開展甚速中樞諸長
官又諄諄以擴大義勇隊之組織盡量羅致台胞參加
抗戰為囑云云敘至本懇請准其離崇一併來浙等由；附
名單三份。准此，除分呈綏靖公署、省政府外，理合檢同參加
義勇隊少年團及隊員家屬要求赴浙名單各一份
電請鑒核示遵。崇安縣縣長劉（魚）附呈參
加台灣義勇隊少年團及隊員家屬要求赴浙名
單各一份。

中華民國廿九年七月七日發出

崇安县政府关于请准李瑞成等台胞及台湾义勇队家属施美德等赴浙参加工作给驻闽绥靖公署、福建省政府的代电(附:名单)

一九四〇年七月七日

118

参加义勇队名册

姓名	性别	年龄	职业
蔡湘洲	男	五一	医
涂其源	〃	五〇	〃
李瑞成	〃	二二	学生
李世良	〃	二〇	〃
蔡荻	〃	一七	〃
沈昭中	〃	三五	医
林阿相	〃	二八	商
陳依清	〃	三二	军

朱崇皇	〃	二二	学生
周月英	女	二二	工
王石金	〃	一八	〃
何炎红	〃	二四	看護
柯大英	男	三五	医
陈守青	〃	四〇	教员

36

119

隊員家屬要求赴浙名單（台灣義勇隊）

家族姓名	性別	年齡	隊員姓名	家族關係	備考
林秋蓮	女	四〇	王宏宇	母子	
林美良	女	三四	鄧東仁	夫妻	
鄧令宜		五		子	
鄧曉鐘	男	七	〃	父子	
鄧彩霞	女	四	〃	〃	
林淑惠	〃	三八	郭[illegible]候	夫妻	
郭崑海	男	七	〃	父子	
蔡[illegible]惠	女	三四	石崑玉	夫妻	
施美[illegible]	〃	二四	謝子[illegible]	〃	

46

张约	女	三三	黄田瑞	小
黄钟亮	男	七		父子
黄月瑞	女	五		〃

47

39.

120

要求参加少年团台童名单

姓名	性别	年龄	家長	備考
朱炳源	男	一五	朱鹏祥	
林長逢梅	〃	一三 一二	林王氏	
高聰明	〃	一四	黄少凤	
高木生	〃	一〇	〃	
郭燕治	女	一四	郭汝候	
黄月娟	〃	一二	黄國瑞	
陳水月華	〃	一〇	陳振義	
許文清	男	一五	許文祥	
李金福	〃	一一	李國星	

68

廖月英	女	一三	廖向辛
盧為平	男	九	盧德祥
謝天立	〃	八	簡素
鄧揚秋	〃	九	鄧秉仁
石來來	女	〃	石崑玉
刘惠敏	〃	〃	刘道榮
黃月仙	〃	〃	黃國瑞
蘇攀盤	男	七	蔡仁龙 即蔡丙侍
邱崑岳	〃	九	邱坤侯

49

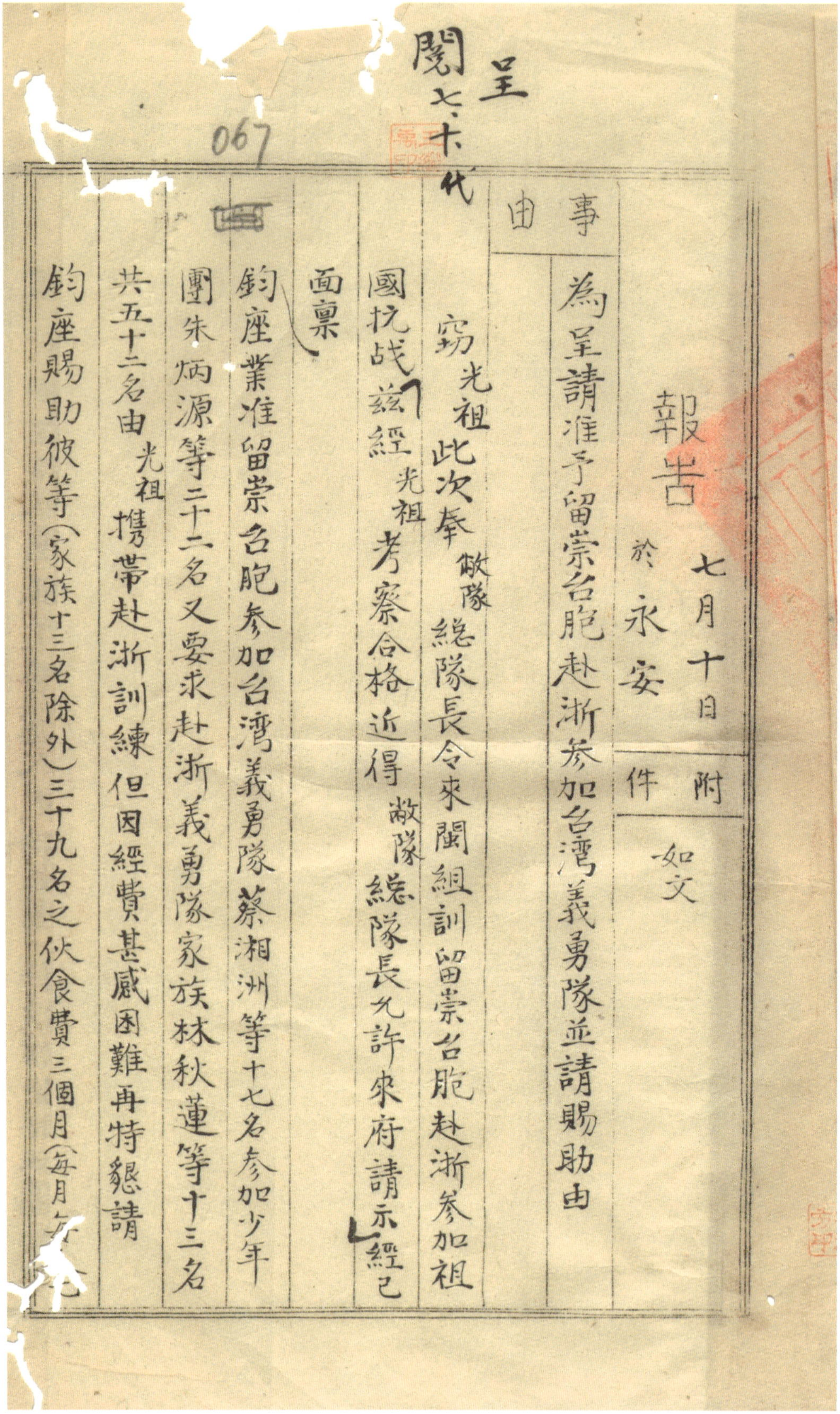

呈
閣 七、十、代

067

報告 七月十日 於永安

事由：為呈請准予留崇台胞赴浙參加台灣義勇隊並請賜助由

附件：如文

竊光祖此次奉敝隊總隊長令來閩組訓留崇台胞赴浙參加祖國抗战茲經光祖考察合格近得敝隊總隊長允許來府請示經已面禀鈞座業准留崇台胞參加台灣義勇隊蔡湘洲等十七名參加少年團朱炳源等二十二名又要求赴浙義勇隊家族林秋蓮等十三名共五十二名由光祖攜帶赴浙訓練但因經費甚感困難再特懇請鈞座賜助彼等（家族十三名除外）三十九名之伙食費三個月（每月每

台湾义勇队指导训练组组长牛光祖关于请资助留崇台胞赴浙参加台湾义勇队给福建省政府的报告

一九四〇年七月十日

[illegible]圓）計捌佰拾玖圓服裝費（每人貳拾伍圓）計玖佰柒拾伍圓旅費

（每人七圓）計貳佰柒拾叁圓以上總計貳仟零陸拾柒圓正是否有

當理合具呈乞示

祇遵

謹呈

主席陳

（附名冊三份）

台灣義勇隊指導訓練組組長牛光祖　呈

批示

准予照發

函後方勤務處

項下開支　七、十五

擬辦

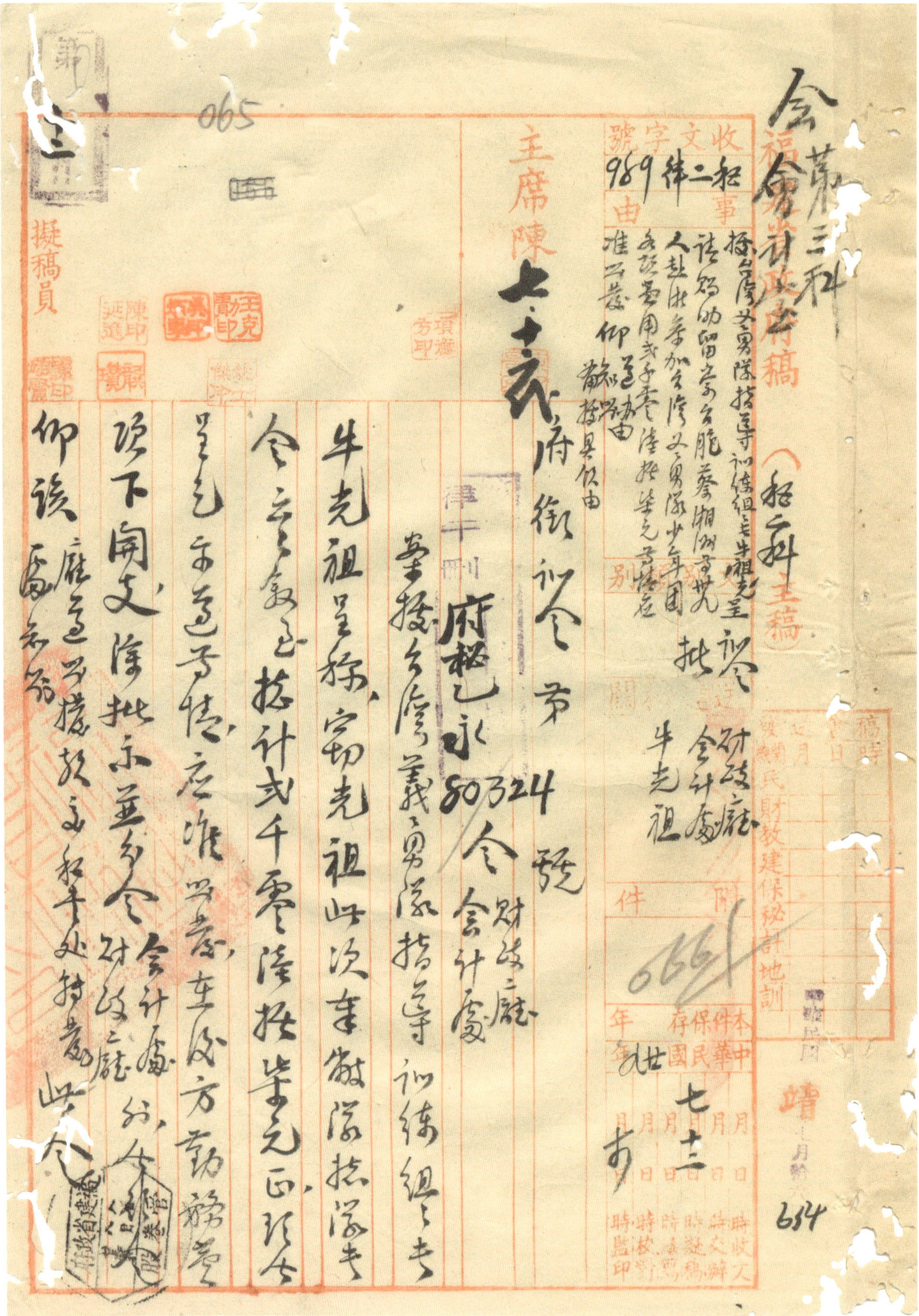
福建省政府稿（秘科主稿）
收文字號 989件二秘
府衛訓令 第 號
府秘乙永80324
令財政廳會計處
案據台灣義勇隊指導訓練組長
牛光祖呈稱
呈已悉
項下開支
仰該廳處知照
財政廳
會計處
牛光祖
七
十二

福建省政府关于资助留崇台胞赴浙费用准予在后方勤务费项下开支给省财政厅会计处及牛光祖的训令、批

一九四〇年七月十五日

066

府衔批第　　号

原具呈人台湾义勇队指导组组长牛克祖

廿九年七月十日呈件均悉。该队拟据队长令来闽组训留学台胞赴浙参加祖国抗战，经由本府钧座准留学台胞参加台湾义勇队，蔡湘附等十七名参加少年团，朱杨原等卅二名请赐助彼等伙食费、服装费、旅费等项计贰千零陆拾叁元由

呈悉。前项费用共计国币贰千零陆拾叁元正，应准照发。仰备据迳向本府秘书处第三科具领。此批。

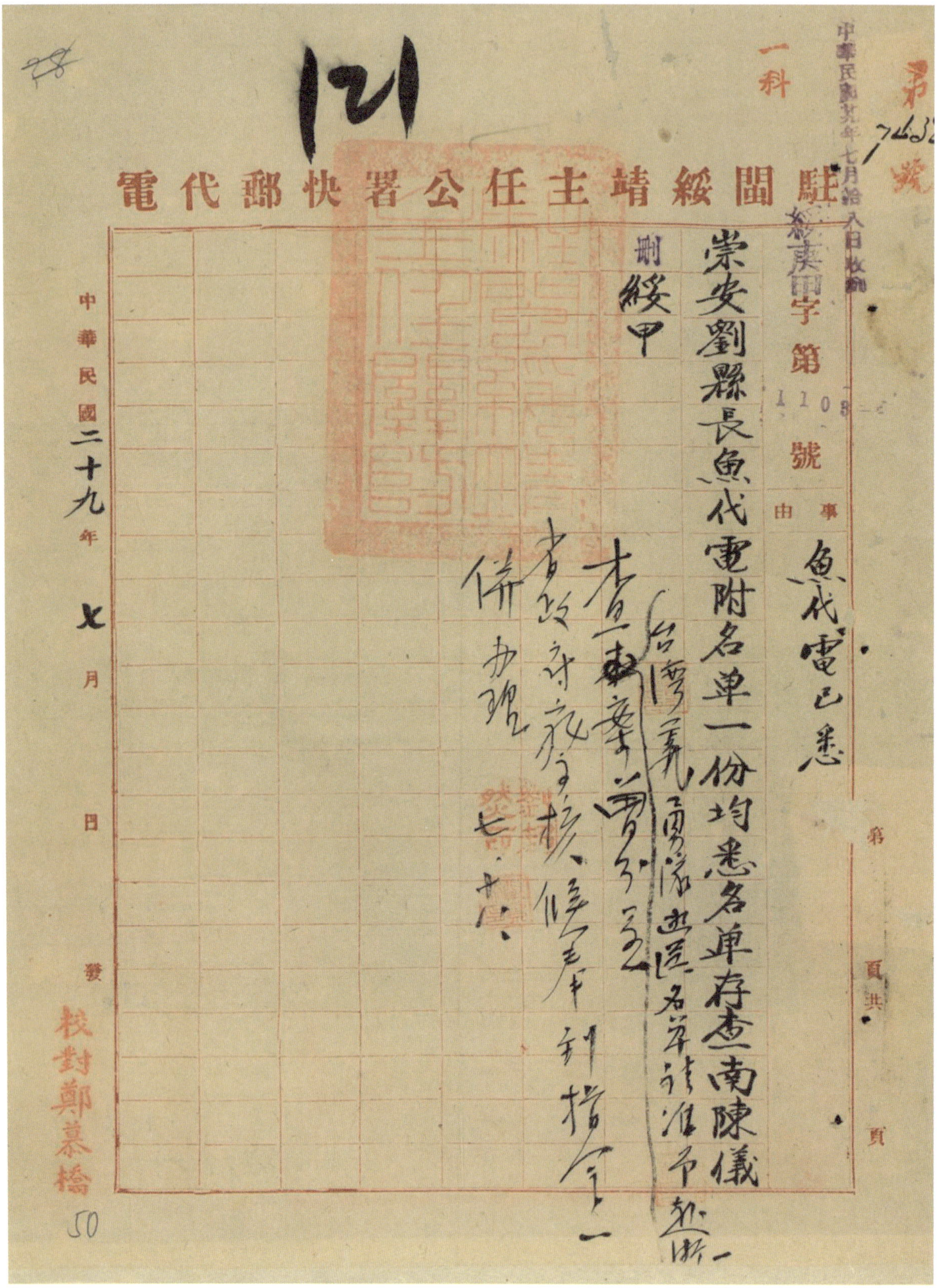

駐閩綏靖主任公署快郵代電

中華民國廿九年七月廿八日收

綏庚甲字第1108號

事由：魚代電已悉

崇安劉縣長魚代電附名單一份均悉名單存查南陳儀 刪 綏甲

中華民國二十九年七月 日發

校對鄭慕橋

駐闽绥靖公署关于李瑞成等赴浙参加台湾义勇队名单存查给崇安县政府的代电

一九四〇年七月十五日

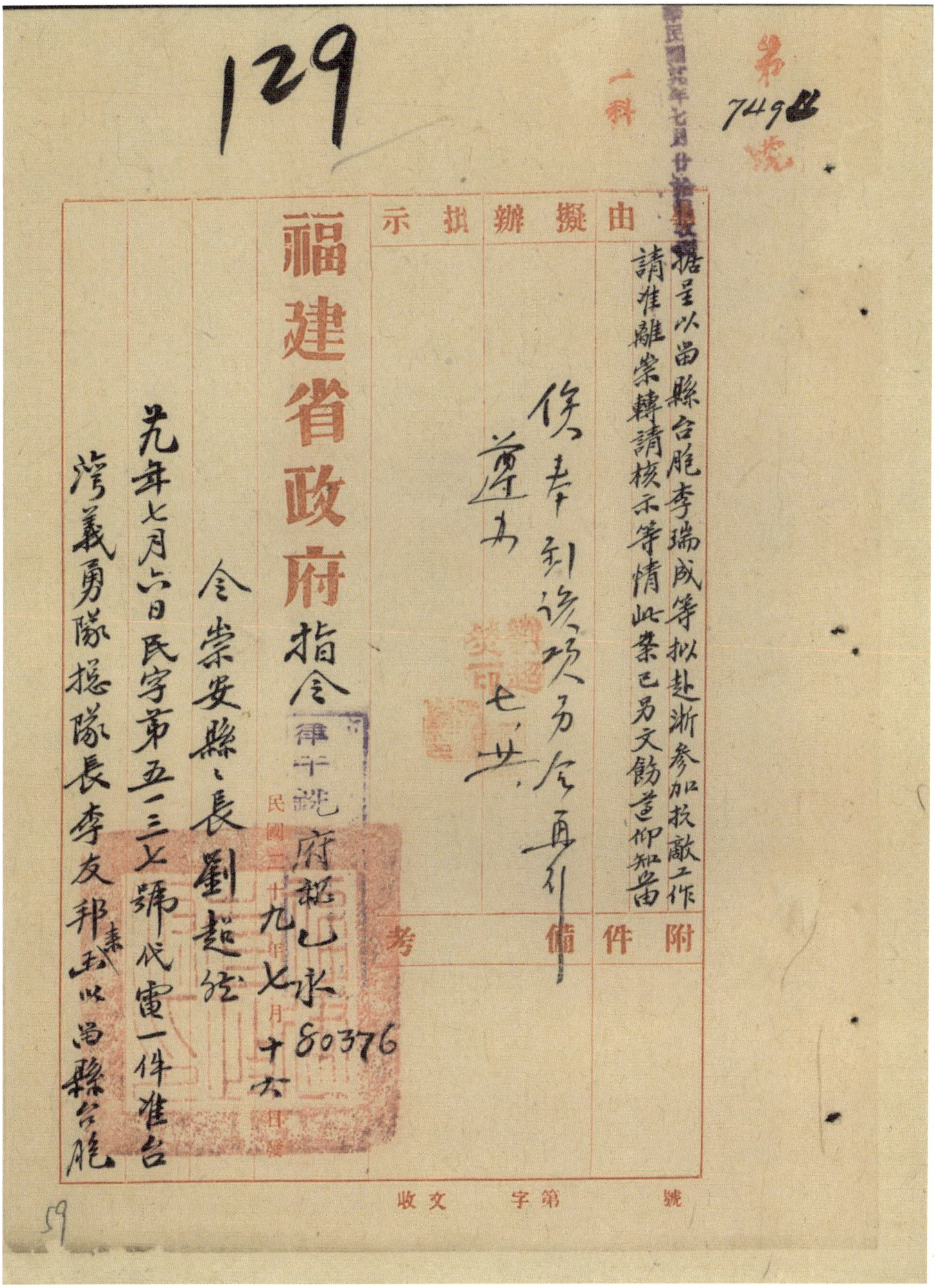

129

一科 第七四九六號 民國廿九年七月廿日到

由：據呈以留縣台胞李瑞成等擬赴浙參加抗敵工作請准離崇轉請核示等情此案已另文飭遵仰知照

擬辦：俟奉到該項另令再行遵照 七、廿

批示

附件

備考

福建省政府指令 府秘乙永律字第 號

民國二十九年七月十六日發

令崇安縣縣長劉超然

廿九年七月六日民字第五一三七號代電一件准台灣義勇隊總隊長李友邦來電以留縣台胞

80376

收文 字第 號

59

福建省政府关于李瑞成等拟赴浙参加抗敌工作给崇安县政府的指令　　一九四〇年七月十六日

李瑞成台童朱炳源等拟赴浙参加抗敌工作请准离崇等由附呈名单三份请核示由鱼代电及附件均悉。查此案先据该李友邦来函，业经本府分别指示饬遵在案。仰即知照。件存。此令。

主席陈仪

60

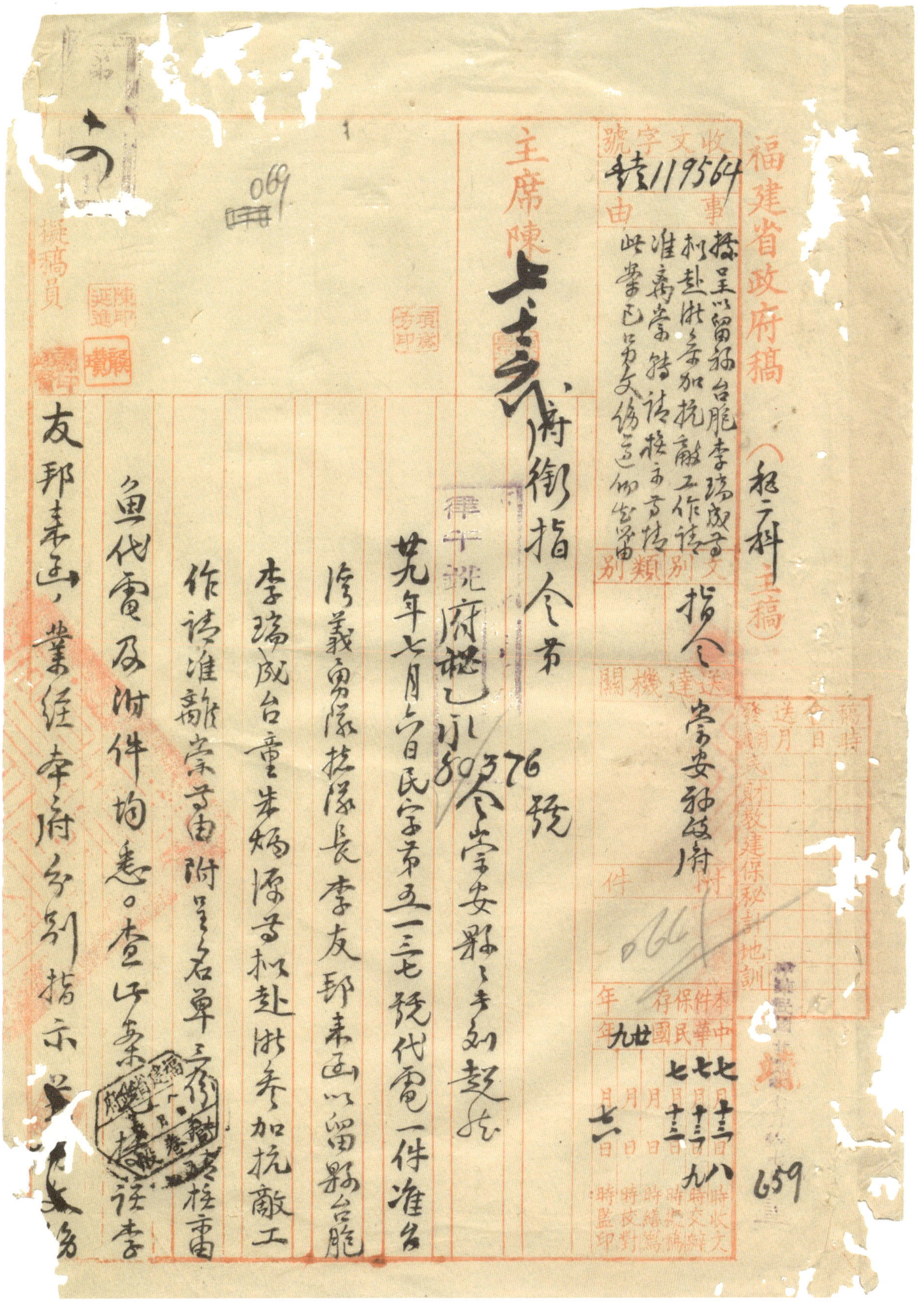

福建省政府稿（秘二科主稿）

收文字號：第11956號

事由：據呈以留縣台胞李瑞成等擬赴浙參加抗敵工作請准離崇等情轉請核示等情此案已另文飭遵仰知照由

文別：指令

送達機關：崇安縣政府

主席陳

府衛指令第　　號

令崇安縣縣長劉超然

廿九年七月六日民字第五一三七號代電一件准台灣義勇隊隊長李友邦來函以留縣台胞李瑞成台童等擬赴浙參加抗敵工作請准離崇等由附呈名單三份……

魚代電及附件均悉。查此案……

友邦來函，業經本府分別指示……

福建省政府关于李瑞成等拟赴浙参加抗敌工作给崇安县政府的指令　　一九四〇年七月十六日

070

已在案。仰即知照。併存。此令。

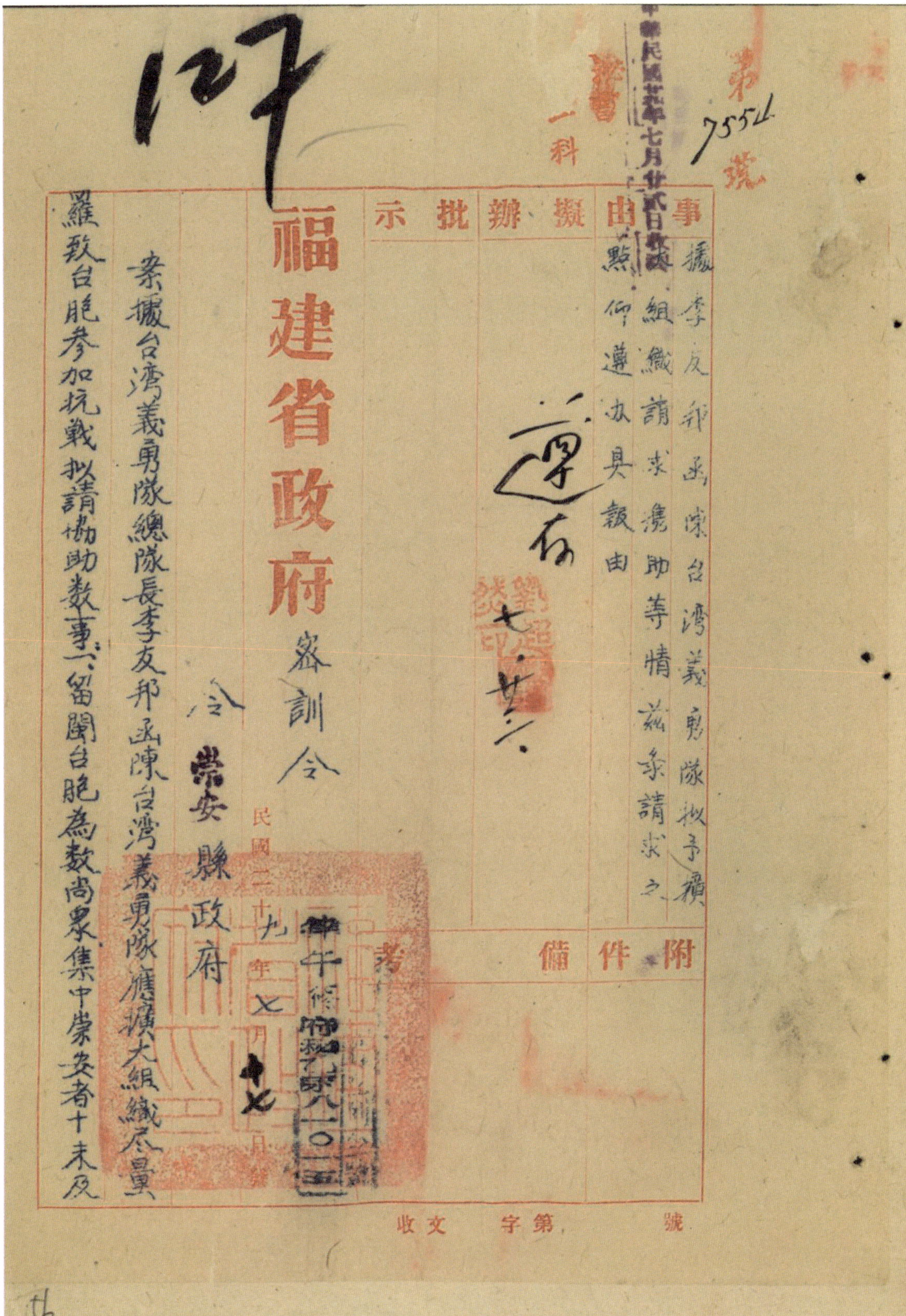

第7554號　一科

事由：據李友邦函陳台灣義勇隊擬予擴組織請求援助等情茲录請求之點仰遵办具報由

擬辦

批示：遵存　七、廿六

福建省政府密訓令

令崇安縣政府

案據台灣義勇隊總隊長李友邦函陳台灣義勇隊應擴大組織盡量羅致台胞參加抗戰擬請協助數事：一、留閩台胞為數尚衆集中崇安者十未及

民國二十九年七月十七日

附件

備考

收文　字第　號

福建省政府关于协助台湾义勇队扩大组织招收台胞抗战给崇安县政府的训令

一九四〇年七月十七日

一、其散居各縣者，大抵匿籍更姓，拟請令飭各縣，悉數籍移崇安，再由義勇隊派員訓練，擇良善者使其工作。二、現留崇安者有李瑞成等大人及小孩二十九名，屡請准予参加本隊，後經長期教育並詳加詢究，覺其尚堪訓練，拟請准由牛光祖同志帶来浙江工作（另附名單），並有家族十三名要求来浙幫同其夫工作，亦拟請准由牛組長一併帶来（另附名單）。三、对此次来浙之三十九名，請如往例，派車送浙，並因目下經費仍大感困难，拟請准予補助彼等三個月之伙食費（每月每人七元）和賜予軍裝衣褲鞋靴各二套。四、参加義勇隊工作之同志，其家族在崇安嗷嗷待哺，更兹此米珠薪桂之際，生活極為困难，拟請資助一二，並給予兒童教養費，使得受教養。五、業已参加義勇隊工作之同志，如其家屬欲離崇回里者，請准由友邦保釋回里，其後言行如經友邦保釋即由友邦

57

128

貞。五、六、留崇安家屬如欲告假離崇來浙慰勞其出征家人，特請准由崇安縣長准假限期往返。七、義勇隊擬在閩設一通訊或办事處，以便閩方工作得以經常進行，擬請准予設置，並指示及援引。八、沙縣軍人監獄中被禁之張克敏屢次由獄中來函，因見有台灣人之抗戰團体，擬請准予參加，信中深表過去之不當，欲從茲潔身自好，效力祖國，友邦不知張君案情如何，敢請 鈞座指示是否可准其帶罪立功，如可能，友邦擬出面保釋，負責其人言行。右列諸端，事在緊須，如蒙 鈞座賜允援携，則義勇隊工作之發展可待，而台灣革命之前途有望等情。除分別指示并分行外，關於所陳第一項，應由該縣政府切實查明轄内如有居留籍台民，悉予移送崇安縣政府暫行收管，以待編練。並具報。此令。

主席陳儀

58

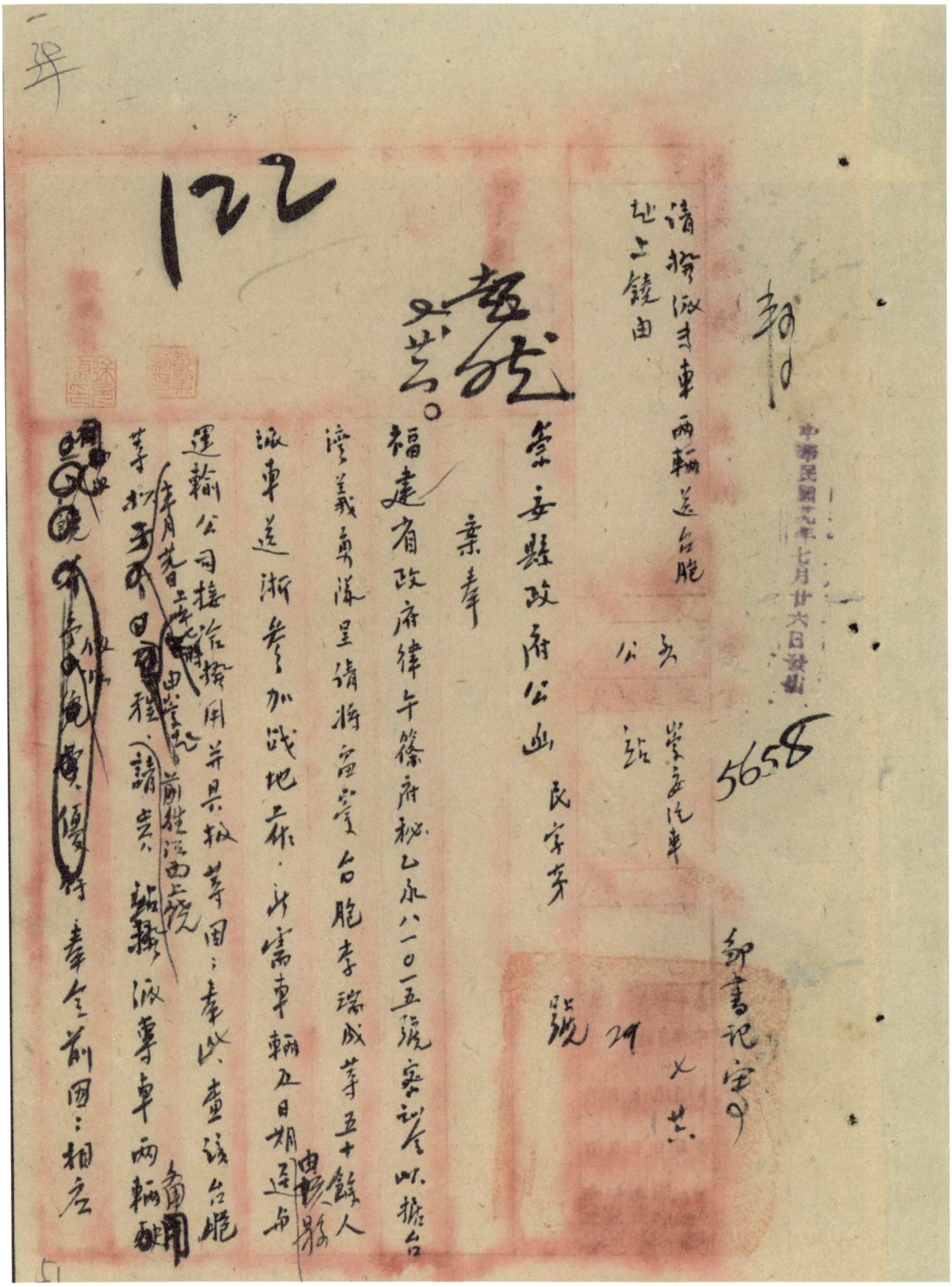
事由：請撥派卡車兩輛送台胞赴上饒由

中華民國廿九年七月廿六日發出

崇安縣政府公函　民字第　號

案奉
福建省政府律午篠府秘乙永八一〇一五號寅訓令，以據台灣義勇隊呈請將留崇台胞李瑞成等五十餘人派車送浙參加戰地工作，所需車輛五日期……運輸公司接洽撥用並具報等因；奉此，查該台胞……請貴站撥派專車兩輛……奉令前因，相應……

崇安縣政府关于请派车送赴浙台胞给福建省运输公司崇安站的函　　一九四〇年七月二十六日

閱

至請
查照辦理見復為荷
此致
福建省運輸公司崇安站
隊長劉

52

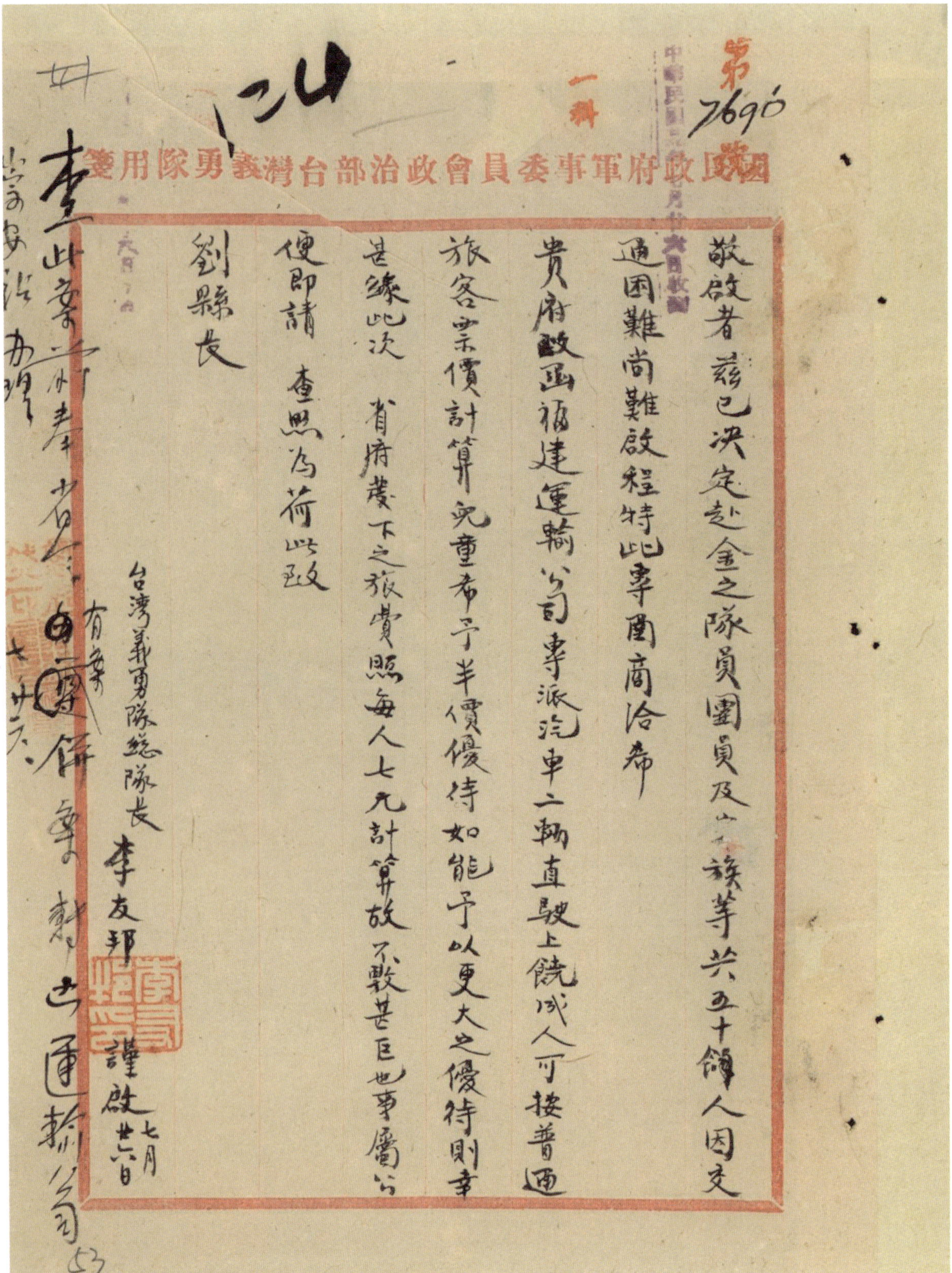
國民政府軍事委員會政治部台灣義勇隊用箋

第7690號

一科

敬啟者茲已決定赴金之隊員團員及山族等共五十餘人因交通困難尚難啟程特此專函商洽希
貴府致函福建運輸公司專派汽車二輛直駛上饒成人可按普通旅客票價計算兒童希予半價優待如能予以更大之優待則幸甚緣此次　省府發下之旅費照每人七元計算故不敷甚巨也事屬公便即請　查照為荷此致
劉縣長

台灣義勇隊總隊長
李友邦　謹啟　七月廿六日

台湾义勇队关于请转函福建省运输公司派车送赴浙工作台胞至江西上饶给崇安县政府的函

一九四〇年七月二十六日

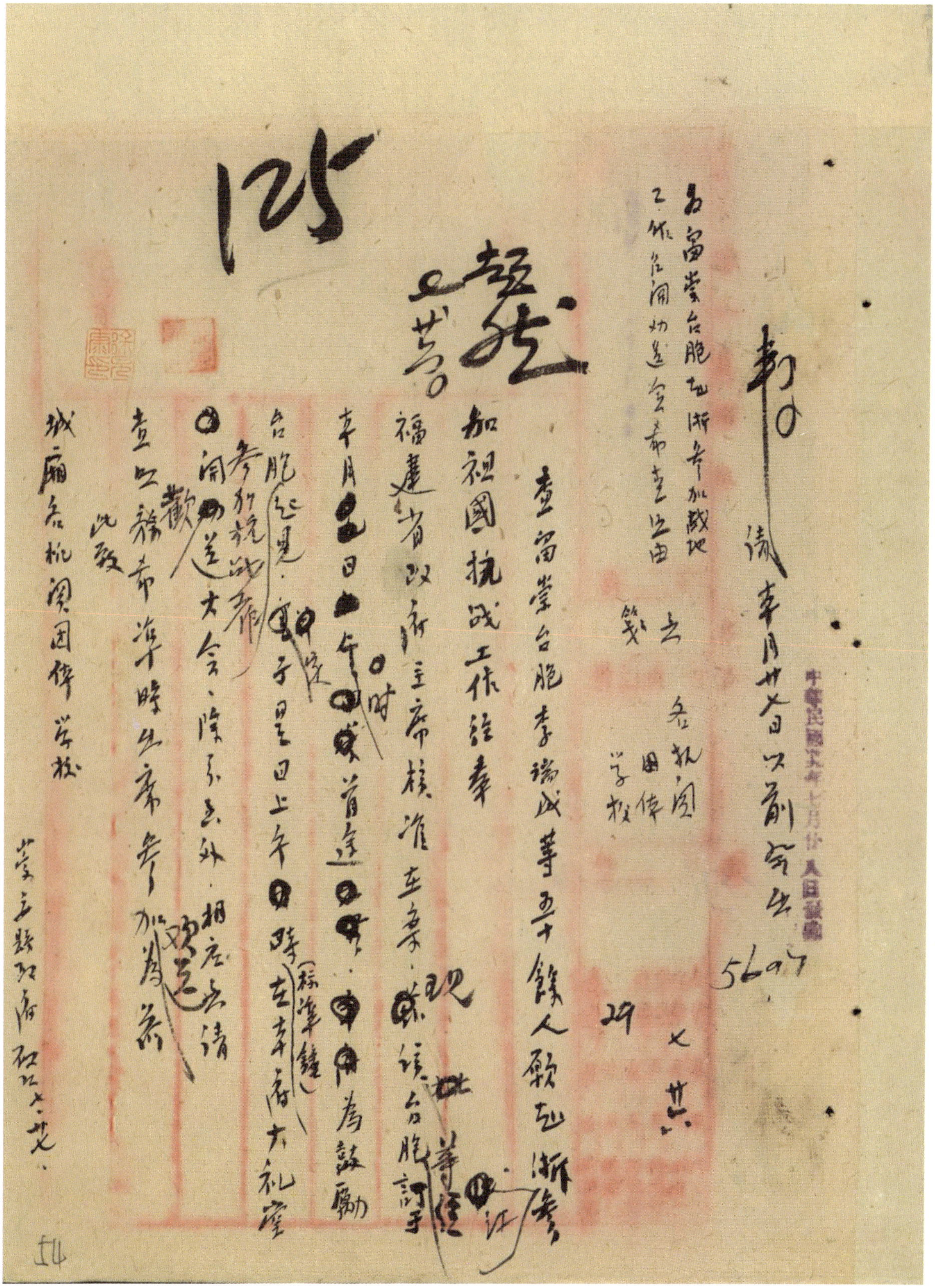
为留崇台胞赴浙参加战地工作召开欢送会希查照由

查留崇台胞李瑞成等五十餘人願赴浙參加祖國抗戰工作經奉福建省政府主席核准在案，現[illegible]台胞[illegible]，本府為鼓勵台胞起見，[illegible]本月[illegible]日[illegible]星期日上午[illegible]時（標準鐘）在本府大禮堂開[illegible]大會，除分函外，相應函請查照，屆時出席參加為荷。

此致

城廂各機關團體學校

崇安縣政府 啟 七·廿八

崇安县政府关于请出席留崇台胞赴浙参加战地工作欢送会给各机关团体学校的笺函

一九四〇年七月二十八日

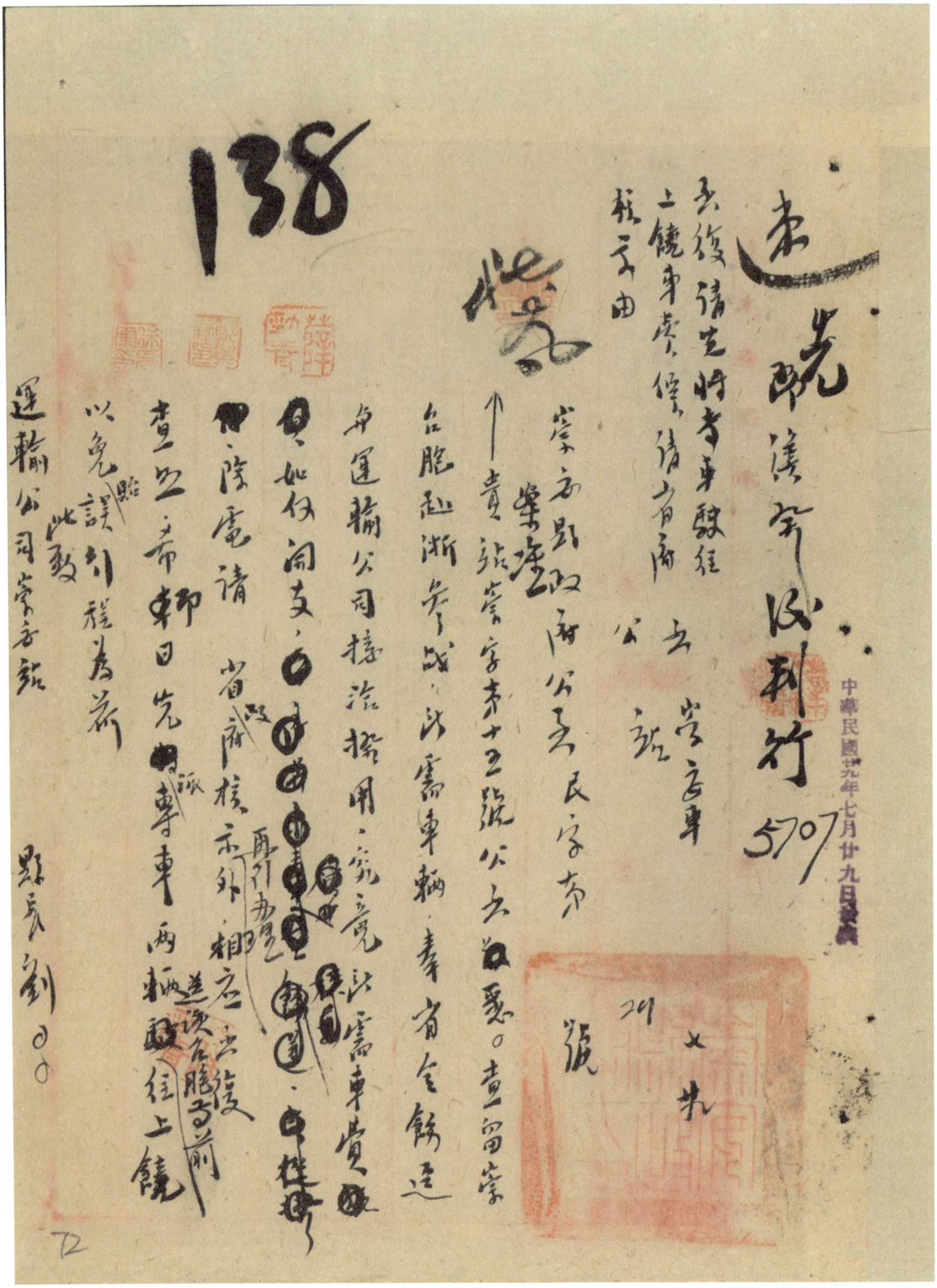
138

速
崇安縣政府代電 民字第5707號
中華民國廿九年七月廿九日發

為復請先將專車駛往上饒專案僱請省府核示由

崇安車站

崇安縣政府公函 民字第 號

案准
貴站崇字第十三號公函略開:查留崇台胞赴浙參戰,所需車輛,奉省令飭運輸公司撥派應用,究竟所需車費如何開支,電請省府核示外,相應函復,即希
查照,希即日先行派專車兩輛送該台胞前往上饒,以免誤時為荷。此致
運輸公司崇安站

縣長 劉○○

72

崇安县政府关于派专车送赴浙李瑞成等前往上饶给福建省运输公司崇安站的函

一九四〇年七月二十九日

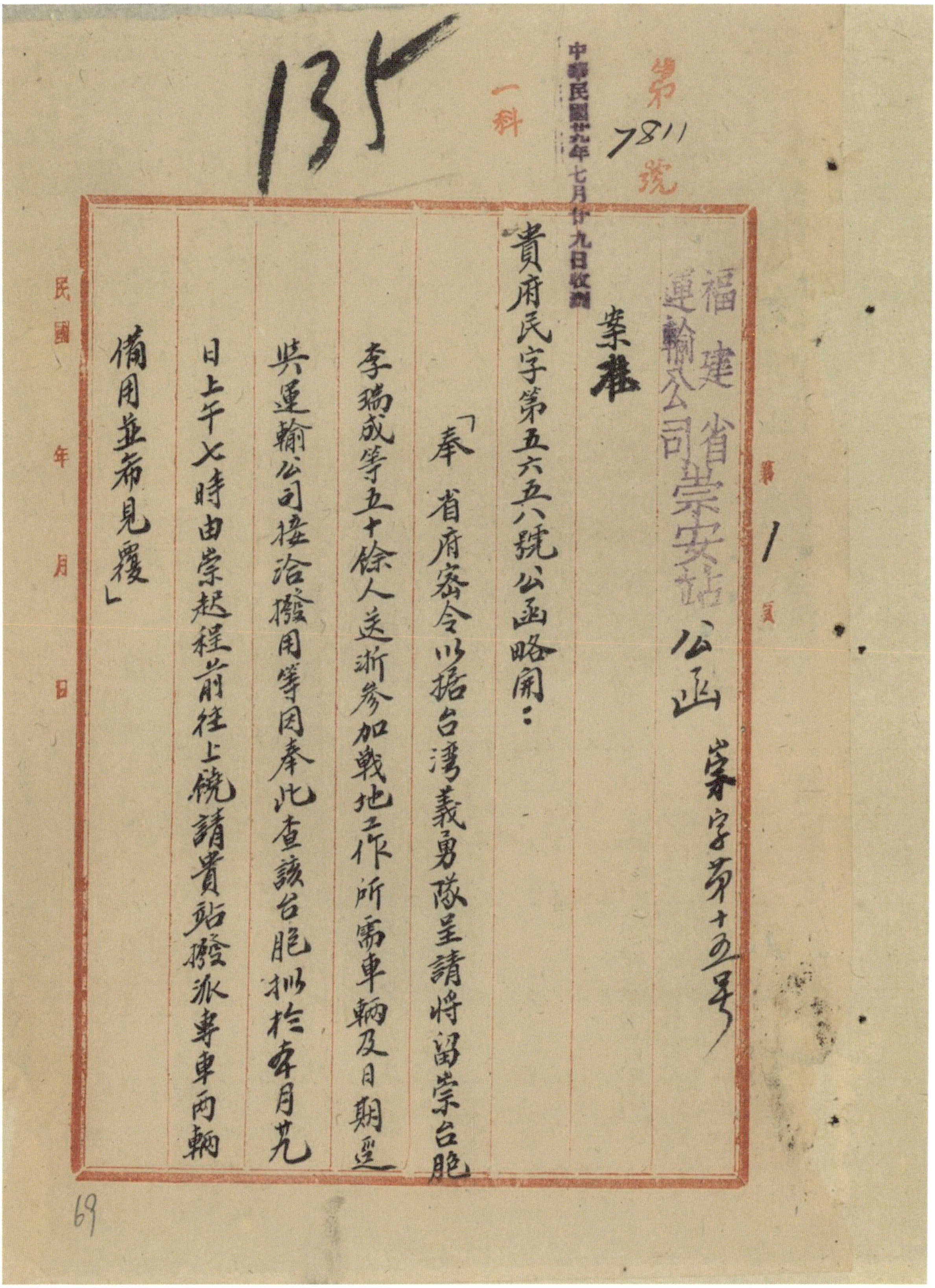

135

一科

中華民國廿九年七月廿九日收到

崇第7811號

福建省運輸公司崇安站 公函 崇字第十五号

第1頁

案准

貴府民字第五六五八號公函略開：

「奉 省府密令以據台灣義勇隊呈請將留崇台胞李瑞成等五十餘人送浙參加戰地工作所需車輛及日期逕與運輸公司接洽撥用等因奉此查該台胞擬於本月廿九日上午七時由崇起程前往上饒請貴站撥派專車兩輛備用並希見覆」

民國 年 月 日

69

福建省运输公司崇安站关于核定赴浙李瑞成等接送日期及收费标准给崇安县政府的函

一九四〇年七月二十九日

136

等由，准此。業經轉請
總段核示在案。茲奉雷處長已飭建陽總車場趕修備用，
準廿九日上午十時前到達，至收費一節，准按照軍用包車辦
理，每公里收費壹元陸角，並收空車津貼費每公里陸角，係由汾
水關起算，至外省公路機關所徵收通行費或養路費由本站代
收代付」等因，奉此。除將辦理情形另行報核外，相應函請
查照，為荷！
此致

第 2 頁

民國　年　月　日

70

137

崇安縣政府

㊂書諗悉，所事送往上饒定從行程

來費、電省請示，如須付給，即

請省庫撥給

七、廿九

啟

七月廿九日早

福建省運輸公司 崇安站

方岳

民國　年　月　日

第 3 頁

71

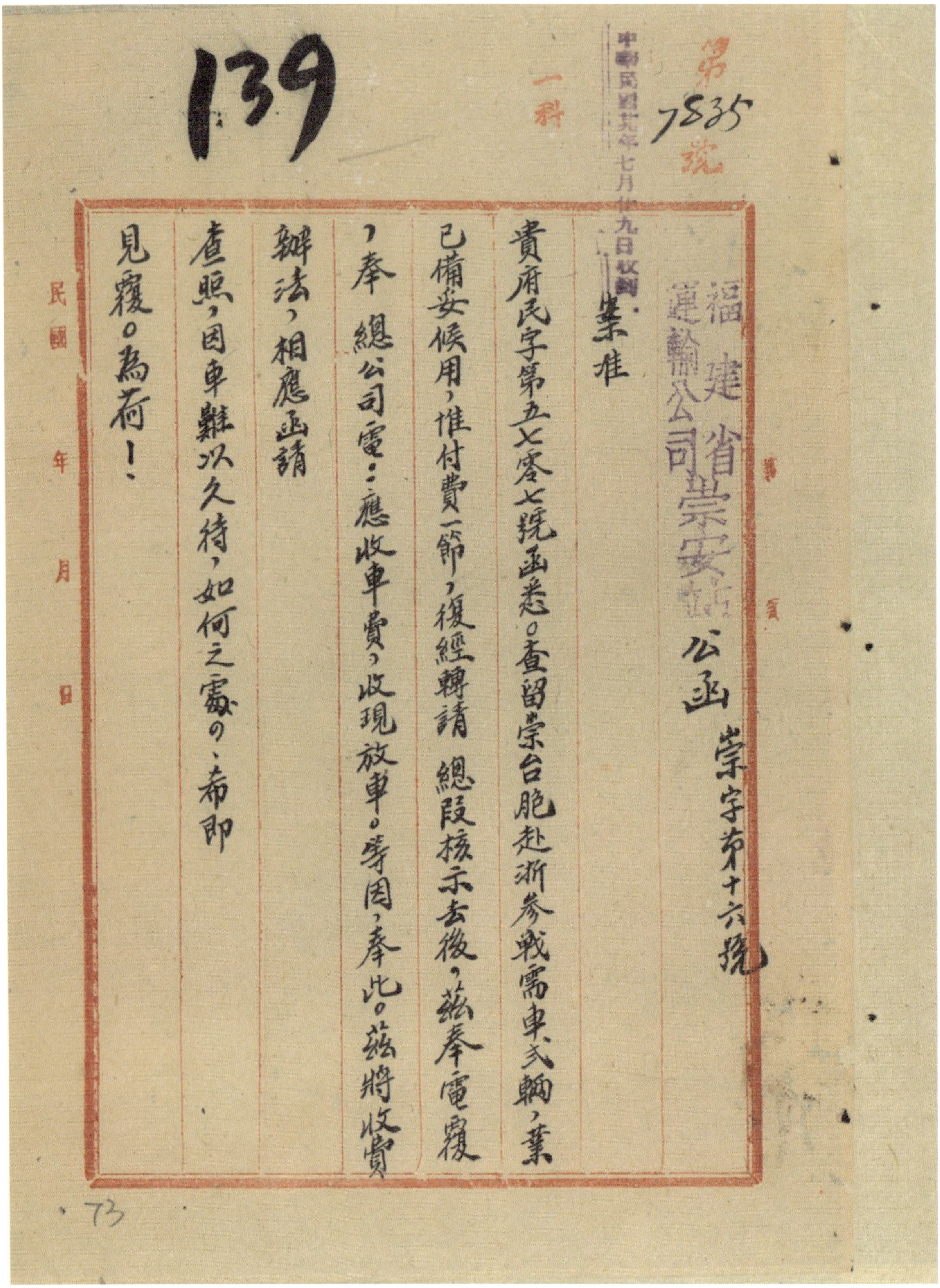
139

一科

中華民國廿九年七月廿九日收到

第7835號

福建省運輸公司崇安站 公函 崇字第十六號

案准

貴府民字第五七零七號函悉。查留崇台胞赴浙參戰需車弍輛，業已備妥候用，惟付費一節，復經轉請總段核示去後，茲奉電覆：奉總公司電：應收車費，收現放車。等因，奉此。茲將收費辦法，相應函請查照，因車難以久待，如何之處，希即見覆為荷！

民國　年　月　日

73

福建省运输公司崇安站关于送赴浙李瑞成等专车收费事项给崇安县政府的函

一九四〇年七月二十九日

140

此致。

崇安縣政府

轉達台灣义勇隊孟啟

七月廿九日

有關情报请

賜存查見復。

民國　年　月　日

74

福建省崇安縣政府快郵代電

民字第五八七二號

事由：為電報台胞李瑞成等赴浙日期及遵辦情形請核備由

福建省政府主席陳鈞鑒案鈞府律午篠府秘乙永八一〇一五號密訓令以據台灣義勇隊呈請將留崇台胞李瑞成等五十餘人送浙參加戰地工作所需車輛及日期逕與運輸公司接洽撥用等因除抄發名單奉此遵即函請運輸公司崇安站撥派專車兩輛送該台胞李瑞成等于本月謙日上午七時前往上饒去後業經該公司允予照辦詎至是日早晨突告車輛阻碍并需照軍[illegible]單辦法收費收現放車等語奈台灣義勇隊各團員旅費不

中華民國二十九年八月一日發

崇安县政府关于报送李瑞成等赴浙日期及遵办情形给福建省政府的电(附:赴浙台胞姓名清册)

一九四〇年八月一日

039

福建省崇安縣政府快郵代電

字第　　號

事由

第二頁　共

敷甚鉅經本府一再代向該公司交涉請其先行開車所
有應需車費一節另行辦理以免貽誤行程未得運輸公
司同意故遲至次(卅二)日始由該隊編練組組長牛先組
率領起程前往上饒轉赴浙江金華集訓至該台胞效勞
祖國參加抗敵工作本府經于講日晨六時召集各界舉
行歡送大會以資勉勵又此次奉准赴浙參加戰地工作
之台胞台童及義勇隊家屬柯大英柯水治朱炳源等二
十名因事一時未能起程已由該隊部准其緩行現仍暫

中華民國二十九年八月一日發

040

福建省崇安县政府快邮代电

字第　号

事由

留崇奉令前因除分呈绥靖公署外理合将遵办情形并造具实在赴浙台胞姓名清册一份电请察查崇安县县长刘超然叩东

附呈赴浙台胞姓名清册一份

中华民国二十九年八月一日发

第三页共三页

042

赴浙参加義勇隊台胞姓名清册

姓名	年齡	性别	職業	備考
蔡湘洲	五八	男	醫	
余其源	五〇	仝	仝	
池晚中	三七	仝	仝	
李耀成	六六	仝	仝	
李世良	六〇	仝	學生	
蔡獲	八七	仝	仝	
象崇皇	六六	仝	仝	
林阿相	六八	仝	商	

41

赴浙参加义勇队台胞姓名清册

姓名	年龄	性别	职业	备考
蔡湘洲	五八	男	医	
徐其源	五〇	仝	仝	
[illegible]	[illegible]七	仝	仝	
[illegible]	[illegible]六	仝	仝	
[illegible]	[illegible]〇	仝	学生	
[illegible]	[illegible]七	仝	仝	
张荣皇	六六	仝	仝	
林阿相	六八	仝	商	

此外尚有柯士英，周月英，王石金，何素红，柯水茂。曾溪水，曾炳达，陈守清，八名未往。又石米来，郑惠敏，曾爱珠，在报到台胞名单内。

043

字第

陳依清	三六	仝	集
石光来	花	女	石昆玉
劉恵敏	仝	九	劉道榮
曾愛鎵	仝	十四	楊水治

赴浙参加少年團台童姓名清冊

姓名	性別	年齡	家長	備考
林長梅	男	一六	吳林氏	
林長奎	仝	一六	仝	
郭燕治	女	一四	郭海候	
郭昆煥	男	九	仝	
黃月絹	女	一六	黃國端	
黃月仙	女	九	仝	
許文清	男	一五	許文祿	
謝元文	仝	八	簡秦	

045

044

此外尚有朱炳侯、高亞琼、高秀清、洪亞真、曾雅真、洪水月、李金裕、廖月英、盧尚平、蔡攀登十名未往

45

赴浙參加少年團台童姓名清册

姓名	性别	年龄	家長	備考
林長梅	男	十六	天林氏	
林長堂	仝	十六	仝	
郭燕治	仝	十四	郭海侯	
[illegible]		九	仝	
[illegible]		十六	黃國瑞	
[illegible]		九	仝	
[illegible]		十五	許文祥	
謝元文	仝	八	簡素	

44

鄧楊秘

敘

九

鄧秉仁

047

赴浙家族姓名清冊（台灣義勇隊）

家族姓名	性別	年齡	隊員姓名	家族關係	備考
林秋蓮	女	四〇	李友梅	母子	
林美良	女	三四	鄧東仁	夫妻	
鄧令宜	女	五	仝	父子	
鄧曉鐘	男	七	仝	仝	
鄧彩霞	女	四	仝	仝	
林淑惠	女	三八	郭岭侯	夫妻	
郭昆梅	男	七	仝	父子	
蔡清鑾	女	三四	石昆玉	夫妻	

046

此外尚有黄月瑞、曾明义二名未往

福建省政府秘书处

48

047

赴浙家族姓名清册（台湾义勇队）

家族姓名	性别	年龄	队员姓名	家族关系	备考
林秋莲	女	四〇	王宏海	母子	
林美良	女	三四	邓东仁	夫妻	
邓令宜	女	五	仝	父子	
邓晓钟	男	七	仝	仝	
[illegible]	[illegible]	四	仝	仝	
[illegible]	[illegible]	三八	郭崁候	夫妻	
[illegible]	[illegible]	七	仝	父子	
[illegible]	[illegible]	三四	石昆玉	夫妻	

048

施美德	女	二四	謝子梅	之妻
張约	女	三三	黃國瑞	之妻
黃鍾亮	男	七	仝	仝

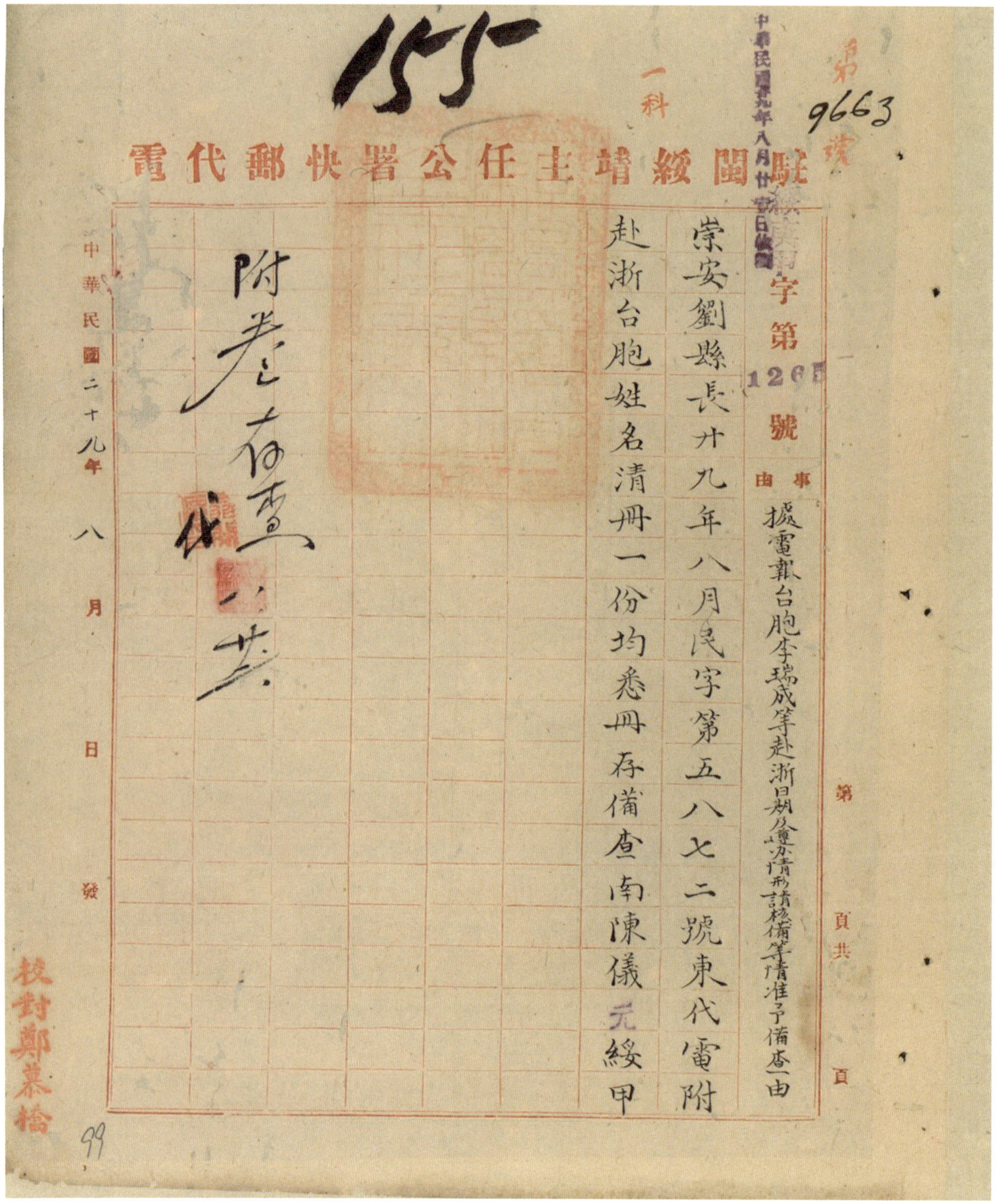
155

一科

9663

中華民國廿九年八月廿□日收到

駐閩綏靖主任公署快郵代電

民字第126□號

事由 據電報台胞李瑞成等赴浙日期及遵办情形請核備等情准予備查由

崇安劉縣長廿九年八月民字第五八七二號東代電附赴浙台胞姓名清冊一份均悉冊存備查 南陳儀 元綏甲

附卷存查 八、廿六

中華民國二十九年八月 日發

第 頁 共 頁

校對鄭慕橋

99

驻闽绥靖主任公署关于李瑞成赴浙日期及遵办情形准予备查给崇安县政府的代电

一九四〇年八月十三日

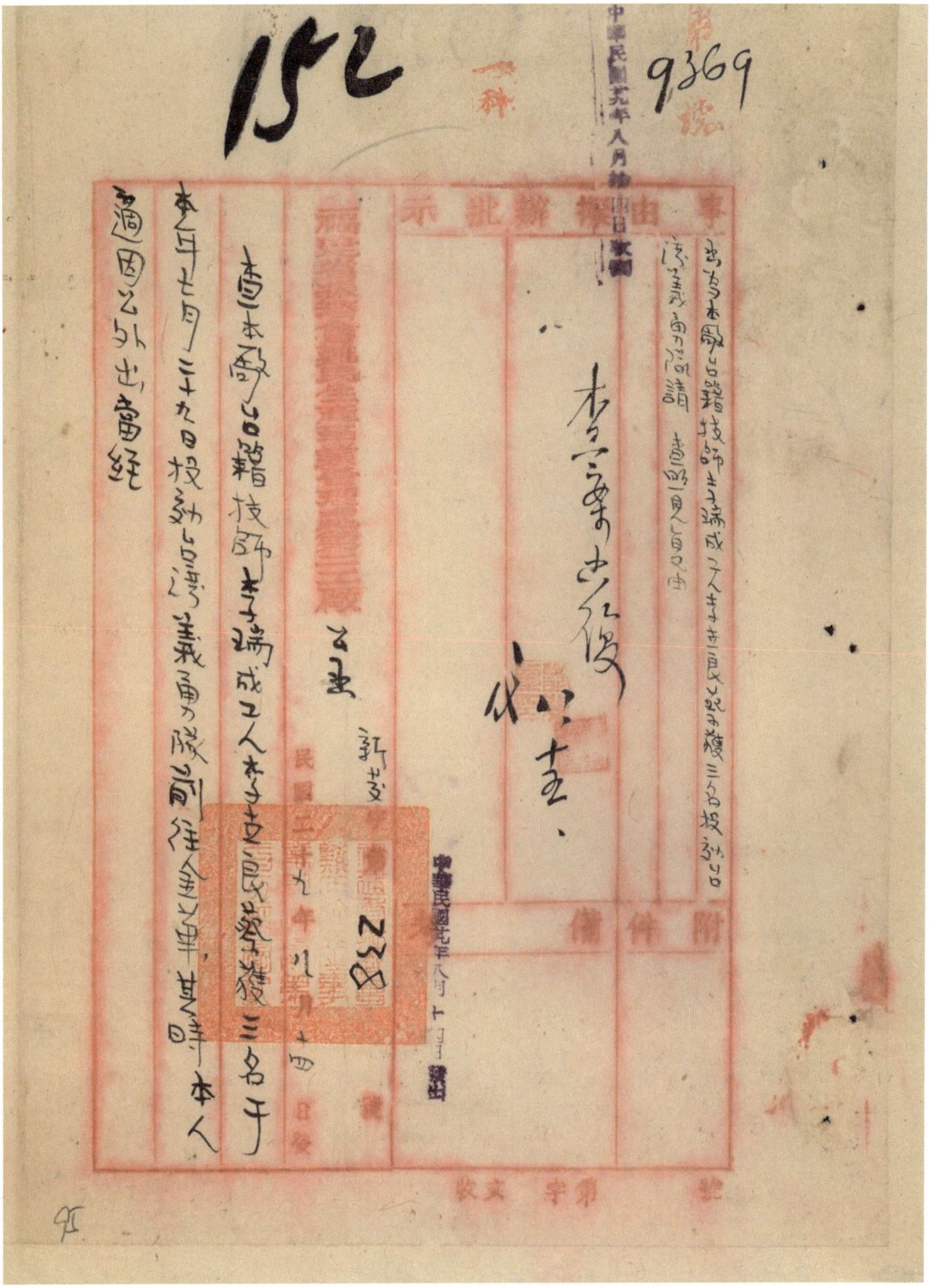
152
9369
中華民國廿九年八月拾四日發

事由：为当本厂台籍技师李瑞成工人李吉民蔡孟獲三名投効台湾義勇隊函請查明見復由

擬辦

批示

福建省振濟會難民生產事業管理處第二工廠

查本厂台籍技师李瑞成工人李吉民蔡孟獲三名于本年七月二十九日投効台湾義勇隊前往金華其時本人適因公外出當經

附件

備

中華民國廿九年八月十四日發出

福建省振济会难民生产事业管理处第二工厂关于查复李瑞成等赴浙参加台湾义勇队给崇安县政府的函

一九四〇年八月十四日

貴府出民管理員林清藻君認明，業奉
省令准予放行，是否有當之處，相應函達
查照見復，至紉公誼。
此致
寧安縣政府

縣長 林汝南

96

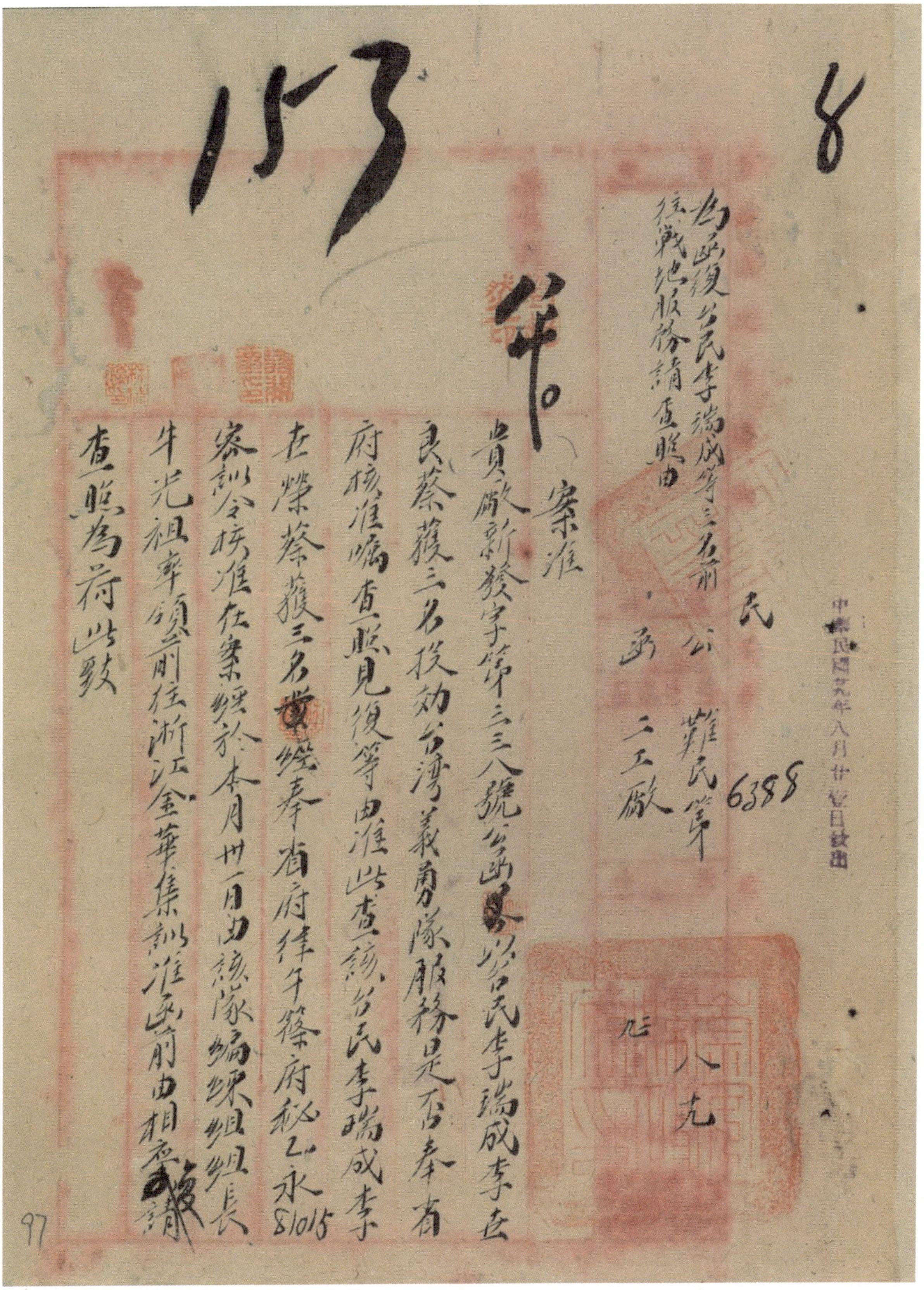
153　8

為函復台民李瑞成等三名前往戰地服務請查照由

民　公　函　難民第二工廠

中華民國廿九年八月廿一日發出

6388

八　九　卅

第　號

案准
貴廠新發字第三三八號公函，以台民李瑞成、李在良、蔡獲三名投効台灣義勇隊服務，是否奉省府核准，囑查照見復等由。准此，查該台民李瑞成、李在良、蔡獲三名，業經奉省府律午篠府秘乙永81015容訓令核准在案，經於本月卅一日由該隊編練組組長牛光祖率領前往浙江金華集訓。准函前由，相應函復，請查照為荷。此致

97

崇安县政府关于李瑞成等三名赴浙参加台湾义勇队给福建省振济会难民生产事业管理处第二工厂的函
一九四〇年八月二十一日

154

福建省振济会难民第三厂

县长刘〇〇

98

150

15

爲呈報台民涂其源一名前往戰地服務請察查由

民

中華民國廿九年八月廿一日收

6409

呈　省振濟會

案奉

福建省政府律午篠府秘乙水八〇五號訓令以據台灣義勇隊呈請將留崇台民李瑞成等五十餘人送浙參加戰地工作等情所請應予照准合行令仰該縣政府遵辦具報等因奉此查該台民李瑞成等經於七月卅日由崇起程赴金華集訓內有涂其源一名係奉鈞会救濟除將該台民伙食費自八月份起停止發給外理合備文送請

八廿

94

崇安县政府关于涂其源赴浙服务给福建省振济会的呈　　一九四〇年八月二十一日

751

察查！！

謹呈

福建省振濟會東主任委員陳

（銜名）

93

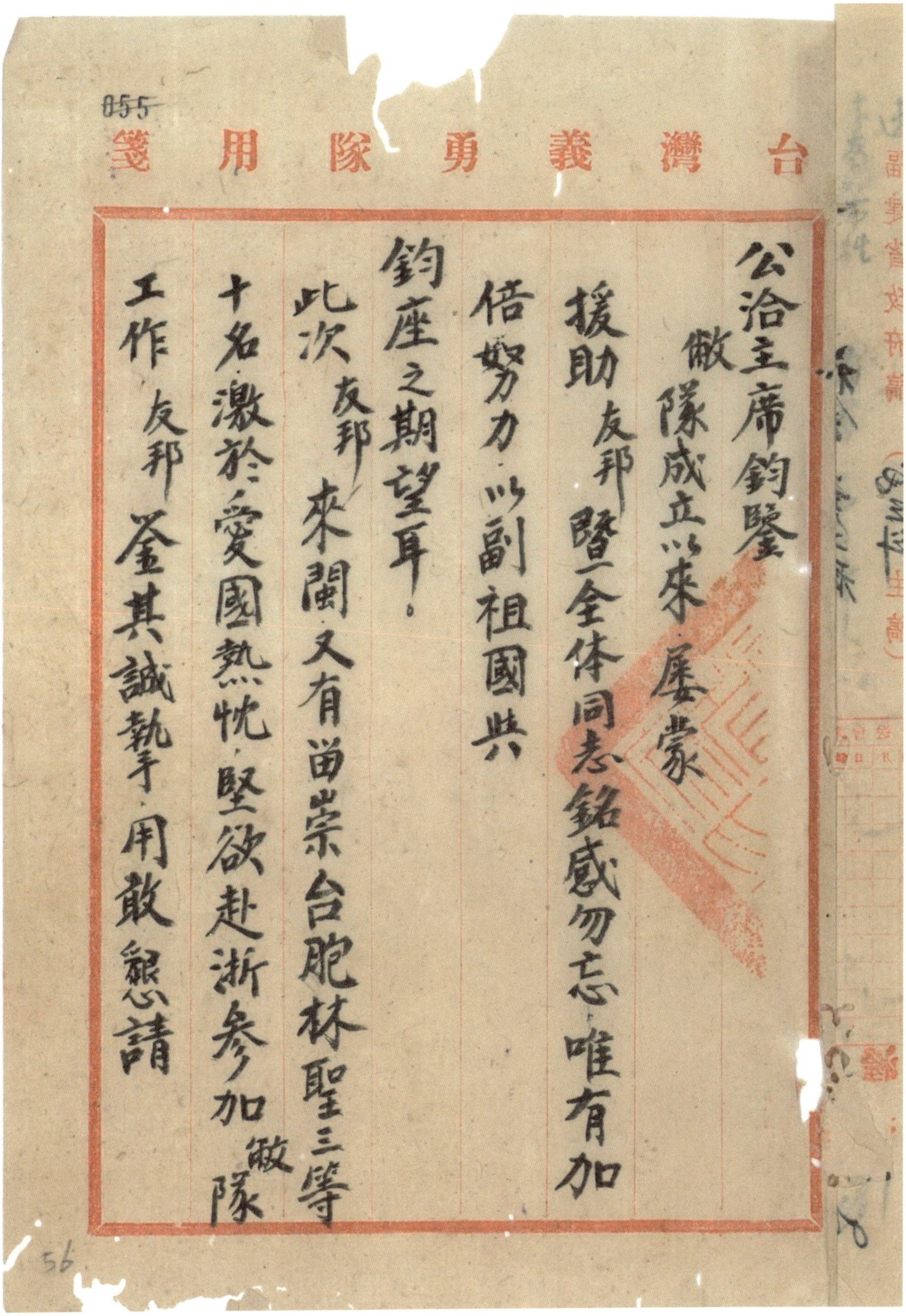

台湾义勇队关于请准林圣三等参加义勇队并予以补助给福建省政府的函

一九四〇年十一月二十二日

台灣義勇隊用箋

鈞座准許該林聖三等由友邦負責率
領赴浙，又因彼等清苦，敝隊經濟亦頗拮
据，川資行裝均感困難，並請准予補助
彼等川資、服裝、伙食（三個月）等費七百元，俾彼
志願得以實現，曷勝感禱，屢瀆清神，
尚祈
鑒核。專此，敬頌
政綏

李友邦 敬上
十二月廿二日

均准照辦
俊 元、十二、廿三

057

台灣義勇隊用箋

附名單一紙

黃啟明　吳文敏
黃玉燕　林聖三
劉基之　蘇秀義
林積安　林積天
林淑慧　林淑貞

共十名

同
綠　十一、廿三、

58

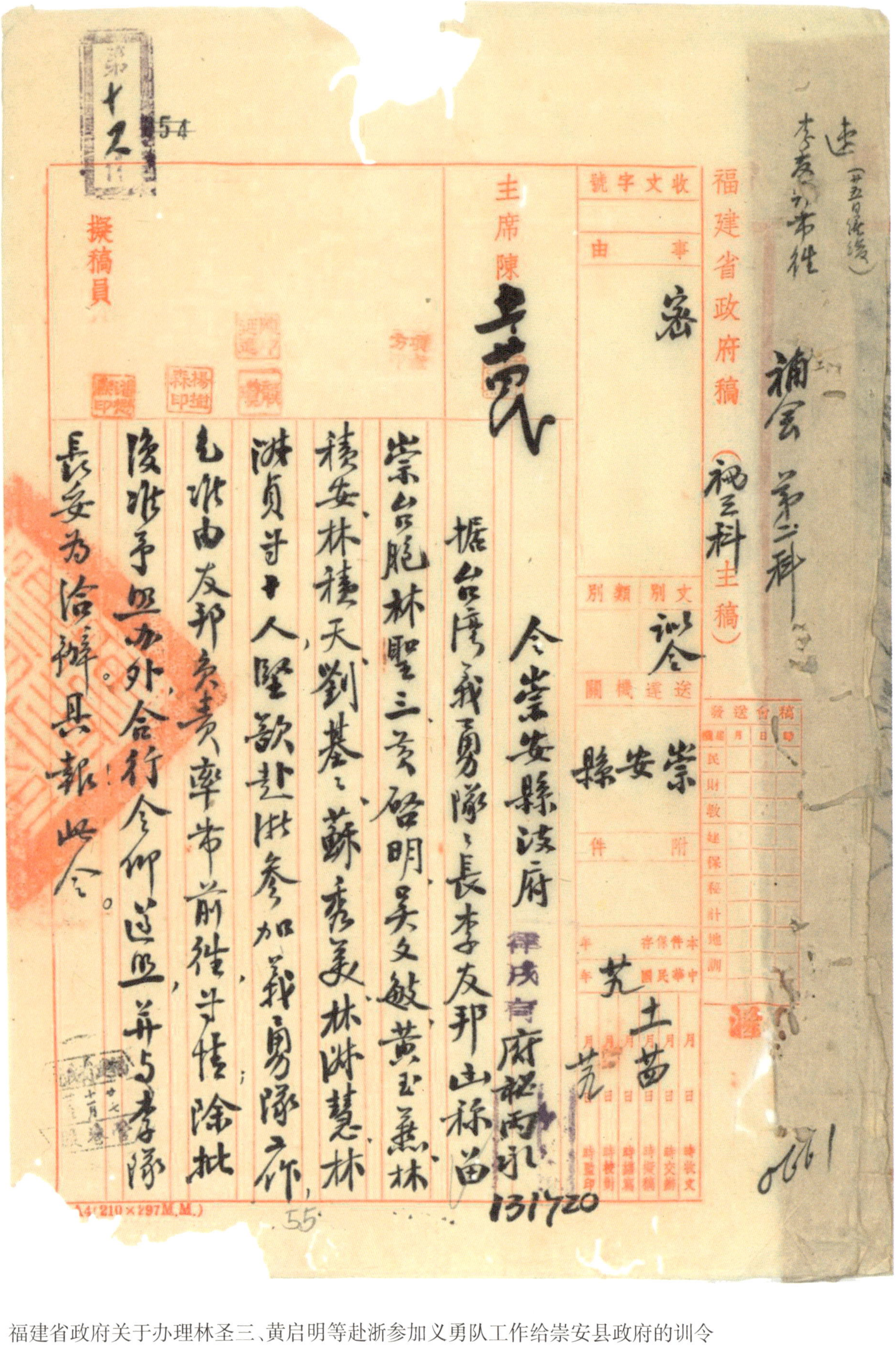

福建省政府稿（秘三科主稿）

事由：密

文别：训令

送达机关：崇安县

主席陈

拟稿员

令崇安县政府

据台湾义勇队队长李友邦函称：留崇台胞林圣三、黄启明、吴文敏、黄玉燕、林积安、林积天、刘基、苏秀美、林湖慧、林湖贞等十人坚欲赴浙参加义勇队工作，恳准由友邦负责率带前往等情。除批复准予照办外，合行令仰遵照，并与李队长妥为洽办具报。此令。

府秘丙礼 131720

福建省政府关于办理林圣三、黄启明等赴浙参加义勇队工作给崇安县政府的训令

一九四〇年十一月二十五日

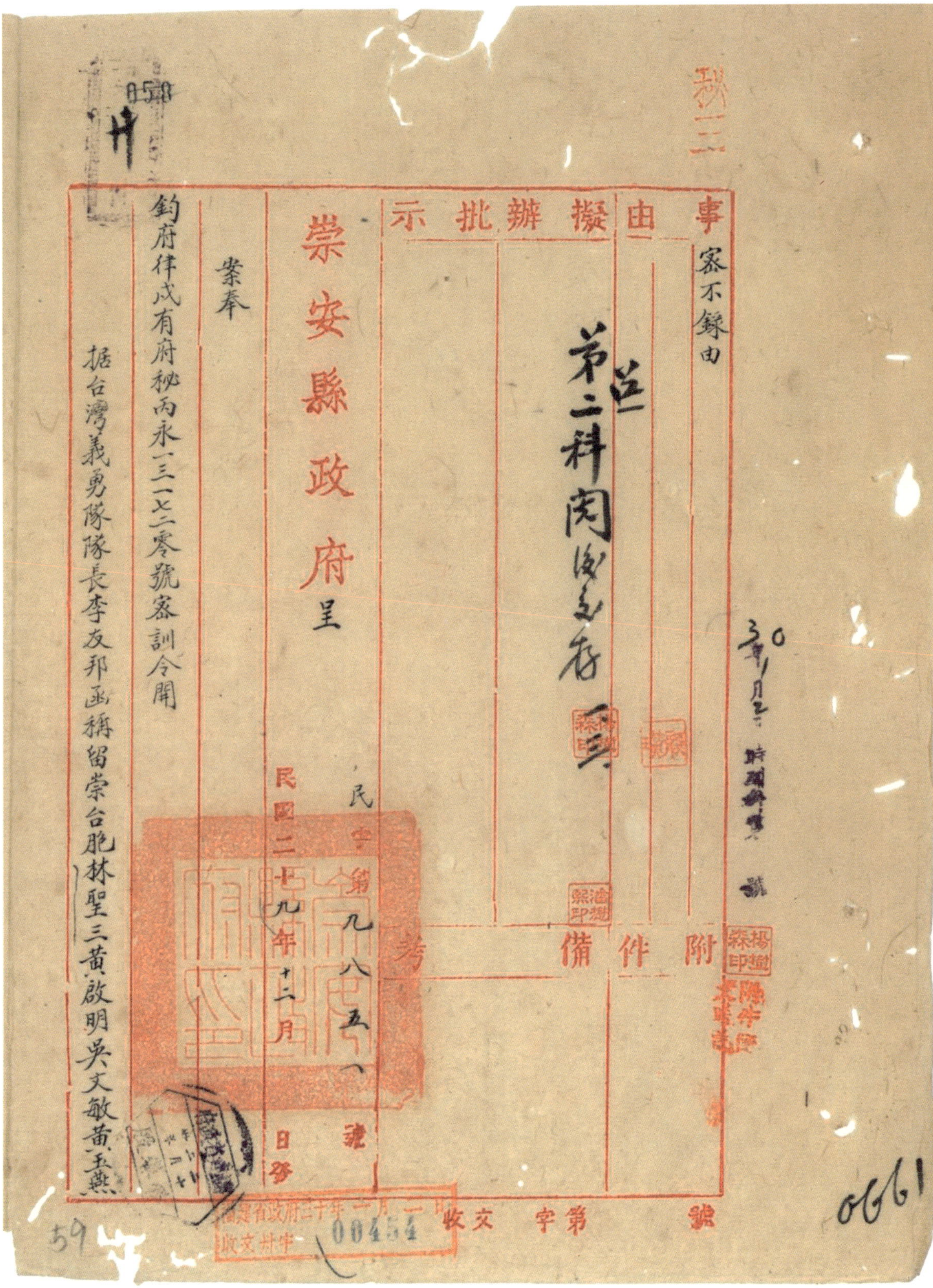

事由：密不録由

擬辦批示：第二科閱

崇安縣政府呈

民字第九八五一號

民國二十九年十二月　日發

鈞府律戍有府秘丙永一三一七二零號密訓令開

案奉

據台灣義勇隊隊長李友邦函稱留崇台胞林聖三黃啟明吳文敏黃玉燕

附件

備考

收文　字第　號

福建省政府三十年一月一日收文卅字 00454

崇安县政府关于报送林圣三等赴浙参加义勇队日期给福建省政府的呈(附:留崇台胞赴浙参加义勇队队员名册)

一九四〇年十二月

059

林積安林積天劉基基蘇秀美林淑慧林淑貞等十人堅欲赴浙參加義勇隊工作乞准由友邦負責率帶前往等情除批復准予照辦外合行令仰遵照並與李

隊長妥為洽辦具報」

等因；奉此，查該林聖三等十人，已于本月十三日由台灣義勇隊派員來崇率領，乘車首途赴浙，又留崇台胞陳守青、柯大英、李金福、曾炳達、曾溪水等五名，前經

鈞府律午篠府秘乙永一零一五號訓令核准赴浙參加義勇隊工作，本年七月間，因事未能起程，已由該隊准其緩行，仍暫留崇，業經本府以民字第五八七二號代電報請

察核各在案，茲准該隊隊長李友邦函，請准于是日一同由該隊率領赴浙，除分呈

綏靖公署外，理合彙造赴浙台胞名冊一份備文呈請

察核備查

60

060

謹呈

福建省政府主席陳

附呈留崇台胞赴淅參加義勇隊隊員名冊一份

崇安縣縣長劉超然

秘書翁燮章代行

浙江省政府主席黄

謹呈

061

留崇台胞赴浙參加義勇隊隊員名冊

~~062~~

前經呈准服務本隊留崇隊員名冊

姓名	性別	年齡	備考
陳守青	男	四十一	
柯大英	男	二十八	
李金福	男	一十三	
曾炳達	男	二十	
曾溪水	男	二十三	
合計		五名	

崇安縣政府

63

此次呈准赴浙隊員名冊

姓名	性別	年齡	備攷
林聖三	男	三十五	
蘇秀美	女	二十	
林積安	男	九	
林積天	男	六	
林淑惠	女	四	
林淑貞	女	二	
劉基基	男	十八	
吳文敏	女	二十九	

黃玉燕	女	五	
陳宗基	男	十四	該名係非集中来崇此次係屬自動参加
合計		拾名	

65

065

中華民國二十九年十二月日

66

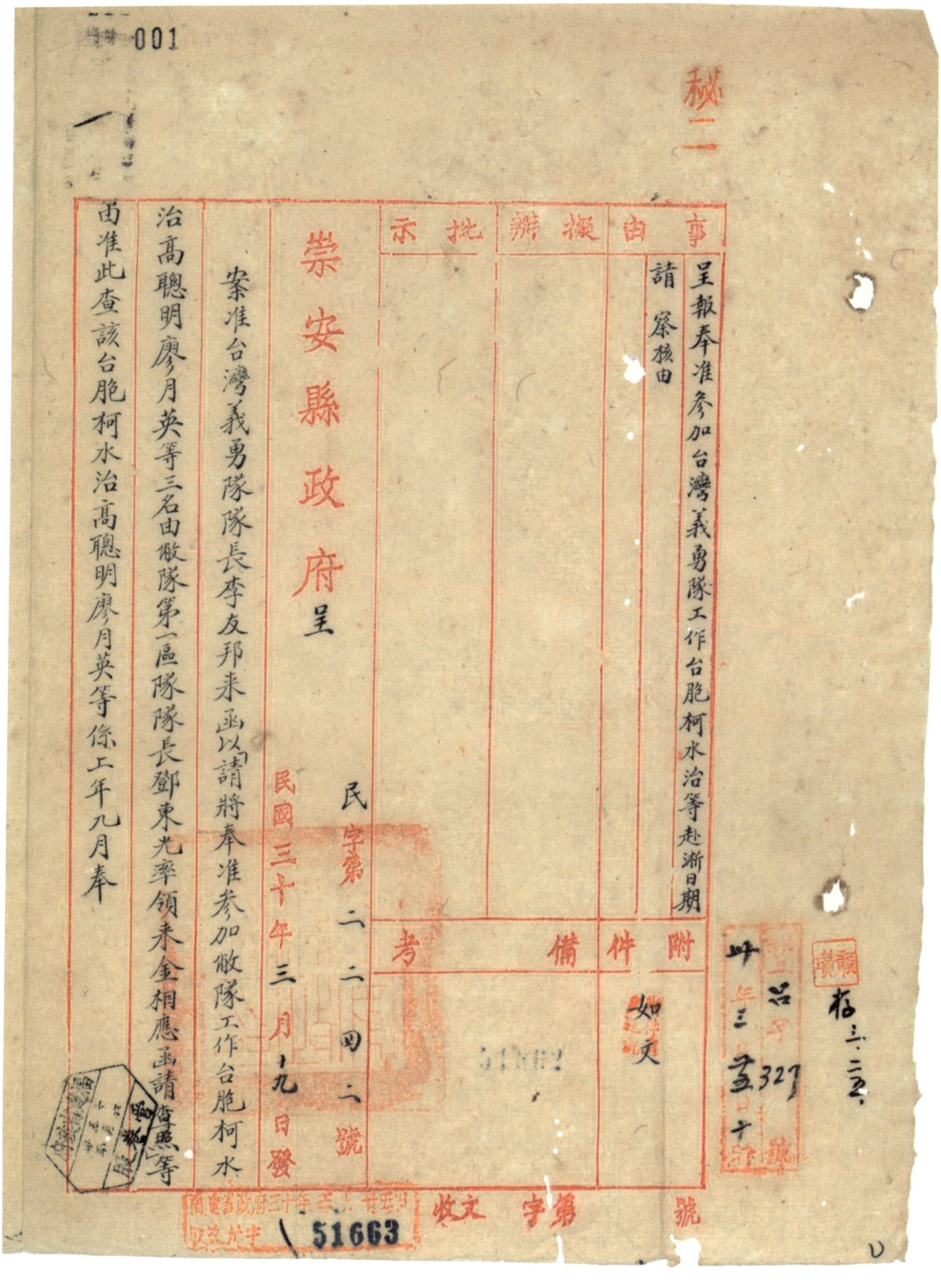

001

秘二

事由：呈報奉准參加台灣義勇隊工作台胞柯水治等赴浙日期請　察核由

擬辦

批示

附件：如文

備考

崇安縣政府呈

民字第二二四二號

民國三十年三月十九日發

案准台灣義勇隊隊長李友邦來函以請將奉准參加敝隊工作台胞柯水治高聰明廖月英等三名由敝隊第一區隊隊長鄧東光率領來金相應函請查照等由准此查該台胞柯水治高聰明廖月英等係上年九月奉

收文　字第　號

51663

崇安县政府关于柯水治、高聪明等赴浙参加台湾义勇队日期给福建省政府的呈（附：名册）

一九四一年三月十九日

002

鈞府律午篠府秘乙永八一零一五號訓令核准在案茲查該台胞柯水治等業經於本年二月二十四日由鄧東光率領由崇首途前往金華除函復并分呈 綏靖公署外理合檢同名册一份備文呈請

察核備查

謹呈

福建省政府主席陳

附呈柯水治等名册一份

崇安縣縣長劉超然

劉超然印

003

赴浙参加义勇队台胞及亲属姓名册

姓名	年龄	性别	亲属姓名	年龄	性别	备攷
曾柯水治	三五	女	曾華民 曾琳華 曾雅華		男 女 女	子 子 子
廖月英	一二	女	廖林金玉	四八	女	母
高聰明	一四	男	高黃小鳳	四六	女	母

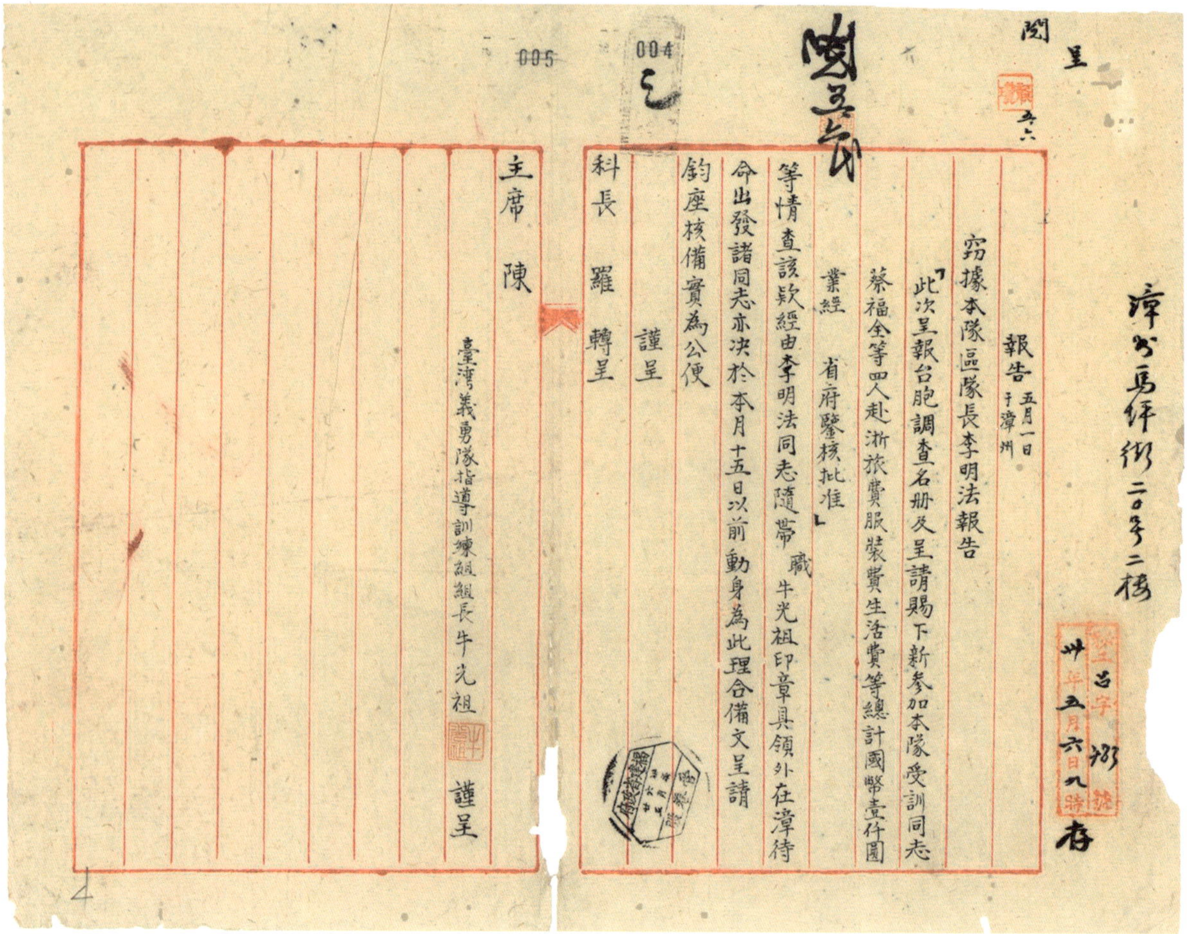

台湾义勇队指导训练组组长牛光祖关于蔡福全等四人赴浙日期给福建省政府的报告

一九四一年五月一日

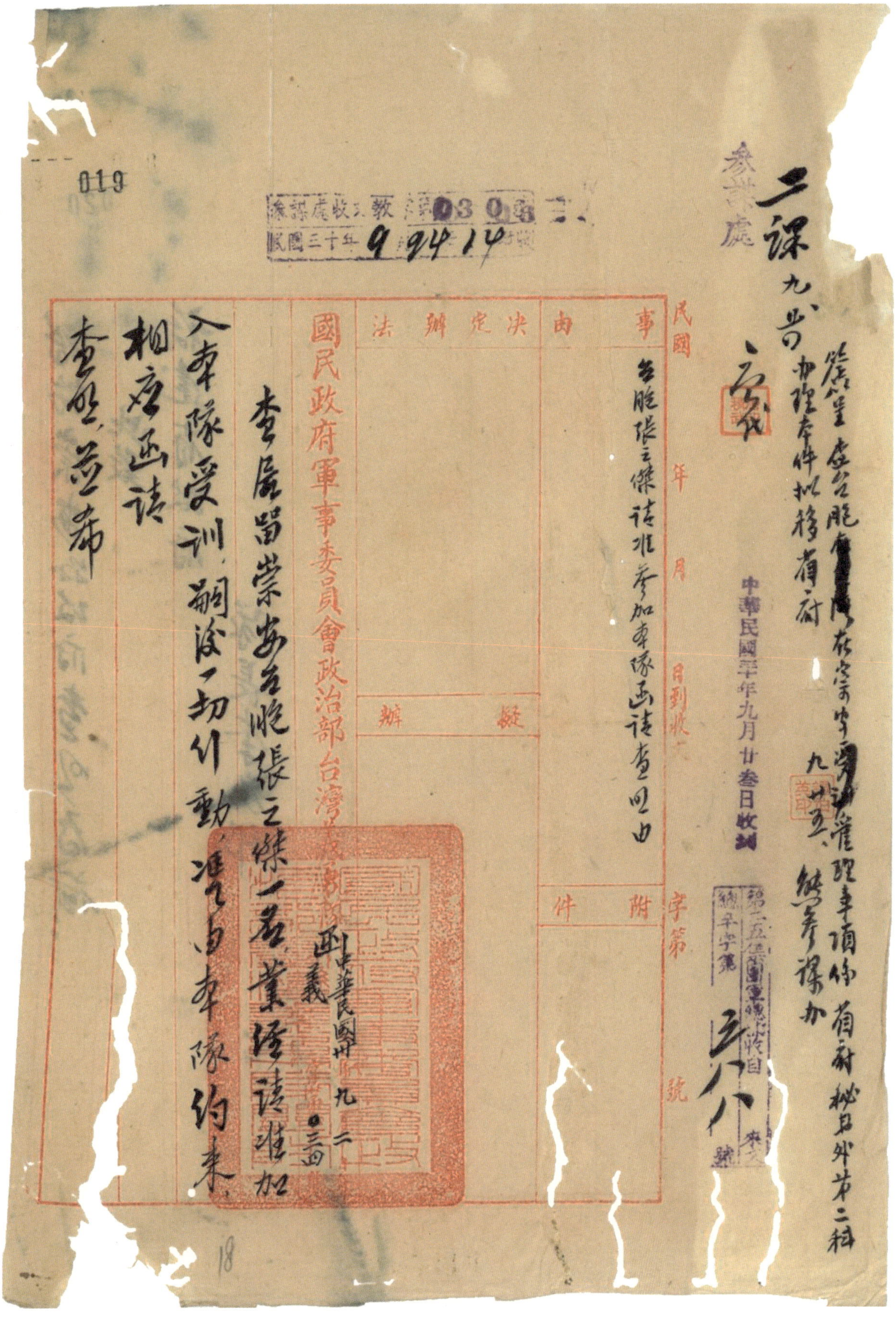

019

參謀處收文 [illegible] 03 0 [illegible]
民國三十年 9 94 14

參謀處

二課 九、卅

簽呈 查台胞[redacted]在崇安事[redacted]管理事項係省府秘書處第二科辦理，本件擬移省府
九 廿五、 經參謀辦

中華民國卅年九月廿叁日收到

事由：台胞張之傑請准參加本隊函請查照由

決定辦法

擬辦

附件

民國　年　月　日到收　字第　號

國民政府軍事委員會政治部台灣義勇隊 函 義 字 中華民國卅 九 二 [illegible]

查居留崇安台胞張之傑一名，業經請准加入本隊受訓，嗣後一切行動，凖由本隊約束，相應函請
查照，並希

18

台湾义勇队关于留崇台胞张之杰加入台湾义勇队受训给福建省政府的函　　一九四一年九月二日

020

轉飭崇安縣政府查照為荷。

此致

福建省政府

隊長李友邦

19

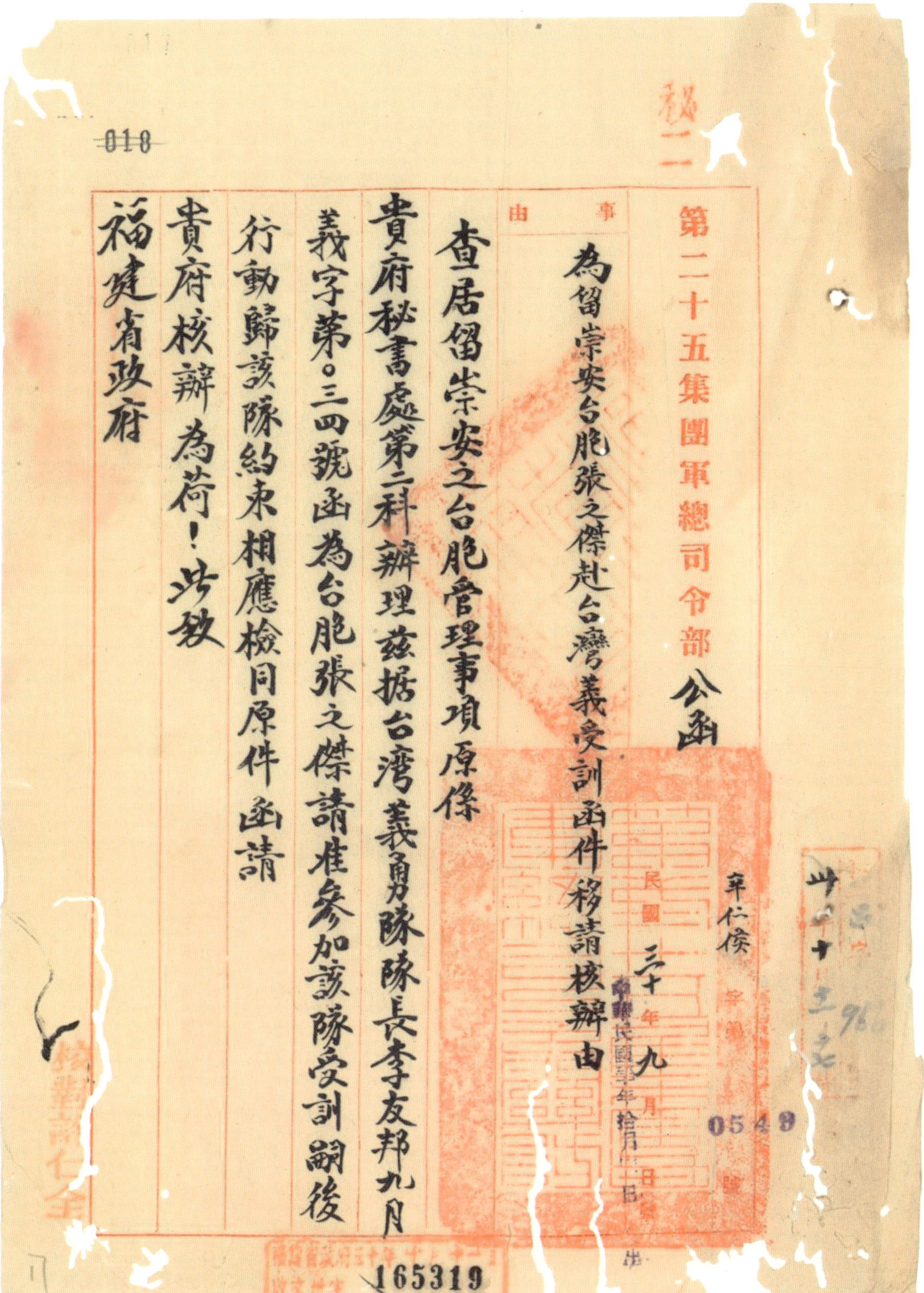

018

秘二

第二十五集團軍總司令部公函

事由：為留崇安台胞張之傑赴台灣義受訓函件移請核辦由

卒仁侯字第0548號

民國三十年九月 日

查居留崇安之台胞管理事項原係
貴府秘書處第二科辦理茲據台灣義勇隊隊長李友邦九月
義字第○三四號函為台胞張之傑請准參加該隊受訓嗣後
行動歸該隊約束相應檢同原件函請
貴府核辦 為荷！此致
福建省政府

165319

第二十五集团军总司令部关于张之杰加入台湾义勇队受训给福建省政府的函

一九四一年十月二日

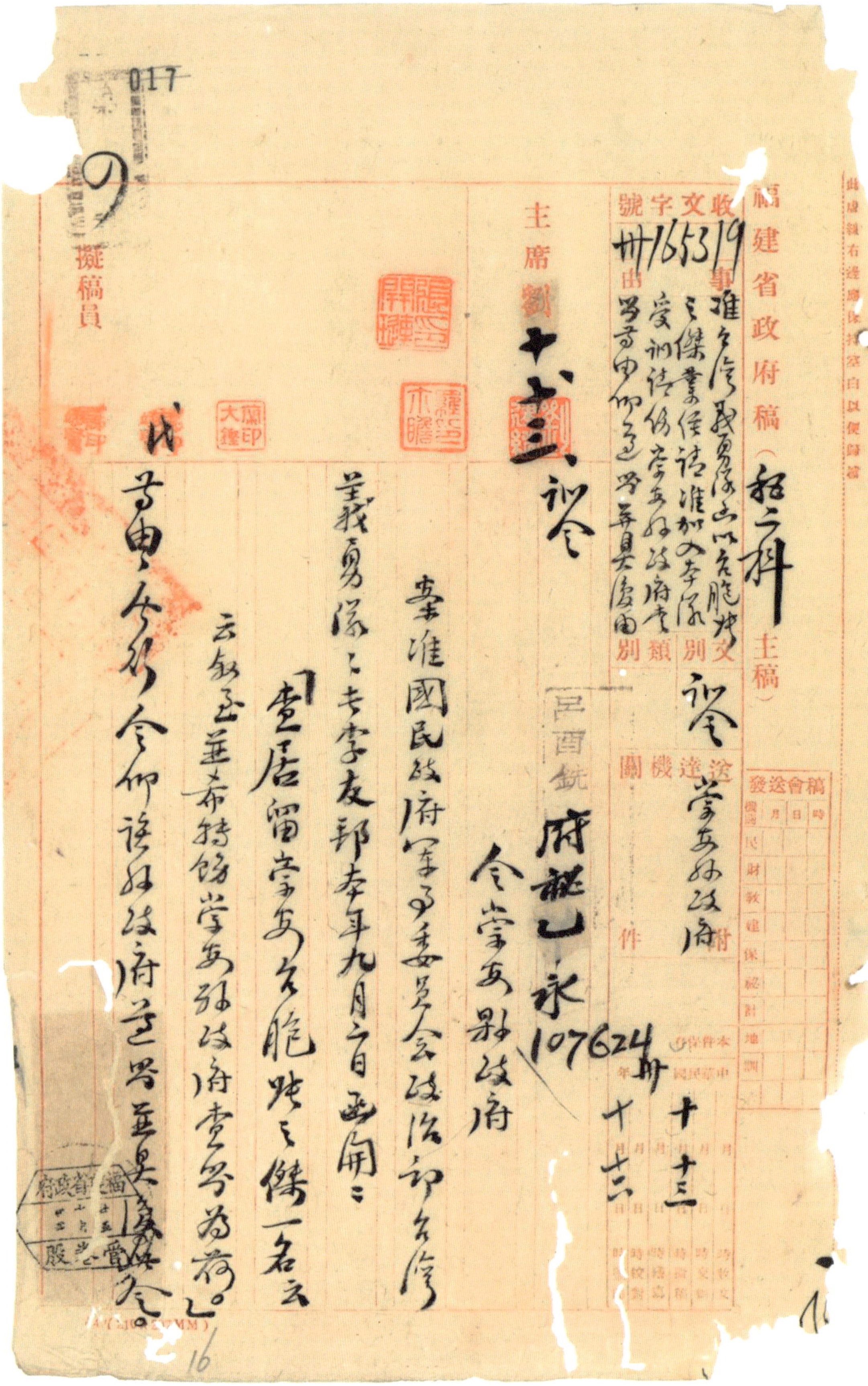
福建省政府稿（秘二科 主稿）

收文字號：册165319

文別：训令

事由：准台湾义勇队函以张之杰业经准加入本队受训请饬崇安县政府查照等由仰知照由

送達機關：崇安县政府

主席 刘

十六 训令 府秘一永107624

十 十三

十 十六

令崇安县政府

案准国民政府军事委员会政治部台湾义勇队三十年九月十日函开：

"查居留崇安之张之杰一名"云云"并希转饬崇安县政府查照为荷。"

等由。准此，合行令仰该县政府查照并具复为要。此令。

福建省政府关于张之杰加入台湾义勇队受训给崇安县政府的训令　　一九四一年十月十六日

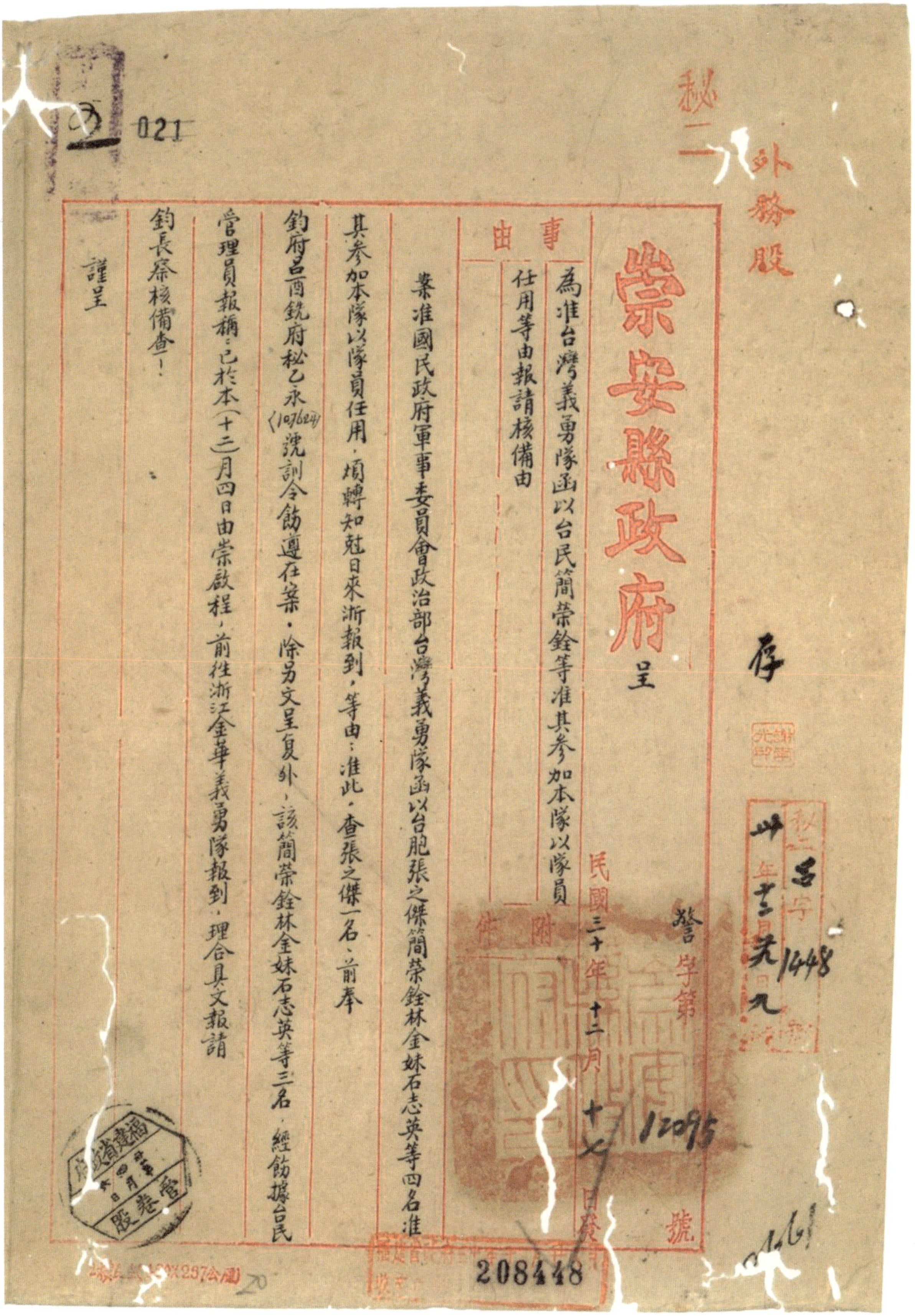

秘二 外務股

021

崇安縣政府 呈

事由：為准台灣義勇隊函以台民簡榮銓等准其參加本隊以隊員任用等由報請核備由

案准國民政府軍事委員會政治部台灣義勇隊函以台胞張之傑簡榮銓林金妹石志英等四名准其參加本隊以隊員任用，煩轉知克日來浙報到，等由；准此，查張之傑一名，前奉鈞府呂酉銑府秘乙永〈107624〉號訓令飭遵在案，除另文呈復外，該簡榮銓林金妹石志英等三名，經飭據台民管理員報稱：已於本（十二）月四日由崇啟程，前往浙江金華義勇隊報到，理合具文報請

鈞長察核備查！

謹呈

民國三十年十二月十七日發 警字第 號

存

卅 秘二 字 1448

12095

208448

崇安县政府关于简荣铨、林金妹等前往浙江金华义勇队报到日期给福建省政府的呈

一九四一年十二月十七日

022

福建省政府主席劉

崇安縣縣長吳石仙

秘書鄭貴新校行

21

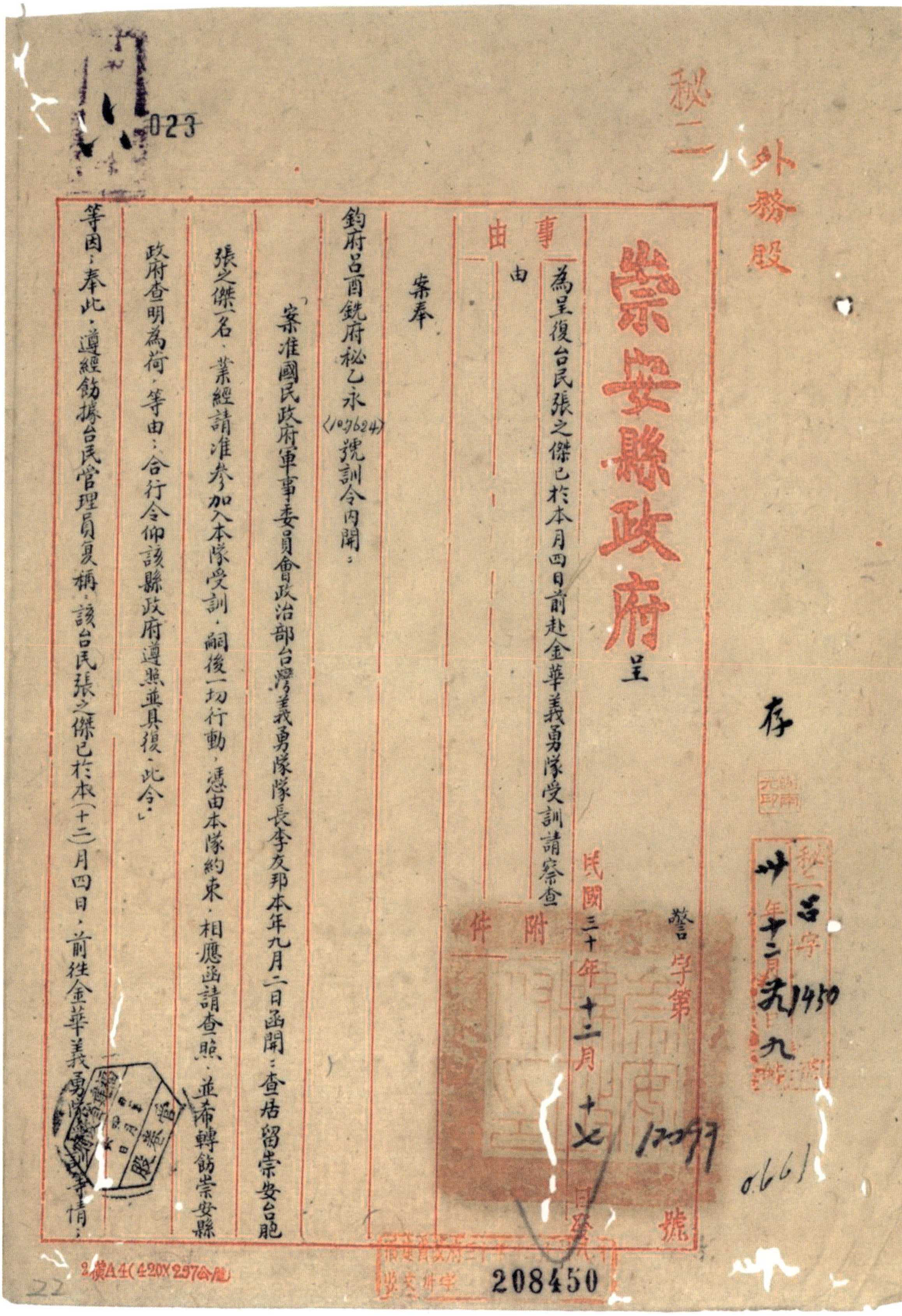
秘二 外務股

崇安縣政府 呈

事由：為呈復台民張之傑已於本月四日前赴金華義勇隊受訓請察查

案奉

鈞府呂酉銑府秘乙永（107624）號訓令內開：「案准國民政府軍事委員會政治部台灣義勇隊隊長李友邦本年九月二日函開：查括留崇安台胞張之傑一名，業經請准參加本隊受訓，嗣後一切行動，憑由本隊約束，相應函請查照，並希轉飭崇安縣政府查明為荷，等由；合行令仰該縣政府遵照並具復，此令。」等因；奉此，遵經飭據台民管理員夏禎：該台民張之傑已於本（十二）月四日，前往金華義勇隊……等情；

附件

民國三十年十二月十七日 警字第 號

存

208450

崇安县政府关于张之杰赴浙江金华义勇队受训日期给福建省政府的呈

一九四一年十二月十七日

024

據此，理合具文呈复
鈞長察核備查！
謹呈
福建省政府主席劉

崇安縣縣長吴石仙

（印）

（印）言舞崇新代行

福建省政府关于台湾义勇队队员眷属迁离崇安等事与崇安县政府等的来往文电

一九四〇年二月—一九四二年十二月

呈

事由（摘錄者文摘由）	交辦	擬辦	批辦	備考
呈為因夫赴浙江參加台灣義勇隊現派在雲和縣兒童保育分會担任醫務懇祈恩予賜准氏仝兒女往雲和與氏夫共同生活互相照應俾免分離兩地由	附件		021	

福建省政府 二十九年三月五日

收文 字第 36212 號

林美良为请准携带儿女至云和县与丈夫一起生活给福建省政府的呈　　一九四〇年二月二十七日

具呈民婦林美良年卅三歲長男鄧揚秋九歲次男曉鐘七歲女令宜五歲次女彩霞三歲計五人現住崇安縣城内前街門牌十五號緣氏夫鄧東仁于去年二月間追隨李友邦先生赴浙江參加台灣義勇隊現氏夫已派在雲和縣戰時兒童保育會浙江分會第二保育院担任醫務留氏母子五人在崇安因水土不合疾病頻生限於經濟無力延醫調治痛苦良多竊思氏夫派在雲和担任醫務意欲率同兒女前往雲和與氏夫共同聚處且可互相照應特懇李友邦先生為保是以具呈

鈞座　懇祈
恩施特典，賜准氏同諸兒女前往雲和與氏夫共同生活，俾免
分離兩地。伏乞俯賜恩准，實感公便。
謹呈
福建省政府主席　陳

具呈懇請民婦林美良（印：林美良）

中華民國二十九年二月二十七日

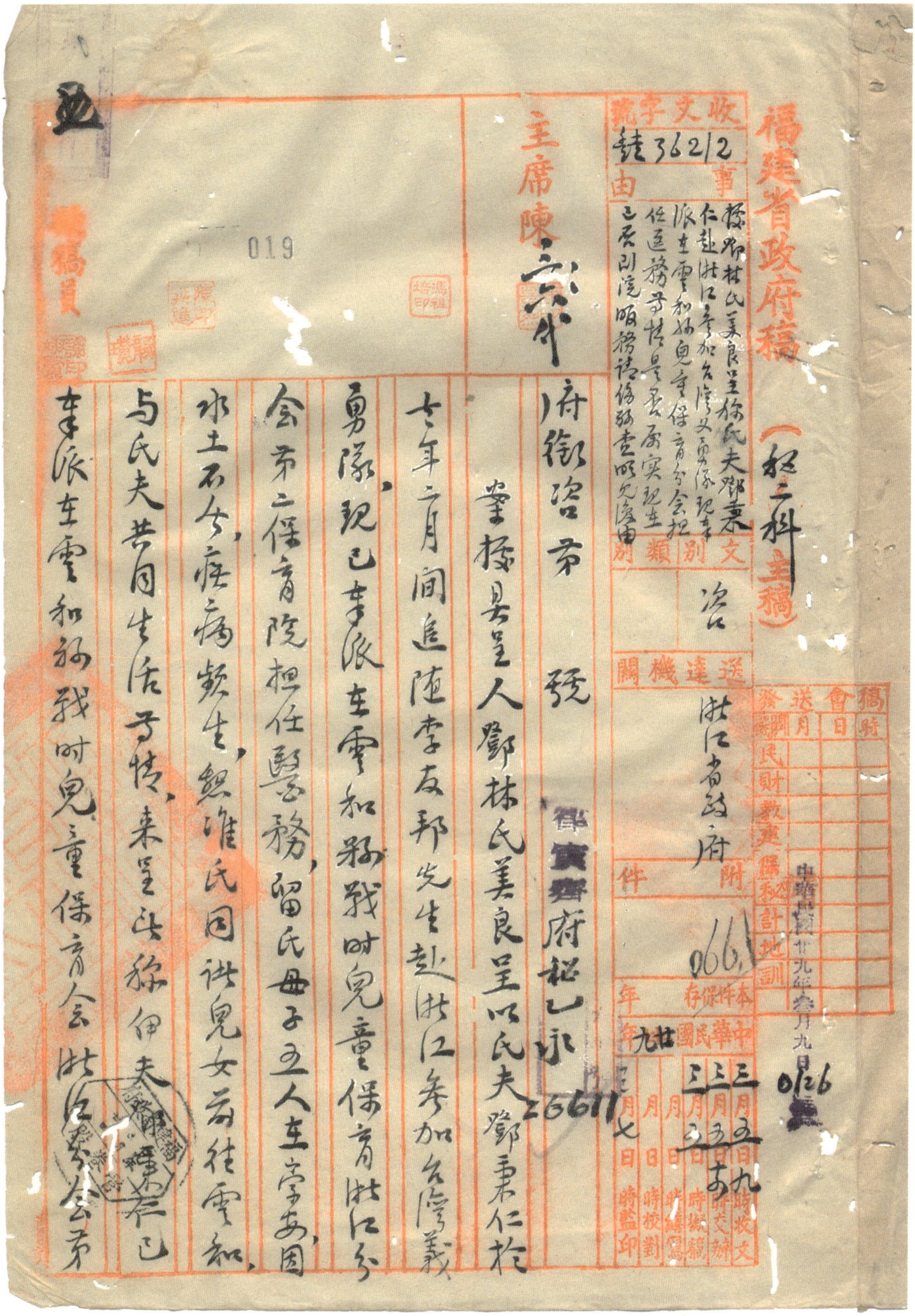

福建省政府稿（社二科主稿）

收文字號：鏈36212

事由：據鄧林氏美良呈請氏夫鄧秉仁赴浙江參加台灣義勇隊現奉派在雲和從事保育分會担任醫務等情是否屬實現在已否引退咨請轉飭查明見復由

文别：咨

送達機關：浙江省政府

主席陳

府衛咨　字　號

案據縣呈人鄧林氏美良呈以氏夫鄧秉仁於廿七年二月間追隨李友邦先生赴浙江參加台灣義勇隊，現已奉派在雲和縣戰時兒童保育浙江分會第二保育院担任醫務，留氏母子五人在崇安，因水土不合，疾病叢生，無法維持，氏因託兒女為往雲和，與氏夫共同生活等情，来呈氏稱伊夫在已奉派在雲和縣戰時兒童保育會浙江分會第

府秘乙字26611

福建省政府关于请转饬云和县政府查复邓秉仁担任医务详情给浙江省政府的咨

一九四〇年三月八日

二保育院擔任醫務一節，是否合宜，現在已否該院服務，相應

咨請

貴省政府轉飭雲和縣政府查明見復爲荷。此咨

浙江省政府

75

浙江省政府咨

秘字第4838号

民國二十九年五月二日發

事由：准咨查明鄧秉仁確在雲和保育第二分院担任醫師復請查照由

案准

貴省政府本年三月八日律寅齊府秘一永二六六一一號咨以據鄧林氏美良呈稱氏夫鄧秉仁赴浙參加台湾義勇隊現奉派在雲和兒童保育分會第二保育院担任醫務懇准前往共同生活等情該鄧秉仁現在已否到院服務囑飭查見復等由准經轉令雲和縣長查明具復去後茲據復稱查鄧秉仁確在本縣保育第二分院

30905

浙江省政府关于查明邓秉仁确在云和保育第二分院担任医师给福建省政府的咨

一九四〇年五月二日

56

現任醫師等情相應復請

查照此咨

福建省政府

主席 黄紹竑

校對

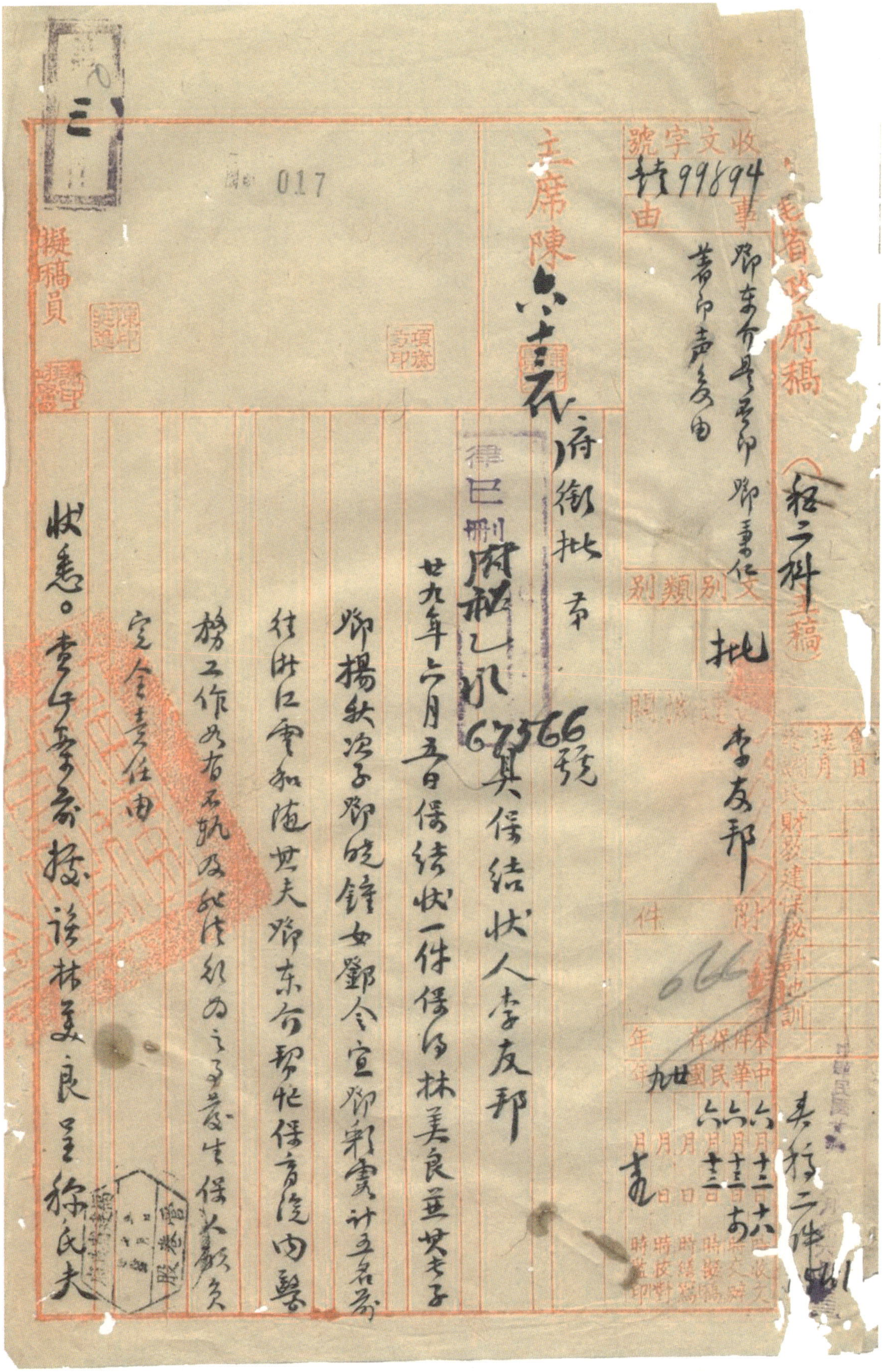

福建省政府稿

（秘二科主稿）

收文字號 99894

事由 鄧東介是否即鄧秉仁著即查复由

文別 批

受文者 李友邦

主席陳

府衛批

具保結狀人李友邦

廿九年六月五日保結狀一件保得林美良並其妻子鄧揚秋次子鄧曉鐘女鄧令宣鄧彩霞計五名爲……

完全責任由

狀悉。查本案前據該林美良呈稱民夫

福建省政府关于查复邓东介是否为邓秉仁给李友邦的批　　一九四〇年六月十五日

鄭秉仁赴浙參加台灣義勇隊，現已奉派至雲和戰時兒童保育分会第二保育院擔任醫務，茲欲攜同兒女前往共同生活，懇俯賜察准予據情轉咨接孫林美良隨其夫鄭來台幫忙醫務工作等語，究竟鄭來台是否即鄭秉仁，着即明白聲復，以憑核办。此批。

062

秘二

外務股

崇安縣政府　呈

准台灣義勇隊函請准台民許淑娟等遷金等由報請核示由

案准

國民政府軍事委員會政治部台灣義勇隊邦發字第1103號函開：

「據本隊隊員黃授傑呈称：『眷屬許淑娟等遠寓崇安，弱幼乏人照拂，殊多不便，懇准予遷金等情。查該員所稱事屬實情，應予照准，相應函請查照，希准台民許淑娟、台童黃宏輝、黃宏麟、黃紫霞等四人遷金為荷』

等由。查台民許淑娟，台童黃宏輝、黃宏麟、黃紫霞等四人，可否准予遷移金華之處，理

三十一　三　十四

發行

秘二調字736號　卅一年四月七日　十五

2640

52256

63

崇安县政府关于台湾义勇队函请队员眷属许淑娟等迁移金华给福建省政府的呈

一九四二年三月十四日

合呈請

察核示遵

謹呈

福建省政府主席劉

崇安縣縣長吳石仙

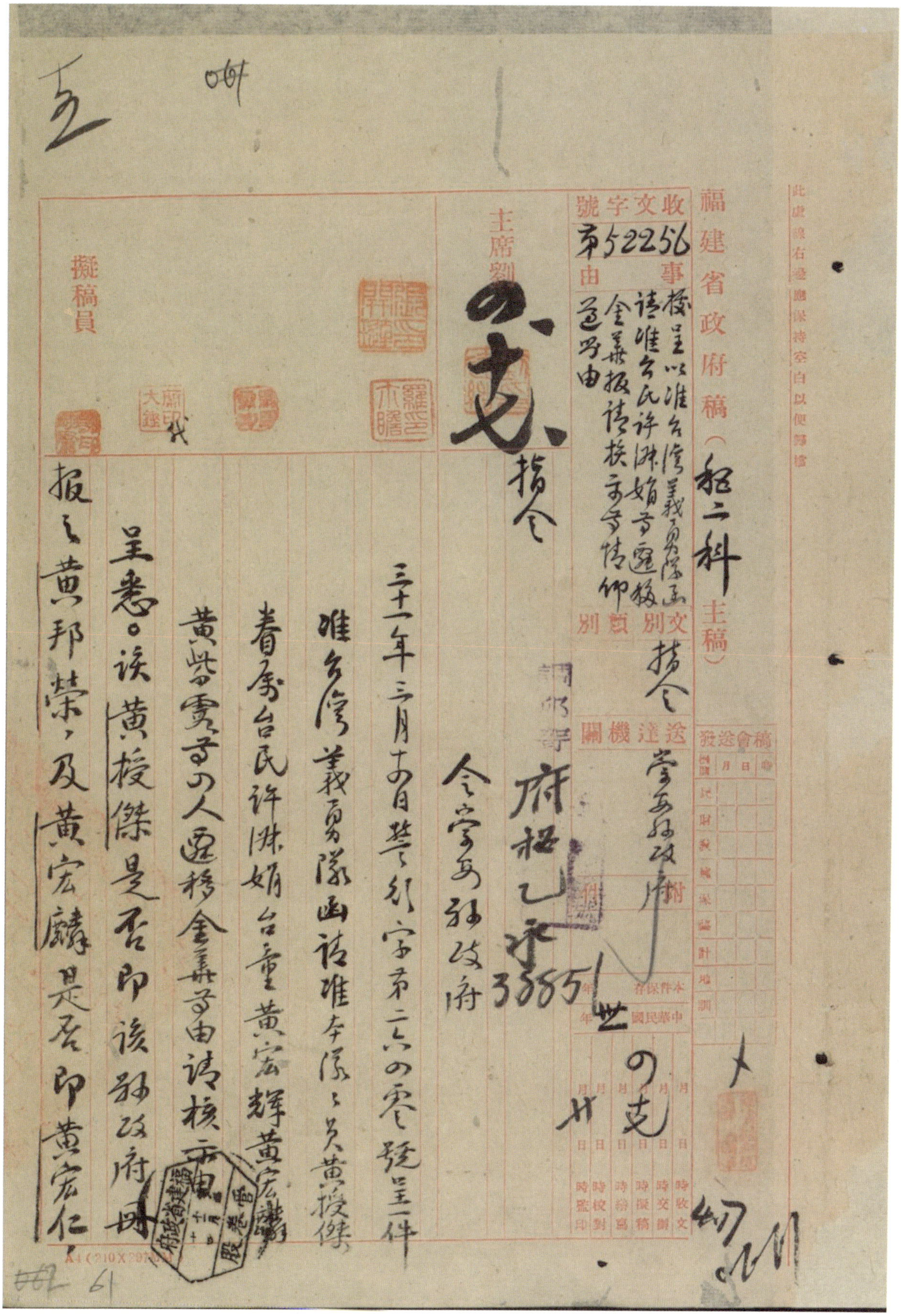

福建省政府稿（秘二科主稿）

收文字號：第52256

事由：據呈以准台灣義勇隊函請准台民許淋娟等遷移金華請核示由

文別：指令

送達機關：崇安縣政府

指令

令崇安縣政府

三十一年三月廿日發行字第二六〇零號呈一件

准台灣義勇隊函請准本隊之員黃授傑

眷屬台民許淋娟台童黃宏輝黃宏麟

黃紫霞等四人遷移金華等由請核示由

呈悉。該黃授傑是否即該縣政府

報之黃邦榮，及黃宏麟是否即黃宏仁

福建省政府关于查复黄授杰、黄宏麟身份给崇安县政府的指令　　一九四二年四月二十日仰即查明詳復，再行核辦。此令。

此邊歸右邊應保持空白以便裝訂

福建省政府

022

秘二一

外務股

崇安縣政府　呈

准台灣義勇隊函請准台胞楊振東之母遷移衢縣等由請核示由

卅一　五　十五　1099　調　七

三十一年四月二十八日

4396

案准

軍事委員會政治部台灣義勇隊邦婺總字第1183號函開：

「案據本隊隊員楊振東呈稱：其母李琶，現集居崇安，因年老無照管，懇予暫准遷移衢縣等情；據此，尚無不合，相應函請貴府准予遷出，嗣後該李琶一切行動，當由本隊負責，即希查照為荷。」

等由，准此，理合轉呈

鑒核示遵！

福建省政府三十一年五月收文第74634號

023

崇安县政府关于台湾义勇队请准将队员杨振东之母迁移衢县给福建省政府的呈

一九四二年四月二十八日

023

谨呈

福建省政府主席刘

崇安县县长吴石仙

024

033

令文簡便呈覆表　警行字第4578號

原發文機關	福建省政府
文別	指令
原發文字號	調卯智府秘乙永38851號
簡由	據呈以准台灣義勇隊函請准台民許淑娟等遷移金華報請核示等情仰遵照由
附件	
奉文日期	三十一年四月二十八日
遵辦情形	遵查黃授傑即是黃邦榮係赴金華後改名黃宏麟即黃宏仁奉令前因理合呈復察核示遵
附記	

謹呈

福建省政府主席劉

崇安縣縣長吳石仙

中華民國三十一年四月三十日發

世調1162號　卅一年五月十五

福建省政府三十一年五月十二日收文第77834號

32

崇安县政府关于黄授杰改名情形的呈复表　　一九四二年四月三十日

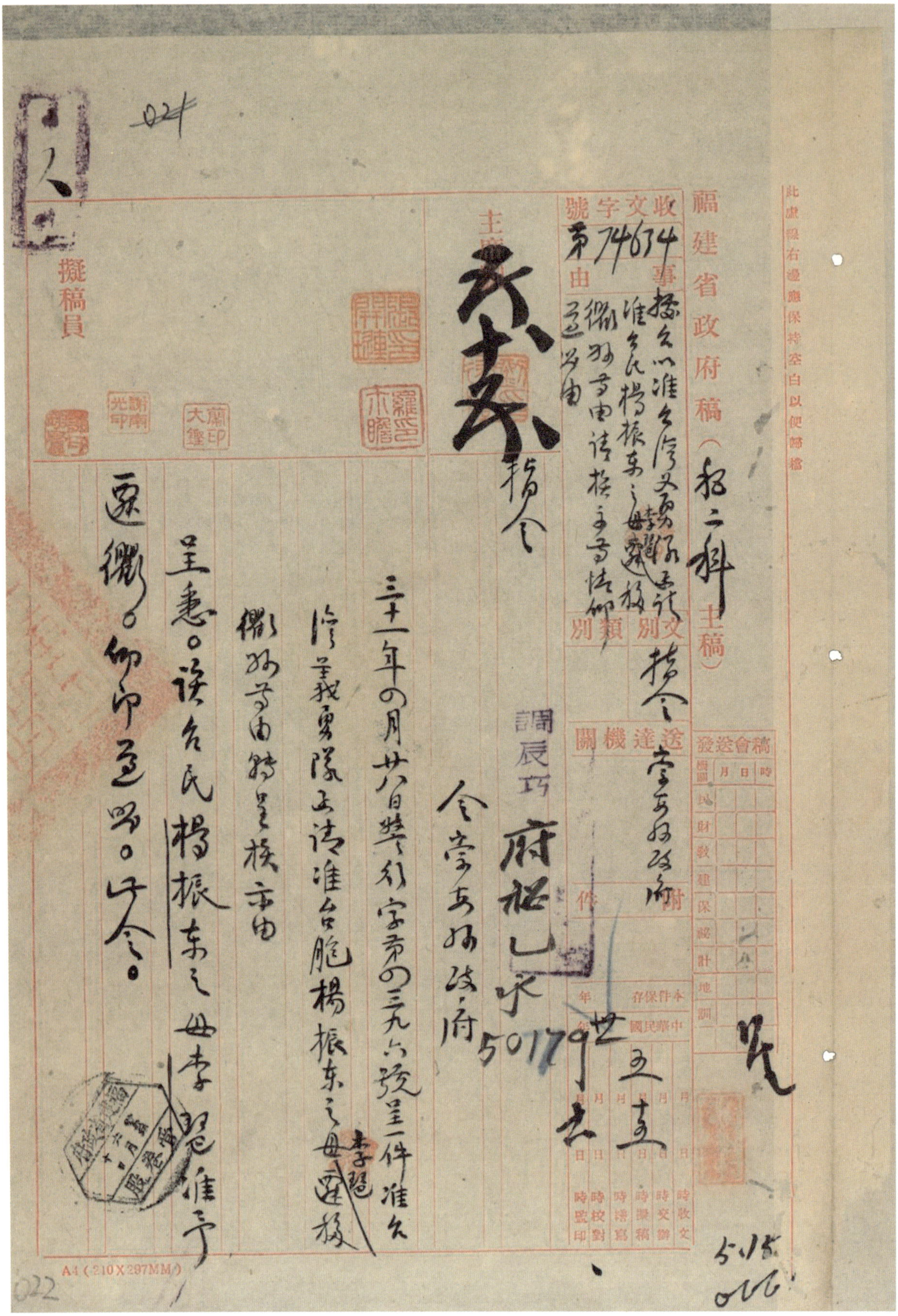
福建省政府稿（指二科主稿）

收文字號：第74674

事由：據呈以准台湾义勇队函请准台民杨振东之母李琶迁移衢州居住请核示等情仰遵照由

文別：指令

送達機關：崇安县政府

令崇安县政府

三十一年四月廿八日行字第〇三九六號呈一件准台湾义勇队函请准台胞杨振东之母李琶迁移衢州居住请核示由

呈悉。该台民杨振东之母李琶准予迁衢。仰即遵照。此令。

福建省政府关于杨振东之母李琶准予迁移衢县给崇安县政府的指令　　一九四二年五月十八日

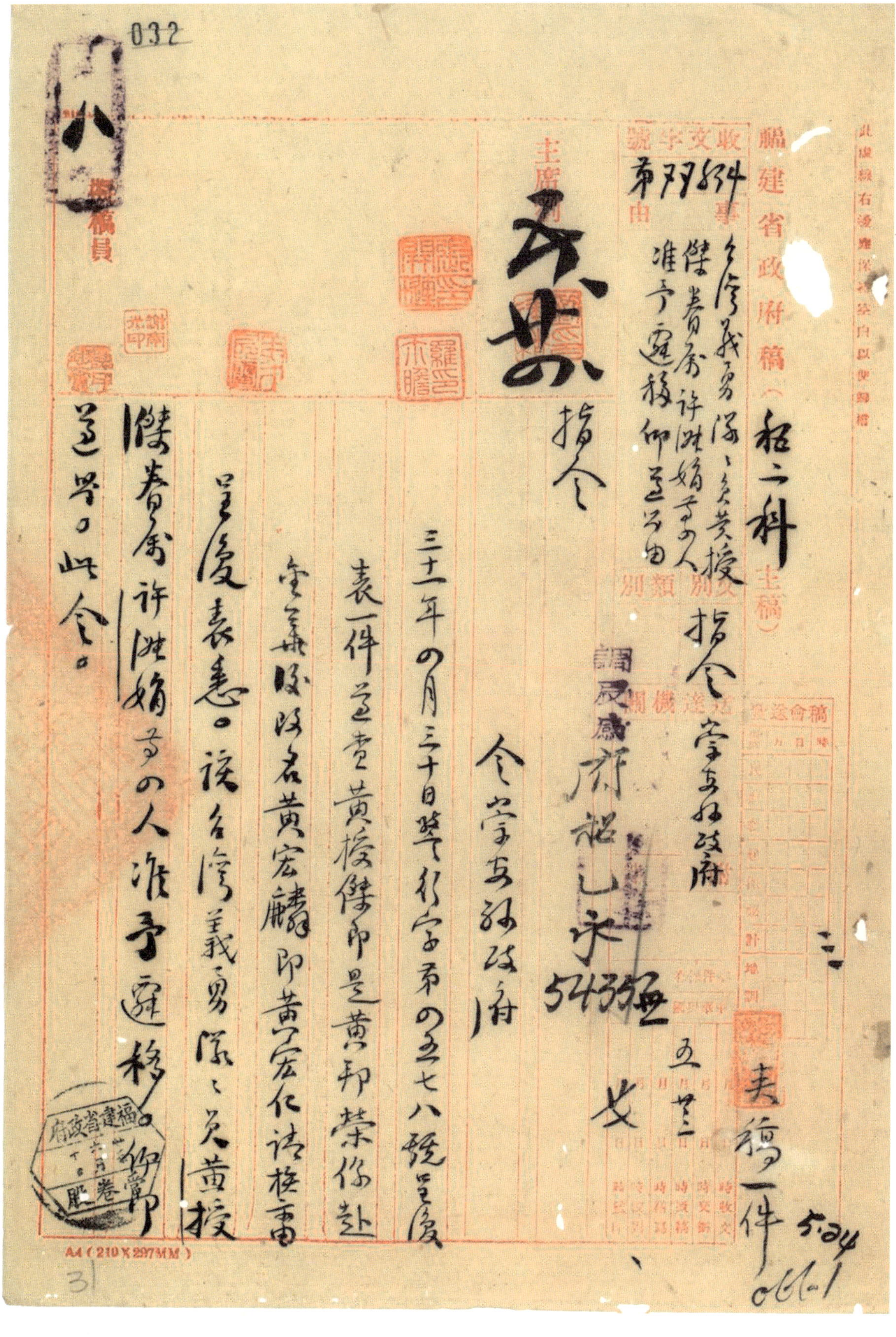
032

福建省政府稿（社二科主稿）

收文字號 第77814

事由 台灣義勇隊隊員黃授傑眷屬許淑娟等四人准予遷移仰遵照由

類別 指令

發送機關 崇安縣政府

指令

令崇安縣政府

三十一年四月三十日□行字第四五七八號呈

表一件呈查黃授傑即是黃邦榮係赴

金華改名黃宏鑄即黃宏化請核轉

呈復。表悉。該台灣義勇隊隊員黃授

傑眷屬許淑娟等四人准予遷移。仰即

遵照。此令。

福建省政府关于台湾义勇队队员黄授杰眷属许淑娟等四人准予迁移给崇安县政府的指令

一九四二年五月二十七日

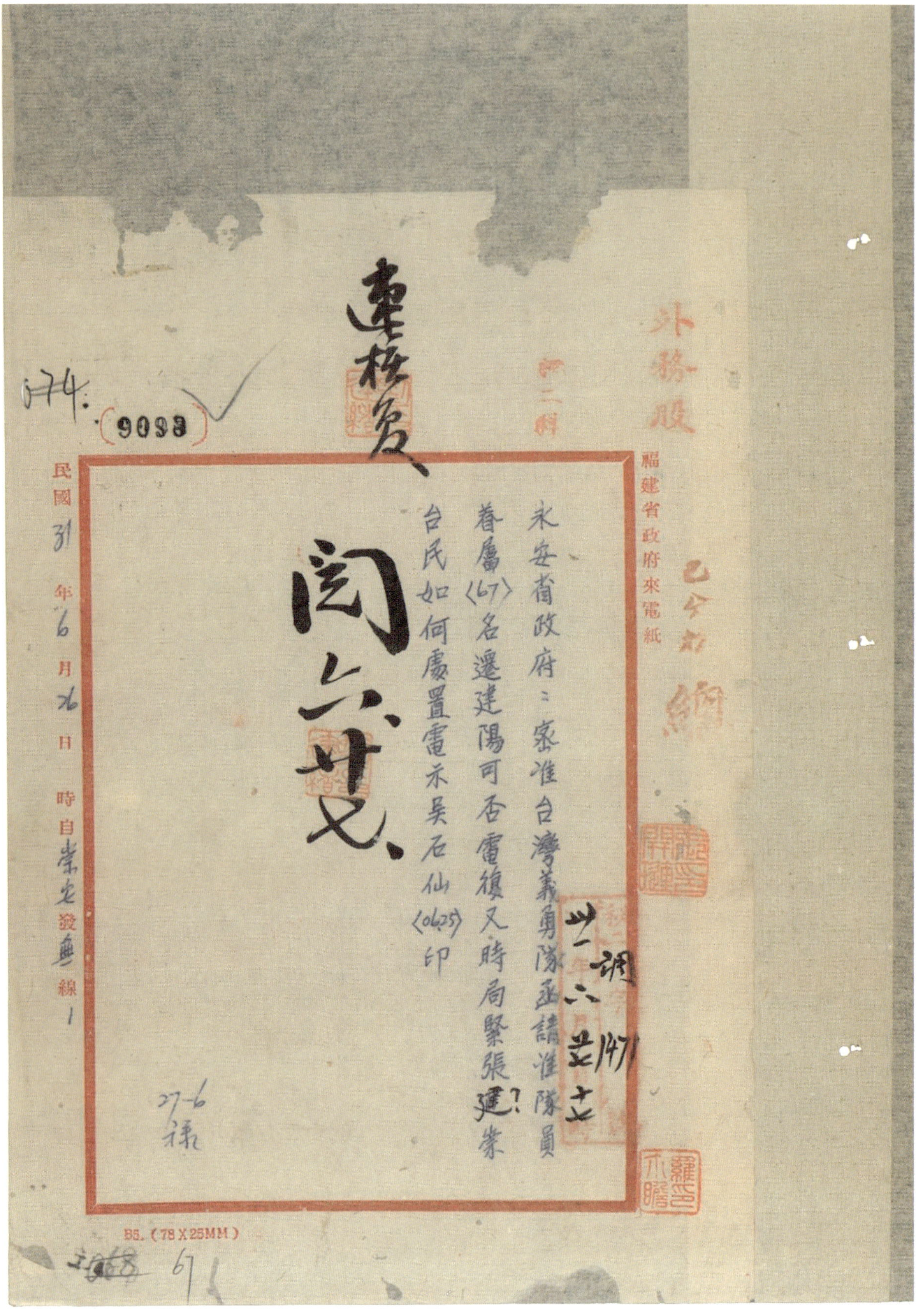
福建省政府來電紙

永安省政府：密。准台灣義勇隊函請准隊員眷屬〈67〉名遷建陽可否電復又時局緊張建崇台民如何處置電示吳石仙〈0625〉印

民國31年6月26日時自崇安發無線1

閱 六、廿五、

卅一 調 六 廿七 1471

9093

B5.（78 X 25MM）

崇安县政府关于台湾义勇队队员眷属六十七名迁移建阳及如何处置留崇台民给福建省政府的电

一九四二年六月二十五日

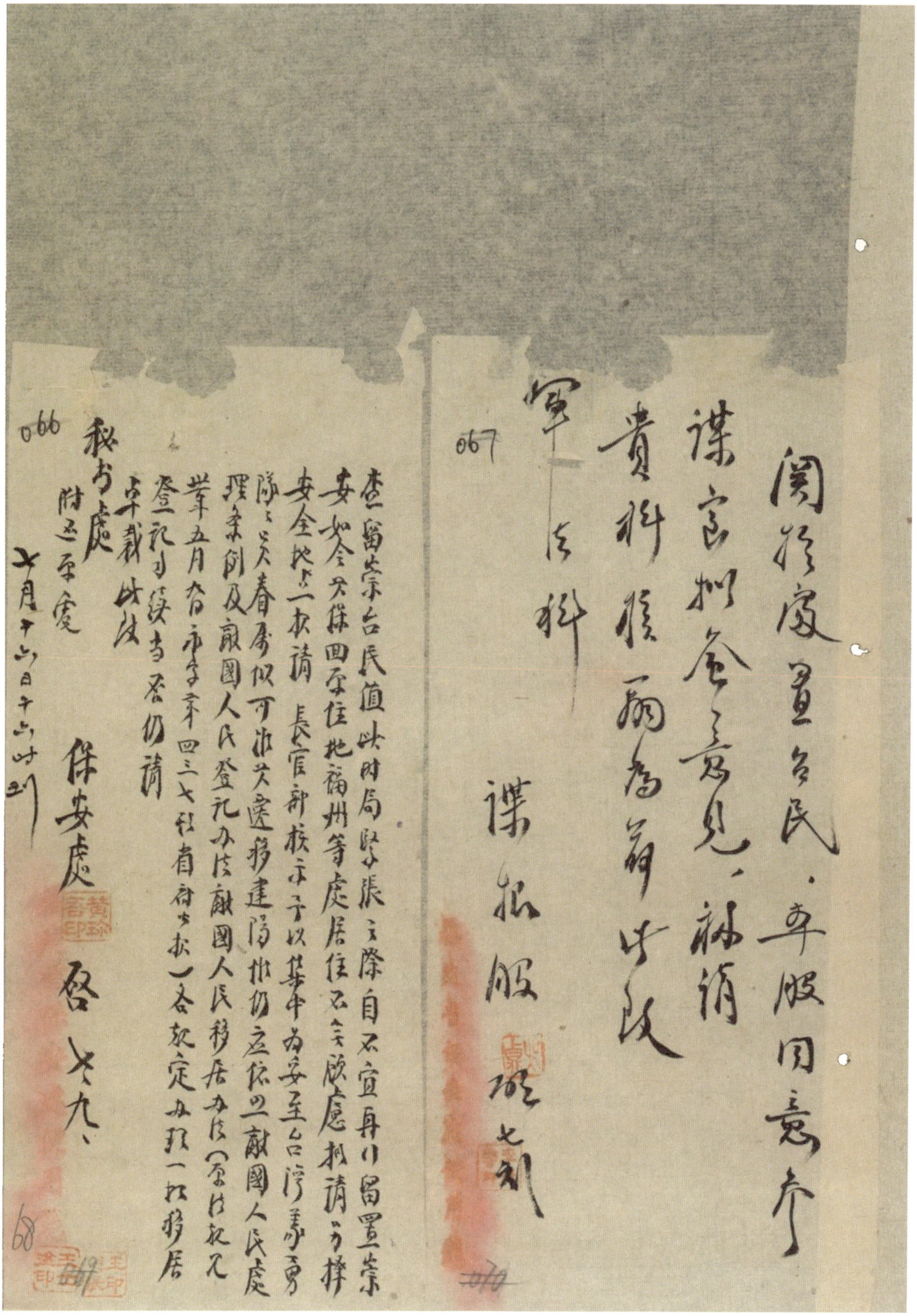
067

关於處置台民，本股同意參
諜官相參意見，補請
貴科核辦為荷。此致
軍法科
諜報股
七、九

066

查留崇台民值此時局緊張之際，自不宜再行留置崇安。如令其移回原住地福州等處居住，不無顧慮。擬請予以擇安全地點一并請 長官新核示予以集中為要。至台灣義勇隊之眷屬似可准其遷移建陽，惟仍應依照獻國人民處理條例及獻國人民登記辦法、獻國人民移居辦法（原法紀見本年五月省府丙字第四三七號有府出入一查核定辦理）一批移居登記手續為當否，仍請
卓裁。此致
秘書處
附送原呈
保安處 啟 七、九、
七月十六日十六時到

福建省政府秘书处、福建省保安处关于台湾义勇队队员眷属迁移及留崇台民处理事宜的笺

一九四二年七月九日

068

查留台民際茲時局緊張之時，自不宜再留置台省，以免其偷回原住地福州各處，居住不無顧慮，擬另擇安全地點報請長官部核示准予集中為妥。至台灣義勇隊之員眷似可准其遷至建陽，惟仍應依照敵國人民處理登記辦法，亦依法辦理取締居登記手續。

貴科意見如何，請核簽後送轉諜報股簽復為荷，此致

諜報科

069

參謀室啟 七、五、

本件本科意見與參謀室同 鑑核

呈股長核簽 送參謀室 此致

諜報股

第?科 呈

七、

071 69

072

本案本科並無法令足資考稽，惟際茲亦此類我可吃緊，留崇台民安置實難忽視，查日前省府呈請下"擬國人民安理條例"，經移請（似應先請內政部核示為妥）貴室核辦未獲可否，引援並對本案有何意見，請核簽後送移，詳和簽復為荷，此致

參謀室

警務科

軍務科 啓

查留崇台民現有二百八十餘名，其中大多係於民國廿七年間由福州晉江石碼等處遣崇安置，業經本府於本年五月十一日電飭崇安縣政府將在崇台民適用韓僑登記暫行辦法辦理在案，並擬對於前項台民除少數係屬福州警察局拘押人犯經轉送來崇仍予繼續看管外，其在崇數年中並無不軌行動者盡着具保釋回原住地居住，免予集中，是否允當，請示遵。核示高見以辦為荷，此致

072

保安處
附9098電文一件
秘二科
謝南光印
啓 卅六、六、廿六

福建省政府便用箋

1/3 A4（99X210MM）

075 71

本件務請
貴股科核簽之文办为荷
此致
军務科
諜報股
军法科代 六、廿六

076 073

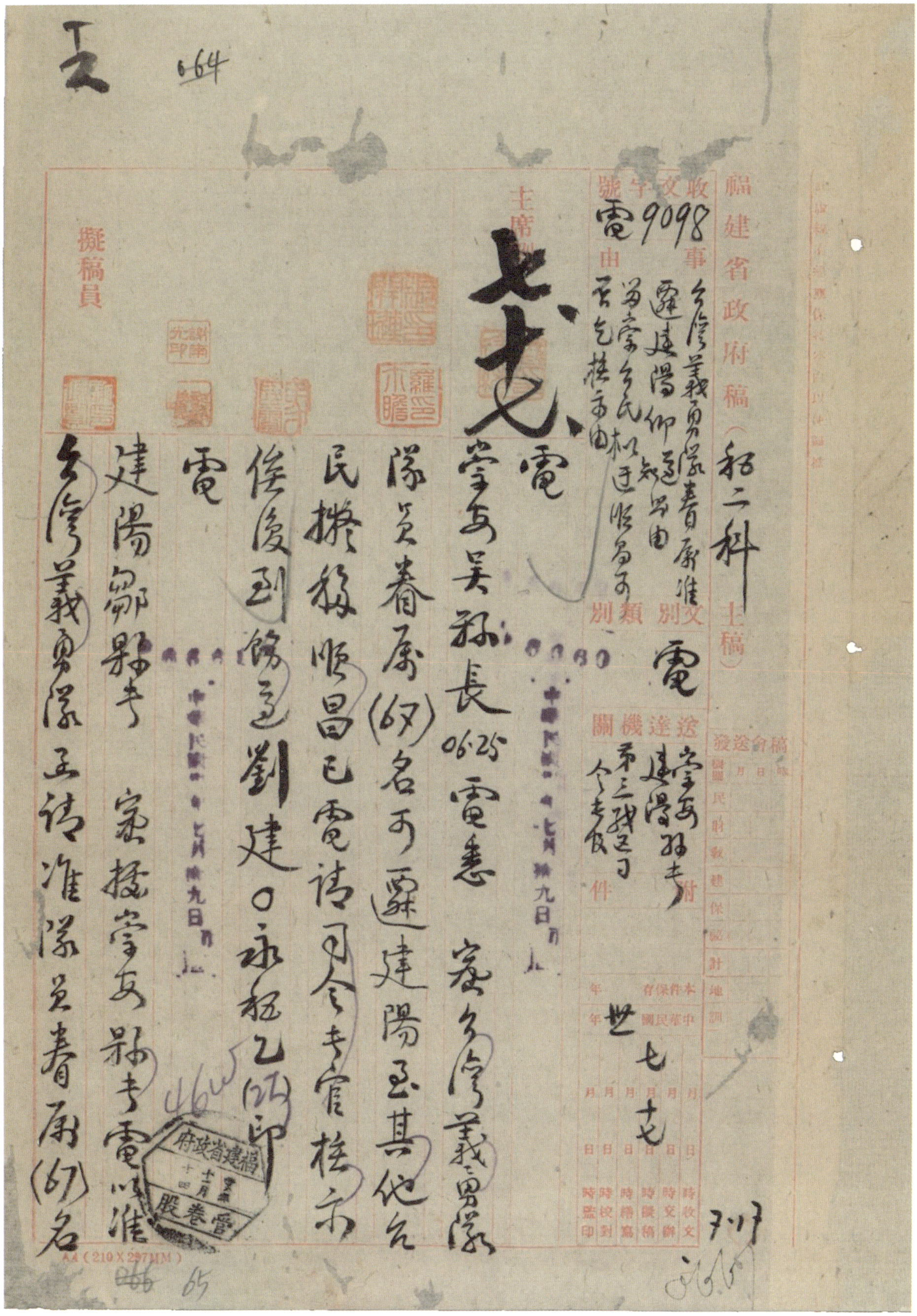

福建省政府关于台湾义勇队眷属准迁移建阳及拟将其余崇安台民迁移顺昌给崇安、建阳县政府及第三战区长官的电

一九四二年七月十八日

065

暹建陽乞核示等情淮電後吳准鈞卯知照劉建○

永叔乙巧印

電

臺安司令李安鑒查集中臺安台民計有二百八

十餘名值茲時局際此除台灣義勇隊隊員春

膏收名近接該隊請暹建陽葉子吳准鈞世修機

移收留可否乞核示職劉建○永叔乙巧印

中華民國□年七月□九日 到

47w

64w

66

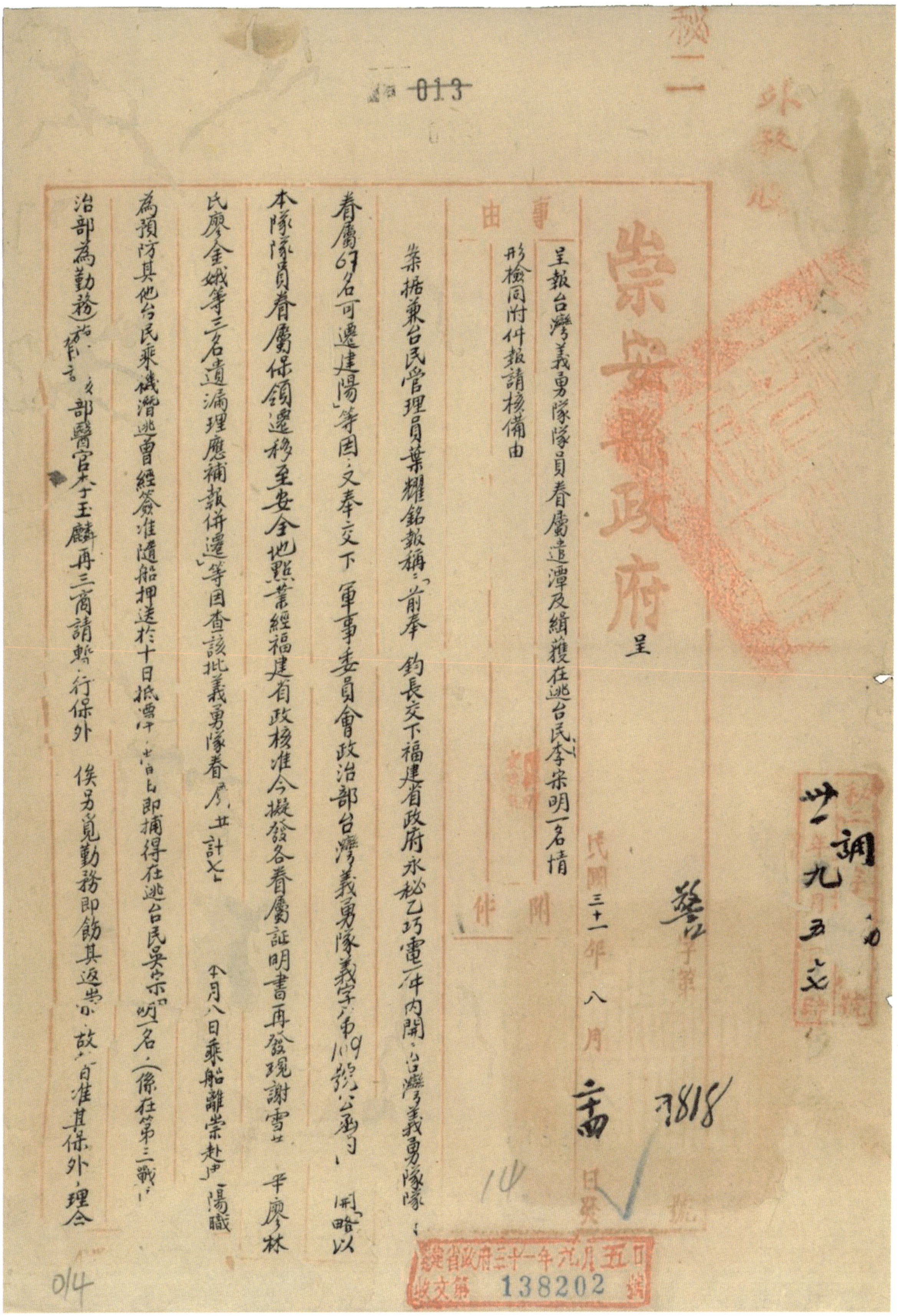
013

秘二一

崇安縣政府 呈

事由：呈報台灣義勇隊隊員眷屬遷潭及續獲在逃台民李宗明一名情形檢同附件報請核備由

附件

民國三十一年八月 日發 字第 號

案據兼台民管理員葉耀銘報稱："前奉鈞長交下福建省政府永秘乙巧電一件內開：'台灣義勇隊隊長眷屬67名可遷建陽'等因，又奉交下軍事委員會政治部台灣義勇隊義字第119號公函開略以：'本隊隊員眷屬保領遷移至安全地點，業經福建省政核准，今擬發各眷屬証明書，再發現謝雪紅、平廖林氏、廖金娥等三名遺漏，理應補報併遷'等因。查該批義勇隊眷屬共計七十名，于本月八日乘船離崇赴建陽。職為預防其他台民乘機潛逃，曾經簽准隨船押送，於十日抵潭。十一日即捕得在逃台民吳宗明一名（係在第三戰區政治部為勤務），據稱該部醫官李玉麟再三商請暫行保外，俟另覓勤務即飭其返崇。故准其保外，理合

3818

福建省政府三十一年八月廿五日收文第138202號

014

崇安县政府关于台湾义勇队队员眷属离崇赴建阳等情形给福建省政府的呈(附:台湾义勇队眷属姓名册)

一九四二年八月二十四日

011

將押送及查獲吳宗明經過情形並檢同義勇隊隊員共眷屬花名冊一份李玉麟保結一紙報請核備」等情；

據此，理合檢同原附件據情備文呈請

鑒核備查。

謹呈

福建省政府主席劉

附花名冊一份保結一紙

崇安縣縣長吳石仙

秘書鄭景新代行

15

015

018

台湾義勇隊眷屬姓名冊

017

017

台灣義勇隊眷屬姓名冊

姓名	性别	年龄	備考
莊謹慎	女	二六	第七分隊長刘荣春之妻
刘燕秋	〃	七	〃長女
刘燕玉	〃	五	〃次女
翁欄	〃	三〇	第一區隊長蔡丙傳之妻
蔡板鰲	男	九	〃長子
蔡佩琼	女	七	〃長女
李氏琶	〃	六一	隊員楊克琳母
林桂	〃	四〇	少年團員許文清之母
許文祥	男	一八	許文清之兄
許文達	〃	三	〃弟
許其衍	女	四	〃妹
許其美	〃	八	〃妹
林進喜	〃	四	〃未婚夫
黃丘粒	〃	一八	〃嫂
李王氏京	〃	六九	隊員李國明母
謝尚華	〃	二三	〃之妻

018

李秀錦	女	八	李國明之長女
李宗華	男	六	〃長男
曾米華	女	五	隊員柯水治之長女
曾雅華	〃	八	〃之三女
曾華民	男	六	〃三男
黃邦顯	男	三二	隊員黃邦崇之弟
黃蘇蕊	女	五一	〃之母
黃慧鳳	〃	八	〃之侄
林淑美	〃	五八	第二區隊附劉道業之母
劉道生	男	二八	〃弟
林淑惠	女	三八	隊附郭治侯之妻
郭燕治	〃	一九	〃長女
郭昆偉（即昆岳）	男	一〇	〃次子
郭鶯鶯	女	五	〃次女
林王氏	〃	四九	隊員林長福之母
黃啟明	男	六五	隊員黃漢岳之父
吳文敏	女	三〇	〃之妻
黃玉燕	〃	七	〃之女
許淑娟	〃	二五	隊員黃邦崇之妻
黃宏輝	男	一〇	〃次子

~~019~~

黃宏仁	男	八	隊員黃郭第之子
黃紫霞	女	六	〃長女
陳伴治	〃	三五	第一分隊長鄧秉嬋之妻
鄧基碩	男	九	〃長子
鄧新穎	〃	八	〃次子
鄧高頌	〃	七	〃三子
鄧建平	〃	二	〃四子
鄧安然	女	五	〃長女
林玉氏	〃	四五	少年團員林長滄之母
林金妹	〃	九	〃之妹
黃小鳳	女	四九	少年團員高隱明之母
高木生	男	一二	〃之弟
陳甜	女	三九	隊員曾健鑑之妻
曾啟祥（即啟成）	男	九	〃次子
曾啟崇	〃	六	〃三子
曾玉珠	女	一一	〃三女
林明珠	〃	四五	隊員李瑞成之母
劉德炳	男	六九	少年團員劉基乃之父
劉薛氏	女	四九	〃母
林秋運	〃	四五	隊員王宏寧之母

020

蔡清鑾	女	三二	隊員石昆玉之妻	顏黏	女	三九	隊員蔡獲之母
石米来	〃	八	〃长女	蔡秀琴	〃	九	〃之妹
林美良	〃	三二	第二分隊長鄧重仁之妻	廖林氏	〃	四三	少年團員廖月英之母
鄧彩霞	〃	七	〃长女	廖金娥	〃	一九	〃之姐
鄧今宜	〃	五	〃次女				
鄧崇和	男	二	〃三子				
張約	女	三五	隊員黄國瑞之妻				
黄月仙	女	二	〃三女				
黄鐘亮	男	九	〃次子				
蔡龍職	〃	四八	隊員蔡獲之父				

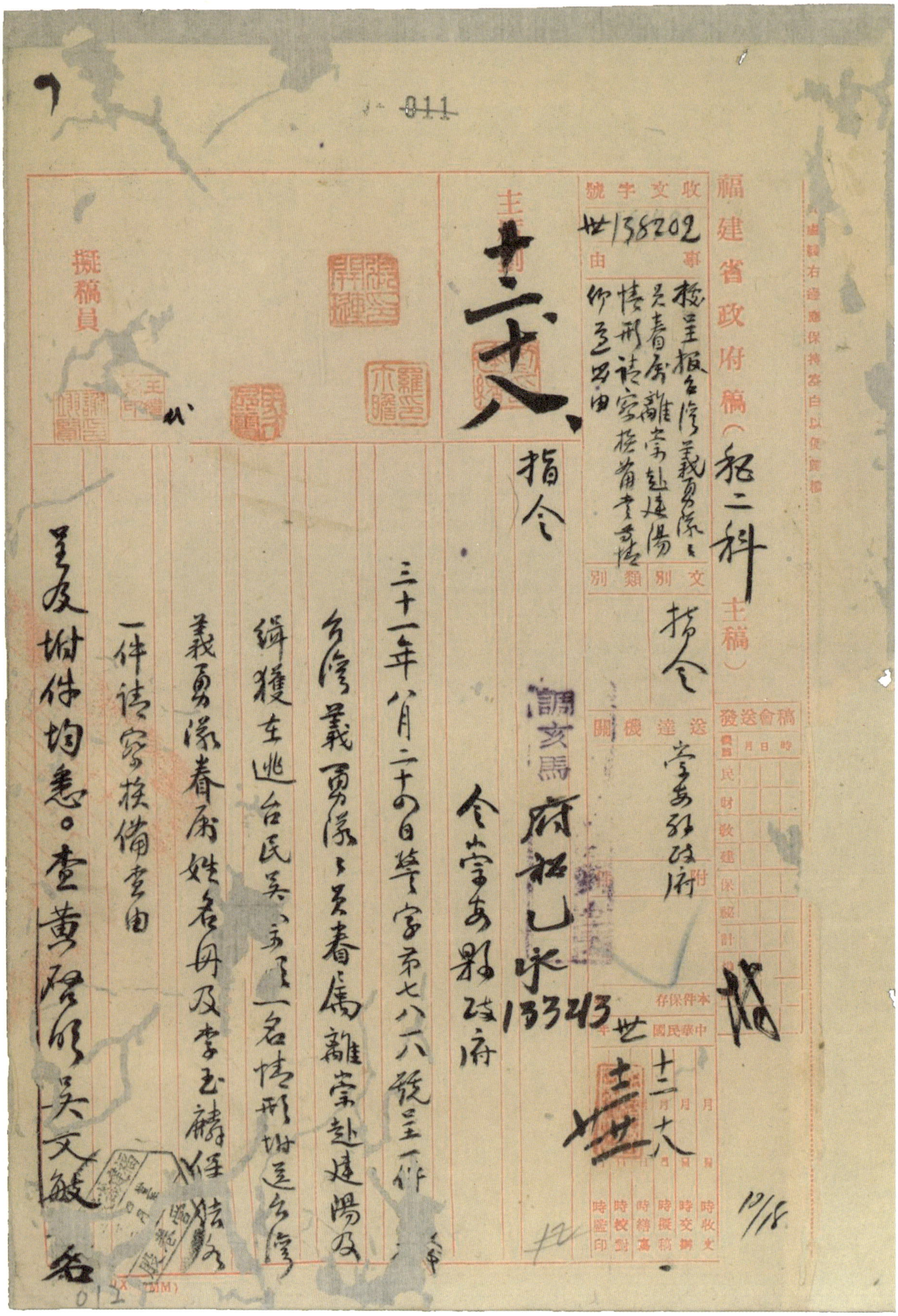
福建省政府稿（秘二科主稿）
收文字號 卅1358202
事由 據呈報台灣義勇隊之吳春屬離崇赴建陽情形請察核備查等情令仰知照由
文別 指令
送達機關 崇安縣政府
府秘乙字133213
指令
令崇安縣政府
三十一年十二月二十四日崇字第七八八號呈一件，為台灣義勇隊之吳春屬離崇赴建陽及緝獲在逃台民吳○○一名情形，送台灣義勇隊眷屬姓名冊及李玉麟保結各一件請察核備查由
呈及附件均悉。查黃啟明……
吳文般
中華民國卅年十二月十八日

福建省政府关于察核台湾义勇队眷属姓名册给崇安县政府的指令　　一九四二年十二月二十一日

1-4-1232

012

均係台灣義勇隊隊員，石東來、黃月仙二人均係台灣少年團團員，何以列入眷屬冊內。鄧建平、鄧崇和二名前據該政府本年二月七日電送之管理台民姓名冊內並未列入，是否遺漏。又吳崇明一名當時係由何方遣送來，據報告，仰即分別查明具復。附件存。

013

《台湾先锋》第一至十期

一九四〇年四月——一九四一年八月

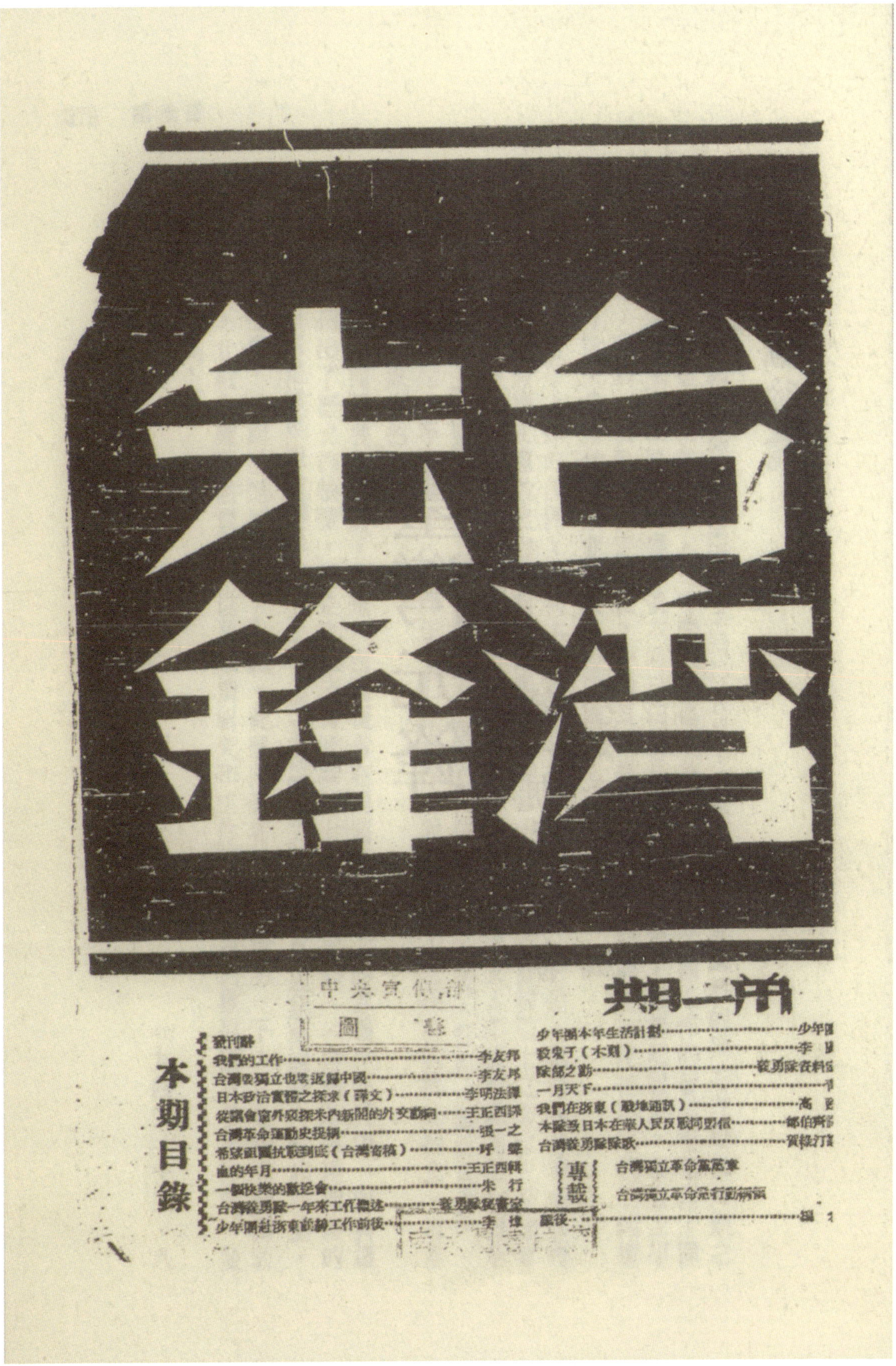

台灣先鋒

第一期

中央宣傳部
圖書

本期目錄

第一期　　一九四〇年四月十五日

發刊辭

台灣給日本帝國主義者以強力由祖國的懷抱中奪去被置之於一種殘酷的壓迫之下，到今天四十六年了；在這四十六年之中，我們雖有肉體之存在，然而，失掉了人格；我們雖也有財產，然而，失掉了主宰牠的權利；而且，最最令人寒心，也最最令人因而決心犧牲一切而奮鬥的，是我們雖也有着舌頭，然而，卻失掉了說話的功效。——就是說，我們是不許說話的人了。如果有時由口裏發出一點聲音，那是充滿了日本氣味的東西，或者簡直是日本人的聲音，不過借用台灣人的口腔罷了。

我們就這樣被壓迫着，被迫把仇恨深深地埋藏在心底。

然而，血的鬥爭卻進行着，我們被壓迫者的台灣人是沒有一刻忘掉更沒有一刻停止對日本帝國主義者鬥爭的。

為了要記錄這些血的鬥爭史實而以之呈献於祖國人士之前，並且向全世界愛好正義者報道我們的鬥爭；

為了探求指導我們革命行動的理論以保證我們工作之必然成功；

為了想把目下為幫助祖國抗戰而組織起來的台灣義勇隊所做的向大家報告而由祖國各界人士得到「應如何做」的指示；

我們來刊行這一個小小的「台灣先鋒」。

如果把台灣革命在海外的活動史稍一迴溯，則「台灣先鋒」與其說是創刊，無寧說是復刊，遠在祖國大革命開始之時，「台灣先鋒」便已在廣州與祖國人士及一切愛好正義者見面了，然而不久，以各種原因停了版。現在，我們再度以「台灣先鋒」呈獻於大衆面前，而又恰在可以說是祖國第一次大革命的繼續與擴大的抗戰中出現，使我們生「台灣先鋒」與祖國革命有共同命運之感，所以，除了希望各界人士對本隊加以指示與援助外，我們還有另一希望，那是：

「台灣先鋒」將在祖國抗戰中長大起來，也將伴着祖國抗戰之成功而發揚光大。

一九四〇，四，一五

請批評介紹

—1—

我們的工作

李友邦

我們一向埋頭工作，奮鬥了一年，在這一年中，衝破了很多困難，建立目前工作的基礎。這雖然是由於我們工作同志，都能在一個目標下，努力奮鬥；而祖國各界人士給予我們熱烈的幫助，尤其是一股主要的動力。

台灣義勇隊之成立，其目的是為了幫助祖國抗戰，一年以來，舉凡各項工作，也都以此為依歸，而工作種類之劃分，則係根據本隊隊員特有之技術而定；如果以目下業已組織就緒完善並且都已分頭從事工作之第一區隊的工作來說，約有下列各項：

（一）對敵政治工作：本隊隊員既係台灣人，原來已從日本帝國主義所給我們的奴隸教育之中，學得一點祖國抗戰中所急迫需要的能力，即如善操日語能讀日文以及較能了解敵國內部情形和敵兵心理，在祖國抗戰在第二階段，是政治重於軍事的時候，促使敵國士兵覺悟，進而達到瓦解敵軍，實為當務之急，因此本隊隊員便應客觀需要，從事此項工作，現應祖國前方部隊之請而派遣前往工作者，在敵後××地有第×××師第×××師及××××軍，在浙東前線有浙江省××軍第×支隊及浙江各界戰地工作團，這些部隊機關團體中，都有「本隊隊員前往參加工作，負責對敵宣傳等，本隊獨自工作於浙東前線者，為有台灣義勇隊戰地工作隊」在浙省軍事當局指揮下，配合着黃主席「政治進攻」的計劃，在前線展開工作者；此外在浙西××經濟游擊隊中，亦有本隊隊員在和祖國同胞艱苦地與敵寇作經濟上的鬥爭。

（二）後方生產工作：本隊隊員中，具有國防生產技術者亦多，除能製造藥為台灣大宗出產且為軍火及醫界所必需之樟腦及樟腦油外，尚可製造目前急需之各種藥品，此種工作，應祖國各方之請而派遣隊員協助生產者，有浙江省建設廳在麗水所設之樟腦製造廠，有福建省建設廳在閩北崇安所設之樟腦製造廠；本隊隊員在該廠等設計製造，現已有大批出產。至於製藥方面，則有金華某地藥品製造廠聘請本隊隊員為技師，所製藥品，皆視祖國抗戰之需要而定。目下着手製造者，為戰場上所迫切需要之奎寧拉利亞藥水和皮膚病藥膏，與最近需要很大之胃病特效藥。抗戰以來，一以海口被日寇封鎖，一以外匯之必需節用，以致國外藥品之來源幾以斷絕，如奎寧一物，竟貴至戰前數十倍，甚至於無從購得，戰場上所多見之病，故尤為盡力，以應需求。同時我們更顧全到祖國的物力能夠達成「物盡其用」，因之本隊隊員所能製造之藥，全都採用祖國國產原料，以西法製造，這不特可以補救目前藥品之缺，且可避免醫藥界長久依賴德日等國之弊。現今我們能製造出產的各種藥品，已經正在送往前方部隊去供給應用。

（三）醫療工作之努力，是深蒙東南人士早所稱許的，這因為本隊隊長在抗戰之前，一面業醫，一面作革命工作者甚久，故抗戰開始以後，本隊成立，深悉前後方對於醫藥人材之迫切需要，因此除前述二項工作之外，再以隊員之一部份，專事醫療工作。現應祖國機關之需要而派出工作者，有浙南某地之兒童保育院，敵後某地之野戰病院等，本隊自辦者，在金華城內有本隊診療所，甚得各方信任，傷病軍民之來求治者，幾使從事醫務工作之隊員，沒有休息的時間，本隊尤恐偏僻鄉村的窮苦同胞，無法遠道就醫，又另組「台灣義勇隊巡迴醫療隊」一共四隊，每日攜帶藥品，在鄉下各地義務醫病。半年以來，工作頗為良好，並且從事於醫療工作的隊員雖在醫務上盡其能力服務，但也不放棄政治工作，在醫病當中，常以台灣被敵迫害情形經常宣傳，以加強祖國人士抗戰決心！

（四）台灣少年團之組織：本隊組織下還有一「台灣少年團」，團員皆係由敵人血手裏逃出來的八九歲至十四五歲的兒童。少年團的組織，一方面，是兒童們深受日人壓迫，當此祖國抗戰期間，忍不住要跳出奴隸的圈子，願意在祖國的戰線中生長，盡一點能盡的力；另一方面，深知台灣革命的成功，非短時間之事，是需要長時期的奮鬥，台灣兒童，要在祖國抗戰之中，鍛鍊他們自己，以備將來與日本帝國主義者作最後鬥爭之用。成立以來，少年團已經輾轉浙省各縣，在浦江，蘭谿，紹興，諸暨等地工作，得到了各方的稱贊。這些年齡尚小的孩子，已經知道大聲疾呼，要爭取獨立與自由，此於祖國人士的抗戰決心，自然不無影響；使人能更深知，如果亡於日本亦可得生存，則台灣兒童亦不會如此努力謀取自由解放了！

我們的工作，大概如此，我們這樣地埋頭工作着，在重重困難的道上，在連吃伙食也幾乎不夠的經濟情形下，我們始終不懈地苦幹着，這沒有別的，因為。

（一）在日本帝國主義者統治之下的人們，只有堅苦奮鬥，才能生存！

（二）要能幫助祖國同胞，打倒日本帝國主義以後，台灣人才能得到解放

台灣要獨立也要歸返中國

李友邦

首先，我們應知道，台灣曾是中國之一省，台灣五百多萬人，除掉二十萬的生番而外，都是從閩粵廣東過去的中國人；但是，我們也應知道，一八九五滿清曾正式地在大壓力之下，不得已把台灣割讓給日本帝國主義了。

這樣的事實，決定了台灣革命目的的兩面性，就是，一方面，他要求獨立，同時，另一方面，他要求返歸祖國。

要求獨立和要求返歸祖國不是衝突的嗎？是不衝突的。

什麼是台灣的獨立呢？台灣的獨立，是在國際關係上，脫離外族（日本）的統治，是對現在正統治着台灣的統治者而言。作爲被壓迫於日本帝國主義者之下的台灣民族，他是要向其統治者鬥爭，以爭取能够自己處理自己，自己決定自己的前途的權利，從緊緊地壓迫在日本帝國主義者的鐵蹄下的台灣民衆，迫切地需要的是這個。

但一回長山去啊？一從前是，現在也還是台灣五百萬民衆的口頭禪，「長山」指的就是中國，要歸同中國的熱情，除了少數喪心病狂的作日本帝國主義者的走狗的敗類而外，這已成爲一般台灣民衆的要求，所以台灣要歸返中國。

因此，在對日本的關係上，台灣和朝鮮完全一樣，在對中國的關係上，台灣和朝鮮又稍有不同。同時在對日本的關係上，台灣與祖國內部的任何一省都不同；在對祖國政府的關係上，又都彼此互異；這樣的事實造成了台灣革命的複雜性，他第一，必須以台灣作爲日帝國主義者的殖民地而向他爭取獨立，第二，他又須以台灣作爲中國之一部分而且適應着全民的要求要歸返祖國。

所以這兩個目的，是同時爲台灣革命所具有，他不能缺掉第一個，因爲馬關條約以後，祖國政府已不得不把台灣承認爲日本所有，所以台灣革命已不得不成爲台灣五百萬民衆自己的事，而祖國政府不能是主動的，除非他提出「收復台灣」的口號，既然由台灣五百萬民衆方面出發，所以他首先必須作爭取獨立的鬥爭。同時又不能缺掉第二個。在前清割讓台灣的時候，台灣五百萬民衆不得不由中國的政治機構脫離而又不願屈服於日本帝國主義者，所以，在一八九五年曾一度有台灣民主共和國之成立，以後在祖國抗戰勝利而台灣獨立革命成功時，祖國當是一個嶄新的三民主義的國家，台灣民衆歸返祖國的要求，當可以得到。故同時，台灣革命者又以歸返祖國作爲其革命目的之一。至於以何種形式歸返祖國，（台灣五百萬民衆自已有其特殊的政治生活經濟生活及文化生活）那不是現在的問題。爲什麼不是現在的問題呢？第一歸返祖國必須在已獲得獨立之後，而現在，仍是堅苦地作鬥爭的時候；第二歷史發展的條件將要規定台灣怎樣歸回祖國的形式。所以我們說，台灣獨立又要歸返祖國

第三戰區司令長官司令部
政治部主任李壽雍爲本刊題字

「斯ナル日本!」日本人的日本論二篇

第一篇 日本政治實體之檢討

津村秀松作 李明法譯

（原文載文藝春秋）

責任觀念薄弱的政治

假如問到日本政治果宜如此嗎？對於這個問題的答覆，恐怕誰都要躊躇，但是，其所以躊躇逡巡者，並非因為事變到現在已延及三年而仍未獲解決的不平，也不是因為目下以為單是鐵料，木材，汽油，棉花等輸入資材之不足，煤炭，電力，木炭，糖類之不够用是不消說得，而連一直以量多價廉著名於世的糧食——米，竟亦感到不足而且漲價之不滿，實明民衆對於政治之不平與不滿，似乎還有更深刻此者。

其中最大的，即在於這次衆民的中日事變之中，在在避免着責任的政治家甚為衆多，此之謂必賞必罰乎？此之謂勇往直前乎？事件已如此擴大，苟為開啟戰端的政治家，就是一個人也不應該由中途隨便地離開其位置。現在正說着這樣不行而那樣不好，這也許一定有着國民所不得而知的種種原因在，可是，國民既無法聽到錯綜複雜的情形，單憑他底常識還不能體會的，因此，這樣的寥寥一次復一次地重複着到現在，「究竟如是之日本政治行嗎？」的問題便擺到了。

缺少人物的日本現狀

暫時離開日本，在外國來眺望中日事變以後的日本，便覺其更為奇怪，又覺似乎是不可理解，主要的是，一向都打勝仗的是日本，而打敗仗的是中國，雖然這樣，可是一直都打着敗仗的中國，到現在並未露出他根本的破綻，蔣××還是繼其責任為堅持其始終一貫的抗日戰線而奮鬥着，與此相反，一直打着勝仗的日本，雖然連續地打了勝仗，可是在這兩年多，內閣卻不得不更迭了兩次，（此文係在阿部下台之前從日所寫故云，此刻內閣已更迭三次了）這到底是怎麼一回事呢？也許是由於處於一塊說也說不出的困苦立場，而不得不總辭職的吧，不獨此於住居日本內地的人士，尚且不能知悉，怪不得外國人士認為這個事情奇怪，而批評為不可理解了。

我們的大將，雖不能與希特拉，莫索里尼和史丹林相比擬，也得像張伯倫或羅斯福才行於此重大時局，甚緊內閣能繼續存在三四年之久，此種感慨，尤其是明瞭日俄戰爭時代的桂，小村（桂即桂太郎明治三十四年六月至三十九年一月之日本內閣總理大臣；小村即小村壽太郎，明治三十八年八月日俄在樸茨茅斯開議和會議時小村即全權委員之一），內閣情形的明治時代的人士，特別來得深刻。

現在日本的人口已比日俄，中日戰役時代，增加了一倍或者是一倍以上，而國民教育也比那個時代有了很大的進步和發達，可是在這裏，卻反而找不到能和往年的伊藤，桂或者是陸奥，（陸奥即陸奥宗光明治二十八年中日馬關條約訂立時陸奥與伊藤任日本全權大臣在下關與李鴻章議和——之注）小村相匹敵的大政治家，這到底是因為什麼呢？這當然是有着大大小小的原因，如說雖發達而實卻不發達的教育也不能逃其罪，還有，文化只是形式上的進步，而不是精神上的進步一事，亦為原因之一，不過比這些大而且又是直接的原因，也許就要時之於最近日本的立憲政治，比中日，日俄諸役時代的官，相反，而且是逆轉的這種事實吧。

缺乏明朗性的內閣更迭

對於我們的新類政變外國人士，皆為不可理解，就是沒有辦法，再說，我們也可以不必管他，不過就是站在主要的國民，大多數也在不明白為什麼原因而政變和為什麼理由而更迭內閣的情形之下，這過了二個年頭，組才成立一個新的勢的產生，關於，平沼內閣總辭職的時候，也曾經說明了辭職的理由，不過這個說明，因只是單知道那部的原因，是在於德蘇互不侵犯條約之締定，也不能夠知道另一些本原因，即自六月八日起，這沒地鬧了六十多次的他的互相會商底真相，國民因民從無由體會到他們以滑代煩悶之辛苦的統帥之現象了，自事變以來，每次的政變都像這樣，總辭職的理由，均是不明朗的，所以繼其後而出現的組閣之動，自然也都是不明朗的了，以為是非常時期，而把和國民全體休戚相關，利害相連之內閣更迭，都以如此作風進行，使我們不得不懷疑到，作為一個立憲政治之國家是否名實相符了。

事變以來，當局每次都切切要求國民認識時局，因此，無論誰也都努力於對時局之認識，現在當局又迫使我們，對時局，要作深一層的認識了，可是政府當局本身如現在做的缺乏政治明朗性的，雖頻頻地向國民提出這種希望，也是不能夠得到什麼效果吧。

幾年前，當議會政治墮落的時候，國民都已成覺得討厭，可是現在反而覺得在議會政治佔勢力那時候，政黨雖然橫暴，但是一國底政治，卻還很明朗，自前國民對於現在官僚政府的不平和不滿，雖然是有齊數也數不清之多，而最主要的還是凝結於政治——尤其是政權授受之際的政治——缺乏明朗性一點，在現在的政治家裏面，足以期待最明朗的，也許因為年事較幼之故吧，只有近衛公一人，可是，連這個近衛公，在辭職的時候，也覺很不明朗，這種情形，會給與國民以很大的失望。已經到了如此地步，則無論怎樣的政變都會有齊無法使其明朗的事假存在罷，設若讓這種錯雜的情形無理地潛伏存在，不能說一無所知的國民不會有不滿足的時候罷，比如現在的阿部內閣，當其成立之初，就已經包含着多份的脆弱性，假如說得壞一點的話，就是也許不久就會無聲無影地消失掉的，先其是因為處在這種時局的關係，大家都是這樣焦急着，無論怎樣，假使這樣的情形繼續不斷地發生的話，就是國民能夠忍耐，而在中日事變尚未解決，復又爆發了歐洲大戰而國際形勢變成愈為錯綜複什的大時代之對外關係，其所喪失恐有不在少數之處。

現在是戰勝第一主義

且把話頭稍微轉換，現在財界人士，對於這次的新增稅計劃之壓迫財界者，均迫切地感到痛苦，因為這次的新增計劃一下子就是五萬萬元，尤其是

台灣先鋒月刊出版紀念

發揚民族精神

劉建緒敬題

（印：劉建緒印）

第十集團軍總司令劉建緒為本刊題字

此次增稅所得稅中的公債和社會的利息綜合課稅，在稅收方面只是很少的收入，而影響之波，及於財產的輸出和社會的增殖率，則極為巨大，然則這種的事情，政府當局為什麼在這種之時而急於實行呢？政府當局的說話，似乎是在於欲使貧富公平負担之社會政策，但是，就一般的財政社會政策而言，任何國家都有公債的人士和利用時局的所有者，非大部分都是屬於富裕的上流階級，就算是對一般人——從而說下層的每一個人——卻不知卻負擔，便無其他辦法的大增稅計劃，但不管怎樣在這些富裕階級的口頭包之意見，當然是可以成立一種理由；可是若更進一步的去研究，則現在正是戰爭最後階段的時期，為要得到戰爭勝利，則無論怎樣也不得不籌措戰收，而且不得不把什麼都打時局，而來專先擴充生產力，大而言之，這與作戰之成功與否之謂之為這次戰爭的勝耶敗耶的分歧點，也決非過言。

可是不論戰爭費用之籌措也好，生產力之擴充也好，此種工作到底是要由誰人為主來擔負呢？當不用說，直接的和間接的都是那些勞動階級。誠然，現在勞動者也好，使用人也好，都為與地認識時局公債，可是在金額上，也許只是九牛之一毛而已，雖然，明年度的預算，那也須超過五十萬萬以上，故合計起來，約不過要有一百萬萬左右的巨大支出，為了要應付這些，才實行前述的大增稅計劃，雖然如此，而明年度不得不發新年度的公債，亦將要達五十萬萬以上。現在為止，事變而後，只就業已發行之公債而論，約已逾百萬萬元，再加上戰前公債發行額，則既發公債已有二百萬萬元之多，如今又要加上五十萬萬元，因此，公債的消化即少數而決非容易之事了，但是不管其如何不容易，亦得不行措這些戰費，這就是我國的現狀。

所以雖然增稅有撥給，在國家財政政策上也有研究社會政策的必要，但是現在不是正在進行當時國頭的「戰爭」須採大規模的「非社會政策」嗎？這偉大的「非社會政策」也是出於不得已，假如把為了要結束此事件必需的戰費之籌措——從而也是事公債的消化與生產力的擴充——使其進行順利一事，作為目前政治的第一義，那麼，猶稍有點妨礙的各種社會政策，都應該放在這個犧牲了幾十萬人之所謂「戰爭」這偉大的「非社會政策」解決了以後才施行罷。

統制的必要在於官界

現在樞要都非以戰勝第一主義突進不可的時候，這個，問題并不單只限於社會政策，就是外交也好，經濟也好，一切的政治，都應該以勝利第一為唯一的準則，非官民一致，準乎此，絕不他顧，認真的勇往直前不可的時候，如果是并不直接與勝利有關係的事，就是沒有不便也應該決心暫時擱置，擇或暫時付諸等閒，然後才行罷！

既然本是應該這樣做的，但是不曉得怎末一來，事變而後，三代的內閣都太過於他顧，動輒就是視內政較外政為重要，本來不必要的事情，如設立新省，新廳等，卻反而攪風地弄起來了，因為這樣攪擾，所以把官僚要人數月增多，因而發生其間的相競爭擾，以致危及內閣壽命，這已經有了好幾次了，時常聽到現在的一般官僚要人之口頭禪樣的說：國民不認識時局的重大性，因此，統制交給民眾就得不到效果。這類的胡說到處都是，其實，沒有統制的，與其說是民眾無寧說是官僚而且一看好像其不認識時局之行動者，不單是最近外務省的官僚局，即其他潛在各省以下級上之徒，何嘗不是一樣！

政黨的陽惡和官僚的陰惡

昔日說的話一句，最近政府當局好像有點過於樂觀，事變經過如此長久，假如照政府當局的處置，就能夠完成東亞新秩序，則國民對於政府的要求，那這個非常時所必要的資金，都有完全忍受的覺悟，國民對這樣馴服地忍受，而當局實行這樣的政治，却習以為常，而且政府內部的人士之中以為這樣日本就可以安富，就可繁榮的人也增加了，倘這樣的政見，也許會導致造成今後的日本與英美之上的大障礙罷。如強化統制經濟亦是其中之一，這個因為在戰時有必要，國民才甘願忍受，假如事變後仍照這樣繼續施行，那麼，日本在不知不覺中也許會變成蘇聯，於是不但不能凌駕英美，恐怕統已造成的東亞新秩序都得不到良好的結果。

現在的官僚，無論那一方面，也無論或大或小，都是利用時局，乘機模仿君主專制的作風，將個特別表現在有關經濟的事務，即對國民生活加以一打擊。所以同前一有什麼事，國民政府社會發出怨言，現在對官僚獨善持有反感者，已不單是政黨了，果然，從前的政黨，亦「惡」——不過其「惡」一事是「陽惡」，而現在官僚之惡雖同是惡，但是此惡却是「陰惡」，越知道這個詐術，便越是感覺不快，受了這個所侵潤的是很深刻的……因了諸如此類的原因，而造成現在思慕從前政黨時代的風氣的，已決不單是部份智識份子了。

日本是全體主義國家嗎？

現在從事軍務的人，來自鄉間的比來自都市的多，在人情上自然同情鄉間農民的。而且對於鄉間農民也比較能理解，但是，現在以及將來的日本，無論如何已經由農業國始漸漸走上商工業國的途上了，論空不如事實的證明，引例來說明吧，據昭和七年，內閣統計局所發表的，日本入口職業別，在數字上已顯露了這個變遷，再看最近的徵兵檢查表也是相同，這也許是因為強壯的士兵都由鄉間流入都市，然後才被調集吧，但是這樣的過程，因為必須不斷地增加徵集多量的兵員，所以已經不能依照原來兵營中的職業比例來反映全部人口的職業比例了，希望從事政務的人士熟思這一點，能夠改變為要尊循民意，而只傾聽於官僚之言的態度，因為這樣做已是不能與遵循民意的趣旨相符了，假如再只是聽取利用在此時機，不斷提高的官僚之言，則會得到和所預料的完全相反的結果，日本立憲政治的精神，就會在不知不覺中毀滅殆盡，竊為毀滅殆盡雖恐有語病，但是日本立憲政治的靈魂，卻確已被連續發生了兩次的不祥事件拔除掉了，如果不祥事件的最初目的是在於拔掉立憲政治靈魂，即這個目的已經完全達到了，自從發生過這樣不祥事件起，日本已經不是民主國家者，不待言而可知，而國民全體的意思也不大有反映於一個政治機會，根據這一點，在真實意義上而言，日本也不能算是全體主義國家，設若國家全部結成一體以單一意思而行動，甚為全體主義國家，即日本自建國以來則為全體主義國家，決非到現在始變成全體主義國家，但是現在的日本，卻無人肯站起來單獨負起全部責任，無論遇到怎樣困難，都能堅持到底的英雄豪傑，故，全部都是聽從以中途半端的政治式樣，這樣尚可不去管他，更有甚於此者，則在此種過程中，動機就組織完全不曉得什麼東西的閣僚，而且此種困難中的努力，又會變成勵行非常時期的政治，故現在施行挽救國家這樣危險的政治，在目前是最為必要。

信 台灣義勇隊致：——

日本在華人民反戰同盟

當此「事變」已經繼續了三十一個月，狂暴的日本帝國主義，為了要進行戰爭，在國內欺騙着人民，掠奪人民生活上必需的物品，使人民陷於飢餓；為了要滿足個人的慾望，要求人民為他在戰場上犧牲；且為了要挽救他將要來臨的總崩潰的命運，而更進一步地對日本人民加以壓迫，更激烈地進行着軍事冒險的時候，真正代表日本人民意見的「在華日本人民反戰同盟西南支部」之成立，不但使一般民衆感到興奮和關心，同樣覺得其意義之重大。在這裏，我們對於賢明的革命家鹿地亘同志和勇敢而活潑的各同志，深深地表示敬意。

在數量上，雖然有限，但因了各位的蹶起，從而真正的日本人民的意見得以表達。若是再進一步的努力，那末，日本法西斯軍閥之崩潰是不待說的。

這組織在說明着黑暗的日本已發見了光明，且由於這，更表明了前年所組織的「朝鮮義勇隊」和去年所組織的我們「台灣義勇隊」的意義。使打倒共同敵人日本帝國主義的力量更加雄厚起來了，這是值得快慰的。

最可敬愛的鹿地亘同志：

你是日本人民的朋友，又是「在華日本人民反戰同盟」的創立者。在過去，你為了中國的抗戰；為了日本人民的幸福和世界的和平，而不斷的努力，必然的是受到了各方面人的讚賞和崇敬。

親愛的反戰同盟同志：

各位再不是「敵兵」了，相反的你們是作為一個先知先覺的革命者，為了負起所應負的使命，而參加到這同盟裏，幫同着中國抗戰。各位，不但是中國民族忠實的戰友，同樣又是朝鮮，台灣民族的戰友！

各位參加中國抗戰的意義，是和我們相同的；就意義上說來，亦與在台灣的日本革命者們之和我們的同志共同向日本軍閥進行着鬥爭者相同。

我們的目的，同樣的是要打倒日本帝國主義，所以我們要互相幫助，無論遇到任何的困難，都應互相提攜，勇敢邁進，為了日本人民革命和朝鮮、台灣民族的解放，共同奮鬥，和中國保持着緊密的聯絡，以打倒日本帝國主義；為了實現東亞各民族真正的永久的友誼和和平而努力！（郗伯齊譯）

政治實體之探求

聽說前十一月十一日，阿大將任陸軍大臣初次到關西那天晚上，官民有志在新大阪旅社開歡迎會，出席此席歡迎會者具是代表關西各方面要職的有力者，這些人們，好像很難得會到如陸相這樣的人物，故拚命並住陸相告訴苦衷啊，見聞啦，等等等等種類極為煩雜，而向陸相訴說，本來的不足和外交談判者，設算好的，更有甚者，過加新體制的不當，物價公定的不好，以及其他種種煩雜問題統統都提了出來，不得不將這些一項一項的話，都一一完全聽完的陸相，如何解答的呢，完全超出問題之外的問題甚多，好像很難為情的回答不出。阿大將，在當場是能夠處處泰然，而以等回到東京再和有關各方面的負責人商量着再說的話答覆，把這個會混過去，這個雖是政治中心的東京對於經濟中心的大阪的一夕光景，但可以由此現在的日本政治的實際情態在這樣的場面全部地暴露出來吧。

到底，現在日本的政治，若以爲和商工有關的問題之故，而單是告訴商工大臣是不能決定，設若有關金融之問題，而只是提到大藏省也仍是無法裁決，既是如此，即將各種問題一一直接送給首相，可是許多的首相，也都只是將關道的內容看一遍而已，像去年夏天，汪兆銘率領一批狐群狗黨，冒着危險，偷偷地跑到日本來的時候，據後來聽到他對於當時的感想說了「和現任官吏接洽，有些問題不能得到解決，和軍人直接接洽時，一切的問題要可得到要領，和軍人以外的人士會談，總是不得要領」的話，汪兆銘這樣的話，因爲是間接聽到之故是難以從知道事實相符否，但是，并不是汪兆銘而是日本的實業家，也經常無論經過何事都有着此種部細的感慨之故，才會至於這般，一看到陸相的面孔，以爲此後不可錯失，似乎是認爲一切的政治問題都可得到解決，而自然地發生把需要解決的問題總有些有關部份搬出來的怪現象吧。（完）

讀者諸君：

我們謹以十二萬分的誠意，提出下列諸問題，敬請指教：

一、你看了本刊以後，有什麼感想？

二、你以爲本刊中有關台灣革命的幾篇文章，幸彼正確呢？錯誤呢？

三、你以爲當前台灣義勇隊的工作，應如何做法？

我們的通訊處是：浙江金華郵政信箱三十號。

第二篇：——

從議會窗外窺探米內新閣的外交動向

譯自「人民之友」 上正西 譯

「人民之友」，是日本在華人民反戰同盟所出版的旬刊，現已出版到第八期，爲中國抗戰線上的日本人所發的代表日本人民的話。因爲都是日文，加且流轉不廣，本刊以後擬常常選譯一二以饗讀者——一之。

一、議會已告一段落

日本議會的全部日程雖未告終，而已告一段落；特別最注目的政府施政方針之宣佈及兩院議員對政府質問之中心點都已經越過了。

此次議會，是觀察陷於侵華戰爭的泥足之中而正呻吟着的日本之情勢的絕好機會，果然，例如齊藤事件，就首先將其暴露而一齊大暴露了。其他，如政府的施政方針雖如往年一般的極爲抽象，但，對此的質問，則與往例不同，而在此時節有着相當好的質問了。

現在，關於日本對外政策之已在本議會中所述及者而來對此後米內新閣的第三國外交動向，少許加以考察。

二、抽象的外交方針演說

關於對第三國外交，米內及有田的政策演說，是太過淡然和抽象，因而新內閣的外交動向是不值得外察，可是貴衆兩院各議員對此所提出的質問，卻具有可以引起注目的地方。但對此質問的重要答辯，如當作考試答案來批計，其價值等於零。此於吾人，外交政策之機密性自是如此，但即爲身負日本外交責任之有田及米內，其實對於此後所要採取的具體外交方策，也不能不蔽之爲盲目。而由另一意義言之，就是暴露對已把日本弄成危險困難的國際環境茫然自失的日本外交之狀態。

三、外交質問者

對第三國外交向政府提出最多的質問者是六日於衆議院的清瀨一郎（時局同志會）和七日的鍾井義道（政友會中島派）及松本忠雄（民政黨）等三位，人數雖少，但因時局之故，其質問已引起了大家的注目。此三個質問者之中，除松本而外，其二人都是法西斯系的人物，因之，對於外交智識殊難認之精頭，只不過利用齊其強硬和異常的質問而對政府加以攻擊罷了而松本忠雄，則會經担任過外務政務次官，命與官等職，因而可以說是一個相當可以的外交通，所以，提出了有意義的質問，向齊政府的痛處攻擊。除此而外，衆議院或貴族院議員之對第三國外交提出質問者，仍有二三人，其質問亦足以引起注意。

還有，如外交專家的蘆田均，沒有像往年一樣地提出那些猛烈的質問，在這時期，覺得很可惜的？

問、有田內閣的此後外交動向

由米內及有田的演說以及其答辯對其質詢提出質問看之，此後米內新內閣之外交動向，大體如次：

1.不加入歐洲戰爭。

2.防共陣線之維持乃至強化。

3.與美、蘇、英的懸案解決。

4.振興對外貿易及經濟南方發展。

在列各條之中，（3）的政治交涉和（4）的經濟交涉，也許要需相當努力吧！現在對於前者，茲略加論述一下。

（1）不加入歐洲戰爭

米內首相與有田外相，都在其施政演說之中，言明：「對歐戰仍要堅持既定的不加入方針」，其後答覆議員的質問時，於此亦有述及。

但是，日本之所謂「不加入方針」，並非謂不論歐戰如何變化，直到歐戰結束爲止，均保持着「不加入方針」的意思，而是，隨着事態的變化，或者不辭加入的意思。此點必須注意。這，由有田的演說之末尾中：「隨着情勢的變化，無論如何肯定也已努力適應了」的言辭也，可以明白。因此，日本之所謂「不加入」，是在現在不積極地加入的意思而已。

（2）防共陣線的維持乃至強化

有田在其施政演說之中，對防共協定，曾說過：「日德意的關係，自從防共協定締結以來，漸漸加緊國交的親密，政府依着防共的方針，期待着加入防共諸國間的緊密關係維持」但，此種說法已是較爲消極的了！把牠和以前的內閣所說「此後要把防共協定益益強化起來」的話比較起來，便覺更無力量。此即爲德蘇互不侵犯條約之締結所影響的結果。即於七日的眾議院（預算總會）中松本忠雄已提出「德蘇互不侵犯條約對日德防共協定有無矛盾？」之質問了。對此質問，米內首相答云：「由法律上而言，未必就有矛盾，但，精神上的影響卻頗爲巨大，因此當時就向德國提出抗議了」。此亦是明示着防共的無力化。同日並非黨議員亦提出是不是把「防共協定看爲處理事變的重要事項呢？」對此質問，有田答云：「防共乃日本之國是，如果可能，希望和更多的國家，對于此點協力進行此項方針」。此種答復殊亦漠然之至。

照這樣看來，新內閣此後要抵抗由蘇牽制英、美、蘇之故，雖然似乎沒有自發地積極地強化防共協定的意思；可是，由前述有田的施政演說及米內對松本的質問所答辯：「但是，這決非防共協定的放棄，政府依然是要將防共協定維持下去」一點看來，防共協定仍然當徹武器，這是很明顯的，特別是由米內及有田對軍部的妥協屈服上看來，此後新內閣的防共協定對策，至少也要維持下去，或再努力強化亦未可知。

（3）和美、蘇、英的懸案解決。

由羅曾所表出的看來，雖說此次對此方面必定會加以努力，但究要採取如何的具體方案，有田當

台灣先鋒月刊

還我河山

黃紹竑

浙江省政府主席黃紹竑爲本刊題字

— 9 —

爲從沒有的對，今後將有來，此後日本的外交路線，一定向南方與北去，或爲明證吧，不，現在已經正式地進行着了。

A 對美國

日美關係，自從一月二十六日（編者注：即美日商約失效之日）以來，就在不安之中過着了。根據以前的行談，日本已經覺得把商約關係以不致不利於我們的方法來解決，是極爲困難，也因此不知如何是好了。就是有田在議會答復，也只使得着着：「對於商約，將自以爲最誠意地努力爲之」，而已。

但是，質問者方面，因爲憤激於美國的態度，而提出種種強硬的要求。可是，有田對此之答辯卻很巧妙地躲避了。例如：

議員：「中國公約因其不合理，故必須放棄」。

有田：「此必須慎重考慮研究。」

（日本的含語，大臣答辯中之所謂「考慮研究」是「自己尚無把握之意，此句答話，在暗非，有田的問答亦反面的說及）。

松本：「長江開放的聲明，是否負有義務？」

有田：「因是單方面的聲明，故非負有何等義務」。

此種答辯極爲重要。由此，日本之對美讓步，就完結着了。還有，如揚潮等等，至於向外相迫：「停止長江開放」。（此等的質問是可看爲明顯地把軍部方面的意向反映出來的吧）。

松本：「美國，在國交關係上，對日本的要求，究竟是些什麼呢？」

有田：「就是要求保障在華美國人的生命財產等的福利。」

松本：「有沒有向美國勸告將在華美國人全部撤退呢？」

有田：「此問題過於重大，不在答辯之範圍以內。」（這此故後的質問，是極重大，大胆而且危險的質問）。

有田是如此地強硬着。

然而新內閣亦將異於軍部的傀儡，如松本閣：「希望首相發表聲明，尊重美國人民，」對此，米內答云：「關於美國的行動，余不欲解釋爲絕對的惡意，但美國如果此後對日本延長壓迫干涉，那麼，日本也有斷然對付的決心」。這樣說着以恫嚇美國。

總之，而今而後，新內閣要繼續進行，對美交涉，當爲其武器的（經濟的狹隘方法業已試驗過效，而軍部又不能有長江開放以上的大讓步從而），除近衛部所引發的脅迫恫嚇以外，恐怕已經沒有別的了。然而，在美國方面，因爲此種威迫或恫嚇，是不是疑問，同時完分地利用着自己的有利地位而悠然自在，將着充分的決心。所以，此後日美關係之演講惡化，是有着充分的可能性的。

B 對蘇聯

日蘇關係的危機，依然未去。參看本殷幽報紙（即「人民之友」——之注）八號「危機未去之日蘇關係」特別是因最近滿蒙國境劃定委員會的破裂，日蘇關係，更成微妙。雖然如此，無恥的有田，於其施政演說之中，還說着「日蘇關係最近已經好轉了」的離譜話，可是對於此點不單是當時本就不信，即於十日在貴族院本會議席上，阪谷芳郎亦問：「政府的對蘇交涉，似乎樂觀，可是，鄙人卻有着很多的悲觀材料，不知政府的意見如何？」對此質問，有田自動地說「決不是樂觀云云」由此觀之，本意業已吐出乃明白之事。還有，議論的是，松本忠雄問道：「關於制止蘇聯的對華援助，不知已否努力？」此實正打中着政府的痛癢之處。對於此點，有田以「此後要充分地努力」來唉過了。

將要：依有田在議會所說，此後之日本。

1. 以在莫斯科交涉組織一發以全徹底確定國境爲目的的委員會爲哈爾濱會議破裂的對策。

2. 繼續進行締結通商條約。（目前在進行之中）

3. 於莫斯科繼續進行解決北樺太石油問題的交涉。（目下在進行之中）

4. 提早解決漁業本約。

沿此路線進行，其結果能不能順利，是極爲可疑的。我們對此，則抱着悲觀的觀察。

C 對英國

最近被認爲解決的『淺間丸事件，雖先在妥協形態下議定了。但未必可說已完全解決。而此項妥協，當然是英國的妥協，但，同時也是日本方面的妥協。我們從此事件，可以知道英國的對日態度，並非完全的屈服。而且把鹽，和，從去年夏天以來的天津問題英國倘拒絕對日本的情形聯繫地看來，此種感念，更爲一番地深刻。

觀於對英外交，在此次的議會之中，差不多已不成問題了。這恐怕是由於對美，對蘇的外交以及其他的問題太過於嚴重，緊張的緣故吧！

有田在其議會演說之中，指示着日本將把天津問題爲中心，而努力於日英國交全般的調整，此後也合照樣做的吧！不特此也，重光駐英大使，已很忙地出入於英國外務省了。可是，吾人仍不欲定即斷定，此後英國會完全屈服日本。

（4）擴張對外貿易及南方資源之開發與獲得

有田在其施政演說之中，說着：「對外貿易的增進及必要物資的保證現在情勢之下所必須的極爲重要之事，政府爲此正在盡力。現在，是正和美國、蘇聯、安南、中南美諸國，作關於通商貿易之交涉之中。再則，自歐戰勃發以來，必要物資之輸入，雖有妨礙，但，關於此事現在正考究適當措置中。」

實際上，在因對華的侵略戰爭而陷於進退兩難

台灣革命運動史提綱

張一之

本文係前在國際宣傳委員會座談會上之講演稿，略加修改，改爲今名發表，講演原題係「台灣革命運動之過去與現在」故本文首段有「題目如果說得更確切一點」云云之說法，而文中復多講演口氣之文句。一之註

一、短序

題目如果說得更確切一點，那應該是：「台灣反日運動之過去與現在」，因爲在日本領台之前，台灣對滿清封建統制的反抗，現在並無意觸及，只想從一八九五說起。

至於「過去」和「現在」，我想以「七七」作爲分時期的界限，就是說，從「七七」回追到一八九五，我們認爲「過去」，而「現在」則從「七七」開始。

爲什麽以「七七」來分時期呢？

七七抗戰，不但是中國對日本之關係的根本變動，也是窮東弱小民族對日本帝國主義關之關係的根本變動；「七七」雖是以反抗日本之侵華開始，而其影響所及，則遍於窮東諸被壓迫者的革命運動，朝鮮革命因「七七」之刺激而走入一個新的階段，已爲衆所周知的事，而台灣革命，也自「七七」爲始，以更新的姿態出現，因此，「七七」在台灣革命史上，成了一個劃時代的日子。

二、過去的三個階段

復次，我還想把「過去」分爲下列三個階段來敍述：

第一階段：一八九五——一九一四

第二階段：一九一四——一九二八

第三階段：一九二八——一九三七

這幾個數字，是「國際數字」，一九一四是大戰開始的一年，一九二八前後是資本主義國際恐慌而日本帝國主義者正準備發動在遠東彰明較著地燃起侵略之火的時候，而一九三七則是日本開始在中國遭到了强烈的抵抗而遠東局勢正向一個新的方向發展的一年，偉大的「七七」就在這一年內。

台灣革命史既不了這些「國際數字」，這說明着台灣革命問題老早是國際問題之一環，而應該說之爲整個中之局部而處理。

的窮境之中的日本，關於對外貿易之增進以及物資之獲得，乃愈爲重要之事，也可以說是生死問題。會從而誠如有田所說今後之日本外交，對此方面，會相當地注力吧。於貿易之增進，此後將熱衷於和各國締結或改締通商條約；而於物資之獲得，除依着正當的貿易之外，將熱衷於對最方便的蘭屬印度，菲律賓，安南等的南方的石油，鐵鑛等的侵略（不合法開發）罷！我們對日本之此種行爲，可斷爲以歐戰的物資爲機會而趁火打劫的行爲。

五、向着國際危機盲目地前進嗎？

還有種種必須加以注意的事情，雖說在此次的議會之中，也還表現着，但，從議會中所陳述的，我們可以說，把米內新內閣的對第三國外交動向，大體是如上地考察了。

總之。由我們看來，此後米內新內閣的外交方針，是和阿部內閣的沒有大的差異。而且，米內，有田也因結局說是被軍部的積極外交主張壓下的人物之故，此後米內新閣的外交動向也會陷於和從來內閣所造就的定型之中，而更繼續地向着國際的危機盲目前進。

再，最後還要加一句，即，現在的日本外交，全是從屬於中日戰爭中的日本的必要手段之一。所以其成敗如何，是會直接影響於我方之抗戰，因之，我們無論何時，都不能把最大的關心放鬆。（完）

抗戰以來敵幣膨脹情形

日本銀行，只有現金準備五億元，而去年底紙幣發行額，已達三十八億，十可見敵幣惡性膨脹之一般，茲將日本銀行、朝鮮銀行、台灣銀行及偽滿銀行紙幣膨脹情形，列表如下：（單位百萬）

	（一九三七）	（一九三八）	（一九三九）
日本	二・三九九	二・八五八	三・八一七
朝鮮	二九一	三三四	四五五
台灣	一一四	一四二	一七三
偽滿	三一七	四三〇	六三八

至於這樣的數字，如何地在台灣革命史上起着劃分時代的作用，現在讓我們從頭講起。

三、第一階段

從一八九五到一九一四，在當時的客觀環境說，有着下列的幾個特點：

首先，是各帝國主義之間，正進行着一個急烈的角逐的時候，爲了追求他的經濟利益，大家拚命地爭奪着殖民地，而日本帝國主義，以一個新興的暴發戶而出場，把牠的目光集中在老大的中國身上，要從中國得到他所必需的一切。

其次，中國是因由封建的滿清統治既出，一八四二的戰爭，滿清政府露出了一切無法遮飾的破綻，內政是腐敗達於極點，滿清只想設法維持其統治，爲了要達到這一目的，總不惜犧牲土地人民，抱着「寧給外人，不與家奴」的主意，決不願中國變成強大而民主，只圖苟安。

再呢，作爲附庸的台灣，一方面是直受到日本帝國主義的侵略，一方面，失掉了對中國的依靠，陷於十分困難的境地。

台灣先鋒紀念

宏揚主義

負弩前驅

馮劍飛

第三戰區司令長官司令部政治部馮副主任爲本刊題字

在這樣的環境之下，台灣的革命，便處於高難之中，但，台灣的革命者們，卻並未向這困難表示屈服，仍勇敢地進行奮鬥，在滿清割台之消息一到，即有「台灣民主共和國」之成立，雖然壽命短得可憐，卻在遠東首先叫出一聲民主政治的要求，但以領導者之不够，終於失敗，唐景崧劉永福之先後出走，使得台灣人對日本強盜的反抗，不得不由正面的對壘而轉入於傍面的襲擊，於是，便有日本政府當時所稱的「土人叛亂」事件之出現了，台灣人之不斷地襲擊官廳，當時曾使日本統治者感到頭痛，從光緒二十一年起至二十七年止，台灣民衆之對官廳的襲擊，已有五六十次之多，台北台南各地守備隊辦事處，以及支廳的憲兵駐紮所，都曾遭到這些襲擊之光臨，在有雄厚武裝的日本軍閥統治之下，這些不斷地以襲擊方式來報復的台灣人，被名之爲土匪而遭殺戮者，竟及二萬之衆，還表示了日本政府的恐怖是如何地深；到一九一一年時，那正是滿清倒台而中華民國成立的一年，風聲所及，震撼全台，台灣人懷慕故國的心，因此而愈益迫切，當時，革命者大都抱針對這一種心理，以「中國援兵就來了」的口號，號召台人，因此，一時小小的台灣，各地都發生襲擊官廳的「暴亂」，頓時使日本統治者大吃一驚，深深地了解台灣之難於統治。

在這一時期的革命運動，顯然是有着很多的缺點，這些缺點，當然也是無法避免的，我們現在歸納起來，有下列數點，應該提出來：

第一、因爲當時台灣是由一個封建君主之統治下，轉入一個帝國主義魔鬼的統治，封建意識，如在中國別的地方一樣，正統治着這一個小島，這些革命運動，缺少一種革命理論之領導，因而在形式上，現出極端的混亂，而形成一種無計劃無目的無組織的襲擊。

第二、當時的台灣，還是農業的台灣，農村中以農民爲主，日本帝國主義的殘酷統治，影響及於農村生活，農民的反抗是一種較低級的反射作用，其反抗行動，至多是一種通常所了解的「農民暴動」，缺乏領導的中堅份子，缺乏革命的前衛隊伍。

第三、由於事實上的不得已，在這一時期內，台灣革命者們，是由武裝的抵抗而入於一武裝消滅的情況，武裝的消滅，是這一時期的最無可奈何的事實，因此，允許了日本統治者以充分的時間來實行其政治的進攻。

這第一個階段進入第二個階段時，也正是台灣本身在發展中起着變化之時，而以大戰前後爲界限，台灣本身變了，台灣革命也向前推進了一步。

四、第二階段

這是從一九一四算起，到一九二八爲止。這時期內，國際與台灣本身都有了大的變動，撮其大者，則：

第一、日本對台灣的經營，就在大戰前後奠定了基礎，而且，已經使台灣在某個程度以內，滿足其帝國主義的要求了。在政治上，台灣總督府之條例公佈前後，在大戰前後，可以說已經完全能用以統制台灣，在經濟上，一九〇八將台灣縱貫鐵道築成後，使日本的資本主義得順利地改造台灣，將台灣由農業台灣變成工業台灣，這一改變的結果，使台灣產生了土著資產階級也同時產生了勞動階級，而台灣社會亦從此變得複雜起來。

第二、大戰之影響，是很大的，民主政治之呼聲，因此世界，帝國主義者的經濟掠奪，帶來了他自己無法控制的政治潮流，這戰爭提高了一切弱小民族的政治水準與文化水平，覺醒了很多的奴隸，並且引導他們走上自己要走的路，全世界捲起了新的反帝的怒潮。

第三、在經濟上，日本這個長於戰爭而在大戰起來了，大戰又給他以經濟，使這小怪物，漸漸地成功於發高其經濟能力，而中國雖然已有中華民國之成立，但因其本身的薄弱，兩年在各帝國主義的舉動之下，從事各種內爭，日本便在這有利條件下，加強其「以華制華」的政策，積極地侵略中國及加緊[illegible]台灣。

由於這些客觀條件之變動，台灣革命也大大地變動了，一方面比從前進步，一方面也因而比從前複雜了。

在一九一四，有「台灣同化會」之創立，「台灣同化會」，雖然比從前的革命運動進步，他具備了近代政治團體之要素，這一團體，可以說是台灣工業化的出產物，台灣工業，帶來了土著資產階級，而這一資產階級有著他的政治要求，台灣同化會便可以說是這一階級的代表勢力，其較前進步之點，是他提出了「民族」二字，雖然「民族同化」政策是不無錯誤的。

到一九二〇的時候，在東京有台灣革命志士們所出版的「台灣青年」，亦即一九二七在台灣出版的「台灣民報」之前身，在新的國際政治空氣鼓勵之下，提出民主政治之要求，希望在日本統治機構之中，有類似議會之類的組織，借以走上民治之路，在「台灣青年」出版之明年，即一九二一，便開始了擴大的而且是繼續不斷的請願運動，主要目的，在於議會之設置，這也可以說是一貫的土著資產階級的政治要求的表現，這一運動，尤其在中國大革命後的一九二八，是極爲蓬勃，一九二八年，會有數千人的連名請願，情形是頗爲可觀的。

但在另一方面，我們也看到了別的組織，那就是所謂「紳士公益會」，是一種日本統治者所希望其存在的會社，其目的在於與一切革命團體對立，以收分散力量之效，這一團體是在一九二三成立，與之對立最尖銳者，要算是一九二一成立的「文化協會」。

「文化協會」，顧名思義，容易以爲是一個普通文化團體，而其實是一支政治鬥爭的隊伍，在當時的政治潮流影響之下，當時仍脫離不了爭取議會設立之鬥爭，但，也因此種下了他後來分化之種子；前面我曾略一述及，台灣工業化之後，產生了土著資產階級，也產生了無產階級，代表後者的政治勢力，即一九二六年加入「文化協會」之「台灣無產青年團」，青年團加入「文化協會」後，一方面，是整個團體力量之增加，但也就同時尖銳化了與協會資幹部間之對立，而結果引導到分裂之路。

「文化協會」之分裂，是以「無產青年團」因有蔡某之挑撥而奪取了領導權，繼續以「文化協會」之名鬥爭，而蔡派脫出後形成「台灣民黨」之形式實現，「台灣民黨」後改「民衆黨」，其政治綱領仍貫的是民主政治之實施及合理經濟組織之確立等的要求，而在「青年團」領導下之文化協會，則用其特有的作風，發動工人罷工，農民暴動，以直接威脅日本政客們對台灣的統治，其中，如一九二六的台灣農民協會對甘蔗收買價格之爭議，如一九二七高雄鐵工廠工人之大罷工，與次年高雄淺野水泥工廠之罷工等，是較爲擴大的鬥爭，在這種鬥爭裏面，還可以看到一個特點，就是台灣革命者的鬥爭，已經不把其行動局限於台灣，反之，是正積極地與日本的工農取得聯絡，這可以說是一個重大的發展，此於一九二七台灣農民協會之與日本農民組合及勞農黨之結合可得而知，尤其由一九二八擴大請願時雙方合組「特別活動隊」以支持運動一事，更可以看出這一發展的重要。同時，日本感覺到大威脅，也正是此時，日本勞動農民黨，日本勞動組合評議會以及日本無產青年同盟等之被迫解散，也正是一九二八四月之事。

由這第二階段的革命運動發展過程之中，我們不難看出幾個歷史的特點：

第一、這一個階段，是台灣民族運動受大戰之刺激而開始並發展的時期，從第一階段進入第二階段，是台灣革命由無組織無理論推到有組織有理論的階段，是一個大大的進步。

第二、這一民族運動，開始就向兩個方向開展，是一種大大的缺點，工商企業發展後的資本家與農工兩者的經濟利益，決定了這兩條路線開展的必然傾向，其以民族作爲基底的運動雖一，而其目的與手段則異。一者主張民族同化因而採取一種較爲和緩的鬥爭手段，一者主張民族運動，應以民族分離爲原則，而發動較爲直接的鬥爭。

第三、帝國主義附屬國的革命，自應以民族革命爲前提，其鬥爭力量，自應統一在一條民族戰線之上，以共同向公共敵人鬥爭，而台灣革命運動，在這一個階段內，失敗於組織民族統一戰線，這還是

□做的工作尚結果並未做到，可以說是這一階段最大的歷史的錯誤。

五、第三階段

這一階段，是從一九二八到一九三七一段時期，可以說是一個轉形時期，離把「過去」過渡到「現在」，在這一階段裏，國際的，遠東的以及台灣本島的客觀條件有了很大的變動。

首先，在國際上，從帝國主義的紳士們開始，經濟恐慌是嚴重地被感覺到了，不一年，這種恐慌，便席捲天下，各個帝國主義者都們在設辦面前來謀取解決的方法，但因第一次大戰分贓的不均，在英美法等帝國主義與各帝國主義之間，種下了矛盾，在這一個階段裏，便是這兩個集團彼此衝突的時候，德意為了發展他自己的市場，便侵及英法等的利益，但，一般地說來，各個帝國主義，雖然彼此間也正衝突着，而他們加緊着對殖民地的剝削則是一致的，故殖民地半殖民地以及大大小小的帝國主義附屬國，便生活在更大的侵略威脅之中，感覺到民族的危機。

其次，在這一階段裏，是日本帝國主義趁火打劫的時候，他們趁作勢地壓迫着包裝那假的反共口號，在英國的默契之下，大舉進攻中國，佔領中國的東四省，造成「九一八」這一個罪惡的日子，一方面，為了配合着他這種對外的強盜行為，他加緊了對日本勞苦大衆的壓迫，更加緊了對朝鮮台灣的剝削與統治，以遂其獨有遠東的野心。

再說，事實上，台灣是感受到了更殘酷的壓迫與剝削，而整個台灣，都被捲入這一威脅之中，形成了民族間團的堅強性，加強了台灣民衆一致團結反抗的傾向，又由於在前階段所採用的鬥爭手段的失敗，在日本政府之日益法西司化的此時，台灣是頓時發生了綜合一切反日力量共同努力的要求。

因此，這第三階段的革命運動，便以新的姿態而出現，繼續着一九二八的鬥爭，一九三〇年十月的霧社發動，是在革命運動中加入新的血液，即是採取了與生番大結合的形式，前此的台灣革命，還是局限於一部，與番人的革命力量沒有聯繫，甚至於彼此之間還存在着仇視的心理，而一九三〇以後，日本的加緊了的壓迫，造成了這種聯合的局面，偉大的霧社暴動，即在專一對付公共敵人日本帝國主義者一目的之下而發生。其後，在一九三二年四月霧社的番人再度暴動，以及自此以降的大大小小的暴動，在行動上，是過然與前一階段的溫和手段大異其趣，而在內容上，可說全是一九三〇年十月事件之繼續與擴大。這成為第三階段之特點，開始了這一個新的階段，同時，使台灣革命運動由「過去」過渡到「現在」。

此一階段內最普遍與最經常的是各種各樣的暴動事件，與東京一九三三的「日本勞動組合全協台灣」之被檢舉等白色恐怖，遙遙相對。

這一階段的特點，除了與番族聯合，共同鬥爭外，是各種革命行動的有計劃性和鬥爭方向的漸趨一致。

以上，我們把台灣革命運動的「過去」，極簡單的提綱似的說明了，以下，我們仍用同一的方法，把台灣革命的「現在」加以輪廓的陳述。

六、所謂「現在」

所謂「現在」者，當然不是指今天或明天，甚至也不一定是十年八年，而是為一些特殊條件所範圍的某一段時間。那些特殊條件呢？

一、國際資本主義正遭受着空前的經濟總危機的襲擊而走向戰爭，以求解決，但，卻不可避免的戰爭，必然的招致到被犧牲者的反抗，而當求逃出本主義呼吸僅存之一口氣之時間的到來，而「現在」是在這過程中。

二、日本帝國主義，為了滿足其慾望，加緊侵略中國，壓迫其國內以及朝鮮台灣，其結果是引來了中華民族的全民族的反抗，引來了其國內的不安以及朝鮮台灣革命運動的鋒起，這些力量，將致日本帝國主義於死地，而「現在」正在此一過程之中。

三、遠東被壓迫民族，在日本帝國主義者殘酷的壓迫與剝削之下，覺悟了，不鬥爭便只有死亡的道理更為明顯，因而消除了其本身所有的散漫性，不團結性同時又提高了他的政治水平等，而此種發展是向上的發展，其結果是達到其解放之目的，而「現在」是正在這種向上的發展的過程中。

七、民族革命戰爭

由於日本帝國主義對台灣的壓迫之民族形式，使得台灣革命運動凝結於爭取全民族的自由解放一點。

由經濟方面說，一切主要出產均在日本政府專賣之下，在台灣，整個生產貿易是在日本資本主義壟斷之下，台灣與日本的經濟關係，全是一種殖民地與宗主國之關係，而且，在台灣民族壓迫與階級壓迫是合流的，是同一的；即由政治文化各方面看，也可以一眼看出種族性的壓迫與摩擦，即政治上之統治者是日本人而被統治者是台灣人，而施行麻醉教育之能動者是日本人被動者是台灣人，日本帝國主義要強迫台灣以日本之文化為文化。

這種種壓迫剝削與麻醉，無時無地不以民族形式而出現，故台灣無論那一階層的人，均一致感到此種威脅，這一客觀事實，使得台灣革命運動之目的，集中於台灣民族之解放而必須團結一切台灣人以從事一民族革命戰爭。

八、爭取獨立與返歸中國

台灣革命要循着兩個目標而進行：第一、因爲現在是被日本統治着，他首先要在國家關係上，脫離此種關係，從得其自己處理自己之命運的權利；第二、一經獲得此種權利以後，台灣因各種條件之故，他應返歸中國以共同建立三民主義之新國家。

這兩個目標初看去似乎矛盾，未可同時存在，但，其實是極其合理的，因爲此刻在台灣所有的問題，是解放，故對日本帝國主義而說，台灣需要獨立解放，如果台灣沒有自由處理自己的命運的權利，他便絕對不能談到返歸祖國之類的問題，如已得到自由之後，則那時的問題，是對祖國的問題，他有重返祖國以建立三民主義之國家的必要。

因此，這兩個目標，可以而且必須都有才行，不過是在時間上的先後一點上來區別而已。

九、基本的口號

爲了達到民族革命成功之目的，台灣革命者應以下列三個口號，作爲其一切革命行動的準則：

第一、必須在台灣本部造成對付共同敵人日本帝國主義的民族戰線，要把台灣人都統一在這條戰線之內，以共同努力，不管其爲資本家階層或者無產者階層，此刻已因日本剝削與壓迫的民族形式之採取，而形成了這種大聯合的必要與可能。

第二、必須與祖國的抗日力量連合，以共同努力，自七七以後，中國揭起了抗戰之旗，從事全民族求生存的神聖戰爭，這是一支無匹的力量，是改造遠東惡劣環境之主力，是建立遠東永久和平的基礎力量，遠東凡在日本帝國主義壓迫之下的民族解放運動，必須在此大力量領導之下，始易達到其革命目的，此於台灣革命尤然，故此刻一與祖國抗日力量取得連絡一乃台灣革命者們的基本口號之一。

第三、在日本統治下的朝鮮民族與日本下層大衆，同樣地遭受到被剝削壓迫的命運，日本法西斯統治者之殘酷的壓迫與剝削，已經使得他們不得不起而反抗而且事實上已在反抗着了，他們的立場與鬥爭目標與台灣人的，完全一致，是一種同盟力量，台灣革命者們務須在這點取得緊密的連繫，始能加速日本帝國主義者之滅亡，而在日本下層民衆與朝鮮整個民族革命運動方面講，他們也有發揮一種要求，故此一口號，不惟有必要，而且也有着很大的可能性。

十、目前工作方向

而目前的工作方向，則以前述基本口號爲基礎，台灣革命運動當中國抗戰正進行之中的此時，竭其能力以爲助這個神聖的抗戰而使之能爭取到勝利，如果中國之抗戰勝利，則台灣革命之前途便獲得了很可靠的保證，故此刻之台灣革命運動，其主要工作方向之一，即號召台灣民衆，幫助中國抗戰，除了說台灣革命對於中國抗戰有着剛剛說過的還依存性而外，另一點，是幫助中國抗戰實際上也就是台灣革命本身工作之一部，故此工作成爲十分必需。

其次，台灣革命工作之另一方向，即是要在台灣本部加強暴動工作，因爲這種直接的暴力，可以直接地影響日本帝國主義在台灣的統治，而間接地可以借破壞台灣的交通等牽制其侵略中國的野蠻行動。

這一工作，要使其求其擴大與普遍，要表現在破壞生產，破壞交通，抗繳捐款，抗納賦稅，反對徵工，反對抽兵等等具體行動上。

十一、目下工作

關於台灣革命之「現在」的極些理論，我們可以引台灣獨立革命黨的工作來作說明的典據，獨立革命黨就是在這樣的理論指導下，從事其革命工作，就現在所有的事實來看，在幫助中國抗戰，已有台灣義勇隊之組織，目下是正英勇地在祖國戰場上與祖國同胞一致地鬥爭着，在發動台灣暴動，他已有不少的黨員在台灣經常計劃着指導着工作着。

此外，依據他既定的政策，現在是正積極地進行着與台灣其他革命團體謀取統一，又正與朝鮮革命者們，舉例說，如朝鮮義勇隊，與日本的革命者們，舉例說，如日本在華人民反戰同盟等進行合作辦法的商討。

這就是台灣革命之過去與現在的提綱的說明，對於時代的劃分，僅依我個人的見解，而於革命史實的舉例，又僅據記憶所及，自不免掛一漏萬，好在這不過是提綱，並非隆重的文字。

中央社二十八日重慶電：台灣革命黨人，前以處境困難，聯絡不易，遂有台灣獨立革命黨，台灣民族革命總同盟之分立；茲爲加緊推動台灣革命活動響應祖國抗戰起見，經雙方代表集議連日討論結果，決定結成台灣革命團體聯合會，定二十九日宣告成立，負全面策劃與推動之責。查台灣革命運動繼續已達四十餘年，但建立統一指導機關，厥自今日始，故今後台灣求自由解放之運動，必能以嶄新之姿態，作劃時代之發展云。

台灣寄稿

希望祖國抗戰到底

呼聲一九四〇・二・二・

祖國的同胞們：飽受了日本侵略者的侮辱，在鐵蹄下被蹂躪了四十餘年，現在我們，誠心佇立在這淪落的孤島上，翹望雲天，歌頌着祖國神聖抗戰勝利的來到。

啊！祖國啊！惟願你的勝利快實現吧！正義快照彰吧！更希望你以你的勝利來解開我們這五百餘萬奴隸的鎖，使你的兄弟也有自由的一天。

我們如一群受牢住的小鳥，被拘在這暗無天日的籠中，不能以武力來自衛，日本軍閥壓制我們，使我們拔牙斷爪，失去自衛能力，而敵人之無道與殘酷，又是那樣可恨和可怕，我們在痛苦中無日不在鍛鍊精神來抵禦強盜們，我們唯一的武器就是不滅的民族精神，我們正本着這種精神與祖國的同胞共同奮鬥，千萬願祖國在這次正義的抗戰中能堅持到底，萬莫中途妥協，而像今日的我們，受日寇百般的壓制，那便噬臍莫及，須知爲正義而死遠勝於忍辱而生。

這裡，畧吐露一點我們的悲哀的酸苦，使祖國的同胞們知道一些亡國的慘痛教訓。

徹底解除武裝了

以前台灣同胞差不多每家都有自衛武器，當日人進攻台灣時，台灣曾拿這些武器抵抗過敵人，自從敵人侵佔台灣以後，就積極沒收台人所有的武器，那時台胞把武器埋藏起來，但因敵人監視太嚴，簡直無法取出應用，年深日久所埋藏的武器都壞而無用了，敵人還是不放心，施用種種誘騙的方法，宣告凡自動繳械的台人可得賞洋若干，且有作官的希望，於是有些台胞受騙了，便甘從自動繳械，有的連環槍也繳出來，但是他們所得的領賞，只是槍決與砍頭，還有些不願繳械的人被敵人搜了出來，認爲土匪，或遭活埋，或遭槍決。這樣一來不到十年就把台灣人所有的自衛武器就統統沒收了。後來，甚至連學校所用的刀、矛、劍、槍等武器都要受限制，只要日用的鐵器如柴刀菜刀一類也是如此，就是農家所不可少的農器也不能做得過長。此外台灣同胞因爲能力獲得使用獵槍許可證，防衛野獸襲擊的能力也被剝奪。最近，敵人的無理的統制：小孩們槍形的玩具也不能隨便玩耍，鳥槍也是限制之列。本來台人可以自己製造火藥的，如今燃爆的製造與使用也要受到嚴格的限制，亡國後的台胞，已經是徹底的被解除武裝了！

農民赤貧化了

「唉！一年到頭忙忙碌碌，如今又是落空了！」這是哀怨的感嘆聲，每逢年終差不多可從台灣每戶農家聽到。敵人在台横征暴斂，租重到極點，每冬天到納稅期間一過，台人終歲辛苦，血汗所換來的一點點穀，便都剝削得一乾二淨，有時把這些穀子全數納租還稅是不够。這種情形眞是無異白白替人作了一年牛馬，牛馬到了冬天，主人還會供給它的食料，可憐我們的台胞到了冬天，惟有挨餓受凍！那悲怨的唉嘆正是敵人壓榨下的宛轉悲鳴。

台島的面積有三萬五千七百八十萬方公里，大部爲山地，僅東南一角及西邊沿海一帶爲平原，約佔全島面積三分之一，島上五百餘萬人口的生計全靠着這三分之一的土地的生產來維持，這已是很困難了；但由於日本是個缺乏糧食的國家，其缺乏的糧食還要由台灣來供給，於是盡量的使台胞，在這塊狹小的土地擴大耕種；例如從前一甲土地（一甲約合中國四畝）最多可收獲八萬到十萬斤的甘蔗，如今卻要收獲三四十萬斤之多，從前一甲土地最多可收穫稻子一千或二千斤，如今可增到七千至一萬斤不等；中部水源豐富之地，每年還可收穫兩次。可是這些收穫的增加，對於台胞並無一點實際的利益；只不過是讓敵人一種增稅的方式，加深對我台胞的勞動力的剝削而已，然而，敵人卻還不以此爲滿足，想盡種種的剝削方法，二十餘年來不斷的在台灣中部與南部，由山底水，築成浮，利用山水灌溉平原的乾田，一面增至生產，一面藉此增稅，雖然，每年乾田要三年方能歸得灌水一次，但農民卻每年都要繳納水租，這種所謂「官」的新稅，便是敵人剝削台胞的奴隸們，更是苛刻的跟着那塊土地轉，絲毫沒有喘氣的餘地，因此，台灣的農民們，無可奈何的呻吟着「祇有生下將來，才是我們得空的時候，」「四腳釘子毯，方是我們安息的時候。」（即是說棺材四角的釘子）祖國的同胞們，請你們看看這亡國後牛馬般的生活！

還不止如此，敵人爲了解救它自身的貧困，對這於個冬天不下雨害，終年草木豐茂的肥沃地帶，還不肯就此放鬆，因此，他們的農業家說「呀，台灣的地質實在肥美，可惜每季的禾苗要六個月才能成熟，假使四個月能够收成的話，那末每年就可收穫三次子，考查稻子遲於成熟的原因，是由於太陽光線輻射不够，假使夜晚也有光線繼續照射，四個月一定可以收獲。」這個論調一出，它們就積極的試驗着，利用電光在夜晚代替太陽來照射稻穀，台灣原有一個名叫日月潭的大湖，面積約七百二十五公尺，四年以來，敵人都利用這湖的水源，發電供全島工業上用，現在更利用電光來照射稻穀，

這一八七四年
四月四日·日寇決辭侵略台灣，以陸軍中將西鄉從道爲理官。
五月二十二日·日軍大舉進犯，入台東牡丹社，迫番人投降。
十月三十一日·大久保利通與清朝談判台灣事件，得賠償金五十萬兩後，始將寇軍撤退。
一八七五年
九月二十日·寇軍艦雲揚號在朝鮮江華島被朝鮮人砲擊，彼此衝突。
十二月九日·任黑田清隆爲辦理大臣，同月二十七日任井上馨爲副辦理大臣，往朝鮮談判江華島事件，提出條件。
一八七六年
二月二十六日，朝鮮與日寇成立修好條約。
二月二十八日，下令禁止人民佩用刀劍。
一八七八年
八月二十三日·近衛兵二百餘人暴動，即有名的「竹橋兵營暴動」。
一八八二年
七月二十三日·朝鮮革命志士襲擊日寇在韓京公使館。

日本資本主義繁榮史上的

血的年月

王正西 輯

在這裏，台灣人，朝鮮人，日本人，同樣受剝削壓迫
在今天，台灣人，朝鮮人，日本人，應站在一條線上

八月三十日·朝鮮與日寇訂定講和條約。
一八八四年
十二月四日·日寇韓京公使館又被朝鮮志士焚燒。
一八八五年
十一月二十三日·大阪事件，（日本自由黨黨員大井憲太郎等擬在朝鮮舉事，於大阪被捕處死刑）。
一八九四年
六月五日·東學黨在朝鮮各地舉事，日寇駐韓公使大鳥圭介回京。
七月二十三日，朝鮮兵拒絕日寇公使大鳥進京，日寇與韓兵衝突。
八月二十六日·日寇迫朝鮮與之訂立攻守同盟。
一八九五年
三月二十日·李鴻章到馬關。
四月十七日·馬關條約訂立，台灣從此淪陷日寇，受其統治。
五月十日·日寇派海軍大將樺山資紀爲第一任剝削台灣的台灣總督。
六月二日·樺山與清全權委員李經芳在三貂灣完成台灣澎湖授受手續。
八月六日·訂定台灣總督府條例。
十二月二十八日·北白川宮能久親王在台灣被台灣志士以鐵刀劈去首級。日寇諱之曰病薨。
一八九六年
一月二日·台灣革命者在各地起義。
三月三十一日·台灣

一來，台灣的人民便連夜晚也要犧牲牛馬般的工作，這種超乎尋常的剝削方法，眞是語莫擧開了一

現在再說農民負擔租稅的情形罷。當農民們的穀子還未曬乾，非役場的役員便挨家挨戶來調查，開口總是「啊呀！今年是豐收啦！要加點稅款吧！」每甲土地每年的地租和小租等，總要五六十元，租稅不能適期串月繳納，因此，農民們常常要借舉債，抵押或拍賣房產等等的方法去籌集款項，於是大多數的農民破產了。即使每年都能收穫兩次的上等水田，每年每甲的收入也不過三百日元，可是僱傭地租水租便要一百二十元以上，肥料要一百元，工資要五十元，農民們實際只有三十元的所得了。倘使遇風旱災的年歲，那更不用說只有餓着肚皮過活！

近年來日寇的金融資本勢力也深入了農村，它們設立一種「農業銀行」，向農民放款，農家可按北地皮的多少去貸款，利息按規定的年數繳納，倘年限已到，利息還未繳清的話，土地便要歸它所有。這也是併吞小自耕農的一種辦法。

日寇既然將台灣作爲一棵搖血管，自然對台灣農產品的搾取不遺餘力，比如說，台灣農民大家出產的甘蔗，是專爲日政府收買了的。農民們自己不但不能榨糖，連自己多吃了一點也要挨打或罰款，蔗糖有百分之六十都輸到日本去，祇剩下極少量在本地高價出售，農民也買它不起了。其次台灣的米，每年也有百分之五十是輸入了日本，日本人要這種品質給台民，各種工業原料品也是這種用極低廉價錢，大量搜括過去，加工製造以後再輸回台灣高價出售，通過這種再生產的方式下，台胞們的操作，也完全要受到日本人殿帝的限制，絕對不能違背日人的意志。「身不由主」，在這裏簡直是一個極眞實的要點。唉！被壓榨月，許手代之，終年勞苦的台胞，何時才能擺脫這種桎梏！

總督府條例公布。

四月二十七日・日寇合祀在朝鮮台灣戰死之大批倭兵。

十一月二日・又合祀一大批死亡寇兵。

一八九七年

四月一日・台灣銀行法公布。

五月二十八日・日寇將台灣摩里松山改稱新高山。

一九〇五年

十二月二十一日・倭在韓江設統監府派伊藤博文爲統監，加緊對朝鮮的壓迫。

一九〇七年

七月二十四日・韓日新協約訂立。

十二月十五日・倭國足尾銅山工人同盟罷工。

一九〇八年

十二月二十四日・倭在台灣縱貫鐵道全通，於下關開台灣之盛礎。

一九〇九年

十月二十六日・日寇伊藤博文訪俄途中在哈爾濱被朝鮮革命志士安重根刺殺。

一九一〇年

八月二十二日・倭駐韓國統監寺內正毅與韓國總理大臣李完用訂立日韓合併條約。

九月三十日・朝鮮總督府官制公布。

十月一日・倭陸軍大臣寺內正毅兼任朝鮮總督。

一九一一年

一月十八日・日本社會主義者幸德傳太郎（秋水）等二十四人於大審院被處死刑。

一九一二年

八月・日本勞動總同盟於東京成立。

一九一三年

二月十日・日民衆在東京市內暴動，襲擊御用報館與公安局。

十二月四日・台灣革命志士被判處死刑六十名，無期徒刑三百一十名。

一九一七年

六月二十日・倭國長崎三菱造船廠職工大同盟之工人，關於工資問題，而發生全體罷工。

一九一八年

八月六日、倭國富山縣一帶發生搶米事件，後蔓延全國各地。

八月十九日，倭國福岡縣嶺地炭礦礦工，因生活問題與當地駐軍發生衝突，結果工人被慘殺者約三千餘名。

一九一九年

一月四日・日寇在台灣發布台灣教育令，具體化對台灣人所施行的奴化教育。

八月一日・於東京活版工人發動罷工，所有報紙，刊物都停四日。

八月二十三日・東京陸軍兵工廠工人大罷工。

九月二日・倭派新任朝鮮總督齋藤實到韓京汽車站被朝鮮革命志士投炸彈，齋藤僅以身免，隨着死傷二十餘人。

十二月二十日，倭國內關於社會問題，思想問題，勞働問題之議論高起，彌漫全國。

一九二〇年

五月二日・日本最初一次之勞動節在東京上野公園舉行。

七月二十七日・改正台灣總督地方官官制公布，三十一日改正戶口稅法公布。

十一月一日，台灣徵規令公布。

一九二三年

四月十六日，倭皇太子（現在之倭皇）到台灣

一九二四年

一月五日・韓國革命志士金祉燮在倭皇宮投彈

工商業破產了

台灣原是農業社會，第一次歐戰以前沒有什麼大規模的工業，僅僅只有一些規模狹小而又散漫的製糖工業，由各村中的農民自己主持，並無外來的投資，戰後，日本帝國主義者才號召，台灣開始大規模的工業生產，這以後，二十年來，台灣各中小工商業完全爲資力雄厚的日本廠商所兼併，弄到完全破產，其中爲最主要的工業爲製糖工業，專歸日政府所主持，共有公司十一家。製糖工廠達五十所，資本約達日金二十六萬萬，每年產額約二萬萬斤左右，雖然歷年均有增加，可時全部被日覇斷。其餘機械工業，化學工業，食品工業，紡織工業，以及少數特種工業等，每年產額約在八千萬日元以上，攫巨額的收入，全爲日人所有，台人休想分得半厘利潤，同時由於農村經濟破產，貧農走頭無路，便都離開農村，進工廠中去出賣勞力，因此，工廠的開設仍是有加無已。

至於敵人對台灣勞工的剝削，更是極無人道的，在日本國內，日本工人的工作時間之長，就是舉世聞名，十五歲以下童工，每週工作時間，至少是六十小時，成人每天常超過十時以上，日本軍閥對於台灣勞苦工人的剝削，和這是並無軒輊的；台灣的勞苦同胞們，晝夜不停在暗無天日的機械底下工作，每日所得僅足一飽，而敵人還用着種種方法，來減少工資增加工作，這其中包工制度便是普遍採用的一種，例如某種工程開始，政府便頒布勞工排工力的規定，每件三毫，由大承包人包給小承包人，小承包人包給勞工，如此層層剝削，工人實際得到的，每件祇有二毛，而這些從中漁利的承包人多係日人，這便是最流行的一種剝削方法，此外還用統治力量，攫取森林也是常用的一種超經濟剝削辦法？比如台灣是一個產鹽的地方沿海的台胞，終日勞苦，把海水製成堆積如山的食鹽，日人却將食鹽

一九二五年
五月八日・倭政府對朝鮮，台灣之治安維持法公布。
十二月一日・日本農民勞動黨被迫解散。
一九二六年
七月十八日・該國長野縣內農民三千餘名，因反對警察局存在該縣而襲擊縣府。
九月十八日・日國內各主要地之官，私立大學生三百八十名因組織反政府同盟會被檢束，後以違反出版法，治安維持法之名義而受徵役（所謂帝大學生事件）。
一九二七年
十一月二十六日・日國岐阜縣農奴五千餘名大舉襲擊當地地主之住宅。
一九二八年
四月十日・日本勞動農民黨，日本勞動組合評議會，日本無產青年同盟之三結社被迫解散。
五月十四日・倭政府委久邇宮邦彥王爲陸軍特命檢閱使到台灣時在台中站被韓國革命志士狙擊未遂。
一九二九年
一月八日・日國岐阜縣內農民又起暴動，其情況比前次更劇烈，因而倭政府派軍隊鎮壓。
十一月五日・日本共產黨員八百餘名被處死刑。
一九三〇年
四月二十日・東京市電氣業從事員同盟總罷工
十月二十七日・台灣霧社番人在台灣漢人革命志士領導之下發動暴動，而殺倭寇數百。
一九三一年
四月二十五日・台灣霧社番人再度大舉暴動。
一九三二年
一月八日・倭皇檢閱陸軍演習完畢，返宮途中被朝鮮革命志士扔彈，因警備緊密終於未遂。
四月二十九日・朝鮮革命志士潛入日人舉行天長節典禮之上海公園投彈，將當時侵華之寇首白川軍司令官炸斃，同席之植田中將，野村艦隊司令長官，重光駐華倭公使等亦均被炸重傷。
十月二十九日・日本共產黨員三田村四郎（三七歲），佐野學（四一歲），市川正一（四一歲），鍋山貞親（三二歲）等在東京地方法院被判無期徒刑。
一九三三年
十月二十日・日本共產黨之秘密結社「日本勞動組合全國協議」之會員與青年同盟會會員共四千一百九十六名被檢束，倭政府恐對此情形漏洩民間，故將東京地方之各報導記事命令禁止登載。
一九三四年
九月二日、東京市電氣業從業員一萬一千名再度發動總罷工。
一九三五年
五月二日・日本革命者約千七百名被扣，（倭當局稱爲暴力團）。
十一月十二日・日本共產黨員五百十三名被扣。
一九三七年
十二月二十二日・倭政府對日本勞動無產黨及日本勞動組合全國評議會之幹部約四千餘名，被以違反治安維持法之罪名而受處無期徒刑。
一九三八年
、二月一日・倭政府下令將在公、私立大學活動之教授（共產黨員）全部檢舉，被扣者一百三十五名。
（註：此係根據日本政府所公布之年月日，凡革命運動之未經公布者正搜集中，擬另文發表。）

對於政府專賣，因此台胞吃鹽要花很高的代價才能買到，他們的勞動價值全被日本剝削了去。又如阿里山一帶，原是台島最大的天然林場，面積達一、二一三、一九〇公畝，多係重要木材，當中有檜巨木，周圍有二十餘公尺之大，約四十公尺之高，日人未佔據台灣以前，島人奉祀爲神，不敢伐用，敵人佔據之後，即用機器砍伐，以登山的台車搬運，每年搬出去的數額，在十八萬至二十萬以上。這些富源都入了總督府的荷包，也是超經濟剝削的一個最好例子。

這幾年來婦女兒童全部被驅上工場，或農場去了，因爲現在大規模的農場多係製糖工廠所經營，這些糖商製糖賺了錢，就盡量收買土地，這樣台灣同胞的土地逐漸兼併得精光，日人的農場便日益擴張起了。這些日本的資本家，是知道運用經濟的方法來剝削人民的，大批女工童工的僱用，成了普遍的現象，每天黎明時，農場便列齊婦女孩童，等候着工頭來分配工作，工頭大半是日人，這些婦女兒童自上午六時，直作到下午六時，工資的多少，還要看工頭的高興，婦女工作最好的，每天也不過三毫日洋，流盡了血汗，所換取的工資還不足以養活自己，她們把所有的怨恨集中到監督的日人身上，咒罵這些東西是臭蜜子，可是爲了生活所迫，又不得不繼續這種奴隸的生活。

有些不斷忍受[illegible]苦楚的。便變賣所有的家產去經營商業，但他們的資本很不雄厚，自然無法和日商競爭的。終久還是逃不出失敗的一途。倘使在城市裏的，政府不時用擴張馬路和修改店舖的方法，限制所有的建築一律要三層，寬窄也有一定的規定。這種稅法，有資本的人勉強可以負担，財力不足的由政府貸款，按月付償利息，還要強制的結果，將中小商業者搾得資金凋竭，等你無錢償付時，房子便歸政府所有了。

鐵蹄下的台胞們，是怎樣的在生活着，瀕滅的同胞們看了這些血淚寫成的事實，應該如何的警惕！

廿九、一、一五於台灣

一個快樂的歡送會

朱行

——歡送本隊戰地工作隊同志上前線——

初冬的陽光照耀地從正面的玻璃窗上，投射在每一個快樂而興奮的臉上。會場的左邊是坐着那一群將要出發到前線的同志，他們雖斜斜地坐着。在他們的面部表情上，此刻正構成着戰地各種情態：祖國將士英勇搏鬥之姿態；祖國民衆對勝利的興奮，敵軍俘虜的可憐的投降服；各種工作的活躍；同時發現自己的隊伍也同樣的出在這活躍中，他們的臉便不期然地露出興奮的微笑！

在右邊留着坐着，是留隊工作的同志，以及一羣小鬼，——那活躍於浙東的台灣的少年團團員們——大家是笑嘻嘻；尤其是小鬼拾着小臉發呆呆地注視着將要出發的戰工戰士們。

上校與坐着隊長和秘書正嚴肅地檢閱着這個陣容。時候的指針，指在一點上，歡送會時間到了，主席宣布開會，先唱隊歌，繼由隊長訓話。他說：……「我們台灣義勇隊自成立以來。因各方工作的需要，在沒有訓練完畢時，就不斷地派人出去，所以在我們隊裏歡送會總脫不了兩星期便有一個，已經成爲常常模的了。但今天的歡送會和過去不同，總計起一個同志送歸也不同；第一：過去派出去同志多數是個別部隊個別要求而派去參加在他的部隊中工作，所以只是一個或兩三個一道出去。而這次則除了必須留隊工作外，其餘所有的同志都上前線，也就是我們台灣義勇隊的主幹力量出發前線幫助祖

台灣義勇隊一年來工作概述

秘書室

本隊之成立，係爲供獻特有技術，幫助祖國抗戰，以爭取最後勝利，爲謀中華民族之自由與獨立，故一年以來，雖在經濟萬分困難，幾於衣食亦無法維持之情況下，仍本諸此旨，未嘗稍懈，今將一年來之工作，分爲下列數項並依年月次等略述之。

甲 政治工作之部：

一九三九年

（一）四月，派隊員李明法等往浙江省國民抗敵自衛團第×支隊司令部，在××一帶，作對敵工作，工作八月始行回隊。在該支隊內工作經常係計劃對敵工作事宜，翻譯敵軍文件或詢問俘虜口供等。

（二）八月，派隊員陳一鳴等往××敵後調查敵情，一月回隊，當時本隊擬組織敵後工作隊，故先派彼等前往調查，除敵情外，尚注意工作環境等。

（三）十一月，派隊員郭裕民等往陸軍第×××師師部，在××敵後作對敵工作，現仍繼續工作。在該師部主要工作係收聽敵軍廣播與閱讀各件敵人文件後加以分析歸納以供祖國軍隊參考。

（四）十一月，派隊員蔡人龍，周文欽等，往浙江省戰時合作工作隊游擊區直屬分隊，在××作經濟方面之游擊工作，現仍繼續工作。在該隊之工作，除調查敵偽區經濟狀況並從事游擊工作外，兼做一般的政治工作並幫助該隊祖國同胞學習對敵日文。

一九四〇年

（五）元月，敵寇偷渡錢江進犯蕭紹後，派隊員王正西，郭伯齊等參加第×集團軍總司令部等三團體所發起組織之戰地工作團，往浙東前線作政治工作，一月半回隊。該隊在前線除做慰勞工作本隊同志除做一般工作而外並從事宣傳台灣義勇隊參加祖國抗戰之意義。直至工作團經解散後，本隊隊員始行歸隊。

（六）二月，組織台灣義勇隊戰地工作隊，往浙東前線，協助祖國各軍作對敵工作，現仍繼續工作中，因本隊經費缺乏，故請浙省黃主席津貼工作費現一部分經費係由浙江省抗衛團總司令部供給。

（七）三月，派隊員高旋、李明法等在浙東浦陸軍×××師師部作對敵工作，現仍繼續工作，在該師主要工作，係負責對敵宣傳工作並教祖國士兵學習戰爭中所必需使用之日語口號歌曲等。

乙 醫療工作之部：

一九三九年

（一）三月，在浙江金華城內，設醫療所，義務醫治傷病兵民，現仍繼續工作，來診者、均不收費、赤貧者，在本隊經濟可能之範圍內，並供給少數藥品，因本隊醫務人材缺乏故是項工作成績甚好，

（二）四月，在浙江金華方六鄉，設醫療所，繼續義務醫治傷病兵民現移東關鄉大頭塘，繼續工作，因金華城內之醫療所、每日太忙，而鄉下苦同胞、又不能常時在城，故又在鄉間另設診所，一切辦法，與金華城內醫療所者同

國特點。第二：這次出發同志是在本隊集中訓練結束第一次出發工作；在訓練期中，雖然在缺人指導，以及極度困難的物質條件下，然由於各同志自發自動的努力，所收到的效果是令人相當滿意的。譬如一些比較落後的同志，到今天他不但趕上水平線，而且超過過。這表示我們學習的進步是集體的進步，也表現集體學習的成功，別的許多進步具體事實，諸位也都可以看出來，我在這裏也不必多說。明天你們就要將你們在這裏所學習的東西，拿到實際中去應用了，前線將是你們更大的學校，工作將使你們學到更多的東西……」在這裏他近乎是給半年多學習作總結。

第四：這次戰工隊是在浙東環境極度緊張下組織起來，在敵人威脅下各位非但不想後退，並且要求立即組織戰工隊前去。還有一位同志他因擔任隊部工作，沒有被選上，但他始終堅持的要求上前線工作，最後只好將他工作讓出，調他去。這些都表示了我們工作的熱情和勇敢，所以使人覺得這次歡送會，也比以前有更大的意義……」接下去隊長又請當地給大家工作上許多啟示和鼓勵的話，好像母親對臨出嫁女兒般，話多得說不完，不過他沒有母親對將臨出嫁的女兒時，那種悲傷的心境，有的只是興奮和快樂。

繼後當是總隊訓話和各同志的歡送詞和答詞，一個八歲的小同志站起來說：「各位大同志要上前線工作了，希望大家用日和親鄧去多殺幾個敵人，特此代同胞們省幾顆子彈，和少流一些血，並且請諸各位過去在裏面給了我們許多指導而發後能繼續寫信來告訴我們前線許多故事。」簡單而精彩的歡送詞，博得了一陣熱烈的掌聲。在致歡送詞畢時，那位起初沒有選他出去後來堅求要去的同志第一個站起來致答詞，他是同志中最年老的一個（四十五歲）而他精神卻不弱於任何青年人。「各位同志！

（三）四月，配合討逆第×師醫療巡迴隊四隊在金華城鄉巡迴醫務診治病人，現仍治繼續工作。查因鄉間病人痛苦者、有時遷移勸亦不可能，故有此種巡迴隊組織，除看病外，如病人需要代爲購藥、本隊尚可代辦、故四鄉稱便。

（四）七月，中央軍校第七分校，在浙江東陽招生，派隊員陳志成等前往檢查體格一週回隊。

（五）七月，派隊員鄧東光前往軍事委員會調查統計局技術人員訓練班，擔任醫務工作，一月回隊。

（六）八月，派隊員鄧東光往浙江金華縣黨部所舉辦之民衆運動工作人員訓練班，擔任醫務工作一月半回隊。

（七）十月，派隊員吳省三，陸志成等前往金華全縣運動會擔任衛生工作，一日。

（八）十月，派隊員鄧東介，前往浙江男童保育會第二保育院擔任醫務工作，現仍繼續工作。該院係在浙江湯溪縣。

（九）十一月，派隊員劉依夫等前往金華二仙橋中心小學檢查全校學生體格，一日。

一九四〇年

（十）三月，派隊員黃志陸等協助金華縣擴大放種牛痘，每日在各鄉放種，兩週完畢，係由各鄉自供痘苗、本隊隊員代爲義務放種

（十一）三月，在義烏稠亭設立台灣義勇隊稠亭醫療站，義務醫治病人，現仍繼續工作，原來在該地只有巡迴隊一隊，但因該地病人甚衆、巡迴隊早去晚歸，多有未周之處，該地人民有此請求，故特派員長駐該地。

（十二）三月，派隊員吳省三，曾健齡等，在浙東前線，第×軍軍部野戰醫院，擔任醫療工作，並教授士兵日文標語口號歌曲等。

（十三）三月，派隊員劉依夫等，在浙東前線，第×××師師部，擔任醫務工作及對敵政治工作，大抵白日行醫，夜間教授對敵口號等

丙　生產工作之部：

一九三九年

（一）三月，派隊員李昇平往崇和縣，協助縣政府從事樟腦製造準備工作，二週回隊。

（二）四月，協助福建建設廳，在福建省崇安，設立樟腦製造廠，製造樟腦，現已有大批出產，工作仍繼續中，查樟腦爲軍火製造必須之物、本隊隊員適有此項人材，故工作成績頗爲良好。

（三）八月派隊員莊德三等前往浙江省建設廳代爲設計樟腦製造事宜，九月，建設廳在麗水設立樟腦製造廠，派莊德三李昇平二人協助製造樟腦，現仍繼續工作中。

一九四〇年

（四）三月，派隊員莊惠民，黃授傑等往金華東關鄉藥品生產合作社，義務擔任藥品製造工作，現仍繼續工作，該項製造工作、係採用祖國國產原料改造至出產品期係依據目下戰場所切需者而定

丁　一般工作之部：

一九三九年：

（一）元月，招待金華文化界，促進中台親切情誼共同努力抗日。在招待會上，報告台灣革命情形及組織台灣義勇隊參加祖國抗戰之意義

（二）元月，李隊長友邦，在桂林中國新聞記者協會交誼會，講述台灣革命。

（三）二月，與朝鮮義勇隊在桂林開會，招待外國記者李茲，寶丁等，陳述參加中國抗戰之宗旨等。

（四）二月，張秘書一之，在桂林對廣西學生軍第二團第三團，講述台灣革命問題。

許多同志當先後上前線工作去了，我一同盼望一同，那沒有我的份，這一回我想隊長一定會調我去了，那知唸大一看名單，仍是沒有我的名字！那是我以為我老了，我恨自己年老，但我自信是還能工作和吃苦的，爲什麼隊長不調我去呢？今天早上隊長告訴我給我去，啊！我樂了，高興不知……」他話不多，緊接着就出淚來，引起滿堂大笑！

接着隊長和副隊長致答詞，表示感謝大家歡送的盛意，並說誠懇地接受隊長秘書及各位同志對工作上的許多指示。

這邊的話說完了，那邊的話也說完了，主席指着坐在左邊角上一個穿草綠色的棉衣的同志，請他向大家報告前線的情形。一個紫紅色的臉，烏黑黑的眼睛，看誰的知道一望而知他是飽受風霜洗鍊過來的。他是於三星期前，從江南岸戰事發生時，由隊部派往前線協同××軍戰地工作隊工作的，剛好於早上由前線回來。在大家熱烈歡迎下，他站起來，給大家報告一些前線情形，「同志們，我隨軍同來是帶了一些宣傳品，現在時間不多，不能給大家各位帶一點東西，在這裏我只向大家約略地報告三點：

第一：前線的老百姓雖在那樣緊張環境中卻一點也不慌張，不怕我方修了一些馬路便撤的撤了路的過。有一次我們到達××縣火線只十餘里看見那些老百姓照樣我我過年，當時我們很奇怪問他們為什麼不走，他告訴我們說：等敵人快來時逃還來得及的。可見我國同胞在砲火的鍛鍊下，確比以前進步多了。

第二：一般說來，民眾的組工作是做得還不夠，軍民合作還不十分密切，有時竟發生令人非常痛心的事情。當××移陣地時，我方一部分軍隊因不能收容，跑到老百姓家去，要求老百姓收容，老百姓非但不容留，並且很兇地將他趕出去，結果落入敵手，這是多麼殘酷的事！這告訴我們還要加倍努力地去做政治動員工作，要把我們親身所受亡國奴的遭遇告訴祖國同胞協助當地政工人員促進祖國同胞的覺悟。

第三：敵軍的反戰，他們從厭戰到反戰；從消極到積極；從無組織到有組織，並且知道和中國人民聯合起來。這次武康有一位政工人員被敵人抓去，身上搜到許多宣傳品，當時這位朋友只當作自已沒有命了；毒刑啦；活埋啦種種可怕的事情，就要臨到他的身上了，那知擔架過一部分日寇軍官虐待後，把他交給幾個士兵看守，碰巧正遇著那是一羣稍有組織的反戰日兵，他們同情中國士兵；因此過了一天沒有事，兩天又沒有事，並且給他吃得很好，還給他很好的被單等。這位朋友奇怪起來，便偷偷的向那看守他的士兵說：「爲什麼對他這樣好？」他用筆回答說：「莫仍張，我們都是一樣的人呢！」這樣過了一星期便仍偷偷地放他回來。臨回來時，還和他談了許多話，可惜嘰嘰咕咕話了半天聽不懂。同志們！這裡充分指出了我們對敵工作的前途；敵軍的反戰不但可能，而且是必然的趨勢，現在一般人士對這工作還不怎麼注意，確是一個很大疏忽，同時也就指示了幫助祖國抗戰的我們，對於身所負擔的工作要更加努力去推動！」他一口氣說完後，便向大家告辭，匆匆地離去，因爲火車是四點半開的，現在已是三點半了，他還得跑十餘里路。短短的報告，是給了將出發同志以很寶貴的參考。

最後是餘興，中國歌，台灣歌，日本歌滔滔地唱着，擬遊藝的節目，幾乎把國歌常，一羣小鬼出力拉大了喉嚨搶着，在面前的茶點都忘了吃。大同志們講了許多話，隊長今天特別高興，說得笑話轉別多，引得大家笑得前俯後仰，連窗外的花也笑了，入了歡迎會，也在前俯後仰地笑，大家也就在這快樂而融合的空氣中散會了。

（五）三月，響應浙江省動員委員會文化事業委員會所號召之文化人獻金運動，本隊隊員王逸客等首先踴躍捐輸。

（六）三月，在金華開會招待日台俘虜三谷等一，林淵錦等。當日到會參加者甚衆，由李隊長友邦說明中國抗戰係爲爭取中日台民衆解放與謀取遠東永久和平之意義。

（七）三月，出版台灣壁報，每週一張。內容分二部，一、台灣革命運動之報道，二、祖國抗戰史實之紀述。

（八）三月，參加雙勞東沙湖負傷將士募捐，並作街頭講演。當日係與軍人服務團合作。在大南中工作，深得祖國各界同胞之稱譽，故結果甚佳。

（九）三月，李隊長友邦，張秘書鑒游在浙省國民抗敵自衛團總司令部無線電訓練班，講述台灣革命與弱小民族解放運動問題。

（十）五月，張秘書一之在桂林軍事委員會政治部簡易日文日語訓練班，担任台灣革命問題之講演，並詳述台灣義勇隊之工作。

（十一）六月，張秘書一之在桂林國際宣傳委員會座談會講述台灣革命運動之歷史。

（十二）六月，在金華擴大舉行「六一七」台灣淪亡紀念，發表宣言並在城鄉宣傳。

（十三）七月，張秘書一之在桂林廣播無線電台廣播講演抗戰中的台灣同胞情形。

（十四）七月，參加金華縣紀念七七火炬遊行。

（十五）七月，派隊員王正西前往浙江省國民抗敵自衛團總司令部無線電訓練班教授對敵日本語文，一月回隊。

（十六）八月，派隊員鄧東光前往浙江省黨部戰時青年工作團教授對敵日本語，二月半回隊。

（十七）八月，派隊員王正西前往第×集團軍

少年團赴浙東前線工作前後

李萍：

一、敵人偷渡了錢江

敵人偷渡錢江侵犯浙東，浙東的局勢，緊張異常，幸我們英勇的將士，在冰天雪地裏，和敵人浴血的鬥爭着，這種大無畏的精神，予敵寇以迎頭痛擊，使他毫無辦法，在這種情況之下，我們該向英勇的戰士致敬，同時更要提高他們的勇氣以和敵人拚命，使早日達到反攻的階段，把日寇驅出浙東，驅出國境，所以全浙各界發動了勞軍運動，到浙東前線去慰勞將士，我們台灣少年團，也決定參加。

二、小鬼們要上前線忘掉了病

小朋友們，一聽說要到前線去慰勞祖國英勇的將士，因為知道是應該做而且很需要做的工作所以快樂興奮，充滿着每個小心坎，他們本來有幾個腳上生着，有的在病，可是都忘掉自己的病，來要求到前線去高聲地呼着「我們要到前線去工作，去慰問祖國的戰士」，在這時候，就由小隊長召集一次臨時會議，討論要如何工作，及分配工作事項，在住屋邊的一個小小山腳下，圍着十個小鬼，熱烈的在討論着，每一個都發表着對工作的意見，因時間的關係，這會議在緊張的空氣中很快就結束，接着大家都很興奮的在排演，戲劇練習唱歌，印慰勞信，準備帶到前線去給祖國將士們作一種精神上的安慰。

三、在火車裏好像開了聯歡大會

溫暖的陽光照耀在大地上，時鐘已噹噹噹的響了四下，出發的時候到了，小隊長吹哨子，在五分鐘以內就一齊集合，每個小朋友穿着整齊的軍裝，身上背着小小的乾糧袋，袋中裝着幾本書，和日記及日常最需要的用品，——他們平常是忘不了工作，也忘不了讀書的——他們排齊了隊由負責帶隊的同志，給他們講話，關於出發工作所須要注意的幾項，說完了以後，就出發了，到了火車站，站中擁擠了青年男女，他們大都是到前線去，慰勞的，我們上前簽了名，由××軍溫特派員帶領上火車，火車就風馳電掣的開了，這時太陽已向西山沉沒，天已黑了，小朋友們的精神一點不疲倦，他們興奮莊嚴，而明朗的歌聲，眞是令人感動在車上，無形中似乎和了幾個參加勞軍運動的單位，開了一個聯歡大會，雙方很有次序，歡迎彼此唱歌，掌聲如雷，大家非常之興奮，情緒很高漲，到了十二點鐘的時候，車到蘭谿，由負責人帶到一家旅館吃晚餐。

「台灣少年團隊員王正南與保勝隊梅本源一合影」

四、工作的計劃

這一次所參加的單位，共有三十三個，約一百

總司令部協助俘虜詢問事宜。

（十八）九月，參加九一八擴大宣傳，組織宣傳隊，赴各地作宣傳工作。

（十九）十一月，派隊員鄧東光前往金華縣政治工作隊教授對敵日本語及日本歌曲。

（二十）十二月，參加金華各界不資買仇貨運動，舉行火炬行。

（二十一）十二月，張秘書一之高幹事甦等參加金華縣第五學區輔導會講述台灣革命問題與義勇隊工作情形。

一九四〇年：

（二十二）元旦，在金華方六鄉擴大宣傳，並公演抗日戲劇，提高祖國民衆抗敵情緒。

（二十三）經常分發軍委會政治部各種宣傳品。

（二十四）三月，派隊員邱伯齊前往參加金華學區輔導會續辦演講前線工作情形。

（二十五）三月，李隊長友邦在桂林國際新聞社與國際宣傳委員會講演台灣問題。

（二十六）三月，李隊長友邦在貴陽廣播電台講演台灣義勇隊工作情形，鼓勵後方抗敵情緒。

（二十七）四月，出版「台灣先鋒」月刊。

戊少年團工作之部：

一九三九年

（一）三月，響應浙江省動員委員會文化事業委員會所號召之文化人獻金運動，少年團團員與義勇隊隊員等首開紀錄。

（二）三月，與基督教軍人服務團共同發動募捐運動，替東沙洲前方將士募捐。

（三）四月，參加金華縣兒童節擴大宣傳發表告祖國小朋友書並公演戲劇。

（四）五月，在金華與小小劇團開座談會。商

偽人，由每單位的負責人召集開一次臨時會議，以決定明日的工作，把這次所帶的宣傳品，慰勞品都集中起來，當晚上在附近一所祭祖小廟過夜。

第二天早上，各單位派代表去向劉總司令獻旗致敬，這位賢明的長官，他用莊重而誠懇的態度，告訴我們浙東的局勢，士兵英勇的抵抗，及敵人在浙東的殘暴等等。

五、一個日本俘虜的衷心談

在當地××軍的副官處，有一位日本俘虜，小朋友們，就用我們台灣人的特長，一口流利的日本話，和這位俘虜，極本源一談天，他是在二月十四日在諸暨被我軍捕獲的他告訴我們，日本國內兵源缺乏，工廠倒閉，失業的工人一天一天的增加，物價高漲，人民的生活痛苦異常，同時軍閥用種種麻醉的宣傳壓迫人民，來繼續作侵略戰爭，可是軍閥的侵略力量受到中國的抵抗命也一天天的衰弱，他只好在國內欺騙壓迫民衆，一面用「以華制華」的手段，來維持這侵略戰爭，以圖滅亡中國，這位日本弟兄說完他的話後，一口氣告訴了我們他國內的情形，和軍閥的野心，更進一步的說：這「戰爭」最後勝利，一定是中國的。他十分堅決地願意和我們合作，共同打倒日本軍閥。當他知道這些和他談話的小孩們，都是在協助中國抗戰的台灣人的時候，他只是感到最大的興奮，甚至有點兒覺得慚愧，但這一事實，也同時增加了他對日本軍閥的痛恨。

六、偽軍——良善的人們！

在傾壞一個廟宇中，在地上臥五十多衣服襤褸的同胞，年紀多數是四十至六十餘歲，甚至有的是跛子，有的沒有了鼻子，總而言之，是一些畸形的人的，我們去訪問了他們，才知道原來這一群，大部份是挑夫，小部份是偽軍，他們家鄉大部是杭州和蕭山，日本偷渡錢江到蕭山的時候，向當地無知的民衆用欺騙的手段，強迫他們替他運米，和子彈，從杭州到蕭山，每日吃兩餐稀飯，還要時常用洋槍頭來拷打，他們甘心來當偽作倀嗎？不，他們是良善的人們，和我們一樣地，痛恨着日本軍閥的。因敵人兵力的薄弱，他又在當地利用流氓地痞，組織了偽軍，發給槍枝，加入他們的軍隊，加強他的力量，這可證明敵人的內部，已經很空虛，更證明他的野心「以華制華」的手段之必歸失敗。

七、我們再向前走一步

爲了要到隊伍中，切實做些慰勞的工作，小朋友們都決定再上前一步，到一個離諸暨三十多里的地方——徐家塢，這時，有大部份單位回金，一小部份和我們一同再上前去，大家擠齊了隊伍，向前線邁進，小朋友的興奮，熱情，無法抑制，他們兩步當一步走地前進，在路上，雖遇到幾次敵機的轟炸，他們的心，却一點不懼不灰心，年紀雖小，都比大先生們跑來得大，路走得很快，到了目的地，在那邊的××軍××師，已集合了好幾個單位在很大的廟中，預備着表演，小朋友們到了，他們一點不感疲倦，趁這機會，帶了一顆熱情的心，把台灣人參加祖國抗戰的意義，以及在後方的工作情形，向將士們報告，再唱了幾首歌，命將士們一種精神上的安慰。

八、沿途房屋成了瓦礫

在諸暨前線，早上七點鐘，敵機是每天來炸，但城市，甚至，村莊，野外，一樣要拋炸彈，沿途的房屋，大都成爲瓦礫，有的門緊緊的關着，路上除了軍隊和稀疏的行人以外簡直沒有一點聲響，真是淒涼得很，敵人在浙東種下了這仇恨的種子，始終地印在我們的腦海中，有一天會清算這些仇恨的，

討發展兒童組織問題。

（五）五月，在金華開會招待法記者李蒙夫婦等報告台灣少年參加祖國抗戰之情形與實發。

（六）七月，參加浙江省兒童夏令營，舉行中台小朋友聯歡大會。

（七）七月，在金華二仙橋教當地小學生唱日本反戰歌曲等。

（八）八月，在金華與小小劇團，軍管區等開軍民聯歡大會，促進軍民合作，提高軍民抗戰情緒。

（九）十月，全體團員出發浦江縣作宣傳工作，在該地參加雙十節慶祝大會，與該縣各界開聯歡會，促進中台兒童，並與浦江戰時中學同學開座談會，討論抗戰問題。

（十）十月，全體團員赴昭[illegible]作宣傳工作，在該縣城鄉講演，並參加歡送志願兵上前線大會，又慰問××兵站傷兵醫院負傷將士。

（十一）十月，在國路參加國民月會。

（十二）二月，在金華東關鄉，教東關小學小學生唱抗戰歌曲。

（十三）十月，在金華縣各鄉，流動宣傳。

一九四〇年

（十四）元旦，在金華公演抗戰戲劇。

（十五）元旦，在金華開街頭展覽會，陳列我國軍隊之勝利品公開展覽。

（十六）元旦，出版「台星」刊物一本。

（十七）元月，赴紹興，諸暨作宣傳工作，公演話劇。

（十八）二月，敵犯浙東後，前往浙東諸暨參加勞軍運動，並曾到接近戰場之徐家塢，慰勞前方將士。

（十九）二月，訪問日本俘虜及偽軍俘虜，並向彼等說明台灣兒童參加祖國抗戰之情形。

（二十）與國內兒童團體及兒童刊物等連絡（已有通信關係者，國內有：朝鮮三一少年團，小小劇團，浙江少年營，廈門兒童劇團，孩子劇團，刊物有東南兒童，現代兒童等。）

我想。

敵人瘋狂的轟炸，我前方的將士，和民衆，却一個也不害怕，他們決沒有因敵人的轟炸而動搖抗戰的決心，相反地，仇恨更深，抗戰的決心更加堅決起來，時時準備着和敵人拚命，以爭取整個中華民族的生存。

[illegible]在[illegible]來的敵主人力，[illegible]在[illegible]與[illegible]有一[illegible]的一個組都[illegible]，但，敵人在[illegible]一方面只有二千多人（二十二，十七師）[illegible]二十[illegible]門左右，千多，[illegible]敵人未[illegible]，使敵之[illegible]，用[illegible]兵得，[illegible]敵方[illegible]力[illegible]，[illegible]用，[illegible]組[illegible]日[illegible]，[illegible]工作[illegible]，加[illegible]敵人[illegible]的力[illegible]，一[illegible]一天[illegible]，[illegible]進步。

九、我們又奪了[illegible]回來

[illegible]

殺鬼子　李廣作

（作者係台灣少年團十三歲的一位團員，據云，國中係祖國英勇將士在敵後殺鬼子，遙遙的一望鬼兵旗，，嚇不了誰，也保不了鬼子的命。）

台灣義勇隊隊歌

F調 4/4　　賀綠汀譜

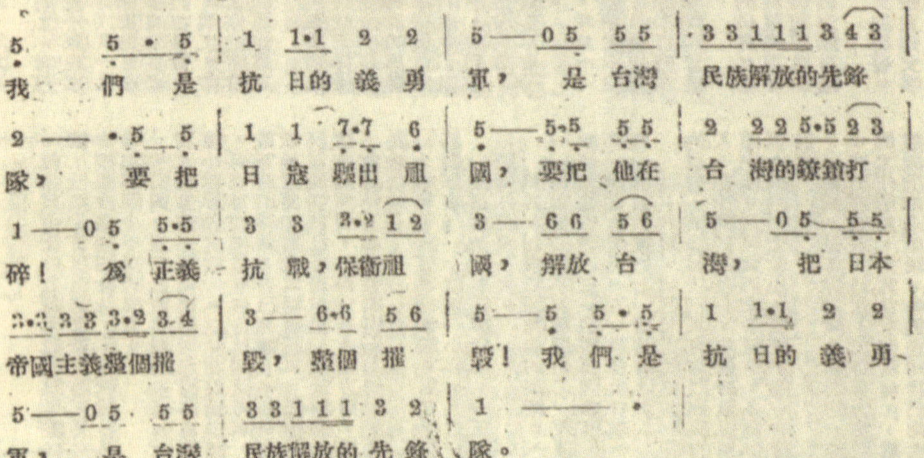

少年團本年生活計劃

一九四〇年一月生活會議通過

當我們對過去一年中的生活，學習與工作這三方面，作一度嚴肅的批判以後，我們獲得了許多正確而縝密的結論：

先從生活方面說：在過去的一年，我們的生活有着急激的轉變，這變動，說明着我們的進步；同時也警惕着我們今後對於過去那些尚殘存於我們生活中的弱點，必須要我們賣盡全力去克服去補充它，雖然我們曾經把過去那種散漫無組織的生活改變了它的大部份，但，還有小部份等待着我們去向它搏鬥。

第一、對於男女同志間的隔閡，還沒有十分解除彼此常時不在一塊這種隔閡的殘存成份，將有礙于集體生活的進展，以至使得同志們的情感未能極端的融洽，因之，對於打破那橫在男女同志之間的最後一道分界線，即是我們今後的一種重要任務。

第二、過去團的內部曾經有過小集團的樹立，常時發見兩個或三個人經常在一塊這或許由於我們年輕的緣故，但我們對於這種個別弱點，並不以我們年輕的緣故而寬恕它，今後我們將要以最大的努力來糾正這種不良現象，來解除某團的武裝，務使這種現象，不致重現於團的內部。

第三、由於我們進步程度的快速，因之，在同志中間普遍地形成了一種容易滿足現狀的心理，傲慢，不虛心，這，我們如果讓它種植在於我們的生活中，無疑的，它將停止我們的進步，以至引起團以外的人對我們這種態度，產生惡劣的批評底後果，這個，我們須加以嚴重的糾正，以正確的工作認識和革命理論來改變我們的錯誤的心理。

第四、過去我們的生活，具有被動和依賴……種種不良現象的表現，今後我們決於最短期間內養成：（一）有自力的精神；（二）有自動的習慣；（三）有自愛的心理；（四）有自覺的態度。

第五、因欲改變我們過去的散漫的生活——這散漫是局部的，殘餘的——我們對於團內部的一切生活，必須嚴格地執行軍事管理。因之，我們在學習中，必須加緊施行童子軍或軍事訓練。

其次，是學習方面，無疑的，在過去一年中，我們生活能夠有着良善的轉變，這還是跟着我們在學習上和工作上的進步而進步的，因之，當我們檢討過去和計劃未來工作的時候，不能不把學習方面的諸問題作為重要課題來討論。

已往的一年，雖然我們在學習上曾經有過不少的收獲，對外我們博得了相當的好評，但，對於過去學習部門的缺陷和不能經常維持高度的學習情緒，尤其團的份子之間學習機會的不平衡，都還是我們不夠的地方，因之，我們覺得在今後一年中，我們必須把學習部門推廣；學習機會均等，學習情緒提高，使同志間能夠享有特殊技能的訓練及發展均衡。

第一、加強政治認識，增加（一）社會進化史（二）日本侵華史（三）台灣革命史的研究時間，及養成每日閱讀報章的習慣，並每週舉行時事問題討論會一次，其他政治問題座談會兩次。

第二、加強自然科學的研究。過去我們對於自然科學的常識還嫌不夠，今後一年中，必須特別喚起同志間對這科學的興趣，使能獲得認識自然現象的基本知識。

第三、加強日文與英文的學習。日文要能寫一篇簡短的對敵宣傳文字，能喊五十條以上而又純熟的日語口號，能唱十首以上的反戰歌曲。英文必須學會普通的會話，作為我們將來參加國際少年團的準備。

第四、加強藝術的鍛鍊。（一）在文藝方面，要使每個同志能夠寫作短小精悍的文章，（二）在戲劇方面，要使每個團員能夠自己閱讀腳本，說正確的國語，自己化裝，（三）在歌詠方面，要在短期期間中，使各個同志能夠自己看譜打拍，並當加緊新歌曲的練習，（四）在木刻方面，期「台星」上必須有四幅以上的木刻發表。

第五、加強軍事常識。每日早晨學習軍事半小時至一小時；（二）隊員生活須取軍事管理，（三）每週野外演習一次。

第六、加強特殊技能的訓練。（一）練習寫鋼板字並印刷（二）練習收發無線電報（三）學習騎腳踏車（四）學會吹喇叭（五）學會吹口琴（六）練習救護（七）練習游泳。

以上六點，我們希望對於每一項的學習，都能夠得到其有專門知識的人，給予我們的教育；並使於最短期間完成。同時我們在學習中，必須切實。做到「大教小，能教不能」的精神。

最後，是工作方面。過去的一年，我們在金華，浦江，閩浙有過熱烈的工作活動，尤其當我們從浦江，閩浙流動歸來以後，我們覺得我們的生活和學習都在那短期的流動工作中獲得迅速的進步，同時也使我們知道了過去的呆板式的課堂生活是如何的不符實際，如何的不適合於我們的工作。

統計在過去一年中，在各地參加的大小晚會不下百數十次，而我們並以數十種的工作方式參加各種不同的集合而活動着，我們做過慰問傷兵工作，招待征人家屬，寫家信，公演話劇，街頭戲曲，街頭歌詠，及呼，教育難童，……等等工作，但在這頻次的流動中，我們同時也暴露了自身許多的弱點，那是工作技術還有不夠的地方，活動範圍還沒有擴大，工作方式仍然狹隘，尤其最缺憾的，是我們還沒有能夠獨立工作的同志，所以在今後一年中，我們必須針對着過去的缺點和自身現實的要求，而給予改善和發展，以便提高我們的能力強化我們的工作，因之，我們建議在一九四〇年務做到下列的工作：

1. 出版「台星」月刊。
2. 每週出版街頭壁報一張。
3. 教育難童。
4. 流動東南五省，作宣傳工作。
5. 在東南各縣上建立少年團區地。
6. 建立本團與國內兒童救亡團體的密切聯繫。
7. 組織軍人服務隊。
8. 組設各種宣傳或募捐隊，響應政府所發動的各種運動。

向各地工作同志報告：

隊部之動

資料室輯

1. 隊長已抵贛，途中曾在桂林停留數日，參加朝鮮義勇隊之三一革命運動紀念，並在國際宣傳委員會國際新聞社等處講演，過貴陽時，亦留一日，係應該地無綫電台之請，廣播講演本隊工作情形之故。
2. 前線地工作隊已於三月初出發錢江前綫，現在第×軍作政治工作，高雄同志來信云：工作極為緊張。
3. 資授傑同志等在××督導處之醫藥工作業已開始。
4. 張秘書和鄧東光同志日前因公赴滬，適值甯波告緊論沉後，隊部聞訊正焦急萬分，而前線同志亦紛紛來函叩問，醫務組陳志成同志並在清靜道廳「求籤試卜」，據籤所示，極為不祥，但，張秘書乃鄧同志卻於「求籤」之後三天清早，翩然返隊，據云因未果赴滬，致免此難。
5. 近日天氣潮暖，各學校機關及鄉保甲均紛紛請本隊醫務組同志前往代為放種牛痘，又因春至，各種病症逐漸蔓延，致醫務比前更形忙碌，而累得他們吃飯都不能按照時間，而且區隊長臨幫同志，也追得到醫務組幫忙去了。
6. 王正西鄒伯齊二同志已歸隊，因戰地工作團已告結束，王鄒二同志將在隊部休息一、二週。鄒同志日前曾參加金華第五學區輔導會議，並演述台灣革命和本隊在前線工作情形。
7. 蔡人龍周文欽二同志在××游擊工作隊工作，照該隊預定計劃，現已告一段落，暫留於營。據蔡周二同志來信云：該隊不過暫告結束，待第二期工作計劃擬定後，仍須繼續進行，該隊並希望二同志繼續一同參加工作云。
8. 林長松同志由前線致朱行同志一信中說：「好幾星期看不到報紙，到軍部時，偶見桌上一張報紙，非常歡喜，拿起來一看，他媽的！原來還是二十六年三月二十七日的「大公報」。」資料室獲信後，現正積極設法供給前線工作同志以報紙雜誌及各種文化資料。
9. 從前星期起，隊部同志每晚舉行讀書討論會，同志們討論問題的聲音和隔壁和尚尼姑的唸經聲打成一片，鄒同志說：「他們是尋『明天的天堂』的和尚，而我們則是求『今天的人間』的和尚」。
10. 少年團的小同志們，月前，二次出發前線工作，已返隊。擬留團部數週後再出外工作。但因兒童節將到，又在埠偵紀念了（此次將與金華報童劇團聯合公演）。日昨該團開生活檢討會，全體小朋友一致承認，最近有二大優點：一、不哭」二、研究學問的趣味濃厚。
11. 少年團組織戲劇隊，由中心劇團工作同志前來協助，如何進行正商討中。
12. 留閩台胞曾嘉英等數人，已經隊長允其參加本隊，並已於日昨派莊基民同志前往帶領云。
13. 鄧東介同志來電云：病重，隊部已派鄧東光同志前往[illegible]，日昨接後者來信云：病不甚重，不日即可全愈。
14. 吳省三同志由前線來信云：中國話說得不好，當時痛苦，希望大家話多練習，在外面台灣話日本話都多不通的。
15. 郭裕民同志由××來信云：「四面八方，都是敵人，想找一張報紙一本雜誌看都沒有，只有大砲的聲音」。
16. 少年團在四月內，舉行「讀書獎勵」。並擬根據獎勵結果選舉一「模範團員」。四月末，或將赴江西工作。

希望各同志多多來信報告日常生活，以便經常在本欄向其他同志播送。

—27—

一月要聞

從波羅的海到近東

進行了三個多月的「蘇芬戰爭」，於三月十二日告一結束，雙方簽訂了和約。

和約全文共計九款，主要內容和戰爭未發生前蘇聯向芬蘭提出談判的差不多：即一、卡累利阿地峽，維堡城，維堡灣，拉多加湖西岸北岸芬蘭所得若干小島及斯圖得尼半島劃歸蘇聯。二、漢科半島及半島以西以東五公里半以內之領海及鄰近島嶼租給蘇聯，租期三十年，由蘇聯付租金八百萬芬蘭馬克，並得在該處建立海軍根據地，三、蘇聯保證將根據一九二〇年和平條約由蘇聯撥回自動讓與芬蘭之巴沙摩州的陸軍一律撤退，芬蘭也保證履行該條約之規定。

蘇芬和約的訂立，使國際局勢起了很大的變化，首先粉碎了帝國主義國家由北歐進攻蘇聯的陰謀，增加了蘇聯在北歐建設和平的力量，二十一日法國雷諾內閣的成立，以及張伯倫內閣行將改組消息的傳播，不能不說是由於蘇芬和約而影響的。蘇芬和約是蘇聯的勝利，芬蘭及英法帝國主義國家的失敗，但是帝國主義者拖人下水及擴大戰爭的妄想並未放鬆，從瑞典挪威及芬蘭三國談判「防禦同盟」的陰謀，我們可以看出張伯倫即在北歐並未死心，但因爲蘇聯及德國的力量，這最後一着棋子，也未如願。

波羅的海既因「蘇芬和約」宣告平靜，時局的重心很快的就轉移到了巴爾幹，黑海及近東。而羅馬尼亞及土耳其首當要衝。墨索里尼和希特勒十八日在布倫納的會晤，顯然巴爾幹問題也是主要議題之一。巴爾幹是德國的經濟命脈，希特勒爲支持戰爭當然是採取攻勢的，他要排除英法在巴爾幹對德的威脅，在竭力想調和蘇意，蘇德關係。德政府與義國言歸於好，表示德與義的接近。至於蘇聯對巴爾幹及近東的態度於廿九日莫洛托夫在蘇聯邦院及民族院聯席會上所作外交報告演詞中，有明朗的表示：即對羅馬尼亞比薩拉比亞省的問題要求解決；其次對於近東最近的可疑軍事行動，蘇聯予以極大注意，認爲如發生不利於蘇聯之處，定當出以報復手段；蘇聯的未來政策，乃在防止戰爭的擴大。英法對於巴爾幹及近東目前是進行着：以經濟利益破壞德義的接近；（哈瓦斯電：英財政部代表曾來塞廿五日已赴羅馬與意當局開商務談判。）以政治力量緊拉土耳其，（土耳其副參謀長舒巴斯和英軍討論軍事合作的消息不可忽視），以軍事的佈置在近東，暗算蘇聯，最近又召回駐巴爾幹大使，會商今後政策。然而從整個發展看來，英法在巴爾幹的預謀，也是棘手。

要估計今後的歐洲戰爭，威爾斯回國後，羅斯福廿九日對記者的談話可以參考，羅斯福謂「目下和平希望甚微！」美國認爲帝國主義矛盾的企圖既然是失敗了，當巴爾幹問題有新發展的時候，德與英法的戰爭會有比較單純明確的形勢吧！

從化裝排練到演出

幾經揑弄，在敵人的導演下而排練的偽中央傀儡戲，終於三月三十日開鑼登場了。

以汪逆爲首的一大串漢奸，無一不是鮮廉寡恥的貨貝。全國人民（暗敵漢奸及附擄份子除外。）早已視之若死屍，當然，他的奸計並不是能够隨心所欲，而僞的，但我們也不能稍存阿Q心理，而不去提防可能發生的影響。敵人所以要利用汪逆這些敗類，本是企圖在內分裂我國的團結抗戰，在外則以「反共」爲餌誘致帝國主義，國家迫我屈服講和，以結束中日戰爭，而達到政治滅亡中國的目的。汪逆所以一再延期登場演出，當然漢奸內部的矛盾是一種因素，但主要還是由於敵人的企圖以國際力量造成「全面和平」的計劃作用。現在，汪逆既已登場，我們可以認爲敵人用國際誘降的陰謀，已遭我抗戰到底的國策的嚴正拒絕，於是第二步來一個「偽政權」造成所謂「局部和平」，一機殺引誘國際承認所謂「既成事實」，妄想擴大而成「全面之和」。

我政府於傀儡揭幕之日，向各國聲明了嚴正立場：「中國政府深信世界自尊之國家，必能維護國際間之法律與正義，對中國境內之日本傀儡組織，決不予以法律上或事實上之承認，無論任何行爲涉及任何方式之承認，既爲違背國際公法與條約，自應認爲對中國民族之最不友誼的行爲，而承認者應負因是所發生結果之全責。……」這是極正當的聲明。上海學生市民爲反對偽組織實行罷課，在偽壓力及限制下，散發討汪標語傳單，號召漢奸首充華人納稅會各義散發通告，喝令各地偽族，無恥者；而全國各地討汪大會之熱烈情況，證明全國人民擁護政府抗戰到底之決心，及痛恨漢奸投降之行徑。

今後我們可以預斷，敵奸必更加緊他的分裂中國內部組織的陰謀，用「青天白日滿地紅」的偽旗，「三民主義」，偽「國民黨」，「憲法」進行欺騙，我們就是必須很好的說明。所以，凡在目前有「安協」「和平」的言論，是阻撓抗戰的，應該嚴厲制止；切實執行三民主義，以粉碎漢奸的欺騙；切實擴大民主，發揚人民的民主力量，以更堅決的參加總反共協定的抗戰外交政策，自力更生，以平等待我的國家爲友邦，那麼汪逆傀儡究竟還會有什麼作用呢！（青）

戰地通訊

我們在浙東

高魁

[illegible]的春雨，接連不斷地下了好幾天，把江南的途徑道路都[illegible]泥濘難行，那[illegible]留了三寸厚的[illegible]泥[illegible]，令你一步一步，都有不能自拔之苦。爲了要[illegible]區間，我們的工作，在這泥濘的途上，[illegible]了八十多[illegible]風，一直到了夜[illegible]十點，才到達××××[illegible]部，在[illegible]官長招待所留了一晚。[illegible]由[illegible][illegible]長陪着我們[illegible]見江中有名的[illegible][illegible]官，在[illegible]抗浙東三年[illegible]中，他是×軍長[illegible]抗[illegible]於一個[illegible]、[illegible]、[illegible]的[illegible]各[illegible]，[illegible]立不少可歌可泣的[illegible]事，[illegible]×。軍長笑容可掬地把我們招待我們[illegible]，[illegible]把[illegible]的[illegible]最向他們的[illegible]報告和[illegible]，[illegible]可[illegible]長[illegible]工作，我們非常[illegible]的[illegible]情[illegible]，[illegible]示[illegible]歡迎我們抗戰，叫我們同志來[illegible]地[illegible]。在工作[illegible]外面休息，同中志午[illegible]上[illegible]長[illegible]來我，和[illegible]李[illegible]同志吃飯，我們就[illegible]告來，今天[illegible]他[illegible]待[illegible]抗上[illegible]了來上此[illegible]，工作[illegible]的同志[illegible]們同志但是都我以們[illegible]。

[illegible]們[illegible]友人將來之待[illegible]我們，一他們[illegible]長的先把我們[illegible]情形，使我們[illegible]別地[illegible]介[illegible]，一[illegible]如[illegible]地[illegible]把在[illegible]前[illegible]局及中央[illegible]，心[illegible]今天他[illegible]的[illegible]加[illegible]堅[illegible][illegible]給[illegible]我們，使我們[illegible]我於來抗[illegible]台[illegible]勇隊的[illegible]一組[illegible]來[illegible]門[illegible]的工作形，因及目前工作[illegible]，[illegible]很簡略地說了一[illegible]我[illegible]把[illegible]我們[illegible]。

[illegible]典，接着李同志唱了一曲日文的反戰歌，[illegible][illegible]的同志唱了幾首抗戰歌，[illegible]非常慷慨雄壯，此時全場的空氣充滿着[illegible]，大家[illegible]，[illegible]在[illegible]融洽[illegible]中華民族的[illegible]堅強團結。在軍部第一[illegible]，勝利[illegible]結，一方面的小[illegible]做了[illegible]的[illegible]結束[illegible]。

第二天[illegible]早[illegible]，[illegible]軍長召集[illegible]全軍[illegible]出發，在一色[illegible]茫中[illegible]我們[illegible]地[illegible]，[illegible]同[illegible]介紹[illegible]服務隊的工作人員和全軍[illegible]將士[illegible]。[illegible]山[illegible]上[illegible]的工[illegible]我們[illegible]站在[illegible]前面的[illegible]，山上[illegible]下了一列[illegible]的[illegible]，[illegible]他們[illegible]有[illegible]力，而[illegible]士們[illegible]隊伍[illegible]，[illegible]我們[illegible]叫我們[illegible]把[illegible]介紹了[illegible]，[illegible]我們[illegible]台灣[illegible]，我們本是中國的[illegible]，[illegible]台灣[illegible]四十多年[illegible]日本帝國主義[illegible]的[illegible]奴[illegible]，[illegible]不斷[illegible]抗[illegible]地[illegible]和了[illegible]日本帝國主義[illegible]，但[illegible]台灣[illegible]民族[illegible]保衛[illegible]爭中，[illegible]我們[illegible]勇隊同[illegible]來也[illegible]我們[illegible]小[illegible]民，[illegible]我們[illegible]，[illegible][illegible]有這一[illegible]作，[illegible]工作的[illegible]來他們[illegible]現在[illegible]服[illegible]第了一[illegible]四[illegible]切[illegible]致工作[illegible]前線[illegible]路工[illegible]作都[illegible]的[illegible]我[illegible]今年[illegible]的力量[illegible]出[illegible]和[illegible]們[illegible]同志[illegible]利[illegible]見而[illegible]希望[illegible]勵[illegible]大[illegible]共的同[illegible]今天[illegible]介[illegible]爭取[illegible]的[illegible]不[illegible]亡國[illegible]奴[illegible]又叫[illegible]我向[illegible]山[illegible]岳[illegible]的話[illegible]台灣[illegible]被[illegible]迫[illegible]的[illegible]情形[illegible]，[illegible]大[illegible]此時[illegible]是[illegible]百[illegible]把[illegible]日本帝國主義[illegible]與[illegible]快[illegible]的[illegible]是，今天[illegible]有[illegible]是[illegible]交[illegible]日本[illegible]，[illegible]出來[illegible]人[illegible]的中[illegible]，[illegible]向[illegible]的[illegible]勇[illegible]士們的[illegible]心[illegible]了[illegible]在[illegible]一[illegible]的[illegible]是[illegible]我起很[illegible]，因爲日本帝國主義者[illegible]取[illegible]民地[illegible]，共目的[illegible]完全[illegible]在了[illegible]侵略台灣[illegible]殖民[illegible]決[illegible]經濟的。軍事、政治、文化等都不過是他的手段。[illegible]我報告完，由服務隊副長報告，[illegible]今天我們[illegible]指示集合的[illegible]山頭的地形，形勢十分好，詳細說明，[illegible]地[illegible]我們[illegible]，我[illegible]在[illegible]人[illegible]江的是不[illegible]的也堅決有把握[illegible]，大[illegible]同心[illegible]協力[illegible]勝利[illegible]一定到來了，於是我們的軍長宣布今天[illegible]的[illegible]法，[illegible]他說：「[illegible]來一[illegible]子的[illegible]客，[illegible]四區服務隊和台灣[illegible]隊[illegible]地工作隊兩個隊是由我請，其餘各單位[illegible]一單位，[illegible]各請兩個隊員。」這個新的[illegible]法大家都非常高興，此時各處長，各部隊長官，都忙着拉客及自我介紹，[illegible]布山頭，軍長也拉着我和服務隊隊長下山去。

編後

想出版這末一個刊物，都是好久的事，而從決定出版起到將稿件送排時，則是一個很短促的時間，因此，內容形式，都不免留下很多本來可以避免的缺點，只好希望能在以後的幾期補救了。

承各軍政長官賜句，此不特增光於「台灣先鋒」的篇幅，其於台灣革命以及台灣義勇隊工作之指示與鼓勵，實有不可計量者，謹以十二分誠意致謝意，並決努力工作，以副厚望。

姚思鑑先生爲本刊作封面，一并在此致謝。

我們自己知道經驗不够，須向各方學習，而又以爲祖國同胞必樂於指示與協助，故敢向本刊讀者諸君提出下列三個要求：

一、對本刊的缺點，請予批評，以便改進；

二、請惠賜大作，以光篇幅；

三、請將工作經驗見教，以資參考，其具體辦法之一，即如有報章雜誌或雖不刊行而能發表報章雜誌者，請寄與本刊交換。

一九四〇年四月十五日

專載

台灣獨立革命黨黨章（民國二十七年九月修正）

第一章　總綱

第一條　宗旨

本黨宗旨為團結台灣民族，驅除日本帝國主義在台灣一切勢力；在國家關係上，脫離其統治，而返歸祖國，以共同建立三民主義之新國家。

第二條　名稱

本黨定名為「台灣獨立革命黨」

第二章　黨員

第三條　本黨員分下列二種：

一、普通黨員：凡承認本黨黨章，並能服從本黨一切議決案之台灣人，皆得為本黨普通黨員。

二、特別黨員：他國人士，凡願為台灣獨立革命而奮鬥，承認本黨黨章，並能服從本黨一切議決案者，皆得為本黨特別黨員。

第四條　入黨手續：

一、普通黨員入黨時，須有本黨黨員二人之介紹，並經支部黨員大會之通過，及上級組織之批准。

二、特別黨員入黨時，須有本黨黨員三人之介紹，由支部會員大會通過，並經本黨中央批准。

三、本黨少年團團員入黨時，由少年團工作指導委員會之介紹，但仍須經支部通過，及上級組織之批准。

第五條　黨員開除之手續

一、凡對違反黨章，不服從本黨議決案，或有其他叛黨背行之黨員，開除時，必須由支部會員大會通過，並得上級組織之批准。

二、此項開除手續均適用於普通黨員與特別黨員。

第三章　組織

第六條　組織原則：本黨組織原則，為「民主集中制」，所謂民主集中者，包括下述四事：

一、各級組織負責人，皆由黨員大會，各級代表大會等直接選舉罷免。

二、各級組織負責人，向其選舉者負責經常作定期之工作報告。

三、下級應服從上級之命令。

四、本黨黨員，對本黨黨綱，以及上級組織之各項議決，如覺不當，皆有自由批評建議之權。但此種行動，只限於未經相當組織正式通過之前為之。如一經通過，否則應無條件接受，並執行之。

第七條　組織系統

一、本黨組織分：支部；郡委員會；州廳地方委員會；及中央委員會等四級。

二、本黨組織細胞為支部，該地有黨員三人以上，即得成立支部，選一人為支部書記，執行該支部一切事宜，如人數不上三人者，得併入鄰近之支部。

三、一郡之內有支部達三個者，即可成立郡委員會，由該郡境內支部代表大會選舉委員會委員，呈由高級組織批准。

四、一州或一廳之內，郡委員會達三個以上時即可成立州或廳地方委員會，由該州或廳內之郡代表大會選舉委員，呈由中央批准。

五、本黨中央委員會委員由州廳代表大會選舉之。

六、支部設書記一人，郡委員會設委員五人至七人，中推一人為委員會書記長。州或廳委員會設委員七人至九人，中互推一人為委員會書記長，一人為委員會秘書。中央委員會設中央委員九人至十一人，互推一人為本黨總書記，總攬本黨一切事宜，下設組織、宣傳二部。各設部主任副各一人，由中央委員互推兼任。中央委員會秘書亦由中央委員互推一人担任。中央委員會下，得設各種特種委員會。

第四章　會議

第八條　支部會議每週開會一次由支部書記召集，並主席之。如遇必要時，得由書記召集臨時會議。支部會議（臨時會議同）執行下列各項工作：

一、討論及分配該支部所轄範圍內之黨的工作。

二、執行上級組織之指示。

三、選舉支部代表會議之代表。

第九條　支部代表會議，由各支部之代表組織之，由郡委員會召集，代表會主席臨時由代表中推一人充任。此項會議，每半年開會一次，其工作如次：

一、選舉並罷免部委員會委員。

二、選舉並罷免部代表大會之代表。

三、聽取部委員之工作報告。

四、審核部委員會之經費收支。

台灣獨立革命黨 行動綱領

一、拒繳苛捐雜稅

二、反對抽征壯丁來華作戰和開墾

三、已被誘迫來華的同胞組織譁變

四、破壞台灣生產和交通

五、擴大阿里山的反日游擊隊

六、組織發動台胞來華參加抗戰

七、發動台灣工罷商罷課運動

八、擴大反戰反法西斯宣傳

九、組織日韓台反法西斯大同盟

十、統一台灣革命組織

第十條 部委員會由支部代表大會選舉委員組織之。會議由委員會書記長召集並主席之。每兩週開會一次；如遇必要時得召集臨時會議。部委員會（臨時會議同）之任務如下：

一、討論及支配該部內之一切黨務。

二、批准部內各支部之工作報告及工作計劃。

三、執行上級組織之指示。

第十一條 部代表大會由一州或區內各部所選出之代表組織之。每一年開會一次，由州或區地方委員會召集之。大會主席臨時由代表中推任。大會任務如次：

一、選舉罷免州區地方委員會委員。

二、選舉罷免州總代表大會之代表。

三、聽取州區地方委員會工作報告。

四、審核州總地方委員會之經費。

第十二條 州或區地方委員會，由該州或區內各部所選出之委員組織之。每月開會一次，由委員會書記長召集並主席。遇必要時得召集臨時會議。委員會（臨時委員會同）之任務如下：

一、討論支配該州或區內一切黨務。

二、執行中央之命令。

三、批准該州或區內之各部委員會之工作報告與工作計劃。

四、決定部代表大會之選舉事，但須由中央批准。

第十三條 州或區代表大會，由部代表大會選舉之代表組織之。每二年開會一次，由中央委員會召集。開會時臨時由大會選舉主席團（三人至五人）主席之。大會之任務如次：

一、選舉並罷免中央委員會委員。

二、聽取中央委員會之工作報告。

三、審核中央委員會之經費收支。

四、決定本黨策略。

五、修改本黨黨章。

第十四條 中央委員會，由州區代表大會所選出之中央委員組織之。開會時由總書記召集並主席。每半月開會一次，遇必要時得召集臨時會議。委員會之任務如次：

一、計劃並指揮本黨全黨工作。

二、批准各地方委員會之工作報告及工作計劃。

三、決定州或區代表大會選舉事。

第五章 特別組織

第十五條 因有特別需要，本黨有下列之特別組織：

一、海外總部 直接隸屬中央。負責指揮中國日本及其他各地黨務。總部委員會設委員五人。由中央委員中推三人，並由州區代表大會選舉二人組織之。委員會中設主席一人，下分宣傳組織二部。各部設主任一人。

二、基隆特別黨部，高雄特別黨部，台北特別黨部。特別黨部直隸中央。特別黨部之書記長由中央委員兼任。其他特別黨部則同州委員會，其詳細規定由中央委員會臨時決定之。

三、少年團。少年團由少年團工作指導委員會組織並指導其工作。委員會爲中央特種委員會之一。

第六章 經費

第十六條 本黨經費來源如下：

一、黨費 本黨黨員所繳黨費，視其收入而定。月在九十元以上者，應繳十分之一。在二十元以上九十元者繳二十分之一，不上二十元者繳五十分之一。後者如不能繳納時，得相當組織之批准，可免繳。

二、捐款。

第七章 附則

第十七條 本黨黨章由州區代表大會通過，如有未盡善處，亦由州區代表大會修改。

台灣先鋒月刊
第一期：一九四〇、四、一五
發行者：台灣義勇隊
編輯者：台灣義勇隊秘書室
通信處：浙江金華郵政信箱三十號
定價：每期八分

畢来同志存

一九八一年九月十日

赵卫邦寄赠

台湾先锋

第二期 复制本

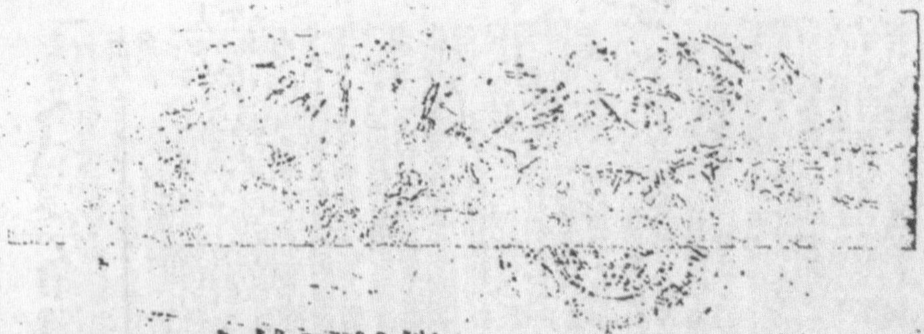

血的五月祭

張一之

一提起說來，「五月」在中國人的眼中，正如「春」字之於中國人，是樂笑的；但，近百年以來，[illegible]的「五月」，已經血所染紅，[illegible]可以名之曰「災厄」，[illegible]

首先，[illegible]工人[illegible]，芝加哥的[illegible]工人[illegible]八[illegible]「五一」[illegible]。是後，每逢五月一日，全世界工人[illegible]不知在帝國主義的鐵蹄下，死了多少只要求[illegible]八小時[illegible]八小時[illegible]的生產者，在遠東，在日本工業資本家的統治之下，勞動者們受盡了剝削，流盡了血汗！社會主義者們之[illegible]也不知有多少死在日本軍閥的大刀之下。在幾十年之久的鬥爭中，一位偉大的英雄，在工人們[illegible]，犧牲了，那是一九一六年的李卜克內西，李氏留給後死者們的，是光明的希望，但，[illegible]遠東的工人們，[illegible]有着一個艱巨的工作，那是：聯合一致，打倒日本帝國主義，建立[illegible]的秩序，[illegible]新的秩序。

一[illegible]工人流血的英雄，是中華民族反對日本帝國主義流血的，是[illegible]，那是「五三」，中國民族在中山先生領導之下，以[illegible]向日本軍閥，[illegible]，在日本軍閥的刀下，流了[illegible]的血，然而，以[illegible]在[illegible]之下的[illegible]，造成了永不[illegible]的仇恨，[illegible]是什麼呢？是：全中國民眾聯合起來，打倒日本帝國主義！

再其次是「五九」，[illegible]的[illegible]，[illegible]與其[illegible]，[illegible]了「[illegible]」一門學問，[illegible]了當官，簽下二十一條，[illegible]也[illegible]了當官，簽下了[illegible]的東西，[illegible]，然而，給人民[illegible]了的[illegible]到那兒去了？給人民[illegible]了的[illegible]，其[illegible]，[illegible]在全中國民族一致起來了的今日？在[illegible]的今日？

最後，是「五卅」，英勇的工人[illegible]紅，在日本人的[illegible]下[illegible]了，接着，日本資本家的劊子手，又開始[illegible]的大屠殺，把中國人的[illegible]，[illegible]了[illegible]的[illegible]路，而現在，這條[illegible]的[illegible]路，已在日[illegible]之下了，[illegible]，[illegible]給大家的，是什麼呢？是[illegible]「[illegible]下」乎？是[illegible]，[illegible]自由之[illegible]乎？

李卜克內西，為什麼死了？[illegible]今日[illegible]

[illegible]死了？是為自由，[illegible]下。

[illegible]反對二十[illegible]二十一[illegible]

[illegible]

中華民國[illegible]五月[illegible]

台灣革命團體聯合會的誕生

劉啓光

[illegible]聯合會，是在三月二[illegible]

[illegible]

助祖國抗戰的任務。可是在這分頭殺敵的過程中，大家一樣感覺到的缺陷[illegible]

[illegible]

為台灣革命團體聯合會成立

告本黨本隊同志

台灣革命團體聯合會之成立，使我台灣革命者的[illegible]更趨一致，使我台灣革命者反對日本帝國主義的力量更趨集中。

台灣[illegible]聯合會之成立，是我台灣革命[illegible]力[illegible]，是我台灣獨立革命黨的力量之增強，是我台[illegible]勇隊的[illegible]之發[illegible]。

台灣革命團體聯合會之成立，是我台灣同胞參加[illegible]的工作之擴[illegible]，是我台灣獨立革命黨工作之開展，是[illegible]義勇隊的工作之開展。

[illegible]此，凡我台灣獨立革命黨黨員，凡我台灣義勇隊隊員，[illegible]工作更大努力，為[illegible]更大之[illegible]，以[illegible]明之[illegible]。

是所至盼！

[illegible]五月[illegible]日

是否應[illegible]統一，和力量的不够集中[illegible]，而是同志[illegible]的不得已的現象啊！[illegible]本年[illegible]，我們認為這統一局[illegible]

[illegible]固知[illegible]台[illegible]，[illegible]一組織，[illegible]中力量共同奮鬥的起點。上面已經說過，我們同志[illegible]

[illegible]

十[illegible]，曾作[illegible]，革命[illegible]。[illegible]，以[illegible]之[illegible]於台[illegible]之內；[illegible]，以必死之決心[illegible]之上。[illegible]以台灣為[illegible]，[illegible]台[illegible]乃一[illegible]，[illegible]用，不[illegible]。[illegible]台灣為日本帝國主[illegible]前鋒：台灣[illegible]，[illegible]，自可[illegible]。[illegible]，[illegible]必須完成[illegible]上國防[illegible]，[illegible]之[illegible]門，步之[illegible]，台[illegible]，[illegible]上。[illegible]已[illegible]於[illegible]，[illegible]上國防必[illegible]。[illegible]，即非使台灣[illegible]不為功。再就[illegible]之：台灣[illegible]一[illegible]半世紀，欲求自[illegible]台灣同胞之[illegible]，但且[illegible]革命[illegible]力之[illegible]之[illegible]助，亦[illegible]不可缺少之[illegible]。

由此可知，中國欲達最後勝利，而保持東亞之和平於久遠，必須援助台灣民眾獲得自由解放；台灣欲得解放自主，亦必須協助祖國抗戰，其理明矣。

根據上述認識，台灣獨立革命黨[illegible]民族革命[illegible]同[illegible]致力，為促進[illegible]抗戰勝利，台灣自由解放而攜手前進。日寇知彼，良以不得，吾人決以三民主義及抗戰建國綱領為今後[illegible]之[illegible]，於[illegible]領導之下，集中一切台灣革命勢力，推翻日本帝國主義在台灣之統治，爭取台灣同胞之自由解放[illegible]。同時[illegible]，[illegible]人[illegible]中[illegible]。中國[illegible]人[illegible]力[illegible]，[illegible]台[illegible]合作，中外[illegible]同時[illegible]，以[illegible]。即台灣[illegible]，中[illegible]！

謹此宣言

台灣革命同盟會

民國二十九年三月二十九日

這個宣言所說的話，是我們台灣革命同志一致的認識和決心，也是我們共同奮鬥的基礎。至於我們今後努力的目標，另有台灣革命團體聯合會的組織，作為指針。我們的綱領是：

（一）[illegible]三民主義及抗戰建國綱領，服從[illegible]領導。

（二）集中一切台灣革命勢力，推翻日本帝國主義在台灣之統治，爭取台灣同胞之自由解放。

（三）加緊協助台灣革命群眾，積極台灣[illegible]，協助祖國抗戰，以達日[illegible]用中國。

這些綱領的含義雖然不無抽象空泛之處，但是這不過是我們的行動綱領的[illegible]而已，至於具體的工作方計，[illegible]「[illegible]」[illegible]執行」的精神，由[illegible]台灣[illegible]，文由[illegible]。

[illegible]

[illegible]一[illegible]：台[illegible]。[illegible]，由[illegible]門[illegible]，至一九二八年大大小小的革命組織已經超過了七十個以上。這些革命團體之間，雖然並沒有什麼了不起的派別鬥爭，但是也未曾有過統一的指導。這一次台灣革命團體聯合會的成立，可以說是台灣革命運動有了統一指導機關的開端，也就是台灣革命運動踏上了新階段的標誌。

第二：[illegible]抗[illegible]三年，中國與[illegible]台灣的自由解放，必須在中[illegible]台三[illegible]的[illegible]中[illegible]一[illegible]，已[illegible]在這三年[illegible]中[illegible]了寶貴的經驗與教訓。接受這個教訓，光大這[illegible]則[illegible]，是我們[illegible]的[illegible]，是欲求中[illegible]三[illegible]抗日[illegible]的[illegible]作，必須先[illegible]本身的[illegible]結。故台灣[illegible]合[illegible]在促進中[illegible]一[illegible]的[illegible]上，亦有其不可忽視的[illegible]意義。

第三：東方被壓迫[illegible]，[illegible]二[illegible]大戰中[illegible]。印度[illegible]。[illegible]是[illegible]的[illegible]。[illegible]

[illegible]了[illegible]，[illegible]的[illegible]方[illegible]。這[illegible]解放運動的曙光。不[illegible]的力量是有限的，[illegible]更加發揚光大，[illegible]民族早日獲得解放，[illegible]（一）台灣同胞一致奮起，[illegible]出台灣的[illegible]奮鬥，（二）[illegible]和朝鮮同志，和我們密切合作，攜手奮鬥，打倒共同的敵人；（三）[illegible]東方被壓迫民族聯合起來，努力前進，[illegible]！我們的[illegible]！（完）

支那事變解決之方針與方法

（文載日本外交時報）

方 文譯

（一）

日前常常聽到「蔣政府第一」的話，可是它的方針和方法具體的是沒有法子知道的。但是，這是時常說的是：不要以地大的中國為對象，那就不能忘記了目的，目的就是要把[illegible]，注意了維持中國的獨立，和基於排除外敵的意義，而能夠達到這樣目的的時候，那就可以講和了。相反的，這和時代的要求[illegible]，是要向大陸發展的，因而中國事變和[illegible]同樣的非把佔領的地方變為日本化，是不可[illegible]的。在[illegible]時代的戰爭，只要取[illegible]的戰爭，就可以把佔領的地方放棄，和這相反，[illegible]昭和時代的戰爭，因它的目的是在[illegible]，可以凡是[illegible]的地方就要[illegible]的[illegible]，必然的[illegible]引起戰爭[illegible]，這就是解決中國事變[illegible]不許的[illegible]。

[illegible]本[illegible]，現在是沒有辯論的必要，[illegible]動了中[illegible]，假設，[illegible]已經[illegible]，假由於[illegible]的[illegible]，人，[illegible]國[illegible]。但[illegible]時[illegible]了[illegible]，又[illegible]的[illegible]也只有大[illegible]了。[illegible]大[illegible]政[illegible]人物[illegible]，十年之間，皆在[illegible]一[illegible]它的[illegible]，而現在[illegible]在[illegible]中了。[illegible]政策，那[illegible]在[illegible]方面。[illegible]方面[illegible]是以[illegible]。[illegible]，也就是沒有止境的。若一時進行起來，那決不能在中途停止，而是非達到這目的不可。所以在進行這種政策的時候，必須要有一個很正確的計劃。若把偌大的中國，能一氣把地佔領，而使它完全變成日本化，這雖是很痛快的一種政策。但這並不是一個很賢明的政策。在（[illegible]）滿洲平定國內的[illegible]候，他必定先平定一個地方，然後一面還加以休息，一面卻着手向着進攻第二個地方。而這種一樣情形的，先把滿洲華北變成日本化後，繼續再進攻[illegible]中，華南，以至於偏向山地中國，若依這樣的進法，那就是容易而且是[illegible]的能夠達到這目的的。若能使得××下游，[illegible]一兵的能[illegible]中國全[illegible]日本化，因為[illegible]沒有[illegible]的，然而這是不[illegible]到的。要需[illegible]佔領地的一部份，那將要負著全部的危險，以[illegible]引起[illegible]的，這是在中國的歷史上所特有的解決的經驗。所以將國對於大陸發展政策的本質，將佔領的地方使它逐漸地變成日本化，然後才能給予全中國，這就是將來的目的，加以計劃外，那是沒有法子解決的[illegible]，[illegible]是[illegible]決心。

為了[illegible]行[illegible]政策，就必須要大的[illegible]努力。在明治初年，大久保的「征韓論」之所以不被採納，[illegible]便是[illegible]的原因，無非因了明治政府沒有施行這政策的財力所致。只有維持獨立的戰爭，才能得到一個的同情和[illegible]，但是發展戰爭，不但不能帶來很到外援，且反要受到了妨礙。所以最必要的第一[illegible]，總而言之，必須要有從自力去發揮的決心。像[illegible]在平定某一地方時，都以非常巧妙地利用現有的兵額，來平定第二個地方，使民以有這樣的成功，也多是採用這方法的。和這相同的，先把綏遠察哈爾察北變成為日本化而利用它的資源，然後和其他的[illegible]力，[illegible]中[illegible]化，以[illegible]各地方[illegible]力[illegible]。[illegible]，[illegible]化。必[illegible]的。

總之，[illegible]政策，因為是沒有止境的，所以須在進行時必須有一[illegible]的計劃才行。[illegible]以日本[illegible]第一國，[illegible]第二國，[illegible]北[illegible]三國，華中華南為第四國，山地中[illegible]第五國，這[illegible]的[illegible]日本化，[illegible]，[illegible]在此[illegible]決中[illegible]的大方針，[illegible]國與[illegible]的[illegible]的。

（二）

所謂佔領地方的日本化，到底是什麼意思呢？即就是使佔[illegible]的地方變為日本的[illegible]已，而[illegible]政治上[illegible]上必須使它依從於日本，以求安定的[illegible]，[illegible]大陸[illegible]的[illegible]目，是日本[illegible]多年來[illegible]其[illegible]的。[illegible]，[illegible]「[illegible]一[illegible]」，[illegible]的[illegible]也[illegible]，政治工作[illegible]進行，在[illegible]北[illegible]已[illegible]了[illegible]政府，[illegible]可以看到中國的「中央政府」的成立。[illegible]日本決定[illegible]「中央政府」，[illegible]政，一步一步的進行[illegible]工作。[illegible]，不久政[illegible]由[illegible]的地方，[illegible]中[illegible]在政治上[illegible]日本，使它[illegible]。[illegible]，那[illegible]的安全可以成立。而[illegible]，已[illegible]一[illegible]了。

[illegible]本化的，就是經濟的日本化。開發佔領地方，以求經濟的[illegible]，使它加入[illegible]經濟[illegible]的[illegible]內，為了達到這項[illegible]目的的[illegible]，這也是[illegible]大[illegible]發展政策[illegible]的[illegible]容。[illegible]日本化[illegible]三個階段：

第一[illegible]中國[illegible]日本[illegible]的[illegible]，[illegible]

怎樣研究敵情

思 源

一、爲什麼要研究敵情

自從抗戰以來，[illegible]，很明顯地我們是要打破日本帝國主義的[illegible]。我們[illegible]的勝利[illegible]政治工作[illegible]，但是抗戰宣傳[illegible]工作，也有[illegible]的[illegible]。我們[illegible]「[illegible]」，「[illegible]」[illegible]敵情的[illegible]。[illegible]？[illegible]有效力的辦法，就是[illegible]研究敵人[illegible]方面[illegible]不可了。

自從抗戰以來，[illegible]政府當局即[illegible]研究敵情[illegible]各方面[illegible]。[illegible]人[illegible]的[illegible]。[illegible]中。但是在實際上，我們的人，還有變成得到敵情資料呢？不是靠研究敵情的人，更有淺成若是研究敵情資料？我們能夠感到四萬萬五千萬國民同胞都能了解敵人的反抗，再少數的[illegible]人都能認識敵情，豈不是也可能嗎？許有一個問題很重要的問題，就是政府各處所屬[illegible]的敵情資料，只[illegible]，但未給予參加研究的與研究的機會。[illegible]提供一般人以自動研究及參加研究的機會，造成大家注意敵情的風氣，研究敵情和抗戰宣傳的效果，[illegible]給大家設法以上也！

總之：「在全面抗戰中，政治重於軍事」。於是宣傳和政治工作的一部分，古語說又云知己知彼百戰百勝，敵情研究[illegible]（[illegible]）[illegible]的時日本」公開了），我們[illegible]敵情的研究，並由大家[illegible]和認識。敵人研究我們的資料，宣千百倍於我們研究敵人，[illegible]「支那研究會」之類的民間團體，大小約有幾一百多種。我們如何能夠忽略這一個問題呢？

二、研究敵情的方法

[illegible]，敵情研究工作並不是什麼困難的[illegible]資料，[illegible]研究工作，[illegible]的敵情研究工作，[illegible]工作人員的[illegible]，許多工作人員[illegible]下手的[illegible]敵情研究[illegible]了。

[illegible]「[illegible]之故」，研究敵情[illegible]有資料，但是有了資料之後，怎樣判斷，怎樣[illegible]，卻是更重要的問題，「[illegible]」固然重要，但是[illegible]

[illegible]等中國商品的輸出，[illegible]，與現在止已經過了[illegible]的[illegible]。[illegible]日本化的第二階段，[illegible]政策。

日本在金融上，[illegible]中國以援助，且[illegible]它的實際[illegible]，[illegible]一中國和日本[illegible]，在[illegible]時，[illegible]中國的金融[illegible]了大的[illegible]。[illegible]的成立，[illegible]方，早在昭和十二年（一九三七）[illegible]百萬的[illegible]一年十一月[illegible]的「[illegible]」[illegible]用。[illegible]五千[illegible]「中[illegible]」，和[illegible]通用。

[illegible]日本[illegible]的[illegible]。

（三）

總之，[illegible]中[illegible]的方針，是在[illegible]大[illegible]政策，[illegible]現在[illegible]上[illegible]日本化[illegible]的效果：[illegible]金融，[illegible]，以[illegible]的效果[illegible]我們國民經濟的延長，以收經濟侵略的效果。只[illegible]

[illegible]手段，不定要造成[illegible]片。它們的研究工作
[illegible]的正[illegible]了[illegible]，[illegible]的根本吧！[illegible]
[illegible]的大前提。
[illegible]情報？
[illegible]第一，我們[illegible]正[illegible]的科學的方法，去[illegible]
[illegible]內容，其一是：我們不能[illegible]去
了解人。[illegible]人們[illegible]天災地[illegible]去分析日本帝
[illegible]的欠缺，第一，在消極
[illegible]

計劃的把[illegible]方法，由[illegible]北，由察北到[illegible]中
華南，然後更進一步到山地中國，[illegible]
本化，實在是解決事變的[illegible]，所以要想要快解決
中國事變，須[illegible]是不能很快解決的。而[illegible]
使兵力和[illegible]濟力，先確立了[illegible]定的計劃，[illegible]
進而[illegible]到[illegible]的方針和[illegible]
，[illegible]的。[illegible]中國日本化的必[illegible]的計劃，[illegible]
以[illegible]已[illegible]了。[illegible]
敵，[illegible]不能[illegible]到外國的[illegible]，必須有以自己力[illegible]
辦的計劃。但是，現在[illegible]，[illegible]只採取[illegible]
[illegible]的形式，[illegible]沒有[illegible]長期[illegible]的形式，
是[illegible]大的[illegible]。[illegible]
[illegible]也不會[illegible]的長期[illegible]計劃，和一[illegible]
對外交[illegible]且[illegible]行[illegible]
國民[illegible]也不會發生[illegible]的[illegible]方法。
[illegible]
[illegible]比[illegible]的[illegible]大利，和[illegible]
[illegible]
也是[illegible]容易的。
[illegible]一句中國事變的處理，[illegible]
的去[illegible]本國策，而[illegible]立中
國日本化的計劃，[illegible]
的目的，是[illegible]必要的。[illegible]
的，除此之外也是沒有[illegible]的完全的方法

日本勞動力統制問題

([illegible])

[illegible]純 [illegible]

據東京專門家的研究，[illegible]線上一個人的戰鬥力，在內地，六個人乃至八個人的勞動力，是必需的。假定現在參戰中的日本軍，有一百萬人，那末，要維持這一百萬人的戰鬥力，在[illegible]國內，就必要有六百萬人乃至八百萬人的勞動力。在戰時，勞動力問題的重要，就是不消說的。

在日本，發動了大規模的戰爭以來，因為勞動力的大恐慌，因此，對於勞動力的統制便成為最嚴重的問題了，下面，試將該問題分析[illegible]一看：

一、勞動力缺乏的實況

且將戰爭下日本勞動力缺乏的原因分為二點論之：

一、多數壯丁被徵集，充作兵[illegible]。

二、軍需工業中，對勞動力的要求增[illegible]。

關於第一個的原因：現在在中國作戰的日本實際，有一百萬以上。又據中國[illegible]政部長何[illegible]在一七七一週年紀念會上的報告，至去年六月末為止，日本官[illegible]傷亡，已達九十一萬七千八百餘人。如果，把這些傷亡的數目和現在在中國作戰的日本官兵的數目合計起來，那末，在日本，現在是失去了二百萬人以上的勞動力。這個[illegible]二百萬人的勞動力，是日本全國勞動力中最旺盛[illegible]。

勞動力缺乏的第二個原因：是軍需工業方面的勞動力的[illegible]要[illegible]，[illegible]一[illegible]：也不能說是對[illegible]工[illegible]力之[illegible]給。

據[illegible]日本[illegible]行每月所發表的勞動統計，昭和十[illegible]年九月的[illegible]勞動人口指數為一〇一．〇（以大正十五年度的平均指數為一〇〇）昭和十一年九月為一〇七．[illegible]，昭和十二年九月約加[illegible]：一二〇．八，昭和十三年九月[illegible]：一三一．一，此數，[illegible]合計的，單從男工[illegible]指數，亦即民營工場男工人口指數，昭和十年九月為一[illegible]〇．六，（以大正十五年平均指數為一〇〇），昭和十一年九月為[illegible]二〇．三，昭和十二年九月為一三九．二，昭和十三年九月一躍而增至一六三．四，如果，再把官營工[illegible]加算起來，其[illegible]就更加大了。

又據東京[illegible]的調查（昭和十[illegible]年[illegible]月三十[illegible]）我們[illegible]二十六[illegible]，[illegible]「[illegible]」[illegible]「[illegible]的[illegible]」[illegible]嚴重的[illegible]。以下[illegible]的實況罷。

．軍需部門內的技術者和熟練工[illegible]現象。[illegible]也就會[illegible]。

去年[illegible]，工業學校（專門[illegible]）[illegible]日本全國，約有一[illegible]人。[illegible]本國內者，有七千二百餘人，但[illegible]千五百人。換句話說，各工廠[illegible]中，只有一人的比率。

又，熟練工之不足不但[illegible]工人的[illegible]足，[illegible]工人也大[illegible]，[illegible]工不足[illegible]，昭和十三年，[illegible]技術者方[illegible]，[illegible]一年間[illegible]應徵的[illegible]工，一年平均[illegible]比率，也不過是二萬八千餘人。

然而，農村方面的勞動力不足，尤為[illegible]村的[illegible]了，[illegible]中國[illegible]農家，[illegible]中國[illegible]工廠。現在，農業勞動力[illegible]一[illegible]

[illegible]著：

[illegible]的[illegible]地方，農家戶數為八〇八一戶，[illegible]一[illegible]三八[illegible]，其勞動力約為：六八、六六六人，[illegible]，[illegible]工[illegible]使用：還有一部份，[illegible]結果，[illegible]缺乏了百分之十五。又，[illegible]去年度[illegible]勞動力不足[illegible]，約達十[illegible]五千人。

二、目下勞動力統制政策

勞動力不足的結果，在日本各地，[illegible]了[illegible]的[illegible]。現在[illegible]企業家，防止[illegible]工的[illegible]。在[illegible]

，總動員「勞動力調整」的補救，[illegible]各色各樣地勞役者。[illegible]，學生的勞動服務，或是孤兒所及共[illegible]的強制勞役。

在日本的[illegible]法中，關於勞動的統制，有第四條（國民徵用）第六條（工資及其他勞動條件）第七條（勞動命令）第十一條（國民登記）以及第廿二條（技術者的[illegible]命令）等。在日本政府，自從勞動力[illegible]之日起[illegible]。[illegible]之方。

[illegible]第六條[illegible]使用制限令，關於第廿一條[illegible]國民登錄之[illegible]令，業已在昭和十三年八月二十四日公佈施行。又，第廿二條技術者勞動者[illegible]令[illegible]工場技術者養成令，亦[illegible]月三十一日公佈，由四月五日起施行。第六[illegible]，於去年三月三十一日公[illegible]，國民職業能[illegible]一月[illegible]公佈，[illegible]一月三十日公佈，一月二十日[illegible]。又，[illegible]二月[illegible]施行，[illegible]三月三十一日公佈，五月一日起施行[illegible]所防止[illegible]方面[illegible]「國民徵用令」的[illegible]。

[illegible]此[illegible]計劃，是日本[illegible]的[illegible]。日本政府，[illegible]方面的[illegible]，是正在[illegible]的新勞動力之[illegible]，[illegible]等，因為[illegible]，但是，由[illegible]勞動力以及小學校[illegible]，在日本國內，工人工[illegible]

敵三害

強榨論

——說[illegible]人力——

[illegible]的一[illegible]，同時，[illegible]，[illegible]及[illegible]方法[illegible]在日本國內[illegible]有[illegible]反抗的[illegible]未有[illegible]。

[illegible]，[illegible]一個[illegible]，支持第一個戰爭和[illegible]，不外是人力，[illegible]力三者，[illegible]決定[illegible]：必[illegible]人力和[illegible]，[illegible]，[illegible]不到[illegible]：[illegible]三[illegible]，[illegible]一次世界大戰[illegible]的，而且，[illegible]已打了將近三年的[illegible]，[illegible]大的人力和[illegible]的[illegible]抗日[illegible]。在[illegible]戰中，日[illegible]三[illegible]的[illegible]，將來[illegible]的人力，[illegible]的[illegible]。

甲、人力

[illegible]人力[illegible]的，同樣的，戰時一切的[illegible]，[illegible]，[illegible]等，沒有人力是不能[illegible]的，日寇的[illegible]政務，是[illegible]中國[illegible]，但[illegible]

[illegible]，不是[illegible]，[illegible]日本[illegible]之[illegible]，[illegible]日本[illegible]，[illegible]下的[illegible]，[illegible]一次[illegible]，是從[illegible]的，所以[illegible]大大的不同，[illegible]的[illegible]，[illegible]一[illegible]

用武器的人力，和製造武器的人力，[illegible]的分配呢？我們[illegible]。日寇全國人口[illegible]

兵力[illegible]，除[illegible]，老弱，[illegible]

[illegible]，再加以各種原因，七除八扣，[illegible]不[illegible]的[illegible]，並大[illegible]十[illegible]一百三十一[illegible]

[illegible]殖民地的[illegible]可，在台灣，[illegible]人（[illegible]）[illegible]上，[illegible]上三十[illegible]

[illegible]，所以[illegible]今年[illegible]，[illegible]不[illegible]的[illegible]

[illegible]入不[illegible]

[illegible]力缺乏

[illegible]工人[illegible]，[illegible]缺乏，[illegible]力缺乏的[illegible]，[illegible]，在十二小時以上的[illegible]，已[illegible]了。

依[illegible]，[illegible]。[illegible]生若勞動局的[illegible]，[illegible]的工[illegible]，工[illegible]，[illegible]工[illegible]，工[illegible]的[illegible]，[illegible]十二時間以上的工作時間之規[illegible]，[illegible]二十九，[illegible]行十四時間以上的工[illegible]的工[illegible]，工[illegible]也有；工作時[illegible]，如果照舊樣[illegible]，則工人的[illegible]力，[illegible]會不[illegible]的。又，因[illegible]的[illegible]工[illegible]，工[illegible]的[illegible]，[illegible]火，[illegible]，去年一個月之中，工[illegible]，工[illegible]之發[illegible]十[illegible]件，[illegible]一[illegible]的[illegible]，[illegible]一[illegible]。

三、勞動力問題的前途

日本政府，對於戰時日本之勞動力缺乏情形，已[illegible]勞動力[illegible]的[illegible]政策之[illegible]行，已[illegible]，[illegible]，以下，對[illegible]勞動力問題的前途，檢討一下[illegible]。

[illegible]用令，已經在昭和十四年六月十四日的[illegible]了。

[illegible]日本的勞動力缺乏之已經[illegible]，是[illegible]，日本政府[illegible]的各[illegible]統制，是[illegible]勞動力[illegible]，對於戰時日本[illegible]的[illegible]，是不是[illegible]決呢？[illegible]可不是[illegible]的[illegible]。[illegible]一[illegible]，因為[illegible]戰爭有[illegible]的關係，[illegible]日[illegible]勞動力缺乏之[illegible]的關係，[illegible]，[illegible]因，[illegible]人口[illegible]少，但是，[illegible]日本[illegible]人口[illegible]時[illegible]，[illegible]，而為日本戰時戰後的[illegible]問題。[illegible]內[illegible]：一[illegible]十[illegible]八千二百二十一人（其中男九十[illegible]〇八百八十八人，女九十二萬七千四百三十[illegible]人），出生[illegible]：[illegible]千人之中有二六、七人。因[illegible]年的平均出生[illegible]：[illegible]千人中有三〇人，故已減少四人。[illegible]此相反，就死亡者[illegible]來，去年[illegible]死亡[illegible]數為：一百二十五萬九千八百零五人（其中男六十

較，恐怕和西[illegible]一樣的[illegible]見，也要被拖至工廠[illegible]去。

乙、物力

物力，為一國勞力最大經濟基礎之一，物力的[illegible]和不足，其[illegible]是[illegible]於人力，財力兩者之上，可以說；[illegible]於戰爭[illegible]勞動力的首位，如果一旦[illegible]，戰爭的[illegible]力[illegible]之所[illegible]，日[illegible]是否已[illegible]對[illegible]力的不足[illegible]？我們只要[illegible]時所必[illegible]的[illegible]的缺乏來說，[illegible]不[illegible]可知。

[illegible]缺乏

[illegible]，是戰爭中[illegible]工[illegible]所不可缺的，但[illegible]最[illegible]缺之的，也就是[illegible]。[illegible]每年[illegible]自國內[illegible]約二百餘萬[illegible]，會台灣[illegible]不過三百餘萬[illegible]，[illegible]來[illegible]的[illegible]百分之八十和[illegible]的百分之七十五都是仰給於國外，在平時除中國供給其一部份需要外，尤[illegible]入[illegible]美國[illegible]。「七七」以前[illegible]自[illegible]，[illegible]百萬[illegible]以上，[illegible]約[illegible]八十[illegible]之[illegible]，故[illegible]爭一開始，中國[illegible]出[illegible]的口號，[illegible]各方面的[illegible]部[illegible]甲午，日[illegible]次戰爭的[illegible]，[illegible]數十倍，[illegible]計在[illegible]的必[illegible]，[illegible]高[illegible]三倍以上，最少[illegible]要平均[illegible]在七百三十萬[illegible]的[illegible]和六百七十[illegible]的[illegible]，但是近日[illegible]政府[illegible]以一千[illegible]日[illegible]，[illegible]一[illegible]大工廠，[illegible]仍[illegible]有[illegible]。[illegible]中[illegible]停止供[illegible]日美[illegible]的[illegible]止，去年日本[illegible]了一[illegible]大[illegible]，如去年九月[illegible]京公[illegible]止[illegible]入[illegible]，[illegible]水工程[illegible]必[illegible]的[illegible]之[illegible]，今[illegible]三月[illegible]的[illegible]下[illegible]令[illegible]的[illegible]，[illegible]自行[illegible]的「[illegible]」[illegible]火，證明[illegible]指出日本[illegible]之，也[illegible]出它[illegible]有外[illegible]不能[illegible]付其[illegible]的[illegible]。

[illegible]缺之

[illegible]為[illegible]時一切[illegible]的食[illegible]，日本[illegible]當多，本可自給，[illegible]出自國內[illegible]多時，有六千[illegible]之[illegible]，在[illegible]戰爭第一年間，[illegible]可以維持自給自足之[illegible]，但

因戰爭的消耗，長[illegible]亡[illegible]，[illegible]工人[illegible]，[illegible]，向[illegible]局已[illegible]，[illegible]計[illegible]，又受[illegible]的[illegible]不[illegible]，[illegible]估[illegible]不過三百[illegible]，[illegible]。去年[illegible]，[illegible]政府[illegible]令各工廠[illegible]，[illegible]，但[illegible]的[illegible]，[illegible]大[illegible]，不[illegible]的[illegible]，[illegible]世界[illegible]的[illegible]不能[illegible]，但[illegible]的[illegible]，[illegible]。

[illegible]之

[illegible]，不是[illegible]，[illegible]十五，自[illegible]年[illegible]，[illegible]之而減少，[illegible]，當局[illegible]下使[illegible]，[illegible]要求[illegible]大[illegible]（八千[illegible]百[illegible]）[illegible]地[illegible]制，所出[illegible]的[illegible]，[illegible]為一。

[illegible]缺之

[illegible]沒有[illegible]，[illegible]常說：「一[illegible]」[illegible]此可見，[illegible]工[illegible]五百萬[illegible]，[illegible]油八十七萬[illegible]，[illegible]不[illegible]三百萬[illegible]，[illegible]計[illegible]每年石油[illegible]不過四十萬[illegible]，[illegible]左右，[illegible]比較[illegible]甚大，[illegible]去年[illegible]政府[illegible]使用令，[illegible]汽[illegible]不[illegible]加[illegible]且禁止[illegible]十[illegible]以上[illegible]行，[illegible]廠的[illegible]，[illegible]美國[illegible]（去年三月）[illegible]

五百二十九百三十六人，女六十萬六千八百六十九人），死亡率為：一七、四四人，往年的平均死亡率為：一百二十餘人，比較起來，多了五六萬。[illegible]的出生數的減少和死亡之增加之結果，昭和十[illegible]年度，人口之自然增加，僅僅六十六萬八千五百十六人，而昭和十年度的自然增加，則為一百廿二萬八千七百三十八人，比較起來，已有三十六萬以上的減少。有一點非注意不可，就是在前面所說的死亡率，還沒有包含在戰爭作戰的傷亡數。假使把在戰爭作戰的傷亡數加上計算起來，會增加多少呢？去年度的日本人口，並未增加，反而是減少呢。

人口的自然增加之減少，同時是勞動力的減少，[illegible]日[illegible]，[illegible]延長，[illegible]則[illegible]因而與人口的減少[illegible]。同時，戰爭延長，兵士的死亡也必然增加。[illegible]是日本非早一天停止侵華戰爭，而[illegible]的人口減少及勞動力缺乏的問題不可。

[illegible]十四年度之勞動力動員計劃，到現在還未完全發表，而從勞動力缺乏的[illegible]起來，缺勞動力[illegible]，[illegible]日本[illegible]的決心。[illegible]自[illegible]的[illegible]。而且，[illegible]勞動力之[illegible]，[illegible]的[illegible]實，因此，日本政府，[illegible]完全未予發表，[illegible]。可是，勞動力的供給來源由[illegible]，[illegible]方面的勞動力，小學校[illegible]，方[illegible]可[illegible]的。

本由限制汽油[illegible]果，共汽車工廠[illegible]，一九三八年一月[illegible]十萬六千六百[illegible]一九三九年[illegible]十萬四千[illegible]，即[illegible]二千六百[illegible]。日[illegible]的[illegible]汽油，但[illegible]也不能[illegible]存在的危機，最近甚至有一部份化學[illegible]，[illegible]及[illegible]化[illegible]代用品，[illegible]的[illegible]有[illegible]，其結果也不過是如此。日本化[illegible]的聰明巧妙，我們信，[illegible]大[illegible]化[illegible]主義。

米的缺乏

米，是日本的[illegible]食糧，在日本，[illegible]自給自足，現在日本[illegible]，[illegible]土地三十八萬一千平方公里的[illegible]二千〇五[illegible]的平原，每年米的產額，[illegible]四，〇七二，〇〇〇，〇〇〇元的一半（二，一七二，七〇〇，〇〇〇元）在常年日本食米[illegible]缺乏，[illegible]之台[illegible]田地五十四萬甲，每年二季[illegible]入六百餘萬石。朝鮮[illegible]可[illegible]（多[illegible]台[illegible]一倍）可[illegible]。因之在[illegible]日本的[illegible]，可[illegible]，[illegible]第一年內[illegible]，[illegible]二年[illegible]勞動力之缺乏[illegible]到困[illegible]，但[illegible]在台[illegible]，朝鮮[illegible]水田[illegible]，[illegible]年可[illegible]石可[illegible]自[illegible]，[illegible]如老天不[illegible]人意，一九三九年下半，[illegible]，從[illegible]，[illegible]七年[illegible]的[illegible]，日本[illegible]不[illegible]，[illegible]的[illegible]，[illegible]，本[illegible]的[illegible]八千萬石[illegible]六千[illegible]，[illegible]，由七千[illegible]八千[illegible]石，[illegible]不是[illegible]二千萬[illegible]，[illegible]中[illegible]各[illegible]，[illegible]外國的[illegible]入，[illegible]政府不得不[illegible]會，向安南各[illegible]大[illegible]，[illegible]上[illegible]入[illegible]，[illegible]多[illegible]，[illegible]入口必[illegible]，以[illegible]不[illegible]，尤其[illegible]今年[illegible]日[illegible]韓米麥交易許可，再度封鎖米輸運往日本，[illegible]預算米又告罄，據川島主計中佐所說：「今年[illegible]缺少約在一千二百萬石」，[illegible]最少缺少六十三[illegible]的數額，[illegible]，因之米價[illegible]到五十[illegible]元，[illegible]漲的現象，[illegible]日本今年再不能[illegible]良好的[illegible]，米荒的呼聲便是日[illegible]的前奏曲。

砂糖的缺乏

[illegible]日本人特別愛甜，所以砂糖的消費[illegible]大，日[illegible]自[illegible]，從[illegible]力[illegible]較多，[illegible]金[illegible]，[illegible]外[illegible]供給日的[illegible]，[illegible]一地，每年可[illegible]一千九百萬擔，年來[illegible]不[illegible]，[illegible]不好，[illegible]的，台[illegible]十三萬甲（一甲[illegible]七[illegible]）的[illegible]地，所出產的甘蔗收成也不好，[illegible]由一百五十三萬萬斤減至一百十三萬萬斤，全[illegible]（包括台灣、[illegible]在內）[illegible]之[illegible]，由二千八百萬擔減至二千四百萬擔，在去年日本政府[illegible]不足，[illegible]東京[illegible]和[illegible]，[illegible]缺乏的[illegible]，[illegible]其[illegible]，但其缺乏[illegible]我們不[illegible]在八[illegible]可以[illegible]出。

食[illegible]的缺乏

[illegible]缺少的[illegible]，[illegible]日本[illegible]，上所不能[illegible]，[illegible]的[illegible]，[illegible]之[illegible]，[illegible]比[illegible]，[illegible]一[illegible]，[illegible]本[illegible]，[illegible]不是之[illegible]，[illegible]各[illegible]的[illegible]，[illegible]，[illegible]八千[illegible]，[illegible]日本[illegible]一[illegible]六[illegible]，[illegible]，[illegible]之[illegible]，全[illegible]。

吳興之行

周文欽

一、敵人的花樣

日寇的從陸路侵犯吳興士地，是非常的猖獗。[illegible]的地方，必定行[illegible]殺，而[illegible]他們[illegible]的財物[illegible]劫[illegible]。尤其是二十六年年底到二十七年的年初，敵人[illegible]，要[illegible]的[illegible]作，要[illegible]，[illegible]，日寇利[illegible]生[illegible]七[illegible]士，[illegible]持[illegible]花[illegible]人[illegible]的[illegible]，[illegible]是[illegible]「公平[illegible]」[illegible]了[illegible]，[illegible]一[illegible]仁[illegible]，[illegible]設[illegible]，對二十七年[illegible]的時[illegible]，敵寇就[illegible]，而[illegible]士，如[illegible]十七年的下半年，[illegible]，尤[illegible]了一[illegible]公[illegible]，[illegible]老[illegible]人的[illegible]下，[illegible]也[illegible]，因而日[illegible]，[illegible]，大小[illegible]之外，[illegible]兵

[illegible]就不敢跑到[illegible]以外去。

二十八年一月，行政工[illegible]入吳[illegible]鎮，從艱苦鬥爭中奪取了老百姓的信仰和[illegible]，以後工作就[illegible]利[illegible]，提高了一般老百姓的民族意識，領導了各級的青年，[illegible]和[illegible]鬥爭，[illegible]的[illegible]社，青勞[illegible]，[illegible]的[illegible]工[illegible]，工作[illegible]，中[illegible]（現改稱[illegible]人[illegible]），少年先鋒[illegible]（現改為少年工作隊），[illegible]和××[illegible]××[illegible]的工作隊，就是它的代表。

同年五月[illegible]的行[illegible]×[illegible]時[illegible]吳興[illegible]內，和[illegible]門，現在吳興一百〇九個[illegible]，除了吳興[illegible]和[illegible]為[illegible]的[illegible]於[illegible]占[illegible]以外，共[illegible]一百〇六個[illegible]完全[illegible]在我們手裏。

敵人現在是陷於孤立和日益[illegible]危的泥淖中了，但是[illegible]一[illegible]的[illegible]，要[illegible]最後一息的掙扎的！所謂最後的掙扎是什麼呢？是敵人[illegible]奸和[illegible]利是圖的商人，施用文化，政治[illegible]三管齊下的陰謀，他們利用交通的便利，[illegible]各[illegible]的[illegible]：[illegible]，中[illegible]日報[illegible]報給我們區域內老百姓[illegible]，而我們只有村村不完備的[illegible]和條件困難[illegible]少的[illegible]，[illegible]的，在文化工作的鬥爭，我們是處於[illegible]劣的情況下，而要[illegible]不[illegible]多[illegible]道[illegible]才[illegible]。

政治[illegible]：[illegible]的[illegible]奸到[illegible]敵人的[illegible]，[illegible]老百姓，[illegible]他們的[illegible]，[illegible]的年[illegible]今年一二月間，[illegible]我們[illegible]到[illegible]的[illegible]好。

[illegible]一[illegible]也是[illegible]的陰謀，便是「以[illegible]戰」的[illegible]，[illegible]去年的[illegible]，我們[illegible]水陸交[illegible]人[illegible]，所以[illegible]的[illegible]，[illegible]和[illegible]毛，[illegible]豆（[illegible]可以[illegible]外[illegible]的），去年除了一部分[illegible]人直接[illegible]到上海外，所有的[illegible]給[illegible]人[illegible]要[illegible]了，而日用的必需品，[illegible]一[illegible]，[illegible]一，這是非常危險的！[illegible]我們不[illegible]，[illegible]就有給敵人[illegible]的一天，而日用品[illegible]不[illegible]

以這種上[illegible]，[illegible]一[illegible]

丙、財力

戰時的[illegible]，人力，物力[illegible]

[illegible]不[illegible]，[illegible]之[illegible]，[illegible]不[illegible]

[illegible]

……財政……

[illegible]國力和[illegible]

[illegible]後，一[illegible]

[illegible]日[illegible]一千三百[illegible]

[illegible]之[illegible]，[illegible]日[illegible]二千[illegible]之[illegible]

[illegible]不[illegible]地[illegible]

不得不[illegible]大，一九三六[illegible]二十四[illegible]，一九三七年[illegible]五十三[illegible]元，一九三八[illegible]，[illegible]元，一九三九年又[illegible]八十九[illegible]六千[illegible]，四〇年[illegible]的[illegible]，[illegible]，今[illegible]生[illegible]力[illegible]計劃[illegible]

[illegible]，陷[illegible]中[illegible]民眾的寄生[illegible]！

二、封鎖線上

是[illegible]在[illegible]月亮的夜。

[illegible]向的[illegible]，我們一[illegible][illegible]的山坡[illegible]，[illegible]前[illegible]路，「×[illegible]了。「[illegible]！」一定在[illegible]。××[illegible]人控[illegible]一行大[illegible]，而我們[illegible]下[illegible]。

[illegible]的大[illegible]了，天上的月[illegible]在[illegible]灰色的[illegible]，風吹[illegible]枝[illegible]一二[illegible]的火映[illegible]我們[illegible]的，是[illegible]行[illegible]不[illegible]的神[illegible]，因[illegible]它會使[illegible]人[illegible]××山下。

[illegible]的[illegible]一個[illegible]，突然又[illegible]巳[illegible]的困[illegible]：「××山過了！」他[illegible]，大[illegible]不約而同地[illegible]過不[illegible]，一[illegible]了下來，只有[illegible]

[illegible]走回[illegible]。

[illegible]，[illegible]夾[illegible]了，[illegible]影子已經不[illegible]了。[illegible]，大[illegible]什[illegible]不[illegible]

[illegible]路上。

[illegible]上[illegible]的時候，突[illegible]一[illegible]了一下，「是[illegible]」[illegible]的[illegible]，一[illegible]，因為我們已[illegible]不[illegible]。[illegible]。一[illegible]

有；[illegible]，[illegible]來的一[illegible]，[illegible]方的[illegible]光又[illegible]來，而[illegible]一同[illegible]二三支的[illegible]光一[illegible]中到[illegible]來，[illegible]閃[illegible]近了，並且[illegible]走中[illegible]，[illegible]一[illegible]大家可[illegible]了[illegible]，不[illegible]行[illegible]叫了一聲：「快[illegible]」大家馬上[illegible]命地跑，但跑了幾十[illegible]沒有[illegible]的地方，[illegible]回身向左[illegible]去，只有一[illegible]木[illegible]小山[illegible]，我們[illegible]這頭[illegible]，一直[illegible]中，一[illegible]也不[illegible]地[illegible]外面的[illegible]，[illegible]紅，心[illegible]的[illegible]我，[illegible]是這幾個字：「[illegible]是一[illegible]的台[illegible]！」[illegible]有一[illegible]人[illegible]了，又好[illegible]什麼似的[illegible]，可[illegible]不出[illegible]的[illegible]。

一忽兒，[illegible]沒有了，又[illegible]了一會，[illegible]出去[illegible]的×分[illegible]回來，呼我們出去，同志們[illegible]起來了，[illegible]了一口[illegible]：「[illegible]了！」大家[illegible]小山[illegible]來了，[illegible]同志們才[illegible]在一[illegible]。

正要走時，[illegible]有人[illegible]的[illegible]了一[illegible]，我們[illegible]之[illegible]，[illegible]在田[illegible]，[illegible]大[illegible]分[illegible]去，不久[illegible]回來了[illegible]：「[illegible]？」一[illegible]的[illegible]，大[illegible]大步[illegible]，「一[illegible]是[illegible]人多，不敢下[illegible]！」[illegible]說。

[illegible]和[illegible]，告[illegible]，[illegible]已[illegible]××了，[illegible]在公路上[illegible]七[illegible]一支[illegible]，[illegible]是什[illegible]人[illegible]，[illegible]一[illegible]子[illegible]了[illegible]！[illegible]的[illegible]子[illegible]老刀[illegible]。

我們[illegible]，[illegible]行進。

一[illegible]，在[illegible]的水，它似乎[illegible]

中除[illegible]軍[illegible]四十六億外，[illegible]海軍[illegible]十七[illegible]，十五[illegible]四十二[illegible]」。[illegible]到一百〇五[illegible]元，[illegible]六十一[illegible]和日[illegible]，[illegible]以外[illegible]，敵人[illegible]。

[illegible]

[illegible]一九、一八」以[illegible]六十一億元，一

[illegible]……路上沒有一個人[illegible]

[illegible]××[illegible]××[illegible]

[illegible]××小鎮[illegible]

[illegible]××去。

[illegible]

「××，×[illegible]」[illegible]

[illegible]××去的[illegible]

[illegible]

「[illegible]」[illegible]「真冤

枉！敵人來了一塊死啦了！」等候人都不想逃了，[illegible]。

[illegible]

[illegible]

「[illegible]！」[illegible]

[illegible]

突然！「[illegible]！」[illegible]

大家[illegible]

[illegible]

「[illegible]！」[illegible]

「快！[illegible]」[illegible]

[illegible]

[illegible]

[illegible]××[illegible]××[illegible]××，大家[illegible]

[illegible]××。

[illegible]

[illegible]

三、雙林各界座談會

第一天下午三時，一個冷淡的余家大[illegible]

[illegible]

一九三六年[illegible]（一百十[illegible]元），一九三七[illegible]

[illegible]

[illegible]

會，僑公所，民敎館，工作隊，宣工隊，婦女會，商會，小學，各[illegible]的代表，在[illegible]中，空氣突顯[illegible]緊張。

一陣的「青年進行曲」的歌聲，把每個人的情緒都[illegible]來，主席先說明了[illegible]行的意義和希望，介紹[illegible]同志。

一[illegible]部分[illegible]，一部分[illegible]由[illegible]給敵人十[illegible]，而且[illegible]上海[illegible]；但然[illegible]的，全[illegible]仍[illegible]給敵人[illegible]取了！」石同志[illegible]給了我們。

「今天是[illegible]，我們隊是有參加祖國抗戰的台[illegible]同志，[illegible]在[illegible]們報告台灣革命，時間只限十五分鐘，[illegible]一個歌，[illegible]大家的精神。」徐同[illegible]台[illegible]，我[illegible]台[illegible]地把我介紹出來。

[illegible]上，我[illegible]的[illegible]十[illegible]，[illegible]到台[illegible]的中央了，[illegible]的[illegible]，空氣[illegible]使我不安。

「[illegible]台[illegible]，今天能得在這[illegible]的同志[illegible]，非常興奮，但在[illegible]，千百[illegible]台[illegible]日本帝國主義者[illegible]人們也正拼着血和頭顱反抗著[illegible]敵人，自日[illegible]台[illegible]的第一天起，台人[illegible]十六年[illegible]一日[illegible]的爲自由而鬥爭[illegible]一九一五年[illegible]，一九二七年的[illegible]，及[illegible]的有計劃的一九三〇年[illegible]，台[illegible]抗日戰爭，就是台[illegible]二十次[illegible]台[illegible]了這[illegible]而[illegible]的[illegible]，而它的[illegible]命性質又和祖國一[illegible]，[illegible]它[illegible]要求祖國解放[illegible]「九一八」台[illegible]反日[illegible]自己的戰鬥緊起了[illegible]，結果[illegible]的日[illegible]去幾百人[illegible]：[illegible]命的行[illegible]反而更加[illegible]台[illegible]，而[illegible]的先鋒：[illegible]台[illegible]的[illegible]命[illegible]情。

領導大家[illegible]的[illegible]，[illegible]求。

「我們是抗日的[illegible]，是台灣[illegible]的先鋒隊，要把日[illegible]，要把它在台[illegible]能打倒……」我們的同志們合唱了台灣[illegible]，這使所有的人[illegible]，更[illegible]。

「台灣是[illegible]的地方，台[illegible]人就是我們的同胞，也許因[illegible]亡了四十多年，人們已[illegible]了，但台[illegible]的[illegible]，是我們[illegible]的[illegible]和[illegible]大[illegible]們不[illegible]了！沒有[illegible]！我們要各方面幫助他們，我們要聯合[illegible]在一條線上，和日本帝國主義鬥爭，打[illegible]我們共同的敵人！」[illegible]同志的話是非常悲憤！從他的[illegible]中，我們[illegible]日本主義者[illegible]，不[illegible]一[illegible]，[illegible]到[illegible]參加的[illegible]的抗[illegible]，我們一定不[illegible]他們的[illegible]！[illegible]打倒日本帝國主義！」[illegible]，[illegible]的年青方[illegible]我們[illegible]！[illegible]在[illegible]的組同同志們：[illegible]鬥爭的方法等，他更有[illegible]好的[illegible]，[illegible]的[illegible]。

在[illegible]我[illegible]的同[illegible]時候，把「台同[illegible]」[illegible]入一[illegible]。[illegible]時，會很深意地結束了。

[illegible]我們沒有[illegible]，[illegible]敵人面前揭合的一[illegible]了。

四、義勇隊[illegible]演作[illegible]

一[illegible]人[illegible]，一定[illegible]！因爲它是[illegible]的地方，而當[illegible]的[illegible]市（[illegible]），和北面的[illegible]的[illegible]第[illegible]防（一[illegible]的一次），[illegible]在它的[illegible]的[illegible]長的[illegible]時，它[illegible]的，[illegible]，而[illegible]又[illegible]。但[illegible]不[illegible]在，[illegible]的一[illegible]定，當地的老百[illegible]二年多的[illegible]，[illegible]，因而，每次當敵人[illegible]的[illegible]防[illegible]「[illegible]」[illegible]前，[illegible]上[illegible]下來的人，[illegible]了他們[illegible]（[illegible]後方的[illegible]），[illegible]不[illegible]，它[illegible]敎[illegible]的[illegible]），[illegible]人來時，[illegible]已向敵人[illegible]的方向，[illegible]出。[illegible]在[illegible]中，[illegible]好的[illegible]；[illegible]了，使[illegible]人[illegible]了[illegible]，[illegible]地[illegible]了[illegible]缺的[illegible]，大部份都不[illegible]上[illegible]好的[illegible]，[illegible]爲自己[illegible]是[illegible]不[illegible]。在[illegible]教育，可[illegible]的[illegible]門，[illegible]的[illegible]士，中小[illegible]的，不是[illegible]的[illegible]，[illegible]不[illegible]，們[illegible]教育[illegible]的生命而[illegible]鬥[illegible]。當地的[illegible]相當好，而青年[illegible]的××社，[illegible]大民衆的[illegible]，他們的教育民衆，[illegible]同社員[illegible]自己[illegible]的[illegible]，[illegible]一個「小本借貸所」，[illegible]活，借款的數目是從×元到××元[illegible]，不要[illegible]利息，[illegible]的時候，[illegible]一個[illegible]的[illegible]教育，[illegible]，因爲他[illegible]不[illegible]利息的本錢，以[illegible]生活，又得了[illegible]的教育，××社另外[illegible]了一所「[illegible]診所」，[illegible]一[illegible]，[illegible]給了[illegible]的老百姓[illegible]大的影[illegible]，[illegible]它[illegible]的[illegible]了。因爲××社的同志們是以[illegible]們[illegible]的[illegible]和[illegible]的[illegible]工作的。

[illegible]社，也是××[illegible]的，[illegible]的[illegible]。[illegible]勇的[illegible]士們——××[illegible]××[illegible]時用的[illegible]士們——三月五日[illegible]，[illegible]了一[illegible]大的[illegible]會[illegible]在它自己[illegible]的[illegible]方形的[illegible]，門[illegible]——[illegible]一元，但[illegible]百人，我們[illegible]，[illegible]

台灣少年團之組織及其工作

李煒

(一)迫切的需要

台灣[illegible]，[illegible]文化各方面，[illegible]也不准提到「中國[illegible]祖國思想；對於[illegible]台灣[illegible]的目的，要[illegible]不[illegible]了；這[illegible]人的[illegible]，失掉了說話的[illegible]利。[illegible]的，所以，台[illegible]因為必[illegible]「民族革命戰爭」一[illegible]的。[illegible]日本是[illegible]的[illegible]主義，[illegible]的，非[illegible]時期內就可以成功，[illegible]偉大的工作，必須作長[illegible]之中，必須大[illegible]的[illegible]精神，[illegible]「民族革命」。[illegible]了的道路，來完成[illegible]的後繼者，乃台[illegible]小[illegible]革命的[illegible]，培養後繼者是一個[illegible]。

育，他們在學校裏，絕不准說台灣話，須說日本話，校裏只絕對服從日本[illegible]的理論，在校外，又從生活於強迫文化的[illegible]中，[illegible]等部是以[illegible]台灣[illegible]的革命思想，[illegible]法西斯東[illegible]，[illegible]受他們[illegible]制度，[illegible]的不利條件之一。[illegible]的使台灣兒童[illegible]台灣[illegible]，但[illegible]培養小[illegible]作[illegible]的[illegible]教育，都是一[illegible]，[illegible]是我們所要求的目的[illegible]地方，[illegible]沒有[illegible]的教育內容，在一[illegible]中，既[illegible]法[illegible]我們要[illegible]的東西，如果只[illegible]兒童，投入一個[illegible]學校之中，結果也是不好，而且根本沒有用處，這也是要培養小[illegible]的又一不利條件。

(二)兩個客觀上不利的條件必須打破

[illegible]是[illegible]，決不是一件容易的事，尤其是[illegible]在「民族壓迫」的情況之下，更存若有[illegible]不利，最大的有如次列二點：

1.台[illegible]的兒童，現在都生活在日本法西斯壓迫之下，他們[illegible]學校是[illegible]「公學」，是認為台灣人所[illegible]「奴化教育」機關，在文化上，來[illegible]台灣兒[illegible]

為了使兒童[illegible]不受日本[illegible]所施的「奴化教育」，不受其[illegible]化；為了要培養革命的[illegible]者，必須打破以上[illegible]不利條件，始能達到我們革命成功的目的；必須從敵人手中，搶救兒童，而在祖國抗戰[illegible]中，[illegible]祖國抗戰的工作中，建立以革命為目的的教育系統，使兒童們受了[illegible]，以[illegible]將來和日本帝國主義鬥爭，因此少年團[illegible]起來了。

(三)台灣少年團的性質

(一)首先，它是一個有革命性有組織性的團體——台灣少年團，[illegible]是普通的團體，[illegible]，而我們是有[illegible]的目的而結合，有[illegible]的組織，是一種[illegible]革命性的[illegible]。

(二)是有一定革命目標[illegible]——它不但是有革命性，有組織性的，而且有一定的具體的革命目標，大家集合為一定目[illegible]鬥爭到底，就是，在

[illegible]的台灣[illegible]了[illegible]的「[illegible]」和[illegible]
[illegible]××[illegible]
[illegible]七[illegible]，[illegible]
前，先由[illegible]紀念[illegible]
××[illegible]的[illegible]
[illegible]，[illegible]是我[illegible]
[illegible]了。

「[illegible]台灣[illegible]，為了[illegible]來的！」在××[illegible]一[illegible]
[illegible]在台上了，[illegible]台[illegible]
[illegible]
我向[illegible]了[illegible]
[illegible]，[illegible]了[illegible]
不[illegible]後[illegible]了[illegible]
台[illegible]
[illegible]來[illegible]
來、[illegible]
的西[illegible]！[illegible]
第一[illegible]了一[illegible]
要沒有來吃了，[illegible]
打倒他！」我一看，[illegible]
的農民，他[illegible]子，[illegible]
站在[illegible]人[illegible]。

「[illegible]！日本[illegible]的台[illegible]
和[illegible]現在[illegible]
我們要打倒日本鬼子，[illegible]
下[illegible]地[illegible]口[illegible]了，不[illegible]一、[illegible]
「[illegible]，[illegible]中[illegible]成今[illegible]。
我[illegible]，[illegible]的[illegible]：
「抗戰到底，要[illegible]台灣[illegible]今日的中國！

朝鮮三一少年團致台灣少年團信

正在想念你們的時候，接到你們的來信，並且貴團長李友邦先生又親自來到我們這裡，使我們[illegible]，[illegible]的[illegible]了。我們早就知道了你們都勇敢的工作，這次來信和李先生的談話中，更詳細的知道了最近你們為[illegible]的偉大壯烈的工作情形。

朋友們！我們真是慚愧[illegible]！又[illegible]到我們是過着[illegible]的生活，[illegible]，而我們為了[illegible]的[illegible]，[illegible]，或許[illegible]，能夠得到[illegible]，[illegible]，已從[illegible]，[illegible]就特別[illegible]，加强我們今後工作計劃[illegible]。

[illegible]，我們[illegible]工作[illegible]吧，我們[illegible]。

得在抗戰中兒童的工作，實在是個很重要的部門，可是今年不知去年的活躍，[illegible]也許，大人們太多的原故吧！關於[illegible]的關心兒童工作的人們，也不如我們所希望的那麼多，但是，我們不一定等待人家來幫助我們，我們自動的去配合大人們的抗戰工作，這也是我們的基本信念！

你們問我們的工作情形，說起這個，實在慚愧了。現在我們，[illegible]團集在一起，過「星期生活」。內容：有學術研究，讀書討論，時事討論及批判，[illegible]外還是寫作，除此經常性的學習工作以外，時有各兒童團體的集會，或[illegible]外宣傳工作的集合，我們也都要去派代表參加。我們在這樣的情形下，更希望，早一天和你們相見，並且在一起努力[illegible]的工作。我們最切的願望，能早得[illegible]的一天！

我們在這裡將我們工作的簡表，給你們知道一點我們工作的情形：

一、本團於去年正月二十一日在重慶成立，現在團員有二十名。

二、對外宣傳工作：1.下鄉宣傳三次，2.工廠宣傳三次，3.參加兒童節宣傳四次，4.演講、話劇及歌詠四次，5.發[illegible]三千張。

三、[illegible]工作：1.為中國前方將士募捐分[illegible]，2.[illegible]（五、四[illegible]）小朋友的[illegible]勞信一次，3.為[illegible]勞信四次，4.[illegible]勞[illegible]傷兵將士[illegible]次。

四、[illegible]工作：1.去年五、[illegible]後，為發動小朋友捐金[illegible]，2.「三、一」紀念節，捐獻金，3.去年十月[illegible]寒衣。

五、自我訓練：1.[illegible]多，[illegible]市兒童[illegible]，2.利用寒、暑、及其他假期，[illegible]特別訓練，3.[illegible]名人[illegible]，4.[illegible]

六、舉行歌[illegible]會。1.[illegible]

[illegible]報紙上[illegible]外族的統治，求得自由[illegible]，[illegible]放。這是台灣少年團[illegible]不忘的[illegible]的革命[illegible]。

（三）是永久性的團體——少年團，決[illegible]一時的[illegible]組織，時過境移又當[illegible]散，不[illegible]他的特點，是一個有永久性的（除非打倒了日本帝國主義）而不是一[illegible]，當然，在這[illegible]，小朋友長大以後，以工作能力的不同[illegible]分配工作，是必然的，但少年團本身還是永久地存在的。

（四）台灣少年團的生活原則

1.集體生活——我們的利害是集體的，決不許某一個同志，以他私人的利益做出發點而行動，[illegible]，就可以[illegible]行不[illegible]人，[illegible]工作也自己去做，不[illegible]他人。[illegible]放第二，不，[illegible]們是[illegible]不[illegible]，如果有了這樣的力[illegible]的[illegible]來打[illegible]個人的行為，我們要時時以集體之利益放在第一位而過生活。

2.自我教育——[illegible]集體生活，同時，在這生活中，[illegible]，我們[illegible]我教育，[illegible]，自己發現了缺點，[illegible]，我們以自[illegible]的[illegible]。

（五）學習課程

除了達到我們的目的，我們所學的課程，是根據我們的[illegible]主要的分下列[illegible]：

一、一般的知識 如三民主義中日語文，史地常識等，最基本的知識，我們得先學習，作為[illegible]。

二、台灣革命 這是我們最重要的[illegible]問題，一切[illegible]門，都是為了這問題，故須特別加以研究。

三、工作技術 我們進行，我們的工作，[illegible]起這偉大的任務，必須學習工作的技術。[illegible]

由[illegible]來[illegible]，[illegible]一次，2.為[illegible]說明[illegible]一次，3.為日本[illegible]士[illegible]，[illegible]一次，4.為[illegible]先生[illegible]，5.為[illegible]，七七少年[illegible]和[illegible]友[illegible]行[illegible]式會[illegible]次

下，[illegible]台：中[illegible]少年[illegible]得[illegible]大[illegible]大台」[illegible]的[illegible]在[illegible]工作的[illegible]以十二歲的[illegible]我們，[illegible]交[illegible]了[illegible]，更進一步的，我們[illegible]今[illegible]的[illegible]都[illegible]在一起，[illegible]來[illegible]，早一天[illegible]的[illegible]

[illegible]朋友們：我們不知道，[illegible]以表示[illegible]的一[illegible]，[illegible]手的[illegible]，是不是在一[illegible]。祝[illegible]台！

親愛的朋友們！！ 敬禮

[illegible]在一起兒！

台灣三一少年團全體團員敬上
一九四〇年四月十五日

給台灣少年團在上饒

——少年團致該團同志信——

[illegible]大家[illegible]，[illegible]趕火車站，趕五點半的車子，[illegible]到上[illegible]中[illegible]，[illegible]了[illegible]，[illegible]，[illegible]，在[illegible]的時間大約是十小時[illegible]，[illegible]我們大家都覺得有[illegible]；[illegible]我們的心是與[illegible]的，[illegible]的[illegible]客[illegible]手[illegible]人，[illegible]我們[illegible]的[illegible]到[illegible]，有許多問題提出來要我們解答，我們唱的歌，都能夠吸引他們的注意。

本校唱一樣的，不[illegible]的在[illegible]，一直到三十日上午[illegible]才到了我們的目的地——上饒，貼上很多[illegible]，[illegible]，人民，都是那樣的[illegible]，是不合[illegible]重要的地方。吃了些點心就往[illegible]任去，不巧[illegible]，主任太忙了，不[illegible]我們，就[illegible]了[illegible]我們，一切招待[illegible]，[illegible]我們[illegible]上午有三個[illegible]所[illegible]代表[illegible]的[illegible]，歡迎我們，因此開了一[illegible]合，[illegible]起來[illegible]上，工作上的許多缺點[illegible]交換[illegible]意見，[illegible]一點[illegible]，大家都覺[illegible]，下午[illegible]三[illegible]組長[illegible]工作，因為在[illegible]的一個紀念五月的工作，[illegible]工作[illegible]三[illegible]的所以[illegible]了以後決定自五月一[illegible]起[illegible]工作。因為[illegible]往[illegible]一日的[illegible]，[illegible]我們[illegible]一個消息，晚上開了一個[illegible]，[illegible]大的[illegible]工作，[illegible]小的[illegible]不能[illegible]便[illegible]了今天的工作和明天的工作等。今天（五月一日）早[illegible]，已[illegible]的[illegible]人員已在[illegible]上了，一[illegible]才[illegible]他們[illegible]月會，於是臨時參加進去。散會後，大約在九點時，[illegible]主任[illegible]我們[illegible]，特別的對我們[illegible]了許多的話，對我們[illegible]的，十二[illegible]主任請我們[illegible]，對於我們[illegible]報告的[illegible]表示[illegible]。因為[illegible]你們的時間是在[illegible]，所以只能[illegible]大家[illegible]的[illegible]。

敬祝

學習進步

全體小朋友既留
五月一日於汪家園

[illegible]，[illegible]如何[illegible]，[illegible]始[illegible]

（六）[illegible]的[illegible]

一、[illegible]的[illegible]

[illegible]

二、[illegible]自己[illegible]

[illegible]，我們[illegible]不[illegible]的[illegible]

三、活動的[illegible]，不死讀，[illegible]要[illegible]方式，[illegible]的[illegible]

（七）[illegible]下工作

[illegible]

（八）工作[illegible]

一、我們作一[illegible]抗戰到底，[illegible]大家[illegible]

二、在[illegible]抗戰，[illegible]了[illegible]的力量。

[illegible]知[illegible]部[illegible]

三、在[illegible]中、[illegible]，[illegible]們的小力量，組[illegible]們要和他們[illegible]，我們[illegible]尚未組織的小朋友，我們[illegible]使他們組織起來，集中我們小朋友的力量，[illegible]敵人，日本法西斯強盜，[illegible]小民[illegible]

三民

一月來[illegible]

（四月十日——五月九日）

北歐戰局與地中海風雲

德國因要保證瑞典對他的經濟封鎖，以[illegible]，侵佔了丹麥，進攻挪威，而北歐的戰火，也就此燃燒了起來。

可是同盟軍因缺乏「先下手爲強」的計劃和主觀力量的不夠，所以當此次戰爭一開始，作戰的地位，就處於劣勢。

德軍以猛烈的空軍來掩護陸軍[illegible]，而英[illegible]合反攻[illegible]的[illegible]。[illegible]

縱總得相當的勝利，特別是匈、南、保、意的經濟談判。因此德國在東南歐及北歐的經濟問題若成功，則英法對德的經濟封鎖就會失效的。

意大利以參戰對英法的恫嚇，屢發示不滿，並提出強硬的抗議，就是要英法再不知止，尤其是如果再犯意大利[illegible]時，意大利決不[illegible]一試，其是當希特勒五十一歲誕辰之前夕，墨索里尼發表的文字，認爲「抉擇之時會來」，坦白地說：「我們決不能永久自外于戰爭之外，[illegible]戰爭實現之核心」，決不能長此靜觀，[illegible]的謀籌，時至今日，吾人不能任[illegible][illegible]而過，以[illegible]所侵佔國家，絕不容人如此于地球之上，欲求共大洋之狂瀾，此爲千由此發言觀，則意大[illegible]不能控制[illegible]之自由不自[illegible]而不能自[illegible]日[illegible]，可以[illegible]

明待參加戰爭而與英法在地中海的霸權。因此，這意是取消同一的步伐而相呼應，這只要從德意的不斷接觸與駐德意大使的調換親密若一步，就可以看出來的。

本[illegible]日，英法海軍集中亞歷山大港，這自然是反映，鑑賭意大利的合因。而意大利也除步相對地更上在多得卡尼斯羣島，大舉增兵，以現在的形勢看起來，地中海的火藥，是能一觸即發的，但，雙方現在都還存着畏懼之心，不過意大利不會放過這千載難逢的好機會，就是要看英在北歐的力量更加削弱時才敢動手。

總而言之，英法現在是處於很孤立而危險的地位，在北歐只能被動地應付德軍，而在地中海更不敢輕舉妄動[illegible]

汪逆精衛的悲哀

在敵人指使下產生的汪逆僞組織，自然是企圖在內分裂整個抗戰，在外以「反共」爲餌，以符帝國主義國家，迫使國際[illegible]投降敵人的漢奸的政治陰謀。

但國民政府當汪逆僞組織開場的時候，就嚴正聲明，指出他是背叛民族，賣身作惡的漢奸與其傀儡，反動的不合理的組織。各國皆不能承認的。

而全國人民（[illegible]反動份子除）更表示了堅決的討汪運動[illegible]，[illegible]的反逆，[illegible]把汪的[illegible]逆，尤其是罷工，罷課的示威，使漢奸們遍發抖慌。

自我國政府說明堅決抗戰討汪的立場後，國際間，特別是英、法、德、美（包含各國在內）馬上就重申重慶國民政府是國際公認與全國人民擁護的中國政府，抗戰政府，而汪逆的傀儡組織，則是違反國際公法與全國人民的利益和意志的非法漢奸集團，各國決不承認該組織的。

我們[illegible]的代表[illegible]，蔚成不但證明地方還仍政權，而是更進一步證明地方團體擁護抗戰的內容。這是汪逆精衛的第一個苦悶與打擊。

但受了打擊的汪精衛，是否會發誓他回頭的錯路而自回呢？絕不會的。因爲他是日本帝國主義的附庸者，是漢奸的首領，而且他在今天民國之後，就希望漢奸的朋友們能夠替他尚與從他的統一指揮，而後使國際有機對日貨僞汪公然支持的國家，對他的傀儡政府的[illegible]，自然是有[illegible]設並承認的政權。

因此，日本帝[illegible]汪逆精衛，[illegible]，不[illegible]南北，[illegible]的漢奸）的[illegible]鬥到底，[illegible]中央[illegible]令[illegible]。

可是，[illegible]，汪逆的苦日[illegible]心，不但不[illegible]漢奸陣營內部的[illegible]盾；而且，反使[illegible]更[illegible]發現來，這是使他們漢奸的[illegible]，是其明

……[illegible]，台

同志，曾於四月三十日晚，在[illegible]實業會[illegible]，舉行[illegible]會。席中[illegible]『[illegible]我們的[illegible]』[illegible]，[illegible]，表情[illegible]，情[illegible]不少。

四、本隊[illegible]隊長於二十四日由[illegible]來[illegible]，出席[illegible]，即由[illegible]赴浙。

五、四月十七日是台灣亡國四十六年紀念日，台灣革命團體聯合會台籍[illegible]各界。[illegible]人士[illegible]心台灣。

六、總[illegible]在[illegible]建設一[illegible]，由[illegible]先生[illegible]主[illegible]。

七、本[illegible]「五四」青年節，[illegible]，[illegible]。[illegible]，[illegible]加[illegible]化[illegible]進行。[illegible]目有[illegible]：一是[illegible]；台灣[illegible]入和[illegible]

八、[illegible]十一時，該工作隊同志[illegible]「工作[illegible]台」對[illegible]，[illegible]。工[illegible]後，[illegible]長[illegible]。這[illegible]已二月多，久[illegible]路[illegible]名同志們努力工作[illegible]，[illegible]加。最後[illegible]同志[illegible]在浙[illegible]提[illegible]予[illegible]，非常有[illegible]。

九、在月五日九時，[illegible]，[illegible]在[illegible]室，[illegible]會議。出席有[illegible]隊長，[illegible]，[illegible]組長，指導[illegible]組長，宣傳組[illegible]組長，[illegible]組長。會議經三小時，對隊務有很多重要的決定。

十、六日上午七時半由指導組[illegible]組長召集全體同志開會，重新[illegible]方案。[illegible]在方案中提出，當大家[illegible]時，[illegible]起來，[illegible]每一個同志的[illegible]角上。

十一、參加浙戰時合作工作隊的台籍同志[illegible]同志，[illegible]隊[illegible]組，現[illegible]已[illegible]，不久仍將[illegible]

改後工作。[illegible]同志[illegible]因病[illegible]留隊部休養。

十二、[illegible]附近[illegible]民，內[illegible]本隊[illegible]，組[illegible]公[illegible]大[illegible]，近日紛紛送[illegible]、[illegible]許多慰勞品。

十三、[illegible]夫[illegible]合[illegible]長[illegible]三[illegible]同志[illegible]總隊長[illegible]工作。[illegible]夫[illegible]已先[illegible]去，吳[illegible]三[illegible]二[illegible]

十四、×××[illegible]因見本隊同志[illegible]在[illegible]，[illegible]夕不[illegible]，[illegible]可[illegible]作[illegible]。

十五、總隊長此次[illegible]，留在[illegible]好[illegible]台[illegible]青年參加入本隊。本隊[illegible]伍正一天天在擴大中，同時現在正[illegible]婦女工作隊，及[illegible]大少年團。

十六、[illegible]總隊長，[illegible]來[illegible]本隊[illegible]一個。[illegible]三一少年[illegible]本隊少年[illegible]一[illegible]。

十七、少年[illegible]四月份的一[illegible]」，現[illegible]工作[illegible]結束時[illegible]，以[illegible]大[illegible]，比[illegible]大[illegible]統，[illegible]。不[illegible]有[illegible]，電台，和[illegible]作[illegible]。

十八、隊部正[illegible]同志開過[illegible]。

十九、隊長近[illegible]本年工作四大要點，[illegible]各同志[illegible]，月來以[illegible]上[illegible]用[illegible]報告者，[illegible]多。

二十、[illegible]光[illegible]同志工作努力[illegible]良[illegible]全隊[illegible]，總隊長亦表示[illegible]，已[illegible]。

入[illegible]，[illegible]，[illegible]不平均，[illegible]，[illegible]和的內在矛盾，[illegible]不[illegible]

因此，[illegible]，而[illegible]的[illegible]，[illegible]失[illegible]，[illegible]的[illegible]

——吾人所有的[illegible]——

但是，我們[illegible]為[illegible]不可[illegible]，[illegible]的[illegible]們的[illegible]。[illegible]的[illegible]是存在着，[illegible]援[illegible]，[illegible]爭取援助和同情抗戰[illegible]實踐行[illegible]，自力[illegible]生[illegible]好的[illegible]缺點，[illegible]

台灣先鋒月刊
第二期：二九、五、[illegible]
發行者：台灣義勇[illegible]
編輯者：台[illegible]
通信處：[illegible]
定價：每期一角

本期目錄

日本民衆當前的問題

葉 飛

試一檢視日本資本主義的發達史，不覺有一種特殊的感覺；即：日本資本主義，好像一架機器，作爲這架機器的馬達的發動力的，不是油，是血；而且，這血的來源，不但是中國人的身上，朝鮮人的身上，台灣人的身上，而日本民衆的血，也是佔着很大的份量。

換句話說，日本人民，在日本資本家的代表們的刀下，是和中國人，朝鮮人，台灣人沒有什麼區別的。

近數十年來，日本人民之以各種莫須有的罪名而死者，不知凡幾，自中國抗戰開始以後，日本因爲要彌補他前線的能力之不足，而加緊向其國內露骨的搾取，因此引起的屠殺，又不知送掉了多少日本民衆的命。

所以，日本民衆當前的問題，是值得加以考慮的。

我們應該知道：「凡是壓迫別一民族的民族，無論如何，本身不能成爲自由的民族。」這是極爲淺顯的道理。日本現在加在台灣朝鮮的壓迫和剝削，完完全全是一種民族的壓迫和剝削。日本民衆，如希望脫離日本帝國主義的壓迫剝削，他們必須使台灣朝鮮等由日本的壓迫下解放出來，因爲日本帝國主義之所以能繼續勝利地剝削其國內，也就恰恰是因爲他能够自由地勝利地剝削其國外的原故。若是日本勞苦民衆，仍讓日本帝國主義繼續地壓迫和剝削台灣朝鮮，這就足以證明他們的前途之暗淡，因爲這不啻鼓勵日本帝國主義繼續地壓迫與剝削其自身。

因此，日本下層勞苦民衆，應該清楚地知道：解放台灣朝鮮，不應是台灣朝鮮的民族運動，而是，——他們應這樣想——日本國內工農的革命運動。他們要積極地負起這樣的責任，把解放其四國的殖民地，作爲他們的當務之急，他們必要完成這一前提，才能談到日本民衆的徹底解放。

所以，當日本帝國主義者，傾全國之力，以日本人民作犧牲，進行了三年而未得結果的侵略戰之此時，因其對國外之失敗，其對國內的統治網，亦漸漸鬆懈，其統治崩潰之可能增大，這於日本勞苦民衆，可謂千載一時之良機，要求自由幸福，正是此時。

日本人民，應該團結起來，以直接的行動，來干涉日本帝國主義對中國的侵略，對台灣朝鮮的壓迫和剝削

要怎麼做呢？

他們應該罷工，罷課，罷市，反抗徵兵徵稅，表示對侵略者的反對；他們應該積極地設法援助台灣朝鮮的革命運動，精神上的援助或物質上的援助，均爲必需。

這是日本民衆當前的問題，他們要積極地連合在其祖國軍閥壓迫下的勢力，一致圖求集體的安全生存。不然，喘息於藉壓迫其他民族而來壓迫其國內的日本軍閥統治之下的日本人民，是永遠沒有自由的。

台灣同胞！起來！

（重慶國際廣播電台廣播稿）

李友邦

各位同胞！各位同志！

兄弟今天在這裡對大家廣播，一方面有着滿腔的悲憤，同時也感覺到莫大的榮幸。悲憤的是什麼？就是日本強盜在強迫我們台灣同胞，去支持它們的侵略戰爭，[illegible]我們，無情地搾括我們；榮幸的是什麼？就是日本帝國強盜還在中國施行野蠻的攻擊的時候，我却能夠在戰時首都的重慶，把日寇愈打愈弱，中國愈打愈強的眞相告訴您們，并把　蔣委員長領導祖國軍民日益走上勝利之路，[illegible]東方一切被壓迫民族，爭取獨立自由的方法告訴您們。

日寇瘋狂地進攻中國，快滿三年了！日寇最初的打算，想以三五師團的兵力，在三四個月之內，就可把中國打敗。它以為中國人是一盤散沙，武器又差，根本經不得它一打。但是它却想不到中國人會在三民主義領導之下，起來，軍民合作起來打，[illegible]持久戰，[illegible]和一進一退，決心[illegible]戰略，[illegible]到現在，[illegible]已經死了[illegible]。日寇的兵力，損失了將近兩百萬，它的泥腳越陷越深了！[illegible]但是中國却愈打愈強了，[illegible]中國已經[illegible]大城市[illegible]。

[illegible]我們已經到了相持階段，大概就是說，而是有了可以反攻的階段。第一，從軍事上看，湘北、鄂北、中原已經由防禦階段到打退日寇了日寇的進攻[illegible]。第二，從政治上看，中國國內是越打越團結，[illegible]，而日寇國內却是反戰厭戰的空氣大大提高了，內閣換了又換，內部的矛盾一天天加深了。第三，從外交上看，我們自防共協定[illegible]以後，日寇已在國際上陷於孤立，[illegible]日美商約廢止以後，[illegible]美國係均以[illegible]我們堅持抗戰到底。凡此一切，都可證明最後勝利必屬於中國。日寇也明知道這一點，[illegible]在軍事上征服中國已經辦不到，所以想在政治上[illegible]，把漢奸汪精衛[illegible]，以中國人打中國人，[illegible]它的目的也無非是想[illegible]中國抗戰[illegible]，一定要把日本帝國主義打倒為止。但是日寇在它最後失敗之前，也一定要拚命掙扎，因此也就要更殘暴地壓搾日本人民與朝鮮台灣人民，以促使他們犧牲來送死。

各位同胞！各位同志！想想我們台灣同胞的遭遇罷！過去四十多年的奴隸牛馬生活不必說它了，光說日寇發動侵華戰爭以來，對於我們台灣同胞就不知增加了多少的痛苦，[illegible]強迫我們[illegible]，而且時常在它[illegible]下白白的犧牲性命，壯丁[illegible]，不但[illegible]政府[illegible]和[illegible]公債，[illegible]台人「皇民化」，[illegible]日本朝鮮台灣人民，都可見日寇侵略戰爭[illegible]，除了財閥軍閥得到好處以外，[illegible]更是[illegible]利益，而只有增加痛苦，[illegible]為了[illegible]打倒[illegible]。我們台灣同胞在日本鐵蹄之下，[illegible]已經[illegible]起快起來把日本帝國主義打倒。我們台灣同胞與日台鮮人民的[illegible]，經過了四十六年之久，我們的先烈志士，為了爭取獨立與自由，拋頭顱，灑熱血，已經創造了許多光榮的革命史蹟。可惜由於組織力量的薄弱和外援的缺乏，一直沒有成功。現在中國抗戰已經一天天接近最後勝利，日本帝國主義也將一天天削弱下去，正是我們台灣同胞[illegible]革命的最好時機。現在台灣民族革命總同盟與台灣獨立革命黨已經聯合一致，[illegible]革命[illegible]，在華同胞并已組織台灣義勇隊和台灣少年團，直接參加祖國的抗日工作，并且收到了很好的效果，我知道兩三年來，您們在台灣也發動了很偉大的反日革命運動，如反對抽丁，[illegible]的同志表示[illegible]。但是我們[illegible]，還有很多的缺點，尤其是[illegible]大的效果，我特地向您們提[illegible]的計劃[illegible]，以使[illegible]我們[illegible]的[illegible]革命運動收到更大的效果，希望您們採納：

（一）全台同胞，不分男女，不分階級，不分宗教，一致團結起來，在[illegible]日寇[illegible]，[illegible]他們組織起來，打破[illegible]。

（二）大家團結一致，起來抗日，[illegible]。

（三）[illegible]壯丁，應在日本軍隊裡[illegible]。

（四）[illegible]武裝，發展游擊戰爭，牽制日寇的兵力，使它前後受敵，迅速失敗下去。

（四）在日本軍隊中的台灣兵士，要[illegible]用最大的努力，破壞日寇[illegible]的行[illegible]，與中國抗戰[illegible]。

（五）[illegible]名參加台灣義勇隊[illegible]工作，[illegible]各位同志！[illegible]。

日寇[illegible]最大的[illegible]，[illegible]我們[illegible]得到獨立自由[illegible]。

各位同志！現在[illegible]已經一天天[illegible]，正是我們[illegible]的時機，起來！不願做奴隸的人們！趕快團結一致努力奮鬥呵！

台灣民主國抗倭經過

台灣革命團體聯合會宣傳部

清廷甲午戰役敗於日寇，絕非台民同胞之罪，而清廷竟割台灣土地與人民以謀和，中外古今之慘現象實莫此爲甚。故此消息傳出後，台灣同胞極爲憤慨，敵愾同仇不可終日。當時台灣舉人會試在京者，聯名上書都察院，請清廷取消此議，台灣名士丘逢甲亦以當地紳耆名義電致抗議，並請清廷力爭，情詞至爲懇切，其文有曰：

「割地議和，全台震駭，自聞警以來，台民慨輸餉械，無負列聖深仁厚澤，二百年餘人心，正士氣，正爲今日之用，何忍一朝棄之？……臣等桑梓之地，義與存亡，願與撫臣死守禦，若戰不勝，待臣等死，再言割地，亦可上對列祖，下對兆民。」

但清廷對此置之不理，且飭撤回守官，台民不得已，乃自動發起獨立自主運動。

台灣獨立自主運動，倡之者爲進士丘逢甲，因其壯舉，義聲中外，故一倡而令台民眾景從響應，其間忠勇之士尤慷慨激昂，一面痛斥清廷負義，一面積極準備抵抗，乃羣推逢甲起草臨時憲法，建樹台灣民主國。

台灣民主國在東方爲創舉，其組織爲選舉大總統及副總統各一人，閣設議院爲立法機關，制定官制，分內部，外部，及軍部，凡事出倉皇，故制務求簡單，而實效則甚靈活，合乎需要。並以藍地黃虎旗爲國徽。

當即推選總統，逢甲屬意劉永福，但一般則以唐景崧官高尊之，結果推選唐景崧爲大總統，丘逢甲爲副總統，兼大將軍。並任李秉瑞爲軍務大臣，俞明震爲內務大臣，陳季同爲外務大臣，姚爲棟爲遊說使。民主國成立之後，除大總統之就職宣言外，並曾通告外國，得俄國外交部之賀電；南洋華僑聞義舉，亦備軍火鉅萬以應急需，可見中外熱烈贊助台灣民眾抵抗異族之一般情形。

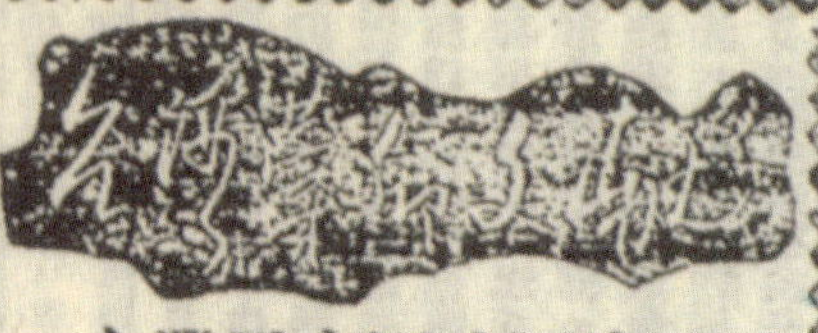

台灣民主國建國宣言

台灣民主國總統、前署台灣巡撫布政司唐，爲曉諭事：照得日本欺凌中國，大肆要求；此次馬關議款，於償兵餉之外，復索台灣。台民忠義，不肯俯首事仇，屢次懇求代奏免割，總統亦奏多次，而中國欲昭大信未允改約，全島士民不勝悲憤。當此無天可籲，乏主可依，台民公議自立爲民主之國，以爲事關軍國，必須有人主持，於四月二十二日，士民公集本衙門，遞呈請余暫統政事，經余再三推讓，後於四月二十七日相率環籲，五月初二日公共刊刻印信，文曰：「台灣民主國總統印」，採用國旗藍地黃虎旗，捧送前來。竊見眾志已堅，羣情難拂，不得已爲保民起見，俯如所請，允暫視事，即日議定改台灣爲民主之國，國中一切新政應即先立議院，公舉議員，詳定律例章程，務歸簡易。惟是台灣疆土，荷大清經營締造兩百餘年，今雖自主爲國，感念列聖舊恩，仍應恭奉正朔，遙作屏藩，氣脈相通，無異中土，照常嚴備，不可稍涉疏虞，民間有假立名號，聚眾滋事，藉端仇殺者，照匪類治罪。從是台灣清內政，結外援，廣利源，除陋習，鐵道兵船，次第籌辦，富強可致，雄視東南，未嘗非台民之幸也。此曉諭台民知之。

永清元年五月

台灣民主國成立後，一般民眾雖皆奮勇作戰，但以唐景崧缺欠鬥志，遂致台北棄守，而景崧內渡。景崧之不足有爲，早在逢甲意料之中，故景崧去後，即召開各界公民大會，公推劉永福繼任民主國大總統，是爲更高一層之發展，一般民眾之鬥志更加堅決。

劉永福爲人達觀有膽，富於民族思想，對於外來壓迫，素主抵抗到底，不屈不撓，且善用兵，曾三敗法兵於越南，中外皆畏服。永福對內態度謙讓，能識大體，一以抗戰局全爲前提，個人地位完全不計。乙未六月間台南各界公民大會，公推劉永福爲台灣民主國大總統，並鑄造銀印，而永福推讓至再，渠稱：「今日之事，……地土之存亡，人民之關係，千鈞一髮，甚宜注意，其實事在兵將互相得力，咸皆用命，或者易亡而存，轉危爲安，從此上國衣冠，不淪夷狄耳，區區此印，無能爲力，實事在此不在彼也」永福第三次卸印時更曰：「你們送印交我更不能做事矣，你們同去，有銀幫銀，有錢幫錢，無錢幫米，無論多少均當，至其無錢無米之人，則要幫力，……諸君能移送印踴躍之心而奮飾，則自有所措置矣」。

永福關心全局不拘地位，故得以鈍兵敵強寇，雖無外援尚能抵抗六月之久，台灣民主國雖亡，而世界史上永留一頁，台灣後死者，至今猶稟先烈血跡抵抗不屈，良有以也。

一九四〇年五月

台灣通訊

中日戰爭下的台灣

志華

自從前年所謂「七七事變」，中國發動了空前的英勇而且偉大的民族抗戰以迎擊日本法西軍閥的侵略戰爭以來，一轉瞬間已是兩個年了；其間雖然因了日軍的武器和其他軍事上的種種準備較佔優勢，中國為戰略上避免無謂的犧牲和引日軍深入起見以致於放棄了不少的地方——城市和交通線，但，日軍閥在侵略目的上實在太得不償失了，且泥足是愈陷愈深了！對這點，在不久以前，日本國內的人民，尤其是可憐的台灣同胞差不多都被蒙在鼓中，大都還只聽信中國軍隊覆滅的如日軍閥當局所大吹大擂的不堪一擊？然而，近來的情形已大異於當了——不但明白了中國的所謂失敗是一時的現象，不是永久的；且清楚了日軍的所謂勝利不過是一時的表面上的，不是戰果上的。因為日軍閥的狂言二月滅中國的幻想老早已被事實，即中國的長期抗戰打到了無何有之鄉去，且終於也不得不被動地喊出「百年戰爭」的口號。

現在日軍閥也就是為了應付所謂百年戰爭，所以對於其國內人民，特別是對於台灣人民的壓迫，奴役，剝削等的手段是愈來愈兇狠，愈悲慘了！茲將日本統治者無所不至的壓迫情形，略舉其犖犖大者於後：

一、經濟警察的跋扈

所謂經濟警察是在戰後設置，它的權限雖說在干涉人民經濟往來，即營商貿易上的事件，但實際上卻是無孔不入地侵到了島內人民日常生活的每部份去。牠要你吃齋時，那末你的一言一動都可以成立罪名的。不過還沒有一個預防或解救的方法，就是你要曉得如何去賄賂。不過有時候對於這種經濟警察的賄賂是無底止的。尤其是做生意的，倘不是一次應付可以了事。本來大小商人以及一般的民衆，既須要公然（的捐稅，獻金……）的敲剝，又要應付暗裏的索徵，台灣同胞實在差不多臨近血乾髓枯的地步了。

只就本年「七七」前，全台灣主要城市的商人在一日之間被經濟警察所告發的數目來看，也就可以推知台人所吃的虧是到怎樣的程度了：在高雄市，七月三日被檢舉的所謂「暴利商」，旗後町三十六件，入船町三十三件，其他總計一百五十五件（七月四日「台灣日日新報」）。又台南（據「台南新聞」七月四日）在七月二日全市一齊臨檢的結果，以暴利商被告發的本町四十五件，白金町十五件，錦町三十一件，其他總計二百六十五件。台北（據「台灣日日新報」七月二日）萬華，城內，大稻埕在六月三十日上午八時至十一時臨檢結果違犯者，城內三十六件，城外五十五件，其他總計三百餘件。過去台灣日本帝國主義統治者，對於所謂暴利取締令違反者之處分手續，先要經過警務部第一六的審查，然後再經內務部審議通過，才以州知事之名義議決執行。現在，則集權於台灣總督府總務長官。由此可知此後台灣同胞所要吃經濟警察的虧，將達到怎樣的程度了！

二、強奪民間的黃金

日軍閥對中國的侵略戰爭，現在不特無法取勝，且已經日近崩潰之境；也就是為了要拖延牠的殘喘，所以才無所不至地拚命大吸民脂，就中對於民間資金之搜括差不多是達到了發狂點。全台民間被搜括去金銀的數目，據報紙上公佈，到本年四月止，約達二千萬元。為猶恐不足，現復積極搜括，其方法和手段也愈來愈新奇和惡辣了。不信，且看下面的一二事實：

（1）寄與立誓——他們利用民間婦女迷信的弱點，由地方警察召她們到寺廟，告以如倘有現金須即時交出，不然，皆在神佛之前宣誓立誓云：「我確實已無金，如有不交出，願受神佛之嚴罰……」。據最近報紙公布，只高雄州下以這種狡猾手段所得的數目，到本年六月末便已達五百五十餘萬元。台南州下在同時期內亦已達七百萬元左右。

（2）報國隊的「一般金獻品」——這種所謂報國隊乃在地方官廳强制之下，以地方男女青年（日台人均有）組織的；其獻金方法和手段是由警官或軍官領隊，如臨大敵向各城市，鄉村的住戶藉名請問以訂奉的；如住戶不將現金交出或表示無金，即實行搜查衣櫥等的公然搜索，不幸如被搜出時（不論多少）那就糟糕——不但金被奪去且加以不忠不孝之罪！似此則處從報國隊所毆打，被警察所拘禁處罰者實時有所聞。

（3）其他——因了上述的方法實行的結果還認爲不足；如新竹州當局乃不顧出以一較强制之手段，即實行家宅搜查。據「台灣日日新報」七月四日所載新竹「死藏金處分」一節云：「當局召集市民交金說明促進獻金會，告以限日繳出貯金，否則實行家宅搜查，如有暗藏而被搜出者定嚴厲處罰」云。可見其強搾民脂已經所不用其極了。

三、強壓「報國貯金」和購買公債

所謂「報國貯金」，乃日軍閥當局想出來以殘搾台灣人民金錢的新鬼計。七月二日振興會在台南州新化公會堂，舉行所謂獎勵金會，結果一等中獎者林大坤得五十元，二等王天火得三十元等，但是最後在振興會會長日人立會……和部長田中的監視之下，將該全體獎金獻與國家。即提倡所謂「報國貯金」，實則是一種變相詐欺民眾的方法。此外强制公債的消化，亦已達到嚴格消化公債的程度。本來辦理所謂「事變公債」概由各地郵局負責推消，但台人購者甚少，成績不佳；現在則乞靠於警察當局，藉其權力強迫買債；限日交款；民衆怨叫苦連天也不得不傾家蕩產以至於賣子女以應付！如七月五日「台灣日日新報」所載「一般台人對於公債漠不關心，比之日人相差甚遠，」正好是事實的寫照。

四、無理的「奉仕」

「奉仕」二字，也是近來台灣最流行的字眼。日軍閥當局要奴隸台人，無不用着「報國」的題目。他們因爲征兵數目過大，後方缺乏人工，便想出代價地驅使人民做它義務的苦工，而說是爲的「報國」。目下，差不多每戶每日都有一人以上去做這種牛馬不如的「奉仕」：如裝積軍用的藥廠，建築軍用的道路，清掃軍官住宅庭院和陸軍病院與神社，建築模範衛生部落等。

爲了這種所謂勤勞奉仕（即勞力），以致犧牲性命的台人，實大有人在，但均未經公布，至其所受虐待悲慘情形，只要看下面一件事實也就不難明白其他一般了：

「六月三十日桃園郡南崁下會金王之妻曾隨英（二十一歲）參加未受教育青年團，在南屯廟從事所謂模範衛生部落的工作，其時炎日當空，且背一三歲愛兒，以致在監督警官强迫勞動之下，倖然倒，一命嗚呼」云。

五、瘋狂的反英運動

而在所謂「興亞紀念日」，即七七那天，全台日軍閥，實至瘋狂狀態。日軍閥爲將英日東京談判取得勝利，乃藉此日——所謂興亞紀念日在各地用幌子，檢擧強迫台灣民衆參加日人召開的所謂「排英大會」；喉嘶力竭到處攻擊英國，大有非制英於死命不可之勢。其實台灣人痛恨日寇深入骨髓，四十四年來鐵蹄下不共戴天之仇，如果真的英國跟日本開戰，台灣人一定幫助英國人在裏面發內應，這是可以斷言的。

是日全台各大城市舉行大示威遊行；如在鄉軍人會，警察隊，壯丁隊，青年團學生隊以及所謂防衛團，銀行，會社等均被召參加。同時還有所謂「國防熱行軍」，就是强制召集各地青年團及壯丁團等施以炎日下的跑路，爬山或競跑等的軍事訓練。這種國防熱行軍的青年壯丁團隊，不待言是在準備不久之將來要開到中國去幫助日軍以打中國兄弟的！

台人在台灣受盡了無限的慘痛壓迫還不够，還要被牠——日軍閥強迫做了牠的「以華制華」的犧牲品！

六、與亞展覽會的新敲剝

這種展覽會，不待說明是排列些戰利品（眞假難分），麻醉劑（所謂盡忠愛國的）等以誇耀皇軍的戰績（？）和欺騙民衆的手段而已。然，無知的民衆被麻醉還不夠，還要受一種新奇的敲剝，即由地方警察強制的命令並包到了這種展覽會場（簡直是麻醉院）來遊覽，而當場還要各人先納「入場料」若干。

七、強迫台人「皇民化」

日軍閥利用與亞日這一天以種種新奇而且狡詐的手段強叫台人變皇民化起來。四十四年來被壓迫下的台胞，雖受盡凌辱，却未見到皇民化。這回祖國抗戰以來，暴日更變本加厲，實行精神的麻醉策來。但這只有增加台灣人「士可殺不可辱」的民族仇恨而已！

七七那天，全台灣的火車站售票處接受上峯命令，對於不說日語的台人，均慘說謂：「你不是皇民，買票要到後邊去等……」；如苗栗車站，甚至於喝以無資格坐火車，拒不售票（均據七月八日台灣各報紙所載消息）。這種無理的侮辱手段在暴日以爲台人皇民化的最上策了。

同時日閥爲要完全消滅台人的民族觀念，自前年「七七」後更積極大肆燒燬小寺廟和各住戶的祖主牌（祖先的紀念牌），但還以爲尚未安穩，再利用「七七」的所謂與亞紀念日（本年）再來一次的大燒燬，且告以台人從今以後皆要「皇民化」，如有怨言或不立「天照大神」牌（所謂日人祖先）者，皆視以不忠不敬之大罪！

台人日夜唯一藉以慰安的祖先紀念牌，從此已無一倖存了！

台湾先鋒月刊
要維護東亞和平及求
東方各民族的自由獨
立惟有共同努力打
倒日本帝國主义
谷正綱

對於強悍的番民，則實行感化，時假示以恩惠（如帶番民頭目等下山到城市去遊玩，或引見台督和轄大官以及賜與較高貴的物品等），且於最近在番地組織所謂「頭目勢力者會」等予番民頭目以相當的標限與種種的優遇；其用意無非在緩和並感化番人反抗。然而自從暴日領導的「觀光團」不再回來（日本以觀光爲名驅到中國前線當軍伕）以後，番民的騷動却時有所聞。

現在台人的慘狀，如上所列的猶不足以形容其萬一，然只這些也就可以推知其他了。他們也就因爲嘗到了這種空前未有過的奴隸滋味，所以他們是已能更進一步的去覺悟：要擺脫自身的鎖鏈，只有時對中國的勝利的消滅期待時機爲積極行動，團結了全台民衆堅決地起來與中國同胞站在同一戰線，打倒共同的敵人日本法西斯軍閥，才有翻身的一日！他們已十分看清中國抗戰的最後勝利，是日近實現之境了；由於台人過去反抗暴日的歷史經驗，他們將會與中國的同胞更緊密地取得同一的步調，發揮驚天動地的力量，毫不留情地予日本帝國主義以一蹶不振的致命痛擊！

、戰時統制經濟與日本農村

岸本勝 著
陳一鳴 譯

文載「眞理之門」第一期

侵略戰爭把日本農村陷入痛苦的地獄了，原來近世日本的農村狀態，一向都苦惱於現在仍然普遍地存在着封建的搾取關係與資本主義的二重重壓所致的一種複雜而且深刻的惡循環法。農業技術的發達，已爲貧弱而原始的小農經營所牽制，這就是小農制度當然的結果。法外的佃米徵發，佔着人工絕對多數的貧農及其衆多的子弟，都受着飢餓而被束縛於土地之上。

戰爭更壓到這些農民的身上來；而連購買肥料農具的能力都沒有的多數貧農中的很多壯丁也給抽了去。因此，農村的困苦越加深刻化，同時，多糧之國的食糧危機，當然也迅速地到來。加之，由於缺乏勞力不足之對策，又碰着去年的朝鮮，滿洲等地的大旱災，乃陷入一可怕而不幸的深淵，三百萬石的大産米額之減少，更使之每況愈下。

政府對於這一點，報告說：只要東北一部份豐收，就可以補救這種旱災而有餘，又說，如把十三年度的積穀，統計起來，國內外一起，就約有四百七十萬石，十四年度的米産額減前額，是不足爲疑的。但是，若按其實施酒米的大減縮及其絕對禁食白米，和七分搗米的強制實施，與獎勵混食等各種應急對策之實施的實情推測起來，就可知去年度的大減收，波及於米穀飢饉的影響之大，乃不可否認的事實。與這消極對策互相呼應的積極的解決方策，是欲以獎勵麥類的多産，而把食糧問題的不安一掃而空。現在來看着農林省所發表的，昭和十五年度的麥田數，統計爲百五十五町五百三十三四反，比較十四年度少了八百二千三百三十七町八反（減五分強）竟與政府之期望，大相違背，是多麼一種露骨的現象。雖然，欺騙國民是他們的常套的手段，只要看一看這些數字的現象也就會明瞭其程度之厲害。

而且，這是照例政府的虛僞的統計數字，現在且把其內容，列於下面：

	昭和十五年度	與前年一比較
大麥	三三九•八〇二•七反	二四•〇六八•一減（三分七•）
裸麥	三五四•二五六•九反	二三•二六七•九減（三分五•）
小麥	八二六•四六一•六反	七〇•九八八•七增（九分五•）

必須注意者依統計表看，大麥，裸麥等的田地，同樣減少，相反的，則小麥耕作地又有顯著的增加，這一特點。如果以過去所謂自由主義階段的原狀爲基礎，而實施經濟統制，其必然的結果，就發生了肥料的黑市場。肥料商們，並不肯照政府所指定的價格把肥料賣給農民。如果非買不可的話，就非以法外的高價購買不行，但沒有任何生活餘力的一般農民，對這種高價肥料不待說是不能使用的，可是，雖然小麥比大麥是必須使用更多量的肥料，而小麥的種植反而增加，這是基於什麼原因呢？

最近以來，政府對疲弊的農村與窮困的農業生産的復興方策，是農村工業化的倡導，而其結果，勞作的機械化，動力發動機的普及勞動力合理化了，但是，因戰爭所致的石油的過大消耗，與其他生産手段的障害，使得這種機能停止了。而且作爲農村主幹的農村青年，已總動員壯丁的大半，又因軍馬的徵發，致畜力不足，勞動力乃大爲缺乏，其結果是使農民採其節用勞動力較大麥爲小的小麥而耕種，又麥作的農具的減少，也是因爲配給分配統制的不徹底，并由於經濟力的弱力以致人工肥的購買困難，而由勞動力和鐵的恐慌所致的農具缺乏強亦爲其大原因。

在水田增加耕作二次的現在，適逢稻秧最忙的時期而又要來做收穫麥作那樣需要煩雜的農務，委實是難以適任的，這是很明瞭的。

我們根據這個例子，不得不感到今日日本農民切身的痛苦，想一想吧！明明曉得種小麥就非多施用肥料不可，而又明明知道肥料是非購買的困難，而躊躇於需要須最勞力之大麥的種植，雖能預測會減收，也不得不種植小麥，這就是農民心裏的痛苦，是悲慘到極點。我也是一個農村青年，想到日本農村這樣現象的時候，不禁有「故鄉竟變成了這樣之感」。現在長久地在戰地裏，經過千辛萬苦而僥倖殘留的一部份農村壯丁，已有歸還回國的了。他們在前線在生死線上徬徨的時候，因爲祇能檢查來往的文書信件，連自己故鄉的大水災和未曾有的大旱災也無從知悉。因爲故鄉的來信只是說着：平安的工作！請放心吧，這套話。

米內的醜態

海濤

日本政界權威雜誌「政界往來」三月號議會特輯特大號裏面，對米內首相有這樣的批評：這次議會，米內首相所發表的施政方針演說，從頭到尾，簡直都是空洞的，他只是用最高級的形容詞來欺人，結局毫無內容的施政方針，老實說，世界各國向來都沒有的。例如：「以渾身的努力」，「誠心誠意」，「在堅固的決意之下，用最積極的手段」，「斷乎解決時局」，「舉國一致」，「官民協力」，「不退轉的覺悟」等等。這不是空洞的話又是什麼呢！米內本身雖然很得意的讀完了這篇稿，悠然回到首相席時，可是，議場竟突然起了哄然的嘲笑聲和謾罵聲。

米內在第一次對小川鄉太郎的質問作答詞時，因所答的簡直不像話，和所問的問題也相差得太遠了，非但沒有作具體的答復並且都是用他最拿手的抽象的最高級形容詞來敷衍質問，所以會場裏又展開怒斥和嘲笑的場面，「不及格」，「不及格」的叫罵聲遍議場的從四方面起，有的說：外交經濟簡直不像，還做什麼首相？不要幹，算了吧！這種諷刺的話。真使米內心寒，從來被稱爲日本第一流提督的他，經過這次滿目的謾罵以後，十足表現了懊惱的臉色，和先生答不出學生質問時的苦臉一樣難看，從這件事發生以後，每個議員及傍聽者，對米內的印象更加惡劣。衆人都異口同聲的說：「他的腦子怎麼這樣貧困？這樣空虛！簡直可怕極了。」

第二日，米內當聽到齋藤的演說時，根本就沒有聽出什麼地方是失言，當然更沒有要求議長懲罰他，過了一天，米內忽然對齋藤失言加以反駁，這反駁的理由，又不知是說些什麼話，這樣一來，每個議員及全國人民，對米內的希望就完全消失了，全國輿論，也就起對他加以攻擊，因他維持現狀的工作都做不好，那還能應付千變萬化的局面呢！當米內登台時，有人說過這樣諷刺的話：無米內閣。（米內的「內」字，日本讀音與「無」字同）當時日本正鬧着米荒，無米的米內出來組閣，日本不是更糟了嗎？無米內閣是不是能想出辦法呢！自從這次米內在議會中演出了那種醜態之後，有人又賜給他一個別的諷刺話了，說他是「很不好的內閣」（米內的日語讀音Yonai 在大阪以西，關西的方言，稍爲把「米」字讀長些Yoonai就是「很不好」的意思）這樣一來，無米的內閣，又加上了一成「很不好的內閣」的冠冕了。又據政界評論專家對米內內閣各閣僚出席議會的成績，作如下的統計：米內首相五十點（即不及格），藤原商相五十點，有田外相七十點，島田農相七十五點，畑陸相七十點，吉田善吾海相六十五點，吉田茂厚相八十點，小磯拓相八十五點，某大臣（筆者由各方面批評加以判斷，大約指勝遞相）零點，由此可見米內首相的成績如何！在議會正因齋藤失言時，許多評論者推測米內內閣或即將決行總辭職，可見日本各界對米內的期待已變得那麼薄弱。齋藤失事問題告一段落，但是日本的米荒問題，從九不够分配問題，簡直無法解決，現在世界各國，都在加緊壓迫日本，尤其是美國，美國參議外委會主席畢徐門，主張斷絕美日關係，禁日商談又告失敗了，且看米內以後還表演些什麼！如果再表演，恐怕還有更大的醜態出露呢！

待他們回到故鄉時，看到比起那不健全地繁榮的軍需品工場，是多麼悲慘的故鄉之疲蔽的田園，與枯死的農作物。會引起什麼樣的感想呢？在戰場上殺伐化了的感情的惡化，對於造成這種不幸的責任者，會爆發如何的憤怒呢？過去在雜誌中，有一個少壯派軍人櫻井中佐說：「時代是飛躍的時代。假使以空想主義或漸進主義來幹的話，日本的前途，是必然地朝着滅亡的方向走去，我不客氣地說一句，不聲不響地在肚子裏發恨着的，不知有幾百萬。這不只是日本國內戰死者很多的地方的思想，「搥胸痛恨的是很多」，此種憤懣，將向何處去呢！」就是他們，也擔心這種可怕的農民的憤怒。而且統治者欲利用農民的心理的憤懣轉向方向，可是農民也不能夠永遠地受着欺騙。豈不是他們主動的侵略戰爭，把農民弄到如此痛苦的地步嗎？可是，櫻井到現在還想把農民的憤怒轉用於國內反對勢力的牽制，但是，在精神上及肉體上都被犧牲了的還鄉士兵的心理，對這存在着很多矛盾的國內的情勢，除了自己來採取解決的手段以外，別無他路，此當可斷言。

因此，農民及一般大衆，已漸漸不會給執政者操縱了。

為什麼呢？對支配者的革新派也好，穩健派也好都一一失去了希望的國民的心理，漸漸地開始痛相信日本農村的不幸，到現在根本打壞的時候已到了。現在在各地局部的逐漸發生的暴動的反戰叫聲，表示着什麼呢？不消說，這些並不是有組織化的力量而發動，但是，和過去局部的人民鬥爭是不同的，，是可預想發展變成有着推進力的全面的堅強的動向，這些農民之憤怒的潮流，才成爲漸漸迫近的日本像大轉換的大動力。

論米內內閣

澤村幸雄著
李明法譯
文載眞理之門

自中日事變勃發後，到現在，日本的內閣，經近衛、平沼、阿部等都相繼的倒台，至本年一月米內內閣又出現了，然止今日爲止的內閣，都是以事變爆發以後的近衛聲明，作爲基礎而認其地位而確立起來。這些內閣，以這個事變爲中心的對內的，對外的錯綜困難問題，無論哪一個內閣除一籌無法處理束手倒台外，更將所謂解決事變的諸問題愈益使之惡化，現在，又負着不能的任務的米內內閣之出現。究竟，這個重大危機，在內閣將如何去處理呢？當我們的米內內閣運命時，一般共人的，卽不得不深深地引起如下的感症，現在所謂舉國一致的內閣，似乎是以近衛爲其超頂，是全天下的官僚的軍事內閣。可是，現在卻不得不拉入財界的藤原與大部與政黨的幹部，和從前米內內閣時代認爲的政黨和大財閥的色彩，我們很顯著了！是閣內支配勢力的內訌激化的結果吧，只是本格化了到他們，所利用的內閣的危機的結果，內閣很可明證（例如，作爲任內閣與閣內之爭的國內經濟問題，這個經濟問題，特別是石炭電力等的問題）該看他們的解決手段吧。是商相藤原，爲了石炭不足的問題，而去拜託三井，三菱和其他與石炭有關係者，請求他們供給石炭。然而，受到他方面攻擊，失掉了大臣的面子，如事實是因爲支配勢力內訌，而投資者的大財閥此地，不肯和政府合作，所以，爲要解決軍事產業的危機，也就顧不了大臣面子了。

由於同一樣內經濟問題之日益深刻化，軍部若仍發像過去一樣爲所欲爲，卽不能得財閥的協力。因此不得不稍稍讓給財界主義者與有密深緣的政黨，以拉攏之地位，而造成主戰者退卻之局面。依此，米內內閣政策的特徵，當可明瞭地看出。

現在，在日本國內，當事變的進入長期，從前認爲侵略戰爭是大失敗了的風潮，已開始瀰漫延了。這樣，遂使得始終爲着自己之利益而努力的軍部，冒險派和新興財閥們，獨於今後的對策開始覺得非常的困難了。既成的國內政治力之不穩一始，而政局更趨於不安與特殊，開始與財界政黨內閣之登場，是軍部之後退，於是有政黨勢力之恢復。阿部內閣時代已有此徵候，卽有政黨參與內閣的入閣。現在內閣，則有藤原與櫻內，而且，軍部是依然牢持相當重要的位置。與此相反，是依然冒險派，於處理事變各種問題失敗之後，相信政黨能力之收拾時局，故而暫時退卻，以便恢復政權。

他們也是以爲能處理時局，以便回復財閥的政權。政黨其實自身是他們就是在他們的失敗互相依賴的一致，遂以有事實的同士一兵一卒作在今天之下，全國的民衆所以飢餓，與他們的失敗相負責的上帶了傷的日本人的人民的，而向前途的國家的命運落下了，不失已的悲慘之故，不敢說爲了確保今日的血的命運。

可是，則可明白。保現，在日本所引起的石炭缺乏的問題，以前日本所感受的，是對於缺乏石炭的一方面，有些人卻有因於石炭輸出之不足，以及是不是工場的消耗量有大一個更大也許更重要的點因，卽兩故，所不能的把握，石炭財閥爲了供給了政府。

元來，對於這次戰爭，三井三菱住友等大財閥，並以軍部冒險派本不懷好感，反對統制經濟以免不利的競爭，而輸出石炭，爲了獲得外國利益，例如把石炭供給印度方面去。

內閣就是在這樣的妨礙下，使軍部事業中無所辦法的生產。因此，米內內閣退卻。支配階級間，進行着這樣可怕的爭鬥的結果，而國民和政府的會變成怎麼樣呢？乃不言而喻之事。國民當然利用這種機會，聯軍部的事情，決然是財界和政黨軍部獨裁者追迫，而使國內的一般，不是國民就照信這樣的情形，卽米內內閣也是同一樣的與論，都說：一到底也是沒有辦法的。不過反使其惡化吧了。請看一看米內內閣的與論吧，欲處理事變，切迫地要求着使日本國內不安之計的執政者但是，米內內閣也是沒有力量，並無何新的意義。何以說呢？因爲內閣在政化中，和方面都除非到一個以外，別無其他的結果。

引一個例來說明吧，最近三個星期之久的（讀賣新聞）曾發表一個「今天把最近的日本報紙的論說來檢討一下，則在國民耳目中，給與的印象，卽米內內閣是沒有對於內閣自創設之獨自的政策，有其積極性」。在其性格中無論何事，那一種都不能認爲是政府失掉了信用了。不特此也，認爲是政府與政府的失敗的統制力的相互的結果。例如，妨因缺乏之已陷於以至物價之騰貴，政府之統制的結果，決定公定價格，藉以取締暗盤，可是暗盤依然是進行着。

雖然，實則和大商人們的自己大大地做着生意，以獨占民之怨而政府的命令是常然的。根本政策的一個國民所得是救國民的態度與人民之危機是不信任政府。來，這也是一樣，是國民別無什麼辦法的決心之前奏一曲。至今日，已將自力量出來，到外國去，這樣危機的支配階級的命運。時，除非家自己，也都有使人民可能有一些危機的苦痛者與他們勢力互相的傾軋和將變態者任，祇有一出危機的可能，促進危機的加深而已。我們應此時機，應該把一向搾取國民血肉的人，非人的支配階級打倒。非以人民之手來處理這個大危機的困難問題外，別無其他辦法，是可斷言的！

本刊承蒙祖國軍政領袖惠賜鴻辭，因製版關係，未能一時刊出，擬按期陸續刊載，敬乞見諒！

台灣革命同志

台灣澎湖是中國的土地

台灣人民是中國的同胞

收復我失地拯救我同胞

是革命同志的責任

趙南 廿九年五月書

弟兒會

朱行記

在一個不甚高大，然而整齊清潔的平房之前，今晚特別掛上一個非常鮮目的招牌。在電燈光的照耀下，更加鮮明，吸引着人們的注意；中央寫着「歡迎南洋慰勞團」九個大字，下款是「台灣義勇隊」五個較小的字，一望而知，今晚將有一個盛大的晚會在這房子內舉行。

時鐘剛指過六點，巷口汽車聲使島地由遠而來，到距房子約二丈地方，突然停了，車上跳下十餘人，走進這房子裡，掌聲便像雷般地響起來。大家熱烈地握手，互相用閩南話噓問寒，融洽和熱鬧，頓時充滿了整個房子。這就是海外南同胞——南洋僑胞台灣同胞——的初次歡敘，當慰勞團代表們看到一羣小朋友——台灣義勇隊少年團——時，更高興得了不得，連說：「你們這樣小的年紀都來幫助祖國抗戰，我們是應該更加努力了！」並且拉着這一個那一個，問這問那，如：「你幾歲」？「什麼名字」？「家在什麼地方」？「幾時來祖國」？之類，樂而不倦地像大家庭的長輩們，久別歸來一般。賓主們親切的混成了一團。

義勇隊總隊長李友邦先生殷勤地招待着客人。會場的佈置很簡單：正前面掛着總理遺像，和蔣委員長肖像及黨國旗；兩邊兩條標語一是：「歡迎愛

戰時生活

——祖國戰地生活回想

林長松

那就是春天的陽光，是從烟地照進着這個村落，我們台灣義勇隊戰地工作隊的同志們，一個又一個地出發到工作的地點去，最後是高隊長，H同志和我三個人，等着挑夫帶我們到所分配的工作地點。

不久，來了二個穿草色軍裝的，高大的個子，而且很健壯的胸部，肩上背着扁擔與繩子，這邊地慢慢地走近我們，發出很粗大的聲音：「是到補充團的台灣同志嗎？就是這一挑行李送着別的嗎？什麼時候走呢？」

「是的，到補充團，就走！」高隊長說

我們要到工作地點，就須鬥×××的腳部，是一條很長很長的綿延起伏的石級路，在這條天若下，兩旁綠綠青青的竹竿，有的竹在冬天給環境壓斷了。我們踏在田中的像一條的竹竿。圓小的陽光，照在我們的頭上或身上，五個穿草黃軍裝的士兵，大踏步走過這竹林，因着這條長長綿綿的石路一直走，特別那兩個挑行李的同志被太陽照得汗流浹背了出來。

「同志，你們很辛苦了，天氣又這樣熱，在亭子多休息一會不好嗎？」一個穿綿衣的戰工隊高隊長指着那兩個輸送兵同志說。

我們三個人便和兩個輸送兵兄在這田中間的亭子中休息，互相閒來問去，我們致他們「請休息」的日本話，A士兵問：「高隊長！台灣被日本鬼拿去，台灣老百姓怎樣呢？」

「台灣被日本鬼佔去了四十多年，台灣人的生活是牛馬不如了，一句話說，台灣人受到奴隸的非人行都沒有自由了。亡國奴的味道我們已遍嘗到啦！不過台灣人雖然一方面是在日寇慘無人道的壓迫與榨取下生活，而另一面，卻不斷地和鬼子鬥爭，爭取自由，這次祖國神聖抗戰，是台灣爭取獨立最好的機會，所以我們台灣人是正盡其所能貢獻祖國：：」說罷，他又挑起了行李，向這條路走去，路的一邊是稻禾，一面是黃色的田，當他們走着都聽不出疲倦，我們要到的目的地遠遠可以看見了。

太陽也漸西方走去，快要兩點左右，我們就到××村。這村子在山谷中，被山包圍着。到××村前，眼睛中所看到的是一片白色梅花，是非常令人喜悅，繞繞不斷，一陣一陣梅香送到我們鼻子來，這梅花在這村子的每個角落都有，過××村時，到處都是和我們穿一樣軍衣或灰色棉衣的武裝同志，他們的眼睛都注視到我們身上來，看到我們背上所背的寫着有「台灣義勇隊」五個大字，但，台灣這地方他們恐怕忘記了，好像沒有這個東西存在。已經到補充團部，高隊長從衣袋拿出「台灣義勇隊戰地工作隊」的名片，由衛兵遞進去，副團長和團長恰巧都不在，由一個軍需主任接見了我們，談了很久的話，便招呼我們到副官室，再由副官帶我們到一

四的南洋僑胞」一是：「聯合海外同胞爭取最後勝利」；入口處的兩邊柱子貼着「擁護抗戰領袖　蔣委員長」「實施抗戰建國綱領」兩標語。當中放了一張長方形的桌子，上面擺了一些茶點。大家坐定後，首先起立唱中國國歌，後自我介紹，再由主席致歡迎詞：「今天在此地見到各位，使我心裏非常高興。因爲南洋華僑是和我們台灣人一樣，都是落涕時，因不願做滿清的奴隸而跑到海外去，一部分跑到南洋去，一部分跑到台灣去，所以我們的祖宗是共同的，我們是生活在海外的兩兄弟；並且是在共同的遭遇下，抱着共同的革命熱情，而離開祖國懷抱。離開祖國後在海外又同樣的遭受帝國主義的蹂躪，但是我們，在祖國抗戰三年後的今天，我們大家又都爲了參加祖國抗戰而在此地相見，此情此景，令人多麼愉快而興奮。今晚本想將台灣革命運動情形向各位僑胞作詳細報告，奈時間有限只能簡略地告訴大家一點……」李先生雖說簡略地報告，然而相當的詳細週到，他慢慢地中敍着台胞過去反日鬥爭的過程史實，以及抗戰後台胞爲了反對日帝國主義侵略戰爭的更加艱苦的鬥爭和目前義勇隊的工作大略情形。他說：「過去傳說有許多台灣兵來華作戰，實在並不是台灣人而是日軍之在台訓練者，日寇是不敢把武器交給台灣人的。惟最近有一個較確實的情報，日本現在正強迫二百多台灣人在受訓，準備送到中國戰場來……我們每一個台灣人都沒有忘記了自己祖國是那個，自己的祖宗是什麼人，每一個人都知道中國是我們的祖國，我們的祖宗是中國人」。聽衆的眼睛注視着他，每一個人的血液隨着他說話的急緩而急緩。

主席致詞畢，便是服務團的代表陳忠寶先生答詞，他首先表示了被招待的謝意後說：「台灣土地本來是祖國的一部分，台灣同胞也是祖國同胞的一部分，所以台灣土地也就是祖國的土地，台灣的同胞也就是祖國的同胞，所以中國一定要收回台灣

家庭們的老百姓家裏去休息。

翌日，見了團長，我們先自行介紹姓名，高隊長一面手中介紹孫華偉唱：「我們戰工隊一共又又人，到這團工作的，就是我們三個人，本來我是留在師部，因這團沒有政治指導員，所以我也就到這邊來了，現在我們在這邊工作希望：第一，我們能夠隨時到大家那一個連都可以和弟兄們自由地坐下談話。第二，我們因懂得日本話，希望每一個連能抽三十分或二十分鐘士兵學喊日語口號或唱日本反戰歌曲。在全面抗戰第二階段對敵宣傳工作是配合游擊戰以達到我們勝利的目標。日本士兵是強迫到戰場上打仗的，所以這樣的工作是有用的罷了」

以後，就雜亂地談，談到中國抗戰以及台灣被日寇壓迫的情形及台灣人和統治者的鬥爭。這位國

復仇雪恥

禁暴戢光

台灣先鋒創刊紀念

王芃生敬題

，今天祖國抗戰要求得獨立自由，同時也是爲了台灣同胞的解放，我們相信祖國抗戰必勝，建國必成的，台灣一定是能够收回的，台灣同胞一定能得到解放」！陳先生的話充分表現出僑胞們對抗戰必勝的堅强信心，以及對台灣革命的關心，兄弟情感，洋溢於言表。「剛才主席報告過，台灣同胞是富於革命性的，是的，鄭成功後裔是不甘做人奴隸的，各位在祖國組織義勇隊少年團這些努力的工作，尤其是連這樣小小年紀的小同胞們都担負起這樣偉大的工作，這是我們大家所敬慕的。希望我們大家共同努力完成抗戰建國大業收回台灣共同建立三民主義新國家，到那時候諸位回到台灣將要負起推行三民主義的責任。……」陳氏的答詞簡潔而充滿了熱情，掌聲延長了許久。

最後餘興節目有：少年團的歌詠；舞蹈；快板；義勇隊牛光祖同志獨唱，少年團的快板和牛光祖同志的獨唱爲餘興中最精采的二節。快板的第一個是頌南洋華僑慰勞團；第二個是罵汪精衛，頌、頌得每一個人眉開眼笑，罵，罵得每一個人都眼看切齒痛恨，有的伸長了頸兒，有的高興得跳在椅子上，小小的一個會場，變成了一個熱鬧遊藝場，牛光祖同志獨唱「最後勝利是我們的」一歌，歌聲宏亮，表情得體，當唱到「把我們國旗高高舉起，……」時聽衆的面前眞的好像有一面國旗在上昇一般，掌聲不斷地從座位中飛起，累得大家拍痛了掌。散會時已十點多鐘，因明天一早慰勞團便要離金，不能多擱，在掌聲和歡呼中，大家戀戀地分別了，當李隊長送到門口和代表們握別時，大家都高呼着「到南京再會！」「到台灣再見！」

在企望着「到南京會」「到台灣會」的感情中，大家分別了。

大家都又準備着分頭去，做那要「到南京會」「到台灣會」所必須做的工作。

長笑嘻嘻地對我們說：「我立刻下個通令給你們各地方去，台灣同志，能這樣熱烈地幫助我們抗戰，使我們很感激你們，千萬請你們多多幫助本團士兵……你們現在是住在老百姓家裏吧……對的，對敵人宣傳的工作是很需要的，除了有油印機，假使要印什麼宣傳品可以到這裏來印的。」

談了一會，我們辭了團長出來，他很客氣地送到門前，我們同時就到附近的連部做訪問工作，繼續工作等。

團長很快就下了通令到各連部，又發給我們三個以「慰勞」二字為記的符號及通知我們開始工作。我們的天窗打開白了，請這地方，日本鬼子從沒有到過，有一次，日本鬼子由石村的另一個山下打過，老百姓曾把銅吃了，所以天亮的時候，由那時候的軍號來代替了雞鳴。軍號吹過了二十分鐘，外面就不是「一二一」的是步哨曾，而就是發現的戰鬥，由山谷裏經過同來很響亮的回聲，在這樣的每一個角落都很清楚地透到耳朵來，軍號的聲音提醒我們，我們就馬上分頭工作去，去找我們的好朋友——士兵們。且同志到第×連，高隊長在各連中走動，我就在團部直屬部隊——迫砲連教育士兵日語口號，連長向弟兄們替我介紹：「這位是台灣同志，他曾生活在日本鬼子壓迫下面，他們的家鄉被日本鬼子佔了四十多年，他們會講日本話，唱日本歌，這位林同志就是來教你們日本話，教好了日本口號，好去叫日本弟兄來投降。」

於是，我就開始了我要做的工作。

我對他們說：「我們今天所學的是日本弟兄被我們包圍時候喊的口號，告訴他們『你們已被包圍了，繳些槍枝也無用，還是和我們一塊好。』我們中國士兵，在戰線上應該天天有包圍他們的機會才好！

大家都聽得高興起來，笑起來了。

我！我！大家都坐在自己的床鋪上，我先喊了一句，大家都聽了奇怪，也覺有趣，都一齊跟着喊了出來。當我離開他們之後，還可以聽到他們這樣的喊日語口號的聲音。

從那天起，每天早晨當我到了那裏，弟兄們見了我，就七七八八地叫出所學過的日語口號，或「阿衣烏……」的日本字母，這使我聽了很高興。

有一天當我要教的日本字母，日語口號都已教好了，因為沒有粉筆，準備暫時停止，可是他們都自動地表示不願停止，他們要加緊學習這打擊敵人的武器。最後，只得用一張紙來代替粉筆；在紙上寫好了要教的東西，將紙掛在牆上，他們拿出自己的簿子，用鉛筆把這些東西抄上，很有趣味地學習。

天氣好的時候，我們就在一座廟天井裏學習，像團的會議，下了雨，就在他們的床鋪上坐着學習，講台當桌子，稻草床當椅子坐，沒有麻煩的。

早晨工作不知不覺一個鐘頭是匆匆地就過去了，弟兄們一隊一隊上山去，肩背鋤頭，扁担，斧頭等做工事的工具。他們七個八個地在一堆，很用力地，準備日本鬼子兵來時，伏在戰壕中拚他們的命。在前線戰事，那時是暫時停止，我們正加緊準備反攻的力量。在戰事暫停中，不錯的，他們正加緊工事建設。弟兄們在這時汗流得很多，他們都能耐心地指導民眾怎樣做工事。在他們工作辛苦休息中，我又和他們一同地坐在地上，因為我沒有吃香煙所以沒有香煙來慰勞他們，他們反而拿出他們所吃的土煙來請我，因為不會吃，我沒有接受，他們十二分的誠意要我吃他們的香煙，在香煙煙中我們漸漸地話多起來了，他們中間有的是廣東人，有的是福建人，在這團裏，廣東同志，竟佔有三份之二以上，而且，都是經了幾次的戰鬥，都戰勝過鬼子兵，對戰鬥有相當的經驗，同時他們還告訴我在戰鬥中經驗，有時，要我講台灣的事情，他們覺得關心起台灣來了，我就詳細地說把一九三〇年的生番暴動，殺死很多日本鬼子的事告訴他們……還特別指

武嶽西鄉的民[illegible]

——在祖國前線生活記——

葉人山

武嶽西鄉一帶，盡是高高低低的山和嶺，老百姓是靠山貨來營活的。武嶽全縣產糧，每年只能供給四個月，其餘取給於安吉孝豐。目前在食糧的來源中，那裏的米每擔已漲至二十五元，而且時常發生沒有米的恐慌。

武嶽縣政府曾和安吉縣政府訂過約，每天由湯歸交易公店供給十擔。但是因為有少數的不良份子，倚勢低價強買，於是交易公店常日沒有米，弄得有錢的不到米吃，餓殍四起。

該地的特產是毛竹，毛料。毛竹一年的產量有十一萬筒。目前的價格每擔十五六元，總值達百餘萬元。毛料有五六十萬元，每百斤六元左右。有這樣多人的出產，民眾的生活本很充裕了，可是不，發財的祗是少數山主。

不久以前發生了聯合大罷工，因為山主要減低工錢，後經調停才把罷工風潮解決了。

× × ×

該一帶共有十六家的山貨行，在廣村七家，廬鎮六家，內塘坑三家。

這一班的山貨行的老板都是從前的失業商人，他們不投什麼資本而賺着很多的錢。他們先從山主那裏收買來的毛料，運到杭州賣給上海商人，然後把換來的貨錢，一方面還給山主，一方面付工人挑運公路的力錢，其餘就是自己的利潤，有時還把這一筆的款項再週轉去做另一筆生意。

他們從山主那邊買來的價格每百斤六元，工人挑過公路每百斤一元，賣出去是八元。運銷的情形，工人挑過公路十里，在三橋埠附

由台灣生活也和漢人聯合起來發動運動反抗日本的戰爭。

當我們休息回來，又換別的休息去，在工作的弟兄們，是一面工作着，一面在聽我講台灣故事和國際時事。有時他們也講我講一些敵人怎樣利用漢奸到我們陣地來偷東西等故事。

當太陽漸漸地向西山落去，因為多餘。他們身上衣服都被汗濕透了，一丟筐子，他們就拿起鋤頭，扁担，跟着隊伍回去。我也就慢慢地回到宿舍來。那時日同志也工作回來了。

當落雨的天，他們沒有什麼事的時候，大家都在那部休息和寫信。我就趁便地跑到那一個部可工作，和他們談談故事，或隨便地講一點台灣故事及台灣人被日本帝國主義蹂躪的「生活」或者，教他們幾個日本字母。他們每個都是留心而興奮地跟着我[illegible]跟着我發出一些異國的字母，有時唱幾首日本歌。

一天，是下着毛毛雨，地上都濕了，不能在外面去工作，我就到第三連去教他們日語口號，並排長將弟兄們集在他們睡覺的草床上，一個弟兄向我說道：

「今天我代表在這裏同志們請台灣同志講些台灣的故事」。

我非常高興地接受他們的提議，不教他們日語口號，把以前口號温習了幾遍，他們真的把短短的日語口號深刻地印在他們腦海，牢牢地記着了。我便告訴他們一些台灣的情形，雖然，不能完全都說得清楚，十分最少有八九分由他們的耳朵送到他們的腦海，知道台人奮鬥的情形，及加深在腦海中的台灣人被日人的慘痛的壓迫與日本資本家在台灣怎樣吸取台民的膏血。他們的眼睛都集中在我的身上，我的嘴吧，我的眼睛，我的手，我講了一點多鐘，他們還希望再講下去，而我有別處工作的關係。離了我的大多數的朋友再去與另一個連的朋友講故事或喊口號，唱日本歌。

就這樣，我和這些親愛而勇敢的祖國士兵，一同生活了好幾月，他們，由我的講演，得知一旦亡國，生活是多麼的痛苦，因此，增加了他們對抗戰的決心；我，由他們的英勇的行動，得到了好些證據，證明祖國抗戰最後勝利之必然，更由此，我想到台灣解放的一天，該不是一天遠遙的日子罷！

不久，因本隊部命令，回到隊部，暫時和他們離別了，當我提筆為文的時候，這些勇敢的士兵，正和日本鬼周旋着罷，我想。

台灣義勇隊之一斑

台灣義勇隊，有一個分隊，參加本師的抗戰工作，各同志，器宇倜儻，材藝超羣，作事踏實，為戰友醫病、授課、演講、歌詠，自朝至夕，勤勞不輟，態度又誠懇和藹，使得各戰友欽娛感奮，依依不捨；他們不畏艱苦——危險，更深入陣前工作，這種奮勇精神，不但把台灣的更生氣象，給與吾人深刻印像，深信台灣的革命絕對成功，將使祖國同胞的抗戰情緒，亦因振發而愈趨高漲，與值得吾人的欣慰和欽佩！

余錦源 於一九〇師

經再由當地憲兵送往某處。他們出兩的時候必先取了一張許可證，領許可證，他們是最感到不便的事，因為要經縣政府很遠，往往要費好幾天的工夫，他們很希望縣政府能在該地設立許可證管理處，給他們一個方便。

現在每日有四百多個工人挑毛料，一半是拉車運數，一半是肩挑，車能載二百餘斤，肩挑百餘斤，經過公路每百斤工資一元，三餐吃自己。還有砍毛竹的工人，每工是五角三餐吃東家。

這一班的工人都是公路東三橋墩一帶逃出來的難民，他們的村莊，家屋都被敵人燒光了。

有時他們悄悄地回去種些田地來減輕生活負担。但是最近敵人把公路封鎖的非常嚴密，他們無法回去了，就是偷偷地回去一次也不敢宿夜，馬上就回來。

× × ×

除毛竹、毛料以外尚有茶葉，一年的產量却也不少。一到採摘的時候，滿山遍野都是採茶女給人家採摘茶葉。

這一班婦女是由貧窮家庭出來的，她們在一個茶期裏，也能獲得幾十塊錢的工錢，來補足些家庭的不足。

實在說，她們的工作並不輸於男人，可是有時男人不高興的時候，却把她當做出氣管。她們的環境和富家庭的婦女比較起來相差真有天淵之別。

× × ×

該地的商店獲利很大，賣的大部份是仇貨，由墟樓進口的。

據說去年年底結算，投資一千元，六個月間就變做二千元。

這是抗戰時間的一個普遍的現象，少數山主和商人是發財了，大多數貧苦人每天祇能吃兩頓粥，女人的衣服由百結而變成千綻，飢肉由飢黃而變成骨瘦如柴。

上饒工作的檢討

王正南

是在四月二十九日，我們出發到上饒工作，五月十二日回到金華，十三日在朱與巷團部開了一個檢討會，除了我們少年團全體以外，還有隊長、秘書，和五六個大先生們，會場布置得很簡單，就是掛張光粉子，前面放着一塊黑板，上面寫着開會的秩序，我當主席，先報告了這次工作經過情形，就分成缺點和優點兩部份來檢討。

（一）缺點：

1.準備不夠：我們全體去上饒後，我不到住的地方，應該先派人去接洽就好了。

2.生活不夠合理化：不去找書學習，胡玩一頓。

3.對病人不注意：同志生了病我們還是成日自己去玩，很少有人去安慰他。

4.沒有準備學習內容：我們祇預備了工作，什麼書都沒有帶來看，臨時向人家借，又借不到很多。

5.對工作不大熱忱：我們有的同志，工作一來就跑掉了，在排劇的時候，有的同志吵鬧，開玩笑。

6.禮貌不夠：對長官不敬禮，看見人理都不理。

（二）優點：

1.工作成績表現得很好：無論在那一方面，凡是我們的工作、歌詠、演說以後，都能得到大家很好的影響。

2.工作相當主動：我們的工作都是去找着做的。

3.對於居民工作：我們是住在老百姓家裏的，有一次給他們打破一只缸，雖然賠了錢，可是還不很高興，後來我們就幫他們剝豆子，一下子就剝了許多，這時他們很喜歡我們，他們還自動送年糕給我們每人吃哩！

檢討會從[illegible]一直開了二個鐘頭，到這裏我們唱了一個歌就散會了。

——第二期（台灣少年團）——

慰勞前方將士

郭輔義

浙東局勢緊張，前方將士們在冰天雪地裏為了正義、和平，在浴血中和敵人拚命，把鬼子打得落花流水，祖國的將士勇敢的精神，真使人敬佩！我們為了將士們打仗更有興趣，所以我們去慰勞他們，使將士們高興打敵人。金華各界發動了勞軍運動，我們這一群的台灣小鬼，也參加了這一個勞軍運動出發到諸暨去慰勞祖國英勇的將士，我們並沒有帶了物質的慰勞品，只有帶了熱火般的小心靈，在敵人的飛機轟炸之下，我們一點不驚慌，我們在瓦片遍[illegible]的道路上走遍到各部隊單位去訪問他們，我們表演歌詠演劇，還把後方的情形告訴給他們聽。

在另外一間屋子裏住了很多傷兵，他們為了國家民族，和敵人拚命，受了光榮的傷，現在在休養，我們小鬼就分頭走進傷兵的寢室，和傷兵們談談話、安慰他們，代替他們寫信，唱歌給他們聽，表演給他們看，他們看了都非常快樂，比較輕的傷兵，他們都準備再到前方去同敵人拚命，比較重的傷兵他們的心都想要回到前方同敵人拚命，但是因為他們的傷太重不能去，他們聽了我們的歌非常高興，我們慰勞前方將士及傷兵，都給祖國的將士及傷兵，增加了不少的勇氣。

歡迎會

黃月華

五月二十九日的晚上七點鐘，我們開了一個歡迎會，地點是在台灣獨立革命黨總部，被歡迎的客人是南洋華僑慰勞團。

汽油燈很亮照着貼着的標語，顯更加漂亮了，七點鐘一到，會就開始開了起來，大家自我介紹，接着李主席起來報告我們台灣被壓迫及台灣同胞反抗的情形，我們少年團也派了李廣同志代表致歡迎詞，以後請他們大先生給我們指教，大家談談話吃吃餅，一面我們少年團唱歌跳舞打快板表演給他們看，大先生們都笑嘻嘻的看我們表演，都很歡喜我們，和我們談話，他們都是福建一帶的人，也都會講閩南話，和我們台灣話一樣，講得大家都很快樂，談了一回話，他們就拿出三十元錢給我們，說是給我們買書買本子和[illegible]用的，我心裏想他們送這許多的錢給我們，他們都這樣愛護我們，我們只有更加努力學習，做更加多的工作，這才對得起他們，因為他們還有很多的事情，歡迎會就這樣熱烈高興的結束了。

軍民聯歡

李廣

義亭是義烏縣的一個小鎮，在那邊新近來了××××軍，民衆就發起開一個歡迎會，軍民聯合起來開一個軍民聯歡會，我們在十八日的半夜裏，接到了這個消息高興得不得了，連睡覺都不睡了，東西整理好馬上乘着夜路趕到火車站，要趕到義亭去工作。

那天我們在那邊時間很短，但是我們看出這兒的軍隊和老百姓處得很好。

十九日下午，許多許多的隊伍和老百姓都集中在一個廣場上，開始會來了，起先放了很長的花炮，會開始了，許多人都起立歡迎，雖然不大齊，但是很有力。主席就報告××軍的英勇長途去打游擊的歷史，台上的人好幾個都演說了，大家聽了都很感動，有一個老頭子不住的摸着鬍子，他很感動，歡迎會就結束了。

那個會場「歡迎台」大布條一副，第二條布上寫着「軍民聯歡會」，於是就在這會場中又比台了，我們團體也派了一位同志上台講演，大家鼓了掌，拍手拍得很響，後來一個老百姓也上台講演，最後，一個人向大家宣佈「今天晚上大家到這兒來看戲」。

吃過晚飯，軍隊、老百姓，又長官又都到臺子上來了，所演的劇，有的是抗戰話劇，有的是平劇，我們也演了一個「打殺漢奸」，還表演快板，和舞蹈，尤其是快板，最受歡迎，大家都了非常高興，台下叫喊「再來一個」「再來一個」！後來演完了，但是大家都不願意回去，最後聽說「明天再演」，大家才慢慢的走回去，時間已是十一點鐘了。

我們的戲劇在農村

徐光刻

各地兒童活動的消息

小記者

一、我們台灣少年團在四月底去江西上饒工作，直到五月十一日才回到金華，各機關捐募了二百多塊錢買了日用品送給我們。十九日早晨三點鐘，我們又趕着路跑到火車站，乘火車趕到義亭（是義烏縣的一個鎮）去參加那邊軍民聯歡會，二十一日早晨回到金華。

二、新安旅行團一直還在桂林工作，六月六日是他們的母校新安小學（在江蘇淮安）十一週年紀念，他們舉行擴大紀念，新安小學已被敵人的砲火轟毀了，他們又準備在桂林把新安小學恢復起來。

三、孩子劇團仍在四川工作，現在他們分了好幾隊在四川全境流動，工作效果非常好。

四、廣州兒童劇團在桂林工作了半年，最近已赴柳州轉往第×戰區工作了。

五、廈門兒童劇團自從南洋回國後，也一直在桂林工作，最近他們分了好幾隊在桂林附近的大墟、民衆做着很多工作。

六、開封孩子劇團在河南的各個戰場上做服務和宣傳工作，很有成績。

七、抗戰的兒童讀物，在桂林，有少年戰線（已出版二卷三期），麗水有東南兒童，福建永安有現代兒童，浙江[illegible]有兒童[illegible]，都是兒童最好的讀物，有的全是兒童自己寫的。

一封信

一個祖國軍隊中的下級幹部說：

「中台民衆求解放正是此時」

同志：

台灣少年團團歌

牛光風曲
張一之詞

一周要聞

歐戰與遠東

一、同盟軍為什麼失敗了？

自德軍突然攻入北歐並佔領丹麥後，英法，德帝國主義的殖民地的爭奪戰；就在挪威急速展開，可是，隨着德軍高度的機械化部隊之進佔，各孤軍，□□□□港口，而英軍的作戰地位既陷于□□和極惡劣的形勢，再加上□□□□空軍的□□□□□射，聯軍就不得不拚命的從□□作最後的大規模的退却了。至此，所謂封鎖德國的大英帝國的計劃，反而被德軍的空軍和□□所追擊而失掉□□的□力了。

果然，不出我們之所料，北歐戰爭的失敗，終於完結了張伯倫先生的內閣生命，在四面楚歌□□中之下的和平使者□首相，□□□以挽回了，因於五月十日晚（也就是西歐戰爭爆發之夜）向全國廣播，□□希特拉爲□□□□□□之野心□，更□□□之地說：「往者已矣，今後□□人應採取積極行動，以求恢復□□」，說□□□名全球的雨傘□□別唐寧街而走下了台。

接着出來組閣的是「打倒希特拉」最強烈的□相邱吉爾，邱氏是保守黨的青年派，他一上台，就組織了自由黨、工黨的反對派，於十一日組織舉國一致的戰時內閣。

可是，西歐□得，正當張伯倫下野的□□，西歐突然開□□了一顆炸彈！□正法西斯魔王的希特拉的另一齣全武行在西歐舞台上演了，他乘着同盟國還沒有軍事陣容，防禦力不足的良機，又以他無比的戰法——閃電戰術——向西歐猛烈大批轟炸—，降落傘隊，摩托化部隊，同時於山□□地侵入荷蘭，比利時，並於幾小時內佔領了盧森堡全境，同盟軍也急速趕援荷比，因爲她是希特拉進攻英法本部及英法海峽的最捷的孔道，這樣一來，她就作爲同盟軍和德軍爭奪的主要戰場了，經過五六天的大血戰，英法的軍隊，因受德軍的優越武器所壓迫，就逐漸不支而□向英法邊境撤退，而在□□重的威脅下，荷蘭軍總司令也只好□抗戰而向德投降了，女王逃亡英倫去了。比利時的列日、□士河……各城市及海口都相繼淪陷，而比都——布魯塞爾和安特衛普也給德軍佔領了，河山破碎的比利時王利奧波德三世終於向希特拉□□□□，□□時，德軍已獲得充分利用荷比飛機場的優勢，而英法則受到殘酷的空襲的威脅。

向前進攻的德主力在那慕爾與□馬斯河以後，便急速南下而佔領了索姆河上的□□城，□這樣，巴黎便已東西兩面受敵了——火線就在六十哩外；可是，德軍並沒有□□南下，□向西；佔領了亞眠，並由□□□河的入海口，再由此向北攻佔了布倫港——距離英國只有二十八哩！德軍南面向色當猛攻（並以秘密武器和降落傘部隊）突破色當區的馬奇諾防線，而北路則已與挺進英法海峽的德軍合成一個弧形的包圍圈——他們圍困了一百萬同盟軍和一部分從荷比退下來的荷軍。

德統帥部是想要殲滅這一枝同盟軍，而新任同盟軍總司令的魏剛將軍的反攻計劃，第一步就要援救這一枝在包圍中的軍隊，她的計劃，是想向包圍圈最弱的一環——比法邊境的阿勒泰一帶——進攻，以切斷德軍的後路並反□她。但是，這是很難的，就□□同這一反攻計劃成功，而在德飛機翼下的同盟軍，也要犧牲很多。

自然，我們知道這一戰爭是長期性的，絕不能視聯軍初期的失利爲必敗的決定□□；不過，牠至少也是一個戰爭優劣的有力因素，但爲什麼同盟軍在軍事上會這樣的失敗呢？約有下列的幾個原因！1.因爲張伯倫一方面要控制希特拉，而另一方面更希望德國做他反蘇的急先鋒，因此，這就造成了同盟軍妥協動搖的劣勢的戰略，2.由於上述的原因，在戰術上完全是處於被動的地位，3.因沒有充分兵力的準備，以致戰爭一開始就是露出驚惶失措的形勢了，4.作戰力量分散於地中海，5.出□弱小國家，做他優越工具的張伯倫之一貫政策，是英帝國的外交致命傷，6.同盟軍不僅武器不如德國，而且沒有堅強而統一的指揮，特別在戰敗之後，意見更難統一。而德國則因東南受阻，對英法的殖民地要求非常強烈，他的作戰目標單純，政策堅決，故牠的軍事行動很敏捷，無論戰略、戰術、都佔著很優勢而主動的地位，再加上優越的武器，使牠能稱霸於歐陸。

最後，希特拉可以專心對付英法，而英法則處在三面受敵的位置。

但是，挽救同盟軍的劣勢，是要看邱吉爾是否能意志很堅決地並很恰當的□□陣容？阻止希特拉的有進無退的閃電戰？而執行長期的消耗戰以困□希特拉和能否巧妙的把握外交戰，都很重要的。

二、徹底粉碎日寇的二個陰謀

(1)國際方面的：由於西歐戰爭的爆發與白熱化及同盟國在軍事上，外交上的失利，迫使大英帝國在遠東的力量一落千丈，特別是印度人民的民族解放鬥爭的高漲，更加深了英帝國主義的苦悶和緊慌，因此趁火打劫專家的日寇，就緊緊地抓住了這個弱點，加緊威脅英國，使她創造東方的慕尼黑，以達到並□滅亡與奴役中國的外交陰謀，而英帝國雖因歐戰之故，在遠東已大減其決定性的效能，但他也未忘□□中國向日妥協的企圖。我們要擊破國際上出賣中國的企圖，而爭取誠實的友誼與援助，更堅決地增強高度的自力更生的信心。因爲□有□機才能排除萬難，決定最後勝利的唯一關鍵。

(2)國內方面：企圖挑撥破壞全國的內部團結，煽動內亂，是敵奸無一時放鬆的總的陰謀。是牠滅亡中國和奴隸我人民的最毒辣的政治陰謀。

最近，在汪奸的宣傳品中，又竭力地渲染着我國內部的磨擦，復經暗中的汪派□□份子桴鼓相應，裡應外合，欲致組織於萬劫不復之境，但，唯有團結一致，我們才能抗戰，還是誰都深信的，在最高統帥的領導之下，我們都能够做到和衷共濟，萬衆一心，一致抗日。但是在日寇無所不用其極地分裂團結，破壞抗戰最露骨的今天，我們卻得處處提高對敵偽的警惕，更須堅持共生死與團結到底的精神，徹底粉碎日寇漢奸的一切挑撥離間的陰謀。

向各地工作同志報告：

隊部之動

資料室

（自五月六日至六月五日）

一、金華東南日報社，近在該社設一醫務診療所，負全體職員工人之疾病診治與預防之責，特聘請本隊邵寅光同志前往該所工作。

二、本隊自在永康設立醫療分所後，當地民衆對之，均有好感，對於邵汝俊同志則稱之爲「台灣醫生」，相互間之感情甚爲融洽；但爲了使當地民衆對於台灣以及台灣義勇隊能有更深刻的了解起見，隊部特於五月八日派莊處民等，前往該地進行擴大宣傳，結果甚爲良好。

三、少年團於四月底赴上饒工作後，業於五月十日工作完畢，全體由上饒安全歸隊，每一個皆笑容滿面而歸，尤其年紀最小的曾啓棠，更笑得連口也合不攏了。

四、本隊因感宣傳工作之不够，特於五月十三日開一「擴大宣傳會議」，由代宣傳組長王正西爲主席，全體隊員參加討論，提案共有十數項之多，每項皆有許多具體之辦法提出，以後之宣傳工作均將照此進行。

五、少年團自上饒回金後，爲了檢討此次工作，特於五月十三日開一「上饒工作檢討會」，除了全體團員出席外，且特請李總隊長，張秘書，牛組長，王代組長，區隊長以及隊部幾位同志列席指導，檢討之次序爲：工作報告，工作優點，缺點之檢討，經驗教訓等；最後李總隊長等皆有訓話。

六、朝鮮義勇隊之韓志楷同志，自參加本隊在浙東前線工作以來，歷時已十個月，現因朝鮮義勇隊需要他回去，已於前月自前線回金後，暫住本隊辦理未完之工作，空閑之時常與同志談前線工作之情形，極爲有趣。近因工作已辦理完畢，業於前月月底赴桂轉渝。許多同志因與韓同志相聚之時間甚久，一旦分別頗有戀戀不捨之意。

七、吳省三同志自前線回隊後，因事未能如期回前線工作，隊部爲了免使工作中斷之故，特另派謝邦強同志赴江藻×軍野醫院代替吳同志在當地之工作。

八、郭裕民同志已於前月十八日自浙西前線告假歸隊，當天曾向少年團小朋友們報告五個月來工作經過，說到：在夜行軍時，因小路都是泥濘，一不小心常容易滑到水田裏，弄得滿身汚泥，活像一個烏龜時，他做出了滑倒的樣子，引起小朋友們都哈哈地大笑。

九、五月二十二日十時，總隊長在秘書室召開第三次隊務會議。出席有秘書，總務組長，指訓組長，宣傳組代組長，區隊長等。歷三小時，對於本隊以後之工作計劃，有很詳細之討論。

十、少年團復於前月十八日赴緞亭參加歡迎八十六軍大會，參加表演，同時與當地小學兒童和民衆均開過聯歡會，留緞亭二天回隊。

十一、新加入隊中的同志，有葉達道同志者，前在桂林時曾與總隊長通過信，很懇烈地希望能够加入本隊，經總隊長答應後，即刻離××赴金，業於前月廿六日到金，即日參加本隊一切活動。葉同志是台灣屏東人，回到祖國來只三四年，而普通話却說得很好，他身體很好，可說是本隊最好的一個，近由總隊長委他做指訓組的幹事。

十二、南洋華僑回國慰勞團第二分團於前月廿七日自上饒趁火車來金，本隊同志與少年團同志早就準備着歡迎，曾與金華各界聯合開過歡迎籌備會，當天清早即赴車站歡迎，下午派牛組長往中國旅行社參加聯合招待會，而特於廿九日在黨部另行招待，少年團全體及隊部同志均前往參加。總隊長即席報告本隊工作及組織經過。席間有小朋友們的表演，博得僑胞的稱贊，曾有一位僑胞很高興地這樣說：「不料台灣連小孩子也要革命！」

十三、本隊自訓練以來多注重於政治方面，現訓練業已結束，但各同志之軍事常識尚差得多，爲了適應，在前日生活會議中提出了自六月一日起至十五日止爲軍事訓練時間，由張幹事專門負責，現已開始訓練，在操時，有幾位同志是初次出台，共勵作常常引起同志們開笑，尤以凍步雲同志爲甚。

十四、總隊長於六月二日帶領牛組長、朱行同志等一行赴江××慰勞本隊家屬，大約有一個月之逗留。此次大的慰勞品是許多的牽掛，每一家屬均可得到。

十五、李昇平因病，於本月初請假兩星期回隊休息，日來病體略好，即加入受訓。

台灣先鋒月刊

第三期：二九、六、一五

發行者：台灣義勇隊

編輯者：台灣義勇隊

通信處：浙江金華郵政信箱三十號

定價：每期一角

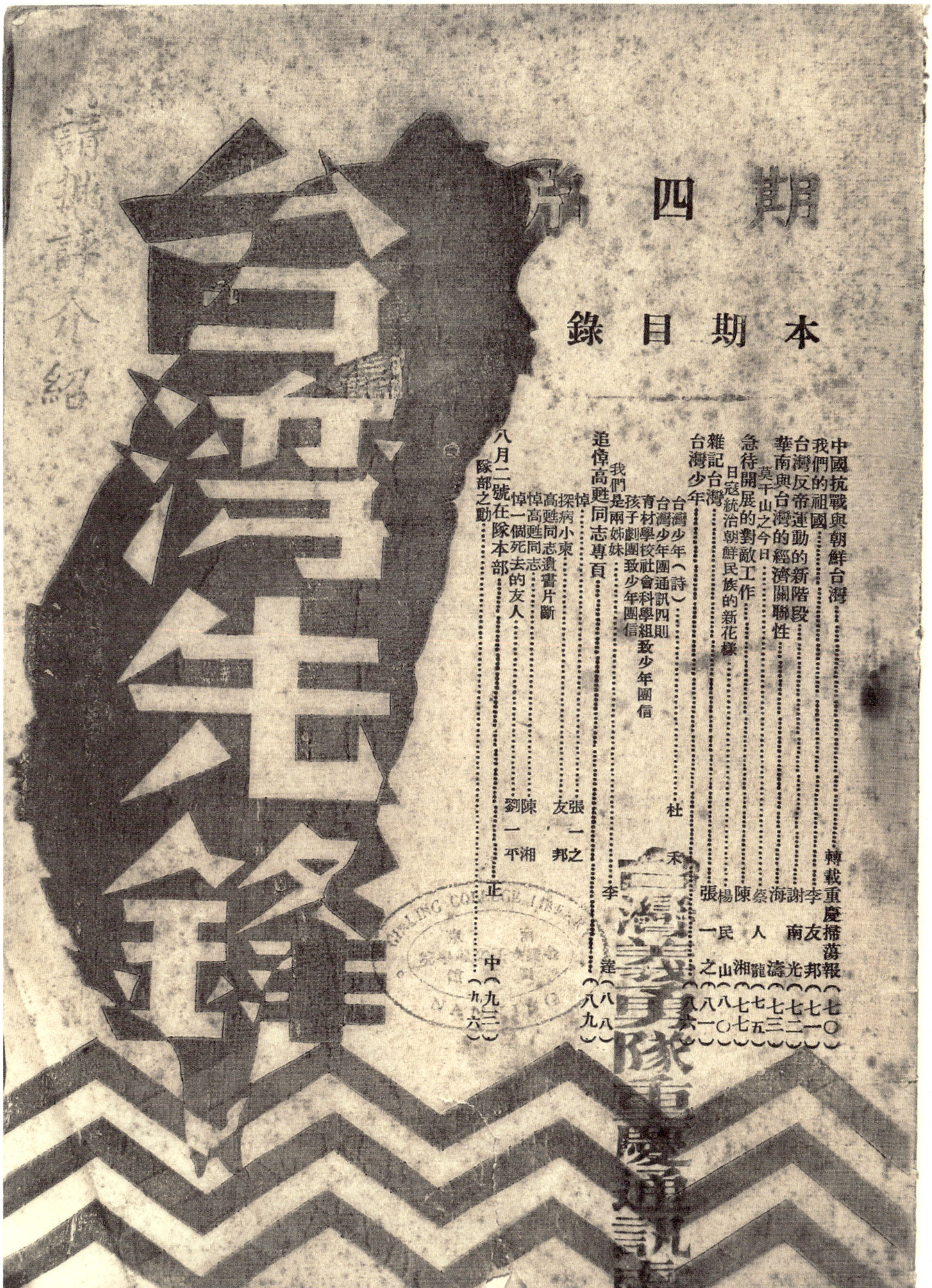

台灣先鋒

第四期

本期目錄

台灣義勇隊重慶通訊處

中國抗戰與朝鮮台灣

轉載重慶
掃蕩報社論

我們抗戰將及三年，必勝之勢早已成立。在這個時候，我們的戰友朝鮮義勇總隊部，爲便於指揮前線隊員對敵宣傳工作並擴大國際宣傳加强聯繫起見，已在總隊長金若山領導之下，由桂遷渝。而組織台灣義勇隊的台灣革命領袖李友邦等數人，近亦由東戰場來渝，與各當局有所接洽。因爲這些抗日的朝鮮戰友台灣同胞，他們爲了協助我軍殺敵，過去兩年中，曾在各戰場進行對敵宣傳工作，並深入敵後，喚醒敵兵投誠，出生入死，艱苦奮鬪，屢建奇勳。現在他們爲了加緊工作而來渝謀更密切的聯絡，則他們協助我軍殺敵，當然將有更大的貢獻在後頭。這也是我們抗戰必勝的一個有力的保證。所以吾人對於抗日的朝鮮戰友台灣同胞之紛紛來渝，非常感奮，非常歡迎。

大家都知道，朝鮮台灣之所以淪爲倭國的殖民地，皆由我國甲午對倭一戰的失敗。當時我國爲了援助朝鮮抵抗倭國的侵略，而與倭國宣戰，因清廷有勇無謀，反爲倭國所敗，結果除賠款外，連台灣亦被迫割讓。朝鮮則終爲倭國併吞。這三四十年來，倭國一方面極力榨取台灣及朝鮮，以豐其羽毛，一方面則得隴望蜀，以北進的大陸政策及南進的海洋政策爲國策，處心積慮，圖「征服」我國。洎我們國民革命運動，民國十五年北伐成功，倭國二次出兵山東及陰阻東北軍人團結在青天白日旗幟之下，均未成功，倭寇見其侵略野心毫不得逞，乃於民國二十年乘我們長江大水成災，發動瀋陽九一八事變而强佔我們東北。自是以後，我國與倭寇益難兩立，惟因積弱多年，革命尚未成功，故在　蔣委員長領導之下、忍辱圖存，埋頭苦幹，從事復興國家民族的建設。迄蘆溝橋七七事變爲止，倭寇屢思威迫利誘以屈服我國，但屢次失敗。最後乃發動武力，大舉侵華，於是我們有這次的抗戰。所以，我們只要稍一回溯近幾十年的往事，即可十分明白，中韓兩大民族，是同受倭國帝國主義的侵凌與壓迫。同時亦可認識，這次我們抗戰的成敗，直接固將決定中國的存亡絕續，間接則將決定朝鮮台灣的解放前途。

當台灣割於倭國之初，台灣同胞爲了不願淪爲異族的奴隸，曾一面團結自衛，抵抗倭兵的登陸，一面呼籲清廷，請求予實際援助。無如清廷懦弱無能，不加援手，致台灣同胞的自衛運動，終歸失敗。這幾十年來，倭寇固然積極圖謀同化台灣漢族，甚至多方榨取，使我世代生息台灣的台灣同胞，大富變爲小康，小康變爲貧民，然後驅使這些貧民中的愚昧份子，渡海而至福州廈門汕頭等地，或予利誘、或加威迫，縱之爲非作惡，協同浪人搗亂，張其侵略毒焰，可是，大多數台灣同胞、始終並未數典忘祖，他們眷念宗邦，幾十年如一日。他們雖然生息海島，且受倭寇嚴密壓迫，從事革命，極爲不易，但是，幾十年來，他們的革命運動，實前仆後繼，再接再厲。這次我們奮起抗戰，他們看見祖國已燃起打倒倭寇的烽火，立即祕密發動參加抗日戰線。他們知道，祖國抗戰勝利之日，即爲他們從倭寇鐵蹄下解放出來之時。

至於朝鮮正式爲倭國併吞，雖稍後於台灣，但三韓人士所受倭寇壓迫榨取的苦痛，比較台灣同胞，並不稍遜。而且貧困不堪的韓人，亦常被倭寇愚弄，驅使至遼吉黑各省及平津青滬各地爲非作惡，作其侵華的工具。不過，三韓志士反抗倭寇的統治，正如台灣的革命運動一樣，幾十年如一日。他們因爲輾轉呻吟在倭寇的鐵蹄之下，身不由主，簡直毫無人生的樂趣，所以火熱般的民族意識，始終推動着他們，使他們前仆後繼地與倭寇搏鬥。這次我們抗戰軍興，他們亦知道這是他們推翻倭寇統治的最好時機，所以三韓志士，亦如台灣同胞一樣，紛紛來華參加抗日戰線。他們所組織的朝鮮義勇隊，因爲通曉倭語的關係，在前線從事對敵宣傳及到敵後去喚醒敵投誠，所以能屢建奇績。

要之，倭國帝國主義一日不打倒，則中韓兩大民族必將永受其禍害。中國抗戰如果成功，則朝鮮台灣均將立即從倭寇鐵蹄下解放出來。中韓兩大民族的命運既然同一，值此倭寇必敗之勢既成，但願三韓志士暨台灣同胞格外奮起，協同爭取最後的勝利。

我們的祖國

李友邦

台灣割後，迄於今日，已四十餘年，雖日寇竭死力以奴化，務使台人忘其祖國以永久奴役於日人，然台人眷念祖國之情，實與日俱增，時間愈久，其情彌殷，固未嘗一日忘之也。

此種眷念之情，其隱藏於台人心中者，至且厚深，惟以日寇不許台人提及中國，故不聞諸大雅之堂，而實存於廣衆之間，猶憶孩提之時，曾以一失言一被掌，其日，因與一日童互譏被侮，乃憤而言曰：「如在中國，君我當異於是」！一日籍教師聞，遽前掌吾額，令閉口，此予之所以終此身以從事革命之一細因也，今日思之，往事猶在目前，而年事已長，大志未酬，未嘗無慚愧之感。流轉於民衆口頭者，固無論矣，而在日寇殘酷壓迫之下，見諸文字者，亦不在少，此實今人興奮之事，台人之於日本，無不以異族視之，其於中國，均稱吾國，血濃於水，信不誣也。割台後數年之間，暴動事件領導者之以返歸祖國號召，固不必說，即數十年後，革命者亦莫不以此為依歸，尤以國民革命而後，更為殷切，一九一二羅星福大革命時，曾發表宣言，中有云：

「我中華民國人民，再渡台者，備受日政府虐待，何堪言狀，我華民常受日警毆打，暗殺，或泣訴於日本政府，日官且曰：此殖民法律之制度，但此法律，不適用於英美法德之在台者，獨適用於支那人……」

又有云：

「我華民在台者，被日警毒殺，不遑枚舉，」

又有云：

「如上所述，日本政府虐政，我中華民國人民聞，莫不憤慨……」

又有云：

「中華民國元年十月六日，我福建都督，命率十二志士，來台視察……」

由上所引述，均可見一九一二時之革命者，仍疊聲以中國為已國，日人數十年之苦心教育，實未發生若何效力也。

一九一五時，復有余清芳所領導之革命，亦有文件發表，曰「諭告文」，雖其辭句不無封建思想，殊不足多，然其於中國之感情則一，其中有曰：

「……古今中華[illegible]國，四夷臣卿，邊界來朝，年年進貢……」

又有曰：

「豈意日本小邦，……不遵王朝，藐視中原，……可惜中原大國，變為夷狄之邦！……今我中國南陵，天生明聖之君，……我朝大明，國運新興，本帥奉天，舉義討賊……」

文中雖多莫明其妙，不知何指之句，然其革命必須以中國為號召，則可一讀而知，蓋全島人民願望如此，不得不然也。

迨至一九二五，十年已來，未嘗有絲毫之變，是年，有「台灣新青年社」成立，曾有「台灣新青年」之出版，其宣言有曰：

「……我們自救的方法：若要救台灣，非先從救祖國（中國）着手不可，欲致力於台灣革命運動，必先致力於中國革命之成功，待中國強大時，台灣才有回復之日，待中國有勢力時，台灣人才能脫離日本強盜的束縛……」

「台灣民報」發刊時，其「創刊詞」中亦有曰：

「我們漢民族，移住於台灣，已經過了三百年了。……」

由是以知，日人之奴化台灣，雖竭盡全力，亦無法使台人忘記中國，七七抗戰既起，台灣義勇隊成立，亦即本此旨而發揚光大，台灣獨立革命黨，曾以「爭取獨立返歸祖國」為其鬥爭目標，我台灣同胞，無論其為本黨黨員或非本黨黨員，於此種正確之號召，亦莫不望風景從，良有以也。

今茲吾人所盼望者，其於台灣同胞，則須努力以從事本身革命工作外，宜盡可能以協助祖國抗戰，謀取最後勝利，其於祖國同胞，則應乘此時機，以最大之努力，援助台灣革命，使此別來四十餘年之兄弟，能復共聚於一堂，同心協力，建立三民主義之新中國，享和平之福於久遠。

台灣先鋒月刊出版纪念

革命先鋒

陳誠

陳誠

台灣反帝運動的新階段

——為「六一七」記念作——

謝南光

一、「六一七」的義意

六、一七是日本帝國主義統治台灣的起點，是中華民族積極反抗日帝國主義的開始。甲午戰爭滿庭敗後不明利弊竟將台灣割讓日本，三百萬的台民就變成日帝國主義的奴隸。三百萬被遺棄的台民自然再不能依賴腐朽的清廷來爭取自由，脫離奴隸的地位，須靠着自己的力量去鬥爭，克服我們台灣人的悲慘的命運。

四十餘年前，我們的祖宗碰到這種悲運，既不灰心，又不放棄責任，就糾合軍民組織台灣民主國，編陳義軍，單獨與新勝的日帝國主義展開存亡的鬥爭，勢力懸殊非待智者而後明，但是，為着保持民族的光榮和民族的人格，不計成敗利鈍，毅然開始鬥爭，官軍因唐巡撫奉諭內渡，不戰而退，台北遂淪陷於敵。六月十七日，敵人居然在台北開府設治，台灣的奴隸政治就從此日開始，敵人稱為「台灣始政紀念日」，帝國主義政治的開幕同時也就是更積極「反帝鬥爭」的發端，這日就變做台灣反帝鬥爭的紀念日，因此，九、一八和七、七的抗戰，也可以說是六、一七的連續。不過七、七的抗戰是中華民族對日帝國主義算總賬的日子，在某基本的性質上並無任何分別，只有一點值得我們紀念的，即是台灣的反帝運動自七七以後，已變為整個中華民族的反帝運動的一部份，四十餘年來的分離，自今以後再團圓起來，在一條民族戰線上共同奮鬥，中華民族的勝利，即是台灣革命的勝利，我們想到深裏，覺得萬份的興奮。

二、敵人的衰弱

四十餘年來，在台灣的反帝鬥爭，因為日帝國主義的壓力太大，致使每次都是失敗，都是犧牲了無數的同胞，還使我們十分焦灼。自七七以後，祖國英勇的抗戰，已使我們的敵人疲弊了，今年正月阿部內閣因其國內的經濟恐慌無法支持，而坍台，米內內閣成立後，其情形並無進步，大阪的財閥們竟嘆息云：「若在三月間不能得到相當的補救辦法，我們就不得了」，其實米內仍束手無策，致使五月間就有政變的傳說，六月以來，政局更不穩定，隨時有倒閣的趨勢，查其原因，大致如左：

（一）糧食恐慌尤其米的不足，已至嚴重階段，長野博士云：「日本當前的最大問題有二：一為糧食恐慌，二為如何結束中日戰爭」。去年秋收，只能供給至今年六月，日政府所輸入之外米，最多不到五百萬石，還不過一個月之糧食，八月以後就有斷炊的危險。本年度因肥料只能供應二成至三成，勞力的不足，又比去年為甚，即令風調雨順，米的減收也是既定的事實，飢餓暴動的威脅已來臨於日帝國主義的頭上。

（二）歐戰擴大後，不但海運發生問題，出口的減少，軍用品來源的斷絕，已使其軍事工業頻臨於破局，其重要物質的不足，約達卅億元左右。

（三）物質缺之和通貨膨脹所引起的社會生活不安，原料動力恐慌所釀成的勞働不安，百萬傷亡士兵家族的生活困難。這些因素湊合起來，已造成社會革命的條件，社會變革的危機促成統治陣營內的搖動，為阻止社會革命的興起，五月以來統治陣營的新黨運動漸見活躍。這些事實，從反面看起來，即是證明日帝國主義崩潰的條件已漸成熟。

（四）不管歐戰能短期結束或變為長期戰爭，若短期結束見諸事實，戰後的國際形勢，足以促成日帝國主義的瓦解，歐戰長期化於日帝國主義亦是一個絕大的困難，因參戰問題足以促成國內的激變，即參戰亦是日帝國主義的墳墓。

就目前日帝國主義的主觀條件及其客觀情勢而言，皆是日帝國主義的最後關頭。換言之，我們的反攻時期快要來臨了。

三、我們的任務

日帝國主義末日的來臨，就是台灣解放運動成功，而台灣同胞掙斷四十餘年鐵鎖的機會。我們應該認清我們的客觀情勢，加強我們的主觀力量，準備我們的總反攻。我們的迫切任務應該如下：

（一）我們應該積極支持日本百萬傷兵的反戰運動，千百萬工農的反戰反帝運動；

（二）我們應該支持日本民衆「反對參戰要求停戰」的革命鬥爭，尤其目前所進行中的「反對新黨運動」；

（三）我們應該加緊推行台灣軍夫及農民義勇團的反戰運動，通過它們的運動，策劃前線日本士兵的「停戰運動」；

（四）我們應該擴大台灣義勇隊，一面參加祖國的抗戰，一面號召台灣同胞參加軍事訓練，準備武力鋒起，推翻日本帝國主義的統治權，建立台灣的民主獨立政權。

台灣同胞應即一致團結，起來打倒日本帝國主義，將六一七的國恥紀念日變做埋葬日本帝國主義的光榮的紀念日。

海濤：

華南與台灣的經濟聯關性

還我河山

孫科題

滿清三百年的歷史，在經濟的立場上說，可謂，因運用商業「高利貸」資本的關係，經濟日趨衰，生產日趨沒落，因而引起流浪者雲集於各處，因此夢想着海外的黃金，而向台灣南洋或者向東北去冒險者很多。由中國國內的一般情形看起來，福建廣東兩省的流浪者，正式向台灣開始移動，是在康熙末年，這批流浪者，起初是做日工，或租他人的田來耕作，後來因封建的各種關係，由小佃戶變成大佃戶的去做台灣平地的開墾耕作事業，後來，台灣沿海方面，產生了叫「郊」的經濟機關（「郊」與「合作社」相似），「郊」在台灣是一種流通機關，是佔着獨佔的地位，并且有支配市場權，「郊」在台灣的商業是自由自在的操縱着當時農村的社會，經濟的心臟，他方面，對華南常握着貿易的實權。

至十九世紀初葉，歐美資本主義列強的奪取殖民地的欲求也伸至遠東來了，在中國，終於一八四〇——一八四二年間，發生了清英的鴉片戰爭，結果，[illegible]打敗了，被英國強迫割讓香港九龍，同時廣州廈門福州諸港也被迫開港，又，英國製產品「鴉片」的推銷地——台灣，也被迫開闢了平安、淡水、打狗（高雄）及基隆等港口，現在英國在台灣所以能獲得大發展的原因也是在此，台灣和外國作大規模的貿易，也是從這個時期起開始的。在台灣發現天然資源很豐富的英商，從這時起，他們就將台灣出產品，茶、糖、樟腦等運到英國本國，換得了大批款項，從此以後，英國的商業資本家就掌握了台灣貿易的支配權，可是，外國的產業資本尚未在台灣發展，所以當時日本強迫清廷，得了台灣之後，很容易把外國商業資本驅逐於台灣境外了。敵國大財閥之一，三井物產公司，即於日本明治三十一年開始侵略台灣，在台北設立支店，以豐富的資金，極力扶植勢力，至明治三十三年，用壹百萬元的資金設立「製糖株式會社」，開始製糖，因物資及勞力便易，且搾取過甚，所以事業乃日加發展，至日本大正初期，其資本卻增加到一億元之多，時於茶葉方面，「三井公司」和「野澤公司」也利用越權，將外國資本完全驅逐於台灣境外，至於樟腦事業，明治三十二年，因日本政府實施專賣制度，又將外國人所獨佔的樟腦商權，加以驅逐了，至於鴉片、米，及海運業，在日本尚未侵佔時，台灣簡直是被外國資本家所掌握着，但至明治四十年，外國勢力完全被日本驅逐了，結果，所有商權，已完全歸於日本資本家手裏，其後，因日本資本家不斷進出於台灣，其內部之產業也日加發展，至於各種農業加工品及日本國內的日貨，也經台灣運到華南來，這樣，就促進了台灣與華南貿易的旺盛。

台灣銀行與華南銀行進出於華南方面，當然也有直接的關係，按台灣銀行是明治三二年設立的，對華南的發展也很可怕，至大正初年，廈門、香港、已設立支行而直接幫助敵人對外貿易及企業的發展，此外，台灣銀行還單獨出資於中國，在明治三十六年，開始借款給福建「佈政使」之後，至大正七年（卽民國七年）末，其借款總額竟達一千二百萬元之多，華南銀行至日本大正八年才成立，但台灣銀行與華僑皆用資於華南銀行，所以，他在華南，南洋方面也有相當大的勢力。

再說回來，台灣對外貿易，根據敵國當局所發表的統計，幾十年來，台灣對外（日本亦在內）貿易略統計如下：

台灣對外貿易統計表（單位千元）

民國前十五年	三一、二四〇
民國前九年	四二、九一五
民國前四年	七一、七二三
民國元年	一二五、一九六
民國六年	二三四、五五七
民國十一年	二七一、九五九
民國十五年	四三四、八三六
民國廿年	三六六、四九五
民國廿二年	四三三、八〇二
民國廿四年	六一三、八六四
民國廿六年	七六二、三九六
民國廿七年	八二三、一一一

根據上表：台灣對外貿易在民國前十五年，僅三千萬元左右，但至民國十一年，卻增加到二萬七千萬元（約九倍），至民國二十七年，更一躍增加到八萬二千萬元（約廿七倍）之多，台灣對外貿易如此躍進發展，當然是證明台灣是資源豐富，產物頗多的一個寶島。

那末台灣對華南香港方面的貿易是怎樣呢！現在將最近十幾年來的統計列記於下：

台灣對華南及香港等地貿易統計表（單位千元）

年度	對華南出口	對華南進口	對香港及澳門出口	對香港及澳門進口
民國十年	六、四九三	七、七二二	四、五六九	八、〇二八
民國十二年	七、〇六六	一四、六五〇	四、一七一	七、四三六
民國十三年	一三、九三二	七、九五三	五、七八四	七、三二二
民國十五年	二四、〇七一	五、八五一	四、四五八	七、〇七四
民國十七年	一二、五六〇	四、九八一	五、〇九六	七、三〇六
民國十九年	八、八〇六	三、〇八四	三、一九二	五、八六三
民國廿一年	四、五〇六	一、五四六	二、七三七	四、八六二
民國廿三年	七、〇八〇	九、四〇八	三、〇六二	三、一八五
民國廿四年	八、六八三	一、〇七九	八、〇〇七	三、五五七
民國廿六年	四、〇五九	一、二二八	三、三三三	五、六二七
民國廿七年	七五四	一七一	七〇〇	九三一

據此表，台灣對華南的貿易總額，在民國十年僅爲二千餘萬元，但至民國十五年卻增加到一倍多的四千萬元左右，其後因種種關係，如民國廿七年受中日戰事的影響，漸見減少，但是平時，一小島的台灣對華南（主要爲福建廣東）卻有如大數目的貿易，可見台灣與華南在經濟上有密切關係。爲證明此事件起見，現在將台灣對中國各地的貿易與對華南貿易的比較，即後者與前者的比率列記，於下：

台灣對華貿易與對華南貿易的比較（單位千元）

年度	對華總額	對華南總額	同上比率%	對香港總額
民國十年	二八、六四三	一四、二一五	四九、六	一二、五九七
民國十一年	二八、五三八	一二、九八六	四五、五	一〇、四八〇
民國十二年	二八、〇二三	二一、七一二	七七、五	一一、五九七
民國十五年	五九、〇五八	二九、九二二	五〇、二	一一、五三三
民國十八年	四九、一五二	二〇、一〇二	四〇、九	一一、〇四一
民國廿年	二四、〇八七	八、四〇七	三四、九	七、三四〇

查上表，可見台灣對華南貿易，大約佔對華貿易的一半。

民國廿一年	二七、三〇九	六、〇五〇	二二、二	七、五三二
民國廿二年	九、九七六	四、四一四	四四、二	六、九三八
民國廿三年	一三、八三四	八、〇二八	五八、〇	六、〇八七
民國廿四年	一八、七七八	九、七六二	五二、〇	一〇、一一二
民國廿六年	九、八二七	五、二八七	五三、八	六、九六〇
民國廿七年	八、七一七	九二五	一〇、六	一、六三一

再將台灣對華及對香港的貿易佔對外貿易（日本在外）的地位作統計於下

台灣對華及對香港貿易所佔於對外貿易的地位

年度	對華出口	對港出口	對華進口	對港進口	總計	對外貿易總額	百分比
民國前十五年	九、八七八	一、六五五	七、三六三	四一一	一九、三〇七	二五、四一一	七五、九
民國前九年	六、二七五	二、五七五	五、七四七	一四七	一四、七四四	二一、九九一	六七、〇
民國前四年	三、一九八	七八一	四、二四二	一六七	八、三八八	二六、三七三	三一、八
民國元年	四、二六三	三九二	六、七六六	六、二五一	一七、六七二	三四、二六七	五一、六
民國六年	一四、三九九	八、一四一	九、三九七	六、六七二	三八、六〇九	六一、三一五	六三、〇
民國十一年	一〇、二九九	四、三二二	一九、二三八	六、一五八	三九、〇一七	六七、四八五	五七、八
民國十五年	三一、〇二二	四、四五八	二八、〇三六	七、〇七四	七〇、五八〇	二一、三二二	六三、四
民國廿年	八、五三一	二、五八七	一八、五三六	七、七五三	三一、四〇七	五、三〇八	六二、四
民國廿二年	四、七四六	二、一三〇	五、二三〇	四、八〇七	一六、九一三	五三、一四三	三一、八
民國廿四年	一三、〇四五	六、五五四	五、七三二	四、五五七	二八、八八九	八一、五二三	三五、四
民國廿六年	五、五七四	三、三三二	五、二五三	三、六二七	一六、七八五	七四、一四四	二二、六
民國廿七年	七、九七一	七〇〇	七四六	九三一	九、三四八	七五、〇五八	一二、五

春秋大義雪恥復仇

成仁取義功業千秋

中正

由上表可見，民國廿年以前，台灣對華及對香港的貿易所佔於對外貿易的比率都在百分之五十左右，至民國廿一以後，即「九一八」「一二八」事變發生以後，其比率就減少一半。尤其是民國廿七年，其比率降落到百分之十二，可見中日戰爭予台灣對華貿易以重大影響。

現在再將雙方貿易的品種列記於下：

最近幾年來台灣對華南的出口品價額統計表（單位千元）

年度	糖	煤	香蕉	機器油
民國廿四年	八一〇	三三一	一五三	二六
民國廿五年	四六五	一六三	七九	九
民國廿六年	五八	九六	七三	—
民國廿七年	二五	四五	四	—

最近台灣對香港出口品價額統計表（單位千元）

年度	動物	糖	煤	香蕉	包種茶
民國廿四年	一、一八〇	八一八	八七三	二〇	九七
民國廿五年	八五	四一八	九〇四	三	三八
民國廿六年	九七	二七九	一、一三〇	九	五三
民國廿七年	—	—	四七七	—	—

華商對台灣出口品價額統計表（單位千元）

年度	木材	苧麻布	黃麻布	茶	陶磁器	動物
民國廿四年	一五一	一五八	八〇	二七	三一	一一
民國廿五年	五七九	一四九	七九	三五	二四	二三
民國廿六年	三二五	一〇五	四一	二八	一五	二五
民國廿七年	五七	—	三	—	—	二

香港對台灣出口品價統計表（單位千元）

年度	重油	揮發油	燈油	包蓆	人參	錫	鐵
民國廿四年	三八一	六八四	三二三	四七四	一一一	八八	六二
民國廿五年	二四七	四九六	二八五	四一二	一二三	六二	七一
民國廿六年	—	—	—	七三六	一七二	—	—

最後將華南各港口對外貿易與對台灣貿易的情況列記於下：

華南各港口對外貿易與對台灣貿易情況

港名	對外	對台灣（一九三六）	對外	對台灣（一九三七）
福州	九、六二二	二、六五九	一二、七二九	一、六二五
廈門	一七、二九八	四、八〇九	一七、六二一	三、〇〇三
	—	—	[illegible]	[illegible]

莫干山之今日

祖國前線記實

蔡八龍

春雪蓋滿了莫干山的峯巒。我們工作隊同志攜了雪杖，一步步踏上層巒，滿眼的翠秀在雪堆裏面含笑迎人，一陣陣的春風，吹着密密的茂竹，奏出天然的樂調。

登上了最高峯的塔山，錢塘江，太湖，和茫茫海宇都在我們一峯之下，如果說莫干山是「陰陽界」，那末，塔山道足稱「望鄉台」了。

撫今追昔，從前這是一個勝地。相傳吳王會使莫邪，干將鑄劍於此，故以得名莫干山。但現在已變了陰陽地界了，黑沉沉的陰霾會使人毛骨悚然！

該山因接近敵區，政府的政治力量不能到達，完全在維持會統治影響之下，所以民衆缺乏抗戰意識。有的老百姓甚至不知道有所謂抗戰這回事，但這些只是莫干山的一面，在另一方面，卻可看出我們民衆的真實心理。

在這複雜的山路中，我們跟着一個嚮導走，是一個年紀不上十歲的好孩子，活潑可愛。一路上，和他的談話使我們驚奇，也使我們興奮。

「什麼名字」？

「寶華，寶貝的寶，中華的華」。

「你知道我們是那方人」？

「你們是中國兵」。

「如果日本兵叫你帶路肯不肯呢」？

「不肯。設使地方迫我，我領路，我就把他領到別條路，有很多惡犬的地方，我叫他被惡犬咬死，我就拍手大笑，他要找我，我就偷跑了」。

他又說，鬼子的糖真好吃，但是吃不得，裏面包着毒藥，這是他的爸爸告訴的。

九歲的孩子能知道國家民族的大義，無恥的漢奸們，能不羞死了。

我們所經過的地方在山麓，山頂，滿眼都是高聳入雲的洋樓。有一間特別壯麗，惹人注意，那是漢奸褚民誼的別墅。汪精衛的別墅也有，前在杭州做僞市長被殺了的何讚，房屋也在這裏。

[illegible]會的[illegible]，在山上活動無論上層下層

汕頭	五二、八四四	四、六五三	六九、八一〇	四一六
廣州	七三、三九一	一七	一〇九、〇六一	一四
總計	一五三、一五五	八、一三六	二〇九、一七一	五、一三八

對台灣貿易與對外貿易的比率一九三六爲五、三%，一九三七爲二、五%。

以上是以貿易證明華南與台灣有密切關係，最後講到人的方面，現在台灣島內有五百四十餘萬人口，其中百分之九十四是福建廣東人、從事於侵略搾取事業的敵人，不過二三十萬而已，可見台灣的係是我們祖國的一部份。又據說，中日戰事發生之前，在祖國台民，從事於革命及其它事業者，共有數十萬人，其中大部皆集中於福建省各地，事變發生之後，一般台民，覺得自己是中國的國民，所以其中有百分之八十左右都不願歸回台灣島內，現在還批台民仍在福建及全國各地直接或間接的參加抗戰，爲祖國爭光。

總之。台灣與華南從康熙末年即發生密切的關係、將來祖國得到最後勝利以後，台灣必將歸回慈母懷中，共同爲中華民族爭取自由平等。（完）

還我河山

台灣先鋒月刊

陳立夫題

陳立夫印

俱是基督教的信徒占大勢力。縱不看見一張抗戰標語，聽不到一句抗戰歌聲。該山原爲資本家及洋人的安樂窩，戰後附近難民紛紛避居於此者甚多，在這個雜複環境當中各種的組織應運而在。在這個變態的莫干山上有着不少的事，值得我們注意。

敵人進佔武康之前，就派何讚（留日學生）到山上來活動，武康失陷時，何讚領導的難民救濟會就產生了。他們經常與敵人來往，後來我方軍事政治力量重新推進，救濟會不能公然做漢奸工作。事乃另組維持會，等到維持會又受我方威脅停止活動時，還批人又安然的回到了敵救濟會做委員。這裏有會爲政府官吏的傢伙，有地方最有體面的士紳，當何讚到杭州去做僞市長時，會帶去大批救濟會內的人員去做了新貴，但救濟會仍統治着莫干山。

在莫干山上的怪現象，分開來說：

救濟會——成立於民國二十七年春間，由何讚在莫干山組織的，自任爲理事長聯合當地士紳以救濟難民爲名，進行秘密活動，當時合美紅十字會留莫的明小姐（美國人）命難民舉旗迎敵。

會有七敵憲兵駐莫干山，當他們去時，強迫莫人組認維持會，於是有童××任會長，行動完全受救濟會指揮。從此敵僞組織生根於莫干山上了。

因何讚的眞面目被人揭破，就無法立足，本人逃往杭州任僞市長，而莫干山救濟會不得不改組，由張金心任理事長，掌握以上各個團體之一切事務，另有鄭性白助理之。

莫干山中學——該校名爲縣立，實則也操之於救濟會。經常費來源，從教育廳，縣政府，救濟會，行署，及毛竹業助捐等來的，設備尚可，學生共有一百四五十名。

敎材已往者用講義，讀古文，今已改爲教科書，但內容方面完全沒有抗戰的意識，對學生抗戰情緒，壓抑得很厲害。

難民學校——該校共分兩班，上午爲孩童班，下午爲成人班。敎材雖由民衆學校裏拿來，但內容已完全改過，毫無一點抗日意識。

他們一共有三四十名，他們都是由沒有了家的

急待開展的「對敵工作」

陳淵

陳先生這篇文章，本來是一篇洋洋萬言的精心結構，惟因本刊篇幅有限，故在不損本文原意之條件下，删去陳先生引證的一些事實，（如中央社報導的敵軍反戰情況及敵兵書信與詩文等）及翻覆解釋的地方，這是要特別申明，應該向作者及讀者道歉的。——編者——

一 「對敵工作」的意義

戰爭是政治的延續，但在戰爭中亦以政治的手段，爭取戰爭的勝利，「對敵工作」便是其中方式的一種。

「對敵工作」並不是近世的戰爭始有，中國漢時張良的吹簫散楚兵，三國時蔣幹的說周瑜，都是「對敵工作」的一種先例。

但是，我們在抗日戰爭中的「對敵工作」他的內容與過去全然不同了。因為抗日戰爭。不是封建諸侯的戰爭，也不是軍閥的內戰，而是進步的正義戰爭，「對敵工作」的內容便隨着這戰爭性質的進步而進步。

「對敵工作」的運用，第一可能加速敵人的崩潰，縮短戰爭的過程。

其次，可以深刻地明瞭敵情減少軍事上的困難，這的確可能避免許多盲目的軍事行動。

第三，在「對敵工作」急速開展下可能用宣傳以及各種「敵工」來代替一部砲火減輕我們的損失與士兵的傷亡。

抗戰已經三年，晉入最艱困階段的今天，我們要積極開展「對敵工作」，不僅是針着敵人的弱點進攻，並且，要面迎着敵人的進攻而實行「防禦」，築成全面鞏固的「政治」防線，再在工作開展中擊敗敵人。

二 「對敵工作」的可能性

1. 侵略我們的敵人是帝國主義的國家，侵華戰爭純是日帝國主義者向外掠奪殖民地與市場的戰爭。因之，戰爭的主動者並不是日本民衆，而是造成日本為帝國主義國家的財閥與軍閥。日本民衆在侵華戰爭中並沒有得到益處，相反地，數百萬的日本民衆被強迫至中國戰場充當砲灰，數千萬日本民衆在日軍閥加緊壓榨下，要負擔着數百億的戰費，負擔着軍需品的製造與供給，而在戰爭的影響下過着慘痛的日子；我們為反對日軍閥的侵略而挺身作戰，跟日本人民要排除戰爭的災害，而打斷日軍閥加上他們頸上的枷鎖的鬬爭是一致的。

只有「共同負起責來打倒暴戾的軍閥和財閥。方可能脫離戰爭的災害，生命方可得到保障」。中山泰德對日廣播詞，正足以說明這一點，這是「對敵工作」的可能性的第一點；

2. 日本帝國主義國內的危機深重化。戰場上的敵士兵自然他不安於戰。因了龐大至數百億的戰費按連地被軍部通過，使先天不足經濟基礎脆弱的日本，不得不拚命向人民搾取及濫發紙幣。結果換來

難童，有的父母兄弟遭了慘殺、有的家屋被燒。年紀最多不過是十二三歲，八九歲者居多，他們一方面做工，一方面讀書，個個都是面色很黃。

難民生活——難民因其經濟條件決定其生活狀態，可分三種！

A、一等難民——很有錢，住洋樓，吃魚肉，生活無度。

B、能自供自足的難民——生活相當優裕，但也沒有多餘，還需營別的事情而過活。

C、求人救濟的貧難民——生活無依又無法生產，住着最骯髒與黑暗的破陋房子（難民收容所），說起來可以到施粥廠去吃粥，孩子又可送難民學校讀書，然而他們的生活無法維持，因此，比較年青有力的，就去幫忙人家做工。病着的難民很多。但是不能去醫院診治，即使萬幸去看了病，好的藥是輪不到他們的。

救濟醫院牌子掛得很好聽，然而實際上難民生了病，常常進去看病只會遭到白眼，不大親切。還是掛名的醫院而已。掛號一角，藥金另算，打針更貴。

該醫院原是莫干山中西合辦的，幾乎全是營業性質。所以設備也好些，藥品大多數是由吳興福音醫院運來。

難民施粥廠——由美十字會補助經費，而由救濟會統制，沒有規定的經常費，却可以用多少，取多少的。每天施粥時間，上午八點，下午三點兩次，共有難民八十五名，婦孺較多，每頓燒粥甚少，以致常常不夠吃，於是搶風大鬧，因此難民飢寒交迫，為了搶粥吃，時常幾乎訴之於武力。

警衛班——在敵憲兵退出莫干山後，組織維持會前，成為無政府狀態，秩序混亂，於是設立警衛班以維持秩序，由救濟會支使一切，經費大部份由救濟會領取，有一部份向青幫會領袖張××領取。自縣政府恢復權限，就把警衛班改為自衛團，名義上為縣政府統轄，實際上權力完全操之於救濟會，目的是防衛土匪。

有人這樣說，如果莫干山好像是陰陽界，那末，警衛班堪稱是夜游神了。

了通貨澎漲，物價高昂，使日本民衆的購買力日益降低，同時，商輪很少有運進生活必需品，而成羣結隊在驅逐艦掩護之下往來太平洋運載軍火，而僅有的必需品，亦經政府嚴格地統制，因之，破產與失業的人民日益增加，飢餓者羣顯著地一天增長一天，壯丁的被徵調是不用說，沒有被徵調的也不分晝夜的作苛酷的使役，連耕馬也被徵發，農村田地變成了荒蕪。出征者的家屬則須眼巴巴的望着戰場上的兒子或丈夫，把每月二元八角的薪餉，寄元來津貼生活。

這些危機，可能使敵士兵厭戰的心理無限地增長。

我們引證一個事實來，使這幅所描述的圖境更加活現。

「中央社三月十九日潼關電：敵近來經濟益感困難，士兵厭戰潛逃自殺者日多，六日晚沁源敵剛池聯隊廣中大隊之士兵矢力二郎，因接悉家庭生活艱苦，自身無法退伍回藉維持，頓萌厭戰心理，實行自殺，同隊士兵睹猶深表同情，厭戰氣氛益形濃厚，敵首深感狼狽云。」

這是「對敵工作」可能性的第二點。

3.戰爭的持久與無限地延長，敵人的軍隊要發生質量的變化。

日本帝國主義經不起長期的戰爭，而利於「速戰速決」，但是，戰事延長三年了，短期解決「支那事變」正如陰霾一樣找不出解悶的光點，而呈現出敗亡的慘影，我們的持久抗戰，首先便擊碎而改更着日本士兵的心理，使他們在迷模中漸漸地清醒了起來。從厭戰漸走上反戰的道路，考查一些原因是：

第一，感到戰爭勝利的無望，反有被中國打敗的危險，他們親眼看見同伴們整批地喪命在砲火中，親身嘗受了游擊隊的威脅，大慈次男致青木勇治的信中說：「如今戰事不知要延長到幾時，看到這支離破碎的母國能不吊淚嗎？戰爭如果再延下去，悲慘的日子當要更多的」。

第二，由於深入中國內地，要發生水土不合的疾病，以及瘟疫時症的威脅。這痛苦比死還使他們悲哀。

台灣先鋒月刊

祖國精神

于右任

第三，懷思家鄉，在敵士兵中這是最普遍的現象，隨戰事的延長而愈形顯著，他們一想起家，鬬志便會無限量地低落的。

第四，敵軍隊中階級觀念非常濃厚，敵軍官可以隨便蹂躪甚至慘殺士兵，這樣自然會激起士兵的憤怒而用厭戰反戰的行動來報復。舉一事實於下；

「中央社電：桂南激戰，敵軍重傷者二千餘，已運至欽縣收容所，但十七十八等日業已完全死亡，皆呈毒死之態，或橫遭慘殺，敵重傷留在潮汕治療之官兵現均死亡，敵軍遍發傳單，痛斥敵閥爲減少殘廢強令醫院致死，風聲傳出，現敵軍反戰行動益趨白熱化」。

第五，受過長久的「武士道」訓練的優越士兵戰死了，補充來的新兵，便是在國內受戰爭影響而而過過悲慘生活的國民，他們早嘗受了戰爭的災害，而又被強迫來華，其素質之差厭戰之必然性是不用講的。

以上所說，是造成敵士兵厭戰與反戰的原因，這將隨着戰事的延長，而有力地撼動敵人陣營中的厭戰巨浪。

這是「對敵工作」可能性的第三點。

4 我們的持久抗戰使敵人的危機無限加深，順利的對敵工作條件益發具備。我們唯有持久抗戰，才能在經濟上，軍事上佔優勢。而日寇內部隱蓄着的危機，便在持久戰中日愈加深，日本人民厭戰的潮浪隨日子的延長而澎湃，解除災害便日益迫切，因之，「對敵工作」的可能性便就益發增大。

這是對敵工作的可能性的第四點。

上述各點的具體反映；我們稍一留心時事，便不難從報上尋得。這兒因篇幅的關係，不能一一地寫出。總之，由於敵國內部的危機，加上我們的打擊，反戰運動今後將更急速地發展。

這裏，我們要着重指出的是朝鮮台灣的解放運動，朝鮮台灣被日軍閥宰割了後並沒有忘掉自身求解放的革命運動，這運動與我們的解放完全一致是爲摧毀日寇的壓迫與統治，因此，他們一方面加速地開展他們本部的革命運動，與日寇鬬爭，一方面，貢獻其實際的力量參加我國的抗戰，他們在「對敵工作中」，無疑的會發生莫大的作用，例如爭取韓台僞軍的反正，他們當然比中國人做來得便利，同時因爲他們深受日寇的蹂躪而覺醒過來，在反日的意志上也比一般人來得堅固；加上他們對敵情的了解，日語的熟習，都構成他們在「對敵工作」中的有利條件，目前在中國各戰地及敵人後方活動着的朝鮮台灣兩義勇隊，已經表現出信然的成績。

這樣，台灣，朝鮮以及日本人民，都團結在中國抗戰的旗幟下，以求早日脫去日本帝國主義所加於他們的鐐銬，這更是我們「對敵工作」必然勝利的有力條件。

三 怎樣開展「對敵工作」

「對敵工作」迄今還沒有普遍地被人注意，這確是一件極大的憾事。因爲：一、敵軍的厭戰與反戰會在散漫的，沒有援助的情形下，可能爲敵閥消滅；和緩。二，這便給予敵寇有餘暇的功夫，在某些情形下，可能和緩內部的矛盾，而拖長其崩潰的路程。三，敵寇反運用了他們的「對敵工作」，向我們作猛烈的進攻。我們沒有反攻的力量，更沒有防禦的準備，這對於抗戰的影響是不容忽視的。

因此，我們要促使敵寇的早日崩潰，更爲着防止敵人的政治進攻，加強自身反攻的力量，應即速開展「對敵工作」。

首先，加緊進行對敵的宣傳工作。第一，推動敵僞士兵的厭戰加速蔓延，反戰運動急速發展。第二，普遍地進行爭取敵僞士兵的投降與反正。第三，與反戰的團體取得聯繫，並促成其統一的行動與組織。有了聯繫便有了外援，行動組織化，才能發揮更強大的力量。

其次，爲防止敵寇的進攻，應加強自己的防綫，在「對敵工作」上這便是一種準備與開展的「防禦戰」的工作：第一，要加緊部隊的政治教育，使每個武裝弟兄都有極堅定的抗戰意識，不爲敵寇的欺騙無恥宣傳所動搖；

第二，加緊發動民衆。這是最重要的一部工作，「對敵工作」正和一切的工作一樣，沒有廣大民衆做基礎是不行的，尤其在「防禦戰」中，敵人的進攻第一個對象便是民衆，所以我們應先敵人而把全體同胞爭取到抗戰陣營中來堅定其抗戰的信心，而且這樣是容易收「對敵工作」羣衆化的效果；

這裏我們應該指出，所以使這工作無法開展的原因；在於對「對敵工作」的沒有認識或認識不夠。據一位對敵工作的負責人說：「人們，甚至主管官們，他們說：「我們所幹的，那一種不是對敵的工作，還要啥「對敵工作」呢？」甚至有一些人員認爲：「對敵工作」只要到淪陷區去開豆腐店便行了」。這些便是給我們最好的說明。

這是一個極端嚴重的問題。要解決這問題，應該是：第一，作文字上的廣汎宣傳，俾使問題普遍地深入廣大同胞的腦海，獲得廣大的同情。第二，問題引起注意之後，便要有熱烈熱的普遍的討論，在理論上，技術上作深刻的探討，尤其是一般實際工作者要負起這推動的責任。第三，幹部的造就，便是決定工作的成就之重要條件，我們應該訓練出廣大的幹部，對內運動，對敵進攻，才能肩起這巨大的任務。

上面不過是把「對敵工作」繪出一個輪廓，而且膚淺很很，爲了這一工作的積極開展，故熱情地提供出來作大家的參考。錯誤的地方，懇盼讀者予以指正。至於如何去開展「對敵工作」，有機會再提出請讀者指正。

二十九年六月二十九日於金華

台灣光復

還我河山

李友邦

日寇統治朝鮮民族的新花樣

——評日寇的兩個怪法令——

楊民山

據最近朝鮮國內的韓文新聞，日寇在朝鮮先後發表了兩個怪法令。一個是所謂「改姓、創姓令」；一個是所謂「預防拘留制令」。依敵當局解釋：根據前一個法令，朝鮮人在今後，可以在「法律」承認下，得將朝鮮改換或創造為日本式的姓名；根據後一個法令，朝鮮人在今後，不問有無現行事實，如被認為「思想不穩」，可以無期限地均拘禁於監獄「改姓創姓令」的目的是要消滅朝鮮人的民族意識，而「預防拘禁令」的目的是在防止朝鮮人的革命運動。敵人在這個法令上再一次暴露了它的無恥與野蠻。

日寇早就感覺到，朝鮮民族是它的心腹之患。所以牠向來，在一方面採取恐怖政策，來極度壓制朝鮮民族的革命運動；另一方面它又實行同化政策，要根本消滅朝鮮民族的民族意識。日寇自從併呑朝鮮到現在，一天也沒有放棄過這個政策。不論它的花樣如何更換，它實際的內容絲毫也沒改變。這政策的目的是：使朝鮮人永遠馴伏於奴隸的地位，以便加緊剝削並為它使役。

日寇併呑朝鮮後十年——一九一〇年「合併」到一九一九年三一運動——，日寇對朝鮮的統治政策是，恐怖重於同化。這就是寺內的「武斷政治」。這個時期憲兵統治一切，任意地侮辱，摧殘，逮捕，屠殺。三一運動後至九一八止——一九一九年到一九三一年——這一時期的政策是，同化重於恐怖。這就是齊藤的「文化政治」。這個時期它取消了憲兵政治，並准許了朝鮮人在言論、出版、集會，結社上的微小的自由。「九一八」到現在，這一時期的同化政策是、恐怖與同化並重。「九一八」事變後，日寇頒佈實地所謂「思想犯保護觀察法」（限制「思想犯」的居住、通信及一切行動的法令），監視大批革命者；並誘降大批民族敗類組織各種反動團體（如時中會，大同民友會等），宣傳「日本的德政」和大亞細亞主義。

自從日寇發動全面的侵華戰爭後（七七事變），朝鮮就變為它在華作戰的唯一「兵站基地」了，因此，日寇認為鞏固朝鮮統治是絕對重要的事。所以它一方面增加了警察名額，組織了嚴密的密探網，防止朝鮮革命；另一方面提出了「內鮮一致」（內為內地，指日本）的口號，想利用朝鮮民族為它戰爭服務。

「內鮮一致」的口號提出之後，日寇令其內地人，稱朝鮮人改稱為「半島人」，又把普通學校及高等普通學校改名為小學校及中學校，以表示「一視同仁」。（過去朝鮮教育是認為特殊——奴化教育——故採用普通學校、高等普通學校這個名詞）它並組織「精神總動員聯盟」，到處設置道場（公共集會所及「國旗」揭揚台），強迫朝鮮人民舉行「宮城遙拜」（向日本皇宮方向鞠躬，朗誦「國民誓辭」，以表示同樣地「皇國臣民」看待。日寇的所謂「內鮮一致」，給朝鮮民族的，並不是政治上教育上的平等，而却是各種戰爭負擔上的平等。

朝鮮民族決不會被日寇的花言巧語所欺騙，也不會被它的恐怖所屈服。他們自始至終以堅強的反抗回答了野蠻的騙人的政策。

由此，可以斷言：日寇最近所發表的「改姓創姓令」，不會得到絲毫的成續。朝鮮人民的大多數，一般地還帶有封建思想——是儒家意識——，宗族和尊祖的觀念很強，改換姓名，認為家們之恥，大不孝，簡直不是人。所以這個法令只引起了朝鮮人民的嘲笑，而愈暴露了日寇的愚鈍；同時再一次表現了日寇想同化朝鮮民族的又一番苦心。

又可以斷言：日寇發表了的另一個法令——「預防拘留制令」也不會有效果。它這個法令可以訓練朝鮮革命者的祕密技術，增加朝鮮人民對它的仇恨；而再一次暴露了日寇之懼怕朝鮮革命的眞相。

朝鮮民族，有四千年的文化，有固有的文字、語言，風俗、習慣，有三十年的反日鬪爭，有英勇的戰鬪精神，要他們變成日本人，要他們不反抗，還是絕對不可能。所以日寇勿論來什麼花樣、都會徒勞無功。

五月十八日

台湾先鋒

待從頭收拾舊山河

看澈底團結全民族

邵力子

雜記台灣

張一之

其一　台灣之最初發見

台灣之被發見，早在六百零五年之時，有關台灣之最早文獻，當推隋書之琉球傳，琉球傳中有曰：

「……大業元年，海師何蠻奏言：『每春秋二時，天清風靜，東望依稀，似有煙霧之氣，亦不知幾千里？』煬帝令羽騎尉朱寬，入海訪異俗；何蠻言之，遂與蠻同往，因到琉球言語不通，掠一人而返。明年，帝復令寬慰撫之，不從，寬取其甲布而還，時，倭國使來朝，見之曰：『此夷耶久國人所用！』帝遣虎賁陳稜，朝靖大夫張鎮州，率兵自義安浮海至高華嶼，又東行二日，至鼅鼊嶼，又一日，至琉球。初，稜將南方諸國人從軍，有崑崙人頗解其語，遣人慰諭之，琉球不從，拒逆官軍，稜擊走之，進至其都，焚其宮室，載軍實而還，自爾遂絕。」

所謂琉球者，當即今之台灣，更有謂昔所指蓬萊，亦即台灣之新高山者，但自煬帝時曾一度探視後，亘數百年，無人問津，眞所謂：「自爾遂絕」，迄於元朝，始設巡檢司於澎湖，此蓋一二八〇之事。是後，一五八三年，葡萄牙人始過台灣本島，以其山川秀麗，呼之曰：「Formosa」「美麗」之意也，迄今西人仍沿用此名，台灣人則曰「Formosans」。一六二二，荷人犯澎湖，明軍敗之，荷人乃退居台灣南部，不復出島，一六二六，西班牙人佔台北基隆，一六四零始為荷蘭所擊退，自是，荷人乃佔有台灣，鄭成功之入台灣，逐荷人，乃一六六一年事也。滿清併台，乃一六八三。其時成功早死矣。

其二　鄭成功與台灣

鄭成功之於台灣，關係至深切，台人迄今仍未忘，亦無人不知之也。

明既亡，滿清以異族入主中原，忠義之士，痛於異族君臨，復明之心彌切，黃宗羲顧炎武之流，雖心有餘而力不足，亦止於憤憤，蓋大勢已去，無可奈何也，當時，以武力抗清者，惟鄭氏一人而已。

鄭成功以一六六一，率軍二萬餘人入台島，以其父芝龍之居台，多歷年所，島人敬之，故鄭氏治台，萬民心服，數十年無異亂。當其入島之時，中原之不願為滿清奴隸而隨之赴台者，為數極衆，台灣豐富之革命傳統，實源於此也。

鄭氏以兵入台時，台島尚為荷蘭人所霸佔，鄭氏一舉而潰之，逐之島外，遂有全台，適時，明亡已久，而鄭氏仍以光復明朝為志，奉明朝為永曆帝，於台灣建國，號稱「東都」，其臥薪嘗胆，志在亡清，不圖身死，其子鄭經繼其志，二十餘年不降，後鄭經亦於一六八二死，會鄭氏族亂，清兵乃乘機於一六八三入台，鄭氏不能禦，台灣自是遂歸滿清統治，歷二百餘載，雖版圖劃歸清朝，島民之心，固未嘗服之也。

其三　馬關條約

中日之戰敗，一八九五，乃以馬關條約一紙，又復將台灣斷送於日本帝國主義，是年，台灣有台灣民主國之成立，開遠東民主國成立之先例，惜以力量薄弱，外援不繼，不旋踵而亡，年終，台灣乃完全為日本所佔領，光陰易逝，今且四十又六載矣。

日本於台灣之攫取，實非一朝一夕之念，其由來久矣，可謂苦心孤詣，其存心於此，蓋亦難以記其年月，早在數百年前，即已野心暴露，明末，徐光啓氏即已疏言：台灣如不及時經營，將來必為日有。滿清政府，既得台灣，亦不知治台之法，但求其在重壓下唯唯之諾，而不圖百年之計，終為日寇所奪，良非偶然。

滿清之割台灣也，雖在一八九五年，而日本以兵入台則實始於一八七四，是年，日寇決心侵略台灣，以陸軍中將西鄉從道為匪首，五月二十二日，大舉進犯，入台東牡丹社，逼迫當地番人投降，十月三十一日，大久保利通，與清朝談判台灣事件，得賠償金五十萬兩後，始將寇軍撤退。

中日戰事既敗，清朝乃派李鴻章與日人結締和約，李氏於一八九五年三月二十日到下關，日本遣依藤博文及陸奧宗光與之談判，四月十七日，和議成立，馬關條約訂定，台灣從茲割於日本，六月二日，樺山資紀（日本政府於五月十日委任華山為第一任壓迫剝削台灣之總督）。與清朝之全權委員李經方，在三貂灣完畢台灣之授受手續，於是，五百萬人之生命，乃操之日本軍閥手中矣。

日本領台之後，立即計劃統治與開發，是年八月六日，即發布台灣總督府條例，奠定台灣政治系統之基礎，迄今數十年已來，大體未變，惟此數年之中，日本亦不知付出若干代價，始得台灣之穩定，蓋白川宮能久親王亦即於是年十二月二十八日被殺於台灣也。

其四　清庭笑話

當台灣割讓前後，滿清政府之笑話極多，其始也，日人之侵略台灣，心目之中，倘有一中國政府存在，雖係無理取鬧，表面上，仍將取鬧事件提向中國政府交涉，當時，清廷外交人員，竟不知外交爲何物，日本以蕃人殺日人事相詢時，竟答云：

「台灣化外之民，與我無關。」日人得此一句，大喜，是後暢所欲爲，不復有所謂中國政府矣，清朝外交之荒唐，一至於此！

更有甚者，聞割台之事既定，李鴻章自鳴得意，告人曰：「台灣三年一小亂，五年一大亂，且地瘠民貧，我惟恐日人之不取也」，嗚乎！將大好土地拱手於人，而猶慮人之不納，此與在鎭南關大打勝仗而仍將安南獻與法國一事，先後媲美，此清庭外交二大傑作，希世罕有。

割台之事既定，台人羣起請命，力反割讓，丘逢甲等電滿清政府，其辭有云：

「割地議和，全台震駭，自聞警以來，台民憤惋餉械，無負列聖深仁厚澤，二百年來，養人心，正士氣，正爲今日之用，何忍一朝棄之？……臣桑梓之地，義與存亡，願與撫臣，誓死守議；若戰不勝，待臣等死，再言割地，亦可上對列祖，下對兆民。」

清庭得此電後，置若罔聞，經再三催答，乃以五字復台人曰：「台抗京即危！」其軟弱無恥，誠天下無雙矣。

聞李鴻章會告依藤：「台民性好叛亂，恐於貴國亦無益！」依藤但笑對之，清廷竟有此種混賬官僚，中國之未全亡於清朝，亦云幸矣。

臺灣先鋒月刊出版題詞

臺灣先鋒民族戰士喚起國魂驅除蛇豕廸延平之光雪馬關之恥恢復河山從茲始 李濟深

其五 台灣人口

台灣人口，通常號稱五百萬，據昭和七年（即民國二十一年）之統計。數爲四百九十餘萬，但，去年七月日人廣播，則稱已達五百六十餘萬，日本人口之增殖率，本來甚大，明治維新以來，六十年間，竟由三千萬（指日本本部）左右，一躍而增至六千萬之多，近來增加率尤大，年約八九十萬人，昭和七年，且達百萬之數，而台灣人口之增加，數亦驚人，過去，自明治三十八年（即領台後十年）至昭和四年，平均每千人，增加十五人點九，即千分之一五、九；如此推算，料想台灣人口，當在五百萬至六百萬之間。

在此總數中，有百分之五上下，爲日本人，係來自日本本部，稱曰：「內地人」，蕃人則佔百分之四，有生番與熟番之分，亦與我國西南部苗人之有生苗熟苗者相同，其生活與台灣人較接近，且已部分同化者，曰熟蕃，反之，曰生蕃，由中國往台僑居者，亦與僑居他國者相同，均稱華僑，連其他少數外國人，約佔總數之百分之一，此外，均爲台灣人。

其實，此所稱「台灣人」，實即由廣東、福建及浙江等地移去之中國人，其異於所稱「華僑」者，過台時間之有遲早而已。日本領台之時，即下令全台：以二年爲期，任台人自加選擇，或移出島外，或登記爲日本臣民。夫台灣人，生於斯，長於斯，田園財產均坐於斯，何能一時全部他移，故除少數移回中國或奔赴南洋外，均仍留台島，二年期滿，日本政府按戶登記，均變成日本臣民，此後過台者，均稱華僑矣。

其六 台灣目下行政系統

台灣目下之行政系統，乃所謂「一元制」之行政系統，蓋獨斷獨行，無被牽制之虞，則剏創易而成功速也，「一元制」者，即將全島行政大權，置於單一之行政系統範圍以內，其最高機關，爲獨裁之台灣總督府，府址在台北，設總督一人，爲日皇親任官，其耀武揚威，大可想見。

行政區域，現分五州三廳，五州者，台北州，台中州，台南州，新竹州，高雄州是也；三廳者，台東廳，花蓮港廳，澎湖廳是也。（通常所謂台灣，係連台灣本島，澎湖島以及附近其他各小島而稱之），州廳二者，並非彼此有隸屬關係，均直屬總督府，蓋以地域人口之不同而異其組織也。每州設州知事，廳設廳長，總理該州或廳之一切政務，而總督負責。州之下爲市或郡，市設市尹，郡設郡守。廳之下，則有支廳，支廳設支廳長，以下乃保甲。

總督府為賊台之戎首，為天皇之親任官，略與我國之特任官相同，親任之下為敕任，（如州知事。）敕任等於我國之簡任，再次，則為奏任，如吾國之薦任，以下乃判任，則我國之委任是也。

台灣官制，重重疊疊，莫非吸血機關，舉凡充任此類機關之首腦者，無一為台灣人，均為日人，蓋台人不可以為官，可充奴隸而已，直至保甲，始行採用台灣人，然保長甲長，無何能力，一舉手也，一投足也，如不得日本人之許可，即不得而為之，在此種制度之下，台灣人敢怒而不敢言，其壓迫之苦，實較諸印度非律賓為多矣。

其七　台灣人對祖國之懷念

台灣割後，被治於日本，日人粉飾太平，外表上，將台灣加意粉飾，令人一見而生天下太平之感，其在清朝，台人亦為異族奴隸，並非中國真正主人，由滿清封建君主之統制，轉入一帝國主義魔鬼之統治，其為奴隸與壓迫一也；然自民國成立以後，台灣人之眷念祖國，亙數十年不衰，其情至為令人興奮。

我國在台置領事館，約在二十一年之時，蓋三十年來不復有使節往來矣，故二十一年領事入台之初，全台為之興奮不已，割讓而後，居民久久不見祖國使節，聞其來，即山中老嫗，亦匍匐來迎。初見領事着洋服，頗疑之，後知確係華使，均大聲呼冤不已，謂受壓已久，乞領事一告祖國政府，為解倒懸。領事為之瞠目，不知所對，蓋老嫗輩，久處山中，亦不知有割讓之事，殊可悲矣。

辛亥革命前後，台灣革命人士與中國革命領袖之往返甚頻，胡展堂黃興趙聲君林時爽溫生才等。於台灣革命之協助尤多，一九一三年，以革命失敗被日本政府判處死刑之羅星福，於就刑之前，曾有「祝我民國詞」一首，於中山先生，崇仰備至，其詩曰：

「中土如斯更富強，華封共祝著邊疆，民情四海皆兄弟，國本苞桑氣運昌；孫真國手著光唐，逸樂豐神久既章，仙客早乏靈妙藥，救人於病身相當。」

詞句無可取者，且情近造作，不甚可觀，但，連其每句首字，則成「中華民國，孫逸仙救」八字，暗藏頭詩也，其對祖國之眷念如此！

其八　蕃人生活一斑

台灣蕃人生活，與台人互異，台人衣飾習尚，大體仍與閩南各地相同，蕃人則截然不同，其習尚亦極野蠻。

相傳昔有以人頭作年祭之惡習，青年男子，以能斬獲多數人頭為榮，於此種男子，一般婦女，多爭相媚就，此舉又復為社會一般輿論所盛稱，而里中長者，於撚鬚閒話之際，又每每以此鼓勵後進，殺人之風，因此特甚。

前清康熙末造，有吳鳳者，任台灣阿里山理蕃通事，為人正直廉潔，有清白聲，見此惡習，欲革除之，苦口相勸，而蕃人不改此習，因每年年祭，必須人頭，鳳乃強以死囚之頭代之，勸蕃人勿自以飛劊奪他人首級，然蕃人仍不以此為足，殺頭之事，仍頻頻出現，鳳為人，極為蕃人所敬愛，而此種勸諫，始終不納，彼亦無可如何，思以死諫之，一日，告蕃人曰：

「如必須殺人者，明日可為之；但見一白衣乘馬者，持刀而來，殺之可也，但，自此以後，幸永息此風！」

蕃人亦佯允之。次日，果遇一白衣乘馬者於途中，取其頭而細視之，則吳鳳本人，蕃衆大為感動，悔之莫及，悲痛不已，自此，殺人之風乃息。青年蠻往往以此事互相傳述，相約戒殺，以報鳳德，並於嘉義市中築莊建祠塑像紀念之，每年台灣政府人員。亦假惺惺地定期致祭。

予之台灣友人中，亦有取蕃人女為婦者，據談其生活，極為有趣，惟邇近已漸同化矣。

其九　六三問題

「六三問題」，曾為數十年來台灣革命者所引以為工作中心，日人既領台灣，即於次年（一八九六）帝國會議，發佈第六十三號法律，其第一條為：

「台灣總督，於其管轄區域內，得發布與法律同効力之命令！」

其第三條為：

「台灣總督，於臨時緊急必要之時，無須經前一項之手續，得即時發佈第一條之命令！」

以此之故，台灣總督，不啻一台灣專制皇帝，可以為所欲為，故後來之「匪徒懲罰令」即係根據六三法案而由總督府發佈者，第一條曰：

「不論其何等之目的，為達其目的，以暴行或以威脅而結會集衆者，與匪徒同罪，依左列區別處決之：

一、首領及教唆者，處以死刑；

二、參與謀議或指揮者，處以死刑；

三、附和隨從，或為雜役者，處以有期徒刑，或重懲役。」

台灣命革同志，在此「匪徒」一名義下死亡者，不知凡幾，故革命者均以取消「六三法案」為口號而倡導革命，然數十年來之努力，無若何成就，其實，台灣革命問題中心，固不在

……低算
設置
也，
不欲
「日
……立議
，發入

經營

……不言而
忿於此，
如此錯誤
以爲台灣

……抗之舉，
……維持，當
地方經費，

每年約須一千萬元，其中七百萬元，由日本政府補助，在日人而言，全係支出，故一般輿論，均以爲得了台灣，不過增加日本一件奢侈品而已，乃有建議政府，以一億萬元賣與他國者。

然而，日政府埋頭經營，一方面，竭力設法減少此項補助金，明治三十年（即光緒二十三年）至三十一年，議會議創補助金，仍每年四百萬元左右，衆仍以爲前途無甚希望。

然而，日政府埋頭經營，兒玉總督，以十年之期，即將台灣變爲自治殖民地，今者，日本且靠台灣吃飯矣，此以視法人之經營印度支那，時未及半而功效過之，日人之努力，大可想見。

但一視台灣金融發展情形，即可了解台灣之大有助於日本。甲午之後十年間，日經濟之大景氣到來，銀行收入資本，由一億元增至三億七千萬元；存款之發達，亦大爲可觀，竟由一億三千九百萬元增至七億五百萬元，日俄戰後與大戰後，更爲亨通，台灣之「資本化」，乃告成功，而財政獨立之工作，於焉完成，財政獨立以後，不數年而全島之土地調查完竣，土地多爲日本政府所有，又復益以特產之專賣，於是，人民日以窮困，政府日以胞滿矣。

其十一　總督府之收入

台灣總督府之收入，據民國二十一年之調查，年在一萬萬至一萬五千萬之間，此龐大數目，較之中國任何一省爲大，（廣東有特殊情形，自可除外），而台灣幅員，僅三萬六千萬方公里，地極狹小，爲我福建一省之四分之一略強，其氣候與土壤，亦復與福建大致相若，乃其生產，竟超過福建者至六倍之多，即以米糖二項而論，其產額，年已約值日金二萬五千萬元矣，其他蓋可想知。

總督府此一萬數千萬元之收入，其來自官營事業如鐵路郵電森林等，約佔總數百分之五十；來自專賣事業（如鴉片，食鹽等之專賣。）約佔百分之三十；其餘均來自稅收，以及其他各種各樣之特殊搾取，（土地稅年爲一千五百萬元。）

此一大筆收入，在台灣，不知豢養了若干日本官吏，彼等在台灣之搾富，一若天生之大資本家然，其來蓋有自也。

在此巨大數目中，甚少用之於台灣人利益之獲取與保障，除供日人官吏搾奪外，皆用之於搾取機關手段之加強，此所以增其稅收，強其統治也，日人常自誇其用於激勵台灣農業者年有五百十萬元之多，因有德色，殊不知此亦不過「若欲取之，必先予之」之實行，日人欲以台灣農產供其國內工業之需，乃不得不如此耳。

以社會一般事業如郵貨救濟失業等等而論，範圍至寬，亦爲人民幸福所系，而日本政府用於此者，二十餘萬，此與總收入一萬萬元。不堪比擬。

其十二　台灣之土地情形

日本攫取台灣後，即有所謂「四大事業」，即土地之調查，縱貫鐵道之建築，基隆建港與官署新建是也；此四者，因多與總督府之財政有關，故能先後一一實見，其有利於日人者，實不在少，即以土地調查一項之收效言之，亦可見其大略。

台灣之土地，最初，均爲當地豪族所佔，役民墾殖，自稱墾主，農民則曰墾民，其後以情勢變遷，地土之權利轉移頻繁，因而地權亦多有入於墾戶手中有者，而墾戶復可將土地轉租與他人耕種（即「現耕佃人」）於是，乃有大租小租之現象發生，（我國亦有此種現象，惟不甚多耳。）墾戶向墾土繳納大租，現耕佃人則又向墾戶繳納小租，大租戶與小租戶，總稱曰「頭家」。

因有此種情形，故實地耕種土地者，所受之剝削，極為殘酷，明治三十一年，日本政府，設土地調查局，從事台灣土地之整理，以完成其「四大事業」之一，三十七年，公佈大租權整理之律令，由政府發行四百餘萬之公債，向大租戶購買大租權，是後，乃向小租戶直接徵收極重之地租，故使從來不過九十餘萬元之田賦收入，經此一舉，總督府即有三百餘萬元之田賦收入，增加三倍之多，益以近年以來之加意剝削，數目益益膨大，至昭和八年，田賦竟達五百七十餘萬元矣，此項收入，目前已佔關稅之首位。

故台灣今日之土地問題，亦極嚴重，即應如何打破土地集中日人，因使彼等能藉此種生產手段之佔有而剝削台灣人是也。

其十三　台灣戶籍與保甲

日人在台灣，有所謂「戶籍」警察者，實開世界之先例，專用警察辦理戶籍，且為台灣總督府所特創，即日本內地，亦無此變法，蓋以台灣不易統治，乃不得不以警察直接主辦戶籍，俾使易於掌制全島，以此之故，台灣人，家有幾口，子女年齡若干，戶籍警察，莫不瞭若指掌，其壓迫之易，可以見矣。

台灣保甲，直接在警察指揮之下行動，不能自由動作，以警察直接指揮保甲，亦為台灣之特別現象，各國均以行政系統歸行政系統，警察不過政府中特殊工作之一，而日本竟將保甲置其管轄之下，壓迫方法，蓋無所不用其極矣。

台灣所稱保甲者，其系統外表，亦大致與我國者相同，以十戶為一甲，甲有甲長，十甲為一保，保置保正，又併數保而為聯合保甲團，保中戶籍，由保正負責，每月必須調查一次，調查後，必向各該管之警察官負責報告，甲長則又向保長負責，如里中「不幸」而有「不良」子弟，保長與保正，必須在警察官指揮之下，為一切警戒逮捕之事，此外向有保甲連坐法，一人犯「法」，眾人負責，因而日本人乃得以安居無事。

保甲中，尚有所謂「保甲壯丁團」者，係由各地警察官調集當地壯丁訓練編成，其目的在於協助警察維持地方秩序，實不啻警察之別動隊，其對象固在台灣有志革命之人，非所以以求台人之幸福，所以保日人之安全耳，故在台灣，可謂保甲即警察，警察亦即保甲，台灣生活於此種嚴密防範之下，如其有所行動，亦難矣，然困難固矣，非不可能也。略讀台灣歷史，即可知之。

其十四　台灣警察制度

日本有警察王國之稱，其於警察辦理之周密，為世界冠，夫一國警察之所以必須嚴密周到，蓋由於其統治基礎之動搖性大。不穩，故不得不注意警察也，日人之在台灣，於警察之辦理，視日本本部為尤甚，鎮壓奴隸之心，亦云苦矣。

台灣警察制度，係於台灣總督府下，設一警務局長，為全島警務之最高官吏，在行政上，雖名稱係隸屬於總督府，實則其權力甚大，多可自決問題，州廳以下亦然，州設有警務部長，廳有警務課長，在行政系統上，本係輔助州知事與廳長，辦理警察事務，但，實際上，有時警務部長或警務課長等，於州知事或廳長所發布之州令廳命，彼等均常提出異議，拒絕服從，其囂張如此！

日人之治台灣，甚感困難，就地所訓練之警察，多懷攜二，不足為用，故多自日本本部，另調遣老手來台，再加以特殊訓練後，使其服務，然有時尚憾其未能指揮如意也。

在台灣警界，其為官也，最為愜意，如警務局長，為敕任官，月俸在五千元以上，且有加薪之規定，約為二千五百元；即如警務課長，亦月收三四千之譜；而下級警察，則甚「清苦」，如巡查新任者，僅二三十元，惟如係日人之來自日本內地者，則另眼看待，每月尚給予所謂公貸金者，數約數十元，以視台灣人之為巡查者，即又愜意一層矣。

嗚乎，即為警犬，亦有等第，漢奸汪逆精衛之流，其念諸！

其十五　台灣米

日本資本主義與台灣之經濟關係，乃宗祖國與殖民地之關係，自不待言，要之，日本之供給台灣者，大抵係工業生產品，而台灣之輸入日本者，非工業品之原料，即日本市場所必需之特種消費物，或可資日本輸出而以獲致外匯之特產。

台灣米，乃日人之生命線，日本米產不足，多由朝鮮台灣供給之，有此二地，日本乃成為「產米之邦」，去年朝鮮大荒，日本亦因之而鬧無米之荒，以致「米內」被人譏為「無米」，（蓋「內」之音與「無」字之音相同之故，實則米內一名，日人讀「藥拿衣」並不作「米拿衣」也，）台灣人，往往將土產好米，以賤價輸入日本本部，而自己，則又由他地輸入劣米食之，或以雜糧作為代用品，奴隸之苦，於斯大可見之。

在台灣全面積之中，有四分之一為可耕之地。（其餘多為林野。）全島（除澎湖島而外。）均因氣候良好，適於農作物之種植，每年可收穫二次。產額約一千萬石之多，佔台灣三大農產物之首位，（約值一萬萬元以上。）其輸出者，據一九三一年之統計，為三百三十萬石。

日人得台灣後，於米產之努力增加，可謂無微不至，其於各種有關事業如施肥等之鼓勵，極為用心，四十年前，產額僅為一百五十萬石左右，數十年間，相差竟如此之大！

一八九八時，全島耕種面積，為三十六萬甲，米產額為二百萬石，一九三一，耕種面積增二倍而為六十八萬甲，米產額增四倍而為九百萬石，突飛猛晉之情，實可驚人。（未完）

台灣少年

在祖父的時代
腐敗的滿清出賣了
　我們
自此起
日本鬼子做了
　我們的主人
父親在壓迫中出世
我們也在壓迫中生
壓迫在老早便已經開始
積累到現在
最大的天秤也無法稱
一代一代傳下來的仇恨
到我們這一代呀
海水也比不了仇恨的深
壓迫和仇恨啊
使我們學會反抗
我們要承受海盜的勇敢
比鄭成功更要不屈不撓
直到恢復了自由的台灣
　我們是灣台少年
　台灣少年的志氣呀
　一定要高過阿里山
　要有高過阿里山的
　　志氣
　才算是台灣的革命
　　少年。

杜禾

五，廿七

台灣少年團通訊（四則）

（一）「母親流淚」

十八號離開金華，到此地後我們就去台童教養所，他們開會歡迎我們，有的母親一年沒有看到兒子就流下眼淚，可是我們小同志每個人都不哭、我們對母親們說：「等一下去看你。把我們過的生活及一切工作情形說給您知道。」

在先我們是住在台民宿舍，第二天見了縣長，我們又搬到××小學，到那天我們和××小學開會、還參觀××中學。

六月二十三日

（二）「他們願來」

……到了台童教養所、全所的台童都十二萬分的歡迎，我們派了一位同志報告在金華的生活及工作情形給他們知道，大家都願意來，他們說：「父母有的不願意，」我們於是去對他們的家屬談，有一部份肯了，少數還是不答應，我們一定要盡力量把他們叫來，相信一定能够達到這次到此地的目的

六月二十四日

（三）經過情形

離開團部已有一星期了，想你們一定很掛念着我們一羣小孩子的，現在報告在路上經過的情形，及最近幾天的工作情形吧：

（一）十八號下午出發，十九號上午五時到上饒，恰好汽車已開了，只好在上饒中心小學，就擱一天，二十號到此地時，家長們有的在路上歡迎我們，我們派代表向家長們致敬，接着報告了我們二年來生活的情形，和祖國同胞如何愛護關心我們，因爲各位家長看了小孩子，好像拾到了寶貝一樣，遊藝會後各位家長要求帶小孩回家。小朋友們回家過了兩天。

（二）這次我們都能遵守隊長命令以及我們討論會的提案去做，例如黃國俊：他母親看到他，就哭起來，他就說：「不要哭，我們是不哭的，有什麼事，等我有空和你說。」

郭輔義：他母親要殺鷄給他吃，他不但叫不要殺，而且勸告了很多的話，像這種例子多得很，家長們不但看小朋友大了、胖了、而且他一舉一動都和大人一樣，尤其是懂得國家大事，更使他們放心，歡喜。

（三）害母親生氣的是曾啓章，李廣、他對家族及弟兄倒很好，對工作不大熱心，每個人都不滿意他，批評他，他也不理人。

（四）我們的伙食是包在中心小學廚房，每人每月九元，我們每天早上開早會，內容包括，工作計劃報告，及工作生活的檢討。

六月二十四日

（四）「出乎意外」

我們前次決定二六，七兩日在三一中學，舉行兩晚遊藝大會，用以招待各機關長官，民衆及台胞，并定二十六在遊藝會上向縣長獻旗，後來縣長的意思要在縣政府招待我們，獻旗可在招待會上舉行，二十六號上午九時到縣政府舉行獻旗典禮，儀式很莊重，情形很好，我們旗上題的是「台胞之友」四個大字，因爲他幫了我們台灣人不少的忙，他們以茶點招待我們，縣長，秘書，科長，職員共有五十多人，全都出席了，他們指示了我們工作的方針及幾點需要做的工作，并報告台胞在崇安前後一切情形。

二十七日，邀請各機關出席招待會的公函送發後，不料突下大雨，把舞台及週圍的一切東西，都打濕了，只好延期，一連下了三天的雨，直延期到二九，三十兩晚才舉行，這次演的是新排的兒童獨

舞劇「爲了大家」和原有的「打殺漢奸、」舞蹈，歌詠。還有，黃徐兩同志表演「相聲」及牛組長的「最後勝利」、成績極好，竟出乎一般觀衆意料之外，大家都很驚奇，兩晚都有各界長官參加，人數共有一千多。

這次遊藝會的收穫是：

1.使祖國同胞感覺到：台灣人對祖國抗戰，幫助很大

2.聯絡祖國同胞及台胞的感情

3.擴大了少年團的社會影響

4.提高了自身的藝術水平

缺點是：

事前宣傳工作不够

遊藝會成功原因：

1.在主觀上當然是我們大家努力有充分的準備；

2.在客觀上是××中學幾位教師及同學們熱心幫助我們，如舞台裝置發光，化裝，他們幫忙很多；導具化裝品也是他們供給。

七月一日我們買了茶點招待××中學幫助我們的先生及同學們，表示感謝，一方面檢討工作，他們在會上又給我們提出很多的意見。

七月二日三民主義青年團福建支團部直屬三十六區隊又招待我們，他們贈圖畫給小朋友們，說是慰勞；三一中學抗敵劇團也在當晚舉行茶話會，招待我們給我們說了很多的話，兩天舉行了三個會，性質都差不多。

本來要到星村去工作一次，因兒童教養院一週紀念延期下去，我們就在七月三日專門去遊武夷山經過教養院，他們都很客氣，舉行聯歡會，報告我們義勇隊的工作及少年團的組織，工作和小孩子應如何救國等事情。他們一天三頓稀飯，菜是自己種的，營養較差，但精神極好。七月四日始回崇安。

現在我們生活，規定時間上課及和新團員家族進行談話。

徐同志最近感冒，正請醫生診療，已好些了！其餘的小朋友都很好，在工作上也很熱心，生活方面有個別的不大好，特別是李廣。

七月十日

請注意

從這次的通訊中可以看出，無論是團體或者個人，都在不斷的進步中。本來，我們台灣的革命少年是爲着不斷的進步才對；但也有少數的小同志不大努力，不聽批評，不求進步。例如李做，我們特別把他提出來，看他們還不害羞、以後，我們要專闢一欄來登載那些工作努力的榜樣；對於不大努力的也登出來。希望大家都做好的榜樣，那個想做榜樣的，就加倍努力啊！編輯室

自我介紹

書信來往

你們會奇怪吧？那裏來的信？好！我們先作一個自我介紹吧！

我們是育才學校社會科學組的小朋友，最近在報紙上看到了你們的消息，同時也看到了你們「餓死也要消滅日寇」的宣言，我們興奮極了，像你們這種戰鬥的精神是值得我們欽佩的，我們應該學習你們。

我們現在告訴您們一些我們學習和工作的情形：

我們除了上一般普通課外還要上社會組的專門課程，如實際問題，社會發展史等，每天還有勞作，現在正進行築一條環山馬路，（因爲我們是住在一個小山頭上）每週有一天下午是社會工作。到附近的鎮市鄉村中，同小學生，工人，農人，商人，出征軍人家屬和婦女談話，這是我們的校長陶行知先生所說：「生活即教育，社會即學校」的實踐。

我們社會組是希望將來能改造社會，爲了要達到目的我們現在都在努力的學習着。

在報紙上看見你們組織了一個台灣少年團，你們能將台灣革命的情形和台灣少年團工作的情形多告訴我們一點嗎？

現在台灣和中國都遭受着同樣的命運，我們應當攜起手來，團結一致打倒我們共同的敵人——日本帝國主義！

謹致

民族解放的敬禮！

育才學校社會科學組上

加緊團結

親愛的同志們：

接到你們使人興奮的信，我們已將牠發表在「抗戰兒童」上，大概你們已經看到了吧！近來你們好嗎？遠在川省的朋友，是多麽記掛你們這英勇的一羣啊！你們出的「台灣先鋒」我們看到，由那上面，知道你們一些情形。眞替你們高興，勝利地在前線工作，勝利地回來，希望你們在回來後，好好地休息一下，假如有病的更要好好醫治，同時加強學習，以補以前的不足。

現在我們第一隊已由蓬安又向南部工作去了，那裏是僻落的川北，在那兒，我們協助當地小朋友組織了五個兒童團體，並幫助他們工作，每一地方我們都留下一兩個同志工作，第二隊在川西，已由青神赴樂山工作，在那兒主要的是學校工作和爲建鑄汪逆鐵像。「抗戰兒童」你們收到嗎？請你們多寫點稿來！

金華的報童劇團是怎樣一個團體？浙西小劇團還在嗎？請你們告訴我們。

你們是東南兒童運動的主持者，發動者，希望我們加緊團結起來！此致

抗日反汪敬禮！

六、廿一

孩子劇團全體立正

我們是兩姊妹

——朝鮮義勇隊和台灣義勇隊

李　達

誰都說我們是兩姊妹。不錯，我們都在中國一國中，先後揭起了正義的旗幟。

台灣和朝鮮不僅是一樣受日本帝國主義的壓迫與剝削，而且在革命性質上——至少是在現階段——亦是相同的。所以我們在處境上，是對共患難弟兄，在「民族革命」大道上，則是最可靠最忠實的同盟者。同時對於中國抗戰，所仰給的，所能獻出的，也是完全一樣。

這些同一，決定了台灣和朝鮮的聯合之可能與必要。

現在作爲兩種革命力量聯合的初期的具體形式，是兩個義勇隊的聯繫，這兩個義勇隊的聯繫，亦就是東方各被壓迫民族大聯合之先聲，所以這種聯合，是可以保證我們的最後勝利。

自從我們兩個義勇隊參加中國抗戰以來，在中國各戰場，游擊區，已建立了不少光榮的戰績，燃起了弱小民族革命的火炬，照耀着在每個被壓迫者的心中。

我們在前線所擔負着的工作，是對敵宣傳。這對敵宣傳是最艱苦的一部分工作，但我們不但不嫌艱苦，却很欣然的去接受它，因爲我們的同志既係台灣和朝鮮人，原來已從日本帝國主義所給我們的奴隸教育中，學得一點中國抗戰中所急迫需要的能力，即如善操日語並讀日文以及較能了解敵國性況和敵軍心理。「知已知彼，百戰百勝」。我們的工作方針針對敵軍的弱點，以敵兵心理作參考，去製訂對策，研究宣傳技術。再加上我們敵愾同仇的反日熱情和英勇果決的行動，才創造出新的宣傳作風，並能獲得最大的工作效率。至於台灣義勇隊的工作，還不止於此，他們除了對敵宣傳外，還有生產與醫療工作。「本隊隊員中，具有國防生產技術者亦多，除能製造素爲台灣大宗出產且爲軍火及醫界所必需之樟腦及樟腦油外，尚可製造目前急需之各種藥品。」這是李友邦先生所作「我們的工作」一文中的一段。我們由此可以知道台灣義勇隊的同志爲後方生產而努力，並且他們所製的各種藥品，都爲戰場上所迫切需要的。在醫療方面，亦被人們早所稱譽。現在他們一部份同志派到各機關去專事醫療工作外，又在金華辦台灣醫院，專爲傷病將士與窮苦民衆義務醫病，甚得各方面的任信和稱譽。他們一向埋着頭工作，在重重的困難之下，在連吃伙食也幾乎不够的經濟情形之下，他們始終不懈的苦幹着。

我們兩個義勇隊，在數量上雖然有限，可是我們在中國抗戰中發生了種種不小的作用，給予抗戰以很大的幫助。第一我們執行了對敵政治工作，促使敵國士兵覺悟，進而達到瓦解敵軍。第二我們在各戰場上給予中國的抗日將士與民衆以很大的鼓舞。第三我們可以喚起五百萬台灣民衆和三千萬朝鮮民族，來積極支援中國抗戰，第四我們號召全世界正義人士，以抵制暴敵日本帝國主義的侵華戰爭。

這些作用不過是表面上的兩三個例，而我們，在中國抗戰中的歷史任務和目前任務，自不止於此。

總之，我們兩個義勇隊不但是國際的先鋒隊，還是中國抗戰中艱苦勇敢的政治工作者。我們以戰鬥生活實踐的戰鬥工作者。在前線敵後給中國軍民以良好的影響，給敵以重大的打擊。我們的血永遠爲中國的抗戰與自己的解放而沸騰着。我們的力永遠爲中國的抗戰與祖國的獨立而壯大着。我們的工作與精神發揚着廣大的影響。我們繼續不斷的開展，我們以堅決的信心和英勇的行動來助長中國抗戰，趕走中韓台共同的敵人——日本強盜，實現東亞弱小民族的眞正解放。我們兩個義勇隊，畢竟是民族的先鋒，是共患難同奮鬥的兩姊妹。

發揚民族精神
爭取自由平等

台灣先鋒月刊
廿九年五月廿一日題於渝
郭沫若

追悼高甦同志專頁

悼

張一之

洞憾是殘酷的，然而，人們總善於洞憾，這實是無可如何之事。

高同志死了！留下了未竟的事業和使人洞憾的大大小小的往事。

他有好些爲人所周知的事，也有好些爲人所不十分知道的事。

誰都知道，他是一個努力於工作的青年，七七抗戰開始，他由上海走出，拋棄了一切，以至於老母，完全爲抗戰。

誰也都知道，他三年以來，是在工作之中，一方面與遠東弱小民族的敵人——日寇作鬪爭，一方面，還與其身體的敵人——肺病作鬪爭，然而，事實往往是爲了前者的跋扈而容忍了後者的猖狂。——他深深地了解一點：前者威脅着大我的生存，後者充其量只不過能毀滅他自己。

這明明是一個不十分健全的理論，愛護工作的人，因之也愛護他的身體，不止一次地勸他，他也明明知道革命的長期性，需要個體的較長的生存，可是，在較爲平靜的時候，他留心他的身體，工作擺在面前，他却由床上爬起來了。

本年元月，敵人渡過錢江，進佔蕭山，「台灣義勇隊戰地工作隊」組織時，他對我說：他一定得到前線去，坐不住了。

他工作的能力和衰弱的身體，在我腦筋裏形成一個要他去又不要他去的矛盾念頭，結果是對於身體的耽心佔優勢，我說：

「你的身體呢？還是不去罷！」

他用一種用語形容「堅決」的字眼都不能形容出來的堅決態度說：

「現在很好，我的經驗是：越跑，身體越好。」

我沒有贊成他；同樣的矛盾念頭，也蹦煩着友邦先生，然而，到底給他的堅決態度戰勝了，他說：

「如果再不要我去，我眞要病倒了。」

「如果非去不可，身體不好時，就得趕快回來！」友邦先生說。

「那當然！」

「那末去罷！」

於是，他帶着身上的敵人向着民族的敵人走去，而不料這竟是對前者的最后一次的縱容，牠從此猖狂萬分，以致不可收拾而吞食了他的生命，——然而，民族敵人仍未消滅，還是多末令人痛心的事啊。

他去了一個多月，身體實在支持不住，回來了，於是倒在床上，經過加意的療治，一月之後，起來了，然而，不上一個禮拜，又倒下去，而且，永遠也不起來了，而結果是一個可悲的結局之到來！——死。

同志們焦急着，其中以友邦先生爲最，他在台灣獨立革命黨黨部，我在義勇隊隊部，（高同志就病在隊部，）我們每日以便箋互商各事，他的來箋，幾乎每張都詢向着病狀。

然而，到底死了。

× × × ×

大家不十分知道的，是他的多聞，他之多聞，可說是在我們應該知道的範圍之中，無所不曉。然而，大家因爲每天都在工作着，沒有機會去看出這一點。只在偶然的閒談之中，他向我們提起。他委實有很多奇奇怪怪的經驗，他知道一切小鱉三的生活方法，他讀過好些希奇古怪的書，他不但能講最新近的科學，還能背誦最古的書。

有一次，他忽然說：「我還會當醫生呢！」

大家笑笑。鬼才相信他。甚至朱同志還以此嘲笑他好幾天，說他的牛皮，簡直是無法無天了。

「不信，試一試好嗎？」

有人到隊部來找我們的醫生看病，他自告奮勇，看脈開方，病的是隣居的小孩，兩天之內，好了。大家給事實壓倒，還在其次，從此以後，隣居的人們，孩子病時，一定要他開方，麻煩得很，千方百計才避開了，工作交給醫生們去。

他好詩文，不特能寫新詩，也能寫舊詩，死後，我在他燒焚未盡的日記上讀到一首詩，火燒了一半：

還是我的祖國，我的母親。
歸來了。

在那裏，
有鞭撻，有碾軋，有——
無限制的屠殺……
這裏也是一樣？
我的祖國，我的母親？
——苦難的弟兄們！

在那裏，
有罪惡，有不平……
有滿街的乞丐，
有漫天的哭聲……
我的祖國，我的母親！

還美麗的都市。
……………

以下燒掉了，一讀便知道，是寫一個台灣人由日本的壓力下逃出，以爲祖國是自由的地方，歸來了，可是，馬上發現同樣的壓力也加在祖國的身上；下面寫的什麼，可惜燒掉了。

是去年的秋天，他大病初愈，由鄉下跑進城裏，友邦先生見他病好，很高興，希望他加意調養，並買了些藥品給他，他興高采烈地回來，中途遇雨，到隊部時，濕衣未脫，就寫了

探病小柬

友邦

××兄：
高同志病，决如來書辦理，需用藥品已差人送上，我們要用最大的力量來替他醫治，他的姪女兒，不日到金。
友邦十二日

××兄：
聞略有起色，甚喜；希望轉告高同志，要加意調養。
友邦二十五日晨

××兄：
鴨一隻，白木耳一包，給高同志。弟明日下鄉，希望他好好醫治。
友邦廿八日

××兄：
醫務組同志明日清晨來看病，總之，現刻吃東西最要緊，牛乳不能放到下午，不新鮮的，不能吃，藥這兒既然沒有，可到寧波去買。
友邦二十九日

××兄：
別的醫院，也沒有特殊設備；現在最好能找一間空氣好一點的房子，弟今午親出城尋找，仍無結果，眞無辦法，據云此刻不能吃補藥，應該多打針，請轉告黃同志，一天多看幾次病。
邦友一日

××兄：
明晨去甯波，二日即回來，高同志藥即可帶來，交通不便，眞害死人。
友邦三日

××兄：
只好如此了，總之，不管化多少錢，只要人好。床上用便具坐上。
友邦四日

××兄：
人參雖然買了，不知究竟是不是眞的高麗參，據說不容易買到眞的。囑楊同志等注意服侍。
友邦八日

××兄：
我心中也急得很，如果眞不能救，是如何可悲的事啊。應該如此辦，總之，要盡最後的努力。
友邦十日

××兄：
高的棺材應該買好一點的，多化錢不要緊，國瑞同志不在，蔡同志去買也可以。弟明日不來隊部，只到東關。
友邦十八日

××兄：
據說高墓做得不大好，請轉告楊純青同志，應再請人做過，頂好用磚砌，石碑要馬上弄好。
友邦二十一日

××兄：
台先四期上應有紀念文字；高死後，弟越想越記起他的很多好處。
友邦三日

一首詩送到我的面前：

五日歸途遇雨

冒雨歸來潤滿身，
今朝枯燥化滋榮，
誠知否極原當泰，
好趁風雲寫此生。

北興高采烈之情，活躍紙上，我一看，說：

「我從前有一首吹牛皮的詩，亦用此韻，何其巧也」。

把日記翻開給他看，是：

回家有感

萬里歸來百戰身，
怕聞鄉里話枯榮，
誠知原是四方客，
應從天涯渡衆生。

他看後說：「張先生口氣眞不小！」

嗚乎，事如在昨日，亦可悲矣。

去年冬初，病甚劇，某夜，輾轉不能睡，次晨，抄一詩示予，我見其詞略示消極情感，以他言含過，其詩仍在我篋中，不妨抄出，以見其爲病所苦之狀：

霜風徹夜掃殘枝，
自怯孤寒信莫支，
羡彼黃花香晚節，
親茲蔓草長明時。
昔年豪氣仍然在，
今日恰懷誰忍知，
惆悵斯人渾不解，
病床殭臥欲何之。

我今春欲赴滬，方行之際，他由鄉下馳介送一紙條來，上書：「此去莫怕無知己，天下誰人不識君！」此外別無他事，其有趣如此，後以事未果赴滬，値甯波景昇輪沉海中，他由報上得知消息，以爲遭不測矣，計日正是我抵鄞之後數日，我平安歸後，寫一短柬給他，回信說：「見來信是你的筆記，心才放下，眞就心呢！」

我十年飄流，知己零落，得見此信，心中有快慰之感，想及袁枚祭妹文中有：「嗚乎！而今而後，設予再病，叫從何處呼汝耶！」之句，不禁欲哭！唉！三四月間，我竟在爲他寫追悼文字矣。

× × ×

痛的是肺病，還是不是不治之病呢？都說是的，但，不要忘記我們都是窮人，如果有錢，看法是兩樣的。

他死之前，腦筋極爲淸醒，在日記本中記下好些事體，如：「錶一只，給長松；小刀一把，給純青。」之類。其中有一頁是：

朋友們，記住；報紙上登載過的鐵肺人已在支加哥結婚了，他是煤油大王的兒子。

朋友們，記住；趕快建造平等的社會，科學人人享受！

詞短意永，發人深省，肺病果是不治之病嗎？對的，即使由一個平常青年之死，現社會的缺點，已經很淸楚地知道了，朋友們，我們眞是要「記住」啊！

高甦同志遺書片斷

一

我們到時，蒙師長親自接見，圍坐在一個圓桌上，談了各項問題約一點多鐘，並拿出餅乾招待我們，一面吃一面談，他孜孜不倦告訴我們許多前方消息，後來要留我們和他及師部官長們一同便飯，此間參謀長是留日的，日語講得很好，同志們都和他談日語。是晚，恰值師部的「戰友劇社」演劇，師長請我們去看戲，並請參加唱日語歌詠，我們合唱二隻日文歌和二隻台灣歌，唱好，坐在最前面和師長一排看戲，看到很晚才回來休息，今晨我五時就起床，應師長之請去參加早會，在一個山頂上集合了各國官兵約二千多人，起初由師長訓話，訓話畢，即替我們介紹，並請我上指揮台演講。上台時，許多官兵都鼓掌歡迎，他們對我們是特別的敬仰，講後，也是鼓掌。

二

六日清晨我們就準備好，可是雨下得非常大，大家不顧一切，奮勇向前，走了沒有一半路，一切都淋濕了，但是大家並沒有怨尤，還是繼續前進，晚五時全體到達××，暫宿於政治部附近的民房，今天我們才起來就接到軍長的通知，叫我們全體都到山頂去和全軍各單位見面，我們接到通知後，即趕快預備出發，集合的地是最高的山峯，今天爬山大家都高興得很，不會喘氣，到集合地後，我們站在最前面，由軍長向全軍介紹，把我們的旗，拿得高高給大家看。

三

戰工隊工作照常開展，各部隊對我們都很客氣，惟好多未明瞭我們過去的情形和目前的工作內容及我們所處的地位，是以對中下級官佐宣傳頗費氣力，但我們主要的「機鍵」是靠着他們，以故對他們的宣傳毫不敢稍涉「忽」與「怠」，只有緊緊地抓住他，不殫煩地告訴他們我們的一切。因此工作做得好壞與夫是否深入，就要看每同志個別的努力如何以爲斷。

必得自由須憑熱血
我能團結敵當殲滅
台灣先鋒出版書此勗之　梁寒操

四

黃花崗紀念日那天，由省黨部青年戰工團和紹興政工隊發動召集老百姓開紀念會，團長請我代表去參加，這個會在此間是破題兒第一次，參加的民衆並不多，但也有十餘個較清楚的婦女參加，我那天演說（他們懂我的話，我在此話不成問題，紹興土話也知一些）一點多鐘，他們寂寂無聲靜悄悄地聽，而精神也非常集中，越聽越興奮，效果尚佳，我自覺與羣衆講話，這一次算是最能打動羣衆了。

五

看到信封是你的筆跡，一時杞憂盡釋，快慰無可言喻！晨昇輪之事，我眞是爲你躭心也。好在「吉人天相」，可賀！回隊時你一定還要請我吃壓驚杯也。這裏情形大致已詳隊長信中，不贅，各同志都還好，就是我一個最不爭氣不長進，又病了幾天，誤了好多事，眞使我急煞，奈何！我現在差不多是「外強中乾」（？）——前些時尚可稱得，現在內外都竭矣。這一病又使身體方面損害不少，現在我眞眞要想回去養病，但且等工作做完了再說。一息尚存，不容少懈，我在這裏一日總得盡我的「力」去幹一日，別非所計也。病復發的原因，是走了過多的路，口渴吃生荸薺，細菌弄進去，後經洗腸才停止住瀉。在沒有持筆時，好像要說很多話，現在忽而想不出，就此算了罷！

六

我於四月三日到楊汛橋（最前線）四日渡江入敵區散貼宣傳品，五日上午九時歸來，幸未發生意外事。

悼高甦同志

陳湘

去年，我病在一個鄉下，高甦也正是在那鄉下病着，我二人同住在一間曾經死了房東的老子的大廂房裏，高甦便睡在那張躺過死屍的油漆的木板床上，我的床位則在他的床的斜角的窗底下，我雖病，但生活和常人並沒有異樣，高甦雖也有過常人樣的生活的日子，但他的軀體貼在床板上的時候，總比較我多，每天，每隔數天，我的病一發作時，便要拋開一切的奔進房子裏，把軀體放下床板去，這時，斜對面床上的高甦同志，便一個翻身的，把臉孔移向床邊，給我一個同情的慰語，於是，這間寬廣的廂房裏，便振響着兩個病人的呻吟交織的聲浪，這種聲浪，深刻地印留在我的腦際，我永遠不會把他忘記的。

今年二月間，他有一個較長的時間離過病床，但他的病並沒有好，僅有這一片刻給他的寧靜的機會，他便在這時候跑到蕭紹前線去了，我便也在這時，由那鄉下搬到城裏，二月以後，聽說他由前線帶着沉重的病回來後，便一直倒在那古老的床上不會起來，我曾特地跑到鄉下看過他一次，從那瘦得見骨的臉孔和肢節，我知道他的病較以前是加重多了，我勸他好好地靜養一個時候，他也表示決心來調治身上的病。一二月來因為工作忙碌，沒有第二次抽空的機會再下鄉去看他，半月前便聽到他連大便也要在床上，說話已沒有音響的沉重的消息了，於是我決定無論如何忙不管的撥開一個下午的時間到鄉下去看他，這個下午還沒有到，他的死耗便在十二點以前傳來了。

我叮嚀地在李隊長面前詢問他在死前的遺囑，據說，他要求別將他的死的消息傳露出去，甚至連家屬都不必告知，他遺恨他的事業還沒有成功，慚愧對這偉大時代沒有儘過更大的貢獻。我深深地受了感動，這時，在我眼前浮動着他的臉龐，那兩塊深凹瘦得見骨的臉龐，正溫存地對着我微笑，像大哥在呼喚他的小弟弟一樣，我的心境好像壓着鉛塊，我把寫好了幾封給朋友們報告他的死的信全都毀掉了。

高同志留給同志間的影響是極大的，我們應細細的發揚他的優點，使這些優點永遠的印留於每個同志的腦中。

第一、他在臨死前還忘不掉事業，忘不掉自己對這時代所肩負的重任，他為半途拋掉重擔而遺恨，他慚愧對社會缺少貢獻，瞑目而死，我們在他斷氣之前一小時，聽到他最後一句快沒有氣脈支持的呼聲：「告訴我的朋友們，我是不會死的」。他至死還在懷念着輝煌偉大的工作，雖然，這句話對他的死並沒有補償，但我們要從這話裏意味着一個革命者的精神，這種精神是值得發揚的。

第二、高同志是有着優越的物質生活的，他為甚麼要從那堂皇的辦公室裏跑到這邊一月伞二元五，直至最近才有二十元的津費呢？這種獻身革命的犧牲精神，是堪為我們的模範的。

第三、他一直站定着自己的工作崗位，台灣義勇隊隊裏的生活，是困苦不過的，甚至有時，連吃飯都成問題，而工作又是這樣的繁重，一年來，我們一直看到高同志拖帶着重病在工作，直到停止呼吸，還是那樣堅定着意志，絲毫沒有因工作摧殘了生命而悲痛，他悲痛還沒有完成他的工作。這一點刻苦耐勞，堅定如鐵的革命精神，我們應該學習的。

高甦同志不是死在敵人的砲火下的，他的屍體直直的躺在古刹的木板床上，然而他的死便滲透着為抗戰為台灣革命的成份的，假如，他不拋開那優越的生活，或者早退，儘可以不致於因過份勞苦而不治的。

我們對於他的死，決沒有悲哀，我們痛惜的是一位忠實勇敢的同志的肉體為工作而摧殘了，他不會再回到我們抗戰的隊伍來，但是他所留給我們的影響，那革命的精神，終不會耗滅的，我們要朝着這精神邁起大步。

七月二十六

悼一個死去的友人

劉一平

你的聲音猶在耳邊；
你的笑容猶在眼前；
別來不過短短的二百天，
「死」就把我們分割在人間和「重泉」！
你的死，是我的永恆的沉痛！
你的死，將是抗戰中一個重大的損失；
也給與了同志們更大的悲憤和鼓勵。
你為了祖國的解放與自由；
我清楚的記得：
在紹興你掩着病在雪堆裏波奔；
在蕭山論陷後你又堅決的走上火線；
一時東，一時西，困苦困難，你都沒有怨言，
你只曉得工作，工作就好像是你的生命；
還過勞的工作，終於把你帶去了人世間。
你的死給了我們有力的啓示；
我們沒有哭，更不會灰心！
我們憤愁，掩住血淚戰鬪；
我們要蓄死來完成你的遺志。
同志！你好好他安息吧，你的血沒有白流！
千百個中華兒女將低着頭，向你致敬。

戰區政治部軍民合作督導團第五區隊全體同志聞本隊高同志死耗，特專函弔唁。但因文到過遲，各文均已排定，無法排入，除將詩一首，臨時插入外，不能不割愛，特在此向各同志道歉並致謝意
——編輯室

八月二號在隊本部

記古廟中的盛會

正中

我們的隊伍越來越堅強

一、記着這日子

記着這日子——八月二號：

日本近衛內閣在這天披露了「基本國策」，先謀結束「中日戰爭」，而在「抗戰中國」的金華某處，參加中國抗戰的本隊也在這天舉行了一個盛會，是歡迎來自國內海外各地的新隊員，並總結一年半來的經驗，更有計劃更堅強地幫助英勇的祖國抗戰，擊倒共同敵人的日本帝國主義，算是給被狂妄野心沖昏了頭的日閥一個回答。

八月二號以前，我們是鐵，八月二號的天，是鐵與鋼的溶匯，而八月二號以後呢？我們將是無數把無比利銳的刀！要斬斷我們頸上的枷鎖及加枷鎖在我們頸上的惡魔！

那嗎我們是怎樣來迎接這日子的呢？

二、「怎麼還不來啊？」

這日子沒有到來之前，遠在七月中旬，我們便準備着這日子的到來。

更正確點說，是從六月二號李總隊長與牛同志朱同志赴福建時，我們便準備這日子的到來了。因爲他們的去，正是爲了本隊的擴大。本來預計是一個月便完成這一工作，就是說，在七月裏便應該有像八月二號這樣的會了，爲什麼會延長一個月呢？牛同志在會上報告福建工作時說：

「因爲工作條件太好，臨時增添了好多工作，最初只是調查慰問與聯絡台胞，隨後竟發展到台胞要求參加本隊。」

自從金華的報上登載了福建專電說「××名台胞七月十三將由××赴金華參加台灣義勇隊」的消息後，在隊本部的同志們便盼望着他們的到來了，每天派人到車站去歡迎，每天去每天都帶着失望回來，李隊長說：「怎麼還不來呢」？張秘書也說：「怎麼還不來呢」？同志們都說：「爲什麼他們還不來啊？我們除了用熱烈的感情來歡迎外，並從窮中擠出幾十元錢買了些西瓜呀，肉呀……慰勞新來的鬪士哩！」

終於，在敵機濫炸浙贛路沿線的時候，他們拚着危險，越過壞軌，冒了傾盆的大雨，到了隊部。

歡迎

三、會場一瞥

到的第三天，他們恢復了疲勞，準備很久的盛會，便在隊本部——古廟中舉行了。

廟子雖古，可是設備却很新，三合土和石板舖的地，小天井中安置了幾盆花草，大殿的石柱上貼了半神化半抗戰的對聯，其中有一付頗有意思：

中興五百年中曆五千年念茲五字嗟予胡爲乎來胡爲乎去提倡五族共和主義挽救五胡亂華魘劫尋繹古帝有五還須藉五五憲章作用；

國慶雙十節亂離雙七節睹此雙文令人一則以喜一則以懼何堪雙星歡會佳期却値雙龍血戰凶時倘非英雄無雙難過此雙雙生赴機關。

這古廟，也可說是「抗戰廟宇」，再加上這一次空前會議，更加重了牠的抗戰氣氛，無怪老和尚小和尚都看着我們裂開嘴笑，並且幫助我們佈置會場。

同隊長坐在一起的一位黑而高大的同志，是應該特別提起的，他是我們姐妹隊伍——「朝鮮義勇隊」的何同志，是剛從江西前線來的，旁邊另外一位剛從桂林來的中國人王同志，他們都是今天被歡迎的對象，因他們的來，使這會變成一個東方弱小民族的團結的表徵了。

其他大部份的竹床（這是我們的「兩用物」，晚上睡覺，白天坐着牠工作，窮啊，那裏有錢又買椅子又買床呢？）上，都坐着從海外國內來的新同志與在閩工作月餘歸來的少年團，——他們也新參加了×個小同志，「本來還有幾十個要來，報名的也有廿個，可是沒有錢維持家庭生活，父母不放他們走，所以只來幾個，以後一定會越來越多」。報告的小同志林長梅說。

會的開始是下午二時半，主席是指訓組幹事葉達道同志——一個具有台灣風，熱情而爽快的軍人。他用簡短有力的話，致了開會詞後，接下去便是隊長的訓詞及好幾個人的講話。

四、話的縮短

日本軍閥的崩潰就越近

團結中韓台的力量

隊長：「……以前大家都貢獻了極大的力量，但沒有較好的聯系，從今後，台灣革命更加強了，本隊人數一天天的增多了，還說明了日寇的生命快結束了……我們要更努力，更團結，加緊集體，加緊研究，才能完成任務……」

老是笑逐顏開的張祕書，報告「本隊的過去與將來」：他從「……某地茶房捐飯菜我們吃」，來看中國人民對我們的幫助；從「過去每月每人除吃一樣菜的飯外，只發一塊肥皂洗衣洗澡」，來看本隊的艱苦；從「一面義務做醫生，一面做政治工作」來看本隊工作精神及方式；從「隨時隨地帶了書本，在空襲時的草地上開研究會」來看本隊的學習情緒，說得那樣細膩生動，每個人的眼光看着他發了呆，想從他嘴裏，知道本隊的成長。

他又說：「台灣義勇隊的總原則是參加祖國抗戰，台灣義勇隊的基本特點是反日，從「台」字到「隊」字，沒有一個字是不抗日的，如果不抗日，根本就用不着組織台灣義勇隊」。他舉出本隊的幾個特點：「一、對抗戰最忠實，二、生活最樸素，三、最富於友愛精神，四、是政治性的團體，但帶得有軍事性和民衆性，因此他有自覺的紀律」。最後他特別指出：「目前國際局勢的發展，正好幫助弱小民族的解放，在帝國主義的混戰中，正是我們努力爭取做人的好機會」。

這一次到福建，光榮地完成任務歸來的牛光祖同志，帶着因辛苦染上的病，作了極詳細的報告，他提出了一個很值得我們注意的問題：「在祖國的台胞，多半是同情和幫助祖國抗戰，願意參加本隊工作的；但也有少數投機分子，在相機行事，更有少數竟反對我們，不以爲中國抗戰會勝利，我們應加緊爭取他們到抗戰的路上來，擴大我們隊伍。如何去做呢？還是一個問題；去做這一工作，需要經費，這又是一個問題」。

牛同志又告訴我們兩個好消息：

「少年團這次在福建工作，非常好，報上常登載着稱讚與鼓勵他們的文章，還不但改變了過去台灣少數壞分子給予祖國人士的壞印象，而且使台胞們也覺得我們有辦法，不會永遠做奴隸，願極圖解放！」

「參加本隊同志的家屬，都有了很好的安置，除了一般同情救濟外，並可不時來浙探視家人，更可請得政府特別允許回鄉（福建××）生產。同志們可以安心工作。（按：總隊長，張祕書，牛同志三人講詞，另有專文）。

新同志

新同志中，由黃同志及李同志致詞，對李隊長的艱苦奮鬥，不屈不撓及善於領導的精神才幹致敬後，並且提出：「加緊團結，努力學習，努力工作」的呼號。

新小朋友中林長梅也說：「希望大先生大哥哥們幫助小同志進步，我們自己也要多多努力……」

我們的難兄難弟的朝鮮同志也被歡迎上台，他特別向台灣女同胞鞠一個躬，客氣地說：「台灣婦女」比朝鮮婦女英勇，接着他說：「我們大家所經過的苦楚，是革命過程中必定有的，希望大家以革命精神去克服」，並且他願意把「台灣少年團」的工作精神帶回「三一少年團」去。呼號中台韓的密切合作，以應付目前敵人正進行着「分裂」陰謀！

每一句話，每一分鐘，都深深地印在每個人的腦海。

這其間却忙煞了桂林來的王同志，他的「開麥拉」在四處大勢活躍！

五、吃虧了肚皮，武裝了腦筋

最後的照例餘興，決不是胡鬧和純粹的娛樂，牠的每一項中都包含得有抗戰的教育意義，唱歌不消說，就是快板，雙簧，都是「團結抗戰打鬼子」，尤其是新奇的「特別選舉」，牠選出最努力，最跳皮，最不講衛生，最瘦長……諸色人等給予勉勵和勸導，其中選出一個新來的最老的蔡同志，得了一條花毛巾的獎品，並有四句「詩」夾在獎品中：

「老年人有少年心，送您一條花毛巾，領導青年齊前進，台灣革命定完成」。

這實是一種最好的集體遊戲。

這些有趣的餘興，笑破了大家的肚皮；晚上的聚餐和西瓜，也絕不是浪費。正是一種辛苦的慰安，勤懇者的勵勉，大團結的歡聚。

可是，從參加本隊便很少吃這樣豐富的飯和西瓜，都脹破了我們的肚皮，但，每一個人都帶了愉快興奮的心，從今後將拿出更大的努力來紀念「八月二號」這一「劃時期」的日子。

一九四〇，八，三

打倒共同的敵人

歡迎的話

坪

我想，我是應該說幾句「歡迎話」的，雖然我也是被歡迎者之一；但憑我在祖國的時間長，憑我比其他的被歡迎者早參加隊，我確有說幾句話的必要。

第一、我要說，祖國的抗戰有了朝鮮義勇隊及本隊的參加，在國際的視聽上及在中國民心士氣上，都有莫大的影響，國際的人士說：「東方弱小民族都團結在中國的抗戰旗幟下一致反抗侵略者了。中國實在是為世界和平為東方被壓迫者的解放而戰啊！」中國的人民和士兵們說：「看啦，人家台灣朝鮮人都幫助我們打日本了，我們能不加緊努力嗎？他們是受日本「皇道」渲染最早的，當然比我們更清楚地知道日本帝國主義是什麼東西了，他們幫助我們打，我們還能不打下去嗎？」試想，這影響多麼大；

第二、本隊參加祖國的抗戰，確是大大的提高了台灣的地位，叫人們改變了過去卑視台灣人，以為台灣人只能替日寇當偵探，替日寇當偽軍，助長日寇侵略的兇餘的觀念。因為有了台灣義勇隊，讓大家明白：大部份的台灣人是怎樣的不甘受日寇的壓迫和榨取；

第三、台灣的解放，台灣人真想過人的日子，跟這次祖國的抗戰及本隊的成長，實有血肉的關聯。如果馬馬虎虎渡過這「千載一時」的機會，那除非是我們血被新高山的雪冰凍了，永遠不想過人的日子。而台灣義勇隊正答覆了人們：台灣人的血是熱的！

我想，大家一定是認清了——最低限度的認清了上述三點才來參加本隊的，那麼大家的參加隊，正跟壯丁的上戰場一樣。戰場上的「危險」，壯丁不是不曉得，本隊的艱苦同志們當然也知道，所以不顧這一切而奮勇地上戰場奮勇地參加的原因，就是大家的慧眼透過了「危險」與「艱苦」，看出勝利之光，解放之樂！因此我說：諸位是戰士，諸位是準備作民族英雄，叫我戳破了掌，笑翻了心，都不能表達我的興奮和歡迎！

但也有少許上戰場的壯丁，他們說：「上戰場是迫不得已，有機會就溜之大吉」，他們說：「後方飛機炸得厲害，到前線反而安全；」還有人說：「家中沒有飯吃啊！軍隊中還可以混混」。這是那「無知」的魔鬼咬住了他們的心，致使他們說這些無知的鬼話，起這些無知的鬼念頭。我們對這些要作無情的批判，誠懇的說服，否則他會妨礙我們的抗戰工作的。當然，我不是說同志中有這些現象，我相信同志們每一個人都是反對這些現象的！那末就讓我們拉緊手，在李總隊長的賢明領導下，在艱苦的磨煉中，越幹越英勇地爭取祖國的勝利，台灣的解放！

過艱苦的生活

參加工作

少年團徐光唱

歡迎快板

請你們諸位莫喧嘩
聽我來說幾句歡迎話
代表義勇隊和少年團
歡迎大家來參加

第一希望大家努力來工作
別的事體莫管他
田園土地現在怎麼樣
還有那可愛的父母和甜蜜的家
這些那些都是小事
打倒日本再說話

第二希望大家精誠又團結
小的是兒女，老的是爸媽
年紀差不多的稱兄弟
切莫要
你是你，我是我來他是他
團結得像鐵一般硬
這一來叫鬼子不怕也得怕

第三……
第三沒有了
這兩點做到已經很不差
我們是一個革命的隊伍
讓大家來把他發揚又光大
現在我不免多說幾句話
回頭大家還好吃冰西瓜
冰西瓜　圓又圓　大又大

圓得像日本鬼子的頭
大得像日本的軍閥和資本家
我們可不管他圓不圓　大不大
反正是都可以吃
　　都可以殺

殺一個鬼子吃一個瓜
西瓜吃完
　鬼子也全都趕了他
　　　趕了他

負重大的責任

隊部之動

資料室輯

（自六月六日至八月五日）

一、爲了增强在前線作戰之各部隊士兵，對於抗戰之信心及對敵工作之基本認識，本隊特於六月中旬，組一「浙東小隊」及一「贛北小隊」分在××師及×××師工作。浙東小隊由李明法同志領隊；贛北小隊由陳一鳴同志領隊。

二、少年團於六月十八日經江西轉赴××工作。沿途與各縣各小學兒童舉行聯歡會及坐談會，以促進中台兒童的聯繫。到達目的地時，曾向某地長官獻旗致敬；且與當地之台童共同生活有一個月之多。直到八月初，始帶領新近加入少年團的幾十位小朋友回金。

三、本隊派往×軍野戰醫院工作之謝𢔶强及曾健齡二同志，現已歸隊。而謝同志則又奉命與黃投傑及李玉麟等前往晉江工作。大約在一二個月內當可歸隊；而曾同志則轉赴浙東，參加浙東小隊工作。

四、本隊自在金華設立醫療所以來，每日求診者，陸續不絕，真有應付不及之虞，且因規模太小，以致有某種特殊病症，因沒有完全器械之設備，無法給予完善之醫治。爲了補救這缺憾，特於七月初開始把醫療所，改爲台灣醫院，一面派人赴福建運來各種新式之器具，以便採用。現已正式在金華成立，內加設牙科，產科，痔瘡等科，以應社會人士之需要。

五、高甦同志自前線歸隊後，因多年的舊疾復發，雖經多方的醫治，但因病入膏肓，無法醫治，終於七月十七日上午七時左右在金華逝世。高同志在生前對於台灣革命的熱情以及在工作中眞誠，都是我們的好榜樣。在死後，對其人格，工作能力，態度，每位同志，都表示惋惜。爲此故定於此三四日內將舉行一紀念會，以資紀念。

六、在暑期中，金華各小學之教師，由縣政府召集，開設一「暑期教師講習班」，授予各種特種知識。如：自然，社會，衛生等。其中之衛生一課，已函請本隊醫師擔任。本隊即派蔡人龍同志前往講授，一共六小時。內容大略爲：傳染病之發生原因，預防，診治等常識，並附帶講些看護常識。

七、七月七日爲抗戰建國三週年紀念日，金華各界於是日有着擴大之紀念。在金所出版各刊物，爲了對是日有所表示，特共同發起出版「抗戰建國三週年聯合特刊」一書，以資紀念。參加若計有：「浙江潮」「戰地」「建國」「抗衛」「天行雜誌」「東戰場」「浙江青年」「浙江婦女」「戰時記者」「作者通訊」「東南戲劇」「新青年」「老百姓」「浙江戰時敎育文化月刊」及本隊所出版之「台灣先鋒」等十五單位，故本刊七月份出版之刊物即以該刊代替，故第四期直延至本月始行出版。

八、參加浙西經濟游擊隊工作之蔡同志等已於六月歸隊，稍加休息後，即刻參加各種活動。

九、七月中旬因鎭海告急，在×省之××師奉命調往前線作戰。在金華會有片刻停留，故在××師工作之同志即順道回金，向總隊長報告工作經過並請示以後工作之方針，不數日，即趕赴目的地佈置工作。

十、浙東小隊於本月五日因×××師移防，一部份同志順道回金休息，並對總隊長報告工作經過及搜集以後工作所需要之各種材料即將重行出外工作。

十一、一月來，自各地來參加之同志，已陸續到達金華隊部。如某地之同志及自××地來的同志，每個精神均很興奮，其刻苦耐勞之精神，較前來之同志，更爲堅强。數日休息後已開始訓練。

十二、爲了歡迎新來的同志，隊部於二日開一歡迎會，在金之各同志均皆出席，席間有舊同志之歡迎詞；新同志之答詞；少年團之歌聲揚溢於整個的會場，賓主之間，皆盡興而散。

十三、劉敏夫同志近曾路過隊部，據云工作極爲緊張。

台灣先鋒月刊
第四期：二九、八、一五
發行者：台灣義勇隊
編輯者：台灣義勇隊
通信處：浙江金華郵政信箱三十號
定價：每期一角
（金華大同書店總經售）

本刊已呈請中宣會內政部登記
金華區圖書雜誌審查證第三二五號

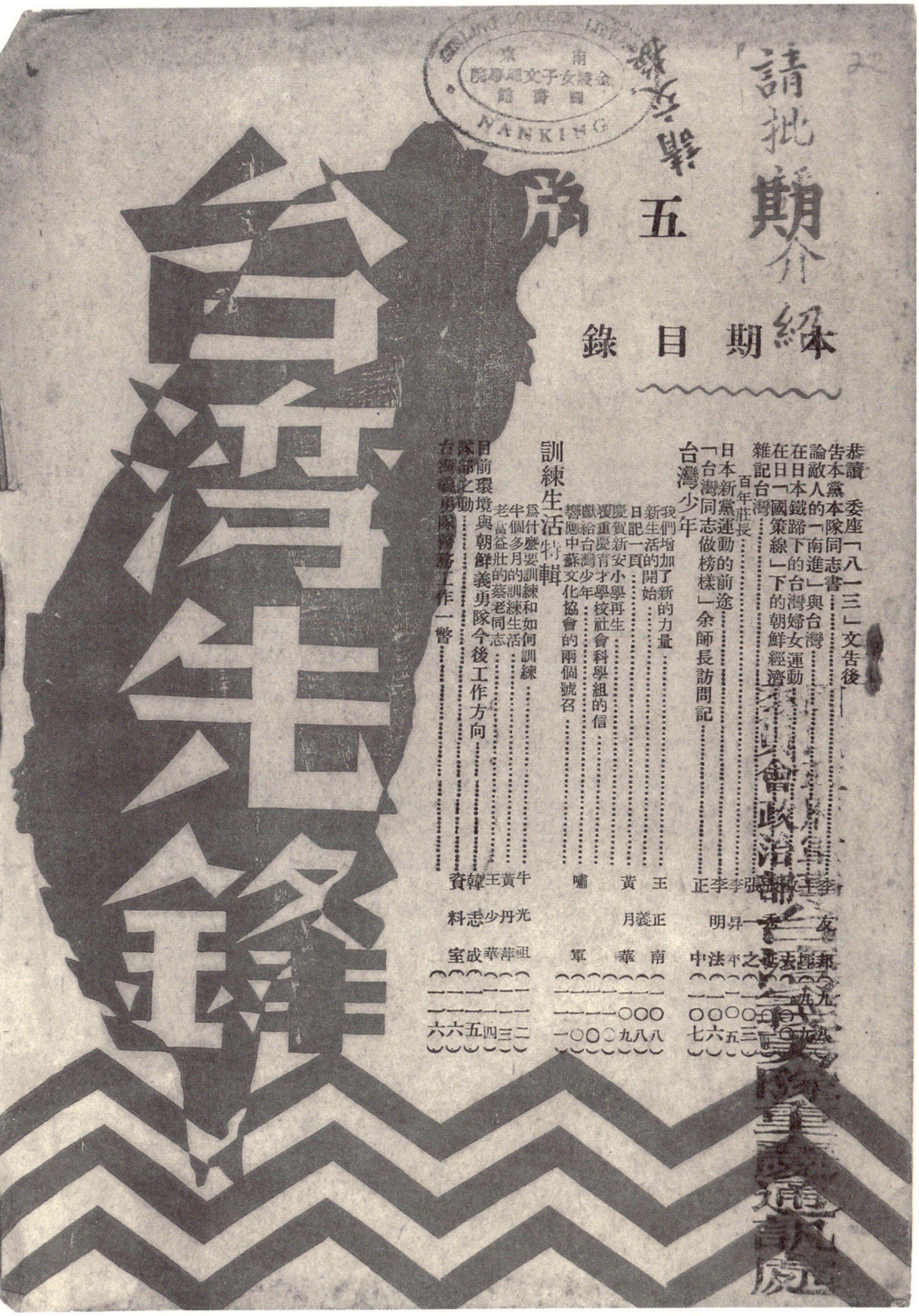

請批介紹

第五期

台灣先鋒

本期目錄

第五期　　一九四〇年九月十五日

恭讀　委座「八一三」文告後

告本黨本隊同志

李友邦

昨恭讀　蔣委員長八一三紀念日告淪陷區同胞書，友邦慚愧之情之極，至於終日不寧，想我黨、隊各同志，亦必同具此感，玆特舉數事，願與各同志共勉之。

委員長之言有曰：

「在過去一年之中，敵人奴化毒化我們民族的陰謀，日益加亟、殘害我們同胞的伎倆，亦日益加毒，我今來舉一例而言，這三年來，隨着敵軍的侵略，他陸續移到我們淪陷區來的敵國浪人商民，直到現在，總數已在四十萬人以上，而做牠們爪牙的鮮台浪人，以及移住在我們東北各省的敵國僑民，尤不計在內………我們可以想像得到淪陷區的同胞們，是在三重奴化下過非人的生活，是在做着第三層的奴隸，換一句話說，在淪陷區域內，敵國軍人是第一等的人，敵國僑民是第二等的人，爲虎作倀的鮮台浪人是第三等的人，而我們神聖的黃帝子孫反在那里淪爲這三重壓迫下的奴隸，又要受漢奸傀儡之敲詐剝削……」

竊念我台灣五百萬民衆，自身受祖國同胞目下所經歷之痛苦以來，已四十六年於玆，敵人剝削之殘酷，壓迫之厲害，固已知之甚稔，而血汗且爲之乾涸矣，夫爲人奴隸，一日之難堪，况乃歷四十餘年之久，其痛苦實非筆墨所能表其萬一，數十年以來之數十次反抗，又均一一失敗，翹首西望，不勝其眷念之至。乃於此全五百萬民衆在重壓下生活之際，少數不良分子，被敵脅迫，蒙其引誘，竟爲虎作倀，忘盡廉恥，在台灣，則儼然大和民族，招搖過市，盛氣凌人，視同里爲敵人，奉日寇爲祖宗，殆其西渡閩粵，又復借日寇之勢，暢所欲爲，舉凡愛國之祖國同胞，革命之台灣志士，莫不受其欺，蒙其害，抗戰而後，又復追隨敵人，受其指使，在淪陷區內與漢奸傀儡，一同助桀爲虐，此種喪心病狂，毫無人格之醜類，雖人數無幾，而害群之馬，本不在多，其影響所及，台島忠良之士，悉被其羞，考其底因，敵人之脅迫引誘，雖爲重要因由，而我黨隊同志工作不力，既未能積極防之於未然，又不克消極滅之於既起，亦實責無旁貸，此友邦慚愧之所以至於終日不寧者也。

三年以來，祖國之於漢奸，口誅筆伐，拳揮劍擊，蓋已成一廣大運動，而我黨我隊之工作，除以日寇爲鬬爭對象而外，雖亦不無打擊爲虎作倀者流之事，要未能舉之爲首要工作，實爲一大缺點，而今而後，本黨本隊各同志，應以打擊「台奸」爲重要工作，雖赴湯蹈火，亦必從而爲之，務使少數醜類，不致瀆羞我五百萬同胞而有礙於台灣革命之進行，此友邦所欲與各同志共勉者，一也。

其次，凡甘冒大不韙之徒，雖爲利所誘，失掉人格，乃其主要原因，而知識之低落，以故不能把握其本身前途，亦爲墮落之由，吾人不能不加以注意，夫止沸之計，莫如抽薪，既知「台奸」產生之由在此，則吾人此後，極應加緊宣傳敎育，務使忠良之士，得知敵我之分，又以本身之革命實踐，指示台灣同胞之前途，使其知爲虎作倀之不可，而自身解放之有望，則日寇雖欲麻醉，脅迫，利誘，亦無所售其計，則「台奸」自滅而內禍可免，此則非我黨我隊同志竭力工作不辦，蓋此實爲艱苦之工作也，此友邦所欲與各同志共勉者，二也。

數年以來，吾台灣獨立革命黨與義勇隊同志之努力，與夫工作之堅苦，固甚可嘉，而當此生活程度高漲之際，每月十餘元之活費用，衣食亦感不足，仍能忍苦耐勞，尤使友邦爲之感動，所望能以此種革命者之精神，作感化愚劣之工作，則大功告成有日，雖苦亦樂，有厚望焉！

台灣

與「南進」的日寇論

王坪

敵人在西南太平洋的每一次軍事動作，都可從台灣敵兵的增減上看出，例如廿七年二月敵人的佔領海南島，前一個月的消息便報導着「敵艦多艘直駛台灣」，「台灣敵艦開往潿洲島」，這一次在敵人高唱「南進」聲中，也有大批敵艦從台灣南駛：國際新聞社倫敦八日電：「……美海軍人員證實本月（八月）六日有日運輸艦十八艘運兵自台灣南駛，未幾，復有運輸艦十一艘運兵向越南進發，……」（大公報）快訊社香港十日電更說：「……日戰艦五艘巡洋艦八艘，從台灣南開，增強香港及越南附近敵軍實力……」（東南日報）這些，都足以證明台灣在敵人的「南進政策」中所處地位的重要性。下面茲伸述之：

一、台灣是日本在西太平洋上唯一的根據地，距美國在太平洋上的有力根據地的菲律賓只有二百多浬，對英國要地的香港、更是近在咫尺。所以敵人在台灣北部建有基隆要塞，更在其西南的高雄州及屏東衛駐有大隊空軍，在台灣海峽中有馬公港，扼中國海南部之入口，東面還有奄美大島的要塞，構成敵人進攻菲律賓，覬覦香港，控制中國海的軍事根據地。

本來，依據一九二二年訂立的華盛頓海軍條約，日本在台灣琉球，奄美等處，是不能設防的，但在該約未廢止前，敵人早在台灣（及其他各島上）秘密建立了許多工事，在一九三六年時，日本更計劃把台灣建設成一個軍力極強的根據地。其計劃分為三期；第一期為改進要塞砲台，封鎖各軍事要塞；如軍港，飛機場及陸軍根據地等，以隔絕外界之窺探；第二期為增加陸軍二萬五千人，改進軍事工業；空軍亦擬增加一倍以上，同時在沿海適當地域增築飛機場若干所；海軍艦隊亦擬增加到現有艦數之二倍；第三期為積極充實海陸軍內容及各種近代軍事化學設備，並改善台灣之鐵路交通增築公路。現在我們雖然不知道敵人「建設台灣」到第幾期了，但我們可以斷言敵人在軍事上是非常重視台灣，把台灣當作他在太平洋的軍事前哨的。

在廿七年二月，敵人佔領了我們的海南島後，他在太平洋上的軍事前哨，由台灣移到海南島，而台灣則變成敵人在太平洋上的軍事指揮所（敵國本土，正是很好的海軍大本營）更提高了台灣的軍事地位，還一次的「南進」，台灣負起了「儲備」「訓練」「宣傳」指揮的責任是異常自然的事。

以上是就軍事方面說。

在經濟上，台灣亦在敵人的「南進政策」中佔着重要的地位。

台灣出產異常豐富，除米鹽外，還有所謂五大特產：一茶，二糖，三柑橘，四香蕉，五波羅蜜，尤以樟腦為台灣出產之大宗，世界市場之需要樟腦，在一九三〇年以前是五百萬斤，而台灣供給者約四百萬斤，至今德國發明人造樟腦及各地提製樟腦後，台灣樟腦仍在世界市場上佔主要的地位。據統計日本在台灣的收入單是總督府每年在一萬萬五千萬元以上。其中還沒有算上最大出產的米——台灣米，是敵國的生命線，他本國的產米量甚少，幾乎大部是由朝鮮及台灣輸入，除供給敵國自用外，並向外傾銷，造成一般人對日本看成「產米之邦」的錯覺。

中日戰爭爆發以後，敵人對台灣的經濟依靠性更大，戰爭持久下去，敵國軍費一定是日益增多，除對本國的榨取外，一定是加緊對殖民地的剝削，而富庶的台灣，自然是首被剝削的第一位。

我們知道：敵人在今年的軍費（支出已經超過二百五十餘萬萬元，另需要海軍擴充費十七億元，十五種生產擴充費四十二億元，再加上偽滿開拓，預算四十億元，國營企業損害二十億元，共需四百三十億元之鉅，這一筆數目，決不是先天貧乏的日本所可負擔的，當然是儘量向台灣剝削，例如他強奪台灣民間的黃金，組織甚麼「台民黃金獻出促進懇談會」，限期交出黃金，「否則厲行家宅搜查，如有暗藏而被搜出者定嚴厲處分」（台灣日日新報）並且利用民間迷信，召集民婦到廟中向菩薩立誓：「我確實無黃金，如有不交出者，願受神佛之懲罰……」以這種方法，單是在高雄州，在本年六月末，便騙得五百五十餘萬元，台南州在同時期內亦得七百萬元左右；同時，又組織「報國隊」，專到民家搜索金子。

台灣有其他各種各樣的捐款，在所謂「高稅政策」下台民幾乎被剝削得透不過氣來。

在平時是如此，在敵寇「南進」聲中需費必大，更加緊剝削自是意料中事，我們只要看下面一條消息即可明白：

（國新社香港特訊）「……日拓務省新設一主務局，七月中旬開始工作，專門從事經濟侵略上一切有關調查企劃……等工作：……主張將現有之台灣拓殖會社，南洋拓殖會社，合併……」按台灣合作拓殖會社。便是日寇剝奪榨取台灣財富的最高機關，至今把牠擴大，合併，可推測敵寇之野心及在「南進政策」中對台灣的重視。

同時台灣也是敵寇「力」的來源地，日本軍隊中的運輸隊之類及日本國內的勞動力，多半是台灣人，他們用「報國」的名義，強迫台胞去作所謂「勞動奉仕」（奉仕即服務）每戶每日，平均都有一人被迫去「奉仕」。當他發動所謂「南進」時人力的需要，自不待言，但日本本土是無法解決的，因為「戰線上一個人的戰鬥力，在內地就要六個人至八個人的勞動力才能維持，假定日本侵略中國的軍隊是一百萬人，則需要六百萬至八百萬的勞動力」（「人民之友」第十期：日本勞働力統制問題載）何況在中國日軍不止此數，還要加上在偽滿及在其他各地的兵力，日本如何夠供給這樣多的勞動力呢？又只好向台灣徵丁徵伕來替他在「南進」中犧牲了。

近來，日寇更齊令台灣軍司令部增設一「報導部」專門負責吹噓南進聲勢，部長一職由敵國中濱大郎充任，（詳觀本刊廈門通訊）總之，我們無論那方面看，都可證明台灣在敵寇「南進政策」中的重要。

但上述只是在敵人主觀的企圖方面，在另一方面──台灣人民的抗日解放運動，也將在目前的複雜艱苦中積極展開。本來台灣的革命運動，是一停沒有停息過地在發動台民反抗暴日，抗租抗稅，反對徵兵的事，在我國的抗戰中亦時有所聞。

正如台灣革命領袖李友邦先生所指出：「在目前國際帝國主義的混戰中，正是弱小民族求解放的好機會，站在被壓迫的台灣立場上說，當敵寇泥足已經陷在中國的泥淖內不能自拔而又樹立新的敵人（即南進）時，一定要加緊利用台灣，我們更應藉此機會，激發五百萬被壓迫四十六年了的台胞一致起來爭自由」。所以，在李先生領導下的革命同志，正在或已經深入各地做瓦解敵偽軍的工作。抗戰初期，李先生所領導的台灣民族獨立革命黨黨員即有大批潛入台灣，發動破壞敵寇經濟建設，政治機構的革命行動，並領導阿里山的遊擊工作。因限於環境，無法聯系，更由於日寇的新聞統制，外面很難得到台灣革命行動的消息，但憑我們的常識，也可判斷目前，台灣境內的革命運動，一定是蓬勃勃勃，因爲在台灣有相當歷史的「文化協會」「農民組合」等革命團體，是一直堅持在台灣地下活動的，更加在國外（如中國）的革命者的策動響應，一定積極發展是毫無疑義的。

我們希望在中國作戰的台灣義勇隊及在中國的各台灣革命團體，能注意目前的情形發動台灣同胞，阻撓日寇的南進，一方面是求自身的解放，另一方面也是給世界人士一個好印象，使他們知道，台灣的反抗日本，正跟中國的反抗日本一樣，是爲了防止日寇的侵略火燄，燃燒到世界各地，致使全世界愛和平的國家及人士受影響。

同時，我國的宣傳機關，亦應盡量鼓勵台灣境內的台胞一致奮起，以作聲援！使日寇太平洋軍事指揮所的台灣，成爲戰場：成爲他南進的障礙，更成爲日寇的墳墓。

在日本鐵蹄下的台灣婦女運動．．

敏　夫

（一）

還停滯在封建社會階段的台灣，便爲日本帝國主義所侵入，所以台灣的婦女是在日本帝國主義與封建制度兩重勢力壓迫之下，在一般資本主義國家所發生的那樣的女權運動，在台灣也沒有發生的機會，因爲在這種殖民地的特殊環境中，所以台灣的婦女運動是和全民族的解放運動同時發生，而跟着全民族解放運動的發展而發展。

隨着日本帝國主義對台灣的加緊壓迫榨取，台灣漢民族反抗的烽火也燃遍了全島，在暴日統治了四十五年台灣人民的抗日暴動已達二十二次。台灣民間流行的「三年一小戰，五年一大亂」的諺語，正是很好的說明。

從中國抗戰發動以後，台灣人以血肉阻礙日寇侵華的暴動已有十多次，整個台灣島三萬六千方公里的土地上，已捲遍了抗日的旋風，如一九三八年三月台灣工黨領袖高裴爲反對抽調台胞赴華作戰，而發動機工數千名，在宜蘭暴動，同時有五百名餘，攻進日寇司令部，焚燬火藥庫，繳奪大量軍火激戰數小時後，帶着武器全部退入阿里山中，和生蕃結合成爲台灣義勇隊，建立了抗日遊擊根據地。在這野火般的革命運動過程中，久在封建制度下喪失了活動能力的台灣婦女，仍沒有獨自發揮他們的能力，但她們的愛國心是純真而熱烈的。她們當然不願意當倭奴的奴婢，更不願讓她們可愛的子女們去做奴婢，她們常常用歷史的傳說與故事及種種激勵的話，去激發兒女們的愛國心與民族意識，這在遺留民族意識給第二世的國民上，有着很重大的意義，她們也在全民族的反抗運動中，盡了些了內助的力量，譬如：擔任義勇隊的給養工作，徵募運用資金，──及擔任聯絡交通等重要任務，不過這都是一種「先天」的，還不是有組織的公開婦女運動。

（二）

從一九〇七年北埔暴動起至一九一五年的「西來庵武裝暴動」爲止，前後共起革命十次，每次參加的青年志士，達數千乃至盈萬，悲壯犧牲從容就義的青年烈士，前後合計幾近十萬！自西來庵事件失敗後，台灣的反日運動爲配合客觀情勢和現實的需要，不得不轉入政治的社會運動，變換鬥爭的手段，以期逐漸爭取眞正的自治和生活的自由，台灣青年首先參加了一九一四年十二月二十二日成立，翌年四月二十六日被加以「擾亂安寧秩序」而解散的同化會，在同化會裏台灣青年以活動的新姿態出現，同時台灣婦女也英勇的參加，而開始成爲民族解放鬥爭的一支生力軍。

（三）

在一九二五年十月二十六日籌組鳳山農民組合運動的那一天，還有許許多多的女學生也參加大示威運動，與男子一樣與日本帝國主義的武裝軍警英勇抗爭，自是以後，婦女參加革命的運動更普遍全國，這就是台灣婦女開公參加革命運動的歷史的記錄，多數婦女的被捕，受拷虐殺，以及受野蠻的侮辱等，均與男子沒有分別。甚且有過在這鬥爭中就同時掀開了反宗教的運動，如「陋風打破講習會」的舉行。

在這個時期婦女運動是被民族自決的民族主義，及廣泛的民主主義所支配着。這樣台灣婦女經過了種種的鬥爭，才由消極的舊生活中擺脫出來，轉爲積極而活發的努力於組織的運動，教發運動。雖在敵人重重壓迫之下，也穩健着步子前進。這就是台灣婦女思想的啓蒙運動的大概。

（四）

一九二六年「彰化婦女共勵會」，「諸羅婦女協進會」的先後成立，台灣的情勢起了更大的變化。日本帝國主義對台灣初期採取的武斷政治，在表

在日本「國防線」下的「朝鮮經濟」

張秀延

去年十一月間，敵寇總督南次郎在全朝鮮道知事會議席上，發表關於時局演說時，曾說過：「這次的中日戰爭是日本有史以來未有的戰爭，世界戰史上未曾有過的大規模戰。」八十年來，日本在急激的發展中，雖然也變成世界帝國主義列强之一，但實際上日本在這次所謂「世界戰史上未曾有過的大規模戰爭」中，并沒有具備着可以長期進行這次中日戰爭的經濟實力。戰爭愈長期化，日本的國際關係愈孤立，國外的經濟依存性也愈困難，就是說日本帝國主義愈暴露了它自身的弱點，

但是，現在日本帝國主義雖目睹着國運危殆，也不能不繼續它對華的侵略戰爭了，目前日本國內急待解決的問題，是涸渴中的金融救濟和軍需材料缺少的補充問題。但這二個問題是相互關係的，即爲了救濟目前金融的涸渴，必須要減少對國外貿易的入超，爲了減少對國外貿易的入超，又需要有自足自給的來代替輸入，爲了像這樣自足自給的補充又需要生產力的擴充，所以目前，日本帝國主義的戰時經濟最急，最重要的問題，是要歸結到擴充生產力的資源和動力問題，但是我們都知道，日本之國內的資源是非常貧弱的，自從對華戰爭開始以來，都盡量地開掘完了，其次在動力資源方面，也是盡力的被利用，所以日本國內的資源和動力是再沒有擴充的餘地，假如有的話，那就是殖民地朝鮮和滿洲，但是我們都知道，日本軍閥自從佔領滿洲以來，雖然努力於資源開發和生產建設，但是因爲交通，治安等關係，資源調查，和投資誘出等困難問題，使日本軍閥正在失敗的經驗中。所以還兩個問題結果還要到朝鮮來解決，「朝鮮眞是一個神祕的地方，將科學鏡愈放大時，愈可發現無窮的資源」。這是敵軍閥們正在繼續地新發現豐富的朝鮮的天然資源時，驚喜不能自禁講了這樣的話。在朝鮮各處地下，埋藏着各種豐富的礦物，各處水力，電力，的豐富資源，海陸交通的便利，農村過剩人口，廣泛的勞働預備軍，土地收用的容易，投資吸吮的容易，及各處埋藏着的多量的金開掘事業的擴充是救濟戰時存金饑渴的唯一方便等條件之下，朝鮮結果被選爲日本帝國主義軍需產業，擴充建設的新基地。從此，日本帝國主義者在朝鮮掛出了「兵站基地」的大字口號，投下莫大的國家資本，一面誘出軍需產業財閥的巨大投資，以全力來從事資源的開發，和生產力建設。由於以上的諸條件，因此，朝鮮對日本帝國主義的殖民地價值提高了。在「日本有史以來初有的大戰爭，世界戰史上未曾有的大戰爭中」，朝鮮變爲繼續支撐日本帝國主義的最重要的基地。在這個重要「兵站基地」所在的危險居民——朝鮮民族，在政治的監視和武裝的戒備下，是過着更悲慘的生活，自從日本對華戰爭開始三年已來，在所謂「兵站基地」的口號下，在朝鮮投下大規模進出的工業建設的影響下，或急或徐地變化着的朝鮮民族經濟的內部分化，和社會移動現象，簡單的分述如下：

1，朝鮮農村的分化和改編：日本帝國主義的工業，破天荒的向朝鮮進入，使朝鮮農村中佔絕對多數的零細農民，工人家屬等，被吸引到現代的勞働力羣來。朝鮮被日本合併以後，百分之八十以上的

面上改變爲文化政治，但其對台灣民族的榨取政策是越趨組織化，越變本加厲的進行着，使落後的台灣民族經濟在日本帝國主義獨占資本勢力的進攻下，完全破產而無餘。大多數台灣民衆被迫在饑餓線上彷徨，而台灣無產階級却急速的成長起來，進而發展到意識的自覺，一方面世界的革命思潮不斷的灌輸到台灣革命運動線上，於是台灣革命運動也起了質的變化，而深入到勤勞大衆的階層。同樣，在各地方亦有同一性質的婦女團體產生，農工婦女的經濟鬭爭也越加猛進。這一時期的特點是勞苦大家的經濟鬭爭與一般社會運動均甚急速而且普遍的發展，台灣婦女運動也因之進展到全島各階層婦女組織的統一團體。

（五）

一九二六年及一九二八年是台灣工農大衆經濟鬭爭達到最高峯的時期，高雄淺野洋灰製造工廠工人的總罷工，是聯合了全島上的鐵道部工廠和鐵路上的一部分工人甚至於連台北總督府煙草專賣局的工廠也起而響應，這一次的罷工，是以三千五百餘名女工爲主力，堅決英勇的態度，終究貫澈了工人們所提出的條件，這是表現着我們台灣革命青年男女的精神總動員，隨着暴敵低壓的加甚，更一天一天的澎湃起來，不斷地努力反抗日本帝國主義不斷地爭取民族自由。

這時期台灣的農夫農婦，也參加進革命的鬭爭中，顯然的，台灣婦女運動也在反日本法西斯蒂的民族統一戰線的旗幟下，開始了廣泛的動員。

自從祖國的全面抗日戰爭開始，我們都認識這一次祖國的抗戰不僅是爲中國的民族生存，而且是爲東方被壓迫民族求解放的戰爭，這正是台灣民族爭取自由解放的時候，我們台灣的革命婦女明白了這一點，現在正積極採取最新式的鬭爭方式，實地參加了遊擊戰爭，並且是一致團結起來，爲恢復台灣的自由與解放而戰鬥到底。

人口依然不能從事於農業。同時朝鮮在極細分的土地和封建的桎梏下，佔絕大多數的小作農，都有着變爲貧農的基礎。所以朝鮮的農村是過剩人口的貯水池，貧農的監獄。因此在最近日本帝國主義大量進出的影響下，給了朝鮮農村分化期的契機。加上去年朝鮮三南地方未曾有過的大旱災，農村破產，敵總督府將三南地的農民集團的運送到日本的各地炭礦及勞役場，前後達數十萬名，又今年二月中，敵總督府又募集慶南北海道的農民，人萬五千名，用特別列車輸送到日本北海道的炭礦及工事場。像這樣顯著的敵總督府集團的輸送農民外，依農民自動的分化，脫出農村的數目，更不可勝計。現在這種現象更加急激的增加着。最近日本政府因爲石炭恐慌，以一億元的補助費，準備對日本內各地炭礦增鑿炭坑，需要朝鮮勞動工人十餘萬的計劃下，總督府已着手徵募第一批勞働者二萬五千名，從今年起，在大規模的擴張計劃中，朝鮮產金計劃的實施，又需要莫大的勞働力羣。敵總督府在朝鮮內爲適應需要勞動力的急激增加。至今年二月上旬，在朝鮮內「勞動資源」調查完畢，又十八歲以上，四十歲以下的男子勞動預備軍的統計也完成了。在過去朝鮮民族職業的成分中，最主要的是農民——農民中又大數是貧農，但是現在除了這些成分以外，近代工業場的勞働力羣和礦山的鑛夫們，也是佔着最主要的成份，同時不能不特別的認清，這種現象是在急激增加的過程中，以上的目前朝鮮農村的分化過程，必然的要引起朝鮮農家戶數減少的現像。最近幾年以來，朝鮮農家戶數的減少，大多數零細農民轉化爲勞動力羣的原因以外，其他最主要的原因是：敵總督府實施的大量朝鮮農民滿州移殖政策。敵總督府除每年將朝鮮農民大量的移植滿洲以外，還向南洋華北等地移殖着農家戶數減少的又一原因，是軍需工業擴張的影響下，中農以上的農家，轉換爲都市的小商工業。朝鮮農家戶數，在這種急激減少着的反面，敵總督府是着手於龐大的朝鮮農產增產計劃，在增產的計劃之下，預備在第五年中，增產米四百萬石，最近又重新樹立了第六年中增產米七百八十萬石，敵總督府又樹立了今年度增產米二百五十八萬石的目標，此外其他雜穀等也各在其增產的目標下被利用着，由以上看來，日本帝國主義者在朝鮮內雖需要軍需工業基地的建設。同時也需要食糧基地的擴張。朝鮮農村的分化，農家戶數的急激減少的過程中，敵總督府的這樣龐大農產增殖計劃的急促實施。隨卽聯想到，對生產力強力的統制和急激的再改編。所謂強力的統制也就是在農村增產的目標下，生產設備強制的擴張，乃至生產技術強制的改良，在這種統制的增產計劃下，中小自作農和小農，自然的要被淘汰了。結果只有中小農以上的富，大農。大農園等的經營方法，佔朝鮮農業的主要地位，因此朝鮮農產力乃至生產關係，由於劃期的變化，不能不走上農村資本主義的再改編過程。

2,智識羣俸給者社會層的新進出。

以建設「兵站基地」爲目標的日本帝國主義者，在朝鮮生產力的新編過程中，對於朝鮮智識羣俸給者們，社會層變化的新現象，是値得我們來注意的。從來在朝鮮，不問是那一種類的學校和那學校的程度如何，一切學校的出身者，其職業和社會的出路是極受限制的，平均每年以極廣泛的數字流出來的各學校畢業生中，極少數的人員能有社會的出路和職業。此外絕對多數永久要編入失業羣列，變爲朝鮮社會的特殊神經系統。但是現在朝鮮國內的一般智識羣和每年流浪出來的全國各學校的出身在所謂「兵站基地」建設政策下，全部俸給者使用人，不但全部被吸收，反而因此等智識羣「人的資源」的缺乏，在各部門的事系統中展開了對學校出身者的猛烈爭奪戰，據最近朝鮮國內的新聞，今年度各實業學校及專門學校，畢業生於畢業前四個月，已由各工廠會社配定好了。同時對此等學校出身者的俸給比過去水準也非常高騰，中等程度畢業生平均的薪水在六十元以上。專門及大學出身者平均一百元乃至二百元，朝鮮智識大衆像這樣地被拉參加日本帝國主義的軍需產業，對於目前朝鮮革命的進行也有着重要的政治意義。

3,都市人口的急激增加和資產階級的抬頭，由工業生產力的膨脹，農村的分化，變爲都市的發達和都市人口急激集中狀態。依最近的數字，一九四〇年初，京城人口比前年約增加了四萬七千七百十二人，平壤的人口比三年前約增加了六萬六千四百三十九人，其他釜山，大邱等地的人口，也表示了急激增加的數字，隨着人口集中的一面，中小商業，工業漸漸地繁榮。同時依全國勞働力的動員，和巨大勞動者散佈而引起的消費量的增加，由大工業進行引起的附屬小工業的需要，因大工場的軍需生產專門化而引起生活品補充生產小工業的需要、以及由於土地的工業收用，土地價格的高騰，而引起的農村地主都市資本家化等等的戰時經濟現像下，朝鮮人中是增加了很多新興資產階級。所以目前在帝國主義的軍需工業進出的時機下，許多新興資產階級和中小工業漸漸抬頭了。

批末，由以上看來，目前日本帝國主義爲了持續他的侵略戰爭所實施的經濟的政策，必然的要引起朝鮮國內經濟的社會方面的劃期變化。在這樣的變化過程中，同時也是朝鮮經濟落後的封建過程，和激進改變爲近代資本主義體裁的過程，但是最後，對於朝鮮國內目前的變化，我們不能不把握住一個最重要的結論。

在日本帝國主義戰時軍需產業政策下，而引起朝鮮經濟的急激的資本主義化，決不是朝鮮民族發達和進步的像徵，同時更不是朝鮮民衆生活的向上。目前朝鮮國內的這種變化，在其本質上看來，是更其加強了。對朝鮮民衆奴役的隸屬化和對朝鮮民族更殘酷的榨取。

目前朝鮮國內的經濟的社會的變化，是在日本資本主義體裁下，更緊密地隸屬的編制過程，及在日本帝國主義軍需產業下，直接隸屬的編制。在這一點比朝鮮國內經濟的再編制過程中，我們可以想像得到在不遠的將來，一定引起朝鮮經濟的全盤破綻和民衆生產的威脅，

現在朝鮮多數的農村過剩人口，在日本帝國主義者軍需生產下，被吸收到勞動力羣來，多數地主的土地被賣爲工業用地，在軍需生產隸屬下・諸營着商工業，又多數智識羣衆在軍需產業的編制下過着生活，但是，日本帝國主義者在朝鮮佈置好了這種軍需產業，是好像建築在地雷上的土塔，我們可以想像得到，在不遠的時機內・地雷一定要爆炸，土塔也要隨着崩潰的！

雜記台灣（續）

張一之

十六、三大農產物

所謂台灣三大農產物者，米，甘蔗及甘藷是也。

日人之經營台灣，係所謂「以資本發展技術」，其始也，於農業之獎勵特多，如使用綠肥以及蔬菜之種植等，莫不訂有獎勵辦法，農村所受之刺激既大，產額乃以大增。

米爲台灣三大農產物之一，前已略爲言之，除米而外，其第二農產物，即爲甘蔗，年產約一百三十七萬萬斤之多，甘蔗之爲用，係爲日本糖之原料，昔年以廉價在我國市場上暢消之好白糖，即出此而來，台灣糖，原有二種，一爲粗糖，一爲白糖，日人爲競爭計，多以白糖輸出，抗戰以前，滬杭一帶之走私白糖，即產自台灣，其價之廉，世所稀有，一入街頭巷尾之豆漿店，其生意之興隆即可說明此點，吾人往往購白漿一碗，價三分，糖漿一碗，價亦爲三分，蓋多且賤，乃至於不必取價矣。

日人爲保障此項貿易計，除在台灣收大批土地，專種甘蔗外，更強迫農民種植，台人無敢違之者，亦只有暗恨而已。

米與甘蔗外，其第三大農產物，乃甘藷。台灣雖產好米其享受者乃爲日本人，台人將好米輸出後，以甘藷充作食物，甘藷之產額亦甚大，年在二十三萬萬斤以上，其爲用，除充作食糧外，多輸往日本，日人以之充作酒精之原料，輸出時，係爲藷乾。

在台灣，甘藷之種植，甚爲便利，以氣候適宜之故，一年四季，均可爲之，得天獨厚，其台人之福歟？抑日人之福歟？

台灣先鋒月刊

暴倭坐大自我割台水深火熱
台胞堪哀供其奴役任彼凌摧
應農起義誼等死灰祖國抗建
敵已崩頹孤臣游子終旬歸來
偉哉茲刊先導允推如響斯應
聲若鳴雷

馬超俊題 [印]

十七、台灣糖業

台人於甘蔗之種植，毫無自由，取締栽培，均依政府之命令行之，蓋甘蔗之豐收與否，其影響於日本糖業者甚大故也。匪特栽種毫無自由，即收穫之後出賣時，亦由政府規定收買價格，不能自由售賣，價格既爲政府所訂，故往往貨幣價格在成本價格之下，而蔗農爲生活所苦，復爲政治力所迫，亦無可如何，惟有聽之而已。故台灣過去曾有數次農民暴動，即以抬高甘蔗收買價格爲其鬪爭目的。

以甘蔗製成糖，日政府自始即直接操縱其經營，台灣人只知埋頭種甘蔗而已。光緒二十八年，（即一九〇二年）日政府即設有「臨時糖務局」，專理其事，旋又設「糖業試驗場」，宣統三年時，「糖務局」廢止，將「糖業試驗場」改屬於總督府殖產局之下，由殖產局直接經營，民國十年，復於中央研究場之農業部，設「糖業科」，民國二十一年時，又將「糖業科」獨立，易名爲「糖業試驗所」，直接隸屬總督府。「糖業試驗所」之規模，極爲宏大，每年經費，在六十萬元以上。

關於製糖原料之採取，當初，各資本家之爭奪甚烈，日政府乃有限定原料採取區制度之規定，並由製糖者貸蔗農以資金，使蔗農如其希望耕種，既出之後，非售與之不可，剝削者與被剝削者，各有其主，秩序井然。

台灣製糖股份公司之設立，亦係由政府予以大批補助金，或予以獎金，故製糖一業，實握在政府手中，雖生意興隆，而與台灣民生改善，適成反比，該項事業，越見發達，則惟有愈見台灣蔗農生活之日益痛苦而已。

十八、台灣糖廠

台灣之製糖廠，原有三種，一曰舊式糖廠，二曰改良糖廠，三曰新式機器糖廠。舊式糖廠，今已零落殆盡，改良糖廠，亦奄奄一息，目下馳騁白糖生產界者，乃爲在日本政府支助下之資本家的新式機器糖廠。

所謂舊式糖廠者，係以牲畜之力，拖轉一種二輪或三輪之石車，以壓榨甘蔗，其在昔日，約有一千餘家之衆，現只剩七八十戶，在深山長谷之中，幾逃出台灣社會矣；改良糖廠者，亦不過將榨壓機，略事改良，不用牲畜之力，而改用原動力而已，每日約可榨甘蔗百數十噸，生產力亦不大，原有近百家，現在只寥寥一二家，隱居山中，與舊式糖廠，同一命運，且絕跡矣，蓋新式糖廠，挾其雄厚資本以來，又復有政治力量作其後盾，舊式或改良糖廠，均無法抵抗，因而逃走，新式機器糖廠，始於光緒二十六年之台灣製糖公司，現有四十餘家，掌握全島產糖事業，每日平均可搾甘蔗數千噸之多，因可掃蕩一切糖廠而獨自專利焉。

此四十餘製糖工廠，實只屬於十一家製糖公司，每年全島產額，在民國二十二年，爲一千零五十六萬餘擔，（在光緒三十一年時，產額爲八十二萬六千餘擔，其增加之速如此！）台灣製糖公司，其作用與其效果，可說與東印度公司同一，台灣人在此剝削之下，直無生活可言；觀各種糖廠盛衰歷史，大可概見日本人依靠其政勢力，究如何以驅台人於生活圈之外，又如何靠此種立於生活圈外之台人而建立其光華燦爛之生活。

十九、五特產之一的香蕉

台灣除三大農產物而外，倘有所謂五大特產，除糖而外，即茶，鳳梨（即波羅密。）甘橘與香蕉是也。

此五大特產，每年所值，約在一萬萬五千萬元之上，於日本之財政，有裨不小；日本於特產之管理，可謂極剝削之能事，試舉香蕉之情形而言，即可見之。

香蕉產額，昭和七年爲二億七千五百四十萬七千餘斤，輸出約值九百萬元，佔台灣輸出之第三位，次於米與糖。

香蕉出產後，須經過鮮果同業組合，受各州同業組合所設香蕉檢查所之檢查，檢查後，由同業組合送到台灣鮮菓同業組合聯合會，再由聯合會送到台灣鮮菓有限公司，又由有限公司交台灣產鮮菓卸賣組合，（即所謂「荷受組合」）又由卸賣組合，經過所屬之中間人組合之手，而達小販商，始由小販商售之於消費者。

生產者交貨時，不能得到現款，只領得交貨單一張，爲衣食所迫而需款時，得將此單向「香蕉信用販賣利用組合」抵借款項，惟必須詳訂收到賣價時之本利清償條件。

至有限公司收到賣價時，首先扣除販賣手續費與運輸雜費等，此由有限公司與台灣產鮮菓卸賣組合共分其利，再將款交同業組合聯合會，該會又扣除一部分，再將款交同業組合，該組合又扣除一部分，再將款交香蕉檢查所，始由檢查所交生產者，其剝削之重重疊疊，有如此者，區區香蕉一物，分其利者，如是之衆，其法又如是複雜，剝削有心故方法萬端也！

二十、台灣茶

台灣之茶，亦頗有名，早在一八五六年時，即已輸入我國，其輸往他國，係以美國開始，乃一八六九由英人約翰都特運往紐約者。日本領台而後，竭力經營，現刻產額，竟達二千萬斤之多矣。

台灣種茶農戶，約有二萬餘家，其於茶葉之運輸售賣，不能直接爲之，須假手於中間組合，轉手之間，亦大受其剝削。

茶農製成粗茶，賣與茶販、價極便宜，備受茶販之騙，且五十三斤半，只作五十斤計算，當茶販收到粗茶後，又必須交給再製茶館，其間貿易，亦不平等，有每貸五十斤即須扣錢一角五分者，（如烏龍茶。）另有一種茶，曰包種茶，貿易之時，有所謂「七折八扣」之法，即每百斤茶葉，只作七十斤計算，每百元洋錢，則又只作八十元。

再製茶館，亦有不能直接向外運輸者，如烏龍茶之輸出，必由輸出商爲之，轉手之間，其利益亦頗可觀，故日本政府亦不願交臂失之，乃藉口茶販操縱貿易，設「共同販賣所」，直接向生產茶農購茶，以與商人爭利焉！

在台灣，惟有三井合名會社在台所經營之製茶事業，自栽培以至輸出，均得自由爲之，蓋既係日人所爲，與日本政府二而一，一而二，不必分彼此也，自非台灣人所可比擬者；該社係於民國十年成立，爲台灣製茶業規模之最大者，資本原有二百餘萬元，生意極爲興隆，台人之經營同業者，無法與之競爭，亦惟有瞠於其後而已。

廿一、嘉南大圳之故事

台灣既富於農作物，則水利灌溉，必有良好設備，蓋水利之於農事，其重要不言可喻，日人之於水利灌溉，經營亦極良好，如台南境內嘉南大圳之建築，即是一例。

嘉南大圳之建築，費四千二百萬元之巨，歷十年之久，（自大正九年起，開始建築，原預定六年，後復延長四年，乃於昭和四年完成。）其灌溉區域，約十數萬甲之廣，規模可謂宏大矣；日人建此大圳既成，水利灌溉所及之地，按甲課稅，收益甚衆，民衆除此水源而外，無他由獲致水利，非依靠大圳不可，故舉凡附近田地，莫不利賴之，日本人之願出此巨資，從事此一事業，非無因也。

不特此也，嘉南大圳既成，其餘生產之控制，亦因而得確實保障，日昨聞台灣友人某君談一目覩之事如下，數年前，台南有一地主，擁田地甚衆，日政府欲增加糖之輸出，乃強之使棄稻米而種甘蔗，其人因政府對甘蔗之收買價過於低廉，不聽；日人乃以不供水要挾之，其人受此威脅，氣憤之餘，決心讓田地荒蕪，稻米甘蔗，兩不栽種，以示抗議，結果，日人乃以政治力量滿足其希求，以致人因而田地充公。此眞可謂「強盜方法」

，極殺人越貨之能事，由此一端，大可以窺悉日人之壓迫台灣也，固以全民族爲其對象，自非部分之下層民衆，不言可知矣。

除嘉南大圳外，於新竹州之桃源，尚有一桃源大圳，其工程僅次於嘉南大圳，灌漑面積，達二萬一千甲之廣。

廿二、專賣事業

目下，台灣由台灣總督府專賣之事業，凡有五種，即：鴉片，食鹽，樟腦，煙草與酒五項是也。

前在「總督府之收入」一節，關於此點，余已略事提及，台灣總督府之收入中，有百分之三十幾，來自專賣事業，購成總督府一筆龐大之收入。昭和七年，台灣總督府之歲入爲一億二千萬元，專賣事業之收入，總數爲四千餘萬元，（吾人觀此數字，有一連想，即此與邇近汪逆精衛之國家出賣價目相若，汪向日人索取四千萬元，日政府但將台灣專賣事業一年收入付與之，即可使汪逆簽定賣國協定矣。）而該年份之稅收數，僅千五百餘萬元，試一加以比較，不堪想像。

鴉片之專賣，始於日本佔領台灣之次年，即一八九六年；食鹽與樟腦，則於一八九九年，煙草，始於一九〇五年，而酒最晚，在一九二二年。

其始也，於鴉片之專賣，有所謂「鴉片製造所」專營之；於食鹽之專賣，有所謂「鹽務所」經營之；於樟腦之專賣，有所謂「樟腦局」專營之；凡此種種，皆係獨立機關，專以從事某一專賣事業爲目的，至一九〇一年，（明治三十四年。）六月，因見各項專賣生意均好，乃有所謂「專賣局」之成立，竟明目張胆地大做其生意矣，自此以後，五種專賣事業，均統一於「專賣局」之下，做「獨家經理，別無分店」之生意。

專賣成功，明治三十八年日人所津津樂道之台灣「財政獨立」，亦告成功。（未完）

慰問與感謝

去電

朝鮮義勇隊金隊長若山周指導委員咸堂兄並轉全體同志，指密：倭機肆虐，狂炸渝都，貴隊同志家眷，致被損及，至爲馳念，特電慰問，死傷如何，尚希見示。弟李友邦張一之及台灣義勇隊全體同志叩微

覆電

台灣義勇隊李隊長暨張一之兄轉全體同志，微電敬悉，承蒙關念，不勝感激，敵機襲渝，敝隊無損失，僅眷屬宿舍被毀，死傷五人、謹此電復，朝鮮義勇隊金若山叩（印）真印

百年莊長（台灣抗倭故事）

李昇平

新竹州竹東郡芎林莊莊長劉家如爲人坦白，做事公平，凡有益於本莊事情無不盡力爲之，從不畏強暴，不怕仇視、甚得莊民擁護，但是對於莊民有利之莊長、却遭日寇政府之妬嫉，蓋彼等欲剝削莊民，因有劉莊長而不敢妄爲也，便藉故免劉之職、莊民則羣起反對，推派代表到州廳請願，政府無法强免，改以二十甲官有森林與劉，請劉自己退職、但劉莊長素性爽直決不因利出賣自己及全體莊民，却之曰「財非余所好，不使余任請免余職，余自退非百姓所許、奈何」，政府祇好任其續職

當年末竹東郡巡査部長勳六等，田中義六，因對台灣警政有功。年老退休，州廳長令其爲芎林莊莊長，以償其功，然民衆反對，立即派代表請求讓劉留任，但歸失效。

時適有留中國多年之返台青年巫阿順者，亦激烈反對接任，因聯絡各方，組織羣衆暗中製造炸彈，計劃在就職之日暗殺田中，此舉甚得莊民贊助，積極籌劃一切。

昭和九年四月一日田中義六新莊長在芎林莊學校講堂舉行就職典禮，儀式之隆重，可謂盛極一時，州廳派來監誓者青木地方課長，羣役所方面則派野口庶務課長以及今川地方系主任，石塚農務主任，松尾視學，宇都宮警部，等來賓三百多名。

放爆竹開會後，巫阿順及助手田鑫龍喬裝爲淸道夫，暗藏炸彈於垃圾箱內，帶入講堂當青木地方課長朗讀天皇勅語時，巫從大廳旁邊，田從講堂後面雙彈齊投，應聲而倒立即斃命者除青木地方課長外另有重要人員八名傷者十餘名，新莊長田中義六亦負重傷，巫阿順田鑫龍登時被捕，受盡苦刑，毫無難色，且堅不承認。

新竹州刑事課特派二三十名偵探專査此事之經過與證據，茫無頭緒，再發巫田二義士之東支西吾更無從着手，在竹南郡苗栗郡、中壢郡、桃園郡大溪羣等地輪流偵察，費去數月之久、大量逮捕「嫌疑」分子訊問，但一般台民平日受日寇侮辱，認此事爲「爲民洩氣」，且事先已有密切聯絡、故所供口供類同，使敵無可乘之隙，除巫阿順與田鑫龍定罪十五年外餘者嫌疑犯皆得以安全釋放。

芎林莊莊長因此空缺、無人敢再擔任，政府商請劉舊莊長再度出馬，劉則以「本莊長非有過錯，不得擅自退職」爲條件始聯任之，直至現在。至有台灣唯一之「百年莊長」之名焉。

日本新黨運動的前途

譯自「日本評論」七月號　山法師著　李明法譯

新黨運動今後似將成爲事實了。從廣田內閣時代起，繼續到前次近衛內閣的時候，都會使世間緊張地期待着，而任何一次都終歸失敗，致使新黨期待論者失望，可是，在不休不息地繼續着潛行運動的人們面孔上，表現着：這次定達目的的興致勃勃的顏色，可見這次是順調地進行着。

每次新黨運動之起，作爲問題者，是近衛之出馬與否。在理論上言之，比此再傷者沒有了。此則成近衛出馬則可結成，否則，無法樹立之意了，新結成的政黨乃近衛之私黨固不必說，基於舉國體制的新黨，竟以近衛之出馬與否，而決定其運命，實爲滑稽千萬之言。如是，則其出發點，即不能認爲基於時局之認識，以及國際之變動期陷，爲了要調整日本的政治體制所不可缺的理由，與基於國民的要求。

可是，雖然如此，首先還是要問到近衛之出馬與否，恰如將近衛推行做大老闆，若是但底們下，就可集攏來，不禁使人引起這樣反動的感想。近衛才是煩累，不不知不覺中被當爲偶像而推務着。當然，將近衛當偶像并不一定是壞事。於任何國家，在非常時期，也需要英雄，代替英雄的，除組織而外，別無他物，目下日本所需者爲英雄或組織。英雄也有英雄的典型。像西鄉隆盛式的終歷千辛萬苦始造成的英雄，目前是難以求到，也非一朝一夕所能造成。但是也有以組織的力量造成偶像的英雄，使國民於心物兩方均提供總力量於其下之方法。就此如言，近衛以外再也沒有適任者了。近衛也許煩累和意外吧，但是，考意到目前日本的國際環境如何，中日事變的前途，仍然遼遠，而實際又是暗擔，如近衛離開了公爵或一五攝家之筆頭一的地位，而以國民的一份子，也應該爲著國家國民大大的協力罷。

國民之中，對近衛公然惡罵者有之，對於他之出馬，也覺無可期待者亦有之。但是，則擁護近衛的夥伴，也不是認爲他是古今絕少的人物而擁護他。誰也認爲可找到更好的人物，那再好也沒有了，可是，現在的場合是困難的，如是，乃以近衛立於正面而進行，如果是他，則與同樣能够要到的人比較，摩擦可以減少，而仍能進行，而且內地門閥；多少也可發生效果。原因即在於此，拯救時局之道，結果非藉諸任何一人之手，而與國民打開不可。從而，抱自暴自棄論則不必談，如果，非需任何一人來統率不可的話，則結果是近衛最有聲望的人物了吧。

這個近衛，從前次議會的時候，對於新黨運動也覺高興了，雖然，出入近衛之門的政治家與前次新黨運動的人物殆無變化，這一點雖苦使人失望，然而，如有馬賴寧與風見章等在現在的政界到底還是中堅份子。

而且，最有趣者，此次的新黨運動并不是有馬或者是風見提出來的。下之，話頭是近衛提起。過去三月起，近衛就常常和有馬會面，多半是近衛出要求，一會面談的就是往時有馬曾向近衛所提的結成新黨的必要，這次近衛反提來和有馬講了，時世之轉流乎，心境之變化乎，有馬內心是驚嘆了[illegible]是，有馬因爲有着前次苦辣的經驗，故，內心雖大大的歡迎，可并不容見附隨[illegible]採取着如果幹的話，則木戶也應參加來磋商，這樣頗爲慎重的態度，[illegible]一點使這次的運動，有了大的發展也許是事實吧。

在有馬方面，認爲近衛是輕佻的，等自已把筵應辦好，到開棹的時候，給近衛說：這樣吃不來，那就再沒有臉面立於世間，所以必要木戶也來加入，探悉近衛實在的意見以後，才開始動作，這樣堅定地來，近衛也沒有辦法了。

另外在政黨方面，如從前的前田米藏，金光庸夫，山崎達之助，中島知久平，永井柳太郎，櫻內幸雄，等的夥伴，從議會終了的時候，就熱鬧地出入於近衛之門，私探察近衛的意思。可是出乎意外地近衛是很高興的，這樣，以爲此非常要緊事件，如果拖延，乃最大緊要事體，逐即開始內部工作，即爲此次運動的起始，久原房之助也於三月十日和近衛會面，因完全看出近衛的高興，而認爲解黨之壽此其時矣，故即發表解黨演說，而向中島，町田，提出，其原因亦在於此。

自木戶任內大臣以後，（專爲近衛側近的參謀），雖是有馬和風見，但這些參謀和政黨陣營之間，還有很大的隔閡，那是因政黨方面，以爲解黨即是新黨。認爲各黨都做好解黨的準備，提到近衛那裏，現在解黨，組織新黨，請來當我們的總裁吧，而和他講條件。但是近衛和參謀陣營的意思，却不是那參備簡單單的一回事。而是各黨全部解黨，爲首先的第一條件。解黨以後再正式構成新黨籌備委員會，如何組織以及如何訂定目標等等，再來慎重討論，此種論議，因爲重大，總要費一兩個月。單紙有既成政黨參加也沒有多大意思，定須廣求之於國民，學界，材界或是職能的組合，以及實業團體都有參加的必要，懷抱着這樣可怕大規模的計畫，使民政兩黨的幹部漸漸越知道則越感恐佈者，並非無因。

尤其是民政黨之續踏，乃當然之事，設若仍保持原狀，彼乃政界之惟一大黨，即使不能得到政權，而得到一二位閣僚是可能的，[illegible]得好，則町田內閣也全非夢想，所以十分不願下台，也是人情吧。但是，雖然這樣，却也不能很明白表示不參加，何況被久原先下手，對於町田[illegible]很爲難的，加上前段的情形，被人看出是一個理由，即越發爲難。表面上層決定靜觀，可是民政黨的大勢却一天天地漸漸傾向參加新黨的氣勢，使那些幹部立於進退維谷之境。

這點，中島知久平也同樣的，雖會說：假如近衛出來，就解黨而參加，可是漸漸明瞭近衛的企圖，心中却是悶悶不樂的，現在政黨幹部之完全與國民呼聲遊離。將政黨私黨化，憑着金錢而豢養徒弟那樣集團，并不能與國民真摯的呼聲和行動採取共同的步調，如果此次強力的新黨能依國民的希望實現，即爲對現政黨幹部之不信任，可明瞭矣，即對第一線既成老政治家引退的勸告。

有個前閣僚的老政治家與近衛說，「黨的經濟全部由他個人負擔，故關於經費方面請不要顧慮，近衛十分輕蔑此某，說：假如這樣說，則新黨運動他不願意動手，諸如此貪仍以爲有錢就可幹政治，對國際情勢與國民血慘的勞苦都不懂得，眞使人大有不知如何說才好之感。

「台灣同志做榜樣」

——余錦源師長訪問記

正中

我們的同志從前線回來說：×××師師長余錦源將軍將經過金華到××擔任新任務，過金時，要找我們的李總隊長談談。

經同志們口頭的描繪及工作報告書上的介紹，使我們沒有見過余師長的人，在腦膜上先映上一個：愛士兵勝於愛自己，愛百姓勝於愛親人的青年將領的印象，都急急乎要瞻仰這位對我們台灣義勇隊援助甚大的將軍。

某日傍晚，李總隊長介紹一位着草綠制服操四川口音的人給我認識說：

「這就是你久欲談談的余師長。」余師長握着我的手說：

「我們會過的，我們在那裏會過的。」確實，我對他是太面善了；但我們都想不起在甚麼地方見過。反正，都是馳騁於民族解放戰場上的同志，在精神上大家正是會心的熟識，又何必斤斤計較於會面的時間？於是我們便到中國旅行社（他住在那裏）暢談其前線情況。

從寒暄談到戰鬥，從戰鬥談到政治……，後來談到本隊隊員在他部隊中工作的情形。（這裏記的就是後一部份，關於戰局敵情，筆者曾有專文記之。）

他說：「台灣義勇隊是不錯的，給政治工作者做一個榜樣。」他認為政治工作者沒有辦公廳，也沒有規定的辦公時間，操場戰壕，士兵的寢室，及老百姓的家，就是辦公廳；如果拘束於時間，政治工作者便失去其意義。

我們的同志，因為認識——惟有從艱苦中始能達到任務的革命認識，和我們平時的學生活加上有計劃的訓練，故使每一個同志都習慣於與士兵同患難共艱苦，深入他們的裏層，從生活中起領導教育的作用。故余師長非常誇讚。

××師的紀律好，受老百姓的歡迎，並不是無因的。他們每到一處，首先就是用戲劇或歌詠，召集軍民聯歡大會，余師長說：「惟有通過藝術的形式，才能號召群眾，群眾到了以後，才能把軍隊的紀律告訴他們，給他們看。倘使單憑保甲長的自上而下的方法，是不易動員群眾的，即使動員了，也會減低其效果。」

在任何一次的群眾場合上，余師長總是介紹我們的同志對群眾講話，余師長的見地是：「一般民眾都知道台灣是亡了國，讓一個親身嘗受到亡國生活的台灣人同他們談談亡國後的生活，會加重民眾的抗敵情緒的；而且，也使他們知道中國抗戰的偉大，連台灣人也參加了，我們自己人還不努力嗎？」余師長特別注意：「要隨時隨地擴大台灣義勇隊的政治影響。」因此，在第×戰區長官司令部的一個高級長官宴會上（替余師長洗塵），余師長也利用機會介紹我們的同志同大家談談，發動大家向我們的同志獻酒，我們的同志也藉此機會表達了對各長官的敬意及願在祖國各長官領導下驅逐日寇，解放台灣的意思。

余師長所率領的×××師，是中國勁旅之一，常常奔跑於各戰場，做增援及出擊的游動兵團，前次在蕭山之役中表現了殊勳，曾得上峯的嘉許，記着大功一次。這次為戰略的新佈置又把該師調往××，我們因××離我們的隊部太遠，指揮聯絡均不很方便，故調回在余師服務的同志，但余師長三番五次的要求李隊長仍然派同志參加該師工作，余師長對於我們的重視，使我們非常感激，我們當以此自勉，但我們終因整個工作佈置，不克答應，謹在此表示歉意。

余師長臨別時仍諄諄叮囑，勉勵同志們不單要作對敵工作，更要做對士兵對民眾的政治工作，他鼓勵我們要做榜樣——一方面做政治工作者的榜樣，一方面做老百姓們的榜樣，叫他們現在要一致努力趕走日寇，免得像台灣一樣的亡於敵手，而過流離困苦的生活。

我們是永遠記着余師長給我們的鼓勵的！

為虛張南進聲勢 敵在台設「報道部」 專負虛構消息散佈謠言之責

（廈門訊）日寇雖自覺近來歐局急轉直下，對於彼等日夜所夢想的南進政策，正大可乘機有所作為。無如因我三年來英勇之抗戰，早已使彼深陷泥淖不拔，致坐失交臂良機，日閥素性陰狡，近仍在各方面作一積極「之準備，以圖孤注一擲，不亡其國不已，并為虛張聲勢及製造誣衊謠言，散播無稽消息起見，近更飭台灣軍司令部增設一所謂「報道部」，專門負責鼓吹南進聲勢與國佔領區內敵偽所辦報紙的輿論，以行其造謠欺騙之能事，聞該部現已正式成立，部長一職，悉由敵田中濟大郎充任，從今而後，敵寇在我華南之軍事失敗將藉此機關之向壁虛構造謠，以掩其窮態矣，悉後欲以一手掩盡天下耳目，是孰可能否，徒見敵閥，山窮水盡，心勞日拙耳。

本隊為工作方便計，特在重慶中三路二三六號設立「台灣義勇隊重慶通訊處」，由劉啓光同志負責。

我們增加了新的力量

王正南

我們團體在過去人數少，力量薄，做起工作來，老覺得人不够，例如有人演劇，便沒有人佈置，所以老早就打算要擴大組織，但是，我們出去流動工作，總是一兩個星期，或者一個月回團部，以後就要休息一個時間，所以一直沒有機會做這件事，後來我們堅決把別的工作放下來，先充實了我們內部再說，隊長也允許我們到閩北去做這件事，我們非常高興，準備了一星期，在六月十八日動身到福建××縣去工作。我們決定要動員許多好的台童來參加。

在那邊有很多小朋友，他們都極願意參加，但是大部份的家屬不讓他們來，有願意的却又並不好，所以結果只有七個人參加我們，當我們離開那裏的時候，他們排着很大的行列歡送，我們心裏真快樂，上汽車的時候，有許多家屬還流着眼淚，但是我們却唱歌，喊口號，漸漸的，他們也快樂起來了。

新的人是有了，但是我們要經過一個短時期的訓練，更要緊的是：我們要從工作中去學習。

現在我們力量增加了，隊伍更擴大了，不拿別的，光拿唱歌來說，聲音就比以前洪亮得多了

我們不光是認爲現在增加了工作力量，而且要認清這也就是增加了將來台灣革命的幹部，唯有抱着這樣的目的，才能更努力的學習，更加倍的工作

新生活的開始

義

這一個禮拜，大家過的非常高興，大家都很快樂，在工作上表現得特別活躍，星期六的晚上還開了一個快樂晚會。以前我們也是學習，工作快樂，但是許多事情都不像這個禮拜樣，是我們自己管的，所有的事情都是由李大姐和黃大哥來給我們管：他們給我們上課，他來佈置和計劃工作，甚至一條橙子倒在地上了，也只有他們把牠扶起來。有的時候，他們忙不了。臨時支配小朋友做，但是所有的工作都臨時支配，那是多麼麻煩啊！這是一個不好的現象，不把這個現象改變，那麼許多事情辦不好，而且小朋友們也應該從實際的工作中去學習怎樣工作呀？

大家都感覺到我們應該開始一種新生活。

一天，太陽雖然偏西了，却仍舊發着強烈的光，我們四個比較大一些的同學，和李大姐黃大哥在一個祠堂裏的神位前面，談論着這樁事情，大家認爲現在人數增加了，我們一定要想出更好的辦法！大家覺得團體的事情應選出適當的團員來負責，李大姐和黃大哥可以給我們幫忙和指導，於是就召集了團員大會，商量這事，於是新的組織系統通過了，並選出各部的負責人，新的組織系統是這樣的：

- 團務會議
  - 隊長
    - 幹事會
      - 總務股（會計事務文書）
      - 生活股
        - 健康整潔娛樂
        - 小組圖書教育
      - 宣傳股
        - 歌詠話劇雜技
        - 舞蹈標語壁報
        - 交際
- 指導員
- 指導員
- 全體團員大會

除了隊長是連選連任以外，其他都是新選舉的，還許多組長和股長，都是第一次當大家都不知怎樣開始工作，但是每一個人都抱了最大的決心和勇氣負擔起任務。

新的組織，有密切的聯系，例如組長要向股長報告工作，並且提出困難，每星期六舉行的股務會議上便討論出具體的解決辦法，並定出下一週的工作計劃。

各股股長要每天寫股的工作日記，並經常向隊長提出工作困難，每天生活會議上要向大家報告昨天做過了的工作，並且規定今天要做的工作。

隊長是直接領導各股股長的，他經常幫助各股解決困難，隊長有困難時，再在團務會議上可由指導員解決，最大的問題，召集全體大會討論，以這樣好像一架機器，發出了極大的馬力。

不信請看我們一天的生活：

八月二十日　星期二

東方才發白，鬧鐘催醒了大家，值日生的哨子也響了，每一個人都從夢中醒來，分了組到河邊去洗臉，我們起的比太陽還要早些。

洗臉以後，分成兩組練習跳舞，大家覺得，舞的動作都很純熟了，便一起爬到小山頂上去，用清晰的歌聲去歡迎太陽。

下了山頭，寫好日記，從一里路外的隊部把粥和開水送來了，每人都盡量的喝了開水，再喝稀飯。

早飯後重要的一課是：每一個人拿了自己的小竹椅，在大門口圍成半圓形，夏天的風剛好吹進來，小主席主持着這個生活會，先各股報告了昨天做的工作，再由各組長報告工作的情形，以後便是檢討。有的說股長和組長的聯系還不够，又有的說，說服人家的錯誤態度要好，……主席都一一做了結論，下面便又是各股股長報告今天要做的工作了，大家再聚精會神的討論決定了一些事情，唱一個歌才結束。

正要上軍事操時，忽然敵機來了，於是就臨時改到室內講關於軍事的各種常識，飛機去遠了，始排在有房子影子的半個操場上操着一二一，如果不是年紀小一點，簡直和大兵沒有兩樣。很多過路的人他都非要站下來看一看不可。

第二課，是戰時讀本，黃大哥和李大姐分開和我們上第一第二組，第一組是上高級第二冊，第二組上高級第一冊，戰時讀本上說的都是事實，讀起來非常好聽，我們正在上着鴉片戰爭以來我們中國的幾樁大事情。

第三課是學日文，我們都願意學習這種技術，這是有很大的用處的。

再上課的話，那就吃不消了，雖然每課中間都有十分鐘的休息，但現在那節沒娛樂來調節了，有很多人就打乒乓球，有很多人都在搶着向娛樂組報告，借棋子來玩，打乒乓的人這幾天比較多，因爲不久娛樂組就要發起乒乓比賽了，還有獎品呢！

玩的剛快樂的時候，值日生的哨子又吹了，原來是吃中飯。

下午的第一課是練習美術字，宣傳股股長兼標語組長的小胖子做了教師，他在告訴我們美術字要怎樣寫才好看。

寫過美術字，是一天隔一天的游泳和午睡，今天是輪到游泳，於是就冒着炎熱，跑三里路到金華江去，水是朋友，沙是老交，小蛤蟆是我們開玩笑的對象，大家不約而同的摸蛤蟆，竟被我們摸到十幾斤，這種生產的遊戲，以後隊部大同志也摸彷上了，因爲那天的晚餐大家有了一頓美味的鮮湯。

除了幾個病的以外，每一個人都學着游泳，有的也研究起「蛙式」來了，女同志也一樣的把手伸直頭悶下去，脚沒命的打水，——這是學游泳的第一步！

兩個鐘頭之內，把衣服洗好以後，馬上就要回去學唱歌的，（有的時候改爲排劇）

下午比上午是要來得勤一點，唱歌以後，又是遊戲一直到五點鐘，大家才集隊到隊部去吃晚飯。

晚飯以後，大家就搬了自己的小竹椅一堆一堆的在乘着涼，有的說故事，有的數星星一直到八點鐘，值日生的哨子又在命令大家上床了。

生活股最後宣佈了明天的值日生並且把鐘的發條開足，把鬧鐘轉到四字上吹了燈，便祇能聽見帳子外面的蚊子叫了。

祖國貞健的孩子

嘯軍

你們一羣是新台灣的蓓蕾
有着玉樹般的豐姿
呀！
血腥奴隸的枷鎖
要套上你們
你們沒有失色
火苗
熾在心頭
躍過碧綠宏闊的海
一把慧劍，一匹振鬃的馬……
馳騁在祖國自由遼遠的沙場
像祖國蔚藍的靜空
鑲上一顆顆皎潔的星星
狼煙瀰漫大地
在烽火中
耕耘吧
讓自由的花朵
像葡萄
像牽牛花
美麗地蔓延在東亞的草原上。

七、廿二、閩台灣先鋒後寫於永嘉縣。

日記一頁

黃月華作

五月十六日星期四天陰

今天沒有出操，各位同志都很高興的拿了書來看。因爲昨天黃大哥買來很多新書來給我們看，有的同志很用功的看，有很少的同志，後來不高興看，想要跑出去游戲，我就把所有的書都登記起來，因爲我是負責管書的。

今天的功課不像從前的樣子，今天起功課是很新鮮的，上課教得也很有興趣。

下午開歡送會，歡送義勇隊的大同志謝先生出去工作。謝先生給我們希望三點：一、努力學習；二、要團結；三、要把這次到江西上饒工作的缺點都改過。我們就由黃鍾靈同志代表演講，最後我們就拿幾個口號歡送謝先生，這個會就這樣很簡單很熱烈的開完了。

我生起病來了，不能和其他同志在一起上課，只能一個人睡在床上，我心裏真是十分的難過、像晚上，大家在集體的玩，只有我在床上，睡，也不能和許多同志在一起玩，一起高興，想起來更難過，啊！我怎麼這樣會病？爲什麼我的身體會這樣？朱倬的身體這樣好好，假使我的身體像朱倬不是很好嗎？

書信往來

這種朋友越多 日本鬼子越怕

——覆重慶育才學校社會科學組的信——

諸位親愛的同學們：

你們的來信，我們老早就接到了，我們讀到了，非常高興，我們很願意，有這樣的朋友，這種朋友越多，日本鬼子就越害怕，你們說是不是？

你們現在都在學習着社會科學，這個社會是有很多毛病的，你們在研究這種病，將來就要靠你們這些醫生來醫好他，把這些病醫好了。我們才能够得到更多的快樂和幸福。

在六月裏，我們去福建工作了一次，那邊有很多的台胞集中在一處，我們的家屬有一大半，都在那邊，我們去的主要的目的是要選一批集中化，那邊的台童，來參加我們的隊伍，擴大我們的組織，好做更多的工作。許多小朋友知道我們要增加團員，都搶着來，但是因爲各種條件的限制，祇答應了七個，現在我們一共有××個人了。

我們在那邊演了幾次戲，在以前因爲我們人太少，沒有好好的排過戲，同時也沒有適合我們演的戲，這一次，我們演出了一個「爲了大家」成績非常好。

福建回來以後，我們正在加強內部生活的整頓，過着極有規律的生活，同時加強自我管理，組織上更加嚴密了，大家過得很快樂。金華最近炸了好幾次，可是炸彈大半丟到河裏去了，眞笑話！重慶炸得更厲害，你們離得很遠嗎？謹向你們致慰意，我們要更加緊密團結起來，努力工作來回答敵人的轟炸！

台灣義勇隊少年團全體舉手

兄弟的團體

我這次能够與你們見面，實在太高興了。你們那集體意識和工作成績眞值得我們稱讚，尤其是你們那熱誠，活潑的態度使我永遠不能忘記。你們的工作情形和工作作風一定介紹給我們全體同志，而你們付託我的一切事情一定要轉告給我們的三一少年團。我希望你們以後多多給三一少年團去信鼓勵他們，我覺得他們向你們學的地方很多。我們兩個義勇隊是兄弟的隊伍，而我們兩個少年團又是兄弟的團體，這在今後東亞歷史上有着重大的意義。

朝鮮義勇隊 何振東上 八月十六日

祝賀新安小學再生

親愛的朋友們：

首先，讓我們來向你們致熱烈的敬禮，祝賀你們的再生。黃大哥時當向我們說：你們從民國十八年就開始了奮鬥，在那個時候，沒有一個中國的小學像你們這樣的活潑有生氣，好像在黑夜裏的一盞明燈，你們照耀着。你們鬥爭中，堅持下去，終得到了勝利；但，那還不是最後的勝利，不走嗎？日本帝國主義的血手，摧毀了你們的外殼，但是沒有毀滅你們的精神！

堅苦中，繼承着這個光榮歷史的新安旅行團又產生了。而且更光榮的發展了你們的歷史，到現在已經整整的五年。現在，你們再生了，用更新的姿態在偉大中國的抗戰中再生了，你們將創造更新的更光榮的歷史，我們願意隨着你們的光芒，向前邁進全中國的兒童，也像我們一樣地，追隨着你們，創造我們被壓迫民族兒童的新紀元。這裏，我們不得不感激你這光榮的戰士，我們親愛的老大哥！請你們接受我們的熱忱；祝你們永遠年青。

請你們接受我們的要求；

台灣義勇隊少年團敬上

獻給台灣少年

嘯軍

台灣的少年鬥士：

我去年在火藥[illegible]味的濤海幹教育，從那兒的小朋友口述，知道你們的一點消息，因爲那個學校，有台灣孩子。

星島日報，曾把你們的戰鬥生活和工作介紹過。

對你們很欽佩，羨慕，祖國的好孩子，我不知道爲什麼會這麼地懷念着你們。

從這兒一家報館的編輯室，得閱「台灣先鋒」，眞是雀躍三尺，你們在前線熱烈的工作，抓緊任務以實踐工作爲中心，加強自我教育，我心坎裏想：「你們眞是祖國戰鬥的好孩子。」

寫一首詩（詩見一〇八頁）給你們，是蹩脚的，但湧着滿腔的熱情。

今天，我伸出熱忱的手，小鬥士，希望你們能够在工作之暇常寫信來，激勵山縣裏的小朋友，武裝腦子，披上戰鬥的衣裳，如何？

話很多，一時說不了，敬祝

茁健地

工作，學習！

大孩子嘯軍

書信往來

響應

徵求兒童作品

本會為宣揚我國戰時兒童之學習精神，及創造能力，與學習全世界最幸福的蘇聯兒童，更和他們親密的攜手起見。特發起徵集中蘇兒童讀物作品，定期舉行展覽希各校園兒童積極參加，辦法如下：

1. 凡有關抗戰建國之兒童讀物作品均歡迎。
2. 讀物（包括兒童刊物及課外讀物）作品包括美術（連環圖畫、漫畫、木刻）、工藝（包括泥、木、竹、兒童玩具及挑繡等）寫作（壁報、詩歌、故事、書信、劇本、論文、日記等）。
3. 美術品每幅最小約長十二市寸寬八市寸木刻每塊最小約長四十五市分寬卅市分。
4. 作品材料必須儘量採用土貨如嘉樂紙花青撞黃及土布等（顏色注意顯明）
5. 凡參加展覽之兒童從三歲起至十六歲止。
6. 凡參加展覽之作品必須兒童自己的創作保留兒童的天真。
7. 凡參加展覽之作品本會有選擇責任。
8. 凡被選展覽者由本會酌贈兒童書籍或雜誌。
9. 徵集期間自即日起至十月底止。
10. 來件送交重慶中一路一七〇號本會婦女委員會收。

中蘇文化協會啓

寫信給蘇聯小朋友

（略）現在抗戰已到了最緊張的時候，我們應該加倍的堅強團結奮鬥；同是更應該加倍的努力爭取國際的同情和幫助。蘇聯自從我們抗戰以來，對我們的同情與援助算是最深厚最切實的了。對於這樣的一個好朋友的同情與幫助；對於這個好朋友的維護世界和平，我們不是應該表示感謝和敬禮嗎？你們一定願意和蘇聯的小朋友們接近，建立起親密的友誼，你們更願意告訴他們：中國的兒童是怎樣堅強的團結起來，英勇地參加反侵略鬥爭；告訴他們：你們在前方幫助軍隊作戰，替傷兵服務；在後方參加各種抗戰建國的工作，及敵人對中國兒童種種強暴的迫害等血淋淋的故事：現在中蘇文化協會發起了「中國人民向蘇聯人民寫信運動」，這是一個最好的機會，希望你們照下面的幾點注意寫信給蘇聯小朋友：

（1）用活潑生動的語句，描述具體事實。
（2）要自己寫。
（3）表示對蘇聯幫助我們的感謝。
（4）表示對蘇聯兒童的親密友誼和敬慕。
（5）宣揚中國兒童參加反侵略戰爭與維護和平的精神。并且體寫出參加抗戰建國種種工作的事實。
（6）故事體裁，寫出中國兒童所遭受的災害及敵人種種殘酷的情形。
（7）希望蘇聯兒童促進蘇聯對我國繼續援助，但語氣不宜直接要求，應用間接的說法。

小朋友們，趕快的去寫，用心的去寫吧！祝你們為抗戰勝利而努力！

中蘇文化協會婦女委員會啓

東南小朋友別落後!!!

親愛的東南小朋友！

現在有兩件很重要的工作，全國各地的小朋友都在努力的做着，我們東南的小朋友也絕不願意落後，我們要聯合起來趕快完成它：這是什麼呢？

中蘇文化協會發起了「中蘇兒童作品展覽」，要搜集我們全國小朋友的抗敵作品，拿到蘇聯去展覽，使得友邦人士看了之後，更加熱忱的援助我們抗戰。

他們還發起「中國人民向蘇聯人民寫信運動」我們兒童當然也是中國人民也應該向蘇聯兒童寫信，小朋友們，以前你們一定寫過慰勞信，還不是很容易的事嗎？把我們中國的情形尤其是我們小孩子被壓迫和英勇反抗的這些情形寫一封信，寄給最同情我們最幫助我們的蘇聯小朋友，以後，他們也一定會寫回信，告訴他們國家裏的，我們不常想也想不到的許多事情，這樣不單增加我們不少智識，而且可以同蘇聯兒童做起好朋友來了，我們想：幫助國家，表揚自己的這一工作，你們一定願意做的。那麼就越快越好，自己寫了不算，還多約幾個好朋友一齊寫，比一比看，誰寫的最好！

寄兒童作品和寫信辦法，請你們看中蘇文化協會的信，我們希望你們的是：快點，好點，同你的朋友比賽着寫。倘使你們有什麼困難，請你們來信同我們商量，同時，以後我們也要不斷的通訊才好，和你們握手。

台灣義勇隊少年團上

台灣少年團給蘇聯兒童的信節錄

我在台灣時，常常和小日本鬼打架，現在我被壓迫離開台灣，便和祖國同胞一致起來打鬼子……我的父母和哥哥們還在台灣打哩！——曾玉芳

我們有時踏着雪冒着雨到前線慰勞：敵後的小朋友也幫助遊擊隊拉敵人的後腿……這些事很使大人們感動，而更加努力！——徐光

我們在台灣時。不能讀中國文……讀日文讀不來，日本人拉我們去碰石頭做的黑板；有時還要坐監牢……我們真恨死了……希望你們不斷地把飛機和大砲來幫助我們打鬼子！——王正南

在台灣時，聽到中國和日本打了仗，我們快樂得要命，半夜裏偷偷跑回祖國參加抗戰，祖國同胞非常愛護我們[illegible]這樣更使我們興奮，更努力工作——黃月華

你們已經幫助了我們很多，希望以後更加的幫助，好早一點打走日本。——朱偉

你們真幸福，能夠安安心心的讀書，我們要打走鬼子以後，才能過比較好的日子。——黃月娟

我想做一個航空員，飛到台灣看看台灣現在的情形，飛到蘇聯同你們拉手……你們的空軍最發達，我們真羨慕。——李廣

台灣義勇隊第三區隊訓練生活特輯

這是本隊指導訓練組組長牛光祖同志在本隊第三區隊開始訓練時所擬出而經隊長核定認可的計劃，在三週來的實際訓練中又酌加訂正和增添，現在把牠發表在這裏，一方面可以使外界人士明瞭本隊訓練情況及供別的訓練機構的參考；一方面希望本隊同志能以此計劃爲共同努力的指標 ——編者誌

爲什麼訓練和如何訓練

牛光祖

我們台灣同胞是黃帝的子孫，流着中華民族的血液，我們的民族思想決沒有離開過我們的腦筋而讓大和民族的思想來代替；雖然在日本帝國主義統治下的台灣，已經受了四十多年的「皇民化」的奴化教育。但是我們沒有一時一刻忘記推動民族革命，因爲這是我們的父母在生前及將死的一剎那的教訓，這更是人類社會發展到這個階段必然要走的路程！三民主義是祖國立國之基，也是求獨立生存的武器，更是實現大同世界的標的。台灣的革命同志，已經看準了這點，抓住了這個武器，就是說，我們已信仰着這個偉大的主義而在他的指示下進行着民族革命的工作。

祖國抗戰開始之前，散居各地的台灣同胞，在祖國各界援助之下，已不斷的推動台灣革命運動並且組織了許多同一目標的團體，而在抗戰之後，更進一步的團結起來了；它是跟着祖國的向前而進步，它是隨着大時代的變動而現出了自由解放的曙光，它是配合着戰時的一切而奮鬪，它是負起了革命的任務而和日本帝國主義拚命。在奮鬪的當中，我們總不敢隨便，更不敢忘記父母於死前的慘痛悲憤的教訓。

台灣義勇隊正是台灣革命同志的結合，同時就是革命幹部訓練的好地方。這次參加的同志，雖然堅定了意志並且有着火焰正燃燒似的革命熱情，但我們的革命意志，僅是覺悟的初步，我們的革命熱情還是以感情做基礎；所以必須加以訓練。這不但是李總隊長的意思，也就是新同志的要求，因此，在未踏上革命實踐之前，便決定了這兩個月的革命訓練。

爲着要在這短期的訓練當中，能獲得優良的效果，所以我們在未訓練之前訂了下面一個佈置的計劃。

甲、原則

一、以三民主義之理想爲理想，以抗戰建國綱領爲實踐的目標。

二、以充實正確的理論，使每個同志能把握着正確的世界觀；並以軍事生活使每個同志能够由封建思想，自由思想改爲革命的人生觀，集體化的生活爲目的。

這才能有深刻的言論，機警統一的行動和純潔紀律的生活，這樣才能完成時代給與我們的任務。

乙、教育中心

一、基本理論的貫輸。

我們不但要認識歷史過程中所發生着你們的事實，以及目前社會一般的動態，來做我們民族革命的理論基礎；並須明白認識我們的立場及這個大時代給我們的任務。所以關於基本理論方面，在講堂裏，我們特別選擇三民主義，台灣革命史與台灣革命現階段，社會進化史，政治經濟學，中日簡史，對敵工作研究，世界經濟地理，軍事學科及其他各種藝術理論如戲劇理論等科目；在生活裏，我們特別注意着——時事報告，分組討論（題目由隊部按照實際情形規定）集體問題研究，個別談話等。

我們以課堂教授爲主，以生活教育的方式來補充課堂教授的不足，這，同時也是使每個同志有發揚理論及發表感想的機會。

二、組織教育

我們是社會的一份子，是民族的一員，尤其是站在革命立場上的一戰士，我們就不能有封建腦筋，自由思想，浪漫態度，因爲革命是羣衆化的，革命的完成必須團結一致，向着一個目標前進。如此，我們一定要健全同志的本身並且要強固我們的團體。

因爲這樣，在訓練當中，就必須要受最嚴格的組織教育，所以我們便選擇軍事訓練（術科方面）作爲促進生活紀律化的方法。這種紀律，是要訓練我們在團體生活裏有服務的精神，服從的意響，及嚴守所規定的時間而得到行動上的一致，迅速確實。如果團體中有這樣的具體表現，那就是收到了組織教育的效果的證據。

三、技術教育

勿論是誰，他在社會人羣中想要生活，那末就要勞動（人類生存的原則）尤其是社會環境這麼惡劣，生活方式這麼複雜，分工合作爲近代、現代及將來社會進展的基礎的時候，我們每個人就要有生活技能才行；並且我們這樣的生活技能，不但是解決私人的困難，同時在革命實踐中，還能

加增革命的力員。

終身貢獻與台灣革命的同志，或要為革命而服務的同志，為了擔任偉大而困難的革命工作，就必須受特別的技術教育！因此我們就選擇——寫作、話劇、歌詠、游泳、演講、情報、爆破、交通、電信、電報等科目來加以訓練。

丙、實施方案

這次的訓練決定是兩個月。時間如此短，是因為工作在前面急待着我們去做的緣故。

新同志的認識水準相差很遠，一部份同志，以前已有了工作的經驗，但大部份同志，還是初初參加革命工作；然而他們多有共同點，譬如台灣革命前途的認識，意志的堅決，學習工作的精神……等，是大同小異的。所以若有合理的訓練環境，適當的支配時間，尤其是有能幹的教官，再加上同志們不斷地努力，我們相信，這短期的訓練，一定能獲得以後實踐中學習的基礎。為要達到這理想，我們就把這八個星期分為三個階段來實施。

第一階段：規定三個星期，這期間的訓練是注重於「矯正」，希望在這個過程中消極方面能克服了封建腦筋，自由思想，浪漫生活及其他的惡習，當然這個工作是非常困難，所以我們在積極方面施以最嚴格的組織教育而配合着理論貫輸，在生活裏使他們理解團體生活的重要性，使他們樂意來矯正自身的缺點，再以同志間互相鼓勵的方式，來使同志們不致感覺到這種嚴格的集體生活的痛苦。就是說，在這期間，努力引導他們不會發生不好的反應而傾向於消極的態度，敷衍的心理。

第二階段：規定三個星期，這期間的訓練是注重於「習慣」，希望同志們在生活裏學而不怠，修養方面，能習慣於被批評而樂於接受，服務方面，能表現着不言而化，不言而教的態度，進而能為人之表率，團結精神方面，希望能夠更加強。

要使同志們能得到革命者應備的條件而成為習慣，的確不是容易的事情，但是這裏的訓練只能做到基礎，以後在革命的實踐中再以堅強的意志去克服惡劣的惡習慣，養成革命者應有的生活態度。

第三階段：規定兩個星期，這時間是注重於「自動」，希望同志們能自重、自愛、自治、自強而緊緊地抱着這樣的精神和態度向着目標邁進。

勿論在學習、工作、生活各方面都有基礎了，我們才活用實踐工作的原則，來完成台灣革命的任務。

這三個階段是兩個月短期訓練的實施方案——生活時間表，課程表以及其他各種活動的基礎。

之外為使調整同志們的緊張的訓練生活，我們每星期，有同樂會，野外運動，室內活動，象棋，勞動服務。各種比賽會——如演講及壁報，寫作等——給同志們在疲之中得着莫妙的快慰。這是革命工作者保證革命工作順利完成的條件之一。

隊員習作

半個多月的訓練生活

黃丹萍

訓練的開始

七月內陸續從海內外來了好些位新同志，七月三十一日都集中在隊部了，到八月八日便開始着訓練。

同志間年齡小的十七歲，老的五十二歲，社會經驗文化水準不相同，但是我們的目標是共同站在一條戰綫上來奮鬬的，老少同志，在學習及行動中是沒有多大差別的。大家都曉得訓練要吃苦，但是為了台灣革命前途的重要，眼前可以暫時犧牲一切，準備武裝身心和日本法西斯軍閥作生死決鬬，以爭取台灣同胞的自由解放。

隊部在廟中

一間半新不舊的廟宇，做了我們的隊本部，人家一走進廟內，就可看見金黃色的佛像及有意義的對聯，如——「生活革新，提高人格，精神抗戰，喚起國魂」等，另外還有一樣令人注目的東西，那是一條長形的紀念牌寫着：……「佛誠薦抗戰陣亡將士暨殉難同胞之靈位」。每在天未亮的三點鐘左右，和尚們便做着祈禱。

有時候老和尚看見我們，走近來和我們談談：「你們青年人有用啊！為國家出力」。

簡潔的教室和寢室

我們的教室是設在廟中右邊的客房，只可容納××個人，並沒有學校的設備，只有三張桌子，幾十張椅子，右壁上掛一張新兵器常識圖和一九四〇年的世界形勢圖，兩張圖都富戰時教育意識。靠壁的一塊長方桌子上面排有一塊半新舊一塊小黑板子，靠黑板的傍邊放着鬧鐘和幾枝粉筆，就這樣，成為我們每日不可分離的教室。

我們的寢室似「烏巢」，白天除了病外，是很少在寢室內的，它是連接在教室的兩旁。每個同志有一頂蚊帳，一床蓆子，還有整齊地放着的面布衣服和零碎的用品。

互相教育

訓練分兩方面：一、學科，二、術科。但任教官是同志中較有經驗者，上課是有「階級」之分，下了課就一樣吃飯，一樣生活，這是多麼使人興奮啊！教官用了最大努力來教授，教後不明白的地方重覆解釋。

在這樣強有力的訓練中打破了每個同志的家庭觀念，例如，我們同志的孩子有參加少年團的，開會時父子一樣爭辯：「父親那一點不對要改正」。「孩子那一點不正確不應如此做」。在這樣集團生活中為了進步，竟打破了父子間「神聖不可侵犯」的尊嚴。

我們的學科

訓練中的學科是三民主義，世界經濟地理，政治經濟學，戲劇理論，軍事常識，歌詠，寫作等。這些學識是每一個工作者所必不可少的，例如：三民主義是領導中國抗戰的主義，它的目的是要求得中華民族自求解放及對外平等，台灣革命在性質上和祖國革命是相同的，而且台灣革命是和祖國抗戰並進的。台灣的歷史文化地理諸條件，決定了和祖國的密切關係。因此要特別研究牠。

再如戲劇，為什麼我們也必要學牠呢？因為：我們在過去惡劣環境下，國語說得不流利，學習戲劇也可以說學習國語，以利便在祖國進行各種工作，而且戲劇是最好的鬬爭武器，在中國抗戰中佔最重要的一部門，革命工作者是不能不去學習的。

同時台灣在歷史上有很多可歌可泣的故事，台灣革命者應當把它發揚光大起來，現在準備一點戲劇常識，有機會便可以把牠搬上舞台，總之各科的訓練都富有很大的意義。

課外活動

除了日常正課外，我們還有很多種課外活動。

A寫日記　寫日記是我們每天不可缺少的工作，我們在睡前把一天經過記下來，而且還可以訓練寫作，檢討自己，儲蓄材料。我們將久遠地和日記做朋友。

B分組討論　分組討論是新舊同志都參加，所討論的題目由隊部規定下，如「怎樣做一個義勇隊員」，「台灣革命前途」，「台灣革命現階段」等這些迫切處要了解的智識。

C講演比賽　口才是革命者不可缺少的，平時一定有好的訓練，才不至臨時或將來幹工作時「抱佛脚」，因此，我們有講演比賽，是每逢星期六則舉行。隊長指導教官五人，新舊同志各選兩人共七人為審判員。評定次序後，最好的一二名，隊長還發給一點學具做鼓勵。

D同樂會　每天埋頭在「學」中，沒有正當娛樂是不成的，因此隊部決定每星期六晚舉行同樂會。義勇隊和少年團合併起來，會上有一，變魔術，講故事。及各種歌曲（民間士歌救亡歌，京調）。一場喧嘩笑破了同志們的肚皮。但我們沒有忘記牛組長所指示的：「娛樂不是胡鬧，精神恢復後更要努力學習」。

隊長和我們

每天吃一餐稀飯，兩餐乾飯，「不久就要換兩餐了」。吃的是一湯一菜，隊長恐怕同志們營養不足，每星期三六加五塊錢猪肉，猪肉又肥又大塊，吃得非常痛快。像聽他訓話一樣的使我們感動。

我們為了自治，自己選出一個區隊長，區隊長是每星期改選一次。他的責任是管理同志們的生活及學習，例如早操吹笛子起床，吃飯時照料大家，臨時糾正同志們的過失等。

在這樣的生活中，我們在不斷的進步着……

老當益壯的蔡老同志

王少華

我們剛剛放下碗，大約是五點多鐘吧，雨仍然打着簷前的石塊，風，仍然不斷地吹入餐廳。外面不合調的步伐越來越近，一羣挑夫擔着各色各樣的行李衝進來。我想一定是我們的新同志來了；因為事前總隊長會同我談起。行李的後面跟着二位女同志，我問她，「諸位同志是不是都來了？」她們不約而同地說：「後面就來。」十幾位的青年同志大踏步地在田陌中的小徑上灣灣曲曲地走。雨已經把他們的衣服淋濕，他們的精神仍然活潑，快樂。還是一種目的達到後的愉快。最後有一位個子矮矮，撐着一把雨傘，帶着眼鏡，留着八字鬚，穿着一套嶄新的西裝，看起來好像日本人的老人家，笑紋紋地走近來，道就是我們這裏說的老當益壯的蔡老同志。

他的年紀看起來只四十餘歲，其實他已經五十多歲了。他在台灣進醫校婦女科畢業後在台縣壹，不久，覺得台灣不是他發展醫業的地方，便搬到南洋去開業，在南洋住了二十幾年。曾替祖國的政府在南洋各處募捐一筆可觀的數國金。抗戰前，他懷念着祖國，終於在同胞鼓勵之下，回到祖國來，在福建營業。他的人生觀是：「有飯吃就好，」所以很能恤苦濟貧，很背着地方作事，在該地得到各界人士的擁護。

「七、七」抗戰的時候，他想再到南洋去看妻子，但是時局嚴重，衛生人材短少，為了祖國，為了地方，義不容辭地給當局留慰而從事救護的工作。這次他又自動參加台灣義勇隊，他感覺着台灣人不可如猶太人樣的無祖國，要爭取自由獨立必須參加祖國抗戰，參加祖國抗戰，必須加入義勇隊。他在受訓當中，跟年青同志們一樣，每早聽到哨子就起床，雖然不參加早操，但也跑出去自由活動，吸吸新鮮的空氣，他也跟青年們一起上課，一樣吃苦澀的革命飯。他給病家及同志們看病，總是用慎的態度去診察。由福建帶來的藥品，也不要一個錢地送給台灣醫院。

我們希望他永遠保持着老當益壯的行動來鼓勵青年們的進步。（完）

目前環境與朝鮮義勇隊今後工作方向

韓志成

朝鮮義勇隊的產生，負着兩個特殊的使命，一，直接參加中國抗戰，以促進中國抗戰的早日勝利，二，以戰鬬行爲和革命的實踐來號召並發動朝鮮民族更積極的進行獨立解放運動，因此我們每個特殊階段的工作都依據着中國抗戰的戰略與中國關內朝鮮革命者的革命策略的，

一、目前的環境

1，敵人的戰略：戰略上說，自從中國退出武漢之後中日戰爭眞正進入了最嚴重的階段，敵人沒有力量征服中國，軍事上表現無能，在中國方面全面的反攻還得要經過相當長期的相持階段。於是戰爭的重心在廣大的淪陷區域的面的爭取。在敵人方面，問題在怎樣將點線的佔領擴大到面的佔領，怎樣完全消化全部的佔領區來任意利用中國的人力物力做進一步的侵略，因此敵人爲了面的佔領發軍事上運用百分之八十以上兵力分配在淪陷區域進行着「掃蕩戰」，政治上積極樹立僞中央政權，設法鞏固各地的僞政權，用一切挑撥離間的方法，破壞中國民族的團結，分化抗戰的力量，企圖實現以華制華的陰謀。其次在經濟方面敵人財政涸竭，無法應付中國的長期抗戰，於是企圖開發中國天然的資源做滅亡中國民族的經濟的後盾，敵人現已設置「華北開發」「華中振興」兩「國策公司」，直接投資六萬萬元，而附屬於這兩個公司的倘有十餘公司，所運用的資金也達三十餘萬元，企圖以大規模的經濟侵略，達成以戰養戰的目的，今年三月卅日日寇正式組織汪逆傀儡漢奸政府，並派日本前內閣總理阿部爲「統監」，這是日寇對華政治上進一步的滅亡中國民族的更陰險的毒計。總之，敵人現在以政治進攻爲主，以軍事經濟僞副，進行大模規的侵略。

2，敵人對於朝鮮人的政策

（1）實行大量的移民——敵人要想在廣大佔領區域內做面的爭取，要想完全消化佔領地，僅僅靠僞組織漢奸是不可能的，還要移殖大量的生人與朝鮮人做經濟政治文化侵略的工具，可以說目前施行的大量的移民政策是敵人完成面的佔領的主要策略，如日寇呑併朝鮮以後，就移殖大量的日人到朝鮮來，先佔領幾個重要都市的政治經濟文化支配權，再由都市做爲根據逐漸佔領廣大的鄉村，日寇在朝鮮利用他們在政治經濟上法律上優越地位，很迅速的掠奪了朝鮮人的土地財產，三十年來已經強佔去了土地的百分之八十五，資本的百分之九十五以上。而把一半以上的朝鮮人驅逐在死亡的饑餓線上。又把他們用「戰時景氣」等口號驅逐到中國來做侵略的工具。日寇在朝鮮得到了這種經驗，目前在中國便進行大規模的移民於京滬平津，武漢等地及各大城市，日人與朝鮮人的數目平均達當地總人口的百分之五乃至十。日人在人數方面雖然佔少數，但操縱着經濟政治上的權利；而朝鮮人則爲日人侵略的先驅工作。如在東北，日寇大量移朝鮮人至東北；等到朝鮮人相當開墾之後，就由日人強佔已開墾好的耕地。這裏很明顯的看到日本帝國主義的侵略政策中，殖民政策却是佔重要的部份。因此日寇自戰爭開始以來，便積極的進行移民工作，根據某方情報，東北現有的朝鮮人已達一百二十餘萬人，在平津一帶十餘萬人，石家莊三萬餘人，新鄉八千，太原七千餘人，靑島濟南各有一萬餘人，僅僅在華北已有二十餘萬人，敵人計劃將移殖七十萬人。再從被移來的朝鮮人的成分來說大約可分三類，一，生活困苦被迫來華的農民勞動者，這是佔最多數，其中包括大批苦力，鐵路工人，隨軍苦力，二，流浪靑年，被戰時景氣的號召出來的知識靑年，多做冒險事業或無定職業而徬徨着。三，少數營不正當的生意的如軍妓，販賣毒品等等，從這個成份來看，很可能轉變這些移民成爲反日的先鋒。

（2）鞏固侵略陣營。日寇對淪陷區域內朝鮮人用兩種方法來管束，以求鞏固侵略陣營，（一）凡是朝鮮人所有的地方，普通的設置僑民會或居留民會，利用流氓或親日派主持會務，專事調査來往的人以鞏固他們的後方，（二）用秘密的方法，利用叛變的革命者，外表上使他們完全站在反日的立場，吸收當地的有革命性的靑年，圖謀轉變思想，有時候發表似是而非的理論迷惑靑年，或從中探知革命工作，暗中破壞革命，這種秘密組織已在平津上海等地成立起來，正在進行着反動的工作。

3，敵僞內部的對立與矛盾

（1）戰爭的延長必然使日本內的矛盾更加尖銳化，人民與士兵的反戰運動日趨熾烈起來，今年在中國各戰區所表現的敵兵的厭戰情形，是比去年更覺得顯然，而且將隨着中國的長期抗戰更會高漲的。

（2）中日民族的對立：這種民族的對立在淪陷區域裏表現得很深刻，自

侵略戰爭以來，敵人用最野蠻的慘無人道的手段，虐殺中國無辜民衆，掀起了全中國民族的敵愾心，就在僞組織工作的漢奸，也在內心抱着仇恨。因爲漢奸本來多是流氓土匪出身，沒有政治理想，祇爲的是保命發財的，敵人會想利用這批人對於民衆施以恐佈手段，使民衆屈服，但目前對華正進行政治進攻，收拾民心的時候，自然要限制漢奸土匪的行動，改編土匪軍爲正規僞軍，於是常發生漢奸與日軍之嚴重對立。

（3）日本統治者與朝鮮民族的對立。朝鮮是日寇任意徵用人力物力的殖民地，必然的隨着戰爭的繼續而增强殖民地民族的負擔與犧牲，而終局造成不能挽救的革命戰爭。敵人對移民，雖然用直接的方法管理統制，可是這對立的基本因素是仍舊潛伏着的，同時這個因素在沒有革除之前，反日運動是不斷地進行的，在這反日的過程中，自然的又要和中國的游擊隊攜手並進，如同在東北抗日聯軍這樣的隊伍。

4，我們一年來的工作經驗與效果

（未完）

台灣義勇隊醫務工作一瞥

一、台灣醫院　設金華酒坊巷十八號，分十一科　1.內科，2.外科，3.眼科，4.牙科，5.產科，6.花柳科，7.耳鼻科，8.咽喉科，9.痔瘡科，10小兒科，11皮膚科。並隨時義務打預針及替貧苦者送診。

二、分診所　1.義烏縣義亭鎮；2.金華縣建頭塘。

三、醫療隊　1.前線醫療隊；.2後方巡迴隊各一隊。

四、工業合作社藥品製造廠　已出藥品多種，其中銷行嚴廣者有「健胃散」及「皮膚膏」二種

五、銷藥攤　設金華城內各交通要衝，專推銷自製藥品。

最近將由福建運來大批治療器，並計劃將院務擴充。一切收入以「够本」爲原則，所有得數悉數幫助台灣革命。

本刊已呈請中宣會內政部登記
金華區圖書雜誌審查證第三四九號

隊部之動

資料室輯

（八月六日至九月五日）

一、劉新民同志，自今春加入×××師以來，因其對工作之積極和克苦耐勞之精神，博得該師長官及士兵之稱讚；相互間感情融成一片。此次該師奉命移防某地，劉同志本欲跟隨該師工作，但因某種原因而中止。現劉同志已歸隊，重新與同志們過着集體生活。

二、參加合作社工作之女同志，現已開始訓練。由黃國瑞與吳麗霞兩同志負全責，並請隊部同志，擔任講授某幾項學科。除學習外有一半時間在工作。其中有一兩位帶有小孩者，並不覺其苦，和一般的同志同樣受訓。她們常說：「恨過去沒有注意到學習，現在有這樣一個好機會，我們絕不放鬆」。

三、新同志訓練以來，已月餘，結束期將屆，隊部正着手佈置新工作，待新同志訓練結束後，即可擔任云云。

四、本隊每星期六均有一次講演比賽會，主要目的在使同志們練習普通話和增强對某問題之認識。現已舉行三次，成績尚佳。演講同志在事先皆有充分準備，故開會時，會場呈現活潑熱烈氣象。評判員是由同志中選出四人，隊部負責人推派三人，評判標準分：內容佔百分之五十，態度與音調各佔百分之二十五。第一次比賽會得獎者爲朱行．林長松。第二次爲王德民與朱炎。第三次是鄒伯齊與朱榮皇。

五、少年團自崇安回隊部後，正積極整訓中，除嚴密組織系統，經常請隊部同志講授各學科外，並製定各種鼓勵小同志上進辦法，例如努力者「乘飛機」，不努力者「坐烏龜」等。

台灣先鋒月刊
第五期：二九、九、二十
發行者：台灣義勇隊
編輯者：台灣義勇隊
通信處：浙江金華郵政信箱三十號
定價：每期一角
（金華大同書店總經售）

台湾先锋

方……附

目錄 請交換

迎一九四一年

一九四〇年，在烽火中過去了。

這一年里面，全世界有着很大的變動，這些變動，都昭示着世界上另一光明前途之到來。在歐洲，英德戰爭，由德國佔壓倒之勢的形態，轉變到彼此相持，難分勝敗之境，情形似非想設彼此互相殘害不可，在這種無原則的戰爭的背後，存在着另一種勢力，如印度越南的民族運動，便是具體的典型的例子，這種勢力，要突圍而出，爭求自己的大路了，德國法國統治下的人民，也都有說出解放的要求，要伸出拳頭來，可是貝當政府及希特拉政府，仍用着武力緊緊地把它們壓着。一方面拚命地生長發展，另一方面，也拚命地壓抑，這是一九四〇年的變動的特點之表現在歐洲者。

在遠東呢，這一年里面，是日本帝國主義由登峯造極的威勢向下低落的過程，而在相反一面的中國的民族革命，却由劣勢的地位，漸漸向上生長，與侵略者的力量相持而岿然屹立，成爲不可搖撼的力量了。

一九四〇年，主要是這一種特點的顯明化，這種趨勢，現正在前進着，向一定的發展方向大步邁進着。

一九[illegible]到那兒去，中國[illegible]，這些問題，要該一九四一年來下結論的罷。

好，讓我們在一九四一來做這個結論。這個結論的輪廓，一九四〇年已經大略擺下了，是被壓迫民族的自由解放之成功。

要緊緊地把握着這一個前途上前去！

要爭取這樣的前途，原則上是任何一個奮鬭着的團體以至於個人，都應該牢牢地站在一定的崗位上，努力發展其本身力量，堅決不移，向其自已的敵人繼續進攻。

這原則，具體地應用在我們義勇隊，是努力下列數事：

一、加緊本隊的對敵工作。　　在來年，敵人的弱點之暴露，是只有較一九四〇年更爲明顯的，瓦解敵人的可能性，也愈大，我們過去一年，在這工作上，雖已獲得一些效果，但，不够，讓我們在一九四一年加緊地工作。

二、加強對台胞的爭取。　　我們的隊伍，是一天一天地擴大了，他對台胞的號召力，也增大了，由祖國各地，由戰場上，由敵人陣營里，由台灣，我們得到了很多的同胞們響應，但，還不够，讓我們在一九四一年里，把台灣同胞團結在一條線上。

三、擴大鞏固我們的隊伍、　　本隊兩年以來，由一區隊增爲三區隊，而質方面，也因不斷的教育和不斷的工作，政治水準工作能力都提高了不少，但，還不够，讓我們在一九四一年里，盡可能地擴大我們自己的隊伍，盡可能地提高我們的素質。

一九四一年，我們能在這三點上，都獲到成功，對敵工作順利地開展而收了很大的效果，無數量的台胞參加我們的戰線，直接間接地補助我們，我們每一個份子，都鍛鍊得像一塊鐵，那末，跟着這整個國際局勢，中國抗戰的發展，台灣革命之成功，是無疑的。

讓我們努力，並伸出手來，帶着如此大的希望，歡迎一九四一年的到來。

台灣民主國的成立及其意義

謝南光

各位同志，今日是台灣民主國成立紀念日，因爲台灣同胞不明我們自己的歷史的人很多，尤其這幾年來，敵人想出種種的方法，消滅我們的文化，消滅我們的歷史，我們台灣同胞沒有機會知道我們自己的歷史，這是多麼可怕可恨的事實，現在我將台灣成立民主國的歷史來向諸位說一下：——

大家知道，甲午戰爭，是敵人想併吞韓國，我們爲着要保障韓國的獨立，維持公理正義，與粉碎日帝國主義的侵略迷夢，故不惜出兵應戰，無奈當時清政府腐敗，無以抵禦外侮之心，戰已失利，割遼東半島台灣與日，遼東半島因俄德法的干涉，乃退與清廷，而台灣卻被日帝國主義割據了。當清廷決定割讓台灣的時候，台灣人民群起反對，紛紛電告北京，謂中國百萬生靈同台灣，會試於燕京的台灣舉人，也紛紛上書都察院請勿割台灣，台灣的紳商亦開會反對，丘逢甲諸紳所擬電文曰：「台灣士民，全台屬籬，自國朝以來，台民無負朝廷，無負列聖深仁厚澤，二百年養人心，正士氣，正爲今日之用，何忍一朝棄之，全台非澎湖之比，何至不能一戰，臣等桑梓之地，義與存亡，願與撫臣死守，若戰而不勝，待臣等死，再言割地，亦可上對列祖，下對兆民。」清廷置台灣同胞的請求於不顧，並且派員前往辦理交割的手續。

但是不甘做亡國奴，難道我們台人就甘爲人奴隸，甘願送我們的錦繡河山？所以進士丘逢甲提倡建立台灣民主國，自力抗爭，當台灣自主的口號一呼，全台的同胞均表贊同，推丘逢甲爲議長，與議院爲立法機關，定官制，分內外軍三部，推巡撫唐景崧爲總統，丘逢甲爲副，李秉瑞爲軍部大臣，俞明震爲內務大臣，陳季同爲外務大臣，劉永福爲大將軍，這是五月二日的事，自唐總統就職後，依照外交規程照告各國，當時世界各國，對新興的國家，……尤其俄國對於台灣民主國的輿論當然擁護，只有俄國對此新興的國家卻迥然不同，五月十四日竟來電道賀，我們應該知道英俄對我民主國的態度，就是英俄對日本政策的縮影，後來英日締盟，而俄日竟發生戰爭，便是明證，據高爾伊的紀載：唐景崧因與劉永福不和，且奉清廷撤兵內渡命令，故不肯抗戰，以致台北淪陷，唐若能堅持數月，使各國允爲保護之電到，則台灣危立解，奈未能出此，致坐失良機，將槍炮子彈軍火棄而資敵，這是抗戰初期失敗的原因，自台北淪陷後，劉永福又以台民抗拒爲理由，向清廷請求抗戰，再四懇請，一紙文書，竟使清廷屈服，致有「台抗京危」的論調，因此造了最後的結局。

台灣民主國從建立後，雖然經過極大的抗戰，但是我們所受的損失很大：第一、在外交上失去國際間的同情，致俄國賀電到後，各國賀電不接踵而來，第二、南洋華僑的援助也因此中止，第三、軍火軍糧的接濟發生困難，第四、祖國的援助被清廷禁止，第五、士大夫階級開始降敵，處在這種困難的環境，我們的先烈仍發奮大無畏的精神，如劉永福抗戰，還擬劉永福爲大總統，提出「有錢出錢」「有力出力」的新口號，由政府設立銀號，發行鈔票，與辦郵政、議院，提高稅收，充實抗戰經費的來源，並飭各紳，招募民兵，擴大民衆武力，發動義勇隊的游擊戰，以配合軍隊應戰，抗敵步步爲營，節節抗拒的宗旨，初則殲敵於宜蘭，將敵人傷亡於安平鎮，竹塹少年自衛隊的義勇，使敵寇喪膽，彰化一戰，山根親王成族團全滅，嘉義一戰，總司令北白川能久親王殞首，自劉永福當權後，可以說可歌可泣的英勇抗戰，這時台灣孤島，使倭寇越來越想放棄台灣，正在此時，李鴻章叔留兩江總督援台的鉅款一百萬兩，英法兩國壓迫台灣當局繳款還敵，以圖阻止台灣的獨立，南洋華僑也中止了援助，使台灣的武力抗爭，今日英法兩國在南洋的受侵害，都是當時種成的。

台灣民主國從建立後，雖然經過極大的抗戰，但是失敗了。當時台灣的人口只有二百八十萬，倭寇有四千多萬人，傾全國新勝之師來攻台灣，勝負之數，早已分明，但是我們的獨立，不許放棄利益，以敵寇，包含了五十萬的先烈，全爲保持中華民族的人格，不願做倭寇的奴隸，所以我們的失敗，可以說雖敗猶榮，但是我們爲什麼會失敗，這是值得我們檢討的，第一、我們的政治機構是封建制度的延續，領導抗戰的中心力量是腐敗的舊官僚，雖有若干愛國的先烈，但是缺少革命的中心組織，沒有正確的革命理論的來指導，這是最大的錯誤，第二、南北當局的不合作與官民的不合作。第三、清廷聯同倭寇消滅抗戰的力量。第四、英法援助日本，不同情我們的抗戰，第五、缺乏祖國的援助，因爲時政腐敗的內政和清廷的阻礙，不能接濟，這些都是我們失敗的原因。現在我們爲台灣的獨立解放，進行革命的鬥爭，我們應該從過去的教訓，時時警惕，爭取有利的環境，這是各位同志在紀念台灣民主國的時候，應該牢記勿忘的。

— 118 —

這一期

編者

在[illegible]一期[illegible]到現在才出版的原因，我們已經在[illegible]各[illegible]戶的信上說過了，主要的有兩點：[illegible]的戰事使我們的印刷發生困難是其一；我們自己也想乘這時間使「台先」更加充實而有[illegible]的一切是其二。

[illegible]一期的內容，顯然有很大的變動，友人及[illegible]的來信，要我們多發表些研究台灣的材料和文[illegible]的文章，這期我們都盡力做到了，但由於下列兩個原因，做的不夠很：[illegible]一個原因是「台先」這樣的刊物有其特[illegible]，他的內容有很大的限制，寫作，投稿，讀[illegible]之[illegible]不少的影響；第二個原因是，編輯的人在過去都是[illegible]一個[illegible]」，拉稿、寫稿、組稿、校稿……[illegible]一[illegible]不是自己經手。以後，我們在內部組織了「台先[illegible]」，在外部，我們要求各方面[illegible]助，並且登[illegible]來[illegible]員。（[illegible]）[illegible]，也[illegible]使「台先」更合理想一點。

這一期上登了幾篇文藝以後我們[illegible]投材料時[illegible]一下台灣文化運動及台灣文[illegible]的[illegible]去[illegible]來等[illegible]的問題，[illegible]內人士如能[illegible]多多[illegible]歡[illegible]見[illegible]贈作者文則不[illegible]歡迎之至！

關於「[illegible]」部分，我們除了去[illegible]，[illegible]、王昆[illegible]先生寫稿外，[illegible]各「日本問題專家」不吝來稿爲[illegible]！

在[illegible]的是各位木刻[illegible]大師[illegible]，[illegible]平、[illegible]地爲兄等「台先」設計封[illegible]，但有的封在街頭炸火中毀失，有的[illegible]而不能用，他們爲「台先」，[illegible]的[illegible]精神，是[illegible]我們感謝的：

閩台之間

王坪

月前與台灣革命領袖李友邦先生同去閩遊，所見所聞，足資記載者頗多，其中最令人不忘者，爲福建同胞關心台灣同胞之殷切，孜孜垂詢台胞之民族性是否淚誠，愛國心是否高昂，言詞間途與切外，不能懷疑口吻，蓋抗戰前在閩之少數台籍浪民，爲虎作倀，爲非作歹，造成一般人對台胞之錯覺，致有「懷疑」之口吻者！

此種懷疑態度，經友邦先生一再解釋，既口頭演播，復發諸報紙，確已減輕不少，惟不明白者，仍有人在，茲就記者立場，試作詮釋，就教於閩台同胞之前：

夫台灣者，本福建之一部，在地理上與閩祗僅一水之隔，其風俗習慣，殆與閩南無異，所謂台灣人，實指閩浙粵人在台灣生長者而言，就中尤以福建人最多，故台灣與福建之關係至爲密切，論台籍浪民敗類爲異族人侵略國人之行爲者實爲不安。

但若論此等實爲日寇之陰謀則至洽當，蓋日寇政策，一貫爲挑撥離間，欲將吾中華之整體，支離破碎而侵吞之，乃利用少數台籍浪民，來從作非法之事，即使干犯我法律，可以憑藉裁判權「保護」之，國人中之歹徒，見台民有此便利，亦假其名活動，而日寇之特務及浪人，爲保持其「皇軍」「皇民」之威嚴，復爲加重台灣人在中國人頭腦中之壞印象，亦冒台灣人名義胡作非爲，殊知果有中敵寇之陰謀者，而劃下閩台間之鴻溝。

抗戰以後，敵我陣線異常明顯，凡過去助紂爲虐之台籍浪民，爲靠敵依日寇，還原其爲日寇爪牙之真面目，而多數台灣同胞，卻乘機興起，一變過去地下之革命活動爲明朗，先有台灣獨立革命黨領導的台灣義勇隊之成立，繼有台灣各革命團體聯合會之出現，而台灣小孩組織之台灣少年團更活躍各地，甚得好評。

台灣革命之每一行動，均得我政府及人民之讚助，豈非台胞有濃厚之民族性及高强之革命熱情所可致得耶？何得因少數害群之馬而忽視多數良胞哉！

再據李友邦先生語記者，台灣內部之民衆，曾爲不滿日本和服而鬥爭，抗租抗稅而反抗；且一有機會便冥祭孔堂，祭祀革命先烈鄭成功！劉永福，孫逸仙，諸先生。父母教子女每以「返唐山」（即中國）爲鼓勵！更念念不忘故國，而憤恨少數浪民之不肖，致影響國人士對台胞之關切不密，反而造成仇恨之現象！

另據記者在浙贛所見：我人民均一致愛護台胞，商人賣物給台胞時頗自動打折扣，農民見台胞生活苦時，頗爲資助之，當政人士更處處予義勇隊以方便，前方軍隊更詳詳要求義勇隊隊員到該部作政治工作……此皆由於台胞在浙贛工作成績予人印象甚好的一面，故義勇隊隊員曾再三叮囑浙贛人士：「勿以台胞多爲好人，而忽略台籍浪民之破壞行動！」我人可將此語改爲：「勿以台胞多爲壞人，而忽略台灣革命者在抗戰中所起之作用」，以告懷疑台胞之民族性者！

工作報告

「革聯」半年來工作的檢討

劉啓光

「革聯」（台灣革命團體聯合會的簡稱）自本年三月廿九日在重慶成立到現在，轉眼已過半年；在這短短的半年中間，牠已經由初生的嬰孩時代，經過了生活力旺盛的青年時代，而走向了發育完全，特征顯著的壯年時代了。

當「革聯」成立之初，雖然牠的核心只有台灣獨立革命黨和民族革命總同盟二團體；那時候的「革聯」還是個初生的嬰孩，但是時代卻要求牠必須用本身的奮鬥，來滋養自已的成長。因此「革聯」自成立的第一天起，即開始其奮鬥的生涯。牠在成立之初即已自定其基本任務爲（一）促成統一革命政黨；（二）建立祖國與台灣之正常關係；（三）發展台灣內部的革命鬥爭；（四）開展前方及淪陷區台胞革命工作。根據上述的任務，牠一成立，即不遺餘力地展開了下列的四種工作：第一是號召散處於各地的台灣革命團體及無團體關係的個別同志，統一團結到「革聯」的旗幟下來；第二是向祖國當局建議，使台灣革命者建立正常的關係加強領導；第三是號召各加盟團體的關係，推動台灣內部及淪陷區台胞的革命工作；第四是協助台灣義勇隊擴充其組織。

今年七月，「革聯」同時接到台灣青年革命黨和台灣國民革命黨來函，響應這一號召，表示願在統一的旗幟下，與各友黨精誠團結，共同鬥爭。當經聯合會議通過分別批准其加入，並請他們各派代表，參加聯合委員會工作。於是由兩黨的結合會，一變而成爲四個團體的聯合組織，而由初生的嬰孩時代，進到了活潑強壯的青年時代了。同時，向由台灣獨立革命黨單獨組織的台灣義勇隊中，亦新增了若干民族革命總同盟的同志，這固然歸功於義勇隊總隊長李友邦同志偉大精神的感召，和各隊員同志所起的模範作用，然「革聯」的大聲疾呼，號召統一團結，加強義勇隊，亦未始無所作用。這些事實，證明「革聯」所作的努力，並沒有白費。

「革聯」的成長，半年來並沒有停止過。就在牠誕生剛滿半歲的那一天，又有台灣革命黨來函請求加入。台灣革命黨是成立於七七事變之後，活動於閩粵沿海地區，而由張邦傑同志領導的革命團體。他們爲了擁護「革聯」的號召，特派代表不遠萬里趕來重慶，報告該黨情況，請求參加組織，與各友黨攜手奮鬥。聯合委員會當於十一月九日批准其請求。至此，「革聯」已完成其統一團結的初步任務，而由青年時代，進入壯年時代了。

然而，「革聯」成長是成長了，任務也已經成就了一部份；可是，本身的弱點還沒有完全克服，而更艱鉅的任務，却在等着牠去負擔。當此之時，我們不妨檢討一下牠半年來的成就，和殘餘的弱點，用以發揚以後的行動。

關於牠的成就方面，可以指出下列三點來：

第一：牠已完成了台灣革命陣線的初步統一，造成了統一革命政黨的鞏固基礎。

第二：牠促進了祖國人士對台灣之注意，部份地糾正了，對台灣漠不關心的態度，提高了祖國政府人民對台灣問題的關心。

第三：牠已經統一了台灣革命同志的政治動向，加強了台灣同胞對祖國的向心力。

至於弱點方面，亦可指出下列二端：

第一：因爲「革聯」本身沒有群衆基礎，牠的意志，祇有交給各加盟團體去執行；然而各加盟團體的組織與力量，又有相當的間隔，故「革聯」的意志，還不能在實際工作上，獲得迅速有効的反應。

第二：「革聯」本身，即聯合委員會的生活過不夠緊張，議決案的執行，尚多遲緩！

現在第二期的工作即將開始；當然第二期是第一期的延長與發展，弱點應該糾正，未竟的事業應該繼續，殆無疑問。然而第二期因爲是「革聯」由發展而蛻變爲統一革命政黨的前夜，所以牠的中心工作，應該是（一）加緊推動統一革命政黨的誕生，縮短蛻變的過程；（二）與祖國當局之間，建立正當關係，爲未來之統一革命政黨打下順利發展的基礎。

「革聯」已經盡到了一部分的歷史任務，而未竟的事業又正在等着牠去完成，我們說牠早一天完成任務，蛻變爲統一革命政黨！（完）

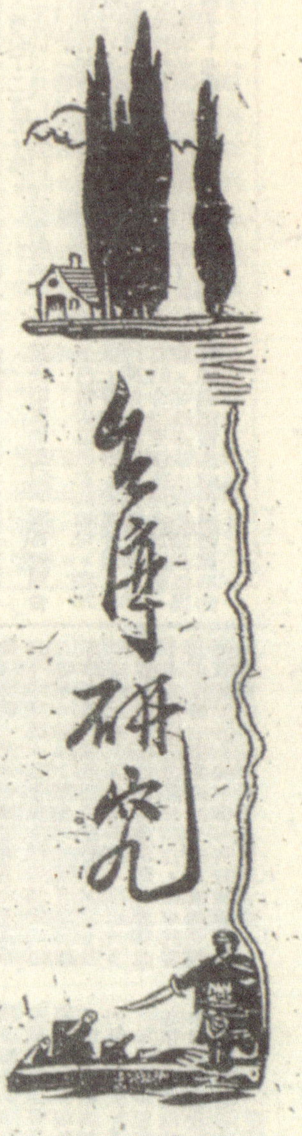

臺灣經濟的今昔

自强

緒，甲午之役，我們台灣同胞與簽約，當滿清被日本打敗被迫簽訂馬關條約，我們全台同胞即向滿清政府要求，「決不能割讓」，如日本要多少賠款，我們全台民衆願負擔賠款的款項，但一因日本欲要得到台灣這寶島，以作他侵略南洋的據點，二因滿清政府腐敗無能，決不讓步，它因清廷腐敗，無力堅硬使不顧台胞的意願，而將台灣出賣給敵國了。當時台胞便不願為異民族所統治，即開始對日抗戰。如「北白川宮能久親王」率領大軍開始侵入台灣時，全島台胞，曾以舊式武器與敵作數月的抗戰，在這幾個月的英勇鬥爭中，曾然將敵軍殺死很多人，并且將「討伐軍」總司令「北白川宮親王」也擊斃了，但因滿清沒有幫助台胞的抗戰，結果終於失敗。此後，日本立即設置所謂「台灣總督府」，派「樺山資紀」為第一任總督。開始他們的殖民統治，六月十七日，就是他們的「始政紀念日」。也就是我們全體台胞，脫離祖國保護的日子。但是，台灣，形式上雖然被亡，一般我們第一二次英勇抗戰雖然失敗，我們并沒有甘心做奴隸，我們尤其沒有忘記抗日同胞的血債，至今，台胞們仍時時刻刻作有形無形的各種抗日反日的工作。

為了徹根本去了解日寇對台灣的榨取與壓迫及台胞反抗的情形，我們由歷史上來說台灣的今昔。

台灣自被敵寇佔領之後，因台灣本身的資源豐富，敵人即對台胞以奴隸待之，用各種方法使役台胞，幫助他們開發台灣，所以台灣的經濟發展特別迅速。下面我們試分別論之：

財政方面：在滿清統治台灣時，據光緒十一年統計，（西歷一八八五年）台灣的歲入僅為三百餘萬元，但現在增加到兩億餘元，在半世紀之間，其歲入增加到七十倍之多，發展迅速，實可驚人。

金融：據日本昭和十二年度（民國念六年）的統計，台灣的金融機關設置如下：

金融機關類別	數目
特殊銀行（政府銀行的台灣銀行）日本明治三十二年創設，共發行紙幣，去年統計為一億四千餘萬元。	一
普通銀行	三
貯蓄銀行	一
各銀行分行	八十一
支行	十
信用組合（信用合作社）	四百零四
無盡會社公司	十二
票據交換所	五

按以上事實，可見日本帝國主義如何擴大運用金融機關來榨取台胞的血汗。

公債：據敵國報紙最近發表，至去年年底為止，各種公債已達二億二千三百萬元之多，是台灣本身公債的數目，其他，如強迫台胞購買的公債，及最近的戰時公債，獻金等，更無法可算計。

產物方面：台灣是亞熱帶一半溫帶的地帶，土地又肥，在日本佔領以前，據明治三十三年統計，台灣的生產總值為三千四百九十九萬餘元，現在已發展到十幾倍。

米：米是台灣最主要的產物，近年來台灣每年大約產米九百萬石左右，據最近統計，為預防萬一，便決米不足起見，特別強迫台胞限定今年出產額須到一千余五萬石。

糖：糖是台灣人民所必需要的，第一是台胞的生命，糖的原料品——甘蔗可以製造酒精，在戰時下的日本，因一切供給關係，所以又要迫台胞的努力，栽植甘蔗，出產大量的酒精與糖。并限本年內台灣蔗糖二千萬擔左右。年度甘蔗產額比較如下：

民國念五年——念六年度	一四、六七三千擔
民國念六年——念七年度	一六、一〇三千擔

— 122 —

對外貿易（對日出口在內）

民國念七年　價額——一六九·八三九千元　一五·〇二三千担

民國念八年　價額——二四二·四〇一千元　二〇·四一〇千担

茶：台灣的茶，亦占出口品中重要地位，據本年統計，去年度各種物品出口（對日本出口在外）總額一千三百萬元之中，一千五十萬元爲茶的出口金額，茶的種類，原有「烏龍」「包種」兩種，最近紅茶的產量特別增加，其所佔地位已超過「烏龍」「包種」，據民國念六年度的統計，茶的產量爲一〇，二八五，五〇〇斤，出口金額爲一八，六〇三，八〇〇元。

水果：台灣的水果，種類頗多，產量亦多，出口品地位，是在茶類後的第三位，其中香蕉，民國念六年度產量爲三百五十萬斤，出口金額爲一千七百萬元。其他如鳳梨等，也相當多。

礦產：台灣礦出產金，煤，石油等，近來的國際紙大登特載，在台灣發見大區域的砂金，其產額達幾十億元之多云。

工業：自民國念六年，「日月潭」水力發電廠工事告成後，因電力豐富，產業大多，努力促宜的各種關係，近年來工業特別發展，有人會說，農業台灣已經變成爲工業台灣。按其工業生產額，在民國念六年爲三億一千元。在小島的台灣，這樣看來，其工業的發展也甚可驚，其中製糖佔其大部份，糖產額爲一億七千三百萬元，酒精釀造產額爲七百萬元，紡織產額爲六百三十五萬元，其他如製紙，肥料等化學工業，近來亦頗爲發達。

貿易方面：民國十五年，台灣對外貿易總額爲三千一百二十四萬元。至民國念七年增加到八億二千三百萬元，約有二十七倍。

交通方面：光緒十五年（一八八五）時，鐵道僅有六十華里之長，但現在台灣的鐵路，官民爲一千公里，私人（各民間公司）的鐵路爲五千一百公里，共有六千公里，增長了二百五十倍。

以上是很簡單地說明台灣經濟發展的今昔。鑒於事實的記載，實可證明台灣是經濟上的一個寶島。

總面積僅有三百六萬方公里的台灣，在經濟上已佔着極重要的地位，從軍事上來說，也當然也佔着很重要的地位。所以，保衛台灣，收回台灣，在現在不單是台灣本身的問題，卻是中華民族整個的問題，我們中國現在和日本帝國主義半世紀以來的鐵血戰，若能使五百多萬的台胞更積極地參加抗戰，我們抗戰的勝利是可以提早實現的。爲了抗戰必勝，建國必成，我們願與祖國同胞共同努力，希望祖國同胞援助了我們的手，時時刻刻指導我們向着光明的大道前進。

『虎口餘生』的座談會

這是新近從台灣及日本輾轉逃返祖國的台胞，在台灣義勇隊歡迎會上報告的總結，其中除將他們身受的壓迫，敘述得淋漓盡致外，並且說出日寇沒落的陰影，但因限於篇幅及某種關係，只好把主席根據他們的報告所作的結論列出，以作有「順民思想」者的殷鑒及研究日本和台灣問題者之參考。

——編者

根據以上所說可作如下的結論：日寇對台灣的統治除軍事上盡量屠殺我台胞不計外：

一、政治上施行壓迫。這尤見於嚴密的警察制度的施行，據以上所說的種種事實，可見敵人對台胞的壓迫是相當毒辣的。固然，這種警察工具是敵人用於防患革命份子的產生與發生暴動的，比方開生產會或其他認爲政府所許可的會，必須先報告警察而到會監視，尤禁止牽涉到民族國家的詞句。又人民的各種生活與行動隨時隨地皆受嚴密之監視，稍微不留意皆有被逮捕的危險。不過，處於這些，我台胞如能在生活上檢點，是還可以「安分」地生活下去；但那意外的災禍，仍會使你毫無知覺地臨上身來，例如：醫生考試沒有通過而落第，爲求生活得償於醫藥或舍下營業而逃避過活；商人因不合「經營」而收發，以至不能維持生活而死於非命；小販的侵佔遭警察與毆打，推車的苦力正似螞蟻般的沒法子保障生活，婦女的被強佔，甚一切一切的反抗者在台同胞每一階段，迫受着這樣的悲慘的命運。但這些還不足以說明日寇在政治上作殘酷壓迫的全部。除警察的壓迫以外，每一市或一縣政府的官吏又可以隨心所欲地任意佈行政令，而繼其壓迫我同胞的功能。如一九三四年某市總全部商號改建新屋的政令，無數萬同胞的生命財產將在這道命令下犧牲了。

二、經濟上施行壓迫。日寇在台民身上所加的是够重的。

（A）對農人各種負稅，一方面要納政府所規定的稅，下種之前的租子稅，出產米以後的米稅……。而另一方面須向地主繳很重的田租，自然這些地主其中大部分是日人外，皆是一般官商作偎的台奸們。他們對上逢迎，爲敵人吮吸台胞之血的工具，對下殘施壓迫與剝削，每年季加諸農民的苦痛之大，是無從敘述的。

（B）對商民營業稅的負擔，使每家商店之所收不够納其稅的，此外小販要領票稅，保甲有保甲費等，但這些還沒有什麼，每家商店與人民還

台灣人口新統計

據「台灣總督府企劃部」發表：一九三九年年底之台灣人口總數爲五百八十九萬五千八百六十四人；就中台灣人五百五十二萬四千九百九十人（佔總人口百分之九十三點七），日本人三十二萬三千一百四十人（百分之五點五），朝鮮人二千二百六十人，其他國籍者四萬五千四百六十六人。按台灣尚有土著約十五萬人未被提起，諒是加算在台灣人之內。

敵寇在台灣的糧食統制

（海濤編譯自日本的 Economist）

該國向來稱爲糧食能自給自足的國家，但這是自欺欺人的宣傳。去年（昭和十四年度）度，日本國內從朝鮮輸入米糧五百六十九萬石，從台灣輸入米糧三百九十三萬石，此外并輸入大量外國米糧才維持了供給的平衡。說到日本去年度的歉收情形，因國內旱災，及肥料人力不足等原因，歉收近二千萬石之多，此外，朝鮮亦因旱災，歉收一千萬石，所以日本本國因糧食不够，會發生幾次嚴重的米荒，如混入五成外來米，或節米搶米等事。至於救濟日本國內米荒的基地，除朝鮮外，尚有不能輕視的台灣。

據統計，台灣耕地總面積有八十八萬三千二百五十六甲（一甲等於中國十六畝），農業戶數有四十二萬四千五百餘戶，耕作者有二百八十九萬名。據昭和十二年（民國念六年）統計，農業生產額爲四億元，其中米類佔二億三千七百萬元。

按台灣米的生產量，消費量，出口量統計如下：（單位千石）

年度	收獲	消費	出口
民國二十一年	八、〇七三	四、六七五	三、三三八
二十二年	八、六六六	四、七八二	四、一一八
二十三年	八、九三四	四、二七〇	五、〇四五
二十四年	八、九〇六	四、二〇一	四、四九一

須隨時隨地的準備着繳來複竹槓，求於安靜地，減少其發每而經常向其應酬討好他，這些費，往往會超出營業所得的幾倍以上的。

（C）對工人，台灣工人是沒有勞動價值的，大約每一個工廠，或者開一個礦，都要工人替辯政治手段任意徵召的，而後隨便給你一點工資，這其間尤以開礦的礦工的生活最悲慘，終是不經勞動，血汗任其剝削外，工作稍微放鬆一下，生命終會喪於監工之手下的。

㊀對一般居民。住戶每年要納很重的地租，這些是任何所住有房屋的人所免不掉的，同樣的，對警察們要盡齊逢迎與之應酬，方能安全生活下去。

總之日寇對我台胞所施殘酷剝削是訴說不完的，許許多多剝削的手段源源地從統治政府的政令不斷地播出而施行，下面我們引出幾個較爲顯著的事實爲例。

（一）台南所轄有一靠天雨而耕種的田地，約十五萬方哩之大，一九三二年，該總知事以改良水利增加生產爲名向總督府籌款，表明其願專負組程被一嘉南大圳組合，來建築大圳資，但這工程費用估計共五千四百萬元直以其中二千四百萬元，由該縣人民，按據每戶每年納二十餘元，另外二千四百萬元在各種賦稅上附加，不過待這工程完成之後，人民生活不僅沒有改善，反更加陷於貧困，每農戶一年所收成不够納田租及水稅的。

（二）澎湖被日寇佔後四年，日政府以調查戶口爲名，搶取民間的金錢，而以鈔票掉換之，其時民間存錢頗多，盡被其搶奪而去，其中有藏而未取出之者，搜出後，不僅鈔票沒收，還要重重地罰款。

（三）一九三四年播下改造家屋政令，所有破舊房子均須改造，沒有錢的用日政府貸款，限三年內還清，改造之後，須納幾分的高利貸，三年不還，將房屋充公，其間也有不願向其貸款者房屋被撤毀充公。

以上不過較爲顯著者，全台灣五百三十萬同胞全體的骨血，在人類劊子手屠刀閃光之下是枯竭不堪了。

三、文化的壓迫與奴化，日寇在台灣的統治，爲防止革命份子的產生。

（A）在社會上，藉政治力量，平日凡屬對該國言論，出版自由的，三人以上，在一地談話者，均受警察嚴密之監督，尤禁止民族國家之詞句，民間卽使有出版書籍，應經政府許可，而所出版者大部是一般風月小說或佛學之類的書籍。

（B）教育，學校教育以日文爲必修科，盡量施以忠君服從爲帝國效力的奴化思想，因將全台國子孫純的亡國後代的小同胞，一度爲良好的順民，而斷民族革命之後息。又對一般人民强迫讀日文，希圖消滅台灣固有之中國文化，而以王道忠君之文化代之。

二十五年	九、五三二	四、六三四	四、七八七
二十六年	九、二三一	四、四八五	四、八四一
二十七年	九、七〇七	四、八三一	四、八〇〇
二十八年	八、九六二	五、〇九三	三、八一八

據台北電訊稱，去年台灣的米收成較前年欲收七十四萬五千石，但今年爲增產米運動期，乃以一千二十五萬石爲增產目標，在加緊强迫台民努力中。

「台灣米穀管理」統制情形：

日政府管制台灣米輸入，是從大正十五年才開始的，其目的，原爲防止大量的台灣米進口，而使日本內地米價低落，所以，對輸入数量加以限制，但至最近，因日本內地之米的消費，其管制方法，已轉向一百八十度，現已强行台民將米大量輸往日本，而對輸入採取限制米量的守備現象。而且政府的表面口實是，爲了確保米價，使供需之安定，或加以改善等爲理由。自去年（民國二十八年）十一月一日起，實施台灣米穀輸出管理制度，其要點如下。

（一）關於米的生產，總督府得以米穀協議會決定內外所需給之定量後，樹立一定之生產目標而生產之。

（二）台灣輸出之米，應由總督府買入而經日本米穀株式會社之手向日本國內消費之。

（三）對台灣米的輸出須經計劃化。

（四）米穀買入價格對生產費，物價，及其他經濟情況加以考慮之後決定之，而於價格之設定，使有用農產物之生產得以增產。

（五）因管價格與買入價格之間所產生的差額自給一部用於補米損失的補償及台灣島內農業的獎勵開發等的用途。

此外，對下列各部門亦加以統制：

（一）對米穀產物的有計劃栽培。

（二）耕作地的改良利用，防風林的設立。

（三）促進耕種的收穫增加。

（四）肥料價格的調整。

（五）配料的圓滑化。

（六）農產的指導。

即於變化市場台灣米的實情：

鑑於日本國內米價需給的調整，台灣米的輸入深告重要性之際，台灣總督府加緊活用台灣米穀輸出管理令之外，對台灣島內本身的消費亦全面加以限制，現在已在各地强迫「切符制度」（用票購買物件）。

按其每人每日所能配給的米量如下：

台北州	二合至二合五勺
台中州	二合三勺
新竹州	二合三勺
台南州	米一合，加甘薯一斤
高雄州	一合七勺至二合二勺
花蓮港	一合九勺（但勞働者可得三合）
澎湖島	二合

對自新生產者年齡分別限制如下（是高標準量）

六歲以下	一合八勺
七歲以上至十九歲	三合三勺
七十歲	二合

台灣自去年七月起設立米穀局，十一月一日起實施生管令而立即決行米的收買。其收買情形如下：

（一）收買計劃　命製米業者組成新組合，使其統制收買納入及消費米的配給方法；

（二）收買地點　各地指定檢查倉庫（西部八六處，東部八處）；

（三）收買價格　按去年第二級米的單位價格：（百斤）

蓬萊米（北部出產三等）	一〇、八二元
丸糯米（同右　）	一一、五七元
本地米（同右　）	九、五一元

至去年十二月二十八日爲止，總督府已實施收買二百四十五萬袋（一袋百斤），在第一次的實行結果，成績不良，民間不肯出賣及埋藏起來的情形很多。總督府探知此種消息後，今年二月三日又發出命令，如今後有上述行動者，當局決簡行處罰等等。并命農民報告每期的出貨數量，如提出虛僞報告者，即以檢出臨時措置法加以嚴罰而防止隱匿惜賣埋藏等不良行動。

因爲戰爭延長的苦悶，使弱小子的三角圈集，無法回溯共獨霸遠東的迷夢，在外交方針上更動搖不定，加上軍需品的消耗浩大，人力物力的求過於供，使統治階級無法鎮壓下級，促成敵國社會急遽直下陷於紛亂的狀態，雖經因當局極力圖安，無如亡羊補牢，仍不濟於事。檢討敵國面的方法，終無法遏住澎湃的[illegible]；

[illegible]菜。日[illegible]於[illegible]下令[illegible]人民也[illegible]；[illegible]宮內的食品減少十分之二的肉類，改用蔬菜，[illegible]恩[illegible]大，[illegible]從上宮內的食品有無更改[illegible]的人，他們[illegible]了一天的稀粥，不過是換換胃口。頂喙氣的就是下[illegible]改了他們的[illegible]社會局和[illegible]人[illegible]生活，[illegible]引起的[illegible]。[illegible]人本[illegible]並非完全不明瞭這個原因，但是要以法西斯[illegible]，只好[illegible]此[illegible]。

日本社會的內幕

訓

[illegible]自七七[illegible]以來，日閥的軍用品在本國的消耗戰中已耗費二億餘萬日元，[illegible]製造日用品的工廠改做軍需品工廠，最近大量地將[illegible]工業，日以繼夜地不斷的製造子彈，[illegible]本不[illegible]原料缺乏，[illegible]的要求孔急，軍械子彈，交通用具，不可能將國內的工廠一飛[illegible]用原料，必須留下一些[illegible]工廠，以充大量[illegible]出[illegible]，[illegible]使國內日用品枯竭，紡紗工廠，棉紗工業，[illegible]購買力減少[illegible]日用品，由政府之三申五令所發表的統制令：

一、[illegible]個月[illegible]八兩。（違反者處五百元以上五千元以下之罰金）

二、在外日僑不得[illegible]五百元以上之日幣返國（違者五千元以上五萬元以下之罰金）

三、不急需的報館雜誌社（非政府機關的報館）一概停刊。

四、火柴每戶每個月准買三小盒。

五、軍用物品，如火酒，[illegible]品不准出口（輸出佔領區不在此限）

六、[illegible]可[illegible]加倍價目方准[illegible]用。

七、外匯統制（以前做有一〇〇分外國生意的商家，准許一〇〇分之二十）

以上係摘其重者而小項的統制令則不勝枚舉，而厚生省的勸諭文更有趣：一、奢侈品不准用，以化學品代替。二、小學生不准穿襪子。三、肉類不要吃，以蔬菜代替。四、計口授糧，有可能一概吃雜糧粉雜糧更好。五、[illegible]

從這幾件勸諭文和禁令，就知道它的苦心在那裏了！今年近衛召集[illegible]的時候，在座[illegible]上的火柴，不曉得那位和他開玩笑，把他偷走了。由此可知火柴在日本國內缺乏到什麼程度！而人民之對於火柴是怎樣的重視了？食品則也要[illegible]出口和統制方面，因此要以蔬菜代替。米的問題更爲嚴重，因爲內部的收穫量銳減，而又無能力向外購入，在祖國所搶的米糧只够補充前方的糧食，那有餘糧運回國去救濟飢荒呢？

政府統制令發表以後，犯者更多，去年一月至六月，在東京市違反統制令者達二萬八千餘件，而打它的[illegible]除了走私和[illegible]落水者外，大部都是在暗市中商人所犯的案件，暗市怎樣多呢？究其原因，政府所公佈的物價，並不單是利潤問題，商人要因物價昂貴，要費九牛二虎之力才能買到一點東西，爲着成本太貴不得不暗市。在這畸形的社會裏只有發財的家閥才有享受的可能，而一般平民連喫一頓高價的飯都無自由。

一般人民處於生活高壓的社會裏，一般人民爲着家庭生活問題，不可一日離開勞動，以維持他一家的生活。最近據在華日本人民反戰同盟[illegible]一九[illegible]上[illegible]：一新投入工廠的[illegible]百五十萬人，其中婦女佔三百萬人。這些[illegible]

工人投入軍需工業者外，礦工坑夫的出缺，不是婦女參加補充，男工而被召者亦同時由婦女來填補一樣，投入軍需工廠，其他如採用各部門，最近調查，東京一市已有女工十餘萬，而大阪市乃工業中心區，這個數目很明顯地可以看出日閥的殘忍無道，十幾年的資本家都把婦女投入工廠，用這種慘然的手段不顧[illegible]所謂保護[illegible]法，這還不算什麼，另一項日本頂出色的東西，據[illegible]年的統計：近藝妓女生涯的是有三十三萬人（持有牌照），[illegible]而敵國今年的[illegible]不知凡幾？

這麼多的工人家庭以及被徵發的士兵家庭，兒女無法教育。而放在家裏，只求自己的生活。在這種無政府狀態下的日本子弟，他們是不知好惡，不知天地，只擇自己嗜好可以做的事去做，因此少年犯罪的數目逐漸增加，據一九四〇年的少年犯罪統計已達一萬二千餘件，比前年增加四千餘件，所犯的案情，大分爲三種：一、竊盜，二、賭博，三、傷害。

罪孽深重的日本帝國主義爲要完成其大陸政策的迷夢，使國內人民出錢出力，一身力量，不能求得一飽，給未來的世界造成黑暗的牢獄，造成空前的罪惡，力愈大，反抗的力量愈強，有一天這些人民，總會結成強有力的團體和軍閥，財閥發難！

[illegible]是從「日本在華人民反戰同盟」機關雜誌「真理之聲」上翻譯下來的，標題就是「日本國內新聞」。從這些小段的報導中，我們可以看出日本國內經濟已日趨窮途，及政治上的動搖暴露的情形。

——譯者

日本國內新聞

少華譯

勞働者的生活已深刻化

於侵略戰爭的壓榨下的國內勞働者的生活，日益趨向深刻化。根據本年初的統計，國內勞働者的總數已達九百五十萬人，就中三百萬人是對於作戰有關係的軍需品工廠的新勞働者，而婦女勞働者也達三百萬人。

[illegible]勞働者的工資，在名義上當局雖說增加百分之十七，但生活必需品指數的增加已有過而不及。其他勞働時間的延長，勞働時所發生的以外事故的層出不窮，日日增加着。[illegible]勞働者的勞働情形，而且使勞働者的生活水平極端低降，表現着可怕的勞働地獄。對於統治階級的政策，現在國內充滿着憤恨。

跑不了國內米荒的危機

[illegible]農林省發表了本年度的產米額，據這個發表，總額是六千三百十一萬九千四百[illegible]石（每石約百八十餘斤——譯者）與去年比較起來減少五百八十萬六千餘石。當局本年度的計劃想增產五〇〇萬石，卻相反地呈現出皮肉不相識的現像，依昨年度的一般統計，日本一年的米穀消費量是一億零二百石，今年的收穫與[illegible]比較起來相差太遠。最近天皇叫農相石渡來問食糧問題，米穀[illegible]的[illegible]，[illegible]國內一般大眾的生活，趨於窮苦，統治階級的對策日日地暴露出其無能。

「大政翼贊會」的產生

[illegible]所提唱的「新體制」運動，遲延二個月後，在十月十二日誕產出一種所謂「大政翼贊會」，同日在日比谷公園舉行他的成立大會。

原來由近衛所提倡的「新體制運動」，已決地把招牌改爲「大政翼贊運動」。勿論此「大政翼贊運動」是過去的[illegible]運動和國民再組織運動的發展，此運動的原因有貧汎地包括政治經濟，文化的各部門。對於侵華戰爭，他們所謂「總力戰」的需求的加緊，不過是一種日本式的法西斯運動。

[illegible]的組織以外，設有[illegible]閣員十二人，常任總務十一人，常務二十七人，參議十六人，其中最重要的[illegible]，有馬賴寧，[illegible]的田中[illegible]，永井柳太郎，後藤文夫，大河內正敏，[illegible]等，[illegible]以此[illegible]，[illegible]的[illegible]分子，官僚財閥，[illegible]法西斯[illegible]等人物[illegible]起來，[illegible]同床異夢，[illegible]。

[illegible]大政翼贊[illegible]，[illegible]各[illegible]所參加的人物僅有八田嘉明，他們對該會的支持[illegible]冷淡。[illegible]近衛的「大政翼贊運動」必然在內部的[illegible]中更白熱化，其首相的椅子一天難於一天[illegible]，[illegible]其[illegible]行程，一見而知。

和平村通訊

和平村村長台灣人　林琬鐘

日閥從台灣他的人民，把一批批的善良送到戰場，掠奪台灣同胞的田園，搶掠財物，毫無意識地慘殺了祖國的同胞，侮辱婦女，現在可不是了。

戰爭的巨浪把這批被人犯撥到和平村中，安安穩穩地住在這裡可愛的地方，過着舒適的生活。

祖國當局寬大處置的愛護我們，教育我們，使我們能真正地把握住人生的意義，能分析侵略與反侵略的是非曲直，最大多數的俘虜都已覺悟，回到從前的行爲而懺悔。

和平村的建築很簡樸，分上下兩層，上面做村員的寢室，下面做辦公室，內面的東西如椅、桌、講台、講臺等均現代化，除了授課以外，常開同樂會、同樂大會，游藝會等。

近來在各戰場上的俘虜多了，也就是村員的增加。這麼多的村員中有能流利的中國話，英語的，每天教他們學國語、英文、中文、翻譯等，在課餘大家如一家人似的與氣勃勃地在操場上唱歌和游戲，大家對分組的事都切實的負起責任。爲要快愉身心，常常舉行遠足、爬山、游水等。

將所有村員編爲五大隊，各設隊長一名，班長若干名，之外，還有十二組，茲分述如下：

一、被服組：管理村員的被服。

二、伙食組：管理村員的伙食。

三、運動組：管理運動器具，如野球、籃球，並主持游藝大會，比賽會等。

四、[illegible]組：主持同樂大會，召集村員比賽圍棋……等。

五、衛生組：內設醫務室，[illegible]的藥室，村員凡有疾病每日上午由醫官診察配藥。

一個新隊員眼中的台灣義勇隊

·葉奇·

在湖北前線時，人們便常傳說台灣義勇隊的活動情報。

最初我遇到×軍的士兵同志，他們是由浙江前線回去的，他們一見到我們就興奮的告訴我們，他們在浙東前線時，有台灣義勇隊的同志到他們部隊裏工作的情形；教他們日文，幫助他們開小組會，和他們生活在一起，尤其使他們興奮的是；台灣義勇隊，同志們刻苦奮鬥的精神。

我這次一個人不顧一切的由湖南長沙經過江西來到浙江參加隊本部的工作，不可否認的這是本隊的工作精神吸引着我，才能使我這不諳世故的人走這樣多的路，經歷千辛萬苦終於達到目的。

在路上我也時常從別人口裏聽到關於本隊的談論。

當我經過江西，因為在吉安停留了一天，看到幾位新聞界的友人，他們也都關心的談到本隊，希望能得到本隊各種活動情形的通訊報導及研究台灣問題的材料，他們都說：他們願盡力幫助台灣義勇隊的發展。

在金華的火車站上，憲兵同志們來檢查我的行李，我把本隊的證明給他們看後，不但免去了檢查的手續，而且親切的詢問本隊最近來的工作情形，誇讚本隊工作的作風。

當我從火車上下來叫賣包車的時候，告訴車夫到台灣醫院，他非常熱誠地拉我到酒坊巷。在到達的時候，旁人稱讚台灣義勇隊的發展，他便自動的打了個八折。並且說：「台灣義勇軍（他們多半都稱義勇軍的）我們知道，你們的醫院真好！你們的少年團真可愛，你們要東西我們不能跟你們多要的。」

以上的一切全證明着：本隊的工作是真正的深入到民間了，在祖國的戰鬥中已盡了應盡的任務發生了偉大的作用。當我一走到隊部的附近，看到住處的四週有整齊灰色軍服的同志，三三兩兩的在太陽光下[illegible]談話，沉靜的默讀他手裏的書本，再走進隊部，看到同志們用心血繪製起來的壁報，是那麼美麗而動人，上面充滿了生活工作的報導素描，及同志們誠懇的批判，在每一個字裏都表現出同志們的學習精神和革命情緒！

新時代的青年應有新時代的作風，台灣義勇隊的同志們就是具備了這一點的！我們願共同努力開闢我們的前路。

一九四〇、十二、十三到隊的第二天於隊部

六、清潔組：除室內外，每星期大清潔一次，其他按班輪流打掃室內外。

七、糾察組：村員的起居、飲食、行動等由組長督導。

八、文書組：村員的書務，以及報告均由該組員負責寫呈。

九、園藝組：凡村員有興趣，樂於園藝者由村長借給農具、種子，自行開墾，每人的菜園×畝，秋季的菜色特別豐富。

一〇、工程組：本村的一切設備與工作由組長指揮。

一一、工作組：與工程組同。

一二、庶務組：本村一切什務由該組負責。

之外，還有澡堂，裝設很合衛生，健康者每天洗一次，病者則不在此限。

理髮室：村員每個月理髮兩次。

下面是村員日常生活表：

上午六點半起床，七點半點名，七點四十分早操，八點半早餐，十一點半午餐，下午五點晚餐，六點點名，九點熄燈。

我們是這樣有規律地生活著。

一切反日力量團結起來

紀念朝鮮義勇隊兩週年

朝鮮義勇隊隊長 金若山

中國民族進行英勇的民族解放戰爭，已經三十八個月了，這三十八個月中，偉大的中華民族，發揚了高度的民族精神，創造了輝煌的成績，樹立了勝利的基礎了。中國人民今日信心益堅，勇益邁進！

今日是[illegible]燃著滿天的烽火，已經有了十萬萬以上的人口被捲入戰爭，帝國主義者為了少數金融寡頭的利益，為瓜分世界殖民地，進行野蠻的掠奪政策，把人類捲入戰爭的漩渦，我們今天正遭受着人類歷史上空前的大災難，大破壞，然而也是一個空前的大變革時代，我們深信，今天的社會組織不合理的制度[illegible]，今天的世界[illegible]，但是人類的前途，是無限光明的，決定人類未來命運的只有人類自己，全世界最大多數的人民，他們都在這[illegible]起來，[illegible]起來，[illegible]結束帝國主義戰爭，扭轉戰爭的方向，用革命戰爭來結束帝國主義對全人類奴役的統治，在舊世界的廢墟上，建立起全人類[illegible]的新天地。

不但，[illegible]已[illegible]，特別是日本帝國主義，在中國抗戰的痛擊下，已經喘不過氣來。然而，我們要知道，正因為帝國主義遭受最深刻的危機，正在臨死的前夕，因此他更加瘋狂，更要掙扎，日本帝國主義不是在繼續的狂炸中國大後方城市嗎？不是在採取恐怖手段壓迫中國人民投降嗎？不是在企圖進行新的軍事冒險嗎？不是在強化法西斯統治鎮壓國內人民嗎？我們不能一刻懈怠敵人的警覺，勝利一天天接近着我們，同時更猛烈的鬥爭需要我們來[illegible]擔起，更艱苦的任務也需要我們負[illegible]起來。

偉大的中國抗戰，不但在中華民族歷史上寫下了嶄新的一頁，而且它在遠東被壓迫民族反帝戰爭中起了主導作用，它鼓舞和興奮了遠東一切被壓迫民族，[illegible]了中國的鬥爭是他們爭取自身解放的最好榜樣，他們熱烈的援助中國抗戰，參加中國抗戰，把中國抗日戰爭的每個勝利，當作自己的勝利，「一般中國就是我們自己」，中國民族的事情，就是我們自己的事情。同時，在這配合中國民族的鬥爭中，我們不斷的從鬥爭中團結自己的力量，組織自己的力量，教育千百萬殖民地的人民，組織和發展我們的革命隊伍，隨時準備決定的戰鬥的動員，進行全民的武裝鬥爭，推翻日寇在朝鮮及其他殖民地的統治。

朝鮮義勇隊[illegible]於中國戰場上，已經整整兩年了，而這兩年以來，不[illegible]交集。在前方，在後方，在敵後，我們朝鮮革命者與中國戰友攜着手共同作戰，同生死，共患難，親如手足。中國同胞對於我們朝鮮義勇隊愛護備至，幾於有加，我們[illegible]兩年來的工作，如果說對中國抗戰都有貢獻的話，這應該完全歸功於中韓兩民族團結的基礎上。

我們知道，朝鮮革命的勝利，依靠於三大力量的配合，即國內的革命運動，東北的革命武裝與國內的革命運動，而在今日，無論那一方面，都因處於一個最主要的中心任務，這就是：幫助中國抗戰，參加中國抗戰，完成中國抗戰的勝利。

[illegible]我們把參加中國抗戰作為我們目前鬥爭的行動方針呢？朝鮮是整個世界的一部份，[illegible]世界各個角落的革命鬥爭密切的[illegible]——特別與中國革命運動的發展息息相關。中國抗戰是遠東反帝鬥爭最主要的一環，是反對日本帝國主義的主力，這一個有四萬萬五千萬人口的偉大的中國民族革命戰爭的成敗，不僅[illegible]而且整個世界的局勢引起嚴重的變化。因此在這幾年間，中國抗戰與遠東一切被壓迫民族解放的利益完全一致，中國抗戰起了遠東反帝鬥爭的主導作用，吹起遠東被壓迫民族解放的號角，鼓勵他們的鬥爭情緒，增加了他們的勝利信心，推動了他們更加團結，認識自己解放的道路，幫助了他們的革命運動的發展。所以，中國民族是遠東反帝鬥爭最主要的一環，只有正確的把握這一環，集中一切反日力量，才能有力的擊潰敵人。這是一切遠東被壓迫民族爭取共同的唯一的道路。正因為如此，中國抗戰一開始，我們朝鮮革命者就以熱烈的姿態，迎接和參加了中國抗戰。

[illegible]今天，不可否認的，我們國內的革命運動中還存在着一些嚴重的弱點，特別是我們本身的團結，許多中國友人用高度的熱情，關心着和期待着我們，我

們深深的希望諸君援助。我們可以告慰中國友人，我們一定不致辜負你們的好意，朝鮮革命者的團結運動，正有着光明的前途。過去我們的團結不夠，究其原因有三，一、關內革命運動不能與朝鮮羣衆取得密切的聯系；二、各個團體政治意識不够；三、缺乏生動的鬥爭綱領和具體的工作內容。有人說朝鮮人不能團結，這是錯誤的，朝鮮民族的團結性在朝鮮革命歷史中，有着光榮的傳統，一九二九年在朝鮮成立的勞動總同盟，參加者有十二萬五千人，全國均有支部。又同時成立的青年總同盟，有會員三萬五千人，一九三七年組織的新幹會會員達三萬人。領導了十二三光州學生事件的全國大示威，及以後元山釜山的總罷工，咸川、端川的農民大暴動，這一切都是朝鮮民族團結的模範例子。在今天的東北還正活躍着數萬朝鮮革命軍，即以關內來說，除了極少數的「團結消毀家」以外，絕大多數的朝鮮革命青年都已經團結在朝鮮義勇隊的旗幟下，有誰能說朝鮮民族不團結呢？當然，我們所主張的團結，和那些「團結消毀家」所夢想的是有區別的，我們認爲必須從革命中，從鬥爭中求得團結，求得實際上的團結，而不僅是形式上的團結，但是那些「團結消毀家」們却不向這樣做。

我們團結的方向，絕不是那個在辦公室喊出諸口「統一」「團結」響亮的名詞，也不是用政客式的拉攏手段，我們必須深入到朝鮮羣衆中去，須先爭取在中國的一百多萬的朝鮮移民，把他們武裝起來，成爲一支戰鬥的力量，只有這樣，才能對中國抗戰有更大的更切實的幫助。達成此一目的，我們相信，必須先要鞏固內部的團結，更進而與英勇抗戰的中國同胞，與日寇虎視眈眈下的南洋弱小民族們，一切在日本帝國主義壓迫下的國內人民們，一切反日的力量更親密的團結起來，更緊緊的拉起手來。

朝鮮人民今天正在溫習着數十年來寶貴的革命經驗，許多朝鮮革命者正在中國戰場上磨練，歷史的試驗是無情的堅苦的鬥爭，暴露了我們許多缺點，一切眞正精忠爲國忠於民族利益的革命者，在鬥爭中鍛鍊得更堅强。而同時也出現了少數的民族敗類，宗派主義者，他們有意無意的破壞着民族團結，或者夢想坐取革命的果實，這些反革命份子，一定會在革命的浪潮中沖洗出去。可是眞正的朝鮮革命者，却是以行動把朝鮮革命向前發展，展開朝鮮革命全面的鬥爭，爭取朝鮮革命的勝利。（完）

目前環境與朝鮮義勇隊今後工作方向（續）

韓志成

在敵佔及敵後方施行對敵宣傳的經驗告訴我們，對敵宣傳是有效的，祇要我們的方法得當，便可以使得敵兵大規模的厭戰。我們在廣大的區域裏，毅勇敢的參加抗日工作，便可鼓舞中國軍民的抗戰情緒，以朝鮮民族獨立的旗幟參加中國抗戰，這對於中國軍民以及敵後朝鮮人的號召鼓勵作用是很大的。再就以上工作的效果來說，中國民衆，尤其是戰地的軍民熱烈地愛護着我們，在工作過的地方軍長要求我們千萬不要離開他們，未工作的地方，紛紛的要求我們和他們一同工作。而最值得寶貴的效果是敵後方如武漢平津，京滬，平漢路及同蒲路一帶的朝鮮人都知道朝鮮義勇隊，知道朝鮮義勇隊是爲朝鮮的僑胞，由朝鮮革命者組織起來，參加中國抗戰的朝鮮民族獨立部隊，於是他們表示歡迎，擁護朝鮮義勇隊，從敵後某方來人說：常常見朝鮮的青年說，啊！怎麽能和朝鮮義勇隊取得連絡？同時有的已經投到我們的隊伍裏來了。在美國的朝鮮同胞在芝加哥，洛杉磯及紐約等地自動組織朝鮮義勇隊後援會，精神上物質上積極的援助我們，他們現在出版刊物，屢次舉行了大規模的反日示威運動，加緊抵制仇貨運動，又爲中國捐款協助抗戰。

總之，我們經過一年中的參戰，已不像當時成立那樣的孤單的地位，相反與廣大的中國軍隊及民衆堅固的聯結起來了。同時更給朝鮮羣衆以深刻的鼓勵，今後我們在這些羣衆的擁護和維持的基礎上，將要配合着中國抗戰戰略，更加英勇的開展今後工作。

二、今後工作方向

今後的工作方向是針對着敵人的戰略，粉碎敵人對我的政治進攻，積極的展開對敵人的政治進攻，擴大敵國內部的矛盾，瓦解敵軍爭取朝鮮羣衆，以瓦解日寇侵略陣營，這是中國當前戰略上的任務，也就是關內朝鮮革命者當前的主要工作。

那末將怎樣達成這戰略上的任務呢。

1.集中力量：過去的工作可以說是散佈在各戰區的，因此擴大了工作的影響，可是在另一方面，因爲太分散，也未能收到集體工作應有的效果，要想給敵人以更大的打擊，更大規模的號召，朝鮮羣衆必須要選擇適當的地點（地點之（一）朝鮮群衆（移民）多的地方，（二）朝鮮志願兵被徵來作戰的地方，（三）便於發展的地方，）集中力量，做進一步戰時的準備。

3.敵後及後方工作：揭穿敵人而的佔領政策，破壞「以韓制華」之詭計，爭取被強迫到敵後方和佔領地區的工作，同時過區內朝鮮人已經有一部份擁護支持中國抗戰，並希望我們能夠深入朝鮮群衆去。這從客觀的需要來說，又從中國抗日的觀點上說，發展敵後方工作是刻不容緩了。所以朝義隊的發展與否，也要看敵後部工作的進展速度。可是這種工作必須要有幾個條件，第一要有自身的團結，在敵人統治之下，最艱難的環境中進行冒險的工作，非有上堅定明確的認識與鐵般的團結，才可以發展這個工作的。第二要與中國方面切實的聯絡。敵後方是民衆統治上軍事上很複雜。很複雜的關係，往往阻礙我們工作的開展，甚至於使工作停留在不合於戰略所要求的階段。這便使得我們抗戰上少獲得一部份力量，不利於戰略的勝利的，我們要設法使在一切會合於抗戰勝的原則之下給我們於工作上以最大的援助，同時我們本身也要隨時隨地，爲朝鮮民族的獨立隊伍的發現而努力，這樣才能克服這個困難。第三，關於政治素質性與工作技術，發展敵後之工作，只有機會是不夠的，本身要有敵後工作的技術。

3.建立朝鮮革命軍：當中國抗戰逐漸轉入勝利的階段的時候，敵人正在最後的掙扎的時候，朝鮮革命軍的出現於中國戰場，更可以鼓舞中國民族的抗戰情緒，也更可以大規模的號召敵後方的朝鮮群衆，給與敵人以要命的打擊。因此建立革命軍，是中國抗戰的抗戰形勢上，和本隊更高的發展上，目前最重要的工作。至於革命軍的建立是一個很艱難的工作，要集中力量，展開敵後方工作，要爭取敵人的武器武裝自己，爭取朝鮮群衆。要由自身的鬪爭來建立革命軍，要流更多的血，克服更多的困難，這樣才能成爲光榮而鞏固的朝鮮革命軍。但這都要看工作的發展的程度和速度，還要看中國和朝鮮兩民族的聯合的程度而定。

今後的工作，不僅僅靠主觀的希望，也依據着客觀的需要，並基於工作的實現性，我們的面前擺着只有一條路：就是集中力量，團結精神，在發展敵後方的工作，與敵人鬪爭中，爭取朝鮮群衆工作中，建立革命軍，爭取外界的援助。

第一台灣醫院

鄧東光

「台灣醫院」是台灣義勇隊三大工作之一，是由於客觀上和地方上迫切需要而附設的，蓋在抗戰時間，後方城鎮集聚人口頗多，現有醫務工作人員，大有供不應求之勢，本隊有鑒於此，願獻薄技之長，先在金華設立醫療所，為祖國人士，免費診療，拯除病家痛苦，而適合幫助抗戰的原則。由於我們工作的努力，獲東南人士所稱譽，而每日求診者陸續不絕，頗有應付不及之慮，且因規模太小，設備不完善，以致不能將病家關切的服務，為補救這一缺憾，乃於二十九年七月初開始把醫療所擴充為台灣醫院，一方面充實內部組織，一方面採購醫藥器具及藥品，並加設齒科痔瘻等科目以應社會人士之需要。截自目前為止，本院計有內科小兒科外科眼科皮膚科耳鼻咽喉科婦人科齒科痔瘻科（以理學的療法不用刀割）等科目，並隨時進行新代打預防針，及替貧苦病者送診送藥。自從醫院成立以來，在短短的五個月當中，工作的迅速開展，就診者的日漸增多，確是出乎意外的收獲。這可觀的成績，雖不能說十分滿意，但在我們，確實是盡了很大的努力。之所以得到社會人士的稱譽，大部是由於各位工作同志，對工作的積極和忠實服務與服務精神的成果，但是由於物質條件的缺乏，不夠的地方還是很多，又乃希望各界人士多給協助，工作同志一致努力，使本院醫務工作，對於閩浙贛及台灣革命更大的貢獻的。

下面是我在百忙的工作中所寫下的一些本院情況：

窮醫院

「台灣醫院」是窮醫院，凡是光顧過的人都知其物質條件缺乏，經費、設備不修，還有許多地方不能滿足各界的需求，在這裏我願把本院的經費來源略述一下。

因醫院設之初，是把每一個隊員的生活費抽一部分作為開辦費，嗣後將逐日所收的診金來補充藥品的消耗，但因赤貧病者甚多，無力負擔藥費，使我們一切消耗無法繼支，不得已，因而定出無力納繳藥費及酌量收取藥價的規則，以安穩經濟，關於藥品的取價，是依據藥品的成本為標準，對於赤貧病人，仍在可能範圍內給予施藥，掛號金之類的麻煩，都一律免去，而我們的一切收入，完全幫助台灣革命的進行。

根據經濟的來源及收入費用的用途來看，台灣醫院的意義，政治的意味較為重要，因為我們不單純在服務，還要使一般民眾能夠明瞭台灣同胞是怎樣地用各種方法幫助祖國抗戰，以爭取台灣的獨立解放，用這樣的工作來影響民眾們認識到我們共同的敵人是日本帝國主義者而增加抗戰的情緒。如果不在政治意義上來了解台灣醫院則可能把牠營業化，便違背了我們附設牠的原則。也就因為我們着眼於政治上的意義，故「廉價」「義診」，都異於別處，而在規定的時間以外，例如半夜來敲門或休息時間來就診，我們也絕不推諉。

革命醫生

凡是了解本隊的人，都知道「台灣醫生」很多，而且多半都具備了政治的頭腦，因他們在抗戰以前，便一面業醫，一面作革命工作，都有亦參加祖國抗戰的熱烈情緒。這種熱情，是基於他們身受日寇的重壓上的，他們嘗盡了亡國奴的滋味和痛苦。當這次祖國的英勇抗戰發動後，一致認為這是起來爭取自由，打碎日寇統治的絕好機會，所以將以前在敵人國內學習得來的熟練技能，來服務於祖國，因此每一位工作同志都把醫務工作當作革命工作的一種，故在生活條件低劣的情況下，亦無怨言，用這種服務精神，來對付病客，於是都很誠懇，很殷勤仔細地替病客治療，雖然遇到極困難極複雜的毛病，總設是想辦法來替病客解除病苦。因此病家和醫生間的感情便融成一片，在精神上，給病客以很大的安慰，而減輕身體上的痛苦。

其次，從事於醫務工作的同志，常在醫病當中，以台灣被壓迫及反抗等情形，作宣傳談話資料，以加強祖國人士抗戰決心。至於工作的緊張，都是不肯說得的，因為就診者很多，休息時間自然很少，除診病以外，還要當司藥、看護等工作，一身兼數職，也不覺其苦！

數目字

我們各種工作，都可用數字表現出來，茲錄其一部如下：

一、七月份

一、內科九四〇名　一、外科一〇二〇名　一、眼科一九〇名

一、皮膚科二七四名　一、耳鼻咽喉科一三六名　一、其他一二八名

計二六八八名

一、男性　一四三〇名　　一、女性一一五八名

一九月份

一、內科一〇一六名　一、外科二四三四名　一、眼科二二八名

一、皮膚科三二〇名　一、耳鼻喉科一二六名　一、其他一九〇名

計四三三四名

一、男性二六九四名　一、女性一六二〇名

一、十一月份

一、內科八一四名　一、外科一四一四名　一、眼科一八二名

一、皮膚科三九〇名　一、耳鼻喉科八二名　一、齒科一六六名

一、其他　一三六名

計三一八四名

一、男性二二四四名　一、女性九四〇名

（十一月份因受浙東戰事影響，不如九月份，但比七月份已增加不少）

從這些數字中，不但可以看出我們工作在日益開展，且可看出社會上某種疾病的流行，以便我們願多做統計工作。

二、公務拾零

一、七月一日起大組織醫院後，立刻開始義務免費打霍亂預防針，計有一二五八〇名。

一、暑期中，金華區各小學教師由縣政府召集開設一「暑期教師講習班」，授予各種特種知識：如自然、社會、衛生等，其中衛生一課，係專函聘請本院醫務組負責，本院醫務組，即派×××同志前往講授一共六小時，內容大致係傳染病之預防及急救治療等常識，使聽講者獲得醫藥常識。

一、江西青年戰地服務團到金華來慰勞前方將士公演，因過勞致團員中多患病者，便到本院診治，我們因其辛苦，一概免費，並捐送常用藥品一批。

一、金華第二師範附中心小學招生考試，函請本院派醫師檢查體格，本院即派×××及×××二同志，前往擔任檢查新生體格。

一、浙江省防空司令部函請本院派員代打霍亂預防針，本院即派×××同志前往義務注打。

一、金華縣防護團開會討論關於敵機轟炸時的救護事宜，本院派員出席參加，決議分院受傷民眾的救護與治療，本院曾替受傷者免費治療計二十多名。

一、中央警官學校化學校第×期招生，及國立戲劇學校在浙招生，均函請本院擔任檢查體格，即在本院義務代為檢查。

一、本院鑒於後方城鎮人口眾多，而缺少醫務工作之痛苦，特在衢州開設第二台灣醫院，現已籌備就緒，於十二月十五日正式開幕，準備對於地方上將有新的貢獻。

真難過

明

最——呢——呢的椅子聲一起，同志們像風捲殘雲般的到一個四方形的小課堂裏。

一盞白磁的小小的菜油燈，點在桌上，閃閃地照着一群群的緊張而嚴肅的面孔，週圍的空氣是一片死樣的靜寂。

「同志們！今晚是第二次的時事討論會了，我們做革命工作的人對於時事的了解非常重要，所以我們規定在每星期四的晚上討論時事，希望大家討論得很好一。」講話的人一邊講一邊就寫了四個題目在黑板上：第一：莫洛托夫訪德的意義何在？第二：美日和共是否會擴大戰爭的？第三：國內的問題？跟着都紛紛……在黑板上的移動，現在我已把題目接着寫好了，他又慢地講：「我們就來選二個人，先選一個主席吧！」他說，完全一坐在我人旁邊的時候，我心裏就非常的焦急，好像它還恐怕選到我身上，但是的，心裏怕，好像犯了罪人被法官判決了徒刑一樣的難受，到那裏去了，不得不硬着頭皮走上了主席的坐位，千斤石般沉重的步子走上去，幾句話，不知怎的上去，本想一看同志們大家都在我的眼前，上去了，就覺得幾十隻視線的集射在我的身上。因此心慌意亂的而且是那樣實實地把我的一切都拚命地說不出話來，當時我，就——說——一句——話來……

題一陣紅過一陣，真的幾乎要哭了！後來把定精神，就把第一個題目提出給大家討論，剛說出來突然一個人站起來：「主席！我有點意見……」我定眼一看，原來又是那個拍舉我的阿慧站長，繼而又「主席！我也有點意見，……」這邊也主席那邊也主席，叫來，叫去，結果我給他們弄得頭昏，待他們意見差不多都發表完了，我就把他們所發表的意見歸納起來，討論到第二個問題，他們又盡情地發表意見，搶來搶去，又給他們弄得五花撩亂，我又照樣給他們歸納起來，他們可惜在今晚我所發表的意見做主席的好，辦法是什麼？把人家的意見歸納得一樣？真是丟臉！寶在是糊塗得一本來四個問題好之後，忽然該有一個同志說：「主席！時間已到了，再討論第三個問題吧！」還有一個留在下次再討論罷！」還是我說不到幾句話來，樣樣的，如中非常的激動，下把我從十八層地獄裏救出來，待他說完，大家迅速地以後我不忘我的同志們，得不見他，也就貫徹成，各就散會了。

唉！真是難過！今晚想起來想我的是自己丟臉了，這樣的丟臉了，以後自己呢？真是誰使我這樣的難過，是自己造來的，以後自己要好好地研究，如果不會來的時候，會永遠有那樣的難過和丟臉了。

越南革命的新時代

長江

一、統治的罅隙

讀過本年十月十二日越南人民統一革命黨發表世界各友邦和警告越南革命同志之書在中國各報刊宣言的人，都一定會驚異於越南民族革命力量之迅速成長，使對越南革命抱悲觀的人，也不得不對越南形勢重新估計。一九三〇年越南獨立黨首領阮世傳曾說：「越南革命成功，要再過四十年」，他最主要的根據是法國統治勢力的強固，和越南革命力量本身的分散。但是從去年九月歐戰爆發到今年六月法國投降，法帝國主義本身的腐敗與無能，已經將法國第一等強國之地位根本推翻，本年九月日本要求越南政府假道攻滇，在日本軍閥威脅利誘之下，越南政府竟承認允許日軍在海防登陸，將越南最富庶之紅河流域，拱手讓予日人。法國殖民地政府已無力保護越南之安全，已為公認之事實。法國在越南之兵力不過三四萬人，而越南軍隊則有十萬左右，在法國岌岌自危之情形下，這十萬越兵不但不能為法國可靠的助手，而且無疑地是法國統治第一大威脅。

日軍在九月二十三日在海防登陸之後，本可一鼓作氣，併吞全越但美英在太平洋上採取強硬之態度，使日本對整個南進計劃，不能不有所顧慮。要隱蔽就暫時不能公然。所以已經在越南北部登陸之日軍，又不得不大部撤退海南島，以待太平洋外交的變化。

在法國的統治已經開始動搖，而日本新的統治還未曾建立起來的當中，對於越南革命運動很有利，的確是一個很難得的時候。所以我們看到在本年十一月中，越南人民的武裝暴動興起，經法方公布在十一月二十五日至二十八日三日間已被捕五百餘人。

二、對於法國統治的清算（

今日所謂越南，共分五部，法國最先併吞者為以西貢為中心首府的印度支那部份，又稱南圻，南圻以北為中圻即以順化為首都的安南部份，中圻之北為北圻，即以河內為首府的東京區域，法人之得中北兩圻，係在一八八六年中法條約。我們的軍隊在一八八五年（光緒十一年）在馮子材，岑毓英領導之下，會大敗法軍於諒山，因為那時通信不靈，昏庸的滿清政府還不知道自己打了勝仗，竟把越南整個讓予法國，之後在一八八八年，法又佔領東埔寨（即高棉區）一八九三年佔領老撾（寮國）這五個區域中共有人口二千餘萬，其中約一千六百萬為安南民族，其餘四百餘萬是泰族。

法人統治越南；第一係將越南分離，而造成彼此對立，互相磨擦的局面。法以印度支那區為完全殖民地，其餘四區皆為保護國，名義上皆有國王之存在，除東京區已無國王外，安南區與東埔寨老撾皆有國王，這種傀儡的國王除完全聽命於法人所設立之總督，參辦，和高級駐守使之外，只有領法人所給他的薪水，這種徒擁虛名的國王，法國人還要設法造成他們所屬人民對他們的仇恨，比方保護國人民相互來往，限制甚嚴，而法保護國人民至殖民地（印度支那）旅行，則非常自由。於是使保護國人民非常羨慕殖民地，而仇視其國王。

中國古代專制帝王最專制的作法是以「偶語者棄市」為最高程度。然而越南新刑律（一九二七年實行）卻明文規定「凡三人以上之商議，其行為者，須認為陰謀，處以放逐之刑。」因此越南人到飯店請客都沒有了自由，必須先向警察們「討人情」，否則就要犯大罪。法國統治越南，所用武力，除正規軍三四萬人（海陸軍在內）及巡捕十萬人而外，還有警察二萬人，密探五六千人。警察與密探十九係越南人，在法國所頒布的殘酷新刑律下面，這些被法國人豢養的警察密探簡直是吃人的猛犬，生殺予奪，無法無天。

法國統治越南在經濟上所施行的掠奪政策，更是卑鄙無恥，所有越南的礦山工廠鐵道航運出入口貿易，都是在法人手中，越南人根本無過問之權，就是越南人原來祖宗傳下來的土地，法人也實行無理由的侵佔，法人常將重要土地佔去，再租與資本家經營，謂之租借地(Concession) 就東京區而論，在一九二五年已有一百五十五處二〇〇公頃以上之土地被如此辦理，諒山附近平均在四五十公頃之土地，有三十四處被法人佔去，此外則捐稅重重，有人頭稅，生契稅，田稅，地稅，產業稅，街市稅，乃至於婚娶事件，呈遞公文，無一不稅，照一九四〇年由總督所頒佈的法令，自一九四一年起，狗也要上稅，結婚而欲妥帖，約徵六十元。如果說中國曾經形容某個地區軍閥之苛捐雜稅，用了如下的對聯：「自古未聞糞有稅，而今只有屁無捐」。現在可以來形容越南的殖民地政府。所以法國作家魏爾諾（Ngu d Ooton）看了越南情形，曾經感慨的說：「法國西貢的魚，占滿了肥沃的土地，還要抽稅著土地的苛稅——比封建時代更勝著百倍的苛稅。」

三、越南革命的發展

越南民族革命，大致可分為三個階段，一九二六年中國的國民革命以前為第一期，之後到中國抗戰與法國投降為第二期。法國投降以後至現在為第三期。越南自身革命力量過去比較薄弱，因為歷史地理關係，中國政治形勢之發展影響越南革命，當然法的投降對於越南影響之巨大，更有其決定意義。

中國大革命前之越南革命，是表現在零星自發的狀態，革命組織很是薄弱。如一九一三年以後之零星暴動，一九一七年梁玉猶之暴動事件。一九二三年范鴻泰謀炸越督於沙面，一九二四年南定紙廠五千工人之罷工，及烈公司全體海員之罷工，招耕佃農民暴動，高棉西貢市民之示威運動，一九二五年西貢兵工廠八百人之罷工，拒絕修理石力米號力兵艦，因該兵艦係欲駛入中國海面以干涉中國革命者。

中國北伐運動自廣州發動之日，越南革命志士，深信越南進一步組織革命之時期已至，乃組越南國民黨，若越南青年革命同志會，若越南革命黨，若越南共產黨，以及在巴黎組織之安南民族獨立黨，皆先後產生，比較有計劃有組織的領導越南各地的革命，如一九三〇年二月之大暴動，其區域及於海福，紅河，河內，海陽，宜安，興安，諒山，隆斗，而旅內，山西，南定等處亦同時響應。此次革命雖未成功，而給予法人之打擊，實是值得重大。

但越南各革命黨派互相團結合作之精神，過去甚為欠缺，從此大家甚努力，而在艱難情形下，造成互相猜疑，相互鬥爭之局面。法國投降之後，越南各黨派領袖認為越南革命力量發展上千載一時之良機，同時也促使他們覺悟到又將來臨，乃聯合各黨，組成統一之革命力量，正式產生「越南人民統一革命」，以領導越南各個之革命運動，越南統一革命不但擁有各黨原有之社會基礎，而且在越軍中有多少的力量，今年八月與越發生兵變，南圻要塞頭頓地方，越軍拒絕日防，結果造成法人大屠殺越兵之慘案。十一月中全越各地之不斷暴動，皆與統一革命組織有關。無疑的，越南統一革命組織成立之後，對於今後越南革命甚至於東方各民族的解放運動必有巨大之貢獻。

四、中國抗戰與越南革命

對於已經統一起來了的越南民族革命運動，我們正在抗戰中的中國對於越南革命應當採取什麼態度？

一定有人主張顧慮對法外交關係，對越南革命只好袖手旁觀，這種態度貌似週到，而實際必受禍不淺。第一，法國無論如何在今後三年之內，在國際外交上，特別是遠東問題上沒有發言權，因此顧慮法國，實在不必。第二，在抗日觀點上越南是敵人南進的踏板，越南革命爆發，就會給日本增加更多困難。第三，從西南國際交通上看，越南對中國西南的交通，比今天滇緬公路的價值大得太多，越南革命如果能夠成功，我們西南國際交通，就不必再去翻那橫斷山脈。第四，從基本地從中國抗戰的本質上說，根據三民主義的民族主義，我們應聯合被壓迫的民族，特別是和我們歷史地理關係密切的民族，一齊來謀解放。這樣才可以加大我們求解放的力量。第五，就技術觀點上，我們幫助越南是沒有什麼困難，政治上予以扶助，軍事上相當協助，外交上適當配合，越南形勢，立即會有很好的轉變。

越南的兩面

李昌慶

越南敵軍的動向

日寇侵入了越南北圻之後，進一步的南進，企圖進佔南圻，奪取西貢，這是勢在必行的了。事實上，早在十一月上旬，十一月底，敵軍大批結集在海南島和瓊州海峽一帶。自十月下旬日寇從桂南路撤退之後，越南北圻的敵軍，首先是諒山區的撤退和海防河內區的集中。諒山方面敵軍在十一月中旬開始撤退。敵軍撤退之後，法越軍隊也就回去。十一月中旬以後，同登北寧海防間和河內海防間，敵軍每日約有二三十輛汽車，裝運敵軍和汽油，彈藥，絡繹到海防集中。海防方面已經增加到一萬多人，河內方面也增加到萬人以上。海防港口外到八艘運輸艦，是用來裝載北圻各地集結的軍隊向越南南圻開發的。單是十一月二十四日晚，就有兩艘運輸艦，裝載軍隊一千多人離開海防，其餘佔日寇也帶出[illegible]向南開發。到十一月底爲止，總估計：海防二千多人，退寇軍十二個，約[illegible]一百五十口，奔諒有上井，探甲，海甲時等等，又另有杜并部[illegible]，部[illegible]是[illegible]，河內一千多人，[illegible]十一月二十六日經到達[illegible]十五架，合共有四十多架，其中三分之一以上是小型[illegible]，機場附近守寇[illegible]二千人，[illegible]田部隊，防守[illegible]一百四十個；北寧一千人，[illegible]。[illegible]一百二十人。十二月初，海防島附近有[illegible]千多人，[illegible]四十艘，[illegible]面[illegible]大[illegible]，[illegible]。十月下旬以[illegible]，河內[illegible]有[illegible]到十一月[illegible]到，不北[illegible]，日寇之[illegible]了。

[illegible]，也可以看出來。在九月的一[illegible]，但是不能夠[illegible]。[illegible]不足[illegible]。十一月上旬[illegible]一千多人，[illegible]河內[illegible]。[illegible]了「[illegible]」，十一月二十六日[illegible]，可是[illegible]，[illegible]作用，

日寇在越南的鬪爭陰謀

日寇在[illegible]山[illegible]，[illegible]不[illegible]。十一月間，越南[illegible]一，越南政府向日方交[illegible]，[illegible]第二，[illegible]日方[illegible]，越南政府[illegible]已[illegible]。十一月十八日，[illegible]，[illegible]天上午有法[illegible]一百多人，[illegible]作[illegible]。由法[illegible]三人率[illegible]，[illegible]，向[illegible]大小各[illegible]。我們的[illegible]，立即採取正當防衛[illegible]，[illegible]回。[illegible]的發生，顯然是日寇主使的，企[illegible]。同時，日寇在[illegible]文山[illegible]一帶，收買大[illegible]，[illegible]，我方在文山[illegible]捕獲一個，名叫范金[illegible]，在十一月二十七日把他槍決了。

[illegible]事件[illegible]之後，地方當局也就採取必要時的措置。軍委會已經分[illegible]，[illegible]入境[illegible]人員，特別注意所以人員和法人[illegible]往來[illegible]，以免[illegible]。十一月十九日起，我們[illegible]把[illegible]交通完全封鎖，並由外交部通知駐華各國使館，同時停止[illegible]越南的出入境證照，關於法越邊境事件，外交部已向駐華法大使館提出嚴重抗議，要求以後不得再有同樣事件發生，並命令[illegible]，不論任何[illegible]，[illegible]，即[illegible]正當的防衛措施。

越南民族革命運動的喜訊

日寇侵入越南後，越南人民在[illegible]下，生活是更加悲慘了，越南政府不[illegible]「[illegible]」，「反日派」，「反動者」等罪名，加上越南人民的頭上，[illegible]和[illegible]。但是，越南人民，他們不[illegible]了多少年來的亡國恨，[illegible]了日寇的野心和陰謀。他們在內外的[illegible]下，正在[illegible]的[illegible]。日寇[illegible]的[illegible]，第二天[illegible]「[illegible]」，（[illegible]人民的力量[illegible]）[illegible]，已[illegible]了，越南[illegible]在十一月下旬公[illegible]「[illegible]」事件。[illegible]十月二十六日，北圻[illegible]的革命[illegible]一次的[illegible]，不[illegible]，[illegible]下去，到十一月一日，革命[illegible]四十多里的大部地方，[illegible]第二次[illegible]，只可[illegible]，又[illegible]一百多人和[illegible]四百多人，[illegible]下去。可是北圻一[illegible]，[illegible]山和[illegible]，越南政府[illegible]往來，有一個時候，河內和[illegible]不能夠通車。[illegible]，在[illegible]政府的[illegible]之下，[illegible]一[illegible]息來。在越南人[illegible]的時候，越南[illegible]民[illegible]統治者[illegible]，[illegible]的人民的注意力，並全[illegible]的人心。

十一月[illegible]以後，越南人民的反抗[illegible]，在越南共產[illegible]的[illegible]領導之下，南圻一帶展開了有組織有計劃和規模更大的武裝暴動；法[illegible]隊[illegible]從河內[illegible]南圻去的[illegible]（七八千人），這[illegible]是非常[illegible]的。[illegible]民地統治者更要[illegible]他們是「[illegible]」，並加上「第五[illegible]」的罪名，[illegible]的宣傳[illegible]了。

目前，越南[illegible]方面的民族革命運動是由越南共產黨主持的，他們的活動區域，以各[illegible]地區爲主，而在越南國民黨所主持的北圻方面，現在也有共產黨人參加工作，這當是最近越南人民統一革命[illegible]成立以後的第一個[illegible]表現，這是越南民族革命運動的一個大喜訊，越南國共兩大政黨的[illegible]合作，是保證越南民族爭取獨立解放鬪爭的成功和勝利！

文藝園地

編者曰

很多讀者要求「台灣先鋒」能增關文藝一欄，我們也感到一個刊物沒有文藝像一個花園沒有池塘一樣的是憾事，因此，從本期起，我們增設了「文藝園地」。

但由於本刊特性的限制，我們只能在三個原則下取材：

一、以台灣題材寫的及譯的；

二、台灣人自己寫的或譯的；

三、有關日本或弱小民族的。

只要合乎這三個原則，無論甚麼體裁，我們都歡迎。還希望各國人士及熱心讀者多多幫助！多多賜稿！多多批評！

一個勞動者的死

楊華

這一篇小說，是從台灣出版的「台灣文學」第二卷第二期轉載下來的，無論在結構文詞和人物刻劃上都不見純熟，但是我們卻可以從這上面看出台灣文化受日本文化影響（尤其是文法）的情形，更可看出，殖民地勞動者生活狀況之苦，實在到了無以復加的程度，由於日寇在台灣的高壓政策，使作者不敢正面反日，而以「日寇勾結」，事實上是日寇化身的台灣資本家作代名詞。（敍文中有以××代「日本」之說）這是我們應該認清楚的。所謂，「在台灣反對資本家，實際上正是反對日本帝國主義！」因為殖民地的資本家沒有獨立的經濟權利，只是帝國主義者的附庸啊！

編者

記起一天前幾個月的晚上，我正吃過了晚飯，便拿起一本我平日所喜歡看的書，坐在那昏暗的燈光下，靜靜的看，這時候；窗外忽然一陣陣的狂風吹著的聲音，從外面發出來「沙沙」的在地上滾的聲音，不住地從窗縫裏衝向我的耳膜裏，使我的心很凄然，給了凜冽的北風捲起了落葉的聲音，強烈的將我的耳朵給刺痛了。那又是多麼的淒涼，從窗縫裏吹來的寒風，給我的全身發抖起來，得發抖了。心也吃驚得跳動，我的身上也覺得寒冷起來了。可憐的窮人們呀，你們不是正在受著內心的寒風嗎？我心裏不覺的嘆着你們可！

我也無心再看了。我覺得這寂寞陰慘的氣象，我想在這時候若有個朋友來談天，也可以使這寂寞陰慘的氣象減少幾分呀！唉！我寂寞極了，我在這兩天的小雨的綿綿的寂寞，就這樣過去。

可！我寂寞地想着。

我的朋友施君，這幾天不是還見有些小病嗎？他大概是為着過勞的原因。本來他亦太辛勤了，我因為這幾天都忙些不會去探望他。啊！我正想有個朋友來和我談天，有病的，不是更怕寂寞的嗎？啊！他或許也思念着我罷。

我立刻想去訪問施君，但聽着窗外傳來那一陣狂吹着的風聲我又有畏怯。

唉！施君，不是貧窮的施君嗎？他住的地方，不是和我一樣地在貧民窟裏嗎？他住的屋子，不是和我住的一樣嗎？潮濕而狹小的斗室，寂寞無抵抗的窗戶，將要的陰森，虐待到那裏去，病弱的我，正在寂寞着，長睡着，那末有病的施君，叫他怎樣地禁得起呢？唉！可憐的施君呀！可惡的老天！你就是合和窮人作難，那些欺壓窮的富人們，你不但不與他作難，反給了他們許多長時行樂的機會呵！而且對着無抵抗的勞動者，你偏偏有意為難他，作難他，你也不受資產階級的顏色嗎？不平！不平！這勢利的天！

我有些憤慨了，那不當面前拿在手裏的書，盡力地把牠向書桌上擲去，只是呆呆地想着，靜靜地聽窗外傳來一切的聲音，處在這寂寞的時光，叫我怎能不低頭假想呢！

施君，身體強壯的施君，臂膀子要比我二倍多粗，——也許是勞動的標誌——為什麼會生病呢？上月的一天，他不是曾和我說過嗎？他說在工廠裏做工太勞苦了，廠主刻苦（東洋）得利害，不問如何的強迫使喚，如何不合理的待遇，他都忍受下去，他面直有些吃不消，所得的工資很薄弱，他因為在農村受迫於生活的困難，才生起偷偷到台灣的念頭，他想到台灣，並不是做黃金夢，想在台灣發一筆大財，他本是一個做菜園的小作農，只因爲年來經濟起了恐慌，各種農產的價錢，也都隨着低落下去，就是菜價，也是受着影響，一天不比一天好了，因此他馬上便放棄了種菜的生活，告別了他祖先住慣了的故鄉，一直跑到這T市來要投奔幾個親戚去發清鄉下的家中。他到了T市後，經過了他奔走了好幾天，央三託四，好容易才得一個的位置——進入鐵工廠見習鐵工——到了現時他已經是個熟練工人了。但是工錢卻也加不多，每天還要在那做鐵不停，他在充滿烟霧的空氣中，和工頭監督的監視，使他絲毫不能放鬆地工作，工作：：終天是把鐵打成鐵條的他，一個節奏，受着乒乒乓乓，鏗鏗鏘鏘地機器聲鬧的的噪音，這得他頭昏腦漲，後頸後腦都是工作着，他的身汗，如汽機上的蒸氣水似的，時時用他的黑色的舊手巾抹着，可憐的他，真是疲倦得很，更加沒有休息的又要做夜工，所以給幾個月來，天天都是不停地做着夜工——人人在休息的時候，人人在追尋快樂的時候——他們偏偏做着夜工，可憐的他們自己製成的鋼鐵，變成了許多鐵用的玩具，供給有錢人去享受，他眼看着人家睡在鐵的床，自己卻睡在硬硬的地板上，眼看人家由鋼鐵成的汽車，很舒服地坐着，自己用兩條腿來安步當車，他們資本家有錢人家美食的供養，高大華麗的居住，錦繡美麗的娛樂，而且時時有音樂和歌舞供他們賞樂，但是工人怎樣呢？粗衣惡食，卑陋的住宿，他的吃食眞不好極了。吃的胡蘿蔔來，有時買了一錢蔬菜，過了一天，有時買了一錢豆鼓，度了兩三天，那富人的口味的營養，他就是做夢也吃不到的。他這樣地節省地過那貧民的生活，簡直使他苦悶說不出的痛苦，像他這樣的人，在這人世上，還是多呢！甚至他們用出的勞力更多，受着的痛苦還深刻呢！他簡想不到這世界是個痛苦的世界！是個殘酷的世界！呵！是他這樣憔悴地沉痛地向着我說，壯健的他竟會生病，原來是勞力過度，營養不足，而社會上的一切都在壓迫着他的緣故了！我曾經對人說過，施君所做的工廠算是「文明」的，唉！那比起聞過的施君工廠裏的勞動者，不知要被廠主鞭打到怎樣的田地了！

給臺灣軍伕

黎明

可憐的台灣軍伕們！
你們被[illegible]送到遙遠的戰場，
過着那[illegible]人類的生活，
更可能[illegible]在[illegible]的[illegible]上！
你們的前途呀！是[illegible]！
唉！這到底是誰造成的呀？
請你我想想！

可憐的台灣軍伕們！
你們捨棄了親愛的父母妻子，
在戰場上背日旗，運彈夾，抬大砲，
扛子彈，搬[illegible]！
牛馬的生活啊，也比你們好！
唉！這罪惡是誰造成的呀？
請你們多多思量！

你們總該明白：
給你們痛苦的是日本強盜，
快睜開眼看看，
另一幕爲正義和平而戰鬥的台胞，
不惜一切地要把日本強盜打倒！
這就是你台灣[illegible]勇[illegible]呀！
在祖國的戰場上放着光芒，

親愛的台灣軍伕們！
不必再在沙場的夜裏顫抖！
不要把命運之神咀咒，
唯有站在解放的戰線上執起了槍，
反擊驅使你們的日本軍閥！
迎到祖國的前來，
台灣義勇隊正張開了臂膀！

我想到這裏，越發憤恨而煩悶起來，那窗外的北風越發猖狂地在吼，那燈越發顯得淡而無光，這陰森的小室中，彷彿沒有一毫的生氣。

「王君」，樓下突然有人喚着。

在毫無生氣而沉默着的我，突被這聲音喚醒過來，我在沉思着——誰呼喚我呢？莫非施君的病好了，特地來找我嗎？

「王君，在家嗎？」

接連喚了這一聲之後，我方才聽得清楚，不像是施君的口音，而覺得像是施君的同居者李君的聲音。

「李君嗎？快請上來！」

李君忽忽地走上樓來，看見他的臉兒都凍得紅了，還未等他開口和坐定，我急忙地問：

「施君的病怎樣了？」

李君氣喘着，不等我說完，就皺着眉頭地忙道：

「施君的病不好了！……」

我吃驚了一跳，

「怎樣呢？……」

李君皺着眉道：

「真真想不到施君的病會變化這樣快！我和小呂放了工回到宿舍的時候，我看他的神氣就不對了！眼孔在紅腫，兩目無神，我，兩眼以下比昨天更加浮腫得厲害，兩腳比平常人大了好幾分，躺在床上不住把兩手抓胸，口中不住喘息，看見我們來了，可怕的臉顯出一種欣慰的苦笑，我們問他：

「你的病好些嗎？」

他只是搖搖頭：

「我是不濟事了……」

他說了這一聲，悲慘地滴着一包眼淚，小呂年紀輕，幾乎哭出聲來。我勉強鎮靜地勸他：

「你的病是不要緊的，你只要留心，不要自己害怕。你現在大概覺得很難過嗎？」

他嘆了口氣說：

「我很怕那寒風送來的風，……我身上覺得煩燥的很，最好把我扶起來……

……」

那時他的話還說得很清楚，只是聲音低了些，我答應着把他扶了起來，叫小呂把我的一條被摺疊（搭靠）起來，又加兩個枕頭，叫他倚靠着，我就覺得他的身子發燒得厲害，一面取了一塊包袱，把窗子遮且遮住。唉！王君！那是我們不好，不早留心，使他這受了這半天的風！唉！誰還料得到下午北風加緊，氣候加寒呢？我和小呂早已在外邊吃過了晚飯，我便問他，

「你肚子餓得慌嗎？」

小呂也接着問：

「我到街上去買點粥來給你吃好嗎？」

他搖搖頭，

「我……我……我……心裏……煩燥得難受……難受」

我聽他的話上氣不接下氣，吞吞吐吐的。摸他的身上像火一樣發熱，呼吸也急促起來，我時叫着小呂道：

「讓我出去找個醫生給他瞧吧！」

小呂也是叫我趕快去趕來，唉！王君！他實病了這許多時候，還不曾好好的請過一次醫生呢！那些貪存服的西醫，和那大名鼎鼎的院長，他們的幸顧者是富人家，住好的人們害死也請不起他們，但是次一等的也要幾塊錢，誰請得起他一趟呢？你附近有位中醫生，聽說他們說很好，診費只要半塊錢，所以我特來問你呀，他住在那裏呢？快告訴我，我好去請他，到底妨害不妨害！」

李君說時激動地走近一點，我悲愴地念着施君的命運，聽完了李君的話，我全身被雷打着一樣，血脈失了常態，全身的神經麻痺了起來，終於忍着淚趕忙回答李君：

「那就是後街第二家，門口有一塊醫生的招牌。」

「唉！李君！」

我接着說：

本隊拾錦

（一）總隊長與正中同志於十一月初旬赴渝，在渝宣傳台灣革命，參加各界招待會，並與各團體之談，作台灣革命運動的演講。使各省同胞更明瞭台灣革命情形，而成為相親相愛的好兄弟。於十一月底勝利返隊。

（二）衢州籌備之第二台灣醫院，業於十二月十五日下午正式成立，由總隊醫官之莊惠民同志為主任，總隊長親自往衢參加醫院成立典禮，招待衢州各機關團體，少年團亦趕往參加表演，情緒至為熱烈，各界深表台灣革命前途光明！

（三）隊本部最近將台灣報復刊，加強各同志寫作能力，及相互教育，每週按期出版，內容非常豐富，形式活潑生動，大家進步甚速，各編輯委員均負責任，毫不苟且。

（四）本隊最近又來了一批新同志，由指導訓練組主持訓練。

（五）明年二月為本隊成立二週年紀念，本隊發出徵文選字之函件已發生効力，各界名流源源將寄文寄下，特刊正準備編輯，由王先生允諾為本隊寫的四幕話劇，亦極積搜集材料，預計一月初即可脫稿，劇名是「台灣之路」云云。

（施君的病怎樣會變得這麼快呢？在半月前只有些不大舒服，兩腿也略為微腫，他仍舊天天到工廠裏去。以後纔發了幾次小寒熱，他不去廠裏工作，只在這一星期裏，我以為像他這樣強壯的人，有什麼危險會發生呢！這幾天我的工作忙些，因此不會去看過他。唉！李君！誰還料到他會變得這麼利害呢！變的又是什麼症候呢？」

我悲慘地問過李君：

「小病是大病爆發的根源呢！勞力過度更是唯一的導火線呢！他原是有些腳氣病，又次着感冒，起初勉強到工廠裏去作工，病了又不會好好的調治過，便如火山一般的爆發，變了一個樣子了！……」

我看李君悲慘的形容和忿怨要走的樣子，

「你趕快去請醫生罷！我卻先要去望望施君！在那裏和你再見。」

「但願請了醫生來並不要緊，他的藥有效，那就是我們的希望了！」

李君說着下樓去了。

我一個在室內彳亍了一會，悲傷了一會，默然披了一件外套也不管外邊風大不大，走出房門，把門鎖了，便走下樓來，樓下的燈光明亮，房主的一家正圍在一個火爐邊，快樂地在閒談着，我無心看他們，便走了出去。

我悽慘地在街上走着，原來往施君的居住處，只是由此向西向北要轉幾個彎，要走上十多分鐘，西北風便如利刀般向我面上襲來，陰森森的街，兩旁的電桿木被風掠得瑟瑟地振動而作響，慘淡的光自路旁的窗隙中透出一些微弱的光來，那正是九時的光景，人們都還未睡呢，那悲哀而靜默的天空，久久可看出幾點灼耀的星光來，四周被黑暗籠罩着的宇宙，只是些慘慘的微光越發覺得一切都在悲哀着靜默着，哀厲的西北風越發在黑暗中揚威，悲哀着施君的命運而急於要見他的我，兜着風悽愴進行，我插在衣袋裏沒有帶手套的兩手，已經麻木得不堪，而穿着厚棉鞋子的兩脚也冷凍立不住了，在這濃漆的霧一般的空氣佈滿着的路上，只有幾個行人，個個都是一般地縮頭作態，有時人力車慢慢的曳着微弱的燈光走，有時汽車，捲着一團灰塵飛馳

們去了，我腦中的悲感越發湧了上來，一面走路，一面在哀感着。

啊！可憐的李君所說的話：「小病是大病爆發的根源哩！勞力過度更是唯一的火線！」施君呀！你的命運竟給李君一言說定了！你平時營着過力的強壯，拚命地工作，——也許是強迫的資本家，壓迫你不得不然，也許是你家中的父母妻子逼迫你，督促你，鞭策你，吸去你的心血來活命，使你不得不然——恐怕還是早已深伏的勞動上的病症，到現在爆發了，似火山一般地爆發了……

唉！可憐的資本家們！你們對於勞工們的心思，最好一天二十四點鐘都替你作工，拚命地作工，勞動者們的工資，你們最好想設法低到小而又小的限度！你們把勞工們的勞力的精血都搾盡了，把他們的心血統統吸乾了，你們却做着什麼，維持着，坐着汽車，花天酒地，左擁右抱……或小出洋留學，得着什麼博士、碩士、學士，女兒嫁着偉人……一般勞工們拖着瘦黃的身子，家中有父、有妻、有子，住着鴿囚似的屋子，吃着粗糲，穿着衣百結，面有菜色，天天看見的只是一塊灰色的天，和他們悽慘的生活，聽見的只是機器轉動的聲音，你們的良心……和你們是不因痛癢。你們的辣手段越發利害，勾結一般××（日本）同××（軍閥），做你們的鷹犬。防止勞工們反抗，他們是草芥，你們可任意殘踏了！唉！你們的幸福都從那來的？勞工們是你們幸福給與者呀！

我全身的血液沸騰了，我全身的神經在興奮，哀厲的北風，我也不知冷，我只在那裏想，我是在咒咀……！

我真不相信世界上何以必用汗血換來的資本家養活着毫不勞而食的人們？我真不相信勞工們，何以要用生命去換鑽石來裝飾富人們那些纖巧細嫩的手指？我真不相信工人們，何以要受資本家的精神與物質雙重剝削來當一「行尸走肉」的奴隸？我更不相信何以窮人要受法律的壓迫，而富人的生命與幸福却反逍遙法外……。

唉！施君！你是受着資本家之毒，弄到這步田地呀！你的居也不付營養不良，以致……，勞力過度，……不合生利，生大病呢！你生了病還去作工，那是何等痛心呀，……的待遇呀，工錢……，而守候着你家庭，你怕扣去了工錢不能養活他們的殺兒呀！唉！「小病是大病的根源！勞力過度是唯一的火線呢！」可憐的李君所說的話呀……

唉！生病！生病是窮人的受苦呀，窮人的受苦！施君呀！像你這種人那裏配生病呢！窮人生了病。第一請不起醫生，第二掙不着工錢。窮人生了病，差不多就是死路了！施君！你爲什麼要生病呢？你若是有一長兩短，那不是我們的罪呀！……啊！……你的親人！你的朋友！……

我悲痛地回來，回憶好像失了知覺，有寸步難移的樣子，但是我拚命地迎着風向遙遠着的地方走去，那哀厲的北風越發地巻得利害，狹小汚穢的街，低矮不堪的房屋，領導我向一叢荒塚中走去，那慘黯的天空似有重重壓下的一帶陰森，屋更顯得矮小而昏暗，茫茫的路途越發茫茫而無邊際了，一家家門板都緊閉的關起，再也不露那光線耀目的燈亮了！

啊！施君！此刻不知他怎樣了！恐怕……恐怕……或者比方纔還嚴重呀！……恐怕……啊！那黑魆魆的陋屋破門邊，不是有個死神的影子嗎！……

我走近施君住處的門口的時候，心中怦怦地跳着。隨手着叫小呂開門。

門裏屋中的小呂，正在抖顫得手足無措，着急得只是哭，他還着有生以來第一次的感着死的恐怖和悲哀了！他覺着已不能說話的施君，挺在床上，那可怕的面容使他不敢凝視，幽幽的燈光，滿滿着落葉的聲，哀哀的風聲，恍恍的鬼影，好像在他的小房的四週出現，他入世以來未曾見過死，害怕得只是抖顫，又感到施君方才所說的悲痛徹心的話，他只是悲號，李君還未見來，來分他的驚慌和悲痛，他只是焦急着年長的李君來想法子。

「小呂！開門！」

同時門響了數下，那聲響早激動了小呂的神經，他以爲李君回來了，疾忙地推開一扇窗門，一步跨過了一個亂堆破碎雜物和柴草的狹小的天井來開門，同時他心中悽慘得很，淚還流了一會才把推開。

「李君！施君施君已不能言語了！」

他領聲着要說只是嚥不過氣來，一面在流着眼淚。

「小呂！是我呢！施君怎樣了？」

這時慘淡地下弦的月亮才自雲層中出現，他認見了是我，熱熱地好像遇見了親人。

「啊呀！王君怎麼好了！怎麼好了！……你快快進來看着施君！……他他他……只在這一刻只在這一刻已已已……不能言語了……」

我聽了小呂的話，我的心突突地發跳，來不及和小呂攀談，便跨進了這間陰暗，屋中的一張破桌上點着一盞手照，點點的火發時時冒着黑烟，微微的燈光照到施君可怕的臉上，我看了施君的這副樣子，禁不得把眼淚流下來。旁邊小呂看我下淚，他更高聲地哭起來！我走到施君的面前連叫了幾聲「施君！施君！施君！……」已經閉着眼睛的施君，微微地把眼睛動了幾動，露出半個可怕的瞳人，像是知道我來看他，和我作最後的訣別！他立刻把眼皮垂下，兩片乾枯的嘴唇微微地動了一下，便是最後地釋放一切壓迫，永久地脫離了這苦惱的世界，到別一世界去了。

西北風越發狂猛地狂吼！像死神在猙獰地得着，月光已深深地被黑雲遮住，大地被一層黑暗的空虛籠罩着，李君和醫生也趕來了，但是遲了，來不及了！

報告

鄭連長殉職

劉敏夫

本年十月十四日的早晨，與着××師××團行至倉頭村附近，忽遇敵軍猛攻××團的前哨，××鄭連奉命固守實際山頭以東的小高地，及力場以北的高地，因爲這個據點的得失，牽涉××的整個陣地至鉅。剛到了早晨九點多鐘，敵軍的以快步的兵，約五百多已向我軍固守的陣地的從兒猛攻了，雙方便展開激戰，但看着敵兵快要不支了，而敵機亦都飛翔起來。因此，寇兵的火力又猶加強烈了。可是我們這的勇士，個個都抱着固守寸土地，每個人都抱着與陣地共存亡的犧牲決心，雖然勇士傷亡過半了，而中尉排長龍××和少尉排長向××已負了傷，鄭連長仍然極力的地狂喊道，「我們要報仇，踏着血跡，努力的殺！同志們衝呀……」這個時候，個個都見着奮起精神，好似打個強心劑的衝鋒過來，並且更加決心，那時的半個的鐘頭，這位勇敢可敬的連長、忽遭流彈所中倒在地上了。勇士們見着連長傷亡殆盡，促他強起來，忙着扶着這位連長退下陣地；不料這連長竟怒色俱厲的拒絕道：「我誓死固守此地，你何是退，你們快上前去勿失我陣地」，這位偉大的連長，雖着極忍着痛，又強撐着起來，從容指揮兵前進與敵拼命，這時，每個勇士都不禁着眼淚，跟連長一樣抱着與此陣地的共存亡的決心死固守，猶根，我陣地也就能然不動，抵禦着敵人凶惡的猛攻，直到過午，敵又以強烈炮火架飛機轟炸，較向我這的我陣地猛衝，這時連長猶屢不身，率領他的兒們肉搏，反覆十餘次，把敵打退十餘里外，然而他的殘部也已傷亡過半，因此，殘敵竟發狂暴，終被逼退移，固守力場以北的高家陣地。這時，敵寇已死傷很多，終不得逞，又再相持一小時之久，在這種情況之下，敵人惱羞成怒，調動了敵機三架，飛到我們的陣地猛烈地轟炸，來回有五六次之多，計投彈大小五十多枚，在這期間由於轟炸，灰塵沖天，不幸均被命中，我全排的勇士，俱作壯烈犧牲。這位洛倫的連長，也在此時陣亡！

只說我們求取民族求生存的鄭連長，服務××師經歷勤勞，對日抗戰歸役，無役不與，有戰必先，能得長官器重，且能和士兵甘苦與共，可謂愛兵如子，今雖官兵亦不愛殺，古語所云：「我們團體不成功，便成仁」之決心，誓死殺敵，以殺敵保國」，即知這句話，竟成了讖語。能不使人痛惜「出師未捷身先死，長使英雄淚滿襟」之概嗎！

望我英仁得仁的精神，實不愧爲領袖的信徒，革命的青年。可爲全師模範，後死者更要加倍的共同努力，以完成其未竟的事業，以慰忠魂於地下。鄭連長年方念七，家已淪陷，椿萱雙闕，僅存嬌妻幼子，客居瀾甯，現尚食無依，時們聞之能不悲哉！

隊員習作

一天的生活

蔡獲

一、早操到合作社

早晨刷牙洗臉後，[illegible]到了，教官吹哨子集合，先給我們作訓，後才回隊部。

二、早餐一瞥

六時，是開飯的時候了，由我們選出來的區隊長吹哨整隊，先敬後才依秩序的盛飯，全區隊的[illegible]後，區隊長就喊「立正」「開動」！大家才開始吃。這樣生活，在我們實在很新奇有趣的。

三、聽高衛基的故事

[illegible]

四、分組討論

下午一點半，先是分組討論，我們的題目是「怎樣做一個義勇隊員」。因爲這問題很切身，大家爭先發言，討論出下面的四個原則：一、堅決，二、團結，三、服從命令，四、擔任任務。

五、軍事術科的片段

下午三點半，[illegible]

六、夜間的同樂會

夜裏，我們舉行了個同樂會，首先大家歡迎牛組長來表演，牛教官也落[illegible]

工作經驗

如何在部隊中做政治工作

林長風

部隊中的政治工作，在中國抗戰救國的階段，是特別重要的因爲日寇用各種陰謀作政治進攻，以滅亡中國。在這階段的抗戰原則是政治重於軍事，不僅要深入大衆，也需要深入部隊，在戰士前面揭破敵人滅亡中國的政治陰謀，提高戰士的戰鬥情緒。這裏把關於部隊中的工作貢獻一點意見。

一　如何進行部隊工作

（一）工作計劃性——師部或團部指導員受指示及派到連隊工作，進行工作之先，要有一個具體的計劃，要抓住中心，要適應實際，要有伸縮性，如這個計劃要二個月做完但是一個月或三個月也可以酌量而行。在工作中要不斷修改計劃。

（二）工作估計——有了計劃，與實際的工作計劃便要開始估計工作。把這切的工作放在第一位，找出工作中心，不要把一切工作都看做平衡的，不然就會，弄得毫無頭緒，所得結果很少。例如台灣義勇隊戰工隊在第X軍，見其日語口號之需要，便把這作工作中心，收效甚宏。

（三）工作分配——分配工作同志到連隊進行工作，爲了發揮工作同志的力量，同時也要看個別環境，來分配工作人材，分配得適合，才能使工作開展，才能使工作同志很快的進步。

（四）檢查與督促工作——師部或團部按時檢查連隊的工作，有沒有犯形式的，片面的，馬虎的錯誤主義的毛病，是不是按計劃進行。檢查他們的工作做到什麼程度，遇到困難，應幫助他們解決，鼓勵他們工作，由他們身上收集了很多部隊工作的方法與經驗，使部隊工作日益進步，工作者能力日益堅強。

二　進行部隊工作的主要方法

（一）個別談話：是部隊工作主要方法之一，這樣才能深入士兵羣中，在士兵或工作者空閒的時候，促與戰士個別談話，建立起很好的感情，一方面，可以給戰士以政治常識，提高抗戰情緒，使戰士了解自己的責任，最好多舉實例，例如台灣義勇隊同志與戰士個別談話，使用自己所受的奴隸生活教育士兵，待他們有了政治認識，感情又融成一片，什麼話戰士們都會認的；另一方面，在戰士們身上能夠學習很多東西，他們每個有自己的特長可以從此了解戰士的性格與品性。

（二）個別教育：戰士中發生什麼不良事件，是不可避免的。因爲他們成份複雜，教育不同，家庭狀況不同，以及個人性格品質不同，在發生事件時，不管他們是有意或無意，總不能在大衆面前宣佈或提出警告，使他們難過，對你發生反感，尤其是對農民出身的，以前過慣了散漫生活，從沒有受過訓練更不應該使他難堪。只能用耐心，誠懇的態度去個別說服，使他們改正過來。

（三）集體教育：政治常識，政情研究等，應該是集體教育，但要注意，集體教育是不能天天有的假若天天集體教育會使他們疲倦，你在講，他在打瞌睡，同時要特別注意通俗而夾些有趣的語句，不然，就等於空講，比如在第X軍的台灣同志，他們除日語口號經常教戰士們外其他集體教育盡量不使他們討厭，本來是一個鐘頭的政治訓練，但是經常都只講四十分鐘，而把個別談話的時間拉長到十分之七。這樣效果很大。

三　部隊工作同志應具備的條件

政治工作者，在戰士們認爲是替他們解決困難，是代表他們利益，教育他們的「同志」，假若弄得不好，他們就把你當爲「掛羊頭賣狗肉」的「草藥先生」。所以必須具有下面之條件。

（一）以身作則：在戰士中，應當起模範作用，在遵守紀律，服從命令時，首先從自己做起，若是相反，他們就會問你，「你自己都不守紀律，不服從命令，還有臉要別人守紀律，服從命令嗎？」唯有在工作上能負責任，不怕困難，有始有終；在生活上，努力學習，虛心研究，克苦耐勞，勤儉自勵，作戰時，衝鋒在前，退却在後，不怕危險，始能，作戰士的榜樣。

（二）多與戰士接近，生活打成一片：部隊工作主要對象，就是士兵，能深入對象中去工作，台灣同志在部隊中有一個特點，就是能夠和軍長，師長一起吃飯，談話，也能夠和最下層的士兵，勤務兵，伙伕一起談話，所以士兵不把台灣同志看做長官或士兵而把他們看做是溝通上下感情的橋樑和同志。他們盡致地把痛苦訴說出來，對長官所不能說的話也對我們說生活自然成一片了；

（三）執行自我批評，要有寬大度量：在工作中不斷執行自我批評，審察自己的一切行動，勇敢克服缺點，發揚優點，不輕易動感情。對人要有寬大度量，不把一件小事來擴大，在必要退讓時應該退讓。必要鬥爭就應該鬥爭。

被絞殺了的朝鮮新聞事業

馬義

一、

朝鮮新聞事業的萌芽是很早的，今天只能當作歷史來回溯了，朝鮮新聞事業的發展，一開始就在日本強盜的刀尖下呻吟着，掙扎着，日本強盜統治殖民地的目的，是使進步變成退化，文明變成落後，文化成愚昧，可憐根沒有發展起來的朝鮮新聞事業，已經被日本強盜的血手一下絞殺了。

朝鮮今天還有新聞紙嗎？當然有的，然而自從日寇強佔朝鮮以後，這些報紙已沒有一家是朝鮮人辦的，也沒有一個朝鮮記者，而是道地的日本統治者的報紙，許多過去朝鮮人辦的大報如東亞日報，朝鮮日報，都已被迫停刊了，我們不能想到，在日本血腥的統治下已經卅年的朝鮮，新聞同業們所受的壓迫和鬪爭的艱苦。

二、

當日寇最初統治朝鮮的時候，其手段爲「武斷政治」，用恐怖用暴力鎮壓一切反日行動，亡國以前的朝鮮唯一的報紙「大韓新聞」，這時被日寇搶來當爲朝鮮總督府的機關報——每日申報，其他任何報紙是不准出版的，但是經過一九一九年「三一」革命運動，日本知道武斷政策的走不通，懂得了「懷柔」，懂得了「撒園」，日寇的統制花樣有些改變了，開始由「武斷政治」改爲「文化政治」（當時正是齋藤上台當朝鮮總督）也容許了給朝鮮人以某種程度的「言論自由」，當然，日寇的陰謀是爲了收攏朝鮮少數的上層份子，分化朝鮮民族團結，但是，這時期多少使朝鮮的新聞事業露出一點生氣。

在這時期出版的朝鮮大報有：

東亞日報：是朝鮮歷史最久的報紙，「三一」運動前，曾一度出版，以後被迫停刊，「三一」後復刊，他們的後台老闆是朝鮮南部的財閥金性洙，銷數約十萬份左右。

朝鮮日報：與朝鮮北部當時的一部份民族資本家有關，民族主義的色彩較東亞日報爲濃，可以代表當時朝鮮較革命的資產階級的報紙，銷數約六萬份左右。

時代日報：爲一部份朝鮮的進步文化人所辦，紙張內容形式均極活潑，特別是他反映了「三一」以後的朝鮮民族解放鬥爭，在朝鮮的一般革命家，小資產階級及知識份子中具有相當威信，可惜不久即被迫停刊，旋改名「中外日報」繼續出版，又停，以後再改「中央日報」，但在日寇侵略戰爭發動後，終於一命嗚呼了。

京城日報：日文版，與每日申報同爲朝鮮總督府機關報。

以上各報均在朝鮮首府漢城出版，朝鮮地方新聞事業不大發達，地方報不多，除大阪每日新聞在朝鮮的南鮮，中鮮，北鮮，出有地方版外，朝鮮十三道中每道也至少有一種報紙，較著名的有新義州的鴨綠江日報等，這些地方報絕大部份是操在日寇手裏，在朝鮮稱日人辦的報紙爲「官方報紙」，稱朝鮮人辦的報紙爲「民間報紙」。

三、

朝鮮人辦的報紙，時常爲了某項消息的「不慎」而被罰停刊三五天半月一月那是很平常的，日本帝國主義爲了摧殘朝鮮的新聞事業，極盡一切卑鄙之能事，這裏我們僅舉出兩件事實就夠了。

當一九三五年世界奧林匹克大會時，日本代表團獲得了長距離田徑賽的第一名和第三名，而這兩名選手正是朝鮮人，日本報紙卻無恥的大肆宣傳，說這是日本的「光榮」這時兩個朝鮮選手向大會宣佈了他們是朝鮮人，並在大會上抱頭痛哭，這對於日本帝國主義當然是太不體面了，消息傳到朝鮮，東亞日報登出了兩個朝鮮選手的照片但是把運動衣上的「太陽旗」挖去了，並且很技術的報告了事實的真相，還給朝鮮人民如何大的鼓勵呵，他們興奮着自己民族這樣優秀的代表，他們痛心自己沒有參加大會的資格，全朝鮮人民紛紛爲這事而憤怒，日寇在老羞成怒之下把東亞日報封閉了八九個月。

另一件事發生在朝鮮日報，當上海發生「新生事件」，杜重遠爲了「閒話皇帝」而吃「妨害邦交」官司的時候，朝鮮日報把這消息簡單的透露出來，因而也遭受了停刊的處分，好幾個月沒有出報。

日本帝國主義用盡一切卑鄙的陰謀，從各方面進攻朝鮮民族解放事業的最後堡壘之一——新聞崗位，一直到徹底消滅朝鮮的新聞事業，使朝鮮人民陷入於麻痺無知的狀態。

日本帝國主義企圖消滅朝鮮新聞事業，主要的手段是：一。改訂嚴格的出版法，盡量阻止朝鮮人所辦的報紙出版，二、統治朝鮮的紙張販賣，利用經濟上的優勢與朝鮮報紙競爭，以增加朝鮮報的經濟困難，收買個別敗類在各報內活動，乘機加以政治上的壓力把整個報奪取而去，四、用政治上的造謠打擊和威脅的手段，以降低該報紙在讀者中的威信，五、採取各種恐怖暗殺手段，臨時恐嚇和加害各報的編輯，記者，並隨時限制記者資格，[illegible]者，以減少朝鮮記者的活動。

在日寇侵略戰爭發動後，碩果僅存的兩家朝鮮報紙，東亞日報和朝鮮日報被迫改組了，日寇的奸細變成了各報的「太上皇」，各報的[illegible]記者[illegible]一切行動[illegible]，[illegible]「[illegible]」[illegible]，[illegible]」，「[illegible]」，發[illegible]的內[illegible]比[illegible]多了。

[illegible]下，[illegible]作者，他們[illegible]沒有[illegible]的[illegible]人[illegible]的心，[illegible]不[illegible]工作，[illegible]，[illegible]六[illegible]的[illegible]了一[illegible]血，[illegible]代日[illegible]××[illegible]來，××[illegible]人[illegible]去，[illegible]打[illegible]××[illegible]日，[illegible]即[illegible]入山[illegible]一[illegible]工作，人[illegible]一[illegible]工作者一面[illegible]的[illegible]，[illegible]！

，已[illegible]今年[illegible]的[illegible]，[illegible]了，[illegible]自己的[illegible]，日本[illegible]的[illegible]中的[illegible]，[illegible]今大[illegible]一[illegible]行[illegible]，同[illegible]一[illegible]文一日[illegible]民的[illegible]化，[illegible]人[illegible]的[illegible]奴[illegible]大的，[illegible]一[illegible]法[illegible]的了，[illegible]今天[illegible]工作[illegible]！

雜感

我們是外國人嗎？

秦人龍

四十六年前，台灣和中國原是一家，為了[illegible]，把我們出賣了，從此做了[illegible]的[illegible]。

現在為了祖國的解放，更為了打[illegible]敵人加在台胞身上已經四十六年了的[illegible]，我們和祖國同胞在烽火遍天的祖國火線上，併肩作戰，[illegible]祖國同胞，卻有一部份的把我們台灣的勇敢的同志當做外國人看待，在他們眼中，外國人到中國參加抗戰，是那末奇特的事呀！

他們不夠明白：這次的抗戰，不僅是祖國本身的獨立解放，也是世界上弱小民族，殖民地與半殖民地的人民謀自由解放的開始，尤其是在第二次世界大戰大規模地展開的今天，帝國主義者正在瘋狂的掌握與爭奪殖民地市場的時候，正給予被壓迫民族與殖民地人民的解放以良好機會。我們要在帝國主義者互相殘殺中爭求獨立與解放，打開一切加在頭上的枷鎖。

台灣義勇隊就是為了這樣而成立的，成立之後，不[illegible]做亡國奴的台胞不斷前向的[illegible]而來，我們的力量一天比一天強壯。現在不論在祖國的那一角落，都印上了我們的工作的[illegible]。

我們的任務是五個[illegible]，和動員民衆，在火線上是幫助友軍作戰，在後方是協助祖國的同胞做抗戰工作。當抗戰踏入政治重於軍事的今天，這種工作是最[illegible]苦不過的，然而對於抗戰卻有極其大的作用。

就在這工作路下，我碰到很多有趣的，也很辛酸的事，例如我上面說的，祖國同志把我們當作「外國人」便是其中之一：

去年我奉命參加游擊區[illegible]的工作，從國境邊界的一場笑話；為了工作上的便利，我改穿了便衣，老百姓以我的行動可疑，而懷疑我還面孔好像日本人的傢伙是不是敵人的間諜呢？他們馬上報告駐軍跟在我背後，後來經××同志給我證明才把這個風浪平息，但從此以後老百姓和工作同志更叫我做「外國人」。

再有一次我們在××地演劇時，一個[illegible]，來了一大群老百姓，他們都異口同聲的說，要看「外國人」。這是工作上的很好機會，我們立刻便向他們宣傳，向他們解釋台灣人不是外國人，而是[illegible]他們[illegible]的同志同胞，他們異常興奮，雖曾好像[illegible]，他們也認定[illegible]日本鬼子，他們說[illegible]我們大家[illegible]的敵人是日本軍閥。

本年春首由[illegible]，我們浙東小隊在該地××師做對敵工作。我們近參加在內，到了目的地，即和弟兄們都一塊，生活在一起，他們全體官兵都說了說：「又來了一個「外國人」。」以後在什麼地方，弟兄們都現出和[illegible]可親的面孔叫我們「外國人」。也許就由於「外國人」也參加中國作戰一面使他們倍加興奮吧？我們在該區工作雖然不過幾個月，但士氣爲之大振，無形中鼓起弟兄們對敵作戰的情緒，獲得莫大的工作效果。

最近因戰略上的關係該師調防到××去了。我們因為工作上的關係不能跟他們去，他們雖然去了，但弟兄們常常[illegible]喊的「外國人」三字依然在我們的耳[illegible]內。我們不願做「外國人」，[illegible]上「台灣人」也決不是「外國人」；但有時爲工作的開展，我們也樂於利用這三字多做點工作的，反正在工作的過程中，可以逐漸解釋「外國人」的誤會。

啟事

本刊欲大量發展通訊員，凡有能將啟事一中的事項經常做到，或能領作爲文（合乎本刊特性之文）者的台胞或祖國同胞請自[illegible]，我介紹一紙並附上所得材料或所寫文章，函寄浙江金華郵箱三十號，合格者即正式聘請，敬希協力贊助爲感！

[illegible]信往來

新興的新安學校

（他們來的一束信）

親愛的台灣小朋友們：

你們在九月七日給我們的信已經收到了，看過後，使我們十二分的高興。

讓我們告訴你們一些新安小學的一切：

新安小學本來是在江蘇淮安的，日本帝國主義，來去了這個地方，我們在苦難中到了[illegible]，還是照[illegible]的[illegible]工作，一直到今年，纔用[illegible]的精神，恢復了新安小學，於十月[illegible]學了。

我們全[illegible]只有[illegible]十個學生，我們和別的學校不同，別的學校，是政府公辦的，[illegible]很[illegible]，學生[illegible]容易養成少爺小姐的習氣，我們的學校是由許多老師和我們自己吾[illegible]起來的，不[illegible]是上[illegible]，大半[illegible]工作學習，如[illegible]公演，現在正忙[illegible]等工作，我們的老師，和我們完全一樣的工作和學習，[illegible]很大的[illegible]作用，我們要求你們常常來信，不客氣的指導我們，幫助我們，並且請你們把台灣情形告訴我們，使我們學到更多的[illegible]好嗎？

× × × × ×

你們是一個值得我們欽佩的[illegible]，你們是爲公理而生活[illegible]的，我們，大家都是站在一條[illegible]上，那就是大家都知道的，抗日陣綫。

你們是台灣的抗日份子，把台灣同胞，從黑暗的路上，引到光明的路上，你們不但在[illegible]台灣民衆抗日，而且幫助我們抗戰。都是我們應該感謝的，同時更希望全[illegible]中國的學校，[illegible]你們[illegible]。

現在我們學校有五十多人，老師也有六位，還有兩位[illegible]，我們學生們，組成了一個新安兒童生活團，裏面分四部，是生活、學習、勞動、社會服務，部長是同學做，我們大家都要聽他的話，還有，[illegible]天[illegible]，大概兩個多月後，就可以請你們吃，表示我們一些慰勞的意思。

× × × × ×

現在我們進步很快，生活過得也很好，請勿遠念，我們接到你們的信後，很希望我們有一天能見面，我們如果見面，一定大家團結起來，快打倒日本帝國主義。

我們學校的房屋和地方，是在一個小村莊上，房屋是一個破廟，和在城市裏的學校相反；但是生活比別的學校過得爽快，教育[illegible]以[illegible]做根據，使得我們生活活潑，學問進步得非常快，這才是抗戰建國期中的教育，是嗎？

祝你們努力進步！

新安學校高級部敬上

少年團在衢州

[illegible]

福建來信

編者 十二月廿二日

[illegible]

王坪 十月二十三日於×上

—145—

工作中的學習一例

徐光

在[illegible]這個小村莊中，小朋友大概有一百多個。都在保安國民小學讀書。他們每人都會唱歌的。比如：春天的[illegible]。大刀進行曲等等，他們時常說放在嘴上哼，但是他們把大刀進行曲唱走了調，實在叫人發笑。我們這個[illegible]下面的歌詠組，覺得有必要去糾正他們，並且教他們以時新的歌曲。

當我們去教他們唱歌時，他們都高興極了，我們先從最簡單的「打倒日本歌」教起，首先把歌詞解釋給他們聽，大家都懂了，然後再我們唱一句他們跟一句的教。起先他們不合拍子，費了很大的力量，經過一遍遍的詳細說明，教了半個鐘頭全身都出汗了。但是仍有一些小朋友不注意，想了很多的方法來，提高他們的興趣才教會了這一個四句頭的歌

這一教歌工作很重要，因為，一，以教歌來接近本地小朋友使他們知道打日本救中國的一些起碼道理；二，能夠從這教歌的工作中獲得到一般做兒童工作的經驗。我們怎樣來輪流參加教歌的工作和怎樣在這工作中去學習呢？先由一個懂得多一點的同志，帶一個沒有做過這種工作的同志，二人教一個星期。那沒有做過這種工作的同志便可從那個懂得一點的同志學教歌工作的技術 到了下一週他就再帶一個新的同志去學，這樣輪流一遍，就每個人都能夠得到工作和學習的機會了。

在教歌的當中，每個人都能盡力的去創造新的方式，例如：怎樣能夠引起他們的興趣集中注意力呢？怎樣才叫他們很快的學會我們教給他們的歌呢？在工作中我們得到了經驗：

1歌詞定要解釋清楚

2不要用老師的態度教他們

3指揮（打拍子）要靈活，要不然程度低的小朋友以為在跳舞呢？

4要用動人的話吸引他們的注意力。

我們根據這許多經驗 在這短短的三星期中，教會了他們七八個救亡歌曲。使這小小的村莊充滿了抗戰救亡的活躍空氣。

離開台灣以後

許文清

民國二十年我們一家由台灣跑到福建來，在台的保長看不起我們台灣人，他想[illegible]法害我們一家人，就去報告[illegible]，說我們台灣人壞得很，什麼[illegible]都做。[illegible]長就把我的爸爸捉去了三天，吃尿臭水，要我的爸爸承認；但我的爸爸並沒有做過壞事呀，後由爸爸的一個[illegible]朋友[illegible]他保出來。

我的爸爸是醫生，非常熱心。他的朋友也很多。這個保長看見我的爸爸的[illegible]朋友也這樣多，再想去殺害[illegible]我們，但是，這次[illegible]長不[illegible]他的[illegible]了。因為這個保長平常做了很多壞事，給[illegible]長知道了，反把他捉去打死，這樣一來，他的弟弟更恨我們的爸爸了，總想報仇！

後來換了一個新保長，這個新保長一[illegible]是台灣人，[illegible]把他們[illegible]來，[illegible]不多久，我們一家便搬到閩北來了。

以後我的爸爸聽到有一個台灣革命團體，他就把我送到這個團體來學習，我就做了少年團的團員，準備做一個反對惡勢力的革命者！

我們的日文先生

郭輔義

我們的學習除了工作的技術以外，也學有系統的知識像日文，政時設本，自然科學，經濟學等等。

日文在我們是每天都要學的，因為以後我們要到前線去工作，像同敵俘說話，或日語口號，叫日軍反對他們的軍閥等，都要用日文。將來我們回到台灣，日文的作用就更大了。

教我們日文的是隊部派來的沈照中先生，他的日文說的很好，但是講起來的不大好，有一次他[illegible]成「[illegible]」了，因他的國語不好把靴子說成一個子[illegible]了。引起我們大家都笑起來，但是他仍很忠實的教我們。

有時候，有的同志不注意學，他并不發脾氣，只用很好的態度來教我們，使我們把這許多缺點都改正過來，我們不用功的時候，他就用很多的方法使我們用功！

這種老大哥的態度很叫我們這許多小弟弟感動，大家都要努力的學習日文，現在每個人都可說幾句簡單的日語了。

歡迎會

曾玉芳

我們到了溪口沐塊，溪口小學的老師便來請我們到他們學校去參觀，我們非常高興。因為有好的機會讓我們和祖國各地方的小朋友見面。我們非常快活的[illegible]走到小學校。[illegible]

[illegible]

工友教育

黃月華

我們隊裏面有兩個工友。一個是女的，給我們洗衣服，做鞋子，補衣服……另一個是男工友，他的工作是掃地、買菜等。我們感覺到他們一天只曉得做做工作，却不管現在中國和日本打的怎樣了，對於救國的事情也不知道，這實在不大好，因此我們幾個大的就準備給他們以教育，我們先開了一個對工友教育的會，討論應該怎樣教育工友，及爲什麼要對工友教育這些問題。討論過後，就分配人去執行。

有一次輪到我對女工友教育，她起先不願意讀書，說她一個字也不認識，她年紀老了，不能讀書。我就對她解釋爲什麼要讀書，還講了很多不認識字的痛苦給她聽，她聽了覺得很對，以後就慢慢的學起來。

我們不但是教她認字，而且根據她的興趣，她要學什麼便給她什麼教育，例如她希望聽打日本的故事，希望聽日本歌和打日本的歌曲，我們就講給她聽，她聽了有氣也有高興。爲什麼會有氣呢？因爲我們給她講日本鬼是怎樣的壓迫我們台灣人，是怎樣的侵殺我們中國同胞，日本帝國主義是怎樣的兇殘；爲什麼高興呢？一方面是她得到了我們對她的教育，懂得了一些抗戰情形，識了幾個字；一方面是聽了中國軍隊是怎樣的勇敢，有時候把日本鬼子打的要死，因此高興。

後來她也懂得了中國同胞應該怎樣起來打日本鬼子了，有一次她合我說：『日本鬼子這樣殘忍，我也幫助你們一起去打日本鬼子，收復台灣。』在這句話當中可以證明，她的思想開始由慢慢慢慢的變到氣憤日本帝國主義了！這樣，她做起工作來便更加努力，也不像最初時的不說話了，有時還和我們開玩笑哩！像有一次我學了幾句日文，當中有一句「依馬時」（音譯）她聽了也學着講：「依馬時依馬時」的，我們要分別的時候，她說：「好朋友，再會依馬時！」實在有趣的很，把我肚子都笑痛了，現在她們同我們，只有工作上的不同，生活上，像要做……這些完全同我們打成一片了！

（接一四五頁）

王先生去，盛飯的從王先生旁邊經過都看看他，像很生疏的人一樣，這就是表示了我們對他的親熱。

晚上：大家都願意把寫日記的時間抽出來聽報告，大家還在拍手歡迎王先生時，黃大哥老早就坐在大家的前面了，王先生坐好，李王姐，賓先生，鄒先生，沈先生也都從裏面出來，王先生的報告有二點：（一）他和隊長到福建的經過情形，（二）報告時事，大家把不懂的事情問他，他便一一答覆，王先生報告當中，有一點特別值得注意，就是福建人對台灣印象不大好，隊長一到那邊，許多台灣人都來見他，他們知道他是台灣革命領袖，都把困苦告訴隊長，平常他們是不敢講台灣人的，這都是由於過去少數的浪人在福建無惡不作的原因，可恨透了！

我們希望能夠到福建去工作一回，給他們一點好印象，好開展台灣革命工作。

下面就是黃大哥報告，他說：隊務會決定我們今年不回金華了。

他又說李大姐因爲隊部有重大任務要她去做，所以不得不離開我們這般小朋友了，我們每個人聽了這消息就恨不得把李大姐捉牢，可是沒有辦法，她決定兩天就要走了，記得以前她要我們給她簽字，心裏難過得很還想得出什麼來呢？只有望她時常來信指教，女同志更捨不得，竟流淚了，我也流出幾滴。

晚上；不知怎的總睡不着。

早上怎麼過？

十二歲黃月娟

現在我們早上不早操了，改爲爬山，爬山才有趣哩！團體裏有一個最小的同志他爬不好，常常跌倒了一直滾，我們說他是「坐滑梯」看到很好笑。

我們爬到山上，墳墓很多，有的同志爬的很快，都被那些墳墓遮着了，到了山頂，我們便「打游擊」，好像中國同日本打仗一樣，在樹林子裏鑽來鑽去好像山兔一樣的很好玩。有時打的很久了，就一面下山一面打仗。下山時跑的很快，有的同志用走，慢得很，先下來的同志都說他是烏龜——烏龜不是爬的很慢嗎？這種就是烏龜。

回來有的同志衣服弄濕了，換了以後就開生活會，檢討我們在工作上有什麼缺點，報告昨天做的工作，決定今天所要做的工作。

我們的早上，便是這麼過去的！

台灣少年

爬山歌

跑跑跑！
跑跑跑！
努力向上跑
北風吹
太陽照
空氣新鮮景緻好
花兒開
鳥兒叫
山上風光好熱鬧
跑跑跑！
跑跑跑！
樹林裏鑽來往上跑
義勇軍
游擊隊
殺得鬼子沒命跑
快快跑
快快跑
練習了爬山眞個好
你跑，我跑，大家跑
天天跑來時時跑！

少有的一天

王正南

從夢裏醒來，睜眼一看，四面還黑，我很覺得奇怪，後來才知道是在棉被裏，我像小偷似地把頭伸出來望望，大家還呼呼呼地正在好睡，這時天已亮了，寒風向我的臉上吹來冷得很。我又把頭縮進去，後來想想，應該早點起來，穿好衣服，從頭檢查到脚，看是否整齊，然後下樓，看見屋頂上有霜，起先感到冷，久了就不覺得了，我還在刷牙，裏面傳出來哨聲，知道值日生在喚醒大家起來了，老百姓家裏的公雞也在——喔……喔……的叫着，還是正是五時半。

大家洗好臉，值日生吹着哨子喊排隊，大家放好東西如飛似地集合，生活股領導着我們走到街上，口令一喊，老太婆抱着小娃娃跟着小孩子們一起出來看，他們一定很羨慕我們這般小兵的。

穿過街，便是一座高山，我們散了隊，向高山爬去，霧很大，爬到半路，前面的同志被霧罩着了，後面的「烏龜」也看不見，村莊房舍都埋在霧裏，大家仍拚命的爬，沒有路時，我們就踏出一條新路，有的人跌倒，我們就笑他說：「坐電梯」，或者是「坐汽車」，大胖子曾玉芳朱偉同志跌倒了，我們就叫「請坐汽車囉，有趣！有趣！」

我們到山頂時，太陽剛在洗臉，我們也開始摘毛栗子啦，我們把採得的果子拿回團部集在一起大家吃，比較有趣味。

草木上的露水把我們的褲子打濕了，我們像馬跑似地，一跳一跳的跑下山來，滑得很，要不小心，就要會滾下山，下山後休息十分鐘，照例開生活會，檢討和報告工作，今天我們特別提出來要多寫美術字，因爲牠對於以後的宣傳有很大的用處。

分成兩班上的日文課已有很大的成績，舊同志都能用日文會話，新同志也知道一點文具方面的日語，日文對於我們也是很重要的，我們都努力的學。

李大姐病了兩三天剛好，今天便給我們溫習從前鄒先生給我們上的題目，其中有鄒李兩同志不了解李大姐的苦心，還在玩鉛筆，記筆記，這眞不大好。接着李大姐又給我們講自然科學，所講的是水和冰爲什麼會爆發，人們爲什麼要空氣，沒有空氣會怎樣，爲什麼在地板上不會滑，冰上就會滑倒，這些，自然科學無論是誰都要學習。

剛上第四課的美術字時，忽然黃大哥從金華回來，這時候大家有說不出的高興，跑出去，看見後面還有離開我們很久的王先生也來了。每一個人更高興的拍手歡迎，跳出去和他握手，王先生感到非常之興奮，只可惜不能把我們這許多小鬼的小手馬上握完，這更使王先生笑得嘴閉不攏。

有的小朋友握了手便去拿茶，打洗臉水給王先生黃大哥喝，請他們洗臉。大家雖然高興，並沒有忘記上課，所以大家又再去寫美術字了，寫好的就和王先生談他這次到麗水的情形。他看見我說：「你爲什麼沒有胖？」我回答說：「病過，」當時我想到別人的身體健康，我只好張着嘴笑笑，沒有多的話可說。

吃飯時，第一桌要王先生同吃，第二三桌也要

台灣先鋒月刊
第六期：三十、一、十五
發行者：台灣義勇隊
編輯者：台灣義勇隊
通信處：浙江金華郵政信箱三十號
定價：每期一角
（金華大同書店總經售）

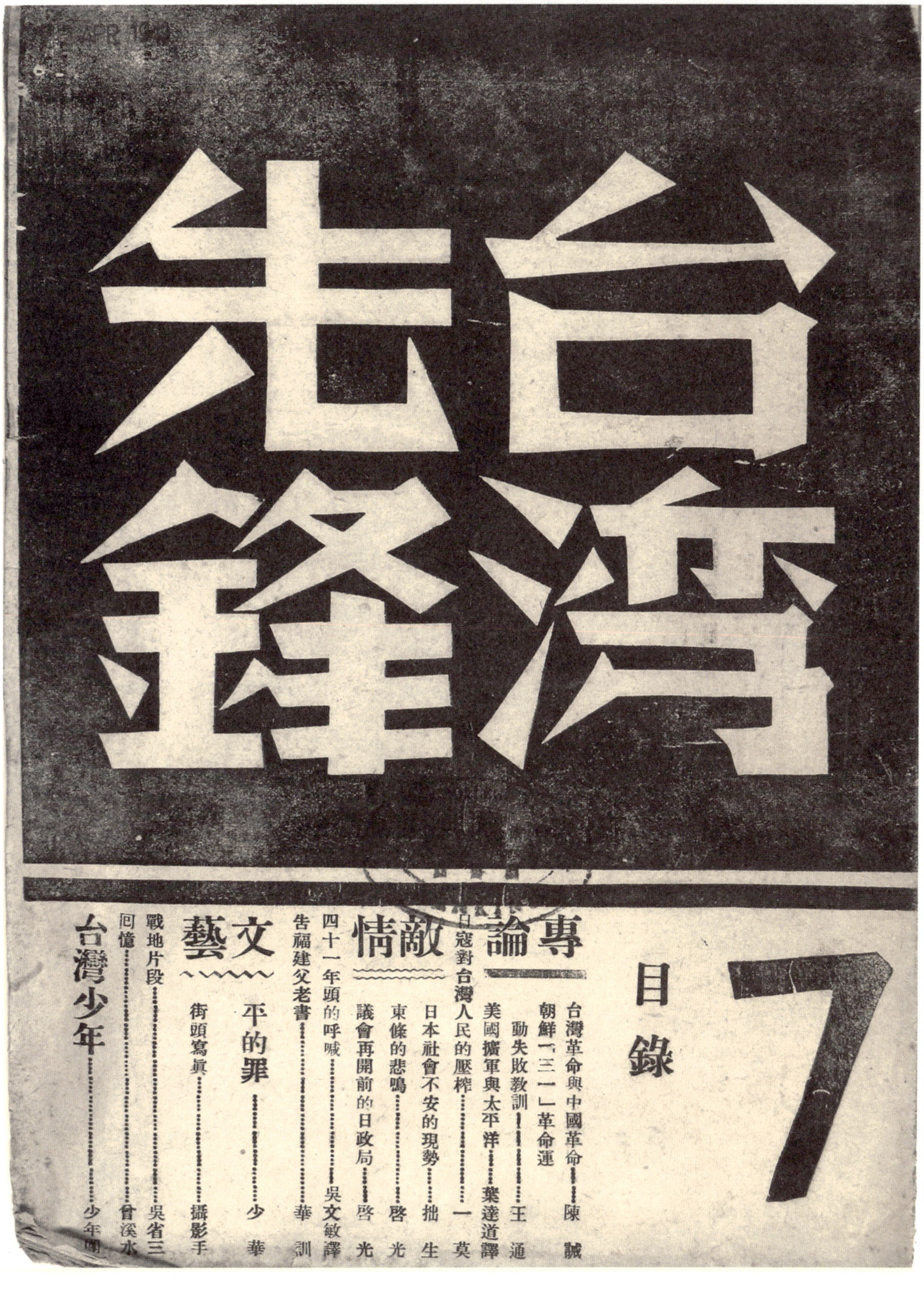

台灣先鋒

7

目錄

專論

台灣革命與中國革命……陳誠

朝鮮「三一」革命運動失敗教訓……王通

美國擴軍與太平洋……葉達道譯

日寇對台灣人民的壓榨……一莫

敵情

日本社會不安的現勢……拙生

東條的悲鳴……啓光

議會再開前的日政局……啓光

四十一年頭的呼喊……吳文敏譯

告福建父老書……華訓

文藝

平的罪……少華

街頭寫眞……攝影手

戰地片段……吳省三

回憶……曾溪水

台灣少年……少年團

第七期 一九四一年三月十五日

陳誠：

台灣革命與中國革命

主席各位同志：

李友邦先生是台灣獨立革命黨的領袖，我們知道台灣獨立革命黨是於民國十三年在廣州成立的，那時我們　總理還在，這個革命黨就是李先生感受　總理革命精神而成立的，到現在已經十六個年頭了。過去在李先生一手培育中，曾發動過不少次數的革命運動，自「七七」抗戰以後，他更組織了台灣義勇隊，實際參加祖國抗戰，勞績卓著，這次爲了第二台灣醫院在衢開幕，李先生親臨主持並承出席今天的擴大紀念週講演，我們是十二萬分的欣慰！並寄以虔誠的敬意與期望！

台灣是我們的：方才聽到李先生的講話和這羣台灣小朋友的歌聲。深深感到一種無限的興奮與刺激，因爲台灣被敵人併吞已經四十多年了，這四十多年的中間，台灣同胞過着牛馬不如的亡國奴的生活，到現在還有沒得到解放，而我祖國又遭受敵倭的侵犯，以致無法伸手援救台灣同胞，怎麼禁得住我們的悲憤呢？

台灣在地理上是兼跨溫熱二帶，各地全年平均溫度很少在攝氏二十度（華氏八十八度）以下者，故植物茂盛，青翠滿地，所以葡萄牙人稱之爲福爾摩沙（formcsa）與我福建省僅隔一百哩之台灣海峽，爲我國國防上之前哨，東南各省的屏藩，和朝鮮成爲我國的兩大門戶，門戶洞開，竊賊強盜就可一直衝到大陸的心臟，所以自甲午戰敗，台灣朝鮮相繼被敵人併吞後，中國的國防就根本無法鞏固，敵人以此二地用作政治經濟武力的侵華根據地，積年累月而有「九一八」「一二八」「七七」等連串不幸事件的產生，結果使我祖國遭受到歷史上空前未有的浩刼，現在敵人又用此二地爲南進北進的兩大根據地了。在目前尤以台灣更爲重要，一旦太平洋發生戰爭，無疑的台灣又是一個敵人用作陸海空軍的重要據點及補給線，眼見今日台灣的人力、物力、以及無量蘊藏着的富源，將要被敵人統制搜刮殆盡，而助長其南進的氣燄，這是每個台灣革命同志和全國同胞以致世界人士所應深切注意的：李先生所領導的台灣獨立革命運動，也就是針對着這個危機而發出的一種民族自衞運動。

中國國民革命的起始也是基源於民族自衞運動，領導這個運動的最高指導原則，乃是救國救民的三民主義，在三民主義的原則下，中國革命不但自求解放，應該聯合世界上以平等待我之民族共同奮鬬；以求被壓迫民族的總解放，爲求得此一目的的成完，國民革命的第一個段階，必須推翻腐敗的專制政體，打倒封建殘餘的軍閥官僚，建立一個三民主義的政治體制，然後運用這個體制以建設近代的新中國，再以新中國的力量，把國民革命推進到第二個階段——打倒帝國主義，扶助弱小民族。在這個階段中無疑的是需要更大的力量，這個力量除了中國本身外，唯一可靠的就是全世界被壓迫民族的大團結。

台灣原係中國土地，台灣同胞原爲中華民族一份子，雖爲倭奴統治四十餘年，然而台灣同胞在亡國的慘痛中，不但有革命的組織，還有幾十次爲革命而流血的行動，不但有復國的準備和力量，而且還幫助着祖國的抗戰建國，祖國抗戰能持久至四個年頭，並能把握最後勝利，台灣同胞的貢獻也是一個偉大的力量。五百萬不甘做亡國奴的台灣同胞匯成的偉大力量，加上一個祖國抗戰必勝條的件，十足保證了台灣獨立革命的成功。

在歷史上證明了革命戰爭必定能夠戰勝一切，今日台灣反日復國，祖國對日抗戰，均爲順天應人，合乎世界潮流的革命戰爭，無論歷程如何艱險，終必獲得解後勝利。由於種種主觀需要和客觀條件，來證明台灣革命與中國革命有着不可分割的連鎖性：

A 主觀需要：

1. 國際地位平等——民族革命。
2. 政治地位平等——民權革命。
3. 經濟地位平等——民生革命。

B 客觀條件：

1. 同爲中華種族。
2. 同處亞洲大陸。（台灣海峽不過一百哩之遙一切民情風俗與大陸無異）
3. 同受日本壓迫。

基於上述種種需要和條件，台灣革命與中國革命乃是相輔相成，台灣欲求革命成功，必以待於中國革命力量之發展，中國革命之眞正成功必待台灣革命之成功，換句話說，祖國抗戰成功之日亦即台灣同胞重新取得自由解放的一天。

今天李先生給我們的講話，和這羣台灣小朋友所表現的精神，給予我們一種無限的興奮，使我們對抗戰建國更加強了一種自信和决心：

自信：抗戰必勝，建國必成。

决心：驅逐倭寇，收復台灣。

末後我們有虔誠的至意希望各界同志對台灣醫院要有「積極的幫助和維護」！並祝

中國革命成功萬歲！

台灣革命成功萬歲！

军事委员会政治部直属台湾义勇队

朝鮮「三一」革命運動

失敗的教訓

王通

朝鮮「三一」大革命（一九一九年三月一日）運動第二十一週年紀念日又快要到了。「三一」大革命運動在近代朝鮮民族解放運動史上，寫上了光榮悲壯的一頁，是朝鮮民族民主革命的先驅，它的革命意義在今天亦依然存在的。如果沒有「三一」運動，就不會有今天朝鮮革命的發展。

這反帝反封建的革命烽火，前後五個多月，燃燒到全國每個角落裏，動員了二百多萬人，示威遊行次數共達一千六百餘次，在敵人無恥的屠殺政策之下，被慘殺者七千五百多人，受傷者一萬五千九百多人。被捕者四萬六千多人。但革命的羣衆，都有着「不自由，毋寧死」，「頭可斷，不可停止鬥爭」的犧牲精神，於是成千成萬人民的血，染紅了祖國的全土了。

雖然流血不是白流的，但震動過全東方的轟轟烈烈的「三一」革命運動，終於失敗了，可是絕不能因爲「三一」運動的失敗而過分斥責與磨滅「三一」運動的革命意義。「三一」運動失敗了，這個失敗並不是偶然的，而是有它的原因，我們必須要檢討和指出失敗的原因，去學習寶貴的教訓，是非常重大的，那麼給我們的血的教訓是什麼？

第一；「三一」革命運動，沒有革命政黨的領導。正如有了勇敢而且經驗豐富的參謀部，才保證軍隊在作戰上爭取勝利，同樣的，有了堅決而且以革命理論武裝的經驗豐富的革命政黨，才能領導着廣大革命羣衆，來保證戰勝一切敵人。

「三一」運動雖然有了獨立運動本部，但不想依靠革命羣衆的革命鬥爭來澈底推翻日本帝國主義在朝鮮的統治，而相反的，企圖以「大韓獨立萬歲」的吼聲，做爲「政治資本」來向巴黎和平會議的帝國主義的代理人們哀訴。雖然領導部的領導意識是這樣，但憤怒的羣衆已開始自動的展發了流血的鬥爭！

領導「三一」運動的獨立運動本部，不能與羣衆運動密切聯系起來，不能深入到羣衆裏面去，而是脫離了羣衆運動，而且不但不能領導羣衆的反日運動，却做羣衆運動的尾巴了！因爲沒有了戰鬥的行動的政黨，把全國性的民衆暴動，不能有計劃的有組織的領導，而領導部在流血的民衆暴動面前，束手無策，使民衆暴動給敵人各個擊破了。不但如此，領導部在羣衆前面，提出的政治綱領，所謂「大韓獨立」僅是一種籠統的鬥爭目標，而沒有明確的具體的能動員羣衆參加鬥爭的行動綱領。

「三一」運動失敗的教訓給我們指出；「如果沒於有強力的革命政黨的領導，革命是不會成功的」。

第二；「三一」運動不去組織廣大羣衆，不去鞏固已穫的勝利。雖然動員了朝鮮近代革命運動史上，空前大規模的民衆，但嚴格的說，是自發性的無組織性的羣衆運動。

只有能够更明確的去組織與深入羣衆的鬥爭，使運動暴露了散慢性，無組織性。當時的羣衆運動的中心力量爲宗教團體——例如天道教，耶蘇教等；發動羣衆，而不以革命組織去組織與發動廣大的農民和工人。

「一革命政黨必須採取各種各樣的組織形式去組織羣衆，參加到一切有羣衆的羣衆團體中去」。僅僅靠宣傳鼓動是不够的，祇有把成千成萬的羣衆，組織起來。加以正確的領導他們才能會赴湯蹈火爲革命路線而犧牲奮鬥。

其次革命羣衆雖然佔領了許多鄉鎮，却不能鞏固起來，竟造成隨得隨失的現像，形成流動式的運動。「三一」運動失敗的教訓給我們指出；「如果不去組織羣衆和鞏固已獲的勝利，就革命是不會成功的」。

第三；「三一」運動的大部分民族領袖們，因爲由於出身於地主，資產階級，革命知識分子的級級限制性，而對革命表現了兩種性；在這運動中表現了高度的愛國熱情和英勇犧牲的精神，如我們的民族英雄孫秉熙先生，在敵人面前，堅決不屈服，光榮犧牲了這實爲後起者的模範，朝鮮民族不能永遠忘記這位先生的革命精神！當然很多先烈英勇犧牲精神是值得我們敬佩的，不過他們的流血是離開羣衆的，他們的赤血沒有與羣衆聯系在一起。同時也在這運動中表現了沒有革命澈底性，積極性，更加上了某種意味上帶着改良主義和宗教色彩的，始終並不是組織革命羣衆（農人，工人）與發動革

美國擴大軍與太平洋

海軍中佐高瀨五郎作
葉達道譯

載 文

美國的擴軍

最近在美國的陸海軍遞接的，發表軍備擴張計劃之後，引起了世界的注視。

單從海軍來說：自來海軍的擴張，就有米遜案（係前美國上院海軍委員長米遜之稱）之提案，至一九四五年必完成一百七十五萬噸之海軍建造。再加這次斯塔克案（系海軍作戰部長斯塔克之簡稱）之提案，于七年後增强米遜案之七成。根據這些數號，美國在一九一五年就有海軍三百〇五萬噸之建造，單舉戰艦就有三十隻以上大海軍之完成。那麼美國爲什麼如此的在擴大軍備呢？很明顯的，這種計劃係對歐洲及日本而採取。即於歐洲積極援助英國，竭力壓抑德意的抬頭，在遠東澈底的防禦日本，在遠東新東亞建設，以上這些政策和戰略，亦就是美國今天根本的國策。

且美國不僅僅在擴大軍備，還施用了政治，經濟的力量，盡力抑壓德意及日本。特別在歐洲英國對德作戰之失敗，引起了美國已約同加拿大締結了共同防禦同盟。且送讓五十隻舊的驅逐艦給英國，而它所換得的代價，是從大西洋獲取英領幾個重要

命[illegible]的統治，而只依靠「獨立萬歲」來向「巴黎和平會議」，哀訴

[illegible]以宗教信條來號召羣衆，發動羣衆。如果日本政府以「自治」

[illegible]運動成功的吧?!可是日本政府連「自治」都不給呢！

[illegible]才能領導朝鮮革命運動，到達勝利的明天「。

[illegible]，而且在任何敵人面前，堅決不屈服，如果

[illegible]

根據地。佔有了這些根據地之美國，在大西洋美艦隊之海防，給予海軍微弱的德意無法出其手掌了。

美國在大西洋穩定了國防上設備後，在太平洋上美國之全艦隊集結爪哇及太平洋美國其他海空軍根據地，不斷的準備對付日本。又向日本禁止輸出所需要的重要物質，如石油、屑鐵及工作機械了。最近還積極在計劃援助中國，及向蘇聯討好，還種手段不是爲牽制日本壓迫日本之毒策嗎？

美國海軍擴張計劃一覽表

	華府及倫敦條約規定限度量		一九三八年依第二次米遜案擴張量		計		一九四〇年依第三次米遜案擴張量		計		一九四〇年依斯塔克案擴張量		總計	
主力艦	一五	五二五、〇〇〇	三	一三五、〇〇〇	一八	六六〇、〇〇〇			一八	六六〇、〇〇〇	八	二六七、〇〇〇	三五	一、〇四五、〇〇〇
航空母艦	—	一三五、〇〇〇	二	四〇、〇〇〇	—	一七五、〇〇〇	三	七九、五〇〇	—	二五四、五〇〇	八	二〇〇、〇〇〇	二〇	四五四、五〇〇
巡洋艦	—	三四一、七七〇	九	六八、七三四	—	四一二、五〇四	四	六六、五〇〇	—	四七九、五二〇	四二	四二〇、〇〇〇	八八	八九九、五二四
驅逐艦	—	一九〇、〇〇〇	一三	三八、一〇〇	—		—	一二八、〇〇〇	—	二二八、〇〇〇	四五	二五〇、〇〇〇	三七八	四七八、〇〇〇
潛水艦	—	六八、二九〇	九	一三、六五八	—	八一、九五六	一四	二一、〇〇〇	—	一〇二、九五六	三三	七〇、〇〇〇	一八〇	一七二、九五六
計	一八	一、二六二、〇六五	四六	二九五、四二二	—	一、五五七、四八〇	二二	一六七、〇〇〇	—	一、七二四、九八〇	—	一、三四五、〇〇〇	十	三、〇四九、九六〇
飛機												一五、〇〇〇 三五、〇〇〇		

日本與南洋的關係

那麼美國如何要阻礙日本新東亞建設呢？當然是要維持現東亞其自身之利益，即美國其國內擁有天然物產之豐饒，且能以自足自給，可爲世界第一之標榜。而爲不斷的提高其國民之財富，所製造的商品極力傾銷外國，還要把國內雄厚的資本投資到外國，而以所得的利益提高其國民的生活。但是今後因世界經濟的重新分配，最有希望的世界市場，不外中國及南洋各島，僅這些地方所佔的人口，就佔有世界三分之二，即所謂大東亞地區。而美國本身缺少橡皮、「奎那」及錫等，必須從南洋購買，因此美國極力主張維保南洋現狀，然日本之大東亞共榮圈，並不是日本獨佔南洋，且不把南洋的資源賣給美國，但美國還極力的阻礙日本新東亞建設，還不是美國要把遠東各民族做他榨取的野心嗎？不用說，南洋是日本的生命線，必須從南洋出產豐富之石油，及橡皮給予日本，因此，南洋亦必須包括在東亞共榮圈之必要。

假使美日開戰

在德意日三國同盟條約中，是不再現戰爭範圍擴大之和平目的，而荷屬東印度傾向於英美後，不從力日本東亞共榮圈的建設，及美國因前所述的固勢政策，結果美日必因以南洋問題爲中心，而發展到交戰之宿命！倘若美日眞正的開戰，其戰鬪手段，必定以海軍戰爭爲主體。那麼美日一開戰，美國會即刻調遣所有主力海軍，來進攻日本嗎？在還一點上，美國很明瞭自己的實力罷！因此美國的作戰策略，須定對日本採取經濟的封鎖，及用潛水艇爆炸機，威脅日本印度洋及南太平洋之對外通商路線，三年、四年、五年的延長下去，使日本國內因而發生經濟枯竭，在還當中，美國從計劃的大艦隊亦漸次的完成，而調遣所增強的艦隊，備作爭雄之進攻。那麼，日本怎樣來對付這野心的進攻呢？如準備保衛我們皇國的海軍，我們皇國的各艦隊及航空隊，必活躍於自北面千島列島，小笠原羣島，台灣，南洋猛島，以及其他南海之有利地勢，及利用這有利之地形，構成我們的鐵曇陣，可是前述美國經濟封鎖戰的實施，日本雖有優勢的潛水艇，想要橫衝美國在太平洋及大西洋的封鎖線，實係障礙重重，結局在經濟封鎖線內，不能不歸美國佔有利。況且美國是一個資源豐富的國家，及一切設備都能自備，相反的，現在的日本正開展着經濟增設之途程，在還一點上，是被美國所策破的弱點！還有美國艦隊集結於新加坡里港，而對日本作戰之說；還一點事實上是不可能的。因爲英國在新加坡里港之設備，僅是充英國本身之用，而當充英美兩艦隊之根據地是不能容納的，另一方面來說，英美聯合海軍作戰，因有訓練及構造之不同，要會合在一起作戰及行動上是不易的，那麼，同一行動，共結果必自陷於手忙脚亂之命運。況且美國放集了其本國沿岸的防禦，而求多於對付日本艦隊，引波斷絕其本國的關係，進出新加坡，還爲美國所不喜歡的。因此美國對日本施行了封鎖戰，及英國的軍港新加坡及澳洲之共同使用，給予美國經濟封鎖戰解除不少的困難，還當然爲日本所不歡迎的。

如何來戰勝美國

那麼，日本怎樣才能戰勝美國？在數年後，美國的海軍，所建造的軍艦逐漸完成，在貫期中，我們的海軍，當然有相當擴張之必要。然而，在目前開戰之端起，關於美國經濟封鎖戰的壓迫，日本怎樣應付對策呢？日本在中日戰爭中已延續四年之長時期戰鬪，國內人民的生活多少亦感覺到窮困之中。再加上日美的大戰，實層決定國運的嚴重時機，及潛水艇戰的結果，從來由美國及其他海外輸進的物資必有杜絕的一天和危險的。德國在前次大戰之所以戰敗，實係遭受英國經濟的封鎖，因爲人民所需物資陷於長時期窮困，致引起國內對於戰爭之動播，造成德意志之慘敗。而日本已繼續四年的支那事變，再加上還次的大戰，實係艱難的戰爭。然而德國之能從荒廢中造成今日的強國，實因舉國一致，集中全國力量充當國防上之要求，而突破其戰敗後之危機所致。今後之勝利，不僅是軍人的力量，還須賴國家總力的發揮，以豫行瞭國運之戰爭。

日寇對台灣人民的榨取

一莫

「殖民地，是帝國主義的，生命湯」這句話，固然不錯，但如果更確切地說，殖民地的勞動力，才是帝國主義的生命泉源。

如果這泉源是永遠取之不竭，那帝國主義也將是，永遠地，長生不老；不死了。

但可惜的是；能夠養活帝國主義，使帝國主義的財閥們大腹便便的殖民地勞動力，便不能養活殖民地的勞工。所以這泉源是無法使他永流不涸的。殖民地的人民，他們會根據人類求生存的自然要求，而向敵人索回他自己的東西，停止敵人的有加無已的榨取。

台灣自成了日本帝國主義的殖民地後，生活在這美麗島上的台胞，便連年累月地，爲日本帝國主義的生存，而輸血了。

在這裏，不但壯年男子，要被日本財閥，苛酷地榨取。就是本來，渙散的女子勞動和應該休養的老年人；應該保育的兒童勞動力，都爲「帝國」資本家所組織，所吸收。它的吸血管，是揷遍了我們每一個台胞的血管裏。

我們來詳細着一看，日閥怎樣在台灣加強其剝削，而養肥他自已。

就拿「台灣的爆竹株式會社」來看吧！

台灣爆竹株式會社，創業於一九一二年，最初叫做「爆竹公司」，後來才改爲會社的。開始共資本只十五萬元，至一九二八年增至百萬元。生產從一萬三千餘元增至二十三萬六千餘元。十年之中增加了十餘倍，是如何可驚的數目。至一九二九年，除台北本社外，還在彰化北港二地增設分社。這表示了什麼呢？是否表示，台灣繁榮了嗎？不是，相反的，日本帝國主義財閥不斷的膨大，便是台胞血汗不斷的乾涸。試看該社的職工年齡；工資，我們便會知道，台胞是在怎樣的情景上生活的。該社工人一共有四百七十人（單在社內的社外不算）年齡最高的是五十六歲，最低的是八歲。

工資

男工最高一元二角，最低一角七分，平均四角九分

女工最高的五角，最低四分，平均三角三分。

男工領最高工資者在四十九人中只有四人。而領最低工資却有十八人之多

女工領最高工資者在四百二十一人中僅四人，而領最低者，便有四十餘人

。在台灣那時生活程度，最低每人每日亦要五六角錢，這些工人，大部分連最低生活都不能維持，還有什麼力量來養活家庭呢？所以他們只好讓自己的妻子，女兒，兒子及老年人，也都參加勞働。但全家老幼男女完全勤員，結果仍是養不活一家。

還有更慘酷的剝削，是所謂「社外工人」這種工人是住在家裏，拿了工廠中的工作回去做的。工資的計算是依照件數算的。財閥們雇用這種「社外工人」對他的「利潤」是比用社內工人還要有利。因爲

第一，因爲這種勞働，都是家庭的副業，日本資本家，只須給予工人生活費一小部分的津貼，而不須給他全部最低生活費。

第二，這勞働都是計件工資，可以加強勞動的強度，使生產品增快，資本循環加速。

第三，他不但可以過度的剝削工人個人，並且還可以剝削工人的家族，因爲東西拿到家裏去後，工人家裏大大小小都可以多少幫一點忙。

第四，可以縮小工廠，而把大部分的資金，都化在買勞働力之上，而得多他的「利潤」。

社外工人的來源，不外下列兩種原因

第一，是農村破產，

第二，是一般工人工資的低微。

廣大的農村，因土地大批被奪，和農民的負擔加重，鄉村人口不斷流入城市，然他們又依然爲舊的經濟關係，所束縛，和新的失業恐慌所威脅，不敢貿然，離開家裏，使封建的野蠻殘暴之上，又要追加上，文明的過度剝削。所以他們一方面爲目前經濟關係所支配，一方面，又與「過剩」人口同時存在。而

敵情

日本社會不安的現勢

拙生

（一）緒言

一九四一年是中國抗戰的最艱苦的爭取獨立解放的決勝階段——這只要偉大的中國能再接再勵的繼續堅持爲東方弱小民族共同的自由解放的光榮抗日，戰爭到最後一天，爲國家民族的生死而戰，並緊密地聯合日韓台人民及其他被壓迫民族的革命鬥爭，那麼，無疑問的，最後的勝利，必屬於爲正義而戰的祖國。同時，更使日本帝國主義更進入內憂外患而將破潰的新階段，而中國的抗戰到底，中日韓台人民革命的激漲和大聯合，更會縮短牠的老命。

三年七個月的侵華戰爭，到了今天已使外強中乾的焦頭爛額的日本侵略者，陷沒於國內的嚴重的經濟危機，物資枯竭，勞動力不足，政潮屢起與隱伏「中國事件」無法解決，及「南進」必引起英美的聯合反抗，外交孤立的進退維谷的瀕危與苦悶了，但最重要而能夠直接摧毀日寇侵略根基的嚴重的力量，則是敵人國內的經濟恐慌和社會不安的爆裂彈。因此，現在就來研究一下，敵國內不安的現勢。

（二）社會生活激變

研究日寇內部的社會生活激變，應從它的內在的經濟生活的矛盾，換句話說，應以倭國民生活的變動爲起點。

（甲）先從農村說起

由於日本是個特殊性的，半封建的資本帝國主義的強權國家，因此，先天不足的日本，除了對弱小的民族、國家作軍事侵略和殖民地化的殘酷壓榨，以起家外，就要依靠牠的農業生產，依靠榨取勞苦大衆的膏血，以發展牠的輕工業與鞏固壓榨人民的統治地化。但因敵國封建殘餘的地主與農村的生產的高利貸者不斷的剝削，貧困的占農村人口總數百分之八十以上的農民，中日戰後，廣大的貧農，佃農，傭農的生活，日趨惡劣，破產，再加上城市資本家工業的對農產品的賤價，生活程度的提高及「九一八」後，稅的加重，整個農村經濟就陷於衰落與破產裏了。因此，破產的農民，源源的流入城市的工業市場，（據說每年約三十萬人，自戰爭爆發以來，更二倍半乃至三倍。）中去，而被徵調到中國作戰中損失了九十九萬的農村老練的勞動者，敵「文藝春秋」上說：「因現在正改由老幼婦女來担負農村的勞動，質和量都在逐漸低落」，這可謂農村的毀壞與勞動力逃亡基因之一。

第二：畜力的激減，作爲敵國農村主要生產力之一的耕馬，每兩匹中必被徵發一匹，而留在鄉村的幾乎都是病馬，這樣使勞動力的缺乏，益形深刻化。

第三：敵國肥料的絕境，向來敵國內的稻田，因沒有充分的天然肥料，十分之八都是採用化學肥料（鹽硫酸）使稻苗多爲化學肥料中毒，而發育常因供給之不週，而不健全，農產量輒趨倒退。而在中日戰爭中，政府便把各化學肥料工廠，改裝毒氣，又將專造肥料的物質，全部拿來做軍需爆炸品，所以，非倚仗

作爲工業的補充軍。

工資的低微，使婦女也不得不參加勞動，但她們往往又離不開家庭，也只好拿了工到家裏來做。他們一方面從事於家庭勞働，一方面從事副業。這種「社外工人」，現在是一天天的增多，前面所說的「台灣爆竹株式會社」全社工人總數九百三十九人，社外工人，就有四百十九人。這數目的增加，也就是表示台灣人民生活的更加惡化，因爲日本資本家，就是用「社外工人」，來穩定或減少社內工人的工資。

再如台北市，家庭的兒童婦女，都爭先恐後地，向藥店舖約定，將要細摘的麻黃，拿到家裏來摘，開始是每斤工資二角五分，至一九三二年減至一角六分，因爲爭新要做的人太多了。

在台灣的工廠中，日台工人待遇，比較起來相差也是懸殊的。同一時間，同一空間，同一熟練勞働，而作爲台灣人，便一定要賤些，作爲日本人則貴些，日本敵盜剝奪的露骨，於此也可見一斑。

我們現在再就「台灣爆竹株式會社」一例來看。在該廠中，有日工一名，他的工作同樣，而他的工資每日有二元二角，每月還津貼房租二十元。一台工最高工資只一元二角一而台工五人却只津貼房租二元而已，但他們都是熟練技術者。同時廠中的監工，一定是日本人佔多數，即使是監工，而爲台灣人，所得的待遇也不能免不平等。

台灣監工三人

男　二人　日薪一元與一元二角

女　一人　日薪八角

日本人監工七人

（一）月薪六十六元有二人

（二）月薪六十五元有二人

（三）月薪六十四元有二人

（四）月薪四十五元有一人

此外還加房租二十元。

假使台灣監工每月工作三十日，他們一月總薪只三十六元，三人共計工資只抵得日人監工一人之工資。

還有社員的薪金，如和一台工比較起來，那是驚人的，專務取締役一人，僅只一日的車資（坐黃包車）同社外工人四百九十人之一日工資總數相等，眞可說一人之福，乃建築在萬人之上。

日本帝國主義在台灣這樣無限制的剝削，已普遍地滲入每一角落，同時也招來了每一角落，對他的仇恨。

學肥料的價格大漲，（因此項生產激減的原故）且一般農民有錢也買不到，還使農產量銳減了百分之四十還不止，結果引起了普遍的食糧恐慌與「放火事件」及「搶米騷動」接一連三的驚人嚴重的爆發。這是敵國農村經濟激底破產的現象，廣大農民流入饑餓線上也就是使日寇崩潰的社會不安的一角。

（乙）再看一看城市勞動人民生活吧

但是，本文因限於篇幅的關係，故只能從日閥侵略戰爭所引起的城市勞動者的生活慘狀，及中小商業日趨破產說起：

日本勞動者的生活，因日本社會封建殘餘在經濟上佔有相當的支配地位，小工場與家庭工業遍地皆是，就是它的具體表現，大批農村的饑餓農民羣的投進工廠，城市人口激增，失業威脅着每一個勞動者！

從中國抗戰爆發後，日本勞動者，更遭逢了悲慘的襲擊大災難，這些，我們可從下面簡要的幾點，來觀察一下：

第一個原因，是農村勞動者急劇流入工業勞動者隊伍，和失業者（僅一九三八年就有一百八十萬無工可做的工人）的增長，使資本家有加重壓迫和威脅在業工人的絕大條件的依據。

第二原因，日閥瘋狂的發展重工業與軍需工業，以從事侵華戰爭，這樣，在「物資統制」下，製造日用品的工廠，因原料與燃料的缺乏，就不斷倒閉和大大地縮小它的生產規模，在這驟雨下，最受打擊的，自然是成千成萬的工人，（最大多數是不熟練的新勞動者及女工童工。）

第三原因，待遇的惡劣與勞動時間延長，軍需工廠（它是選入熟練工人）雖在表面上增加工資，而實際上則加緊吮吸工人的血液，（政府站在維護資本家利益的立場上規定了工資的最高與最低的法令），如好幾種所謂「勞務對策決定」老早把人民事業的自由剝奪光了，同時更強制地剝奪了勞動者的勞動保障撫恤制度，還從日閥殘酷的壓迫—收縮工會組織，勞動者不得提出不堪壓榨的言論上，就可暴露出來，工作時間無限地延長（繼常超過十四小時，甚至延長到十五小時）日本勞苦大眾黑暗境遇，已到如何駭人聽聞。

第四原因，物價的激漲與通貨膨脹，使工人實際工資反比戰前跌落；而他們的人生，竟置於人間活地獄裏了！

（三）痛苦的加重與人民的騷動

在侵華戰爭的烽煙中，不但是日本的下層人民（工人及農村的勞動者）遭受了最辛痛的災荒和飢亡，他們整千整萬而被迫到中國戰場上來當炮灰）實際上，一天兩百多萬戰費的重担，也都是壓在他們瘦脊不堪的肩上，而一般中小工商業者和小資產階層的知識分子，也因受了非軍需工業的資源缺乏，和物價的暴漲，及公債強迫貯蓄的日益加重，急速的停業的停業，破產的破產，最後就走上憤恨與饑餓騷擾的道路上去了。因此有一位作家說：「流浪乞，土匪現已普遍了日本三島。

由於敵國內的經濟破壞，和侵華戰爭繼續打下去，敵國人民正由痛恨，怒吼的表示，而燃起了大規模的反對和消滅，他們的吸血鬼——統治者的革命烈燄。

這些廣大人民的不可遏止的猛烈的罷工與暴動的風暴，常結合着反戰運動，而演成日趨擴大的全面的反法西斯的人民革命鬥爭。我們只要看下面的事實，就可以知道今天日本的人民，在怎樣流血犧牲而鬥爭的一些面貌了：

日閥和法西斯走狗們，雖想盡一切毒辣和奸詭的手段，來殺害與鎮壓革命的工農及反法西的知識分子，嚴密，封鎖消息，而狂暴的風勢，却把革命的火燄漫燃到全國。從一九三九年一月勞資衝突六十四次起，二月六十八次，增至三月八十五次。最後，罷工運動就擴大到日本工業區的每個角落了。

特別在軍需工廠，如在中山製鐵廠，日本鑄鐵廠，清水港的造船廠及其他軍需工場，爆發得最猛烈！

在鄉村中，階級鬥爭也顯示了非常的尖銳化，在一九三八年十個月內，日本農村中貧借人與地主間發生二千五百十六次糾紛。

同樣地，城市的中心有產者受着戰爭的痛苦，也極度的憤怒，前年，米商集在東京舉行了一次抗議大會，反對政府統制米價及監視米商。還有在日本國內的漁業家，把所有的漁業團體部聯合起來，舉行了反抗大會，在全國統計這些抗議會員有三百萬名。還更證明了日本侵略者已成為全日本人民共起殲殺的公敵並跨上了一觸即發的火山口上了！

而人民反戰運動與「放火事件」的暴發，更是風起雲湧地籠罩了全國。在日本的任何工業區，都能在廠內或街上發現像「要求立即停止對華作戰」一類反戰標語，橫濱，新瀉，大坂等地，曾發生過反戰工人的聯合示威。

日本的工業勞動者，把極有軍事價值的新瀉近郊的丸新製油廠（久留米與油也）放火燒爆，又將重輕工業關係極巨的福岡煤礦和台北煤礦密行爆炸。

痛苦的農民們的反戰行動，也異常激烈的在下關東南部町與大坂闘征兵發生劇烈的暴動，鄉民聚集，到處放火，計被爆房屋三萬多戶，後經大批軍警兇暴地鎮壓，始告平息！

在文化界自由主義的大學教授與進步的知識分子，也掀起了強烈的反戰反法西斯的革命浪潮，在各大城市中無日沒有逮捕「不穩思想」的分子和帝大，中央大學的教授，因而引起千數百學生的罷課風潮，激動日本全國的一角，此外，（還有許多不勝枚舉的反戰運動），就極明顯地得到答覆了，

大坂軍火庫的炸燬，使軍火的損失已約值二萬萬元，燒毀房屋千棟，有二萬七千餘人無家可歸。主犯竟是管庫員川崎義，砲兵少尉及准尉增本八平，後來被捕槍斃，而擴大人民的憤緒却更加憤激，反戰的風潮反變本加厲地奔騰起來了！這裏，告訴我們說：「日本反戰運動，已發展為全國人民（甚至連一部分的下級軍官也在內）的勢力不可當的反戰反法西斯聯合陣線了！它是完全有組織的，彼此呼應的全民的隊伍。」

總而言之，日閥要繼續戰爭，它的英勇而痛心的人民，將成為它潰敗的禍俱，和它社會不安的主角，最後將成為日閥送葬的了。還就是日本各階層被統治被壓榨者的唯一出路，打倒法西斯的統治者

再依日閥自己說，一九四一年度日本國民收入總數約二百六十億至二百九十億元之間，而新的負擔與壓榨（一九四一——一九四二年度的龐大的國務發與儲蓄新債等共二百六十億元的新預算）即剝奪了日本國民所得的百分之七十七至八十六。換言之，一個日本人平均所賺的一塊錢，自己只得用十四至二十二錢。還暴露了，從一九四一年起，敵國人民的經濟生活的窮苦已到了無以復加與不能忍受的低限的，今天最後一息的只剩日本的人民，必被這樣更覺醒的走上為自己的生存與人權而狂熱地反法西反戰的全面性的武裝的流血的鬥爭。

本隊駐渝代表劉啓光同志，應軍事委員會政治部之約，每星期日重慶時間下午七時念分，及星期四重慶時間下午九時卅分，分別由重慶國際廣播電台及中央廣播電台，向台灣同胞播講時事問題、希望各地台灣革命同志及同胞，注意敬聽。茲選登劉同志新近演詞一兩篇於後。——編者——

議會再開前的日本政局

啓光

各位台灣的同胞：

日本第七十六屆國會將於本月二十日復會、正式開始討論國政了。在過去政黨分立的時代，國會休會期間，也就是政客活躍、黨派陰謀最盛行的時候。這一屆的國會，表面上已經沒有政黨存在了，在理政界的風波也該少靜一點才對啊！可是事實並不然。政府與在野黨派間的摩擦，及各種政治勢力間的矛盾。並沒有被近衛那有其名而無其實的「舉國一致的翼贊體制」所打消。因而、議會復會前的政治陰謀。也照舊鬧得烏烟瘴氣，並沒有比政黨分立時代來得低調。此中真相，我們可以在下列三事，得到啓示。

一、近衛首相於本月十三日集召內閣，陸軍省。海軍省，參謀本部、軍令部等首腦人、舉行所謂「軍政聯絡會議」達四小時之久。這一會議的內容，我們雖還不得其詳，但其為接商應付國會策略的會議，即無容疑。本來日本的軍政聯絡會議是由大本營與內閣聯合舉行的，參加的人員也有一定的範圍。從未有像這一次由首相召集軍令軍政的全部負責人員，舉行所謂「軍政聯絡會義」的先例。而且這一次的會議，又適當議會復會的一星期前舉行，還是政局不平穩的明證。

二、近衛不但召集了更無前例的「軍政聯絡會議」，且又自十四日起至十七日止。分別邀請貴衆兩院議員的代表，和文化界經濟界的知名之士，舉行懇談會。由近衛親自招待午餐，並與各閣員通力說明政府立場，施政方針，請求諒解與合作。此種舉動，也是歷屆政府所無的。而且又是舉行在國會復會之前，在這也是政局不平穩的另一個證明。

三、前些日子，外國通訊社的東京電報會稱：「日本的新政治與經濟體制之原則雖經內閣批准，惟未得一般人贊同。日政府與工、商、金融界意見衝突甚烈。同時，國會議員俱樂部成為。政黨解散後唯一之政治組織……在正發生暗潮，有分裂為以前政黨之勢……日政府以其違背新體制之精神，已決心加以彈壓……」云云。更可見日本政界內訌之烈了。

然則日本政局不安的真相竟究是怎樣呢？讓我來做個簡單的介紹。

第一是由於不滿所謂新體制而起的反政府運動。近衛二次上台之後，在內政方面最主要的表現是壓迫各政黨解散，發明所謂「大政翼贊運動」企圖建立「國內新體制」。為了適應「政治的新體制」，又來一套「經濟新體制」的把戲。本來政治新體制已經引起了全國的惶惑，不知適從了，再來一套更莫明其妙的經濟新體制，自然是在紛擾之上添上了紛擾，而使整個國家更不知所以了。法西軍閥及其他在派份子，攻擊新體制為共產黨的作風，不合法西斯的胃口；保守財閥則嫌統制太嚴。有使日本經濟窒息之危險。兩面夾攻，公說公理，婆說婆理，鬧得近衛左右為難。為了緩和各方面的反感，接連改組了五次內閣，最近把平沼柳川都拉攏進去。可是各方面的反對並沒有因以通盤緩和。受經濟新體制威脅特色的保守財閥；和企圖實現軍事獨裁的法西軍閥，各由各的立馬，抓住國會復會的機會，想把近衛推下台去。這是暗潮的一種。

第二是近衛企圖在本屆國會中，修改國會議員選舉法，減少議員的名額，縮小議會的權限，限制選舉人的資格，藉以便利新體制的推行。我們知道，日本的許多政客，特別是以代議士為職業的政治流氓，他們所最怕是丟了代議士的飯碗。近衛企圖減少議員的名額，對於這一班人的刺滅，自然是非常之大的。加之，豢養政客為獲受經濟利益之鷹犬的財閥地主，也不願失掉多年相依為命的那些政治販子，所以風潮也尚更不可收拾了。還是暗潮的又一種。

第三是侵略戰爭結束無期，戰費有加無已，今年度的一般會計預算及臨時軍事費預算，合計達一百十餘億圓，還些財源，又大都要靠發行公債和增稅來彌補。而公債方面。據大藏省的報告，或至去年年底為止，已經達到二百八十二億五千三百二十萬圓了，增稅亦是有加無已，人民生活日困，工人失業日增，士兵永無歸國之望，人民與士兵的怨憤，飛速地望着厭戰，反戰，革命的路上奔跑。還又是日本政局動盪的一團。

如果詳細分析起來，當然還可以指出不少的事實來，不道因為時間的限期，祇能夠略述其一班。近衛內閣的壽命，或可因為攻擊者方面的步調並不一致，而再拖延些時，但其困難。今後仍將逐漸增加，因為內政外交上的各種難題，是沒有根本解決的希望。

（一月十六日中央廣播電台）

東條的悲鳴

劉啓光

各位台灣的同胞：我今天要向各位講的是「東條的悲鳴」，就是想把日本陸軍大臣東條中將最近發表的一篇自認倒霉的文告，拿來分析一下。

據同盟社本日四日的東京電說：「陸軍大臣東條中將新年會發表一篇致部屬的命令，內中有一段話說──日本現正處在有史以來最嚴重的時期，陸軍省的人員必須有自我犧牲的精神，効忠國家。吾人現已進入作戰第五個年頭，參加亞洲大陸上各地作戰的軍隊，至今已經達到一百萬人以上，而和平還是渺茫無期。太平洋上的海潮在日益高漲中，我朝野必須認識吾人目前遭遇的困難，必須以國家重於個人的精神，努力克服」云云。

這一段話雖然很簡單，可是把牠的內容分析開來，却頗有其意味深長的地方。各位知道：東條英磯是板垣征四郎的副手；是軍部激進派的巨魁之一。他和板垣一樣，是代表模仿德義的「舶來法西斯派」──不消是「土產法西斯派」──的人物。因此，他也和板垣一樣，是對華侵略的積極倡導者；自然對於侵華戰爭的失敗，一向是不公開承認的。可是，在這一次的新年獻詞中，他却不得不坦率承認對華侵略的困難，和日本前途的危殆，這是多麼有趣的一回事呵

我們由東條的自供裏頭，可以更進一步了解日本因爲侵略中國失敗所引起的內政外交的危機是多麼的嚴重，日本國家的前途是多麼的危險！現在我們不妨把東條的供狀拿來分析一下，代東條把他的言外之音引伸出來。

第一：東條說──日本國家現正處在有史以來最嚴重的時期。不錯！日本自建國以來，至今已經是二千六百零一年了。在這二千多年間所遭遇的艱危，以前代來講，要算元兵的東征爲第一嚴重。當時元朝以橫直歐亞二洲的強大實力，挾戰勝數十國的餘威，揮軍東指，大有滅此倭奴朝食」之概。可惜老天不作美，竟在兵臨九州，準備登陸之日，忽遇颶風，艨艟多數被水淹沒，日本乃能倖免於難。明治維新以後，第一次的艱危要算甲午戰爭；其次即是日俄之役。當時日本以初興小國，力戰巨大之中俄，本無倖勝之理。詎竟因清室的昏潰，費時不到一年，耗費不過二億五千萬圓，就把清國打敗。而帝俄亦以根據地距遠東太遠，救應不靈，爲時不過一年多，耗費僅十九億圓，日本則佔了上風。自然，近數十年來，日本的對外戰爭並不止這兩次，但是除了這兩次以外，如攻佔青島，出兵西比利亞，都是投機取巧，趁火打刼，並不能算是「賭國運」的戰爭，情形自然不很嚴重。

可是這一次的戰爭却完全不同了。從時間上來說已經打了三年半；從空間上來說：戰線北自蒙古南至越南，幾橫斷了整個的亞洲大陸；耗去的戰費，到現在爲止已經二百餘億圓；對外孤立無援──德義雖然與日同盟，但事實上並不能助日──，對內經濟恐慌，社會騷亂，一旦侵華戰爭宣告全面失敗，帝國主義的日本即將崩潰。東條的自供實在有其不願說而又不得不說的苦衷！

第二：東條又說──現在已經進入作戰第五年頭，參加亞洲大陸上各地作戰的軍隊，已經達到百餘萬人，而和平還是渺茫無期。這一段話，說得實在太可憐了！由此可見日本軍閥下虎的心情是多麼的迫切，可惜，日本軍閥祇會著急戰爭長期化的痛苦，却不肯回頭清算已往的錯誤。其實在亞洲大陸上作戰的日軍，何止百餘萬？據中國軍事當局的正確統計，截至一九四〇年年底爲止，日軍在中國戰場上傷亡的總數共爲一百七十九萬四千四百零二人。就中自七七事變至是年年底傷亡者爲二十五萬六千一百人；第二年傷亡者爲四十四萬四千八百九十人；第三年傷亡者爲四十萬零九千七百九十五人；去年一年中傷亡者爲三十四萬三千六百十七人。其他在後方勤務中傷亡者爲三十四萬人。三年半間的傷亡尚且達到一百七十九萬餘人，那末，在這三年半之間參加作戰的兵員總數，更可想而知了。至於「和平」云云，那也確實是渺茫無期。因爲侵略不侵略，可由侵略者自行決定；講和不講和可由不得侵略者作主。中國非打到日本崩潰，日軍全部退出中國，交還台灣東四省及前後被佔的其他領土決不罷休。無論日本如何著急，中國是決不爲所動的。因爲中國確有最後勝利的把握啊

第三：東條說──太平洋的海潮日益高漲，這也是實在話。自從德義日發訂三國軍事同盟以後，英美的團結更加緊：中國抗戰的外援更增加；蘇聯的遠東政策更強硬。日本結束中日戰爭，抽空南進的夢想；和中國堅決抗戰，中蘇英美共保太平洋的趨勢，此刻正針鋒相對，表演着太平洋大戰的序幕。日寇那一天發動軍事南進，太平洋上的海潮便會翻天覆地起來。試問侵略中國尚且弄到騎虎難下，精羸力疲的日本，還經得起中蘇英美聯合的打擊嗎？

總而言之，東條的悲鳴，在在都是事實，在在都有其不忍言又不得不言的苦衷！日本避免潰敗的唯一途徑，就是停止對華侵略，交還台灣東四省及一切由中國強佔過去的土地；放棄南進的夢想，回頭去休養三年半來所耗損的國力。各位想一想：日本軍閥能夠甘心還種做嗎？不會的，那末，日本的前途就祇有「潰敗」兩個字了！

（一月九日中央廣播電台）

一九四一年頭的呼聲

吳文敏譯

作賊的人絕對不會說「我要偷你的東西。」帝國主義們也有着這同樣的欺騙性。而日本帝國主義者更其如此（竊盜的欺騙性與詭辯）。近衛，松岡等這些人，時常藉說，日本對支那的戰爭，決不是帝國主義者的侵略戰爭，而是道義的十字軍「（東征？）」「日本決沒有侵略的意義」，這樣的口吻，來欺騙無辜的人民，和吮吸着人民寶貴的膏血。

爲什麼「這些傢伙（指松岡、近衛等）所說的話。完全都是些違背事實的說謊呢？他們藉此或者能够欺騙國內的人民一下也說不定；但却瞞不了。屬於日本人民的先知先覺的我們。

我在這新年的年頭的現在，再把日本帝國主義對日本人民嚴守着秘密而在計劃的日本帝國主義的陰謀之一面，我目擊的事變，來警告還未覺悟的日本人民，並欲啓蒙於世界人士的面前。

只要你一看日本報紙或官報，經常就可看到；令××任帝國大使館附武官，或參謀本部附××××，或××被遣派出任。這樣的人事揭載着。然而，一般人常常不加以注視它。無疑的，這些都是日本帝國主義的中心勢力的軍部急進派的間諜人事消息的報道。

我過去因了職務上的關係、接觸過很多軍人，及軍官——日本帝國主義者的人們。和在外國時候。尤其像上面所說過的那些被調任在外的武官們特別熟識因我在外國時一直接和他們交遊過的」。所以他們所負的任務（間諜工作）我都很清楚的知道。

這些武官或派出的軍人，對在該任地及地方的國防。是傾全力地窺探着。如有收獲，他們並不通過同地的外務機關，而是直接打密碼電報給陸軍省和參謀本部或者是海軍省軍令部。

從一九三六年至一九三八年止，我在法屬越南的河內時候，認識了很多這一類的間諜軍人。其中在暹羅的日本公使館附武官之田村弘陸軍大佐（最近好像是被調任在暹羅），中堂觀惠海軍大佐（現在澄田荷印監視團委員長的下面，在河內一帶活躍），在活躍中，間諜行動終於敗露出來，而被荷印當局下令驅逐出境的遠藤悅大尉這派人，特別記得深刻。

本來，在南洋只有在暹羅還有日本武官，還是因爲向來在暹羅以外的地方沒有大公使館的緣故。因此暹羅的武官。把荷印及其他南洋各地的間諜都做爲他管轄範圍而讓間諜們橫衝直撞地活躍呢。有一次夏天，中堂自盤谷（其他係在暹羅境內）偷偷地來河內，馬上就到我正在那裏任職的總領事館訪問我，他說話的聲音很低微，第一聲就說：「荷印的飛機場？要打聽空軍，你有什麼材料幫助我嗎？」當時，宗村丑生總領事（他現在也在澄田的部下工作）。就拿前些時候荷印當局××寄贈宗村（（Gioudll Aelian）（××××）網羅荷印所有各飛機場地點，設備等的（非賣的調査表）給中堂看。

在河內逗留數個月之遠藤大尉這些人。未驅逐出境以前，也還一樣的把調査表全部譯成日本文，而祕密地寄給陸軍省去了。此外，更重要的是，遠藤將荷印北部的地形，爆擊目標種種，打聽得很確實，詳細報告日本陸軍省。

我和這些軍人都是熟悉，尤其是遠藤，他們差不多每日晚上總要來到我的宿舍找我談天，但是他們的腦袋終究是充滿着帝國主義的思想。

最引起我驚奇的是，他們高興嫖娼妓。但本的間諜軍人，和妓女有着奇妙的關係。遠藤大尉在荷印的某旅館裏，趁一個法國人到外頭去的當兒，就偷姦了他一的夫人「，這卑鄙汚穢的間諜，在荷印眞相敗露，就驅逐出境了。我以爲他回到陸軍部的時候，一定會被撤職的；其實相反。以後在日本官報上記載着：令陸軍步兵大尉遠藤任德國帝國大使館附武官輔佐官」。當我看這些字時。不禁驚嘆起來：間諜工作雖然婁露，但對荷印業已取得很多的諜報酬謝，以後希望更努力，寄郵吧（指諜報）。陸軍省是這樣來報答帝國主義的魁的遠藤呀！

當我在河內的時候（宗村任總領事時代）荷印必須要駐軍人，（自然是日本軍人）爲什麼，河內總領事館的館員，要遣派將校充任呢？我這樣的疑問着？以後，我會從宗村後任的鈴木六郎，即前河內總領事（現任外務省通商局第六課長暗躍於日法東京談，那裏秘密地聽到這些話：前在蘇聯，日本參謀本部有很多的將校以日本各領事、副領事及書記生的名義被派充當間諜工作及從事軍事研究」。但我想：就是現在這些工作（密探外國的軍籌與虛實的間諜工作），也必從從容容地繼續進行着吧！然而，上面所說的，我在任職的期間內並沒有實現。

遠藤、田村、中村的間諜工作是日本帝國主義準備侵略荷印的初步的佈署然而，日本帝國主義不資一兵一卒，就將佛印北部置於其鐵蹄下，作爲侵略荷印的第一步，把整個的日本人民仍舊陷沒於的異國的土地上。但是，日本帝國主義者現已更進一步地踏上新的一個大日本帝國主義的爭霸戰的突進裏。

日本帝國主義經歷着滿洲事變，支那事變，日×戰爭又有一步迫近達於暴發之勢，一步地狂求着戰爭在資本主義壓迫下，被剝削的勞動者。農民們，一般的日本大衆却日益痛苦，至成爲被其犧犧的犧牲者啊！

國家爲什麼會存在？不是說國家是保護人民，民族的嗎？不是要給人民，根據日本憲法的第一段民族以幸福嗎？它不是爲實現這些而產生出來的嗎？我懷抱着這信念：給予人民如此的不幸的統治者，如果是天皇的話，那我願爲日本人民底幸福，犧牲一條命，把這天皇打倒！

給於日本人民不幸的任何壞東西都要打倒這是我確固不動誓死不渝的信念但利用天皇，更殘酷的給予人民不幸的是軍部急進份子爲中心的帝國主義的一群統治階級！

對於我們日本人民的運命，有着重大關係的一九四一年的序幕，已展開在我們的面前了。

我們日本人民，若不在這千載難逢的今天，更上覺醒並行動起來，那就悔之！莫及矣！起來！日本人民諸君！切身的痛苦。只有靠自己救！要救日本和日本人民，除了我們日本人民以外，沒有第二者呀！

為前廈門「台吳台探」事件

告福建父老同胞書

華訓

「我們寫這篇文章，並非要替台灣浪氓，以及現在甘於附逆的少數敗類作辯護，而是要揭露敵人的毒辣的一貫陰謀，以至浪氓橫行霸道的來由。

而且有裨吾福建父老兄弟姊妹，知所警惕，知所鑑別台灣人中有少數敗類之外，還有大多數的台胞希望祖國的最後勝利；而且有多少不願做日人奴隸的青年，正參加祖國抗戰。」

當一八九五年（光緒廿一年）腐敗無能的滿清政府，於馬關條約割澎湖台灣給日本，信息入台全島騷動，紛起抵抗。守衛台灣，與敵人血戰旬餘，終因外無援兵，內無餉糧。最先成立的台灣民主國也無法維持，而後雖有羅福星，余清芳的游擊，前仆後繼，此起彼伏與日人不少的打擊，終因勢力懸殊而歸失敗。在這當中不但台胞，就是，大多數祖國革命志士也參與在內。其實所謂台人亦不過是吾泉漳之移徙於台灣的後裔，因此。關係更形密切。

累次革命失敗之後，台胞在島上不能容身相繼歸返廈門，當時的台胞與廈門同胞的感情如何呢？融洽如手足。在父老言表中，不難聽到這句話，「從台灣回來的兄弟，也就是戰民，我們應該幫助他們，他們是我們的弟兄！」這句話可證明，當時的台胞與祖國的同胞是不分彼此。

我們再看敵人的對待台灣，和對待祖國吧！日本自一八九五年獲得台灣澎湖以後，又伸手攫取朝鮮，待攫得之後，便再向滿州，以至華北華中，進而欲吞滅全中國，以實現它一貫的大陸政策。一八九八年（光緒二十四年）它曾經強迫滿政府劃福建為它的勢力範圍。三年前又侵佔金門，廈門威脅福建它的陰謀是什麼！不是很清楚的嗎。

台吳事件發生於民八年，當臧致平鎮守廈門的時候，日領事館放縱台灣浪氓遍設烟館，賭館，妓館，而浪氓以日領為護符，抗納捐稅，倘且包庇奸商走私，運日貨內地傾售。勾結匪數，隱匿匪類於洋行內。西人有句很巧妙的話：「廈門的日洋行，如人家的廁所。」

我們把它分析一下：

很明顯的，一、浪氓之敢於遍設烟館，妓館，賭館，實是仗着日領有領事裁判權為後盾，也就是日寇慫恿台胞胡作胡為而毒化中台人民。二、是日寇故意挑撥中台同胞的感情它是藉口保護僑民而包庇台胞做壞事，實際上，台民是它的奴隸，何必保護只是它的「借刀殺人」挑撥離間的慣技而已。

二九年一月二十九日福建新聞，曾有一段：「這批浪人在台灣被認為囚徒的，因為敵國統治者對於在台灣犯了普通刑事案的台灣人，大多數是利用懷柔政策，要他們到廈門去活動來減低他的罪。其實以前也是一樣，其中也有殺人犯，詐欺犯跑到廈門來。這些東西我們一看就知道他是怎麼的人！

「台吳事件」是為這原因而起。在石潯的吳姓同胞，本多靠雙槳為生，他們是靠碼頭爭生意，因與浪氓的利益衝突而起械鬥。當時主其事的台氓是福星旅館林滾業十餘人，結果臧致平及日領事出面調停而結束。這可說是日寇陰謀在閩台之間第一次成績的表現！當時一般忠良的台灣商人和學生，都恨不得把這批浪氓打死。

台灣事件是一九二四年日人藉口台人在廈被殺，出兵廈門。這就是有名的「台探事件」。

因為台氓之能在廈門活動在烟館，妓館，賭間，常隱藏匪類，或傲慢對待廈探，以致衝突，繼而武裝互殺。

首先是浪氓綁架廈人，偵探搜索而獲與浪氓吵鬧，終而動武裝，這一次的械鬥有林滾，柯闊嘴，陳龍江，潭某，傅某業集浪氓之大成和廈探對抗。這一次兩方的損失不要說，身不在其內的台人，因不知械鬥事，由汕頭來廈上陸買東西而被殺死者有之，因出外買東西在途中被殺死者有之，所死者無辜的台民居多。

總之，這兩次的械鬥中，這些浪氓不全滅甚，而禍及無辜，可見當時的祖國同胞，不能分皂白，又因駑馬害羣而劃此深溝！

經此兩次的械鬥，凡吾留廈的台灣學生有鑒及此，趕組學生會，四處呼籲祖國同胞鑑別台人中的善惡，到處宣傳，方得一部份同胞之瞭解與同情，當時熱情的愛護祖國的台籍學生，不但鞏固了自己的留廈台灣學生會的組織，並且參加抗日後援會於烏美路頭，自後更密秘與抗日團體聯絡做抗日工作。

凡與台灣有來往的福建父老，應該明瞭台灣人的底蘊，應該明瞭台灣人的革命，時時和祖國的抗日分不開的。

現在活躍於前線的台灣義勇隊的革命鬪士們，各人正儘着各人的力量獻給祖國，獻給台灣的五百萬同胞。和敵人不斷地鬥爭，我們希望祖國能早日獲得民族的獨立與解放，而台灣的五萬的同胞完全脫離日帝國主義的羈絆，而歸返祖國。

我們希望與父老同志，和我們的革命隊伍共同驅逐敵人出廈門，而寢浪氓的皮，剝浪氓的肉，以明走狗之不可為。

·華　訓·

文抗園地

平的罪

少華

一、平的家

平的家，離州廳約二英里的小市鎮，父親是滿清的臭秀才，糊塗又不懂事，祇曉得杯中物，但不知道現在的杯中物和以前有無不同；醇不醇更不要說了，他下鄉教童蒙總離不開胡蘆酒瓶。早上教了「之手也者」，到中午非喝半斤台灣專賣局所釀的劣酒不行，母親是一位道地的忠厚人，餵猪、鷄、燒飯以外，她很注意着兒女的教育，二十餘年如一日，她爲着兒女的教育費，東儉西儉以備下年的學資金。

二、畢業後囘歸台灣

民十六年，平畢業於廣州××中學，七月間回到台灣南部的故鄉，在校中他穿不起西裝，一年只有二套中山裝替換，有限的學資金，更不容許他來往。還一次使他不得不回來的原因，是學業告一段落，必須向他的母親報告在較中的經過，同時也要商酌以後升學的問題。

她很關心平的學業，高興聽取平在校中的生活，尤其是北伐的故事，祖國的人情風俗，使她聽之不倦，事實鼓勵着平趕快成人，有機會她老人家也很高興向到廣州的祖家。

三、台灣留學生的就職難

平想問也的母親要求升學，但是說不出口，他知道學資金的來源是非常困苦，錢不是現成，需要她本人家賣猪、賣鷄蛋來付償。可是在家裏無事做，平過不慣這種生活，職業又找不到，索性向她說了。雖然她不願意平離開她。有一天平眞的向她說。她總靜氣地：「平，你不要升學了罷，家景困難，這幾年你的大哥要負担孩兒的學費，顧不到家庭的費用，况且弟妹的學費亦需要他一點，你媽年老，不比以前劊的起猪鷄。而且警察署的大人們（日警察）很注意你，你在祖國留學的期內，不曉的怎麼樣常和你媽爲難，猪鷄是會跑的東西，一不小心就跑出去，你沒去祖國以前還好。你去了以後，他們常因此而罰去幾十回的錢，尙且挨了一頓臭駡。養猪不成，你的學資要由那裏來呢？好，她和母親生活在一塊兒罷。我已經吩付你的大哥替你找職業去，不久就有啦！」

經過三個多月以後，找不到一線去路，他的大哥雖然竭力推荐給各處，沒有。最後介紹給工廠，可是工廠是日人的，或是政府開的，它們怎肯旅納一個留學祖國的台灣學生，如果介紹的人，有交情，有信譽，廠主也必須向警察署具報，等到警署有允許狀，它才敢容留，這些是平的大哥多方探聽出來的。

找不到職業還不要緊，公私服的警察常到家裏窺探的思想與行動，這些使平無限的苦悶與憎恨。平的母親每天看到自已的兒子給警察擾亂，也覺得左右爲難，平的身體一天天瘦下去，滿是憂頭苦臉。她不願意自已的孩孖給人家蹧苦與糟塌，爲避免這個麻煩，終於默許平再離開她的膝下。

四、被捕

平預備着行裝，打算領過護照，再向祖國的懷抱裏來。

於十月一日的早上九點多鐘，一個穿着黑制服的小使。跳下脚踏車，手裏拉緊一張字條，喊平的名，這一跳非當小可，他平時沒有同他們來往，那裏有這種人，平拿過那張召喚書。裏面註明：「下午一時到警廳，有事。」他怕母親識破這回事，恨不得接過召喚書。馬上把這個小使躅出去。但是來不及，她在屏後已經聽的很清楚，只不知就裏。但是泛出蒼白的臉色，聲音抖動地的向着平：是什麼事，這樣清早他來幹……幹麼？不。他是叫我我去領護照。平還樣答她，嫂嫂抱着小姪兒喂乳。她的確聽的很淸楚，可是她不敢講，怕母親難過，媽媽在門口瞅着平的臉。

他知道這一去，必定兇多吉少，挨一個鐘頭就少受一個鐘頭的痛苦。他的母親因事出去。鐘敲三下，他才和媽媽打着招呼，吩付她關照媽媽，大哥是很明白的了，不必再說。他穿一套薄的中裝，戴着草帽（台灣的南部，十月天還是很熱），打算入囹圄也不致糟塌着他在校中所穿的中山裝。

莫不是太陽也知道他要過陰森的生活。所以先把他晒出滿身的臭汗；尤其在洋灰路上，頂煎下熱，到警署，三點多鐘了，要踏上洋灰路，好像幾千斤重的鐵鎚壓在脚上，一脚懶似一脚的上去；首先到傳達室報到，一個警察帶他到署長的桌邊。這個署長如小白臉，乍看來好似斯文人，但是兩眼耿耿如賊同。

署長問：你是不是要再到支那去？

平答：是。

那個署長馬上板起面孔，在他的桌上按起鈴，不一刻，就湧來十幾個警察，把平團團圍住。後來平才知道這十幾個警察曾搜查過他的家裏。搜去日記，中英本三民主義，建國方略；建滅大綱，照片多張，信件，簿記等。那個小白臉的署長來宣佈平的罪狀以前，聽平蹲下去聽宣讀，還是多麼侮辱的舉動！他掛給平的罪狀是「違反治安維持法」。宣佈罪狀之後，叫一個警察帶平到後面的留置室（拘留所），平，這時候要辯論也沒有用，他們是台灣獨裁政府的鷹犬；況且他們是官。平是殖民地的小市民。頂好閉了嘴才不會吃虧。

五、在留置所

平被帶到後面的紅磚屋，呀地一聲響亮，一個鬍鬚的矮警察探出頭，曉得買賣上市了。帶平去的那個警察在鬍鬚的耳邊說了幾句話，就把平交給他，平還被帶入二重門的時候，在裏面的難兄難弟，難姊妹都舉頭靠在欄杆裏探望，平在矮警監視之下，解開皮帶，交出鋼筆。五毫錢，手帕，鑰匙一響，把監門開了，把平押進去。他（她）們仍在各人的空隙裏視望，他（她）們或者猜疑：這一個瘦小斯文：文文的後生，怎麼會到這裏來？

和平在同一柵的難兄，是一位禿頭的漢子，如像飢寒交迫做過小偷的樣子，將近五點鐘，那個倭警帶來一個飯盒，他說：家裏還來的和毛毯從狗洞送進去，不要他說，平也知道飯，毯是自己的大哥送來，然而，平拿起飯碗，如何嚥得下喉！

當夜

入夜，矮警把禿頭漢子移到對面柵，平獨自一個人在裏面想，犯了什麼罪，沒有證據，也沒有審問，實是莫須有，剛想到這裏，從隔牆那邊的大路，遠遠聽到一位小孩急迫地叫媽！媽！媽！（祖母的意思）帶泣帶哭，不斷地叫，平側耳傾聽起來，如像是自己的姪兒，平默默地想：莫不是母親到這裏？要不是這樣，怎麼姪兒哭得這樣利害。平灑灑地流淚，差不多要哭起來，他不是爲被監禁而哭，而是向她老人家黑夜裏爲他奔波，他明白這是敵人的殘酷，如果母親有什麼差錯，將來只可向敵人討還。

夜愈深，蚊虫特別多，蚊子嚶嚶地響，如同壁上飛蟲，臭蟲在木板上蠕蠕地走動，對面那一柵內的粉黛，她們是操皮肉生涯的妓女，沒有領過牌，給警察抓到這裏來。她們如果拿出錢，一點也沒有問題，馬上可以出去。只是經不起鐵窗的滋味，在即裏啼啼哭哭。等管門的老爺們起脾氣，她們才靜寂下去。平在柵內睡不着，一面想着家庭，一面和壁上的飛機戰鬪着，一夜不合眼。

六、解院

早上五點多鐘，柵內的犯人嘩啦嘩啦地談話，管門的老爺，忙着拉鎖匙開門，放還出在自來水來洗面。昨夜那一位禿頭漢子，給人家罰倒馬桶。平不打動警察，也不高興洗面，根本沒有毛巾洗什麼臉。昨天的飯盒又送進來。平的大哥爲着弟弟的事，不知道如何用人情！如何安慰自己的母親！

八點多鐘，開了柵門，交還平的袴帶，鋼筆等。他以爲要釋放了，倘是要釋放並不這樣簡單。呀地門撞開，一個高瘦的警察，用警繩把平捆起來，到司法室拿一摺公文，就這樣帶走。

平很明白，這是要押到大牢去。但是走出留置室可以見天日，亦可以吸吸新鮮的空氣。也可藉這機會碰碰熟人，叫他到家裏報個信息，眞的還沒走出三丈遠就碰着隔壁的陳小姐，她止步，點頭會意，循着原路跑回去。她確實是他的"天上使者。

到法院的出入口，碰着以前的舊同學，可是不敢開口，恐怕累人家。警察在收發處交過公文，就把平押出後面的留置室。室內二廊，約有二十來間狹窄的單身房。平被押在尾間，恰在看守看得到的地方。既然來到這裏，有什麼話講？任他擺佈。坐在交椅的即個看守唱着山歌：鴨卵碰石頭，少年人不識時務。還是諷刺平的輕舉妄動，敢於反抗他的主子的意思。這隻不是武士道的犬，他是土產的給日人豢養大的警犬。

七、初審

停一會，那個看守（管獄員）把平捆起來，押到門口掛着檢察室那一間進去。一個粗眉大眼，有一撮鬍鬚的傢伙，坐在寫字檯的中央。一個戴眼鏡，紳士氣十足矮小的傢伙坐在桌邊。前面敢着一疊案卷，再前面排着墨水壺。寫字檯的前面，放着一隻圓椅，平就坐在那一隻椅，聽候審問。

未審問以前，檢察，書記，半起立宣誓。檢察唸誓文：在神聖（？）的法庭上，不容許犯人說謊，如果說謊須受神的責罰。誓畢，檢察開始審問。

問：姓名，幾歲，職業，過去履歷？

答：姓什麼，名什麼，年齡，職業，履歷。

問：在支那讀過什麼學校？
答：進過廣東××中學。
問：參加過中央革命軍麼？
答：沒有。
檢察的面孔越變越兇，一口氣想把平吞下去一樣。
檢察：你，不要胡說，本檢察官已調查得很清楚。
問：你不是和林某，陳某在廣東組織學生會？又參加革命軍麼？你這東西
如果不照實說。那二個不認得他麼？
答：沒有，也不認識的。
問：你的日記，照片，三民主義，筆記都落在我的手，你還不承認麼？
答：我也沒有記載什麼，照片是大家高興拍的。
這個時候，平有點怕，怕還兩位給他們抓到，那事就糟了！
問：革命軍是什麼？除了你們幾個，還有幾個台灣學生參加過？
答：我不知道革命軍是什麼，只知道它是國民政府的軍隊，幾個人參加過
我更不知道。
官：那末好，先把你押起來再說，一查到你參加革命，就剝你的皮。
平：就這樣給矮警。押送到大牢裏來。

八、在大牢

大牢獄的外觀，一看起來橫直有一里來大，後面一間聳入雲際的是瞭望台，裏面有武裝的看守，能俯視下面一切動靜，獄的大門常關着，留一個偏門出入，偏門的半壁有一個洞；供守門的看守探視外面；有買賣上市他就開門。押送的在入口處的辦公室遞上文書，把平交給看守就回去了，平在那裏經過磅金，照樣解開袴帶，鋼筆等一再押到洗身房用冷臭水冲過頭？轉到未決監，犯人什役擲入一套無鈕的藍色短衫袴，號數是二九六四。初入監獄不曉禮節，他們是不是襲了宋太祖的遺教，凡是寄牢須先打一百打殺棒，平給看守打了二掌下馬威。平想反抗，可是牢內的鐵牆，插翅也難飛，俗語說二牢卒是閻羅的化身。

四、點鐘吃晚飯，犯人什差送來一鉛桶白開水，沿着各單身房分發開水，再拿二十餘碗的糙米飯，亦是逐間分發，菜是沒有煮過油的金瓜，約略有六小塊，菜湯是一浮一洸的雍菜湯，吃起來很澀，吃了晚飯後，後面那個單身房裏，那一個人，不知道他自己入獄的痛苦，儘管無憂無慮，唱起民歌：

監獄如我家，
吃着糙飯如蚯蚓，
要命強把它來吞。
生來我命這樣苦。
娘在家裏………

平正在吟味着他的民歌，一個看守悄悄地如鶴行，且帶着一根藤鞭來，走到後面那一間大聲：「混蛋」。開門把他痛好一頓，他哀求着：大人啊！饒命！

糙米飯吃了兩天，第三天才有飯盤（日人向法院特許，替未決犯辦的飯）可吃，到這一天使平特別悲的傷，就是想起他的家，母親哥哥弟妹。

他知道這種飯盤很貴，每天要費九角，尤其哥哥的薪金有限。入夜星辰依稀的時候，他舉頭，由鐵窗望着天際，遠遠的汽車聲和廊中的咳嗽聲，與看守來回巡視的皮鞋錯聲綜湊合羞。晚上總不能合眼，常常夢着母親在他面前啼哭。黑漆的時候，更使他感覺到無聊與痛心，他恨不得馬上出獄跪在親的跟前陪罪。告訴他受寃的理由，可是不成，生死已操在敵人的手裏了。

第四天的下午，鼓樂與送葬的哭聲，打動平的心坎，猜疑着是不是母親：：想到這裏，他就哆嗦而歎息着，但想起日人的壓迫，他就憤恨起來了。

到第九天看守開了檻，叫平趕快拏出柴枕等和薄氈；因為拿的慢，一賞了個耳光。在以前磅重的辦公室，穿起本來衣服，帶回東西，一個瘦長的警察，而平說明來意。他說：是押犯，名字叫做中村，警署的警長。現在尊重你的人格，不要拉着警繩走，太難看，把身子捆着繩子，你自己整理，跟着跑。出獄門，他看了手表，恐怕趕不上火車，叫平坐着黃包車。

九、北移

平妥北移的事，怎麼家裏人都知道，平剛進入火車站的時候，一眼就看到他的母親緊緊着面孔、老淚縱橫、啞口無言、直凝視着平。平如萬箭穿心說不起話、大哥在傍邊扶着他的母親，押警在催促着、平在迫急的當中，向他的母親：這種事給人家絕景、不要緊爾，媽！大哥剛說着：弟：你保重、平給押警押着跨入歡送亭、平一步一回頭，看着他的母親哭、平想回來安慰她，可是不能，車差不多要開，車未開動以前、幾個戚友在那裏安慰着平、順便買辦當（日本飯包）給平在車中用膳、平說聲打擾，車已經開動了、足足坐了十三個鐘頭才到台北、沿途沒有錢、買不到涼水、中村假悻悻的給平買一瓶涼水止喝、跑了四五十分鐘才到了台北監獄。

十、在台北監獄

入獄的手續和南部一樣，只不脫本來的衣服，牢內的看守，端示糙米飯一一碗、茶湯一碗。味兒也和南部一樣，席地而食、叫平入浴、壁上的鐘已打十下、這個監獄的構造與南方的有點不同、中間一個大廳、廳邊有刑房，犯人的

印寫房，辦公室、犯人寫信房浴室、由這個地方控制着三棟監房、平給關在這浴室那一棟。

晚上蓋着他的大哥在車站交給他的毛毯、他靠門邊，看守看不着他的頭，叫他照照貼在門檻上的犯人須知，平才知道頭要向裏面。電燈是用五支光、兩間公用、向外一點都看不見，只有裏面有光線。看守得窺視犯人的舉行，單身這位置比南方的大有一尺、高度約有三尺、有洗面器、可是常常拴不出一滴水、大小便在裏頭，吃喝也在那裏。

每早晨看守要來檢查時間、三天洗一次澡、二天運動一次。運動場在後面，不寬不大約有五丈大的圈子、入浴以前，看守先來開門，把入浴的人數點好、一個個叫他蹲在門口，排列魚貫而出鐵閘，頭一次入浴的時候就着老洪，老洪和平在隔室入浴、大家只好閒訊，再不能說下去、門口有看守監視着，入浴的時間只限五六分鐘。平幸碰見老洪，他已經明白凡留祖國的台灣學生，都集中在這裏受罪。

平和對面的那個胖子、日日見面，默爲衆頭問安、二位都心心相印，同病相憐，因爲這棟的犯人，大多數都是政治犯、大家格外能親愛。第四天、一個戴眼鏡的老看守，拿着一本簿子、叫平簽字說：你的家裏寄來八十元、要你買飯盤、如果要買飯盤，還可代辦、平一一簽字。剛來的時候，有一點不慣、但有了胖子和老洪，心爲之一寬。

平和胖子雖然初見面、爲着要查問朋友，所以平發訊（用手畫筆勢，叫對面的人明瞭竟思）給胖子、胖子承受字勢寫至明白之後，由胖子寫給平的間壁再轉達對面胖子，這樣傳遞，總能得到熟友的消息。平起初發訊，恐怕收不到効果，但是經傳遞二個鐘頭，和莊、老楊都在單身房裏大聲地自我介紹。自這一次自我介紹之後，大家都明瞭這次來的人有多少了。

平來這裏有十二天了，覺得身體有點不對，向看守要求請醫生，這天挨到星期六的診察日、給醫生診察，有肺病的徵候。平怕母親掛念，欲寫信回去，到第十七日才准寫信、寫信房是前天叫平簽字的那一個老看守管理的，他看見平拿起筆，才很端正褒獎着平：「寫的不錯、太可惜了、怎麼平輕就犯着這種罪，日夜在牢裏如坐滿圍，平心靜氣思索着過去與將來。

第十九天的晚上八時多鐘，嘓嘓的皮鞋聲一直響到後面、呀地門撞開，嘓嘓地向前面去，忽然聽着，唉叫的聲響澈全牢，藤條的拍拍聲。這是審問偷口供的最普通的刑罰、如是重罪，最少須受一星期以上的黑獄滋味、這種黑獄是一向黑布濕的地下𡇼、把你禁在那裏不見天日、使你不知時日以至頭腦昏亂、易於審問。近來的政治犯，敵人老是用這種的刑罰。

十一、二審

次日的一點多鐘，那個胖子給看守帶出去，續後平亦給看守帶出去。胖子戴着一頂草編的高草帽。（草帽的中央特別用細草絲織成，給戴着的人可分路痕），平亦戴着一頂、外邊的汽車馬像如鬼叫一樣，鳥、鳥也鳴，汽車的前面坐着司機，傍邊一位看守，後面一個把門的看守。靠車身的兩邊，除開六個犯的坐位，一個塞進去剛剛飽滿，不能翻，汽車到法院內停下來，六個人一列，走了一條走廊，到盡頭的角落的木柵，木柵內已有人在，那裏亦有穿和服（日本服裝）的日人，這種日人大概是大和魂的不肖子孫，日人說有監獄法院是專門馴服台人。不是爲大和民族而設，你看，法院的老爺都是日人，從有台人，也不過是下層的不重要的差役，就是監獄，從下至上都是日人一手包辦，平在柵內預備着一貫否認的口供，橫豎日人欲加你的罪，他何患無話。

平！一種難聽的聲氣，呼喚着平。那是個有鬍鬚，帶有殺氣的看守老爺、把平帶到檢察庭。草帽脫起來放在門邊，踏進去，陰森森，好像在閻羅殿上，離下面有一丈來高，上面的寫字桌是用木頭釘緊的一塊狹長板，靠左邊一隻梯，以供上落。桌中央坐着一位檢察官，傍邊是書記官，下面中間橫一條洋木，犯人靠在木邊候審，不得越雷池一步。

檢察官照在南部法院所問的一樣順序。

檢察官問：你沒有參加學生會，支那革命軍麼？

平答：沒有

檢察：胡說。本檢察官查得很透澈，因爲你太年輕，這一次容情你，出去以後好好地幹，做一個忠實的人，不然，你就……那末下午釋放你。

十二、出獄

平坐着原來的汽車去，蹲在以前席地吃過飯的地。胖子也蹲在那裏，看守長向他兩位宣告：檢察官准你兩位下午四時出獄。平和胖子在單身房等着赦令。

到四時，平和胖子被叫出典獄的辦公室，在那裏磅過體重。一刻典獄出來站在桌邊讀赦令：他們二位因證據不充分，現在楊君等出獄。典獄向着平特別提提你這有爲的青年，不要參加革命團體，才能得到前途的光明。

四點半，和胖子始出台北的監獄門。

（完）

街頭寫眞

攝影手

1屠場一瞥

一天霧霧的早晨。把牠的四隻脚蹄綑縛住，由猪棚的走廊以至外庭的廣間（大廳堂），一隻一隻的倒在滿地。猪的哀叫聲，又間歇地傳出來，聽到這吱吱的哀呼，誰都曉得這是所「屠畜場」。裏面有農會的評價所，有市營的家畜市場。

每一個養猪主——農村的兄弟，並不吃早飯的就跑到這裏來。蹲的蹲、站的站、抽烟的抽烟，都在等看着，自己猪能否賣高一點價錢？斤兩是否有損失？

競賣場開幕了。農會的評價員拿着猪號簿和家畜市場的糶手——唱價人，站在高高的長凳上。照那號碼的順序，高聲地喊起來。他們喊的是每百基羅（每一基羅等於二磅重）的價格：

「四十……四十零五……零七……八……四十一……」

買主的屠宰人，已團攏一個大圓環，在比着指頭兒講數目。他們是任憑唱價人，喊到喉嚨發嘶時，大家都是默約地慂慫別人別出高價。假如有幾個同一夥的人，把價唱高一點兒，不論當場，或背後，都得受家畜市場或農會責備：

怕買不到麽？那樣價錢，還要漲上去。……！一點也不想到消費者的……」

這是現制度的一種物價調節法。他們恐怕都市的消費者，買到高的猪肉吃，至於養猪主，那他們可不管拉。所以，天天的價錢都在這平凡的水準裏挨過。

養猪主又不得不把一隻一隻的猪，像垃圾桶內的汚糞般，載到這裏賣掉。他們再也找不到比這更好的市場供他的消售的。要是自己宰殺去零賣或者賣給了他人，那你馬上就得被加上了私宰和暗市交易的大罪名，罰金，坐牢監，是要當心的。

個個養猪主只眼睜睜地看賣過一隻又一隻。要是不願意，想把猪再載回家去，準保你的猪量損失幾十斤，甚或不會吃猪料，而白白地死去了。到那時只剩下一個財物兩空的命運「棺材扛上山，不燒也要埋喲！」一個老經驗。養猪主「見到這種情形嘆氣地說：……！伊娘咧，給他扣起評價費，農會費，市場使用費，和什麼鷄巴費。我們一隻猪剩有幾多錢入手！」但是他身旁站着一個同伴人，可就有點憤懣起來喊；「一隻猪，足足被他們拿去八元錢」又一個也這樣附會着。「不約近三塊錢吧。餘的是刣猪仔繳納的」另一個却是這樣解釋着；「呸！恁娘，龜頭不是龜內肉嗎」？

養猪主方在大家你言我語地訴說起不平。突然，又跑了一個同伴來，報告他們說：「你們瞧！這些刣猪仔，太沒有天良啊！唱過的價錢是歡喜甘願的。還在那裏變鬼。瞧！你們瞧！」大家的視線，一齊都移向他所指示的地方。却見那屠宰人，有的拈着火柴枝，向一隻一隻猪的肛門口，亂擋亂挖起來！霎時間，就見那猪的屎尿滾滾地流遍地面上。沒有流出屎尿的，他就再用脚尖向猪腹上亂踢亂揣起來，弄得豬聲吱吱地怪叫。約莫沒半點屎尿在腹裏，才肯扛到磅秤那裏去秤量。

這種的現象，有的是司空見慣的，有的搖頭嘆氣地不平起來說？「哼！從前的猪，是綑縛起來就秤量！肚子飽滿時，就算給他回了個豬肚，也只不過幾斤，自已又樂得作菜用，那像現在，自昨天早上綑到，餓了四五頓啦，腹裏空空還不足。唉！現在是養不得了……」

……！餓一頓，消水分一頓，從前比現在減有三十斤」。

「是是。怪不得我的豬斤量失了許多」

「他媽的！他們農會和市場，都說現在賣豬好得多，是現金，不像從前的拖欠。……！飼飽一點，就不把豬綑去，說什麽肚餓得空，才得唱好價錢，這些都是騙人的話」

農會「家畜市場的評價員，你知道他們和殺豬的就不會，暗担（即私約而

三五一

揩油的意思）麼」？

「暗摃是是，從前的物價要是像現在這麼貴，百斤豬差不多要四十元以上，現在想賣四十元，嘿！除非等到錢樹開花「嘚！就只還中間榨取就吃不起突然，一個街裏人，似乎也是個養豬主，挨來這樣說了一句；大家不曉得這句話的用意是怎樣。一時，你看着我，我看着你，覺得莫明其妙起來。

「殺！殺！快快」嘩啦一聲，韃手們已跳下長凳子。

2 選擧風景

是處女選擧戰最後的一天。早晨的太陽，照射得滿街道都是明亮光。在那個十字街頭的道旁，排了一個個白布糊就的高九尺闊二尺的區額，上面寫着那末粗大的黑字；

市議員候補者×××

黃蜂出巢般的人們，是排山倒海地一陣一陣擁擠着衣襟上佩着一個「清一票」「清」是（選擧員的一票意思）的紙製徽章。那都是些從農村裏跑來的草地兄弟（鄉下人）在向着選擧的場所行進，人㷞的嘈雜、狗「汪、汪、汪、……」沒一刻兒停歇地狂吠。

穿燕尾服的，戴大禮帽的，也有穿着很整齊的西裝的！這些未來的市代表人物，都站在路的旁邊，向着一個個農村跑來的草地兄弟，行着他們一生未曾有過的殷勤，而帶眞摯的敬禮。

他們的臉子上，忽而青一陣，紅一陣，兩耳朵是烘烘地起燒熱。他們忙，忙得滿頭滿臉汗涔涔地淌下。時而還是鼓起勇氣，不憚煩地右手高高擧起名刺，左手拈着帽子，把那槖來硬生生的腰骨，用力地彎下去。滿臉裝笑地向着一個個的草地兄弟這樣懇請道：「拜托、拜托！請投給我以清正的一票」。

「一個八十來歲的漢文教師，在那茅齋竹柱的書房裏底竹床上睡覺正酣的時候，被這雀噪般的人聲，擾醒了他的淸夢。

「幹嗎？熙熙嚷嚷」。

爲了好奇心的驅使，他也就爬起身來，穿籃布長衣，拿起拐杖，撚撚八字鬚，便走到十字街口來了。他，揩揩朦朧的睡眼，用花花的老眼睛認眞地注視了一會，猛然省悟起來；「嚇！就是這麼一齣把戲」？

平時所認爲知識階級的有錢人，項頸竟爲燈一樣的柔軟，軟到好像掛不在肩胛上，而直要掉到地面般地亂晃起。「一！這些有錢人，眞不自重。現在竟然變相起來了」。他認眞看了一看，把拐杖托在下腮邊，深深地想。

他，經過了一會疑訝地沈思之後，抬起頭來又見得一羣羣的草地兄弟，服裝煥然一新地，個個都是喜形於色！有的半閉起眼睛！向鵠立道旁的那些議員候補閃視！掀起紫色的唇兒，露出黝黃的牙齒，微微地笑着。

他們覺得，牠們覺得這是他們有生以來，最榮耀的一天。四十年來的納稅，到今天，才享受到這樣隆重的報償。大家就交頭接耳吱吱喳喳地談着。他們那呆滯的眼光，也老射向那些穿燕尾服的人們的身上去。幾個好事的更翹起很厚的黑嘴唇，大聲地笑起來；「哈哈，街裏人就是這樣麼？」「哼！先前我們在路上向他問候時，他們連鼻孔裏「　」的一聲都不情願，嘿！現在倒這樣得禮節——。伊娘咧！街裏人都只是如此而已」，「那老教師見到這場面，聽到那草地兄弟的譏笑，不由得又是搖頭嘆氣地說着。眞要爲這一大人物。抱起不平來：「何苦？快快活活不曉得受用，偏要這樣自討沒趣」。

他突然，又想到前幾天，這些的大人物，什麼敍禮狀咧，推薦狀咧，忽而運動員，忽而自己的戶別訪問，光的一層「暗的一層以至於……「實在，眞不憚煩。眞不憚煩，鬧得有錢的家裏，寢、食、都不安」。也又吁了一口長氣。他像自對自私語一樣地點點頭。驀地裏又把生着縐紋的眼皮展開，就又見到前面人家的門口，豎着一個大白區，上寫着：

市議員候補者×××事務所

「哼、哼！事務所也用出這樣移動式來麼」！

他覺得這又是一種稀有的現象。事務所是置於候補者平日裏所指定的位置，現在却又飛飛飛，飛到這裏來！倡是什麼新花樣的戰術，他得都得翻一翻咯。在半路拉攏有權者，嘿！簡直就像截途搶劫巴戲。

剛才的不平和同情的心境，現在却又像薄霧般地散開去！反而討厭起他們來了。

「台灣人，眞是無氣節！眞是無氣節啊」！要是我招學生，也肯這樣向人家去磕頭，怕不招得滿滿都是嗎？又何患家裏無米煮」！

時候是快近中午，太陽光也在發散着高熱，着到那個個穿大禮服和西裝的人物們，額角的汗如雨下，顏色是一陣青一陣紫，呼吸氣管也漸見急起來。像受到了一種高壓，胸膛小鹿般樣亂撞。

「勝——負」他們就像在運命之神支配下掙扎着，滿肩背上儘蒙蓋着一層灰色塵埃，都沒工夫去拂拭一下。

看到這樣可憐而又可笑的樣子。他突然地自己猛省起來，把身上藍布長衫的塵埃拂了拂；

「怪難受，怪難受」。怕被這衆人所滾起的烟塵蒙蔽去一樣，就匆匆地跑進他的書房樣去了。

一九三五、一二、一二。

戰地片段

吳省三

自祖國神聖抗戰開始以來，台灣義勇隊同志，我們這一羣，便參加在隊伍中作對敵宣傳工作，也就是和敵人作政治戰鬭。在去年六月中，我們　總隊長爲應前線的需要，再派兩小隊參加浙東、贛北××和××二部隊工作，而我和數位同志，是派在贛北參加××的，那時××部隊正在江西訓練中。

從贛北到浙東

七月，聞敵人在奉化方面擾亂，上峯下令，着部隊急馳往堵擊敵人，該部隊接令後，馬上連夜兼程，由江西至奉化有一千多華里的路程，不敢坐車，都是夜行日息，每天從下午四，五點，一直跑至天亮九點左右的時候才休息。正是夏末秋初的氣候，天氣還是很熱的，大家皆跑得滿身是汗，整個身上是汗汚臭味，隊伍跑了八九天才到了目的地，在路上受盡饑餐渴飲夜不成眠種種的困苦，仍是奮發地提起精神，每天都走了一百多華里。

七月念一日到了奉化周村，那時，敵人已經在老鼠山登陸了，而鎭海的砲台也老早被敵人搶去了，同時，我軍到了以後，　長官立即下令與敵人開火，我們各同志第一次參加戰鬭，精神感到很興奮，也不覺到疲倦，跟着隊伍到最前線去協助作戰。太砲和機關槍的子彈，瘋狂地密集轟射，我們抱定犧牲的意志，盡我們的工作義務，向敵人喊出口號，而一般的弟兄們（我們的士兵）也跟着喊起來，沒有多少時候，槍聲逐漸稀落了再數小時，敵軍就被我軍打得抱頭鼠竄，大敗而逃，翌日念二日，收復鎭海，待到奉化方面的敵人完全消滅了，捷報傳到後方以後，一般的民衆都很熱烈的送了許多禮物來慰勞收復鎭海的英勇將士，我們參加戰地工作的同志，也受　長官們萬分的欽敬，敵人既然全部被我軍打退了，便再令該部移駐蕭山一帶。

從奉化到蕭山

這次由奉化移軍，每到一個地方，便受民衆的熱烈歡迎，同時一般的民衆，聽見台灣義勇隊的志士，也參加了這次的光榮戰役，就擁擁擠擠地爭先恐後來歡迎，來和我們談驚心動魄的戰場情形，而我們也就利用這機會，宣傳日寇在台灣對我台胞怎樣殘酷，用了無人道的政治毒策來壓迫和榨取的情形，使他們知道猙獰而很毒的倭寇的眞面目，鼓勵他們堅決意志，擁護國軍抗戰到底，這樣我們又繼續着餐風宿露的艱難行軍的生活，當我們開到蕭山後，各部隊正在努力訓練中。

倉頭的戰鬥

忽於十月十日午前十時，奉令迅速出動，隊伍馬上準備移動，午後八時出發，這次是由山路前進的，但這些山嶺高聳雲霄，都是些崎嶇羊腸的小道，與峻嶺懸崖，爬山越嶺，直跑到天剛拂曉前，由商元渡過富春江，即佔守長山東北西北一帶高地，這天是十一日，隊伍到了這邊。就看見江北守備軍××第×團，正爲敵所追擊，紛紛南渡，急派偵探隊偵察，據報由臨安南進之敵軍約三千餘，有一部一千餘人經方家井鐵塢，有向東南流竄的姿勢，我軍就下令安放步砲應佔場家埠長山新昌嶺東山芳山之戰線陣地，對東北及西北嚴密警戒，各派便探進出於大樹下石灰窰一帶區域，藉探敵情，而營芳山神仙山岑山何風王山一帶高地要口，主力軍集結於蛇浦以北地區，並派便探至高坪嶺一帶偵探敵情，據報告由新登東竄之敵，約一千餘名，主力經方家井竄富陽，以一部約二百餘人經百枝嶺竄大樹，下繼續東竄，當時，富陽有敵數百人，由鹿山沿河南下，因敵人被我軍四面包圍，日寇見四面受包圍，遂將上列村落及白石廟等處縱火而逃，而富陽方面一帶的敵人，被我軍打得無孔可鑽，而我軍又不分晝夜地窮追敵寇，至十三日午後四時，由江口渡過亭溪已五時三十分，又再包圍敵人的去路，至夜二點左右，抵黃泥山頭後，即東北方人聲嘈雜，且有手電與我軍並進，時隱時現，我軍急進到倉頭時，已三點多鐘，即由派出嚴密警戒，並派員前往塢口龍門方面偵察敵情，又令部隊佔領黃泥山頭以東一帶高地，對塢口龍門方向戒嚴。我軍的主力暫置於倉頭北端，至四時半，我××團第五連陣地香草嶺方向的槍聲頻烈，當時，偵探隊報告，沿江兩岸均發現敵人，急令妥設步炮迅速佔領倉頭非岸，及黃泥山頭以東的高地，及力塢以北高地，主力位置於倉頭北端，我軍的守備自倉頭沿河至古城以北高地，再派部隊佔領通古城北之高地，以有力之一排過江佔領霧露嶺要道，防敵人南竄，我軍剛安了要消滅敵人的大羅地網，忽報第五連正面有敵人四五百由沈家坂分兩路，一路沿河南攻，一路經樓家村南攻，當時，就在倉頭激戰，同時，我們同志未曾看見雙方戰得很激烈，敵人的砲子如火球飛騰地從頭上掠過，機關槍的子彈，如夏天的螢虫的穿梭，當時只因一心要殲滅日寇，來解放弱小民族，所以不感覺有什麼危險，將士們均抱有我無敵之斷志，敵人被我軍打得死傷過半，當時，曾有一位忠心愛國的勇敢鄭國屏連長，身雖負重傷，仍能堅忍沉着，從容指揮，同時，又發現敵之主力七八百名由橫溪經沙田坂張家坂欲迂迴我翼側，切斷我後路，幸我先頭部隊在霧露嶺東西的要口阻擊，敵被我部隊打擊傷亡很多，因此，敵人即停滯於張家坂前山塢一帶山麓，並派一部約二百餘名，直至安和里與我軍對峙至九時餘，敵人見左翼均無進展，即以右翼由森石坊及沿河向我陣地猛衝，意欲直竄倉頭時，我部隊努力衝殺，這陣地是鄭連長的駐防地，他因受傷頗重，以致士兵潰亂，而我左翼看見這種情形，急出迎敵，即將敵人擊潰，至十一時，敵因苦戰皆敗，老羞成怒地用獸機三架掩護，仍向我五連陣地進攻，我五連的鄭連長奮不顧身，帶傷率領士兵與敵血戰十餘里，後以衆寡懸殊而且敵用飛機轟炸我五連陣地之最高峯，計投大小彈四十五枚，不幸均以命中，我五連官兵及第六連之一排，都壯烈殉難！當五連激戰之時，河東岸之敵二百餘名，欲自安和里渡河直入倉頭，因我沿河守備嚴密，而且軍火雄厚，幸未得逞。以致敵軍大敗，被我軍俘獲敵之步槍二十餘枝，彈藥，日記簿，旗幟，及其他軍用品無數，又俘虜日兵三名，查此次之敵，確係八十六聯隊，該隊原擬沿江南下，經馬劍轉外陳，因被我軍阻擊，所以島田大隊約七八百名，附炮六門，沿河左岸南下，再攻倉頭古城，以主力經過橫槎，又被我軍在霧露嶺打擊，以致敵另圖他竄。

而諸暨的附近戰役，因爲我自十月十日隨軍到各處參戰的當中，身體軟弱，受風雨的侵襲，和飲食住不適宜，以致深成重病，而　副師長看見我這種重病，而且拖病隨軍，很欽佩我的精神，令我請假回敝隊部醫治，而我本不敢半途離開，而斷負這次參加我軍達成與消滅敵人任務和天職，但因上官的憐恤，美意難違，無奈於十九日，我軍進行到安華附近，我即請示　師長的鈞命，請假回敝隊部醫治，因此，諸暨的戰役不得詳悉。

劫後

十一月二日再到服務地了。

但我由諸暨一路到目的地，看見數處繁昌市鎮如諸暨，富陽，龍門，窄溪，大源村，樓家等處，以前是數萬的人口的大市鎮，一霎時滿眼凄愴，頓變成一望無際的瓦礫場，沿途的血跡，臭味亦很難聞，請，祖國親愛的同胞們，想想這次，被燒燬房屋，殺戮同胞，掠奪財源，姦淫婦女而外，如小市鎮，姚公埠，小源村直坡等處日寇經過的地方，也遭受災殃，我那天因爲要再上前方目的地趕不及路程，因此，在半途的直坡住宿一夜，同時，聽房東講，日寇雖然沒有入村，它們對村外經過，也被殺死六七歲以下的小孩子和五六十歲以上的老人家四五十人，而二三十歲的壯丁被強拉去作挑夫，又有十六歲以上三十歲以下的婦女被抓去三四十人尚不知生死。像這樣的父子，夫婦，兄弟的生離和死別的悲痛情形，是鐵石心腸的人聽到了也會禁不住爲他們流下同情淚！而但這種悽慘的事情，使我們遭受了這些怎痛的仇人是那個？是不是日寇呢？而壯烈犧牲的將士，是爲什麼呢？是不是爲國家生存？爲民族復興？假使認識這一點，應該更奮發精神，更堅決意志，共同努力，替殉職的將士和殉難同胞們報仇雪恨，不愧爲中華民族的一份子，亦可慰忠魂於九泉之下，那麼，我們應該更團結一致，將不共戴天的日寇殲滅，才能得到安樂的日子。

這些戰地實情，是我根據隨軍時每天所記的日記擇出而報告的，不是描寫，更不是形容，皆以實情報告的。

台灣先鋒　第七期　定價一角
發行者：台灣義勇隊
編輯者：台灣義勇隊
總經售處：金華大同書店
通信處：金華郵政信箱三十號

隊員習作

回憶

溪水

十四年前！一九二七年。這時候我還在台灣台南市內：「台灣總督府台南師範學校附屬公學校」讀書。校址在台南市大南門外，約半里遠，本來是一塊荒野的墓地，週圍一望無際，而且有不少的樹木，因此空氣非常好。

校舍的設計，分爲兩排，前排是兩層，後排只有一層，最後面有一軒很大的禮堂，可容二千人，最後面就是一塊空地和農場，地上有許多的樹木，每天的朝會和升旗，都在這裏舉行。農場裏的一切農作物，是由學生們栽植起來的，但是學生們却享受不到。校舍右邊有一廣大運動場，長約半里橫約三百公尺，每月月底，都在這裏舉行運動會。左邊亦有運動場，但是比較狹隘，天天都在這裏舉行體操，放着許多種的運動器具。四圍都用木頭加了很粗大鉛線環着，留了三個門，正門、東門、西門。由正門一直可以通至前面教室，後面教室，禮堂，朝會場，農場。東門靠着大路，西門和師範學校連着；教室的數目，除了事務室（辦公室）、理科室、唱歌室、圖書室、會食室、廚房、小使室（係校丁寢）。便所外還有二十二室，分做六年級，一年級至三年級各分四班，四年級至六年級各分三班，另外一班高等科，每班人數五六十人不等，全校學生總數約一千二百多名。教師方面，除了正副校長外，還有二十六個，內中台灣人只有七個，以外都是日本人。校內設備很完全，佈置非常宏偉而有次序。

那一年我剛剛是九歲，在二年級念書，是最會淘氣的小孩子，因此大家都叫我爲「手槍鬼」（天真而滑皮）

是在第三學期的頭一個月，天氣很清涼，當時呢？各地的梅花正在盛開，而發出一種衝人鼻孔的香氣，隨着暖和的春風在這地上飄蕩，使人心曠神怡，還是多麼動人的氣節！

有一天，剛上好修身課，教師是副校長上原宗五郎，是一個倭子，約四五十歲，爲人很奸滑，但表面却非常和氣而溫柔，他是負擔了用文化來麻醉殖民地學生的小頭腦的任務的。這一課是前天講過而還沒有講完的一段。題目是日本名人，「二宮尊德的故事」：他年幼時，很貧苦，父母老早就死了，因此替人家做事才有飯可吃，他很喜歡讀書，可是沒有機會進學校，因此白天替人家做事，夜間偷點時間來讀書，又沒有燈火，買不起油，只好利用螢虫，抓了許多螢虫，用紗布包起來，將這螢光代替燈光而看書，因他平常勤儉和努力的學習、研究，後來竟成了日本一個名人。

因爲今天所講的，只有一段，因此時間還未到，兼之小朋友的請求繼續講故事，而引起他（上原）的高興，他就問：「你們將來長大起來，希望做什麼？」他問的目的，是要試探小朋友們的口氣，但是爲着這句話，剛才的熱鬧，頃刻之間，不知道飛到那兒去了，很沉默，室內空氣變成很陰冷，大家都面面相覷，相互窺望，大家都不敢發表。但是他的目的未達，便又不斷的追問大家，停一會兒，一個比較大的李君，壯着膽說：「我希望做警察」！紅了臉孔坐下來，但這一來，却馬上引起小朋友的興趣，把一個冷靜靜的室內空氣，改爲很熱烈，很緊張地，大家爭先恐後地發表，——小孩子最喜歡跟人家尾巴——

王君的：「希望做銀行家」

陳君的：希望做大學生！」

許君的：「做老板！」

林君的：「希望做運轉手」（司機）

各人均有不同的發表：「做教師呢！」「做技師呢！」「做醫生！」「做留學生」「做帳房！」「做車夫啦！」「做木匠呢！」……種種不同，最高的希望就是楊君的希望，那個傢伙小我一歲，學業成績方面和我差不多，是一個很明白的孩子，因此人家叫他「辯護士」，（律師）。他的腦筋實在很靈敏，一站起來就說：「我希望做總理大臣！」（日本內閣總理）。這句話感動了上原，他表示非常佩服的臉孔，裝笑的說：「你的希望太大，將來一定有希望，但是要用功讀書，抱着忠心愛國的心理！」接着他，看看我，那個時候，我正在想來想去，沒有什麼可以說的，心裏是抱着不甘落後，一定要比人家更大才雖，一聽見楊君的話，而引起我的材料，而且看見上原對楊君的希望很贊許，使我希望的問題來了，是什麼？我想：「天下沒有比皇帝更高，他，總理大臣亦要受皇帝管理，如果將這話說出去，一定可以受上原的讚美！」就站起來，那時上原欣悉地等着，平時他也知道我很活潑聰明。「我希望做天皇陛下！」（日本皇帝）這是我的發表，揚揚得意地，很光榮地，在等上原的稱讚，那裏知道爲了這句話，鬧出大事來了！

他——上原，面孔就變起來，好像猴屁股一樣，大聲地喊「到這裏來！」氣沖沖地。當時我的靈魂，不知飛到那裏去了，頭都暈了，全身發抖，一步一步遲疑地走到講台前面，他就說：「你要想做天皇陛下，我就砍你的頭！」而將他的手對我頭頸劈下來，那時候我好像在半空一樣，整個身體都麻木了，亦不覺得痛，室內聽不見一點聲息，小朋友的眼睛，都注視在我的身上，那時候，我已嚇得：想哭而哭不出來，心內跳動得很利害，臉孔熱烘烘的，全身發抖，好像染着瘧疾的樣子，恨不能即刻跑回家去！而在後悔着：「早知道這樣，不要發表比較還好點，總是楊君那個壞伙壞，如果他沒有說要做總理大臣，我也就不會說要做比他更大的皇帝！」心裏這樣糊裏糊塗的思想，但是悔已不及了，已經說出，亦沒有辦法可以收回，只好忍氣吞聲，由他（上原）大罵而特罵，罵了一回，而叫我到事務室（辦公室）去！那時候小朋友都替我担心，都替我發抖，大家都很怕。到了事務室立正站了一點鐘，這一點鐘比一個月還要長。我把臉孔緊緊地貼在胸前，室內的一切都不敢看。一聽到他喊：「你回家去！」那個時候，眞是像得到大赦一樣，但是，一方面還在擔心着：是不是就這樣放過我呢？不管了！回家去再說，一跑就逃到家裏去。剛進門，校裏派了一個校丁也到了，把我父親叫了去。

上原把父親責備了一頓後，說要將我開除，父親沒有辦法，只好向他懇求，並作種種解釋：「小孩子無知，冒犯天皇陛下之名，是無意的，他小東西亦不知這句話意思是什麼，可以講不可以講，以後我當然重重責問他，教訓他，如果有再發生什麼事，就由校長開除或體罰……」這樣總算沒有事了，因此再叫我進學校去，但是這樣還不够，還要處分，怎樣處分呢？本來我的成績是第二名，由他的處分，一直降到第八名。

回想到那個時候，實在光陰很快，已經過了十四年了，有時候想起來，覺得很高興，但又感到痛心。

一個小孩子，那個時候能够刺激他，使他氣得要死，實在很有味道，很好玩，但是痛心的，台灣今天依然在日本鬼子統治壓迫之下，在台灣的小朋友，今天還在日寇奴化之下，一個無知的小孩子，爲着一句話，就要打，要處罰，要扣分數，種種處分，而且塡了一大糊塗，若果是大人，那就非置於死地不可，於此可以想見，日寇的殘暴：但台胞決不會永遠做奴隸的。今天已是我們向敵人總算帳的時候了，鬪着吧！光明就在明天！

遠足

黃月華

大家很高興，因爲今天是民國三十年的元旦。

我們整齊了服裝，還買了許多豐富的茶點到野外去遠足，目的地是離城四里路的鹿鳴山。山上有一個中心小學，這樣，我們就向他們學校裏借了一間六年級課堂，來開我們二十九年檢討，計劃三十年全體團員大會。

一位老師領着我們參觀了小學一週以後，就舉行全體大會。主席黃大哥，由三個代表報告，昨日分組討論的記錄，每一個代表報告的都很好，這說明了昨天每組都有了很充分的準備，很好的討論過，所以每組都能很詳細把這年來的工作，學習和生活上的改革，完全報告了出來。

我聽了每組報告，就聯想到我們從前的情形。講到一月到三月，那時候簡直是太不成話了，在工作當中搗蛋，學習上不努力，生活上過的很退步，到處都有缺點。今天聽了這一年來總結的報告，好像放電影一樣，一幕一幕的從腦裏很快的閃了過去，現在，覺得比以前進步了不知多少，我從前一點不懂，現在，担任了生活股負責全團的生活管理，每人也都有了非常大的進步。

把這一年來的工作，學習，生活上的改革，缺點，優點，做了一個正確的總結以來，我們就選舉一年來最好的五個模範同學，我也是五個當中的一個，我是多麼的高興呀！我們不但選舉最好的，而且還選舉一年來進步最慢的三個人。大家都非常快樂的結束了這個會。

休息了幾分鐘，再開快樂會，主席是由小胖子來做的，這個快樂會是民國三十年第一次快樂會，所以大家特別高興，表演的節目很多，都很好玩，手和嘴忙着吃東西，連拍手都來不及了。

開完會以後，再分成二邊來打游擊，有的同志被打痛了，但他不敢哭，只有把痛的地方摸一摸，一聲也不響地，爬起來更努力的打跳。

時間已經很遲，我們玩的也够了，一路上排了隊，大家高興地不斷地唱歌，回到了團部。

路上的工作

黃月華

一早起來就要走，我心裏難過死了，看見山和水，就想起我們每天爬山「打遊擊」還採栗子吃的情形，非常捨不得離開我們住了幾個月的沐塵和那可愛的山水。

但一切東西都整理好了，我們只好走，走到沐塵小學門口，許的小學生排了隊歡送我們，那些隻可愛的眼睛啊，直看着我們幾乎叫我流下淚來，把我們過去所教給他們的歌，都唱出來，表示他們歡送，大家非常興奮，趁着興奮的時候我們分手了在途中，我不斷的回頭看，沐塵的房子和山慢慢的看不見了——越走越遠了。

到了溪口，我們去和溪口小學高級部告別，他們聽見了我們要走了，也馬上排起隊來歡送我們，一直送出了溪口鎮！這些都是我們平時的工作收得的效果啊。

再走五里路到了靈山，我們抽出機會去參觀兩個學校，（一個是靈山小學初級部，一個是中心小學）同祖國的小朋友聯絡感情但碰到的學生很少，因爲今天是星期六，他們星期六下午是不上課的，我們不能和他們開聯歡會，只好請他們先生帶我們看看學校的各部分。

以後我們又走，今天我們要走到全旺，在全旺過一晚才再走，時間已經不早了，我們只好拚命走，假使走不動，就唱唱歌，說說笑話鼓起大家的情緒，幾個比較會走的便推動機，把不會走的同志推着向前，我們又用「飛機」「烏龜」的老法子鼓動大家走快點坐飛機，拚命的走過了，好幾個鄉下到了晚上還沒到目的地，直到月亮姐姐出來了，我們借她的光亮走路更有興趣。

在月亮下走了不久就到全旺，我們到全旺鄉公所裏簡請他們給我們想法子找睡的地方，並請他們幫助我們解决吃飯問題，有一個孫先生他很好看見我們這羣小孩子今天走了四十幾里路而且飯還沒吃，他很感動就帶我們到菜館裏去吃，又給我們弄好睡的地方，我們每位小朋友吃了飯肚子不會叫了，精神也提出來了，大家很高興的唱起歌來。

第二天早上太陽光已經晒東每位小朋友的臉上了，我們趕快起了床，洗好了臉準備東西就出發。

今天要走四十幾里路才會到衢州，所以我們要趕快走才成，走到下午二點的鐘的樣子，看到衢州城了，我們每位小朋友都高興的很，尤其是幾個快走不動的人更加高興，我們立刻排隊進城了，到了城裏看見市西很熱鬧街道很大，我們心裏快樂的很快要到我們台灣義勇隊第二醫院時見砲仗聲，有許多小朋友都跑去看進了醫院，才知道是台灣醫院今天開幕，正在開招待會，我們就趁這個機會表演幾個節目給到會的各位長官和來賓看，他們看見我們唱歌跳舞都很感動，對我們印像更加好，我們想不到今天會這樣巧好碰上這一個好 日子讓我們同衢州各界見面。

晚上李隊長叫一桌菜請我們吃，我們吃的很高興。

今天晚上宿在旅館裏，因爲床沒有弄好沒地方睡，

剛睡不久，坐船的同志也來了，黃大哥從船下來後便來旅館看我們睡的怎樣，我們聽了黃大哥的聲音，男同志個個都從床上爬起來，跳起來，叫起來，好像很久沒有見到的樣子其實只有二天沒見到，因爲他陪了小部分生病同志和行李一起坐船到衢州。

響他這次到衢州來準備住一個相當長的時期，因爲我們從前都是在金華一帶工作，台灣少年團的影響也晉限於那一帶，因此我們決定找一個新工作環境，多做一點有益於祖國的工作，擴大我們台灣革命的影只。這樣我們就趁第二台灣醫院成立期間由龍游趕到州衢。　　黃月華作

出發之前

◆正南◆

十二月十二日下午，鄒先生從金華回到沐塵，大家很高興，跳跚跚地喊他，叫他，拉他，好像他的身上有很多的東西一樣。

晚上，鄒先生坐在一盞光亮的煤油燈前，向大家報告，十幾個小孩子眼睛張得大大的，當聽說：「隊務會議決定我們馬上搬到衢州去……」大家很高興，又要到一個新的地方去工作了。

報告後，幾個小幹事馬上就召集了臨幹時事會，決定馬上要做的事，幹事會結束了，決定立刻就走，但要看交通工具來規定。

第二天生活股向大家宣佈說：今天說不定要走，所以要大家整理自已的東西，但是今天沒有走成，因爲船和排一隻都僱不到，祇好等到明天了，今天只排了幾遍劇。

十四日的早上，大家被鳥叫醒了，今天是要出發的了，臨時產生的行李組，馬上分配大家綑棉被，忙着搬東西，登記、編號……。

吃了點心，各人把隨帶的東西，背上就走了，剩下了幾位身體不好的同志，及比較小的同志他們是坐竹排到龍游再趁車的。

經過沐塵小學去告別，他們就排着隊，出來歡送我們，和他們面對面行了一個禮，一位同志和他們說幾句話，再唱幾個歌，他們也唱起，我們教給他們的歌來，表示歡送，最後聯合唱大刀進行曲而分別了，啊！一個多月來，天天教他們唱歌，現在要分開，眞有點難過，走幾步，便回轉頭來，望望他們，他們也是一樣，漸漸地看不見了。

到了窩口，又到溪口小學去告別，他們馬上又集合排隊，歡送到郊外，情形和剛才一樣。

經過靈山，又去參觀兩個小學，時間已不早了，我們還要趕幾十里路，一位先生帶我們到郊外，領我們走上大路，才回去。

我們大家帶着輕鬆的脚步，一下也沒有停過，翻過一座，又一座的山頭，看了一些好景緻，覺忘記了疲倦，離開今天要到的目的地還有十幾里路時，月亮已出來了，並慢慢的升到上空，四面什麼聲音都沒有，只有我們唱歌的聲音，在寂靜的夜空裏顯動羞，有的同志，奔倒爬起來了，馬上又走，不知不覺已被我們走到了，馬上就整了隊，到鄉公所去請他們給我們想法，代辦住和吃，鄉公所里只有一位事務員，其他的人都出去了調查兵役了，他聽了我們是台灣人，今天又跑了那麼多的路，他非常欽佩，并招待我們食宿。

十五日大家很早就爬起來，沒有吃早飯就出發，每到一個村莊，許多人都很奇怪的「小兵」「小兵」這樣叫、眞的，我們的確是小兵，我們的工作，也是一個小兵，但這在那些農民眼裏望來，却是再奇怪也沒有了，再走了幾個鐘頭，遠處有一座高塔，這時，每人都歡呼了起來。

在這一座城里，我們又將以我們的臭汗去換得祖國同胞們的了解和愛護，還是我們的一個工作新據點，新的學習，新的戰場。

內政部圖書雜誌登記證警字第七二九五號
金華區圖書雜誌審查證第四八二號
華郵政特准掛號認爲新聞紙類

招待公演

徐光

爲了參加第二台灣醫院成立典禮我們步行八十九里路，在十二月十五日趕到衢縣來了。第二天剛好是各界召開國民月會及擴大紀念週，我們也去參加了儀式舉行以後，航空總站的政治指導員特別介紹我們的隊長及我們少年團給大家。先是隊長報告台灣同胞被壓迫及反抗的情形，之後就要我們少年團表演我們的唱歌跳舞和唱罵汪精衛的快板，得到了一般的掌聲四方另外一些小友看到我們很奇怪馬上找我們談話，并且約在下午開會歡迎，他們對這久別的小兄弟們表示萬分親切，並給了我們以許多鼓勵。

爲了使衢縣各界官長同胞多多的了解，我們進一步來指示幫助我們，於是決定在衢縣舉行一次招待公演。

在每個熱鬧的地方牆壁上都貼着紅的綠的顏色紙上寫着台灣小朋友演戲的事情，四方鬧着很多人在看。

十二月十一日的晚上大家都帶着興奮和好奇的情緒，從每個角落裏走出來集中到抗戰劇場，他們這一次跑進劇場和平常跑進劇場的態度不同大家是來檢閱這一批遠離祖國四十幾年的台灣小朋友靜靜的等着看着台前的電燈發呆一會兒場子已擁滿了人。

我們演員總是管服裝又兼道具又做其他事務的，在上演前還得做招待員，要是掛起職員條的話就會像如布本正掛在身一樣。

小主席走到紅色的幕前致了簡單的開幕詞「……我們都很幼稚請諸位多多批評與指示，使我們更健全起來以完成我們更遠大的目的……」

一陣掌聲後節目開始了先是一建修舞蹈及歌詠整齊的動作和清晰的歌聲，使他們很感動接下去，我們上演了一個獨幕劇，我們用不很流利的國語說着台詞，但大家都能了解劇中大概的意思，那是描寫遊擊區的小孩子，怎樣做偵探工作，怎樣把敵人的一個小偵探打死的故事。

在進行每個節目中大家的精神都被我們吸住了，尤其是穿插着滑稽的小節目，很合他們的口味，像梨糕糖相聲快板等。

最後又演出了一個獨幕劇，還是以台灣內部小朋友反抗日本統治的料作中心，大家看了都很感動，因爲這是眞實的事啊！

節目完了後，大家以緩慢的脚步合着義勇軍進行曲的軍樂拍子離開這會場。

這次公演一共五天，在這五天中，我們早上照生活時表的時間，起來還是一樣的上課，所不同的就是這些課，都是學習佈置；學習做招待；學習對外交涉，而且大家每天還做平常值日生所做的工作，那就是打掃場所，還有不同的，就是我們休息的時間特別多，因爲五天演出每個人的喉嚨都嘶啞了。

從這次公演中，我們所得到了平常所得不到的，就是工作經驗處理事情的方法……等，但是我們覺得還不够，還要努力，還要鍛鍊。在我們自己的遠大目的沒有達到前，我們是不會休息的！

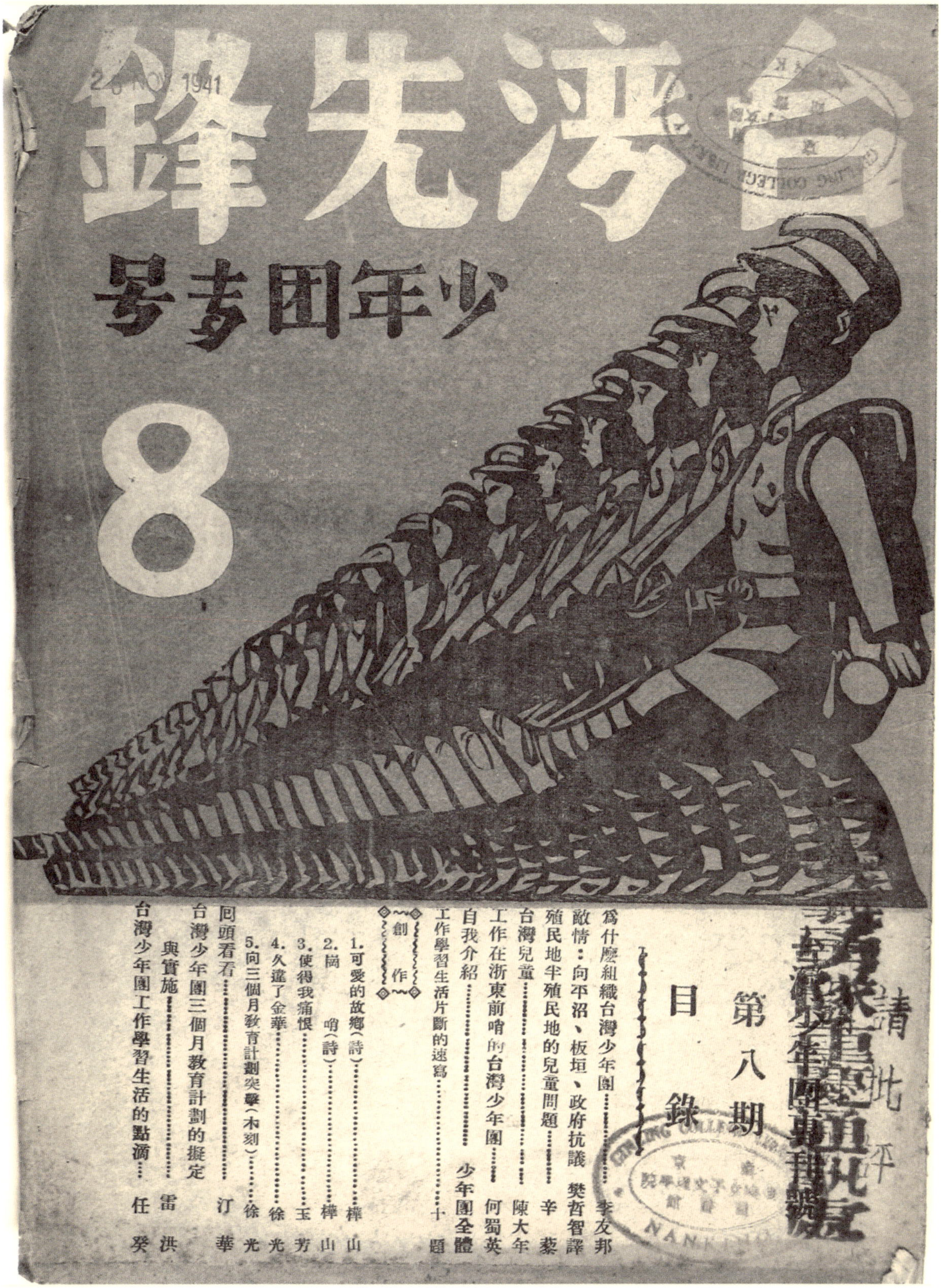

台湾先鋒

少年团专号

8

第八期

目錄

爲什麼組織台灣少年團

李友邦

一、少年和兒童是國家民族的幼苗

無論那一個國家或民族，所以能繼續存在，並且能健全而强盛起來，是由於他們有優良的民族後繼者。這就是說；兒童和少年的品質好壞，往往是決定了這一國家或民族的盛衰前途。但兒童和少年們，又好像一張白紙，他們的種種品性，完全是由後天的種種不同環境所陶冶而成的。假如他們有了優良的環境，合理的教育，那他們便將是國家或民族的良好的繼承者，否則，他們如在非常惡劣的環境中長大，受了不正當的教育，那他們便將會成爲民族的敗類或莠民，所以，凡是現代化的國家或民族，對兒童和少年的教育，都特別注意。

同樣，帝國主義者，對他們統治下的殖民地的兒童和少年的教育，也是一樣的注意，不過他的教育旨趣和一般的完全不同而已。他的目的是要培植一批將來能馴良地供他自由驅使的奴隸，也就是拼命施行他的奴化教育。

二、台灣的少年和兒童是台灣革命的繼承者，和新台灣的建設者

如上述，少年和兒童，既是國家和民族的幼苗，他將是國家和民族盛衰的決定者，那作爲日本帝國主義殖民地的台灣底少年和兒童，他們將來的任務，將比普通任何獨立國家兒童的任務都要艱鉅。就是因爲他們要肩負起復興國家民族的重任，也就是說，他們將是台灣民族革命的繼承者。我嘗說：「革命事業是偉大而艱苦的，要想獲得革命的成功必須要有革命新細胞不斷的補充」尤其是兇殘的日本帝國主義，對革命者的無盡止的殺戮，益使這新細胞的補充，和繼承者的培植更爲迫切。

有人或許要說，待這些小朋友長大後，那時台灣或許早已脫離日本帝國主義的統治了。

這或許也有可能，但台灣要得到眞正的解放，決非僅僅趕跑日本帝國主義在台灣的一些統治者便成的，他必須於推翻日閥的統治後，建立起一個强固的自由幸福的新台灣來，才能保持和鞏固已獲得的勝利。正如　總裁指示我們的：建國的任務並不輕於抗戰。抗戰是艱難而偉大的事業，建國也同樣是艱難而偉大的事業，並且二者有不可分的連繫性。

因此，生存在現在的台灣少年和兒童，他們是担當了一方面要求得脫離日本帝國主義統治的台灣獨立解放，同時，又要建設新台灣的雙重任務。

三、處在日本鐵蹄下的台灣少年和兒童的不利條件。

今日的台灣的少年和兒童其任務既如此艱鉅，毫無疑問的，他們必需具備去承挑這副重担的力量。就是說，他們要有良好的教養，如民族自尊心的扶植；優良品質的陶冶；對民族敵人的認識；和知道如何獲得革命勝利的方法以及堅强革命意志的鍛鍊。

然在日本帝國主義統治下的台灣，少年和兒童所受的教育，却適得其反。

日本帝國主義在台實施的教育，他主要宗旨是在於消滅民族意識，而代以奴隸意識。他們麻醉兒童，蒙蔽兒童，使他們只知道日本帝國是世界上唯一的國家，日本天皇是世界上唯一的神聖的權威者，效忠天皇，效忠大日本帝國是台灣同胞唯一的任務。他們所能認識的是日本文字，所能讀的，是日本帝國主義御用學者們所編的一些課本。

在這種情形下，我們的小主人翁是完全受欺騙，和侮辱，如要培植起優良而健康的民族幼苗，非設法解除，這爲統治殖民地奴化後代而毒辣的文化桎梏不可。首先應脫離這險惡的環境，首有許多不願做奴隸的台胞爲了不願子女們被奴化，便紛紛挈了全家，投奔到祖國的懷抱中來。

四、台灣少年團是適應旅居祖國的台灣少年的要求而組織起來的。

台灣的少年既然一部分離開了那惡劣的環境，而回到了祖國，那便可和祖國的少年們一樣的進入各種學校唸書好了，又何必要另外組織少年團呢！

但是台灣少年雖一部分離開了惡劣環境，而回到祖國，然祖國一般學校，並沒有教授關於台灣的專門課程，以適應台灣少年們的特殊要求。同時，救國不敢後人的一羣小孩子們，又是親身嘗過了日本帝國主義鐵蹄蹂躪的滋味，因此，在祖國抗戰的烽火中，他們是迫切地要求着，盡他們的力量，做一點他們所能做的工作，並且希望，能在工作中去鍛鍊自己。

台灣少年團爲適應上列二項要求，因此便由一羣留閩浙等地的台灣少年發起而組織起來，自成立迄今二載有餘，輾轉於東南各戰場上，祖國的原野，成爲他們的課堂，祖國抗戰的各種英勇事蹟，成爲他們主要的課題。同時因爲他們有不辭勞苦的苦鬭精神，博得了祖國社會廣大人士的同情和贊助，益使這小隊伍一天天的擴大，和堅强起來。

是的，我們堅決的相信：「台灣少年團——他將是我們台灣革命後繼者的搖籃與焙爐

向平沼、板垣、政府抗議

樊哲智譯

——〇〇〇 這篇抗議文是日人岩見重太郎所撰，並印成小冊，我們得自前方將士鹵獲敵人的文件中，現在把牠譯出來發表，在時間性上，似乎有點稍嫌過去，然而從這裏面，我們可以看出敵人的物資缺乏窘態，和日本人民的反戰情緒，倘有一看的價值，請閱者勿以明日黃花視之。

譯者 〇〇〇——

戰爭開始以來，幾近二年，在此期間內，吾人曾遭遇重大之變化，而此種變化，實毫無理由。首自吾人切身之事觀之，第一乃物價高漲，食米較開戰前約高出百分之十五以上，日用品高漲最劇者，自三倍乃至四倍。政府雖稱物價公定，然以此公定物價，究能維持生活乎？即如近來修理皮靴，嘗聞皮靴店詢問：「照公定價格修理乎？」實則照公定價格修理者，直等於未修理一樣，購一雙洋襪，只穿三日，即破洞不堪再着。就實際而論，政府公定物價，設僅高漲百分之十五，則對大衆生活，可謂不生若何影響。然就吾人所知言之，能照公定物價購得之物品，僅香烟類而已，即此類物品，最近除品質較前惡劣外，而定價最低之金蝙蝠牌等香烟，亦不復行發賣矣。再假定係高漲百分之十五，然實際那能照政府之規定？如照僅堪三日着用之洋襪計算，每月穿十雙，則實已高出三、四倍矣。

加之最近鷄卵及蔬菜，亦發生恐慌，玆將其情形一言之。爲父母者，思欲將鷄卵供應其幼兒，但購一枚鷄卵，非十五、六錢（註一）不爲功，故不得不將愛兒女之心，遜於慮及每月之收支。因之一般小兒，最近全無元氣，面有菜色，附近之嬰孩，因牛乳昂貴和恐慌，能撫養至二、三個月者，已屬難能可貴。不論牛乳，鷄卵及蔬菜等，聞均由三井．大倉公司收買，而將其廉價售與德國及其他外國。爲供德國人民廉價食卵飲乳，而非使我日本大衆，將小兒置於枵腹之境，使其餓斃不可乎？此即所謂防共協定耶？請平沼先生明以教我！此即所謂日本精神耶？煩仁丹鬍子荒木先生詳爲開陳！

縱觀全國各處，戰死者何其多耶？三家之中，即有一家出征。在吾鄉富士，一村四百戶中，有二百人以上出征，且有一半已戰死。諸君嘗言：合全國各處估計之，恐有四十萬以上之戰死者，決非虛語。余之堂弟，是第二補充兵，出征山西，據謂：所持之槍，幾爲廢槍，且聞稍遇激烈戰鬥，彈藥即感不敷，而長官倘佯言軍火未按期運到，實則掌管理彈藥者謂：來源已絕矣。最近有僅少數自戰地歸來者，彼等所云，似曾商議者然，均謂：「此種無理之戰爭，將使日本頻於潰滅。加之特務機關將校墮落之風氣，聞之實不成體統，在上海，南京等戰地，置妾四、五人，發數十萬之財者，爲數不鮮。」又聞在滿洲之將校，在半年內，苟不積聚二十萬圓，朋輩必以獃子目之。如部隊長，某某參謀，司令官等人，良好者不能認爲皆無，然到派遣地，玩弄女人，搜刮金錢，半年亦不見其親臨戰陣，不久亦得擺陞回國，受領金鷄勳章（註二）。

倘有請問於板垣先生者，山西有名夏縣，解縣者，自今年以來，凡八回佔領，此究爲何事？報載殲滅華軍數十萬，迄今究行幾回殲滅？請教板垣先生，中國人在二、三個月內，即能生育如許之小孩乎？

首先標榜之不動國策，曾幾何時？近衛之不動國策，不兩週而變，平沼之不動外交方策，不一週而變，究爲何事？政府行事，非常採一箭雙鵰，甚或一箭三鵰之妙策乎？然放一箭總無所獲，誠可謂愚者，無能者，自負者之總集團，僅空想「東亞新秩序」而已。

日本之內閣，現已降爲東京一地方政權，威力不出東京，命令不能行於地方，戰地及其他地，此非余言，乃曾與德國希特勒會談之政治家中野氏所明白表示者，洵非虛語。最近吾人亦思及，爲何大臣多係無聊政客，今始瞭然。最近日本，似由「無有國」變爲「擁有國」，曾任南滿洲鐵路公司總裁有年之松岡氏有云：「擁有過多矣，再加一滿洲，則有餘裕矣。」吾人將不需之物取來，取來又屬多餘，殊無勞苦之必要，故多餘之滿洲，將其捨棄，豈非理所當然？何物滿洲之溥儀，華北之王克敏，吾人既不藉以生存，殊無一年投出幾十億之金錢，死傷百萬人以上之義務。近來政府收集鐵釘及鐵鎖，此實將國家政府降爲一收買破銅爛鐵之商店矣。

更有言者，所有大臣，人位雖多，苟有一、二具有近見者，或不致如此糟糕，亦未可知，此殆日本降落至第三等國地位之原因乎？吾人缺乏淵深學問，又無偉大見解，然對事之當否，尚能辨別清楚。政府、平沼、板垣，發動此無理之戰爭，已屬盡人皆知，而戰爭之眞相，並不與報紙所炫耀者同，因兵力及彈藥之不足，業成騎虎之勢，亦昭然若揭矣。今茲仍月有補充兵員，吾人週知均變成一千二千之遺灰，此種無理之戰爭，繼續下去，結果經濟惡化，財政陷於通貨膨漲之危境，大衆生活不安，國際關係逆轉。經濟財政，並非難也，政治外交，並非繁也，國民大衆，亦並非無知也。所以然者，而皆無理之戰爭所致耳。平沼先生，板垣先生，財閥先生，爲汝等之大臣慾，金錢慾，甯將六千萬大衆，無謂犧牲於無理之戰爭乎？汝等殺欲長此欺瞞此種赤子，吾人雖爲汝等所厭惡者，亦願以至誠懇請君等遠離日本。汝等不及二百人之衆，與六千萬國民大衆，誰弱誰强，希有以語我來！蓋六千萬民衆，已不能再忍氣吞聲矣。

（註一）倭國幣制，以「圓」爲單位，圓以下爲「錢」，一〇〇錢等於一圓。

（註二）按倭史載稱：「神武天皇征伐酋長長髓彥，賊勢浩大，皇軍不利，忽有大鳶飛來，止於天皇御弓之弭上，目光燦爛，賊目被眩不能戰，因而轉敗爲勝。」厥后倭賞國局奠定，凡參加實際戰役有勞績者，授與金鵄勳章。閱者想尙能憶及，繼平沼騏一郎氏組閣之阿部信行氏，彼位在爲陸軍大將，尙未受有此項勳章。蓋當日俄戰爭時，彼尙爲一少尉，正奉令出發參戰時，「戰事已告結束矣。

更有言者，查「鵄」與「鳶」同，猛禽，即鳶也。倭音「鵄」，「寶」二字，音頗相似，故多有將「金鵄勳章」譯作「金寶勳章」者，實爲誤譯。

三十年四月十五日脫稿於上官總部

殖民地半殖民地的兒童問題

辛　藜

一、殖民地半殖民地兒童運動的方向

隨着日寇鐵蹄踐踏的地區日益擴大，隨着祖國堅持民族解放戰爭的延長；無論是朝鮮、台灣，以及祖國淪陷區或未淪陷區的部份的兒童，也跟着青年們一樣，相繼地活躍在各個戰場，參加了這一種神聖的抗日工作；因而，從他們工作良好的影響中，相當地改變了一般人們過去輕視兒童的觀點。但是，這還祗限於對「孩子們天眞活潑」的愛好，以及對孩子們表演的歌詠戲劇的樂於欣賞而已；眞正能基於爭取民族解放的立場來關心兒童問題的，實在太少了。所以一直到今天，尙有大批的兒童不是被敵人所虜掠，就是被遺棄在街頭任其流浪；這些現象在今天還是普遍地嚴重地存在着。

我認爲，殖民地半殖民地的兒童問題，對於反抗法西强盜的侵略與奴役，直接間接地參與民族解放這一崇高的事業上，它是與青年問題、婦女問題同樣的重要。然而，可惜的是：這些苦難的孩子們，不但成羣地被帝國主義者所奴化，企圖從坦白純潔的心境上消滅民族意識的嫩苗，藉以維持其對殖民地永遠的統治；而且由於殖民地半殖民地經濟條件的反映，還要被封建餘毒所侵蝕，將變爲封建殘餘勢力下的馴奴。

因此，殖民地半殖民地兒童問題的提法，與帝國主義國家兒童（指廣大的勞苦階層的兒童）問題的提法，不能不有着不同之點：就是殖民地半殖民地的兒童問題，不僅在如何把他們培養起來，成爲未來反帝國主義的侵略與奴役，從而澈底爭取民族解放的新生力量；而且應該考慮着如何使他們從封建思想的影響下解脫出來，成爲有革命意識的小戰士。沒有後者的被提起注意，也就難於期望着前者的必然完成，而帝國主義國家的兒童問題，則祗在如何使他們能够繼承父兄們鬥爭的方向，去掙斷本國統治者們所給予他們的枷鎖。當然，殖民地半殖民地的兒童問題與宗主國的兒童問題，由於客觀條件與主觀要求各有不同，因而對這問題的提法也有差異；但是，它們仍然有不可分割的聯繫——正如在帝國主義時代，殖民地半殖民地人民爲了剷除民族壓迫而進行的民族民主革命運動，與宗主國的人民爲推翻本國的統治者所進行的革命運動，有着不可分割的聯繫一樣；也正如今天中國、台灣、朝鮮的人民，爲推翻以及反抗日本法西强盜的侵略與統治而發動的民族民主革命運動，與日本國內被壓迫人民爲推翻軍閥財閥們的統治所進行的革命鬪爭，必然要互相緊密地聯系一樣。

誰能否認，今天無論是台灣兒童，朝鮮兒童，與中國淪陷區的兒童，以及日本國內的貧苦兒童們，不是在一個共同的敵人——日本法西强盜——的宰割，蹂躪與奴化之下，因此，他們千百萬小拳頭，爲了打倒一個共同敵人而必然地朝着一個方向伸去，即使這一運動的熱潮，還沒有像日本人民的反戰運動來得那樣高漲；這一運動的聯系，還沒有像中、台、韓的反侵略運動，與日本人民反日閥統治的革命運動，聯系得那樣密切；但是，它底發展的前途，總是朝着這一方向的！

二、兒童運動與爭取民族解放

民族生命的延續，固有賴於後代的繁衍；而爭取被壓迫民族的澈底解放，則又必依靠着民族新生力量不斷地長成。

爭取民族澈底解放的事業，是長期而艱苦的事業。爲了與侵略者進行持久的鬪爭，以期最後把整個民族從侵略者的統治與奴役下解放出來，那就不僅要動員這一代的民族有生力量，而且還要培養後一代的民族新生力量。對這新生力量的培養，不應等待着將來，在今天，就應該使兒童們有機會大量地投身於抗戰洪爐中，去受革命的陶鎔與鍛鍊；否則，「臨渴掘井」的辦法，事實告訴我們是收效極微的。

然而，這並不是說，把所有的兒童都趕出學校，趕出家庭，都迫使他們到各個戰場上去工作，因而抹煞兒童基本教育的重要性；而是說，要使兒童們的生活，工作與學習，處處面對着抗戰。所以，當前的兒童問題，誰也不會解釋爲動員大批的「小兵」上戰場的問題；而是如何搶救敵人佔領區內大批在被奴化的兒童的問題；是在接近前線的後方，如何使大批的兒童們當着慘重壓境時安然撤退，不致被敵人虜掠的問題；是在大後方如何設法收容更多的流浪兒童的問題；以及如何從改善人民生活的實施上，使成千成萬的勞苦兒童不因家庭貧困過甚，不得不協助父兄從事有礙身體發育的勞作，因而使幼小生命受到過份斲喪的問題……。在今天，如果離開這些實際問題來談兒童運動，那完全是浪費筆墨與浪費時間。同時，每一個關心民族解放運動的人，也應該是關心兒童運動的；從關心進而倡導與推進這一運動，使它在抗戰的烽火中茁壯地生長與開展起來，作爲堅持民族解放戰爭，爭取最後勝利的一個保證。

三、兒童運動中的組織與教育

抗戰四年來，的確產生了不少的兒童團體，而且也貢獻了他們不少的力量。如國內的兒童團體，最著名的有孩子劇團，新安旅行團，以及各地的兒童團體；台灣朝鮮的兒童們，爲了熱烈地參加祖國抗戰工作，先後組織起來的有朝鮮義勇隊，三一少年團與台灣義勇隊少年團。他們，這一批已經有了組織的孩子們，無論在工作上，生活上，學習上所表現的能力與所收獲的成績，都不比一般的差，相反地，由於領導與教育方式適合兒童們的要求，因而提高了他們的學習上的積極性，與工作上的創造精神。而且我們應該指出：由於在兒童團體中學習了與發揚了民主精神，提高了他們愛護團體的熱忱；更由於集團生活習慣的養成，啓發了他們友愛團體的思想，加深了民族意識。

今天我們計算起來，無論就朝鮮、台灣，以及祖國的兒童數量的比例上來看，眞正有組織的兒童，還是相差太遠了。我們只看見成千成萬的無家可歸的兒童在啼飢號寒，成千成萬的兒童在被敵僞所奴化，成千成萬的兒童在被過重的勞作所斲喪……：，這些兒童們，是不是民族的後裔，可不可以培養成爲國家「棟樑之材」呢?!然而，他們的存在，並沒有引起大多數人的注意；因此還不能把他們大批地組織起來，培養成爲爭取民族解放新生力量，這不能不是民族解放鬬爭中的損失。

其次，兒童僅有了組織，還不能說是兒童運動工作的完成；如何教育新的一代，使他們能肩起先一代未完成的事業，這才是兒童運動的主要任務。沒有良好的，適合客觀條件所需要的教育方式與教育內容，那仍然是南轅北轍，不合時宜的。因爲，殖民地半殖民地今天所希望於兒童們的，不是要把他養成溫文爾雅的宗法社會的馴奴，而是要把他們鍛鍊成朝氣蓬勃，知識豐富的革命戰士。因此兒童們所要求從教育上開展的知識範圍，是從眼前推廣到世界，從現在推廣到將來；因爲他們在今天要認識世界，認識人類社會的現實與推論到將來；在明天，他們就要去改造世界，改造現實與創造將來了。施行教育者，如果違反了這一要求，不僅阻礙了新時代兒童知能的發展，而且違反了兒童運動的目的與要求。

四、開拓兒童們美麗的前途吧！

我們不能說，只在富兒們的隊伍中才能產生「天之驕子」，而在被遺棄，被奴役的兒童隊伍裏就沒有優秀的人才。美麗的前途，應該是兒童所共有的；但在殖民地半殖民地的國度裏，兒童們美麗的前途上，却被侵略者的魔手蒙上了一層陰影，廣大的兒童，跟他們的父母兄弟姊妹一樣，被囚困在黑暗的深淵中，似乎他們的前途完全被現實的厄運所斷送了：可是，時代正在啓示着他們——這是所有被壓迫者掙斷鎖鏈的時候。他們在這光明的啓示之下，已遙望到了美麗的前途；有如殖民地半殖民地的人民遙望到了整個民族美麗的前途一樣。殖民地半殖民地的奴隸們早已站立起來了，與他們的敵人在作殘酷而持久的搏鬬；而這些作爲奴隸們中的一部份的兒童們，也跟着伸起了瘦弱的拳頭，準備補充到成年人的隊伍裏去，然而，他們到底還是孱弱的，還是需要成年人大量的扶助與同情。

爲了與我們的敵人進行持久的戰鬬，爲了最後擊潰法西强盜的進攻，爭取殖民地半殖民地的獨立，自由，解放，假如忽視了「兒童問題」，誠然是我們的罪過。

一切不願做亡國奴的革命志士們，用你爲民族開拓美麗前途的熱忱，來幫助與鼓勵兒童們開拓美麗的前途吧！

台灣的兒童

·陳大年·

爲日本帝國主義奴隸的後繼者的台灣兒童，他們自母胎產生出來，就被決定了他們的運命了，他們生長在成年成月被奴役，貧困，苦難所折磨着的父母的懷抱中，就過着、能獲免的營養不良，愛護不周的嬰孩生活。

到了六、七歲，大部分就因其父母兒長所遭受的奴隸牛馬的生活環境所驅使，也就不得不做他們父母的幫手，去參加帝國主義剝削下的生產工作，以細微得可憐的收入，來補充家庭食用的不足，雖然那只杯水車薪。

在農村，他們是要拿起鋤頭，鐮刀等去幫助他們的父母農作，畜牧，到處都可看到他們在牧牛。看羊、鋒草、送茶飯、幫助收獲等等的工作，假使他們的父母沒有田地作，他們也就不得不跟着他們父母去做資本家的農場底最便宜的勞働力的出賣者——童工的在掙取最廉價的蔗糖公司的農場、三井公司的茶園、三菱公司鳳梨園等等普遍地，有他們在被鞭答着，自日出到日落，辛辛苦苦地工作，換不到他們每日最低廉的生活費用，殘酷的被剝削的生活，在折磨他們幼稚的發育不全的身體

在城市，他們也是現於市場的最便宜的勞働力的出賣者，譬如爆竹公司一九三〇年一月到七月的廠外工人（包工制，全部是女工、童工）平均每日四百六十九人的工錢是三十六元，每人每日所得工錢，是七分六厘，小炮一包一千四百十一個的捲炮身工錢是六分，五號炮一包五百七十四個的捲炮身工錢是四分，小炮的打孔四十包的工錢是一角五分，在廠內的種芯工作，小炮十包的工錢是七分，五號炮十包是五分，做這種工作的，多是女工、童工，他們最低的年齡是八歲，一天的工錢以一角到二角的爲最多，還種生活是多麼貧苦啊！此外，台灣總督府內殖產業技師調查的一九二一年末，十五歲以下的各種工廠的女童工的工錢是還樣：

產業別	台北（分）	新竹（分）	台中（分）	台南（分）	高雄（分）	平均（分）
機械器具	一五	—	—	—	—	一五
織維	二一	七	二七	三五	—	二二
化學	二一	三〇	二〇	一八	二九	二三
食品	一二	—	二七	四〇	二九	二七
雜工業	一七	一〇	三〇	一六	二一	一八

還更可明瞭工錢的低廉，在全台灣各種工場都是一樣的，這與當時在台灣的日本人工人工錢每天是三——五元相比較，日本帝國主義對殖民地兒童剝削毒辣的，就更爲明白了。

還是大多數台灣勞苦兒童的命運，但是比較『幸運的』少數進小學校的兒童的情形，又是怎樣呢？台灣的小學教育大概有下面三種：

一、日本人的教育是小學校

二、台灣人的教育是公學校

三、番人的教育是番童公學校

日本人的兒童是進小學校，台灣的兒童是進公學校，番童是進番童公學校，

日本帝國主義的教育目的，完全是爲其自身的利益而設的，對他自己的國民，自然是要養成他們的忠實的獵犬，劊子手。以及馴良的勞働者，而對於殖民教育，最大的目的，是要養成感恩戴德的馴良的奴隸，以及一部分幫助管理奴隸的下級工具，所以對其自己國民是施全部教育，對於殖民地的台人，只在某範圍內施行一些教育就够了，對於在台日本二十一萬八口中的兒童，設一八一所小學，收容兒童二六、五六六名（實在是全部的兒童）；但是對於擁有五百萬人口的殖民地台灣的兒童，只設有五〇八所公學校，收容的兒童，僅二九〇四七名而已，還是日寇對於教育普及上的岐視政策，由於這些限制對於台童的入學，就不得不實行攻試了、每年在考試中被擯棄的學齡兒童約與入學兒童的數目相等，

根㨿上面的教育目的，他們對日台兒童教育的方針，也就可以明白，自然對於台童的公學校，是以啓發智能爲次要，奴化教育爲最主要的，對於六、七歲初進學校的兒童，即以日語教授，並且自入學起就禁止講台語，還就是日寇奴化教育的面貌，

對於中文一科，更不用說，常被其視爲危險的事情，黨義以及中國事情，更不容提起；關於這方面的書報的入台，是嚴厲禁止的，台人爲着要他子弟學習中文，以前設有公塾，後來逐漸被其消減了，還個情形的發展如下表：

年度	私塾數	教員數	生徒數
一九一八年	三八八	四五三	一三、三一四
一九一九年	三〇一	三五〇	一〇、九三六
一九二〇年	二二五	二五二	七、六三九
一九二一年	一九七	二[illegible]一	六、九六二
一九二二年	一九六	一一八	三、六七八

可日在現在是完全沒有了，現在是高唱着「皇民化」的教育，如在「七七」事變時，對乘火車的台人，如不能操日語，就有被驅逐的事情發生，從這里也就可想見其施行奴化教育手段的毒辣了，

對於華僑的兒童，也就不能例外，開夜校教授國語，是被禁止的，要自設學校，亦被禁止，即使在無可如何的情況中，要入教育台童的公學校，亦多以名額已滿，無法收容而被擯絕。

殖民地人民的痛苦，由此可見一斑；在日本武力宰制下的兒童，爲了教育的要求，總在其各方面的限制之下，受着奴化的教育，現在中國在日寇瘋狂的侵略下，輾轉呻吟於淪陷地區的兒童，將不可避免地與台灣兒童，遭受同樣的命運，

但是這等奴化教育，是不能消滅台人的反抗意志的，過去受其奴化教育了的台人之中，台灣革命家之崢嶸崛起，是對日寇奴化台灣最有力的回答，

今後，我們更加確信，早已掙脫了日寇統治枷鎖的台灣革命的新生力量——台灣少年團。將在堅強的鍛鍊和新的教育陶鎔之下，更加繼續不斷地生長出許多新的青年革命幹部來，他們才是眞正的日寇在台灣的掘墓人。

工作在浙東前哨的台灣少年團

何蜀英

一、偕行曲

我要拉轉我的童年，要創造更多的年青的活力，我唯有向進步的年青的一代學習！所以早在諸暨第一次陷落後，就有與台灣少年團偕行工作的計劃，然而這計劃的實踐，却延遲到諸暨第二次失陷的前夕。

我參加台灣少年團的集體生活，是在今年三月十日在金華東站於風雨的夜裏，當我被雨淋透全身，爬進車箱的時候，他們已經縮着打睏了。一陣驚擾之後，狂熱的向我歡呼起來，趕快接過我手裏的東西，取下我濕了的帽子。接着，就是暖烘烘的柔嫩小手，和我一一的相握，是那樣的天眞活潑可愛……比起成人隊伍來，完全是兩幅不同的畫面。我這被磨鍊得快要枯萎的心，好像被洒上蘇生的露滴。

他們是十歲到十五歲的七個小朋友——小隊長王正南，團員徐光黃月華，李廣曾玉芳，朱倬黃國俊——和一個不過十八歲的指導員黃志義，其他的小同志呢，因年紀太小不能跑路，被留下來了。

小朋友和十一個大同志興奮的交談着，疲倦被驅逐走了。慢慢的，黎明代替了暗夜。時鐘剛近五點，火車在軌道上急馳起來。兩側繽紛的桃，不時飄進窗口，我們歡愉的唱着偕行曲走向前哨去了。

二、統一理論與實踐下的反日革命精神

由於他們都是生長在台灣，從有知覺的時候起，就知道日本帝國主義者對殖民地台灣的種種毒辣。所謂奴役台灣的成年，剝削台灣人的經濟財產，台灣兒童和日本兒童享受教育上的優劣懸殊，多瓜力砍台灣人的腦袋……就是說日本帝國主義對殖民地奴化的一切殘毒手段和目的，這羣孩子是深受過來的。在骨子裏早刻劃下對日本帝國主義的仇恨了。

他們參加祖國的抗戰，多半是七七前後隨着父兄來的，年齡最小的是七歲，大的十五歲，現有××名。當他們屢次受到祖國同胞熱烈的歡迎愛護和幫助，予他們無限的鼓舞，這時候，他們才澈底的了解在台灣時他們父兄所說的祖國和自由的意義發生了很大的興趣。

已有兩年豐富工作經驗的少年團對於理論與實踐是統一起來了。他們不僅會說：台灣要新生，台灣人要不做奴隸，就只有反對統治他們的日本帝國主義，及聯合弱小民族向日反攻，就只有革命只有幫助祖國抗戰勝利的成功；而且在行動上，往往是以工作突擊競賽的，自身的利害辛苦，倒置之不顧。假如在生活工作或學習上，一個小同志一再的犯了誤錯，他們會在檢討會上提出那句他們認爲最羞辱最傷心的警語來！

「你這種只會唱高調的東西，將變成台灣人的敗類，還要作台灣後起的優秀幹部，眞是把人羞死了！」

所以他們要求的進步，不是一時的，偶然衝動的，而是在三民主義理論原則的指示下，爲眞理的燃燒要求生活學習和工作的齊頭並進。

三、突擊頑强活潑的工作作風

工作從諸暨展開，當隊初到的第一天，機器，行李，食米，從車站運去城裏的時候，雪子瘋狂的下着，可是小朋友在工作上表現的，不是畏縮，是勇敢，和大朋友一樣的推車提籃背被蓋，——雖有因路途泥濘被滑跌的。然而並不示弱，站起來笑着又走了。工作原則在諸暨決定了以放映電影爲號召手段，盡量爭取一般組織性的宣傳工作之後，小朋友自動的突擊工作表現得更爲具體了。

早上五點鐘起牀，繼之早操歌詠，完了便是朝會，朝會的主要內容，是負責人報告時事和當天計劃的工作及分工；早餐後，由執行的值日員分配各工作小組出發的。我每次去巡視他們都很有興趣。譬如寫牆壁標語吧？他們選好適當的牆壁後，第一步便去借扶梯，在宣傳說服之後，民衆自動快樂的幫他們抬去安好，寫標語多半是三人一組：一人打底綫，兩人塡顏色，或描邊，很科學的，一點時間也不浪費的分工合作口裏哼着曲子，太陽晒在身上好像一點也不知道，也不感到疲勞。

標語是那樣的大而美術，行人多很驚異，圍觀的人逐漸的加多，他們看見觀衆不少，便抽出一個人來宣傳，就反站在扶梯上，那樣和氣的問着土人家鄉的事，先是問答，後來便講演起日本統治台灣的故事和抗日的大道理來，聽衆不禁爲之神往，感佩！在衆人的稱譽下，有送茶來給他們唱好，有送荸薺來請

他們吃的。他們是那樣謹慎而禮貌的應接濟。

對於調查難童和謀救濟難童的事，以及訪問小學校及想推動他們也來做抗敵的工作，小朋友們是份外熱心的。技巧應用的得體，工作的不苟且，都很使人感動。我們在發動諸暨社會問題座談會前的討論會裏，對於調查諸暨難童和救濟辦法，小朋友建議不少，而且多被採納了。老實說，對他們是不應以一般的孩子眼光看待的。

從諸暨到紹興的步行途程，小朋友也打前站，也和大同志照管行李，推車，負物，路上不吃零食不落伍……

諸線上，各處對我們的共計一十五個茶話歡迎會中，我們總是把它單純的聯誼性變爲工作上的商討和改進，小朋友能夠及時抓着具體的問題發揮他們自已的意見，每每予人意外的欽佩，其刺激社會影響社會的作用，是大朋友所不及的。

社會團體的訪問聯絡，小朋友担任過，而且做得很好。訪問出征軍人家屬雖因工作限制，沒有作爲中心，然而應收的效果已達到了。

當一個工作計劃宣佈的時候，他們如果有意見補充或修改，總是盡量的發揮，以後就全力的去執行。如在工作中遭遇着困難，是那樣頑強的去克服。務必達到在工作上爭取到「飛機」（註）的頭銜而後已。

在諸暨××軍部楓橋甯波的工作能够獲到圓滿的效果，就是這個道理。

浙東工作中許多人都以爲他們是天才！

我的意見是「否！」而是他們有民族解放的覺悟，及教育管理和工作領導的正確及應用方法的科學合理所致，讓我舉出一件事來作例吧！在甯波我們接到××部請求無綫電廣播通知後，就決定王正南小同志用日語對敵廣播，黃月華小同志用台語對台胞廣播，他們因爲過去沒有經驗所以堅決的不接受，但後來由他們的指導員來處理，很快的就解決了。他（指導員）提出幾個問題；一、我們出來是做什麼的？二、播音是不是工作？三、因畏難而逃避工作，是不是一個勇敢的工作者？態度很和靄鎮靜而嚴肅，問題提出後的幾分鐘兩個小朋友沈默一陣之後，便接受了。準備上由大同志幫助一下，這次播音獲得良好批評後，他們便感到興趣要求再去了。

工作不是沒有表現出缺點，是能够很快的很合理的解決。

四、工作和生活中的主導作用

浙東行的四十天，台少團的小朋友，以孩子的姿態，把他（她）的工作熱情，所表現出來的頑强突擊活潑的工作風，刺激了浙東兒童並引起社會一般成員無限的愧疚和鼓舞，直接的反應是物質捐助和精神慰勞以及整個城市和鄉村瘋狂燃燒的跳躍。在祖國抗戰到了嚴重階段而社會一般工作都呈着低潮的今天，能够像台少團這樣起有力作用的勁旅是難得的。

他們的生活是活潑熱情而緊張的，以在工作中學習，在學習中來進步的原則，嚴格的執行其民主集中制的管理，凡與他們接近或共同工作過的工作者，歡喜絕對個人主義的唱高調的，僱傭性的，不求進步的種種色調，都可以被他們局部或全部的糾正過來，有形無形中都起的主導作用。

這是一支殖民地反對其統治者法西斯强盜有力的火炬啊！

現在我們是安全的從虎口（日寇）下突圍歸來了，我們的這羣小戰士已入於安靜的學習中，他們已有着長足的驚人進步……

一九四一、六、二四、於金華

（向三個月學習計劃突擊） 徐光

從姓氏筆劃多少爲序

一、　王義方

我今年十二歲，我的名字叫王義方，在四歲的時候，回到祖國，在福建的福州讀書，我聽見一個義勇隊的大同志說少年團非常好，我也就想來參加，一到了金華，就看見很好看的跳舞，高聰明和我在一起來的，他也會一點了，我也要加緊學才好。我的家裏很窮，所有的台灣人都是很苦的，我們只有打倒日本帝國主義才能過到好日子，不過我很頑皮，進步也很慢，我要更加努力才行啊！

二、　王正南

我叫王正南，今年十五歲，是台灣台南人，我因爲瘦得像木頭，所以大家就叫我「西諾曹」，（木偶、台灣少年團一成立，我就參加了，現在我是這一小隊的小隊長，因爲這個團體是反對日本帝國主義，要解放我們的同胞的，所以我希望每個台灣的小朋友都能來參加，一起反抗敵人，不要受敵人的利用。

三、　王正北

我叫王正北，生長在台灣台南，七歲時和我父親、母親、哥哥一同回到中國來讀書，我是一個女孩子，今年已有十一歲了。我不喜歡在小學校裏唸死書，一點趣味也沒有，就來參加台灣少年團，這兒是讀活書的，我要不斷的進步，好解放我們台灣的婦女。

四、　朱偉

我是台灣人，今年十二歲，因爲不願意做小亡國奴，所以和我的母親一起跑回祖國來了，我是一個女孩子，叫朱偉，本來是在中心小學讀書的，後來聽說組織少年團，我就很願意參加少年團，一起工作學習，和大家一起進步。

五、　李廣

我今年十二歲，名字叫李廣，因爲我曾經演過一幕大力士的戲，所以大家時常叫我「小老虎」、我是非常喜歡這個團體的。所以我在少年團一成立就參加了，我想我將來要做一個航空戰鬪員，來建設新台灣的新空軍。

六、　李騰

我的名字叫李騰、今年十歲，我參加團體還不久，所以有很多事情都不知道，我不很胖，但是有很多人都叫我小胖子，我很愛學跳舞，所以同志們時常來教我跳，我在學習上生活上都很好，所以做過好幾次「飛機」。

七、　林長梅

我是台灣彰化人，名叫林長梅，今年十三歲，回到祖國來，讀過兩年書，同學們都很怕我，後來參加了台灣少年團，我在團體裏頑皮起來很厲害，但是做起工作來也很認眞。

八、　林長淦

我今年十二歲姓林名叫長淦我是一個男孩子，我父親開布店已在七年前死」，母親給人家洗衣服，家裏還有一個妹妹。我身體不大健康，一到天黑眼睛就看不見了，這完全是營養不足的緣故。

九、　林其昌

我今年十四歲姓林名其昌，我是一個男孩子，我從參加團體以後比以前進步得多了，我在團體當中不算最好，也不算最差。以後一定要更努力求進步。

十、　林其銓

我的名字叫林其銓，今年十三歲，在八歲的時候回到祖國來的，一直在福建讀書，後來聽說台灣少年團很好，我就來參加了。

十一、　林超

我的家在台灣的台北，爸爸死了以後，就回到祖國來，在福州讀書，後來台灣義勇隊有一個隊員，叫我來參加少年團，我想，少年團可以使我進步，將來可以做一個更有用的人，我就來參加了。

十二、　徐光

大家叫我西瓜，實在是徐光，中國字總是這樣，音同字不同，結果常常鬧笑話，在台灣過了五年整，回到祖國來却已過了八年多，現在我的年齡是十三歲半。

在我們中，最先回到祖國來的就是我，可惜我在前幾年，只知道讀死書，只會在母親身邊撒嬌，現在呢？啊！比起來眞有天地之別，我現在是少年團宣傳股股長，可以懂得很多的大道理，我們爲什麼要打倒日本帝國主義，怎樣打倒他……我們將來還要把台灣弄得好好的，嗯！你看我們有沒有這個本領。

十三、　黃月華

我生長在台灣，姓黃名叫月華，是一個女孩子，讀了不到一年的日本書，那個書完全是奴化我們的，在台灣生活過得眞不快樂，只是受氣，後來抗戰一爆發，我就和我的父母弟妹們統統跑回祖國的懷抱裏來，以後又參加「台灣少年團」，幫助祖國抗戰，解放我們的故鄉「台灣」。我現在在少年團是担任生活股股長。

十四、　黃國俊

我是台灣台南人，姓黃名叫國俊，從台灣回到祖國來一直在福建，以前是在福建念書的，以後就參加少年團一起學習，一起工作，共同進步。

十五、　黃月娟

我是生長在台灣，在六歲的時候和我的父母一齊來到中國，現在我的年紀已經快到十三歲了，我的姓名叫做黃月娟，是一個女孩子，我想，我們台灣受日本鬼子壓迫，我們台灣的婦女更加可憐，所以我將來立志要打倒日本帝國主義解放我們台灣的婦女。

十六、 黃鐘靈

我叫黃鐘靈今年有十一歲了，我加入少年團很久，但是一直很頑皮，我的爸爸現在在義勇隊裏工作，兩個姐姐也都在少年團，還有一個弟弟和一個妹妹年紀都還小，將來長大了，都要他們來參加少年團，我將來想做一個海軍，因為台灣是在海上的，我們要保護他，就要建立强大的海軍。

十七、 許文清

我生長在台灣台南，名字是許文清，民國二十年來福建廈門，每個人都知道我是台灣人，二十六年廈門形勢非常緊張，政府就把我一家人送到後方來，後來聽到說有一個台灣義勇隊少年團，我就想來參加，過沒有幾天，我就離開了我的媽媽，來參加這個團體，現在我十五歲，這次我來參加的目的，是為了幫助祖國抗戰全個台灣五百三十萬人民的自由和解放。

十八、 高聰明

我的名字叫高明，我的家是在台灣台北的一個小鄉村裏，現在回到祖國來參加少年團，我今年已經十三歲了，我將來要做個很好的革命者，革掉日本鬼子的命！

十九、 郭輔義

我姓郭，名輔義，今年十二歲，我是生長在台灣的。一生出來就做了小亡國奴；但是我不願意做小亡國奴，所以在「七七」祖國抗戰開始的時候，我就同我的父親跑回祖國來，我的父親現在參加台灣義勇隊做醫務工作，我也參加台灣少年團了。現在我有這樣好的學習機會，我就要加緊學習將來好盡我的力量來替無理的敵人槍刀下受難的同胞報仇。

二十、 曾玉芳

我長得胖胖的，人家就叫我小胖子，我生長在台灣台北，姓曾名叫玉芳，是一個女孩子，我因為不願給日本鬼子做小亡國奴，所以在「七七」抗戰開始，就跟父母和一些台灣同胞一起冒險跑出台灣，回到自己可愛的祖國來參加台灣少年團，將來我一定要為台灣革命而努力奮鬥！

二十一、 曾啓章

我的名字是曾啓章，我在團裏最頑皮，烏龜時常由我做，我只有一個優點，就是很熱心的服務，團體的事務工作，我總是自動地去做。

二十二、 楊德榮

我是台灣新竹人，名叫楊德榮，今年九歲，回到祖國在福州讀過一年書，我的爸爸是義勇隊隊員，他就要我參加台灣少年團，我也非常願意，就參加了，在團裏我是最小的團員，我非常努力學習，並且有一個姓林的大哥做我的小先生，幫助我學習。

二十三、 廖月英

我姓廖，名叫月英，生長在台灣，現在在台灣少年團學習，我的身體非常不好，時常生病，還完全是日本帝國主義壓迫我們，使我們生活非常苦，肚子都吃不飽，那裏還談得上營養呢？年紀小的時候營養不足，現在就容易生病了！

二十四、 劉斌

我是一個台灣人，父親不願作敵人的奴隸，所以跑到祖國來，一直住在福建省，最初，我的名字叫「基基」，還有些像老鼠叫，同學們時常開玩笑，我就改了叫劉崇基，當參加少年團時，我又改叫，既文，且武的一個單名，「斌」字，意思很簡單笑我想做一個文武雙全的人，但是還有人給我開玩笑，就是「老兵」，哼！「老兵」不是很好嗎？

二十五、 劉惠敏

我姓劉，名叫惠敏，我是一個女孩子，在女同志中，我是最小的一個，在全團體中是我是第二個小的，我今年九歲，我的媽媽死了，爸爸現在他在台灣義勇隊。

二十六、 謝天立

我的名字叫謝天立，今年十一歲，以前我是在福建崇安，後來我來參加台灣少年團，我是一個很頑皮的孩子，我將來願意做一個海軍，因為台灣是一個海中的島，所以我要學習海軍。

工作学習生活

片斷的速寫

真正愛國的人

—記雷波吳老伯伯—

王正南

我們將東西從輪船搬上碼頭，對於這個新的環境，大家都非常的高興。伙食員進城去了，我們從下午二點鐘一直等到四點鐘，肚子已經拉警報，我們急盼伙食員的回音，我們急需要飲食來充飢腸……

伙食員跑回來的時候，眼睛笑成兩條縫了，他說：「一個三四十歲的老百姓，叫吳老板的，對我們再好沒有了！他幫助我們買東西，借物品，又叫吳老板娘給我們煮飯，又和氣，又熱情，好，好，再好沒有！」他將話說完，就報告值日員叫我去幫忙，我要動身的時候，大同志還叮囑我要當心人家的東西，要份外的愛護。同志們也一面準備動身了。

我在路上，沒有看這新地方的景象，我專心的想這個吳老伯伯，我又恐怕我不能完成任務，到了他家一看，原來人炒貨舖，一進去黑暗得很，並且人又多，伙食員和一位穿着黑長袍的，身體很胖的，大約三四十歲的人在談話，我在旁邊聽着。我們的伙食員，要求借他的柴用，這老板一連說着：「不要緊，不要緊，你們用好了，也不要還，你。是中央派來宣傳的，你們太辛苦……」們真是熱心極了，老板娘也前後左右的照顧我們，忙得透不過氣來。

他又繼續說：「我是福建人，到這邊來已經很久了，這次能看到我們這樣有紀律，又和氣的愛國軍人，我是多麼的高興啊！」

這時伙食員介紹了我，老板一聽是台灣，連忙就握緊我的小手說：「我們是同鄉呀！」我也像看見親人一樣的感動，我們就不斷地談起話來。他的臉紅紅的，好像有眼淚，我也幾乎激奮得要哭起來了。

過了好一會，我的頭痛起來了，便告訴了伙食員，這事馬上就被老板娘知道了，他就忽忙跑到樓上，拿了頭痛膏給我貼在頭太陽穴上，他很像我那個還留在台灣的愛我的嬸嬸。

當我們的同志來吃飯時，吳老板馬上拿了差不多兩三斤的瓜子給我們吃，我們當然是不肯吃，可是他不肯，後來我們只好接受，勉強的吃點。

我吃飯時，他又拿出菜來要我們吃，我們說：「菜很多，不必再麻煩了」。可是他又不肯，後來就說：「那麼就留起來，等一等給我們還沒有

詩

～可愛的故鄉～

樺山

台灣，是我們的家鄉。
在那美麗的海島上，
有五百三十萬的同胞，
在那兒遭受着：
敵人的壓迫、
奴化、
殘殺、
和搶掠！

那豐富的糧產，
無盡的礦山，
全被掌握在敵人手上，
任他支配，
任他奪取，
任他宰割，
連牛馬都不如。

我們，
不願再讓敵人搶奪！
我們，
要反抗！反抗！
反抗到最後，
把敵人趕下太平洋！
誓死獻身
爲台灣同胞復仇！
洗刷恥辱，
清算敵人的血債！
爭取五百三十萬同胞的，
獨立、
自由、
解放！

（完）

來的同志吃好了」。這樣一騙才拿了進去，要不然是不肯收進去的。

吃飽飯後，吳老板拿了新面巾，打好兩三盆熱水給我們洗臉，還泡了許多茶給我們喝，我們互相望着，感激得很！

我們今晚受了吳老伯熱忱招待，我們是多麼歡喜和慚愧啊！於是就拿出五塊錢送給他，表示謝謝他的意思，可是他卻又拿出二十塊錢給我們小朋友買糖吃，說我們小朋友很辛苦。又說了許多鼓勵的話，使我們非常的歡喜和難過。

我們要走的時候，吳老伯伯對我們說：「你們為了工作跑了這樣多的路，吃了許多的苦，我們這幫幫小忙是應該的，幫助你們的一份力量，也就是等於幫助國家一份力量呀」！

後來，何隊長（編者按是同少年團同往工作中中央影第一隊隊長）來了，我們將吳老伯伯的情形告訴他，他很感動，連飯都沒有吃，便由我們的李指導員和黃指導員兩位陪同去拜訪吳老伯伯，何隊長回來告訴我們說：「吳老伯伯是個愛國的模範人物」，我們更時時刻刻都想念着他，就是寫牆壁標語時，都想去看看他，但是又怕麻煩了吳老伯伯。

我們新到甯波，就遇着這個愛國的吳老伯伯，所以由於吳老伯伯給我的印象很深，深的刻在我的腦記憶中了。

撤退

徐光

一輛舊的汽車，載着我們二十來個大大小小的同志，在黑暗中摸索着，一直向南行進，這是新長公司的一輛貨車，在長樂的時候，被我們綁票似地綁來的，因為敵人猖狂，迫不得已把我們要從甯波趕回金華，跑到長樂才走一半路，這兒又是很危險的地帶，要不及早撤退的話，如果敵人包圍起來了，人還可以想法逃掉，可是一大堆的電影機器往那裏逃呢，往那裏藏呢？丟給敵人嗎？不！決不！於是就在無法中，想到了這惟一的辦法，把停在長樂的這輛貨車綁着走了，我們一方面了解不應該這樣做，但是事實卻又迫着不得不這樣做。

一路上，謠言多得不得了，不斷的傳進我們的耳朵里，有的說：「敵人離此地只有二十里路」。又有的說：「敵人已包圍到前面去了……」。我們聽了這些話以後，仍舊保持鎮靜，但卻每個人都在心裏打算，如果敵人真的來了，我們把那一部份輕巧的重要機器帶走，笨重的，比較次要的留在那裏，一方面又到處探聽謠言的來源，是不是確實，但是我們卻可以斷定這兒是敵人的迂迴線。

我們從車上看下去，無數的青年在到處逃亡，有的拿着包袱，有的空着兩手，有的扛着行李，走的走，跑的跑，數目無法計算。

天慢慢地亮起來了，越走也越離開敵人遠了，危險地帶已經過去了，但我們緊張的心情，可沒有減低，每個人的眼睛，直望着天空的一角，防備着敵機的襲擊，這樣，已有一星期多，每晚睡眠不足了，能夠睡到六、七小時，那真是幸福了，現在車子沒有頂，太陽直射在每個人身上，熱得燒人，大家更加疲倦，但，神經又過份的緊張，這時的難受，真無法可以形容。

後來實在太疲倦了，無論如何都支持不了，於是就橫一個，一個的睡着了，只剩下幾個人沒有睡，這個車子的水箱有點漏，

詩

崗哨

樺山

月亮像一隻彎鉤，
　高掛在樹梢；
北風像一隻猛獸，
　奔騰，狂嘶，
　　月亮照着你；
　　冷風颳着你。
你——
　受着冷，
　挨着飢，
在夜色朦朧中，守住這條清冷的大道。
瞬着眼，
注視着前面。
你——
　不怕苦，
　不怕難，
為了祖國的：
　　獨立；
　　　自由；
　　　　平等。
不讓
　一寸土地，
　一粒米粟，
　　給鬼子奪去。
　為了人類的
　　幸福和快樂，
堅實地站在你的崗位上，

時常要加水的，有一次車又停下來加水了，加好水，等了幾分鐘的樣子，車子沒有開一點動靜也沒，覺得奇怪，於是就問坐在駕駛室內押車的何隊長和指導員，叫了半天，一點回音也沒有，我們想，他們兩人一定睡着了，後來跑下去一看，非但何隊長，指導員，仰着頭靠着背，睡得很甜，就是那一個司機，也很安然的伏在駕駛盤上睡着了。

誰都疲倦了，誰都要休息，車子在半睡眠的狀態下開到了永康就停了下來，土坡上樹陰下，大家都痛快的睡了一覺。

睡了差不多兩點鐘的樣子，忽然一陣黑雲飛來，大雨馬上就要來了，於是大家又被叫醒起來，車子是不能自己發動的，靠在一個小土堆邊，要上公路還得過這土堆，這時，雨已經瘋狂而向我們襲來了，大小同志一齊都在用力的推車子，雨水從我們鞋子的口裏灌進去，當一脚踏下去，水就被從鞋子裏擠出來，向前衝，滿腿都是泥漿。

我們的全身在汗水和雨水交流下，變成落湯鷄了，大家上了車後，車子又飛跑了起來，大概車子也討厭下雨吧？所以跑得特別快，過了一個村莊，太陽又出來跟我們開玩笑了，我們大家就把衣服都脫起來，高高舉起，不久，我們的衣服給晒乾和吹乾了，大家就穿上衣服，仍舊注視着天空。……

慢慢地在遠遠的地平線上，有一個小小的塔影浮露了出來，我們，都不禁叫了起來，「到了」！「金華」！

一九四一年•六•十•記於團部

從金華到諸暨

黃月華

這次我們台灣少年團幾個小朋友和電影隊的大同志們出發工作，目的是爲了募捐一些錢作爲我們少年團籌組流動劇團的基金。一方面是慰勞前方將士，因爲上面的兩個原因，所以就準備到寧波工作，在三月十號，我們就動身到金華火車站等車，一直到天亮才開車。

討厭的一晚

不巧得很在這晚忽然下起雨來，我們的行李多人少又在這樣大雨下面搬運起來很困難！但是我們不怕一切困難爲了工作，我們還是在風雨下面把行李搬到火車上去。今晚眞討厭我早就要睡了，可是同志們鬧得很兇，馬上就有人在猜拳，說笑話等……就這樣吵吵鬧鬧的叫我睡也睡不下，可是有什麼辦法，我們就這樣子過了這討厭的一晚。

車上所見

天不知道什麼時候亮的，在車廂裏看去，在我們眼前所見的是可憐的，每一個老百姓沒米吃，他們就到金華來買米回去？在這時候他們爲了肚子餓，不怕風雨拖着米袋，在泥濘的地上走去，有的老太婆也同樣的忽受着苦痛，有的冷的發抖，眞使人看見了不能不痛心，但是我們想想，我們抗戰已經是第四個年頭了，我們不允許再有這種情形，我們應該設法來糾正他。如果老百姓沒有米吃，當兵那一個去當呢？打仗(戰)那一個兵打？所以這事情是很嚴重的，我們要明白：「一米」是維持我們生命的東西！如果沒有「米」，那就不能在世界上過活，我們知道米是那麼重要，我們就應該想辦法，第一，政府要把交通方面弄好。第二，對糧食要有很好管理，計口授糧，評定物價，第三，嚴勵取締囤積居奇，同時各方面交通也能够很方便，那麼諸暨同胞就不怕沒有米吃，就不會這樣受苦，個個人都有了飯吃當兵也有人當，打仗(戰)也有人打，這樣就可以早一天把

毫不吝惜地
獻出了你的生命，
和殘暴的敵人搏鬭！
勇敢些：
祖國的護士：
奮鬭吧：
被壓迫民族的戰鬭員：
前進啊：
人類解放的先鋒！

一九四一•六•十八•

使得我痛恨

曾玉芳

日本鬼子是個最狡滑的傢伙，在打仗(戰)的時候，時常會用許多鬼計，到處欺騙人，痲醉人，奴化人，用盡了種種毒辣陰謀，想滅亡我們的祖國。

這次敵人佔領了寧波，永嘉，福州等許多大的地方，他們的這一套拿手好戲，就又全部的用在這些被陷落了的土地上。

最近我碰到了一個人，他經過了很多的危險，從福州逃了出來，承他告訴我：

日本兵一進了福州城，馬上就貼了很多佈告，上面寫的是「我們這次來的目的，一，是以民治民，幫助你們老百姓，使你們能够過着很好的日子，雖然皇軍住在這裏，可是權力還是你們自己的，我們只不過是來幫忙而已。二，我們的東亞，應該由我們東亞自己的人民來管理才對，現在你們的國家，沒有好的人來管理，所以我們大日本帝國不忍坐看，應該盡盡義務，你們支那人應該好好地聽話才對……」。

還就够我們猜出他全部的內容了，他說要幫助老百姓，要使老百姓過很好的日子，要幫助我們維

鬼子趕走了。

到了諸暨

十一號下午我們重看到了可愛的諸暨，我們看見了它和從前完全不相同了，記得我們從前來諸暨工作的時候，那時還沒有淪陷，看見街上很熱鬧，房子很好，抗敵的空氣很高漲，那時的諸暨眞不愧是浙東的重地，可是現在的諸暨不成了樣子，自從敵人來了以後，房子都燒燬了，街上也不熱鬧了，走出街上心裏就難過，因爲街上很不清潔，老百姓苦的要命，而且我那天一個歡迎會上聽見戰地服務團錢大隊長，告訴我們傷兵沒有衣服穿，沒有房屋住，只有在風霜雨雪下面凍死，這就是我們最重要的工作內容。於是聯合縣黨部召集各工作團體開工作座談會，解決上面所提出的嚴重問題，指出各界一般問題，坐談會十四號下午二時在縣黨部開會了。到各工作團體十餘單位，大家都希望對於傷兵難民，今後關於諸暨各方面工作，能有個很好的解決同開展，

要解決這些嚴重問題主要的還是要縣政府，同縣黨部來推動，因爲他們是地方上最高機關，但是不巧的很，據說縣長不在縣裏，沒有入出席，黨部又是個不負責任的同志出席，討論中有一位負責轉運義民的同志，因爲一些困難問題他對難民工作很失望，認爲義民無法管理無辦法教育，——這樣對義民失望是不應該的，

結果這個會只討論到糧食及義民問題，時間已經很晚了，於是大家決議十六日再繼續討論，

到了十六日下午我們代表去參加開會，因爲縣政府同黨部負責人都不在所以沒有開成功，就這樣沒有結果的結束了，這個座談會，因爲我們的推動的不够，又加上時間的匆忙，因歡迎會上我們急於去寧波工作。

我們這次到了諸暨來，受了諸暨各機關的幫助，和愛護：而且還開了好幾個歡迎會歡迎我們，會上佈置眞美，桌上放了許多豐富茶點，請我們吃，我們嘴是說不客氣，可是大家也吃了一肚皮，尤其是那一天一共開了二次歡迎會，把我們吃得肚子都不能動，第二天就生病了，但是我這個病沒有關係不過給我的印象很深，如果將來離開了可愛的諸暨，就會常想到諸暨開歡迎會吃了東西，生了病睡在床上，而且也就會連帶想到在諸暨一切情形，所以這次生病眞是個好教訓。對我自己，我們在會上雖然是吃了很多的東西，可是我們在會上也談了和聽聽，關於工作方面好許多的經驗和報告，交換工作和生活方面的寶見，尤其是我們台灣小朋友，特別受歡迎我們七個同志，報告台灣被日本帝國主義壓迫的情形，我們有一位小朋友報告以後他們聽了受了很大的刺激這也可說是我們口頭宣傳上所收獲的一桌效果。大家在歡迎會上總是快樂的，爲什麼呢？因爲每次在會上總有人想出許多的好玩好笑的遊戲給大夥兒集體的玩，參加玩的同志是都要笑痛肚子的，眞有趣極了。我們就在這快樂的時候散會了。

重返金華記事

黃月娟

浙東一帶現在的戰局比較安定了，我們決定再回到金華來，從江山趙家鄉坐船到蘭溪，一路上所看見的是水、山樹、……夜裏看見的是月亮，耳朵所聽見的是流水潺潺的聲音，白天我們四隻船在不斷的行進，我們和山、水、樹，做朋友一共有了四天，船到了蘭溪，我們就又改了和火車做朋友。

持秩序，可是實在的情形究竟怎樣呢？那一個人又告訴了我們如下的幾件事。

給我的幫幫忙，使我們生活過得更好的皇軍，一，把老百姓的豬殺死，叫主人把皮，四支腿，腸子等，都拿掉，剩下的身體全部慰勞他們，代價也是有的，那是幾毛錢，或者是一張軍用手票。

二，看見民家有貴重的東西，就借去用，很滑稽的寫了一張條子，「借用一個月」，就大搖大擺的走了，以後他自己來還嗎？或者拿了這張借據，去向什麼地方要回嗎？那才只有天知道哩！

最後他更撕掉了假面具，兇惡的臉相露出來了，強迫民衆去給他們做工，去給他們當兵，使我們自己人打自己人，當日本軍閥的砲灰。

還有像姦淫，燒殺，那個人也看見了不少，但是他說，我不忍再說下去了……

我含了無限的憤怒，和那個人告別了……

久違了金華

徐光

五月三十一日我們又回到金華了，火車快入站時，從車窗裏看出去給我的印象是這樣的：金華是太可憐了，它是東南國防前綫的重地，前後方聯絡的焦點，但是這次敵人流竄浙東時它却像一個病人一樣，街道被炸成了瓦礫堆，火車站炸傷了，還聽說：當敵人迫近時，老百姓都來不及撤退，秩序是那樣的混亂，我親耳聽見一個老百姓嘆着氣：「唉：日本佬眞是太可惡了……」

大肚子的商人還是忙碌着賺他們的錢，流浪的人們和很多的難童像一堆廢物似地躺在街頭，沒有人理睬，這些都是急待處理的問題。

我們的行列通過街道，各色各樣的人都向我們注視，不知道他們起的是什麼感想。

離開了二個月的金華，你還是這樣的平靜而且你比以前更平靜了。

天黑地，同志們朦朦的睡了一覺，被一聲哨音叫醒了，大家摸索着把服裝整理好，行李打好，排成一列長長的隊伍向火車站出發了。聽說到火車站要走三里多路，這三里路並不長，但是天色太黑，一點亮光都沒有，而且大部份的路都是高高低低的。原因是敵機炸成的。真的，天又黑，地又不平，如果一不當心的話，就會跌倒的。

記得前年我們來蘭溪工作的時候，街道是那樣的熱鬧，晚上電燈照得和白天一樣，但是今晚落在我們眼裏的蘭溪，是和前年相反了。眼睛看着，心裏想着，不覺到了火車站，剛好休息一下，火車就來了，我們每一個人都非常疲倦，所以一上車就都睡去了。不到二點鐘的功夫，我們到了金華，看見車站被敵機炸的不認識了，查票的地方也不知炸到那兒去。

我們下了車，排成隊伍，向第一台灣醫院的路走了，街上很靜，因爲早晨有很多的店門都沒有開，有的恐怕還在睡覺吧？張眼一看，房屋一排一排地都鎖着，一點聲音都沒有，只有拉黃包車的，夫車在打瞌睡，冷風一點不留情地迎面刮過來，怎麼？金華是這樣地淒涼！難道敵人流竄過了嗎？同胞被蹂躪了嗎？不！我相信金華還是美麗的，還是可愛的，金華在敵人炮火威脅下更加堅強地站了起來，担負起東戰場上的支柱作用。這樣，一面想，一面看，不知不覺已到了第一台灣醫院，回到了我們的老團部。好了！我們就可以這個時候繼續進行我們三個月的學習計劃。

播音講演給我的教訓

黃月華作

××師政治部請我們三月二十七日下午七時廣播講演。團體決定由何隊長中語廣播，王正南同志日語廣播；要我台語廣播。但是無線電廣播講演，我還沒有試驗過，又是代表團體的，如果效果不好，那才丟臉，由於胆怯，我就拒絕了。

這就引起了黃大哥向我宣傳：說「播音是怎樣好，廣播出來的話，全中國都聽見，台灣的同胞同志和親戚朋友也能聽見。難道你不想念台灣嗎？工作決議你不接受嗎？還是工作也是學習，要勇敢的擔任起來，不要自暴自棄！……」我本來沒有理由，只好勇敢的答應下來，開始準備。

謝謝李指導員的協助，我在四個鐘頭內一切都做好了。可是我的心還是上下的跳……

離出發廣播的前一點鐘，何隊長要我們在隊裏試演一次；於是我們就先來大小朋友的大合唱，就由我講演：「台灣同胞起來」，繼續由王正南同志日語講：「中日台韓人民聯合起來打倒日本軍閥！」中間夾着台語和日語的歌曲，最後是何隊長對淪陷區的同胞國語講演：「怎樣才能建立獨立自由幸福的新中國」，再唱一個「汪家班」，公費四十分鐘，就出發去播音。

到了播音台，聽見着那播送着的歌聲，今晚分外感到悅耳親熱，那時心裏高興極了，到了播音台的面前，我們就像剛才一樣的做，到我演講的時候，心裏一跳一跳的，我很怕羞，恐怕講到中間停止或講的不接氣那才糟糕啊！還好，沒發出這種毛病來，結果我興趣不少，我聽王正南同志和何隊長的廣播，那聲音比平時還美，而且很受感動，最後隊長和大同志還嘉獎我呢！

是的，進步是在學習中掘出來的，天才也由學習得來的，經驗教訓我：「要進步就只有勇敢的學習」。

我們的幹事會

李廣

我們的幹事會是幾個幹事在一週的後一天開的會，他總結了這一週的工作，學習，生活，檢討在這週所有的工作，生活，起模範作用的優點，以及缺點……等。並決定了團裏在下週應進取的方向，以及團裏所發現到的一些新問題，大家來互相討論。

要報告我們的幹事會以前，先來給大家介紹一下，我們團裏共有四個幹事，各人有各人的一部門工作做，一個是小隊長，一個是總務股長，一個是生活股長，一個是宣傳股長，股長的工作是幫助自己股下面的組長，經常督促組長的工作，檢查組長執行工作的程度，有機會即批評組長工作的成績。而小隊長是督促股長，檢查股長的工作。對組、對股本身的工作。除了幾個幹事以外，另有兩位指導員在負責指導的責任和提供意見，指正我們的工作。（幹事全是們自己小朋友負擔。）

星期六日夜裏，值日生吹哨子，大家就立正，報告說：「幹事們開幹事會」！解散了後，幹事們拿好自己的工作記錄簿子，團集在一張方桌子的周圍，開起會來了，指導員興奮的參加指導，主席由我們大家輪流來做，記錄也是我們小朋友自己來推選的，大家都帶着快樂興奮的笑容，靜候着會議中豐滿的收穫。

第一項結束這週工作：

總務股，生活股，宣傳股是否把決定的工作計劃所做到了，或是做到那幾樣，那幾樣因爲有某種困難不能做到。做了一個明確的總結。

第二項檢討：

各股先把新發現到的缺點，優點提出來，然後再由大家來補充，因爲股和股之間的工作，有互相密切的聯繫，所以不光是會你提你的，我提我的，也很熱烈的，你對我批評，提供我一些意見，我也對你批評，提供給你的意見，這個會上是不會有啞巴的。

譬如：總務股對組的談話不够，不很了解各組的工作情形。

生活股的健康組自動性不够，藥品就浪費……等。

宣傳股動員工作做得不够，因此許多小同志對於寫起來的標語不認識，因此也就不會影響到生活了……

第三項決定下週的工作：各股已計劃好了的下週的工作向大家做一個報告，有補充即補充，或是某地方須改正，就提出來。

第四項討論與報告：在這週發現了新的問題了，我們幾個人就互相商量，怎樣去解決新的問題。譬如：這期的「台灣先鋒」是台灣少年團專號，大部份的文章，投稿要我們少年團來負責，那麼宣傳股應該負起動員的工作，各個幹事就應該響應，在全體小朋友們中間，掀起寫作的熱潮，即努力寫稿，引起大家的興趣等，會議在這高度的情緒下，熱烈的進行討論着，一切重大的問題，我們都順利的解決了，規定了，會議作了一個勝利的結束。

大家又帶着笑容，望下星期一的，到來進行我們新的工作，於是大家就這樣的離開了會場，各人爬上各人的床上去，便睡着了。

諸暨的變化

朱偉

我們坐火車到諸暨，在快要到諸暨的前幾站，火車停下來，許多難民只穿着一件很薄的單衣服，從車上下去，站在雨下面發着抖，全身都濕了，這中間大部份都是大肚皮女人，有的肚皮很大，有的肚皮小一些，我看見這種情形，真使我的內心非常難過，他們為什麼會這樣子苦呢？那全是可恨的日本鬼子使他們弄得這樣子的，後來我忽然看見一個大肚皮的女人的在他的肚子裏有一點微微的振動，那個時候我覺得非常奇怪，他一定是很危險的，恐怕他的孩子已經要生出來了吧？正在這樣子想的時候，又看見許多大肚子的女人把藏在衣服裏的米拿了出來，肚子就小了，我這才知道他們不是要生兒子，而是在他們的肚子外面包着米，為什麼他們要還樣做呢？因為他們窮得拿不出錢來買車票，因為這樣他們就可省了一筆東西還要打票的錢了，回想起來他們是多麼的苦，多麼的可憐呀！可是我們沒有辦法救他們，因為我們沒有救他們的力量，但是我們非常同情他們這種被飢餓困正所壓榨着的境況，同時願意盡我們可能盡得到的力量幫助他們一點小忙，只好在諸暨更多日做一些工作。關於這種情形我們告訴了縣政府，請他想辦法救濟。

到了諸暨城裏，看見許多許多房子被敵人燒了，炸的炸了，看起來是多麼的殘忍呀！我還記得我們去年來到諸暨工作的時候，當時的情況，和現在是大大的不同，在那時街上擠滿了人羣，街市非常熱鬧，許多店舖，和飯店；現在呢？却是呈現着淒涼的氣象，諸暨完全被敵人的鐵蹄踐踏得破碎不堪了。他深深的烙上劫後淒涼的遺跡。街路上已不見以前潮水似的人羣，享福的人們帶走了熱鬧，留下的是失了家園的孤苦的流浪兒，被羅同胞的哀號，他們沉在苦痛的深淵裏在飢餓的死亡線上奄奄一息的最後掙扎着。但是還可以看到一小部份的小姐們，裝得非常的漂亮，在路上滿開的走着，看起來這個社會是怎樣的不平等呀！同樣是一個國家的國民，為什麼遭受不同的待遇過着不同的生活呢？我們應該加緊宣傳教育的工作，使窮人們少受一點苦，富人們少享一點福，大家共同擔起救國救民的責任來，為抗戰服務。

我們的日常生活

林長梅

天還沒有亮，值日生就很快的爬起來掃地，時間一到，就用很大的氣力吹着哨子，叫大家起床。大家的動作很迅速，起床洗臉只有二十分鐘然後準備做早操。隊伍排好，用快速的步伐爬上山頭去早操，在值日生的口令下開始了動作，都是活潑的，我們做的各種姿勢的活動把每位同志身體鍛鍊得同鋼鐵那麼堅硬，準備做更艱苦的革命工作。

早操完了以後，大家把飯盆好排隊，然後解散，大家都站在自己位子上，由值日生喊口令就一起開動，吃飯時間，規定二十分鐘。我們也過着軍事化的生活。

吃過飯休息五分鐘，值日生又吹哨子，是學習上課了，大家就把書包背好坐在板櫈上，都拿出筆記簿做筆記，有時開討論會，集體學習，大家都進步，這種學習對很快的我們幫助很大。

中飯後休息一下，寫日記，日記是記我們每天生活和感想的記錄或是對學習上有什麼心得把他記下來。

除了正式學習以外，是同志們建立互助學習小組，進行自動學習，我們有互助組互相討論，或是同志們自由活動，由許多幹部來督促大家，做各種日常生活上零碎的工作。

天黑了我們就開小組檢討會，每天都來檢討同志們生活上的缺點或是優點，那些是進步的地方，那些是應該糾正的缺點是要克復，優點是要發揚，最近為了要鼓勵大家努力學習造成普遍學習的熱潮，我們還舉行了生活學習各方面的突擊和競賽，競賽結果，同志們的互友愛，和幫助學習進步的情緒也提高了，落後的同志也迎頭趕上了。

我們的快樂會

劉斌

星期六這天下午是我們最快樂的時候，在平常，每天都忙着學習工作，出外寫標語等，很少有一個空的時間，到了星期六，一星期工作做完了，就由團體出一點錢買點吃的東西舉行一次同樂會。

開同樂會，不但是吃東西就算完了，而且提出這一星期裏的優點和缺點，檢討以後，再給大家想想看下星期應該怎樣去發揚優點，和努力克服缺點，另外還有各股的一週工作結束和下週的工作計劃，接着就是請黃指導員報告時事了，大家對於時事是感到很大的興趣，不管報告多少時間，大家的精神總是和開始的時候一樣的集中。

最後就是選舉「烏龜」，「飛機」了，每星期選舉一次，我們是用這種辦法來鼓勵每一個人，大家公選一位這星期中在工作，學習上非常努力，生活上最有秩序，最模範的同志來做「飛機」，然後再還出一位最不模範的同志，工作，學習，生活上却不努力，甚至於鬧倒車的同志去做「烏龜」，還出後再由他們兩人來發表說話，「烏龜」常常很傷心，一面說話，一面便流出淚水來的，大家都同情他，勸他，並且都願意幫助他克服缺點，這完了以後是餘興開始了。

以組為單位，各組派代表輪流出來表演節目，有的節目很精彩，常常引起全體大笑，才剛就連哭過的「烏龜」也不得不笑起來，有一位小同志，他是時常做「烏龜」的，所以大家給他取了一個綽號叫「老資格」看見他就叫「老資格」或是「老烏龜」他說起話來很急，越急就越說不清楚，「我……今……今今天……要……要……唱的歌……呃……呃……呃」他的正式節目滑來開始，大家已笑得不可開交了，因為這已經是很精彩的節目了啊！還有一個最大的同志名叫許文清，最會講故事，他若一次不講，大家就要氣他，一定要把他拉出來講，為什麼這樣愛聽他的故事呢？因為他說話時的動作很好看，眼睛一歪，脚一頓，手一揮，眉毛一鎖……不消幾分鐘，就會使人捧腹大笑的，我們的指導員說他是一個演劇的能手，尤其是滑稽的小丑之類。

兩位指導員也每次參加同樂會，他們雖然比我們大一點，可是他們都也是很天真，活潑，如果要叫一位別的人來跟我們在一起，一定是老氣橫秋，和我們合不起出的吧?!嘿！嘿！平時他們也很嚴肅，可是到了這時候，就不同了，他們却比我們來得天真，活潑，輪到他們表演，準會叫大家笑痛了肚皮。

一面表演，一面也就不停的吃糖果，等吃完東西，節目也剛好完了，大家再也沒有力氣笑，快樂了一頓，再休息一天，以後然再努力我們下一週的工作和學習。

流動生活拾零　許文清

——趙家鄉生活斷片——

這一次因為敵人的擾亂浙東，使我們的生活不安，同時主要還是為了要完成我們的三個月學習大計劃，所以就決定到江山趙家鄉來，比我們先到的同志們說是民眾很好，所以船一靠岸後，除了幾位留在船裏看守東西以外，各人都帶着能帶的東西，一直往我們的新房屋來。

脚一踏進門，裏面有一個大廳，我們的同志忽從裏面跑出來說：「這是我們要睡的地方」，於是大家很高興的把東西放下來向周圍看看，有一部份同志還是繼續着上搬行李，不久有許多民眾都圍攏來之，好像看一樣很稀奇的東西，其實也沒有什麼，這時候，從他們的笑臉上和溫和的談話中，即知道他們是多麼的和藹可親，當中忽然來了一位先生，他問我們情形，我們也不怕麻煩的詳細的告訴他，後來他就把我們的情形告訴了大家。他們聽了後都互相談着，好像說：他們真是了不得……

我們的東西搬完後，每人的口都渴得很，很想吃一點開水，但這怎麼可能？剛到也不知道火爐在什麼地方？吃冷水，還更不行，肚子會拉稀的，正在這時，民眾自動送來了兩大壺茶，大家好像了得很實貴的東西似地，可是怎樣感謝呢？心裏還樣想着，一方面就大口的咕嚕咕嚕像牛飲水似地飲着。

沒有稻草時，他們馬上就拿出來，本來要買稻草是不容易的，他們自己要用，那有賣給你啊！還有，沒有桌子櫈子，他們把所有的都儘量的搬出來，這時，我一想，雖然有小部份祖國同胞誤會我們，可是大部份的同胞還是同情我們的，愛惜我們，好像親兒女親兄弟姊妹一樣，我們得了這樣的招待，只有更努力地學習和工作。

今天給我們更高興的就是，有一部份的大小同志非常努力的搬東西、還有舖床舖嗷、佈置一切，因為在他們的努力下，所以很早就佈置完了，本來我們無論到了什麼地方，總要一天整理，一天休息，可是今天下半天大家即可休息；從明天起就可以上課了，節省了許多寶貴的時間，啊！時間過得真快！我們因浙東局勢的平靜，已同可愛的趙家鄉民眾分別了。

回頭看看

汀華

記得當接到李彙團長答允把我們組織為「台灣少年團」的第一封信時，每一顆小心都跳得非常利害；想到馬上可以去過自己久已理想的英勇而有趣的生活，許多小兄弟，小姊妹在一塊，並且開始負起幫助祖國抗戰及打倒東方強盜——日本帝國主義，最後收復台灣的偉大而神聖的革命工作，不禁都手舞足蹈起來。但一想到馬上就得離開家，到自己沒有到過的地方去，心裏又沉重起來，高興和憂愁交替纏繞着每一個小心臟，我們懷着將士和探險家的心情。

背上了小包袱走上征途

我們一共集合了十八個人，最大的十四歲，最小的七歲，在閩省×地集中，後改赴浙×地受訓，從這時起，沿海一帶開始印上了我們的足跡，和振盪着我們的歌聲。

新生活的開始

剛組織起來時，因為人力物力的限制，當時只請了一位女指導員來幫助我們的學習和工作，但訓練就這樣開始了我們不能像普通學校一樣，能有促進學習的必要佈置，課本部沒有，其餘的設備可想而知，沒有印油機，單憑着指導員嘴巴說出一些材料，課室的佈置是非常簡單的，幾張小標語和幾張小桌小櫈，再加上一張二尺左右大的小黑板，像一個極簡陋的私塾一樣，假使人家只看見課室，而沒有看到人，真會疑惑是一個小私塾呢，不過大家雖在這樣簡陋的環境中，學習却是非常緊張的，會筆記的人摘筆記，不會的人抄，再不會的，大一點的就幫他抄，不過却苦煞了指導員，因爲幹部不够，一個指導員，他要應付十幾小孩子三四樣的程度，她要做教師；要做保姆；要做看護，我們並不是一羣神童，而是一羣普通小孩子，是日本帝國主義鐵蹄下的小孩子，當然在開始時總避不了許多大小的缺點的。尤其較小的，經常還會哭囉；鬧囉；吵囉學習怠工囉。總括團這時的生活特點如下：

第一：一羣散漫無組織的台灣兒童，開始了集體的有組織的生活。因爲我們雖然隨父母爲着不願忍受奴隸生活，而離開了台灣，然只是逃避，而不是積極地團結起來，掙脫這枷鎖。所以一回到祖國，便隨着父母各自生活，如今團把我們團結組織起來了我們成爲一支小隊伍，作爲台灣革命的後備軍。

第二：是開始接受合理的兒童教育。在台灣我們要迎日本人辦的公學校，回祖國後一部分仍被迫進日本人辦的學校，一部分進祖國普通的學校。在日本人辦的學校裏，我們受的是奴化教育，在祖國普通學校裏，則沒有適應台灣兒童的特殊性能，而施以特殊的教育。團成立後根據團的教育方針「培養台灣革命後備軍」而施以台灣史地；風俗習慣；台灣革命史蹟，中日關係歷史；日本在台的奴化政策，台灣革命理論三民主義等教育。

第三：機構不健全，因幹部不够，雖有組織，但一切工作還不按組織來推行，幹部不能切實負担起他的責任。像對外接洽一件事情或處理一個問題時，小同志們是不化一點腦去考慮的，指導員叫怎麼說，就怎麼說，指導員叫怎麼做，就怎麼做，很少能自動地去處理問題，這也就是過去教育，使兒童失去自己的創造力。這樣，指導員便只好包辦一切了。

第四：教育是無計劃地進行，沒有一個完備的教育計劃和一定的進度，遇到什麼問題便講什麼問題的情形很多，人力不够，指導員經常調換的緣故，也便一切不易有計劃。

但自去年夏季開了一次檢討會議後，把整個機構從新改組，去年年終又開了一次總檢討，又擬了一個新計劃，這時團體的人數也增加了，從十餘人增至六十餘人，這樣團的生活又開始進入新的階段。

更新的發展

新的機構建立起來後，像出現了一個健康身體一樣，在實行一星期後，一個同志會感慨地說：「我們像一架機器般，大齒輪一動起來，小齒輪也跟着動起來。」

眞的，從這時起，整個團體是走上更正規的情況，一切事情不是少數同志在動，而是大家都站上崗位。所以能有如此改進，不可否認的，客觀上有了較優的條件，但主觀的努力是佔了極重要的地位。因爲這時團體擴大了，幹部也增加了，同志們經過二年的鍛鍊，已經能自動地考慮問題，健全團體的機構和加强學習，是提到同志們的工作日程上來了。

我們雖然沒有獲得祖國名教育家的幫助，但仍是有勇氣開始改造一切，把團體推進，把生活推進，掀開記錄新的一頁。在這時我們進行幾個規模比較大的工作，和三個三個月的工作計劃。這些計劃都能如期完成。所以從去夏至今夏總結團的特點如下：

第一：團建立了民主的精神，每天有工作和學習的總結報告，生活檢討，一星期有一個幹事會，這些會議的主席和記錄都是同志自己來担任，指導員只列席指導。一個工作，或任何一個問題，都能引起大家的共同關心，即使有什麼缺點，也能進行檢討，很快的糾正過來，每一部門的工作，在大家共同努力下，都能充分的完成。

第二：生活工作學習是比較有計劃性。尤其是學習，是提到團的任務的第一位，因爲我們現在都是受基本教育的年齡，假如沒有給以有計劃的學習，那會妨礙將來更遠大的造就。在這一年中，團是努力克服了過去的無計劃性，經打破一切困難；如經費困難，進行了教育基金的募集，曾獲各界人士熱烈的贊助。教師的不够，要求教育界儘量給我們以幫助。許多大先生，因爲他們責務的關係，不能和我們一塊生活，都是每天從很遠地方跑來給我們上課，他們的熱情，更鼓勵小朋友的學習情緒。

第三：生活上，意識上，許多壞習慣，已大部的克服，如個別同志的會說謊；不忠實；好鬧；好吵；及個人自由的傾向，在不斷的集體檢討下，是慢慢的克服了。尤其是個人自由傾向，團會以最大的努力去和它鬪爭。個別特別頑强的同志，如很久還無法改過的話，那大家便會給他一個以不睬，這樣他便孤立了，常常因此促起了他的反省。

團是和小朋友的年齡一樣在長大在壯大從生長至現在，團是一步步地鞏固起來了。

我們的工作

成立了二年多的一個國際小朋友團體，它在祖國抗戰烽火中究竟做了那些工作呢？這是凡關心本團的祖國人士都急待要知道的，並且也値得，我們在抗戰進入第九個年頭的今天，回過頭來看看。

團剛成立時，一方面在受訓，一方面也參加工作，如：勞軍募捐運動；和

下接第（22）頁

台灣少年團三個月教育計劃的擬定與實施

雷洪

正當着敵人侵略的毒燄，第二次蔓延浙東的時候，台灣少年團的一部份小朋友們正工作於浙東的一個重要城市——寧波。由於當時寧波正接近前線，日夕可危；這羣正從工作熱情燃燒着心胸的孩子們，不得不匆匆退出，回到金華。接着，前線緊張的消息不斷地傳來，使這羣喘息未定的少年工作者，又不能不背起行裝，向後轉移——由蘭溪而衢州，而江山。在一個恬靜的鄉村里，他們終於暫時安定下來了；而且會合了留在衢州的一部份小朋友。

工作與學習，成爲這羣孩子們生活的中心。兩年來，活躍在東南戰場上的台灣少年團，就是從工作與學習中生長和壯大起來的。這一個以戰鬭姿態出現在東南戰場上的兒童團體，由於工作能力的表現，曾廣泛地引起社會人士的關心與愛護；雖然它底歷史還是短暫的。

今天台灣少年團的每一個團員，應該是將來領導台灣革命運動與建設新台灣的幹部，是脫離日本帝國主義枷鎖台灣獨立革命運動的新生力量，因此，今天台灣獨立革命運動的領導者，與關心台灣革命的人士，以及台灣少年團內部對本身未來的責任看得較爲清楚的小朋友們，都不以當前在工作中獲得許多成績爲滿足而沾染自喜。他們時刻在考慮着：如何利用時間，加强這一羣未來革命戰士們的教育，從比較有計劃，有系統的教育中，把他們（她們）的小腦袋武裝起來，健全起來；在潔白無瑕的心境里，種下革命的種子，使它逐漸繁榮滋長。

基於上述的願望，三個月的教育計劃，在幾經遷徙之後擬定了下來。三個月，是如何短暫的時期啊！然而，在動盪不定的生活環境里，我們想從日積月累的教育工作中獲取一些成績，即使是三天也是值得寶貴，值得爭取的。

現在，已是浙東局勢復趨入風平浪靜的時期，感謝環境的賜予，使得我們底三個月教育計劃順利地實施下去，而且已經施行一個月了。一月來教育計劃的實施，究竟使我們得到一些怎樣的經驗教訓和成績呢？

甲、我們底經驗教訓

一、競賽的方式掀起了自動學習的熱潮——由於過去自動學習的習慣沒有普遍地養成，使得開始時，還存在着對學習採取冷淡或逃避的態度；但經過競賽方式的提出與實行，以及從各個生活小組和學習小組裏熱烈地討論與廣泛地動員，那些個別不願學習的現象，立刻被高度的浪潮所淹沒了。因而，無論在涼爽的早晨，在沉悶的中午，或在靜穆的傍晚，到處看見一個小朋友拉着另一個小朋友的手，誠摯地要求對方給他解釋在學習中了解得不大透澈的問題。「爭取學習的模範啊」！成爲小朋友們底中心口號了。

我們認爲競賽的方式，在三個月教育計劃的實施當中，起了很大的推動作用，但我們也隨時注意到用集體批評的力量克服另一種傾向——「錦標主義」。因爲在學習中「錦標主義」的養成，使他們逐漸生長起落後的思想意識，那是得不償失的。

二、學校教育方式不適合於特殊的兒童團體。——台灣少年團的教育目的，是要培養一支有活力的革命後備軍，因此，爲了教育成爲普通公民而採用的教育方式，在這裏是不適用的。他們所需要的是活生生的切合實際應用的革命教育，所以我們的教育方式，不能墨守成規，而是靈活地應用。至於教材內容，大都是與實現生活，社會情況，台灣革命問題，國際形勢，以及祖國的抗戰理論聯繫起來，幾十雙小眼睛，常常爲了對許多問題感到濃厚的興趣而向教師睜圓起來。這樣，經常地感動和鼓舞了我們。

乙、我們獲得的成績

一、提高了政治文化的水平——台灣少年團的小朋友們由於在工作中把眼界擴大了，從各方面吸收了一些政治常識；但，有系統地了解還非常不够；所以，在教育計劃開始施行時，即經常地灌輸三民主義理論的基礎。一月來，他們對三民主義理論已有初步的了解了。其次，關於地理、算術、兒童問題……等基本常識，亦逐步增加。另一部份較小的小朋友們，由於過去沒有受過學校教育，一般的說來，文化程度還是很低的，甚至最小的連字也不認識幾個，因此，提高文化水平成爲他們教育的中心。所以，一月來的教育工作，使他們在識字上進步了不少，甚至有的還超過了我們的要求。

二、從教育上推動了生活的進步——少年團小朋友們的生活，一般地說來，向來是比較緊張，活潑，嚴肅的。但爲了便學習突飛猛晉，對於生活上要求，也就不能不嚴格起來，因爲，生活不更加紀律化，想求得在學習上長足地向前發展，是比較困難的。因此，我們經常從教有上克服生活上的缺點，推動生活前進，一月來的結果，小朋友們的生活一改舊觀，更加紀律化起來。有許多動作，儼然小軍人似地。然而，這並不是依賴於施教者强制的力量，而是用了許多啓發與說服的方式，使他們自己在不斷地互相批評中進步起來的。學習不但推動了生活，生活也促進了學習。

一個月的時光很快地溜走了，錙銖之微的成績是值不得誇耀的。同時，我們對於兒童團體的教育工作，還是在嘗試的道途上向前摸索；當前的工作，除了鞏固既得的成績，應該從原有的基礎上，以更靈活的方式，迎接第二月與第三月的到來，爭取更高的收穫。

但是，計劃的擬定與實施，還存在着許多缺點，須待於關心台灣少年團教育問題的同志們，與所有從事於兒童團體教育工作同道者們，提供寶貴的意見，藉作今後改進的參考。

附錄：

台灣少年團三十年度夏季三個月教育計劃

甲、教育中心

一、甲組——少年團甲組團員，在幾年之後，即爲台灣革命的青年幹部；欲使其將來能在台灣革命運動中起領導與推動作用，則今天對他們的政治教育必須加强；特別是對三民主義理論的了解。因此，甲組目前的教育，應以提高其政治認識爲中心。

二、乙丙組——少年團乙丙兩組團員，在文化程度上的進步，遠落在一般常識的後面，文化爲學習理論的基礎，爲了將來對他們施行政治教育的便利，在今天，乙丙兩組應以提高文化水準爲教育中心。

乙、課程的規定

根據各組的教育中心，暫規定應授課程如下：

一、甲組：政治常識，（包括三民主義、台灣革命問題、祖國抗戰理論等。）時事、抗戰地理、寫作、算術、日語、兒童問題、歌詠、戲劇、軍事操、舞蹈。

二、乙丙組：國語、算術、常識、抗戰故事、歌詠、遊戲、軍事操、舞蹈。

丙、課程分量的支配（以一月爲單位）

一、甲組——每星期全部教學時間爲二十二小時，每月爲八十八小時，合併支配如下：

1，政治常識——二十四小時。
2，時事——八小時。
3，抗戰地理——八小時。
4，算術——十二小時。
5，日語——八小時。
6，兒童問題——八小時。
7，寫作——八小時。
8，歌詠——八小時。
9，軍事操——四小時。
10戲劇舞蹈——課外時間。

二、乙丙組——每週與每月教學時數與甲組同。

1，國語——三十二小時。
2，算術——二十小時。
3，常識——十六小時。
4，抗戰故事——八小時。
5，歌詠——八小時。
6，軍事操——四小時。
7，遊戲舞蹈——課外時間。

丁、課程進度的預定

甲、甲組：

A 第一月

1，三民主義——從民族主義講到民生主義，並普遍地了解。
2，時事——養成看報習慣與培養看報能力。
3，抗戰地理——中國與台灣的地理形勢及其關係。
4，算術——小數加減乘除及小數四則應用。
5，日語——簡單喊話與應酬語。
6，兒童問題——兒童運動與台灣革命及中國抗戰的關係。
7，寫作——文法與標點符號的應用。
8，歌詠——初步樂理。
9，軍事操——基本動作。

B 第二月

1，台灣革命問題——台灣的歷史與日寇對台灣的殖民地政策台灣革命的性質與目的。
2，時事——培養分析時事與討論時事的能力。
3，抗戰地理——世界地理形勢。
4，算術——整數的性質及分數的意義和價值。
5，日語——簡單會話。

9, 兒童問題——兒童工作問題。

7, 寫作——學習寫詩歌，記事文及散文。

8, 歌詠——指揮的訓練。

9, 軍事操——步法。

C 第三月

1, 抗戰理論——祖國抗戰與台灣革命運動的關係，及如何驅逐日寇爭取抗戰最後勝利。

2. 時事——明白國際局勢及習作短篇時事論文。

3, 自然科學（地理改授自然）——一般自然科學的常識。

4, 算術——同分母分數加減法及異分母分數加減法

5, 日語——能看淺近日文及簡短的寫作。

6, 兒童問題——國際兒童運動的動向及國內外兒童團體通訊。

7, 寫作——習作短篇小說。

8, 歌詠——學習寫詞與作曲。

9, 軍事操——變換隊形。

二、乙丙組：

A 第一月

1, 國語——每人增加二百個生字，並能寫，能講，能用。

2, 算術——熟練加減法。

3, 常識——地理與社會常識。

4, 抗戰故事——用故事力量提高小朋友們的民族意識。

5, 歌詠——發音練習。

6, 軍事操——基本動作。

B 第二月

1, 國語——每人增加二百五十個生字，除能寫能講外並能寫五十個字以內的短文。

2, 算術——熟讀乘法口訣並熟練乘法。

3, 常識——自然和歷史常識。

4, 抗戰故事——練習講故事。

5, 歌詠——簡譜的認識。

6, 軍事操——步法

C 第三月

1, 國語——每人增加三百個生字並能寫一百字以內的短文。

2, 算術——熟練除法。

3, 常識——粗淺的台灣革命問題和祖國抗戰理論。

4, 抗戰故事——訓練演講技能。

5, 歌詠——學習指揮法。

6, 軍事操！——變換隊形。

（本文上接第19頁）

當地學校舉行聯歡互相交換學習和工作的意見；參加各種紀念日的宣傳工作。

第一期訓練完畢，便出發浙西各縣，作短期的流動工作，時間是二個半月，所到各地，互相之間都留下極深刻的印象，祖國同胞看到這一羣，久離祖國的兒女們今天仍回來了，非但增強他對日寇的仇恨，又增強了抗戰勝利的信心。這從他們到處給我們的幫助和撫慰上充分表現出來。

短期流動工作完結後，稍回團部，休息整理了一個時候，又準備第二次的較大規模的流動，到浙東沿海慰勞前線將士，預計時間是五個月。但工作至中途時，適遇敵人發動浙東攻勢。敵人在短期內曾獲得部分勝利，我們部隊為誘敵計，曾作有計劃的撤退，當時團也隨着隊部撤退。那時正當是嚴冬大雪，在雪地裏，一天步行七十里路，在精神上給了將士以很大的鼓勵和慰藉，但也增加了部隊的牽制，所以決定撤退。當我們在部隊中時，戰士們一空便找到我們玩談話，宛如自己人一般，雖然在火線上，却像在家裏一般。每天傍晚教他們唱歌；和他們做遊戲；流輪演劇給他們看；講故事給他們聽。可惜事實不允許比較長期工作下去，只好和這一羣可敬愛的將士們依依地離開。臨別時在很緊張的情況下，還開了一個盛大的歡送會，那情景至今還深深的印在我們腦海。

當我們快要走的那兩天，將士們在路上遇到時，都緊握着我們的手，熱烈的叮嚀說：待他們打勝仗後，希望能再到那邊工作。

這次我們回團的時間很長，因為大家都在南方生活慣了，不能耐寒，每個人的面腳都凍爛起來，兩隻耳朵紅紅的，三分之二的人足都一拐一拐的，像一隊小傷兵似的。必須要有比較長期的休養。這樣在團內休養，安靜地學習了六個多月，夏天團又開始計劃新的工作，準備擴大組織，同時接福建各方來信，也希望團體能到那邊工作去，便決定去福建工作，當地決定工作任務如左：

一、調查在閩台胞生活情況。

二、把我們一年多來，在各地所看到祖國抗戰英勇事跡及祖國同胞對台胞的關懷轉達給在閩的台胞

三、號召在閩台灣少年參加本團。

在六月中間，團從浙東出發經贛至閩，當地長官仍及家裏的親戚朋友，看到我們一個個都長得胖胖的，非常高興，他們都很奇怪地，這一羣離開了他們才一年多的小孩子竟進步得如此快，在他們眼裏這一羣小孩子，已變成大人，「他們比大人都懂事」這就是一開始他們給我們的評語，因為人地熟悉，工作進行的相當順利，許多少年要求參加本團。不過，因經濟關係，當時只先答應了二十餘人加入。在閩工作二月餘，仍回浙江，在贛北工作半月，又再第二次到浙東前綫工作一月半回來。從成立到現在，團是做了一些應做的工作，並且成效也相當大，因為是小孩子。又是台灣小孩子，所以我們每一句話，都很能引起祖國同胞的重視，今後當繼承過去的成績，更腳踏實地為祖國抗戰盡最大的努力！

台灣少年團工作學習生活的點滴

任 癸

『少年今天是國家的小主人，未來是新國家的建設者。』這句話眞是不錯。

但是由這社會環境的不同，而影響到他們有兩個發展的前途：一個是走向光明的大道，一個呢？是走進陰黑的深坑。

爲什麽會這樣呢？首先我們要了解兒童們的特性。一般的少年的特性，大概有這幾點，一『好高』，這個本來是個優點，但是易變爲空虛的驕傲，而流爲一無所長的空論家。二『純潔』，但易被人利用，而流於盲從，三『正直』但是缺乏理智，而易流爲尾巴主義……等等。

由這些特性的發展而決定其前途。所以少年時代比任何時代更重要。假如在這時代沒有建立一個堅固的基礎，沒有好好的教養起來的話，那末，社會的黑影更會擴大下去！

台灣少年比一般的少年的責任更重大。身上擔負着將來的重大使命，好像命運已決定他們是未來的挑脚的苦力，一挑很重的担子在等候着他們，重担的一邊是打倒日本帝國主義，爲五百多萬台胞爭取解放。還有一邊呢？是創造將來，建立自由平等的新台灣。從這裏，我們就可以明白台灣少年將來所要担負的使命是非常重大。

因此，他們現在必須要建立鞏固的基礎。一方面確立革命的人生觀，使他們有正確革命的方向，在目前的階段上，求得把日本鬼了趕走。同時要建立一個三民主義的新台灣，使台灣的人民享受自由平等的生活，這些都是他們的使命。

他們想要担負將來的這些重大使命，在今天除了加緊工作，努力學習外，再也沒有第二個辦法。

他們現在每天都在忙着功課。除星期日以外每天從早四時起至晚七時止沒有浪費一刻兒時間，非上課（自然科學，黨義，台灣問題，日語……等等）就是學習討論會，生活批評會。還有歌詠啦，時事討論啦，同樂會啦。團部生活是非常緊張的每天沒有點空的時間，連休息時間都在忙着下一點鐘的準備。眞是忙得不得了。只有星期日，他們才盡量地玩，盡量地做完自己的工作（比方洗衣服等等）他們的生活，學習眞是成年人也不及他。不但是這樣，對精神方面，大家都含着天眞的笑容，活潑的行動，飽滿的精神，整天地爲學習而努力。眞是使人欽佩！

他們不但學習是這樣，參加工作亦然。最近和政治部電影隊到××工作，所得到的成績，是擴大了兒童運動的影響，爭取了社會的同情，提高了民衆的抗敵情緒，其次參加演講比賽，健康比賽，慰勞傷兵，到前綫工作，慰勞前方將士，鼓勵士氣，參加城市的抗敵宣傳……等等。每次都得到滿意的收穫。因此他們不但是學習方面好，而且工作能力亦相當强。

有一次要到前綫工作，照規定的這次的人數不能太多。但是小朋友個個都願去，爭先恐後地請求，結果爲了工作人數的限制而不能去的小朋友，有的整天在苦悶，在懊惱，有的整天連飯都不吃。爲什麽呢？是不是爲了不能去玩呢？不！不是爲了這個，是爲了『爲什麽人家能够去，自己不能去，一定是自己落伍，或者是自己的學習，行動有什麽缺點』：是爲了沒有臉孔而苦悶，而不吃飯。他們不相信所需要的人數是有限的對這點亦可以看出他們對工作的精神與熱情。

有一次星期日，我到他們團部，碰到一個較小的小朋友，他一看見我，好像很害羞似地馬上跑開，結果被我叫回來，我就問他：『你爲什麽看見我就跑呢？』但是他不作聲，問了好久也不講，眼眶漸漸紅濕了起來。我再追問的結果，他哭了！他說：「這次批評會上指示我的缺點最多，我了「烏龜」……」不停地哭。他哭的是什麽呢？就是自己爲什麽會做烏龜，做烏龜是最丟臉的事，就是在全團中最落伍的一個，他們都抱着不甘落後的精神，所以覺得自己沒有面子而害羞，而哭了，但是他不僅是哭，他要把個恥辱換來光榮的「飛機」。

當我在下星期日碰到他的時候，他已經是滿面笑容地對我說：「這次批評的結果是我以前的缺點現在都改掉了，而優點却增加了很多，所以做了「飛機」。做「飛機」是很光榮的，就是全團的模範生。

但是他們做起「飛機」來，絕不會自高自大，或者是表現着惟我獨尊。不會的，絕對沒有。而且他還要幫助這次做「烏龜」的小朋友克服他的缺點，他們是互相幫助，過着有戰鬬性的學習生活，他們還要把這種精神不斷地保持和發揚下去。

內政部雜誌登記證警字第七五九二號
浙江省圖書雜誌處審查證浙字第五號
中華郵政登記認爲第一類新聞紙

台灣先鋒月刊
第八期　三十十、五
發行者：台灣義勇隊
編輯者：台灣義勇隊
通信處：浙江金華郵政信箱三十號
定價：每册二角

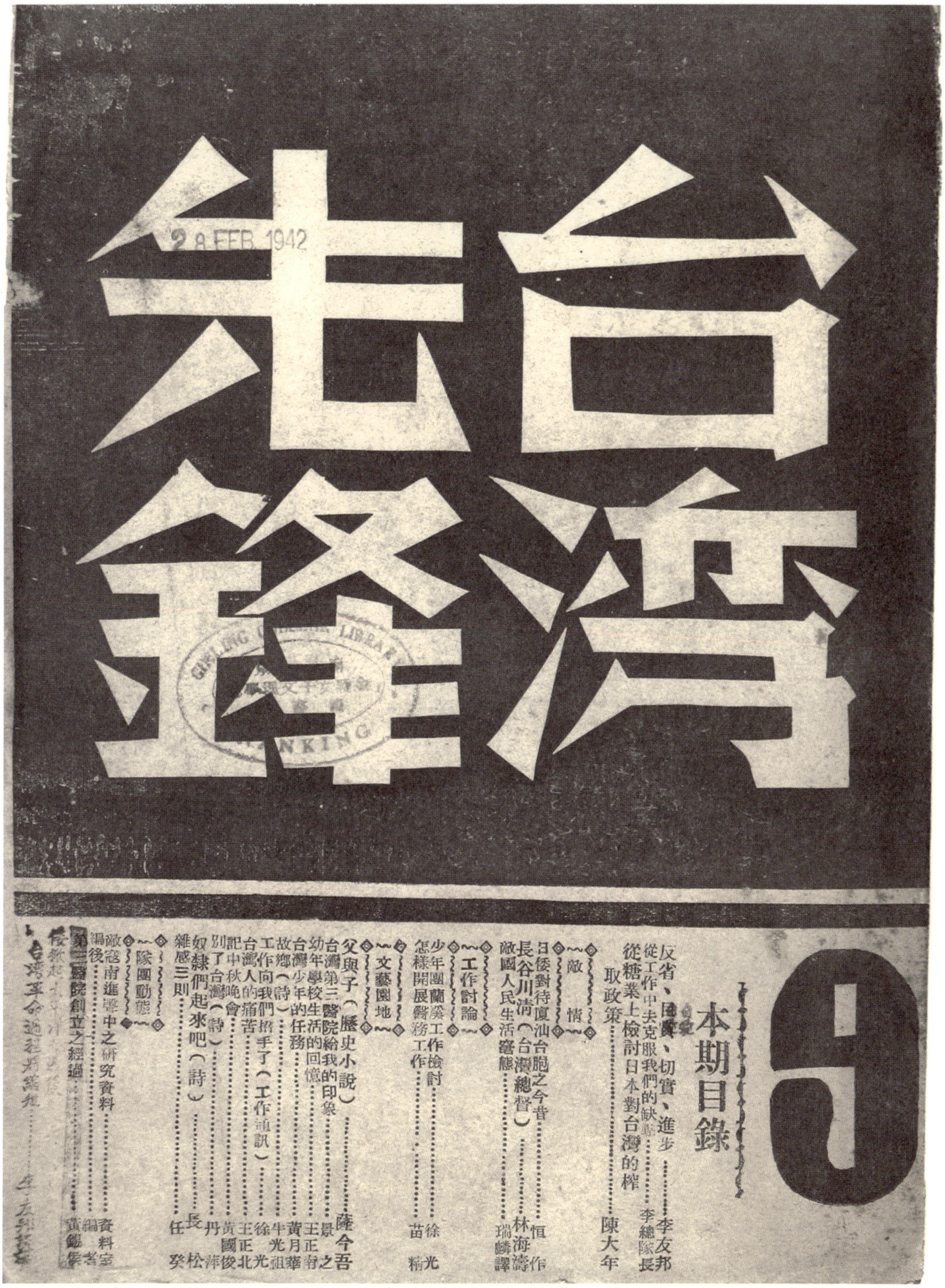

台灣先鋒

9

本期目錄

第九期　　一九四一年八月十五日

反省，自愛，切實，進步！ 李友邦

——告台灣革命同志書——

隨着最近國際局勢的轉變，世界各地反侵略運動突然高漲，尤其值得注意的，厥爲弱小民族的英勇奮起；台灣原爲我國領土，今日島上五百餘萬人民，無一不是我們大漢的後裔；他們雖然在日本帝國主義多年的壓榨與迫害之下，失却了自由與幸福，但他們傾向祖國的心却是異常熱烈的。抗戰以來的四年中，台胞在其革命黨人正確的領導下，對於日寇的反抗是與祖國抗戰的烽火取着同一步調而前進的。最近國內勝利迭奏，台灣革命的情緒亦日趨緊張，台灣義勇隊隊長李友邦，爲鼓勵台胞民氣，使之配合祖國抗戰形勢，俾作再接再厲的奮鬥起見，特於日前發表告台灣革命同志書一件，記者以其意義重大，特爲節錄如次：

當祖國抗戰已將完畢其最後的里程，而踏入勝利的明天的時候，我們台灣同胞應當格外踔厲奮發，爲祖國貢獻其最後的犧牲與努力，本人雖然身在祖國，但對台灣同胞的忠勇奮鬥，是無時無刻不以驚喜交集的心緒加以諦視的。在這里，本人除對五百餘台胞同志致其衷心的敬意以外，並願趁着抗戰形勢逐漸好轉的時會，對全台同胞以及革命團體作以下的懇求與期望：

首先　我們要反省：台灣的革命，是代表台灣全體人民利益的革命，我們必須集中一切力量，向殘暴的統治者日寇奪回我們的自由與幸福，台灣賦予我們的任務，既如此重大，如此艱鉅，那末，我們每個在祖國革命的台胞，就得時刻警惕與反省：我們是否在祖國國土上呼吸了自由的空氣，就忘却了在台五百多萬過着隸奴生活的同胞？我們是否在台灣革命的旗幟下另作小我的打算？同時我們留在台灣的同胞，也應該趁機反省一下，我們過去是否已經盡了我們的責任？收得了怎樣的效果？世界被壓迫民族要找覓自己的出路，必須隨時警惕！日求進步！歷史的演進，爲我們行動的有力的指路碑，祖國的抗戰，是我們聯合禦侮的示範！

第二　我們要自愛：古人說「人必自侮而後人侮之，國必自伐而後人伐之。」用新的說法，就是要爭取人家的同情與援助，必先自己振作有爲。祖國的堅持抗戰國策，不但提高了國際地位。同時，又助長了弱小民族的反抗與鬭爭，使之一切掙脫帝國主義鎖枷的計劃爲可能。這事實是值得我們記取的，我們的革命團體，今天所以能得到祖國同胞與政府當局的同情領導與援助，一方面是由於祖國愛護以及關切的純摯，另一方面也是由於同志們以往的努力有以致之。爲要加速完成我們的革命的任務，今後還須我們的同志以及全體台胞繼續努力，加倍自愛，爭取祖國與世界各國更多的同情與援助。以便乘着日寇已臻衰亡的現在，一舉而恢復台灣的領土與自由。

第三　我們要切實：有人說：「革命事業不是交易所的買賣」。這是很對的。革命是要拿出力量來的。不是空口說白話所可望其成功的。我們參加祖國抗戰是要打倒日寇，解除鎖鏈。所以在幹部的培養，以及領導方面，我們必須切實，因爲領導者的信仰是從工作中建立起來的，領導者的地位是以替大多數台胞謀自由幸福爲基石的，所以不論小到個人大到黨國，要求有意義有生氣的存在，必須多做實際工作，多做有利於整個台灣解放的實際工作。

第四　我們必須求取進步：革命事業不是少數人所能負擔得了的，我們台灣，由於所處地位的孤單，便决定了革命的艱苦性，而我們革命的力量，又因經過敵人暴力統治，以及數十年來不斷的摧殘，所以工作的艱鉅更非一般可比。所以我們革命同志以至於全體台胞，必須以精益求精的精神力求進步！庶幾不負歷史所賦予我們的責職與使命。

隨着祖國抗戰的勝利，台灣的自由也日近一日，我們將用怎樣的代價來換取這份鉅禮呢？世界上不勞而獲的事情原是沒有的啊！（轉自東南日報）

從工作中去克服我們的弱點

——對第二區隊出發工作時講——

李總隊長講

各位同志：

少年團和義勇隊分派在閩、浙、皖以及××工作的報告，上月份的都已收齊，並經詳細看過。在這中間，看出他們在各方面都有顯著的進步，這是他們努力的收穫，也是給祖國政府及同情我們的人士一個安慰。但另一方面，還有存在着許多缺點，是需要我們在工作中用力去克服的，各位即將出發各地工作，我想趁此機會，提出來和大家談談。

要保證一個工作的勝利，就必須正確估計主觀條件，了解世界大勢，配合工作環境，運用種種方法，爭取外力援助。這些原則，往往在平時都講得很熟，但一到工作中，運用起來就顯得不够靈活了！這是難怪的，因爲大部份的同志參加工作不久，實際經驗缺乏，幼稚的表現，可說是必然的。只要我們肯在工作中悉心研討，是可以把它克服過來的。現在我所要對各位講的，就是告訴大家在工作中克服弱點的道理。

首先，是道德的修養　道德的建立，人生意義的了解，是作人處事之基本要務。尤其是革命工作者，對於「四維八德」應該澈底弄清楚的。我們救國家，救民族就非從這個基本道德出發不可。一個人的生命，有精神與軀壳之分，如果我們爲國爲民，則其身雖死，而精神仍永存世間，萬古長新，反之，卽生亦無意義。能够體驗到這一層，則在身臨成敗關鍵，不會有出賣民族，背叛黨國之醜行。這個，我要求各位要牢牢記住，尤其是深入敵後，參加前線的同志。其次，在一般工作中，要能實踐「道德不怕舊，思想不怕新」的格言。因爲我們在工作中所接觸的對象，大都是過過舊道德生活相當長久的，若要使我們的工作順利地展開，就得配合到他們俗習的形式，實以新的內容，把舊時的「忠於君主，孝於父母」，擴大其視角，成爲「忠於國家，孝於民族」，就是一個好例。

第二，有誠懇的心地　一般團體裏最大的毛病就是精神渙散，各自爲政，工作效率，自相對消。其病根卽爲人事問題。同志間彼此猜疑，造成明槍暗箭，互相傾軋的現象，這種現象，在我們的工作單位裏，雖說不普遍，但不能說完全沒有。這就是說，我們的同志間在對人對事上還有不能以誠懇坦白相見的地方。此後，我們必須消滅「天下老子第一」的態度和玩弄小聰明的行爲。我們要誠懇坦白，俗話說：「精誠一到，金石爲開」。「誠者成也」故「能誠心卽能成事」。能誠，卽能有勇而不怕，雖半夜敲門亦無可驚。我們能做到誠懇坦白，小之可使個人心定神凝，胸懷泰然，無生意氣，大之則使內部精誠團結，集中力量，爭取外來的同情與援助。所以「誠」爲成事要訣之一。但要請各位注意的，這裏所講的「誠」，並非是「刻版老實」，親仇莫辨。

第三，有鎮靜的態度　一般青年同志，最易犯的毛病，就是容易衝動，感情用事，遇到事情，自己拿不牢主張，顧不到大局，自己站在被動地位，完全受人家支配，外面雲飛霧漫，自己就興風作雨，有了這種毛病的人，雖然主觀上沒有「成事不足，敗事有餘」的意識，然而事實上已經授他人以「消耗戰成功」的機會，這是最要不得的弱點。我們的敵人正看中了這一弱點，向我們作挑撥離間的進攻，這個血的教訓必須接受。要克服這，我們就應該以平時生活當作戰時看，前方生活當作後方看，有了這樣的修養，才不致臨難而倉卒，情急而失智，在敵人面前暴露機要，而致敗事。故「鎮靜」爲應急應好的一種重要方法，懂得運用他的，就不致濫用「熱情」，廉價「豪俠」。可是，我們在運用中，必須分辨淸楚：「鎮靜」不是「麻木不仁」，也不是「袖手旁觀」！

第四，是講話負責　古語說：「東村失了一條扁担，西村以爲是造反」，這雖然是對講話誇大，不負責的譏諷，但誇大與不負責的發展，實可能產生種種毛病。我們的同志，在工作中，在學習上，均須注意實在，無根據的話不講，對朋友同志講話要守信，對老百姓士兵宣傳要眞實，勿作賣狗皮膏藥的宣傳，只

圖一次生意。其次，遇到老百姓士兵或台胞有要求時，我們不能因爲談得興奮，感情用事，不顧系統，就代替當局，一口答允。這種幼稚作風，表現的結果，不但易失自己的威信，且會更使之失望。正當的辦法，應站在第三者的立場上，盡量與之解釋或說服，在不破壞系統與權責時，在不影響政府或上級威信時，估計自己或團體能力所及時，則可以允其請求，否則，除解釋原委外，可允代爲轉達上峯。這樣，便能作到「能說的便能做，做不到的就不說」，以達到眞正能對上負責，對下負責。

第五，是加緊學習　我們台灣革命同志中，對於祖國的文字，抗戰理論，因受日寇奴化敎育的痲痺，大都是「先天不足」的，但相反的，其所負的使命都十分重大，這個矛盾，就須要我們以加緊學習來克服他。在我們工作上最重要的，就是對於三民主義的研究，每一個同志對於三民主義，要澈底了解，只有這樣，才能充實我們台灣革命的理論，豐富我們的工作。其次，就是要在祖國抗戰工作中，學習管、敎、養、衞的智能。此外，少數同志間還有三種通痛：一、是領袖慾：好講地位，忽視工作與修養；二、是經不起人批評：愛在背後牢騷，受不了公開批評；三、誇功耀人：愛說自己的話，不尊重他人的意見與勞績。這些，都需要我們在工作中下個最大的決心去學習，才能通過理論，表諸實踐。

第六，有耐久的精神　刻苦與耐久，是成功立業的主要條件之一。我們台灣的地理與歷史等條件，規定了我們革命工作的艱鉅性。因此，我們在平時必須養成「有恒」。對於工作，不能因工作條件順利時，就興高彩烈；條件惡劣時，則心灰意懶。對於敎育同志，爭取同志，也不能因對象之優劣而有冷熱病之表現，我們要持積極的態度，耐久的精神，來迎接困難，解決困難，我們決不能向困難扣頭，要不斷的在困難中求長進，求發展！

第七，要迅速而確實　作事要講求敏捷，又須注重實效，有些同志，對於這方面，表現得很不够，有時，在工作中抓不牢中心，往往表面上忙得非凡，而骨子裏忙不出結果，有時明明一天可作了的工作，偏偏要作兩天完成。有些作事很快，但無實效，例如：有位同志從×地寫來一個報告，說那裏台胞很多，很好，要參加隊、團，可否准許，續寫些我離以下批，「很多」「很好」，究竟有好多，年齡若干，什麼程度，男女各多少，來到祖國好久等都沒有說明，怎能定奪呢！類似的事情還有，這不過是前天的事，隨便拿來談談罷了。我們今後要求迅速，也要講實效。我們要有突擊的精神，能眞正作到「一天當作兩天用」，同時，我們要有「尙耕耘，也要尙收穫」的態度。

第八、是節約的習慣　台灣的革命工作是艱苦的，持久的，我們要堅持工作，負担艱鉅，就必須學習過刻苦耐勞的生活，我們更須時刻不忘的，就是援助我們革命工作的財力物力，是祖國同胞的血汗，爲了這，我們更應切實作到「一錢當作兩錢用，一物當作兩物用」。另一方面來說，能節省一分公帑，愛惜一份公物，就可以多開展一份工作，上月份的交通費，辦公費等都超過了預算，總合起來的數目，並不算小，這筆虧空，就得由本月份的來塡補，則本月的工作，某些部門必然會受到限制，這是不好的，所以，希望各位都能養成爲公節約的習慣，我們要「用的當，省得當」。我常常說：運用財物，也是我們作實際工作者不可忽視的課題，就是這個道理。

第九，要自愛愛羣　我們必先在生活上，工作上能自愛，然後能得到人家的同情與尊重，同時，個人的進步，發展，亦須以能幫助到團體的進步與發展爲原則。過去我已說過：台灣革命的成功，不是靠一二個大學問家幹得了的——何況專爲個人打算而學成的大學問家不一定會革命呢。我們必須聯合起所有的台胞一起來幹，才能縮短革命的過程。所以我們目前必須肅清「孑身自愛」和「自求多福」的作風。我們要互助合作，自愛愛羣，爲革命求出路，爲大衆找光行明。

第十，是生活的革新　我們須養成勤勞，節儉，簡單，樸素的習慣，掃除驕奢虛榮的頹風，要注意生活秩序，團體紀律，事事以身作則，感召同志，轉移民風。你們這次去，不管作部隊工作也好，民衆工作也好，××工作也好，如果不能作到這些，則任你有天大的本領，亦不能有所建樹，徒增你前途的暗礁而已。這樣的場面，在我們同志間，有一二位是已經領敎過了的，今後切不可再犯。所以這次在工作中，要求大家時刻注意到「生活樸素，習慣純良，精神奮」十二個字。

上面所講的，是我們過去工作中的缺點，希望各位在這次工作中去深刻體驗，潛心修養。預祝各位帶着勝利回來！（景華）

從糖業上檢討日本對台灣的榨取政策

陳大年

序言

台灣之糖的生產，在一九二九年爲一億五千零八十七萬八千四百三十日元。佔台灣的工業生產額二億四千六百九十六萬八千九百八十元之六成多，佔工業生產中之食料品生產額一萬八千三百六十七萬一千五百三十九元的八成二分多，佔台灣農產加工品生產額一萬八千七百十一萬一千八百九十二元之八成三分多，佔台灣總生產額五億九千八百六十萬六千一百四十八元的二成五分二厘多，從這些數字上就可以看到糖業，在台灣的產業中所佔的重要地位。

而這一九二九年所生產的砂糖之重量爲十三億一千五百五十四萬多斤，而爲世界產糖國之第四位，給與日本全國的消費而且有餘，可大量地推銷於中各。

這樣重要的產業，在以收括爲目的而統治殖民地的日本帝國主義，如台灣總督兒玉源太郎，在第十六日本衆議院委員會所說：「台灣之於我國（日本）……總而君之，開發此地域之一切利源，不但要使之不成爲帝國之拖累，並且，要使之給母國（日國）富裕的助益……」，以及竹越與三郎氏著「台灣統治志」所說：「日本人是該爲保護他們（台灣人），而使得活，以籍其政治，產業之中樞爲足，如欲使全島之血液，盡化爲日本人之所有，實擬感之言……」等等，是不會輕輕放棄的。事實它是如下所檢討！置台灣人爲其奴隸而建立了如上（一九二九年）之成績的。

建立新式糖廠

台灣的糖業，在十六世紀，由移住到台灣的萃人建立起來，明天啓四年（一六二四年）荷蘭人據台灣時，即以此爲貿易的大宗。當時的甘蔗耕地佔田的三分之一，砂糖出產額，每年約有七八萬担稍後經改良品種，擴張蔗田，遂大爲進步，出產額一躍而至三十萬担；至清朝順治十八年（一六六一），鄭成功逐走荷蘭人後，軍師劉國軒建議招墾拓地，以興糖政，鼓勵官民種植甘蔗，由福建輸入大宗蔗苗，糖業更爲發達；滿清治台後，踏襲舊式，台灣產糖的銷路，遠及歐美、澳各洲，惜因製法守舊，後來不能與新興之甜菜糖抗，遂受打擊。

日寇於光緒二十一年（一八九三）割取台灣後，以台灣產糖的豐富，即課與蔗稅及砂糖稅而開始由台灣的糖業之收括。在翌年（光緒二十二年一八九六年），特設殖產局，管理糖政，至光緒二十四年（一八九八年）一年出產之糖達七十餘萬担。

日寇統治了五年後（一九〇〇年），眼看這糖業的重要，兼其本國不能產糖，就一意鼓勵日本資本家，集資一百萬元，在台南下之橋仔頭設立新式糖廠，日可製造原料二百噸。這即現在在台灣首佔第一家之台灣製糖株式會社（股份公司）。

獎勵並保護日資

設新廠後，又以農業博士新渡戶稻造爲殖產局長，計劃振興糖業之方案，其實這方案是收奪台人之糖業，掠奪台人之利益的方案。李友邦先生著「日本在台灣之殖民地政策」（二一頁二二頁）說：「……產業資本……走向統治之途，及經過……不少之立法，如「台灣糖業獎勵規則」等始具體地可立了資本主義之生產方法。產業資本因此之故，確以享受企業獎勵金，始業補助金之類的特權，而官有土地之不付代價的借用之特權，則更將產業資本，推進一步，對於封建生產者（台人），獲到了成爲永久地勝利者之地位。」

台灣糖業獎勵規則（一九〇二年六月一四日律令第五頭）

第一條　從事耕作甘蔗或製造砂糖者，而在台灣總督認爲適當者，對於左記的費用，給與補助金：

一、甘蔗苗費或肥料費

二、開業費

三、灌漑費或排水費

四、製糖機械器具費

但在台灣總督認爲必要的時候，得給與或貸與現品以代獎勵金。

第二條　以台灣總督所定之數量的原料，從事造製砂糖者得給與補助金。

第三條　爲了作甘蔗而開墾官有地者，無償貸與土地，在全部成功之後無償給與其業主權。

第五條　爲了作甘蔗欲施行灌漑或排水工事之土地，若爲官有地的時候，無償給與其起業者。

第十三條　對於依據此規則或依此規則而發布的命令之處置，不得要求損害賠償。

第十四條　在此規則所規定之外，必要的規定由台灣總督規定之。

對於這事，李著「日本在台灣之殖民地政策」六六頁說：「這種保護政策是帶着什麼樣的企圖而決定下來的呢？我們可聽他們自己的告白：竹越與三郎著「台灣統治志」三四三頁「對於甘蔗之耕作者，或從事於砂糖之製造者，在台灣總督認爲適當而有力量者，可給甘蔗苗，肥料費，開墾費，灌漑費以及製造器械費。如以耕作甘蔗作爲目的而開墾官有土地，可無償貸與之，成功之後即可給與業主權。觀其獎勵保護，實崇所不至，惟土人（即台灣人）之知識財力，均不足以享受此項保護政策之利目」一節。並於七〇頁說：「作爲保護政策的砂糖獎勵規則，均以大資本之企業作爲對象，是不言可知的事，因此，在土地政策的原始的蓄積上，尤其在關稅政策的領域內，再給與補助金，使其資本之蓄積與集中，有如在溫室中一樣地易於成長，結果，投下於製糖業的資本，很快地就成功了對舊式糖廠——土著之生產者——之征服與企業的獨佔了」。

這「是露強行的解消日台資本的對立之企圖下而建立了的，這是以下所記之實踐的政策可以證明的。

（一）爲與耕作甘蔗而開墾官有地者，貸與土地，在成功之後，無代價給與業主權。

（二）對於耕作甘蔗二町（三十市畝）以上者，每段（一，五市畝）給與甘蔗苗費二元六角，肥料代價五元。

（三）建設千元以上之灌漑或排水建設者，給與建設費之五成以內；並且其建設所用的土地，如屬官有的無償貸與之。

（四）以官廳所認爲適當的機械而製糖者，給與機械之代價的二成以上。

（五）以一日壓榨七萬五千斤以上之甘蔗的機械而製糖者，或以一日壓製一萬五千斤以上之粗糖之機械，從事精製糖業者，給與補助金。」（李友邦先生著「日本帝國主義政策下之台灣」尙未出版）。

「自一九〇〇年起，至一九行五年止，廿六年中，所開支之補助金計有一千二百七十二萬六千十二日元（此中工業方面，爲五百六十九萬九千四百二十九元，農業方面爲七百零二萬六千五百八十三元）；此外，甘蔗苗，肥料之補給，械機器具以及其他的經費，尙有一千二百萬日元。又復發布了「台灣製糖工廠胎權（抵押權）規則」，自此之後，新式糖廠，即大資本之企業，更可將其固定資本，一轉而作流通資本，由此觀之，日本政府，對於此大資本之提攜保護，可以說是盡善盡美，無微不至了！」

李著「日本在台灣之殖民地政策」七〇—七一頁）

確立了獨佔地位

日本帝國主義在台灣，這樣保護日本資本家，用以摧殘台灣土著資本與農民，尙感不足，更於一九〇五年發布了：「台灣糖廠取締（管理）規則」中「規定各既成會社之原料採收區域，而且在同一區域內，不獨禁止『舊式製糖場』——即以古舊方法生產之舊廠，對於原料甘蔗，亦禁止搬其出區域之外，……如此，乃消滅原料之爭奪，競爭，而藉之急速地成熟其企業之獨佔」。

「除此之外，更製定採用新式機械之製糖廠的㕣業，必須請得許可，始能成立，蓋用此種規定，則可有效而輕易地強制農民隷從於爲利潤而經營之產業資本，同時——也是日本資本家所津津樂道之

——成功於壓抑土著資本之抬頭。」（李著上書二二頁）據『台灣銀行二十週年誌』二一七頁：「……如目下台灣之製糖業，竟尙保存有舊式糖廠之殘餘，而又加之復有改良糖廠之勃興，以與新式大規模之製糖工廠鼎立，殊爲有害事業全部之健康的發展，而此間製糖業者，與甘蔗種植者之間的關於原料買賣的糾紛，又復所在皆是，當糖價騰貴之時，種植者拒不出售原料甘蔗，其結果，乃有自設糖廠以收製糖利益之風，故舊式糖廠與改良糖廠之陸續設立，可使新式糖廠之基礎，有不安之虞。政府以明治三十八年（一九〇五年）府令第三十八號公布『製糖廠取締（管理）規則』防止此等等糾紛」。

「新式製糖工場，皆屬於日本之產業資本的企業，舊式製糖工場或改良工場則屬於台灣土著資本之企業，由是而知各種法令之所由來，實屬無恥之尤。而成功於征服封建的生產之產業資本，其所依靠者，乃經濟以外之壓力，實毫不足疑之事」，（李著上書二四頁）「舊式糖廠之最盛時期，是在『製糖廠取締（管理）規則』尙未發布之時，所以，自一九〇五年發布了『製糖廠取締規則』以後，便開始其沒落之命運，如將一九〇五年至一九三五年之間的盛衰情形，總合觀之，即如次表：

台灣糖業之工場數與作業能力消長表

年度	舊式糖廠		改良糖廠		新式製糖廠	
	工場數	作業能力	工場數	作業能力	工場數	作業能力
一九〇五	一、〇五五	……	四	三七六	七	一、四六六
一九一五	四九九	……	七四	六、一三〇	二一	一八、五〇九
一九二五	一三二	……	一三	一、一八〇	四四	三七、三六二
一九三五	九七	九七〇	六	四四〇	四七	四〇、三〇〇

註：本表係根據台灣殖產局特產課一九二九年三月三十日出版之『第二十七次台灣糖業統計』及台灣通訊社一九三六年十二月二十四日出版之『台灣年鑑』所載之數目字。作業能力單位爲『噸』

由上表觀之，可得數端，第一：舊式糖廠，是向沒落之途走去，一年少似一年，毫無例外。第二：改良糖廠，當新式製糖廠，尙未大規模地發展，而舊式糖廠已開始沒落之時，曾顯示一時之興盛，而又馬上跟隨着舊式糖廠，走向同一之道路。第三：大企業之新式糖廠，是以沒落之土著資本及中小資本羣爲犧牲，而以壓倒的勢力，飛躍地發達起來了」。（李著上書七三頁）

强制賤賣原料

不但如上所述，對於收買原料之價格，亦是不講價錢，由製糖公司自己決定，又在製糖開始了之後，糖價已經決定了之時，纔各自發表而發放的。如歐戰後一九一九—二〇年度，一九二〇—二一年度，糖價每百斤最低二十餘元，最高四十餘元之時，每千斤可製一百二十斤糖左右之原料，平均只以八、元六九及七、元八七之價格收買（據台灣總督府殖產局特產課「第十八台灣糖業統計」），合四十五元之製造經營販賣一切費用，以十二三元之總生產費（合經營，販賣費運搬費）而得賣出那樣高價之時，只以那七—八元之價格，強奪農民的甘蔗（因如上述不准自製，定要賣與所指定的糖廠）是怎樣的苛刻，觀此也就能明白了。那時公司的利益是這樣：對於董監事，經理，重要幹部俱發十餘萬的年底酬勞，中級幹部之被輕視的台灣人尙發一—二萬元之年底酬勞；而且開支費除外，可發四—五成的紅利；尙可存起巨數的公積金。這事實，就可想到公司獲利之巨大。在這時，農民辛苦耕作每千斤蔗得七、八元錢，而要付着巨額的蔗苗，肥料，地租，捐款及維持生活之苦境，被剝削情形；只能由民族的差別，帝國主義的強盜，纔能實行出來的。

爲着這個痛苦，台灣的蔗農，竟於一九二五年六月二十六日組織了『蔗農組合』——即『蔗農會』，而在其趣旨書中有如下的表示：

「……原料甘蔗一旦搬入會社（即公司）之秤量場，會社則任意秤重，耕作者沒有立會（與秤—會秤）權利，又沒給與監督權利，此實是無理專橫之行動的第一。

「蔗葉剝棄之完否，掃蓋之清潔與否，全在會社一方之認定，以此而扣除斤量，減少等級，不許耕作者之容喙是無理專橫之第二。

「至於價格，以前是據政府和會社之協定，今則全由會社之自由決定，……會社之擅斷決定，一旦發表，毫沒殘存修正餘地，如神聖不可侵犯一樣，雖是不當之價格亦不許耕作者異議，於此亦沒給與抗辯餘地的。他們以糖業聯合會之規則爲後盾，一不能造私例，破公約，不準農民抗辯，即蔗農，時時須要吃苦，此是他們無理專橫之第三。

「政府以糖業取締規則，使舊式糖廠合併，劃定原料採取區域，使耕作者將所生產之甘蔗不得賣於他會社，此是全爲擁護會社之政策，虐待蔗農之產業政策，使蔗作農民永久跪於專橫之製糖會社之膝下。

「堂堂在政府充分保護下之製糖會社，猶尚組織糖業聯合會，以爲專橫之後盾，爲臨機應變之護符的團體。然而我們細民耕作者可以不作一定組織團體，對此講究對抗方法麼？

「會社本不過是壓榨甘蔗之製糖場而已，其主要原料除由求之耕作者以外是沒有法子。即一是買，他是賣。雙方之關係完全是商人間的賣買，原料便是商品，商品是沒有可以强買强奪的道理！

「既不許强買與强奪，當守買賣原則，從商人道德是當然的。然而會社不思及此，徒以專橫手段，定無理之價格，貪一時之奸利，……我們鑑於這等事實，一爲獲得耕作者之權利，一爲製糖會社之便利，茲欲組織蔗農組合，要保持兩者之永久的和平。……」

（據李友邦先生著『台灣之民族運動』本刊原稿五〇——五二）

這與製糖公司，求和平解決的蔗農會，終於同年十月二十二日，因林本源製糖公司之不睬其存在與要求，仍舊不發表價格，强制採收甘蔗，而致爭議，反抗强奪，而使其幹部全部，被日帝國主義政府拘捕投獄了。

在這種情形之下，當然資本是急速的發展，如上記之表所示，新式糖廠之製糖能力，是不斷的飛躍的進展，公司之利益是必然被保證着的，同時農民是必然被驅向着沒落方向走的。

台灣耕作人口，每人之平均耕作面積，只有三分四厘而已，而據台灣總督府調查（據一九二二年七月刊行『台灣農家經濟調查』）蔗農每人一年之平均生括費，要一，一七元，蔗作每甲（十分約十五市畝）平均所得只爲三二三元，每人最少限度必須耕作四分一厘。這樣因爲蔗價的便宜，每人要維持他的最低限度的一年一一七元之生活，是需要耕作四分一厘地，而實在平均可得的耕作面積是只有三分四厘而已。這樣農民就不得不逐漸將其所有的土地變賣，而爲維持生活，而變爲空手的勞動者。

在這樣日寇的傳統的剝削政策之下，尤其因地租之課，賦及其改正後之情形，更使農民的零細土地，越發喪失去了。不但如此，製糖公司是常以强制的手段，以任意的價格，由政府的支持，而收買其所要的土地的。「以此觀之，與德、英、法等，由其殖民地的人民，將其唯一的生活的對象之土地，奪爲己有的資本家之政策，有甚麼差異呢？在於時間與地方雖然不同，但以無理無法的收買，向農民收奪是一樣的；雖然在外國是以無代價沒收，而在台灣是以極賤的，由總督府所認定的一定之價格强買的上面有點不同，但是爲少數之資本家之犧牲而做的，是沒有甚麼分別。如三井系統之台灣製糖公司，三菱系統的明治製糖公司，大倉系統的地昌製糖公司，鈴木系統之東洋製糖公司等之能得擁有廣大的土地，皆是以這犧牲農民利益爲基礎的。過去是爲土地之奴隸的農民，自失了土地以後，是不得不轉落爲工資勞動者了。李友邦著「日本帝國主義政策下之台灣」本刊原稿一四——一五

「糖業資本急速地完成了他們的土地集中過程，在一九三五年已佔有了全台灣之耕地面積八十五萬六千七百七十四甲之十分之一以上的八萬六千八百九十七甲以上，爲一九三五年之甘蔗總種植面積十二萬一千六百四甲之七成以上了。」（據李友邦著「日本在台灣之殖民地政策」三八——九頁。

爲台灣總督府技師農業博士東鄉實，在官中與佐藤四郎共著的「台灣植民發達史」一八七——一八八頁說：「領台以後，這掠奪手段，是由日本人更大模規而實行了。樟腦的採收業者，製糖業者，是無不以最大規模並且有組織的執行了掠奪手段的。……」

在這裏，已由日本的農業博士，又是台灣政府的技師，也是日本很有名的植民學者，他已證明了日人的「最大規模並且有組織的掠奪」！之後，就不用再去檢討了。

（完）

日寇對待汕廈台胞之今昔

恆 作

前言

抗戰前，日本對於福州、廈門、汕頭，的台灣人，好像愛護得無微不至，思惠有嘉，（？）倘有台灣人犯案，無不竭力設法保救，日本帝國主義的對待殖民地民衆，似乎是，比其他的帝國主義者，好得多?!

不是也不會的，這個暴發戶的帝國主義，對殖民地是比任何帝國主義都來得殘暴凶惡！他這樣做，正是愚弄殖民地民衆的伎倆，陰暗的毒策！

有那些台灣人？

任何人都曉得，日寇對殖民地的榨取剝削，比任何帝國主義來得凶猛、殘酷。台灣，雖然是一個物產豐富的海島，但經過了十多年的榨取，已弄得農村破產，人民終日勞碌難得一飽了，處在敵人強奪暴斂下已透不過氣來的台灣民衆，惟有流到海外逃避精神和物質底困苦，這些流到海外的，大都是城市的中小有資產者，技術人材和學生，因爲這些人已不願受敵人的差別待遇，又受着敵人的限制發展不了的企業，更過不了敵人鐵蹄下精神上的痛苦生活，而投入祖國底懷抱來，吸吸自由的空氣，這一種人，佔着留存祖國台胞的絕大多數。

體力勞動者，和被掠奪了土地的農民，很少流出海外，這可以知道，日寇對殖民地民衆無限制的剝削，絕不會輕易讓可供無限制吮血的勞動者向海外流出，造成勞動者的缺乏致影響他的經濟來源，對於勞働者是嚴密限制他們的流出海外，除非是日寇在海外經營的事業所需要的，否則可以說是一概不准。

還有一部份是中小商民，受不了日寇資本家的挫折壓迫，而不得不向海外流的，但是一般商民心裏不用說是惟利是圖，一流到海外，便是敵貨的推銷員而寄足於華南沿海。

和日寇作過堅苦的鬥爭，前後在台灣掀起了數十次革命運動的台灣革命志士，每次所掀起的革命運動。失敗以後，有一部份是被投入牢獄漏網的和徒刑期滿出獄的革命同志，在敵人的高壓政策下再也無法立足，便是亡命海外投入祖國的懷抱，待機而動了。

這些人，在向海外的活動，是瞞不了日寇，使牠懼怕台灣革命運動和祖國的革命潮流合流，連結一起造成牢不可破的革命力量，不得不講求對策。

便強迫利誘得一部份無智識的浪人，刑事犯、殺人犯，這些民族敗類到汕頭、廈門、福州來，做他們的工具，傀儡，來實施牠挑撥離間中台間感情的鬼計。

這些敗類在台灣，既無以爲生，在敵人逼迫下過着那非人的生活，智識又淺陋，一到海外敵人便略賜恩惠，給與些微非法的特殊利益：掛洋牌、賭場、鴉片館……等等，復又慫恿他們爲非作惡，肯做他們的後盾，使仰承主子的鼻息無惡不作，造成許多過去的罪魁，把閩台同胞融洽的感情，便成水火不相容之勢，弄得良善的台胞，台灣革命志士，有口難分，被祖國同胞與這些敗類同樣看待了。

不但此也，自從日寇決定了大陸政策和海洋政策，台灣便成了日寇南進的根據地，更視福建爲臠肉，尤其是和台灣祗隔着一百餘海哩的廈門、汕頭、福州，這些華南的良好港口，更是敵寇垂涎欲滴之地，既是敵貨傾銷的良好市場，又在南進時，可做海空軍的補給站，而且，能够控制從這些地區、就可以把南港日本海、黃海，變成日本的內湖呢。

要實現這些迷夢，事先是要佈置扶植特殊勢力的，因此就更進一步來利用一部份台灣浪氓敗類，由海軍部指揮着間諜工作……華南是劃歸敵人海軍部的活動地區在過去破獲的間諜××人中祗有×個是屬於陸軍部。

於是，這些台灣人，便被人看作台胞的「總代表」了！

狡兔死走狗烹

汕頭、廈門、金門，先後淪陷，這一批敵人所豢養的台氓，當然，敵人也是會論功行賞酬勞他們的，從主子那裏分得一份餘羹的台奸，竟也抱笏登場；沐猴而冠，居然也是新貴了「你是某委員」「

日本人物評論

長谷川清（Hasgua, Kwiyoeshi）

台灣總督（海軍大將）

林海濤

長谷川與前首相岡田啓介（海軍大將）因爲福井縣人，現今五十八歲，與海相及川古志郎同期畢業於海軍兵學校後，於一九〇五年日俄戰爭時，以准少尉在（三笠）旗艦供職，隨東鄉平八郎總司令長官任測量工作，青島之役，任第二艦隊司令長官加藤定吉的幕僚，其後正任海軍省副官，駐美使舘武官，第三艦隊參謀，第三水雷戰隊長，海軍省人事課長，長門主力艦艦長，橫須賀鎮守府參謀，第二潛水戰隊司令官，艦政本部第五部長，與海軍工廠廠長，一九三一年爲日本全權代表出席日內瓦軍縮會議，一九三四年五月，大角岑生（已故）出任海相時，昇任海軍次官，二、二六事變後，永野修身繼大角爲海相，長谷川仍留任原職，當時海軍部內有武斷派與文治派（海軍兩大派別）之對立鬥爭，他對此事却新然實行統一部內派別的工作，因此有一部份人士對他的手腕與胆力加以誇奬，至一九三六年調任第三遣外艦隊（中國方面艦隊）司令長官，一九三七年八月十三日，敵軍藉口發動上海戰事後，他以海軍最高指揮官之地位，在「出雲」旗艦上担任海軍以及海空機的總指揮，但我陸空軍呼應作戰，做英勇的抵抗，出雲艦曾遭受我們英勇神鷹幾次轟炸，以致海空軍亦受到很大損失，因此當初幾個月間，長谷川日夜不能安眠，至一九三八年四月奉命歸國，轉任橫須賀鎮守府司令長官，一九三九年昇任大將，一九四〇年十一月，太平洋風雲告緊時，被派赴台灣繼小林躋造任第十八代台灣總督之要職，以現役海軍大將出任台灣總督可以說打破了幾十年來的慣例，我們可以將前例列舉於下面以資參考，初代總督樺山資紀爲現役海軍大將，因當時台灣尚未平定，所以派用現役大將來鎮壓一下，第二次是一九一八年代之總督：明石元二郎，他也是現役的陸軍大將，此時，日本也參加了世界大戰，所以派了現役軍人，這次現役海軍大將長谷川出任台灣總督係第三次，但是僅指海軍大將（不論現役或預備役）出任台灣總督亦係第三任，第二任卽前任總督小林躋造，他是預備役海軍大將，日本政府爲何此次又派現役的海軍大將充任台灣總督？日本現在尚未參戰，我們從這人事調動看來，可以推測日本勢將參加世界大戰，因爲長谷川是積極主張南進的重要人物，由此可見他出任台灣總督實有莫大作用，我們具體的可以說，他是想在南進的主要基地，台灣，做南進的準備工作，這就是長谷川出任台灣總督的重要使命。

（一九四一，九，二十）

我是某廳長」，任意敲詐，暢所欲爲，紅極一時，那知所謂「好景不常，好夢易醒」，當頭一棒却做了敵人實施懷柔政策的犧牲品了！

四年多的戰爭，使敵人明白光只是用軍事力量是無法達到大陸政策的迷夢，便再增加了一套懷柔政策，藉以收買民心，竟異想天開就利用過去祖國同胞懷恨台灣人的心理，實行懲罰台灣人，給祖國同胞看來，可博取一些歡心，凡是發生什麼爭執，如果一方面是祖國同胞另一方面是台灣人，那麽總歸是台灣人不對，輕卽禁閉（從前廈門市新建築的監獄，現在都關滿了台灣人）重卽押回台灣治罪，日寇的理由很簡單：你們台灣人已經受了四十多年的「皇化」了，他們中國人還沒有受過「皇化」，你就不應該和他們吵，就是你們是對的，也是不對！

過去的利用台娼的香餌：賭場、高利貸、鴉片館……等，這些非法事業，現在是不準受過四十多年「皇化」的台灣人經營了，倒轉過來用做拉攏傷心病狂的漢奸的條件，使之馴服供其驅使！

最近，日寇因我淪陷區的民心未死，正在打算欲將過去曾供日寇驅使，有功於主子的，參加在僞組織裏的台奸一概免職，驅回台灣去，這些遺缺（？）以各地的道地漢奸替代來收拾我淪陷區的民心。汕頭已經實行了，廈門正在考慮中。

這批專替敵人做貨物推銷員底商民，現在已是可憐了，因爲敵人貨物的推銷，已經由日本大資本家獨佔了去，不但是不要他們（商民），而且也不準他的揷足。

總之敵人目的已逹（部份的）走狗該烹了！同時敵人這種的設施，正暴露他內部的窘態，這些情形，也可以當做甘心做漢奸的殷鑑吧。

這些給敵人迫得無路可走的走狗，目前，正是要踏進他自己所掘的墳墓裏去的時候了。

敵國人民生活窘狀

陳瑞麟譯

一、人民不滿叢生

日本人民竭力支持了軍部所謂「神聖」的不宣而戰，到一九四一年已是力盡精竭了。他們對戰爭所得到的結果——犧牲和剝削——已激起了不滿的憤怒。日閥在中國軍事上的進攻，盡管叫着勝利；但是日本國內的數萬萬人民，却掙扎於死亡，疾病，糧食和商品的缺乏，以及毫無統制的通貨澎漲間，這實在是對社會福利很關重要的問題啊！

日本人民素來是以善於服從，遵守秩序見稱，他們雖然每週做了十二小時的工作，也不敢有所埋怨；但是，他們現在所受到的待遇，却是每月只許用五分之四磅的白糖、沒有純正的牛油，牛奶是僅限於一部份人的享受，一天四枝火柴，沒有製衣服的棉花和羊毛，沒有麥片、沒有白米等等。在此生活程度高漲中，無數的日本家庭中的主婦，無不感到維持家事的困難。

經濟警察與思想警察佈滿着日本每一個角落在過去二年中，有六十八萬八千名商人被警察拘捕，他們的罪名是出售違禁商品，如食物，金屬品，醫藥品，電油皮料，棉紗，膠輪，甚至網球等物。十想警察局拘捕的人民，都是犯了沒有誠意與政府合作的罪。日本精神動員委員會曾經再三的命令人民要忍受個人的犧牲，人民覺得非常不滿，於是那般敢在參會或私人談話中大聲說話的人，就是思想警察先顧的對象。在日本各大學，各學院中，有一千二百名以上的教授，被他們拘禁起來。日當局特派一位中將任司法大臣，即可反映出這事情的嚴重了。因爲思想與經濟警察的活動，是由他們來指揮的。這種行動，無異於動員一部份軍隊，作更嚴格的彈那些企圖逃避緊急法令的人民。

二、薪俸階級太受打擊

在此百物飛漲期間，巨大的戰爭立業製造廠中的工人，支領有特別薪，所以影響不大。但一般支領薪俸階級的醫生，看護，教員，學生及店員們，都受到嚴重的打擊；生活程度增加了三倍至五倍，而他們的薪金沒有變動，怪不得要叫苦連天。他們的食物的營養料驟減。他們所買到的衣服是麻纖維質製成的，而且都是些用不到幾個鐘頭就損壞的劣貨。

東京市僅有兩個貯水池，而且都貯水不多，都要供給六百五十萬個市民的用所。於是流行病症恐怖的盛行着，猩紅熱，咽喉炎及紅痢等病症激烈的增加。食水缺乏的原因，就是在東京，名古屋及大阪等城市的過剩，增建了無數的軍火廠，重工業工廠作工，帶來了他們的家屬，這大批人所需要的食水，使市政當局感到非常難於應付，水荒的問題亦更加趨於嚴重。但軍部當局却用雨水缺乏來推諉責任。所以人民議論紛紛，俱不相信這個解釋。在這種情形下，要是有人埋怨得太大聲，就馬上會給思想警察召去警戒。假使有人偶不小心，多用了他們所可享受的食水及電力，就要被經濟警察懲罰了。

白米是日本人主要的糧食。但數年來的日本農夫們，無不遭遇着白米缺乏的困苦。政府把雨水缺乏作爲白米缺乏收的原因，現在勵行計口授糧了。不過，一般知內情的日本人，都說這些怪現象，全是由中國戰爭所引起的，並非什麼雨水缺乏。

白米是由糙米軋磨而成的，它的味道較糙米香，日本人較喜歡吃。可是把糙米輾成白米的過程中，要損失米量約百分之三十。日政府當局，有鑒及此，乃下令一切居家及酒樓飯店，至少要用百分七十的糙米混合百分三十的白米煮飯。由此可見日政府企圖掩飾米量恐慌及供給灌溉稻田的貯水池的涸竭之窮技了。一方面極度澎漲的日本軍隊，需要巨量米糧的供養；而他方面則農村大鬧工慌，大批農人受着工廠的特別薪，吸引到工業區域去；於是米穀就減穩減收了。

三、被迫購進米穀

爲着補救國內的米荒，日本不得不自緬甸與泰國購進米穀。這種自外國輸入的米，日本人向來是很不合口味，而且很感浪費的；但爲着飼養挨餓的人民，日政府才出於無奈的犧牲外匯，購買這種貴米。

假使本季的收穫沒有改進的話，在高瀘和日本兩地，或將釀成米的飢荒，特別是在今年的冬天。這由去年滿洲極度恐慌的情形，即可指出。

東京大百五十萬居民，對牛奶的消耗定已減至一萬二千加侖。牛奶粉是很稀少的，在普通雜貨店中，時常買不到；缺少裝罐，或是一個原因。牛油也是很少見，從前那些裝飾華麗的牛酪店，都不見了。

冰琪琳因冰的緣故，絕跡市面。牛古律糖不再輸入了。許多曾經被日本人認爲家中必備的香料，油醬及調味物（胡椒，羌等），都隨中國而去了。甚至在舉行葬禮時的請酒，這種極流行的習慣，亦在禁止之列。

米的缺乏，致截斷了飼鷄雜糧的供給；雞蛋的生產量隨之縮小，甚至用來傳種的蛋，更減少了。養豬的人，因感飼料不够，往往把豬屠殺。農村中的耕馬，因飼料被徵作軍馬的食料，也要受到「食無粮令」之苦。

四、人民大感不宏

在繼續敍述這些困態之先，讀者或將懷疑的發問，日本人民怎願意處於此種地位呢？要知道日本人民是善良和愛國的人民，他們起初能够接受這些「經濟的犧牲」，都以爲是一時之計而已。現時日久，雖國家精神動員委員會花言巧語，試欲維持人民原有的觀點，但大數的人民，不管委員會的宣傳如何，俱變成非常悲觀，對戰爭的結果覺得還是一個疑問。於是有錢的，開始屯積商品，參與各個非法買賣。他們私販棉紗，皮料及米糧。貧困的則連飯都吃不起，吃的是蕃薯稀粥，沒有醫藥上的享受，所以在他們的談吐間，往往透出一種吁嘆的埋怨。記得，曾發生過如下的一個趣聞。某主婦，有一次釀製一種外形及味道似咖啡的東西，而被控告違犯禁法，但那東西，實由蕃薯焙煎而成的。

在過去年半間，單東京市因違法買賣而被經濟警察拘捕者，數達二十萬九百一十八名。這大批犯人，若把全東京市的監獄都開放，亦不能容納得下。結果犯人經訊問後，即予釋放。可是犯人放出後，往往再去犯罪，因他們知道設使再被拘捕，也沒有監禁他們的地方。他們依舊私販皮料，棉花，羊毛，絲，米，酒，銅，鐵，電油，木材，糖及其他許多樣食物。

僑日歐美婦女，在未撤退以前，她們的絲襪是要向洛杉機威爾莎大道上或三藩市街市上的店舖去訂購。日本政府的統制物價，使本地絲商，無法獲利。他們的製品，無法販與本地零售商店。他們把所製造出來的絲襪完全輸運出口。最近的勞力恐慌，電力減少，與缺乏購新機器的許可證，把日本的織襪工業削弱了。

五、旅行的雜貨店

一般自美國回日本去的外交官太太及經商的老子娘，與那些家在日本的美國人，當他們離開三藩市或西雅圖之前，必大購日用必需品，所帶行裝，有如一間旅行的雜貨店一樣。前任日駐美大使的妻子，堀內夫人，在十一月間回到東京住宅時，帶有一個荷蘭式的爐，數雙皮鞋，很多的罐頭牛奶粉，罐頭牛奶；數籃的罐頭食品——特別是番茄，果子醬，麥片；數捆的棉花，布料，毛織物；許多的襪子，煎鍋，黑茶，肥皂，雪花膏，爽身粉，消毒棉花，紗，醫藥品，糖，數籃檸檬與橙子——在黑市場中，一個有美國標記的橙子，約值一元，檸檬更爲日錢。

現在的日本政府，可用「麻布內閣」做標記。值本因爲棉紗缺乏，提倡人民要用麻質纖維的布製衣服，人民在起初熱心時，稱麻布爲「愛國布」。後來，新的麻布破了，東京婦女協會開始發表了麻布的缺點。這種麻布製的東西，經過數次滾水濃洗後，即呈破裂。日本人穿的襪，大都是沒有襪尖的——破了。一個內閣大臣曾訴苦般的說過，他的孩子買太多襪子，女僕用的布巾也消耗很大；這是一個政府官員，發現到「麻布政策」對家庭的影響。麻布當然可以節省美國棉花的入口，但據婦女協會所指出，要製造優良的麻布，必需用化學藥品，媒，冰和特別的機器，但是，天啊，這些東西都是日本所缺乏的。

禁售棉花的法令，業已施行二年餘了。現在甚至藥用的棉花，都要憑票購買。可是，海軍與陸軍不在此例。普通醫院內，時感棉花，綳帶及麻醉藥品的缺乏。現碘酒，亞司匹靈及奎甯的缺少，已造成嚴重的局面。

六、鼓勵人民赤腳

人造皮過於昂貴，麻布鞋又不堪耐用；於是就鼓勵人民赤腳——老天賞賜的皮鞋。在某些區域中，學校的兒童全都赤腳。因陸軍在荊棘滿佈的中國長征中，非皮鞋不可。但本國汽油缺乏，巴士和的士車減少，小民又必需跑路，老天賞賜的皮鞋雖是耐用，但穿不慣的人，均經不起長途跋涉。這眞令日本人民啼笑皆非了。

一度被奉爲寶貝的外國遊客，亦減少了。中日不宜而戰的前一年，一九三六年中，在著名的富士酒店住過的歐美遊客，有一萬五千名：現在連四千名都不到。

假使你想做一個酒店的經理，那你就要遭遇到下列的難題：沒有充分的咖啡，茶葉很少，牛奶被禁止，牛油不純正，沒有鐵床，禁用床褥及布巾，雜役及女招待被召到軍火廠去。其他煤的缺乏，將受到顧客的埋怨；升降電梯不許應用 。在這種虛無的酒巴中，根本無利可圖， 請你還是不想做好。

日本已鬧紙荒。今年的選舉議員，是處於很困難的情況的——缺乏選舉票及禁止使用競選的印刷品。有三千間報紙及雜誌，被迫停止出版。許多出版着的報紙，亦被政府強迫縮小篇幅。電報單被縮小；政府且强迫人民減少寄發賀喜和吊慰的電訊。在高麗，政府爲欲減少寄發電報數目，電報局每天只開放電兩小時。紙荒的尖銳化同時亦影響到學用品的供給。課本，白紙，紙簿，及日本屋的紙窗，都感缺乏。報紙早晚版只准各出一大張。

七、金屬賊的猖獗

當經濟警察查問屯積居奇的商人時，刑事警察也發現了金屬賊。人民於夜間要把水筒收到屋內，否則水賊要來偷水，金屬賊會來偷水筒，他們偷了水筒時常把它當爲軍用碎鐵轉售。金屬製的欄杆，街路下接駁電綫用，暗室出入口的鐵蓋，門鏈，廚房什具及金屬器具，往往不翼自飛。金屬的缺乏、也予電話業相當的打擊。因沒有銅線及缺少變壓器，致要裝一副電話至少需五百元以上，且要守侯很久才有。假使你願出這個價錢購買，你還要用其他有價值的東西如汽車或卡車之類爲抵押品，纔能避免經濟警察對此貿易的干涉。

政府命令人民要「自動的」減少電力消耗百分之三十五，但爲着阻礙工廠的工作所以政府要在白天開放某些區域的電力供給。假使你違犯了通力統制的法律將有被處三年徒刑或一千二百元罰金的可能。電力的停止供給，致一切屬電的冷藏庫，熨斗，洗衣，眞空除塵器，美術光管，及牙醫的鑽孔器，都無法使用。至於爲着軍火廠而在白天開放電流的地方，問題却發生了，就是人民不顧自動的關掉開掣。於是重新裝置新電線，供給工廠的電力，以防人民在白天偷用電燈及電扇，新電綫的裝置，更加消耗了寶貴的，稀少的銅線。電力的減少，使一般電時鐘都不能準時行走，只好停止使用。這些時鐘通常都貼着一張宣佈死刑的紙條，寫着「此鐘不行」的字樣。爲克服此困難，數百萬的日本家庭與商店，要購買一種木支架與金屬機器構成的新時鐘。因爲這種敏捷的倭人，沒有時鐘長不行的——假使沒有電流，他們就轉緊彈簧。

在此百物缺乏中，東京是一個九點燈的城市——早上九點鐘制水，晚上九點鐘制電，假使需要在晚上讀書，纔准許你使用三十瓦光的電泡。可是矛盾得很。文部大臣却說要以較好的光綫幫助眼力，較多的書籍及報紙，使普通人民，能够從閱讀裏面得到較好的「訓練」。現在呢？眼力越來越壞；因金屬的缺乏，報紙無法得到較多的活版；自從中國鎢礦的進口被游擊隊的活動所截斷後，電燈泡亦得減少體積了。

八、計口授油

煤氣和汽油都被統制了。晚上九點鐘後，「的士」（商營小汽車）是很稀少的，現在「的士」的租資高漲約近兩倍，而車輛數目却減少一半。晚上九時以後，你要向司機行賄，纔不會受到「行不得也」之苦；但司機每會把車駛到半路時，再向你索取另一賄賂以完全全程。過午夜後，「的士」就不許營業。假使你遭遇到這種情形，可付一塊錢而在車上睡到早上八時，那時車輛就可行駛了。假使你在深夜忽患急病，你要先到附近的警察局去填一張典型的日本表格，經許可後，你才能乘汽車到醫院去的，但你必須自己找到有汽油的汽車，還要自破鈔。

為着節省汽油，日政府分配給巴士（公共汽車）和貨車各五百元的補助金，以裝置木炭爐，這種機器確實很節省。其發動機時常塞息，嘈雜響及爬不上斜坡。在冬天的時候，起爐非常的慢。精密的發動機就不能使用木炭或麥稿行駛了。在街道上與鄉村的各地方，你可以見到許多巴士和貨車，擱置於路邊，不能行走，搭客倘遇到這種不幸，只好自己背起包袱，落車自行。街車走起路來，很是遲慢，所以街車的行駛也減少了。

煤斤的缺乏，減少了煤氣對於加熱，烹煮及工業等用途的供給。現在，你不能買到新的煤氣爐以及煤氣用具；甚至要把你的煤氣爐自廚房的一邊移到他邊，亦無法找到一一枝縮短的鉛管。煤礦的稀少，抑制了供煤氣用的煤的生產。火車雖感缺乏，但對煤礦坑開出的煤，卻極力維持運輸。為代替任職於陸軍或工廠的礦工，日本北部的礦場，要用婦女及兒童作工。

一個在日本住了三十年剛剛回國的美僑向國務部報告說，日本內部的情形已接近於瘋狂狀態。商品的缺乏和軍需原料的短欠，將趨有惡化。排外運動的盛行，不過是日本政府的一種企圖，試欲轉移人民對國內生活態度低降與安定的注意。在各地方的日本人民，無不異口同聲的向人發問：「我們為什麼要繼續戰爭呢？戰爭何時了呢？」

日本正受着水旱之苦，但一個最主要而沒有被解釋的原因，就是增加供給新工廠及數十萬自鄉下搬到工廠作工的家庭用水。各間工廠的蓄水鍋必需數噸的水。許多需要熱氣裝置的紡織工業，人造絲廠，士敏土廠，製革廠，及化學工業，都必須消耗數噸以上的水量。同時又增加了百萬人口。於是人要水，工廠亦要水，而現在東京貯水池的容量，倘不足供給市上人民兩星期的食水。當落雨的時候，人們無不大開井蓋及搬出所有盆桶，以裝雨水。不量的缺乏，同時也增加了火災的危險，尤其是那些易燃火的區域。

假使你的住宅或辦公處是在小丘之頂，那你的水頭就休想有水流出來。你要等候沿街販賣水的牛車的來臨，然後差遣你那穿着木屐的僕人，挑着担竹水桶出去購買一天所需的水。市上的貨車不能載水，因他們不能得到汽油。普通汽車的膠輪都無法更換新輪，因本地出量的全供出口之用。金屬的盛水器如鐵桶，銅鍋等類，俱不許使用，因這些都是軍火工業必需的原料。

日本的各種恐慌，並不豫期崩潰或飢饉；但可很肯定的說，是內部困難嚴重化的前奏；亦可推斷日政府對維持民氣和支持今年多戰爭的力量，已感極端困難了。

九、輪船缺乏

糧食生產普通的缺乏，重大影響及三島人民的糧食，於是日閥想自中國淪陷區掠奪食米，運資本國人民。但中國人民並沒有增加生產，他們所收穫的，僅夠自己的消耗，不能供給侵略者的需要。因此日本要動員大批輪船，運載糧食，軍裝和醫藥往中國去供養百萬的軍隊、其他船隻則要自安南，泰國運米回國——日本有史以來，一種罕見的經濟狀態。於是經營海外出口貿易的輪船，頗形缺乏，假如日本在華軍隊需要繼續供給糧食和配備，則日本部各種恐慌，將更形暴露犧牲的本質。

請把我們的眼光看遠一點，就算戰爭可從速終結，在各種恐慌的前面（目前還沒有日本人能夠解決這些問題），正橫置着通貨澎漲的威脅和解散軍隊後的經濟危機。但這又是另外的一個問題了。

（譯自堵勒氏報四十六卷第二期）

台灣少年團

蘭谿工作檢討總結

工作是我們最歡喜的，回想起這次與電影隊的大哥哥們一道兒爲「政工」號獻機而工作的情形，使我們高興，因爲在這次工作中我們又有成長了，新的進步。

工作結束後的檢討會是整理這次工作中所多生的經驗與教訓，把它總結起來作爲今後工作的指針，在熱烈的三小時內得出了如下寶貴的意見：

關於檢討方面

1生活上與學習上的優點與缺點：

㈠兩個團體非常之合作有這樣的好基礎，才建立起好的工作，純潔的小朋友與大人們當然是沒有意見可爭執，定是融恰親愛的。

㈡我們能够抓住時間向電影隊的大同志學。不論是寫日記的時候，或個別學習的時候，有疑問的地方都問大同志，而且較大的同志，找到大同志討論些專門的問題。

㈢內部生活的自治精神不够。部份小同志們常常拿着球玩，（有許多同志經常有工作的）不能利用多的時間做事情。

㈣內部的組織性不够。我們是一個單獨的團體，這次雖然同電影隊聯合工作，可是在內部生活上，我們的團體的優良的作風，是應該發揚光大的，

2工作上優點與缺點：

㈠工作態度：A對工作熱忱，相反的有少數人對工作的消極，像那次在電影院時許多人很忙地東找西找工作做（幫助大同志上燈炮，拿電線等），可是一二個人他們相反的總是坐着看人家工作。

B忙的時候不焦急不生氣，可是後面帶着不够沉着的尾巴。有次不知道是什麼人，他馬上就要上場了，可是他不知爲了什麼事，像普通的小孩子樣的，生氣不顧演戲，這正是工作緊要關頭，大家急得要命，於是有人用台灣話罵他，可是大多數的人給他很好的態度忍心地說，結果勉強地上場了。

C自由主義的工作態度，這樣的事情是極少數的份子，他們認爲這工作可以我做而且願意做那麼就做，不高興做，於是誰便離開自已的工作崗位（我們表演前做招待工作或收票等工作崗位）。

㈡我們有優良的作風才使工作很順利完成。我們這幾天嗓子啞了，可是並沒人說：「嗓子啞了不能工作啊」！

第二項進行了之後，接着是進行對個人批評，先是每個人自己很坦白地自我批評後再讓大家對他檢討，這項進行的尤其好，特別發揮了小革命戰士的精神而內容特別豐富詳細不易寫出。

3對領導者批評：

關於這點我們都以誠赤坦白的心，一致認爲他們領導嚴正的，在生活上都很活潑。而他們也作了一番詳細的自我批判。

4經驗與教訓：

㈠要有嚴密的組織才使生活不散漫互相更親密團結。這次工作雖有少數人很緊張的工作，可是另部份同志，也應該自動做事的，因爲他們不會這樣，那麼團體要支配他做事的，這樣才是很紀律的生活。

㈡有革命的紀律，我們是台灣革命的小朋友，當然從小就要學會有革命的紀律，才使將來做個很好的革命者，這點是從這次工作中反映出來的。

㈢反對鴨子式的革命者（光是「呷！呷！……」的叫出很多的道理來，而不會做的人要反對）。

反對烏龜式的革命者（躲避工作推卸責任工作不熱忱的等等都應反對）。

㈣理智與克復感情。很糟糕的，有許多同志，不管什麼的感情一衝動，便很糊塗的無理由的不願工作，不應當的吵架。以後我們在工作上絕對不能這樣，理智要戰勝感情。

㈤嚴肅與活潑要有時間性，這個教訓如果以後不把握，那麼會妨礙到嚴正的革命紀律，好比大家都很晚的回家來，應當休息的，可是有人還很活潑的睡着開玩笑。

㈥工作要顧到內外統一，才能表示出不紊不亂。

最後還請熱心參加我們這會的大同志們，給我們提出意見，可是他們都很客氣的。

主席說：「今天的檢討會等於一個鏡子，把我們所有這次工作中的一切反映得很明顯，望大家把照出醜的部份趕快洗掉，把好的保留，只有這樣才能很快的進步起來……。」跟着「散會」的餘音，發出熱烈的掌聲，大家都笑嘻嘻的散了。（徐光整理）

九月二十日於團部

父與子

薩今吾

廣闊綠色的平原上，聳立着幾百座白色的營幕，天是深藍的，沒有風，已經隱沒的太陽在天末還留着些微的餘暉。

這，安平城外九月的郊原的薄暮，在南國還是一個暮春樣的景色。

營幕里已掩映地閃露着燈火，哨兵在暮色里無聊地往回地逡巡着，肩上的大刀，時時被燈光反射出一絲絲銀光。

在這幾百座白色營幕中，間着一個青色的大帷幕，那是主帥平國公鄭芝龍的行轅。

帷幕里已經點上臘炬，淡黃的光枚射在青色的幕壁上，是那麼的靜穆。芝龍舒適地蜷伏在一張行軍用的繩牀上，半閉着朦朧的眼睛，牀邊短機上放着一個大信封。

從泉州退保安平以後，芝龍已再不能保持往日的情緒，他只感到空虛，他覺得心上被壓着一個重物。

他常常疲倦，也常常沉思，而且更容易發怒。

燭煤爆落的輕微聲息，使芝龍微微地抬起沉重的眼皮，燭光明晳地照着短機上的信封，這刺眼的信封，他無意識地伸手抓住了它，把身子側而受光的一面，慢慢地默讀着信里的每一個字，還在他已經是第十七次了，使他自己也驚奇着一封永遠讀不厭的信！

「閩粵總督」，這富有魅力的字句，他眼角上掛上一絲笑影。

帳外傳來了幾聲金柝；

他無力地垂下拏着招降書的手，張眼向幕壁四周看一下，他似乎想在這幕壁里尋覓到一個決定的證據。

幕壁左角上橫着一支垂着黃穗的長劍，在燭光下更現着它底堅毅和英武。

「噯；老伙伴」——芝龍記起了橫行海上的生活；他覺得青色的就是浩渺無垠的大海，燭光的顫動是白浪的起伏，他又想起幾十次偉大的戰役，他想起隆武帝，他想起數十年來隨他出生入死的將士們……

「恥辱，恥辱」他低低地自語。

然而他終于不捨地向短機上投瞥一眼，他在這硬大的信封里看見了饒健的北方騎兵，看見了耀眼的總督金印，看見了遍閩粵的自己的財產。

「管他的；總不失爲一個富翁……」他興奮地聳起半個身子……

「報告：少帥進見」

隨着帳外熟稔的衛士的聲音，燭光下映出一個壯硬的身軀。

「爸」；成功微俯着身子，靠近了芝龍的繩牀，

「幹麼」？芝龍覺得微微的不快。

「爸知道吧！將士們都不肯投降清朝」。成功莊嚴地注視着他父親多鬚的面頰，

「……」芝龍微微的一震，

「爸，你總不會忘記吧，閩粵的地形和北方不同，北方騎兵縱然善戰，但在這不利的山地間，我想是……」

「不，」芝龍截住了成功的語聲，「你以爲北方的步兵還不够饒健嗎」？

「我是說清朝多數的是騎兵」。

「哼」！芝龍冷諳地昂起頭。

「不管他騎兵步兵，我們現在還有險可守，有可戰的士卒，至少不應該在這個時候……」

「那麼你一定以爲我們還可以復興嗎」芝龍帶着更深的諷諂。

「自然；我們可以訓練士卒，更可以物色人才，只要我們能够精誠團結」，當然可以抵抗到底！自成功的臉色更莊嚴了。

「你以爲練兵可以不要餉嗎」？一個諷刺的笑。

「是麼；我們可以調整沿海的港口的稅收」

「你自己以爲懂得一切嗎？可憐的小子」！我

台灣第三醫院給我的印象

景之

回到自家的隊伍裏，正和回到家裏一樣，同志們熱烈地報導我們台灣革命的目的，和目前義勇隊的工作，使我當晚不易入睡，大興奮了！

因爲隊上和少年團急于要我學習的地方太多了，所以到今天才能跟　隊長去第三醫院玩，在那兒，只留了二天，但給我的印象却很深，我覺得：

第一、第三醫院是一個家庭，工作同志們好像兄弟姊妹，他們在工作上，責職上分得很清，可是他們沒有一般機關團體所犯的毛病——由于分工的清楚，在執行上致成僵化，他們是嚴格的具體分工，又靈活的相互合作。這，不但對工役的抹桌掃地，對同志的排號配藥，就是對病人嘔吐，小孩的便溺，也是幫助打掃，使病人感到這和家裏一樣，同志間有什麽吃，都能互相關照，誰工作辛苦了些，大家便向他慰問，有了這一點熱力，所以，我覺得整個的醫院是沈浸在融融的空氣中。

第二，第三醫院是個學校：在醫務方面，他們有這樣的材料：凡遇奇難的病症，必以十二分愼重的視病來處理——同集體力量來解決——決不輕率下斷。凡誰遇到流行的病症或個人在工作中發現了新的醫術，以及其對同志們有研究必要，教育之意義的病症，則當晚提出研討；每隔兩週，有一次醫藥討論。他們眞正是在工作中學得，以學習未保證工作技能的精進，工作效率的提高，嚴格地講；他是勝過普通的：醫學校，因爲同志們天天在學習，同時也天天在工作，他們每個是「醫生」，同時也是同志們的「先生」，有時又是「學生」，要人們是身兼數職，他們呢？你說！

在白天，每個同志都在忙碌中，很少時間可以利用到向書本去學習，所以每晚規定有半小時的集會，在這個會上，有輪流報告時事，醫術報告，故事，笑話等這一方面可以使同志們不要用實貴的同跑到街頭去當「迷途的羔羊」，或作其他的浪費，同時又可以在輕鬆活潑的集會中，相互教育，恢復疲勞。

第三：第三醫院是個慈善機關：凡窮人，士兵來診病，均予免費，每天送診六十均在百分之二十以上。爲了病人以便利，他們整天犧牲個人的自由：爲了寶貴病人的時間，他們不顧個人的休息，掛號既不取費，又不麻煩，你吃飯時來，也必須替你看完了再吃，半夜來請，立即出診，醫院附近的長者，常抽個時間去探問，他如眞正實踐了「爲人類而服務」的口號！

第四：第三醫院是個革命團體，醫生不向病人擺架子，只在工作上表現崇高的人格，和人類的「愛」。他們對外來的病人，免用一般醫院的麻煩手續，但對本隊的同志，則除急症外，必須按照規定，組織的系統，團體的紀律，絕對尊重，他們對上忠實，負責，對外誠懇，謙和：對學習切實、努力，對病人愛護，體貼：對同志互助團結。他們爲國家節約，更會爲病人打算。每週有嚴格的批判，鎮密的檢查，有同樂會也有時事討論。三一天中，我看到；有兩位同志在晚上出院看少年團同志跳舞，立向值日請假二小時；有位同志的病並不嚴重，要打滋補針，他必按照手續報告上面，核准後再行；一個檢討會，開了四個鐘點（晚七時至十一時）在那個會上，連同志們學習本地言語；這爲診病的便利，也是爲宣傳台灣革命的工具——對窮富人的態度，也都有詳細的檢討。

他們懂得技術政治化，充分地運用現有的技術貢獻於救國抗日，同時也充實革命的知能，準備貢獻於建設新中國與新台灣！

我生平感到受氣最多的地方是醫院與銀行，所以我最怕生病與取款，因爲我曾在一本什麽書上談到過，「醫院，銀行……之設立，力爲便利國民經濟之周轉，減少國民肉體之病痛……」，「國民」，當然是指全國人民，但是，在以往所見到的醫院，銀行等，明明又是便利了或幸福了多數的有錢「國民」，原因何在？這問號在我腦中足足打斷了十多年的轉，一直得不到答案，很慶幸的今天，第三醫院的同志們給了我一個圓滿的解釋　（完）

幼年學校生活的回憶

台灣少年團王正南

我幼年的生活都是在台灣，雖現在已經是好幾年了，要回憶起幾年前的事那末不容易的，但是，深刻的印象，是可以不必多花費時間和腦力的。

我是生在台灣，成長在台灣，（在有名的台南市城里。）所以可以常常的看到小自動車，大自動車，（就是大小汽車。）光亮的電燈，高大的洋房，光滑的柏油馬路，簡直好像是在天堂里，可是這僅能看看而已，至於享受，那却是別人的事情了。

我們父親，那時是一個教員，一家共有八個人，全要靠父親一個人來維生活，所以，我的生活是不會很好的，但是，因爲我是一個最小的兒子，最討歡喜，有時候也會嘗到土糖的味道，吃到米飯和凉水。過年過節的時候，也會特別的製一兩件新衣服，這樣慢慢的長大了，知道一點事情時，就覺得父親是最好的人了，因爲他最愛我。

我六歲就進了幼稚園，那時我是很歡喜的，因爲我時常在幼稚園門口經過時，總聽見「嘟啊嘟啊」的聲音，和小孩子尖喉嚨的唱着，現在我也可以和他們一道了，我進去了半年的樣子，很快就學會了許多的舞蹈，和唱歌，還會畫筆，畫硯台和水桶，桌子，椅子……等東西，同時還會說一兩句東洋話，眞是高興。

可是慢慢的討厭了，覺得隔壁的另外一個學校，他們大聲小叫的「哇啦哇啦」，同時這聲音也是東洋話，好像比我們的好玩，所以我就更加着急，要和他們一齊念，不願意老是那一套已經沒有興趣了的唱歌和舞蹈了，有一天，和父親一起到幼稚園來，指着隔壁的學校，要他把我送到那隔壁的學校里去，後來考取了，於是我就是正式的小學生了。

因爲我是剛進去，什麼都不懂，所以常常吃虧，放假回家總是一個人走，所以常常給日本小孩子聯合起來打一板，於是我就懷恨在心。又有一次，看見那些東洋小鬼子和我們台灣的同學在互相擲石子，於是我又去叫了更多的同學們都來打，結果把兩個小鬼的腳打出血了，我們便逃掉，從此我們兩方面的仇越結越深了。每天放假的時候，都結在一起走，遇見了就打，打不過的時候，就駡他一個痛快。

學校里，上課有兩種先生，一種是台灣人，一種是東洋人，遇到台灣老師時，對我們總是很和氣，日本人上課時，總是兇恨恨的，一個不好，就要打我們、我也常常受到打和皮鞋踢，眞是忍不下這種痛苦。慢慢的，父親告訴了我更多的事情，我也就知道的更多了，加深了我對他們的仇恨，一直到現在，我還在恨着！

故鄉

牛光祖

在故鄉，軍閥與強權，
正在爲自己挖掘墓穴。
殺人的大炮兵艦和飛機，
快到了毀滅，
求自由解放的人們，
已經親愛團結着：
同志們！勇敢衝過去，
抓住機會向光明的路跑。
在故鄉，同胞們的悲鳴，
不久得轉的歡聲，
甘蔗夾着金黃色的水稻，
我們是吃不了。
故鄉與我們的距離，
眞是一衣帶水。
同志們！勇敢圖過去，
明天該是我們吃台灣香蕉的時候了！

台灣少年的任務

台灣少年團 黃月華

台灣是一個小島，已經被日本鬼子強佔了四十多年，在這四十多年當中，台灣人整年整日的過着牛馬不如的生活，受着日本鬼子的欺侮在他們壓迫下悲慘的呻吟着，今天祖國和日本鬼子打起仗來了，這也就是我們台灣翻身的日子到了。

今天我們的革命任務是對外要擺脫異族的（日本帝國主義）壓迫，對內要肅淸甘心做日本牛馬的少數合奸，這個反帝反封建的兩重任務就決定了無論小朋友也好，老伯伯也好，男的女的都好，所有的台灣人都要動員起來完成這種大任務。我們台灣少年的任務，是和台灣大同志的任務一致的，但是在具體的分工根據體力智力發育的不同，却和成人略有不同。少年有少年的特點，即在今天我們台灣少年應有的是那些任務呢？現在在日本帝國主義統治下有很多已覺醒小朋友，應該喚醒那般不知起來反抗日本帝國主義的小朋友，應該對他們宣傳，教育好，共同的起來反抗日本帝國主義，脫離日本軍閥的壓迫，不讀日本書，不受敵人的麻醉，擾亂他們的秩序，怠工，罷工，罷課，罷市等等，這些就是在日本帝國主義壓迫下的革命工作中心。

一些已經脫離了日本帝國主義者的壓迫，跑到祖國來的台灣小朋友呢？我們已組織了「台灣少年團」來參加祖國抗戰，在祖國自由的大地上努力學習祖國的語言和文字，把以前受過奴隸教育的頭腦洗刷一下，學習一些新的智識重新改造和充實武裝我們的小頭腦，只有這樣，才能解決工作上碰到的困難。

工作上應多做宣傳工作，喚醒一些醉生夢死的同胞起來抗戰，要和祖國的兒童團體多多關係，加緊團結起來，站在一條戰線上來打倒我們的共同敵人日本法西斯以完成我們的革命，建設起一個自由幸福的新台灣。

工作都在向我招手了！

親愛的小同志們：

我們與電影隊的大同志生活在一起，眞有趣極了當玩的時候，他們想出種種的方法，使得我們大笑，當工作的時候那種出勁的神色，看了！眞象機器樣的不斷地有紀律地動。這次短期的配合工作中，使我們學習了不少保貴的東西——對一般工作團體缺點的發現，及如何克服的方法等——而從這次工作中，也暴露了我們的缺點，像；對工作不積極，在生活中工作上互相有小糾紛等，這並不是說我們整個的同志都是這樣，但我們也不否認這是缺點，更要加緊地與缺點作鬥爭！同志們，你們也有小缺點的，只要有决心去克復，就能從矛盾中求得進步！

我們這邊的同志，每個的面兒，都瘦黃得要變成會啓章同志，可憐，晚上至少十二點鐘才能睡去，第二天早上仍舊准時集體起床，但是，我們都了解我們是小革命工作者，在台灣未爭取到獨立，自由的時候，我們必然將會遇到更多的堅苦工作和勞動生活的，所以我們還是精神抖抖的，神氣十足的，給人們看了：「呀！台灣佬眞不錯」，那我們更神氣了！

我們的生活時間像布樣的；組織極嚴，早上六點起床，出發早操回來黃大哥教我們全體唱歌。吃早飯後，記日記，上三課，吃午飯，午睡，練習節目，到影戲院做招待，表演，看電影，收拾回家，吃粥，還有「呼呼」地睡去。嘿……眞正有味道，可惜你們沒有來啊！不！沒有關係的，我們以後，說不定全體去上饒工作，那時，不是又能够和電影隊大同志在一起工作了嗎工作都在向我們招手了，小同志們，現在還是安心地學習準備我們鬥爭的武器吧！

天太晚了，再不睡，那明天我會被人家，叫烏龜的，反正我們三兩天後就要見面的，那時候再長談吧！

親愛的哥哥弟弟妹妹們緊緊地握手吧！

你們的小弟弟徐光上于九，十六晚于[illegible]谿

台灣人的痛苦

台灣少年團王正北作

台灣這個地方是很小的，但是出產的東西，很多，又很好，好像糖和樟腦油等，但是從給日本佔領了以後，台灣人都不自由了，受日本人種種的壓迫，痛苦一天一天的加重，有的餓死，有的殺死，有的是活活埋進土裏面的，從這許多地方就可以知道日本是個野蠻強盜，沒有人心的東西。

還有，做工的時候，台灣人一點也得不到休息，不能停，如果一停，主人就在後面，用鞭子來打你，可是，那些工人飯又吃不飽，肚子很餓，沒有力做工了，但主人不管你餓不餓，飽不飽，總是要叫你工作下去的，呀！這是多麼的慘啊！這，還不算，更苦的還有，就是剛生下來的小孩子和三歲四歲的，用那長長的刺刀，對準你的肚子一刺，就在街上玩，小孩越哭，日本人他就愈高興！

所以，後來有許許多多的台胞不願意受這種痛苦，就在七七事變以後，許多的台胞，都回到祖國來參加抗戰工作了。

不久，我們聽到台灣獨立革命黨領袖，李友邦先生在金華成立一個台灣義勇隊及台灣少年團，來幫助祖國抗戰，一致打倒日本小鬼。這是我們最高興的，因爲只有把日本鬼趕出去後，我們才能够建立個新台灣，過快樂的生活。

怎樣開展醫務工作

第三醫院 苗精

在台灣革命團體裏的同志們，都希望我們做一個革命醫生，而不希望做一個普通醫生。因此我們應怎麼樣使自己的工作能滿足他們的期望。

在這裏，先來談一說，革命醫生和普通醫生，究竟有什麼區別？有在一般的現象是大同小異，但是在本質上卻大大的不同了。因爲我們的工作有特殊性的，——政治作用，卽是說，在台灣革命現階段是一種宣傳策略，另一方面在祖國抗戰中，是迫切的需要救護、醫藥工作。

我們已經淸楚地，認識了它的重要性，那末應怎樣來完成這重大的任務，做一個及格，不要做到「全格」的革命醫生。

在這裏我來舉幾點給大家做研究材料，這雖不是推動工作上的要素，但是也可以說是我們目前一種基本的工作態度。又可說這是維他命缺乏症，不妨拿去試試看，包你一服立癒。

一、應抱誠懇的態度，和一視同仁的作風對待病家，給他們能得到精神上的安慰。

二、如有疑難怪症，務須互相研討，在學識上求共同進步，同時愼重將事，爭取民衆的信仰。

三、抓住機會，宣傳『參加祖國抗戰』的意義。

四、不管如何忙碌，絕對不放棄主要的學習，準備將來直接和敵人鬥爭的力量。

五、剷除一切成見，以民族的利益爲前提。

把這幾味爲原則，大家能做得到，我相信，不但，好像百步穿楊似的，展開醫務工作，並且能够完成歷史所給我們的任務。

我抱着二十四分的熱情，希望同志們不遺餘力，共同來研討與執行，那末，台灣革命成功，指日可待了！

記中秋晚會（日記一頁）

台灣少年團黃國俊

今年的中秋節又到了，大家都十分快樂。早上留在團部的同志都在練習節目，出發皖南工作的同志也在準備今晚的表演，這天好像過得特別快，一下子就過去了，到了下午四時，我們就排着隊去隊部，我們到時，隊部的大同志也集合起來了，一會兒，聽到一陣哨子的聲音，一看，原來是一個瘦瘦長長的大同志，叫大家各就各位坐好，就開動了，今晚大家吃得飽飽的，我在這當中，有個感想：我們有這樣多的人，有怎麼大的力量，做起工作來，一定很快的，我們台灣一定可以收復的。我們吃完以後，每一個人搬了一張小小的椅子到操場上去開會了，唱了隊歌後，就由李隊長訓話，他說：去年中秋節我說明年我們要到杭州去看三個月亮，今年却仍舊在這個地方，日本鬼子還沒有趕走，這就說明我們今後更應努力才行，接着朝鮮同志起來講話，講完以後，有一位大同志拿着餅來，每人發一個，還有瓜子，雖然東西很少，但是意義很大的，後就餘興，我們就請嚴同志起來吹口琴，口琴吹得很好，完畢，又請李隊長來一個節目，李隊長表演的是一個小學生的歌曲，邊唱邊演，和小孩子表演的一樣，大家都笑得透不過氣來，以後，就是個別表演，集體歌詠，及跳舞，最後，來了一幕劇，就是「改良放下你的鞭子」，這劇，有很好笑的地方，也有很悲壯的地方，散會後，我是有這樣的感想：

在台灣的同胞，一定沒有像我們這樣快樂的，被日本鬼子壓迫到不能唱抗日歌，也不能開晚會，喊打倒日本帝國主義，就要抓去殺頭，今後，我們應該照隊長的指示，更努力工作，學習，提早把日本鬼子趕出台灣去，那時，我們台灣同胞就可以在一起過快樂的中秋節了。

敵寇南進聲中之研究資料

•資料室•

一、（路透社東京一日電）台灣總督在緊急經濟調查會閉幕時演說主張台灣全部設防，為日本整個南進政府主點之一，謂：台灣全境皆應設防而使此島自給，並成為固定的飛機母艦，今急宜在各險要地點趕速佈置，以為台灣之使命，至台灣能否充分履行其根據地之使命，則在將來事實中自有分別。

二、（本隊××、××、××等處專電）可公開發表者有八件：（一）台灣所有鐵路均加設雙軌；（二）新闢飛機場1.在台南車路墘；2.在安平灣裏七鯤鯓，3.在嘉義太保莊，4.在台中大甲豐原，5.在高雄恆春，6.在基隆，澎湖均有，但地址不明；（三）明年一月起，台灣改用志願兵之制度，但須以受其中等學校教育者為合格；（四）強迫台人改日本姓名，近更為嚴厲，如改日本姓名，則在機關作事，可多得二成薪給，現被迫改者佔有百分之三十以上；（四）各戶搜米，限定最低價收買，後又用強派，每人月繳兩斗，如自己無米，亦須向他人買來繳納；（五）祖國抗戰後台民即不准吃白米，目前連粗米也難吃了，貧民大都改吃什糧，有的連什糧也無吃，台人曾調吃芭蕉，以生蕉鹽煮食之，故近患腸病（拉肚子）者佔十分之四。台人來××吃了一頓白米飯，連說：「你們真幸福」不止。（五）對台人，凡年在四十歲以上者，須進日語夜校。如進，說台語可稍原諒，否則說台語就要被打或拘禁，在二十歲以上者須每日無償服役四小時，年在七歲以上者，每晨七時須往神社朝拜天照大神，現各鄉鎮均有小神社之建立；（六）因汽油來源缺乏，禁止自動車（汽車）通行；（七）對木材鐵類統制特別嚴格，不但是買不到鐵釘，且買木材亦須經許可，否則以違法論，要建房屋，須經台督府批准。（八）時常舉行防空演習，在演習時，不管台民的生命財產，如稍一不慎就遭毒打，有一次一架飛機遇障礙地，因夜間難見，即將附近台人日夜辛苦用血汗換來的甘蔗田園，全部放火，以尋該機。

三、（同盟社廣播漢城十四日電）朝鮮總督宣佈下年度朝鮮陸軍志願兵之人數，將有二十五萬人，較本年度增加十萬五千三百六十八人。

一九四一，十一月。

別了台灣

萍作

火一般熱，騰上我的身，
從美麗的台灣，
拋棄了父母兄弟，
突破敵人封鎖線。
偷偷飄過台灣海峽，
火一般的亮，引照我的路，
投入祖國的懷抱。
呀！自由的國土，飄揚着青天白日的旗幟，
如今，我可以呼吸自由的空氣，
高唱：「打倒日本帝國主義！」
火一般的紅，照耀我全身。
我踏上前線，和弟兄們接吻，
我報導：「台灣人在敵人壓迫下的慘痛生活」
他們都高呼：
「驅逐日寇，收回台灣！」

奴隸們起來吧

長松

在閩江對岸，
那裏有個小島，
有着五百多萬的奴隸。
他們被日寇重重地壓迫，
他們被榨去膏血
發出了奴隸的呻吟：
「我們要自由」「我們要自由」
強盜還不放下剝奪剩下來的骨頭
還緊緊地抱着×緊緊地吸噬着×，
我們反抗的時代到了
再也不能忍受！
高喊起奴隸們起來吧！起來吧！
肩並肩手拉手地團結起來，
把五百萬個心熔成一顆心，
認清敵人，握緊鐵拳向敵人迎擊！
我們要自由，
奴隸們起來吧！
反抗的時候到來了！

雜感三則

任癸

一、修養

修養這個名詞，一般讀書人，都把他糕得很神秘，藏的很奧妙。可是據我們每天的生活，每天的工作、行動、學習，都時時刻刻不斷地與修養有關，比方：每星期的生活檢討會，自我批評會，學術討論會等、這些都屬修養之列。

一般保守派，復古派，他的修養則由，「自家打掃門前雪，莫管他人瓦上霜」上出發。

比方尼姑們，他們天天只顧念經，世俗事事一切放棄不管，希望將來能夠升至西天，能夠達到你的理想。

還有！昔時讀書人，他的主張，出發點亦如此：「自家打掃門前雪，不管他人瓦上霜」。雖然如此，可是他的理想與前例不同。他呢？只顧自己充實學問，世事一切置之度外，抱着事不干已，而袖手旁觀，只有希望將來能夠達到「惟我獨尊，老子天下弟一」，可是呢？這種觀念現在已經不適合了。

好比我們每次的會議，不管是生活檢討會，時事討論會，學術討論會，有的老是不講話，不發表意見，不歸心時局。問他的時候，「我沒有準備」，或者是「報紙我看不儘」，「我不高興看報」。這些簡直就是說：「我不管團體怎樣」「我不管世界局勢如何演變」「我只管充實自己」「我只管學習我的需要」只有管顧自己。將來能夠達到本想就算啥？這是如意算盤！

同志們這種觀念是否對呢？與前記二例有什麼差別？拿科學上名詞來說：主觀脫離客觀能夠存在嗎？這未免太笑話啉！

二、心

「天高不算高，人心節節高」一般的人心，都是這樣，像老鼠爬竹竿，一節爬過去，就想着第二節，第二節過去了，再想第三節，這樣不斷地向上，這種觀念同時可以說是對的，好的，可是同時亦有不對的，有壞的！

好的呢？比方我們參加本隊工作。已經做到第一步局部的團結，但是呢？覺得不夠，再一步，做到整個隊裏的團結。可是！還不夠，還要團結整個台胞，團結祖國同胞，這種，都是好的表現，還有學習，修養等等亦是如此。

壞的呢？比方我做點生意賺點錢來，但是覺得不夠，還要多，做點走私吧？亦不覺的多，進一步乘點漢奸走狗工作，那錢就更多了。

還有；我要了一個老婆，但是不足，還要一個，還要兩個三個，比方有個××女士，她說：男女的關係，是沒有什麼奇怪，她所關係的男子有幾十個之多。

同志們！這觀念是不是對呢？我不客氣地批評她，從革命道德上說；是不能如此的，這對團體是不利的，如果有這種觀念的人，非革除他不可。

三、大公無私

世人對「大公無私」往往站在自我的立場上去解說他，因此行動上就有兩種表現，有的呢，眞眞爲了公而忘私，但是在口頭上「還做不到」。有的呢？無論什麼事，在口頭上卻是爲公，不管大小，都是爲公，和人家談起話來，他一切都爲公家而犧牲，那個工作亦爲公家」，「這個事情亦是爲公家」，連他娶老婆亦爲公家？他的飽私囊亦是爲公家。其實呢？這種人只有形式上這樣對人家的好，骨子裏恰恰相反！只顧自己利益，自己的地位，自己的聲望。聲聲口口都是爲公家！眞的！口頭上是公家的，他呢？亦要大家都來爲公家，人家出苦力來完成公事。他呢？口頭上來完成，結果呢，成續建在這個出口力的大公無私者，能夠得獎，能夠鞏固位置，能夠得到上峯信任，有時候藉公事來逃避苦工，藉口公務而飽私囊。

可是在革命隊伍裏是反對這種人，不允許這種作風存在的。如有的話，必定要撲滅。這種人，他把「大公無私」註解爲「大公無，私」。同志們！這樣註解好嗎？

隊・團動態

・編訊組・

一、少年團於十月八日，赴皖南工作，據來電報告，已與電影隊會合於徽州，工作進行極爲順利。十一月八日，去屯溪工作，本月底左右返金，稍事休息，即去××工作。

二、少年團留團一部份同志，學習非常努力，最近採用分組研究（如讀書報告等）集體活動（如演講比賽，爬山比賽等），精神極佳，準備以突擊學習來迎接皖南歸來的同志。

三、少年團擴充名額，刻已得政治部批准，下月即赴××等地吸收留華台童少年，預定爲××名。

四、本隊駐閩通訊處業經批准，現已派前指訓組組長牛光祖同志爲該處主任。

五、第一區隊自上月起訂定新的學習計劃，一面學習，一面工作，三個單位，進行競賽，據云目前成績暫以第三醫院最好。

六、第二區隊於下月派同志××名，分派福建及××，××等地工作，不日即由牛主任率領離浙。

七、第一區隊前派往××，××等淪陷區之工作同志×名，已於本月安抵隊部，收獲頗豐，並帶回新同志×名，在歡迎新舊同志會上，情緒至爲熱烈。

（接父與子頁）

已輕決定了，來。」芝龍向着帳外的衛士，臉色凝固地像一塊鐵，「以後不得我的命令，誰都不許他進來，現在你可以出去了」他向成功揮一揮手。

「爸！」成功跪下了，在他莊嚴的臉上起着勁攣，「降敵縱使不是恥辱，但也應該考慮到我們此去的安全……」並且隆武……」

「住……」芝龍陡然離開了繩牀，恨恨地走入帳後。

繩牀還在動盪，臘炬結上一顆黑煤，成功悄然地站起，慢步走出帳外，仰望着佈滿星星的夜空，不禁長長的吐了一口氣。

他拖着無力的脚，踏在深茂的草原上，被踐在脚底的草，發出沙沙的激嚮。

「森」！一個粗壯的喉音，

成功知道這是叔父的語音，抬起頽喪的眼光。

「怎麼」！叔父鴻遠在星光下看出了成功發臉的淚痕。

「噯」！一個悠長的歎息。

夜深了；遠處傳來一聲聲刁斗，廣漠的營地里，偶然有一兩聲哨兵寂寞的祗語，還死寂的夜，籠罩着整個的營地。

成功已不想睡眠；

「媽的，這是莫大的恥辱啊」！他不自覺地把粗健的拳頭打着短機，

一陣馬蹄聲嚮過帳外，他立刻驚惶地拉開戟門；

一簇火光，幾騎馬，向着營外消逝，青色帳幕里透出輕脆的樂音。

他憤怒地目注着沉在星光下的青色帷幕，他知道適間的人騎，是父親無恥的舉動，投遞降書，這不可恕的行動，這恥辱，他陰然拉出佩在腰間的劍，他想趕上遞降書的人騎，一個個全把它殺死，然而去遠了！他對在星光下閃着銀色的長劍拂拭了幾下，他終于廢然的仍舊把劍納入匣里。

南國的早晨，草原上，樹林里，到處瀰漫着輕霧，在輕霧里蠕動着一條長長的走不盡的人的行列，這是一些不願做奴隸的人們。

太陽光突過了霧層，淡白的光輝無力地照着營地上餘剩的十幾座營幕，在這單調的營幕堆里，一個青色的大帷幕仍舊高踞在當中。

鄭成功到金門島的第三日，接到父親從清營里寄來的招降的信，他毫不猶預地提起筆寫下了這樣的回信；

「從來父敎子以忠，未聞敎子以貳，今大人不聽兒言，倘有不測，兒惟有縞素而已」！

編後

本期首兩篇爲最近李總隊長對我台灣革命同志的重要指示。轉載的目的，是要使本隊分派在各地的同志們在工作與學習上有所繩準。陳大年同志的「從糖業上去檢討日寇對台灣的榨取政策」，中間列出很多在祖國未經發表過的重要文件，這對研究台灣經濟，及研究敵寇對殖民地搜刮政策者是一個不小的幫助。林海濤同志譯的「長谷川清」與「敵寇南進聲中之研究資料」，同爲目前研究台灣與敵寇南進關係之重要資料。

本刊主要任務，在供給祖國人士研究台灣資料與暴露敵情，其次是據依三民主義最高原則，建立台灣革命理論與教育工作同志。檢討過去，我們感到極大的缺點，就是內容不够充實。所以今後本刊就要在這方面來努力克服。同時也熱望本隊同志與愛護本刊人士給我們多多寫稿。

編者

台灣先鋒月刊

第九期

發行者：台灣義勇隊

編輯者：台灣義勇隊

通信處：金華郵政信箱三十號

定價：二角

倭掀起太平洋大戰後
台灣革命過程將縮短

李友邦談話

太平洋大戰爆發後，我抗戰勝利階段業已擺現眼前；而在敵寇鐵蹄下掙扎近五十年之台灣同胞，亦且以是而將重見天日。金華各界人士，近對僑居境內之台灣同胞所抱時局觀感，頗多關切，本報記者特於昨日走訪台灣獨立革命黨領袖李友邦氏，當承發表意見如次：

記者問：太平洋大戰爆發後，對於台灣革命前途的影響如何？

李氏答：自第二次歐戰開始以後，國際形勢的發展，大體上說：是一向有利於我們弱小民族的革命的；而自六月二十二日德蘇戰爭爆發後，國際反侵略陣線開始眞正形成；而且日在擴大鞏固中，社會主義的蘇聯，與英美兩大民主國家及被法西斯奴役下的各國人民，正配合着作着積極的鬥爭。以往姑不說，就最近來說：從斯太林在紅軍紀念日，向英國發出新的要求後，英國已在北非開闢了第二個戰場，歐洲各國人民反抗納粹統治的革命浪潮，已風起雲湧，在今天由於祖國四年餘堅強的抗戰，已使日寇精疲力竭，八號早晨，日寇竟不顧一切，悍然在太平洋上突來一個海盜式的閃擊，與英美宣戰，這正是代英國開闢了遠東第二戰場。在這個時期，台灣在太平洋上的地位，更顯得重要了。因爲它是日寇補償侵略戰費上一個搜刮的主要對象，是封鎖東南海岸的指揮站；更爲其現在作戰時的重要軍事補給據點。現在日寇正在對外閃擊，同時亦必然對台灣這個殖民地壓迫得更爲毒辣；而我們的革命情緒，也由是而更高漲、更普遍，與祖國及各民主國之聯繫，也更形密切。由於我們內部革命條件的成熟，外來助力之增加，相信定能藉此時機，縮短我們的革命過程。

記者問：台灣在太平洋上之軍事關係若何？

李氏答：台灣在軍事上，就其地位而言，距美遠東軍事根據地菲律賓祗有二百餘哩，與英屬地香港，則近在咫尺。就險要上講，台北有基隆要塞，台西有馬公港扼中國海南部之入口；東南有奄美大島要塞，西南高雄州、屏東，有飛機場，坊寮有潛水艇根據地，鳳山有日本最南端之大電台，這些條件，就構成了它對日寇在軍事上的地位。但以台灣本島革命情緒甚爲高漲，日寇爲了要挽救其崩潰的命運，早於數月前，就在我台灣島上積極加緊準備。日本法西斯政府在台代理人——台督長谷川淸，本月一日在東京緊急經濟調查會閉幕時演講中曾說：「台灣全境皆應完全設防，而使此島自給，並成爲『固定的「飛機母艦」』，發揮其根據地之作用，則在將來事實中自有分曉」。據我們現在所知道的，已經有㈠凡台灣本島所有鐵路，均加設雙軌；㈡在台南東路乾、安平、灣裏、七鯤鯓、嘉義太保莊、台中、大甲、豐原、以及恒春、澎湖等地，均新闢大飛機場；㈢明年一月起，台灣和朝鮮一樣，改用志願兵制度，并強迫台人改換日本姓名；㈣凡台民年在二十歲以上者，均須在日服義務勞役四年，建築機場及工事。其他如時常演習防空及計口授物，台民對之均極感痛苦。凡此不但足以說明台灣在太平洋上今日之軍事關係；而且可以說明台灣對祖國抗戰的關係。

記者問：台灣革命黨在日寇掀起太平洋大戰中將負起何種任務？

李氏答：台灣的革命，不能與祖國的抗戰分開；同時也不能與國際反侵略分開，因之，我們的工作，必須要與祖國抗戰與英美等密切配合。我們目前的中心任務，是加緊我們的行動綱領，（李氏又取出會議報告示記者）這個綱領是一九三八年台灣獨立革命黨中央會議所決定的，他是我們台灣所有的革命黨派的共同行動綱領。過去三年中的努力，已有相當的收穫；今後將更運用種種的方法，聯合所有的力量，加緊努力，予敵人以澈底的打擊，以配合中英美澳荷等國家聯合攻日的積極行動。在台灣本部，我們要加緊領導台胞堅決執行：㈠抗拒繳納賦稅，實行武裝暴動；㈡反對抽征壯丁對華或對英作戰及服勞役；㈢破壞敵人在台灣的生產和交通；㈣參加並擴大阿里山的抗日游擊隊；㈤發動台灣罷工、罷市、罷課等運動。在祖國前線，而普遍而深入的執行：㈠使已被敵誘迫來華之台胞，反戈譁變；㈡參加前線送藥，救護工作。我認爲台灣民衆必須在武裝暴動中建立起自己的武裝，我們義勇隊也必須在「瓦解敵僞」的堅苦工作中爭取力量，擴充對祖國的貢獻。台灣所處的地位，與其富饒之產物，造成了它過去四十七年的奴隸生活；同時也決定了它今天在太平洋上被當作固定「飛機母艦」的命運。我們的台灣革命同志，也必須緊緊的抓住這個日寇自己踏上崩潰之路的時機，負起我們的革命任務，與英美各國在太平洋上的行動，密切配合，相信日寇在太平洋大戰中的結果，是必敗無疑的；而我們台灣的革命與祖國的抗戰勝利，就快要成功了。

內政部雜誌登記證警字第七五九二號
浙江省圖書雜誌處審查證浙字第57號
中華郵政登記認爲第一類新聞紙

台灣先鋒

《第十期》

- 台灣革命同盟會第二屆大會宣言
- 台灣必須光復——祝台灣復省運動成功
- 台灣復省在同盟國戰略上的意義
- 宋外長論戰後領土的談話

1942 年 12 月 25 日

台灣革命同盟會第二屆大會宣言

太平洋戰爭的爆發，在中國抗日戰事上劃了一個新階段；同時在台灣革命史上亦劃了一個新階段：祖國向倭寇正式宣戰，馬關條約已告失效，台灣已與其他淪陷區相同，站在祖國省群中，站在祖國疆域上，吾台革命已不復孤立，吾台六百萬同胞，已與祖國四萬萬五千萬同胞混爲一體，破鏡重圓。祖國的命運，亦即台灣的命運，祖國存，則台灣亦存；祖國戰勝，則台灣光復，否則沉淪。

台灣革命的任務，已視前加重，視前緊張。台灣革命同志有鑒於此，爰集各方代表於革命先烈之靈前，披肝瀝膽討論光復大計，修正工作綱領，以促進光復與運動；全體代表同意：捐棄派別之私，克服個人的偏見，本於互信與共信，確立台灣革命同盟會爲台灣革命之最高指導機關。凡吾同志皆決心在此機關領導之下，集中意志，集中力量，再由此機關輻射運用於各地方組織及其他特殊單位，負起我們的歷史使命。

我們的革命目標在於推翻日寇統治，復歸祖國。吾台同胞，多係明朝遺臣的後裔，因不服異族奴役，而渡台設治，明朝雖不幸覆亡，但漢族浩然正氣，依然磅礴於美麗的台灣島上。甲午戰後，清廷割台灣以代替遼東，台民不願背離祖國，建立東方第一民主國，崛起抵抗日寇侵入。清廷猶以「台抗京危」，逼台胞服從異族統治。及今思之，猶有餘痛，然大勢如斯，回天無力。四十八年來，六百萬台胞在日寇的蹂躪壓迫之下，飽受著經濟上的掠奪，教育上的愚化，乃至社會上的賤視。台灣同胞雖爲清廷所棄，但絕未服從倭族的統治。四十八年來，武力暴動迄未停止，悲壯犧牲，前仆後繼。但血的經驗告訴我們：祖國革命不成功，台灣將無以光復。是以有志之士皆相率返歸祖國。迨祖國國民革命軍北伐，吾台青年參加革命，投軍效命奮勇先登。祖國抗日軍與島內外台胞，尤其歡欣鼓舞，認爲祖國抗戰必勝建國必成，台灣同胞必可以重見天日。果爾，祖國現已撕毁台胞的賣身契，吾台已恢復自由，台胞感奮，莫可言喻。此後抗日情緒將益見沸騰澎湃，我們相信；我們的力量，必可毀壞日寇南進的總兵站——台灣，而使之回歸祖國。

台灣的革命運動，雖成沛然莫之能禦之勢，然祖國必須指示南針，予以引導。因台灣原爲中國失地，台灣同胞皆爲漢族；祖國對於台灣，除導其來歸之外，絕無他途可循。因此，吾台革命者用敢大聲疾呼：在情在理在勢，祖國都應早定收復台灣大計。其最重要的一著，就是應該設立台灣省政府，正式承認台灣爲淪陷省區，台灣設省，則在台灣的同胞相信祖國決心收復台灣，將起而抗日，將連袂而起。台灣設省，則國內潛伏的台灣力量，可以表面化而用爲恢復台灣的生力部隊。台灣設省，則戰爭結束時，同盟國家不能視台灣爲日本的殖民地。無論國內國際乃至台灣省內的觀念，將因此完全一變，而台灣的光復工作可以事半而功倍。目前增設台籍參政員，使台灣民情得以上達，尤爲急不容緩的措施。

台灣需要建政，亦需要建軍。台灣在歷史與地理上，具有特殊性質，與普通淪陷省份略有不同。在國軍實行收復時，必須台灣武力的配合，故設立台灣光復軍及組訓幹部，也是收復台灣的一種重要準備工作。

總之，台灣革命工作千頭萬緒，歸結於光復一點。在光復的前提下，建政建軍都要黨國的熱誠指導，都要祖國人士的指教與培植。我們於此代表六百萬台胞，請求祖國的援助，從遠處說代表六百萬同胞歡迎祖國的義師入台。謹此宣言。

台灣革命同盟會

（民國三十一年四月五日）

台灣光復運動特輯

我們要趕緊收復台灣

馮玉祥

我們永遠不能忘掉一八九五年四月十七日。從那一天起，台灣被日寇所掠奪，五百八十萬台灣同胞，在四十七年的長遠時期中，陷入水深火熱的大坑，過著最慘苦的生活。但同時，台灣同胞一天也沒有停過鬥爭，停止過反抗日寇的統治。就在一八九五年，就在四月十七以後的半個月，台灣同胞組織了民主政府，和日寇戰爭達九年之久。在武力抗戰時期結束之後，三十餘年來，仍時時有義舉的暴動，處處有鬥爭。我神聖抗戰爆發，台灣民族革命運動更加高漲；在台灣，在中國本土，到處都看見台灣志士的活躍。

我們現在已和日寇鏖戰五年，已對日寇正式宣戰，滿清和日寇所簽訂馬關條約，不但在事實上且在法理上亦完全無效。所以我們抗戰的目的，不僅要到鴨綠江邊，而且要收復台灣。從另一方面言：我們現在和廿六個盟邦共同作戰，日寇在南洋的猖獗，必須設法制止。如果我們有充分的準備，配合英美及其他盟邦的強大海空軍與台灣同胞的內應，我們可能光復台灣，截斷日寇與南洋的最短交通線，使日寇本部和侵佔地區割裂爲幾段。這在同盟國的戰略意義上，是非常重大的。

所以光復台灣，不僅是六百萬台灣同胞的責任，不僅是全中國四萬萬五千萬同胞的責任，而且是廿六個同盟國家共同的責任，希望英美及其他盟邦積極準備，以大量空軍及海軍增援中國海，配合中國陸軍及台灣革命運動，作攔腰痛擊日寇的軍事行動，至於我們，除作軍事準備外，還要動員全體同胞，出錢出力，援助台灣的抗日。

台灣同胞是中華優秀的兒女，在明朝末年，這裡曾經是民族革命的根據地，忠義之士可歌可泣的故事，至今猶流傳在民間。在今天，台灣同胞或以福建廣東的省份，組織義勇隊，踴躍參加祖國的抗戰，在孤懸海外的島上，作艱苦的地下工作！對於這點，我們深表最誠懇的敬意，最近台灣同胞在渝組織革命同盟會，我們希望在這一機構下，台灣同胞更加精誠團結，集中力量，一點一滴地切切實實地工作。雖重宣傳，尤重實幹，與在台灣鬥爭的同胞取得密切聯繫，具體工作，自然不勝枚舉，而中心則在擴大日軍反戰運動，擾亂敵人後方，增加日寇經濟困難和準備武裝暴動。

自太平洋戰爭爆發以後，日寇對台灣加緊剝削和統治，時期是更加迫切了。我們要用全力來收復台灣，特別是熟知日寇內情的台灣同胞要加倍努力。誰都知道昔「殷之興也，伊摯在夏；周之興也，子牙在殷」。只要我們努力，勝利是不成問題的。

三十二·四·一

解放已在目前了

孫科

陪都各國際文化團體，聯合舉行台灣光復運動宣傳大會，在今天，全世界民主國家聯盟共擊暴日，而我國抗戰已進入領導東方民族、協同反抗侵略，力爭民族自由獨立的時候，這個運動是有非常重要的意義的。

台灣本來是我們福建省的府治，台灣的住民，以福建人爲最多，台灣初期的墾荒，都是福建人的功勞。台灣離開了祖國懷抱，不過是甲午以後的事。甲午之役（一八九四～九五年），中國在無能的滿清政府統治之下，敗於日本，一八九五年訂馬關條約，台灣才被日本割去，一八九五年到現在，快到五十年了。在這快近五十年的當中，台灣的同胞，天天是在橫暴的日本帝國主義壓迫之下，過著牛馬奴隸的生活，天天仰望著祖國復興強盛起來，把他們從水深火熱中救援出來。幾十年來，他們不但抱著這個光明的希望，而且努力以求實現這個希望。

但是在中國抗戰發動以前，客觀的有利時期，還沒有到來，而中國也沒有力量，所以我們雖然有滿腔熱血要援助台灣光復運動，還是心有餘而力不足。我們不但是感覺慚愧，而且感覺對不住台灣的同胞。今天經過了五年英勇的抗戰，我們卻可以肯定的對我們台灣同胞說：「你們的解放已經在目前了。再過兩年，我們一定能打倒我們的敵人，把他們驅逐出東亞大陸之外。到那時候，你們一定可以回到祖國的懷抱來，享受自由平等和富強康樂的幸福」。

然而，到今天爲止，我們的前頭還是極其艱鉅的工作；敵人雖然已筋疲力竭，可是還沒有倒下來；我們雖然已由單獨抗戰，進而與廿六個國家聯合共擊暴日；可是，最後的勝利還要待我們去爭取。所以今天橫在我們面前的有幾個責任，要我們堅決地肩負起來：

第一、我們要繼續加強抗戰的行動，台灣的同胞、特別要在敵人蹂躪了快近五十年的台灣本土上，發動民族革命，促使敵人留在台灣的殘餘力量，澈底崩潰。

第二、我們要積極努力領導東方各民族，協同民主國家聯盟反抗侵略、特別是在我們東北韓國，和在亞洲南部的印度，以確立中國領導東方民族，爭取獨立自由的地位。

第三、我們要堅持民族自由平等的原則，要在日寇壓迫下的緬甸、安南、暹羅、馬來、菲列濱、荷印，高揚民族解放鬥爭的旗幟。

第四、我們要堅持實現羅邱宣言的原則，爲這次大戰的目的，要達到民族平等、民權自由，民生幸福的境地，澈底消滅世界大戰的禍根。

第五、台灣的同胞們要加強內部團結，不要受敵人巧言的分化，要一致在國父的三民主義之下，鐵石一般地團結起來。

我希望在今天宣傳大會之後，大家能夠坐而言，起而行，使這個光復運動更堅強有力；相信到了馬關條約五十年紀念的日子，台灣的同胞一定可以在祖國的懷抱裡，以自由平等的國民地位，享受新世界的幸福，我熱誠的希望全國同胞們，乘著這個人類歷史大轉捩的時代作更大的努力！

迎「台灣日」

青山和夫

台灣的復國運動者及各革命團體，統一起來組織台灣革命同盟會，舉行第一次的台灣日。我歡迎此日！

在中國抗戰期間，台灣、朝鮮各地的民族反法西斯運動，有其重要性，太平洋戰爭爆發後，這重要性更形提高。台灣是日本帝國主義侵略中國的起點，又爲南進今天的根據地，故其革命運動，此刻更要被人所重視。

在台灣的中國人、土著民族、些少朝鮮人及被壓迫的下層日本人，都要起來反對日本帝國的統治，參加反法西斯運動，爲獲取民主自由而鬥爭，而促進這個鬥爭，則不僅台灣，尙有國際的意義在焉。

和朝鮮比較，台灣的革命運動，事實上相當複雜，若干政治問題，仍待解決，台灣革命同盟會，要把政綱具體化。我們可以攜著手攻擊日本法西斯，對國際的民主自由，努力以求貢獻。

台灣必須光復
——並祝台灣復省運動成功

陳儀

台灣是我中華的領土，明朝的最後堡壘；明朝雖然覆亡，而漢族的浩氣，仍常存於台灣。倭寇統治台灣四十七年，五百八十萬台胞內向祖國之心愈益加深，恢宗復土之志愈益加強，這是明遺臣鄭成功教化的結晶，漢族偉大精神之所至，

日本政府所編《台灣蕩寇誌》一書，實是倭寇慘殺台民及台胞武力抵抗的寫照。台灣革命史少見於我國，然從反台出現于日人之時，台灣先烈棄身家，擲頭顱，以抵抗異族之悲壯，實出于國內人士意料之外。倭寇統治台灣，以軍隊爲先驅，以矛槍爲工具，倭皇特製《六三法律》，受權台灣總督行「委任統治」，生殺予奪之權，操于武裝之手。台灣總督即爲獨裁者，在政治上嚴行壓迫，在經濟上實施掠奪，在教育上盡其欺騙愚弄之能事；台灣同胞的處境，實慘絕人寰，台灣同胞的生活，實牛馬不若，亡國奴的滋味，苦疏辛酸，我台灣是嘗盡了。敵人今日又高唱其「大東亞共榮圈」，欲以過去施諸台灣者，更進而施諸東亞各民族，安南、泰國、馬來亞各地，現正遭其劫持蹂躪，我們希望這些民族，能以我台灣同胞爲借鑑！

台灣之受非人待遇，非彼等所自取，實爲亡清昏瞶政策所造成。簡言之，台灣今日的惡劣環境，實祖國所給予的。「解鈴還須繫鈴人」。所以我們四萬萬五千萬同胞，皆負有拯台灣于水火的責任。今台灣革命運動日益展開，其總代表台灣革命同盟，積極推進光復運動，要求祖國增設台灣籍參政員，要求設立台灣省政府俾便爭取台灣內向，誠屬適時適切。我們相信，這次抗戰勝利以後，台灣必定收回，毫無疑問。

收復台灣，不獨爲台灣的利益，實亦全國利益之所在。台灣素以產米著名，每年產米二千萬石，剩餘「蓬萊米」五百萬石，補救日本內地米荒；出產無數量的糖，供給全部日人消費而有餘；出產世界十分之八的樟腦、南方有數的大森林，再如金礦鉛礦、土礬土、海產等等，都是日人獲得巨利來源。在戰略上，台灣是日寇南進的總兵站，與我海南島並稱「南進中的兩隻眼睛」。但我海南島的設施尚未充分，軍事經濟價值還不很大，台灣經倭寇經營已達四十八載，雖爲「點睛之眼」，其軍事價值非常之大。我國與同盟國，如能設法挖去倭寇這雙眼睛，則倭寇南進完全變成盲人瞎馬，其將顛踣不起，不卜可知。

於此，熱望我國及同盟國家，對於台灣革命問題，多加關注，並積極予以援助，使台灣得及早解放，而予倭寇以致命的打擊！

最後對於台灣革命者，也願意貢獻一點意見。語云：「天助自助」，革命須自強不息，始能達到目的。今日台灣的地位，儘管與淪陷省區相同，但欲其完全復歸祖國，卻還需要一番的努力和犧牲。軍事第一，勝利第一，收復台灣，須靠台灣武裝爲先導。願台灣革命志士，認清時機，多加努力，在精誠團結中解放台灣，復歸祖國！

率土之濱

陳立夫

台灣以天南一島，孤懸海中，鄭延平始驅除外侮，光復故物，草創經營，屹然民族獨立運動之中心者，凡四十年，開中國歷史上亙古未有之局面，忠義之氣，歷久愈新，真民族史乘之光也。清政不綱，乃有甲午之敗，割其地以畀倭奴，驕虜挾戰勝之威以來，以為蕞爾二島，莫余毒也。豈知台南俊傑，奮其忠烈，上紹延平之緒，群起而與之抗，雖復眾寡不侔，功業未竟，而其精神蓋與日月增光矣！至於今四十七年，倭奴迄未得安輯其人，光復運動屢躓屢起，國內同胞亦未嘗一日而忘台灣之為中國土地，與孤島父老兄弟水深火熱之苦痛也。今抗戰已操勝算，台灣光復即將實現，吾國內外同胞皆有收復失土之責。吾人對倭交涉之失敗，固以台灣之棄守為創最鉅，痛最深，但今日對倭抗戰之成功，亦必以台灣之光復為標的之一無疑也。今日為黃帝誕辰，吾人其以此自誓自勉，以期有以告慰於鄭延平篳路藍縷之勤，尤有以上對我民族始祖先皇之靈而不忝也。

清算的時候到了

（「台灣光復日」梁副部長廣播詞）

梁副部長

全國同胞們：

自從日本強盜甘冒世界不韙，發動太平洋戰爭以後，戰爭的陣營日見分明，戰爭的目的日見明朗，從此國際的關係快要到一個清算的時期了。同胞們，現在已經是快要臨到清算的前夜，我們要把握時機，我們要早作準備，在整個清算中，「光復台灣」便是我們最主要的一件事。戰後的台灣一定要脫離魔鬼的掌握，回到祖國的懷抱。首都人士爲了向全世界宣示我們的態度，爲了喚醒全國民衆的注意，爲了喚醒台灣同胞的奮起，我們在今天舉行「台灣光復運動日」這件事情關係著中國國防的建設，關係著中華民族的復興，也關係著太平洋永久安全的奠立，因而兄弟願意趁這個機會，向親愛的同胞們提供一些意見。

屈指算來，台灣淪於敵人魔手，已經有四十八個年頭，在四十八年前就是同治十三年西曆一千八百七十四年，敵人偵知滿廷顢頇無能，藉口台灣蕃人搶劫琉球商船殺死琉球商人，發兵向台灣登陸；其實琉球是我的藩屬，台灣更是我們的屬島，台灣蕃人劫殺琉球商船商人這件事，和日本的關係正所謂「吹皺一池春水，干卿底事」，然而我們的敵人，竟然拿來作侵略的藉口了。

在同治十二年就是西曆一千八百七十三年的二月，敵使副島種臣到天津，和直隸總督交換中日修好通商約，四月入京向總理衙門提出台灣蕃人殺害琉球商民事件，質問台灣是否屬於中國版圖，總理衛門大臣毛昶熙對他說，琉球是中國屬邦，琉球商民被害不煩日本過問，台灣蕃人是化外之民，他們劫殺的行爲和中國政府無干，副島種臣把毛昶熙這番話報告日本政府，於是他們就發兵攻佔台灣。清廷知道以後，雖然派沈葆楨爲欽差大臣，由福建發兵一萬人往援台灣，但後來由英國公使威妥瑪，居中調停，訂立中日條約，台灣形式上成爲中日兩國的藩屬；到中日甲午之後（一八九五），才正式割讓給日本，自此以後，台灣則不復爲我們所有了。台灣地位是怎樣的重要，和中國有什麼關係，敵人攻佔後怎樣去利用這些問題，是値得我們今天向大家提起的。

大家翻開地圖來看，便知道在經一百二十度和北回歸線交叉點旁邊橫臥著一條天塹，那就是我們所說的台灣。它和我們福建省只有一衣帶水之隔，在戰略上說，它和海南島成犄角之勢，等於中國的一對眼睛，同時也是中國東南海岸的屏障。從敵人來說，它是敵人南進的踏脚石，也是敵人所稱爲「一隻不動的航空母艦」，落在敵人手裡，不特使我國東海岸失去屏障，也使我們成爲獨眼的殘廢者。大家看「七七」事變以後，一直到現在，敵人是怎樣利用它去侵略我們的華南，怎樣利用它去鯨吞海南島，和中印半島，怎樣利用它去瘋狂南進，便了然於台灣地位的重要。

在台灣經濟上說，是產米區域，每年除供給自己需要外，可剩餘爲百萬日石，敵人正利用它解決本土的米荒，其餘爲糖、樟腦、木材等，都有大量的生產，這些都是敵人侵略的資本。

就人口上說，台灣有六百萬人，除了日本人和土人各佔二十多萬外，其餘五百多萬，都是閩粵浙同胞的子孫，都是所謂「堂堂華胄」，然而他們已經呻吟於敵人魔掌下四十八年。在目前，這廣大的人力，正被敵盡量榨取，作爲增加侵略資源的動力，作爲侵略弱小者的砲灰，這更是何等痛心疾首的事情。

以上還只是就台灣戰時來說，至於戰後，關係中國和太平洋的安全，更加重大，領袖常常訓示我們，要建立三民主義的新中國，必先建立高度現代化的國防力量，不過國防力量的發揮，也要憑藉戰略上的據點，台灣在戰略上的地位的重要，剛才已經說過，它是我們一隻眼，是我們沿海的屏藩，保有台灣，我們才能保持戰後國防的完整，保有國防的完整，才能達到建立三民主義新中國的目的，中華民族是世界上最愛好和平的民族，所以中國的安全，是全世界的幸福，而不是全世界的禍害，當我們成爲太平洋安全力量之後，一定能夠秉持總理遺敎，發揚博愛互助精神，和一切國家民族和平相處，藉以促進人類幸福，永奠世界和平。所以剛才我說台灣的光復，不只關係著中國國防的建立，也關係著中華民族的復興與太平洋永久安全的奠立，這絕不是過甚其詞。親愛的同胞們，我們忍心眼巴巴地看著五百多萬自己的同胞受敵人壓迫剝削，而不加以援手嗎？我們能夠讓敵人永遠佔據台灣，作爲威脅南洋，蹂躪世界的踏腳石而視若無睹嗎？不，我們一定要把他們從敵人魔掌下拯救出來，一定要使他們回到祖國的懷抱，我們一定要保持這隻「國防的眼睛」，不讓他被敵人利用，從歷史上說，台灣歷代是我們的屬島。從文化上說，台灣是我們一手孕育的產兒。從血統上說，台灣民衆和我們同是黃帝的子孫，從地理上說，台灣和中國是不可分離的，再加上戰略的世界性，我們無論如何，一定要光復台灣。

我們也深切地矢口道，顢頇的滿清，雖然甘心把台灣拱手讓給敵人，但是台灣的同胞，是不甘做敵人的奴隸的。在四十八年前，敵人的瘋狂進攻之下，他們在丘逢甲先生領導之下，和敵人血戰。雖然因爲衆寡懸殊暫時失利，但仍然退入內地，繼續抵抗。我們更深切地知道，台灣自給敵人攻佔以後，我們親愛的同胞，在過著怎樣非人的生活，在咬緊牙關，忍受一切殘暴的剝削，在這種情勢之下，他們憤怒的情緒，是一天一天高漲，尤其自太平洋戰爭爆發以後，敵人對台胞進一步的壓榨，更激動了他們復仇的烈焰，只要我們加以援手，他們一定是起來革命的。民國以來，我們因爲困於內憂外患，雖然眼看著他們受苦，也是一籌莫展。現在好了，敵人在深陷泥沼而不能自拔的今日，更不自量力，挑起太平洋戰爭，甘與廿六個國家作戰，這正如飛蛾撲火，結果只有毀滅，但在敵人毀滅之前，一定極力作最後的掙扎，它在西南太平洋的囂張，便是它垂死前迴光反照的表現。親愛的同胞們，和平不可倖致，敵人不可輕縱，我們要爭取一切力量，尤其是台灣同胞的力量，予敵人以致命打擊，加速它最後崩潰的來臨。

敵人總崩潰之日，就是敵我總清算之時，過去我們沒有力量過問這些事情，現在是不同了，五年來的艱苦抗戰，已經使我們一躍而躋於四強之一的地位。親愛的同胞們，現在是我們說話的時候了，現在快是敵我關係總清算的時候了，我們要把握時機，我們要早作準備，我們要爭取台灣五百多萬的同胞參加反侵略的陣線來。

我懷台灣

馬超俊

台灣，鄭成功曾憑之以抗拒清兵，作光復古物的大本營！四十七年前的台灣，她仍在祖國的懷抱裡！

我與台灣望海而居，同時台灣的語言，又與我桑梓廣東的語言相近；而台灣淪陷的時候，我的年齡，又夠上理解國家恥痛的程度，所以我懷台灣，：我特別關心著台灣光復的前途！

台灣是一八九五年簽訂馬關條約後淪於日本的，到這個月的十七日，整滿四十七個年頭。吾知台灣革命民衆，在過去的四十七個年頭裡，實無日不在眷念著祖國，這是有事實可考的。我們看：台灣在從條約上被割讓後的十五天，即一八九五年的五月二日，台灣同胞曾擁護唐景崧爲大總統，揭起義幟，對日本由抗爭而相持，從陣地到游擊，前後竟達九年之久，這一可歌可泣的求生存爭自由的革命運動，至今猶在我的記憶中。後此尚有一九〇七年的北埔事變，一九一五年的西來庵事變，和其他規模較小的革命流血暴動等，都不下十次之多。而在七七事變以後，台灣革命民衆，又曾在台灣本土上，與中國作過多次的呼應鬥爭；同時在中國台灣的革命鬥士，亦相率參加了中國的戰時服役和軍事工作。

現在，現在是侵略與反侵略壁壘分明的時候，中國從去年十二月九日起，已和日本正式宣戰，這說明中日之間，已無任何條約之關係存在。那麼馬關條約即已根本失效，而台灣民衆由馬關條約所構成的被征服被奴役的恥痛，從法律的觀點上說，已經不復存在，台灣今日已復歸中國的版圖。

我台灣民衆，既自始是富有革命性的，那麼在祖國正式對日宣戰以後，他們又怎會不更加振奮呢？所以他們就由台灣革命同盟會要求中央黨部，依淪陷省區條例，設置等於省的黨部和青年團部；另一方面，又要求國防最高委員會，增加台籍參政員的名額。我以同爲黃帝子孫的立場，認爲這是一種極合理的要求。且即此可知台灣革命民眾，對於台灣的光復運動，是在如何的情緒緊張啊！

末了，我再要告訴台灣革命民眾的，就是日本因對我作戰五年，兵員已經不夠，這是他一個制命的創傷，現在日本軍閥要從這一個月起，開始在台灣實施同於朝鮮的志願徵兵，就說，他們要驅台灣同胞對她的中國乃至盟邦作戰。四月原是台灣的恥辱月，也是中國的恥辱月；中國人固不打中國人，中國人也不打中國的友人。這一點我殷願台灣革命同盟會，號召忠義，於可能的環境之下，馬上在台灣發起一種反兵役運動，以鼓動風氣，造成時勢，則日本縱使他日能驅台灣同胞編隊上陣，亦無異爲中國和盟邦在日本的軍隊裡成立了一個第五縱隊。這樣，自然予日本以莫大的打擊，以加速日本的崩潰；這樣，也無異將整個台灣，從被奴役的恥辱深淵裡，拉登到自由光明的彼岸，以重回到中國的懷抱裡來！

我懷台灣，我殷願台灣早日回到中國的懷抱裡來！

光復台灣
——專為簽訂馬關條約四十七週年紀念而作

康澤

四十七年前台灣被割於日本，從那時起，台灣的歷史便揭開了最黑暗的一頁！我們現在應當懺悔，因爲台灣同胞之脫離了祖國，是祖國捨棄了他們，而不是他們捨棄了祖國；甲午之戰，馬關議和，割地賠款而屈辱條件中，有一條便是台灣割日，當時台灣人民聽到這消息，悲憤交集，一面分電政府請求力爭，一面堅留駐在該地之官員，可是當時清廷急於求和，不計利害，竟置不問，台灣人在不得之中，還拚命掙扎，他們誓死不肯臣服日本，甯可成立一獨立國，以爲將來重歸祖國留一線希望，不幸大勢已去，孤立無援，終於在五個月的浴血抗戰之後，忍痛接受了日本的統治。

短短的四十幾年，並沒有沖淡了台灣同胞悲痛的記憶。祖國雖然辜負了他們，但他們卻永遠懷念著祖國。在這半世紀中，他們對于日本帝國主義統治的反抗，替中華民族奮鬥史上平添了無數可歌可泣的史料；他們時時在希冀著祖國的復興，使他能夠重新回到祖國的懷抱來。

現在祖國是在戰爭的烽火中強大了。五年的艱苦抗戰，不但證明了他能從厄運中拯救出他自己，而且更證明了他將來爲全世界被壓迫民族的救星，因爲中國國民革命的民族主義是以濟弱扶傾、除暴抑強爲政策的。總理在廿年前說：「我們今日在沒有發達之先，立定扶傾濟弱的志願，將來到強盛的時候，想到今日身受過了列強政治經濟壓迫的痛苦，將來弱小民族如果也受這種痛苦，我們便要把那些帝國主義來消滅。」現在這時機已經來臨了，我們今日對于台灣的使命，便是幫助他脫離日本主義的桎梏，重新回到自由的祖國來。

中國經營台灣，最早在隋代，《福建通誌．海防考》中即有「隋開皇中嘗遣虎賁陳稜略澎湖地」的記載。但以後因爲地方荒瘠，耕牧不良，所以，歷唐宋兩代都沒有注意開發，一直到元代才爲了建立武功於域外，先後遣兵征伐，到元末方置官設治，這是台灣正式併入中國版圖之始。明代中葉，日本及荷蘭都曾想染指，並曾一度侵佔。到明末，鄭成功渡海鎮撫至其孫歸服清廷，才又奠定了中國的宗主權。一直到清末，由於政府昏庸，對於台灣始終不甚重視，甚至認爲「台灣番地政教不及」，所以終於淪入倭寇之手。回溯中國與台灣的歷史關係，即自元末設治起也已將近六百年；如果自隋初開始經營起算，則更有一千三百餘年之久，所以在文教政治的歷史上，中國和台灣的關係是不可分的。

至於台灣的民族與中國民族與血統關係，尤爲深切。根據最近的統計，台灣五百八十萬人口中，有五百萬是漢人。約佔百分之九十，除了日本和其他各國僑民外，土著的台灣人不過八萬；所以從血統上來講，台灣和中國可以說是一體的。據歷史記載，中國向台灣的大量移民，應始於宋末避遼金元之亂而遷徙，此後則是明末不甘受異族統治追隨鄭成功去的義民，這些忠貞耿介之士，把他們血液裡那祖先對民族的熱情遺留給他們的子孫，同時他們屹立不拔的精神也永遠照耀著他的子孫，使他們的子孫堅強的爲了反抗異族壓迫，爲了歸還祖國而奮鬥！

此外，在地理上，台灣和中國的關係也是不可分的。台灣和福建僅一衣帶水之隔，交通既極方便，而且兩地的風俗習慣，也極相似。所以無論在經濟上，在政治上，台灣都應當和福建一樣的成爲中國版圖之一部，同時也正因爲台灣位居東海，是爲中國東南海防一個有力的屏障，如果失去這屏障，則中國東南半壁隨時都會感受威脅，明末以來倭寇的騷擾，即台灣爲出沒之所。在這一點上，台灣需要祖國的提掖，同時祖國也需要台灣的拱衛。

以往這四十幾年間，台灣同胞過著最悲痛最慘酷的日子，現在光復在即，這可恥可痛的日子即將過去了。因爲祖國在偉大賢明的領袖領導之下，已奠定自立自強的基石，祖國必能復興，而且必能以自己力量領導被壓迫的同胞走上自由的坦途，祖國現在正與暴日勇獲搏鬥，台灣的同胞，應趁此寇勢衰竭之時，從自己的崗位上站立起來，隨時隨地打擊敵寇。牽制敵寇，擾亂敵寇，使我們整個中華民族的勝利，加速到來，台灣的光復，加速實現！

詩

民族聖戰將及五年，國人更誓志，他年當收復台灣。定四月五日為「台灣日」，以示不忘，賦此誌憤。

梁寒操

卅一年四月三日

嶺雲海日久銜愁（丘滄海先生在《嶺雲海日樓詩集》大半皆寫亡台之痛），
淪我台灣卅八秋；
遺民沉痛不忘仇，
疆土千年誓必收！
神州光復待從頭，
客帝顢頇輕授敵；
國門兩眼（謂台灣與瓊崖也）嗟都抉！
今日莫揮閒涕淚。

台灣復省在同盟國戰略上的意義

李友邦

台灣「歸返祖國，恢復行省」之要求，國內輿論，漸趨一致，但其中有原則上承認復省之必要，卻主張「台灣設區」；也有認爲「設省之議，提非其時」的。本人願就台灣成立行省之條件以及在反侵略戰爭上之意義，作一簡要說明，以就正於關心盟國前途諸君子。

台灣最初列入中國行省，是在光緒年間：「清既得其地，闢爲台灣府，隸福建省，後爲道，光緒乙酉（即光緒十一年，西曆一八八五年）建行省，分台南、台北二府，設巡撫駐淡水。」（見正中版，羅香林所輯之《劉永福歷史草》一八一頁）自成立行省到一八九五年被割爲止，已有十年的歷史。就人口來說，今天已增至五百八十萬，超過熱河、察哈爾，綏遠各行省二倍以上，以寧夏、青海來比，則超過五倍以上；其面積雖比不上各省，但海岸線之長（二七一九．二七里），則不亞于沿海諸省，而且它擁有屬島八十一個之多（見正中版洪滌塵之《亞洲各國史地大綱》一一七頁）。在生產方面，除供本島消費及倭國需求外，糖、茶、木材、魚、果品以及軍火原料的樟腦等，尙有剩餘運銷他國。就地位言，在平時，它是站在東南各省海防的前衛。在太平洋戰爭中，則爲同盟國有決定勝負之軍略地。這是說明台灣的復省，不但有其必要，而且具有其某些省份所沒有的優越條件。

台灣之復省，在同盟國戰略上講，我們覺得其重要性遠在「完整中華版圖」本身的意義之上。這個問題，我們可分政治與軍事兩方面來看。在上面已說過，台灣在太平洋整個的軍略上是有著決定勝負作用的；而且這個作用，經太平洋五個月來海戰的事實已說明了它。台灣在日寇南侵中，不但被利用軍事補給點，而且還擔任了阻擊美國艦隊南援的營壘；在中國方面來說，它又是東南海防的門戶，前哨的眼睛。日寇將它經營了四十七年，在三萬六千方公里的土地上，竟建築下十多個航空基地，使它成爲太平洋上之「固定的航空母艦」；而在本島與澎湖又設置大小四個以上的軍港，使它成爲太平洋上之「游擊根據地」。因爲這樣，它就保證了山本五十六的聯合艦隊威力的發揮，造成日寇今天在遠東瘋狂侵略的氣燄！這是最明顯的事實。台灣的地位：已經決定了它與祖國的復興不能分割，與世界反侵略戰爭前途更有著密切關係。因此，同盟國要爭取太平洋的勝利，就必須援助台灣，爭取台灣。

再就政略而言。首先，台灣設置省府，乃爲中央對日宣戰聲明廢除不平等條約以後，決心收復一切失地之具體的表現，有力的說明；其次，恢復行省，將予台灣同胞更大的鼓勵。四十七年來，日寇雖已盡其奴化之能事，但台灣人民內向之心，未嘗稍減，台灣革命，以往雖受《馬關條約》的束縛，但一貫是向日本帝國主義要求獨立而歸返祖國的（參閱本刊第一期〈台灣要獨立也要歸返祖國〉一文）。我台灣同胞，反抗日寇統治的革命運動，此之任何一國的革命爲多（見秦東版漢著《台灣革命史》十三頁）。這是爲了什麼？是堅決的一致的爲了要脫離異族統治，「歸返祖國」。故今日恢復行省，實在就是給與了和日寇鬥爭了四十七年的台灣民眾一個熱的鼓勵，光的指示！雖然，這個距離並不很近，但可以使他們感受到熱的活力，光的引導，而使台灣廣大的內向心進到更廣大的行動，予日寇致命的打擊！再次，敵人對我是一貫的運用「民族自決」來達其分化中台關係，沖淡內向情緒底目的的。今台灣復省建軍的事實，它直接覺醒了受過愚弄的台胞，間接就打擊了日寇汪逆在其他淪陷區所施的分化政策！古人說：「攻心爲上，攻城次之」，我們要將日寇在太平洋上侵略基地的台灣變爲我所用，那末，對于這個戰略的運用就不能也不應忽視。

有人說：「台灣的復土，在今天已經不是其本身自由的問題，而是關係著同盟國勝利的操算」，的確，今天「收復台灣」的要求，不單單爲祖國與台灣同胞的要求，也已是爲反侵略上正確的戰略之所要求了！因而，我們可以這樣的指出，祖國要握有東南沿海省分的利益並確保其安全，則必須運用各種方式爭取台灣的光復；同樣，盟邦關心，遠東反侵略的勝利，也必須關心與援助中國，對戰略上有世界性的台灣的收復！

一九四二、五月五日于金華

謹以岳武穆還我河山之名言
祝台灣光復運動之成功

潘公展

我們的革命目標在於推翻日寇統治，復歸祖國。吾台同胞，多係明朝遺臣的後裔，因不服異族奴役，而渡台設治，明朝雖不幸覆亡，但漢族浩然正氣，依然發揚於美麗的台灣島上。甲午戰後，清廷割台灣以代替遼東，台民不願背離祖國，建立東方第一民主國，蹶起抵抗日寇侵入。清廷猶以「台抗京危」，逼台胞服從統治，及今思之，猶有餘痛。然大勢如斯，回天無力。四十八年來，六百萬台胞在日寇蹂躪壓迫之下，飽受著經濟上的掠奪，教育上的愚化，乃至社會上的賤視。台灣同胞雖爲清廷所棄，但絕未服從倭族的統治。四十八年來武力暴動迄未停止，悲壯犧牲、前仆後繼。但血的經驗告訴我們：祖國革命不成功，台灣將無以光復。是以有志之士皆相率返歸祖國，追祖國革命軍北伐，吾台青年參加革命，投軍效命奮勇先登。祖國抗日軍興，島內外台胞，尤其歡欣鼓舞，認爲祖國抗戰必勝建國必成，台灣的同胞必可以重見天日。果爾，祖國現已撕毀台胞的賣身契，吾台已恢復自由，台胞感奮，莫可言喻。此後抗日情緒將益見沸騰澎湃，我們相信：我們的力量必可毀壞日寇南進的總兵站——台灣，而使之回歸祖國。

台灣的革命運動，雖成沛然莫之能禦之勢，然祖國必須指示南針，予以引導。因台灣原爲中國失地，台灣同胞皆爲漢族；祖國對於台灣，除導其來歸之外，絕無他途可循。

台灣光復運動

歸誠祖國慕義宗邦
光復舊物永固苞桑

吳鐵城題

漫然寫到台灣復省運動

李自修

（一）

一八九五年日本帝國主義者以武力奪取台灣以後，即開始攫取台灣豐富的資源，同時爲達到儘量攫取的目的，也就不惜用了種種殘酷手段摧殘台灣人民。然而日本統治者在台灣的橫暴，可也討不了什麼便宜，蓋因台灣人民是要永遠地反抗侵略者的。計自台灣淪陷時起至第一次歐戰前爲止，台灣的民族英雄們，先後發動了十來次武裝暴動，以報復日人的虐待。有如許斐紹領導剿滅日本憲兵的礦工暴動——金包里事件，與夫無數農民爲反抗奴化教育而群起圍殲日人教員的暴動——芝山巖事件，至今還使日本統治者不寒而慄：因而設有紀念日，每年例行追悼會。至余清風所策謀之規模最大，會員最多的革命醞釀——所謂西來庵事件或名停仔腳事件——最使日本統治者手忙腳亂，既動員了全數軍警，還舉行過祕密軍事裁判。在這樣反抗侵略者的暴動中，統計有五萬人以上的台灣民族英雄遭殃，可是日人官民而殉葬於我台先烈墳墓地者，爲數亦不鮮，這並非沒有代價的了。尤有進者，日本統治者在這惶惶不安的氣氛中，對資源的搾取，一時未能如願以償；這更能表現犧牲之並非無價值。記得有一任台灣總督，因大患台灣人民的反抗，且而時疫猖獗，而覺台灣難於統治，遂向其本國政府提出以一萬萬日圓出讓台灣的建議，由這珍聞可以描出當時台灣抗日情緒極度高漲的情形。

之後，日本統治者便對其殖民地政策加以相當的修改，漸由野蠻的恐怖政策進入懷柔的宣撫政策，同時奴化教育與收買漢奸，是台督府主要的政務。在第一次歐戰前後的台灣革命工作者，因受日本資本主義影響，與祖國革命戰功的刺激，亦鑑於過去無謂犧牲之慘重，乃捨棄漫無秩序的報復暴動，而從事有組織有系統的文化啓蒙運動。農村出身的簡吉、侯朝宗及李應章等，聚而合組台灣農民組合，領導台灣農民對抗日本統治者。代表城市文化的的台灣文化協會，在蔣渭水、謝春木等領導之下，加緊學生運動及一工人運動，曾經發動無數次學生罷課事件以及數次大罷工。像這樣轟轟烈烈的文化啓蒙運動，不幸在日本軍閥主義者淫威下，不得不宣告壽終正寢了。這正在「九一八」事變發生前。

自一九三一年起，日本的大陸政策便以「九一八」事變爲嘗試而見諸實行，同時他的南進野心，亦以各種備戰的姿態——如舉行以英美爲假想敵的軍事展覽及宣傳，制定物資統制法案等等——襯托出來。而在台灣是：拘捕反日份子，極端壓制思想，強迫使用日語，強賣米穀，以至於頒佈各種有關經濟統制的法令等等，不一而足。由是台灣革命工作者的活動，便受了最大限度的限制。多數革命領袖，因無法立足，乃陸續逃回祖國。於是，台灣革命的領導中心逐漸開始內移了。

然而台灣革命工作者永遠是新生的；領導中心內移後，仍舊前仆後繼，幹他們所必幹的事 迨至祖國發動了第二次抗日戰爭後，更接受到一種有力的鼓勵，雖在日閥極端橫暴下，亦不避艱險而繼續在幹，目前的台灣同胞，除漢奸與一些年輕無知的人外，皆有一種祖國必勝的信心，同時亦有復歸祖國的熱望。至去年十二月九日國民政府毅然對日寇正式宣戰，並宣佈廢除一切關係中日兩國的條約。這驚人的宣佈顯然地包括著馬關條約的廢除，是則此項消息給予台胞的信心和熱望以最確切的保障、同時亦給予正在苦鬥中之台灣革命工作者以最大鼓勵，復有何疑！

（二）

目前的台灣不只是日本破壞南太平洋和平的南進基地，亦曾經是日本侵略中國的軍事根據地。自「七七」以來，日本除盡量利用台灣的地理條件以侵略中國外，還在陸續搾取台灣的物力人力，以滿足他侵華的軍需要求。至是祖國對於台灣在整個中國國防上的地位，業已有了確切的認識和評價，自不待言。然而，祖國關懷台灣，尤其愛護台胞，絕非始自今日，而是淵源於一種祖國固有的傳統觀念的。

一八九五年，當中日會議提出割讓台灣旅順的議題時，這種保衛江山愛護同胞的傳統觀念，便如沸如騰，通過萬千不同方言的祖國人士的口腔爆發出來。一大批眼光遠大的愛國政治家，自然更要接二連三地紛紛上疏反對了。如張之洞、易順鼎等人，在反對割讓台灣之議這方面，可謂最力。他們本著愛國的傳統思想所列舉的反對割台灣理由，大約有四點：一、台灣爲南海要地，不可割讓；二、台灣人民亦中華裔胄，不可出賣；三、割讓是啓亡國之路；四、繼續抗戰可以挽救滅亡。這樣可歌可泣的奏疏，卻被當時滿清頑固昏庸的執政者「珍藏」起來，僅僅發生了留作日後的國難史料的作用罷了。可是易順鼎於氣忿之餘，乃悄然棄了滿清的官職，索性跑到台灣，極力鼓吹台灣人民獨力抗倭，以保衛台灣。至台灣民主國滅亡後，祖國人士對於台灣問題的關懷，也是日日加深。如詩人外交官黃遵憲，曾經身歷其境，體察了在日閥鐵蹄下過著比牛馬還不如之苦痛生活的台胞實況之後，日夜悲吟，大有憂國成疾之概。他繼《哀旅順》、《哭威海》之後，還賦了一首洋洋數百言之《台灣行》，描寫台灣人民獨立抗日之英勇以及奴隸生活之慘絕，間亦痛罵了無恥漢奸一頓。這不是悲切的關懷而何？

祖國人士於辛亥革命成功中華民國成立後，對於台灣的關懷，並不稍減，只是困於有心無力而已。且有日本帝國主義不斷的嫉忌和掣肘，乃由有聲的關懷漸變爲無聲的關懷。然而日本人的鬼計特別多；他們於祖國人士不知不覺之間，早已進行離間台灣人和「支那人」的陰謀了。先是日本人在廈門、福州、上海等地，縱使一班可恥又可憐的台胞幹些欺侮「支那人」的勾當。繼則以小惠利誘一班更可恥更可憐的「支那人」入台灣籍，並令幹更多的無良心的勾當。日本人的目的在消滅祖國對於台灣的心。大凡無廉恥的人，是不會看穿這陰謀的，所以反能幫助日敵這陰謀順利的進行。尤以那些不知台灣在何處的「台灣人」，更是日人陰謀的最忠實的執行者。他們只管在日人庇護下，大做其走私、綁票、姦殺、搶掠及出賣軍機秘密之能事，而樂其樂，而利其利，這樣的事情正中日人下懷，難怪要被傳令嘉獎。從前，上述各地台灣公會會長，多爲「支那人」而入台灣籍者，此怪現象之所以有，並不甚費解吧。

祖國的官民對於日人的陰謀，當會看得清清楚楚，是故其對於台灣及台胞的關懷，絲毫沒有改變。這事可以用如下事實來證明，台灣革命領袖之一——李友邦先生於北伐時，已回歸祖國，繼續做台灣革命工作。當時日人正在廈門掀起台吳事件——台灣人與石碼吳姓的大械鬥及與台探事件——在這台灣人與廈門公安局偵探的大械鬥過程中，而李友邦先生等則向來未曾受祖國人士的歧視。嗣後，其他革命領袖，如侯朝宗、謝春木等，亦陸續回歸祖國，同樣地備受祖國人士的同情和襄助。全面抗戰開展以後，祖國對台灣及台胞，便再由沉默的而至有聲的關懷，而對於旅居祖國的台革工作者的援助，益形積極了。民國廿七年以李友邦爲隊長成立的台灣義勇隊，爾後並對各種台灣革命集團作各種有效的援助。民國卅年十二月九日祖國更宣佈對日正式宣戰。並廢除一切中日關係之條約。這霹靂似的宣布，當然是祖國收復台灣的吼聲，同時亦爲祖國關懷台灣最有力的表現了。

（三）

橫在台灣同胞眼前的，不是興奮便是希望。台灣能否歸復祖國，台灣同胞能否擺脫日閥的羈制，全在這一轉機——正式宣戰後的第二次中日戰爭。當這萬分緊要的關頭，每一個台灣同胞，都不應偷閒苟安，而必須踴躍參加到台灣革命陣線來，響應祖國抗戰，共同促速日本帝國主義的總崩潰。

當我們開始台灣革命運動以前，我們須先有正確的革命理論，才不至輕舉妄動。關於台灣的革命，過去曾有獨立論與復歸論的論爭，但在民國卅一年的現在，這樣紛爭已無需要。台灣獨立論之時代論據，業已成過去。所以現在可以說：馬關條約廢除以後，台灣獨立論已失其立論餘地了。那麼，吾台同胞以至於從事革命的工作者，必須在思想上統一於復歸論。而在革命理論上統一於祖國的革命理論——三民主義，則庶幾乎不差矣。由是，台灣革命運動也就是台灣歸復祖國的復省運動。

台灣復省運動注重實幹，故始終不要一種坐享其成或誇大妄想的混賬。於是我們要希望每一個台灣同胞，都應記住這一句話：「台灣之光復，須由台灣同胞主動，並以實際的革命力量，密切配合祖國的實際贊助，方能完成。」

我們正視現實的結果，深知截至昨今的台灣復省運動，頗缺少實幹。故我們今後必須依照一個總的計劃去實幹，才能達到台灣復省運動的最後目的。現在列舉幾項，藉對台灣革命工作者總動員的計劃，作一得之貢獻。

一、確立健全的領導中心：革命運動需要健全的領導中心。台灣復省運動也需要一個健全的領導中心，自不待言。台灣革命團體於前年在重慶結成「台灣革命同盟會」。以後，各團體即統一於同盟會領導下。但是，仍有個別團體不服從該會領導，而產生諸多不良的現象。這是同盟會做領導中心還不夠健全的結果。現在急應使同盟會成爲一個健全的領導中心，以領導台灣復土工作。

二、建立賞罰制度：要使台灣復省運動的領導中心健全，而得儘量發揮其領導權力，必先建立一種賞罰嚴明的制度，交與領導中心執行。此制度之建立，必須嚴密參照實際情形，既不可過於苛刻，亦不得偏於寬容，方爲正當。

三、嚴密分配工作：考察台灣革命工作者的情形，便可分類爲三種：情報工作者，宣傳工作者與潛伏工作者。而最重要之敵後及島內潛伏工作，現在尚屬缺乏。這自然與客觀環境的困難有關，同時亦爲主觀的努力不足所致。台灣復省運動的領導中心，必須注重這一點。而於分配工作時，尤應著重這二種工作。至其他條件惡劣而未能擔任秘密工作的同志，尤應使其日常有工作，才不使閒散墮落。

四、舉辦回國台胞總登記：現在還有不少台灣同胞，仍很固執地不承認是台灣人，而逍遙於台灣復土運動的革命陣線外。這是台灣革命一種莫大的損失！個人認爲在這台灣復省運動當中，急應舉辦回國台胞總登記，並亟應鼓勵且歡迎他們參加這個運動！

宋外長論戰後領土的談話

范丹

當上月三日全國各報正披露着，日寇於一日成立所謂「大東亞省」的消息，而第二天，全國各報更以「特大號字」發表了宋外長回國後首次在渝正式招待中外記者席上答問的各種談話記錄，其中有一條，即關于「戰後領土方面」的談話，是特別地引人注目。關乎此，二外長答說：「……中國應收回東北四省，琉球及台灣等地……」（詳見十月四日報載）。這兩種消息連續地報導，我們得說，它絲毫並非一種「湊巧」，而應該視為是敵人侵略與我國抗戰進一步的發展，它是「針鋒相對」的。尤其是，在今日全國人士正熱烈引頸待望於台灣的收復，而台灣革命志士也正在擲頭顱洒熱血的時候，宋外長這一談話，更加深具意義了。

誰都曉得，日寇之謀我侵我，時日已久。遠在一九一三年日本浪人川島浪速的《對華管見》（該書為祕密小冊子），其後的《田中奏摺》，以及戰後的所謂「大東亞新秩序」、「大東亞共榮圈」等，都是日寇侵略我國的具體表現。特別是前年以還，日寇更公然明定：「大東亞新秩序的範圍，即以滿洲國為起點，南伸及於澳洲，西及孟加拉灣與緬甸；日本依照其國力與領域的需要，逐步得由滿洲國、中國、越南、緬甸、海峽殖民地、荷屬東印度、新喀里多尼亞島、新幾內亞、太平洋若干海島、菲律賓、澳洲及東印度若干地帶前進。」自從太平洋戰爭發生後，日寇無疑已暫時的囊括了這些「新秩序範圍」內的大半的地帶了，所以，今年來，日閥便不得不把「東亞共榮圈」的範圍重新加上了西伯利亞！從這種場合來看，今日敵寇「大東亞省」的成立，在我們已毫不足以嗟異了。因為這顯然是敵人一貫侵略政策的必有的「步驟」。我們試看「大東亞省」大臣敵酋青木一男在就職時曾宣言說：「目前之戰爭本身，即含有建設之意義，而此種建設戰爭之目的，即在東亞之上，實現建立日本帝國主義之基本原則是也。」這一段話告我們什麼呢？首先，這說明

[illegible]的野心，今後將再愈益瘋狂，也是說，日寇正朝著奴役全東亞民族的「迷夢」前進。因而，作爲全世界反侵略陣壘中一位英勇戰鬥員的中國，自不能不由於日寇這一狂妄的舉動而增加了打倒日閥的決心。宋外長這一談話，就是給日寇以有力的回答。

敵寇在「大東亞省」成立後，已決定將原歸拓務省之朝鮮、台灣一切事務，移歸內務省管理，從此鮮、台等地，即視如敵國本部之一部。敵人這一新的規劃，我們應該指出他有二種陰險可怖的「預謀」。其一，是敵人今後將開始從事新殖民地的「開墾」。他們打算在擁有四百卅七萬餘平方公里土地（相當日本全面積十一倍），一萬二千餘萬人口（相當於美國全國人口）的南洋群島上，故技重施，在剝削、壓迫、奴化等「傑作」下，使其成爲他的「真真實實」的新殖民地。其二，是敵人把鮮、台從茲列入本土；乃「狡兔三窟」的計算。日本軍閥們也許已經看到這次侵略必然失敗，到那時候，中國必然要和他「算總賬」，鮮、台的問題，斷不能置之度外，就是一定要使其獨立與收復，而他們預先佈置下這個「視爲本土」的局，好使將來「決算」時作爲藉口，因爲敵閥可以說：「這是本土啊！」然而，兔雖狡而技卻劣，敵人這種「囊括東亞野心之總暴露」（引某觀察語），是連黃毛稚童都騙不了的。前者，南洋群島的人民，是會自己決定他們自己的命運的，他們會忍受得了敵寇給他們的血腥統治，這才是怪！事實是絕對不會有的。至於後者，這未免是敵寇的「如意算盤」，終必落空。宋外長的談話，恰恰就是給敵人以「當頭一棒」！這是宋外長對收復台灣等地的談話之另一意義。

雖然，我們從總理遺教中得知中華民族不但求取自己的獨立、自由與平等，而且也是扶助一切弱小民族求取獨立、自由與平等的。可是，關於戰後我國領土問題，是「恢復到九一八以前之狀態，抑恢復到甲午以前之狀態」，便很少有人予以明確的說明。但今日，這已由宋外長的談話給具體地宣明於國際人士與國人之前了。「……應收回東北四省、琉球、台灣等地，朝鮮必須獨立……。」（宋外長語）這一鏗鏘果決的語調，絕非一種「外交辭令」而是說明著：中國抗戰的決心是日在加強，同時也並沒有忘記扶助弱小民族的解放事業及台灣的革命運動，反之，我們是對總理遺教奉行信守不渝的。這是我們對宋外長談話不能不認識到的一點。

今年四月間，台灣復土運動曾在陪都隨而在全國掀起了巨浪，得到了中樞當局及國人熱烈的同情與援助。半年多來，這運動在無台灣革命志士犧牲奮鬥之下，已是日在繼長增高，擴大開來！這次宋外長的談話，無疑是給予了這運動更確切的指示，也將給予了台灣革命志士以莫大的鼓勵，使他們為收復台灣更加奮發戰鬥。時至今日，我們環顧國內外的局勢，已使我們深知目前已是反侵略及抗戰勝利曙光在望之日。然掌此勝利五分鐘前，正是處在一種「行百里者半九十」的迫切時機中，如果我們不於這千均一髮之際，作最後終點的衝擊，那說不定還有「功虧一簣」的危險。台灣革命者應該在加緊工作中來實現宋外長這一對台灣復土運動的響應，應該是當務之急。

首先，作為台灣復土運動先決條件的建省與建軍，在今天是須要加緊積極地進行了。否則，沒有政治的形體，一既不容易使台胞得到更確切的體認，就也不容易號召起所有台胞共負斯責；沒有建軍，就是沒有革命武力。在收復台灣的時候，誠然台胞歡迎我國義師東指，但這不在台胞革命武力配合之下，又屬是不可能——至少也事倍功半。孫子說：「知彼知己，百戰百勝」，今要收復台灣，不與「知彼」的台灣革命同胞的武裝互相配合而取得勝利，其可能貽下的嚴重後果，又豈止是軍略上的失算而已!?

「萬夫所指，不疾而終」這一句話，在這裡也似可藉用一下。因為要能「萬夫所指」于某一事物，這已可見「萬夫」對于彼事彼物已經有著一致的認識與一心一德的意向。台灣革命需要的仍是團結起一切革命力量，成功這才可期。祇有在這種互相配合的實際行動中達成我們抗戰勝利，台灣收復的任務，這才夠得說是瞭解了宋外長關於這問題談話的具體意義。

一九四二、十二、六

台灣農民的慘痛

宋斐如

殖民地人民以農民爲最多，且最慘痛，台灣也不能例外。帝國主義者之徵用物資，掠奪物資，先自農民開始；土地資本家之吞併土地，自然是以農民爲對象；第一期資本原始積蓄，也皆以農民爲搶奪的對象。

先自土地之掠奪講起。台灣的土地兼併最顯著事實，爲新式製糖會社之強買台灣的土地。該種會社在十數年前所有土地面積即達七八，六〇一甲，佃權取得地也有二五，二三七甲，合計一〇三，八三八甲（每甲等於二・四英畝），約佔台灣耕地總面積八分之一。其中，花蓮港廳鹽水糖港製會社所有耕地，爲五，〇〇一甲，竟佔該廳耕地總面積四分之一。這種土地買賣的祕密，日本作家山川已經說得清楚：「製糖會社之取得土地，雖說是依據買賣形式，而事實上各會社都強制收買農民的耕地，這種事實盛行於台灣，可以大書而特書的。」這種強制收買，是藉助於警察的權力的，其賣價不決定於賣主而只單方決定於買主。

就中日本資本之無償地強佔台灣土地，尤爲強制土地兼併的極端事例。舉林圯埔事件爲例吧。林圯埔是台灣最有名的竹林，一千六百戶，一萬二千農民的祖遺產業和生活手段。在日本侵佔台灣的初年，還承認這些竹林是農民的產業。到一九〇八年九月，忽有一天，鄉下皇帝的警察當局，召集農民，宣布把這些竹林編爲總督府的模範林，硬要他們在預備好的紙上蓋印畫押。於是民有竹林一變爲總督府的模範林，但不久在神不知鬼不覺之中，再變爲三菱製紙會社的租賃林，不久又再變而爲「三菱造紙會社的所有林」。舊時的竹林主人，卻只充當會社的苦工，出賣勞力罷了。

日本資本家對台灣農民的剝奪，第二表現於製糖會杜與蔗園勞動者之間的關係。製糖會社自營蔗園的農業勞工，固是一種新式的僱傭奴隸。即佃種糖業會社的土地的蔗農，也莫不是一種隸農，其會社與佃者的關係，既不是一般的主佃關係，更不是地主與農業資本家的關係。佃農租佃土地，無利用土地的自主權，而須栽種製糖會社指定的甘蔗，地主的目的不在於佃租的收入，而是原料的繳納。佃農的工作須受會社的指揮，且須供給佃租契約以外的餘閒勞動，由會社付予隨意的工資，蔗農的剩餘生產物，亦須賣給會社，而依時價決定價格，所謂時價自然是最低價格。製糖會社還可以隨時由單方收回耕地，佃農無主張耕作權的自由。

日本資本家對台灣農民的剝奪，第三表現於製糖會社與甘蔗生產者之間的買賣關係。台灣農民生產甘蔗，必須賣予製糖會社，幾家製糖會社並且將台灣蔗園劃成區域分轄收買，以阻止買主競爭並可以自由剝奪。製糖會社剝奪蔗農的方法，約有二端：其一是甘蔗的價格表面爲共同規定，事實則完全決定於製糖會社單方；其二是數量多少也完全由會社衡定，普通一萬斤以八千斤計算，或甚至更少，這種關係不是普通「等價交換」，而是帶著強制性的不平等交換，賣主不能以商品換得買主相等價格的貨幣。這裡頭有警察的魔手在擺動。會社普通利用「無法無天」的警察權，干涉甘蔗的買賣，強制蔗農服從會社的條件。會社並且運用預貸款項的手段，束縛蔗農的買賣自由。在這種買賣關係之下，台灣自由農民淪爲半封建的隸農，而只能過著無物程度的生活。

台灣被剝奪的農民，不只限於蔗農，即其他稻農及什穀農民，也莫不備受同樣哀痛。日寇每年須由台灣徵用五百萬石的特種米，稱爲「蓬萊米」。台灣農民須辛辛苦苦耕種，不獨自己不得一嘗，台灣同胞亦皆只能望粒興歎。同時，糖業獨占資本家（稱砂糖王國），爲保持並增大它們的利潤，而愈益企圖擴大蔗園的面積。於是台灣中南部的蔗園，逐漸侵佔了米穀的耕地。這是台灣耕地問題與朝鮮耕地問題不同之點。而自由的台灣農民，就日益淪陷爲半農奴的蔗農，須待台灣革命成功，始能得到解放。因此，光復台灣，是民族革命，同時也是社會革命。

四月三日於陪都

台灣青年的任務與今後的修養

（為成立三民主義青年團中央直屬台灣義勇隊分團部而作）

李友邦

我們要消滅侵略暴力，奪回人類的自由，則除了民族力量的集中與團結外，沒有第二個有效的辦法。青年爲國家民族的新生命，故青年力量之集中與團結，猶爲當前急務。因爲他在光榮的革命史上，一向是佔著最主要的地位；而台灣的青年，對於祖國抗戰及台灣革命的貢獻，當然是不會例外的。我爲要使今後台灣青年的行動密切配合上客觀形勢發展的要求，能繼續貢獻出更大的力量，故對于台灣青年的覺醒與團結有主導作用的青年幹部底培養，認爲是不可忽視的工作。

三民主義青年中央直屬台灣義勇隊分團部的成立，就是爲了使本隊及少年團的青年同志，在參加「保衛祖國」的過程中，對三民主義及其使命能有深切精確的明瞭，個個成爲建設三民主義，新台灣之堅強有力的幹部。所以我們目前的任務，是號召台灣青年在黨的領導與扶助之下來展開轉移社會風氣與參加戰時動員的工作。

如何轉移風氣，這就要先問：我們革命的目的是什麼？革命的目的是：改善社會，革新政治。歷史告訴我們，這目的的達成就應從轉移社風人手。因爲社會上驕奢淫逸的程度會加深了政治的紊亂，整個社風不能改善，則國家民族的興盛也就難以企求。社風的改善，首重改革心理與促進文化，辛亥以後，國父鑒于革命的不夠徹底，乃提出「革命必先革心」，黨亦以「國者人之積，人者心之器。國家之治亂，繫于社會之隆污；社會之隆污，繫于人心之振靡。來教育同志。團長蔣總裁則倡新生活運動來推進社會，教育國民。這可見心理的革建對社會改進的重要了。關於促進文化，團長在二十七年《爲組織三民主義青年團告全國青年書》中曾這樣指示：「國家之強弱，繫乎一般國民文化水準之高下」，

「智識青年，必須自動奮起，一致參加掃除文盲工作，協助進行通俗教育及戰時宣傳，務使在極短期間，加強一般國民之政治認識，而提高其文化水準，庶幾可以走上現代國家平等自由之大道。」目前我們台灣青年，可說大都從小就受到日寇奴化麻痺教育的毒害，故對於轉移社風的工作，更有迫切展開與深入之必要。

如何參加戰時動員，團長已昭示我們：「根據全國總動員計劃，青年必須就其智能之所近，在國防、產業、交通、宣傳及教育各部門，作積極活動；奉公守法，盡忠職守，任勞耐苦，始終不懈，視奮鬥為天職，以犧牲為當然。」對于最近國府所頒的《國家總動員法》也有詳細指示，我們應各盡職責，積極動員。本分團部的同志，要影響祖國的青年，同時要動員台灣本島以及其他各地的青年台胞，作反法西斯的鬥爭。因之，我們所負的使命要比一般青年來得艱鉅，重大！我們必須以堅韌勇敢，自覺自愛的精神承擔它，我們要在工作上表現出這個分團的生命和力量！

隨著戰局的發展。少年團諸同志的工作就日益增多，責任也漸次加重。因之，我們對各種修養亦應跟著加緊。但在這裡，我們立刻就會遇到一般工作團體裡所必然遇到的問題——工作上與學習上的修養，畸形發展。而這個問題在我們的團體裡則更為嚴重。因為我們台胞受了日寇的奴化教育，一般的對祖國文化智識的水準都相當低落，加之回到祖國即參加工作，大都沒有受到祖國學校教育的機會。解決這個問題的辦法，只有使我們的同志個個學會，並熟習使工作與學習聯成一體的運用。所以，今後我們少年團的同志，應在「提高常識水準」與「配合理論與實踐」的修養上痛下一番工夫。

常識水準的提高，是目前團內每個同志的共同要求。同志們對於一般的理論和工作技術，可說都超過了自己的年齡與應具的自然科學常識。雖然這是以往工作的需要所造成的現象，但這個發展，在一般的教育上講，是不合理的。因為常識是我們處理事務研究學問的工具，許多我們將要研究的學問和現實生活的應變上，在在需要著數學、理化、自然、史地以及生理衛生等這些學問。沒有了它，在每天的生活工作、學習上就會平添出許多不必要的麻煩、驚奇、困難與苦悶。這個，在少年團皖南和福建工作的報告中是表現得最明顯的。這些現象決不能讓它往下發展，希望負責指導的同志，盡量利用機會有計劃的來幫助，來克服！

配合理論與實踐，就是怎樣從學習中擴大工作經驗，從工作中發展學習原野的問題。上面已經說過，台灣青年目前他們受了主客觀條件的限制，是不可能如祖國一般青年學生那麼順著小學、中學、大學以至出洋按步就班的讀上去。相反的我們在工作中學習是逆進的，是倒追上去的。例如：提到我們的國語水準比日文程度差的問題。我們就會研究到日寇對殖民地奴化政策的毒辣；再追究下去會聯想到滿清政府的昏庸腐敗；當時唐景崧割據嫉妒意識的濃厚，以及懦弱無能不事團結而致貽誤有九年歷史的抗倭大事（見《劉永福歷史章》）。這種學習方式，在表面上看來是不很順眼，但實際上卻是用很少的力量與較短的時間，學得了很深很博的道理。而且這樣研究，才會專心，才稱實際，才不易忘記，我們認爲，學習的目的是爲了工作，而工作的發展又需乎學習，學習與工作是不可分開的。我們必須拿「隨學隨做，即做即學」。的戰鬥精神，我們認爲，學習的目的是爲了工作，而工作的發展又需乎學習，學習與工作是不可分開的。我們必須「隨學隨做，即做即學」的戰鬥精神來克服自己的「先天不足」！但是，在進行中，必得用力做到兩點：第一，要打消「唯書論」的觀念，我們要堅信：只有從現實生活中去求進步，才是最正確的學習方法。所以「真的學問是要同現實的社會有脈絡貫通，和實際生活聯成一氣的」，也只有現實的刺激，才能加深我們學習的需要；第二，要養成勤於紀錄整理的習慣，經常注意現實生活中得失的紀錄與整理，把繁瑣的收穫，提煉爲抽象的原則，把抽象的理論，變成具體的行動。用活的方法，才能在正在向前發展的事物上找出新的現實的智識。所以，我們只有隨做，才能隨時發現新的問題，必須隨學，才可以隨時解決新的困難。

台灣沒有收復，我們是無以為家，倭寇沒有打倒，我們也不可能來進學校攻讀，青年團是團結青年，訓練青年的組織，它就是我們今天的大家庭，大學校，希望台灣青年們都團結在這個組織裡一面工作，一面學習，來開展工作，壯大自己！

一九四二年八月一日於分團部

如何援助韓台革命

馬義

韓台革命之在今日，它已隨著反侵略戰爭飛速的發展而開展著，並且也已成為了世界反侵事業的重要部份。因之，對于韓台革命應該予以扶掖和援助，殆已是眾所皆然了。

馬義先生這一問題的提出，雖然是早在今年初間，可是直到現在，這問題還未被根本的解決。本文的轉載（原文載《國訊》重慶版第三〇四期），意義即在於此。這裡應該附帶聲明一句：馬義先生寫本文是在今年四五月間，朝鮮義勇隊未改編之前；所以，其中所述，到今日也許有多少變動了，這要請讀者注意。

——編者

347 如何援助韓台革命

抗戰五年以來，韓台革命團體參加中國抗戰，無論在宣傳、技術、戰鬥方面，辛勞卓著，其中尤以朝鮮義勇隊，台灣義勇隊馳騁于各戰場，堅苦奮鬥，英勇殺敵，為舉世所贊譽。去年底，朝鮮義勇隊奮戰華北，四隊員壯烈犧牲。太平洋大戰爆發後，韓台革命運動日趨蓬勃，今年三一革命節，僑居中美朝鮮僑胞，高舉戰鬥旗幟，號召全韓同胞向自由獨立之途邁進！旋台灣革命同盟會亦集會于重慶，對于台灣革命運動力謀加強其陣容。今日日寇魔掌已囊括西南太平洋，奴役印度支那半島，向緬甸腹地深入，向印度、澳洲進逼，寇燄日深，于是團結東方各弱小民族反對日寇，遂成為當前重要課題。我們對于擁有數十年反日鬥爭的光榮傳統的先鋒戰士——朝鮮台灣的弟兄，除了表示無限的敬意外，並希韓台革命戰友的英勇戰績，繼續發揚光大，為東方各被壓迫民族作模範。數月來，我國朝野各方對于韓台革命問題均極關懷，孫科、王造時諸先生的先後對韓台革命問題有所論列，莫不熱烈同情韓台革命。美前亞洲艦隊司令顏霍爾將軍，亦發表文告，主張頒發太平洋憲章，承認東方各被壓迫民族的獨立自主。可見韓台革命運動之發展，已為舉世所重視，而今日如何配合目前太平洋形勢，加強對韓台革命運動之切實援助，俾韓台志士得以充分發揮一切力量，予敵人心臟以有力之打擊，實爲當務之急！

在今天，我們可能給予韓台革命團體以直接援助者，還只限于在中國活動的一部韓台人士，我們當知道，目前在華的韓台革命團體僅僅是整個韓台革命的一部分，而韓台革命之主力，則仍在境內廣大人民之間。我們相信，隨著太平洋戰爭的發展，隨著中英美反攻的展開，我們將與韓台境內的革命運動相匯合。援助韓台革命是與加強中國抗戰分不開的，援助韓台革命同時就是加強中國抗戰，加強每一個打擊日寇的據點，援助反侵略陣線每一戰友，這是我們的責任，韓台革命的發展，同時就是加緊敵人崩潰的過程，加速整個同盟國勝利的時間。

如何有效的援助韓台革命？韓台弟兄最迫切的需要我們哪些幫助？我們對于韓台革命團體的援助，必須從每一個韓台團體今天在中國戰場上所擔負的任務，工作開展程度，對于他們的活動力量作正確的估計，根據他們現在所處的環境，充分認識他們現在所發生困難，適合他們的要求，這些方面，我們應該盡量吸收韓台人士的意見。

這裡，作者僅就數年來與韓台朋友接觸的認識，略抒鄙見，藉供當局的參考。

第一，幫助解決韓台團體經濟上的困難：今日在華的韓台革命團體，所遭遇最大的困難是經濟問題。韓台人士爲奔走革命活動，頻年流亡，傾家蕩產，爲革命而犧牲一切，所賴以推動革命工作者，除堅忍不拔百折不撓的精神外，而所度生活之慘，幾令人無從想像。據作者所知，今日每個朝鮮義勇隊與台灣義勇隊隊員生活費僅六十餘元，這些身經百戰出死入生的韓台戰友，生活享受雖不必優於其他國軍，然而我們對其生活的安定，則絕對必要。再：許多韓台團體在各個戰場工作者，因受工作經費的限制，其活動大受影響。如開展敵後工作，固早爲韓台革命團體所確定的主要任務之一，而今日欲使敵後工作獲有堅固基礎，動輒需數千數萬元，而韓台團體每苦於無法支出浩大之經費。

第二，調節韓台各革命團體間關係：今日國人所寄于韓台革命團體最大的期望，首爲韓台革命團體之間應更趨團結，如韓國光復軍與朝鮮義勇隊間之誤會，台灣各團體之步伐亦欠一致，似此力量相互抵銷，誠爲痛心之事，我當局間與韓台人士個別之友誼多極密切，首應從旁推動，務使彼等爲民族之利益，相助相讓。而我政府對各個政治理想不同的韓台團體之援助，尤應一視同仁，俾減少彼等內部之傾軋。今日全世界之一切民主力量已爲共同的目標而作空前的大聯合，韓台內部革命力量之團結，實爲制勝之途。

第三，確定韓台在反侵略戰爭中的地位：韓台團體今日在華活動者，有政黨組織，有政權組織，有武裝組織，有群衆組織，我們除了應該幫助他們膠合所有的力量成爲一個團結鐵體外，並且應該早日確定他們在世界反侵略戰爭中的地位，承認他們的流亡政權，與他們訂立共同的作戰協定，聯合英美蘇諸國保證他們戰後的自由，這樣可以提高他們的信心，增加他們的熱情，與各同盟國的作戰更密切的配合，向自己奮鬥的目標前進。

第四，協助韓台革命向敵後發展：由于敵寇在中國淪陷區大量的移民，朝鮮台灣的農民，失業者，商人、浪人、學生、不斷的被送到中國來，因此今天要使在華的韓台革命工作向韓台群衆中發展，首先必須把工作重心放在敵後。深入淪陷區，向敵後進軍，是今日在華韓台革命運動的主要任務，如朝鮮義勇隊年來在華北的重大成就，已說明了韓台革命團體在敵後工作的無限重要。但是，今天我們不能不承認，由于韓台團體在敵後開展工作牽連到的許多其他問題：如何獲得敵後各部隊的幫助，使他們本身的工作獲得順利的發展，經濟上的困難，武裝化的不足，這些問題都限制了他們今天工作發展的程度，急待我當局加以協助。

第五，建立與擴大韓台的革命武裝：韓台革命團體的武裝化與向敵後發展是分不開的，他們在敵後需要藉武裝掩護他們的活動，他們同時需要藉武裝鬥爭發動敵後的韓台同胞，革命動員愈深入，則武裝鬥爭愈重要，過去東北朝鮮革命軍，已堅持武裝鬥爭達數十年之久，台灣亦有阿里山的游擊根據地，在華韓台革命團體，多早提出武裝化的要求，今天除了一部分獲得解決外，顯感不足，武器的配備，武裝部隊的擴充，經濟的充實，與中國部隊作戰的配合，一切尚待充實與加強，俾能發揮更大的戰鬥力量。

第六，幫助韓台革命團體培養幹部：韓台人士流亡于國內者，多係優秀的知識青年，其中不乏可深造的革命幹部，在中美兩國服務航空的人員有朝鮮青年，而擔任中國軍隊中指揮官的韓台人士更不知凡幾，抗戰前後，朝鮮革命領袖金若山先生對于培養幹部之重要早曾注意，創辦朝鮮革命幹部學校。今日的太平洋局勢，使韓台革命的任務愈趨艱重，我國應盡量幫助韓台革命團體，在中國創設培養革命幹部之洪爐供給其經濟及一切便利，設立學校訓練班等，訓練軍事、政治人才，實爲必要。

第七，救濟韓台革命者之家屬：韓台難胞過去散居于中國各地者甚多，抗戰開始後，由政府分別集中于川閩，此批難胞包括婦女與兒童，因不堪日之奴役而逃出，其中多係朝鮮革命者家屬，彼等今日僅賴當局有限之補助，維持其困苦之生活，其狀至慘，願我當局早日籌訂辦法，妥爲救濟，安定其生活，壯年則吸收其參加生產，年幼者則助其學業，老弱遺孤則撫卹之，如此則轉戰于前線敵後的中韓台戰士，當更能安心殺敵。

第八，發展中韓台人民的兄弟友誼：構通中韓台的文化，訓練出一批專門研究中韓台問題的幹部，予中韓台文化在國內自由發展的機會，增加中韓台人民間的了解，加強中韓台人民在各種技術上的合作，學術上的聯誼，吸收中韓台人才參加我國各個部門中的一切工作，發動民眾援助中韓台革命的熱情，幫助中韓台人士解決一切困難，發揚東方民族間的友愛。

因此，今天欲加緊援助韓台革命，其範圍包括至廣，遍及軍事、政治、經濟、文化各方面。而如何援助韓台革命，適應目前韓台革命任務的需要，適應整個同盟國的要求，則尤應早日注意及之。

過去的我們對韓台革命的援助，是沒有嚴格的系統的，關係紊亂，頭緒太多缺乏計劃，往往與韓台革命的要求配合不一致，今後我們希望能轉變這種現象，必須由政府，民間有聲望的人士，乃至韓台革命在華的代表，建立一個中韓台間廣泛的聯盟，經常交換意見，討論戰略上的配合，並由統一的機構，有計劃的協助韓台革命。最近聽說重慶及其他數地有成立東方各民族反法西斯同盟的消息，我們希望這個組織能夠早日成立，並適合以上的要求。我們相信只有這麼做，才能充分的發揮韓台一切戰鬥力，日本帝國主義不管今天獲得了若干「勝利」，獲得了多少新的殖民地，而韓台總是他兩翼的「兵站基地」，

只有更快的打斷日本帝國主義這兩隻腿，才能致日寇的死命。

日寇這樣壓迫台灣漢人

唐澤明

倭統治者現在正運用其最大努力，加緊壓迫與摧殘在台灣之漢人。茲略述其情形如下：

一、所謂敬神運動——日本統治者著手愚化台灣漢人，其目的在徹底消滅台灣人的祖國觀念。乃藉「敬神」。的美名，強迫台灣人崇仰及遵奉日本霸道。現台灣人不論屬何宗教，均須改祀日本神牌及按期參詣日本神社。原來，日本掀起中日戰事以來，即規定每月一日爲興亞奉公日，而最近始又改稱爲「敬神日」。是日，台灣人無分男女老幼，也不分城市鄉村，都須敬神如儀。有違者，皆遭刑罰。其敬神儀式，有「國民行事」、「感謝台掌」等名稱。

二、所謂防諜運動——日本統治者爲彌補其愚化能力之不足，乃以重利收買一群無靈魂者，令其時時刻刻監視及壓制台灣漢人之革命思想及行動，是謂防諜運動。目前台灣五州三廳均成立防諜聯盟，在各該州廳警察部長控制下，從事摘發革命份子。有所謂警民協會、保甲聯合會、婦女保甲團、官民防諜團，以及工場、戲院、餐館，都與防諜聯盟有關，這爲日本統治者得意之「傑作」。

三、愚弄婦孺青年——日本人以婦孺青年易欺，且乏揭穿其陰謀之能力，乃竭力向彼輩宣傳並組織之。兒童在日本式教育下，有竟然忘祖者，男女青年中亦有不講漢語者，此皆奴化教育所致也。最近日人以人力損失頗鉅，急欲補充，乃提出「奉公」、「報國」等名堂向無知青年大肆宣傳。一方面又以種種方式，迫令成立所謂「奉公」、「報國」種種團體，無形中成爲自相控制之機關。小學生報國會、中學生報國會、青年奉公會、女青奉公隊、報國挺身隊、奉公挺身隊、勤行報國青年隊、青年訓練隊、女子增產青年隊等等，比比皆是。此外對於其他社會階層之壓迫，也並不放鬆。例如迫令僧侶成立宗教護國團、佛教奉公會、佛教宣傳隊等等，充爲日人喉舌，以便掩飾其醜謀。

四、搾取物資與經濟統制——帝國主義者在殖民地搾取剝削，當以近年爲最。米穀集中，商業限制及農工緊縮等等措置，予台灣人物質生活最嚴重影響。據台灣總督府社會局去年統計，一年之中觸犯有關經濟禁令者，計有十二萬三千餘件。於此可見其搾取及統制之嚴厲。

五、皇民奉公會——日本統治者爲釐幹上述各項起見，於去年七月設立一種壓迫台灣人之中心機關，日台灣皇民奉公會，以響應近衛手創之大政翼贊會。皇民奉公會之宗旨有二：一爲「皇民化」運動；二爲「奉公」運動。「總裁」以台灣總督長谷川兼總務長官齊藤副之，其他職員亦多以日人現任官員充當，唯若干無關重要之職位其下層組織，則委任凉血之台灣人司理。其組織系統如下：

皇民奉公會系統表

皇民奉公會——各州廳支部——郡支會——街庄分會——部落會——奉公班（每十戶爲一班）
中央本部　　　　　　　——市支會——區會——分區會——奉公班（每十戶爲一班）

中央本部
- 總裁
- 副總裁
- 本部長
  - 地方部
  - 生活部
  - 經濟部
  - 經理部
  - 生產部
  - 訓練部

地方支部
- 支部長
  - 生活部
    - 文化部
    - 厚生班
  - 訓練部
  - 經濟部
    - 生產班
    - 經理班
    - 經濟班

尚有監察機關，名曰皇民奉公委員會，在中央者爲中央委員會，在地方者有州廳奉公委員會，市、郡奉公委會，街庄奉公委員會，專任監察皇民奉公會各部之組織。皇民奉公會經過兩月籌辦，業已大體完成，全台六十餘萬戶（內有三萬戶爲日人）已被分組成五萬七千個「奉公班」，而成爲同類相殘之最下層機構。皇民奉公會之三大陰謀爲：一，宣傳日本主義；二搜羅台灣兵種；三強迫減食增產。

六、改姓名推進會——日本統治者爲加緊消滅台灣人之祖國觀念，實行種種壓迫，既如上述。日本人且致力於所謂改姓名運動。近來日人除陸續刊行關於改姓名之煽動書籍外，猶於台北設立改姓名推進會，強迫台灣人改換日本姓名。現據調查，新竹州下改日本姓名者已有七千名，高雄州下，一萬二千名，台中州下九千名，台南州下一萬名，台北州三千餘名，共計三萬餘涼血台灣人，業已改冠倭姓氏。是爲改姓名推進會努力五年之收穫。

七、各種強迫兵役之機關——日本統治者於去年六月發表台灣志願兵制度，並暫定徵募十萬人之台灣兵。嗣後以種種手段，強迫台灣青年入伍。已被羅致者截至去年十二月五日止，計有七千名，此等可憐青年均被迫提出「志願書」，以粉飾日人陰謀，而所謂志願兵後援會、報國推進會、志願兵宣傳隊等組織之活動，亦常予日本軍警以夥多便利。

總而言之，日本統治者壓迫台灣漢人之花樣，誠已無所不用其極。

一九四二年五月十三日

苦與樂

滄洲

苦與樂是對立的，但同時也是相承的。苦的反面就是樂，樂的反面就是苦，人便是無不在這苦樂中鬥爭著！人，生來是愛享樂的，不願受苦的；小孩子愛快樂，這不用說，而且凡是人總不願與苦來做朋友。但是，苦樂總是人生的朋友，這正如形影之相隨。

什麼是苦？什麼是樂？苦樂是從那裡產生出來的？簡單一句話，是從社會制度中來的，也可說是人類造出來的。

苦呀！苦的忍不住，甚至苦的要自殺。我有我的苦，你有你的苦，他有他的苦，但各不相同。例如父母之疼愛兒女，假使兒女一旦病了，做父母的，就要爲之醫治、看護、憂悶！如果病重一點，更爲之禱告，求神，拜佛，往往會忘了吃與睡。如果不幸死去的話，做父母的人不知道如何悲傷，何等痛苦，有時候甘願同死，或替死。尤其是寡婦守孤兒，那種不幸會悲傷得更利害。其他像青年失戀，往往鬧到投海自殺。這些都是無謂的苦。另一方面，有許多人爲著生活問題，弄到無衣無食，這纔算是真苦；有的學生們在學校中苦不能升級，不能畢業；做官的人苦不能升官發財，殃民自肥，就是人爲的苦。

我也有苦，我苦的是什麼呢？使我永遠記著，就是到老死也不能把這種苦忘掉的，就是民國二十四年七月十三日父親失蹤的事。那年，我的姊姊才剛死去，只過了一個星期，我的父親便被兇暴的土匪綁架了。苦呀！家中老小生活全都靠我父親，從此我當然再沒有機會升學的了。哪料得到災禍竟接踵地來。在我父親失蹤後不上一個月，大哥又被政府誤會，押留了去，說他私通土匪。一時橫禍，弄得人亡財失，又招致外人譏笑。

在那年的時日，母親、我與家裡大大小小，陷入了坐立不安、衣食不繼的慘景，不知流了多少眼淚。當時的這苦痛，可說悽零絕頂，難以形容的。現在，我父親在那裡？有時回想起來，便喚起了我永存在心中的悲恨和報復的意念。上面所說的，都是爲著自己的苦，有些是合理的，有的不合理。實在來說，世上要算自私自利的最苦。他的心是時時苦，處處苦的。

其次，我來談談樂。樂有正當與不正當之分。什麼是正當的？例如助人、談笑、下棋、旅行等。其餘像在學的學生們，一到學期終了或者快畢業時，還有父母看見兒女活潑天真可愛所表現出來的樂，都可說是正當的。什麼是不正當的樂呢？要說吧，像看淫戲、玩女人、賭博、抽鴉片等都是。「助人爲快樂之本」，爲真理而鬥更是快樂。例如我們在爲求國族的獨立、自由與平等的抗戰中，上前線殺敵，應該是視爲快樂的事；縱使不幸戰死沙場，也是「樂」的。再如我們起來革命，爲著弱小民族的解放，爲著正義鬥爭，如果不成功便成仁，這雖死猶樂，雖死猶榮！我們青年應該追求這種的「樂」，因爲它是我們青年人不可逃避的責任。

我們台灣人的苦痛，是我們的敵人給我的，同時也是腐敗的滿清政府給我們的。自從甲午戰爭之後，滿清政府派李鴻章與日本講和，訂下了馬關條約，那時候起，我們便失去了那可愛的故鄉，不能享受自由平等，在敵人鐵蹄下過著牛馬還不如的生活。

這個國仇我要洗雪，家仇我也要報復！我以快樂的光榮的革命事業，來刷洗同胞的痛苦，個人的苦悶！

不會忘記的朋友

王棋鄉

我回到祖國的上海，至今已有兩年多了。我在台灣有一個時期是幫助父親做過生意的。所以，我對生意方面比較有一點見識，一到上海，就在某洋行裡當一個職員，至去年的年底以前爲止，可以說簡直與世界戰局隔離了似的，過著快樂的生活。十二月底，有一位台灣同鄉，他對我說：「你究竟知道祖國抗戰的真內容嗎」？這真內容我在以前原也曉得了一點，可是不知道自己的行動怎樣才好。所以我就對他說：「抗戰內容是很明白的，但是現在我不知道應該怎樣才能跑上我們應該走的人生的道路？」他說：「應該走的道路，我是知道的。可是不知道你能否爲了祖國，爲了台灣捐獻一切？假使能這樣做的話，我可以替你找一條出路，不知道你的意思怎樣？」「噢，爲祖國，爲台灣的真理的路嗎？那麼，我請求你代我找一條吧！」

我這樣的回答了他。

過了幾天，他寄給我一通信，內容是這樣說：「生意找到，快來商量。」這是一個暗號，我是知道的。所以我就馬上到他的家裡訪他去了。他說：「我現在介紹一位我們的先輩同志給你，請你同他談談，就會明白你應走的路線。」我就跟他去了。到了那位先輩同志的地方，我的朋友替我們介紹。往後，那位先輩同志就同我談到中日戰爭，德蘇戰爭以及剛剛爆發的太平洋戰爭；那位先輩同志又告訴我現在祖國以及台灣的情勢，又談到青年人的責任問題，最後同我說：「我從前就知道金華有幫助祖國抗戰以及努力台灣革命運動的台灣義勇隊，你如有志，那末也去參加工作，不是很好嗎！」我馬上答應了他，他也繼續著說：「那末，等待有人要到金華去的時，我再通知你，你同他去就好了。」

大約經過了一二個月，因有一位同志要到金華去，所以他就介紹我同那一位同志到金華來了，上海出發是三月廿九日，到金華已經是四月八日，旅途費去了我們十一天的工夫，但能平平安安地來參加台灣義勇隊，實在真是幸福的事。

我參加做隊員迄今，時刻都不會忘記那位同鄉朋友，因爲他給我一條「正義的道路」！

回來吧，台灣青年們！

李志中

「誰再願做奴隸！誰再願做馬牛！」這是台灣同胞的共鳴。尤其是這一代有熱血有良心的青年。但是，一部份的同胞，因爲受了環境的阻撓，使他們依然是在武士道高壓下，將他們的精神與肉體任人摧殘，過著黑暗的恥辱的悲痛的地獄生活。

台灣青年們，我們應該要加緊掙扎啊！歷史告訴我們，抗戰建國的工作，是需要全台灣的人民與祖國同胞共同來完成的。我們台灣青年們生長在這個革命鬥爭的怒潮中是幸福的，事實指示我們！每一個偉大的革命鬥爭，總是青年們站在民衆前面的，不管前方與後方。我們必須發揮這個光榮的傳統的革命精神！

現在留華的青年，已在我們台灣革命領袖李友邦先生領導之下努力工作了！目前他們繼續著到敵後及內地吸收台灣青年學生，這正是我們脫離黑暗和恥辱的生活而走向光明呼吸新鮮自由的空氣的機會了。我們應該互相宣傳，互相鼓勵，脫離魔窟，來歸祖國，共殲日寇。台灣青年們！我們不是馴服的奴隸，而是有力的有熱血的革命戰士！

祖國是我們的家園，抗戰建國是我們目前課程，幾千萬正在浴血奮鬥的戰士們，他們衛護國土，也愛護我們。回來吧，台灣青年伙伴們！祖國抱著萬分的誠意向我們招手！收復失土的工作，正擺在我們的眼前，等待著我們來共同完成這個偉大的使命！

我們的同樂會

少年團
王正北

海星期六，都有一個同樂會。目的，一方面是結束與檢討我們在這週的生活工作學習，團體或個人的優點、缺點，作爲我們以後生活、工作、學習的根據。把優點盡量的發揚，缺點竭力的克服；另一方面，因爲同志們在一週中緊張的生活、工作、學習，趁此機會大家來快樂一下。同樂會中還有選舉「飛機」、「烏龜」以及餘興。

選舉「飛機」是看那一個同志他在這星期當中，他的生活、學習、工作，比大家都好，比大家進步得快，起了模範作用，於是我們大家就選舉他坐飛機了。

「烏龜」呢？就是相反的，他在這星期中表現的很不好，生活、學習、工作，都比任何人來的壞，不做模範，退步，我們就選舉他當「烏龜」。在同樂會中當選了「飛機」「烏龜」的還要向同志們說話。「飛機」就是看他的「感想」怎樣，還有爲什麼同志們會選舉他「飛機」，他在下星期要怎樣來表現給我們看。

「烏龜」也同樣的要向大家說話，不過他講他在這星期同志們選舉了他「烏龜」的理由，下星期應該怎樣來表現好給同志們看，把一些缺點都能克服。但「飛機」與「烏龜」的在說話時，所不同的，就是「飛機」講話的時候，常常是含著光榮的微笑，而「烏龜」呢，祇是傷心的流著恥辱的淚，向大家訴說自己的不努力。

我們所以要選舉的「飛機」和「烏龜」，目的是要能發揚同志們的優點，與揭露大家的缺點，使人人進步，推動著團體的進步！

做了「飛機」的人雖然是光榮的，高興的；但也不要太高興，同時更不要驕傲，要不然也就會當「烏龜」的，應該更努力的向前進步。「烏龜」也不必太傷心，更不要灰心，只要改去所犯到的缺點，努力向前去。不也可以同樣的進步嗎？到餘興，每人都來個節目。唱歌啦，故事啦，笑話啦，舞蹈啦等，藉此來解除我們這一週來的疲勞。

我們為什麼要努力學習

少年團
黃國俊

我們的學習要有正確的目標。如果像汪精衛他學習的，專門說一些漂亮的話，嘴說我們要抗戰，向民眾說話，說得很好聽，有時會使人家都會流出淚來，給人很感動。結果他偷偷的去做了漢奸。出賣我們中華民族，這是最可恨的。所以學習應該要正確。要能說能做，就是要能說也要能做。

還有我們學習是要改造黑暗的社會。

我們學習還要爲了台灣的五百八十萬同胞而來學習的，能使他們得到自由解放，要打倒日本帝國主義不受日本人的壓迫。

這是我們爲什麼努力學習的答覆。

對同志應有的態度

少年團
林其錩

大家已經知道了，同志這二個字到底是什麼東西呢？同志是大家站在一條線上的，大家有一致的目標打倒我們的敵人。所以同志比我們自己的弟兄姐妹還要親切。那我們對同志應有的態度，要怎麼樣去表現出來呢？我以爲應當在生活、學習、工作各方面去表現。

我們要在日常生活當中來互相檢討。因爲我們以前在台灣過的生活，都是過著奴隸的生活；所以我們現在回到祖國來，參加了革命團體，就必須在短的時間當中，把許多不好的習慣給他克服去。要有不斷的互相批評，才能夠不斷的進步。如果同志有缺點存在，應該好好的糾正他，使他能和我們一樣的進步。

在我們日常生活中，如學習方面，要互相推動的。爲什麼呢？因爲我們在小的時候，學習是非常要緊的。而且，我們是台灣小革命者，我們將來是要去領導台灣五百八十萬的被壓迫同胞，所以更須要學習，更需要武裝我們的頭腦，來培養我們革命的力量。

我們應該要接受任何人的批評。如果有人在批評我們的時候，對的話，我們就要接受他的批評，來克服我們的弱點，這才是我們對同志應該有的態度。

閩贛交界的分水關

徐光

黎明快要追來的時候，霧中夾著些小雨點，我們向著大安出發了。

香斌老柯、阿華，每人拿著一個條棒，腳底帶著水泡一拐一拐的走在前面，我們嘲笑他們是「老太婆」，她們無力地笑了一笑。

我們為了使身體溫暖，拉著車子就跑，膽怯的狗只好在車後面跟著汪汪地叫。

天有點故意和我們為難，下起大雨來了。每個人吹得肚子痛，正南大了一個便。

「你們要上坡，我下來走罷，病又算得什麼！」長途說著就下了車。

好容易拉上了山坡，要下去的時候一個工友拉著車，鄒先生和正南在後面扳，跑在我們前頭，我和已經生了病的郭醫師走在後面，大家都怕這使人怕的滑溜的路和深邃的山谷。

「慢慢」

「拉緊啊！嘿，不要跑！」大家關心的互相關照。

「拉住，拉住」突然，這特別大的叫聲震撼了山谷，深深的打動我們的心。「前面的車子一定出了毛病。」「車子翻了！」「什麼？」「翻車了呀！」大家嘈雜地叫著，車輪壓扁了，箱子行李，都倒在雨底下，工友的手和腿跌破出血了，以後人力將減少了，在這沒有人的高山上，我們怎麼辦呢？大家只是有點兒呆，還好沒昏倒下去。這時下面上來了四部空車子。

「請你們幫幫忙，把我們的行李拉到大安！」

「先生，我們已經拉過差的！」他們說。雨下得更大點了。

雨這麼大，我們自己又不會修車的，望你們幫忙拉到大安，我們就有辦法了。大家都期望著這四位「老俵」。互相靜了一會兒，他們其中有一個人就說了：「我們都是出門人，沒辦法的，不過我們也應當幫忙。」他指著山下：「那裡有家修車的。」這話打開了大家的煩悶。「好的！請你們幫忙把這許多行李給我們運到那家好吧！」正南搶著說了，就把車子拉到修車地方，他們也願意了。

已經到了，他們要回去的時候，我們要給他們錢，他們絕對不要，還說：「這是我們應該幫助的，遇到你們是很難得的。你們拿去吧！拿去！」他們拿錢往我們每個人的袋子裡塞。小光被他追得圍車打了個圈。後來我們一定要給他們買紙菸吸，他們勉強收了。

「他們也會講客氣嗎？」

修車子的人很怕我們穿軍服的一群。小淦問了：「為什麼這些老百姓很怕兵？恐怕以前有兵對他們的影響不好吧？」——「是的，這一帶的老百姓是有點兒怕兵。」

我們走在公路上的時候，對面來了一些青年，有挑著擔子，有的拿著東西，可是看到我們穿軍服的一堆人走來了，「嗆」的都逃向四圍躲起來了。我們很小心的走過去以後，大家談論了。大家的結論是這樣；從前一定有人無理強迫地抓老百姓去當兵，或者當兵的欺侮老百姓，所以他們都怕了！

裝滿了物品的手車要上高山的時候，真感討厭，我同正南交換拉著一部車，二人拉著一部車像蝸牛爬牆樣的走著，幸好那天下霧，越是登高霧越大，可怕的山路只能迷迷糊糊的看到，心中比較不怕。

霧中夾著雨點打在我們的身上，衣服潮了。好冷啊！望著下山的福建公路是很闊的，心裡多麼高興啊！每個人都有點驕傲：「我們已經爬過了分水關！」自然而然的，大家發出了勝利的呼聲！

給少年團福建工作同志的信

福建的工作同志們：

你們一路的活動情形，我們在報紙上常常可以看得到的。我們都很高興。最近漳州回來了一位同志，我們聽了他的報告，看了你們的文章，對你們的工作精神，更加欽佩了！聽說你們還到前線去工作，看到日本鬼子沒有？最好能夠抓幾個回來！

我想你們在外面也一定想念著團部吧？我們給你們一個報告罷！留在團部的小同志學習都努力，大家也講衛生。很久沒有人生病了！團長已經從重慶回來，帶回很多的好消息，還有許多好看的圖書。

團部的房子倒塌了，幸好沒有壓壞人。我們已全部搬進小廟住，因爲近來浙東吃緊，金華要疏散人口，我們呢，明後天就搬到×××去住，隊部聽說還要停幾天看看。

團裡新添了一位女指導員，姓高，很和氣的，她教我們國語至算術。日文、常識，仍是陳指導員教。台灣革命史請隊部的劉分隊長擔任，講得很清楚。歌舞沒有人教，我們現在只自己把以前的溫習溫習。完了，祝你們工作勝利！

台灣少年團全體留金小朋友

五月十二日

都是自己人不要緊

劉斌

在氣悶的艙內，坐了一天，船已靠近建甌的碼頭，指導員去縣政府、民主報等處訪問，我和阿王被派找房子。

我和阿王上岸，在碼頭附近去找房子，找來找去找不到，看著時候已不早了，太陽漸漸的向西下，我與阿王心中非常的焦急，於是我就告訴阿王說：「我們去找保長，請他代我們找一間房子，那是多麼方便，多麼好呀！」

到了保長家裡。嘿！原來這個保長是一個糊塗懶惰的人，他自己不肯走，他就說：「你們自己去找，你們自己高興那一家，就住那一家，如果他們不肯時，你再告訴我，我們建甌都是這樣的。」我們知道他不肯和我們一同去找，我們只得自己再去找一趟。

後來，我們找到一家樓上，剛剛到他家裡，他就不高興，他沉著臉說：「我們這裡剛住過一批軍隊，昨天剛去，請你們去別的地方。」我就對他們：「老闆，不要緊，我們住一夜，明天就走了。」他還是堅持不肯，真是使我和阿王弄得沒有辦法。後來，我知道他們一定是給那些不規矩的士兵所影響，使他們害怕軍隊，所以不肯給我們住。於是我開始向他們宣傳說：「你們不要怕我們，軍隊老百姓本是一家人，大家都是中國人，即使有些不好士兵們，做對不起你們的事情，但這是少數的人，不要把軍隊都看是不好，他們現在離開家鄉，不顧生命犧牲，當兵打日本強盜，保衛國家，保護你們，他們的功勞是多麼偉大！你們也應該原諒他們。我們是台灣的小朋友，我們今天經過貴地，天已不早了，要這裡過一夜，明天就走，你們不要怕，我們是軍事委員會政治部……」他們本來不肯聽，到我們說了這些話，他們的心裡漸漸的明瞭了，歡喜起來，又看見我們對他們的客氣，他們了解我們，也不怕了，他們高興的尊敬的說：「你們是軍事委員會，不要緊，都是自己人，不要緊。」又說：「我們因爲昨天一批新兵在這裡住，他們在樓上亂小便，把他們下面房子弄著骯髒，我們告訴他們還不高興，要兇我們，你們是軍事委員會，不要緊，不要緊！」

在蘇皖技藝專校

林長淦

在上饒時，鄭主任告訴我們，武夷宮有一個蘇皖技藝專科學校，內中都是淪陷區逃出的同學，所以我們到武夷宮，船就停下來，上岸去慰問他們，並且在那裡參觀，向他們學習，還可以得了許多的知識。

我們剛走到武夷宮的大道上，已有幾位同學在等我們了。他們非常客氣的把我們接到大禮堂，坐了一會兒，他們又準備豐富的午餐，請我們同志一齊去吃，並請我們晚上公演。

午飯後，我們就將大桌子併台起來成一個舞台，再將布幕掛起來：幕景、舞台，給我們四個小朋友在三個鐘頭內佈置穩當。

哈！哈！真是受不起，他們又準備了許多甜美的糕餅，請我們去開聯歡會。在這會中他又鼓勵我們，使我們對工作的熱情更增加，校內的大哥哥大姊姊非常的愛護我們，幫助我們，使我們自己內心上，倒覺得慚愧。因為我們都是幼稚年輕的台灣小朋友，我們的力量太少，自己覺得對祖國抗戰貢獻的力量還是太少，我們的工作還是不夠，怎能對得起祖國的大哥哥大姊姊這樣的愛護！

晚上我們與高彩烈的公演了一個兒童獨幕劇，還有歌詠、舞蹈、快板、相聲。後來許多的同學們又熱烈的跑到我們化裝室內，要求我們明天續演。今天沒有看過的同學及家屬要來看。非常誠意的請我們，我們受他們許多的鼓勵，我們被工作熱情的感動。馬上就答應了他們：明天兒繼續公演一天。

向廿五集團軍全體將士們獻旗致敬

敬愛的劉總司令李副司令並轉全體將士們：

首先，我們少年團的全體小朋友得向你們爲了祖國而在前線拚命殺敵的將士們致最崇高的敬禮！

我們這一群年幼的台灣少年，爲了不甘忍受敵人的壓迫，爲了爭取自由和幸福，在我們台灣的革命領袖李友邦先生所領導的台灣義勇隊之下成立了少年團，受集體生活和工作技術的訓練、受基本知識的教育，並且具體地參加祖國抗戰，持久地進行台灣革命工作。去年九月，福建戰場上勝利的消息傳到了各地，不由得使我們對諸位將士的英勇感到無限的敬佩。

這次我們奉命到福建來，一方面是到閩南去對散居各地的台胞宣傳，喚起他們革命的情緒，和抗戰的意志，聯絡台胞和祖國同胞的感情，同時是慰問諸位英勇的將士們。

我們製了一面很簡單的旗——現在獻給總司令和副司令以及貴集團軍全體將士們，表示我們的敬意。祝你們天天打勝仗，把日本鬼子趕下東海裡去！

台灣義勇隊少年團
全體小朋友謹上
三月二日

劉主席給我們訓話

黃月娟

劉主席過去在金華是第X集團軍的總司令，那時他對我們台灣革命工作的幫助是很大的。我們每一個台灣革命同志都深深的感激他。這次我們在南平工作時，就做了面旗子獻給劉總司令與李副總司令，表示我們的敬意，尤其對他去年在福州打了勝仗，使我們更加敬佩。

這一次我們到福建工作，受到各當地的長官的愛護，指示，使我們的工作更努力，工作便很順利的開展了。這也就是說劉主席來領導福建的軍事和政治以後，福建和台灣的關係更加好了。

在南平工作了快半個月了，三月十一日忽然聽說劉主席從永安來了，我們聽到了這消息，全體小朋友都快樂得跳起來了，心中充滿了興奮。有這麼好的一個機會，我們去看劉主席，請他給我們對這次來福建工作指示和幫忙。

主席張開著嘴笑嘻嘻地說：「你們很好，很好！」後來請我們坐，大家都快樂的時候，劉主席開始給我們訓話了。

劉主席給我們講的話就像父母親對兒女一般，很慈愛的勉勵我們三點：

第一、能刻苦耐勞，將來才會有幸福的日子。

第二、一面工作，一面不斷學習，要救國不忘讀書，讀書不忘救國。

第三、意志要堅決。這三點是最寶貴的指示，我們一定要依主席的指示，努力去做，這就是我們的答覆。主席對我們種種的愛護幫助，我們沒有什麼的報答，只有拿我們的工作成績來報答他的誠意。

中台同胞聯歡大會

林長梅

閩北的崇安縣，有很多的台灣同胞集中住在那兒，他們都是我們的伯伯叔叔姑姑和兄弟姊妹。

因爲語言不通，生活習慣不同，所以崇安的同胞和台胞互相間有很多不了解的地方，當地的同胞都記住過去有許多台灣浪人受了日本人的挑撥離間，曾來福建做了一些不好的事情；這些不好的印象一直在祖國同胞的頭腦裡旋轉，他們都不知道這不過是一小部份的台灣浪人在搗亂，大部份的台灣同胞都還是痛恨日本人的統治的。

二月十八日，我們就舉行了一個中台同胞聯歡大會，這一個會溝通了中台同胞的感情。

下午三點鐘，在三一中學禮堂裡已擠滿了人，雖然天很冷，雪還沒有融完，但是大家都興高彩烈的。

一聲哨音把布幕吹開以後，主席便響亮的說起話來了。他說的很動人，下面的老伯伯老太太大哥哥大姊姊不住的點頭，很明顯的，主席的話都已深深的印在他們腦裡了：「祖國和台灣都是一家人，是日本人把我們分開的，現在我們只有團結緊緊的，才能打倒日本軍閥，祖國勝利，就是台灣收復……。」

唱歌跳舞每個節日完了以後，大家都熱烈的鼓掌，那時天已經黑下來了。

在連城工作

朱　偉

連城是省黨部所在地，我們原想坐汽車從永安直到水潮。車到連城特地停下，到省黨部去向陳主任委員和李書記長致敬，並請黨的前輩給我這次到閩南工作的指示。沒見到陳主任委員，只見到李書記長。他給我們極親熱的款待，而且一定要我們留住一夜！

坐了一天的汽車，有的同志吐了，頭昏……，精神非常不好。可是：「今晚要利用時間演出，天未黑之前，應趕快地寫牆壁標語！」在這號召之下，我們工作得更起勁。本來一條大標語要半天才能完成，可是今天寫的標語比平常寫的字要大；而且在半點鐘內，由七八個小同志站在凳子上，像搶很好吃的東西似的，你描一撇，我塡一直，這樣一個一個美術的大字，在落山的日光中驕傲地顯出了：「保衛祖國」四個大字出現在灰色的牆上。

晚上爲向省黨部各長官和連城同胞致敬並報告工作，舉行公演。那天晚上天氣變得非常冷，風又大，可是我們大家還是熱烈的歡聚在中山堂，我們的節目表現的的很幼稚，可是李書記長誇獎我們很好。我們想這一定是要我們更加努力工作的意思。

演完後，李書記長對大家說：「……台灣是我們的一省！」我們感動極了！最後我們同聲高呼：「保衛祖國！收復台灣！中華民族萬歲！」當晚的演出就這樣的結束了。

第二天一早，李書記長和我們合拍一張照片作爲紀念！在留戀的目光下，我們告別了連城！

小朋友聯歡會

玉芳

三月八日下午二時，大家整理了服裝，到南平中心小學去參加六個小學的聯合歡迎會。

剛走進校門，就看見牆上貼著一張標語：「歡迎台灣少年團」。一群小朋友都圍著我們，以爲我們是外國人，面孔鼻子都和他們不相同，其實完全都是一樣的。我們都是黃帝的子孫，

難道就會不相同嗎？

六個學校的學生代表組織了主席團；他們和我們混在一起，大家快樂的談話，這表現出我們的團結。我們都說：我們都是東亞的小主人，大家應該團結一致，不分台灣祖國，一致來打倒日本！

走進了會場，許多的小朋友都站立起來，大家張著嘴巴，聽著風琴，看著指揮，唱著「我對你笑嘻嘻，你對我笑嘻嘻……」的歌兒來了。

主席是一個很小的小朋友，他很天真活潑，他說的話使人覺得可愛又可欽佩。主席團的小朋友每個都說了話，把今天開會的意義說得很清楚，我們也有代表去向他致答詞。大概是說以後我們應該更努力的工作，來報答大家。不但是小朋友之間快樂地談話，而老師們也快樂地希望我們，在不間斷的從工作中去學習，在學習中去發展，去創造。

光是說話還算不得真的快樂，大家來表演一些節目，才能更快樂起來。但是，他們要我們先來表演，我們卻要他們先來。果然是他們先來表演給我們看，然後，「現在就是你們了！」我們站起來慢了一點：他們全都拍手歡迎了，連老師也叫「歡迎呀！」「歡迎來表演！」掌聲是多麼的響呀！「好，我們也來唱幾支歌！」中國、日本、台灣歌等等。他

們聽了很高興，但還要來一個，話還沒有說完，他們掌聲又響了。「不行，大家來交換表演，你們表演一個，我們也來一個！」但是他們還是堅持著了我們再來一個，大家是這樣的熱烈，我們只得表演了！

我們的感情是已經融和起來了，大家像兄弟姊妹一樣的團結在一起。

散會後，我有這樣的一個感覺：小朋友歡迎會比大朋友歡迎會快樂！

奇怪的天氣

郭輔義

從東方漸漸昇起了一個紅熱熱的太陽，我們起了床，整理好東西、離開了老百姓的家裡，重新上船。船又開走了，青的山，綠的水，又現在我們眼前了。清早的天氣多可愛呀！我們爲了要使用這寶貴的時間不讓它溜過去所以就進行學習了。

船夫告訴我們，建陽快到了，明後天就可以到南平。工作已一天天的接近我們了，大家真是說不出的高興。高興工作來到，就應該努力呀！

到建陽，我們在一家戲院裡睡。因爲白天悶熱，到了晚上就很疲倦、而且天氣又熱得不得了，我們就踢開棉被睡熟了。窗外有很嘈雜的聲音：「哇啦……呼呼呼……」我們被這嘈雜的叫響吵醒了。原來雨在下，風在吹；雨下得特別厲害，把我們的棉被都打潮了。只得半夜起來移動我們的鋪位。這一下的騷動，誰再也睡不下去了，於是我們便談起話來：

「這個天氣爲什麼變得這樣奇怪呢？」

「這說不定是這兒的怪天氣吧！」

我就這樣的想著，不禁的討厭這個地方。

到了南平的幾天，也是怪天氣。我們早上穿了棉衣出去工作，中午工作回來時，太陽已高掛天空，晒得我們滿頭大汗，但早上穿單衣服又太冷啊！我想：這真是春天的怪天氣！

回到台灣吃香蕉

朱偉

我們在南平工作結束以後，就到永安來工作，到了永安，我們正準備開始工作，三月十七日，青年團和教育廳卻預備了許多茶點，來歡迎我們少年團，我們心裡覺得非常之高興，因爲可以和幾百個祖國小朋友，一齊開會。

主席是一個小朋友，他的話說得很不錯，非常之神氣，真使人欽佩。他說台灣是中國的，台灣的同胞，都是我們的同胞，諸位也是我們的兄弟姊妹……。

後來，他們歡迎我們台灣義勇隊少年團的小朋友講演，我們推郭輔義同志致答謝詞。有一位大的先生也起來演講。他很有趣地說，我們現在在這裡吃茶點，不久的將來我們一定要到台灣去，去吃你們台灣的香蕉，甘蔗和桔柑。於是大家都笑起來了，並且拍起手來。

以後，唱了幾支歌，實驗小學的合唱真是好，唱得非常有力，大家就快快樂樂的分別了！

隊·處·團·動態

編訊組

一、總隊長於四月十四日由重慶返抵隊部，並帶回新同志X名。

二、駐渝通訊處主任謝掙強同志前奉令入中訓團受訓，刻已畢業。又駐閩通訊處主任牛光祖，編輯通訊組組長王正西及第一區隊長蔡人龍三同志，亦于五月奉令赴渝受訓，現已訓畢歸隊。

三、駐渝通訊處于五月間與青山研究室，朝鮮義勇隊組織日韓台俘虜訪問團，往XX等處工作。

四、第二區隊自派往XX後，工作開展頗速，在XX等團隊所主辦之日語喊話隊，間已先後訓練完畢。

五、三民主義青年團中央直屬台灣義勇隊分團部之組織，前蒙批准，現已成立，一切工作均已分頭進行。

六、少年團于三月底開抵漳州及閩南沿海前線XX等地工作，現已返隊休息。

七、本隊附設台灣醫院，自浙撤閩後，即奉上峰命令，在建陽設臨時診所，繼續工作。

八、本隊派在第X戰區政治部服務之隊員陳守青，月前隨鄧主任赴浙宣慰，現已公畢返部。

九、隊員劉新民奉調任第X戰區政治部醫務所主任。

十、本隊第一期幹訓班業於十一月一日開學，期間暫定二個月。近由X地參加之新同志X名，此次亦入班受訓。

編後話

本刊本期拖得這樣久的原因，主要的有三：首先，是負責編輯的同志在編第九期之後，就奉調X戰區政治部工作。這中間，其他能負責的同志也各因工作的需要而離開了隊部；其次，由於浙東戰局的影響，使本隊三四個月之中數度遷移，殆無暇顧及，事實上印刷也不可能；再次，當隊部安定之後，一時又不易找到適當的印刷所。現在同志們已陸續回來，我們今後決盡力做到按期出版，以贖前愆。

但是因爲有了上述的諸因，遂使本期的內容有「明日黃花」之嫌。然像《台灣光復特輯》係影響陪都有歷史意義之台灣復土運動，其間對于台灣在祖國國防上之地位，及遠東反侵略戰爭的價值，均有詳細說明。尤可貴者，政府諸公及國際友人復能提示目前台灣革命之迫切要求——團結與統一。因此我們不忍割愛，仍舊呈現給讀者。餘如〈隊員習作〉、及〈少年團在福建〉等等稿件，由於作者們在寫作方面的熱情，也叫我們難於捨去。這當然得請讀者加以原宥的。

本期特別要向讀者介紹的，就是〈台灣復省在同盟國戰略上的意義〉一文中，對於復省方面，已指出了歷史的根據，這是在過去報章雜誌上沒有見過的。〈台灣革命現階段的任務〉及〈日寇這樣壓迫台灣漢人〉二文，都是值得關心台灣本島近狀的讀者注意的作品。

本刊的任務，上期已提到一些，在此，更想向讀者具體的說明一下：它是研究台灣社會革命史實，介紹台灣風俗習慣，以及敵情研究和工作報導。我們歡迎讀者多多投稿，並且提供改進意見！

一九四二、十二、八

台湾义勇队关于扩大组织请予协助的函及福建省政府等的训令

一九四〇年六月—八月

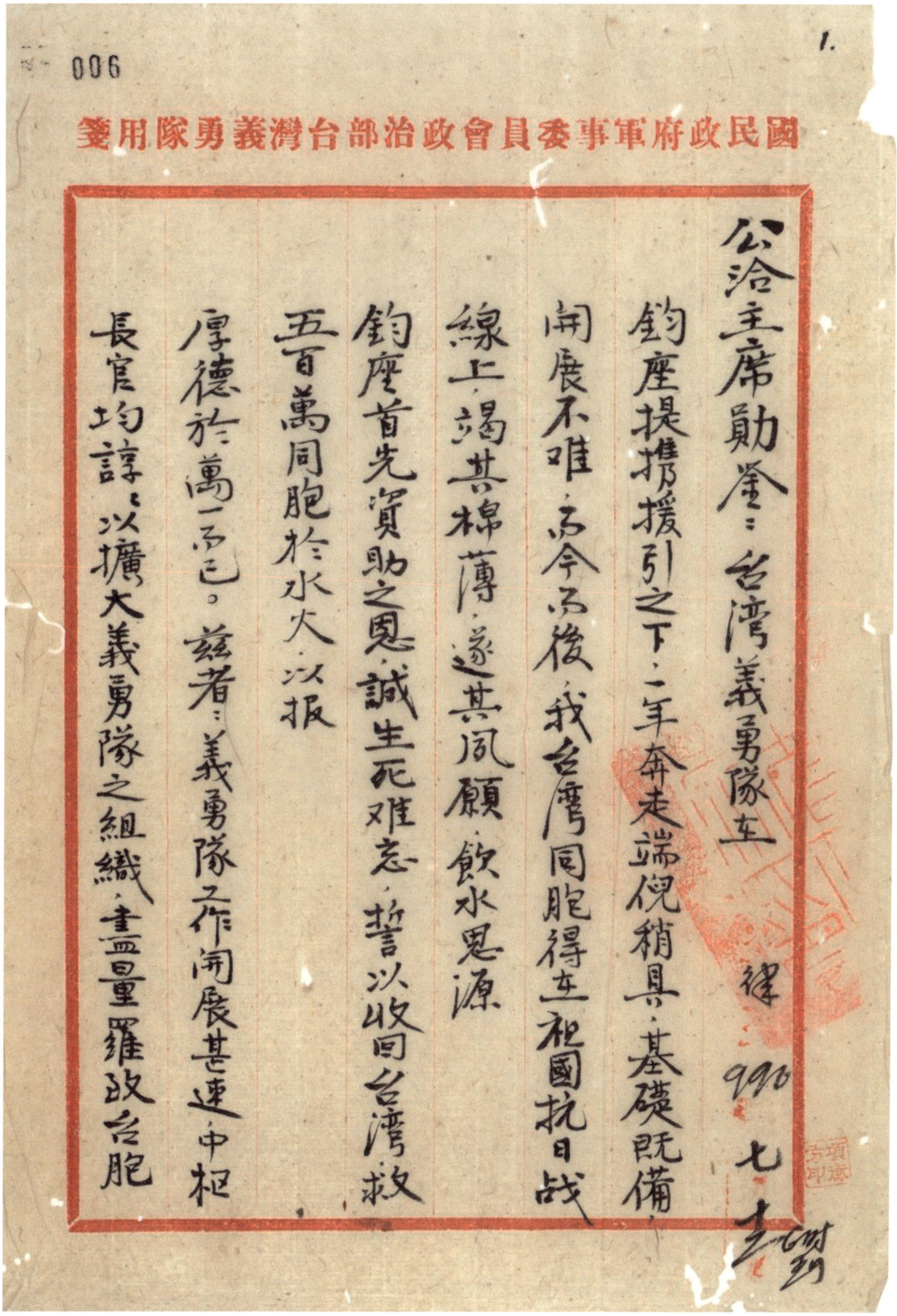

006

1.

國民政府軍事委員會政治部台灣義勇隊用箋

公洽主席勛鑒：台灣義勇隊在
鈞座提携援引之下，二年奔走端倪稍具，基礎既備，
開展不難，而今而後，我台灣同胞得在祖國抗日战
線上，竭其棉薄，遂其夙願，飲水思源
鈞座首先資助之恩，誠生死难忘，誓以收回台灣，救
五百萬同胞於水火，以報
厚德於萬一而已。茲者：義勇隊工作開展甚速，中樞
長官均諄諄以擴大義勇隊之組織，盡量羅致台胞

台湾义勇队关于拟扩大组织请予协助给福建省政府的函　　一九四〇年六月二十一日

2.

國民政府軍事委員會政治部台灣義勇隊用箋

參加抗战為嚆、友邦早夜以思，誠念散居祖國台胞，其上焉者，雖確報効有心，而遂志無術，故終以不聞聲息，無補於國。其次者，於抗战漢奸無所動於中，泰然處之。而下焉者，乃為虎作倀，情至可惡。凡此種々，雖各同胞教育程度之高下不齊，有以使然，而友邦工作不力，殊亦重責不容旁貸。故決心補救前愆，從事廣致同胞盡力抗战工作。現已派員分赴各地號召，並由指導訓練組組長牛先祖來閩晉謁請

3

008

國民政府軍事委員會政治部台灣義勇隊用箋

示切，茲將工作上大覺困難而欲仰
恩助者，一一敬述於后，乞
鈞座惠允賜助使工作得順利進行則大德匪特友邦
一人深感而已也。
一、留閩台胞為數尚衆，集中崇安者十來及一其
散居各縣者，大抵匿籍更姓，擬請令飭各縣，悉
數籍移崇安，再由義勇隊派員訓練，擇良善者
使其工作。

照准
五十一、廿八

009

4.

國民政府軍事委員會政治部台灣義勇隊用箋

照准
上武

二、現留崇安者有李瑞成等大人及小孩三十九名屢請准予参加本隊，後經長期教育並詳加詢究覺其尚堪訓練，擬請准由牛先祖同志帶來浙江工作（另附名單）並有家族十三名要求來浙幫同其夫工作，亦擬請准由牛組長一併帶來（另附名單）

照准
上武

三、对此次來浙之三十九名請如往例，派車送浙，並因目下經費仍大感困难，擬請准予補助彼等三個月之伙食費（每月每人七元）和賜予軍裝衣褲鞋靴各二

5.

010

國民政府軍事委員會政治部台灣義勇隊用箋

奎

令振濟

四、參加義勇隊工作之同志，其家族在崇安嗷嗷待哺，

令酌辦 七十一

更爲此米珠薪桂之際，生活極爲困難，擬請資助一

二、並給予兒童教養費，使得受教養。

照准 七十一

五、業已參加義勇隊工作之同志，如其家屬欲離崇

回里者，請准由 友邦保釋回里，其後言行如經 友邦保釋

即由 友邦負責。

令知照 七十一

六、留崇安家屬，如欲告假離崇來浙慰劳其

6.

011

國民政府軍事委員會政治部台灣義勇隊用箋

出征家人時請准由崇安縣長准假限期往返。

七、義勇隊擬在閩設一通訊或辦事處以便閩方工作得以經常進行，擬請准予設置，並指示及援引。

閩軍區部核辦 七義

八、沙縣軍人監獄中被禁之張克敏屢次由獄中來函，因見有台灣人之抗戰团体，擬請准予參加，信中深表過去之不當，欲從薪潔身自好効力祖國。友邦不知張君案情如何敬請

毋庸議 七義

012

7.

國民政府軍事委員會政治部台灣義勇隊用箋

鈞座指示是否可准其帶罪立功，如可能，友邦擬出面保釋負責其人言行。

右列諸端，事至繁瑣，如蒙

鈞座賜允援携，則義勇隊工作之發展可待，而

台灣革命之前途有望。故特冒昧喋喋呈述

敬乞

見宥為此肅叩

勛安

六月二十日

李友邦謹上

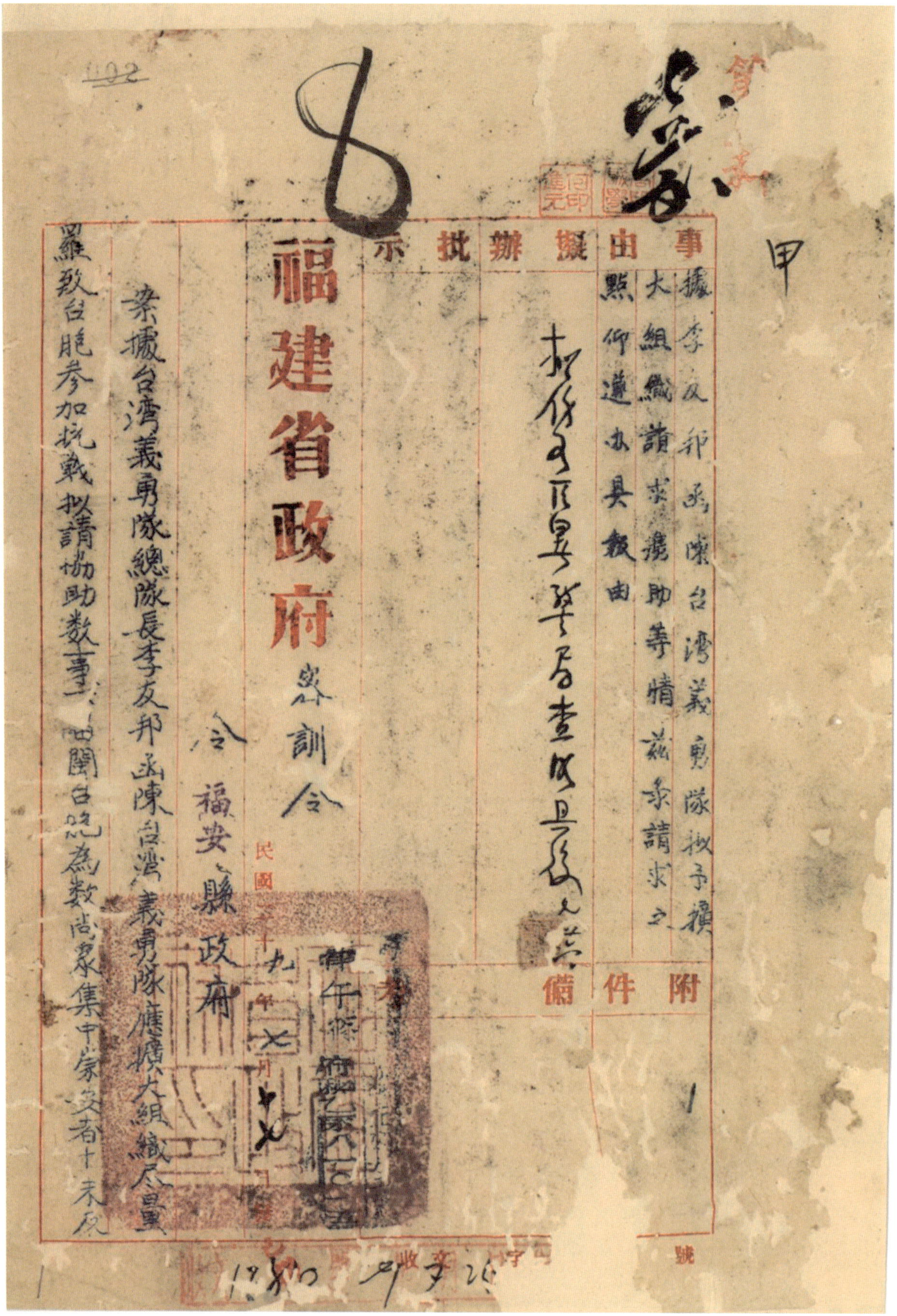
密

甲

事由：據李友邦函陳台灣義勇隊擬予擴大組織請求援助等情茲錄請求之點仰遵照具報由

擬辦：擬錄令福安縣長查照具報 又英

批示：

福建省政府密訓令

令福安縣政府

案據台灣義勇隊總隊長李友邦函陳台灣義勇隊應擴大組織盡量羅致台胞參加抗戰擬請協助數事：㈠閩台胞為數尚衆集中崇安者十未及

民國二十九年七月十七日

附件 1

號

福建省政府关于协助台湾义勇队扩大组织给福安县政府的密训令 一九四〇年七月十七日

一、其散居各縣者，大抵匿籍更姓，擬請令飭各縣，悉數籍移崇安，再由義勇隊派員訓練，擇良善者使其工作。二、現留崇安者有李瑞成等大人及小孩二十九名，屢請准予參加本隊，後經長期教育並詳加詢究，覺其尚堪訓練，擬請准由牛光祖同志帶來浙江工作（另附名單），並有家族十三名，要求來浙幫同其夫工作，亦擬請准由牛組長（併帶來八名，另附名單）。三、對此次來浙之二十九名，請如往例，派人送浙，並因目下經費仍大感困難，擬請准予補助彼等三個月之伙食費（每月每人七元）和賜予軍裝衣褲鞋靴各二套。四、參加義勇隊工作之同志，其家族在崇安嗷嗷待哺，更茲此米珠薪桂之際，生活極為困難，擬請資助，一二、並給予兒童教養費，使得受教養。五、業已參加義勇隊工作之同志，如其家屬欲離崇回里者，請准由友邦保釋回里，其後言行如經友邦保釋即友邦

9

員請。六、留崇安家屬如欲告假離崇來浙慰勞其出征家人時，請准由崇安縣長在假限期往返。七、義勇隊擬在閩設一通訊或辦事處，以便閩方工作得以經常進行，擬請准予設置，並指示及援助。八、沙縣軍人監獄中被禁之張君先敏，據悉由獄中潛出，因見有台灣人之抗戰團体，擬請准予參加，信中深表過去之不當，欲從茲潔身自好，效力祖國，友邦不知張君案情如何，敬請鈞座指示是否可准其參加，以策立功，如可，本部擬出面保釋，負責其人言行。右列諸端，事至繁瑣，如蒙鈞座賜允援携，則義勇隊之工作之發展可待，而台灣革命之前途有望等情，除分別指示并分行外，關於所陳第一項，應由該縣政府切實查明轄內如有原籍台民，悉予移送崇安縣政府暫行收管，以待編練，並具報，此令。

主席陳儀

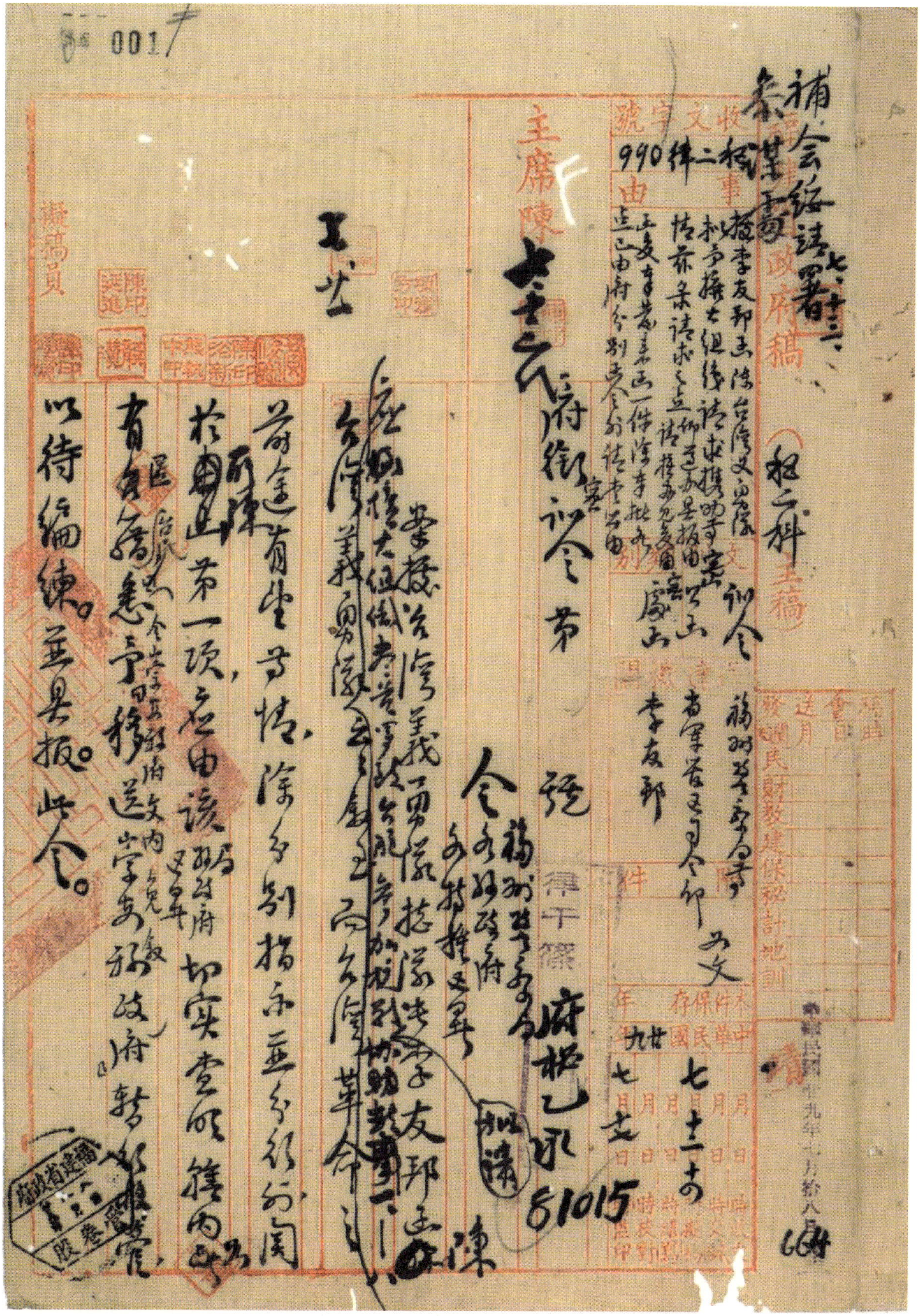
福建省政府稿
主席陳
擬稿員
收文字號
事由
以待編練。並具報。此令。

福建省政府关于协助台湾义勇队扩大组织给福州警察局、台湾义勇队等的密训令、函

一九四〇年七月十七日

002

府銜訓令 字第 號

令寧安縣政府 陳

案據台灣義勇隊總隊長李友邦呈送台灣義勇隊（據查該隊來電曾經本省黨部協助辦法）之奮鬥敘述，而台灣革命之前途有望，事請分別指示，並分行各關係機關所請（一）（二）（三）（五）（六）等項，均予照准，分行令仰該縣政府查照辦理。其第三項所請派車運輸一節，並仰將所需車輛及日期逕與運輸處接洽撥用，並具報。此令。

附抄原名單乙份

府銜訓令 字第 號

令福建省運輸處

003

案據台灣義勇隊隊長李友邦呈陳台灣義勇隊宗旨，而台灣革命之前途，有賴當前情，懇予分別指示並分行各部，關於所陳第三項，請派車運送此一節，應予照准。其所需車輛數目及日期，已飭[illegible]政府逕與該局接洽撥用，合行令仰遵照安辦。此令。

府衛訓令 第　號

令福建省振濟委員會

案據台灣義勇隊隊長李友邦呈陳台灣義勇隊宗旨，而台灣革命之前途，有賴當前情，懇予分別指示並分行各部，關於所陳第四項，應由該會設予辦

004

理，並具報。此令。

府衛（密）戌函第　號

案據台灣義勇隊隊長李友邦呈稱：台灣義

[illegible]

勇隊爲台灣革命之前進有[illegible]，請分別

指示並予組訓。關於本部第七項，此經准予義勇隊在閩

設置通訊處事宜一節，仰即照行。

並可令飭該隊長見復爲要。此致

福建省保安司令部

秘書處（密）便函第　號

年

005

主席麾下

前請本年六月廿日簽呈一件，奉

批：第（一）（二）（三）（五）等項照准，第（四）項令省振濟會籌辦，第（六）項

令教廳辦，第（七）項已軍管區司令部接辦，第（八）項毋庸設立

等因，除由府分別函令外，相應復請

查照為荷。此致

台灣義勇隊隊長李友邦先生

福建省政府秘書處啟 廿九年七月 日

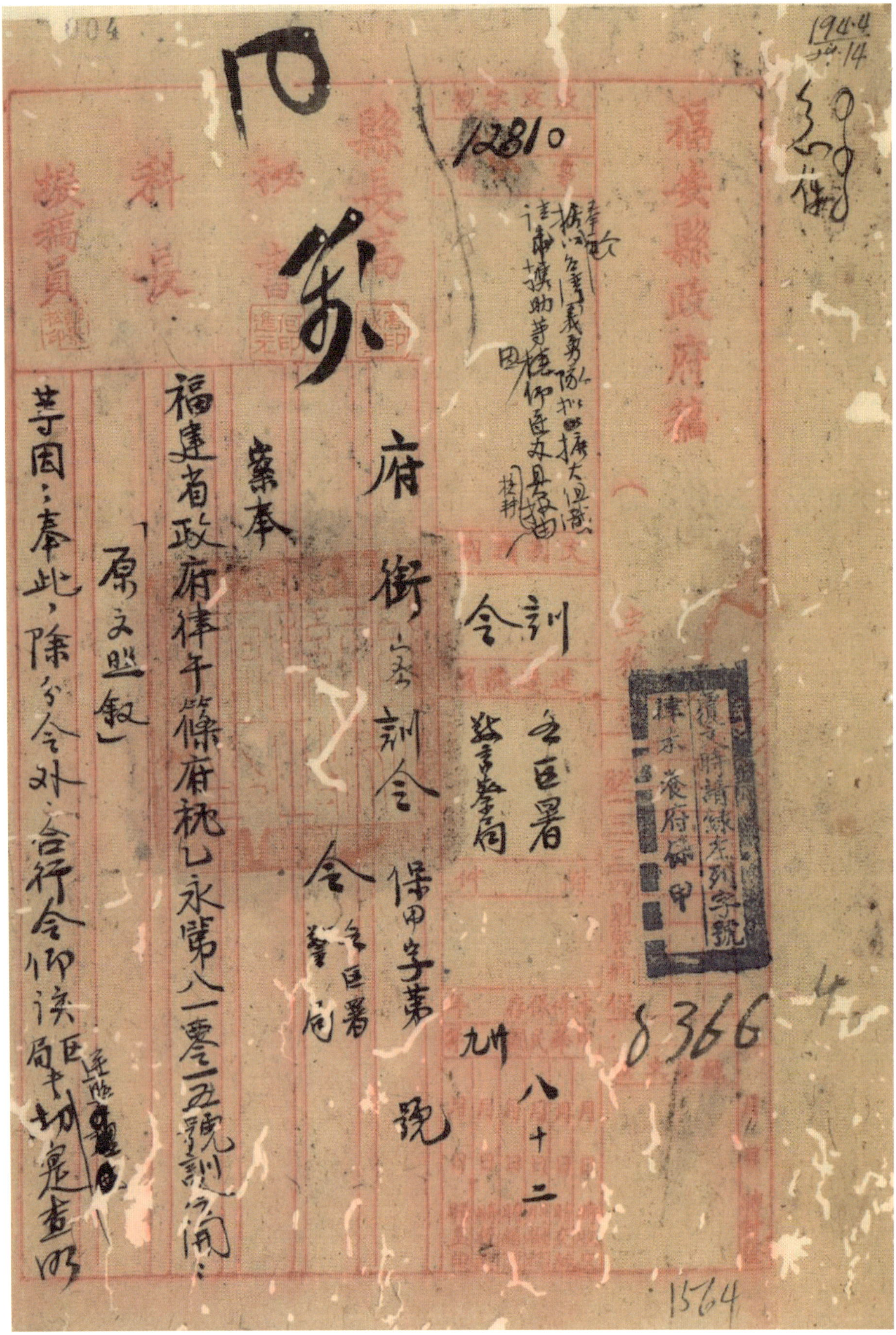
福安縣政府稿

訓令

各區署 警察局

府衛（密）訓令 保甲字第 號

令 各區署 警察局

案奉

福建省政府律午篠府秘乙永第八一零二五號訓令開：

「原文照敘」

等因。奉此，除分令外，合行令仰該局、區（署）切實查照

復文時請錄左列字號 律示 福府保甲

八 十 二

8366

12810

福安县政府关于协助台湾义勇队扩大组织给各区署、警察局的密训令　　一九四〇年八月二十二日

005

[illegible]

具報核轉

此令

福建省政府关于协助台湾义勇队少年团来闽工作与长乐、福安、龙溪县政府等的来往文电

一九四〇年六月—一九四二年三月

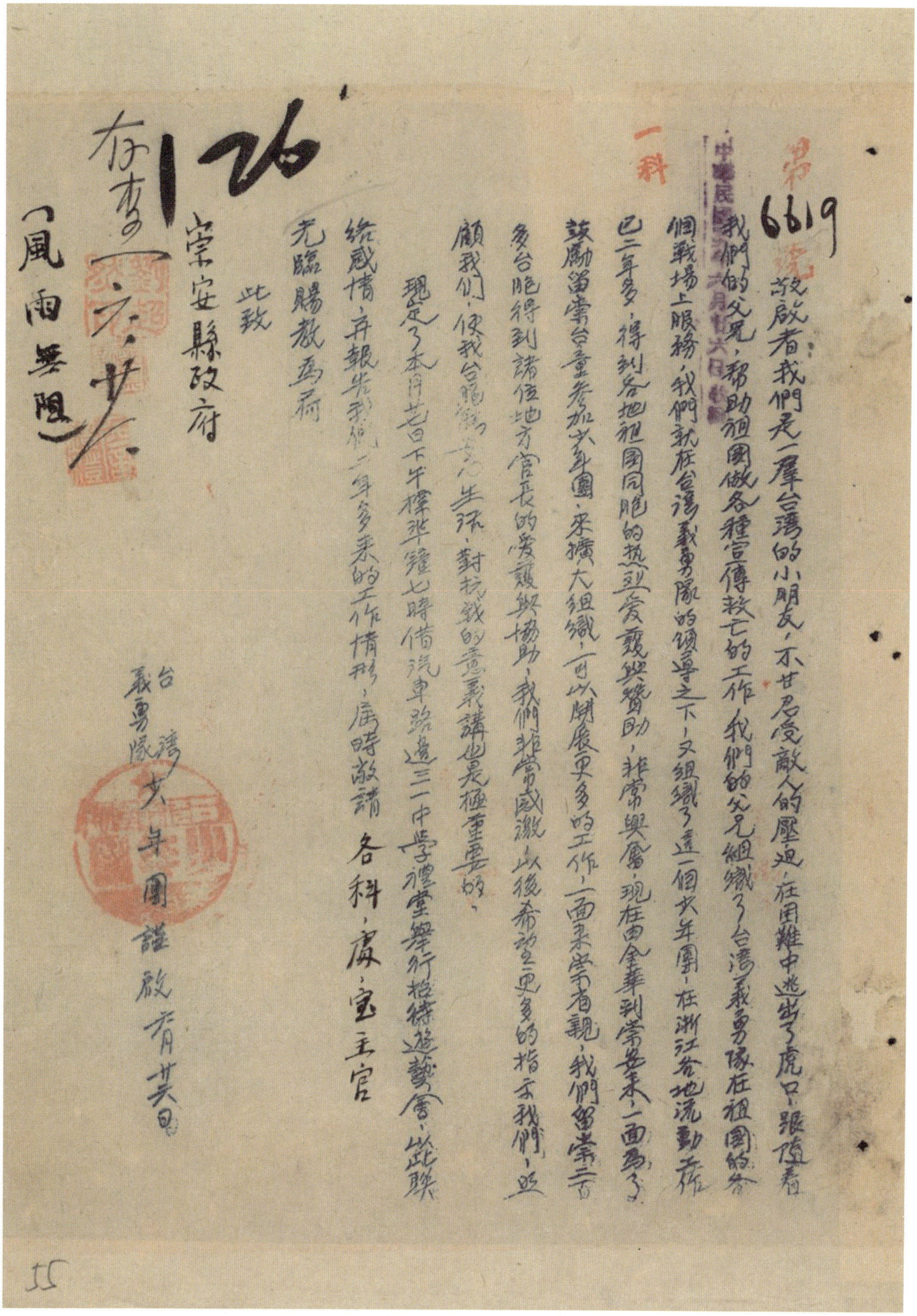

存查 劉 六，廿六

一科

第6619號

中華民國……六月廿六日收

敬啟者：我們是一羣台灣的小朋友，不甘忍受敵人的壓迫，在困難中逃出了虎口，跟隨着我們的父兄，幫助祖國做各種宣傳救亡的工作，我們的父兄組織了台灣義勇隊在祖國的各個戰場上服務，我們就在台灣義勇隊的領導之下，又組織了這一個少年團，在浙江各地流動工作已二年多，得到各地祖國同胞的熱烈愛護與贊助，非常興奮，現在由金華到崇安來，一面爲了鼓勵留崇台童參加少年團，來擴大組織，可以開展更多的工作，一面來崇省親，我們留崇二十多台胞得到諸位地方官長的愛護與協助，我們非常感激，以後希望更多的指示我們，照顧我們，使我台胞能安心生活，對抗戰的意義講也是極重要的。

現定了本月廿七日下午擇準鐘七時借汽車站邊三一中學禮堂舉行招待遊藝會，以此聯絡感情，并報告我們二年多來的工作情形，届時敬請 各科、處、室主官光臨賜教爲荷

此致

崇安縣政府

台灣義勇隊少年團謹啟 六月廿六日

（風雨無阻）

55

台湾义勇队少年团关于请参加在三一中学举行招待游艺会给崇安县政府的函

一九四〇年六月二十六日

130

已定期召集各界欢送，此件存

台灣義勇隊少年團用箋

諸位親愛的長官們：

這次我們来崇安，得到諸位長官的愛護、和幫助、非常感激，現在我們工作告一結束，馬上就要回金華去了，對于諸位長官的热忱，我們日後努力工作来答謝了，我們自問年紀太輕，学識太幼稚，工作力量太薄弱，日後还要請多多的給我們適當的指示，使我們不断的健壮長大起来，臨行匆匆，不及一一面辞致謝，請原谅。此致

被压迫民族解放敬礼！

台灣義勇隊少年團 敬

通訊处：金華郵箱卅号

61

台湾义勇队少年团致崇安县政府的感谢信　　一九四〇年七月二十八日

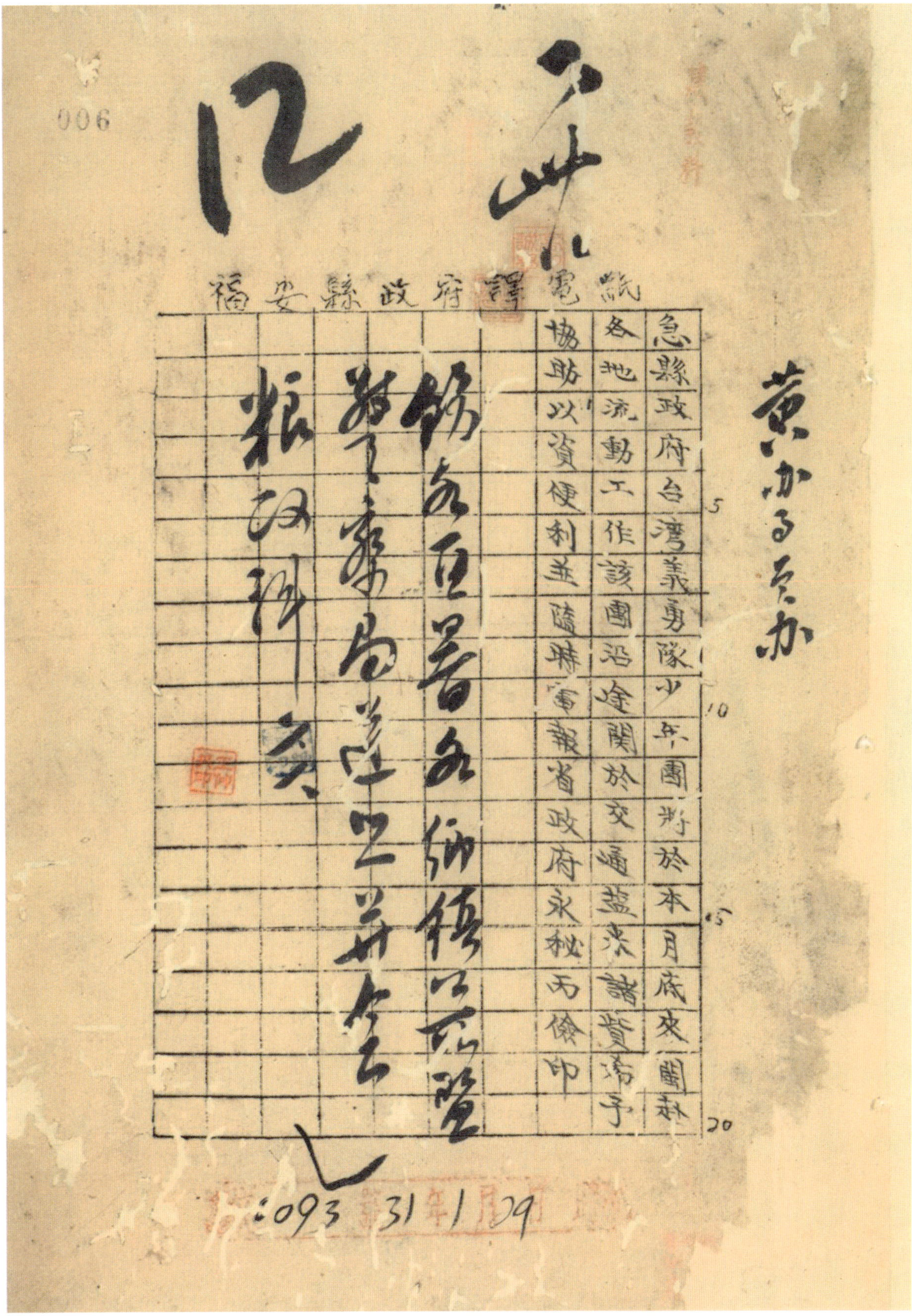

福建省政府关于协助台湾义勇队少年团来闽流动工作给福安县政府的电

一九四二年一月二十八日

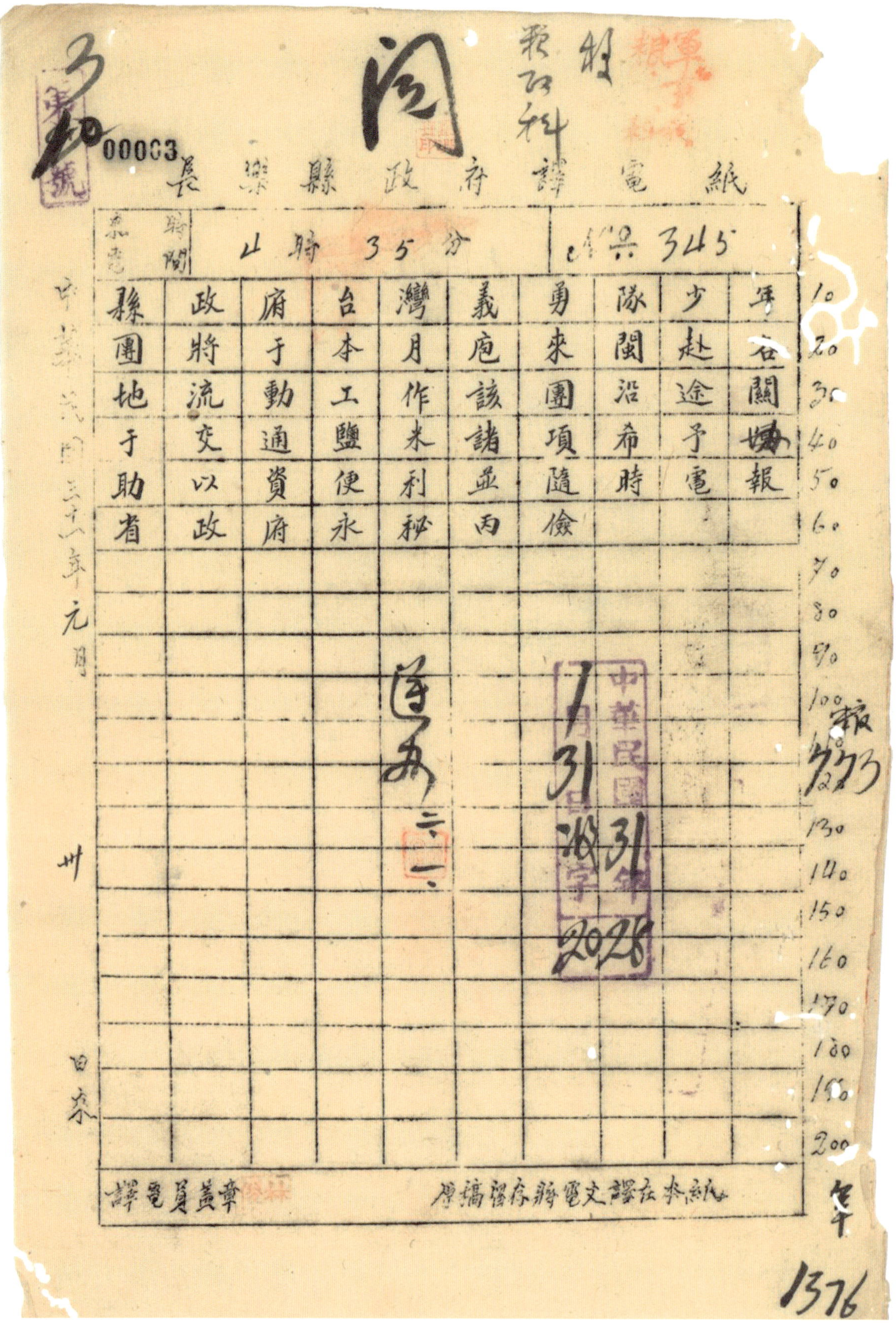
00003
長樂縣政府譯電紙

來電時間 11時35分 345

縣政府台灣義勇隊少年
團將于本月底來閩赴各
地流動工作該團沿途關
于交通鹽米諸項希予協
助以資便利並隨時電報
省政府永秘丙儉

中華民國三十一年元月卅日來

譯電員黃章　本紙於譯文電存檔備查

1376

福建省政府关于协助台湾义勇队少年团来闽流动工作给长乐县政府的电

一九四二年一月二十八日

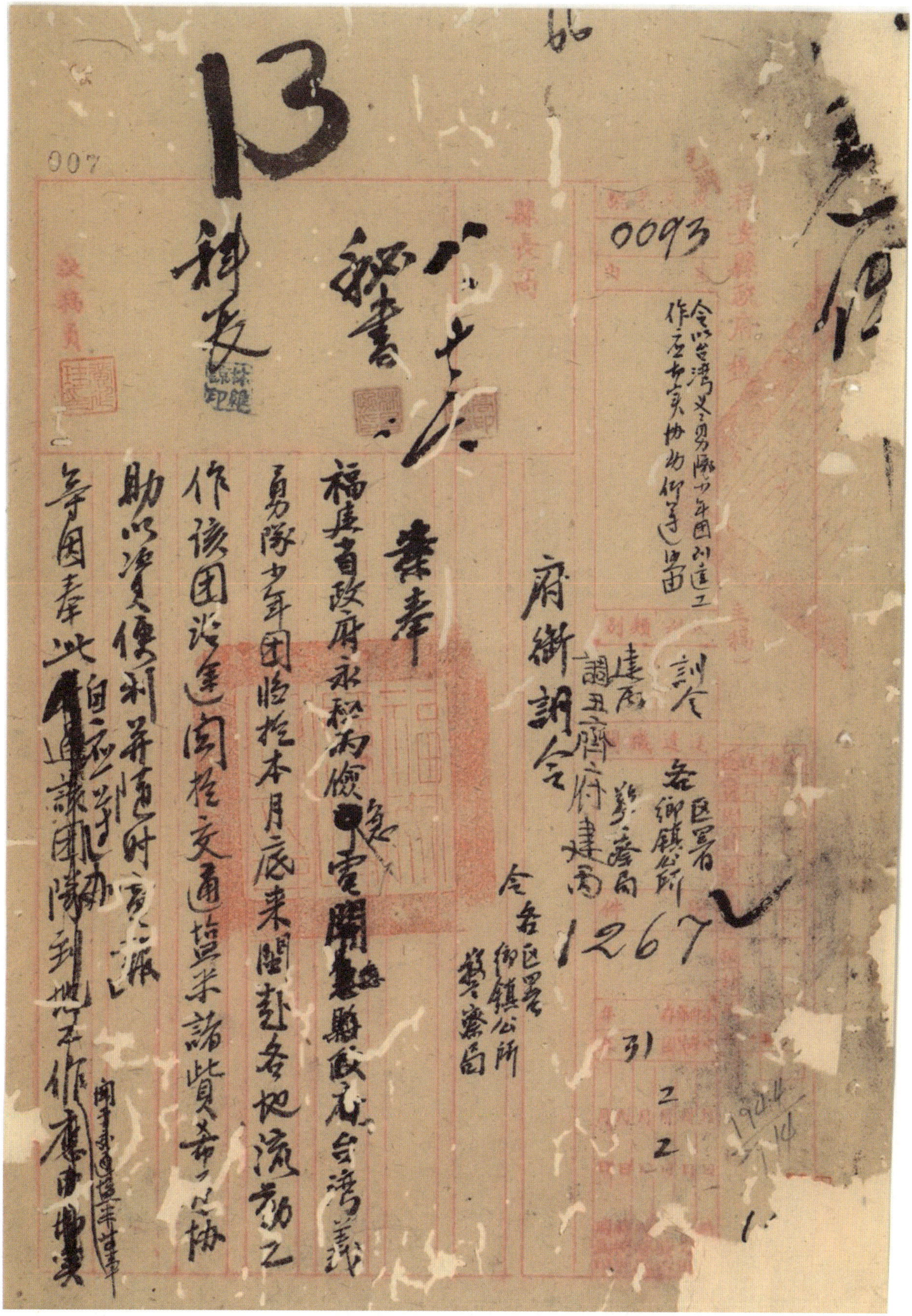

福安县政府关于协助台湾义勇队少年团工作给各区署乡镇公所警察局的训令

一九四二年二月八日

008

佛冈兼防守司令兼县长陈公令外合亟令仰遵照办理并随将该团到达时随时电报备查为要

除令亖

衔 本

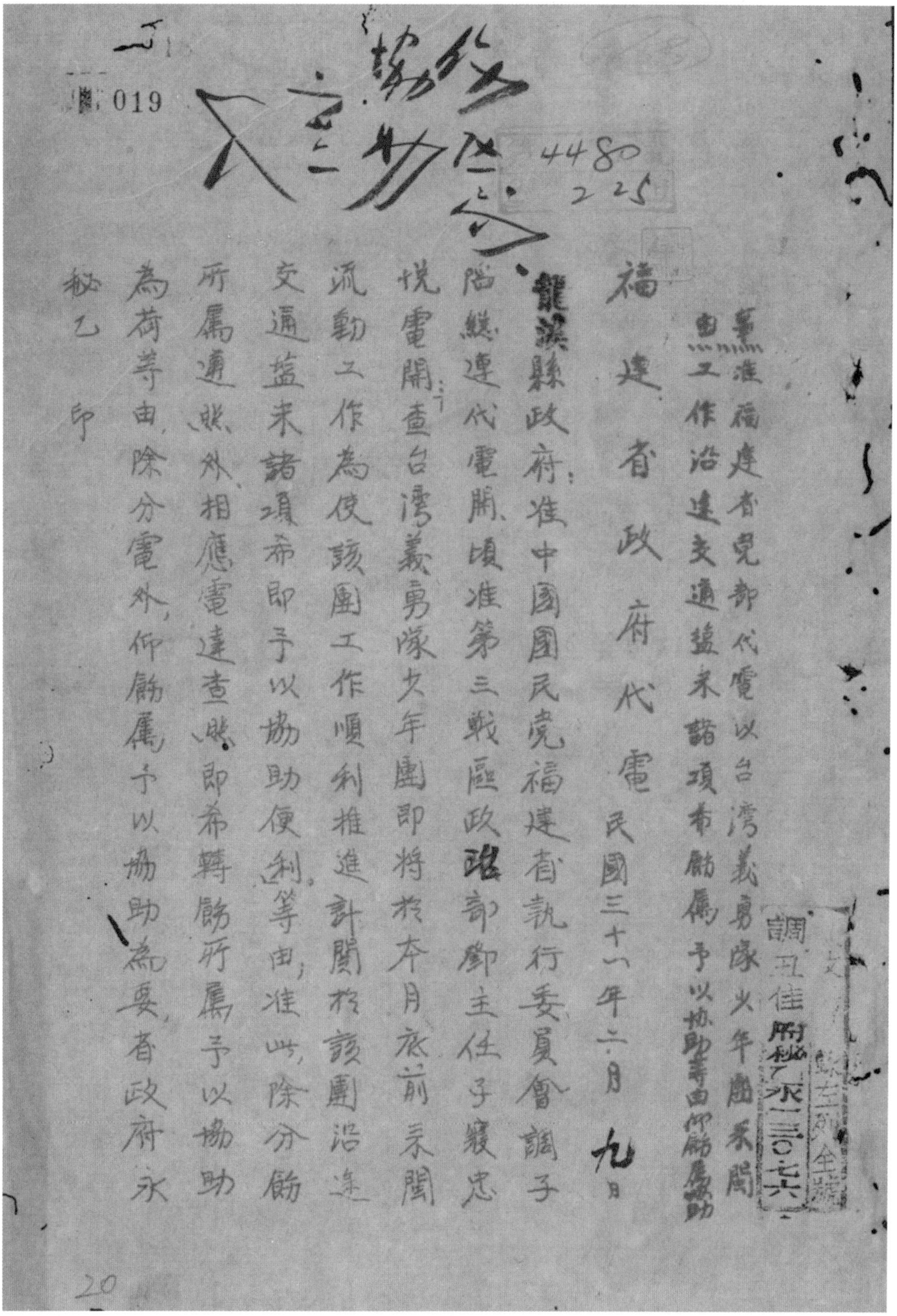

案准福建省党部代電以台灣義勇隊少年團來閩
出工作沿途交通鹽米諸項希飭屬予以協助等由仰飭屬協助

福建省政府代電 民國三十一年二月九日

龍溪縣政府：准中國國民黨福建省執行委員會調子階縣連代電開、頃准第三戰區政治部鄧主任子毅忠悅電開：查台灣義勇隊少年團即將於本月底前來閩流動工作，為使該團工作順利推進，計關於該團沿途交通鹽米諸項，希即予以協助便利，等由；准此，除分飭所屬遵照外，相應電達查照，即希轉飭所屬予以協助為荷等由，除分電外，仰飭屬予以協助為要。省政府永

秘乙印

福建省政府关于协助台湾义勇队少年团来闽流动工作给龙溪县政府的代电

一九四二年二月九日

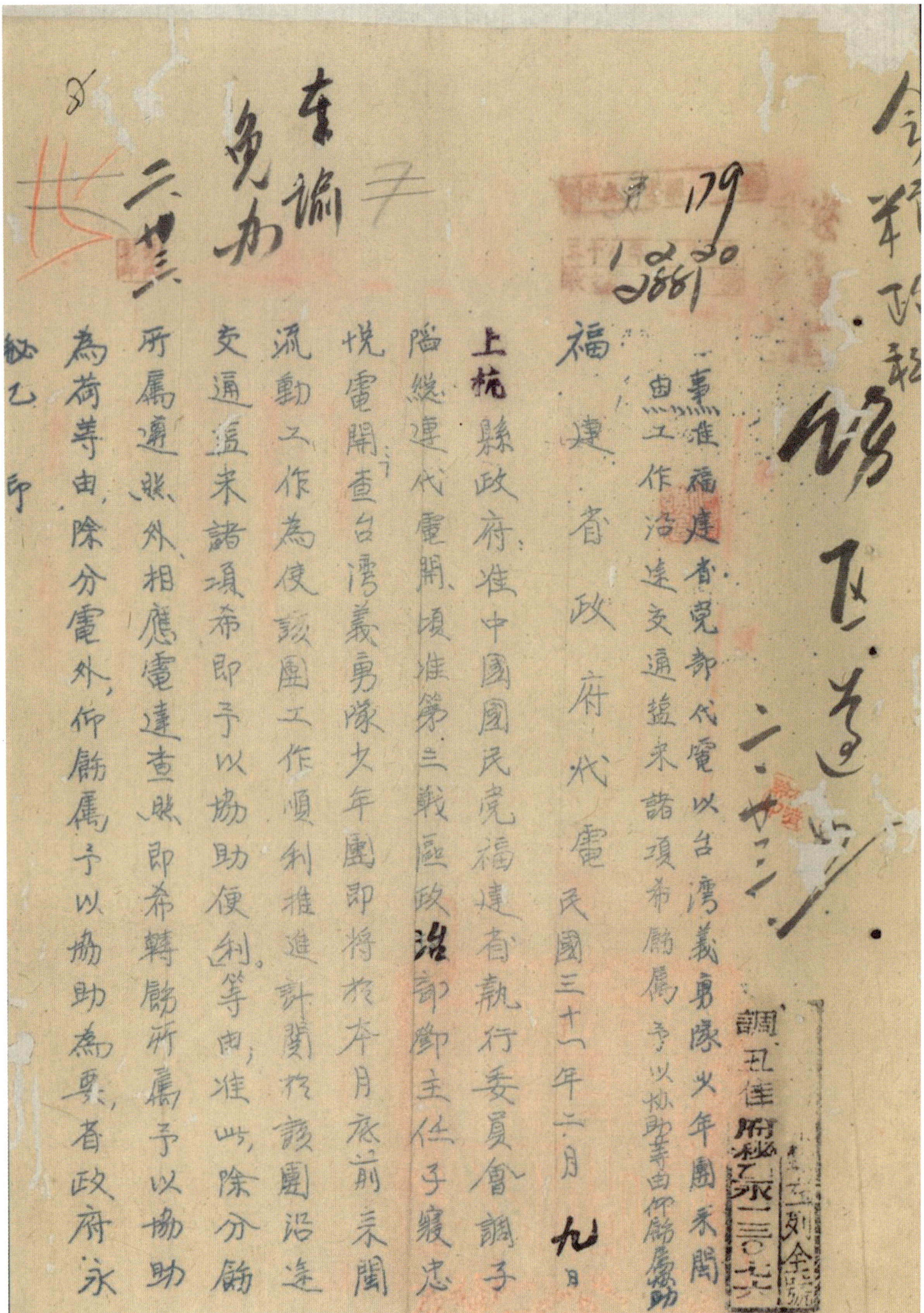
福建省政府代電

上杭縣政府：准中國國民党福建省執行委員會調子皓總連代電開、頃准第三戰區政治部鄧主任子寢忠悅電開，查台灣義勇隊少年團即將於本月底前來閩流動工作，為使該團工作順利推進計，對於該團沿途交通盤來諸項，希即予以協助便利。等由；准此，除分飭所屬遵照外，相應電達查照，即希轉飭所屬予以協助為荷等由；除分電外，仰飭屬予以協助為要。省政府永

民國三十一年二月九日

調丑佳府秘乙永一二三〇七六

秘乙印

福建省政府关于协助台湾义勇队少年团来闽流动工作给上杭县政府的代电

一九四二年二月九日

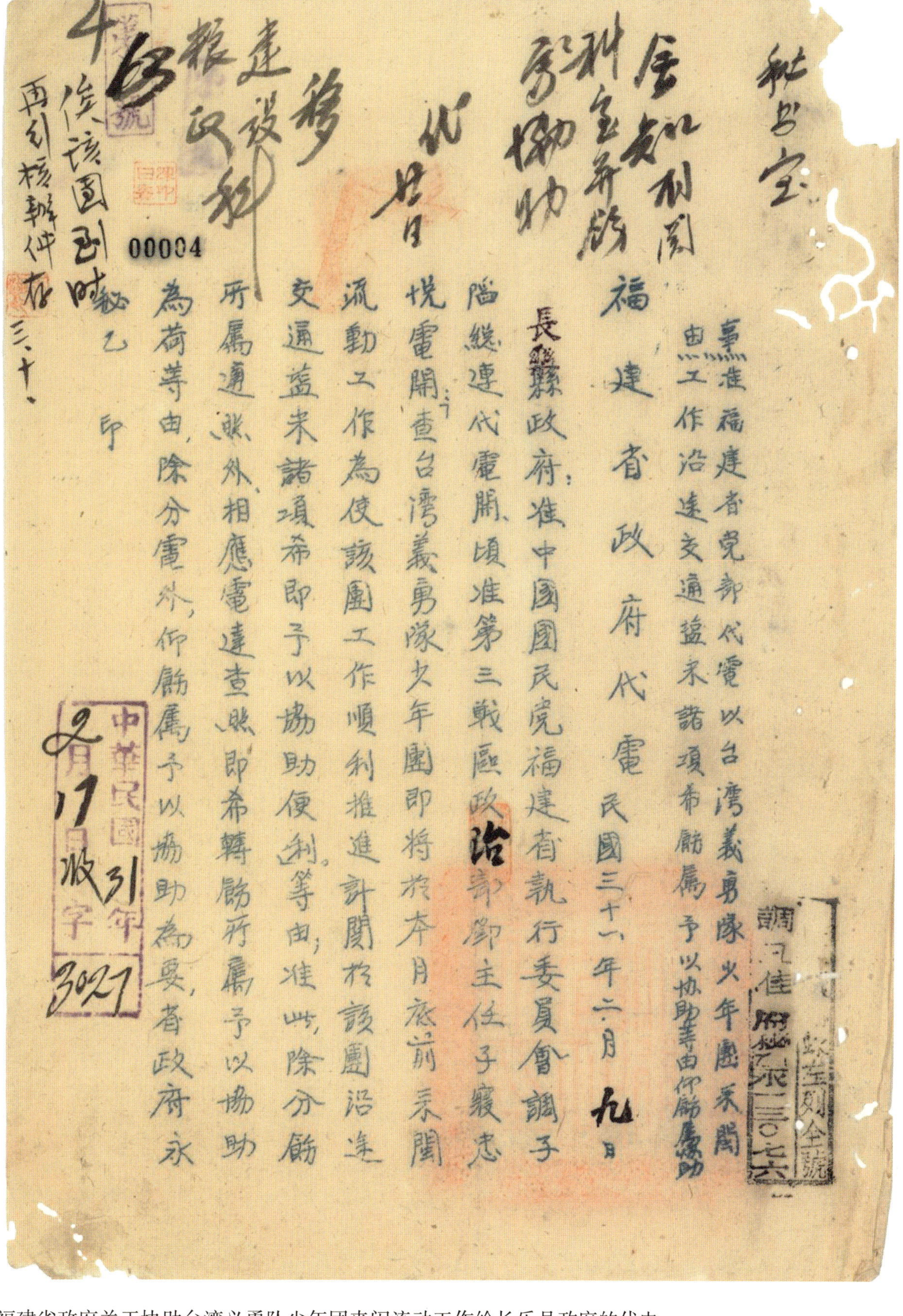

事由：准福建省黨部代電以台灣義勇隊少年團來閩工作沿途交通盤來諸項希飭屬予以協助等由仰飭屬協助

福建省政府代電　民國三十一年二月九日

長樂縣政府：准中國國民黨福建省執行委員會調子皓總連代電開：頃准第三戰區政治部鄧主任子寰忠悅電開：查台灣義勇隊少年團即將於本月底前來閩流動工作，為使該團工作順利推進，計劃於該團沿途交通盤來諸項希即予以協助便利，等由；准此，除分飭所屬遵照外，相應電達查照，即希轉飭所屬予以協助為荷等由，除分電外，仰飭屬予以協助為要。省政府永秘乙印

中華民國31年2月11日收字3027

福建省政府关于协助台湾义勇队少年团来闽流动工作给长乐县政府的代电

一九四二年二月九日

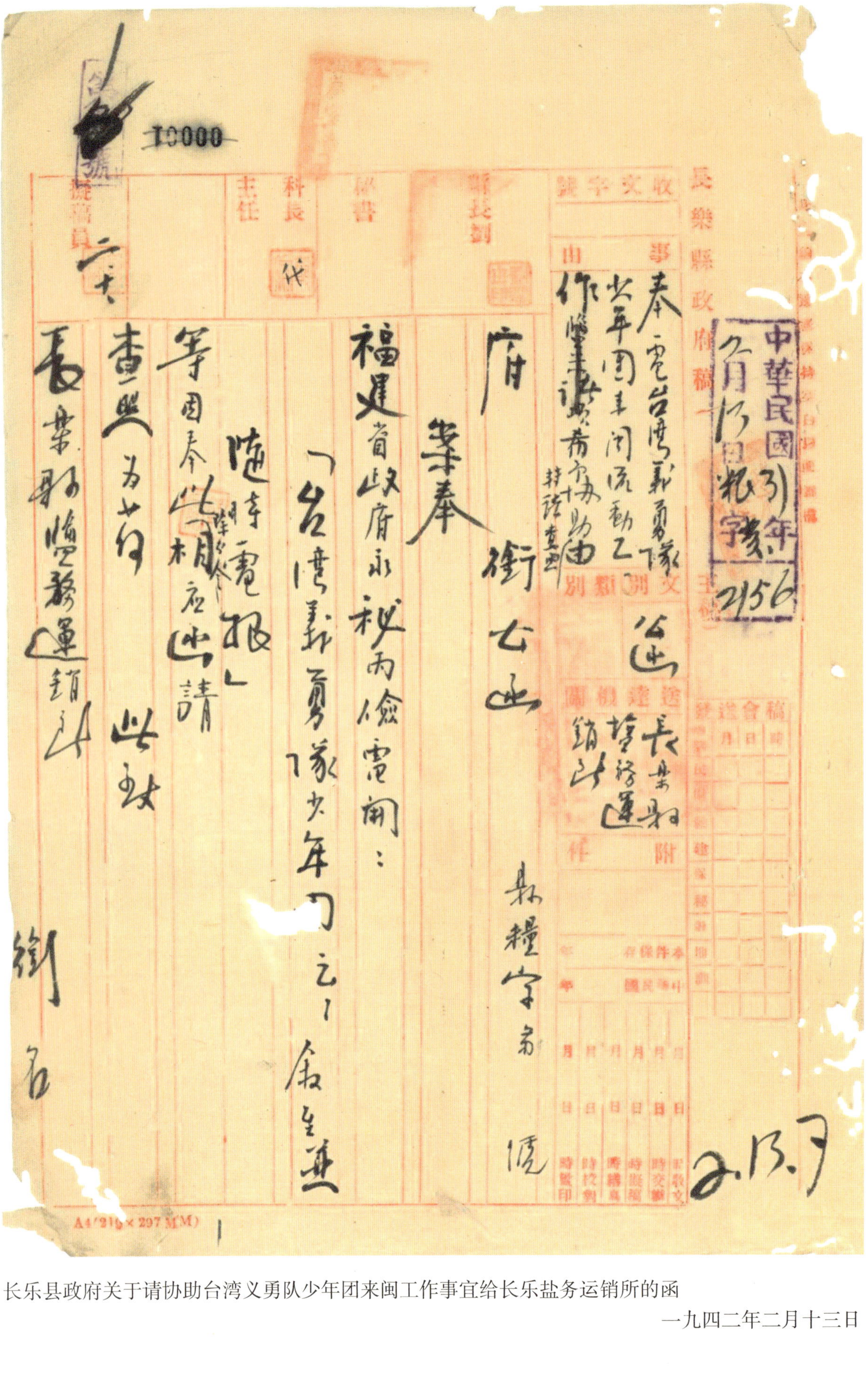
長樂縣政府稿

收文字號

事由：奉電台湾義勇隊少年團來閩流動工作……協助由 并請查照

文別：公函

送達機關：長樂鹽務運銷所

中華民國卅一年二月13日 糧字第2156號

府衛公函 糧字第　號

案奉

福建省政府永秘丙儉電開：

「台湾義勇隊少年團……[illegible]」

等因奉此，相應函請

查照為荷。此致

長樂鹽務運銷所

衛[illegible]

长乐县政府关于请协助台湾义勇队少年团来闽工作事宜给长乐盐务运销所的函

一九四二年二月十三日

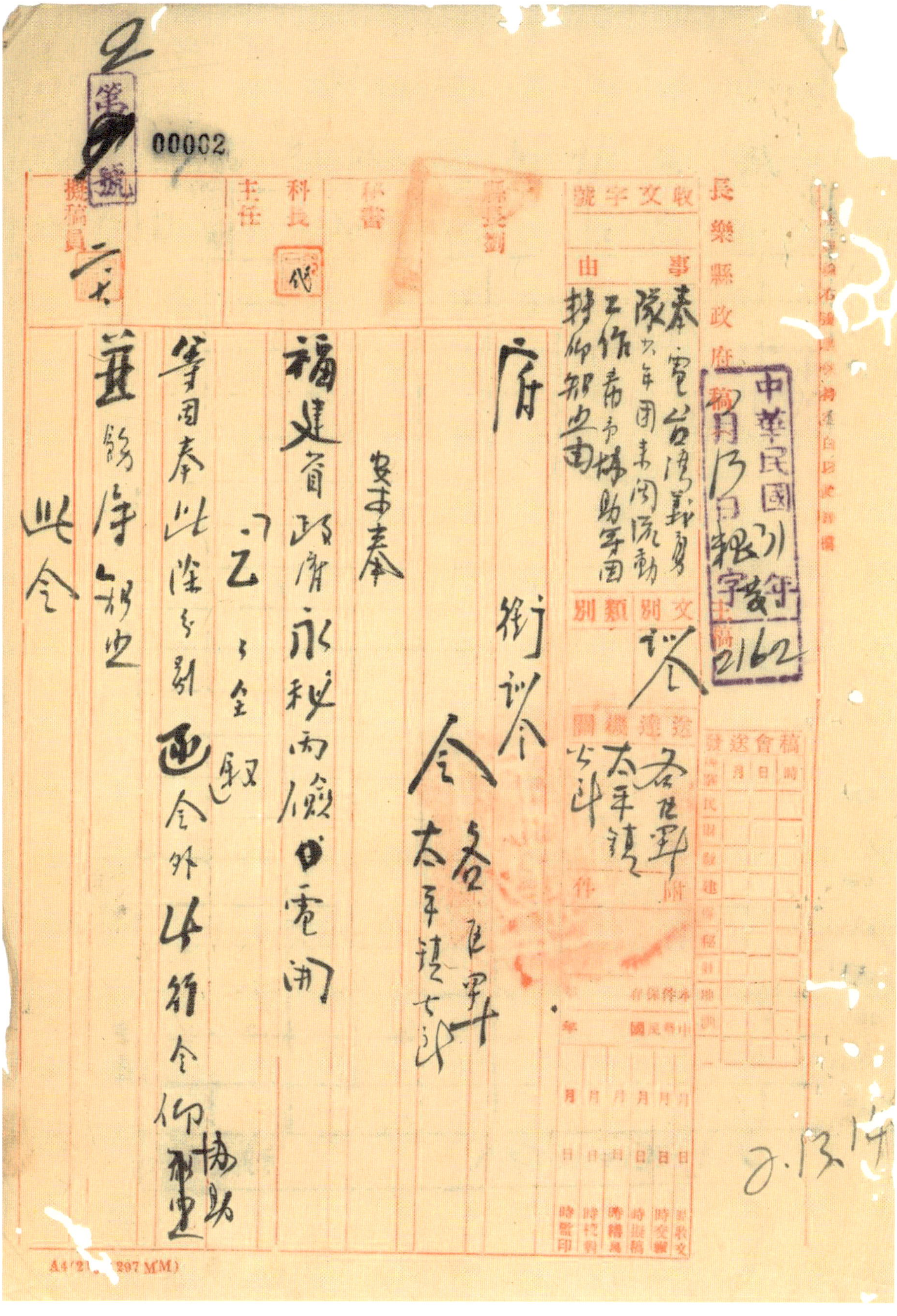
長樂縣政府稿
收文字號
事由：奉電台灣義勇隊少年團來閩流動工作希予協助等因抄仰知照由
文別：訓令
送達機關：各區署 太平鎮公所
中華民國卅一年二月13日 樂字第2162號
府銜訓令
令各區署 太平鎮公所
案奉
福建省政府永秘丙儉日電開：
云云 全敘
等因，奉此，除分別函令外，合行令仰協助辦理為要！
此令

长乐县政府关于协助台湾义勇队少年团来闽流动工作给各区署、太平镇公所的训令

一九四二年二月十三日

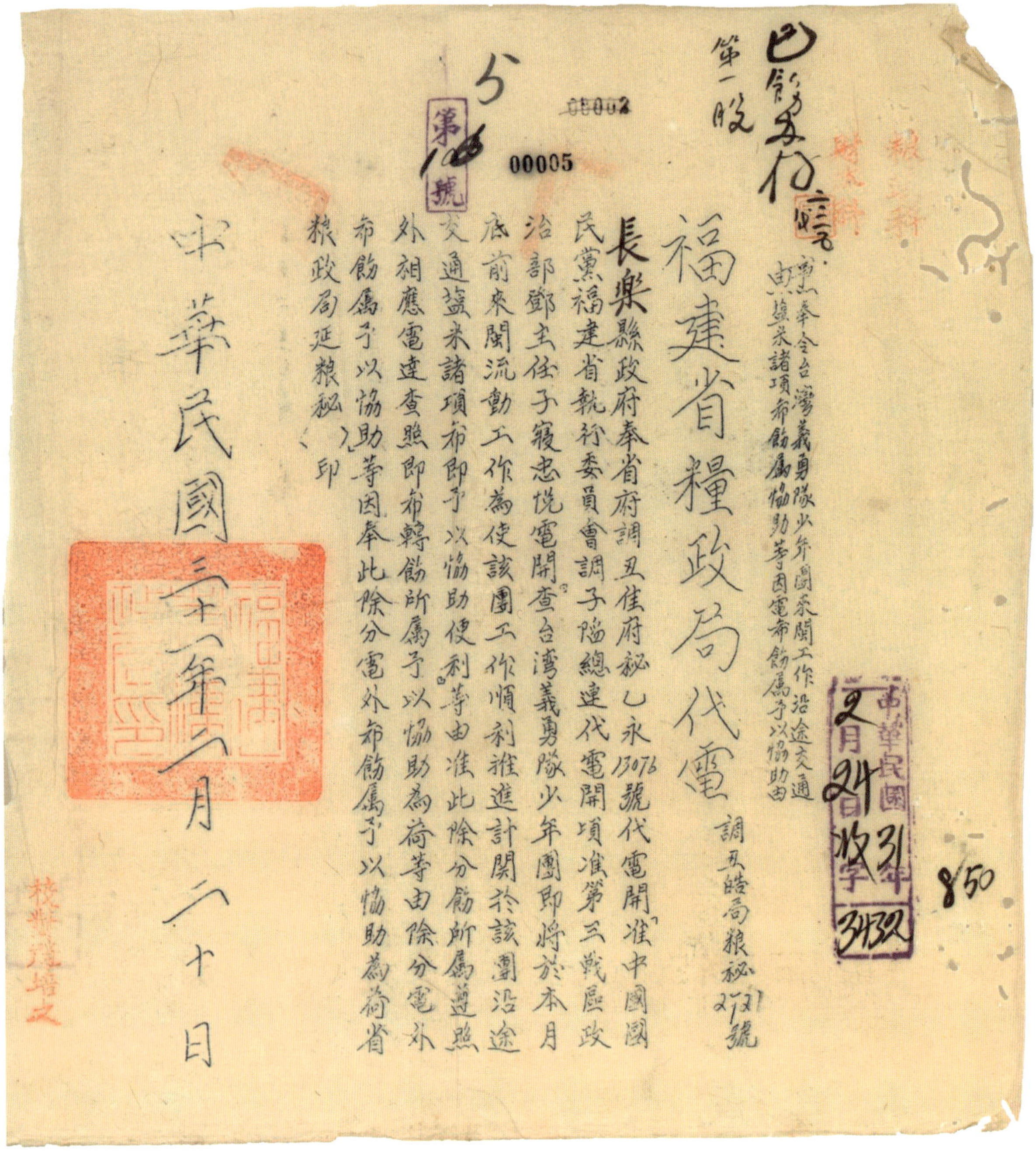

巳飭各行

第一股

第　號

00005

事由：奉令台灣義勇隊少年團來閩工作沿途交通鹽米諸項希飭屬協助等因電希飭屬予以協助由

福建省糧政局代電　調丑皓局糧秘2231號

長樂縣政府奉省府調丑佳府秘乙永13076號代電開「准中國國民黨福建省執行委員會調子陷總建代電開頃准第三戰區政治部鄧主任子寢忠悦電開查台灣義勇隊少年團即將於本月底前來閩流動工作為使該團工作順利推進計關於該團沿途交通鹽米諸項希即予以協助使利」等由准此除分飭所屬遵照外相應電達查照即希轉飭所屬予以協助為荷等由除分電外希飭屬予以協助等因奉此除分電外希飭屬予以協助為荷省糧政局延糧秘乙印

中華民國三十一年二月二十日

校對陳培文

中華民國31年2月24日收字34132

850

福建省粮政局关于协助台湾义勇队少年团来闽工作沿途交通盐米诸项给长乐县政府的代电

一九四二年二月二十日

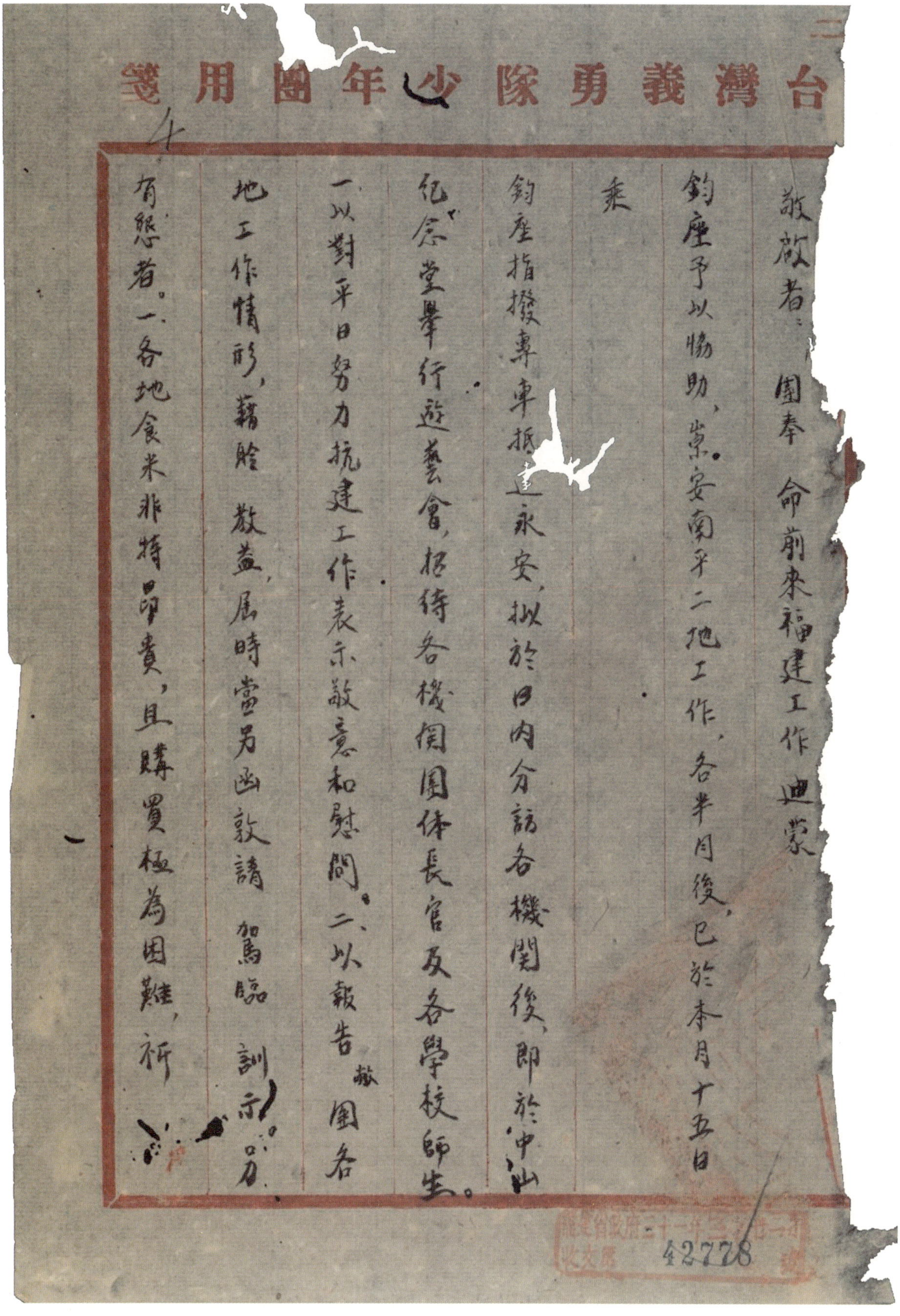
台灣義勇隊少年團用箋

敬啟者：　團奉　命前來福建工作，迪蒙
鈞座予以協助，崇安、南平二地工作各半月後，已於本月十五日
乘
鈞座指撥專車抵達永安，擬於日內分訪各機關後，即於中山
紀念堂舉行遊藝會，招待各機關團体長官及各學校師生。
一以對平日努力抗建工作表示敬意和慰問。二、以報告　敝團各
地工作情形，藉聆　教益，屆時當另函敦請　駕臨　訓示。另
有懇者。一、各地食米非特昂貴，且購買極為困難，祈

42778

台湾义勇队少年团关于奉令来闽工作请协助安排食米并拨汽车给福建省政府的函

一九四二年三月十六日

5

台灣義勇隊少年團用箋

通令永安、連城、龍岩、南靖、龍溪、同安、晉江、惠安、莆田、閩侯等縣縣府准照戰區規定軍隊過境辦法，每十五元購米四十二市斤案給購用食米。二、十數日後出發連城、龍岩、各縣工作，轉往龍溪、晉江、莆田、閩侯等，此間永安至水潮間據聞山高難行，汽車可通，懇請

鈞座指撥汽車以利遠行。

不勝感激！

謹陳

台灣義勇隊少年團用箋

福建省政府 鈞

主席劉

令務字[illegible]知照[illegible]

[illegible]

運輸公司接洽辦 三、廿

謹啟

三月十[illegible]

保衛祖國

雜發1950號

敬陳

主席劉 鈞啟

收復台灣

臺灣義勇隊少年團緘

三科速办 三廿

经收入 507,835

补给收入 269,449

支 40,200
出 5,560 } 45,760

8.

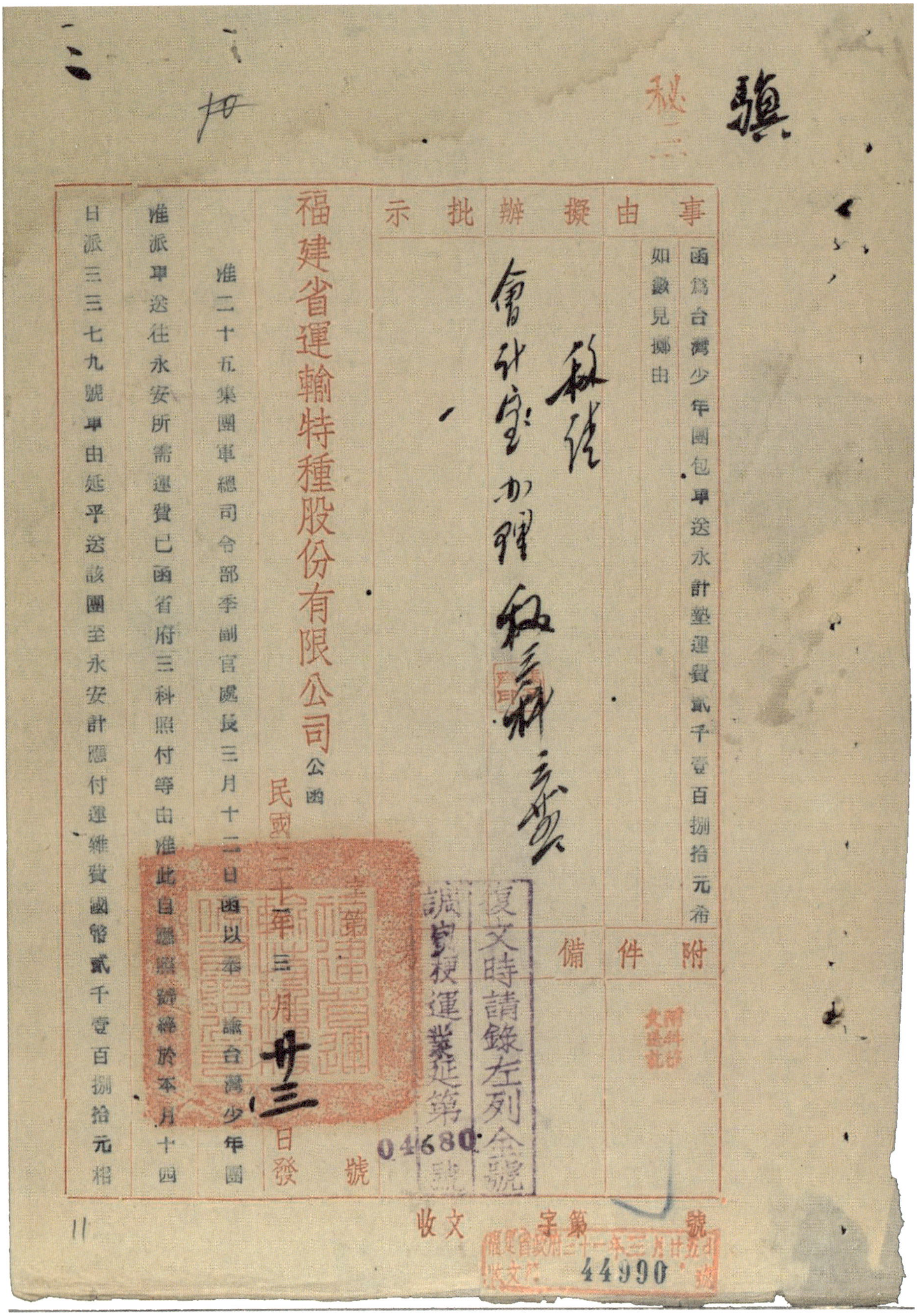

驥 秘二

事由：函為台灣少年團包車送永計墊運費貳千壹百捌拾元希如數見擲由

擬辦：

批示：會計室辦理

福建省運輸特種股份有限公司公函

准二十五集團軍總司令部李副官處長三月十二日函以奉諭台灣少年團准派車送往永安所需運費已函省府三科照付等由准此自應照辦經於本月十四日派三三七九號車由延平送該團至永安計應付運雜費國幣貳千壹百捌拾元相

民國三十一年三月廿三日發 號

復文時請錄左列全號 讕字棲運業延第04680號

附件 備

收文 字第 號

福建省政府三十一年三月廿五日收文 44990 號

福建省运输特种股份有限公司关于垫付台湾少年团包车赴永安运费给福建省政府第三科的函（附：台湾少年团用车计数单）

一九四二年三月二十三日

廿

應事奉計數單乙紙函請

查照賜予如數見擲爲荷

此致

福建省政府第三科

附計數單乙紙

總經理　戴秋農

12

接

福建省運輸特種股份有限公司　運字第1028號

第　頁

福建省政府第三科　台核

用車計數單

民國31年3月20日

日期 月	日期 日	車別	車號	輛數	行駛起止地段	公里數	計算方法	金額	調派單號數	備考
3	14			1	南平-永安	145	15.00	2175.00		接待台灣少年團用
								5.00		渡江費
合計								$2180.00		

經理或主任　　會計　　核對　　製單

13

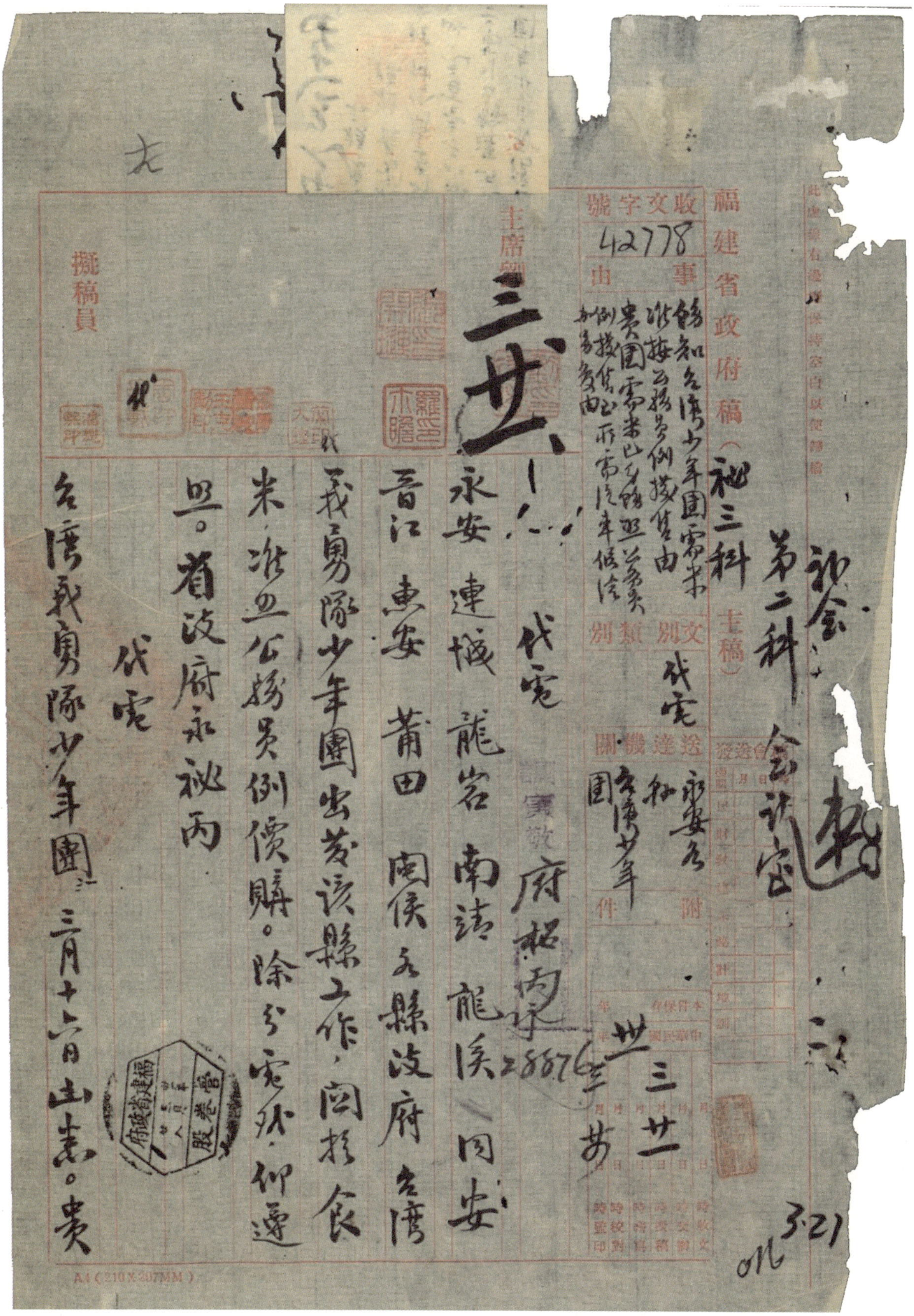

福建省政府关于台湾义勇队少年团来闽工作安排食米、汽车等给各有关县政府、台湾少年团的代电

一九四二年三月二十四日

大

福建省政府稿（秘三科主稿）

收文字号：42778

事由：饬知台湾少年团需米准按公务员例拨售由；贵团需米已分饬照公务员例拨售，所需汽车候洽由

文别：代电

送达机关：永安台湾少年团；分行：龙岩、南靖、龙溪、同安、莆田、闽侯各县政府

拟稿员

台湾义勇少年团需要由永安出水潮汽车，经与运输公司第二总段接洽，每辆包车油费需八千壹百元。此款是否由该团自理，抑归本府给付，经会签请

秘书长 核阅陈

主席核示

秘三科代缮签 三、廿二

先送会计处

三、廿二

2

代电

龙岩 南靖 龙溪 同安 莆田 闽侯各县政府：台湾……年团出发该县工作，关于食米，准照公务员例价购。除分电外，仰遵照。省府永秘丙

代电

台湾义勇队少年团：三月十六日函悉。贵……

第二科 秘会 会计室

廿三 三 廿一

3.21

OK

A4（210×297MM）

園未開工作，成績甚佳，所需食米，已分電有關各縣撥照公務員例撥售，可逕向洽購。至應用永安往水潑一段汽車，并經飭由本府（先由永安運至連城）秘書處第三科，代向運輸公司接洽辦理矣。希查照。福建省政府永秘丙

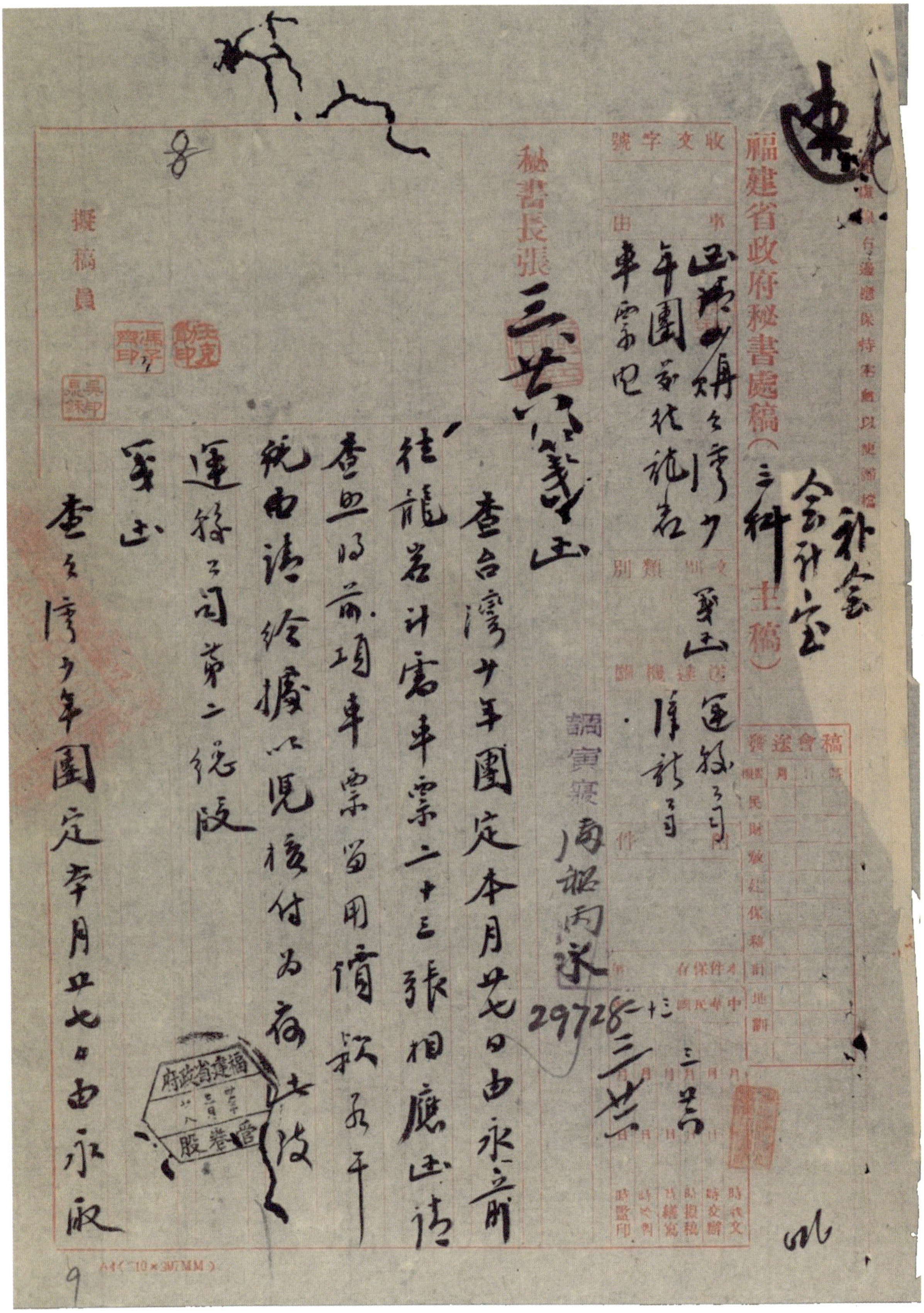
福建省政府秘書處稿（三科主稿）

事由：函購台灣少年團前往龍岩車票由

文別：箋函

送達機關：運輸公司、龍岩漳龍公司

秘書長張 三、廿六簽

擬稿員

查台灣少年團定本月廿七日由永安前往龍岩，計需車票二十三張，相應函請查照，將前項車票留用，價款即由請給據以憑核付為荷。此致

運輸公司第二總段

查台灣少年團定本月廿七日由永安啟

福建省政府秘书处关于购买台湾少年团前往龙岩车票给运输公司、龙岩漳龙公司的笺函

一九四二年三月二十六日

逕龍岩第往水潮計需車票二十三張相應函請

查照將前項車票當用價款若干請給據以憑

核付為荷此致

龍岩汽車公司

10

台湾义勇队关于请协助整理台胞留晋江物品的报告及福建省政府给晋江县政府的训令

一九四〇年七月

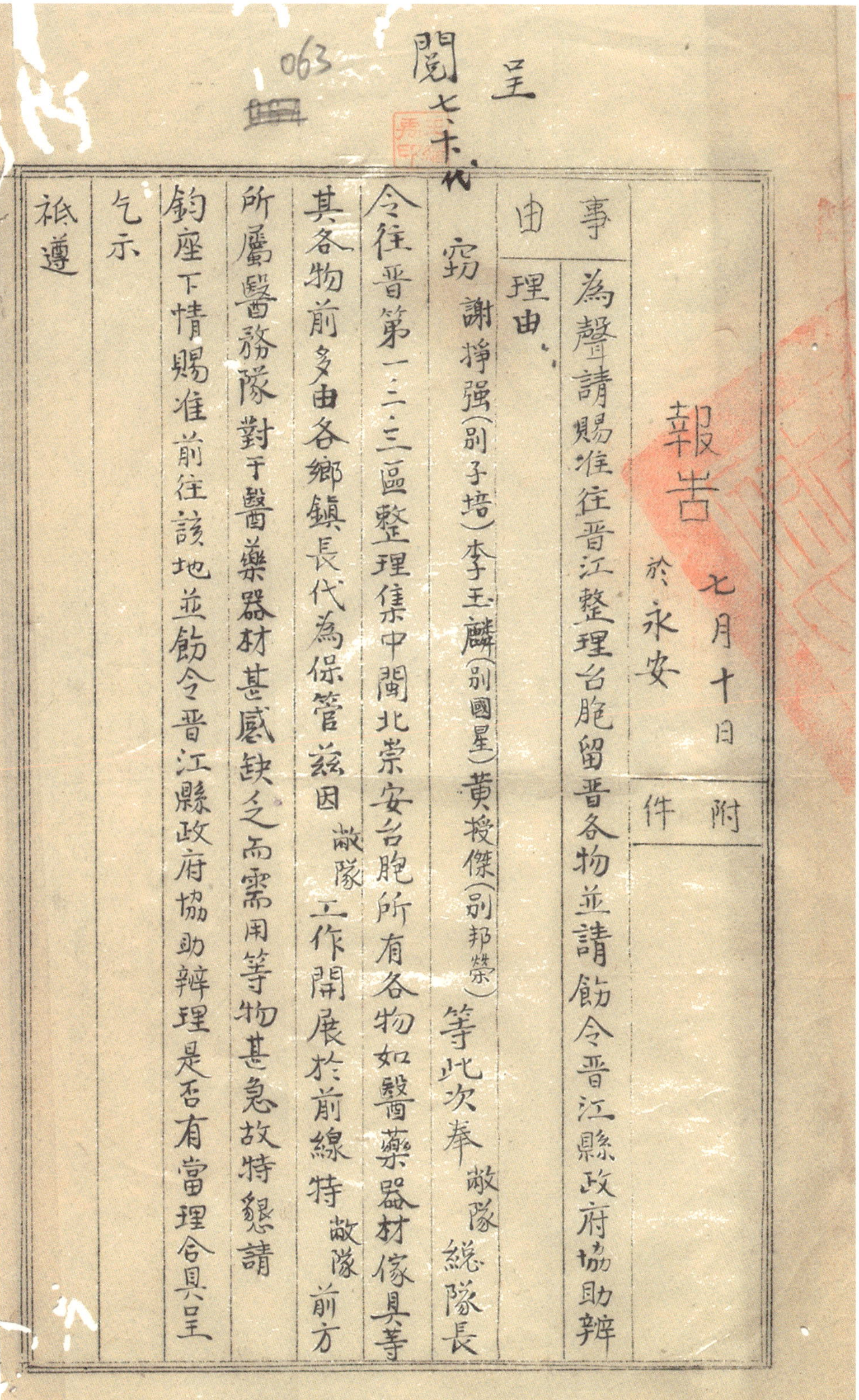

063

呈
閱 七、十、代

報告 七月十日 於永安

事由：為聲請賜准往晉江整理台胞留晉各物並請飭令晉江縣政府協助辦

理由：

竊 謝掙強（别子培）李玉麟（别國星）黃授傑（别邦榮）等此次奉 敝隊總隊長
令往晉第一二三區整理集中閩北崇安台胞所有各物如醫藥器材傢具等
其各物前多由各鄉鎮長代為保管茲因 敝隊工作開展於前線特 敝隊前方
所屬醫務隊對于醫藥器材甚感缺乏而需用等物甚急故特懇請
鈞座下情賜准前往該地並飭令晉江縣政府協助辦理是否有當理合具呈
乞示
祇遵

附件

台湾义勇队关于请饬令晋江县政府协助整理台胞留晋医药器械等物品给福建省政府的报告

一九四〇年七月十日

064

謹呈

主席陳

台灣義勇隊區隊長 謝掙強

仝 隊員 李玉麟

仝 隊員 黃授傑

同呈

批示

准予備案 知

擬辦

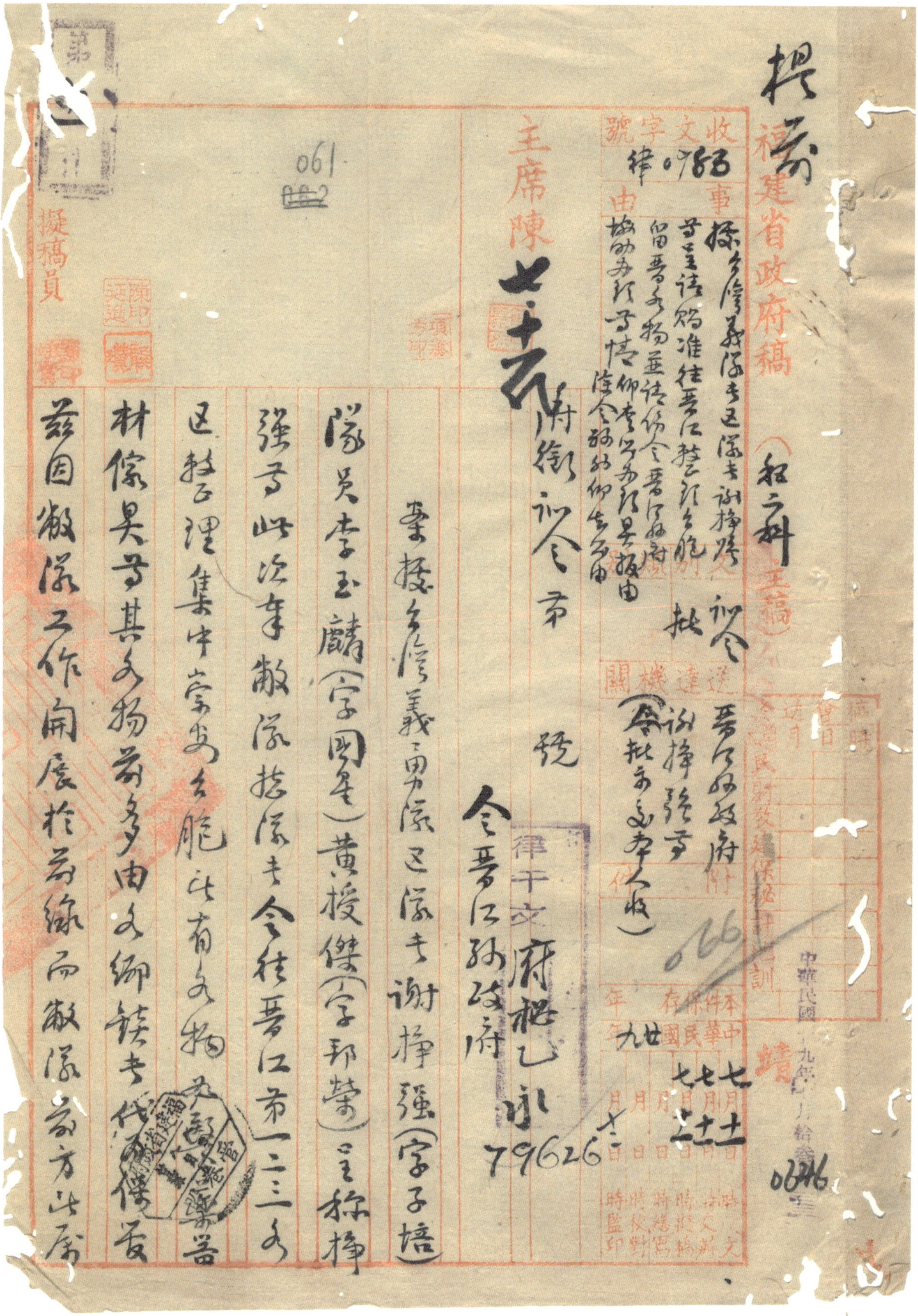

提稿

福建省政府稿（秘二科主稿）

收文字號 律07813

事由 據台灣義勇隊區隊長謝掙強等呈請准往晉江整理台胞留晉醫藥物品請飭令晉江縣政府協助辦理等情仰令飭協助由

文別 訓令 批

送達機關 晉江縣政府 謝掙強等（令批各一件）

主席陳 七.十二

府衛訓令 字第 號

令晉江縣政府

案據台灣義勇隊區隊長謝掙強（字子培）隊員李玉麟（字國春）黃梭傑（字邦榮）呈稱掙強等此次奉隊長令往晉江第一二三區整理集中台安台胞所有文物及醫藥器材係吳等其文物前多由文鄉鎮長代為保管茲因推保工作開展於前線而推保前方所屬

律干文 府秘乙永 79626

福建省政府关于协助台湾义勇队整理台胞留晋医药器械等物给晋江县政府及台湾义勇队的训令、批

一九四〇年七月十二日

062

医务系对於医药器材甚感缺乏需用孔急特恳钧
座俯准前往晋江暂行并饬令晋江县政府协助办理等情
应予照准除批示外合行令仰该县政府遵照办理具报此令
府衡批示 谨

具呈人厦门大学医学院医学系主任谢树强

廿九年七月十日呈一件恳请俯准往晋江暂行以能留晋文
物并请饬令晋江县政府协助办理由

呈悉。应予照准。除令晋江县政府查照办理外，仰
即知照。此批。

福建省政府、驻闽绥靖主任公署等关于指导台湾义勇队通讯处之通讯与言行的来往函

一九四〇年七月—九月

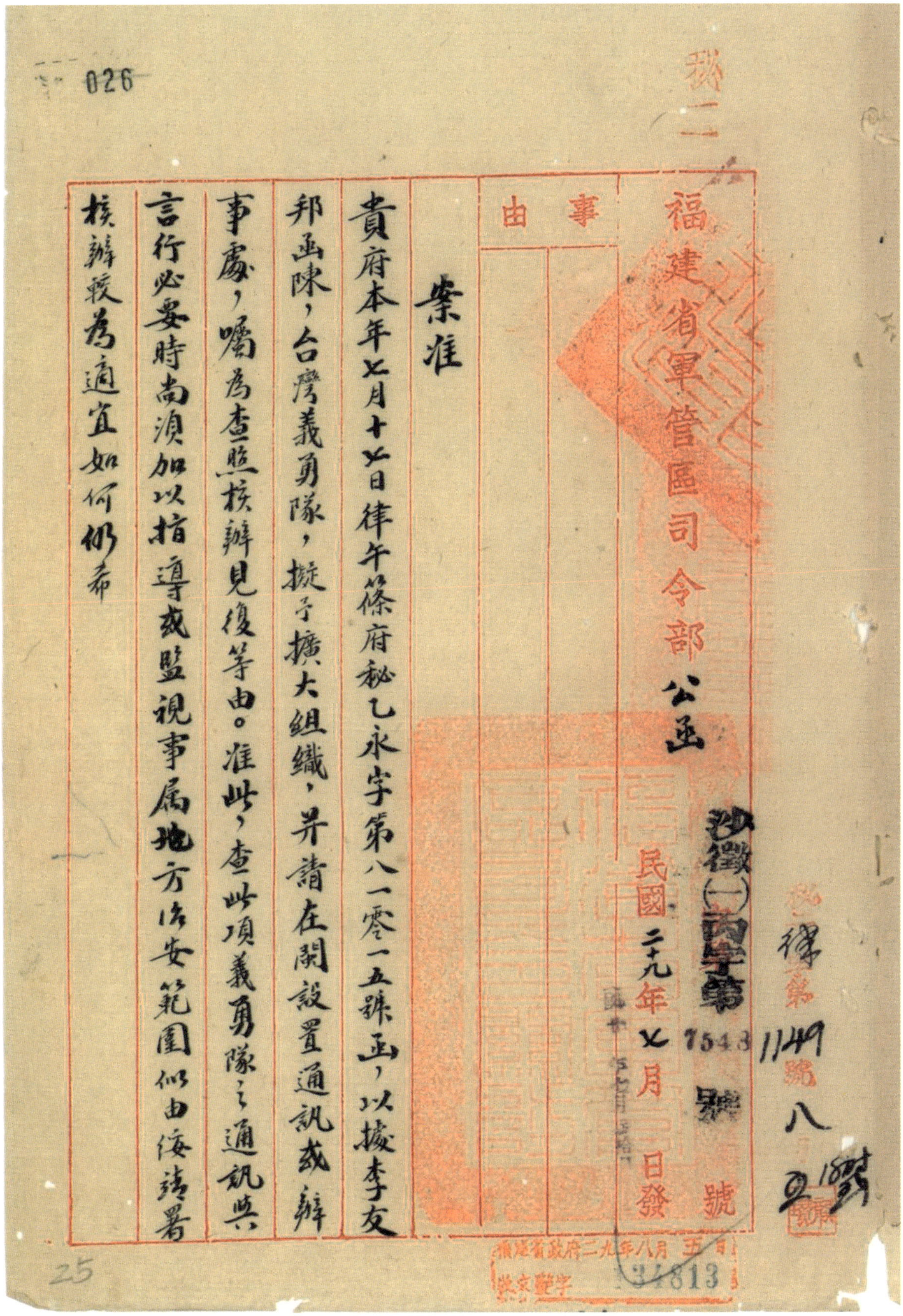

026

秘二

福建省軍管區司令部公函

事由

民國二十九年七月　日發

秘徵(一)酉字第7543號

案准

貴府本年七月十七日律午篠府秘乙永字第八一零一五號函，以據李友邦函陳，台灣義勇隊，擬予擴大組織，并請在閩設置通訊或辦事處，囑為查照核辦見復等由。准此，查此項義勇隊之通訊與言行必要時尚須加以指導或監視事屬地方治安範圍似由綏靖署核辦較為適宜如何仍希

福建省政府二九年八月五日 收文暨字 34813

25

福建省军管区司令部关于请由驻闽绥靖主任公署指导台湾义勇队通讯处之通讯与言行给福建省政府的函

一九四〇年七月三十日

卓裁准函前由，相应复请
查照为荷。
此致
福建省政府

26

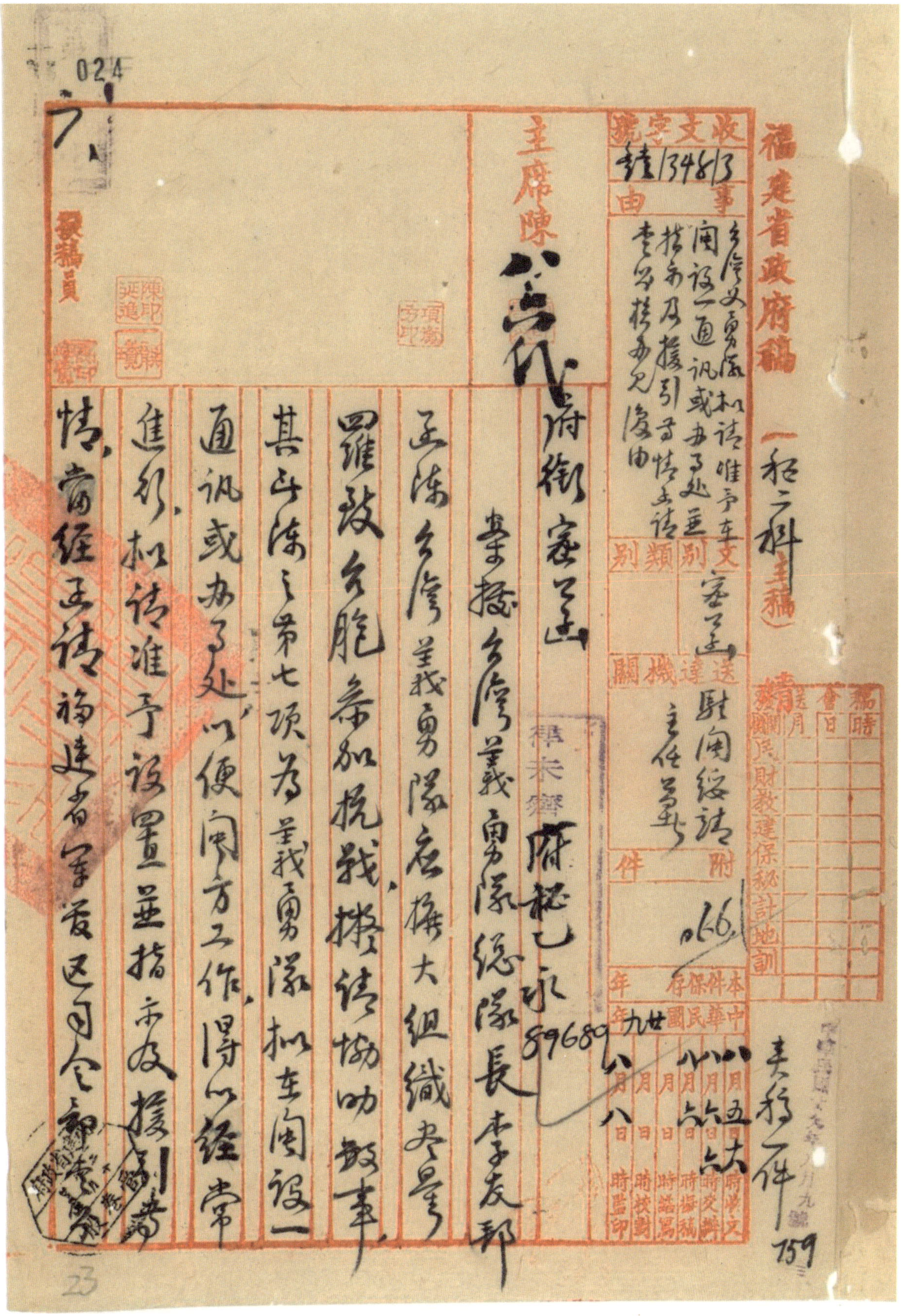

福建省政府稿　一秘二科主稿

收文字號：鋕134813

事由：台灣義勇隊擬請准予在閩設一通訊或辦事處並指示及援引等情函請查照核辦見復由

文別：密代電

送達機關：駐閩綏靖主任公署

主席陳

府衛密代電

駐閩綏靖主任公署：案據台灣義勇隊總隊長李友邦呈稱：台灣義勇隊依據大組織大綱羅致台胞參加抗戰，擁護協助軍事，其組織條第七項為：台灣義勇隊擬在閩設一通訊或辦事處，以便閩方工作得以經常進行，擬請准予設置，並指示及援引，等情。當經呈請福建省軍管區司令部

福建省政府关于指导台湾义勇队通讯处之通讯与言行给驻闽绥靖主任公署的函

一九四〇年八月八日

接办。前准函复，以查此项义勇队之通讯与言行，尤要时当须加以指导或监视，至于地方治安范围，似由绥靖署接办较为适宜等由。相应函请贵署查照接办见复为荷。此致

驻闽绥靖主任公署

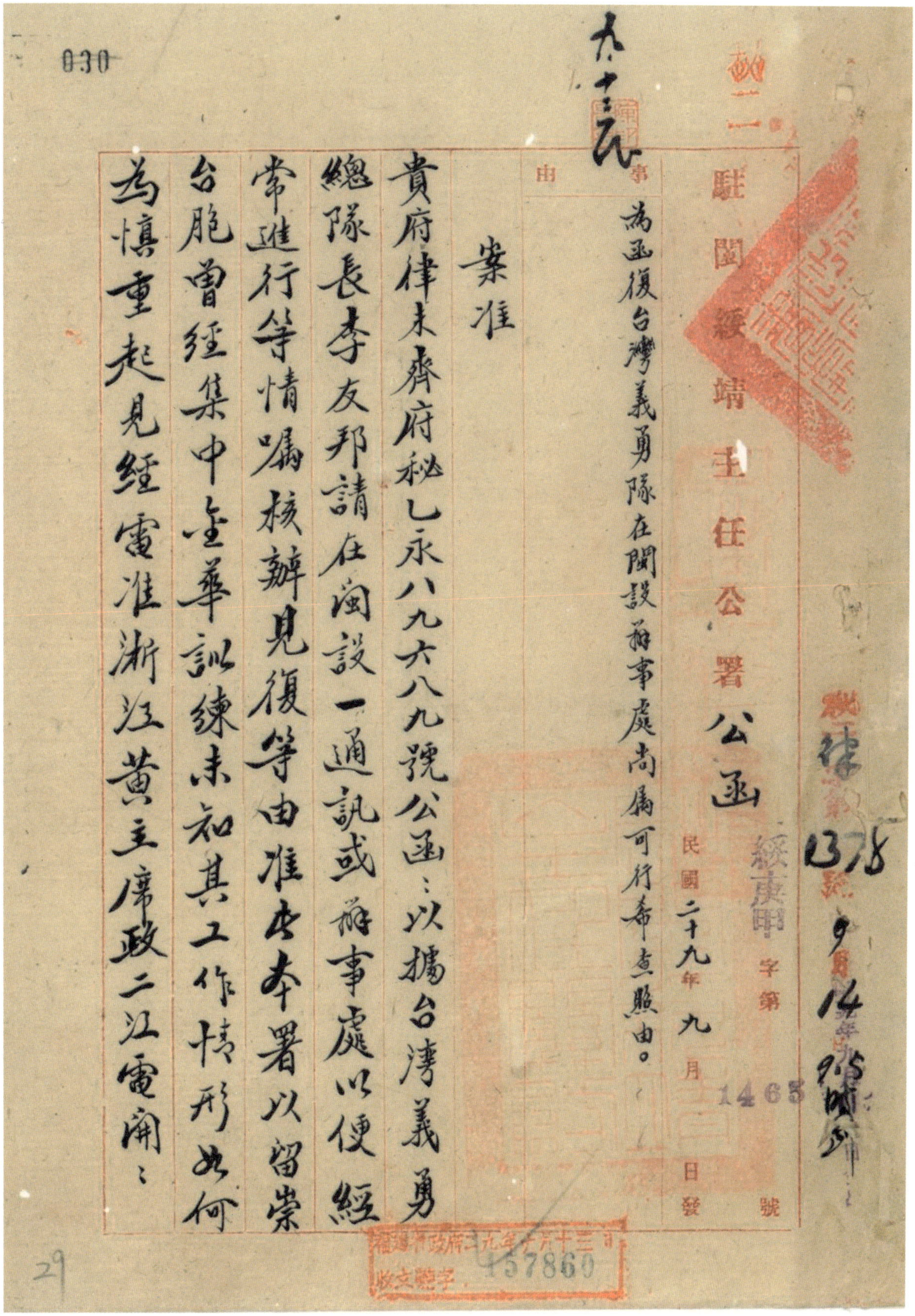
030

駐閩綏靖主任公署公函

綏庚甲字第 號

民國二十九年九月 日發

事由：為函復台灣義勇隊在閩設辦事處尚屬可行希查照由。

案准

貴府律未齊府秘乙永八八九六八八九九號公函：以據台灣義勇總隊長李友邦請在閩設一通訊或辦事處以便經常進行等情囑核辦見復等由准此。本署以留崇台胞曾經集中金華訓練未知其工作情形如何為慎重起見經電准浙江黃主席政二江電開：

福建省政府三十九年九月十三日 收文總字 157860

29

驻闽绥靖主任公署关于台湾义勇队在闽设通讯处或办事处尚属可行并应注意台氓混入给福建省政府的函

一九四〇年九月十三日

「查台胞在金訓練約百六十人，內分義勇隊及少年團兩部，工作尚屬努力，又該義勇隊現擬創設幹部訓練班，已向中央呈核中」等由，該義勇總隊長李友邦請在閩設通訊或辦事處一節，似尚可行，惟應飭注意台諜之混入，相應函復，即請

查照為荷。此致

福建省政府

校對鄭慕橋

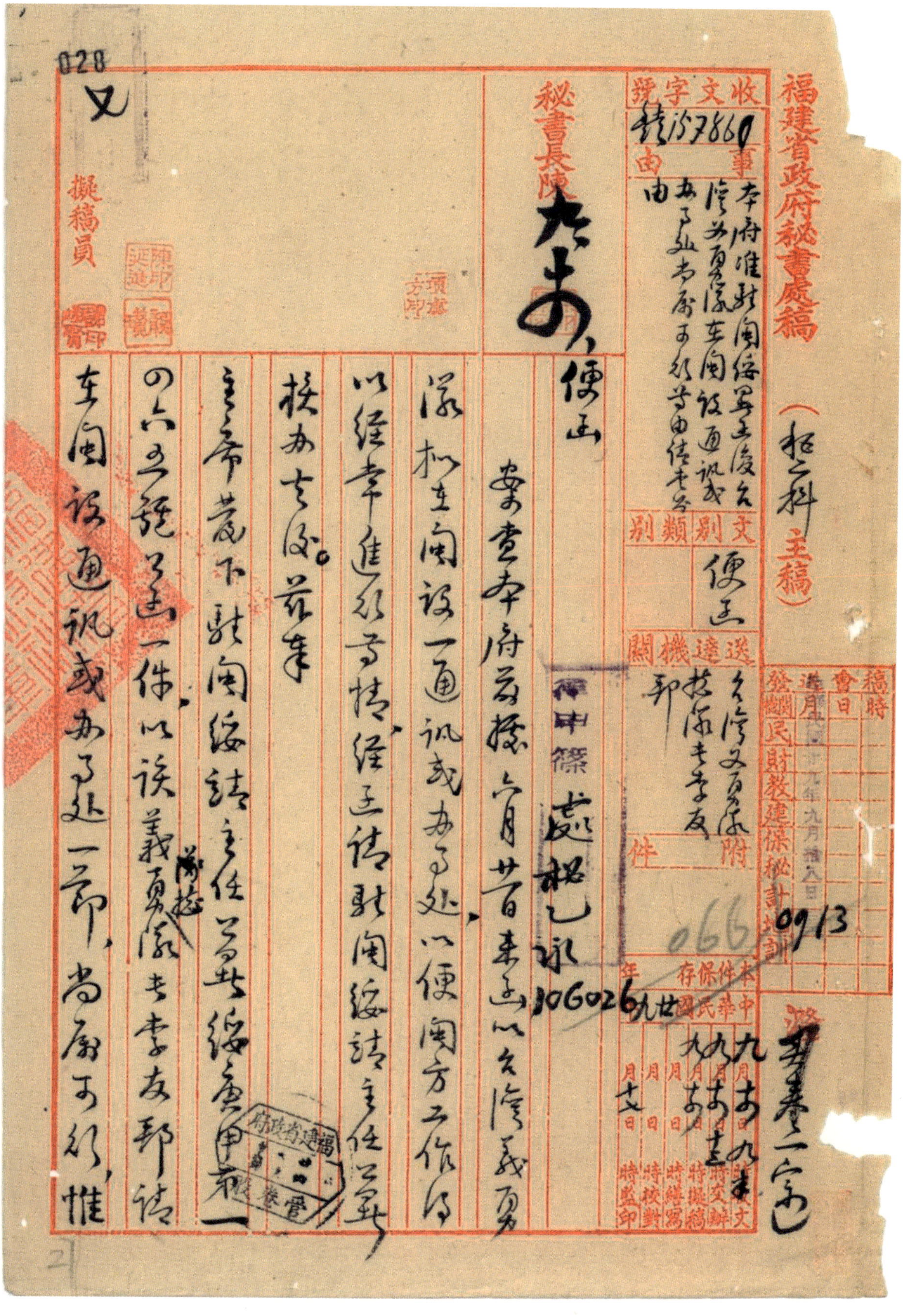
福建省政府秘書處稿（秘一科主稿）

收文字號：龍157860

事由：本府准駐閩綏署函復台灣義勇隊在閩設通訊或辦事處尚屬可行由

文別：便函

送達機關：台灣義勇隊李隊長友邦

秘書長陳

便函

案查本府前據貴隊本月廿日來函以台灣義勇隊擬在閩設一通訊或辦事處以便閩方工作，經本府據情轉函駐閩綏靖主任公署核辦去後。茲准

主任蒞下駐閩綏靖主任公署申一〇六二號公函一件，以該義勇隊李友邦請在閩設通訊或辦事處一節，尚屬可行，惟

福建省政府秘书处关于在闽设通讯或办事处应避免台氓混入并告知设立时间地址给台湾义勇队的函

一九四〇年九月十七日

应饬该台胞之混入後往贵队方面，相应函请
贵队查明该项通讯或其他处办事何时设立及地址何处，
并希见复至纫为荷。此致
台湾义勇队总队长李友邦先生
福建省政府府秘午丑號
廿九年九月　日

台民管理员关于台湾义勇队来崇情形等异动情况给崇安县政府的呈

一九四〇年十一月十五日

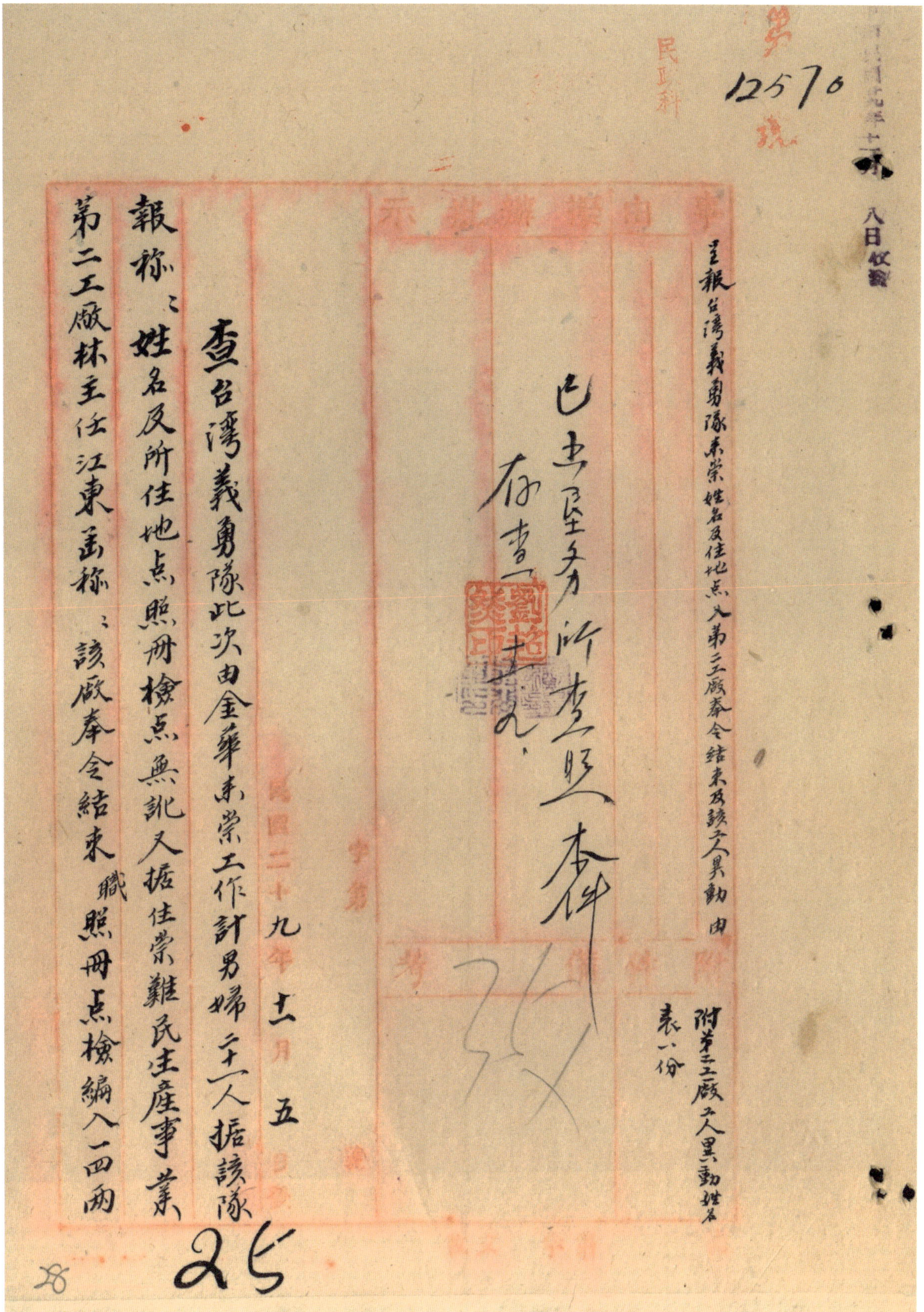

12570號

呈報台灣義勇隊來崇姓名及住地點又第二工廠奉令結束及該工人異動由

查台灣義勇隊此次由金華來崇工作計男婦二十一人據該隊

報稱：姓名及所住地點照冊檢點無訛又據住崇難民生產事業

第二工廠林主任江東函稱：該廠奉令結束職照冊點檢編入一四兩

民國二十九年十一月五日

附第二工廠工人異動姓名表一份

25

台民管理员关于台湾义勇队来崇情形及第二工厂工人异动情况给崇安县政府的呈(附:崇安县政府管理日台侨民户口异动呈报单)

一九四〇年十一月十五日

組外其餘羅新和等十二人經送崇安墾務所墾荒仍乞函飭該所

知照保管理合具呈

察核實爲公便

謹呈

縣長劉

附呈工人異動表一份

職 吳碩 具

29

崇安縣政府管理日台僑民户口異動呈報单

組户别	姓名	性别	年齡	移動	備註
四組	朱春福	男	三四	現住工廠	自本年十月三十日該廠奉令結束該員另候任用
一組	莊添恩	男	二八	現住宿舍	仝右
	羅新和	男	二四	現住工廠	該員移入墾務所墾荒
	朱賜福	男	四七	仝	仝右
	曾溪水	男	二三	仝	仝右
	曾炳達	男	二一	仝	仝右
	李塗水	男	四七	仝	仝右
	陳進發	男	二四	仝	仝右

30 26

	陳口	男	二八	現住工廠	仝右
	黃昊清	男	二七	仝	仝右
	吳海閔	男	二九	仝	仝右
	謝水	男	二〇	仝	仝右
	林礼治	女	三六	仝	仝右
	王添寿	男	二二		該員十月請假未歸經工廠林主任呈請縣政府在案
	林未宋	女	三二		該女自九月奉令返籍
一組	潘金水	男	二八	現住華院隔壁	該員自謀生活
四組	黃鳳元	男	一九	現住中正路	該員自謀生活
四組	李学延	男	三一	現住宿舍	該員自謀生活

31

福建省政府关于牛光祖等来闽工作请分派担任情报人员并发筹备经费给驻闽绥靖主任公署的电

一九四〇年十二月二十四日

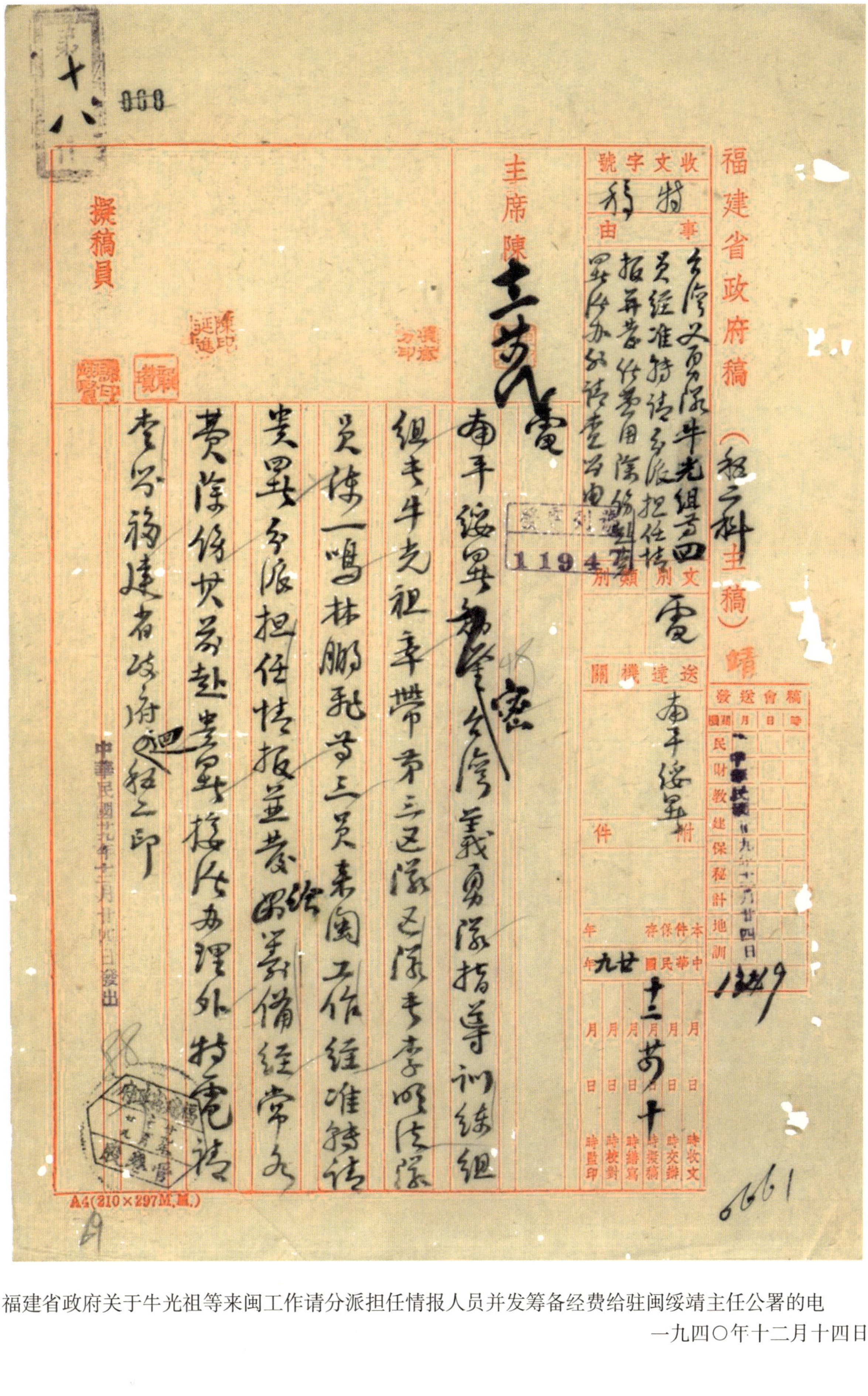

福建省政府稿（秘二科主稿）

收文字號：特務

事由：台湾义勇隊牛光祖等四员经准特请分派担任情报并发筹备经费给驻闽绥署查照由

文別：電

送達機關：南平绥署

主席 陳

南平绥署勋鉴：密。台湾義勇隊指導訓练组组长牛光祖率带第三区隊区隊长李明陵隊员陈一鸣林鹏飞等三员来闽工作，经准特请实署分派担任情报并发给筹备经常费，除复台湾义勇队并电该员等赴实署接洽办理外，特电请查照。福建省政府迴秘二印

中華民國廿九年十二月廿四日發出

福建省政府关于牛光祖等来闽工作请分派担任情报人员并发筹备经费给驻闽绥靖主任公署的电

一九四〇年十二月十四日

国民党福建省执委会、莆田县执委会关于纪念台湾沦陷宣传大纲及标语的训令

一九四四年六月

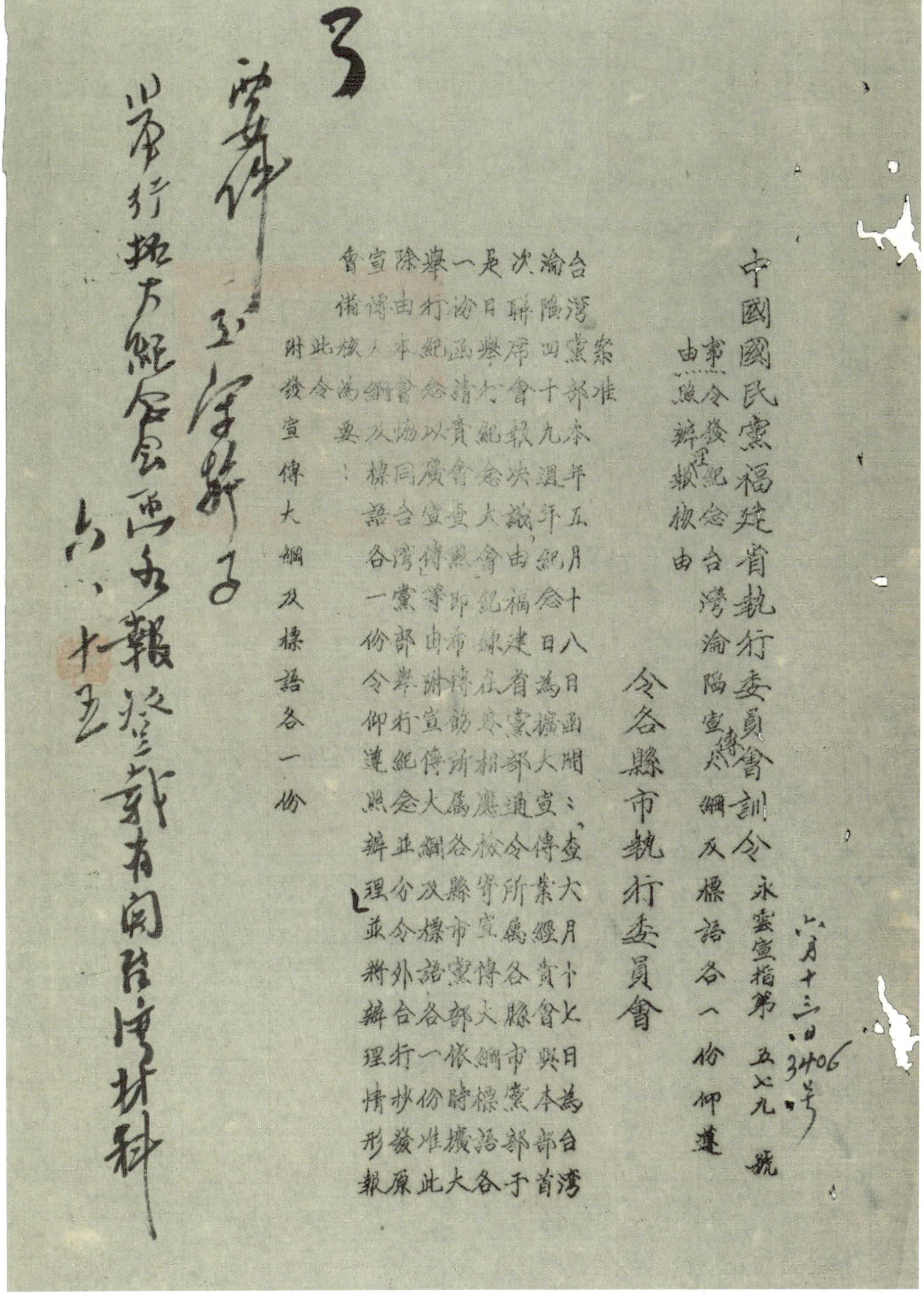

中國國民黨福建省執行委員會訓令 永宣宣指第五七九號

六月十三日 3406號

事由：令發紀念台灣淪陷宣傳大綱及標語各一份仰遵照辦具報核由

令各縣市執行委員會

案准

台灣黨部本年五月十八日函開：查六月十七日為台灣淪陷四十九週年紀念日，為擴大宣傳，業經貴會與本部首次聯席會報決議，由福建省黨部通令所屬各縣市黨部于是日舉行紀念大會，紀錄在案。相應檢寄宣傳大綱、標語各一份，函請貴會查照，即希轉飭所屬各縣市黨部依時擴大舉行紀念，以廣宣傳等由，附宣傳大綱及標語各一份。准此。除由本會協同台灣黨部舉行紀念並分令外，合行抄發原宣傳大綱及標語各一份，令仰遵照辦理，並將辦理情形報會備核為要！

此令

附發宣傳大綱及標語各一份

国民党福建省执委会关于抄发纪念台湾沦陷宣传纲要及标语给各县市执委会的训令(附:宣传大纲、“六一七”纪念标语)

一九四四年六月十三日

5

紀念"六一七"台湾淪陷四十九週年宣傳大綱

一、紀念"六一七"之意義：

1、台湾淪陷之經過─甲午中日戰後敵寇乘戰勝之餘威要求割讓台湾於一八九五年四月十七日簽訂馬關條約時台胞聞訊憂憤萬狀全台志士乃組織台湾民主國推台撫唐景崧為臨時大總統劉永福為副總統丘逢甲為大將軍並在台北設立軍政府高舉自衛抗戰之義旗清廷深恐台民的抗日而增加清日間之新糾紛乃召還唐景崧但台湾民眾仍擁丘逢甲及劉永福率軍領導下繼續抗戰除擊斃日本台湾討伐軍總司令北白川宮能久親王外並予日軍以嚴重打擊然而台湾同胞的英勇抗戰終於清廷發出台撫京危的電文遂陷於孤立無援地位結果犧牲了數十萬的生命而殊失敗一八九五年六月十七日倭寇正式在台湾開始統治倭寇定是日為"始政紀念日"台湾同胞則定是日為"恥政紀念日"以示不忘國土淪陷之意

二、台湾民眾抗暴日統治情形─台湾民主國名雖覆亡而全島民眾仍繼續抵抗暴日迄半年之久犧牲台胞數十萬人此後自一八九五年至一九〇四年之十年間台胞繼續襲擊敵人或武裝暴動打擊敵人達十九次之多被慘殺者萬餘人又自一九〇七年發動北埔事件以至一九一五年之台南西來庵事件及噍吧哖暴動慘案為止之八年間先後武裝襲擊敵寇機關

及革命暴動等起事九十餘次犧牲台胞達十餘萬人此後由武裝暴動之革命方式轉入社會政治運動繼續與敵急作和平之政治鬥爭一九二〇年之政治大罷工十因參加而被捕及被殺之各革命政黨及團体志士不下萬餘人一九三三年服務社大暴動時熱番抗當一節領導當人藥警敵人各機關殺日人數十人復敵出動陸空軍鎮壓抗戰發生後台胞對社國英勇之軍事行動感到異常興奮台胞損國與及戰之空氣滿漫全島卅六年至廿九年之三年中光役發生抗拒征捐罪工暴數及兵友藥敵之事數十於乎政懸以致命之成曾邊之自台灣淪陷以至日前敵人統治之四十九年中台胞無日不在武裝暴動與政治鬥爭之革命行動中與敵人死拼為中華民族保持五十年浩然磅礴之正氣樹立崇高偉大之中華民族不屈不撓之精神

六、人認

念大一上應有之認識：

中國與台灣之不可分離性——台灣自隋唐開闢以來漢人即紛紛遂殖該島元時設巡檢司於澎湖以治理台灣明末鄭成功寧兵抗清遣成光禁史蹟清代設台灣進隸屬于福建省光緒十一年改欽差大臣左崇棠奏請台灣於甚光緒十二年始另設行省台灣協福建省之東岸相距僅百餘浬人口共六百餘萬除日人卅萬及各國僑民與生番廿餘萬外均為我漢人根據以上歷史地理人口各方面觀之台灣乃我文化久已浸

7

二、灣之土地為我中華民族生存所必需之領域，敵人之對岸政策丨敵人自侵佔我台灣後，知我民族不易屈服，深感難以統治之苦，固為致技易敵去暴力壓制而代以懷柔之同化政策，以期達其統治之目的。然而祖國與台灣歷史種族關係之深厚，故敵人之同化政策亦難收實效，因而用對岸政策之陰謀，來離間祖國與台胞間之感情，即利用台灣莠民與流氓等浪人群派往我沿海一帶，在敵隨庇護之下，專事走私販毒，開娼設賭，下流藏業，並幹我人於火作奸犯科之無恥勾當，以引起祖國同胞對台胞不良之印象，而同時島由台胞亦因祖國同胞對彼等之歧視與誤會，而心灰意冷。殊不知我人百惑台胞均為黃帝優秀子孫的良善人民，而此輩浪人不過為敵人御用之少數敗類，

三、台灣地勢之重要性丨台灣位福建省東岸，與閩省僅一衣帶水之隔，與海南島縱成中國之雙眼，為我國防上之要地。敵人在該島之台北、基隆設要塞，西有馬公軍港，台南之屏東設空軍根據，構成一三角形之軍略要網，敵人據此以為封鎖中國東南沿海之指揮，雄南侵之根據地，時人譽台灣為一艘不動之航空母艦，其對軍略上之重要可知。

三、中央收復台灣之決心：台灣不收復，中國將無海防（國防）可言，此為國人一致之感覺，故政府已久具收復台灣之決心，抗戰軍興，中央即秘密策動台灣志士進行收復失土之工作，數年以來，均

8

在秘而不宜之原則下理首推進三十年十二月八日太平半戰些九日我國民政府正式與日宣戰並宣佈廢除中日間所發訂之一切不平等條約即明白表示我國抗戰之最終目的在收復台灣三十一年十一月三日我外交將長宋分文氏在陸部柏持中外紀者席上發表談話日請戰後應收田東北四省及琉球台灣去年三月總裁在共浙着之中國之命運一書中明白指出台灣澎湖衆北四省內外蒙古新疆西藏與一處不是保衛民族生存的要塞這些地方的劃襲即為中國國防的撤除至於去年十一月下的中英美三國領袖於開羅會議後正式發表公報舞明日本浙勞取於中國之領大倒如東北四省台灣澎湖群為等棘遂中國由以上各點中以於明中央收復台灣之決心及蘇邊祖國山白發得國際承認而毫無問題了

四、

認念六一之應有之努力

承模台灣非但是我國抗戰的最後目的且經得國際上之正式承認然識施亦濱仍濱國人盡最大之努力始足以熱宰功其應努力之道約為下列四點

人研究台灣認識台灣一台灣因過去設省時開其忽且劃機又受敵人對岸政策的離間致使國人無視而不知有台灣更以敵人奴化政策之必畀而使國人對於台跪亦多峽視誤辭分當勝利在望光復在即不但要斜正誤解台胞之心理而且要進一步與台胞共同攜手圖結趕未閱於台灣的一切問題均要深切研究正

確的認識使全國人士都能明瞭台灣文化教育政治經濟社會的實況認識台島之重要性俾來日收復功成接管之時能很順利的進行各種工作。

二、注意戰局準備收復——當此盟軍總反攻在即台灣即將成為戰場的時候凡在祖國及島內的同胞均須時時注意戰局的進展加緊準備一旦盟軍攻擊台灣島內同胞即武裝起義響應盟軍作戰以求裡應外合之效國內同胞則盡最大力量援助島內台胞及配合國軍反攻台島外更需要努力一切收復之準備如各種幹部之儲備訓練及接管步驟與建設方案之釐定等等均屬切要之圖，

"六一七"紀念標語

一、驅逐倭寇收復台灣！
二、台灣是中國的領土！
三、台胞是中國的同胞！
四、台灣是中國國防的門户！
五、集中盟軍力量擊潰究殘倭寇！
六、建設三民主義的新台灣！
七、收復台灣完成抗建大業！
八、收復台灣完成國民革命！
九、台灣革命同胞武裝起來反抗倭寇！
十、"六一七"是台灣國土淪陷的慘痛紀念日！
十一、紀念"六一七"要解除六百萬台胞的痛苦！
十二、紀念"六一七"要有革命先烈的精神！
十三、紀念"六一七"要配合盟軍反攻台灣！
十四、紀念"六一七"要誓死收復台灣！
十五、擁護 蔣總裁！
十六、中國國民黨萬歲！
十七、中華民國萬萬歲！

4

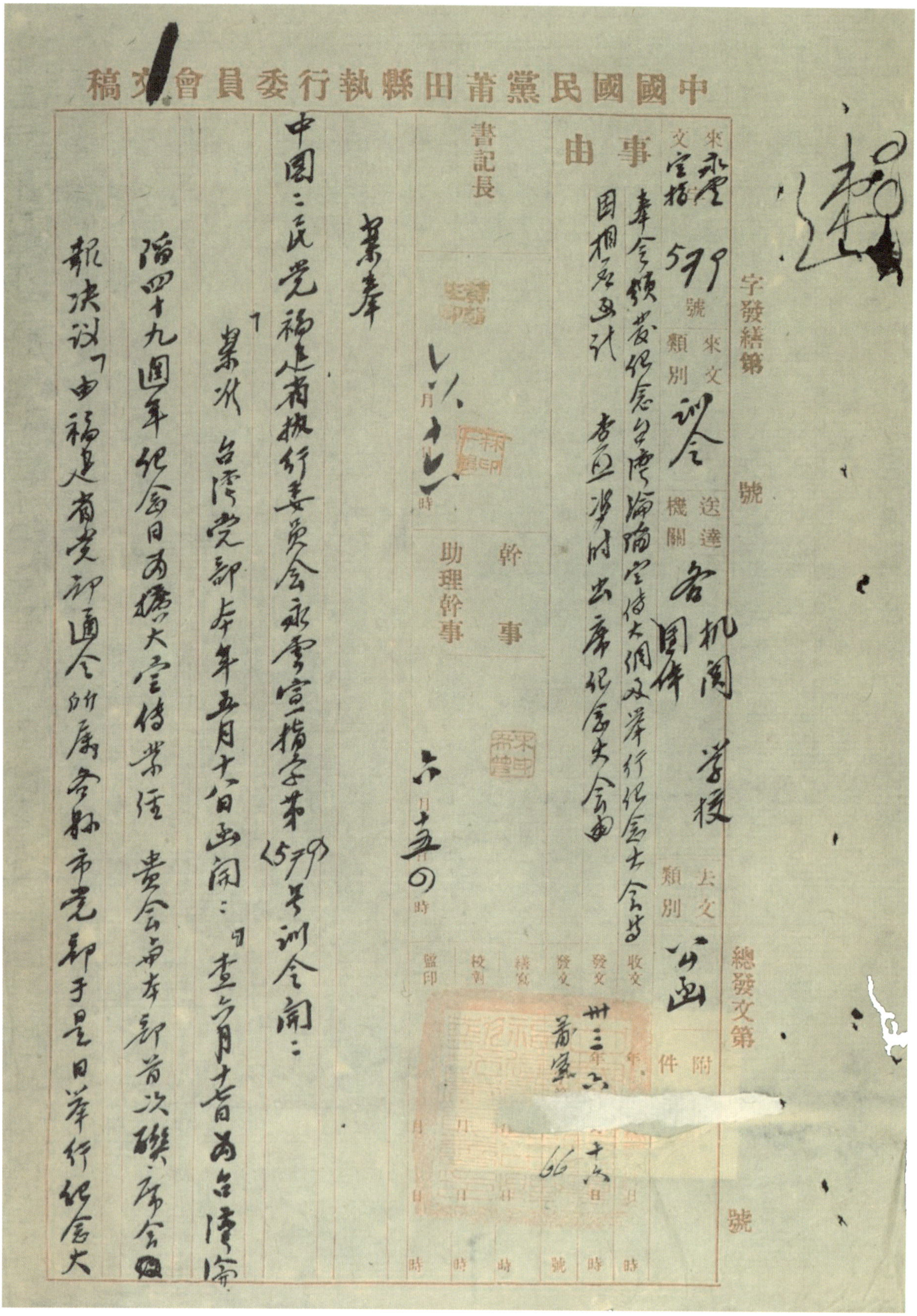

中國國民黨莆田縣執行委員會文稿

來文 來電 字號 5?? 號

來文類別 訓令

送達機關 各機關 學校 團體

事由 奉令頒發紀念台灣淪陷宣傳大綱及舉行紀念大會等因相應函仰查照準時出席紀念大會由

去文類別 公函

總發文第 號

附件 同件

發文 卅三年六月十六日

書記長

幹事

助理幹事

中國國民黨福建省執行委員會永雲宣一指字第（579）号訓令開：

案奉

案准 台灣黨部本年五月十六日函開：

查六月十七日為台灣淪陷四十九週年紀念日，爲擴大宣傳，業經 貴會本部首次聯席會報決議：「由福建省黨部通令所屬各縣市黨部于是日舉行紀念大

国民党莆田县执委会关于颁发纪念台湾沦陷宣传大纲及举办纪念大会给各团体、各机关等的训令

一九四四年六月十六日

迳启者：兹係在卷，相应检寄宣传大纲标语各一份，函达贵会查

印布，转饬所属各级市党部依照扩大举行纪念，以广宣

传。兹由附宣传大纲标语各一份。此次由本会协同台湾

党部举行纪念，并分令外，合行抄发宣传大纲及标语各一

份，令仰遵照办理，并将办理情形报查备核为要

等因。附宣传大纲及标语各一份。奉此，兹定六月十七日下午二时在本会

大礼堂举行扩大纪念，各（全体）机关派代表、学校派学生等人前来参加。除分函外，

相应函达

查照，届时出席为荷。

此致

机关
学校

黄辉

台湾党部、福建省社会处关于加强指导台胞组织团体的函电

一九四四年八月

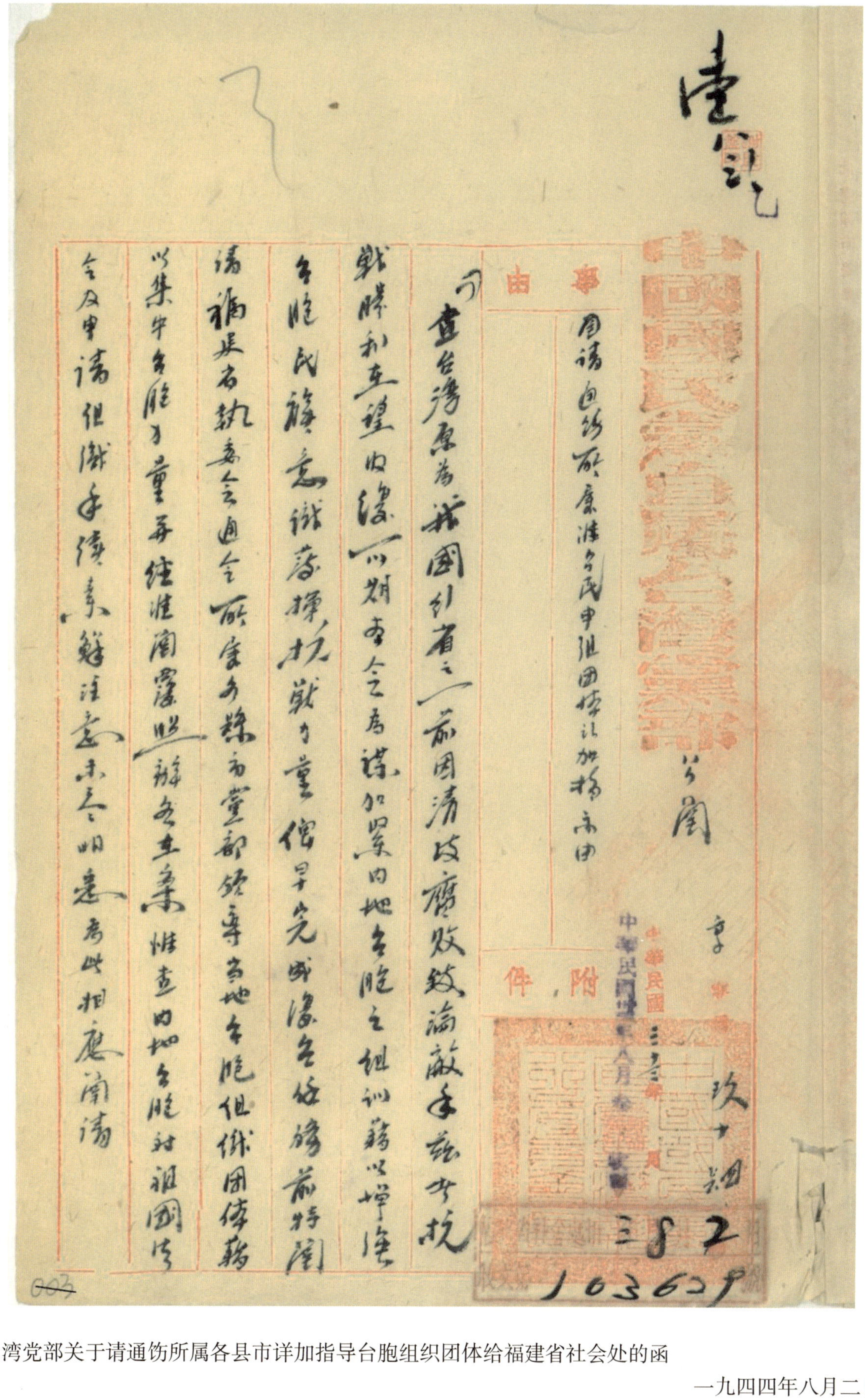

速

中國國民黨直屬台灣黨部公函

字第　號

事由：函請通飭所屬縣市台民申組團體詳加指導由

附件：

查台灣原為我國行省之一，前因清政腐敗致淪敵手，茲當抗戰勝利在望收復[illegible]，以期本會之為謀加緊內地台胞之組訓，藉以增進台胞民族意識，蔚揚抗戰力量，俾早完成復台任務，前特函請福建省執委會通令所屬各縣市黨部轉飭各地台胞組織團體，藉以集中台胞力量，並經准函覆照辦在案。惟查內地台胞對祖國法令及申請組織手續素鮮注意，未全明瞭，為此相應函請

中華民國三十三年八月　日

三八二

103628

台湾党部关于请通饬所属各县市详加指导台胞组织团体给福建省社会处的函

一九四四年八月二日

4

贵处准予通饬（所属）福州、闽侯、晋江、南安、惠安、同安、海澄、诏安、东山、崇安、长泰、龙岩等县市于文後台胞申请组织同乡会或其他公益团体时详加指示并予以便和负级之道

此致

福建省社会处

兼代主任委员萧宜增

~~004~~

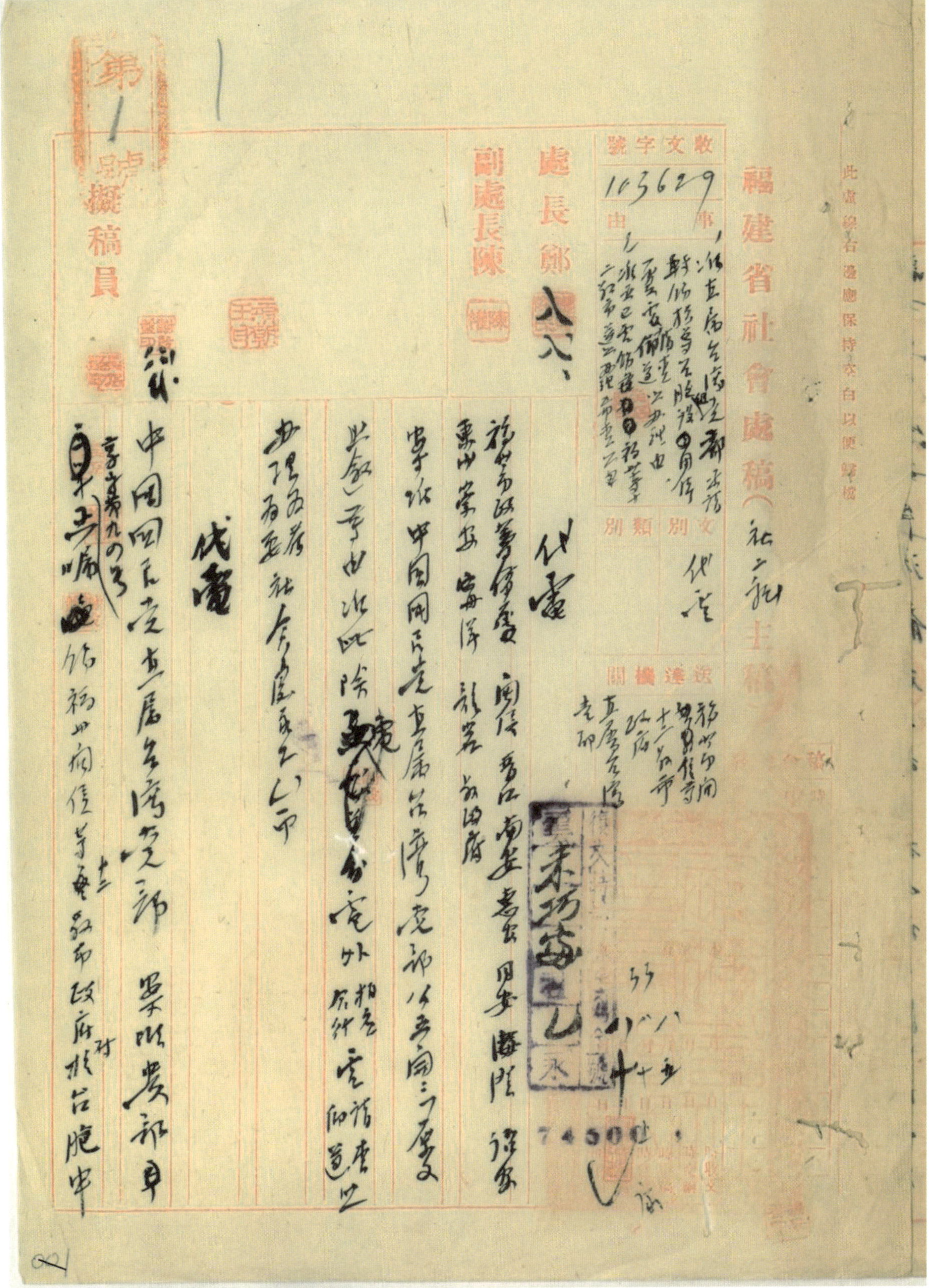
福建省社會處稿（社二福主稿）
敕文字號 103629
事由
文別 代電
送達機關
處長 鄭
副處長 陳
擬稿員
代電
中國國民黨直屬台灣黨部

福建省社会处关于加强指导台胞组织团体给福州等十二市县政府及台湾党部的代电

一九四四年八月十八日

此摺線右邊請勿寫字句以便黏卷

請從緩用俾昭[illegible]詳加接洽並予便利」等由，准此，自應照辦，除分函外，相應函達查照為荷。[illegible]印

福建省政府关于协助台湾党部工作与国民党中央组织部、福建省各级政府等的来往电

一九四四年十一月——十二月

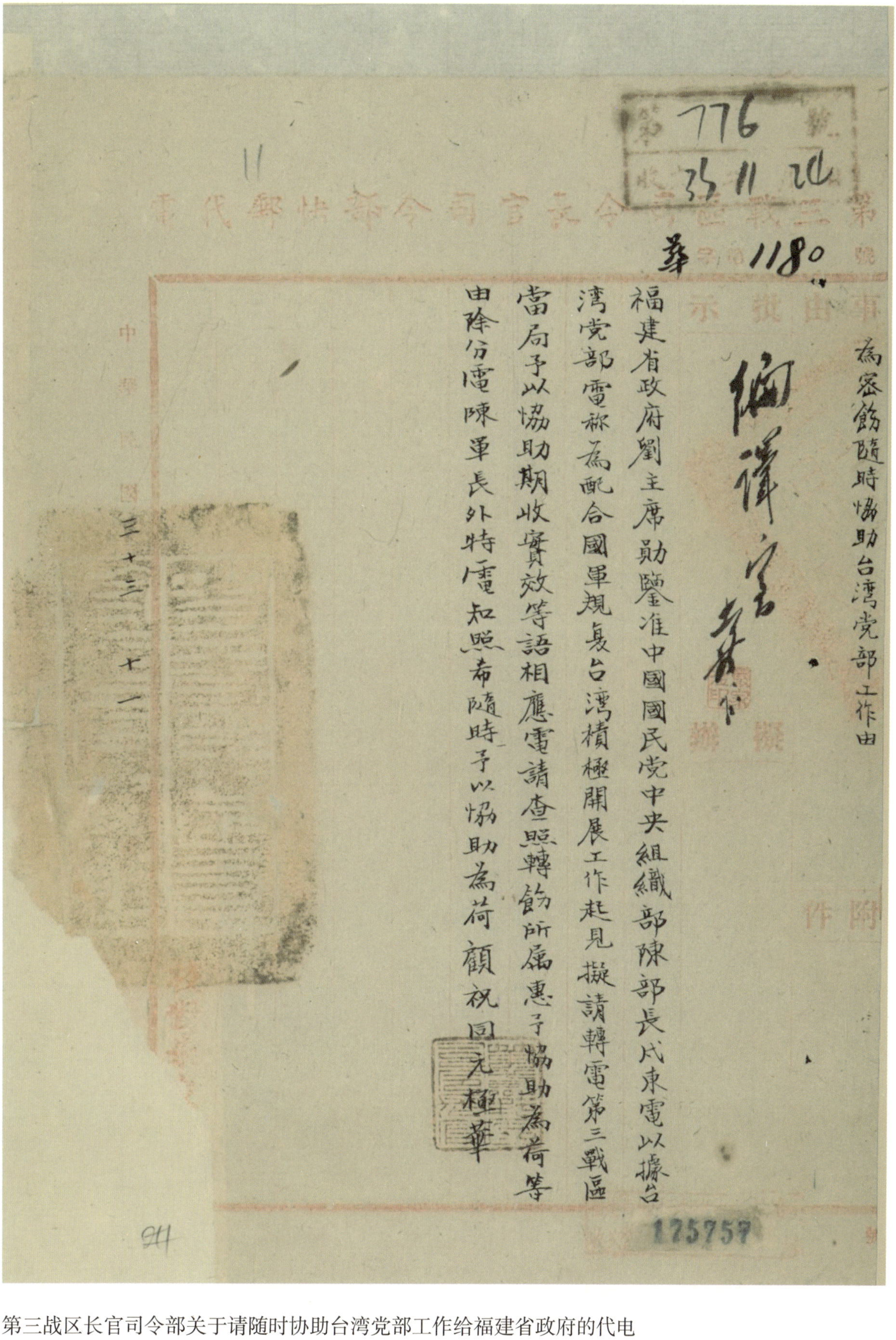
第三戰區司令長官司令部快郵代電

華1180號

事由 為密飭隨時協助台灣党部工作由

福建省政府劉主席勛鑒准中國國民党中央組織部陳部長氏東電以據台灣党部電稱為配合國軍規复台灣積極開展工作起見擬請轉電第三戰區當局予以協助期收實效等語相應電請查照轉飭所屬惠予協助為荷等由除分電陳軍長外特電知照希隨時予以協助為荷 顧祝同 元極華

中華民國三十三年十一月十一

第三战区长官司令部关于请随时协助台湾党部工作给福建省政府的代电

一九四四年十一月十三日

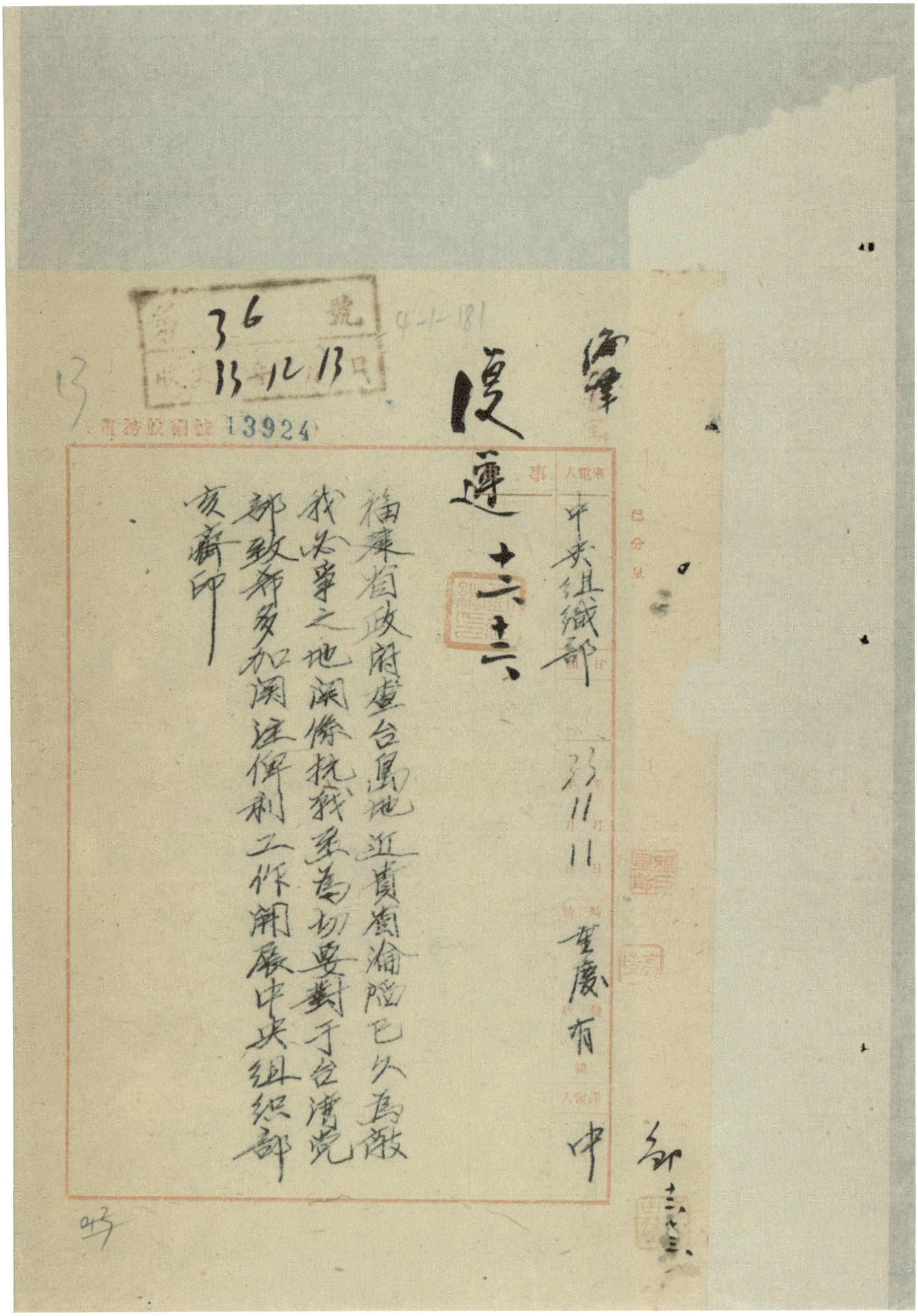

国民党中央组织部关于对台湾党部多加关注俾利工作开展给福建省政府的电

一九四四年十一月十八日

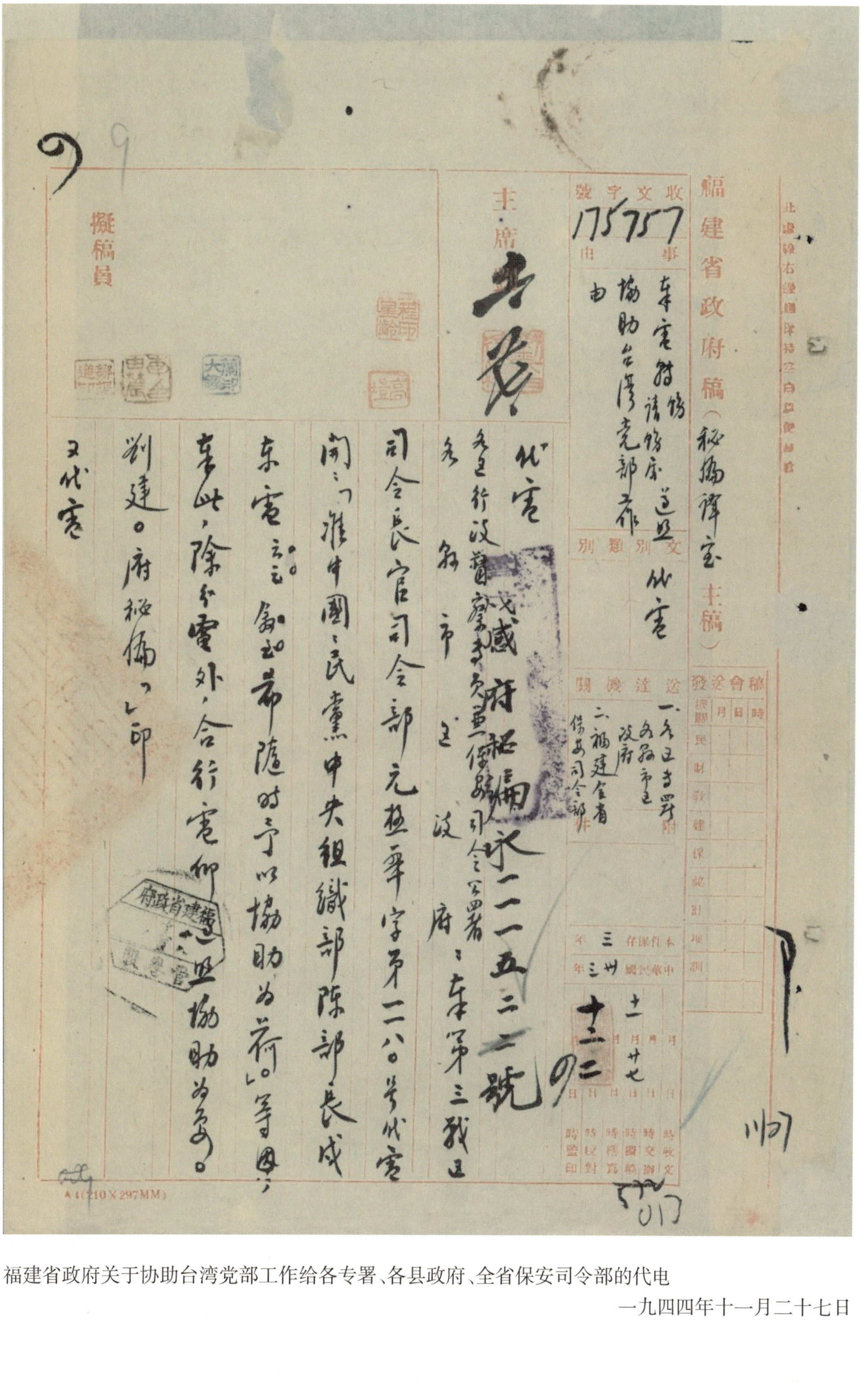
福建省政府稿（秘編譯室 主稿）

收文字號 175757

事由 奉電飭遵照協助台灣黨部希遵照由

文別 代電

主席

代電

各區行政督察專員、保安司令部、各縣市政府：案准第三戰區司令長官司令部元極平字第一八〇號代電開：「准中國國民黨中央組織部陳部長成東電，以『飭知希隨時予以協助為荷』等因；准此，除分電外，合行電仰遵照協助為要。」府秘編戌感印

府秘編戌感字第二一五二二號

又代電 劉建〇

民國三十三年十一月廿七日

福建省政府关于协助台湾党部工作给各专署、各县政府、全省保安司令部的代电

一九四四年十一月二十七日

10

福建全省保安司令部：奉第三战区司令长官司令部元基年字第二八〇号代电开："准中国国民党中央组织部陈部长成东电嘱饬部属随时予以协助为荷。"等因奉此。除分电各区行政督察专员兼保安司令公署、各县政府、各特种区署、福州市政筹备处、（及）厦门市政府办事处外，相（应）电请查照饬所属遵照协助为荷。刘建〇。府秘卿

"印"

040

017

第一科

事由：奉電轉飭遵照協助台灣黨部工作由

福建省政府代電　雲戍感府秘編永二八五三號

民國三十三年十一月　日

福州市政籌備處：案奉第三戰區司令長官司令部元極華字第一一八零號代電開：「准中國國民黨中央組織部陳部長戍梟電以據台灣黨部電稱為配合國軍規復台灣積極開展工作起見，擬請轉電第三戰區當局予以協助，期收寬效等語，相應電請查照轉飭所屬盡予協助為荷」等由。除分電陳軍長外，特電知照，希隨時予以協助為荷」等因。奉此，除分電外，合行電仰遵照協助為要。劉建緒府秘編感印

福建省政府关于转饬协助台湾党部工作给福州市政筹备处的代电　　一九四四年十一月二十七日

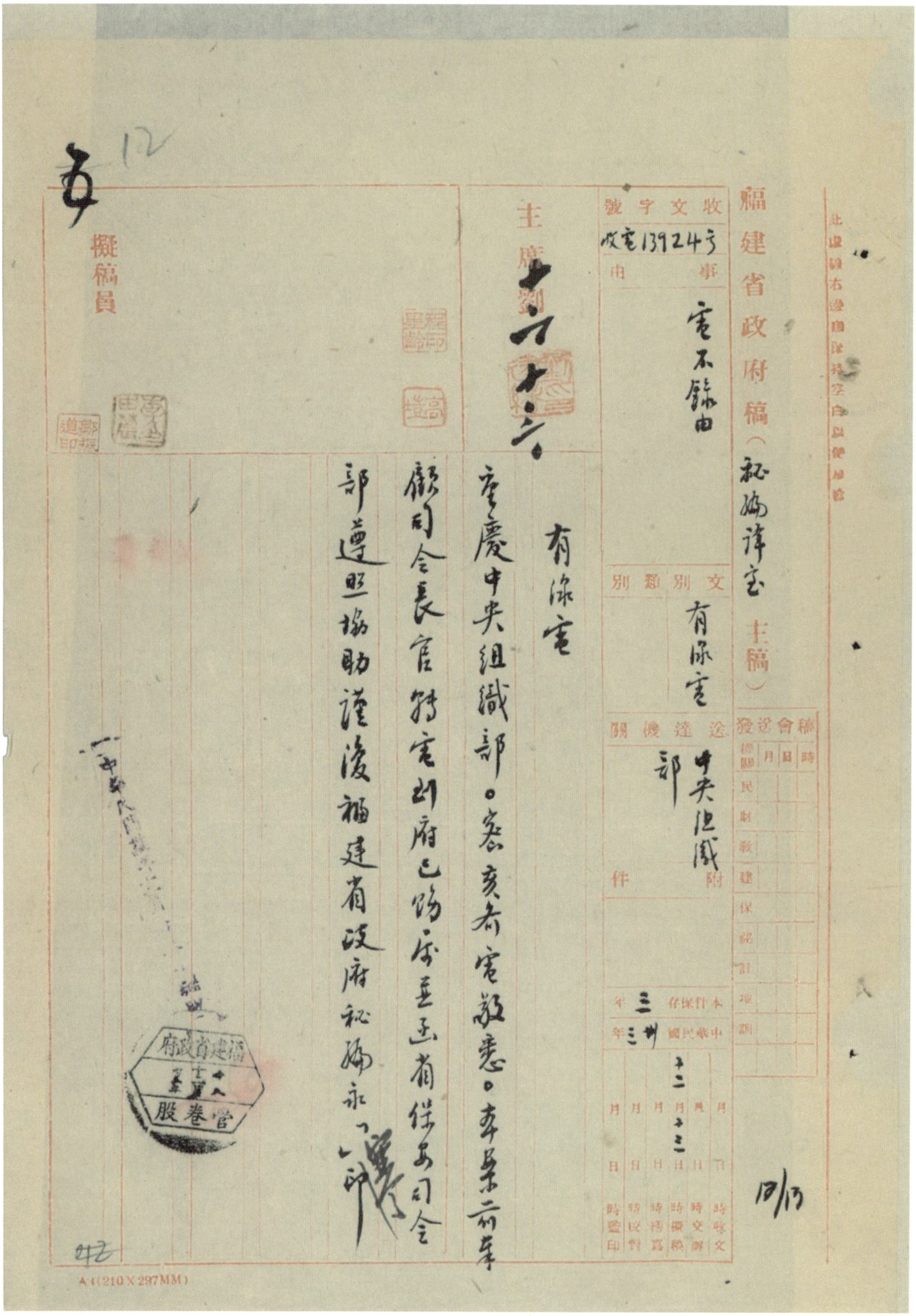
福建省政府稿（秘书处译电室 主稿）

收文字号：收电13924号

事由：电不录由

文别：有保电

送达机关：中央组织部

本件保存：三年

中华民国三卅年 十二月 十二日

主席 刘 十二月十六

拟稿员

有保电

重庆中央组织部。密。亥齐电敬悉。奉示前奉顾司令长官特电，本府已饬属并函省保安司令部遵照协助。谨复。福建省政府秘书处永。亥印

福建省政府关于已饬属并函全省保安司令部协助台湾党部工作给国民党中央组织部的电

一九四四年十二月十四日

60

秘字第2623

事由：為請轉飭所屬遵照協助台灣黨部工作由

南安縣政府代電　中華民國卅三年十二月　日

安溪永春德化各縣政府鑒：案奉省政府戌感府秘綏丞一一一五三八號代電開：准第三戰區
司令長官司令部元機參戌第一一八〇號代電開：准中國國民黨中央組織部陳部長戌參
處以據台灣黨部為配合國軍規復台灣積極開展工作起見擬請轉飭各戰區長官
司令以協助期收實效等語相應電請轉飭所屬遵予協助為荷等由除分電保安
長外特電仰遵照辦理并以協助為荷等因奉此除分電外合行電仰遵照協助為要等因奉
此除分電外仰遵照協助為要。南安縣政府秘（）印

遵辦　文　廿七

73

南安县政府关于协助台湾党部工作的代电　一九四四年十二月三十日

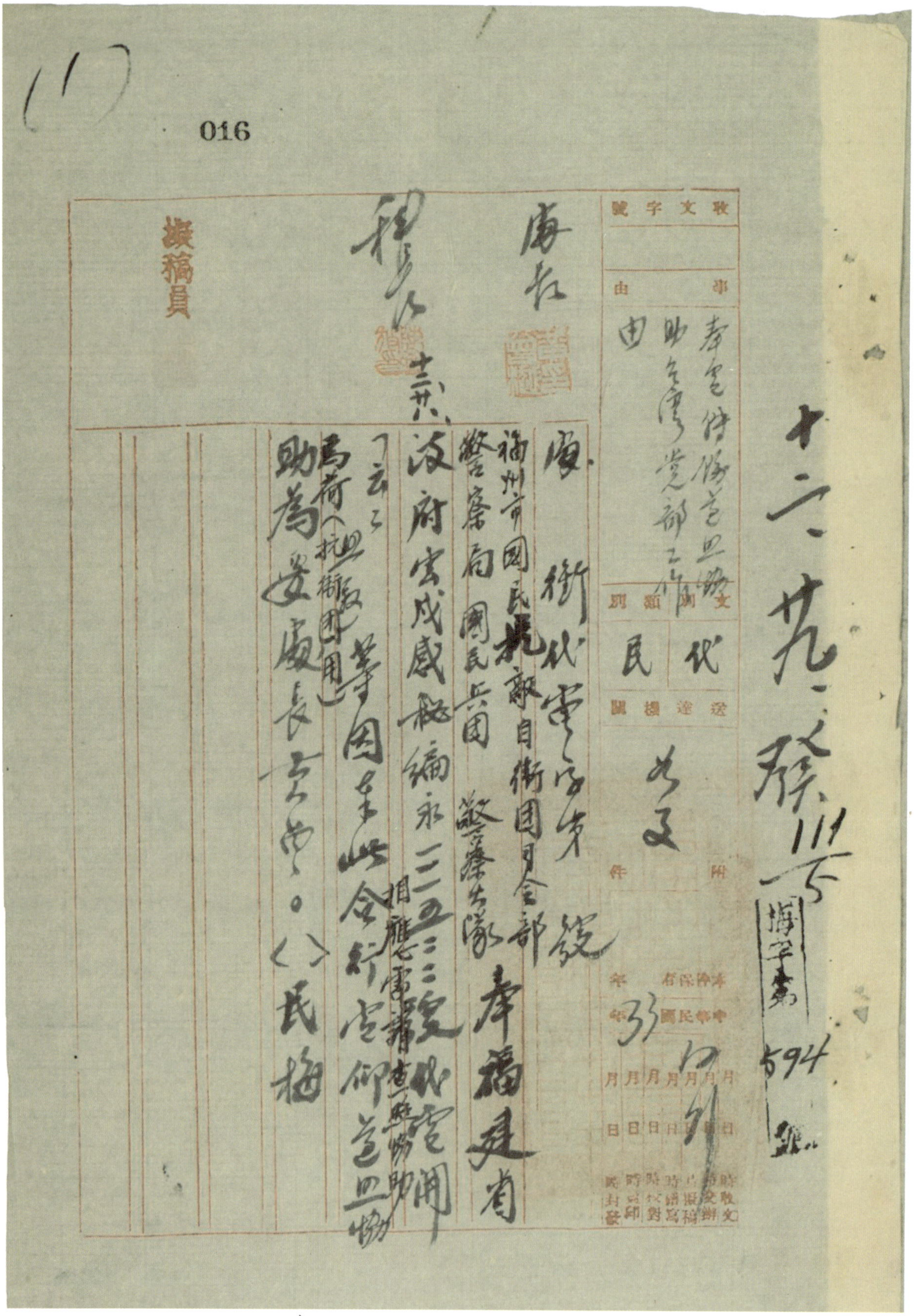

福州市政府筹备处关于协助台湾党部工作给福州市国民抗敌自卫团司令部等的代电

一九四四年十二月三十一日

福建省政府关于台湾党部申请登记《台湾研究季刊》与内政部、国民党福建省执委会等的来往函电

一九四四年十一月—一九四五年十月

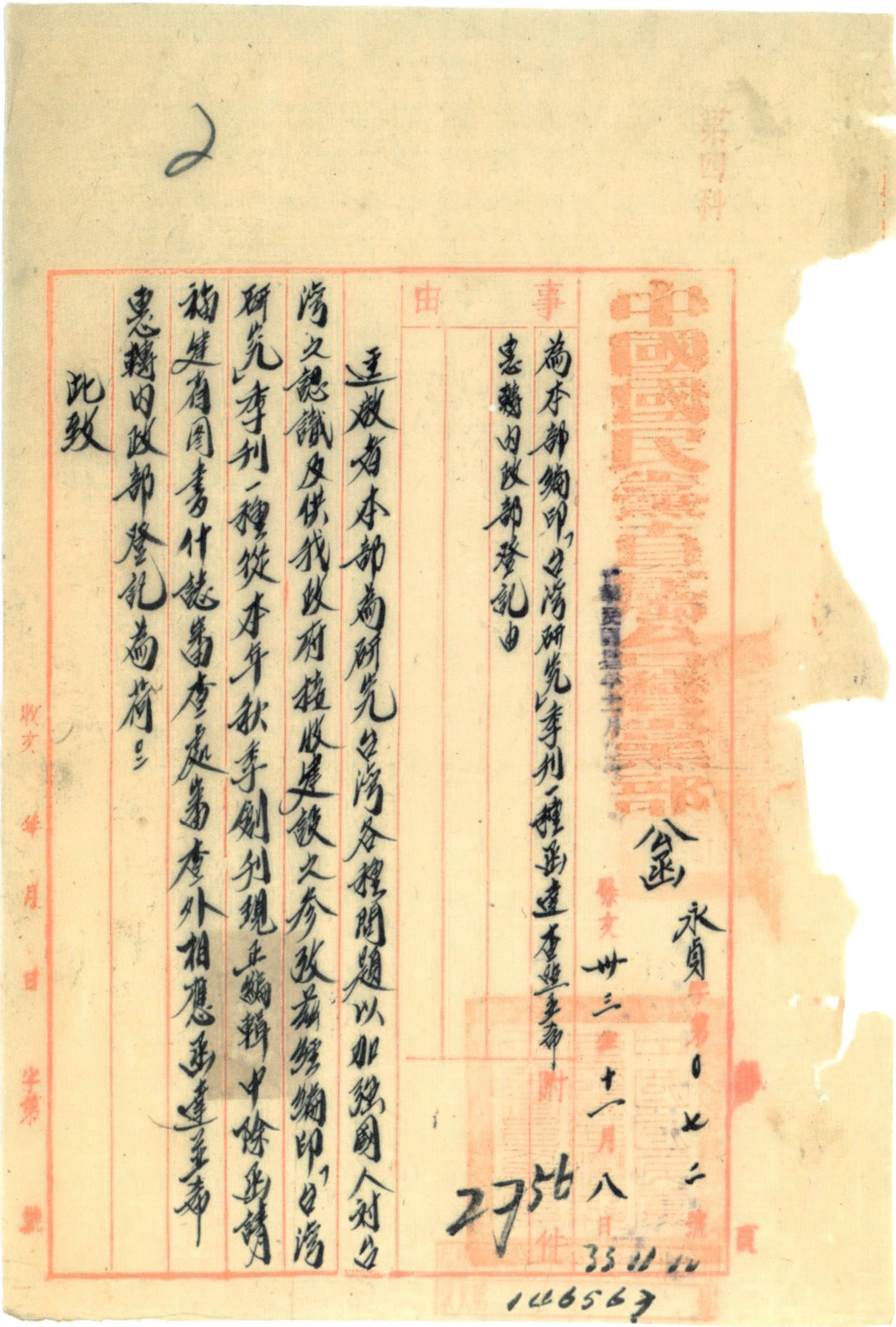
中國國民黨直屬台灣黨部 公函

永貞字第〇七二號

發文 卅三年十一月八日

事由：為本部編印「台灣研究」季刊一種函達查照並希惠轉內政部登記由

逕啟者本部為研究台灣各種問題以加強國人對台灣之認識及供我政府接收建設之參考茲編印「台灣研究」季刊一種從本年秋季創刊現正編輯中除函請福建省圖書什誌審查處外相應函達並希惠轉內政部登記為荷

此致

台湾党部关于《台湾研究季刊》申请登记给福建省民政厅的函　　一九四四年十一月八日

3

福建省政府民政厅

书记长兼代
主任委员 萧宜增

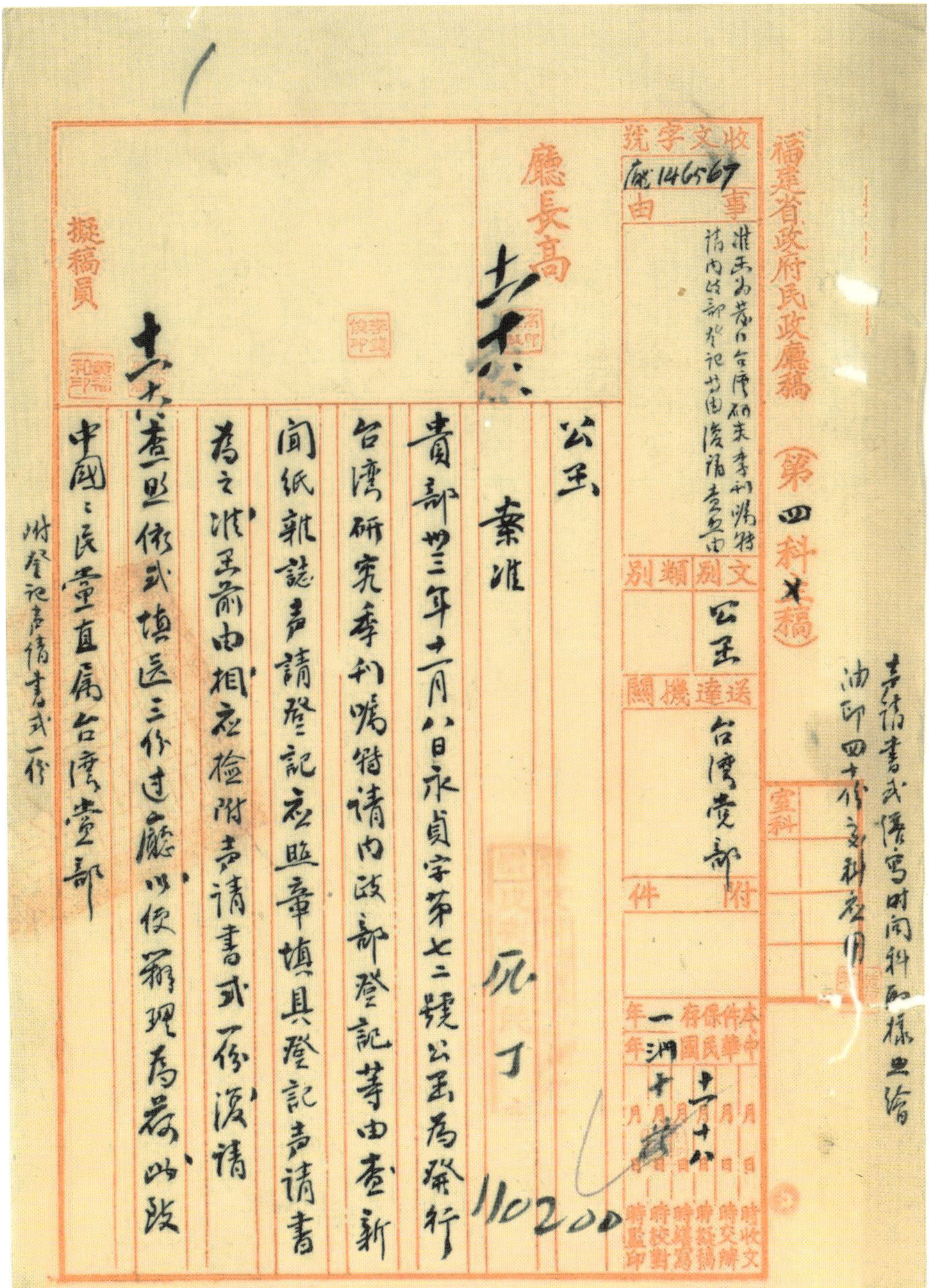

福建省政府民政廳稿（第四科 稿）

收文字號：廳14656（7）

事由：准函為發行台灣研究季刊囑轉請內政部登記一案函復請查照由

文別：公函

送達機關：台灣黨部

擬稿員

廳長高

公函

案准

貴部卅三年十一月八日永貞字第七二號公函，為發行台灣研究季刊，囑轉請內政部登記等由。查新聞紙雜誌聲請登記，應照章填具登記聲請書，為之准函前由，相應檢附聲請書式一份，復請查照，依式填送三份過廳，以便辦理為荷。此致

中國國民黨直屬台灣黨部

附登記聲請書式一份

聲請書式係寫明向科取樣照繕，油印四十份交科應用

中華民國卅三年十一月十八日

110200

390

福建省民政厅关于填送《台湾研究季刊》登记申请书给台湾党部的函

一九四四年十一月二十五日

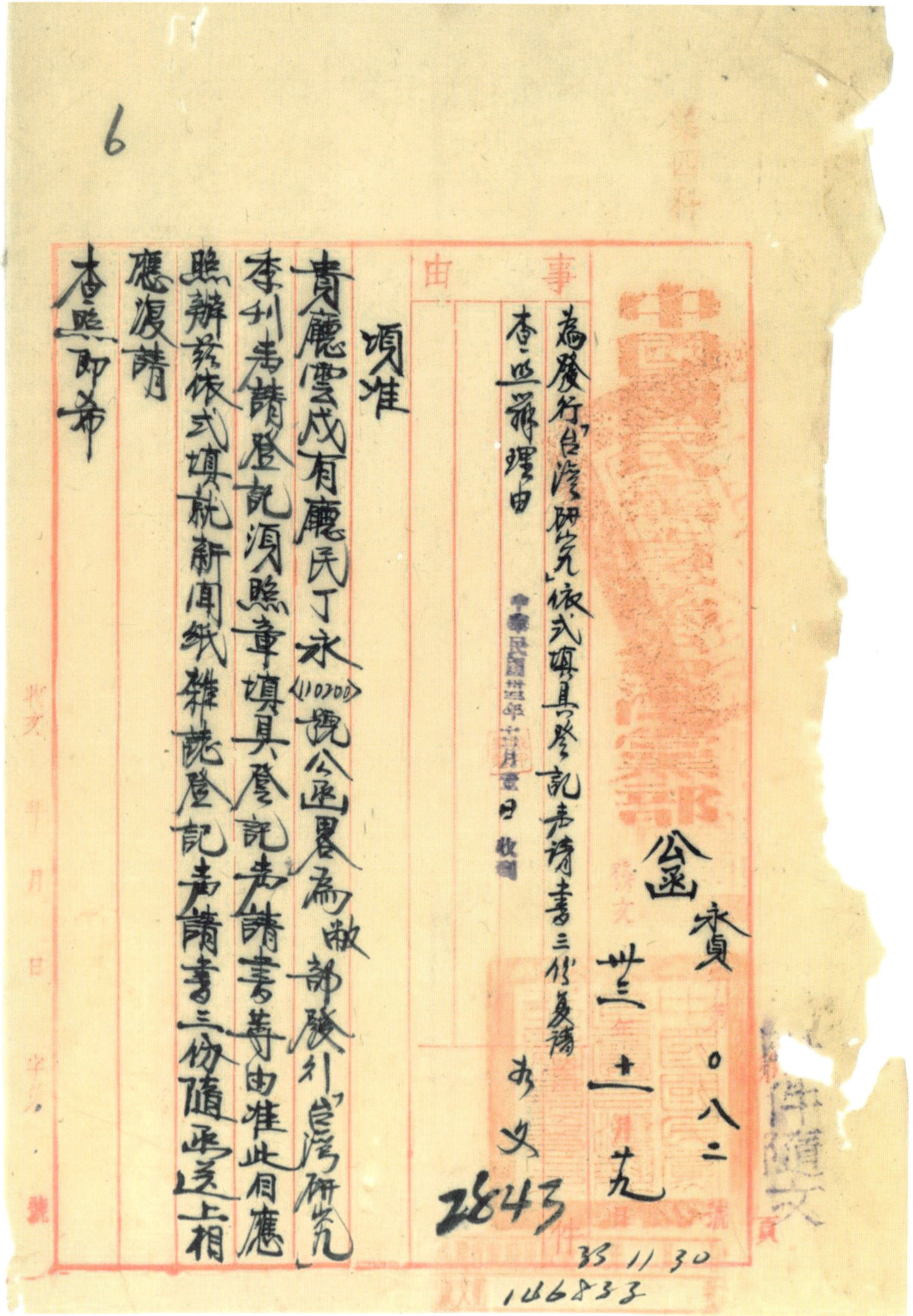
6

公函 〇八二 卅三 十一 廿九 發文

事由：為發行台灣研究依式填具登記申請書三份送請查照辦理由

項准

貴廳寅戌有廳民丁永（110700）號公函略為敝部發行台灣研究季刊者請登記須照章填具登記申請書等由准此自應照辦茲依式填就新聞紙雜誌登記申請書三份隨函送上相應復請

查照即希

2843

33 11 30

166833

台湾党部关于填送《台湾研究季刊》登记申请书给福建省民政厅的函

一九四四年十一月二十九日

7

轉呈内政部登記為荷
此致
福建省政府民政廳
附送新聞紙雜誌登記声請三份
書記長兼代
主任委員
蕭宜增

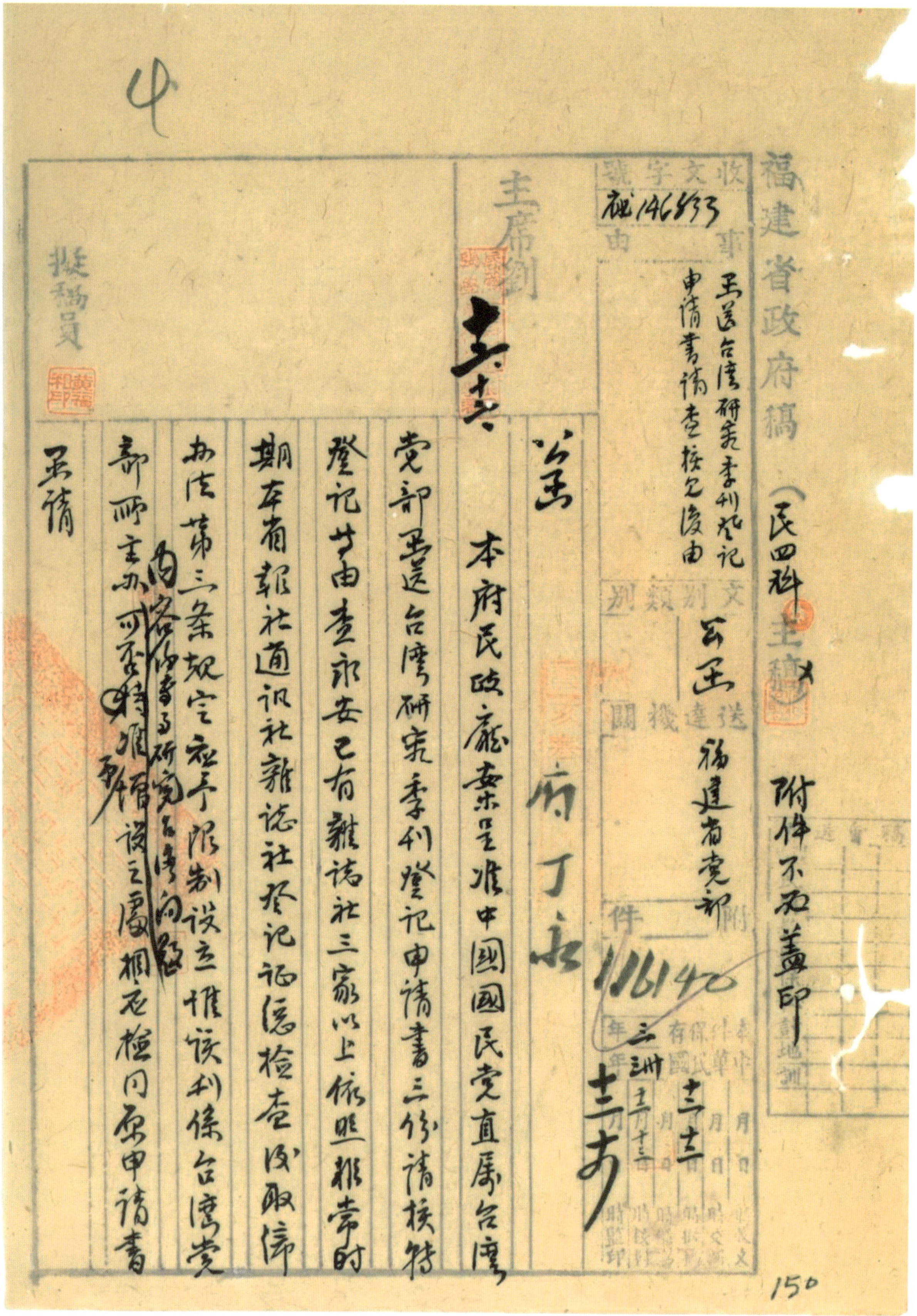
福建省政府稿（民四科主稿）

收文字號：社146833

事由：函送台湾研究季刊登记申请书请查核见复由

文別：公函

送達機關：福建省党部

附件不必蓋印

主席刘

擬稿員

案

本府民政厅案呈准中国国民党直属台湾党部函送台湾研究季刊登记申请书三份请核转登记等由。查永安已有杂志社三家以上，依照非常时期本省报社通讯社杂志社登记证照检查取缔办法第三条规定，应予限制设立。惟该刊系台湾党部所主办，内容侧重于研究台湾问题，可否特准设立之处，相应检同原申请书

函请

府丁永

150

福建省政府关于检送《台湾研究季刊》登记申请书给国民党福建省执委会的函

一九四四年十二月十四日

贵会查核见复以便办理为荷 此致

中国国民党福建省执行委员会

附送申请书二份

68

黄

中國國民黨福建省執行委員會快郵代電紙

事由：電復永安台灣研究季刊准予登記由。

擬辦

批辦

福建省政府：接准貴府雲亥寒府民丁永一一六一〇號函及附件均悉。永安台灣研究季刊社申請登記一節，依照本省報社通訊社什誌社登記証紀檢查及取締辦法規定，原應限制設立，惟該刊既係研究台灣問題專門刊物，自可姑予照准，相應將原附件加蓋印章送請查照辦理為荷。福建省執行委員會雲亥陷宣稿永附件如文

發電者	
通訊處	
發電	卅三年十二月卅日 時
收電	年 月 日 時
編號	永安宣稿字第一二〇九號
校對	程[illegible] 月 日
監印	何[illegible] 月 日
附註	

00455

国民党福建执委会关于《台湾研究季刊》准予登记给福建省政府的代电

一九四四年十二月三十日

聲請書式(六) 新聞紙或雜誌發行人依出版法第九條及同法施行細則第九條聲請登記者適用之

新聞紙雜誌登記聲請書

10七

名稱	台灣研究季刊
類別	雜誌
刊期	三個月一期
發行旨趣	[illegible]
發行所名稱、所在地	[illegible]
印刷所名稱、所在地	[illegible]

發行人及編輯人	姓名	籍貫	年齡	學歷	經歷	住所
發行人	蕭友	宣東平	四十八	[illegible]	[illegible]	[illegible]
編輯人	湯遠	[illegible]	[illegible]	[illegible]	[illegible]	[illegible]

審查意見	核定意見
准予登記	

茲因發行台灣研究季刊雜誌依出版法第九條及同法施行細則第九條之規定備具左列事項聲請登記謹呈

臺灣省政府民政廳

聲請人：中國國民黨直屬台灣黨部

發行人：蕭友增

中華民國三十六年十二月二十九日

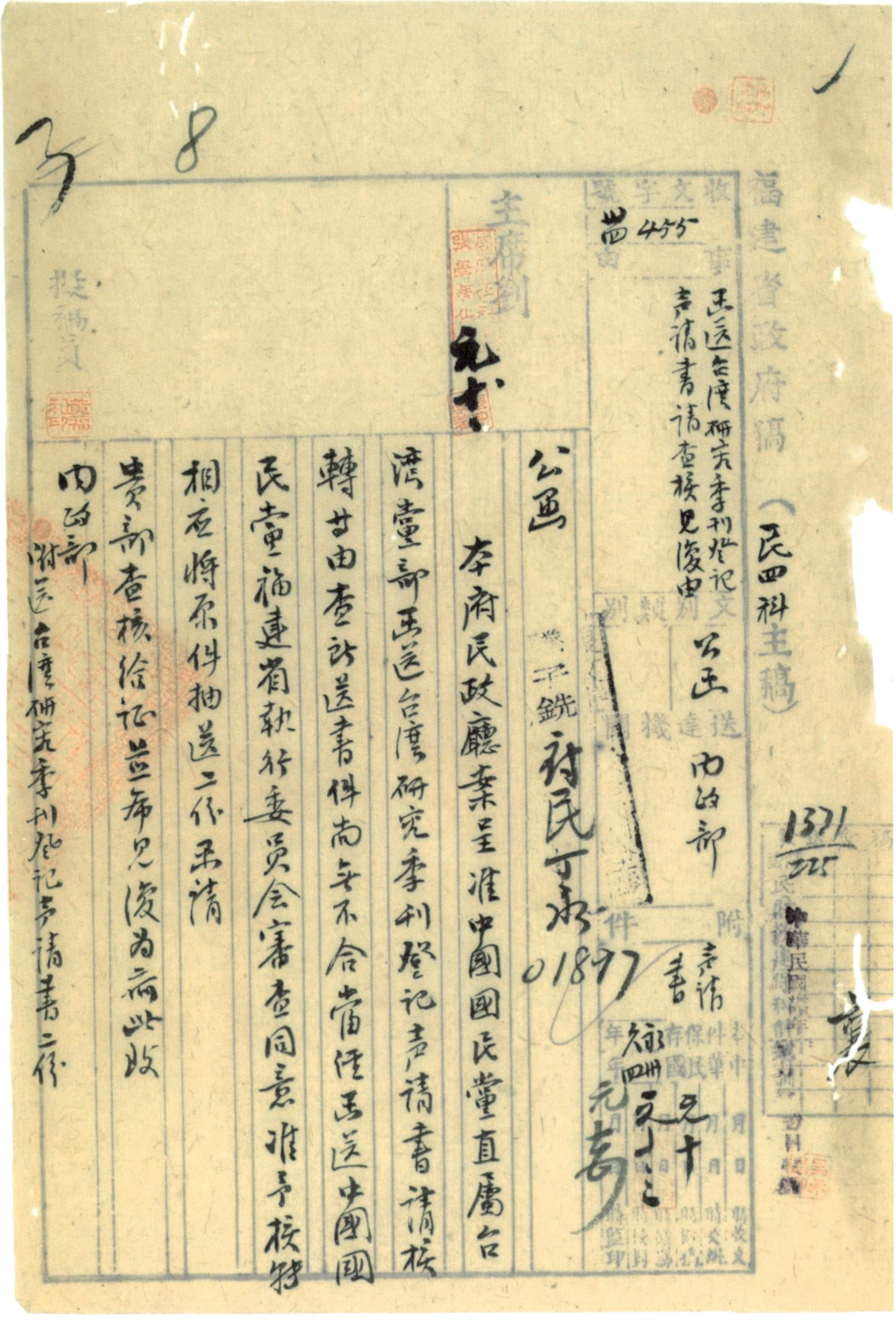
福建省政府稿（民四科主稿）

收文字号：

事由：函送台湾研究季刊登记声请书请查核见复由

文别：公函

送达机关：内政部

附件：声请书

主席 刘

公函

府民丁承 01897

本府民政厅案呈准中国国民党直属台湾党部函送台湾研究季刊登记声请书请核转并由查该送书件尚无不合当经函送中国国民党福建省执行委员会审查同意准予核转相应将原件抽送二份函请贵部查核给证并希见复为荷此致

内政部

附送台湾研究季刊登记声请书二份

福建省政府关于送《台湾研究季刊》登记声请书给内政部的函　　一九四五年一月十六日

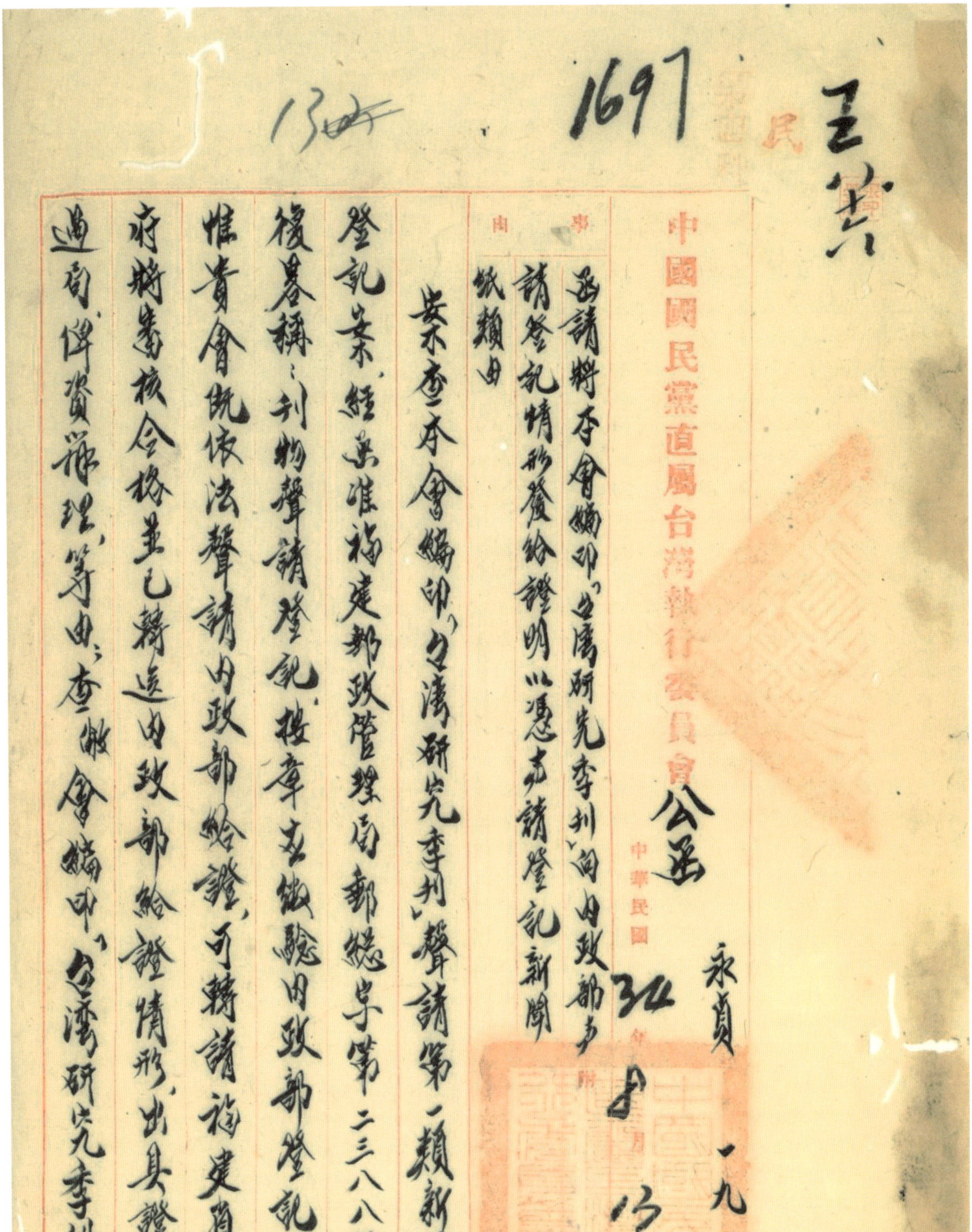

1697

中國國民黨直屬台灣執行委員會公函

事由　函請將本會編印之台灣研究季刊向內政部聲請登記情形發給證明以憑呈請登記新聞紙類由

中華民國34年8月13日　永貞　一九〇

案查本會編印之台灣研究季刊，聲請第一類新聞紙登記案，經函准福建郵政管理局郵總字第二三八八號函復略稱：刊物聲請登記，按章應繳驗內政部登記證，惟貴會既依法聲請內政部給證，可轉請福建省政府將審核合格並已轉送內政部給證情形，出具證明送局，俾資辦理，等由；查敝會編印之台灣研究季刊，經

113316

国民党台湾执委会关于请发《台湾研究季刊》审核合格及转呈内政部登记情形证明书给福建省民政厅的函

一九四五年八月十三日

於去年十一月廿九日，以永貞字第八二號公函，然奉填具
聲請書，函請
貴廳轉呈內政部登記在案，准函前由，相應函達
查照，請將審核合格及轉呈內政部登記情形，發給
證明書，以資辦理，至紉公誼。

此致

福建省政府民政廳

兼代主任委員蕭[illegible]

14

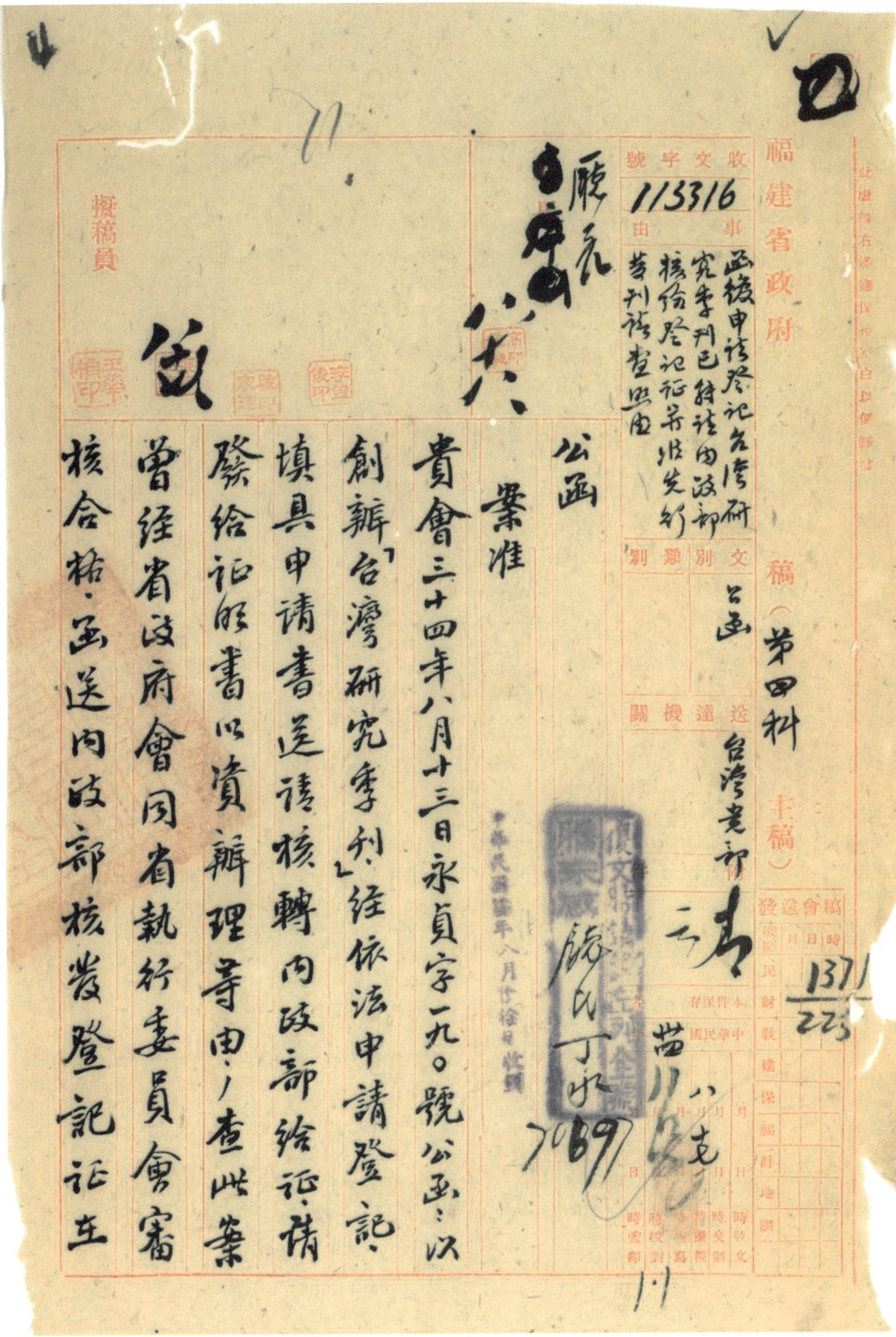
福建省政府稿（第四科主稿）

收文字號 113316

事由：函複申請登記台灣研究季刊已轉請內政部核給登記証并准先行發刊請查照由

文別：公函

送達機關：台湾党部

公函

案准

貴會三十四年八月十三日永頁字一九〇號公函：以創辦「台灣研究季刊」經依法申請登記，填具申請書送請核轉內政部給証，請發給証照書以資辦理等由。查此案曾经省政府會同省執行委員會審核合格，函送內政部核發登記証在

福建省政府关于《台湾研究季刊》已审核合格可先行出版给台湾党部的函

一九四五年八月二十七日

12

案。並經省政府電准內政部核覆，在交通未恢復時，各地報社、通訊社、雜誌社申請登記，經省黨政機關審核合法，於登記證未發領前，暫准先行發刊等由到省。關於

貴會所發行之「台灣研究季刊」自可先行出版，准此前由，相應復請

查照。此致

中國國民黨直屬台灣執行委員會。

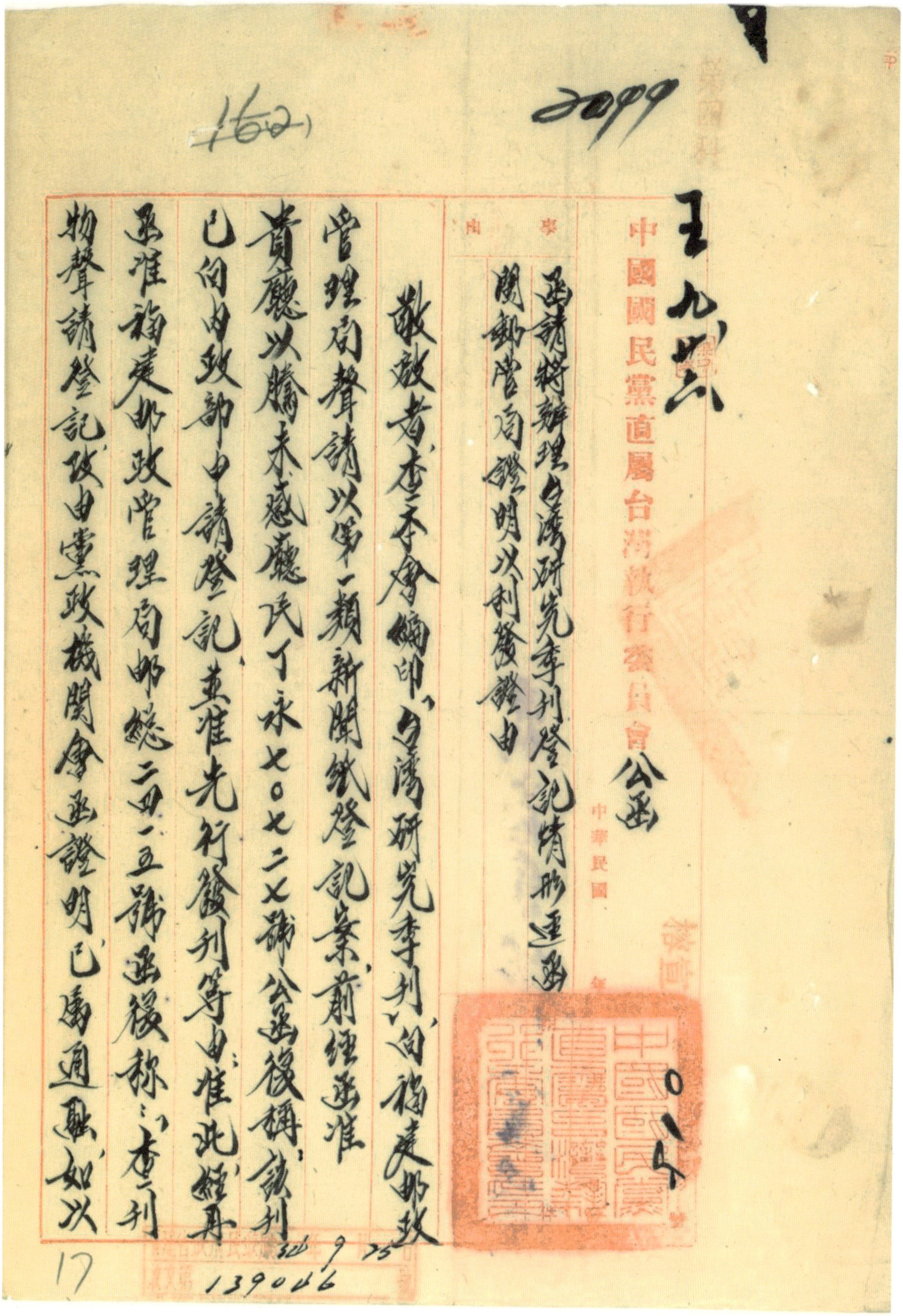
中國國民黨直屬台灣執行委員會公函

事由：函請將辦理台灣研究季刊登記情形逕函閩郵管局發證明以利發證由

敬啟者，查本會編印「台灣研究季刊」，向福建郵政管理局聲請以第一類新聞紙登記案，前經函准貴廳以據本處廳民丁永七〇七二七號公函復稱：該刊已向內政部申請登記，並准先行發刊等由，准此，經再函准福建郵政管理局郵總二四一五號函復稱：「查刊物聲請登記，須由黨政機關會函證明已屬通融，如以

国民党台湾执委会关于请将《台湾研究季刊》登记情形告知福建省邮政管理局给福建省民政厅的函

一九四五年九月二十五日

會函囑時，擬請貴會速函福建省政府民政廳，先將辦理台灣研究季刊登記情形，函知本會，以便發證等由到會，相應函達

貴廳查照，謹煩即速函閩郵政管理局，直接証明，以利發證，實紉公誼。

此致

福建省政府民政廳

兼代主任委員 蕭宜增

18

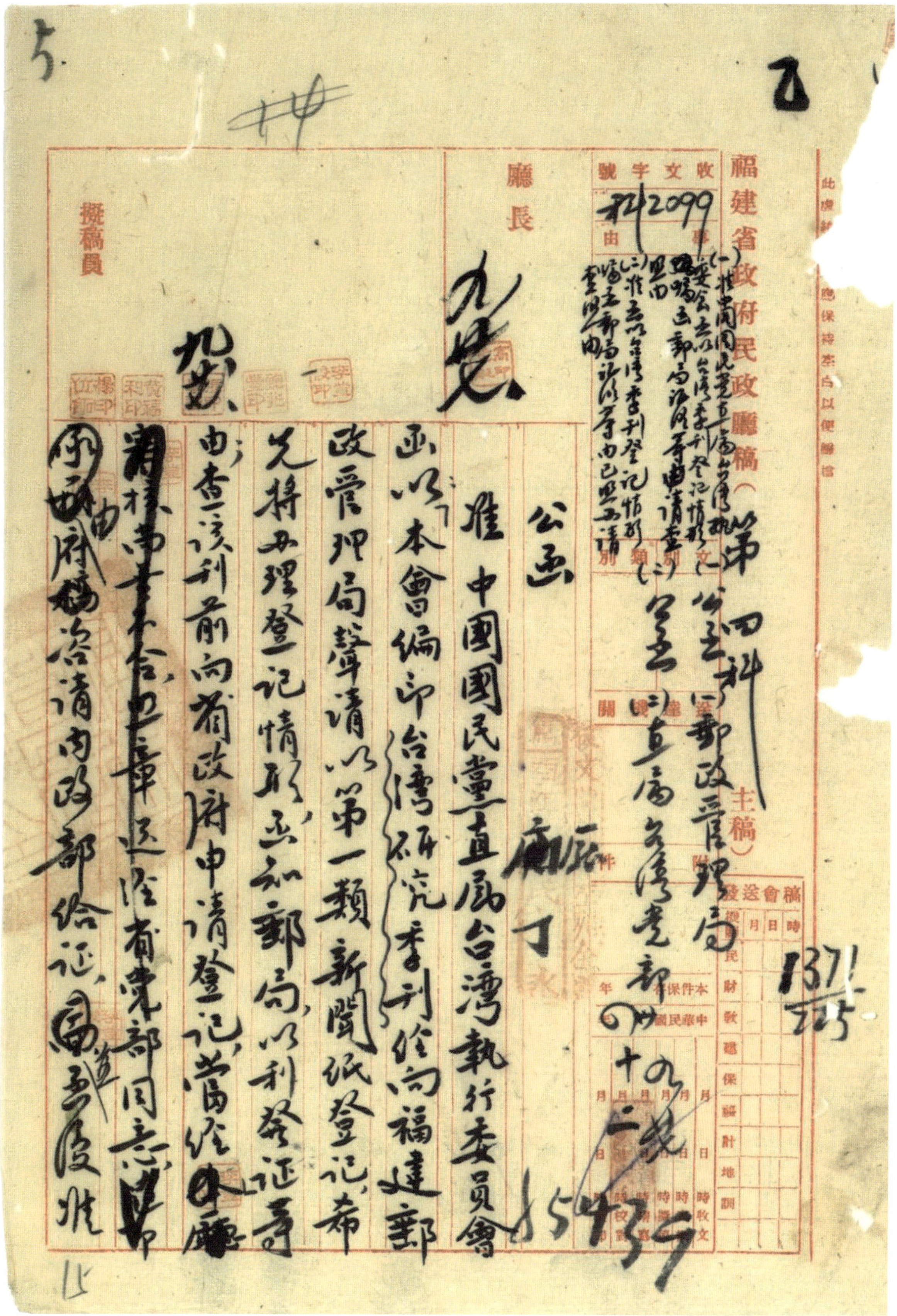

福建省民政厅关于《台湾研究季刊》登记情形给福建省邮政管理局及台湾党部的函

一九四五年十月三日

先出版發行，并在案。茲准前由，相應函請
貴局查照辦理為荷！此致
福建郵政管理局
公函
准
貴會榕宣第〇一五號函，以台灣研究叢刊經向郵政管理局
申請以第一類新聞紙登記，囑將修正登記情形函知郵
局以便登記等由。業將辦理登記經過函請福建郵政管
理局查，相應函復，請
查照，即希轉函洽辦為荷！此致
中國國民黨直屬台灣執行委員會

16

《台湾研究季刊》（创刊号、第一卷第二期）

一九四五年一月、六月

台灣研究季刊

創刊號

中國國民黨直屬台灣黨部編印

中華民國三十四年一月十五日出版

《台湾研究季刊》(创刊号)　　一九四五年一月十五日

發刊詞

蕭宜增

台灣是我國的領土，自甲午戰後為馬關締約被迫割讓後，雖然慘受日寇五十年的長期統治，實施其一貫的奴化政策；但在日寇的暴政宰壓之下，不特沒有消滅台胞的民族思想，相反地反日的革命運動，更隨民族解放的怒潮而急激進展。

綜觀五十年來的台灣革命，依其主要的活動方式，可分為三個時期：（1）反抗割讓爭取民主獨立時期——自割讓台灣，日寇「始政」，台民反對淪為奴隸的「恥政」，建立台灣民主國，武力反日，以至日寇完全統治台灣，民主國解體；（2）秘密反日力謀歸宗時期——自台灣民主國解體，在日寇暴政高壓下，台民秘密革命，前仆後繼，前後掀起十二次驚天動地的武力反日的壯舉，使台民的民族觀念和革命熱情，得以存續發揚，以至「七七」事變；（3）匯合國民革命完成台革時期——自抗戰軍興，台灣問題已成為中國問題的一環，台灣革命匯合為國民革命的一部，遂得新的進展，以至完成抗建大業，得到整個的圓滿解決。這三時期的革命方式雖然各有不同，但其反抗日寇的暴政，恢復中國的領土，達到民族歸宗的革命精神是始終一貫的。

再就我國對台灣所持的態度和政策亦有下列三個時期：（1）輕忽台灣視為化外時期——清代視台灣為藩屬，無足輕重，對于台灣實無政策可言；（2）注力國內革命對于台灣無力兼顧時期——自本黨領導革命，早已感覺台灣的重要，中國革命同盟會於民國前二年開始在台灣活動，並組織台灣分會，不過當時注力國內革命，為避免因台灣問題致引起日本對我革命的阻力，不能兼顧台灣，民國三年同盟會台灣分會因以解散，其後因國內變亂紛乘，假擾不常，直至抗戰以前，對台灣尚未確立積極的政策；（3）收復台灣鞏固國防時期——自抗戰軍興，我宋外長于卅一年十一月三日公開表示收復台灣，總裁在「中國之命運」中昭示：「台灣，澎湖，東北四省，內外蒙古，新疆，西藏，無一處不是保衛民族生存的要塞，這些地方的割裂，即為中國國防的撤除」，我國對台灣的政策乃告具體確立了。

從上述台灣革命的過程和我國對台灣的政策，顯示出各時期台灣和祖國關係的消長：台灣自與我國本部隔離後，復受敵日的高壓和離間，遂與祖國逐漸疏遠甚至發生誤解，而我國朝野受了滿清輕視台灣的遺毒，和格于本國的局勢，對于台灣由「疏遠」而生「隔膜」，而憎「恨惡」，這是第一第二時期中無可諱言的事實。所以台灣問題到了抗戰的前夕，真是陷于極度的沉寂和暗淡；可是陰霾過後，曙光繼臨，這沉闊和暗淡的局面，終隨發動抗戰序幕的揭起而全盤打開，台灣與國內的隔膜亦被抗戰的烈燄燒掉了。自三十年十二月九日我國正式對日宣戰後，台灣已恢復與我國原有的關係，我中央早已確定收復台灣的國策，到了這個時期台灣的局勢乃得到空前的開展。跟着整個局勢的發展，我們對台灣的工作也在艱苦中逐步進行，台灣與我國雖然恢復了原有的關係，但台灣全島仍然完全被日寇的暴力控制，在我國政治軍事未能直接在島內行使以前，我國對台灣可能進行的工作，必須以黨務為中心，我中央高瞻遠矚，乃于卅年三月開始籌備台灣黨務，至卅三年四月正式成立台灣黨部，以為我國對台灣工作的策動中心，和對台灣革命的指揮機構，於是台灣的革命分子和團體都在黨的意志之下，為光復台灣而努力。這是中央解決台灣問題的基礎，也就是已經把台灣革命納於本黨的國民革命之內，並且已經把台灣問題變成整個國家問題的一環，同時促使台胞和內地同胞同負解決台灣問題和收復台灣的重大使命。自去年開羅會議決定台灣澎湖歸還我國，台灣問題更為明朗化，這是我最高領袖領導抗戰堅苦奮鬥的結果，也是我國解決台灣問題的初步成功，更足以證明中央對台灣政策和工作方針的正確。我們對于這種初步成功的獲得，正如總裁所說：「我們中國國民正確的反應，是義務心的激發與責任心的加強。國家的責任與國民的任務，從此更加重大」（中國之命運二一二頁）。更應遵照總裁訓示：「我們只有格外惕勵，特別奮勉」（中國之命運二一三頁）。

台灣黨務是屬于戰地黨務，其活動方式本來是絕對祕密的。但台灣情形特殊，與一般戰地不同，其黨務工作，除與一般戰地相同者外，尚有下列幾種特性：

（1）台灣島內黨務因為戰前沒有工作基礎，戰後又受日寇嚴酷的控制，所以台灣黨務特別困難而繁重。為適應這種實際環境，及工作上的需要，中央乃將台灣黨務的指揮機構，暫設內地。

（2）我國內地同胞對于台灣，向來比較隔閡，而島內同胞對于國情的認識亦比較淺薄。所以，台灣黨務工作：一面要促進國人了解台灣，而注力台灣工作；一面要喚起台胞服膺中央領導，努力光復大業，同時要使內地與島內互相溝通，打成一片，團結一致，奮赴事功。

（3）在戰前移住或戰後避居內地的台胞，對于台灣都有特殊的關係，且其人數已多，力量當然很大，為集中台胞的力量，增強對台灣工作的貢獻，應該加以組織和啓導，這也是台灣黨務的特別而重要的工作。

依據上面所述的工作特性，適應工作的需要，我們對台灣黨務遂不得不採取特殊的工作方式：因為他是戰地黨務，在工作上是有祕密性的；同時，因為他有工作的特性，在實際上需要公開號召，引致國人和內地台胞的注意，加強台灣革命的力量，因此，台灣黨務的工作方式：一方面，在島內的活動和各種組訓工作，採取祕密方式；他方面，在內地的活動和宣傳研究工作，必要時採取公開方式。所以我們對於台灣問題很願意作公開的研究，得到確切的解決，並且加以公開的宣揚，獲得更大的效果。

尤其是，自開羅會議把台灣問題明朗化之後，各方對於台灣問題，都感到非常關心。加之近數月來，盟軍在太平洋戰局的急激進展，台灣情勢的緊張，正如暴風雨的前夕，盟軍的總攻，隨時有一觸即發的可能。在這局勢開展的當兒，我們應該特別加緊各種有關台灣的工作：關於島內實情的探究，對台革力量的充實，如何具備收復台灣的條件？如何協同盟軍的進攻？克復時如何接管？戰後如何建設？這種種重要問題都是亟待我們詳細的探討和研究，加以精密的設計，而作切實的充分的準備。所有各種準備工作，固然應由當局負起完成的責任，對其機密部份不應公開披露；但台灣收復，人人有責，台灣問題，衆所關心，更有公開研究，集思廣益，交換意見和共同貢獻的必要。本刊的創立，就是適應這實際的要求和工作的需要，作為公開的園地。希望在這新闢的園地，獲得美滿的收穫。

本刊是戰時的產物，而誕生於台灣局勢急激開展的今日，得與關懷台灣的讀者諸君首次會見，實感到異常的奮勵，更寄以深切的期望。

今後的台灣問題，如果能因本刊的出世，引致國人熱烈的探討和研究，得到更深切的認識和努力，有助於台灣光復的大業，進而建設三民主義的新台灣。這就是本刊同仁的初衷，和最懇切的期望，也就是願與讀者諸君協同一致，努力斬求的成果。

要加速光復台灣的工作

李雄

「歐洲堡壘」崩潰了，「太平洋的海上長城」也日就衰頹，東西侵略者對於掠奪性的戰爭已是信念毫無，在他們宰制欺騙下的千千萬萬的人民，也漸漸明瞭戰爭是終於潰敗的了。

處分戰敗者的條款，同盟國間雖還未曾具體的提出討論，但都主張嚴厲對付，不給他們再度抬頭作惡的絲毫憑藉，以杜後患。將來的和平條款，大約是：第一侵略者的作戰機構應完全予以破壞；第二侵略者所侵佔的土地應完全交還原主；第三限制他們的活動範圍及生活方式。日來西線盟軍已迅速攻入德國本土，一般咸料德國即將被迫投降，美國衆議院已表示對德議和意見，認為必須極端苛刻，除德國應歸還所强奪的一切土地外，其本土尚應縮小，東普魯士可劃歸蘇聯，蘇台區及戰前德國本土之一小部份則劃歸捷克，其他與德比鄰之法，比，荷等國亦應分得德國領土，傳美財部正在草擬此項瓜分計劃中。至於對待遠東的日本亦必沒有例外。美國輿論甚且主張把日本整個國家爲炸焚燬和掃射，徹底破壞他的主要城市和其整個的工業機構，把日本人民留在斷井頹垣中，使之飽嘗戰敗滋味，以教訓他們，並以治療遠東的國際癥結。是的，對付黷武好戰的民族，與懲罰他們的野蠻，殘酷，理應如此，這也是狂妄的人應受的酬報，我們誠無用其仁慈。

日本帝國主義解體後，為求東亞民族自決的具體實現，我們外部曾經有所表示，即中國戰後決無領土野心，惟東北與台灣則必須收復，日本統治下的朝鮮則必須獨立。開羅會議所決定的，本體能符合我們這個願望，這合理的舉措，造成盟國間更深一步的諒識與理解而於新世界的和平秩序的奠立，是有極大的貢獻的。

我們為甚麼主張戰後朝鮮必須獨立？人們總還能記憶：「依據田中奏摺，日寇的兼併朝鮮，就是他佔領東北的開端，他的佔領東北，就是他進攻中國的初步；他的進攻中國，就是他征服世界的前奏。朝鮮被吞，則東北危；東北被侵，則中國危；中國被侵，則太平洋乃至整個世界危」。換一個說法，我們也可說：「朝鮮是日本侵佔東北的賭本；而東北則是他敢於進攻中國乃至發動太平洋全面戰爭的賭本。為保障戰後東亞的和平，我們溯本窮源，深知朝鮮獨立的重要，故提出如斯堅決的主張。

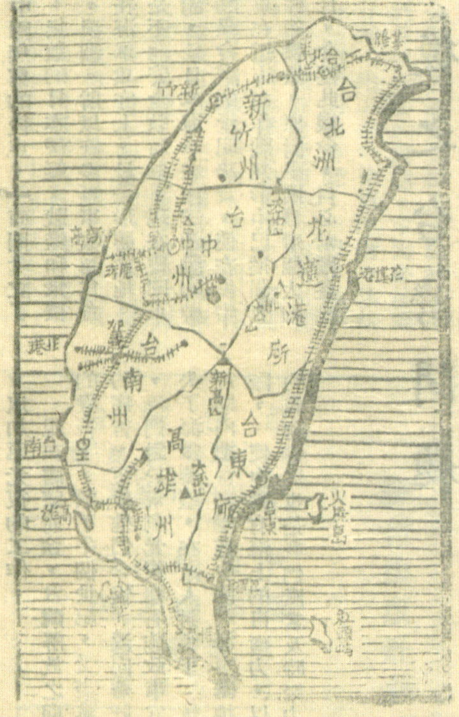

台灣形勢圖

至於台灣原是中華民族血脈的一支，「在一千年前即已納入中國歷史的鏡頭」。近來有識人士亦指為是中國海上兩隻眼睛之一，它與海南島早已成為中國安全所繫的前哨的瞭望台。自從它被割裂以後，祖國便一蹶不振，日寇得了台灣、一面打破了中國東南的藩籬，給予中國無窮的後患，一面則奠立了他南進的基礎。太平洋戰爭爆發以後，無數的日本潛艇，戰艦和飛機，都是從這巨大的海空基地駛往南洋，澳洲。所以許多軍事家認為台灣之於日本，正如夏威夷之於美國，在海軍攻守上，最是形勝之地。在這堡壘沒有被摧毀以前，猛攻日本是不能安全執行的。現在盟國正用全力向菲律濱荷印進出如何摘取台灣，使日本海軍在南洋活動的神經中樞發生麻痺，實為最要的一着。開羅會議的賢明決策，使在黑暗中掙扎的台胞，精神上大為振奮，盟軍在這方面作戰無形中已獲強有力的助手。台胞因血統與仇恨日寇壓搾的關係，原對祖國懷着極大的溫情，明爭暗鬪，準備歸來，已非一日，今獲此機會，自必奮圖益烈，以加速光復的工作。

現在瞻望前途，台灣解放之期，已指日可待，他們在兇殘的日寇的鞭笞下，熬了半個世紀，受盡敵人的荼毒侮辱，遍體鱗傷，精神上的痛苦，更使他們含恨把淚向着肚子裏流，他們真急待着祖國的撫慰，我們對於規劃光復建省施政事宜，實應從速着手。同時我們痛感到失了海疆藩籬，在敵人封鎖下，抗戰倍見艱辛，懲前毖後，要在今後短期內把台灣變成中國的海軍基地，積極建設一個相當規模的守勢艦隊，一使中國有海上的自衛力，以保衛自身，並分担保衛整個太平洋的義務」責也是我們應當及時努力的。

開羅會議後之台灣問題

——為台灣研究季刊創刊誌念作

李友邦

開羅三國會議的中心內容，為中美英確定共同解決日寇的方案，並具體地宣稱東北四省，台灣澎湖羣島歸還中國，朝鮮自由獨立。這個會議，純係順潮流所趨，踏人類所向，非以個別利圖為目的，而求安全世界為前提，實具有劃時代的意義。它鼓舞了東方諸弱小民族更積極地跟自己的統治者——日寇作奪取自由幸福的鬥爭，它是大西洋憲章的精神，發揮在打擊遠東侵略者日本強盜底有力的表現。這個行動，在政略上的作用，實遠過軍略上的價值。

灣自太平洋大戰爆發以後，台灣總督府，對於台民便更加緊其所謂「皇民化運動」的實施，冀充分便利運用台灣之地理條件與人力物資為其「南進」軍事服役，同時，運用種種方法，離間中台民族感情，誇大國際謬論，以沖淡台民內向意識，混淆台民對國際視聽，企圖有利其「皇民化運動」之推進。及開羅會議宣佈台灣歸還中國以後，台督府即於十二月九日宣佈禁止台灣人民出口，嚴密封鎖台民與外界接觸，以防「皇民化運動」之瓦解。

由於祖國在開羅會議的成就，使台灣革命得到初步的收穫。然而這個初步的成功，却帶給我們以更堅苦奮鬪的開始。歷史告訴我們，致勝之術，貴乎時機的把握，優勢的操縱，當盟國解決德日強盜的決策，東西業已並重。盟軍在太平洋上反攻已獲得絕對優勢，德寇陷入蘇聯泥沼，行將沒頂。祖國當局對台灣復省籌劃，已確立機構，積着推進的今天，吾人對台灣革命策略與今後的工作方針，實有提出共同商榷的必要。本人經就管見所及，抒述一二，以就正於關心台灣問題之讀者諸君，與台灣革命同仁。

台灣革命的內容，必然隨着國際局勢與祖國抗戰急劇的轉變，將由「保衛祖國」，收復台灣而邁入「建設台灣，保衛祖國」的階段，歷史課予我們這樣一個嶄新的任務實在是很自然很合理的發展。在不平等條約尚未撤除，日寇末日尚未到臨以前，我們台灣革命，乃以「

保衛祖國」的方式來達到「收復台灣」的目的，換言之，即以求得領土完整，民族自由爲「保衛祖國」的內容。隨着勝利的接近，我們的革命任務，即將以「建設台灣」爲「保衛祖國」的手段，以「保衛祖國」爲「建設台灣」之目的，前者在求脫離日寇的統治關係，回歸祖國；後者的目的則以建立國防的基地，拱衛祖國的安全。在日寇統治下掙扎半世紀的台灣，將由奴而主，英雄地站上遠東和平的前哨，此是何等有力的鼓舞，何等神聖的事業！此種偉大的使命，我們將如何去完成這便是下面所要研究的問題。

目前我們工作上唯一的重心，即在明瞭地估計自身的條件，與敵人的弱點，把握國際間有利的形勢，以「聯點面破壞點線」來加速了結「保衛祖國，收復台灣」的過程。前面已經說過，敵人侵略活動的延續，非賴其本國之富足，而係藉佔有地之攪亂。就事實說，日寇目前對我不過點與線的佔領其外圍的點與面仍操在我手，我們應該設法運用已長襲敵之短。我們仍屹立於爭人類自由平等崗位上在「一切爲了勝利」的要求之下，來對朝鮮，印緬，南洋，菲澳的弱小民族與遠東盟軍，加强聯繫，以擴大戰果；另方面，對台灣革命組織團體不論其在華或本島，均須分工合作，團結互助，站在點的方面，能顧及面的成果，站在面上來發揮點的力量以分別蛀蝕敵人點線上之經濟，文化與軍事，進而腐敗其心臟。這是我們目前主要的問題。下面緊接着的便是我們如何在「保衛祖國，收復台灣」的工作中充實準備「建設台灣，保衛祖國」條件的問題，我們對這問題的回答是：「以行動爭取現實」。台灣的收復，已屬必然，台灣的建設自應預計。如何充實建設條件我們認爲應以國防爲努力方向，以科學爲實踐方法。 蔣主席嘗云：革命建國最基本的工作在于教育，軍事與經濟，這三個工作在本質上是合一而不可分；三者並舉則國家富强，三者偏廢則民族衰敗，我們爲了台灣基層建設，爲了打牢事業基礎，今後應多做些有利於革命建國，平凡而實際的工作。我們不只是消極的僅求「名符其實」而應本着「一切爲了國防「的認識，主動地來各盡所能。不論在前線抑後方，島內或敵後，均應以教育，生產，科學爲充實之力，達成任務的起點，每一個人民都有着一門共同的課目，——經濟威迫；同時亦有着一個共同的要求——獨立自由。如何教會我們能够去讀懂自己的課本，改造其精神：鞏固其信心，認識三民主義使之站到我們一起來作革命建國的實踐，這就是我們的責任，其次，是研究經濟原理與生產方法，以科益來誘導或激刺民衆對增產之興趣，對農場合作事業之愛好。民裕而後國富强。對於教育與國防，始有時間與精力可供，我們能够把握民衆之痛隱，增益民衆之福利，始有民衆可訓，民力可用。再次即對於科學方法之運用，科學技術之學習，不科學無以爭取時空。運用物質；無科學即無國防，即無工業。總之，破壞時期需要科學，建設時期，更需要科學，所以我們在工作中必須重視科學習識，熟練國防技術，上述基本修養，都應以高深的認識，實踐作風去推進它。實現它。

台灣今後對祖國的責任，已隨着祖國對世界責任之艱鉅而加重，我們台灣革命同志，爲了勝利，在目前應即團結所有的組織與弱小民族，在爭取點與面的上面，一致打擊日寇；爲了國防，應即集中一切力量於建國的基本工作上，以平凡切實的作風，使台灣本身的要求，徹底實現，以與祖國及遠東諸民族分担安定東亞，改造世界的責任。

一九四四，六，手龍岩

台灣建設之前瞻

梁龍光

（一）地理的物理位置

地理之物理位置（Yeophysische Lage），爲現代政治建設上新觀念之一。其意義：在根據一地域之地理形勢，從政治與經濟觀點，就未來可能之發展，論其所居之政治位置（geopolitisch Lage），以明其應如何建設，始使領有之國家，能獲得其實益。歷史上若干地域每因建設得當，而形成畸形之繁榮，其領有之國家遂因而取得强有力之地位。

台灣位於中國之東南，與福建有「台灣海峽」一水之隔。夾台灣海峽兩岸，是福建與台灣文化最發達物產最豐饒的區域，海岸線彎曲之處，有不少優良之海口，做爲今日台灣首府之台北，其港口基隆，與福建之三都澳，馬尾，遙遙相對，成特角之勢，此外，台中與廈門，台南與汕頭，也都在一條平行線上，同具呼應之勢。中國東南海岸與台灣在地理上至爲接近，在唐代，中國人卽已有向台灣貿易之海商，一直到今天，雖然台灣已脫離中國主權達五十年之久，並且一直被强力排擠，現在台灣的居民中，中國人仍居百分之九十，福建人則在百分之八十以上。凡此現象，給予我們的觀念，一如地實家之所說：實在找不出有多大的不同。更找不出有不同命運之可能。

由台灣南行，經菲律賓的呂宋島，還入亞澳地中海中部。其間的距離，飛機可以直接到達，無須停逗。其東北方，則自琉球羣島以迄九州，與縱貫太平洋中的島嶼相連，可以南窺扶桑，入朝鮮海峽，因此戰略家們曾給台灣以「太平洋上之航空母艦」的尊稱，以表示它是北亞至南洋的踏脚石。

在這一次大戰中，與航空同樣引起人們注意的是加强人類對於海權之信念。彼得大帝有過一句名言：「我不求土地而求水。」一個國家爲了海洋貿易與威權之得失，而興衰的事實，已多得不可列舉。今天科學最昌明的第二次世界大戰，又爲人們對海洋之否定，賦予以否定。這顯示工業與海權有着怎樣的一致性。由此，我們重又憶起台灣在海權上所表現之地位。台灣之開闢，始自鄭成功。其根據地，則在福建。這時候是台灣底黃金時代，也是鄭氏的黃金時代。自鄭氏攻江甯失敗，放棄廈門，而福建根據地竟失，台灣遂亦孤立。從此，島上義師，卽不再見於中國大陸。可是雖在帆船時代之當時，滿淸亦不敢忽視台灣之威脅，仍須派兵佔領。其次，自甲午戰後中國割讓台灣，中國東南海防盡撤。日本經濟軍事之侵略南洋，是否由侵佔台灣所引起，史無記載。但日本侵略之開始，係在經營台灣獲得有力據點以後則是事實。而日本這一次攻菲律賓，佔越南，奪馬來的海軍與物資，係以台灣爲根據，也是事實。

未來世界是太平洋時代！中國是太平洋的安定力！開羅會議以台灣重給中國，其價値非但限于領土之收復。可是台灣之地位，亦曾給予中國以萎縮。如何建設才妥切？由這裏我們正可以從海權與經濟交通上面着眼。

（二）新潮流中之經濟建設及其他

第二次世界大戰在人類生活上很明顯的建立了兩個新潮流：一個是以國際貿易之通滑爲目的，所掀起的國際合作潮流。一個是由交通工具之發達，所促使的地域有機化之高漲。國家經濟主義，曾隨着工業文明的進展而興起，救濟過自由時代末期經濟恐慌的危機。但是國家經濟主義，可以從國家的壁壘上，阻止私人資本貿易之發展，以保護國內工業與人民生活之繁榮。並不能阻止工業技術之進步，反更保成了國際資源與市場之需要，而非國家所能孤力支持、因此，國際合作之盛行，乃爲必然之趨勢。未來經濟貿易之中心在太平洋，此項合作之充分表現亦在太平洋。中國爲此中之首要地域，台灣以其位置之重要，當然更好是中國及南太平洋上重要之貿易地域。根據經濟原理：「儘量發展區域貿易經濟之原則，係國際經濟合作中合理分配市場之原則。」不僅中國未來貿易之發展，爲世界國際貿易之中心，台灣貿易經濟之發展，勢必爲中國國際貿易發展之元素。中國一向之國際貿易，均以英美爲主，此後仍將如此。但無論過去與未來，實際上中國國際貿易交易之中心，則在於南洋。南洋華僑之失敗，固由於華僑本身之無聯繫，與國家在政治上支持之缺乏 然影響最大者，實爲國內貿易經濟與國外商業之未能合一；台灣則是今後担任此種使命理想之地域。台灣本身之米與糖，一可以補閩粵不足，繁榮濱海經濟之建設，減低工業成本與担負；一可以與南糖統一，蔗爲偉大之糖產工業。海產，森林，亦可列於同樣觀點之下。由於台灣本身此種經濟繁榮，中國東南與中部之商品，既可用台灣爲出口倉儲，南洋華僑之產業，亦可因台灣交通之便利，有吞納根據地之便利。所以台灣必是這中間承轉輸運的大倉庫，華僑應以此爲其工業上工廠之基地，以支持前方之商業，國內應以此爲運輸樞紐，作爲納入接濟之中心。我們所以如此論列，還有一個因素：因爲台灣爲福建之間的港口與海峽，如能統一，實爲船舶停泊與航行良好之匯集地帶。在這裏可以做爲未來新中國最大之造船區及海運根據地。造船業可以在福建，深洋港口與航行可以在台灣。而由此種事業之成功，華僑可以將過去因地生產因地營商之錯誤與弱點，完全糾正！並以國內市場爲其國外貿易之補救，其結果必爲國際貿易之強化。

台灣與福建均屬工業地帶。台灣之煤，與福建水電，可以供動力的需要。據最近調查，鉄也沒有問題。故此後發展條件，應更重視另一因素，即國內資本之外向，與華僑投資之內流！國內資本之外向，在以東南工業與商業資金，向外發展。華僑投資之內流，則以閩台工業之發展，作南洋貿易之依據，必須使華僑用國內工業家姿態，在南洋轉爲貿易上之大商業資本者，與原料機械最好之顧客。同時令國內商業家轉爲台灣之工業家，與輪船公司經理。然後能在國際貿易中佔一地位，否則，這一個革命觀念，不能建立，一切仍歸於空虛！

由於地域有機化高漲之結果，亦形成兩個意義：一爲地方福利經濟被代替於民族國防經濟。一爲生產之企業化與企業之計劃化。地方福利經濟係根據自由經濟時代個人資本主義觀念而來。其目的在以一地域之資本，謀該地域本身之繁榮。無論國內外，一切均以該地域各方面之繁榮爲最高準則，是種觀念，在國家經濟興起後已不適用，在世界有機化之目前，尤無存在餘地。由於航空的發達和工業的進步，在現代，一地域之產業必須就最有利之一項，作突擊式之生產。同時在一相當之大範圍，如中國全國的領域內，做盡可能之流通，並皆使臻於極峯！再總合之，打破國家主義偏畸與世界相流通，然後此一民族始克發展！此一地域始得繁榮！所以，未來中國之建設，尤在如何適應有機化之潮流，建立民族經濟，使各地域更趨於有機化，以至於命運上不可或分台灣未來建設，自然必須以此爲準繩，而欲台灣不因其地位變爲列強原料市場之殖民地，亦有如此之必要。 總裁在中國之命運中已指出：未來經濟建設之目標，是「民族民生經濟國防體」的建立。台灣，即是此民生經濟國防體中有力之一環。因此台灣戰後之產業，如糖，米，茶，海產，森林既必須如前所述，與國內盡量合一統一。其金融，交通，政治 文化，同樣有與內地「整體化」之使命。我們應將台灣之金融等等，完全合併爲國家全部系統中之一部。將上述各種台灣最有力的產業與福建所有的，——它們之間有一致性

—集中力量，全盤統籌，整個的予以突躍發展，而以他區域之物資彌補其不足。地方行政可以兩個系統，經濟交通事業，必須統一指揮。另外還有一項值得注意的，是航空與海事。台灣將來是中國整個航空事業在東南的總站。其航線以福建上海廣州爲小中心，受中國中部之總航空站支配，向南洋日本作放射狀的發展。這是極有力的一環。至於軍事國防上，除陸軍以福建爲腹地，空軍作爲內陸空軍根據地之外圍外，海軍應該與廣州灣，乍浦，黃海，渤海同爲中國四大海軍根據地。保衞東南海上之和平，支持亞澳地中海上的安全。

計劃化是科學的象徵，是科學建設惟一依據。蘇聯之建設奠立於三年多的地質調査上，這一次法國登陸戰，曾籌集肆兩載之久。生存於現代，沒有企業化之生產，不能存在！沒有計劃性之企業，更不會存在！台灣未來要發展，一定先要爲整個國家計劃中的一部分。這一部分的台灣建設計劃，也一定先要有精密的調査與研究。淪陷了五十年的台灣，我們不見得所知必全，所見必眞！所以在計議建設中研究和調査，尤居於主要地位。「台灣問題調査委員會」應該是財資人才充分的調査研究機構。民間應有完備的調査研究團體，爲國家的富强，爲民族之幸福，因爲中國人現在必須調査台灣！研究台灣！

（三）如何澈底肅清台灣的毒素

我們決沒有忘記台灣已在敵人蹂躪下有半世紀之久！並且現在還沒有解放！半世紀以來，敵人用盡心機和强力，已建立一個可怕的壓榨體系，壓榨地方的資源，壓榨人民的血汗，如果我們不能將這個體系在有益地方民衆的情勢下，澈底，肅清，一切仍只是幻想。台灣終不得歸宿、肅清毒素，是建設台灣的第一步，肅清毒素是台灣建設計劃中一切計劃與行動內含之中心。但是要肅清毒素，自然以驅逐敵人爲第一。太平洋戰事已漸近最後階段，盟國空軍正不斷轟炸台灣。時間的爭取，迫使我們不能不即時開始台灣的收復工作；全個東南戰區，應即策劃如何發動軍民，與盟軍切實配合，收復台灣！

一位外國記者在台灣游歷觀察以後，曾感慨的給台灣戴上一個帽子：「日本財政經濟上，最有價値的殖民地」！其壓榨之深切，於此可見。我們無庸詳述其狀況，事實上也寫不完，最重要地，可用下列三點事實代表之：

（1）台灣出入口貿中，日本居百分之九十點八。

（2）出口貨中，農產品及加工品居百分之八十五。入口工業品全屬日貨。

（3）台灣墾地爲「台灣拓植公司」收買的居百分之六十。糖產地歸日本各大糖產公司者三分之二。而一切公司會社又以日本銀行爲經濟背景。

因此，雖然台灣在一九三九年對外貿易額，約一〇，〇一五，八八〇，〇〇〇元，共出超約一，五二一，三七〇，〇〇〇元，可是台灣民衆，乃益見困窘。這種全面統制，依照「爲了避免戰後物價的高漲，與不景氣，一切物資仍須由政府繼續予以統制，徐圖放鬆」的學理，戰後我們不能整個一撤而了。相反地，仍須加以統制，而於其中，將壓榨人民的辦法，變易爲有利人民的方案，始足以維護島上人民，經數十年來創傷後生活的幸福。同時，尤必須將原統制行使之方式與根據，依三民主義而加以變更，這其中所包含的，則是一個完全底，經濟新體系！由土地的會社獨佔，變爲土地公有，使耕者有其田，由壓榨勞工民衆的利益，變爲生產分配與貿易的利益，而生產效率乃能增加。由無準備金之台灣銀行貨幣，變易爲中國貨幣，使人民無折價的損失。在這裏，根本就是一個新經濟體系的創造新生活！

敵人最毒辣的手段，大概莫過于在民族性上的消滅政策。這種政策自侵佔台灣起，已有實施。抑由小林海軍大將的「皇民化運動」而强化。消極上，他們要求「皇民」這個稱呼的一致奉行。並禁止祭祀台人祖先，說台語，和「台人」的稱呼。積極上，是日語，日衣，日姓的强迫應用，日本祖先的祭祀，和日奴的特權獎勵。據統計，因此設置之機構達九千所。被迫學習的達百餘萬元。其深切，由此可見一般。縱然以台胞至今猶存之愛國觀念，我們可以省很多事，顯然地是必須將一切學校講習所，全部接收，並不停止的就將國語和國族觀念教育民衆，使其生活立場與觀念，得以完全糾正，而在熱愛祖國之中，說得國語，了解祖國！這也不是容易的。

澈底的肅清，是指說要使台灣一如未受毒素。如此自然是不够。一切之實行與教育，均應使台胞對中國偉大輝煌之歷史，完全了解，而景美！重新憶起其先祖之一切雄蹟。使台胞重新回到祖國文化的範疇內，這才是澈底的肅清！

另有兩個問題，須附帶說及者：即政治的改造，與幹部之培養。日本在台灣爲方便其暴力侵奪起見，政治上亦已建爲完全警察制度之高壓行政。中國接收後，自應將此廢除，別立民主體制，以政治行動及教育政策而培養其自治興趣與政治能力，並善維秩序，免務民得來。但是無論任何一件事，都要有幹部！「幹部決定一切」！凡此改革如無良好幹部，自無良好成果，而此種幹部，其質地不容或劣，其數量尤須龐大。故雖政府已有計劃與行爲，著者以爲着眼全部，仍要從社會運動上加以普遍之努力！

（四）新台灣

新中國已誕生于新時代中，經此一度洗刷建設之台灣，自亦必爲太平洋上之新台灣而將憑其地位與努力放射其遠大之光華。

新台灣一定是東南亞上航空海運之大本營。由中國內陸及福建沿海而來的航空線，由此放射在日本與南洋各地。强大的空軍根據地，只弱于福建西部的東南總庫。——由那裏反得到無數的補充。同時，又是海軍的司令部，在它對面的馬尾，廈門，都有大批造艦工廠。在它與福建海面上，則充滿了無數母艦與艦隊。那時候有人叫它做：「中國的東南海軍堡壘」。它在默默無言中，防衛了無數的人安全。

新台灣的繁榮，一定是在昌隔和贛廈濱海三條大鐵路造就以後。當時它的樹，茶，米，海產，森林已和福建所有的行成了一片，成了新世界生產記錄的創造者！供應蒲全世界。同時東南和中部的產品貨物，也在此不斷的集中與輸出，南洋華僑也走馬式的在這裏建立了無數工廠，因這裏轉運並卸下無數國際貿易上之有利商品。人們看見的是：南洋華僑貿易公司貿易上驚人的數字！是東南發展的可怕！是島上數不清的烟囱與財產！人們更奇怪的是：海岸上有螞蟻那麼多而永久不停的起重機，與一些像半座台灣島似的大輪船。「中國的新金山」成了有趣的諸號！

新台灣上是滿佈着健康的中國人與外國人。在當地，純表現其文化與教育之高潮。這裏屬於中國行政體系下之政府，對於整個產業與交通，都有其統制性之建設。人民即由此種建設獲得了極大的利益。至於地方上，我們能看見的則和中國一樣，是完全自治化之區域。民主主義於此而獲得新體驗。在市場，在商行，每一個中國區域上之進步都即呈現出來，因爲他們日常生活中，必需多量物質，均非台灣生產，乃由這些區域廉價的分配而來。合作制度供應了一切，觀察家們會這樣寫：「在台灣合作經濟給人類以新生」！

新台灣是三民主義的台灣！這兒的人們幾乎無有人不以「三民主義之信徒」爲榮耀。一切的一切，都表示民族民權民生的色彩，學習，工作，演說，辯論尤見到當地人民對三民主義見解之精深。它是一種最現實的生活制度！也是一種最幻想的宗教信仰！哲學家因此給後人一個記載：「三民主義在台灣之盛行與表現，重提示給人們對思想上領導力應有之新估價！」「生活與思想，在這兒得到因果洽切的配合」。

台灣問題特輯

收復台灣之實際問題（上）

黃敦涵

壹　楔子

日本帝國主義生命的成長，胚胎於明治維新，萌芽于台灣之佔有，當一八七四年（明治七年）之頃，日本看破了滿清政府的昏庸，乘瑕抵隙，而有「討伐牡丹社」之事件，遂踏入此「南進之飛石」——台灣，清廷被迫成立專約三條，受壓榨賠償十萬兩。

明治二十七年，日本以武力侵略中國，滿清延攬海軍于黃海，成立馬關條約，日本遂攫獲了那培養帝國主義生長的搖籃地台灣澎湖，又索得賠款二萬萬兩，窮措大的日本自是白屋起家，邁向資本主義化的途徑發展。從此日本有了這筆資本，國際上便有了信用，信用鞏固了，此時向國外借款，不愁沒有着落，于是假借外資，發展企業，首先注力于舉辦鐵路與銀行，前者以便交通，後者以通金融，由是日本資本主義的基本條件，得以成立。明治三十年正更復確立金本位制度，民間企業順利發展，自是一帆風順，一時由產業資本，而商業資本，而銀行資本為獨立之企業，分化發展作劃時代之勃興，日本帝國主義之生命，獲得此大量而豐富之營養，遂躍進而膨脹！

貳　一個特徵

日本自明治維新以後，改良政治，輸入西洋文化，改革幣制，創立國家銀行，資本主義既獲得活動的餘地，向外發展，侵略台灣實行攫奪殖民地之初步手段，再從佔有此一南方之寶庫」以後，予取予求，解決了人口糧食市場原料等問題，為資本主義發劃的基礎，茲分別略釋之：

1、人口問題

日本每年之生殖率甚高，明治廿四年，人口之數僅五〇・二五四・四七一人，十年後增至五七・二三三・九〇六人，越五十年即增一倍，糧食生產，不敷分配，遂向海外殖民，以求解決。

2、糧食問題

日本內地糧食不足，米價激變，生活困難，大正十三年糧食消費六四、三〇五、〇〇〇石，十四年增至六七、三四六、〇〇〇石，同年生產額不過五七、一七〇、〇〇〇石，昭和元年糧食消費額增至六八・三二七・〇〇〇石，同年產額不過五五・五九一・〇〇〇石，每年缺乏一千萬石以上，以產額不敷，豐歉不常，更常受震災風災之影響，亟待向外找尋一產米豐富的殖民地以資補救，盱衡現勢，台灣實為理想的地方。台灣得天獨厚，所產糧食尤以台中台南產量最多，一年收穫兩次，每年產穀六・〇七七・〇〇〇石強，每年供給日本內地，達一、九〇〇・〇〇〇石以上。

3、市場問題

日本以台灣為經濟據點，擴張及壟斷滿貨市場，茲計算台灣輸出入移出入（指對日貿易而言，移入，猶言消費日貨之數）之情形如下，（單位千元）

大正十三年（輸出）四二、五七五、（移出）二二一、〇九八（輸入）四六・四二四・（移入）八六・六〇三・

大正十四年（輸出）四七・九六五・
（移出）二一五・二四八
（輸入）五六・四八九・
（移入）一二九・九〇六

4，原料問題

日本對煤之需要年有增加，台灣每年可供給八九〇，〇〇〇噸，其他原料，每年大量攫取。

由于上述情形觀察，日本之佔有台灣成就了「南進之成績」，資本主義可算有了出路，可是便惹起了在太平洋上相與角逐之腳色的兩個盎格魯沙遜民族——英美兩資本主義國家的嫉視！呂東萊所謂「一兔在野，百人逐之，一金在野，百人競之」，終免不了發生不良的後果，台灣問題，實帶有國際利害之關係在焉了。今日之議收復台灣，應重視他的特徵，就是不要忽略了牠的「國際問題」

參　火山待爆

古今來對於殖民地施行同化政策者，到底無不歸于失敗，大凡人類固有之良知上選擇，必本乎其固有之血統，遺傳，言語，信仰，風俗，習慣及本能以爲支配，不能勉強苟同，若母國之文化高於子國，則子國不能消化之，結果惟有促進民族性之自覺，若子國之文化高于母國而不能吞滅之，壓力愈大，則反抗力愈強，亦必惹起劇烈之反抗行動。

日本對于殖民地政策，較歐美爲特殊，其所採取之手段爲同化政策，多年來實施之結果、祇有增加日本特殊之困難，而未有相當之應付方法。

日本佔據台灣之初期，治台理論，多主張漸行變革以達到統治目的，自後藤抵任，曾極力避免急進，但仍未減少其困難，觀乎後藤對總督府醫學校學生訓詞，其中有云：「汝等若欲求與三千年來盡忠誠于皇國的母國人同等之待遇，則以八十年爲期，努力與母國人同化，此時縱有差別，亦屬無法，毋云不平，作全島民之範。」又其爲民政長官之訓示中有說「曰同化，曰抑壓，畢竟不外著述家濫加之名詞，若不思及此中內容，有彼此複雜之關係，誠屬誤解，惟努力以期懷柔，或同化，然有時持壓抑主義，實際亦有必要者。」安東總督之施政方針中有謂「所撫者，惟以島民言語風俗之殊異，動輒生意思之扞格」，明石總督之施政方針：「集日本人與台灣古來之民族而統轄之，實爲困難之事，……然困難當然是困難，惟滿臨新領土之精神，本以將此改造成爲內地（日本本土）無異爲目的。」

日本統治台灣較之歐美各國殖民所遭遇較有特殊困難，尤以日本內地人與台灣本島人職業上之衝突，爲其最著之事實，此中情形如下所述：

歐美殖民地遠離母國，兩地氣候不同，航海之費昂，日本之于台灣，則不然，距離非遙，渡海之費不多，來往便利，且地在次熱帶，適于日本居住移民之便利，因此日本人之移居台灣者，如過江之鯽，本來歐美國人之往殖民地者無多，僅爲少數之官吏，牧師，教師而已，但日本則不然，無論何等職業分子大量移入，明治卅六年，日本內地之渡航赴台灣者，已達一一，六〇四人，明治四十一年時增至二〇，三六〇人，大正十四年，復增至一八四，〇一九人。

歐美各邦，母子兩國民族之間，其職業有相當之區別，且對于文化交通氣候不甚接近，彼此不易惹起衝突，但日本則否，每　業務，必求獨占，以是職業上之衝突甚多，易於惹起事端。綜計日本人在台灣各種職業分子情形如下：

1，台灣資產界業務，多爲日本人所獨攬，日本人原設有總公司在內地，而分設支店或分發行所于台灣者，如三井物產公司等，銀行如勸業銀行，保險業如明治，帝國等生命保險公司，其餘如在當地開辦之銀行，保險，鉄路，運送，糖業，樟腦，製粉，水產，肥料，運船鉄工，建築，電力，新聞，製藥等，均爲日本人佔絕對優勢，祇餘一般商事業務，不曾餘餘而已，至其他關于對農產品農作地之暴力刼奪，與各業統制上之一切流弊，指不勝屈。

2，台灣行政官吏及公務員，爲日本人所獨占，高等官雖亦有任用台灣人，但祇屬近年所僅見，教師，宗教師等亦以日本人爲多，醫師亦不少，本島人之業醫師者，不乏政治人材，實業人材，無非因官吏及實業界之出路，全爲日本人所壟斷，故操此自由職業而已。

3，日本于台灣東部移入農民不少，漁民更多，昭和元年調查，漁民之數，日本人爲四，一三〇人，本島人一八，七二九人。

4，礦夫，日本人四六二人；本島人一八・七二九人。

5，工業勞動者，昭和初年工場使用之職工中，日本人為二，四三〇人，本島人為四六・〇八三人。

6，大資本家企業之使用人員，亦為日本人所獨占，即如本島資本系統之華南銀行行員，百名中本島人僅得六名，其他自經理以至下級職員，握經營之實權者，幾全為日本人。

台灣產業既受日本人所獨占，各職業門類均受日本人所壅塞，農作地及農產品之受暴力劫奪，各種產業統制之弊端，職業上之衝突既多，惹起本島人之反感日甚，此中關係乃屬切身利害的事實之所表現，無論日本人所施之同化政策的手段為急進抑為緩進，皆易引起民族自覺，促成其反抗決心，此所以引起歷次之民族解放運動，再接再厲，不達目的不休，向來不乏志士，困惱環境之險惡，在日人嚴密的防禦之下，潛伏工作，況且台灣島內民氣壯奮，待求解放之心至切，待機而動，誠如蘊蓄熱燄之火山，待機而爆發者！

肆 正視現實

總裁在中國之命運一書中，認定台灣在國防上之重要性，故台灣之命運，亦即緊于中國之命運，無疑地，祖國抗戰勝利之日，亦即台灣獲得解放之日，可是在世界戰事發展到現階段當中，要談到收復台灣的問題，我們要正視現實，不能不切實地從事實上加以透視而研究它的實際問題。

我國收復台灣之歷程，所遭遇的問題，幷不比收復其他地區為單純，申言之，對於台灣之收復，既不同于收復東北，又與收復「七七」事變後之淪陷區域有異，蓋收復內地之大陸地方情勢較為簡純，僅需以軍事力量，摧毀敵人所盤據之點線而驅逐之，幷按照一定之步驟辦理復員工作，但，台灣為太平洋中富有經濟性，軍事性之重要據點，在地理上為孤懸海外之島嶼，對于收復之行動，倘能自力更始，則問題自較簡純，否則，由於上文所述的特徵，加以估計，可分為下列兩種步調：

1，美國開展了太平洋攻勢以後，收復非律賓為打開往東京最短的捷徑，登陸台灣即所以鞏固太平洋戰略據點。

2，在最短期間內，日本于盟國富未登陸台灣之前，先行崩潰，或無條件投降，則日本之退還台灣，或須經過世界和平會議機構之移轉手續。

伍 自力進取

年來開羅會議，決定台灣澎湖在戰後歸還我國。或者尚有人以為開羅會議，既有了此種決定，對於收復台灣可以「祇問收穫，不問耕耘」了。此種錯覺，無非「守株待兔」之見，大凡世界上任何事情，欲求不勞而穫，坐享其成，是以斷定其不可能的，如果惟有（下一心）為收復台灣，盡其最大之努力，須知有多少力量耕耘，始能有多少作物之收穫。

陸 怎樣準備

或許有人以為此刻談到收復台灣，乃屬言之過早，是乃不然，兵法有云：「以虞待不虞者勝」，沒準備的戰爭，決沒有取勝的道理，孟子有云：「孤臣孽子，其操心也危，其慮患也深，故達。」我們有了固有的準備，始可以應付臨時的環境，換言之，有了原則的準備，自可把握有利的契機。

關于準備的幾個問題

甲、國際方面：

1增進盟國邦交

2展開國際宣傳

3加強軍事聯繫

4配合軍事行動

乙、國內方面：

1設立復員機構

2貯備復員人材

3決定復員計劃

4派定工作任務

柒 重要的工作任務

我國空軍甚為缺之，海軍幾等于零，量力而為，黨務工作人員，除辦理戰地黨務所特定之任務外，對于協助登陸盟軍所應負之責任：

1在盟軍登陸以前動員工作人員，深入敵後佈置我方力量，防止敵寇作撤退的破壞，響應盟軍，嚮導登陸部隊。

2在盟軍登陸時間，維持市面治安，于盟

軍部隊未到達時，所謂過渡時間，維持秩序，防止搶掠，盟方部隊到達以後，防止敵僞死灰復燃乘機擾亂。

3徵發交通工具，維持來往交通。

4受派充任復員機構之先遣人員。

捌 復員機構的任務

甲。復員機構

1對島內軍事政治經濟教育交通等各部門有確切之調查統計

2計劃省縣市各級機構之設置

3州市議會之改組

4各級警政及團隊之改編與配屬

5流亡內地僑胞技術人材之招致與甄用

6預算收復必需經費及數量之分配

7復員有關機關之配合與聯系

8人民之救恤與治安之維持辦法之擬訂

9軍政人員入島路線之佈置

10交通工具之準備

11人材之儲備及訓練

12擬訂接收行政交通金融教育文化法院監所工礦辦法

13擬訂原有各機關學校及工廠技術人員之登記甄用辦法

14擬訂敵產逆產接管辦法

15擬訂戰後建設辦法

16遣派先遣人員辦理協同盟軍登陸事宜

玖 先遣人員的工作

入島之先遣人員之配置如下：

1振卹人員——接管島內慈惠院及其所屬各慈善機關，運用地方公正士紳辦理急賑及救恤。

2宣撫人員——宣揚政府德意撫慰民衆并派員深入奪地宣傳及撫慰。

3文化教育人員——接管文化及教育機關登記島內文化及教育人員。

4憲警人員——接管憲警機關，辦理臨時治安之維持，變亂之彈壓。

5交通人員——接管交通機關，維持沿岸內外交通，佈置後續部隊，入島路線，徵發交通工具，登記交通電政郵稅人員。

6工礦農商人員——接管工礦農商場廠，登記各該項人員。

7衛生人員——接管醫藥衛生機關，登記醫護衛生人員。

8財政金融人員——接管財政金融機關，執行維持金融貨幣之流通。

拾 如何登陸

台灣及澎湖列島之位置，在北緯二二度四五分二五秒至二五度三七分五三秒東經一一九度一八分三〇秒，至一二二度六分一五秒，周圍三九八，八三里，（日里）面積二，三三二，三九方里（日方里），沿岸珊瑚礁甚多，海岸甚少曲折，東岸山岳，直迫于海，河流甚少，西部低平而多沙洲，其河川之大者，以西部爲多，出平原後，卽分爲數脈，形成不少的河源，北部之淡水河甚爲著名，富舟楫之便利者首推此河。

台灣本缺乏良港，其由日人所經營之軍港要塞有基隆，高雄，新高，枋寮及澎湖之馬宮等港，均可供海軍艦隊之登陸，至該港之港灣狀態，潮汐，港積，水深，長度，海底質等有關海軍登陸之有軍事性調查，內容從略。

甲 交通設備

台灣缺乏安全易航之港灣，近海暗礁亦多，且風浪險惡，颶風瀰常，日人除在台北設置氣象台，幷分設宜蘭，彭佳，新竹，台中，台南，阿里山，高雄，恆春，台東，花蓮港，馬宮等測候所外，幷設航路標識甚多，燈塔之最大者爲淡水，安平，高雄，漁翁島，鵝鑾鼻等處之燈塔，又在基隆淡水分設浮標及立標，幷利用霧砲及笛聲以作暴風警報訊號，茲將其重要燈塔略述如左：

1。漁翁島燈塔

該燈塔在北緯二十三度三十三分，東經一百一十九度二十八分，塔用鉄質構造，圓形，裝置四等折射鏡，光達十五海里以上。

2。高雄燈塔

設在高雄港之北端，在北緯二十二度三十七分，東經一百二十度十六分，塔以白石構造，方形，裝置六等折射器，光達十海里。

3。鵝鑾鼻燈塔

設於台灣最南端南岬之突角，名曰鵝鑾鼻之處，在北緯二十一度五十五分□秒，東經百二十度五十一分四十秒，塔用鐵質構造，圓形

•裝置一等折射照明器，光達二十海里以上。

4 淡水燈塔

設在淡水港口北側之赤坌，在北緯二十五度十分，東經百二十一度二十三分四十五秒，塔礎用鐵質構築，塔成方形，裝置二等折射器。

5。安平燈塔

在北緯二十三度〇分五秒，東經一百二十度九分八秒，裝置于砲台之圓山頂，裝有六等折射器。

乙、登陸作戰地

陸軍或海軍陸戰隊登陸作戰之理想地區，爲台灣東北方之蘇澳，蘇澳在明清兩代，疊爲海寇林道乾，蔡牽，朱濆，林千歲等前後登陸竄擾，該澳位置在北緯二十四度三十八分，東經一百二十一度五十分，地在宜蘭之南十三里九，汽車一小時可達。該澳有內外港之港灣中有石礁，陸上南西北三面羣山屏繞，祇東面臨海，海濱漁舟商艇，常可泊碇，岩質爲大理石及石版，炭酸泉不絕湧出，面積廣袤東西十九町，南北二十四町，水深十尋至十三尋，海底爲黑砂（S）及泥土（W），可資拋錨，爲基隆以南之東海岸中第一良港，日人曾以該港爲特別輸出入港，其入口之處較烏石港爲尤便，明治三十五年度，出港汽船六十四艘，（一共七萬七千四百八十六噸）中國式船舶五百零五艘，（共千四百七十噸），入港汽船六十四艘（七萬七千四百八十六噸）中國式船四百九十一艘（千四百三十三噸），該澳每年三月至六月間，除南風外，餘皆東北風，雨量甚豐，夏日多晴明，而冬多雨量。至該澳向有避風設備，當受東北位逆襲時，可泊船于該澳之避泊所，該港潮水之增漲，當潮滿時，水增五尺許，澳之南隅有南風澳，可容淺水船舶多艘，澳之東隅滿水深五尋，可容巨船。

盟軍若一旦攻抵台灣我島內部隊，可于此時齊起響應，防止敵人作撤退破壞，制壓敵僞擾亂，維持治安，保護交通，救恤傷難，導引盟軍及我方先遣人員登陸。

丙、登陸港灣及其航線

盟國海陸軍敵前登陸之要港名稱上文曾有論述，除却必需用機輪戰艦登陸之要塞港灣以外，足供我滲入部隊及先遣人員登陸之重要港灣，可資利用輕便交通工具入島之處，將詳述于下編。

台灣收復後的教育問題

薛士武

要準備收復台灣，必須先準備規復台灣的民心，規復台灣民心的大計，在於教育。

我們先要知道日本統治台灣最主要的有兩種手段：一種是經濟的，用「日本資本」而達到台灣資本主義化，一種是教育的，用「日本國語」而達到台民奴隸教育化。這樣「殺人的教育」和「資本」一樣的使用強迫權力從日本本土侵入台灣，經過四十多年的推行，造成了一部份奴化了的台民，忘記了祖國，忘記了仇敵。

因此現在我們對於規復台灣的民心，應如何準備設施教育，不可不針對日本所施奴化台民教育的毒素，加以根治。當日本佔領台灣以後，立即設立國語傳習所與國語學校。台灣的初步教育，完全以日本國語爲主，明治三十一年，改爲公學校，國語學校分師範部國語部及實業部三部，師範部係養成公學校教員，國語部係以日語爲主的中等教育，實業部係傳授農業電信及鐵道等中等程度的技術，實業部至明治三十九年即停止招生。台灣人的兒童教育和日本人的兒童教育有別，中等教育亦比日本中等學校程度爲低，專門學校初僅有台灣總督府醫學校，其程度也比日本內地的醫學專門學校爲低，國語教育與醫學，是日本統治台灣所最實用的教育，通常稱為殖民地教育之基礎。這樣教育狀況一直到了大正八年，方加以改正，但除設立專門教育機關外，仍極力限制台灣人得有教育平等的機會，試將昭和元年台灣的本地人的學生數統計參照，便可明瞭。

小學校	一．一三六人
公學校	二〇九．五九一人
中學校	一．七一八人
高等女學校	一．二二三
師範學校	一．〇一四
高等學校	四三
醫專學校	一六人
高農學校	七
高商學校	七六

自高等學校以後四項，除醫專學校在日本殖民政策認為和統治有關係的教育，其人數稍多外，其他均非常稀少。台灣高等教育是歸日本人獨佔的，因之政治的經濟的社會的地位也歸於日本人獨佔了，台灣人如何能夠翻身呢？

中等以下學校，其教育中心為日本語，其目的要用教育之力量同化台灣人及士番。這種教育政策，自日本佔領台灣起，經過兒玉後藤的政治以及大正七年明石總督赴任的施政方針，均明白表示，一直至現在，仍是一貫不變。

日本又因達到上述的目的，編纂台日大辭典，台日小辭典，此種工作由台灣教育會担任，其經費從學租財團支出，積極進行的用意，在配合國語教育政策的推進。

我們明白了日本對台灣人教育的毒辣手段，而後便自知今後應負的責任了，我們要規復台灣的民心，應從改造台灣的教育入手，我們對台灣教育的宗旨和本國教育一樣，遵照三民主義國策，發揚民族精神，培養國民道德，訓練自治能力，增進生活智能，以造成健全之國民，尤須使台灣的民衆受教育的機會有一律的平等。為適應需要，最應注意左列三種教育的推進：

一，基本教育

二，民衆教育

三，高等教育

基本教育即國民教育，我們要驅除日本的以日本語為中心的奴化教育，而代以三民主義為中心的國民基本教育，民衆教育是指已逾學齡未曾受過教育，或已經受過日本奴化教育的台灣人，應當加以訓練，係一種短期的補充教育。高等教育是在台灣地區，或以台灣地方需要為對象設立國立大學及專科學校，以造成人才及促進文化的平衡發展。

在三部門教育中，最緊要的還是基本教育和民衆教育，因為這是收復台灣民衆，解放日本奴化教育的主要方針。然而基本教育和民衆教育的設施，必須經過一番準備階段，此種準備是什麼？就是台灣國民學校民衆學校師資的養成。我們收回台灣教育，非有大量師資不可，此種師資不是一般師資可以勝任，必須能操台語或日語，必須明瞭台灣的鄉土風俗，必須明白日本四十餘年壓迫台灣人民的經過……此種教員最宜以台人充任，他們之間[illegible]切的感覺，又有親密的感情，方能容易收到更大的效果。在最初時期要得到大量的台灣人當教員，自有困難，所以我們應當先設立台灣師範學校，或附設台灣師範部於師範學校內，招收台籍學生，或志願充當台灣小學教師的青年，以備將來之用。我想現在青年很多立志做小學教師，必定更有人立志做台灣小學教師，這是收復台灣最切要的要求。

我們還要知道過去台灣同胞和我們祖國同胞，也有種種誤會，這種誤會與教育的不平等，亦有關係，前清時代，台灣教育雖有社學，但學宮虛設，子弟多入書房，受塾師的訓教，程度不及內地。而科舉制度鄉試合於閩闈，會試萃於京師，一體匀中，台人多不能和本國人競爭獲取，於是有時輟科，雖有時期特編學額，另定考取名數，惟所定名數，又極少，鄉試最初一名，以後不過增至數名，會試則與試十人取中一人，根本上鄉試獲中者已少，會試與試的當然不多，又有別籍冒籍的弊病，減少台人出頭的機會，由是容易發生惡感，這可不必諱言的。我們現在當引作前車之鑒，極力消除此種類似狀態，凡可以阻礙親密的影響，不要使其實現。譬如台人的國語教育，在開始施行時，必定不能比內地人的優良，升學及各種考試制度，須加以特殊的規定，方可深造台灣人才，這是本文附帶提出的一點，本文簡陋，拋磚引玉，希望讀者加以指正。

台灣收復後之文化消毒運動

汪受田

台灣同胞，離開祖國懷抱，快要五十年了，在這悠久的五十年中，他們並沒有一天忘懷祖國，表現在剛淪亡的三十年內，不斷發生過轟轟烈烈的抗日革命運動，雖然在侵略者暴力壓制之下，沒有獲得成功，但這種革命高潮，卻深深地醞釀，一直到了祖國發動神聖抗戰的今日，更具體的有計劃的在準備行動，現在抗戰勝利的路程，已經一天接近一天，同盟國在海上佔絕對的優勢，台灣該是接近收復的時期了，這不僅是祖國同胞的熱望，而且是六百餘萬台灣同胞迫切的願望和要求。

台灣不論在地理上，歷史上，都是中華民族生存上不可割裂的部份，在距今一千年前，已經有我們先民開發的足跡，它和福建僅隔一衣帶水，現在在六百餘萬人口中，除了二十餘萬的生番，和三十餘萬的敵人外，其餘全是中國人，而福建人更佔十分之七八；在戰略上，也是東南海上的據點，與海南島並峙而立，同爲我們海疆上兩隻眼睛。一八九五年敵人攫取台灣以後，海上的門戶洞開，從此失去海防上的要塞，敵人之得台灣，曾自謂爲南進總兵站，和一隻堅強不動的航空母艦，從這時起，敵人卻以此爲根據地，蘊蓄了南進的野心，助長一九四二年太平洋戰事的發生，由此可見台灣的收復，不僅是我們的迫切的需要，而且在同盟國海上戰略上，也有協助我們早日收復的必要。

現在同盟國已決定從海上擊敗日本，最近的將來，必有一次海上的中央突破，即是由菲律濱，台灣，而向中國東南海岸進攻，那末台灣的收復，已經是指日可待。但是台灣收復後，我們在政治上，應有怎樣的設施，才能配合軍事的需要，還是我們必須要準備的工作，因爲敵人五十年來經營台灣，除經濟的榨取，武力的壓迫外，最毒辣的，無過於文化教育的侵略。現在一般青年，尤其是兒童，受了敵人奴化教育之麻醉，幾乎數典忘祖，受人利用，所以我們一談到收復台灣後的政治工作，便要側重於文化教育工作，正本清源，一洗過去奴化教育的毒素，喚起台灣同胞忠黨愛國的熱情，以樹立今後台灣建省之基礎。

筆者，現在要略述敵人在台灣怎樣施行其奴化的教育。

一、神化運動：敵人要徹底消滅台灣同胞的祖國觀念，特藉敬禮神社的名目，來愚矇台灣同胞，強迫其信仰及遵行日本籍道，現在台灣同胞，不論屬於何種宗教，均須改祀日本神牌，及按期參拜神社，並且還要把自已祖宗神主牌毀掉，使其根本忘祖忘國，這種的手段，是多麼毒辣，自抗戰以後，敵方更規定每月一日爲敬神日，無論男女老幼，必須於是日舉行敬神儀式，違者嚴罰。

二、奴化運動：強迫實施日本式的教育，灌輸奴化思想，禁用漢語，因是青年男女，尤其是兒童，多數有忘記祖國，不諳漢語者，最近更進一步，推行改換姓名運動，強迫台灣人改換日本姓氏，改穿大和服裝，以遂其同化的野心，聞現已有一部份台灣人，於強迫威脅之下，已換用日本姓名者。

三、皇民化運動；三十年七月敵人更設一種壓迫台灣同胞的中心機關，名曰「台灣皇民奉公會，」以響應近衛手創的「大政翼贊會」，「皇民奉公會」的目的，不外（一）宣傳日本帝國主義（二）搜羅台灣兵源（三）強迫減食增產。

由此便可看到敵人對台灣的奴化教育，是

怎樣的酷毒，我們針對着上述三種的毒化運動，將來收復台灣，要怎樣嚴重迫切，施行一種特種的教育，就是以民族主義為中心來推行三民主義教育，才能從根本上洗滌台灣同胞過去所受的奴化污點，發揚忠黨愛國的思想，同時更要詳盡的研討敵人統治台灣時間相當的長久，而台灣同胞受的奴化教育的麻醉，亦相當的深刻，所以我們這種特種教育，尤必須有嚴密計劃，有充分準備，才能配合需要，講收成效。

一、確立計劃：調查敵人奴化教育的內容，以及所受的影響，確定施教方針，對症下藥，務使台灣同胞，對國家民族，有根本的認識，對三民主義國策，有澈底的明瞭，並須按兒童，青年，婦女，成人，等分別施教，使其均能成為抗戰建國的幹部，社會教育，與學校教育，同時並施，雙管齊下。

二、培植師資：實施特種教育，必須有優良的幹部，目前即須按實際需要，招集省內及台灣革命青年志士，施以專門教育，以使將來送往台灣施教。

三、編纂教材：依照施教所定方針，內容，程序，搜集各種適當材料，分別編纂教材，以便將來印發應用。

凡事豫則立，教育是建國的基礎，特種教育的實施，尤為台灣收復後的一支清血針，非有精密的計劃，和淺近易行的方法不可。台灣同胞本來具有豐富的愛國心情，在歷史上曾為扶明復國的最後壁壘，今後必為海上擊敗日本的前鋒，雖然經過敵人五十年來的毒化，但今日台灣同胞，依舊保留着中華民族的血素，他們熱情愛國的胸懷，是永遠不會磨滅的，主要的是在我們怎樣去啓迪他，扶助他。

台灣革命先烈羅福星絕命詞

獨標彩色漢旗黃，十萬橫磨劍吐光；齊唱從軍新樂府，
戰雲開處陣堂堂。離鄉背井赴瀛山，掃穴犂庭指顧間；
世界腥膻應滌盡，男兒不識大刀鐶！彈丸如雨砲如雷，
喇叭聲聲戰鼓吹，大好頭顱誰取去？何須馬革裹尸回！

教育問題

台灣教育問題

許汝鐵

第一章　台灣教育的自然背景

一、位置及面積——台灣在我國東南海面，福建省之東，位於東經一二二度六分十五秒，與一二〇度二分十六秒，北緯二十一度四十五分二十五秒與二十五度三十七分五十四秒之間；西面有彭湖列島，位於東經一一九度四十二分四秒，與一一九度十八分三十秒，北緯二十三度九分四十秒與二十三度四十五分四十一秒之間，東面有火燒島，紅頭嶼兩小島，其總面積共有三五，九七二方公里，西人稱之謂毛隆（Formosa即美麗的島之意）（註一）

二、山脈及河流——全島的山脈，由北到南，橫貫台灣，稱謂「台灣山脈」，將台灣分爲兩半，東面多爲山脈所佔，所以山地很多，西面沿海地方因無山脈，所以多爲平原。全山脈中之最高峯稱謂新高山，位於台中、台南、高雄等州，其高度爲三，九九〇米（一三，〇七五呎）山頂終年積雪，其次如次高山秀姑巒山等都在三千米以上。（註二）至於河流亦多受山脈之影響，起於中央山脈向東橫流入海，其縱行者，不過十分之二三而已。全河流中最長者稱謂濁水溪全長爲四十二日里（一四三公里半）其次爲淡水溪全長三十九日里（一三三公里）其餘在二十一日里以上者，還有七條之多。（註三）

三、氣候——台灣氣候，因緯度很低，北回歸線（Tropic of Cancer）橫斷本島中央，所以全島一半入於熱帶，而其氣候卽屬於亞熱帶，又因有海洋氣候之調節，夏季長，冬季短，所以夏季不大熱——其最高溫度爲九十五度到一〇五度的中間——而冬季亦不大寒冷，除台中及新竹台北的高山上略有積雪外。（註四）於平原上就很難看到結霜之機會，所以草木四時常綠，花卉亦四時皆開，與吾國閩南氣候略同，故有「常綠國」或「常夏國」之稱號，怪不得葡萄牙人於發現時大呼（Ilha Formosa）。全島的氣候每年大約可以分爲二期：冬期、北部（新竹以上）多下雨——自九月至三月，因受季候風的影響——雨量特多，更有一天雨量達二一九九粍者，南部（台南以南）冬季乾燥，塵土很多，夏期卽兩相反——四月至八月多雨，一天內更可下三九五粍之多。

四、住民——島上住民十分之八九是我中華民族的遺裔，其中又以閩南人最多，粵東人次之，故今日台灣全島之風俗習慣均與閩南一帶相同，就是語言也完全一致。至於此般人民之遷移卽早自隋唐時代，但其大批之移民仍在明清時代，又其是鄭成功領台之時。今據昭和十年末之統計，全台共有人口五，三一五，六四二人——內台灣人四，九九〇，一三一人，日本人二六九，七八九人，番族一五〇，四八九人，朝鮮人一，六〇四人，華僑五三，九〇〇人外國人二〇九人。又據昭和十五年之統計全台人口增至六，〇七七，四七八人——內台灣人五，六八二，二三三人，日本人三四六，六六三人，朝鮮人二，二九九人外國人四六，二八三人。

五、物產及交通——全島因爲居於亞熱帶，所以氣候很適宜於農植，因此農產品亦特別豐富，其中又以砂糖、米、茶、樟腦等爲最多，其他如阿里山的森林以及香蕉、落花生、苧類、麥、烟、果品等每年之出產亦相當可觀，總計其每年產額，可在二萬萬元至三萬萬元之譜（註五）至於礦產有金、銅、煤、硫磺，但是產量不多，沿海的漁產卽相當發達（註六）此等物產多向我國沿海輸進，其中以糖、果品爲最多。至於交通方面沿海航運很便利，現全島有鐵路一千二百餘英哩，只有蘇澳至花蓮港及台東至恆春仍無鐵路可通外，環島各線都有。公路方面亦頗發達，其最著名者，即基隆至高雄之貫大公路。航業方面亦很可觀，現在共有航線五條：（一）日本航線1.自基隆經門司、下關、至神戶，2.由基隆至橫濱，中經長崎，神戶，名古屋；3.由高雄經長崎，神戶至大阪，橫濱計有載重五千噸至一萬噸之航船二十餘艘，每月定期航行十四次。（二）本島沿岸線，一路由基隆至花蓮港，台東，火燒島，紅頭嶼，高雄等地，計有載重二千噸左右之航船四艘，每月航行八次。方一線由基隆至馬公，高雄等地，計有載重二千噸左右之航船二艘每月航行四次。（三）中國南部1.由基隆至廈門，汕頭，香港等地，計有載重二千噸之航船三艘每月航行四次，2.由高雄至廈門，汕頭，香港，廣州等地，計航船一艘每月航行二次，3.由基隆至淡水，廈門，福州等地之航船一艘，每月航行兩次，（四）中國北部線由高雄經基隆至福州，上海，青島，大連，天津等地，計有載重一千五百噸左右之航船三艘每月航行三次，（五）南洋線1.由基隆經高雄至巴達維亞泗水計載重三千噸之航船二艘，每月航行四次，2.由基隆經高雄至香港，西貢，盤谷，新加坡等地，計有載重二千噸之航船二艘，每月航行一次，3.由基隆至廈門，汕頭，香港海口，北海鴻基，海防等地計載重二千噸之航船二艘每月航行二次。此外由日本赴歐美南洋各地，載重萬噸之郵船，來台灣寄港停泊者亦多，至於郵電亦頗發達，堪稱便利惟內陸山地之交通仍屬困難。

六、政治區域——台灣政治區域分為五州三廳——台北州新竹州台中州台南州高雄州及花蓮港廳台東廳澎湖廳——五十三郡二百七十二街莊，十一個市，其人口之稠密首推台南州每方公里約二百三十人，至於三廳的人口密度，每方公里則不及二人。

註一：Formosa名稱之來源：在十八世紀時葡萄牙航海者在其探險北進之途上，眺見在洋上有一個綠樹蒼鬱的島嶼，全船大呼：「Ilha Formosa」（美的島）此即台灣。但此「Formosa」之地名在此發現世紀中散在歐亞非南北美州者共有千[illegible]嶼之多，因當時西班牙與葡萄牙兩國之航海者在探險世界四周時，每於望見陸地時即歡呼「Ilha Formosa」，而台灣即其中最有名之一，因此「Formosa」之名稱亦為台灣所獨佔。

註二：台灣多山，其在三千呎以上者全島有三十四座，列表如下：

名稱	所在地名	高度
新高山	台中，台南，高雄，	三千九百五十呎
次高山	新竹，台中，	三千九百三十一呎
秀姑巒山	台中，花蓮港，高雄	三千八百三十三呎
馬保拉斯山	台中，花蓮港	三千八百〇六呎
南湖大山	台北，台中，花蓮港	三千七百九十七呎
中央尖山	台中，花蓮港	三千七百十五呎
關山	台東，高雄	三千六百六十七呎
大水窟山	花蓮港，高雄	三千六百四十五呎
奇萊主山北峯	花蓮港	三千六百〇五呎
大郡大山	台中	三千六百〇四呎
大雪山	新竹，台中	三千六百呎
大霸尖山	新竹	三千五百七十三呎
雲峯山	花蓮港，高雄	三千五百六十九呎
奇萊主山	台中，花蓮港	三千五百四十四呎
東戀大山	台中	三千四百六十五呎
合歡山	台中，花蓮港	三千三百九十四呎
桃山	台北，新竹，台中	三千三百九十呎
新看山	花蓮港	三千三百八十一呎
畢祿山	台中，花蓮港	三千三百七十九呎
丹大山	台中，花蓮港	三千三百七十一呎
白姑大山	台中，花蓮港	三千三百四十九呎
南雙頭山	花蓮港，高雄	三千三百三十三呎

能高山南峯	台中，花蓮港	三千三百三十三米
卑南主山	台東，高雄	三千三百〇五米
千卓萬山	台中	三千三百〇四米
加西巴難山	花蓮港	三千二百九十四米
郡大山	台中	三千二百九十二米
他類浴山	花蓮港	三千二百九十二米
卓社大山	台中	三千二百七十八米
小關山	台東，高雄	三千二百五十五米
能高山	台中，花蓮港	三千二百五十二米
屏峯山	花蓮港	三千二百三十四米
大武山	台東，花蓮港	三千二百三十二米
尖山	花蓮港，高雄	三千二百二十二米

註三：全島河川其長者無多，茲將其具有二十日里以上者共有九條列表於后：

名稱	長度
濁水溪	四十二日里
下淡水溪	三十九日里
淡水溪	三十三日里一町
曾文溪	三十三日里
大甲溪	三十日里
鳥溪	二十八里六町
八獎溪	二十八里三町
卑南溪	二十一里五町
大安溪	二十日里五町

一日里合我國六·八一八八一八里，
一町合我國三百六十尺

註四台灣山多，其高山上可說屬於寒帶故常有積雪，而山上樹木亦均為針葉樹林，至於全台一般平均氣候可說屬於亞熱帶，今以表示之於后：

台灣平均氣溫表
（攝氏溫度計）

地域	平均氣溫	最高氣溫	最低氣溫
恆春	244	355	95
台南	231	369	24
台中	221	393	10
台北	216	386	02
基隆	216	379	30

註五：台灣主要農產品之產地，產額，及價值列如后：

產品	產地	產額（年）	總值（日圓）
砂糖（一）	台中，台南，高雄等地	一〇，五六二，〇〇〇担	一二六，五九七，七〇〇圓

米	台北，宜蘭，桃園，新竹，台中，屏東等地	五，五〇〇，〇〇〇石	九〇，〇〇〇，〇〇〇圓
茶	新竹，台北，台中等地	一五，五〇〇，〇〇〇斤	三，八六六，五〇〇圓
樟腦	新竹，台北，台中，台南，高雄等地	五，三〇〇〇〇〇〇斤	二三，〇〇〇，〇〇〇圓
甘藷	新竹，台中，台南等地	一，六五〇，〇〇〇，〇〇〇斤	六〇，〇〇〇，〇〇〇圓
落花生	台中，台南，高雄等地	三五六，〇〇〇石	
豊類	台北，台中，台南，高雄，新竹	一〇七，〇〇〇石	
麥類	台中，台南及沿海一帶	三六，〇〇〇石	
胡麻	台南，高雄	一五，〇〇〇石	
黃麻	台中，台南，高雄	四，五〇〇，〇〇〇斤	
苧麻	宜蘭，新竹	一，五〇〇，〇〇〇斤	
烟草	台中，台南，花蓮廳	三，〇〇〇，〇〇〇斤	
香蕉	台中，台北，新竹，台南，高雄，花蓮廳台東	二九二，五五〇，〇〇〇斤	五，七〇二，二〇〇圓
柑橘	台中（員林）南投，新竹，（新埔）台南（西［麻豆）	四九，二八〇，三〇〇斤	一，七四三，四〇〇圓
鳳梨	台北，台中，台南	四〇，〇八一，〇〇〇罐	六，一七二，三〇〇圓
龍眼	嘉義，竹頭崎	一，〇〇〇，〇〇〇斤	一五〇，〇〇〇圓
桃李梅			三〇，〇〇〇，〇〇〇圓
畜牧			三二，五〇〇，〇〇〇圓
蠶桑	新竹	八，五〇〇，〇〇〇石	五三〇，〇〇〇圓

註六：台灣礦産之主要義地，産額（價值）

類別	産地	産額（價值）
金	台北，花蓮港	一，一〇三，七五一元
金沙	台北，花蓮港	七，五一〇元
銀	花蓮港	一三一，四三〇元
銅	台北，台東，花蓮港	七二四，八三〇元
鐵	台北，新竹，台東	六，一五七元
石炭	台北，新竹，台中，高雄，花蓮港	二，三七五，一三〇元
硫礦	台北	八七，六五八元
石油	台北，新竹，台南，高雄	五六五，九二五元
其他礦……		四七，六八〇元
合計		一五，五五〇，二四四元

丰 漁主要爲[illegible]節年産百餘萬元，合其他水産之貿易年有一千五百餘萬元。

第二章 台灣教育的歷史背景

台灣本爲我國領土，自隋唐時就有人民移居島上，至西曆一六二四年始爲荷蘭人所佔領，共統治台灣前後三十八年（自一六二四年至一六六二年）然後爲明功臣鄭成功所驅逐。鄭氏佔領台以後，則努力經備，並將其作爲復明滅清之根據地，前後傳三代，共統治台灣二十三年至一六八三年　清康熙二十二年）才爲清朝所滅。清朝滅台以後，即將其劃隸福建省成爲我國直屬的版圖。到咸豐八年（一八五八年）發生「中英之役」我國失敗，在天津與英國訂立天津條約開放台灣的淡水爲商埠：光緒十年（一八八四年）又因安南問題，引起了中法戰爭，致使台灣之基隆淡水及澎湖諸地爲法國古允倍（Caurbet）所率的艦隊之砲擊及封鎖，至第二年因法國的勿變理內閣倒台，中法議和，封鎖才解除，此後外患頻至，而台灣之設防亦成爲一種必要的措施，於是滿清遂於光緒十二年（一八八六年）將台灣獨立爲一行省，設專任巡撫，起初以劉傳銘任之，因爲劉氏對於島內一切設施的改革過於急速，以致招引人民的反抗，在任只有六年即掛冠而去，及光緒十八年又任用邵友濂爲撫，不到幾年即發生中日甲午之戰，於是美麗而豐富的台灣也就遂此而斷送予日，此後台灣之一切命運及各項設施亦隨此歷史之演變而改變，茲將其前後史實及淪陷後島民的民族運動敘述之於后：

一、中日甲午之戰——甲午戰爭之導因起於光緒二十年（一八九四年）朝鮮東學黨之亂，當時該黨黨魁崔時亨以「西歛，清君側」爲宗旨，在全羅道古阜舉兵，一時陷全州迫京師，朝鮮無力將其平定，於是向清廷告急，遂命提督葉志超，聶士成帶兵數援，屯紮於牙山縣，並依據天津條約照會日本，日本得到照會以後，遂以保護居留民爲詞，派兵往朝鮮，由仁川進兵直逼韓京，一時東學黨以中日兩國大軍同時到達，恐慌萬分，遂作鳥獸散，亂事才平定，於是清廷請日本同時撤兵，而日本不但藉口改革朝鮮內政，不肯撤兵，同時其駐朝鮮公使大鳥介圭又將朝鮮王擄去，令大院君主持國事，並且利用彼與中國對抗。當時李鴻章氏，與日本進行議和，意存觀望，而日本即利用這時機，突然向牙山清軍攻擊，於是清廷派兵援救，當兵船剛到豐島時，即被日本擊沉，統將葉志超逃走，此爲光緒二十年甲午六月發生之事。釁端已開，兩國的宣戰亦經之公佈，海軍提督丁汝昌統率全部海軍——十二艘戰艦和六艘水雷艇——向日本海軍艦隊與陸軍聯隊進攻，而日本即以十一艘戰艦應戰，結果清廷經營二十年的北洋海軍化爲烏有，黃海的海權亦斷送於日本手裏。海軍失敗以後，清廷遂改用陸路進攻，而日軍即乘勝從朝鮮渡鴨綠江攻下九連、鳳凰、安東、金州、復州等城，旅順、威海衛二軍港亦同時喪失，不久營口，牛莊及山東省城等地亦相繼淪陷。到第二年二月二十七日，日本海軍又向南進攻澎湖，陷拱北砲台繼略馬公城和漁翁島，守兵得訊，自毀砲台逃走，澎湖遂爲日本佔領。（註一）這時清將丁汝昌與張文宣因見大勢已去，遂服毒自殺。同時吳大澂亦在奉天失敗，於是清廷迫於不得已，乃派侍郎張蔭桓往日本議和，而日本則以其位卑不納，因此再派李鴻章爲全權大臣赴日與日本首相伊藤博文，外相陸奧宗光在馬關（註二）會議。初日本所提之休戰條約十分嚴酷，均被李鴻章所拒，情勢頗爲嚴重，後因日人小山豐太郎行刺李鴻章，引起各國的非議，然後日本始允許無條件停戰，並議和約二十一款，其中重要者：第二條：清政府於左記土地之主權及地方之城壘，兵器製造所及所有物等須得永遠割讓與日本本國。

一、……

二、台灣全島及其所附屬諸島嶼。

三、澎湖列島東經一一九〇度（以英國格林維基子午線爲標準）至一二〇度，北緯二十三度至二十四度間之諸島嶼。

四、……

五、清日兩國政府於本約批准後各派大臣一人赴台灣辦理授受事宜，批准後兩個月內，須授受完畢。

此於光緒二十一年四月十七日簽訂。稱謂馬關條約

二、台灣之抵抗——台灣聞清廷將台灣割讓並派大臣於澎湖舉行台灣授受式之耗聞以後（註三）騷擾異常，於是全島台胞團結一致宣佈獨立，建立台灣民主國，主持其事者，爲丘逢甲等。台灣民主國成立以後，即推舉台灣巡撫唐景崧爲大總統，劉永福爲副總統，並命丘氏爲大將軍，年號永清，改台灣巡撫衙門爲內外兩部，各設大臣一人。唐景崧負守台北，劉永福即守台南，而丘逢甲即負監督全島團練，赦放罪囚，募集軍餉，並設立銀行於台南發行紙幣，儼然具有獨立國家之形式。

日本政府得悉台灣民衆一致反抗之消息後，遂即下令命其陸軍中將能久親王（日本皇族）率領近衛師團及新任台灣總督樺山資紀領海陸軍迫台。能久所率之近衛師團即向基隆前進，樺山即直趨淡水。光緒二十一年五月三十，三十一兩日，能久所領近衛師團的一部在澳底地方上陸，於六月一日向三貂角進發，此時台軍在基隆接戰十餘日，因衆寡不敵敗退，日軍遂佔

有基隆，又由基隆攻台北，至六月十七日台北陷。（註四）當基隆失陷時，總統唐景崧聞訊大驚，由淡水港化裝乘船逃往福州，以致台北陷於紛亂而未能堅守。日軍佔領台北後即由台北進攻新竹，苗栗而到台中八月二十八日台中，彰化一帶又失守，十月二十日迫台南，而台南總兵劉永福知大勢已去，總統潛逃，無可爲力，遂由安平港潛赴廈門，然而台軍却並不以失其主將而灰心，彼等尙能以全力與日軍死戰五閱月之久，後因無援勢孤均作壯烈犧牲，台灣即全部入於日人的掌握裏，這給予後來台灣的十二次革命不無影響。

三、台灣之十二次革命：——日本佔領台灣以後即肆其兇殘暴戾的伎倆，極力壓制台胞，台胞在其刀俎之下犧牲者實不可勝數，故有十二次革命推動的發生及現在革命思想之蘊蓄，今將其十二次革命之前後略述之於后：

1.第一次革命——一八九五年冬「林大北之革命」台人林大北因痛恨日人的兇殘及同胞的遭受慘殺，毅然以恢復台灣爲己任，於是假藉劉永福由廈門來示援衆努力作爲號召。一時附和者頗多。林氏已得部屬以後，遂囑其部將詹領補致書其友郭某共謀起義，書發後，林氏遂在宜蘭首先舉義，詹氏即於台北響應，不多久遂攻佔瑞芳、頂雙溪及台北之日本屯營等處，聲勢很大，台灣總督得訊後，即命山口少將率領大兵向各路應戰，而林大北卻因郭氏援兵不至，孤困被擒，全部被日警所殺，遂告失敗。

2.第二次革命——一八九六年一月「劉德約之革命」劉氏原爲清政府領台灣時台東區守將，當時革命思潮，自台灣淪陷後，既有日警之任意橫殺台胞，恨之入骨，隨作第二次革命的準備，至一月間，認爲機會已到，隨集合各地首領：陳秋菊（台北）詹振（太平頂）鄭吉生（鳳山）柯鐵（雲林）——等會議於劉氏所住地方，一致主張立即起義，初聲勢很大，結果因失却聯絡敗逃山中，同時部將亦因此而損失殆半。是年十月劉氏在山中又謀再起，集合一千餘人，分路進攻台灣中部各地，破集集街日本守備隊，陷南投廳，台中廳，並佔斗南，北港等處，盡殺日警，後因台灣總督調師來攻，不得已始退入鳳山，一直轉戰到第二年（一八九七年）三月。又因部屬死傷過多勢孤無援，以致被擒於山中，因其本爲清廷官吏，故遣派回祖國原籍。

3.第三次革命——一八九八年「陳發之革命」陳發因屢歷次革命之失敗，及日寇氣燄之兇狠，同時其家族親屬亦多被日寇之屠殺，隨密作第三次之革命，及至一八九八年四月，自覺時期已熟，正擬率領其黨人進攻台南時，因機謀之不密，以致黨人多爲日警所捕，於是再作準備，於是年五月三日再起，一時攻陷阿公店，進大甲據三角湧，佔日本辦務署，其部屬亦因此而加多，膽量更壯。遂即下令分師四出，惜因兵力過散，大敗。遂退入山中圖謀第三次再起。在山中招募番兵，共得七百餘人，至十二月又命令其革命軍總隊長林天福統率三千革命軍及數百土番軍進攻潮州日本辦務署，大勝。後因台督召正規軍來攻，衆寡懸殊，大敗，黨人多爲日軍所捕殺，於是第三次革命又告失敗。

4.第四次革命——一九〇一年「詹阿瑞之革命」，此因兒玉總督之食鹽樟腦專賣政策，引起台民無以爲生而發生之革命。詹氏當時眼看此種情形，即發文告（註五）全台同胞，極力鼓吹革命，一時來投者甚多。遂於是年三月間命其部衆進攻台中，台中陷，日守將死。不久，又出兵蔴荳墩佔東勢角，再進竹崎當時台中日守備隊及日警來攻，都被擊退。後詹氏因爲特勝過驕的緣故，爲日本台北援軍所敗，退入深山，復命其軍長黃茂松，副軍長黃新榮招募兵士，於十一月又攻進嘉義廳之朴腳林殺支廳長，同時又陷嘉義，一時聲勢很大，日政府遂命其附近六支廳的日警及台南守備隊來攻，發戰三晝夜，詹阿瑞，黃茂榮均遭殺，結果又是失敗。

5.第五次革命——一九〇七年「蔡清琳之革命」蔡清琳因爲受此四次革命失敗之刺激及康熙時台民朱志士一貴（註六）之影響遂組織「復中興會」網羅會黨，暗中介紹會員，至一九〇六年三月全島已有會員四百餘人，即召秘密會議於新店，公推蔡氏任總師，一九〇七年十一月下令舉事，北埔黨員首先發難，攻下支廳，盡殺所有日警，旋又攻新竹及台北西部等地，一時均入蔡手。台督聞耗大懼，遂下令召集重兵圍攻，初爲蔡所敗，後因台南革命黨員不齊，被捕，致不能收前後牽制日軍之效，遂困於北埔，後由圍而出，逃入山中，被日軍所擒，台督派法官至北埔臨時法院，拷訊，判處死刑，此稱之爲「北埔事件」或「北臨法案」。

8.第六次革命——一九一二年「劉乾之革命」……時正中國革命成功，國父就任臨時大總統之時，——劉乾聞中國革命成功以後，遂在南投林杞埔一帶召集民眾，藉慶祝中國革命成功之機會以宣傳台灣革命，不到一月，附和者爲數頗多。後因事不密爲日警偵知，不得已先舉事攻頂林日警派出所，又因事前並無通知其他各部，自知後援無望，逃入山中，結果爲日警所捕，禁於林杞埔支廳之內，仍以法官判決死刑一如「北埔事件」而此即稱爲「林杞埔事件」或「林圯慘案」又「二臨慘案」。

7.第七次革命——一九一二年「黃朝之革命」黃氏爲劉乾之志友，於台南聞劉氏失敗以後，即計議起義，仍以事不密爲日警所偵知圍捕之。黃氏即逃入民房被發現，出槍擊日警，曾逃山中，被日警追捕，於是年五月處死，此次可爲事未舉而敗。

8.第八次革命——一九一二年「陳阿榮之革命」陳氏爲南投一平民，看到上兩次革命的失敗，遂喟然曰：「我陳阿榮不怕死者，誓當殺盡倭奴以佐酒，光復台灣爲職志，誓當步先烈諸公之後也」附近志士來投者甚多。陳在其家設一台灣義民之靈牌一朝夕頂禮，並以此自勉，不到一月，黨人驟增，而南投一帶之日警亦常有被槍殺者，日政府雖知南投有革命黨人，但無從偵知。陳氏因黨人日多，決定於十月十日爲國慶日藉紀念起義，事不密，當陳氏與黨人密謀時爲日警所圍，全部被捕入獄，而阿榮即本其不怕死之精神向其黨衆曰：「吾濟死則死耳，但恨未能多殺倭賊爲憾，須知台灣之阿榮殺不盡也」至一九一四年台政府判阿榮等死刑處死時仍神色自若。

9.第九次革命——一九一三年「羅福星之大革命」羅氏幼時隨其祖父到台灣經商，在苗栗公學校受日本愚民教育，因爲日人的苛政，全賣其家產回鄉，任廣縣小學教員，起初受廣東省嘉應學丘逢甲之命赴爪哇視察，歸國時赴星洲主持中華學校校務，一九一一年又與胡漢民氏赴爪哇招集志士，二千餘人，回國從 孫總理之革命，一九一二年七月與友劉士明兩請其赴台，遂假視察之名義，以喚台灣同胞的解放，到台灣以後，又到各地視察在苗栗組織革命黨秘密機關，於是召集會議，議決以十二志士——羅福星、劉士明、彭雲軒、丘維藩、林達榮、劉金田、傅中興、江亮能、黃光樞、黃員敬、謝德香、傅清鳳——分路南北着手謀集黨員，並製定通訊密碼（註七 以羅氏任總指揮，其餘分頭工作，不到數月黨員九萬二千餘名，並於國內各重要地方設同盟聯絡站，以作宣傳，一九一三年三月十五日在苗栗總部召集台灣革命同志代表大會討論進行計劃，並決定以十二志士的名義發表「大革命宣言書」（註八）播流日本的殘酷政策及台胞的痛苦，所收效果甚佳，不幸，一九一三年三月間，苗栗秘密機關爲日警所破，羅氏時在台北，聞耗返回苗栗被捕，因無證據，再予釋放，又至各地積極活動，終又失敗，於一九一三年十二月十九日在淡水友人黃某家被捕一九一四年日政府在苗栗法院鞠訊處死。

10第十次革命——張火爐李阿齊與賴來等之興起：

張火爐居住於竇闊深山中，開始福星鼓吹革命，遂向附近之南湖大湖宣傳，並且招募生番約二百餘人，欲援羅氏未果，被日警所捕，盡死於台北絞首台上。

李阿齊台南志士父死於日警之手，遂仿羅福星之組織，密集同志二百餘人，擬攻日警署，不幸叛徒黃天一報警，均被捕處死於台北絞首台，時一九一四年。

賴來東勢角居民，本欲參加羅福星組織，因感東勢角領導人無能，遂自組織，於日警破羅氏機關時，攻入警署，賴氏身先士卒中彈先斃，其餘均被捕，死於台中獄中。

11第十一次革命——一九一四年五月「羅阿頭之革命」羅氏因感福星革命之失敗，及日寇之殘酷，於是年五月初，集合黨員五百餘人，於五日命彭漢文率衆攻大埔警署，殺日警，盡奪其軍械，又攻大坵園警局，王爺宮派出所，佔六甲支廳，日政府聞信，遂派大軍來攻，羅氏不支退守山作初勝，後因兵力太少，被捕處死。

12第十二次革命——一九一五年四月「余清芳及羅俊之革命」彼等因鑒於十一次革命的失敗，已經使台胞意志漸爾消沉，遂利用先烈陰魂之托，藉迷信以喚起台胞並設機關出告示（註九）以告父老，反應頗佳 五月十二日，羅俊由台南赴台北就革命軍總司令職，時因密漏，遂速告黨人逃入山中，均未受捕，後羅氏密使報告余帥，並派蘇東海朱日佛從基隆赴廈門，擬請國軍作援，事情不密爲日警所捕，並加以拷刑，初不承認，後因日警將余帥之信示之乃認供，於是日軍即依其所供往攻，羅氏慌忙應戰，時五月二十五日，南部余帥聞訊遂率領大軍起義，乘夜攻下甲仙埔支廳，大坵園，小張犁，蚊存脚，河表湖等地，第二日日軍舉大隊來攻，敗之，于二十八日復佔台中之集集等地，日督大起恐慌，召集台中守備隊來圍，軍中死者頗多，不得已退入虎頭山至七日晚十一時，余帥被捕，日軍並大殺一帶平民哀聲遍野。

此前後二十年之革命雖告失敗，但其影響於台灣人心頗大，並促進台灣人民以後之不斷奮門。

四、台灣民族之解放運動：

1、一九一四年民國三年即大正三年十一月板垣退助之同化運動——板垣爲日人，入島後即組織台灣同化會，主張化育台灣人與日本人同樣，及台灣人亦應與以日本人同樣之權利。結果受總督極端之壓迫，並將其放逐島外，於是同化會遂於大正四年二月命令解散，這運動雖爲日人所領導，但其對於台灣之政治的發展劃一轉機，並以參加此會之台中資產家林獻堂爲中心，掀起本島人之民族運動，請願設立私立台中中學即爲其第一聲，亦可謂台人在政治上明顯之求民族解放的開端。

2.廢除「六三暴法」(註九)之運動——台灣民族運動之先驅者，即爲留東京之台灣同學，彼等因鑒於日人在台所施之「六三」暴法，遂在東京組織「六三」撤廢期成同盟會，以期撤廢爲總督專制政治之根據的所謂「六三法」，至今尚未成功。

3.創立言論機關——在大正九年創刊月刊「台灣青年」爲其機關報，大正十一年改稱「台灣」大正十二年更改名爲台灣新民報，自十四年起又改爲週刊。台灣新民報不許在台灣發行，其原稿雖然在台灣寫成，但必須送到東京印刷發行，然後寄回台灣，於寄回時又需經日本內務部及台督之二重檢查，於時間上完全失去新聞之效用，至昭和二年(一九二七年)七月，纔准在島內發行，可爲台人唯一之言論機關，但現在巳被迫改組，由日人控制，改名爲「興南新聞」，故可謂巳完全變質矣。

4.請求設立台灣議會運動——大正十年二月由台領林獻堂等百七十八名署名，提出請願於日本帝國議會，而台督即依大正十二年末治安警察法，彈壓此運動，投蔡培火等數人於獄，然運動依然進行，昭和三年又以署名二千餘名，實行第九回之請願並規定議會之人選及職權：「以住在台灣之日本人，台灣人與在行政區域內之熟番人之公選代表組織之，爲根據台灣之特殊情形，有法規及台灣之預算之議決權之特別代議機關」此可以謂限定在日本之統治權下獲得內政自治權爲目的之一種 HomeraJe 運動，亦可謂對總督專制政治要求參政權之一種運動，現此種運動所得之結果，只設置一有名無實之台灣總督府評議會(註十)。

5.設立文化協會運動——此運動仍以林獻堂爲首，蔡培火，蔣渭水爲中心，其目的即在謀台灣人之社會及文化的向上，平常即在各地開講演會，爲一種自助之啓蒙文化運動，亦爲台灣人唯一之民族運動團體。然大正十五年末，台灣無產青年會成立，有會員三十左右，在連溫卿指導下，潛入文化協會控制文協幹部，改變章程，將文協之組織變爲無產階級運動，於是文協分裂，舊幹部於昭和六年五月二十九日另創立「台灣民衆黨」之政治結社，於六月三日爲台督府所禁止，其理由爲綱領中之「台灣人全體之政治的、經濟的、社會的解放」一句，有挑撥民族的反感，妨礙日台人之融和，至七月十日再組「台灣民衆黨」以「民本政治之確立，合理的經濟組織之建設，及消除社會制度之缺陷」爲綱領。此爲台灣唯一政治結社之出現，由此台灣之解放運動團體，有高唱無產階級運動爲立脚點之文化協會，及以民族運動爲立脚點之台灣民衆黨存在於台灣其後又成立農民組合及工友總聯盟，前者受文協會之指導而後者即受民衆黨之指導，文協會即直接受日本共產黨之指揮，民衆黨即接受三民主義精神之指。

現台灣之民族運動更隨祖國之抗戰而進入最高潮。台灣之光復亦將隨祖國抗倭戰爭之勝利而獲得，今日吾國反攻在即，最後勝利就在眼前，而台灣同胞所受半世紀之壓迫亦將藉此而獲得三民主義之自由曙光。

註一、當清廷海陸軍在北方失敗之後，爲恐日本海軍之來襲台灣及澎湖，清廷即遣中法戰爭之勇將，劉永福於台南，當南方守備主任，然彼自知此兩島終不免爲日人所奪，因有讓讓給英國而使日人之希望成空，遂將此意傳於英政府，而英不受，事爲法所聞，遂派法艦三隻入澎湖之媽宮港，對守備之清將，報告日本艦隊之來襲，動其結果，終不能守，不如此時讓與法國而爭攻擊，待事平之後便交還中國，然在安南事件猶懼法人之劉永福，拒絕此條議，果然不久日本之此島大佐在澎湖上陸，而佔有之。

註二：馬關現日本改稱為「下關」。

註三：光緒二十一年五月八日馬關條約之批准書交換於煙台之之際，五月九日清使李經方會日將樺山資紀於澎湖舟次，舉行台灣授受式。

註四：六月十七日，為日軍佔領台北宣佈「統治台灣始政之日」故馬關條約雖於四月十七日簽字，而台灣正式之淪陷為六月十七日，故現定於是日「六、一七」為台灣淪陷紀念日。

註五：其文告全文：「台灣民主國大總帥佈告於全島人民知悉倭奴強橫侵佔我國魚肉我民　羅我財產，置吾民於水火陷我境於糜爛！極惡犯兇，於斯已甚！我堂堂大國人民何能受彼蠻夷民族之統治？今竟私行禁私當權霸，鹽煙更屬可惡至極！且從前本島義民，屢遭殺戮，本總帥上體天意，下察民情；體彼凶惡奮義民之積怨，誅其醜類；伐其上佔大國之罪過，還我疆土，吊民伐罪，保障台澎，救民疾苦，惟倭是誅！大軍過處雞犬不驚，有紀有律號令嚴明！所幸台島人民，毋來歸我，令我全軍士卒協力前進，則家國重光，早救生靈，后土，皇天均所共鑒，本總帥實期望焉」。

註六：「朱一貴台民，原籍福建漳州長泰人、云鄭成功遺臣，人好義，客人過之，悉皆款之，並曉以滿族入主中原，異族凌我漢人，應推翻之，爾後台郡太守王珍縛縣篆委政，次子苛捐雜稅，台民不堪其苦，誓盟反抗，為王所悉，大捕殺之，黨人往訪一貴遂起義推彼為大元帥，師出時頗為順利，連克諸要地，因兵力分散為清將藍廷珍所乘，後敗為同黨漢奸所害，被擒死」。

註七：「通訊審碼，其時所定頗多，舉其一例：「母氏（孫逸仙）舍母（黃興）……君子（十二志士　正字　華民秘密會館……食客（日本）兒　台灣　弟（高麗）主人（中國）實話（敢死隊）人力車（海軍）……」

註八：宣言全文頗多其主要者描寫日人之際政1.人民之產業日人均課以苛稅2.稍有利之事業均歸日人之手3.工人之受剝削4.行商之苛稅5.納家稅金6.日警之作惡……等等。

註九：一六三號法」明治二十九年法律第六三號規定「台灣總督在其管轄之區域內，得發有法律之效力的命令」此總督之命令因有法律之效力，故稱為律令而法律之全部或一部須施行於台灣者　則以勅令定之此為六三法，以三年為期，然再三延期，後又以法律第三十一號代之，與上法略同。

註十：評議會之組織，會長由總督自兼，副會長由總督府總務長官兼任之，會員者為官吏三名，日本人，台灣人各十一人。

第三章　台灣教育之現況

我國領有台灣，雖然有其長久之時間，（又其滿朝二百餘年的領有，設有官吏專管地方政事）但其對於教育一項仍非常忽略，若與本部各省相比較，即相差遠甚。雖然清末對於台灣稍加注意，並前後派劉銘傳唐景崧二巡撫，主持台灣政事，但為時甚暫即發生甲午中日之戰，台灣遂之割讓，而將要萌芽之台灣教育亦隨之而消沉。

光緒二十一年（一八九五年）台灣雖為日寇所佔領，但因台灣同胞之不斷抵抗及十二次之革命使日寇漸時將目光注視於軍事，政治及經濟之征服，建設及獨佔等，對於文化教育的建設即比較的疏懈，迨至台灣漸漸安定以後日寇仍如其資本在台灣之獨佔化　以國家的權力，將日本本國的教育移入台島，加以奴化之原料而創造成為今日之台灣殖民教育或奴隸教育的雛形。

一　史略

日本佔領台灣後一年，即明治二十九年西歷一八九六年三月起台北始有日語學校的設立，當時所設立者為國語（日語）傳習所與國語學校二者，其所負之任務，前者專以「傳習現行國語於土人為地方行政設施之準備，且為教育之基礎」為目的，也就是施以國語為主的初等教育於台灣人的教育機關，至明治三十一年（一八九八年）改為公學校，國語學校即分師範部，國語部，及實業部三部，師範部以養成日本人及台灣人之可為公學校教員者為目的；國語部以教授台灣人以國語為主的中等普通教育為目的；實業部以教授台灣人關於農業電信及鐵路之中等程度之技術教育為目的。此為日本在台灣最初設立之學校。明治三十六年（一九〇三年）欲使台灣教育歸於統一，對於外國宣教師所開之諸學校，在總督府私立學校取締規則之下完全取締，而台灣人舊有的書房亦漸漸廢除，及明治三十八年（一九〇五年）又設立台北幼稚園，旋又廢止，至大正九年（一九二〇年）時再行舉辦。明治三十九年（一九〇六年）又將國語學校之實業部停止招生。至於日本兒童與台灣人的兒童所受之初等教育，自明治二十九年設立學校起即分別系統教授，至明治三十一年始正式設立專為日本兒童所入學之小學校（小學校本亦附屬於國語學校）而中學校與女子中學校亦均於明治四十年（一九〇七年）四十三年（一九一〇年）先後離開國語學校附屬之地位而獨立。台灣人之中等教育，仍於國語學校施行，然其程度，比日本之中學為低，因此在大正三，四年（一九一四——一九一五年）頃，致發生台灣人之文化運動，在台中設立私立台中中學。而總督府亦於大正四年四月創設立公立台中中學。以招收台灣人子弟，名稱雖換而內容與國語學校相彷彿，定修業年限為四年，程度依然比日本人之中學為低。至於專科學校，在明治三十二年時創立台灣總督府醫學校一所，專收台灣人之子弟，其程度仍比日本國內之醫學專門學校為低。這種教育制度，一直維持到大正七年（一九一八年）沒有變更，及大正八年始有新教育法令重新調整各教育機關，其重要者：

（1）廢國語學校，設立台北及台南師範學校。

（2）改稱公立台中中學為公立台中高等普通學校，又創設台北女子高等普通學校，為台灣人之中等教育機關，然皆定修業年限比日本人之中學及女子中學短一年，同時又設立台中商業學校，嘉義農林學校等。

（3）創設獨立之實業學校，日本人與台灣人各別其系統。

（4）專門教育則將台灣總督府醫學校改稱為醫學專門學校，並新設農林專門學校及商業專門學校；皆專收台灣人。又置醫學專門部於醫學專門學校內，並設立高等商業學校，此為日本人之專門教育機關，比照授以與日本國內同種學校同程度之教育。台灣人之專門教育年限及程度皆比此為低。

大正十年（一九二一年）又設立台北商業學校，十一年因感日台人教育之過於明顯分開，為避免民族間之隔膜特於是年頒佈一新法令，廢除日本人，台灣人之教育系統，其中規定初等教育之常用國語者——即常用日語者——可收容於小學校。不常用者——即指不以日語為日常語言者——則收容於公學校；此外表好似平等待遇，其實仍將日台兒童分校教授；對於中等程度以上之學校，則施行共學的制度。法令頒佈以後，總督府即向各界聲稱：「在教育上已經完全撤去了種族的區別而不能看出日本人，本島人，番人之差別的稱號實為本島教育界未曾有之革新」。在此聲稱中所稱：「……不能看出日本人，本島人，番人之差別的稱號」於外表觀之實屬不虛，但是實質上，仍分主奴之教育，實在是非常明顯。十四年（一九二五年）又設立宜蘭農業學校。迨至昭和三年（一九二八年）又創立屏東農業學校，還在台北市富田町開設台北帝國大學。六年（一九三一年）又在台南設立台南高等工業學校，並推展初等教育於各市街莊「七七」中日戰爭以後，日人因欲收買台灣人心於去年又將小學校及公學校統稱之為國民學校，此均日寇之戲法。

二　教育行政

台灣中央教育行政機關，在割讓之初，為台灣總督府之學務部，下設教務，編修二課，專管教育之設施，而現行制度則於總督府下設文教局，綜管全島教育文化事項，局之下直庶務系，督學室，學務課，編修課，社會課掌理全台教育事項，至於專門以上學校有許多是不屬於文教局而直屬於總督府者，其地位與文教局平等，如台北帝國大學，台北醫學專門學校，台北高等商業學校，台南高等工業學校，台北高等學校，師範學校等均直屬於總督府，今先將其系統表列下，再將文教局下各課職掌敘述於后：

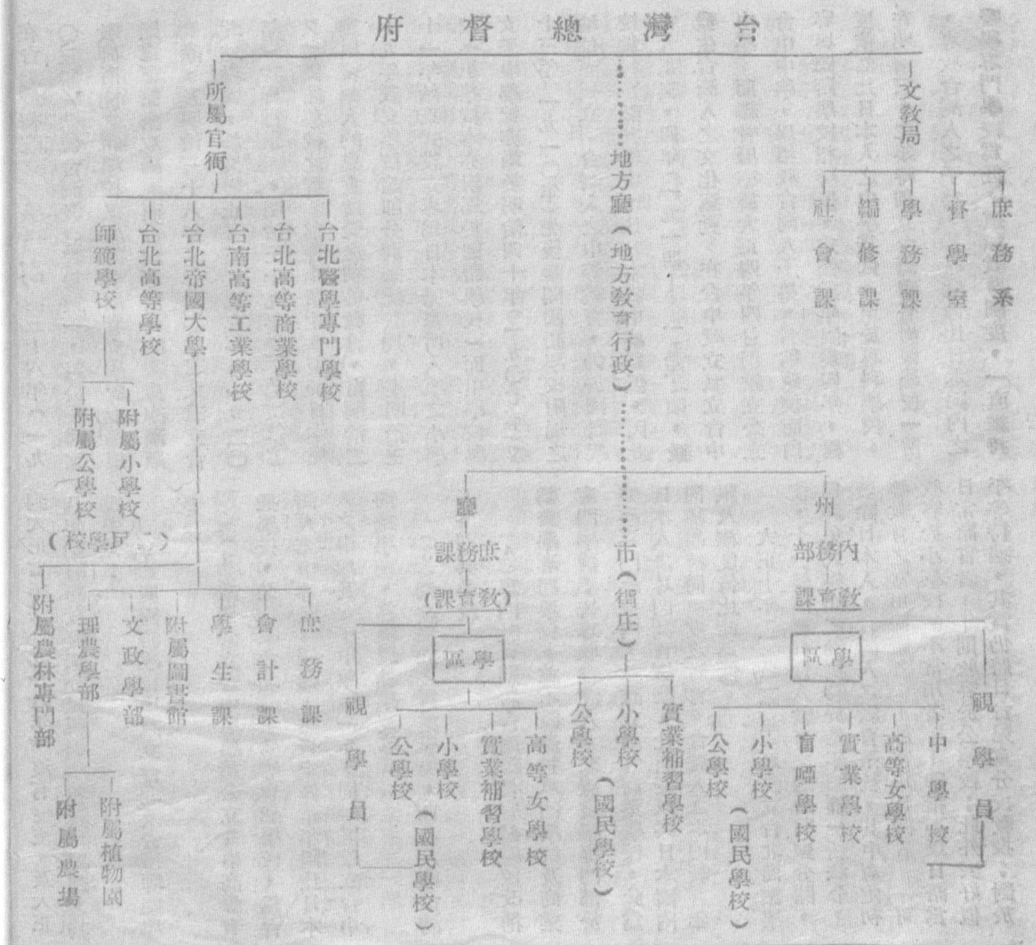

2文教局下各課之職掌：

甲、庶務系——

（一）掌理局內經費之支配事項。

（二）教育經費籌核及分發事項。

（三）局內公文之收發處理及人事管理事項。

（四）局內公物的管理及購置等事項。

（五）其他有關庶務事項。

乙、督學室——

（一）關於學務視察事項。

（二）關於教育文化指導改善事項。

（三）關於教育學藝之調查事項。

丙、學務課——

（一）關於勅語謄本事項。

（二）關於學校幼稚園及其他學制學務事項。

（三）關於教員檢定事項。

（四）關於學校衛生事項。

（五）關於專門學校入學者檢定及委託試驗事項。

丁、編修課——

（一）關於圖書之編修檢定及著譯事項。

（二）關於圖書之出版及分發事項。

戊、社會課——

（一）關於宗教及神社事項。

（二）關於獻穀事項。

（三）關於圖書館博物館事項。

（四）關於文化團體之設施，民衆娛樂之改善，及其他社會教育事項。

（五）關於軍事救護事項。

（六）關於賑恤，救濟兒童保護，失業救濟公設質舖及其他社會事業項。

（七）關於公益法人事事項。

此外尚設有教科書調查會，台灣教員檢定委員會等以互策其進行。至於地方教育行政機關，於州則有州之內務部教育課，於廳市郡則有所屬之庶務課或教育課而其所轄之各級學校如上行政系統表中所示者。

三 學制

台灣教育學制在明治二十九年時很簡單，當時只設有國語（日語）學校。及國語傳習所，均直轄於台灣總督府，厥後教育漸漸推廣而普及，於是學制亦隨之而變化，及大正九年（民國九年）新教育法令頒佈後，許多日台人入學的學校名稱上除初級學校外亦歸一致，而在學制上亦看不出，日台教育系統之不同，此亦日冠爭於聚蒙世人之技倆，及昭和三年台北帝國大學成立，台灣學制上又起了不同的變化，昭和十八年（一九四三年）後又將小學校公學校一律稱為國民學校，修業仍為六年，中分尋常及高等兩科。其與中年學行者有高等女學校，師範學校，實業學校等均為修業五年之學校，中有實業補習學校一種供四年國民學校卒業生之升學，其修業年限為四年—五年至於與高等學校（三年制）平行者有高等職業學校（如高商、高工、高農等）修業為三年。中學校雖規定為五年卒業但於修完四年後即可參加高等學校入學考試。高等女學校在台灣於卒業以後只有赴東京升高等女子師範學校因台灣無此類學校之設立。

今將昭和十八年前與十八年後之學制系統列表於后以示台灣學制於最近之變遷情形防。

（一）昭和九年學制

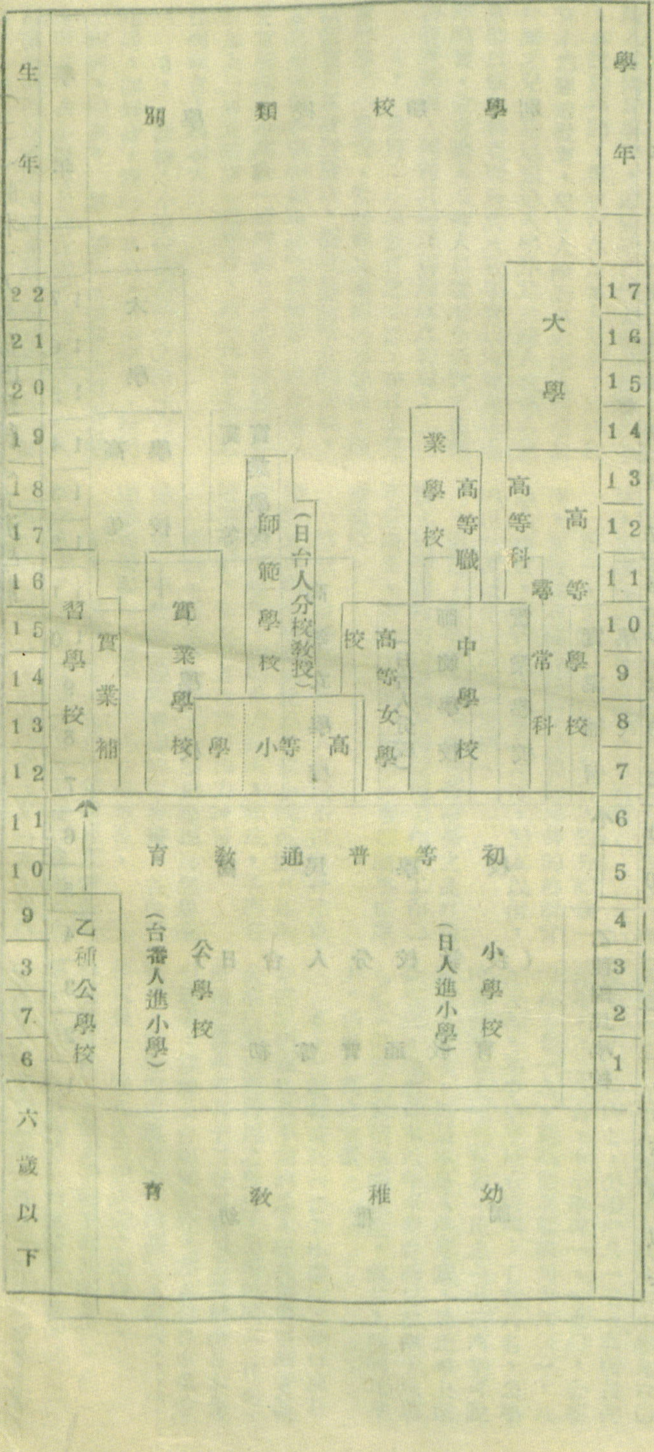

（二）昭和十八年後改變後之台灣學制

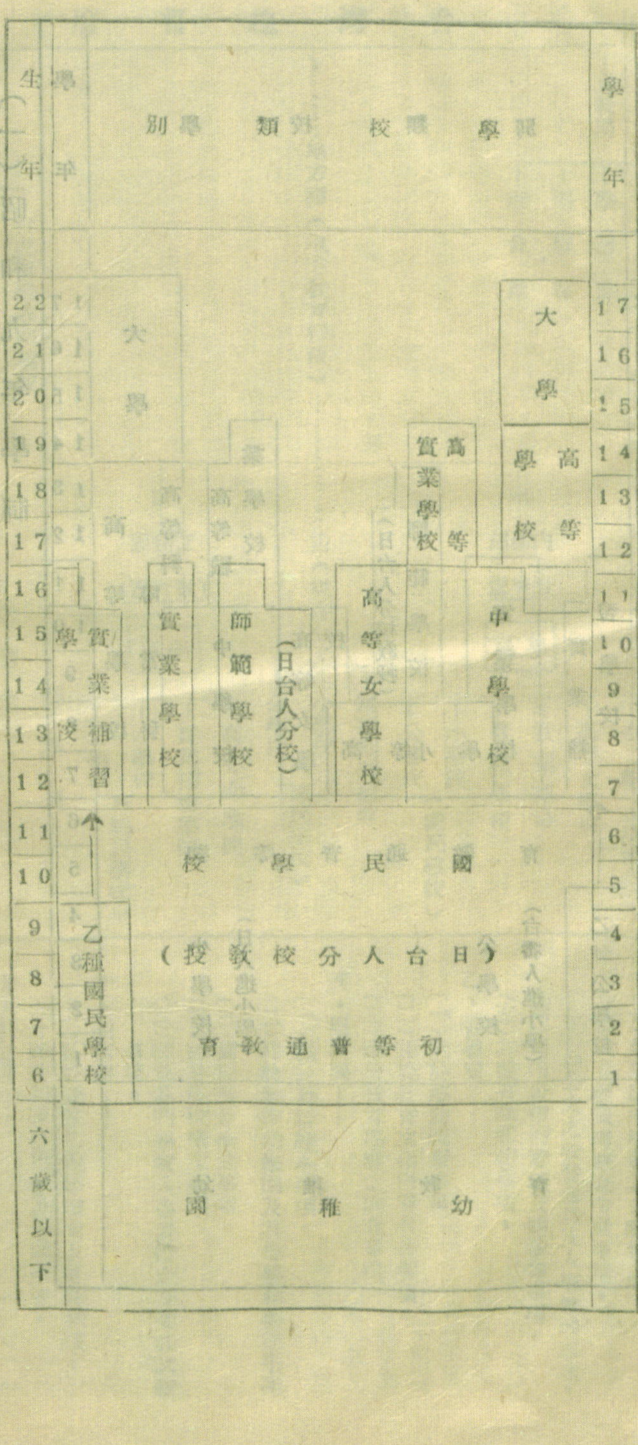

四 現有各級學校教育之一般

1.幼稚教育與小學教育

幼稚教育：台灣在明治三十八年時在台北設立台北幼稚園，施以兒童入學前的教育，此為台灣有幼稚教育之始，爾後因辦理欠善，即將其廢止，至大正九年（民國九年）發布台灣公立幼稚園規則後，於是各地才再開始，設立公立幼稚園，茲將其辦理情形略述於后：

（1）宗旨：「以保育幼兒，使之身心健全發達，涵養良好的性情，以補助家庭教育為目的」。其法是順其身心發達的程度，授以幼兒容易體會的材料，並給他們以良好的模樣，使之模倣。

（2）組織：幼稚園收受三歲至六歲的幼兒，人數至多不許超過百二十人。幼稚園的教育者稱為保姆，保姆一人可以保育幼兒四十人。

（3）課程：課程分遊戲、唱歌、談話及手工等四種，上課時間由管理者設立者定之，

（4）現狀：據大正九年的統計（因最近未見統計數字）幼稚園數，公立者二十一，私立者四十七所，園兒計三，九二八名。

小學教育：台灣小學教育招收六歲至十四歲的學齡兒童，而其實施的場所在外表上雖然均在國民學校中施行，但仍可分為二類即小學校與公學校，前者專收日人兒童入學，後者即專收台人兒童及蕃人兒童入學，雖大正十一年時有法令規定一律招收，但仍分並常用國語（日語）之兒童即收容於小學校，不常用國語之兒童即收容於公學校，故台灣之小學教育在外表看來，好似平等一樣，其實仍有其自然的分別在。各學校均男女兼收，修業六年，另有一種乙種國民學校，即前稱乙種公學校修業四年，多設於鄉間，專收台人及蕃人兒童，此段教育本為強迫教育，但日人除對其本國人住居於台灣之兒童施以強迫入學外其台灣人及蕃人兒童即以強迫為名而自由及收學費以限兒童之入學為實，故台灣人及蕃人兒童至今受教之比例仍相差甚遠，現將其辦理情形述之於后：

1，宗旨：小學教育之宗旨，在日本兒童所進之小學校，當然與其本國之宗旨同，即以留意兒童身體發達，授以道德教育的基礎，及其生活所必需的知識技能為宗旨。在台灣人兒童所進之小學除一般的與上述之宗旨相同外另加上「普及國語」為宗旨，此亦為日本同化台灣教育之根本大計。

2，課程：小學校與公學校之課程大約相同，即修身，國語，算術，日本歷史、地理、理科、圖畫、歌　體操、縫紉（女生）實業、手工。在小學校並列台灣語為隨意科，至其授課時間即以國語佔絕多數，次為算術再其次即唱歌與體育。對於四年之國民學校更注重國語，實科與體育，甚其目的在普及國語鍛鍊體格及作職業之準備。不於其所用的教材，多採用故事與神話，但均以忠於日本皇室，天皇及愛護日本為主。

3，編級：國民學校之編級，在都市以內多為單級制，而都市以外多為複式學級，即在單級制之學校亦時常將兩級不同學生合為一班，如圖畫唱歌縫紉手工等。

4，教學法：小學之教學法多用啟發式，然因科學性質之不同又可分為示範教學，對話，問答各式，而其主要者有四點：

第一、重實行，注重知即行，對於禮儀一項，常教兒童隨時演習，其他如服裝的整潔言論之誠實，事君以忠，事親以孝，對友以信，均以「實感化」為唯一目標。

第二、重勞作，以訓練刻苦耐勞之良好習慣，故教師極力指導兒童做種種工作，工作範圍有園藝、畜牧，建築、製造家事等隨學校環境而定。

第三、重體育，日本人尚武不但自身注重即對於台灣學生亦很注重，故小學校除普通儀典式之體操外，尚的角力競走，棒球，柔道等種種遊戲，男女兒童均欲與極力練習。

第四、用電影助教，用歷史地理自然農業等教材，不能直接觀察者即輔以影響，各校可盡量採用影片，這項在村莊亦很普及。

5，現狀：據一九三四年四月之調查（昭和九年）小學校有一三四校兒童數為四一，二五一名（男二一，七七〇名，女一九，四八一名）。學齡兒童之就學比率為九九，二五〇（限日本人兒童）。公學校有七七五校，修業六年者五八三校，四年者二〇校，分教場（一類分校）一六二校，在學兒童男二五三，三六六名，女九八，三二五名，合計為三五一，六九一名，台灣人兒童就學比率為三七，〇，蕃人兒童之就學比率為七五，四六。公學校之分佈以地方區域距離為標準：而小學校則以日人集中地為標準，對於兒童就學之優待，即散在鐵路沿途之學生發給兒童免費票以謀修學之便利。又據一九三九年之調查，全島共有小學九六〇校中小學校一四七，公學校八一三，教職員共有九，九〇八名，中小學校一，一九〇，公學校八，七一八。就學兒童數總共為六〇一，八九一名，其中小學校有四四，七五八名，公學校有五五七，一三五名。比之一九三四年可說發達了許多。但是本島入學兒童，於比率上還是很低，雖然日本近年來對台灣兒童漸予強迫入學，但仍未到積極的程度，故其入學的比率上，仍無提高之象徵。

6，教材或教科書：小學校之教材或教科書我們在此且不加討論，而其所要討論者即公學校教科書所用之教材。公學校國文（日文）所用之課本共有十二卷所採用之教材除日本先烈故事，常識及台灣風物外，即多為日本皇室英事，如卷四第課之「明治節」，卷六之「仁德天皇」，卷八之「伊藤公之幼時」，卷十之「明治神宮」，皇太子殿下御外遊記之一節」卷十二之「兒玉大將」「伊勢參宮和大和巡行」又卷十一之「乃木大將」「國旗」等等之教材以加強台灣兒童對日本皇室之敬重，至於對於當時之[illegible]如卷九之一「水兵之母」一篇中之勇士」「日本海之海戰」等等，另有對於鄭成功之故事亦在卷九加以敍述，但加強其母田川氏爲日人之關係，其餘類似上述教材之課題甚多，總之此等教材均用以訓練台灣兒童忠於日本皇室及敬重其國家之語。

７，經費：台灣初等教育之教育經費，除私立的由經營事業或校友會自籌基金及經常費外，公立的卻不同，教職員之薪給，歸州，或廳地方費支出，其他經費即歸設立者（設立的地方）——州、廳、市、街、庄，或街、庄組合支出。據昭和九年的調查統計幼稚園全年的經費四一、四〇二圓估全台教育經費百分之〇．二三。小學校全年的經費一、九八五，九四五圓佔全台教育經費百分之一一．〇二。公學校全年的經費八，六四三，五四三圓佔全台教育經費百分之四七．九五（內包括教職員薪給及其他雜費等）最近的國民學校教育經費因校數的增加，也隨而增多。

８，一般的生活活動：國民學校的一般生活活動，除課程上所規定每日必行之活動如體操，掃除，勞作等以外，尚有幾個主要之活動今將其略述之於后：

甲、紀念會：紀念會或開學式於台灣國民學校實爲一種重要活動之一，同時亦頗嚴肅隆重，是日全校教師上自校長下至教員均着一律穿上西式大禮服，帶上高禮帽以示嚴肅，至其舉行時之主要儀式亦與我國相仿即同國旗（日旗）行三鞠躬禮，唱日本國歌，然後由校長訓話。此爲學校生活活動中最嚴肅而隆重之一天，故於是日全校教職員及全體學生均得出席。

乙、遠足——此於台灣國民學校中幾乎每星期必有舉行之一種課外活動，此種活動於教育上本有偉大之意義，因兒童可藉此鍛鍊其身體及認識大自然之變化，在台灣此種遠足全校性者較少，而以班級性者爲最多，遠足時學生都必須自帶食物，各人自理，實爲一種自治與耐勞之良好訓練。

丙、懇親會——台灣國民學校中每於學期結業時必需舉行一種懇親會以溝合家庭與學校於一體，此種懇親會所舉行之時間一天或二三天不等。於此時候學生家長均被學校當局激請到校參觀，而成績展覽會，遊戲之比賽以及各種遊藝節目均於此時舉行，以使各家長明瞭其子弟之成績及學校的情形。懇親會結束之當天晚上，學校當局依據常例必開宴會邀請學生家長參加，真可謂精彩一頓，而學校中一學期之眞正結束亦於此時舉行倘若該學期有畢業班，當必更加熱鬧。

丁、兒童的用飯：台灣通常兒童的上學，因中午來回之不便，只得留校用飯，但學校又無此設備，故一般兒童必需於上學之早晨自帶飯菜到校以備午餐之用，此種用飯可謂對兒童之一種訓練，因兒童可由此生活中學習友處理其「用飯」之習慣。此種裝飯菜之設備，日人特爲製造一種方格匣子，內分兩格，共一放菜，其一即放飯，上有一蓋，於飯菜裝置之後時蓋上蓋子即放於書桌上之二溝以便用飯時之用。此等均爲台灣小學兒童之一種特殊生活，故於此特爲一提。

戊、放映電影：電影的放映各校除在課程內必需之外，還選擇適當時間放映有關兒童教育或普通常識之影片或幻燈等以進行感化教育，這不但城市學校有之，即鄉村亦很普遍。

９，中等教育

台灣之中等教育包括下列幾種中等學校：一、中學校，二、高等女學校，三、實業學校，四、實業補習學校，五、師範學校等。茲將中學校及高等女學校先事敍述，至若實業學校，實業補習學校及師範學校則在職業教育及師範教育節中述之。

甲、中學校——中學校在國民學校之上修業五年，其目的在授予高等普通知識，並培養優良之學科基礎作爲升入高等學校及專科學校之準備，對於國語及道德之訓練極爲注重。中學校雖正式規定爲五年但在讀完四年之後，若學校認爲成績優良者，可投考高等學校，否則要五年畢業後始可，此可謂台灣學制上之正軌。對於中學校入學之資格，即以在國民學校（即小學校與公學校）畢業者及同等學力爲限，此在外表觀之，日台兒童於升學的機會上可謂均等，但若究其實際情形，仍有其特殊之限制，亦可說日人對於限制台人兒童升入中學校之一種巧妙方法，因中學校之入學試驗，對於小學校（日人小學，公學校台人小學）卒業者，以小學校卒業之程度爲標準，施行完全同一之試驗。今引台灣之教育內一段話來說明公學校所修日語之程度：「對於繼續居台灣之日本常用語而爲不解日語之台灣兒童，教以日語，全然和教外國語同，在公學校要教授日語是很爲努力，如教授習語，經多年苦心研究之結果才比較的進步發達，現在有相當的成績，普通之公學校，大約三學年左右，可了解簡易日語」（台灣教育會編「台灣之教育」）。如此之台灣人兒童，與以日語為母語之日本人兒童，並以小學校卒業程度受日語入學試驗，對於其他之科目亦以日語作答案，還單由言語言，本島人入學就很困難，況且國語、修身、歷史、之試驗科目，（包含日本歷史，國體觀念等問題），亦均以日語為答案，實使台灣人兒童在升學上發生困難因此台人兒童之升入中學校者至今為數仍很希少。

中學校所教之課程仍以普通基礎學科為主，如國語、漢文、歷史、地理、數學、理科、外國語、圖畫、音樂、作業、體操、公民、修身等每週總時數約在三十與三十二之間，現本島中學校有台北第一，第二中學校，台中第一，第二中學校，台南第一，第二中學校，基隆中學校，新竹中學校，嘉義中學校，高雄中學校等十校。至於中學校學生在昭和元年（一九二六年）的報告，日本人有二，二四二人，台灣人有一，七一八人，再據昭和十四年（一九三九年）的報告學校數增至十五校學生數共有九，二五四人，仍以日本兒童佔多數。

本島教育經費，據昭和九年（一九三四年）之報告，全年有八一五，三三八圓，佔全台灣總教育經費百分之四·五二，至於其經費之負担分配，教職員之薪給均由國庫支付，其他各項經費均由設立者——州或廳負担。

高等女學校——台灣之中等學校均為男女分校制，上節所述者為男子中學校，至本節所述之高等女校，即為女子中學校，修業仍為五年。其目的雖仍在[illegible]正優良學科之基礎，但更側重於發達家事等科以養成家庭之主婦，故其所授之課程，除修身，國語、外語、歷史、地理、數學，理科、音樂，圖畫、體操外並授以家事，裁縫二科至其所佔之鐘點亦比他科為多。此種學校於台灣修業後，除再修補習科及師範演習科外，別無其他供予彼等升學之學校，此於上節台灣學制中已略為提及。

高等女校所招之學生均與中學校相似，即共入學試驗之方式與所用之語言文字，亦與中學校無二致，故台灣女子之欲進高等女學校者亦多受此之限制，再加上彼等父母之舊有思想即：「女子可不讀書」而使彼等入學人數更形減少，今據昭和元年之報告，進此等學校者日本人有一，二二七人，台灣人有六〇四人。又據昭和九年之報告，此等學校共有十三所即台北第一，第二，第三，高等女學校，台南第一，第二，高等女學校，基隆高等女學校新竹高等女學校，台中高等女學校，彰化高等女學校，嘉義高等女學校，高雄高等女學校，屏東高等女學校，花蓮港高等女學校學生二千餘人，至昭和十四年此等學校又增至十五所，學生有七，八七〇人，教職員有三六一人。

經費方面與中學校同一原則，據昭和九年之報告全年之教育經費有八七七，九三一圓，佔全台灣全年教育經費百分之四，八七。

3. 職業教育

日本政府對於台灣之教育除上述之小中學，以實現其「普及國語」之目標，並藉以消滅台灣之民族思想及故有之文化，以期同化台灣同胞外，其次即為「啓增職業知能」，增益職業人才以開發台灣富源，增益其生產，故台灣之職業教育於明治三十二年之時，即開始依據台灣之各種主要產品而創辦各種之職業學校，但其所施教之對象仍分之為二：（一）在明治三十三年時以台灣人為對象者，設有農業講習所，工業講習所，農事試驗場，以及國語學校之實業部等，（二）至大正六年又以內地人（日本人）為對象者設立商業學校，七年又設立工業學校，皆設於台北，及大正十一年新教育法令頒佈後，即廢日台人系統之差別，現此種學校於台灣仍有相當之發達，學生人數亦復不少，此亦日政府奴役台灣同胞之一成功點。今將其分述之於后：

實業學校——此等學校之修業年限為五年，招收國民學校畢業生，其目的在增養職業技能，故於課程方面不以課本為重，而以訓練產業技能為要，故其授課時間亦較實習時間為少。現實業學校於農業方面者有宜蘭，嘉義、屏東三農業學校，前二校至第二學年始分為農業科，林業科後一校自第一年即分為農業科畜產科。工業學校惟有台北工業學校一所自第三年分為機械、土木、應用化學、電氣，建築五科並附有修業二年之專修科其學科與本科同。商業學校則有台北台中二商業學校，總共有實業學校九所，學生三，一六九人，以台北商業學校佔最多數共有學生七一六人，其次為台北工業學校有六八八人，再改加爲台中商業學校有四六七人，其餘人數均相彷。又據昭和十四年之統計農業學校有六所，教職員一二五人，學生二，○○○人；工業學校有二所，教職員一一五人，學生一，四二○人；商業學校有六所，教職員一二六人，學生二，五一七人。其實業學校增至十四所學生增至五，九四七人。至其經費分配原則與中學校同，據昭和九年統計全年經費爲五九五，六三九圓，佔全台灣全年教育經費百分之三·三○。此等學校皆爲州立。

實業補習學校——此種學校均爲收容無力繼續升入中學校或實業學校之四年國民學校卒業生，修業爲四年或五年不等，若於六年之國民學校卒業而升入職業補習學校者其修業年限卽爲二年或三年。至於此等學校之使命在於傳授學生職業知識和技能，使學生出校後易於謀生，故其所授之課程亦不以課本及理論之傳授爲重，而在於實際訓練產業之技能，故其授課之時間頗少，而大部分時間卽用於實習或實際工作上。茲舉農業補習學校一例，卽可明瞭其內部實施情形。

「凡欲進農業補習學校者，必需有以農業爲終身職業之志願，始可入學。入學後，學校卽授予田畝若干，分爲經濟田與試驗田二種。經濟田每年之生產至少足供該生在校之所需，試驗田則純爲實驗之用。每日除授課以外，均在田間耕作，春忙時更要終日荷鋤負鋤，其生活與農夫無異，卽身爲校長者仍需每日於田間耕作。學生修業期滿後，學校則給予各種種子，且借與耕牛以及母豬母雞，命彼等帶回其家鄉，以耕其種，以生其息。及母校所規定之回校日期已至（每年一日）每生均欲從百里之外，趕回其原校各獻其所耕之農產物，及一年之工作報告」由此一例，卽可知其他學校之情形。

此類學校因適於地方之實際需要故於台灣亦頗發達，今據昭和九年之報告共有學校三十四所，學生二，三九九人，內農業補習學校佔二十五校，學生一，三七八人。商業補習學校二校，學生三三九人，商工補習學校二校，學生三三○人，水產補習學校三校，學生一五四人，女子技藝補習學校二校，學生一九九人，其修業年限，農業補習學校爲二年（四年）商業補習學校一爲三年（五年）一爲二年（四年），商工補習學校均爲三年（五年）水產補習學校一爲三年（五年）二爲二年（四年），女子技藝補習學校二年三年均有（四年或五年）均分佈於各州廳，其中廳地方，設立者只有三校，餘均由市、街、莊、或由莊組合所設立。中獨立者有十四校，其餘均與公學校併置。再據昭和十四年之統計此等學校已增至八十三校之多，中有教職員一八九人，學生七，五七三人。

至其經費據昭和九年之報告全年有二七六，九六六圓，佔全台灣教育經費百分之一·五四。今因校數之增加其經費亦已倍增。

此種學校學生均以台灣人兒童爲主，其他雖亦有之，但其數目少乎極少。

4.師範教育

台灣之師範教育其主要之目的，在培養推行國語（日語）之代理人，故於日本領台之第二年卽明治二十九年時，就設有師範部置於國語學校中，而當時之師範部卽分師範與語學二部及至明治四十三年始改爲小學師範部及公學師範部，大正八年更設國語學校分校於台南，同年亦稱國語學校爲台北師範學校；台南之分校，獨立爲台南師範學校，並於該別校置公學校，乙種（四年）教員講習科，大正十一年台灣新教育法令公佈，分師範學校爲小學師範之部與公學師範之部以分別訓練公學校之教師與小學校之教師——小學之師範部多爲日人，而公學之師範部多爲台人，因其對象不同故其所訓練之代理人亦不同——師範部中分二科卽普通科與演習科，且得置研究科，現全台只有師範學校兩所其概況將其列表如次：

台灣師範學校概況表：（昭和九年）

校名／要項	位置	種別	學級數	職員數	生徒數
台北第一師範學校	台北市	小學師範部普通科 同　演習科 公學師範部演習科 研究科	一〇	四二	三三一
台北第二師範學校	台北市	公學師範部普通科 同　演習科 公學校乙種本科正教員養成講習科	一一	三五	三五四
台中師範學校	台中市	同上	一〇	三四	三四〇
台南師範學校	台南市	同上	一一	三七	三六五

至昭和十四年學校數仍舊，教職員增至一六五位，學生增至一．七八八人。師範學校除乙種教員養成講習科爲四年外餘均修業五年，其小學師範部祇限日本人，公學師範部及講習科內日台人俱得入學全部寄宿，不能通學。小學師範部卒業後予以小學校本科正教員之資格，師範學校之學生得受政府之資助，但卒業後應在台灣總督府指定之學校從事教職，其服務年限依其在學受資助之年。

師範學校之學科爲修身、公民、教育、國語、漢文、台灣語、英語、歷史、地理、數學、理科、圖畫、手工、音樂、體操、實業等科、惟女生則改實業爲家事、裁縫，各科中以國語爲最重視，而道德涵養亦有極嚴格之訓練，且設有附屬小學校或公學校（國民學校）以供學生觀察與實習教授之所。至於其經費全部歸國庫負担，據昭和九年之報告全年經費有五九〇，九〇九圓，佔全台灣全年教育經費百分之三，二八。

5.專門教育

專門教育在培養台灣之專門人才，現全台

此等學校除高等學校，專收中學校畢業生，爲升入大學之正軌外，其餘均爲獨立之專門學校，仍招收中學校畢業生，但不以升入大學爲目的。

現高等學校，全台只有一所，教職員五七位，學生六〇二人，此均據一九三九年昭和十四年之統計，其經費全年二二四，二七五圓，佔全台教育經費百分之一，二四。至其所授學科，有修身、國語、漢文、第一外國語，第二外國語，歷史、地理、哲學、概論、心理及倫理、法制經濟、數學、自然科目、物理化學、生物學、礦物及地質、圖畫、體操、每週共修廿八小時至三十二小時不等，均視年級而定。

其餘專門教育機關有台北醫學專門學校，台北高等商業學校，台南高等工商學校，台北帝國大學附屬農林部，除醫專修業年限爲四年外其餘三校皆爲三年，其學生數醫學專門學校爲最多，計有三百餘，工商兩校合約二百五十人農業專門部則不過百五十人，今將各科情形分述之如后：

台北醫學專門學校爲台島最古之專門學校，亦可爲惟一之醫學教育機關，其設備頗爲完善，於通常各科外又附設有熱帶醫學專攻科，其歷屆畢業生約有千餘名，分佈台灣各地；及福建沿海營業，現創立台灣醫學公會並發行台灣醫學會雜誌。

台北高等商業學校設於大正八年，其主要目的在培養發展台島之商業人才，並注目於南洋及我國南部之商場，其課程除普通與其國內相同外，特授以台灣事業，南洋暨我國南部經濟情況。台灣語、馬來語，及荷蘭語、熱帶衛生學，殖民地法制等，此外復設置南洋暨我國南部經濟調查課研究會，以盡力於經濟之研究。此亦日人南方經濟侵略之一大本營，而其各項課程均針對其所欲侵略或發展之目標，非如一般之商業學校，讀幾本銀行簿記而已。

台南高等工業學校爲昭和六年所設，內分爲機械、工學，電氣、應用化學三部。

台北帝國大學農林專門部，原爲高等農業學校改隸者，內有農學、林學、兩科，在台南，台中兩地均置廣大之演習林，其歷屆卒業生頗多，現多活躍於本島及南洋各地。

此等學校全年之經費均由國庫支付，據昭和九年之報告，年有六九八，七九九圓，佔全台灣全年教育經費百分之三，八八。

6. 大學教育

台灣之大學教育機關，只有一所，即昭和三年三月所創設之台北帝國大學，全校分爲二學部即文政與理農，而文政部內包括有哲學、史學、文學、政學等四學科，理農部內包括有生物、化學、農學、農藝化學等四學科又在文政，理農兩學部置廿四講座，教職員數據昭和十四年之統計有七〇八位，學生只二八六名。

帝大學生雖少，但其教職員之數目反而增多，此亦可見該校規模之宏大，再就其圖書館及農場苗圃視之更可窺出該校之大　該校現有附屬之圖書館其藏書已超過三十萬冊以上，其附屬之農場分第一第二農場，佔地達三萬七千餘坪（合中國約千三百畝）位於大學附近，一望青蔥無際，農科曾附屬農林專門部學生皆於其間實習，又設有果樹苗圃，面積一千八百餘坪，以供熱帶果樹學教授參考及學生實習之用。此外中央研究所林業部所屬之植物園，植物學系之學生亦常在於此作研究工作。其林業部內所蒐集之林木標本，有我國各部及南洋各島。苗圃中舉凡熱帶之果實應有盡有。研究專家常窮其一生之精力改良某一種果樹種子，其研究之精神實可欽佩。

帝大之經費全由國庫撥出據昭和九年之報告，全年有一，四二〇，三一九圓，佔全台灣全年教育經費百分七，八八，可謂其他學校經費之冠。

五　社會教育及特種教育之一般

日人領台後，雖努力於推行普及學校教育、但其失學之人數仍然在多，到今日爲止仍佔百分八十之多，故台灣當局頗爲普及教育推行國語，除正式之學校教育外，社會教育實爲一件重要之任務，於是台灣之社會教育亦隨此種之需要而漸發達和普遍，據今日台灣所辦之社會教育可分之爲：1.國語普及設施，2.青少年教育，3.成人教育，4.一般民衆教育等，近年來對於此等之推行更加注意。至於特種教育亦略爲注意，但無十分發達，茲將社教各事項及特種教育分述之如后：

社會教育

1.國語普及設施——本項社教之對象，專對年滿十二歲以上，二十五歲以下之不就學兒童與青年，以國語爲中心，施以國民教育，現設有國語講習所與簡易講習所兩種，前一種爲市、街、莊、所設，均設在城市，每年施以百日以上之教育。後一種即以街莊爲主體，都設在農村，其施教日期，即乘農暇或其他適當時期三個月乃至四個月，於夜間請就近國民學校教員任義務教職，教授國語、禮節、此等學校之經費除就市、街、莊籌擬外，且由國庫補助，據昭和九年之報告其款額達一二〇，〇〇〇圓，茲將昭和九年時所統計之所數，學生數，暨經費狀況列下：

國語講習所

所數	九六〇所
前年度卒業者	二八，二六五人
學生數	六五，六七一人
本年度所需經費	三九〇，〇五〇圓
每所平均經費	四〇六圓

簡易國語講習所

所數	八八二所
前年度卒業者	二八，三七九人
本年度經費預算	四四，七〇五圓
每所平均經費	五一圓

2.青少年教育——此項設施純以小學校，公學校（國民學校）卒業者爲對象，現已創辦者有青年訓練所，青年敎習所，公民講習所，小學校卒業生指導講習所。並組織青年團，少年團等以指導之。其主要之事項爲國語之練習，智德之修養，健康之增進，合羣生活，社會服務，以及以產業爲中心之勤勞教育。青年訓練所創辦於昭和七年，以實施住在市街及移民村之內地人（日本人）青年爲之，所數十七學生數計一，一六五人，經費由國庫撥助者爲二，五八九圓。

青年教習所及公民講習所：此爲台北州與新竹州所創辦，台北州之青年教習所，計有主十一所，新竹州之公民講習所計有八十五所其目的，在對於初等教育終了者，每年施以五六十日以上之補習教育繼續三年，課程以國語爲中心，昭和八年度卒業學生計有二六二人，經費平均每所一九六圓，近年來因鑒於青年期教育之重要性。各州廳亦已仿效設置。

小學校卒業生講習所以各公學校爲中心，每年講習期間約三十日其教授科目爲國語、公民、實業等科，其講習多行之於卒業後二年，據昭和六年之統計，所數爲四四五所，卒業者達一四，二三一人。

青年團者以鄉土爲中心之自治修養團體，其指導則努力於國民性的涵養，公德心，自治精神與勤勞習慣之養成，以及產業教育之振興等。青年團之運動。年來頗著成績，而團數亦有增設之趨勢。現在團數計有八六四團（男五九七團，女二六七團）團員達三三，四〇四人（男二五，二四九人，女八，一五五人）經費平均每團一三〇元，其實施事項中，關於產業方面者有（一）養猪、養雞、養蠶、竹細工之研究與獎勵及各該種展覽會之舉行。（二）農事講話，農事視察，撲滅害蟲，拔除稗秕農產品，評會摘茶競技會以及改善製茶法，與菜蔬果樹花草之栽培，（三）共同實習園之經營。

少年團以連絡家庭教育與學校教育，謀擴充青少年之生活爲目的，現有團數七十四團員四，〇七九人，經費平均每團二四一圓。

3.成人教育——台灣之成人教育，早有家長會與主婦會之組織，其目的以修養德性，灌輸常識與發展產業爲主，藉得便利辦理教育，衛生，產業及其他各種關於社會環境之改良，據昭和九年之報告，家長會之會數計六十四，會員數一七七，九五〇人；主婦會之會數二四一，會員數一〇三，四五一人，此外尚設有工商業界講座二十三，施以六月之教育。

4.一般民衆教育——民衆教育之設備有（一）電影，（二）無線電廣播，（三）圖書館，（四）博物館等四項，玆略述之如后：

（一）電影：台灣之民衆電影教育非常普遍，每星期在各市、街、庄均有一二次之公開獻映，其所映片，多以教育片，間亦插有時事等，據昭和九年之統計有：

電影機數	一六一架
片數	一，〇〇四片
開映次數	二，五七八次
觀衆	一，四六〇，三一四人

（二）無線電廣播：無線電收音機，因日本能自已製造，價格又廉，故於台灣非常普遍而台政府即藉此以實施民衆教育，收效甚宏。至其實施之時間，於每日行之，而其廣播之內容亦多以兒童科學及社會時事問題。夏季即放送課題、講義、及科學講話，並有少年，少女講座及放送少女練習歌曲。國語講座，科學講座，博物館講座，以及隨時放送圖書新聞等。據昭和九年之統計全島計有廣播電台二所（台北十吉籬，台南一吉羅）收音機一五，五九二架之多。

（三）圖書館——台灣之圖書館，亦甚發達，據昭和九年之統計有七十九所之多，其藏書約有三十萬冊，閱覽人數百二十萬人，其全年經費二六，四九三圓，佔全台教育費百分之〇，六五。

（四）博物館：台灣全島有博物館四所，計總督府博物館一，台中教育博物館二，台南教育博物館三，嘉義通俗博物館四。博物館中所陳列者各館不同，玆述之如后：

甲、總督府博物館，內陳列蒐於台島之歷史、番族、動物、植物、礦物及南洋參考品。

乙、台中教育博物館內陳列博物標本及理化儀器等。

丙、台南教育博物館以博物標本爲主。

丁、嘉義通俗博物館以博物標本爲主。

博物館之經費[illegible]

台灣教育總經費百分之〇，一七。

〔一〕台灣師範教育，並無十分發達，僅有台中
教學一端，現分三校，分設於台北、台南兩州
與其修業年限由五年至六年，除修得目育之識
、按摩、鍼灸、手工等，每校學生約有百五十
人，此種學校全年經費約四一，五五七圓，佔
全台教育總經費百分之〇，二三。

除以上各項正式之教育經費外，另有一，
六六六，五一四圓作爲其他之教育經費，佔全
台教育經費百分之九，二四。

六 教育經費

一、教育經費之來源及其負担分配之原則

教育經費之來源有三：（1）國庫（2）州或廳地方費（3）市、街、庄費等。至於其負担分配之原則於上述各面中均有所涉及，茲爲使讀者對此有一整個之概念計，再予綜述之如后：

（1）在公立幼稚園，盲啞學校，國民學校（小學校及公學校）及實業補習學校教職員之薪給，歸州或廳地方費支出，其他經費歸設立者

附表：國庫及州廳地方全年教育經費負担數（昭和九年統計）

費別	金額	比率
國庫	五，〇四二，一一〇圓	二七，九七
州廳地方費	八，三九一，三四八圓	四六，五五
市街庄費	四，五九三，〇四六圓	二五，四八
計	一八，〇二六，五〇四圓	一〇〇，〇〇

——州、廳、市、街、庄或（街庄）支出。

（2）在公立中學高等學校、高等女校及實業學校，教職員之薪給由國庫支出，其他由設立者州或廳負担。

（3）高等專門學校，師範學校，及大學之經費全部由國庫負担。

（4）圖書館及博物館之經費，各歸其設立者爲國庫或公共團體負担。

二、各州廳及市街庄教育經費與行政費之比較

（二）各州廳教育費與行政費比較表

科目＼州廳	台北州	新竹州	台中州	台南州	高雄州	三廳	總計
全年總預算	四・三三八・二五六	二・一四六・二五一	三・五〇六・八九九	四・二六三・三八〇	二・八八九・四五三	二・三七七・二八六	一九・四二一・二四五
行政費	四九九・四九九	二八〇・三四	四三五・七六八	三七七・〇三五	三三九・〇六六	二二七・九八五	二・三四九・四三三
教育費	一・八八九・五三九	八三一・九一三	一・五七四・二三三	一・五七六・八八八	九八四・三五四	七三四・四二二	七・六〇六・二三六

（十）各州廳之市街莊教育費與市街莊公所行政費比較

科目＼州廳	台北州	新竹州	台中州	台南州	高雄州	台東廳	花蓮港廳	澎湖廳
全年總預算	四·二六八·五三三	一·〇七七·四二二	二·四九一·八二五	二·七四四·六七五	一·七一八·七四三	五一一·四四〇	一二五·〇五三	九七·三二八
市政府街莊公所費	六八四·八五九	二九五·一七六	七三六·七四七	七六八·一七〇	四七〇·三四九	三三·〇四八	三五·八七一	二四·五一八
教育費	六六九·九九〇	二八二·九七〇	一·〇三三·〇三二	五四七·三三六	二八九·二四一	三〇·五〇四	三三·八七二	二〇·八三三

統觀以上所述，我等可知日寇領台後之教育設施均以其殖民治台之教育方針——「普及國語」「啓培職業知能」——於國民學校及社會教育之施行均以普及國語爲主，以期全台同胞均成爲「日本化」，亦可謂成爲日本之奴隸，試觀今日之台灣一般同胞無論在街上或於商店作賣買時必須應用日語，否則必受警察之干涉，此實可爲一種奴化之推行國語「日語」。此外其所注意者，爲「啓培職業知能」故於台灣設職業學校，職業補習學校以訓練台胞，開發台灣之富源，由此觀之日人在台灣之教育設施可稱謂「奴化教育與實利教育」。一方奴役台胞一方即奪取台灣富源以增其國富與其人民，此亦可謂一般帝國主義統制殖民地之共同方式，而日人更藉此「職教之力量」以減低台灣同胞之民族思想，因職業者最能安心其職業。總之今日吾人對於台灣教育之成功一方當爲其全體努力之所得，其一方即有賴其經費之充足，此亦將爲我等所注意。

第四章　台灣教育之復建工作

日寇於台灣所施殖民教育之情形及其努力之程度以及所獲得之成果，我等可於上一章中視之，於今戰爭將近勝利，而台灣即將光復，我等亟欲加強反攻之力量及鼓起台胞民族精神之復活，但對於日人在台灣半世紀來所建立奴化教育機構之復建工作亦需加以研討及規劃始能於光復後使三民主義之教育在台灣發揚光大，並藉此以建立穩固之基礎，始不致發生「手足無所措」或「臨急抱佛腳」之弊病，對於此復建規劃問題，作者針對事實，分爲兩部加以討論第一部光復前之準備工作；第二部光復後之復建工作，今將其分述於后：

一、光復前之準備工作：

準備工作爲人類完成一種事業必需經過之一重要階段，又其是科學之實驗及發明更會顯出其重要性，如今我等對此共有半世紀之奴化教育機構及其內容欲加以改造，明於光復後最短時間之內將其變爲三民主義教育之基礎，而避免其表面化或宣傳化，準備工作爲其必需之一重要過程，因其可避免表面化或宣傳化之弊病，同時亦爲光復後復建工作之基石，今將此時期應行之準備工作述之於后：

1 師資之培養——欲使台灣光復後台灣之學校教育不至於停頓，同時又能即行接替奴化教育之代理人，並使三民主義教育能即刻施行於台島，師資之培養實爲我等光復台灣前，對於復建台灣教育最首要之準備工作，又其於此實施新縣制之時，彼等不但負有教育之責任，同時亦負有地方基層組織鄉（鎮）保之民、財、教、衛之責任——當然在地方自治實施綱領上，在事情繁複之鄉（鎮）保，中心學校或國民學校校長與鄉（鎮）長以專任爲原則但遇必要時可兼任——故師資之訓練，實爲一舉兩得之事，若能將彼等訓練得健全即不但三民主義教育能積極普遍施行，而地方自治亦可藉此而得到更穩固之基礎，明瞭此點以後，我等再計劃準備訓練此一批台灣教育之生力軍——教師。

台灣光復前對於台灣師資之培養或儲備之事要已如上所述，但時至今日各界對於此種之措施仍爲一種口號而已，尙無人對此台灣光復前「百年樹人」之「人」作切實之研究或規劃，惟有最近教育部在福建創辦海疆專科學校，專爲訓練或培植未來台灣之師範人才和行政人員，這當然爲一種針對事實之一種設施，同時亦爲一種比較基本而長久之訓練，若於抗戰初期，即予設立，可謂適當，若於此時設立，再加以如此長久之訓練，恐來不及供給將要光復之台灣教育界的應用，故作者認爲欲適應目前之需要，應用一種短期之訓練爲最適宜——以六個月爲度——（因爲台灣光復就在一年時間之內）而無須如普通師範學校所規定之年限加以訓練，此並非作者反對師資應加以長期或依師校規定之時間加以訓練，因時間之不容許，故我等不得不採用短期訓練辦法以供應即將光復之台灣所需要，否則台灣已光復而此批負推行及接收教育之教師，即尙未訓練完畢，豈非又要犯上「臨急抱佛脚」之弊病否？

訓練時間之決定已如上節之所示；其次我等即將討論負責訓練之機關，訓練之學生以及訓練之課程和方式等。

甲、負責訓練之機關——此於原則上當以教育部當局來負其責爲最適當，但爲適應事實及求辦理效率之提高，作者以爲應由台灣黨部及福建省教育廳會同海疆專科學校當局共同辦理，如此可以收各方面配合之效，因爲各方面都有其不同具備之條件。

乙、訓練之學生——負責訓練之機關已己確定，再進一步即爲受訓之學生問題，因爲彼等將來所負責任之重大，使我等對於此一批受訓之學生，不能不加以慎重之選擇，以期彼等能得到順利而輕便的負起此所應負之責任。欲達到此一點我等必需有一基礎之認識，即台灣之風俗，習慣及語言均與閩南粵東一帶完全相似，此亦因台胞多爲吾閩南人後裔之故，即其中雖亦有潮梅人士，但所佔之成數不多，只不過十分之二三而已，因此我等對於師資訓練之學生所應具有之自然條件，當以青年台胞爲最適宜，其次爲閩南人士，再次即爲潮梅人士，原則上雖然如是，但事實上欲招收此一大批台胞而受過祖國中高等教育者恐怕很難，因此閩南之智識青年當爲我等吸收之主要對象——我最高教育當局在閩辦理海疆專科學校所決定招生原則亦以閩南學生佔百分之七十爲比例——次爲潮梅之智識青年，其次即能操台語之全國智識青年，如是即彼等於訓練後到台灣工作始不會有生疏之感，而會感覺如回家鄉工作之熟悉。此一點自然之條件於一般社會基層工作上實具有超然之優勢。選擇師資之自然條件決定以後，其次即爲訓練何種智識青年？此作者認爲需訓練會在高初師，師範學院，教育系以及政治、經濟、法律等系學生而具有教育經驗和興趣之畢業青年，並具有正確思想者。至於此偣學生之招收方式，可以兩種方式招收之，第一由各大學獨立師範學院及師範學校當局保送該校優秀而具有赴台工作興趣之台籍、閩籍、潮梅籍以及能操台語之其他省籍畢業生來班受訓，第二即用公開招考，兩者可採用其一，或同時採用，但均以不違背上列大前提——訓練學生比例除台籍外，閩南佔50%潮梅30%其他省籍佔20%——爲原則，招收以後再依其學歷及興趣分爲中學師範組和小學組兩組加以不同之訓練。

丙、訓練之課程和方式

子、訓練之課程——負責訓練之機關及學生已以決定，其次即爲授予學生之訓練課程，此項課程又以何者爲最適宜？實爲我等所應慎重而加以選擇者，因課程若與目的未能切實相符，即其所收效果如何？當不出我等之所預料，今據作者研究之結果，於原則上應授與本黨之主義，台灣之各種實際問題以及加以需之訓練。至於一般之教育課程及基礎學科均可減至極低限度，因彼等於大學及師範學校中，已接受此種課程之訓練，實無需此短期內再予以重複，其實時間亦絕不許可，但爲慎重起見，可於彼等受訓畢業時列爲必需考試之科目，今將各項必修課程及畢業時應列爲必需考試之基礎科目列后：

A.應授的課程：

（1）三民主義之理論與實際　（2）地方自治綱領　（3）總裁言論　（4）教育原理　（5）台灣之教育實況　（6）台灣史地　（7）日本帝國主義下之台灣。

B.列爲考試的基礎課程

（1）國文　（2）教育行政　（3）教育史

丑、訓練之方式——訓練之課程已如上述，至於訓練之方式作者認爲應採用兩種方式，一即授課之方式如普通學校之授課，一即採用團體訓練之方式如實施嚴格之軍事管理及集體之訓練如辯論會討論會以及各種競賽等如是配合，不但訓練時間不致於浪費，即訓練之效率亦當能因此而提高。

以上所述，實爲我等培養師資應注意之一輪毅及概要，至於開班後，班中之詳細辦法，細章仍有待主持當局之規劃。

2．教材之搜集選擇及教科書之編印

教材之搜集，選擇及教科書之編印等工作均爲我等光復台灣前所應作切實之研究及準備之一重要工作，因淪陷已垂半世紀之台灣，在日寇奴化教育政策努力推行之下，已使一般兒童及青年深受其毒，雖現在還有青年台胞，仍具有國家民族之思想，但爲數已不多，今爲使離開祖國已垂半世紀之祖國兒女，於光復台灣之後能即刻得到祖國文化之潤澤，並加強灌輸其國家民族之思想，使其成爲三民主義之先鋒隊去實行建設三民主義之新台灣，對於教材之搜集選擇及教科書之預先編印，當爲必需之另一工作，否則光復後之台灣各級學校之教科書問題當必發生一嚴重之結果。此或有人謂可將我國現有教科書撥台應用，即可解決此一問題？豈知此亦犯上一種錯誤之觀念或「臨時抱佛脚」之措施，因依據教材選擇之原則除依據國家立國之最高原則外，應以兒童之需要及地方需求爲原則又其小學校之教材更當以鄉土教材爲其首要，此亦可謂教育上所謂由近及遠之

原則，本團各省如是，其對於光復後之台灣，更無疑問可言

[illegible]、對於此等教材之搜集選擇以及教科書編印之各種問題應如何處理及由誰負其責均甚重要，若無加以原則上之規定，當必變爲空談或空泛之結果，今將其分述如后：

甲、負責之機構——教材之搜集選擇以及教科書之編印若由幾位熱心台教人士自由去搜集選擇，終必散漫無章，而工作效率亦未能提高，若由政府將其集合組織，分頭研究，分頭搜集，其工作效率不但可以提高，即工作之成績亦必良好。至於此一機構之名稱應稱爲：「台灣教科書編纂委員會」其中之人事亦可由閩省教育廳及台灣黨部會同聘任專人組織之。

乙、搜集何種教材——教材之搜集，當以與台灣直接間接有關者以及台灣之鄉士人物爲主，同時對於日寇統治台灣後之種種措政，以及奴化教育之實施亦應多予搜集，藉以喚醒受奴化已深之青年台胞，茲將應搜集之教材類別分述之於后，作爲搜集教材時之一種參考：

一、上古時台灣與吾國之關係史——現日寇爲加強其本國與台灣之關係，在一般教科書上均捏造一種史實謂在中國戰國時台灣已有倭人來往其間，當時中國人民仍不知有此台灣。此種史實之揑造當然影響於半世紀來之台灣兒童，至今彼等仍時常應用此種史實，故爲糾正幾十年來日人所捏造之史實並藉以加強台灣後代之認識，此種教材之搜集實爲必需。

二、近台灣之史實（着重於鄭成功佔台之經過）及甲午戰爭之前後，均欲搜集完備藉

以喚醒青年台胞之認識及華胞下一代台灣兒童之思想以加強其愛國之情緒。

三、台灣革命先烈軼事此種教材可以予兒童及青年以模範作用，同時亦可藉此激勵其犧牲爲國之精神及高尚之美德，其影響於兒童尤甚！

四、日寇統治台灣後之秕政，及其經濟之獨佔與搾取，藉以喚醒台胞之認識。

五、日寇對台政策實施之毒計，藉此以加強台胞與祖國同胞之感情。

六、領袖歷次對於台灣之言論，及總裁台胞痛苦的情形藉此以解台胞對於領袖之敬仰。

七、總理、總裁之言論以及三民主義之發揚藉以堅定台胞對於主義之信仰。

八、台灣之實業農業發達情形藉以鼓勵台胞對於台灣建設之興趣。

九、其他有關台灣之風俗民情及有關新生活之教材均應加以搜集。

以上所提各節，爲其比較重要者，至於其他有關台灣之直接間接事實亦應隨時搜集。至於教材搜集完畢以後，如何去選擇更有效之教材以便編入教科書中，均須依據教育專家所提供之原則如「應用之廣狹」「需要性」「多方性」「感動個人的能力」等去加以選擇研究，本節實無須再加以贅述。

丙、如何去編印教科書——編印教科書之問題，爲一種專門的問題，可待於「台灣教科書編纂委員會」編印組各專家作配合實際材料研究去決定。實無須再予詳述，但爲使選擇編

無時得有所遵循，作者謹在此提供一些小意見，即各類不同的教科應依其性質之不同編入各種教科書，至其中有文學價值或特殊意義者無論屬於何類均應編入國語教科書中。至於社會成人教育方面，我等亦應擬之編制，以省時間。

最後對於這些教科書編印的時間，應於台灣光復之前，以便光復後，應各學校之急需。

（三）接收機關之籌設——對於這方面之接收，我政府當局必有作詳細之調查與接收之準備計劃，而此種計劃當必爲一種有創之辦法，實需要分門別類去規劃接收之程序與步驟之必要始不致陷於散漫和紊亂，教育一門當亦不能有所例外，仍需有專門作光復後接收之規劃，如是光復後之台灣學校以及教育機關之設備才不致……無損。當然此等設備於敵人退時會加以破壞，但我……而光復……之接收，……於敵人……後，再……其損失，當無……問。

對此接收……之籌設，應由我當局決定由有……機關直接參加，但……配合上述二組之……以收三爲一體，同時並進之效。

以上所述之種種之準備，實爲光復台灣前對於台灣教育復建工作一種必需之準備，至於台灣光復後應如何去作復建工作及如何復建於下一部份再於說明。

二、光復後之復建工作

一……準備工作雖然重要，而光復後之復建工作亦不能忽略，因爲前者乃基其一，即其所得之效果必要，又其復建之工作，因其時間長而工作艱難。今後台灣教育之能有良好成績，陳民義務教育之能否普及，以及三民主義教育之能否普切發……光大，均有……於此時期之工作。

我等將光復後復建工作之要項建之於后：

（一）學制之統一及課程之改進——台灣現有之學制爲依據日人所制定之「殖民地學制」而制定者，亦可謂奴化教育之準則或網領，我們於光復後必需把制將其廢除，而代以我國之學制，使學制上全國能得統一，同時亦爲三民主義教育實施之起點。至於其各級學校，職校，以及專科學校等亦需將此學制之改進而變更；其對於現在在校之各級學校以及職校，師校之學生，亦需計算其年限及程度加以甄別轉移考試使彼等得以轉入改變後之相當學校學級中肄業，才不致於一時因學制之改變而發生學生就學之混亂狀態，亦始不致於學生因學制之改變而發生無所適從之停學現象。至於各級學校及各職業學校，師範學校各種專科學校以及大學等之課程當然亦需隨學制之改變而改變。原則雖如是決定，但如將吾國教育部所頒佈之課程一律全部不變的，於光復之初期付之實施，則其所遇到之實際困難，當必很多，因此作者誇爲在台灣光復之初期當適應當地學生之實際情形，於課程上可不必完全依據我國教育部所頒佈之課程標準一律不變的去施行——初小課程可完全依照教育部所頒課程標準去實施——若非如是即各級學生當需再從頭學習語文，此於學生方面言實是一件經不……濟之事，即以國家方面言亦爲不經濟。故此時之課程於中學中如日語一門實可……入與英語平等之地位，令學生自由選擇（即公民一科亦可選用日文）如是我等始可盡彼等所具有比較完善之語文——日文——來……輸三民主義之思想，使其更易於接受否則必需等待彼等學會我國之文字後再予以三民主義之……輸，此於時間上當必較遲。此外於國語課程之外，仍需加上一種漢日文對譯之課……以便籍日文之力量，使其更易於明瞭本國語文，如是國文之推行當可加速。以上所述關於課程幾點之改變均爲一種形式上之改變其於整個課程之精神絕無妨礙。如是實施二三年，即可完全廢除此種過渡時間所施行之課程而改爲與我國完全一致之課程標準，此爲復建台灣教育應注意之第一點。

（二）擴充中小學教育以期每保達一國民小學，每鄉（鎮）達一中心小學，每縣達一初級中學以配合新縣制之實施——台灣今日之行政區域可分爲五州——台北州、新竹州、台中州、台南州、高雄州——三廳——台東廳、花蓮港廳、澎湖廳——五十三郡，十一市，二百七十二街庄。而光復後之台灣當必成爲我國之一行省，其對於行政區域之劃分當依我國現有各省劃分行政區域之制度，如是我等即可將現有之五州三廳改爲台灣省之八行政區域，並改稱之爲第一行政區，第二行政區……至第八行政區。同時再將原有之五十三郡改變爲八行政區之五十三縣，至其原有之十一市仍保存其爲獨立市直轄於省府。至於五十三郡中所包括之二百七十二街庄，亦可將其改爲二百七十二鄉（鎮）如是台灣一省共具有八行政區、五十三縣，十一獨立市，二百七十二鄉（鎮）之多，再依我國新縣制所規定之保數，每一鄉（鎮）至少六保，至多十五保之劃分，即二百七十鄉（鎮），若以每鄉（鎮）八保計算，全台灣共有二千一百七十六保之多。如今台灣現有之國民學校（包括公學校與小學校）——共有九百六十所，其中有一百四十七所多集中於都市；至於中學校男女校共有三十校，若依我國普及教育之計劃，台灣一省當必有國民小學二千一百七十六所，中心小學二百七十二所，縣立初中五十三所，若與現有之學校數相比較，相差頗遠，此均爲我等光復後極待推行之一原則，亦爲復興台教及建設台教之另一重要工作。

除上所述之外，另有省立之完全中學均極待於光復後積極建立。至於職業學校及職業補習學校現台灣已有七十七所——內職業學校十四所，職業補習學校六十三所——只要於光復後再予以整理及加強辦理，以足够台灣本身之需要，此點當於下節中另文述之。

3.準備教師之分發及舊有教師之甄審和訓練——準備教師之分發問題於人事方面可謂一種相當複雜之問題，亦爲光復台島後，復建教育之一基本問題，故欲使分發能得適當與迅速，顯當時負台灣教育行政當局——若最近台灣設省成立，可由現在台灣省政府當局負責——與準備訓練教師之機構取得密切之配合及聯系，否則若各自爲政，終必白費精力，與物力而仍無所成，此爲作者對於分發原則上之提供，至其詳細配合之計劃以及如何分發均有待各負責機關之相互商酌與詳密之規劃，如是台灣之教育或學校，於光復時始不致有脫節或停頓之發生，同時三民主義之教，精神，亦始可藉此而得順利之推行及建立初期之基礎，而此亦爲我等準備訓練教師之目的。

新教師已遂光復而分發，而舊有教師（即台灣原有各校之教師）是否亦遂新教師之分發而廢除？否！此亦爲我等所應注意之一事，若非如是即新教師分發後半年之內恐都未能開學，此爲一種事實，故我等於光復台灣之後除各校校長——台灣學校校長均爲日人——及負學校行政之日人教師應予一律免職外其餘之台胞教師均應一律加以任用，但應當加以一番之甄審，若於甄審時認爲合格者，遂即令其在原校服務，若於甄審時覺有未合格或有未妥之處應開班加以短期之訓練或逕令其退職，此均可運用教師重新登記之辦法實施之。如此不但可安定光復後台灣之教育界同時新舊之接替，及學校教育之推行，亦可藉此而得到順利之進行，此亦爲我等初期復建台灣教育不可忽略之一點。

4.增設師範學校繼續訓練師資——光復後台灣現有之教師一部份爲台灣各學校原有之教師，一部份爲準備訓練之教師，若與台灣現有之學校數字相比較，恐難够於應用，若再依上述普及教育之計劃（一保一國民學校，一鄉（鎮）一中心小學，一縣一縣立初中）則台灣之教師當必感奇缺，雖此等學校非一時一刻能完全舉辦，但對於教師之培養總需先此而實施，始不致於學校成立後，再發生教師之荒，故作者認爲欲復建台灣之教育，師範學校之增設當爲必需，因台灣現有之師範學校共有四所之多，若不增設必難於應付此台灣新興學校之需要，此均以一般普通師範學校而言，至其他具有特殊性之師範學校如幼稚師範學校，簡易師範學校，鄉村師範學校以及高等師範學校如師範專科學校，師範學院等均於光復後極待設立以適應各級學校之需要，同時台灣之師資亦能藉此而得充分之供應及普遍之提高。至於此等學校應增設之數目：幼師、簡師及鄉師應各增設二所，師專一所，至於師範學院即可獨立設立或附設於台灣大學之中。

5.廢除男女絕對分校之制度及切實推行男女受教育之機會均等——日寇統領後之台灣中等教育均以男女絕對分校爲原則，此種措施於教育上是否適當，我等實不敢定言，即今日各國教育家亦無定論，若依我國今日之情形以及教育最進步之國家如美國英國等於教育上亦無此種絕對男女分校之措施，而均採用一種「中庸之道」之辦法，如是可適各人個性之不同選擇其所欲進之學校——男校，女校及男女合校。此種措施當爲最適當之辦法，光復後之台灣學校亦應依此辦法辦理。

其次即男女教育機會均等之問題，此當必隨學制之改變而決定，但因台灣女子受教育之機會，所受之限制爲時頗久，其對於心理之影響已使彼等多數成爲一種習慣，此在今日男女能力均等之二十世紀，彼等受教育均等之機會雖隨學制之改變而制定，但對於彼等固有之習慣當難一時予以解除——即認爲高深學問及文理法政等科均爲男子之特權而女子可不必學習，正於林肯解放黑奴而黑奴仍不知其「自由」之可貴，故作者於此特爲提明其目的在提醒負台灣之教育當局使彼等於光復後能依此作加緊之宣傳或鼓勵彼等向此平等大路奔走，不可因過去所養成之習慣而向此自由平等之教育大路畏縮，此即爲作者所謂「要切實推行男女教育之機會均等」亦爲復建台灣教育之另一個內在問題。

6.增設大學各院系以廣訓練台灣青年——大學教育在台灣只有台北帝國大學一所，內分文政，理農二學部學生共有二百八十六名其中日人估其大半，若以今日六百萬人口之台灣計算，實覺可憐，此亦日人限制台胞接受高深教育之一明證。其次即院系之限制實亦可謂智識範圍之限制，此實使台胞僅能學習、文、哲、理、農、醫之課程以壓制其政治思想之發達，即赴日求學之台胞，仍以醫學、商務、爲最方便，而學生亦估最多至於學習政治與法律者仍受其限制。我等因鑒於過去台灣青年在智識上所受之種種壓迫和束縛不能使彼等有自由發展其聰明才智之機會，故於台灣光復後對於高等教育之復建工作，應當盡量擴張其受智識之範圍換言之即使台灣大學具備所有之各院系，以使台灣智識青年之自由選擇其與個性相近之各院系，如是台灣各方之人才，始能從此漸予造就。

至於與大學同等程度之專科學校與獨立學院亦可應地方之需要而設立，又其農業方面以及師範方面之專科學校與獨立學院更應加強以應台灣本身之需要。

7.加強實業教育——實業教育於台灣之辦理，可爲相當發達，同時亦得有相當之成就。今日台灣富源開發之能如是成功，雖有賴於日本資本及其高級技術人才，但對於台灣實業學校本身培養之人才所給與之助力實不能加以否認。即今日台灣之一般中下級或基層之實業人才均以台胞爲主，此亦可謂日本針對台灣經濟建設之一種教育設施，雖日人之用意爲利用台胞作其經濟建設之奴隸，但我等亦不能因此而將其廢除，因台灣光復後之經濟建設與經濟之繁榮，仍有賴於彼等之助力，此爲我等應予認識之一點，仍此我等對於此等學校不但應該加強辦理且須加以研究其原來辦理之內容及方法，因其已得有相當之成功。至於職業學校數目之增設，亦可參照台灣現有之職業學校辦理，因此等均爲根據台灣本身之需要而設立。至於職業補習學校一項即可加增設立，現有六十三校——以供無力繼續升學之兒童入學，藉以授予職業知能。此均爲開發台灣本身之資源所需之實業人才而設立者。若我等對於以後台灣資源之開發與經濟之繁榮不加忽視即對於加強光復後之實業學校教育絕無問題。

8.努力推行社會教育——學校教育之一面，即爲社會教育，其對象爲一般就業或未就業而失學之民衆。實即社會上除在學之學齡兒童及各級各類不同學校之在學學生外均爲社會教育之對象，由此觀之我等可知社會教育範圍之廣泛及其施教對象之複雜與不定。此種教育於今日我國仍爲初創時期，又其今日受戰時之種種經濟束縛，使社教工作更難開展，而台灣之社會教育，自日人領有後已達於相當發達之地步，並依其以推行其所謂「普及國語」之治台教育方針，今日台灣一般民衆以及居台之祖國人士大多數之能看日文報章雜誌，台灣社會教育實有貢獻，此實不能否認之一件事實，由是我等對於台灣光復後之社會教育更不能不加注意，更不能不努力推行如是始有希望於短期內使彼等能接受我國之文字，及藉以國家民族之思想藉以發揚三民主義之精神，對於此件事情之推行作者有幾點意見茲將其分述之於后：

甲、推行社會教育時應注意之文字問題——關於社教所應用之文字問題，若我等不加思索，即國文之使用當爲其必然，其實即否，此亦因台胞之多數因日寇之施行奴化教育而對其生疏，因此我等在推行社教之時於文學上之應用，絕需避免應用單純之國文，而應需將國文與日文置於平等之地位，此不論於報章雜誌或電影宣傳上以及一般社教用書上均應用對照之方法將兩種文學加以編印，如是對於初期台灣社會教育之推行當必有很大之助力，同時亦可藉此收到比較迅速之效果，因彼等可藉此比較認識之日文去學習理解或認識國文，日寇於領台之初期，對於社會教育之實施以及各種之宣傳，亦均用此種方法，幾年以後就漸廢除到如今已全用日文。

乙、多成立教育巡迴隊——社教巡迴隊爲一種流動性之社會教育學校，可以到任何其較偏僻之鄉村工作，此種設施於初期光復台灣之時，實爲實施社會教育之一種重要工具，因其具有向鄉村工作之特性，又因光復之初期鄉村之教育與宣傳實較城市爲重要，若能於此初期能予多多成立，其對於社教之貢獻當較其他爲表。至於此種巡迴除應具備之條件除經費為其當然之條件外，人的方面亦當爲其主，至於其施教之方式及其應具備之器材可用三種方式概括之：第一即施以定期之短期教育第二施用圖書館教育——此種可用一種巡迴圖書館車跟巡迴隊流動遷移，於人民空閒時間開放以便其自由參閱，至於此類圖書館之用書，畫報、書籍應並重，並以宣傳主義及提高其國家民族意識爲主旨——第三電影或幻燈教育，——此種任務，可設置於圖書巡迴車中。

丙、成立民衆夜校——此種學校專爲有職業之成人而設於城市爲最適宜，至於在鄉間可利用農閒時候於寒暑二季中開辦民衆學校施以五十日或百日之教育，此等學校均可附設於國民學校或中心學校內，由原該校教員義務負担。

丁、博物館及圖書館之增設，又以民衆圖書館爲主，以便人民能得隨時來館參閱，至於博物館一項亦甚重要，因其爲民衆之一種無形教育機關，其對館內之陳列實需相當之研究，以期藉此以影響一般台胞之觀念。

至於其他各類補習教育之推行，廣播電台之播音教育以及電影戲劇之教育宣傳處處均需加強，如是社教始能得有相當之效果，同時對於復建台灣教育亦始能有所貢獻。

9.幼稚教育及特種教育之辦理

幼稚教育於台灣並無十分發達，而於其本國即具有相當之成就，此種教育在於社會福利上當多予以設立，因其可担負爲社會服務之母親的一大部份時間，同時亦可藉此養成兒童自立。及團體生活與其日常生活上之良好習慣。各國均很重視，（除殖民地教育之外）因此我等對於這種學前教育之辦理應當加強。

特種教育——此種教育亦可說爲一種福利之教育，因其專門訓練一般殘廢者使其有謀生之技能。在今日之台灣此種教育僅有盲啞學校二所，但其辦理之成績尚爲良好，故我等於光復時除予加強外，仍當視事實之需要再加以設立。

由目前觀之台灣光復後特種教育之增設當爲榮譽軍人之職業教育。此不但給予榮譽軍人一種幸福同時亦爲改決戰後復員之另一重要問題，即社會之安寧與否，亦有賴此種教育之辦理。因其能授予彼等許多謀生之技能及藉教育之力量以陶冶其暴燥之性情，否則，彼等一復員試問彼等將從何處謀生，此實爲一種事實。故爲戰後榮譽軍人之福利及社會秩序之安定計，榮譽軍人職業教育之創辦是刻不容緩之事，願光復後負台灣教育行政當局切實加以注意。

10充實教育經費——教育經費爲一切教育設施推動之原動力，一切均須靠其推動始能得到順利之進行，同時亦始能收到更大之效果，此並非作者於此提倡金錢第一論，事實上如是，因爲一切教育工具之設施以及教育環境之佈置，均處處需錢並非空口即能辦到，試觀我國教育之不能進步義教之不能普遍推行，經費不足實爲其中之一重要原因，而歐美之教育能有今日之進步，亦有賴於金錢之助力，總之一般教育發達及普及之國家，其教育經費都非常之充裕，除非因戰時之影響而縮少。由此我等即可備置明瞭教育經費之與教育發達關係之密切！

今日寇對於台灣奴化教育政策之成功，雖或有賴於各工作人員之努力從事，但對於教育經費之充裕亦不能加以否認！此我等可於上一章台灣教育經費預算中視之。因此我等對於台灣光復後之教育，若欲使其發展強大，教育經費之預算，當不僅按據目前日人之預算，仍需多多加以充實，此亦爲復建台灣教育之物質基礎，願負光復後台灣教育行政當局加以注意。

第五章 結論

台灣不過爲三萬六千方公里之一小島，於十八世紀中葉始爲世人所注意，但至二十世紀之今日更成爲太平洋和平之安定基石，亦爲我國東南海防之基地。全島因處於溫帶與亞熱帶之間，氣候優良，土壤肥沃，物產豐富，實有「天府之國」之稱，自甲午一戰，我國因清廷之腐化而敗於日本以致美麗之台灣和澎湖從此割讓予日而脫離祖國之懷抱。從今以後，美麗之台灣即歸日寇統治，於今已垂半世紀之久，在此半世紀之中，日人努力經營，一面發展其經濟之獨佔，一面即施以奴化教育（爲操其治台之教育方針——「普及國語」、「啓發職業知能」去實施）以期全台同胞成爲日本帝國主義之奴隸以便其驅使，此種期望雖於初期因台胞之不斷抵抗與拒絕接受而受到嚴重之打擊，於今即大多數台胞，已蒙受其相當深刻之奴化。試觀今日留台之大多數台灣青年能通我們之文字者有幾？而能操日語及閱讀日文報章雜誌者即比比皆是，此不能不說日本對台灣奴化教育之成功。

於今我國抗戰之勝利在望，而台灣之光復即在眼前之時我等對此五十年來日寇在台灣所建立奴化教育之基礎及台胞所蒙受奴化之毒，應如何作復建和改造之工作實為我等今日之任務，又其於此時對於台灣光復前教師之準備，教科書的編訂以及接收設備之準備工作等等均為我等應予積極開始籌備之工作，至於光復後對於學制之統一，課程之改造以及學校之增設，義教之推廣，社會教育之推行等等均為復建台灣教育不可忽略之問題。

今日對於台灣光復後之建設問題，雖千頭萬緒，但教育一項當為其首要，若我等能針對台灣今日教育之實況作積極之準備，與光復後復建之規劃及推行，則不但於台灣光復後之短期內能將台灣智識青年以及一般台胞從奴化之中掙脫出來，同時還要將六百萬台胞完全教養成為三民主義之先鋒隊，去建設台灣，鞏固台灣以保衛我國東南國防之安全及建立太平洋和平之安定力量，即三民主義之新台灣亦將因此而實現。

還我河山

孫科

台灣財政的透視

方志林

台灣問題可說是今日國內外人士備極關懷的一個課題，但是因為參考資料搜集的困難，每使到我們所探討及研究的結果很難完滿。本篇是採集有關台灣財政的參攷資料而成的，目的在乎報道台灣在日本帝國主義下的財政實況。可是資料奇缺，因陋就簡，實難避免；深祈國內方士，有以政之。若能拋磚引玉，共同研討，乃筆者所厚望。

一 殖民經濟是台灣財政的象徵

五十年來，在日本帝國主義鐵蹄下的台灣，她的社會經濟組織早已逐漸發展，不斷蛻變，表面看來是台灣資本主義化了，實際觀察終是日本帝國主義殖民經濟的一環。所謂殖民經濟，便是帝國主義對他的殖民地：一方面要求供給他以原料品，一方面強制殖民地人民消費他的製成品；因此帝國主義者便(一)統制着殖民地的資源，(二)獨佔着殖民地的商品市場，(三)把握着殖民地的產業大權。日本帝國主義就是以廉價購進台灣的原料品，再以高價向台灣推銷工業製成品，獲得絕大的利潤；在這樣有利的貿易原則下，便攏括着台灣的全般經濟。而中國及各國的商品因受到關稅壁壘的限制，在台灣幾乎絕跡。自然台灣一切商品，十分八九都是日貨。同時，因為日本政府與資本家——如三菱及三井的株式會社——可以收買或獨佔各種工商企業的方式來限制台灣人的經濟發展，助長其自身經濟的獨佔，這樣台灣的金融、工業、農業、商業一切均操在日本寡頭金融資本家的手中，台灣人亦就貧窮化了。所以五十年來的台灣經濟是資本主義化的經濟，不，他實實在在是殖民地的經濟；換言之資本主義化不過是他所套上的外衣，殖民地的經濟才是他的內容。日本帝國主義使在殖民政策的運用下，神乎其技，用開發台灣經濟的美名來助長其本國經濟的繁榮，台灣人的貧窮與日本人的富裕就是台灣經濟的象徵。

台灣的經濟是如此，台灣的財政何獨不然。從經濟學原理來看，一國之經濟與財政是相互關連的，從政策的運用來說，經濟政策與財政政策須求配合運用，殖民地的經濟政策與財政政策的一致性是毋庸諱飾的。日本帝國主義對台灣的殖民政策是一貫的，經濟與財政的政策並施，先運用台灣產業資本的基礎促進台灣財政的整理達到財政的獨立與發展，同時台灣財政復促進台灣資本主義的發展不少，在這相互因果的原則下，台灣財政便追隨着台灣經濟成為日本帝國主義殖民財政的一環。蓋自四十年來在有利於日本財政的條件下，台灣財政已作為日本國庫的補助，因為當前的台灣財政收入，不僅足供本島的開支，且恆以其盈餘絕大部份供給日本本國。但是日本帝國主義在台灣財政政策成功了，台灣人的租稅負担就愈益加重，所以台灣資本主義化了，台灣人便愈益貧窮化，這何嘗不是日本帝國主義整理台灣財政的碩果!?也就是殖民地財政的眞面目。

二 暴日整理台灣財政的前後

五十年來的台灣財政措施是本文所欲探討的範圍。台灣財政自從日本帝國主義佔有台灣迄今，在其殖民政策推進之下，可以說始終作為日本本國財政的補給庫。但是，這並不是日本帝國主義開始佔有台灣，便造成如此良好的財政基礎；其間經過將近十年的整理時期。據云：台灣初期財政，恆感不足，必須仰賴國庫以為補助，及後屢經改進，財源廣闢，財政日漸充裕。可以說，這是由於日本帝國主義想儘榨取台灣民衆之種種方法，乃克造成現在的齊裕財政。

台灣財政最初須賴日本國庫的補助，及後逐次整理，一八九六年台灣歲入九百六十五萬元中，日本國庫補助金佔有六百九十四萬元，一八九七年歲入一千一百二十八萬元中，補助金佔五百九十六萬元，當時日本對於台灣財政每年負担數額之鉅，實可驚人。台灣總督兒玉後藤欲使台灣財政獨立，一八九九年發表財政二十年計劃：（一）欲以逐年減少日本補助金為內容，至一九〇九年以後為獨立自給的時候，（二）生產事業費則募公債籌之，（三）預算自一九〇四年度起除去償却元利外，尚有歲入剩餘之計劃。」此項計劃逐次進行，一九〇一年復實施專賣政策，規定鴉片、食鹽、樟腦為專賣物品。而專賣制度由是奠立，政府收入遂有顯著之增加。其次，復調查土地，增益地稅，發行公債，施設地方稅；政府更獎勵砂糖製造業，發展工商企業，開擴稅源，增加稅收；更復擴大郵電鐵道等交通事業，以增收入，台灣財政之發展，便完全以此為基礎。一九〇五年三月專賣物品除原有之鴉片、食鹽、樟腦以外，復加上煙草一項。一九〇四年時因日俄戰事發生，日本本國財政負担甚鉅，便取消對台灣之補助金，以期台灣財政提早獨立。而是年台灣歲入已達二千五百餘萬元，台灣財政已不受日本國庫津貼可以獨立。若果按照兒玉總督整理台灣財政計劃，台灣財政自一八九六年度至一九〇九年度預算應受總額三七，四八八，七五九元之補助金，但是結果受補助實額為三〇，四八八，六九一元，早於預定計劃而告獨立。及至一九〇九年台灣財政非獨得以獨立，且可以其盈餘款額補助日本國庫。而且可以台灣特別會計收入中之關稅一半及砂糖消費稅一半劃歸日本一般會計接管，在一九〇九年台灣歲入固已有四千餘萬元，但自特別會計開始（即台灣預算與日本本國分開，會計獨立），政府稅收膨脹，一九二〇年台灣歲收驟增至一萬萬餘元。一九二二年專賣物品復加上酒類，故台灣專賣物品至此遂有五項，即鴉片、食鹽、樟腦、菸草、酒五種，直到現在，仍然如此。此後收入不但恆能保持此項水準，而且年有增加；迨至一九三八年其歲入已增至二億三千萬餘元，及至最近一九四三年其歲入總數已達四億八千九百零三萬元。所以台灣財政之整理成績，要以兒玉後藤為最著，此其謂為財政政策之成功，毋寧謂為日本殖民政策之收穫。竹越與三郎在其所著台灣統治志曾經這樣說：「台灣領有以來，國中日本究須負担幾何的國民，至此見其已免填其負担莫不額手稱慶，以為法國之經營印度支那凡二十餘年，自一八八七年開始之八年間，國庫補助金為七億五千萬法郎，此外尚募集八千萬法郎之公債，至於近年才得不仰國庫補助而自給，法國相慶，以為是新殖民政策之曙色曙光，泰晤士報亦謂是法國的天才，轉向殖民政策上之佳兆。今者日本領台以來僅九年半，國庫所費為三千萬元，而成為自給殖民地，以此而比於法國之印度支那殖民地，其成績果如何？」固然台灣與印度支那其面積人口大小相異，自不能為一樣之對比，然台灣財政獨立如此之早，確為日本殖民政策之成功。茲將自一八九六年起至一九四三年間台灣歲入及國庫補助列表如次：

西曆	歲入總額	歲入總額中之國庫補助	備考
一八九六年	九、六五〇、〇〇〇	六、九四〇、〇〇〇	西曆一八九五年馬關條約成立滿清割讓台灣於日
一八九七年	一一、二八三、二九二	五、九六〇、〇〇〇	
一九〇五年	二五、〇〇〇、〇〇〇		自一九〇五年台灣財政已不受日本國庫補助而可以獨立從此以後且可以其盈餘補助日本國庫
一九〇九年	四〇、四〇九、一〇七		
一九一〇年	五五、六〇〇、〇〇〇		
一九一一年	五七、三〇〇、〇〇〇		
一九一六年	五五、七六五、六八八		
一九二〇年	一二〇、二七五、八四八		
一九二一年	一一四、七五、八二九		
一九二二年	一〇五、九〇九、八七五		
一九二五年	一一九、三〇〇、〇〇〇		
一九三三年	一〇三、八七九、一五六		
一九三八年	三三、八一七、〇〇〇		
一九四三年	四八九、〇三一、〇〇〇		

從上表所列可以看出當初日本帝國主義估有台灣時對於台灣財政負担的鉅重，在一八九六年國庫補助佔歲入總額爲三分之二以上，一八九七年國庫補助額則佔歲入總額爲二分之一強；此後歲入逐年增加，國庫補助乃漸減少，直至一九〇五年歲入增至二千五百餘萬元，從此以後台灣財政遂不受日本國庫補助而可以獨立了；不但可以獨立，且可以其充裕財政逐年補助日本國庫，其後逐年撥補日本國庫數額，可惜未有統計資料，只好付之闕如。從前所述台灣總督兒玉後藤之台灣財政獨立計劃，亦即台灣歲入增加政策，固然是以土地調查、增與專賣事業，發行公債及施設地方稅等爲發展財政之基礎，惟其主要的而成績最著者爲專賣事業之設立。茲將一八九六年至一九二七年數年間台灣歲入經常部內容列表如次：

台灣歲入經常項目	一八九六年（千元）	一九〇五年（千元）	一九〇一年（千元）	一九一六年（千元）	一九二七年（千元）
A.租稅	二、〇二九	七、三八四	一七、五三五	一〇、二〇七	一六、八四七
B.官業及官有財產收入	五三四	一三、九二九	二一、九一四	三二、五六二	七二、五二二
a.專賣事業	—	一〇、六〇五	一五、〇三四	二〇、一四七	四一、三九七
食鹽收入		六六七	八二一	九五七	二、四八九
樟腦收入	—	四、二三六	五、五三〇	六、七四一	九、七一九
鴉片收入	—	四、二〇六	四、六七四	七、一三三	四、九五七
烟草收入	—	一、四九六	四、〇〇九	五、三一六	一二、一一八
酒收入	—			—	一三、一一四
b.其他收入	五三四	三、三二四	六、八八〇	一二、四一五	三一、一二五
c.其他	六一	四〇二	一、九一五	二、四五二	三、二〇三
歲入經常總計	二、六二四	二一、七一五	四一、三六四	四六、二二一	九二、五七二

租稅一項包括地租、礦區稅、鑛稅、所得稅、台灣銀行發行稅、製茶稅、製糖毯樟腦稅、酒稅酒精稅、糖消費稅、織物及石油消費稅、出港稅、輸出稅、鹽稅、輸入稅等目，因上表着重分析專賣事業收入，故不將租稅項各目收入列上。又食鹽、鴉片、樟腦三種專賣物品自一九〇一年開始，烟草自一九〇五年開始，酒類自一九二二年開始，所以一八九六年專賣沒有收入，而大正十一年以前酒類固無收入矣。其次，從台灣歲入經常部中各項百分比例表，亦可以看出台灣專賣事業的發展及其重要性。

歲入經常部各項百分比	一八九六年	一九〇五年	一九一〇年	一九一六年	一九二七年
A.租稅	七七	三四	四二	二二	一八
B.官業及官有財產收入	二〇	六四	五三	七〇	七八
（專賣收入在B項中佔有之百分數）	（——）	（四九）	（三六）	（四四）	（四六）
C.其他	三	二	五	八	四

此表之歲入大部份爲官業及官有財產收入，尤以專賣收入爲主要。

三　暴日鐵蹄下台灣人民的租稅負担

台灣財政自整理至成功，前後凡有十年，此固爲日本帝國主義殖民政策的成功，但是羊毛出在羊身上，台灣人已不勝其負担的痛苦。不但此也，台灣的財政就是剝奪台灣人的財富來助長日本人資本的發展，日本人的租稅負担甚輕，台灣人的租稅負担苛重，它不是以國民經濟能力來作爲租稅的標準，而是以台灣人爲剝削對象達到其殖民財政的目的，所以台灣財政的獨立與富裕，實爲加重台灣住民租稅負担之結果。竹越與三郎在其所著「台灣統治志」中比較一九〇四年度之中央及地方稅入，日本內地平均每人爲三元三角四分三厘，法領印度支那爲二元一角八分，台灣則爲四元五角五分四厘，是台灣人之稅負比日本及印度支那都要高。持地六三郎之台灣殖民政策謂：「台灣人民之負担，決不能謂之輕，此與其他之殖民地比較即可察知。雖然日本帝國主義欲以平定匪亂，施設文明來掩飾其租稅負担特重的事實，亦不能說明其比日本國內每人之負担爲大之理由。然爲台灣財政獨立爲期之早，台灣人民負担之重，其原因正爲當時台灣民政長官後藤新平所說，「台灣財政之獨立，實迫於當初應付帝國殖民地統治與論之危機，應急之處辦，其結果之伴生必然的弊害，何止不可使聞於外國，實有不可使聞於台灣新附之民者在。」由是可知台灣財政之獨立，實爲日本帝國主義爲免除當局經濟財政之負担與及台灣資抑論的危險，遂以不問使用於國外及台灣新附之民之蠻酷手段，不顧台民的生死，造成財政負担過重的惡果。茲將一八九六年至一九二七年間數年台灣歲入經常各項負担額及其百分比列明於下，亦足以明白台灣人民租稅負担逐年加重之趨勢。

（1）歲入經常部各項		一八九六年	一九〇五年	一九一〇年	一九一六年	一九二七年
直接稅收入		七五三	三、〇六九	三、五八二	五、〇七六	八、〇六七
間接的負担	島外	六七九	六、八三八	一七、九四九	一七、五八九	一四、一七一
	島內	五八六	八、〇八二	一二、〇八〇	一七、六八八	三七、〇〇六
其他		五九五	三、七二六	八、七九五	一五、八六七	三三、三二八

（2）歲入經常百分比		一八九六年	一九〇五年	一九一〇年	一九一六年	一九二七年
直接稅		二九	一四	九	一一	九
間接的負担	島外	二六	三一	四三	一七	一五
	島內	二二	三七	二六	三八	四〇
其他		一九	一七	二一	三四	三六

依照上列一、表消費者之間接的負担卽間接稅及專賣收入佔歲入比例中最大，而直接稅比例負担極小，所以台灣歲入大部份爲島內外消費者之間接負担，而尤以島內負担爲大。而直接稅是關於財產及所得之課稅，間接稅及專賣收入則爲一般平民之負担，所以台灣財政制度是保護資本家，助長產業資本之發展，而使台灣平民租稅負担加重，日趨貧窮化。

茲再列明一九四三年以前台灣總督府之預算，以明白台灣人民最近租稅負担加重之趨勢。

台灣總督府預算（其州、市、街、庄預算在外）

	歲出總額　千元	每人負担　元
一九三二年	九八、〇九〇	一六、三四
一九四〇年	二六〇、五三〇	四三、四二
一九四二年	四一六、六七五	六九、四四
一九四三年	四四六、六七五	七四、四四

附註：除此以外州、市、街、庄之預算約達三億日元，保甲費、儲畜、捐款、公債等負担約共一億日元，至於征工負担在外。

觀察上表一九四〇年之每人負担比一九三二年增加將至二倍，一九四二年之每人負担已比一九四〇年增加二分之一强，其增進之速度可以驚人。若將一九四三年之歲出總額與州、市、街、庄預算保甲費、儲畜、捐款、公債等負担總額合計則台灣人民之每年租稅負担總額爲七億四千六百萬元以上，而每人負担額每年爲一百二十元以上矣。若以此項負担總額以我國人口計之，則我國每年歲出總額須五百四十萬萬元以上。雖然台灣國民經濟程度與吾國不同，但其負担如此鉅大，遠較日本本國倍重，台灣人民之痛苦，亦可想見矣。

四　台灣歲入實況

台灣之財政收入可分爲國家稅、地方稅及專賣、國營事業等幾項。國家稅包括有土地稅、所得稅、鑛區稅、登錄稅、關稅、台灣銀行券發行稅、噸稅、砂糖消費稅、骨牌稅、織物消費稅、變茶、石油酒精稅、印花稅稅蜜糖出口稅及臨時利得稅等十四種。地方稅屬於州廳者有土地稅附加稅、所得稅、附加稅、戶稅、營業稅、雜稅等五種。市街庄稅則有地租附加、所得稅附加、營業稅附加、雜稅附加等四種。市街庄稅無特別稅之設立，凡此四種均爲國稅或州廳地方稅之附加稅。專賣事業有鴉片專賣、食鹽專賣、樟腦專賣、烟草專賣、酒專賣等五項。國營事業有鐵道、電報、電話、日月潭水力電氣會社、阿里山製材所等。

國家稅

台灣土地稅實爲台灣各項租稅中收入最大之稅收。一九三二年收入佔租稅總收入爲百分之三十强。因其有精確完備之圖冊，故收獲如是之安效。蓋當兒玉後藤之時，銳意整理台灣財政，而土地調查卽爲其首要工作，調查前後時間約達五年，耗費多至五百萬元以上，結果使土地所有權人其轉移，有確實的根據及法律的根據，因此地租之課稅標準，依據於土地生產力之等級征收，地租成爲土地收益稅，達到財政上的確實公平的原則；而土地圖册的編列完備，詳細明確，使到征收利便，結果是甲數（換中合我國十六畝六分七釐）增多，地租增率，收入增加，而一九二七年土地稅收入已增至五百四十六萬元，佔有租稅總收入三分之一。台灣土地稅之課稅範圍有水田、畑地、魚池、宅地四種，共課稅標準較之我國爲繁，至其稅率水田分十七則，最高二十五元八角，最低一元，畑地分爲十八則，最高十七元六角，最低五角，魚池十則，最高十三元八角，最低四角，宅地七十則，最高二千六百零三圓，最低一圓，等則既多，征收較難。而此種等則劃分標準，係以土地收益爲根據，惟事實上其劃分之標準，係以土質、地勢、生產收入耕種難易，市場距離及投資費用運輸等項爲根據，由此數點足證其土地征課之公平。

台灣所得稅共分爲三種：（一）法人所得稅，（二）自然人所得稅，（三）法人中自然人對法人利得之征稅。因爲所得稅課稅物品包羅甚廣，且其國民經濟繁榮，故所得稅收入能達到確定與公平之原則。而其第二種課稅爲自然人對法人利得之征課，合乎財產重課標準，又符担負原則。就財產課稅可達公平原則。一九二二年度起開征第二種第三種所得稅，一九一六年所得稅收入爲一百三十萬元，而一九二七年爲二百萬餘元矣。

台灣的保護關稅實行於一八九六年，最初即以「官命航路」驅逐了英國在台灣的航海勢力，這保護關稅制度無非是其經濟作戰策略，一八九九年關稅率增加三倍多，關稅收入由五十萬元增至百萬元左右，而對於輸往日本內地的貨物廢除出港稅，於是如米、糖等類及原料品便大量輸往日本內地，同時日本內地工業製成品復向台灣大量輸入，繼而日本內地產業資本復向台島大量輸入，這使到台灣農村經濟加速崩潰，在一方面保護關稅對於外國及中國之貿易完全不以互惠爲原則，而以競爭及禁止爲主題，這便是其增減關稅稅率的標準。故其關稅稅收之增加，乃由於輸入品增多及關稅稅率提高之結果。一九〇五年增至一百三十七萬元，一九二七年關稅之收入稅總額已達三百五十萬元。這樣用競爭及禁止的保護關稅政策來保護其本國工商業的平衡發展，應付對外傾銷的貿易，便是其對外貿易的一貫作風；因爲欲貫澈對外傾銷的政策，便用免稅方法獎勵低賤物品的出口，故一九三三年輸出總額達到一千八百餘萬元。

台灣登錄稅與日本內地大同小異，但爲吾國所無。此種關乎私權之登錄，在中國則分別向行政及司法機關登記，而此項因確定私權所納之費用，純爲行政手續費，不與台灣相似，列爲租稅。台灣登錄稅之登記客體爲不動產，凡是船舶，船舶所有權移轉，鐵道及軌道抵押憑證、工場、礦業及漁業財團登記簿，船籍、商事會社，及營利法人、辯護士、醫師、藥劑師、獸醫、鐵工、海員、著作權、特許，意匠、商標等等均應向官廳登記，繳納預定稅額，台灣登錄稅之優點在乎法令統一，而登錄事項範圍確定，財政上既有固定的收入，復可減免私權之糾紛事件。

台灣之糖消費稅，因爲政府之獎勵，使製糖事業發達之結果，故其收入激增；一九〇五年度糖消費稅收入僅一百八十六萬元，至一九一〇年已增至一千二百萬元，佔總歲入有四份之一。在此期間台灣財政收入如洪水之來，爲台灣總督府之黃金時代，此固兒玉後藤實施糖業獎勵政策之效果。此種保護新式製糖公司之糖業補助金，一九〇八年——一九一〇年度支出二十萬元，此爲補助撤去改良糖廍；而一九一〇年一九一一年兩年度支出一百三十五萬元，則爲補助原料糖消費；此亦足見台灣政府努力獎勵糖業之一般情形，亦難怪其糖消費稅收入增加若是之速。在一九〇四年日俄戰爭以後的日本財政處境困難，所以帝國會議便向台灣要求糖消費稅移管，結果一九一〇年度歸於向日本移出部份之糖消費[illegible]一般會計收入所接管。所以一九一[illegible]特別會計歲消費稅收入六百三十六萬元，及至一九一四年度便減至八十萬元，一九一五年度九十六萬元，一九二二年度一百五十萬元，及至一九二六年乃有二百四十萬元，一九二七年二百餘萬元。

茲列舉一九一〇年一九一六年一九二七年各年度租稅收入如次：

項目	一九一〇年	一九一六年	一九二七年
租稅總計	一七，五三五	一〇，二〇七	一六，八四七
地租	三，一〇九	三，六三四	五，四六四
鑛區租	五三	一〇三	二一七
取[illegible]稅	—	—	—
所得稅	四〇四	一，三三一	二，〇九八
台灣銀行發行稅	一六	八	二八八
製茶稅	四四二	四九一	三九二
製糖稅	—	—	—
樟腦稅	—	—	—
酒稅	七八五	二，七五五	
酒精稅	—	—	二六七
糖消費稅	三，一一八	九二八	二，〇四六
織物及石油消費稅	二七一	一五九	九七
出港稅		—	—
輸出稅	二五四	—	
噸稅	二五	二一	五五
輸入稅	—	七七六	三，五一九

台灣之國家稅，除開上述十四種以外，自從一九三七年「七七」事變發生以後，爲應付戰費需要，再追加之稅目亦算不少，計有一九三七年追加之華北事變特別稅，一九三七年追加利益（紅利）配當稅，公債社債利息稅、通行稅、入場稅及特別入場稅、物品稅等，一九三八年復追加家屋稅、建築稅、遊興稅、臨時利得稅等稅目。

地方稅

台灣地方稅制度自一八九八年度起實行，除土地稅附加稅、所得稅附加稅外，以賦課台灣總督府特別會計所不賦課的收入與及特別會計之補助金爲其歲入，例如賦稅、營業稅、雜稅是，以輔佐特別會計，經營台灣爲目的而設定的。在州廳地方稅中，土地稅附加稅稅率當初爲地租百分之一，至一九二四年改爲百分之五十，後以鄉鎭亦有地租附加，遂改百分之四十。至於所得稅附加稅稅率爲百分十五。戶稅亦稱爲家稅，爲對家屋者課征之稅，按戶征收，稅率因各州實際需要各不相同。營業稅可分爲十數種；即物品販賣業、保險業、銀行業、錢匯業、放款業、包工業、礦業、印刷業、照相業、製造業、倉庫業、運送業、信託業、兌換業、酒館業、飲食店業等。雜稅則有浴堂、理髮店、菜市場、船艤、汽車、車輛、藝師、演員、妓女、遊藝場、演戲、屠宰等稅。而市、街（鎭）、庄（村）地方稅則有地租附加、所得稅附加、戶稅附加、營業稅附加、雜稅附加等、台灣地方稅的收支預算的編成，款項之運用等，凡此均由台灣總督自由裁量。而日本國庫給予台灣財政之補助金，都給於地方財政以後不管其用途如何，帝國[illegible]督之權；良以此項補助金爲在地方[illegible]，以前所擬定，故台灣總督得自由使用之。不但此也，台灣總督在地方稅會計制度下，可以不經帝國議會之議決及監督，賦稅征課，其全部經費，亦由總督自由運用，以實行各種行政設施。台灣地方稅支出範圍甚廣，計有地方廳費，警察費、理蕃費、衛生費、教育費、勸業費、土木費、社會事業費等。自從一九二〇年地方制度改變，州廳地方費，市、街、庄（街是鎭庄即是村）均改爲獨立財政的主體，稅入則以地方稅爲主，國庫補助金甚少。又自從此次地方制度變更以後，凡是州、市、街、庄之預[illegible]須諮問地方財政之協議會，但是協議會純爲財政的諮詢機關，故台灣總督之財政專制大權依舊存在。

台灣地方財政收入，不但是地方賦稅，還有其他收入及國庫補助二項，但是其中要以地方稅收入爲最多，其他收入次之，國庫補助最少。關於地方稅包括土地稅附加、所得稅附加、戶稅、營業稅、雜稅等目，此五種稅目之中，要以雜稅收入爲多，營業稅次之，土地稅附加復次之。還於其他收入一項包括有街庄賦收入、官產收入、捐款收入、手續使用費、借款收入、餘款雜收入等目，其中要以借款收入及手續費使用費爲多。國庫補助金一項則分爲教育經費補助金、衛生費補助金、勸業費補助金、社會事業費補助金、土木費補助金、廳費不足補助金等目，其中以土木費補助爲最多，衛生補助費次之。茲將一九三三年台灣地方財政各項目收入列明如次：

項目	歲入
州廳地方稅	一〇、五五四、二九五
土地稅附加	二、八二七、三七九
所得稅附加	一一八、五七〇
戶稅	一、二六八、五二二
營業稅	二、九〇五、一一七
雜稅	三、四三四、七〇八
其他收入	四、九八〇、四三九
街莊配賦收入	五七四、二一六
官產收入	一七三、八六八
捐款收入	三〇四、八九五
手續費使用費	一、五一一、〇三六
借款收入	一、五二四、〇〇〇
餘款	七〇〇、〇〇〇
雜收入	七八三、四二四
國庫補助	二、五二二、九五〇
教育費補助	一八〇、四九〇
衛生費補助	三一四、〇九八
勸業費補助	一四三、六五七
社會事業費補助	二六、〇四一
土木費補助	七〇、〇五〇
廳費不足補助	一、二四九、六一四

[illegible]由台灣轄有五州三廳，其中要以台北州及台南州收入爲多，而台中州次之。茲將一九三三年台灣州及廳各項收入比較列明如次：

州廳	地方稅	其他收入	國庫補助	總計
台北州	二·四九八·七六四	一·〇七一·一八七	二八八·一八四	三·八五八·一三五
台中州	二·二九九·二九〇	九三四·四七五	一二五·五五五	三·三五九·三二〇
台南州	二·四七八·〇六〇	一·三〇九·六七六	一五七·五四四	三·九四五·二八〇
新竹州	一·二五九·三〇二	五一一·六九二	二四九·五〇六	二·〇二〇·五〇〇
高雄州	一·七一六·五二七	八二〇·四九八	一五五·〇四六	二·六九二·〇七一
三廳	三〇二·三五二	三三二·九〇七	一五四七·一一五	二·一八二·三七四
合計	一〇·五五四·二九五	四·九八〇·四三五	二·五二二·九五〇	一八·〇五七·六八〇

專賣事業

台灣專賣物品共有五種，即鴉片、食鹽、樟腦、烟、酒是。專賣收入在台灣財政收入中佔着鉅大的數字；一九三三年台灣歲入一億二千萬餘元，專賣收入已達四千餘萬元之鉅額，而租稅收入僅有一千五百餘萬元，相距遠甚。而一九〇五年台灣財政得以獨立，專賣收入之增進實有以促成之。此五種物品開始專賣時間，鴉片是自一八九六年三月製藥所開始，食鹽是一八九九年五月始於[illegible]務所，樟腦亦於是年六月開設樟腦局，起初是爲獨立的專賣，至一九〇一年六月乃統一專賣機構，設立專賣局，捲烟始於一九〇五年三月，酒類創始於一九二二年七月，均歸專賣局經營。其設立專賣目的，乃在企圖增進國庫收入，充裕台灣財政。但是除此而外設立專賣之目的，鴉片及酒專賣有其人民保健衛生之理由，而食鹽樟腦及烟，則復有防止樟腦濫伐鹽田荒廢，及制止烟草原料不由國外輸入以達自給爲其目的。

台灣鴉片政策爲漸禁之政策，其採取漸禁政策之理由，謂鴉片如即嚴禁實有害烟民之生命。其實，據當時台灣總督府衛生局長後藤新平說：如果鴉片實行嚴禁政策，則將爲當時台灣島內革命份子反日運動之藉口，所以便在「不禁」與「嚴禁」之中，根據後藤新平之建議，採取漸禁政策。其原則是政府規定有鴉片癮的人政府乃發給吸烟執照，才准吸食鴉片，從而逐漸使其戒除。政府一方制定各種律令，以防止鴉片烟禍的傳播，沒有鴉片癮的人絕對不許吸食；一方復將鴉片之輸製收歸政府專營，鴉片土由印度土耳其輸入，由專賣專局轉交地方政府[illegible]發與零售商人，定價每百元可以扣回一元三角利益，而承辦及零售歸親日台民爲之。而政府復運用警察[illegible]之力，次第使鴉片漸禁政策逐[illegible]實現。一八九八年一月台灣總督府公佈台灣鴉片令，是年三月復公佈施行細則，其大意是：（一）鴉片之種植、製造、販賣運輸等均歸政府專營，（二）准吸鴉片者限於有癮者，如無癮的人不得吸食，否則處以重刑，（三）公務員如吸食鴉片則處以重刑，以肅風紀，（四）有鴉片癮的人定有矯正處分辦法，不獨是待其老死或自戒而已。凡此法令均欲使鴉片烟禍在漸禁政策之下一方從有計劃的漸減，達到烟犯戒絕，烟禍肅清的目的；他方是在政府經營下，達到專賣收入之目的。所以台灣鴉片政策在政治上及財政上均獲得絕大成功；如一九〇〇年全台烟民有十六萬九千六十四人，佔全台人口數爲百分之六、三，及後每年均趨減少，至一九三二年即減少，至一九三二年即減至一萬九千五百三十二人，與全台人口比例則爲百分之〇、四，一九三八年減至一六千二百六十多人佔全台人口百分之〇、〇二。而一九一〇年鴉片收入四百八十餘萬元，一九一八年有六百六十餘萬元。此後以漸禁成效日著，烟民日少，而鴉片專賣收入亦漸低落，一九三三年收入僅二百八十餘萬元，一九三八年則爲二百六十一萬元，故台灣鴉片漸禁政策實獲一舉兩得之成果。

食鹽專賣因係鑑於鴉片專賣之成功而設立。一八九九年四月台灣總督府公佈律令將食鹽定爲政府專賣品，是年五月設立鹽務所，是爲日本本土食鹽專賣制度之先驅。台灣食鹽專賣與鴉片專賣制略有不同，鴉片專賣無論製造銷售皆由政府專營，而食鹽專賣對於製造方面由政府指定製造業者歸其製造，再由政府按價收買，依法銷售。一九三四年一百斤之收買價格煎鹽爲二元二角三分，晒鹽六角九分；至其食鹽分配辦法，採批發商與零售商二級制，食鹽專賣局向製造者將鹽收買之後，便賣與批發商，由批發商銷與零賣商，復由零賣商售與消費者。食鹽價，亦由政府規定全島一律依一九三三年四月政府所定批發價格燒鹽每百斤爲六元六角七分，晒鹽每百斤爲四元五角。當一八九九年食鹽專賣開始之時台灣鹽田面積爲三百零三甲（一甲等於我國十六畝），產量爲一千八百餘萬斤，不足供應島內之需要，專賴我國供給。但因專賣實施之成果，政府復獎勵生產，改良製造，翌年產量增至三千六百餘萬，由是自給有餘。自此不但鹽田擴張，產額增加，且鹽之品質亦日佳。及至一九三三年鹽田面積增至二千一百三十九甲，於是製鹽遂成爲台灣重要產業之一。台灣食鹽專賣之收入，一九〇四年爲五十五萬元，一九一二年爲七十五萬，一九二六年爲二百〇五萬元，一九三二年爲二百五十二萬元，一九三八年則增至四百萬元矣。

台灣樟腦產量佔全世界十分之七八，此外如蘇門答臘、錫蘭、日本內地及我國閩、贛、江、浙只有少許生產而已。故樟腦油實爲台灣獨佔產業，是以支配整個世界市場。樟腦爲國防科學上必需之物品，用途甚廣，而產地至狹，台灣總督有見及此，爲謀財政之豐收以及支配世界市場之價格，遂於一八九九年開始實施專賣，關於樟腦專賣辦法，仍由人民自由承製，由政府將原料樟樹及其他原料發付製造後，則由專賣局依價收買販賣之。據云世界市場所需之樟腦年需五百萬斤，而台灣供給者有八成左右，一九〇〇年已有一百六十萬元之收入，在財政上已有相當貢獻。一九一一年有五百五十三萬元，一九一六年有六百七十四萬元，一九二五年有九百七十萬元，一九三八年有九百四十二萬元之收入矣。

烟草爲大量消耗品，但非生活上必需品，各國爲寓禁於徵，不是列爲稅目，便定爲官營事業，故烟草專賣政策，殆流行於各國。日本烟草專賣收入相當可觀，台灣烟草實行專賣自屬理所當然。台灣於一九〇五年實行烟草專賣，在五種專賣事業中烟草收入最多，每年有一千五百萬元相當於租稅之收入。而自專賣施行，烟草種植面積及產量均大有增加：一九三二年耕作面積有五百七十六甲，產量一百四十萬四千斤。台灣烟草專賣辦法，首先烟草之耕種須經政府許可，其所種植烟草種類有中國種、黃色種、雪茄種三種，烟草收成後由政府定價收買，價目分[illegible]等及其次九等，由一千匁一元之價以至一千匁一角不等；烟草之製造由政府爲之，烟草之販賣則取批發商與零售商二級制，將全台劃分七十個批發區，每區設批發商一人，零售商則不劃區，此種批發商及零售商均由政府專賣局指定，批發商先向政府買入，而轉賣與零售商。在一九〇五年烟草專賣收入均爲一百五十萬元，一九一六年五百五十萬元，一九二七年有一千二百一十萬元，一九三三年有一千四百七十九萬元，而至一九三八年增到二千四百五十一萬餘元。是在三十四年中間烟草專賣收入增加十六倍以上，可見烟草專賣在台灣財政上佔一極重要性地位。

烟酒同爲生活上非必需之大宗消耗品，但無疑的由於「寓禁於徵」租稅政策推行的結果，便成爲消費稅中心，並居財政上之重要地位。世界各國對於酒類營課重稅，若實行專營者此則甚少，台灣之實行酒類專賣可謂特殊。其專賣酒類除酒精及啤酒准許民間釀造而歸政府販賣外；其餘酒類釀造運銷均由政府專營。酒類之販賣亦分爲批發商與零售商二級制，其辦法與烟草專賣相同，而酒類販賣程序與價格均由政府規定，在批發商與零售商，零售商與消費者之間的買賣價格，必須依照政府規定，全島一律。台灣酒類專賣開始於一九二二年；當時收入已有五百餘萬元一九二七年收入有一千三百十一萬元，至一九三八年有二千七百六十二萬元，殆無怪其爲台灣財政上重要稅收。

上述五種專賣事業，對於台灣財政上之貢獻至鉅，而一九〇五年之台灣財政得以獨立實賴專賣收入之特別豐富。而台灣逐年預算恆達一億二千萬元，而專賣收入已佔其三分之一，如此數字誠可驚人，是專賣事業之爲台灣財政命脈所繫，自毋庸申論矣。

國營事業

台灣之國營事業計有鐵道、郵政、電氣事業、阿里山林業等五種。台灣鉄道除了國營者外，還有民營之鉄路及輕便軌道二種。台灣鉄路國營開始於一九〇七年，其國營鉄道計有：縱貫線、淡水線、宜蘭線、潮州線、平溪線、集集線、臺東線、阿里山線。玆列明如次：

(1)縱貫線　爲從基隆至高雄一線全長四〇五、九公里。

(2 淡水線　自台北至淡水全長二二、四公里。

(3)宜蘭線　自基隆以達蘇澳全長九八、八公里。

(4)潮州線　自高雄經潮州至溪州全長四七、〇公里。

(5)平溪線　自三貂嶺至菁桐坑全長一二、九公里。

(6 集集線　自二水到外車埕全長爲二九、七公里。

(7)台東線　自花蓮港經過玉里里壠至台東全長一七三、〇公里。

(8)阿里山線　自嘉義經阿里山至新高口全長八二、六公里此外還有：

(9)竹南線　自竹南至玉田全長九一、四公里。

(10)太平山線　自羅東至太平山全長三七、四公里。

(11)八仙山線　自土牛至久良栖全長三九、〇公里。

綜計台灣官營鐵路十一綫，全長有一、〇四〇、〇公里，台灣國營鐵路營業收入情況；一九三三年收入爲一八、八五一、八七三元，支出爲一二、〇一一、三七三元，其盈餘有七、八四〇、五〇〇元。又一九三八年之統計官營路綫計長一、〇四〇公里，而營業收入有三千一百四十三萬餘元。

台灣之郵政事業亦甚發達，凡郵政、電報、電話均歸總督府交通局遞信部管理，郵政電報除若干較大城市分別設局經營管理外，其餘各地電報均歸郵政局兼辦，至於電話均歸電話局管理經營。

台灣電氣事業始於一九〇三年台灣總督府成立電氣作業所，但其國營開始於一九〇九年。全台電氣事業係由交通局遞信部內之電氣課所管理，全台電氣事業有六家，除台灣電力株式會社爲官商合營外，其餘均設股份有限公司。台灣電力株式會社股本共三千三百四十九萬餘元，官股佔一千二百萬元，係以台灣總督府經營之電氣作業所瓦斯作業及木材防腐事業之資產充股。該社經營日月潭水力發電廠，其投資總額爲日金六千八百五十萬元，其發電容量佔全島百分之九十六以上。據一九三四年該社上半年決算其半年總收入爲五百零五萬餘元，除開本年總支出二百四十萬餘元外半年盈餘爲二百六十四萬餘元。日月潭發電廠既有豐富而價廉之電力。既有助於發展農工商業，復可增益財政收入，實爲台灣國營事業政策之成功。

台灣之國營林業開始於一九一〇年之阿里山林業，其所需創業費約共有六百〇八萬餘元、之鉅，而自一九二八年以後，每年販賣價額均達一百萬元以上，以自一九二八年至一九三二年間合計販賣價額有六百八十餘萬元，此爲阿里山砍伐五年間所表現之成績，其創業費已從此收回，而數年之販賣價額，則均爲阿里山林業之盈餘，亦是因營業之偉大成功，台灣國營林業在營林所所屬之下，除阿里山以外，尚有八仙山與太平山二作業地，此外在殖產局所管者有三種。

綜上各項，台灣歲入逐年總額常在一萬萬元以上，而歲入之中官業事業收入如鐵道郵電、森林、電氣業等等約佔有百分之五十，而五種專賣事業收入約佔百分之三十以上，其他約有百分之十至二十，爲租稅之收入，此足見台灣政府之着重國營建設事業及專賣事業。茲將一九三三年及一九三八年一九四三年歲入預算列表如次：

科目	一九三三年	一九三八年	一九四三年
經常門	九〇、四六〇、六〇九	二八三、〇三〇、〇〇〇	三三一、四一七、〇〇〇
租稅	一五、七五七、一二九	四一、〇六九、〇〇〇	
官業官有財產收入	七〇、〇五四、六七七	二三三、三三六、〇〇〇	——
印花收入	三、四二九、四九九	五、九九八、〇〇〇	——
雜收入	一九二一九、三〇四	二、六二七、〇〇〇	——
臨時門	一二、四一八、五四七	五〇、七八七、〇〇〇	一五七、六一四、〇〇〇
官產賣價	五二〇、一九六	一、〇〇三、〇〇〇	——
公債收入	五、〇〇〇、〇〇〇	六、〇〇〇、〇〇〇	——
雜收入	一三五、二二七	一〇、八三七、〇〇〇	——
前年餘剩	五、三四〇、〇五一	二七、五一六、〇〇〇	——
借出還款	八九五、一三一	一、五九六、〇〇〇	——
水利分担金	五二七、九四二	三、八四一、〇〇〇	——
歲入總計	一〇二、八七九、一五六	三三三、八一七、〇〇〇	四八九、〇三一、〇〇〇

茲再列明一九三六年至一九四一年台灣歲入歲出預決算於次以供參閱。

年度	一九三八	一九三九	一九四〇	一九四一
歲入	三三三、八一七	二八八、四九八	三六〇、五三〇	三二一、〇三九
歲出	一八三、四六〇	二一七、四三五	二六〇、五三〇	三二一、〇三九

附註：參考一九四二年（昭和十七年）朝日年鑑一九三九年以前爲決算一九四〇年以後爲預算。

五　台灣歲出與公債

台灣之歲出預算不啻爲國家政策動向之指針，此純足以表現其獎勵本國產業之發展與及加強對國際市場經濟戰之動向。一九三三年歲出預算中對於農業獎勵及研究之補助各費佔四百五十萬元左右，此其提倡農業增產原料殊爲顯然。而當一九一〇年台灣總督府爲獎勵商工業及林業每年支出數百萬元，此其積極提倡產業從歲出數字中表現無遺，且從歲出數字中可以窺察台灣政府之運用財政手段以增殖台灣資本主義化之事宜，復從歲入項目中可以明瞭台灣產業促成台灣財政豐富收入之效果，這便是台灣財政循環運用的鉅大收獲。

在如此循環運用之下，台灣財政收入甚爲豐富，雖其行政及事業費逐年支出甚鉅，亦可應付裕餘，而其歲入之豐富，使到逐年均有決算剩餘之穩定現象。自從一九〇〇年以來，均無赤字財政之現象，台灣歲出常常表現爲積極性之預算，所供應台灣之日趨澎大行政費，可供應發展台灣之事業費。而此種逐年增加之經費，多從臨時門數額擴充，故台灣歲出中之臨時費佔有總經費之十分二以上。一九三三年歲出預算爲一〇二、八七九、一五六元經常費爲八○、六八九、二五八元，臨時費爲二三、一八九、八九八元由此亦可以見台灣臨時歲出之鉅額矣。一九三三年台灣歲出預算在經常門屬於行政範圍預算科目計有：總督府地方廳、稅關、法院、刑務所、警察所及司獄所等，屬於社會及經濟事業範圍之預算科目計有「中央研究所、糖試驗所、教育費、社會費、交通局、專賣局、林務費等，前者支出不及兩千萬元，後者支出爲五千萬元左右，此亦可見台灣總督府關於社會事業及經濟事業之提倡及獎勵之一般。在經常門之科目中要以專賣局及交通局二項支出爲數最鉅，而地方廳較次，惟台灣財政因專賣事業及交通事業發達收入之鉅超過此項支出不知倍幾，故政府不惜鉅額支出以助其發展。台灣之州及廳歲出預算其中要以教育費爲數最鉅，一九三三年州及廳之教育費達七百六十萬元，佔地方歲出總額五分之二以上，此即用以實施其所謂「普及國語」（即日語）「啓培職業智能」之教育方針，備見昔日對台灣之奴化教育及職業教育之注重。此外土木費及勸業費次之，此亦足徵其對台灣地方建設之重視；至於市、街、莊歲出預算要以衛生費土木費支出爲多。

台灣發行之公債非爲求財政上歲計收支之平衡，乃爲謀實現台灣各項建設計，故公債性質純爲生產，而消費性則甚微；如爲求專賣事業、交通事業、水利事業……等之實施而發行公債，至若其他爲建設及行政目的而發行之公債，以間接亦有生産收益爲限，因此公債發行爲數雖鉅，但結果收入反倍增之。

台灣之稅課機構除官業事業如專賣局交通局之會計獨立之征收外，其他租稅不分國家稅，地方稅均由各級政府機關代征，不另立征收機構，以省公帑。各級征課機構，在總督府爲財政局稅務課，在州廳爲稅務課及各地稅務辦事處，在市爲財務課，次爲市街莊公所代收；如此組織簡單，在征課上甚爲利便。台灣租稅之征收方法一方就場征收，一方限期自納。而一九三三年租稅每百元征收費約當五元，其稅務行政效率甚大。復次，台灣財灣財務人員地位有保障，故均能安心工作，服務十年以上者，時見不鮮，而其待遇亦至佳，故貪污事件至鮮發生。且財務人員能寓訓練於工作之中，俾能配合實際，故工作技能亦甚佳。

六　台灣財政特徵與設計

台灣財政在日本帝國主義者殖民政策支配下自有其特殊作風，亦即台灣財政之特性。茲附去取意見括述之如次，以供戰後設計。抑按台灣財政特徵有八（一）就台灣財政收入言，以國營事業收入爲獨多，而專賣事業之收入尤足可觀。因其財政收入大部自國營事業專營事業而來，故每年收入極形穩定，台灣豐裕財政亦由此促成，此實爲台灣財政之優點。而世界各國亦莫不以建立國營事業基礎爲財政上之要務，故台灣收復後，應斟酌國情將台灣國營事業及專賣事業予以保留或擴充，用以發達國家資本，充裕台灣財政，俾台灣收復後之建設——如台灣軍政諸種建設——各費可謀自給，減輕國家之負担，況乎國營事業又爲三民主義國策所容許之爲 國父孫先生所提倡者。（二）就台灣財政支出言，以經濟事業性支出爲最鉅，行政費則較次之。此種優點在台灣收復應予保持，以獎勵實業，增植稅源，增進政府收入，是台灣財政與産業配合運用，相得益彰，藉收相互因果之功效。但是行政範圍各費，如軍事及教育之支出，亦應同時注意，特別擴充，一以安定台灣社會秩序，一以增育台胞國家民族之意識。（三）就台灣公債之發行言，以生産事業爲募債之主要目的，而以間接增加生産收益之建設事業爲其次要。此點在台灣收復後如非事實上之迫切需要，應以不發行公債，不增加台胞負担爲原則，否則，亦應以生産事業爲純粹目的，庶不至徒增台民負担，而無生産收益之後果。（四）就台灣會計制度言，實施特別會計與日本一般會計分開獨立，其預算亦與日本預算分別獨立，在日本殖民政策下爲謀其本國對台灣財政負担之減輕，促進台灣財政獨立言，自應如是。但台灣收復後既爲吾國國土復爲吾國一省，此與視台灣爲殖民地者截然不同，自無須會計獨立，預算分開矣。（五）就台灣財務行言，各級征課機構簡單，征收便利，財務人員地位有保障，工作技術嫻熟，此種優點實値得吾國採擇。台灣收復後稅務行政，在機構簡單效率增進之原則下，似宜與國內比較斟酌損益，仍由各級地方州、廳政府及市、街、莊公所征課，以減輕行政費支出。至以担稅征收，不論國家稅或地方稅，委託地方政府征課，在地方長官直接指揮監督之下，日可減免貪污舞弊敲剝人民之情事。復次財務人員地位之保障，工作之獎勵，均應加强，使良法美制得以發揚光大；而反觀吾國財務人員地位既鮮保障，待遇微薄，五日京兆，作姦犯科，故貪污事件屢見不鮮，稅務行政大受影響，此故保障財務人員地位誠爲當務之急。（六）就台灣租稅負担言，台灣人租稅負担特別奇重，而日本人租稅負擔甚輕，無論直接稅間接稅均有如此現象；故台灣人日窮，而日本人日富，台灣產業漸落於日人手中，此自爲日本帝國主義殖民政策支配下之財政作風。今台灣收復後在公平與普遍的原則下，自須建立直接稅爲主間接稅爲輔之租稅系統，首先應減輕台胞之租稅負擔，其次凡台灣境內居民租稅負擔應一律平等。租稅種類應與國內相同以收統一之功效，而稅率不能特重，亦應與國內一致，如是台民負擔便減輕不少。（七）就台灣預算之編製言，其預算之編定及經費之運用，完全由台灣總督自由裁决，有如往日我國專制時代之作風，既不合法定程序，且與民主精神相互抵觸，故台灣收復後，在台灣參議會組織完成之時，台灣地方預算之編製，自應依照法定程序辦理，而議會尤應加强，以樹立民主的精神。（八）就台灣財政政策言，純爲殖民財政的作風，在台灣財政與台灣產業相互促進之下，財政負擔既重壓台人身上，產業權益復落日人手中，所謂台灣資本主義化者乃居留台灣日本人之資本主義化，而台灣人之資本主義化者寥有幾人？故台灣收復後自應洗盡帝國主義之殖民財政作風，換之以民主之精神，從財政學上的公平與普遍原則着手，務使島內人人有納稅之義務，且各有享受財政效果之權利；並使財政政策與社會經濟政策相互配合，以扶助台胞發展產業，以樹立國營事業，發達國家資本。一八

（[illegible]）總而言之，台灣收復後之財政，在國家統一的原則下，自須與國內財政組織相同，措施一致；但台灣財政優劣並見，自應權衡取捨，加以揚棄，一方保持其優良設施，並從而推行於我國內，他方在三民主義基本國策指示之下，確定台灣財政政策之方針，澈底破除台灣財政之劣根性，庶足以樹立台灣財政之基本精神。然則台灣財政之基本精神爲何？曰：（一）就財政大計方針言，須謀發展國營事業，從而建立國防經濟之基礎。（二）在財務行政上言，必須合乎民主的精神，從而達到課稅之公平與普遍之原則。（三）在財政政策上言，必須求與民生經濟相配合，從而促進國民經濟之發達。合觀此三點，固不足以言台灣財政之基本精神，然亦不失爲其基本精神之要素，惟今後之台灣財政問題，千頭萬緒，權衡緩急，必須審慎；庶不致步驟凌亂，處理失宜。願台灣收復後財政問題之重心（十一）首爲接收台灣財政問題，其主要內容當爲接管台灣國營事業與沒收台灣敵奸產業」兩個問題，欲謀此兩問題處理完滿，克奏事功，須先作具體的詳明的調查之準備，總之爲清理工作之準備。若以台灣之國營事業及敵奸產業收歸國有，非徒足以充裕台灣財政，抑且良可發達國家資本。（二）次爲減輕台胞負擔的問題，其主要原因爲台胞備受敵奸半世紀壓迫，租稅負擔奇重，不勝痛苦，台灣收復後台胞自可解放，得享自由平等之幸福生活，其稅負之減輕，誠屬必要。從台灣敵奸之公私企業收歸國有，已足充裕台灣財政，則減輕台胞租稅重負，以昭政府之德意，自屬易舉應辦之事實。惟戰後台灣財政設計，當爲龐雜冗難之問題，筆者在此僅能綱舉目張，以就正於熱心台灣人士，若欲作更進一步之研討，深微洞悉，則有待專家之指導。

[illegible]一九四四年十月三十一日於永安

還我河山

陳儀

日寇佔領前的台灣

—連震東—

「台灣、澎湖、東北四省、內外蒙古、新疆、西藏，無一處不是保衛民族生存的要塞。」

「台灣、澎湖列島本是漢人開發的區域，屹峙東南，久爲我們的屏藩，迨至明末，乃爲荷蘭人所侵據，而終爲我鄭成功所收復，其事蹟眞可歌可泣。」

——「中國之命運」七頁及八頁——

一 緒言

筆者曾於民國廿六年十二月三十日及卅一日在西京日報發表過「全面抗戰與台灣」一文，力言抗戰勝利之後，中國必須收復台灣。惜（一）因在馬關條約未喪失效力之前，我國絕口不談收復台灣，即「七七」中國抗戰軍興，一直到「一二八」太平洋大戰爆發，中國未嘗對台灣問題作過正式的表示，在這階段，中國抗戰的目的只求恢復「九一八」以前的狀態。（三十二年一月七日大公報社評）（二）因當時國內人士忙於應付當前抗戰之各項切近問題，無暇及此，以致很少有人提及台灣問題。迨至太平洋戰爭爆發，中國對日正式宣戰以後，盟國間逐漸注意於戰後和平計劃的討論與擬議，台灣問題遂亦成爲盟國人士忙討論的問題之一部份。因受此刺激，我國輿論爲糾正盟國人士的錯誤論調，才對台灣問題作過很簡單而正當的表示。繼而有研究台灣歷史的學者如朱希祖先生，姚枬先生等，根據史實證明台灣確屬中國的領土。筆者原籍台灣，閱此極感興奮，認爲在此機會，站在台灣人的立場，不應默爾無言，因不自揣淺陋，草此一篇，以就正於有道。

台灣必須歸復中國，這是台灣人一致的願望，筆者敢負責代表六百萬台胞的斷言。三十二年五月十五日大公報載吉瑟浦氏「美國的戰後設計」一文裏說：「我們若否認中國在台灣的文化與商業勢力佔主要地位，或否認舉行公民投票，台灣人必將贊成返回中國，那我們就太愚昧無知了，但我們也要問一問，台灣的軍略價値以及因此而引起的國際重要性，是不是還不足壓倒這些個考慮」須知 Blood is thicper Than 在民族至上之原則下，什麼「軍略價値」，什麼「國際重要性」都是不値一顧的。任何「重要性」與「價値」皆不足以成爲阻礙台灣與中國結合的理由。假使不顧台灣人的意志，權利、自由，而用國際共管，或委任統治等變態的割裂形式，硬使台灣與中國離分，即必遭台灣人强烈的反對！聰明的人類如果不願再蹈第一次世界大戰的覆轍，重演人類的悲劇，即不應忽略少數民族的自由，權利，而必須尊重大西洋憲章的精神。筆者寫這一篇的目的，並不是爲要主張戰後台灣必須歸復中國，或反駁任何不正的議論；因爲戰後台灣必須歸復中國，是最自然的歸結，本不須再加以討論或主張的。筆者寫這一篇的目的，是要提出一個台灣收復後應如何治理的問題，以供國內人士共同討論與研究的。

台灣在日本帝國主義統治之下將近半世紀了，一切政治，經濟的組織，文化，社會的形態，均與中國不同了，甚至於意識，思想，觀念亦多少有所變遷，故收復後如治理稍有不當，必引起台民感覺不便與失望，而使敵人與主張共管者竊笑於傍，因此在收復台灣之前，我們必須預先準備一個合理完善的治理方案，一旦收復後，立即可以付諸實施，而不至於措手不及。在擬訂方案之前，我們應當對於台灣的歷史及現狀有相當的認識，所以筆者在提出治台方案的草案之前，先對這兩點作一簡單的介紹。詩曰：「惟桑與梓，必恭敬止」。筆者離開台灣雖已十餘年，而對於故鄉即未嘗一日忘懷，爲愛故鄉的熱情，與求同胞的幸福的熱血所驅使，因不顧觀察之有錯誤與意見的簡陋，坦白地表示一個台灣人的願望，擬此草案，衷心祈求政府當局與國內人士加以批評與討論，倘因此草案而能構成一個最合理，最完善的治台方案，即國家幸甚，台灣幸甚！

二　割讓前之略史

1.上古至荷蘭人佔據時代

漢民族最初發見台灣，當還在殷代，列子湯問篇夏革說：「渤海之東，不知幾億萬里，有大壑焉，實惟無底之谷，其下無底，名曰歸墟，其中有五山焉：一曰岱輿，二曰員嶠，三曰方壺，四曰瀛州，五曰蓬萊，其山高下周旋三萬里，其頂平處九千里，山之中相去七萬里」。據歷史家的考據，台灣即古之岱員，而澎湖即爲方壺，僅一音之差耳。台灣中部因有大安，大甲兩溪流注洋一片，自中國海遠望台灣西海岸，恰似兩個各不相連的島嶼，屹立海中。十六世紀荷蘭部典（W.schouten），所繪的台灣地圖，猶將台灣自中部分成南北兩個島嶼，所以古人以爲台灣係岱輿與員嶠二山，是有相當的理由的。至於台灣澎湖之有漢人居住，即遠在秦漢之際。有人說楚滅越，越人的子孫遷於閩，流落於海上者，或居於澎湖，有人說秦始皇遣方士徐福帶童男約千人入海求蓬萊神仙，或有來住台灣者，有人說後漢書所說的東鯷即是台灣，至三國時代吳人既有移住台灣，澎湖兩島，然而見於載籍者則始於隋代，海防考說：「隋開皇中，嘗遣虎賁陳稜略澎湖地」。這是中國經略澎洲之始，亦即東入台灣之機。至其經略台灣，則詳於隋書琉球傳，及陳稜傳。隋書亦說：「福州之廣山，當隋之時，曾掠琉球五千戶置此，尚有其裔」。琉球是台灣的古名，不是現在的琉球列島，已經中外的歷史家所證明，自隋以至宋朝，所說的琉球，皆係指台灣而言。

唐貞觀間，馬來群島洪水，居民不得安居，各駕竹筏避難，漂泊而至台灣，這是外族侵入台灣之始。及唐中葉，施肩吾始率其族遷居澎湖，肩吾是汾水人，元和中舉進士，隱居不仕，有詩行世，他題澎湖一詩說：

腥臊海邊多鬼市，島夷居住無鄉里；
黑皮年少學採珠，手把生犀照鹹水！

這首詩足以寫當時的景象，歷更五代兩宋漳泉的邊民漸漸移居台灣，而以北港爲互市之口，所以舊誌有台灣一名北港之語。宋末零丁洋之敗，殘兵義士亦有至者。

元史說：「世祖至元廿九年（西曆一二九〇年）命海船副萬戶楊祥往諭琉球國」。這是中國第二次的經略台灣。至元中乃設巡檢司於澎湖隸同安，澎湖之置吏行政自此始。現在澎湖八景之中，有所謂「虎井沉城」者，就是元代所建的城池，因地震的結果沉沒在海中，風平浪靜之時，就能看見漁人有入海取出石磚的，做成硯台，極爲名貴。

明洪武五年（西曆一三七二年）信國公湯和經略海上，建議遷徙澎民於內地以免其流爲海盜，朝廷依他的建議，遂於二十年（西曆一八三七年）廢澎湖巡檢

永樂中太監鄭和舟下西洋，率師入台灣，這是中國第三次的經略台灣　鄭和取水之井，至今尚存台南市內。

嘉靖四十二年（西曆一五六三年）海寇林道乾爲都督俞大猷所追，逃入台灣，殺戮土人，逃往大年，這是華人殺番人之始。

日本足利氏之末葉，政綱弛廢，諸國之民相聚爲盜，稱八幡船侵入中國沿海，而以台灣爲往來之地，名台灣曰高砂，或曰高山國。萬曆二十年（西曆一五九二年）日本侵朝鮮，沿海戒嚴，於是二十五年

（西曆一五九七年）又設游兵，汎守澎湖。

天啓元年（西曆一六二一年）漳人顏思齊率其黨人居台灣，鄭芝龍附之。當時正値歐州殖民地帝國發展的初期，葡萄牙、西班牙、荷蘭各國利用其進步的航海術，在地球上到處尋覓殖民地，海外的興島台灣就在這個時候被葡萄牙人所發見了。先是萬曆中有葡萄牙船航行東海，途過台灣的北部，自外望之山嶽如畫，樹木青蔥，羨其美麗，因之名曰 Ila Formosa 這是歐人發見台灣之始，而十六世紀以後的世界地圖也能找出台灣的位置了。

萬曆三十七年（西曆一六〇九年）荷蘭人鑑兩巨艦抵澎湖，當時明兵已撤，遂登陸伐木作屋，爲永居之計，不久又離澎湖，天啓二年（西曆一六二二年）再至澎湖，築城於馬宮，四年（西曆一六二四年）福建巡撫南居益遣總兵俞咨皋伐之，荷人大敗而東入台灣，築熱蘭城（Zelandia）以居，駐兵二千八百人，附近土番多歸服之。

六年（西曆一六二六年）五月，西班牙政府自呂宋派遣征軍入據雞籠（今之基隆），築桑加羅（San gallo）城駐兵防守，而台灣南北遂爲荷，西兩國所據。

崇禎二年（西曆一六二九年）西人復入淡水，築聖多明谷（San Dominy）城爲犄角。十三年（西曆一六四〇年）荷人攻雞籠，翌年又攻淡水，西人敗走，西人據台十六而爲荷人所逐。

永曆十年（西曆一六五六年）荷人復築城赤嵌，名曰Plovidentia與Zelandia相犄角。是時華人移往者雖多，終爲所苦，所以十一年（西曆一六五七年）有甲螺郭懷一謀荷之舉，不幸事洩被戮，是華人株夷者千數百人。

十五年來（西曆一六六〇年）鄭成功於金陵敗後，窮蹙金廈兩島，議取台灣，適有荷蘭甲螺何斌，負債走廈門，對成功盛陳台灣沃野千里，爲天府之國，且言可取之狀，成功覽其圖。嘆曰：此亦海外之扶餘也，遂袪舵束甲，率兵二萬五千人，出金廈，三月泊澎湖，至鹿耳門（今之安平），引兵登陸，克赤嵌城，荷人退守熱蘭城，成功明使者以書告荷蘭守將，郭易度（Coet）曰：「執事率數百之衆，困守城中。何足以抗我軍？而余尤怪執事之不智也，夫天下之人，固不樂死於非命，余之數告執事者，蓋爲貴國人民之性命，不忍置之瘡痍耳，今再命使者前往致意，願執事熟思之，執事若知不敵，獻城降，則余當以誠意相待，否則我軍攻城，而執事始揭白旗，則余亦止戰，以待後命，我軍入城之時，余嚴飭將士，秋毫無犯，一聽貴國人民之去，若有願留者，余亦得衛之，與華人同，夫戰敗而和，古有明訓，臨事不斷，智者所譏，貴國人民，遠渡重洋，經營台島，至勢不得已而謀自衛之道，固余之所壯也，然台灣者，中國之土地也，久爲貴國所踞，今余既來索，則地當歸我，珍瑤不急之物，悉聽而歸，若執事不聽，可揭紅旗請戰，余亦立馬以觀，毋游移而不決也，生死之權，在余手中，見機而作，不俟終日，唯執事圖之」，而郭易度不從，鄭師乃築長圍以困之，荷人以糧盡援絕乃降，十二月初三日率殘兵千餘人而去。而台灣復爲中國有矣。自天啓四年至永曆十五年，荷人據有台灣凡三十八年，而爲成功所逐，於是鄭成功的威名震乎寰宇。

9.鄭氏時代

永曆十五年冬十二月，招討大將軍延平郡王鄭成功克台灣，以熱蘭城爲安平鎮，改名王城，赤嵌城爲承天府，總曰東都，設縣二。曰天興，萬年，澎湖別設安撫司，各戍重兵，以府全賦總裁南北諸路，巡視番社，番酋率衆歸誠，成功認爲治國之道在於足食，足食之後乃可用兵，所以用寓兵於農之法，觀時而動，以冀光復中原。於是遣諸鎮分赴南北開墾，成功以台灣爲新創之地，非嚴無以治軍，非爵無以統衆。故台灣雖爲彈丸之地，自成功入台後數年之間，清人不敢窺覦。

十六年成功薨於路寢，年三十九。子經嗣位，以全斌爲五軍都督，陳永華爲咨議參軍，永華善治國，與民休息，鎮撫諸番，勸各鎮墾田，植蔗煮糖，煮海爲鹽，建聖廟，立學校，東都雖係草創，而制度文物備矣。

十八年宗室寧靖王術桂，及賠忠赴義之士，與耆宿名儒八百餘人，東渡鹿耳，以倚鄭氏，共麾天戈，於是台灣有張蒼水，徐孚遠，盧若騰等，濟濟多士，足與中原相抵抗了。

十九年閩督將清靖海侯施琅上疏請收台灣，結果乃以楊雄守鹿耳門，命劉國軒以一旅守雞籠，消望忠守澎湖。

二十三年清兵部尚書明珠至福建，致書經，勸他投降說：「（上略）誠能翻然歸命，使海隅咸爲樂土，流離復其故鄉，閣下亦自海外而歸中原，不亦千古之大快，而事機不可再得者乎（下略）。」經雖數次接到明珠的信，而矢志不渝，最後經復明珠書說：「（上略）若夫重爵厚祿，永製藩封，海外孤臣，無心及此。」斷然給他一個明確的答復，明珠知不可說，遂北歸。

二十八年經應靖南王耿精忠之約，率師渡福建，援助三藩，後因與精忠不睦，致互相殘殺，遂爲清軍所乘。

三十一年鄭師敗於福建，清寧海將軍喇哈達又以書來勸降，經大會文武，侍衛馮錫範說：「先王在日，僅有兩島，尚欲大舉征伐，以復中原，況今又有台灣，進戰退守，權操自我，豈可以一敗而易夙志哉」？經遂打消降意。

三十二年伐漳州，數戰皆捷。

三十四年清軍震於鄭師之威，故平南將軍賚塔又與經書說：「（上略）若能保境息兵，則從此不必登岸，不必薙髮，不必易衣冠，稱臣入貢可也，以台灣爲箕子之朝鮮，爲徐福之日本，於世無患，於人無爭，而沿海生靈永息塗炭，唯足下圖之。」經議互不侵犯，經從其議，但求海澄爲互市，而漢奸福建總督姚啓聖堅執不可，議遂破裂。

三十年五月經薨，年三十九。初經西征之時，委政陳永華，以元子克壓爲監國，克壓年少，明毅果斷，有乃祖風，經薨後，諸弟殺克壓，次子克塽立爲延平郡王。

三十七年施琅發銅山，以襲澎湖，東寧（東都後改東寧）告急，克塽乃議降，以協理禮官鄭英平，賚表謁琅，琅得表許之，命薙髮，寧靖王自以天王之胄，義不可辱，自縊以殉，妾五人從死。今日台南寧南門，外桂子山上，尚存五妃娘墓，荒草漫烟，長供後人憑弔。自成功至克塽，三世三十有八年，而明朔亡，漢滿的鬥爭，經過不少可歌可泣的史實，終於暫時閉幕了。

3. 清代及民主國時代

康熙二十二年八月，清人既得台灣之後，清廷有棄其地之議，靖海侯施琅上疏力言不可放棄的理由，他說：「棄之必釀成大禍，留之誠永固邊疆。」於是設府一、縣三，隸福建，府曰台灣，附郭亦曰台灣，南曰鳳山，北曰諸羅，而澎湖設巡檢，設官廳兵備道，駐府治，兼理提督學政按察使事，分汛水陸，由是台灣成爲海疆重鎮。二十三年文武將就任，舉行台灣有史以來第一次國勢調查，當時的紀錄有田七千五百三十四甲（每甲合十三華畝），園一萬零九百十九甲，戶一萬二千七百二十七戶，人口約二十萬，但舊誌並未詳列。

台灣同胞的祖先盡是不願做滿清的奴隸，不甘心事敵的明朝遺民，歸清以後，人思故國，時謀光復。有清一代，民族革命凡十數起，繼續他們祖先忠勇抵抗外族的精神，而吳球是最初的革命先烈，他於三十五年在新港起義，不成被殺，四十年又有劉却起事於諸羅，也失敗了。

五十四年依總督滿保的奏言，確立了開山撫番的政策，於是漢人漸到中部的台中，東部的台東，東北部的宜蘭地方去開闢新天地，而生番也漸被漢人同化了。今日台灣能夠如此富庶，成爲[illegible]婆之洋，美麗之島者，都是我們的祖先與猛獸戰，與野蠻戰，篳路藍縷，以啓山林之功，我們爲子孫的能將這塊土地永久讓人佔據而不收復嗎？

六十年，一貴在岡山發動壯烈的革命，南北俱應，聲勢極大，一時全島幾全光復，一貴稱中興王，建元永和，恢復明制，布告中外曰：「（上略）不佞世受國恩，痛心異族，竄迹荒谷，莫敢自逞，佇苦停辛，垂四十載，今天啓其衷，人思其舊，揆時度勢，否極泰來，爰舉義旗，爲天下倡，羣賢震蔚，多士雲興，一鼓功成，克有全土，此則列聖在天之靈，實式以憑，而中興之運可操左券也。夫台灣雖小，固延平郡王肇造之土也，絕長補短，猶方千里，重以山河之固，風濤之險，物產之饒，甲兵之足，進則可以克敵，退則可以自存，博我皇道，宏我漢京，此其時矣。而是新邦初建，庶事待興，引企英豪，同襄治理，然後提師三軍，橫渡大海，會師北伐，飲馬長城，掃彼虜廷，殲其醜類，使胡元之轍，復見於今，斯爲快爾。所望江有耆艾，河朔健兒，益表孤忠，中原舊曲，各舉義師，以匡諸夏，則齊桓攘夷之業，晉文勤王之勢，赫赫宗盟，於今爲烈！（下略）」。不幸未及一年就被清廷消滅了。

乾隆五十一年，又有林爽文在漳化所發動的大革命，西起山莊大田也起來響應，規模之大不亞於朱一貴的革命，而時間即繼續三年之久，清廷認爲局勢極端嚴重，乃派協辦大學士福康安，領侍衞內大臣海蘭察，調川、湖、黔、粵、四省之兵赴台，俘爽文及大田，南北始平。

五十六年波蘭人麥禮歐斯奇（Beleoasky）到台東謀闢地，他是波蘭的伯爵，俄波戰爭之時被俄國所俘，幽禁於勘察加，後來與其黨二十八人越獄，奪俄國的小艦逃出，由北太平洋經日本海，而漂流到台東的人。

道光二十一年，英艦窺雞籠，自阿片戰爭以後，中國每次對外戰爭，台灣即首當其衝，故台灣對於中國沿海七省的重要性，也日見增加，而爲當時有遠識的政治家，及軍事家所重視了，如福建船政大臣沈葆楨，閩浙總督楊昌濬，台灣巡撫劉銘傳，台灣兵備道劉璈，都極力主張過增防，設要塞，建海軍根據地，可惜清政不修，未能利用台灣來保衞中國，反拱手讓與大敵，貽禍中國貽禍太平洋，貽禍全世界。

二十三年漢番人口已經至增至二百五十萬。

咸豐十年開滬尾，雞籠，安平，旗後爲商埠，從此以後，台灣對外的貿易漸有增加，而台灣的特產樟腦，也成爲世界的商品了。

受了太平天國的影響，戴潮春於同治元年，在彰化又舉起革命的義旗，全台震動，翌年潮春被殺，餘黨漸平。

十年琉球人漂流至琅×地方，被番人所殺，日本藉口琉球人爲其藩民，開始侵略台灣，也就是開始侵略中國。

光緒十年，因法國侵越南，清廷在台灣備戰，任命直隸陸路提督一等男劉銘傳爲福建巡撫，治軍於台灣，八月法軍据基隆，封鎖沿海。

十一年法艦攻澎湖，水師提督孤拔（Gourlet）陣亡三月中講和，劉銘傳留任台灣，辦理善後，銘傳是陳永華之後治台第一個有見識，有才幹的政治家，他一方面整軍經武，一方面從事於政治、經濟各種建設，如建築鐵路，敷設電報，開採金礦、煤礦、硫黃、石洋。獎勵樟腦、砂糖、米、茶的生產，增闢商埠，以利對外貿易，設立西學堂，番學堂，以造就人才等等，一切成績，均斐然可觀，他的功業足與台灣不朽了。後來日人領有台灣，許多建設，都是抄襲他的。

台灣自歸清以來，經過兩百多年的經營，開山撫番，版圖日拓，至此已有十一縣，四廳，一直隸州了，加以銘傳的建設，在地理上與經濟上，各種條件均足夠獨立建爲一省了。因此光緒十一年七月八日，欽差大臣左宗棠奏請台灣建省。旨下軍機大臣總理各國事務大臣，，六部九卿，會同各省督撫議奏。

十六年，銘傳便奏請辭職。

二十年以台北爲省會。三月朝鮮事起，台灣戒嚴，清廷以布政使唐景崧署巡撫，駐台北，南澳鎮總兵，黑旗兵名將劉永福幫辦防務，駐台南。

光緒二十一年夏五月朔，台灣人民自立爲民主國，亦是亞洲第一個民主國，奉巡撫唐景崧爲大總統。按馬關條約第二款：清國將台灣全島，附屬各島嶼，又澎湖列島，即英國格林尼次東經百十九度起，至百二十度止，及北緯二十三度起至二十四度之諸島嶼，永遠讓與日本。簽約之時，適値台灣舉人會試北京，聞耗，上書都察院，力爭不可，而台灣紳民亦電奏曰：「割地議和，全台震駭，自聞警以來，台民慨輸餉械，固亦無負列聖深仁厚澤，二百餘年之養人心，正士氣正爲我皇上今日之用，何忍一朝棄之？全台非澎湖之比，何至不能一戰？臣桑梓之地義與存亡，願與撫臣誓死守禦，若戰而不勝，待臣等死後，再言割地，皇上亦可上對列祖，下對兆民也。」清廷置之不理，詔飭守土官撤回景崧即寬永福詢去就，永福復曰：「與台存亡！」而獨立之議成，展開台灣獨自的抗戰了。初二日紳士邱逢甲（清末三詩人之一）率人民等公上大總統之章，景崧受之建元永清，旗用藍地黃虎，發行郵票與鈔票，（筆者現尚各存數張極足珍貴），同時設議院，以議軍國之事，并爲檄內外曰：「我台灣隸大清版圖二百餘年，近改行省，風會大開，儼然雄峙東南矣，乃上年日本肇釁，遂至失和，朝廷保兵卹民，遣使行成，日本要索台灣，竟有割台之款，事出意外，閘信之日，紳民憤恨，哭聲震天，雖經唐撫帥電奏迭爭，並請代台紳民兩次電奏，懇求改約，內外臣工俱抱不平，爭者甚衆，無如勢難挽回，（中略）又請唐撫帥電奏，懇由總理各國事務衙門，商請俄、法、德三大國併阻割台，均無成議，嗚呼慘矣！查全台前後二千餘里，生靈千萬，打牲防番，家有火器，敢戰之士，一呼百萬，又有防軍四萬人，豈甘俯首事仇？今已無天可籲，無人肯助，台民唯有自主，推擁賢者，權攝台政，事平之後，當再請命中國，作何辦理？倘日本具有天良，不忍相强，台民亦願顧全和局，與以利益，惟台灣土地政令，非他人所能干預，設以干戈從事，台民惟有集萬衆禦之，願人人戰死而失台，決不願拱手而讓台，所望奇才異能，奮袂東渡，佐創世界，共立勳名，至於餉銀軍械，目前盡可支持，（中略）台民不幸至此，義憤之倫，諒心俠助，洩敷天之恨，救孤島之危，（中略）台民皆籍閩粵，凡閩粵人在外洋者，均望垂念鄉誼，富者挾資渡台，台能庇之，絕不欺凌，貧者歇業渡台，既可謀生，兼同洩憤，此非台民無理倔强，實因未戰而割全省，爲中外千古未有之奇變，台民欲盡棄其田里，則內渡後無家可依，欲隱忍偷生，實無顏以對天下，因此搥胸泣血，萬衆一心，誓同死守，倘中國豪傑，及海外各國，能哀憐之，慨然相助，此則全台百萬生靈所痛哭待命者也，特此布告中外知之」。

筆者雖是日本領台十餘年後方出生的人，而每讀此檄文，未嘗不痛哭流涕，可想當時我們父母的慘痛了。當時富商巨室，毀家紓難的不計其數，蒼頭特起，枕戈執殳，授命疆場的不知有多少人，其中最壯烈的有鹿港的許肇清，苗栗的吳湯興，新竹的徐驤，姜紹祖，雲林的簡精華，所部或千人，或數百人，都是鄉里子弟，悉不畏死的義勇軍，部署甫定，而敵軍到了。

烟台換約之後，日廷以海軍大將樺山資紀爲台灣總督，命近衛師團長北白川宮能久親王率師伐台，以海軍少將東鄉平八郎爲海軍司令，率浪速，高千穗二艦赴淡水，淡水砲台開砲擊之，乃潛由鼎底澳上陸，陷基隆，越師球嶺，迫台北，景崧奔滬尾匿中門。五月二十一日總督樺山資紀至台北，遂成立台灣總督府。台南聞台北之失，南奉劉永福爲大總統，繼續抗戰。日軍既得台北，卽攻新竹，拔苗栗，陷雲林，雖經義軍屢挫其鋒，而步步南下，永福的幕僚吳彭年，以一書生，擁數百之旅，出援台中，轉戰數陣，屢却敵軍，竟以身殉國，其壯烈之狀，可以泣鬼神，而驚天地，他在和易實甫觀察寓台感懷詩六首之中，有一首說：

「一南荒天闢勢蟯蟯，霸業分明百折消；草木皆兵思萬福，衣冠乘拱服神堯！幾誕讒聽吞他國，讜論難教悟聖朝；忽往忽來忠義血，可憐齊化赤嵌潮。」

其慷慨赴義的決心，早已蘊中詩中了。日軍已陷雲林，又取彰化，迫嘉義。在嘉義一帶抗戰之烈，爲前所未有，敵近衛師團長能久親王卽在此陣亡。嘉義已陷，又以海軍窺伺後及安平，台南震動。永福乘英輪辭台，九月初四日，日軍入台南，自五月一日至九月四日，四個月間，台灣數十萬義勇之士，爲保衛家鄉，雖以窳敗的武器，與缺乏的糧餉，前仆後繼，猶與敵人的陸海軍搏戰，直至彈盡血枯，台灣民主國才成爲歷史上可悲痛的名稱。

台灣的歷史是民族鬥爭的歷史，鄭氏以前是漢民族，原始民族，白色民族鬥爭的時代，鄭氏以後是漢滿民族鬥爭的時代，光緒乙未以後到現在，是中日民族鬥爭的時代，但是漢民族始終是這個島上的主人翁。

有感書贈義軍舊書記

丘逢甲

拜將壇高卓義旗。五洲睽目屬雄師。當時力保危疆意。只有軍前壯士知。宰相有權能割地。孤臣無力可回天。嗚咽晚起東都夢。沈鬱風雲一已五年。願風臺上望鄉關。地老天荒故將閒。自寫鄂王詞在壁。從頭整頓舊河山。誰能赤手斬長鯨。不愧英雄傳姓名。撐起東南天半壁。人間還有鄭延平！

日寇統治下的台灣

原著者A.Lgwjdangou
王清彬譯

——譯自美國太平洋季刊——

台灣，爲一面積達一萬三千八百〇七平方英里的海島，與福建省一衣帶水，僑居於此的漢人達六百餘萬人，在日本侵據的殖民地中，其居民尚未與日本同化者，始以此爲最老。自暴日在該島建立統治以來，迄今已四十七年（今年四十九年——編者註）。現在東部及東南部亞州各民族被暴日鐵蹄所蹂躪所支配已不下數百萬人，倘不及時努力，驅逐倭寇，恢復山河，則在暴日統治下的台灣人之痛苦經驗，便是他們的前車之鑑。本篇所討論的中心問題乃是：暴日對於台灣的經濟掠奪與剝削，究竟成功到那樣的程度。不過首先我們要知道的，即台灣是如何爲暴日所侵據以及日本人在此得到了什麼。

西方人一般的認識都以爲台灣之割歸日本版圖是在一八九五年四月十七日中日簽訂馬關條約時，敗績的中國把台灣和澎湖列島割讓給日本的。但實際上滿清政府之割讓此島，並不是以使日本即爲該島主人。一八九五年五月二十三日台灣宣佈共和，由台灣總督唐景崧充任第一任大總統，並曾召集立憲會議，準備起草憲法。日本歷史學家多把台灣的宣布獨立看作滿清政府的一種排策的策略，其目的是要引起西方列強的注意，以便干涉日本的侵佔此島。假如事實果然如此，則西方列強顯然不會明白台灣的割讓會危及中國海與西洋的交通。在目前的戰爭中同盟國所以深切感到「通中國之路」之成爲問題，便造端於一八九五年日寇未吞併台灣時，列強的漠不關心。

新成立的台灣共和國不承認滿清政府把台灣割讓給日本的舉動，並且誓以武力保衛台灣的獨立。滿清政府的代表李鴻章不能把台灣親手轉讓給日本人，因爲在日軍尚未佔領該島以前，島上居民不承認滿清政府的這種舉動（只有澎湖列島是在中日戰爭時由日本以武力佔領）所以台灣島割讓的儀式不是在島上而是在泊於遠海的日本旗艦中舉行的。台灣島的本身尚待日軍武力的征服，才能由牠割據。

台灣共和政府是在該島北部成立的，其壽命不到三星期之久，便告完結。是年六月十一日，在台灣軍隊第一次敗績之後，大總統唐景崧就帶子女玉帛逃走了，遺下的軍隊因羣龍無首潰不成軍。雖此，將軍劉永福在南部宣布就任大總統，但不久亦即滅亡。但到日本軍隊完全佔領該島時，共計費了五個月的時光，因爲總統和將軍雖均敗逃，但兵士和人民還是繼續抵抗的。直到一八九五年十一月十八日當時的台灣首都台南城才由日軍正式佔領，此後日本又費了四年的時光才「捕清」了當地的游擊隊。一位日本官員這樣描繪當時情形，「只要我們的軍隊一經打敗，四周鄉村中的居民無論老少便都變了我們的敵人，甚至連年青的女人也武裝起來，都加入民軍大喊殺敵。」據此，則當時台民抵抗侵略者，如何的勇敢便不難瞭然了。

所以事實上台灣之割歸日本並非於一八九五年時「作爲中日戰爭的戰利品而取自中國的」乃在台民抵抗之下和反乎台民的意志，用暴力征服而侵佔的。即此後在日本統治下若干年開，亦時常發生騷動和革命行爲。

然則在日軍侵據台灣時當地經濟情形如何？鐵路和電報都剛剛出現；農業情況，和中國大陸相似，但居民生活却較鄰近省份優裕得多。雖然耕作技術和大陸相差極微，灌溉方法也很幼稚，但按人口總數計算，平均每人的耕地的輸出物品有米、糖、茶和樟腦等，直到一九三八年時，此項農產品在輸出總額中尙佔百分之七十五。換言之，台灣在日本統治下五十年左右，其輸出品的「構成各部」，並無多大的變化。所變者不過貿易的「方向」而已。

日本台灣未被侵據以前，其對外貿易的主要對手方是中國，其次香港、英國、美國、和日本、亦均甚活躍，西洋人居該島者數目亦相當多。他們的業務是經商、傳教，並時常要求開礦、築鐵路，和其他種種權益。有些西洋人因不滿中國官吏的保守頑固，而歡迎日本人佔領該島。他們的心理原希望一個善良統治的新時代到來，以期企業的日漸繁榮。因爲當時島上的政治情形不適於經濟發展，島上的行政權在那滿清官吏手中，他們不甚注意居民的福利，又因言語懸殊，官民甚爲隔閡，官吏說官話，島民多操福建語廣東語，土地關係是封建制度的，又時常發生農民和土豪的騷動。雖然當時的滿清政府亦曾多少企圖作現代的改革與發展，但因與日作戰的關係，此項計劃或功敗垂成，或方興旋廢，不過進步多少亦是有的，耕地面積增加了，港灣改良了，鉄路和電報建立起來了。

誰知日本佔據該島以後，不久卽對該島的經濟生活開始作嚴密的統制日本的關稅系統之中。但因僅此不足以排除外國的商業勢力，所以還需要其他的特殊方法。例如過去對該島的輸出一大部分爲鴉片，於是日本便宣布鴉片由政府專賣，其後有利的買賣如樟腦、鹽、菸草亦相繼實行專賣。外國人進入該島限制極嚴，日政府不輕易許可且以極少數人爲限。甚至在此經商的外國人，連雇用店員的自由都沒有。並且被強迫雇用日籍和華籍的店員，因此，任何外國公司的內幕，日政府無不瞭若指掌，絲毫無祕密餘地，此外尙施用種種歧視的手段，例如稅率負担的不平等，對於向外國商店購物的島民加以恫嚇，以及日本輪船公司向外商索取特高的運費等等，而外商經營的輪船公司原佔支配地位的，不久亦卽被擠倒。

這種種設施，結果十分有效。當一八九六——一九〇〇年當日本佔領該島的最初，在台灣的輸入總額中，英國部分本原佔百分之七三；但到一九三九年時，卽化爲烏有，于相同期間，英國在台灣輸入總額中所佔的比例，亦由百分之五．三減到百分之〇．四；中國所佔比例，則由百分之二七．四減到百分之〇．五（一九三八年），唯有日本所佔此例由百分之二七增加到百分之八九．四，計增三倍有餘。一八九六——一九〇〇年，台灣對中國的輸出在該島輸出總額中原佔百分之六三．一，但至一九三八年竟減爲百分之一．七，一九三九年整個日本集團區域在台灣對外貿易中所佔比例，輸入爲百分之九六．五，輸出爲百分之九七．三。如是，於四十三年之中，日本對於台灣的經濟排斥工作已告完成，外國人的勢力可謂全部排除，台灣已成爲日本工商業家的專利品了。

以日人傳統的聲勢與強有力的海軍爲後盾的西洋人，尙且受到如此的待遇，則華籍僑民的經濟情形如何便可想而知了。首先他們被强迫於日籍之間必須自行選擇，凡願保留華籍者，既無強有力的政府爲其奧援，又無強有力的海軍加以保護，其受盡日人的苛待與剝削自不待言。只有該島經濟情形的遲滯不進替中國人留下些許經商的餘地，那主要是由中國供給的若干種商品。

但日人須待解決的不只是商業問題。島上的居民大部分是中國人，子滑的土著番族居於深山茂林之中而且爲數甚少。中國人與福建廣東兩省始終保持着密切關係。如果任聽此種關係延續下去，那便不啻加強台民對於祖國的民族意識，因此，日政府嚴禁中國人的移出移入，這種政策的另一目的亦是爲了替日本的僑民多留繁殖的餘地。但不久便發覺島上要季節性的勞工，於是每年准許中國苦力一萬人的移入，此項中國苦力的人數及其所賺工資數目可由每年匯出的郵政匯款統計加以推測。由一九二八至一九三七年十年中平均每年匯出此項郵政匯款的次數，爲一萬三千五百八十次。每次的匯出款數平均爲三十圓（日金）。實際上，台灣與中國的連繫，日本人許可其持續者，恐只有此項苦力的移入而已。凡許可入境之苦力，於入境之先須經嚴密的考查，既入境之後又須受嚴格的監視。

但日本當局的主要用意，不是如何使台島上當居的華籍僑民。在日本佔據該島時，此項僑民人數共達一百六十萬到一九三九年已增至五百五十萬。起初政府並無決定的政策。一般的觀念是任聽中國人的自生自滅，而於不久將來把日本人大量移住島內。規定的官話是日語，但居民得用其原有的語言，信奉其原有的宗教。當然居民要受嚴厲的監視，並爲此利用了連帶負責和互相偵查的保甲制度，於一八九八年八月實施規定十家爲一保，十保爲一甲。保甲組織均自行選舉其首長，而保甲長不啻警察局，特別是有生人來到或發生什麼可疑事體，保甲中每個份子亦須負同樣的責任。保甲區域中發生何意外，須由全甲全保負責，每個人民都須受連坐的處罰。

後來，中國的民族運動第一次表現於台灣海峽的沿岸，日本的殖民政策便轉變方向了。警察的壓迫政策愈益加強了，此外，並有計劃的排除了中國人在文化方面的勢力，初等教育被日政府用作消滅民族意識及推行同化政策的主要手段。

如上文所述，日政府是希望將該島全部留給日本，移民居住。起初此種希望似乎已經達到。一八九八年至一九〇〇年之間，日本的移民由一萬三千人陡增至二萬一千人，但此項移民是希望在台灣謀到一官半職而來。一但政府中的位置已告人滿，移民的數目便降低了，因不得意而離去該島者反而日益增多。一九〇〇年以後平均每年移入的日本移民不過四五千人，其原因是不難解釋的。官府中位置有限，而日本工人的工作又須和生活程度甚低的華僑相競爭，當然不足以吸收大量的日本人來此，一九三八年時，寄居該島的日本人不過三十萬零九千人，只及全部人口百分之五．四〇但此數幾與寄居印度的英國僑民人數不相上下，而印度的人口總數則爲台灣的六十倍。蓋因日本人的生活程度較英國人爲低，而其開拓的手段又較強，當然使得日本人在土著人口中佔更大的比例。但這不過是日本如何使台灣償付的那個較大問題之一部分而已。

目前日本在台灣的投資額，公私合計共達數百萬萬日圓，有許多替日本帝國主義辯護的人常說這數百萬萬日圓，都是取之於日本本國而投資於此的。事實却完全相反，此項投資都是在該島創造出來的，下面的事實與數字，便是說明：

（一）假定有一中國（指台灣）既無外人在此僑居，她本身亦無殖海外的移民，又假定她一切國際金融上的關係都只與一國一國往來，那末，倘然資金輸入甲國，一定會表現爲逆勢（即入超的）的貿易平衡。當日本佔領台灣的最初十三年之中，台灣的國外貿易平衡爲逆勢，其入超的總值爲三一、六五五、〇〇〇圓（日金）。但自一九〇九年起，台灣的貿易平衡忽一變而爲順勢，計自一九〇九年至一九三九年三十餘年之間，其出超總額爲一、八〇九、二三三，〇〇〇圓（日金）可見自一九〇九年起，台灣已開始償付日本了。入超三千二百萬與出超一十八萬萬〇九百萬的對照，這明明表現台灣島上的日本資金非自日本輸入，而是在島上創造出來的，然則此項資金是怎樣創造出來的呢？以下所述便是幾個主要的方法：

（一）該島政府機關中一切薪金優厚的地位，自總督以下，都給日本人佔滿，而且只有日本人能得到此項肥缺。低級日本官吏每年所獲薪金，在一千二百圓至一千五百圓之間。他們薪金中所餘的儲蓄，一部份存在台灣銀行（或在島上置產）一部份匯回日本。在台灣付出的國內（指日本）匯票金額與在此付款的國內匯票金額——二者間的差數即代表低級官吏與小商人每年匯回日本的儲蓄的概數（收入較高的人們多利用銀行調撥的辦法）一九三三——一九三七年之間，此項匯回日本款項平均每年達一千二百三十萬圓（日金）。一九三八年時，日本人在台灣各銀行及郵局的存款總數達二萬萬日圓。此項事實說明島上日本官吏和商人儲蓄已達相當鉅額。

（二）台灣總督府每年的租稅收入達五千至七千萬日圓之鉅。由以下與英屬印度的大略比較，便可見日本政府加於台民的租稅負担是如何苛重：一九三九年印度中央及地方政府的收入達三十億九千二百萬日圓，即平均每人的稅負爲十圓日金；但同年台灣中央及地方政府的預算數則達二億四千三百萬日圓，即平均每人的稅負爲四十二圓日金。固然，要比較兩國人民的租稅負担總是很難，因爲租稅制度與分類不同，會計制度亦不同的原故，然而平均稅負的差異那樣顯著，而兩個殖民地政府的職能又極近似，所以我們判斷台民的租稅負担較印民爲重是合理的，試再把台灣的租稅制度與各稅專賣的收入加以分析，更可明瞭此項財政負擔主要是加在台灣人民的身上。

說到此項收入的用途，一部分固然用於教育、衞生、灌溉以及其他公用事業，更大部分是用以支持政府機構，而最大部分則用於軍備建設，日政府以台民的血汗收入將台灣建設成第一流的兵站基地，俾以此為征服東南亞洲的據點。精密設計鐵路公路網，電話及無線電訊網，且全部修結便利的軍港，且有一切必需設備的飛機場——凡此都是由台民的汗血白骨鑄成的。這就是日本在該島的「投資」。

（三）當日人最初統治此島時，曾舉行土地登記，以調查居民的產權。蓋因舊有的土地所有制度甚為紛亂，許多產權未行登記，而全以風俗習慣為根據，日本政府對此是不予承認的。日本政府用此種登記辦法，而獲得大量土地所有權，凡生番所居的地區，其全部面積視同官產，咸直接由政府企業從事開發與售與及租與日人經營的公司，如採木及礦產等業。日本政府及企業家就是如此兩手空空毫無代價的「投資」於台灣。到今日台灣島全部面積約三分之二已為日政府的所有權，雖然此項產權之中包括一部山地與林地；至於其餘的三分之一之中，尚有一大部分為日本僑民及日本公司所有。

（四）幾乎台灣的全部經濟機構都已實行專賣或獨佔制度，因此替日政府造出取得甚鉅龐大收入的機會。凡新的經濟企業，非經日政府視為必要並批准便不能舉辦。即以蔗糖業而言，甘蔗生產者主要是華籍農民而非日本公司。（雖然大部份係日本公司財產而租給農民的。）但每個農民所產的甘蔗都被指定必須售予某家糖廠，而不准任意售予他家。在這種情形之下，台灣的各大公司所獲利潤都相當高，自不足怪。例如，一九三九年恩蒔克（譯者）製糖公司公布的利潤率為百分之二〇・二，明治公司為百分之四〇・〇，大日本公司為百分之三四・五，台灣公司為百分之四四・六。（這幾家乃該島最大製糖公司）。不過此項特殊數字是不足以十分重視。日政府固曾用種種政策替日本的工商企業家造成獨佔的局面；但這並非擔保每家公司都獲得高額利潤。（事實上，非法律上）是給予全體而非給予任何一家的。也許此家或彼家公司不僅不能獲利，及而虧折也未可知，但這並非證明獨佔的無有，正如有數家公司雖獲高額利潤但仍不足以證明該島日本經濟的獨佔性一樣，我們必須觀察全部經濟動態以及發現台島經濟的眞相、由以下的統計數字，不難明瞭台島的經濟被迫替日本服務到了如何的程度：

（生產總值與輸出比較表）

年度	生產總値（百萬日圓）	輸出（百萬日圓）	輸出在生產總値中所佔比例
一九〇三年	八四、五	二〇、七	二四・五
一九二二年	三五四、二	一五八、四	四四・七
一九二九年	五九八、六	二七二、〇	四六・三
一九三七年	八九〇、五	四四〇、二	四九・四

來源：拓務統計與台灣事情

如果考慮一下：此處的生產總值高過生產淨值頗多（例如蔗糖一項於計入農業項目之後，總又計入工業項目，其數字顯係重復的）我們便很有把握說：該島生產淨值之中大約有四分之三是輸出給日本的。當然，這並不等於說台灣國民所得中的四分之三為日本掠去，因為：一則台灣也曾輸入日本物資，二則台灣國民所得的一大部分是日本人在當地消費，或投資於鐵路港灣的。但無論如何，上表大體足以表示：「日本為其本身利益把該島經濟資源之開發」到了如何的程度。

有一研究日本帝國主義的作家，往往以為日本殖民地政策的目的是發展殖民地人力物力資源，或改進當地土人的生活程度。但事實上，台灣的日本官廳決未把這種工作引為己任。他們所時時留心的乃是如何使台灣適合日本政府的目的和日本經濟上的需要。直到一九三八年時，食料類在工業生產總值中所佔的比例尚有百分七十二之多，此項食糧料類之中，尤以糖及其副產品為最大宗。農業生產總値之中，糖和米，兩項即佔百分之六五——七〇，這兩種物產的各別歷史足以說明日政府對該島經濟政策的眞相。

當佔領時，台灣的食米產量約達四百萬石。經過二十五年之久，到一九二〇年時，雖然人口已經激增但食米產量不過四、八四二、〇〇〇石，幾乎毫未增加。但由一九二〇年到一九三六年生產量雖然增加到九、五五八、〇〇〇石，卽幾乎增加一倍，爲什麼起初全無進步，其後卻突然改變態度而關心台民的福利，卻因一九一九——一九二〇年間，日本發生米荒，民間發生搶米騷動，因此，日本政府才設法增加台灣和朝鮮的食米產量，以使輸往日本，救濟米荒。如發給補助金，舉行農貸，以及完成大規模灌溉設備等，數管齊下，結果，一九三五——一九三九年間，收獲乃增至九百至九百五十萬石。但同時，台民的食米消費量卻由一九二五年的平均每人一·二八石減至一九三八年的平均每人〇·八三石，顯然，食米產量的增加不但與僑民福利全然無關，而且背道而馳。

關於糖類一項，我們卻由日本官方文獻中得悉日政府所以要獎勵該島製糖工業的動機，因爲在本紀初葉，日本的國外貿易不衡是逆勢的，日政府亟欲設法改進。其後發現假如國民對食糖的需要，全由國內來源供應，逆勢的貿易不衡便可完全改變。結果使用關稅制度禁絕外糖的輸入，替製糖業保留本國的市場。但食糖的增產亦與台民無關，試看一九三三——一九三七年五年之間，日本平均每年每人的食糖消費量爲二二。八斤。但爲日本製糖業中心的台灣，平均每年每人的食糖消費量卻只有一四。九斤。

由於日政府經濟考慮的經濟政策之結果，除食料類之外，台灣的工業發展是非常遲滯的。一九三七年時，紡織工業的生產總值爲五百萬圓，金屬工業，一千二百萬日圓；機器工業（連同機器修理在內）八百萬日圓；採木工業五百五十萬日圓，印刷裝訂工業五百萬日圓，化學工業主要是肥料三千三百七十萬日圓。日本及美國的若干作家曾謂日本各殖民地的工業發展比較日本本國尤爲迅速，這種意見毫無根據。我們試把以下由日本帝國年鑑與拓務統計輯得的統計數字比較一下便可瞭然。

日本與台灣工業生產總值之比較

	金額（單位百萬日圓）台灣	金額（單位百萬日圓）日本	指數 台灣	指數 日本
一九二九年	二六三、八	七七一六、八	一〇〇	一〇〇
一九三七年	三六〇、一	一六四一二、五	一二七	二一五
一九三八年	三八六、二	二九六六七、四	一四六	二五二

上表中所表現的進步，大部是物價激漲的結果，但這些對於我們現在所討論的問題，無關緊要，因爲日本和台灣兩地物價飛漲的步調是一致的。我們試看日本和台灣工業生產總值按人口總數平均每人的數額比較如何？就邊攝而言，此項平均數額，一九二九年爲五五八八圓，一九二八年爲六六七七圓，就同期間日本情形而言，則爲一二、二五圓和二七二四。換言之，一九二九年時，日本本國的數額爲台灣的一倍，一九三八年時，卻增爲四。一倍。由此看來日本對台灣的工業政策並無根本的變化。這個結論，與那些對日本殖民地政策抱樂觀態度的學者意見，當然不同。例如，查理士法斯教授（Prof Charles B chahs）在一九四〇年時曾於他的大著日本政府論中這樣說「日本現在：…於其各殖民地僞滿及日本本國間，採取一種同化政策，由經濟上看來，這種政策對於殖民地的利益或許更大於日本。在其殖民地已依照資源所在而開始促進工業的發展，並非將其單純視爲本國工業所需原料的供應來源，而加以攝奪或阻礙；及由政治上看來，網種計劃如果成功則僞滿與日本均無獨立可言，因爲每一新的步驟都會使兩地間財政上的合作更加緊密。」我們如果瞭然於台灣的真相，則其所謂「合作」者，究爲何種「合作」，便不辯而明白了。

在過去四年中，台灣的工業確有某種的發展不過那是居於特殊性的。日本的陸海軍當局知道西南太平洋上的作戰必須將距離本國不遠的各軍事基地大爲發展才行　在此項軍事基地之中，最重要的卽是台灣，一個大的軍事基地並非只有港灣與鐵路就算完成，此外還必須有適當的修繕及製造上的種種設備。日本的軍事設計家又看出：要建立此項設備必須雇用台灣工業上所需更多數勞工。但工人必須懂得日籍工頭的命令，又須會看設計藍色圖以及工廠佈告，因此，他們必須多少懂得日語，所以，台島初等教育的發達，一部分還是由於軍事上的需要。

台灣是日本所佔據的一塊殖民地，其經濟發展完全以日本國的經濟上的需要及日本在此所建「兵站基地」之軍事上的需要爲轉移。倫民絕對享受不到此項經濟發展的利益，他們對於日本人的「合作」對於一個囚徒對於獄吏間的「合作」一樣。完全以武力為後盾的，自從台灣被日本征服以來，她已變成世界無雙的警察國，一九三七年時，台灣的警察數較各級學校教員的總數還多。同年，在日本本國，平均每一〇五二人有一名警察，但在台灣每五八〇人即有一名警察。台民的生活，各方面都受嚴厲限制，甚至連華僑舉行宗教儀式，都須經總督許可，掙扎生活於社會階層的最下層，一切中國的文化與思想均無表現的自由，這便是台民由日本政制所受的唯一賞賜。如果這次戰爭的結果，日本終於吃敗仗，台島與日本本國的連繫一日告急，台民一定是額首稱慶，一致奮起而驅逐倭寇的。

還我河山

共湔國恥

吳鐵城題

台灣之森林

朱懋順

一、緒言

溯自一八九四年（清光緒二十年），中日甲午戰爭後，日寇强佔台灣，迄今將達五十年，在此半世紀間，日寇廣事利用該島之資源，奠定其强霸之基業，不勝痛惜！近中美英開羅會議決定台灣於戰後仍歸還祖國，是以吾人對於脫離多年之領土，勢必有詳盡之認識，俾準備將來如何從事開發利用及管理，以增長我國之國力。本文所論，僅就該島森林之全貌，作一有系統之概述。

二、地形及地勢

台灣爲一橢圓形葉狀之島嶼，位在北緯二十二度至二十六度東經一百二十度至一百二十二度之間，南北長三八〇公里，東西一四一公里，合計全島面積爲三五九七三五五公頃，乃我國沿海之第一大島。全境多山，約佔全島四分之三，山脈係南北縱走，而偏向東側，稱之曰中央山脈。在山脈中部之西側，有新高山（Nt. Niitolka or Nt. Morrson）拔海三九五〇公尺，不但爲全島之最高峯，且較日本所屬之任何山脈爲高，其他著名之大山，有台北之太平山，台中之八仙山，台南之阿里山，皆爲水層岩石。

三、氣候

台灣之中部，適位於北迴歸線上（Tropic of Gancer）係屬亞熱帶之氣候，茲將該島之雨量溫度風期簡述如下：

（一）雨量　本島全年平均雨量，計有一八六六·三公釐；台北二〇五四·九公釐；台中一七四八·三公釐，台南一六五六·四公釐，恆春二一五一·二公釐，台東一七二〇·四公釐，雨量之分佈時期，南北顯有差異，在五、六、七、八、九、五個月中，南部則爲雨季，十月至翌年四月，常多爲晴朗天氣，但在北部五、六、七、八、九、五個月內，晴天較多，僅時有暴雨，而在十月至翌年四月，則陰雨綿綿。

（二）溫度　本島之溫度，南北亦有差異；南部夏季多爲雨季，氣候反較清凉，而在北部夏季多爲晴朗天氣，故較炎熱，相差約1.6c。在冬季南部雨量稀少，且中部高山遮擋，北風不易南吹，更因受暖流之影響，甚爲溫暖，反之北部多季，陰雨綿綿，益行寒冷，平均相差約3c。左右，平均一年間之溫度，在台北爲21.6°c，台中22.1°c，台南23.1°c，台東23.2°c，恆春24.4°c。

（三）風期　本島多風尤以每年六月至九月間爲暴風雨之時期，即所謂之颶風，風力甚大，牆屋常爲之吹倒，樹根每爲之拔出，尤以澎湖羣島附近爲最烈。風向多東北或東風，風勢在台中最弱，台南次之，台北山脈之斷續實有一部份爲風力之吹襲，每每苗圃中之幼苗，或新造林地苗木，全部爲之拔出，根部露於土面。

四、森林面積與森林蓄積

本島森林面積廣大，日本劃爲國有林者有二，一二六，一二八公頃，公有林有六，九一五公頃，私有林二四四，四五一公頃。共計全島森林面積有二，四七七，四九四公頃，與全島面積三，五九七，三五五公頃相較，幾佔69%。

但實際全島之森林蓄積，據可靠之估計，針葉樹材有一，四八五，二二二，二〇〇立方呎，闊葉樹材有三，九二五，一八三，五〇〇立方呎。

五、森林植物帶

本島拔海甚高，由海面至山巔，其森林植物之種類亦多。據金平亮三氏之調查，全島喬木有九十四科二百五十三屬八百三十九種，其垂直分佈狀況，可分爲四林帶：（一）熱林帶，（二）暖林帶，（三）溫林帶，（四）寒林帶。

（一）熱林帶　又稱榕樹帶，拔海四百公尺以下之林地，本帶森林多熱帶樹木，詳分之又可分爲紅樹林帶（Nangrove Forests）及海岸林帶（Strands Forests）。

紅樹林，僅生長於高雄海岸附近，其他海岸均生長不甚佳良，潮退生長，潮漲淹沒，多氣生根，如林投樹（Pandanus odoratissinus Var.Senensis,Kanchira）等。在海岸較高之地，則有赤榕（Ficus Wightiana,Wall）正榕（Ficus retusa,L.）二種生長茂盛，爲本帶之代表樹。其他如龍眼（Euphoria Longana,Lamb.）檳榔樹（Areca catechu,L.）椰子樹（Cocos Nucifera,L），及其他各種竹類，俱生長良好，現時此帶多種植馬尾松（Pinus Massoniana,Lamb.）及相思樹（Acacia confusa,Nerrill）尤以後者種植最廣。

（二）暖林帶　本林帶在四百公尺至一千八百公尺之間，佔全島森林面積之大部，皆爲常綠闊葉樹，間有少數之針葉樹存在，尤以樟科（Lauraceae）殼斗科（Fagaceae）及大戟科（Euphorbiaceae）三科之植物生長最爲茂盛，亦佔有甚大之經濟價值，如樟樹（Cinnanonum camphora(L.)sieb.）赤柯（Castanopsis taiwanien,Hay），石櫧（Quercus giua,Biune）青岡櫟（Quercus Uglauca,Thumb）重陽木（Bischoffia Jausica,Blume），大葉楠（Machius kuianoi,Hay.）猪脚楠（Machilus Thumbergii Seib）針葉樹則油杉（Keteleeria Dauidiana,Bie）及馬尾松等分佈於三百至九百公尺之間。

（三）溫帶林　本林帶在一千八百公尺以上至三千公尺以下之林地，包括本島最重要之針葉樹種，並呈大片段之純林，如紅檜（Chamacecyparis formosensis Matsem），日本扁柏（Chamacecyparisis Obtusa,Slob,P Zuce）新高唐檜（Picea Morrisonicola,Hay）鐵杉（Tsuga Chinensis Prit）台灣五葉松（Piniaus founosena,Hay），飲葉五葉松（Pinus Armandi,Franchet），香杉（Culnringhamia Konishil,Hay,）臺杉（Tajwania Cryptomeriodies,Hay）等。

（四）寒帶林　本帶森林，皆在三千公尺以上高山之巔成大片之純林，樹種有高山根松（Abies Kewakaii,Hay）在拔海二千八百至三千九百公尺外，新高短檜（Junipirilu Spuamata,Lamb.）在拔海三千至三千九百公尺處，因山勢高聳，砍伐運輸不易，尚未開發。

六、森林主副產物

本島樹種既多，其利用亦廣，茲列舉其主副林產利用狀況，臚列於後：

（一）針葉樹　本島以針葉樹材爲主要之產物，主要樹種有下列數種：

1.紅檜又名台灣花柏（Chamaceoyrnis formosehsis Masatsum）材質緻密，氣乾比重爲○．五，樹幹聳直巨大，爲本島最佳棟材，佔東亞樹種之首位，爲最佳之建築橋樑器具用材。

2.日本扁柏又名厚殼（Chamacecyqarjs ehtusa Sieb fozucc）本質強韌，氣乾比重爲○．五四，保存限期長久，日本以爲該邦之優良木材，用爲建築，橋樑、車輛、棺材及其他器具。

3.香杉（Cunninghamia Konishii,Hay）邊心材，呈淡黃色，材質緻密，有芳香氣味，防蟻性強，爲台灣人士最珍重之棺用材，惜蓄積不多。

4.鐵杉（Tsuga Chincuisi Pritzel）心材黃白色，材質較硬，但能耐久，供建築用。

5.臺杉（Taiwania Cryptomeiroides,Hay）邊材淡黃色心材帶褐色，木紋通直，易於加工，氣乾比重爲○．四三——○．四六，用爲製造器具。

6.台灣松（Pinus Tsiwanensist,Hay）邊材黃白色，心材淡黃褐色，樹脂溝顯著，氣乾比重爲○．五七——○．六七，用爲建築材料。

7.馬尾松（Pinus Massoni,An Lalmb）生長八百公尺以下低地之材質脆弱，供薪柴之用，生長八百公尺以上之材質徵密，保存期長久，爲良好之建築用材。

（二）闊葉樹材　除樟樹外，其他祇供本島之用，其經濟價值較針葉樹爲遜。

1.樟樹(Cannanonum Campora(L.)Sieh)樟之主要用途爲蒸製樟腦，爲世界之獨佔事業，世界每年樟腦之消費總額為十二萬担，而本島之生產額佔其大半，日本政府對於該事業之發展，不遺餘力，強事人工造林，面積日益增加，產品由政府統制專賣，最大之輸入國為美國。

2.石橘又稱赤皮(Quercus gilua,Blume)邊材淡黃色，心材暗褐色，木質堅重，富強韌之彈性力，氣乾比重為〇．八五—〇．九一，為日本最佳之闊葉樹材，用為製車輛，耙犁之柄及滑車船舵之用。

3.青岡櫟又名校(Quercus glaucs,Thumb)木質堅韌，富彈力及摩擦，用途同石橘。

4.長葉橘(Quercus longinux,Hay)木質堅重，氣乾比重為一，可用製各種家具，及用具。

5.烏心石(Machelia Compressa,Max)邊材淡黃色，心材黃褐色，比重〇．六〇——〇．七一，用製建築，家具、車輪、雕刻及農具等用。

6.火葉楠(Machilus Kusanoi,Hay)心材淡紅褐色，堅度中庸，比重〇．五七，容易加工，幹直保久，用為建築家具及樂器。

7.重陽木又名茄苳(Bischoffia,Javania Blume)心材赤褐色，硬度中庸，用為木道，建築、器具、及樂器之用。

關於本島森林之副產，不勝枚舉，茲列舉其重要者如下：

1.黃籐又名省籐(Calamus mugaritae,Hance)本島之製樟腦者，每於製腦之暇，往赴附近山林伐採之，用製各種之籐器、籠罩、砂糖裝袋、及茶箱袋等。

2.通草又名通脫木(Tetrapanax Papyrifera,L)莖白色輕軟，土人剝其皮，取其莖，可製各種之草花，及圖冊，亦可用為利尿之藥劑。

3.香南(Machinus zaihoensis,Hay)材質輕軟，比重〇．五八而其樹皮，在五月九月間，土人剝之碾成細粉，變成線香，曰楠仔粉，其香氣甚濃。

4.栓皮櫟(Quercus Variabllis,Blume)其樹皮用製軟木塞，幹為薪材。

5.檳榔樹(Areca Catechu,L)其果實土人喜食，其食法將果實切細包於蒟醬(P.per Betle,L)之葉中，入口嚼之，有橙紅色之漿汁流於口外，為強胃之劑。

6.愛玉子(Ficus Awakeetsang,Makins)似無花果之果實，與砂糖同煮，冷後食之，為一種清涼之食品，熱帶人喜食之。

其他副產如木炭食菌類草等暫不列舉。

七、結論

台灣全境有四分之三之山地，森林面積佔全面積39%，森林蓄積至巨，為我國失地中重要資源之一。因其位於亞熱帶，地勢又復高聳，故各帶之森林樹種俱全，為數達八百餘種，其中最珍貴之針葉樹，有紅檜及日本扁柏，闊葉樹如樟腦石櫧青岡櫟等，尤以樟腦事業，獨佔世界市場，此固由於天然環境之所賜，然日寇之苦心經營，嚴正管理及合作的利用，不無有功，今後，先規國土，尚應妥為調整，靈活運用，則建國之成功，端與有賴(考參文獻略)

——本文採自「農業推廣通訊」第六卷第三期——

台胞對政府的一點希望

藝農

邇來盟軍，已開始以最猛烈之炮火，轟炸台灣，繼之收復菲律賓，更擬進而襲取台灣，以實現開羅會議預定之計劃，捷訊頻傳，使我台胞莫不歡欣鼓舞，眼見勝利曙光將迅速照臨，台胞雖仍身處日寇鐵蹄壓掌之下，而其衷心之喜慰，必更千百倍於吾人。

台灣在日寇統治下四十九年之過程中，人民雖備受宰割奴役之痛苦，然亦不能因此而忽視日寇之庶政設施，如道路、警察、森林、保甲、戶口、地籍、農田、水利、市政、交通、衛生、工業、以及社會一切事業，確有相當成績，舉凡國內人士身歷其地者，咸知其詳，毋須諱言，今後復省，執政當局，施行庶政，亦唯有獎善去惡，興利除弊，休養生息，以轉移台胞之心理，宣揚三民主義，肅清奴化教育之遺毒，切實推行鄉鎮自治，予台胞以參政之機會，加強民訓使用民權以實現民主法治之精神，庶幾台胞四十九年來所受之桎梏，至今日而獲得完全解放，保障自由之生活，爭取民族之生存，確保祖國安全，此則台胞真正之呼聲，與迫切之期望。

台灣對世界戰爭與和平的因果關係

——台灣的重要性和將來的合理化——

陳瑞鵬

一、此次世界大戰的遠因

這次掀起滔天大禍的世界大戰，經過複雜的演變，長期的戰禍的摧毀，使人類遭遇空前的浩劫。其事態已如此複雜嚴重，他的起因自必極其縱錯紛繁。從國際上縱錯的關係中，的尋求這次世界大戰發生的原因。我們依事實演變的陳跡，經過清晰的透視，可以作一個簡明而確切的論斷：這次世界大戰的發生，遠在前五十年，日寇佔據台灣，即已種下了大戰的種子；也就是說：自甲午戰役中國被迫割讓台灣，日寇振此富有軍事經濟價值的基地，造成其侵略的條件和征服世界的野心，是此次世界大戰的遠因。或者有人懷疑這種論斷，未免誇大其詞，以為台灣這彈丸之地，恐不足為釀成世界大戰的因素。但我們從歷史上去追尋，和事實上的分析，就不難明瞭這次世界大戰起因的所在，而證明這論斷的確實性。所以不憚煩地分析大戰醞釀所潛伏的重要事實，證實大戰發生的原因，概括來說，不外下列兩方面：一方面由于軸心勢力貪婪的野心，和征服世界的夢想；他方面因為戰前國際和平機構的脆弱，列強事先沒有以制止戰的準備。但這兩方面並不是各不相關，而是彼此相互助長的。

先從軸心的野心來說：在掀起此次世界大戰的禍首當中，歐洲方面：意大利的[illegible]，因受國力的限制，始終是德國的附庸，無足輕重；而德國的希特勒，雖然是兇暴成性，但他的狂慾滔天的野心，實在是隨着他以行動歷次對國際和平機構和列強的試探成功，而日益滋長的。反過來說：戰前國際聯盟的無能，英、法、美諸國的無備，都給以德國莫大的慫恿，自德國進兵萊因，併吞捷克，撕毀凡爾賽和約，每件都是足以助長希魔的野心，都是德國冒險試探的成功。可是，希魔在列強坐視之下，怎麼敢作冒險試探的企圖呢？這很明顯，在其未試探行動之前，已受了日寇對中國「九一八」事變的啓示，和「七七」後中國單獨抗戰而列強隔觀火的[illegible]，乃深知列強的弱點，遂引起其覬覦的野心，而立定乘機打劫的決策。所以，事實告訴我們：希魔的野心隨着日寇侵華而滋長，歐洲戰爭是受了東亞戰局的誘導而爆發的。日寇在攫台灣後，才有充實其力量的可能，遂增其侵略的野心。在明治維新之初，日本不過是偏處三島的小國，自顧尚感不足，在國際上更沒有侵略野心之可言。自攫得台灣和朝鮮之後，日寇以這兩處的大鉗形攻勢，控制着整個的中國沿海，尤其是台灣扼中國的咽喉，掌握西太平洋的樞紐，此三萬餘方公里肥美的土地，有六百萬的人口，其溫和的氣候，豐富的物產，都給日寇造成侵略的國力和野心。田中奏摺所說：「欲征服世界必先征服亞洲，欲征服亞洲必先征服中國」，這是日寇侵略野心的自述，日寇之所以有這種絕大的野心，是因為他有台灣為憑藉。因為日寇抱着這一貫的野心，卒至直接發動「九一八」事變，和發動蘆溝橋事件引起中國的全面抗戰，間接助長希魔的野心，共謀合夥打劫的勾當，此次世界大戰以然爆發。

再就戰前的國際情勢來觀察：「九一八」事變是國聯首次碰到的試金石，當時國聯雖經組派李頓調查團，美國國務部長史汀生曾提出共同制止的要求，但英法等國仍漠然視之。「七七」事變，日寇進犯中國腹地，美國亦曾向日本提出違反九國公約的抗議，但當時近視的英法當局，仍不知大禍將臨。自此之後，國聯的無能和綏靖完全暴露無遺，就助長了軸心勢力的野心，揭開世界大戰的序幕。須知日寇此次發動侵華戰爭，以至太平洋戰爭，可以說是其佔據台灣所得的效力，也就是想鞏固其佔據台灣所得的果實，擴張其所得的戰果，此次世界大戰又是中日戰爭的擴大。所以，日寇佔據台灣與其發動侵略戰，以至掀起世界大戰，都有密切關聯。

依據上面種種論說，無論在稱心稱許的野心方面，台灣被日佔領，造成其侵略的條件和企圖，間接激增德意兩國的野心，致掀起此次的大戰；在國際情勢方面，日寇佔有台灣，伸展到侵華戰爭，揭穿了國聯和列強的弱點，促使世界大戰的爆發。所以我們說：日寇佔據台灣，是這次世界大戰的遠因。

二、日寇的興起和沒落地

台灣在軍略上的地位，經過各專家詳盡的闡發，其重要性亦經此次大戰，得到確切不移的證明。台灣是太平洋上一艘最大最堅的「不動的航空母艦」，也是日本所謂「內線海防」的終點，控制西太平洋的最主要的基地。暴日攫奪了台灣，好像窮困的匪徒因劫掠而忽然變為暴發富，他在甲午戰役後數十年的短期間，由區區的弱國，一躍以為一等強國，大部都是台灣所予的恩賜，可知日寇因佔奪台灣而興起，但其結果，必因此「不當利得」而崩毀。

美國衆議院海軍委員會主席文生對台灣之戰略重要性曾說：「此乃六百哩圓周之中心，此圓周之四圍，有菲島北部，中國海岸，該地為南太平洋之重要交通線，由此可進入日本本土大陸，日本認為凡此海區，不僅對其作戰有重要性，對其帝國之生存亦極重要」。倭寇亦認為：「使台灣喪失作用，乃美軍於中國海岸登陸前之先決條件之一」。「美軍必須佔領或完全控制台灣之海空基地，不然彼等不能截斷日本之供應線」。台灣已是如此重要，所以他是太平洋戰爭必爭的重地。此次美海空軍猛襲台灣，是盟軍進攻台灣的先聲，島內被盟機空中堡壘三次轟炸，投彈在千噸以上，被稱為南中國海日本空軍設備心臟的岡山，屏東及台南機場，「已為突擊夷地下」，經此一役，[illegible]灣已遭受的損失，美報評論：「美國已攝大其六、七之攻勢途徑，共分用諸決戰堅守該島」。在日本為綱絡其本土的屏障，將必死守台灣一日，若美軍在台灣登陸，倭寇亦將困獸之鬥，作最後掙扎，勢必全部被殲。所以，此次大戰中立者台灣的結果，有下列兩方面：

（一）一方面，台灣將為倭寇慘重「玉碎」的所在，暴日沒落的地方，這是日寇自作自受的必然的因果；

（二）他方面，台灣依照開羅會議決定歸還合法所有人——中國，這是此次世界大戰所得的重要良果，也是戰後應有的合理處置。

三、維持世界和平的支柱

此次世界大戰開展中，各聯合國即已顧及戰後維持世界和平問題，且已籌備聯合國新機構，這是較上次世界大戰最顯著的進步，為達到作戰目的，這也是很必要的進行。

上面說過，日寇佔據台灣是這次世界大戰的遠因，所以戰後的台灣與將來世界和平實有非常重大而密切的關係。美國文生對台灣認為：「聯合國控制及同盟國戰勝後，維持遠東和平，將極佔重要性」。頃巴頓橡樹會議通過國際組織建議案後，赫爾國務卿曾說：「國會及其他聯合國家均知戰後組織如無美國之積極參加及支持，則無成功之望」。這是至理之論。我們同樣覺得：戰後世界和平機構必須有中國政府和國民的有力支持，才能達到其維持和平的實效。因為我們中華民族愛好和平，人民佔世界四分一之多，立國於太平洋的西岸，與美國隔洋遙峙，彼此均極能為人類和平效力，實有守望相顧的必要。五十年日寇侵略我國，窮凶極狠，自台灣被割，中國遂入暴日控制圈內。正如美國前國務卿許士在華盛頓會議上所說：「日本之獲有台灣，無異獲得立於中國之大門，日本海軍藉此以便爭奪着門戶開放政策的關鍵」。我國因此失卻這個國防上重要的據點，門戶洞開，日寇得以長驅直入，太平洋的和平因以不保，終至釀成世界大戰。這樣慘痛的事實，不特我們中華民族身歷其苦，即世界愛好和平各國亦受其威脅[illegible]。[illegible]從而，我中美英三大盟國領袖于開羅會議後，發表偉大而富歷史意義的聲明，略謂：「我三大盟國此次進行戰爭之目的，在於制止及懲罰日本之侵略。三國決不為自己圖利，亦無拓展領土之意思。三國之宗旨在剝奪日本自從一九一四年第一次世界大戰開始後在太平洋上所奪得或佔領之一切島嶼，在使日本所竊取於中國之領土例如東北四省，台灣澎湖群島等歸還於中華民國」。台灣的主權重歸中國，乃奠定合理解決的基礎，和得到有力的保證；繼而，將來太平洋和平的維持，亦有此新關的途徑，和有力的保障。現在太平洋戰局急激進展，當中，台灣是盟國作戰的主要目標，盟軍一旦克復台灣及附屬島嶼，則開羅會議所提的保證，——三大領袖聯合聲明，當必見諸事實，台灣當行歸還中國。對于這個目標，三大同盟國均有共促其成的任務，我中國並加重其維持太平洋和平以致世界和平的義務。

[illegible]台灣歸還我國後，則已獲得戰略上的重要基地，其補了國防上的基本要件，必須以最大的努力，建立高度現代化的國防，充實我國整個國家的力量；才能保衛國家民族的生存，提供新國聯所需的武力，以克盡維持世界和平的義務。所以，台灣歸還中國，實在是維持世界和平的有力的支柱。

三三、十、二十二、脫稿于台灣黨部。

馬關條約締結時台胞抗日運動的檢討

洪石柱

（一）

台灣是中國的老淪陷區。遠在五十年前，「四一七」馬關條約成立；滿清割台於日，數百萬台胞遂喪失了自由，但是當時馬關條約的成立，不能使敵人就得到台灣。台灣的人民反對牠，鼓視他；不是空洞的反對他，而是用血肉來反抗他；顯示中華民族反抗異族統治的精神，并且不顧成敗以英勇的戰鬥姿態站在强敵的面前，卽站在戰勝了祖國的强敵之面前，以戰鬥來答覆日寇之佔領台灣。但是這個戰鬥結果是失敗了，于是日寇便在「六一七」開始正式統治台灣。

（二）

台灣抗戰的失敗，有其主觀條件，卽台灣本身及其客觀條件卽環境的兩大原因。

在本身方面：

1. 台灣的力量比不上敵人。
2. 沒有優秀的領袖。
3. 不實事求是，着重空銜頭。

在環境方面：

1. 受了滿清政府的阻止；
2. 沒有得到列强的支持。

當時環境方面的問題，現在可以不必說，但台灣本身方面的問題，現在却有回顧的必要，因爲目前正是收復台灣極重要的階段。

第一，台灣的力量，人力，物力各方面雖然都比不上敵人，但是敵人用了全國的力量，在事實上還是不容易得台灣，要苦打了四五個月，并且還犧牲了近衛師團長北白川宮能久親王；這顯示台灣的力量相當的强。事實上，台灣不能獲勝的原因，是在于組織不健全；如果組織健全，不互助排擠，指揮適當，抵抗到底；敵人是不一定能够征服台灣的。

第二，當時缺乏優秀的領袖。唐景崧只會擺空架子，不僅不知用兵，而且遇事敷衍。丘逢甲先生雖然明知唐之爲人，但爲了順從當時的輿情，不能迎劉永福當總統，或自站在最高的地位，致未能領導建立更健全的抗戰之領導指揮部，使抗戰發生更大之困難，并且更使敵人得到征服台灣的信心，大舉進攻，台灣遂陷敵手。

第三，台灣人雖不輕視自已的力量，但仍普遍的要求滿清的巡撫來當大總統，由於此種幼稚的認識，致在組織上不健全，不能發揮更大的力量。

但是這些現在只是値得我們回顧的史實而已。我們現在可以不必責備任何人，因爲那是基于時代與我們台灣人行爲幼稚所發生的必然結果。

（三）

現在收復台灣已到了成熟的時期，并且我們決心要將台灣收復，所以我們又決不能無視于上面的史實，如果我們再蹈前車的覆轍，使敵人有隙可乘，來破壞我們的組織與力量，那是最不値得的事情。

我們是台灣革命者，我們面向着敵人，要作無情的鬥爭；我們不應徇情，我們更要忠實於我們革命的人生觀。我們在民族利益之前，要放棄自已的利益與私人的關係，這能做到多少，是決定着我們能够健樹多少的功績的；因爲革命是民族的公共事業，其功績與過失是關聯着整個民族的利害的。在民族利益之前，一切都無法掩飾的。在爲私人或以私人的關係所弄的權術，終有一日，必會暴露其醜惡的面目，而失敗的！

「爲公」是台灣革命者，尤其是站在領導地位的人們所不可一時或釋的條件。我們要在這個立場來擁護各級的領導者。爲各級的領導者，亦應以這個信念來盡他們的使命，并且唯有如此才能完成他們的使命！

在「爲公」之下，我們應有戰鬥的態度與一點不徇情的精神來建立我們的組織，鞏固我們的組織。這是我們能够使用和發揮我們的力量的先決條件。我們是已經知道了不少的革命理論，也認識了不少的歷史上革命的教訓了，我們不應再踏上以前失敗的前轍！

台灣全史研究

謝東閔

第一編 台灣史之序幕

第一章 台灣之發現

一、我國最初發現台灣

最初發現台灣的是那一國？如果是歐美人士一定毫無猶豫底答稱：「最初發現台灣的是葡萄牙人」。歐人中最初發現台灣的，的確是葡萄牙人。據日人稻葉君山在其所著「清朝全史」第三十一章台灣入清領一章裏說：「西曆一五一零年……歐人始發見太平洋之大海乃在印度北方。翌年，葡萄牙王伊蔓馬紐伊而一世遣安篤希得爲使者，向支那出發。一千五百五十七年得占廣東河口一要港之許可，遂稱是地曰澳門（macao）。彼等往來於中國海口之間，遙望台灣，稱之曰「Jlha Formosa」。夫「Formosa」者歎賞其美麗之謂也。至此而後，初以琉球著，繼以北港著，後以東寧著之島嶼乃以虛汝摩沙（Formosa）之名介紹於天下。」（原文引用周谷城著「中國通史」下册九二零頁）

但如果說全世界中，葡萄牙人最初發現台灣，那就大錯特錯了。然而事實上在現在尙誤認葡萄牙人爲台灣之最初發現者的，不僅是歐美一般人士，就是我們中國人，尤其是青年學生們也有不少具有此種錯誤觀念的，殊不知我國人之發現台灣實還甚於葡萄牙人。然則我國在什麼時候發現台灣？

二、秦時代發現台灣？

許地山先生在他所作「窺園先生詩傳」（窺園先生，諱南英，地山先生之父——編者註）一文裏說：「華人移居台灣最早的，據日本所傳，有秦始皇二十八年（公元前二一九年——編者註）徐福率童男女移往夷州和亶州底事情。夷州是台灣。亶州是小呂宋」。此說如確，則還在公元前二百十九年，台灣已爲徐福所率之我國人所發現矣。然而根據我國和日本一般的傳說，却只說徐福到過日本而沒有提及到過台灣。日本熊野山現在尙有徐福之墓碑存在，似是爲徐福到過日本的明證。又我國宋朝歐陽修所作「日本刀歌」也說徐福到過日本。該歌如下：

「昆夷道遠不復通，世傳切玉誰能窮？寶刀近出日本國，越賈得之滄海東。魚皮裝貼香木鞘，黃白閒雜鍮與銅，百金傳入好事手，佩服可以禳妖凶。傳聞其國居大島，土壤沃饒風俗好，其先徐福詐秦氏，採藥淹留草童老。百工五種與之居，至今器玩皆精巧，前朝貢獻屢往來，士人往往工詞藻。徐福行時書未焚，逸書百篇今尙存，令嚴不許傳中國，舉世無人識古文。先王大典藏夷貊，蒼波浩蕩無通津，令人感激坐流涕，銹澀短刀何足云。」（引用林碧蓀編著「中日關係史」第二頁至第三頁之原文）

徐福的故事都是根據司馬遷的史記和班固的前漢書的記載而來的。史記「秦始皇本紀」內稱：「齊人徐市（即徐福——編著註）等上書言：海中有三神山，名曰：蓬萊、方丈、瀛洲，仙人居之。請得齋戒與童男女求之。於是遣徐市發童男女數千人，入海求仙人。」又漢書「郊祀志」載：「秦始皇初併天下，甘心於神僊之道，遣徐福韓終之屬，多齎童男童女，入海記求采藥，因逃不還」。

由上面兩段記載，可知史記與漢書僅說徐福奉秦始皇之命，入海求神仙藥，並無明顯說到日本，所以事實上徐福是到過日本或到過台灣，抑到其他地方，現在的確是很難證實的了。

然而在這裏值得吾人研究的，就是史記秦始皇本紀所載之「蓬萊」「方丈」「瀛洲」究指何地？或說「蓬萊」「方丈」是日本與琉球，而「瀛洲」。語雖臆斷，但言頗近理。蓋以當時航術未精，又少探險海外，飄渺虛無，疑爲仙境也是很自然的道理。況且台灣與日本琉球，聳立東海，氣候溫和，山川美秀，草木茂盛，方士們認爲仙境也是很合理的。徐福有無到過台灣，現在雖不能證實，但如他所領率的童男童女確有抵達日本或琉球諸島，則他們在秦時代就往來台灣，也是很可能的事情，如此說屬實，則我國早在公元前二百十九年，即較葡萄牙人（公元一五五七年發現台灣）早一千七百七十六年就已經發現台灣了。

三、三國時發現台灣？

據三國志吳志稱，黃龍（孫權年號）二年（公元二百三十年）正月，孫權遣將軍衛溫，諸葛直率將士萬人，浮海求夷州及亶洲，但結果僅到夷州，虜夷州人數千人而還，夷州就是台灣的古名，然則我們在三國時代就發現台灣。周陸棠是主張這一說的，他在所著「台灣郡縣建置志」裏面說道：

「台灣爲何時爲中國人所發現，昔人多謂始於明中葉以後，宋元以前，並無人知（趙愼平定台灣述略及藍鼎元平台紀略總論，復制軍台灣經理書，皆持此說——原書附註第十三）近代學者則推始於隋，距今千數百年矣。福建通志海防篇及清史稿地理志，皆謂隋開皇中遣虎賁陳稜略澎湖三十六島，澎湖即爲台灣。蕭一山，寶克吾亦主此說。蕭氏謂在大業中。實大業當即開皇之誤。隋書琉球傳，謂大業三年，令羽騎尉朱寬入海，求訪異俗，因到琉球，其後（琉球傳不載年數，據隋帝紀在六年）遣虎賁郎將陳稜擊破琉球，故又以當時之琉球即爲台灣。秦東甫所出版之台灣革命史即主此說，[illegible]往日本國[illegible]中，家在扶桑[illegible]，此則稱台灣爲扶桑矣。而文獻通考云：「泉州之東有島曰澎湖，澎湖旁有毘舍耶國」，是宋元時又稱台灣爲毘舍耶國，蓋緣昔時海上地理知識之不充分，故名實相多歧異也。——原書附註十二）實在遠在三國時，孫權已遣將軍衛溫，諸葛直浮海求夷州，得其民數千而還。夷州即今台灣也」。（台灣郡縣建置志總敍第一頁至第二頁）。此說如係事實，則我國較葡萄牙人早一千三百二十七年就已經發現台灣了。

四、隋時代發現台灣？

除上述各說外，尚有一說爲連雅堂氏所主張者。連氏在其所著「台灣通史」裏稱：

「仁壽三年（隋文帝時即公元五八三年——編者註）八月，商人欽良暉歸自日本，與僧徒圓珍同船，爲北風漂至琉球，見岸上數十人，各執刀戈。良暉大驚，圓珍乃念不動尊。既而風回，乃至福建。是爲華人發見台灣之始，尚早於陳稜之征伐者四年，其後遂不往來也。」（開闢紀第七頁）。

上面所述之「琉球」爲台灣的舊名稱。因爲自隋書以至宋元時所言之「琉球」概指台灣的緣故。

欽良暉之發現台灣係在公元五百八十三年。現在即使假定此年爲我國人發現台灣之年，也比葡萄牙人安然得之發現台灣早過九百七十四年。

五、三國時代爲台灣史的序幕

根據上面各說，而加以研究，則我國人之達夷州在我國歷史上最早之記載爲秦時代與三國時代，而秦時代之童男童女有無抵達台灣尚成疑問，不能斷定，是則三國時代孫權黃龍二年，即公元二三〇年，遣將軍衛溫，諸葛直求夷州似可斷定爲我國最初發現台灣的時期，是則台灣歷史應以三國時爲其序幕，台灣與我國僅隔一衣帶水之隔，中國海道一葦可航，朝發夕至，故我國之最初發現台灣，就是近情近理的事實，無容懷疑，惟最使痛心的有就是現在一般人士竟忘記此種史實而誤信葡萄牙人爲發現台灣的第一人。台灣之稱謂「Formosa」國人知者甚多，而其古稱爲「夷州」「東鯷」（漢代），爲「琉球」（隋至宋元）爲「流鬼」（唐代）爲「瑠求」（元代）爲「東番」（明代）等知之者究有幾人？

六、台灣名稱的由來

台灣的名稱，在我國歷史上屢有變化：漢底「夷州」「東鯷」，隋底「琉球」「拔玖」，唐底「流鬼」元底「瑠求」，明底「東番」都是指台灣而言的。然則「台灣」一名至何時始有？關於這點，史籍記載不詳，且說法互異，難於確定。以下就史籍上的記載及民間傳說，加以推述之：

（一）「台灣」二字係由列子「渤海之東，不知幾億萬里，有大壑焉。實維無底之谷，其下無底，名曰歸虛。其中有五山焉：一曰岱輿，二曰員嶠，三曰方壺，四曰瀛洲，五曰蓬萊。……」一篇中所稱「岱輿」「員嶠」兩者之合語「岱員」而轉為「台灣」的。此說係由「岱員」與「台灣」之諧音符合而推論的，但確否，無從證實。

（二）據「瀛壖百詠序」稱：「明季周嬰遠遊篇，載東番一篇，稱其地為臺員。蓋閩音之譌也。台灣之名入中國始於此。」照此則土番之時，閩人已稱東番為台灣了。周嬰是福建莆田人。據史實，在明朝中葉時，福建漳泉人已有入台居住，且就地理上來說，漳泉兩地與台灣僅一衣帶水之隔，帆船朝發夕至，所以他們的見聞，或較為可靠也未可知。

（三）據「台灣縣誌」稱：「荷蘭入北港，築城以居，因稱台灣。」然則為什麼會稱為台灣呢？據該誌說：「荷蘭設市於北，築磚城，制若崇臺。海濱沙環水曲曰灣，又泊舟處，概謂之灣。此台灣所由名也。」此說如確，為什麼荷蘭人未嘗稱「台灣」而概稱為「小琉球」呢？這是反駁上說的第一點。又據「蓉洲文稿」說：「萬曆間（明萬曆——編者註）海寇顏思齊踞有其地，始稱台灣」。按史實顏思齊之盤據台灣較荷蘭人之侵入早三年，所以如果這是事實，在荷蘭人侵入前已稱為「台灣」的了。這是反駁上說的第二點。

（四）還有一說稱，在明時福建漳泉二州人到台灣謀生者，其因氣候之不適而病死，或葬於蛇豕之腹，埋於榛莽之圩者不知多少，所以稱其地曰「埋冤」。後以「埋冤」二字不祥，乃取其音而改稱為「台灣」。

以上各說孰是孰非，因史籍記載不詳，現已無從考證，但「台灣」一名之呼稱，始於明代，似無可置疑。

第二章　我國開拓台灣的經過

一、開拓前的台灣

我國開拓台灣之前，台灣固土番之地。但土番的始祖究在何時，從何處而來，傳說紛紛，莫衷一是。如以今石器考之，遠在五千年前已有彼等之蹤跡，是則土番之居住台灣為時必甚久。據隋書流球傳稱：

「琉球國在海中，當建安郡東，水行五日而至。土多山洞。其王姓歡斯氏，名渴剌兜，不知其由來，有國數世也。彼土人呼之為老羊，妻曰多拔荼，所居曰波羅檀洞，塹柵三重，環以流水，樹棘為藩。王所居舍，其大一十六間，雕刻禽獸，多鬥鏤樹，似橘而葉密，條纖如髮之下垂。國有四五帥，統諸洞。洞有小王，往往有村，村有鳥了帥，並以善戰者為之，自相樹立，主一村之事。男女皆以白紵繩纏髮，從項後盤繞至額。其男子用鳥羽為冠，裝以珠貝，飾以赤毛，形制不同。婦人以羅紋白布為帽，其形方正。織鬥鏤皮並雜毛以為衣，製裁不一。綴毛垂螺為飾，雜色相間，下垂小貝，其聲如珮。綴璫施釧，懸珠於頸。織藤為笠，飾以獸毛。有刀矟弓箭劍鈹之屬，其處少鐵，刃皆薄小，多以骨角輔助之。編紵為甲，或用熊豹皮。王乘木獸，令左右輿之而導從不過數十人。小王乘機，鏤為獸形。國人好相攻擊。人皆驍健善走，難死而耐創。諸洞各自為部隊，不相救助。兩陣相當，勇者三五人出前跳噪，交言相罵，因相擊射，如其不勝，一軍皆走，遣人致謝，則共和解。收取鬥死者聚食之，仍以髑髏將向王所，王即賜以冠，使為隊帥。無賦斂，有事均稅。用刑無常準，皆臨事科決。犯罪皆斷於鳥了帥，不服則上請於王，王令臣下共議定之。獄無枷鎖，唯用繩縛。決死刑以鐵錐，大如箸，長尺餘，鑽項殺之。輕罪用杖。俗無文字。望月盈虧，以紀時節，候草木榮枯，以為年歲。其人深目長鼻，頗類如胡，亦有小慧。無君臣上下之節，拜伏之禮。父子同床而寢。男子拔去髭鬚，身上有毛皆除去。婦人以墨黥手，為蟲蛇之文。嫁娶以酒珠貝為聘，或男女相悅，便相匹偶。婦人產乳，必食子衣，產後以火自炙，令汗出，五日便平服。以木槽曝中海水爲鹽，木汁爲酢，釀米麴爲酒，其味甚薄。食皆用手。偶得異味，先進尊者。凡有宴會，執酒者必待呼名而後飲。上王酒者亦呼王名銜杯，其飲頗同突厥。歌舞蹋蹄，一人唱，衆皆和，音頗哀怨。扶女子上膊，搖手而舞。死者氣將絕，與至庭前，親朋哭泣相弔，浴其屍，以布帛纏之，裹以葦草，襯土而殯，上不起墳，子爲父者，數月不食肉。其南境風俗少異，人有死者，邑里共食之。有熊羆豺狼，尤多豬鷄，無牛羊驢馬。厥田良沃，先以火燒而引水灌，持一插以石爲刃，長尺餘，闊數寸而墾之。土宜稻粱禾黍麻赤豆胡黑豆等。木有楓栝樟松楩楠杉梓竹籐。菓藥同於江表，風土氣候與嶺南相類。俗祀山海之神，祭以肴酒。戰鬥殺人，便將所殺之人祭其神，或倚茂樹起小屋，或懸髑髏於樹上，以箭射之，或累石繫幡以爲神主。王之所居，壁下多聚髑髏以爲佳，人間門戶上必安獸類骨角。」

上面所說的「琉球國」就是台灣的古名，其所述雖未必完全是描寫我國開拓台灣前土人的生活，但其所言風俗和今日生蕃的風俗實大同少異，故或爲台灣原始土人中，生活方式比較發達的一種，也未可知，然而除此原始土人以外，有無他島土人侵入居住？這當然是有的。馬來人就是其中的一種。關於這一點，連雅堂氏在其所著「台灣通史」裏說：

「唐貞觀間，馬來羣島洪水，不獲安，各駕竹筏避難，漂泊而至台灣。當是時紲斯氏遭隋軍之後，國破民殘勢窮力蹙。馬來人乃居於海澨，以殖其種，是爲外族侵入台灣之始。」（連雅堂著：台灣通史開闢紀第七頁）

這是說馬來人在唐貞觀時代，（公元六二七年至六四九年之間）因避洪水，漂流到台灣，遂居住該地而逐漸繁殖。台灣小誌中的下面一節，可作上述之左證：

「生蕃之語言，出自馬來者六之一，出自呂宋者十之一，迤北十七村多以綏利爲語。說者謂自南洋羣島還來，其言近似，而統一之者爲卑南王。王死之後，各社分立，以至今日。」

馬來人侵入台灣時，適爲紲斯氏所統率的土番勢窮力蹙的時候，所以馬來人便乘機發展，到兩宋時代，馬來人族勢力漸强，遂驅逐土番分據南北。至淳熙間，馬來貪長率衆數百人襲擊福建泉州屬之水澳，圍頭等村，肆行殺掠。他們最喜歡鐵器，所以見有鐵器便搶，這是台灣番族（即馬來族）侵掠外洋之始。他們不僅侵掠福建，並且還航呂宋，以物易物，轉售於台灣高山之番。

總之，台灣是孤懸海中的島嶼，且與我大陸及日本，琉球，南洋諸島鄰近。各島的土人和我國嶺南土著之漂入居住，也是極自然的道理，故蓉洲文稿稱：「台灣海中番島，考其源，則琉球之餘種，自哈喇分支，近通日本，遠接呂宋，控南澳、阻銅山，以澎湖爲外援。」又日人稻葉君山氏亦稱：「台灣人種，傳說紛紛，莫能定論。或以爲馬來人與尼革魯人之雜種，或以爲馬來人與琉球人之雜種，或謂西方之馬達加斯加，東方之台灣，有如扇狀，實馬來人種向兩極發展之標記；或謂與中國苗族同一根源。」稻葉君山著清朝全史第二十一章台灣入清領）是則台灣土番爲馬來族，琉球族，我國之苗族等混合而成的雜種土番，當無疑義。

二、我國首拓台灣

以上所述的是我國開拓前台灣的大概情形。現在且來敍述我國開拓台灣的經過。

台灣爲我國最初發見，由上述，當可明瞭。然則我國於何時始開拓台灣呢？據隋書琉球傳載：

「大業元年（公元六〇五年）海師何蠻奏言：每春秋二時，天清風靜，東望依稀，似有煙霧之氣，亦不知幾千里。煬帝令羽騎朱寬入海訪異俗，何蠻言之，遂與蠻同往，因到流求，言語不通，掠一人而返。明年（大業二年即公元六〇六年——編者註）帝復令寬慰撫之，不從。寬乃取其甲布而還。」

這是我國開拓台灣第一次載於史籍者，故隋煬帝大業元年（公元六〇五年）爲我國經略台灣之始，而朱寬及何蠻二人爲遠征台灣的第一人，然而朱寬之經略台灣是一種[illegible]性質，所以隋書琉球傳說：「入海訪異俗」，而大規模的正式經略實在大業三年（公元六〇七年）陳稜之征伐。據隋書陳稜傳稱：

「大業三年（公元六〇七年——編者註）拜虎賁中郎將，後三歲（即由大業元年算起至大業三年，適爲三歲——編者註）與朝請大夫張鎮州發東陽兵萬餘人，自義安泛海，擊流求國，月餘而至。流球人初見船艦，以爲商旅，往往詣軍貿易。稜率衆登岸，遣鎮州爲先鋒。其主歡斯渴剌兜，遣兵拒戰。鎮州頻擊破之。稜進至低沒檀洞，小王歡斯老模率兵拒戰。稜擊破之，斬老模。其日霧雨晦冥，將士皆懼。稜刑白馬祭海神。既而開霽，分五軍，趨其都邑。渴剌兜率衆數千逆拒。稜又遣鎮州爲先鋒，擊走之。乘勝逐北，至其柵，渴剌兜背柵而陣，稜盡銳擊之。從辰至未，苦鬥不息。渴剌兜自以軍疲，引入柵。稜遂塡塹，攻破之，斬渴剌兜，獲其子島槌，虜男女數千而歸。」

上面是陳稜征伐台灣的情形，至其所俘獲的男女數千人多安置在福建，故閩書說：「福州之福廬山，當隋之時，曾掠琉球五千戶置此，尙有其裔。」

三、我國再拓台灣

我國第二次經略台灣是在元朝的時候。但在這裏有一點值得吾人注意的，就是元之謀伐台灣，其目的乃在控制台灣以扼日本。換句話說，就是在征伐日本的戰略上，需要先控制台灣的緣故。

元世祖忽必烈滅了宋而統治了中國的時候，高麗也被元朝收爲屬國。高麗王便派使者趙彝入朝覲見忽必烈，在問答之間，知道日本爲東方的寶庫，由高麗很容易到達。忽必烈素好用兵，且抱征服天下的野心，所以十分歡喜。由這時起忽必烈征日之意已定。元師征日，自至元初至大德初，前後凡三十餘年，但其間以至元初的十餘年內最爲緊張。至元六年（公元一二六九年）命趙良弼使日，十一年（公元一二七四年）命忻都等征日，略對馬等地。然而上述各次均爲招撫性質，但結果因日本不肯俯服稱臣，忽必烈大爲震怒，乃立降詔書，一面命高麗造兵船千艘，練兵二萬，一面命范文虎由南方召募水軍，製造大船，準備遠征日本。一切部署完畢後，便於元十八年（公元一二八一年），命范文虎等率師十萬征日，但不幸大軍抵達日本的九州海面突遇颶風，敗北而歸。忽必烈對於征日失敗，大爲震怒，誓要踏平日本，於是又議東征，但時適元朝對交趾用兵，未能實現，而征略台灣即爲其征日步驟之一，遂先進兵台灣。茲將元史中敍述元軍征略台灣的經過抄錄如下：

「瑠求（即台灣——編者註）在南海之東，漳泉興福四州界內。澎湖諸島與瑠求相對，亦素不通。天氣淸明時，望之隱約，若烟若霧，其遠不知幾千里也。西南北岸皆水，至澎湖漸低，近瑠求則謂之落漈。漈者水趨下而不回也。凡西岸漁舟至澎湖已下，遇颶風發作，漂流落漈，回者百一。瑠求在外夷最小而險者也。漢唐以來，史所不載，近代諸番市舶不聞至其國者。世祖至元二十八年（公元一二九一年——編者註）九月，海船副萬戶楊祥請以六千軍往降之，不聽命，則遂伐之。朝廷從其請。繼有書生吳志斗者，上言生長福建，熟知海道利病，以爲若欲收附，且就澎湖發船往諭，相水勢地利，然後興兵未晚也。冬十月，乃命楊祥充宣撫使，給金符，吳志斗禮部員外郎，阮鑒兵部員外郎並給銀符，使往瑠求。詔曰：收撫江南，已十七年。海外諸番，罔不臣屬，惟瑠求邇在閩境，未會歸附；議者請卽加兵。朕惟祖宗立法，凡不庭之國，先遣使招諭，來者安堵如故，否則必致征討。今止其兵，命楊祥，阮鑒往諭汝國。果能慕義來朝，存爾國祀，保爾黎庶。若不效順，自恃險阻，舟師奄及，恐貽後悔。爾其愼擇之。二十九年（公元一二九二年——編者註）三月二十九日，自汀路尾澳舟行，至是日巳時，海洋中正東望有山長而低者。約去五十里。祥言爲瑠求國，鑒謂不知的否。祥乘小舟至低山下，以人衆，不敢自上岸，命軍官劉閏等二百餘人，以小舟十一艘，載軍器，領三嶼人陳輝者登岸。岸上人衆不曉三嶼人語，爲其殺死者三人，遂還。」

照上面所述，這次的征略可說完全失敗。至成宗大德元年福建省平章政事高興向朝廷建議說：「今立省泉州，距瑠求爲近，可伺其消息，或宜招宣伐？不必他調兵力。」他並請就近試行之。朝廷允其所請，高興就在成宗大德元年九月遣派省都鎮撫張浩和福州新軍萬戶張進赴台灣，結果生擒土番一百三十餘人而還。以上是我國之大經略台灣的大概經過。當時澎湖島上居民日多，已有一千六百餘人。各地到澎湖貿易的船隻，一年中也有數十艘之多，所以那時澎湖已成爲泉州之外府。至元中，乃設巡檢司於是地，隸屬同安。這是我國在澎湖設置官吏，實施行政之始。

四、我國三拓台灣

我國第三次開拓台灣是在明之永樂時代。永樂年中（自永樂三年即公元一四〇五年起）太監鄭和下西洋，所至各國，莫不降服朝貢，獨東番遠避不至。所謂東番乃指台灣的土番。故台灣在明時均稱爲「東番」。鄭和因見台灣番族不來朝貢，非常憤怒，乃率師征台，這是我國三略台灣的經過。明史外國傳雞籠山篇云：「雞籠山，名北港，又名東番，鄭和遍歷東西洋，靡不獻琛恐後，獨東番遠避不至。和惡之，家貽一銅鈴，俾挂諸項，其後人反寶之。富者至掇數枚，曰，此祖宗所遺。」又鄭和初入台時，舟泊赤嵌，取水大井赤嵌當時是番社名，就是後來的台南府治，其井尚存。此外鳳山尚有三寶薑，居民食之可醫疾，說是鄭和來台時所遺落的。可見鄭和征略台灣時曾深入內地。

我國移民台灣之始

我國人之到台灣，雖始自三國時代（如徐福所率童男童女有抵達台灣，即應自秦代始），但這些只能看做武力的發展，不能算做正式的移民。就是元朝之設置巡檢司於澎湖也是武力發展的一種，我國人正式移民台灣，可以說是明時代才開始。如嘉靖四十二年（公元一五六三年）海寇林道乾率從者數百人逃往台灣及天啟元年（公元一六二一年）閩海沿人顏思齊率黨人入居台灣等。從此福建漳泉人移居台灣者日益增加，他們披荊斬棘，鎮撫土番，開闢田園，建立部落，於是台灣遂成爲我國事實的殖民地。

第三章　各國最初侵略台灣的經過

一、倭寇之窺伺台灣

倭寇擾亂爲我國歷史上至痛心的一件事，充分表現日本係海盜之國，故其破壞遠東和平實不始自今日。但其擾亂的時期以明嘉靖二年（公元一五二三年）至四十三年（公元一五六四年）的二十年間最爲利害，其所擾的地方，範圍很廣，北自遼海，南至閩粵台灣，沿海各地，都在騷擾之列。如就時間說：遼海一帶被擾最早，魯浙蘇次之，閩粵又次之而台灣則爲彼等進擾我沿海各地之根據地。

倭寇騷擾閩粵沿海係始自明嘉靖三十七年（公元一五五八年）以後連年均遭蹂躪。據明史紀事本末沿海倭亂稱：「卅七年（公元一五五八年）春二月，倭犯潮州之鮀浦，攻蓬州千戶所。僉事萬仲分部水陣兵馬在西哨攻之，臨敵而哨兵皆潰，領哨千戶魏晉，高洪俱死。倭犯福州，巡撫阮鶚不能禦，取庫銀數萬兩賂之，以新造大舟六艘俾載而去……。」「三十八年（公元一五五九年）……福建新倭大至，多眷攻邑；先陷福寧、連江、羅源，流刧各鄉，進攻福州，不克；移攻福安，破之。參將黎鵬舉以舟師擊倭於海中七星山屏風嶼，斬首六十七級，生擒六十八人。時沿海長樂，福清等境皆有倭舟。廣東海倭往來詔安漳浦間，浙江舟山倭移舟南來者尚屯浯嶼；福州漳泉無地非倭兵。……」「四十二年（公元一五六三年）……冬十月，倭犯福建。其自浙之溫州來者合福建連江賊登岸；攻陷泰寧、政和、寧德等縣。自廣之南島來者，合福清長樂賊攻陷玄鍾所；蔓延及於龍岩、松溪、大田、古田之境，無非賊者。」

倭寇之騷擾閩粵，所至極盡搶劫、殺人、放火之能事，至嘉靖四十三年（公元一五六四年）朝廷始遣戚繼光由蘇浙率軍協同俞大猷痛剿倭寇，至是倭患始息。倭寇侵掠浙閩粵沿海時均以台灣爲往來之地，居於打鼓山麓，名曰高砂或曰高山國，但該時台灣尚爲一荒島，倭寇僅利用爲侵華之巢穴而已。明史外國傳雞籠山篇云：「嘉靖末，倭寇擾閩，大將戚繼光敗之。倭遁居於此（指台灣之雞籠山，即現今之基隆——編者註），其黨林道乾從之。已道乾懼爲倭所併，又懼官兵追擊，揚帆直抵浡泥，攘其邊地以居，號道乾港，而雞籠遭倭焚掠……」至明萬曆二十年（公元一五九二年）倭將軍豐臣秀吉征伐朝鮮，謀併台灣。萬曆二十一年（公元一五九三年）十一月，豐臣秀吉遣使者原田孫七郎至呂宋，途次台灣，竟致書台灣番族，日人稱為高山國者，威令其入貢。該書所寫，均夜郎自大之詞，又是侵略和征服世界野心之一證明，茲抄錄如左：

「夫日輪所照臨，雖至海岳山川草木禽蟲莫不受他恩光也。予（豐臣秀吉自稱——編者註）際處慈母胞胎之時，有瑞夢，其夜日光滿室，室中如晝，諸人不勝驚愕。相士相聚占卜之，曰：壯年輝德色於四海，發威光於萬方之奇異也。故不出十年之中，而誅不義，立有功，平定海內。異邦遐陬嚮風者，忽出鄉國，遠泛滄海，冠蓋相望，結轍於道，爭先而服從矣。朝鮮國者自往年代於本國，有中牛盟，久背其約，況又予欲征大明之日，有反謀，此故命諸將伐之 國王出奔，國城付之一炬也。聞信已急，大明出數十萬援兵雖及戰鬥，終不得其利，來勅使於本邦肥之前州而乞降。繇之築十箇城營，收兵於朝鮮域中慶尚道而屢決眞僞也。如南蠻琉球者年年獻土宜，海陸通舟車而仰予德光。其國未入幕中，不進庭，罪彌天，雖然不知四方來享，分為共地疏志。故原田氏奉使命而發船。若是不來朝，可令諸將攻伐之，生長萬物者日也。枯渴萬物者亦日也。思之不具。」

這是倭寇正式企圖侵略台灣之始。先是我國於萬曆二十年（公元一五九二年）日寇侵略朝鮮時，獲悉日人有侵佔台灣的野心，故明廷以澎湖密邇台灣，乃議設兵戍險，至二十五年（公元一五九七年）遂設游兵於澎湖，分春冬兩季駐防，於是在元時所設而於明洪武二十年（公元一三八七年）廢止之我國在澎湖的軍事設施（元時為巡檢司，已如上述，惟至明初社會秩序未平，桀驁之徒，聚為海寇，而以澎湖為根據地，刼掠沿海各地為患。洪武五年，即公元一千三百七十二年，信國公湯和奉命掃蕩沿海海寇，乃向朝廷建議遷移澎湖居民，以絕邊患。廷議可之，乃於洪武二十年，即公元一千三百八十七年撤廢巡檢司，盡遷居民與漳泉二州而墟其地，自此以後，澎湖遂成為海賊之巢窟。）

至明萬曆三十二年（公元一六〇四年）日人山田長政赴暹羅國時亦曾到台灣，那時倭人往台日多，且欲據其地，明朝憂之，乃增澎湖游兵，以固防務。

迨豐臣秀吉死後，德川家康起平內亂，獨攬政權，萬曆四十三年〇公元一六一五年〇德川家康委村山等安以經略台灣之事。村山等安係日本肥前人，奉景教，故欲利用其宗教，以收復台灣土番，乃率其子往台，德川家康以兵三千與之，欲取台灣為附庸，但後以無援，卒告失敗。這是日寇利用宗教為侵略我國之開端。

綜觀上述數次之事實，明朝已深信日本確有侵佔我國之野心，乃嚴命沿海各地駐軍加緊警備，如萬曆四十五年（公元一六一七年）之下令改澎湖游兵為長期駐防是也。

二、荷蘭人之占據台灣

歐美人中，最早發現台灣的是葡萄牙人但最早侵入台灣的欲是荷蘭人，然則荷蘭人於何時開始侵略台灣呢？據明史外國傳和蘭篇稱：

「自佛郎機（按明史所稱佛郎機係指葡萄牙而言——編者註）市香山，據呂宋，和蘭聞而慕之。二十九年（萬歷二十九年，即公元一六〇一年——編者註）直薄呂宋。呂宋人力拒之，則該薄香山澳。澳中人數詰問，言欲通貢市，當事難之，始引去。海澄人李錦及奸商潘秀、郭震、久居大泥，與和蘭人習；錦曰：若欲通貢市，無若漳州者。漳南有澎湖嶼，去海遠，誠奪而守之，貢市不難成也。其酋麻韋郎曰：守臣不許，奈何之？曰：稅使高寀，嗜金銀，厚賄之，彼特奏上聞，必報可。酋曰：善。錦乃代為大泥國王書，一移寀，一移兵備守將，俾秀賚齎往。酋急，不能待，駕大艦，抵澎湖，時三十二年（公元一六〇四年）之七月，遂築舍為久居計。撫按嚴禁奸民下海，犯者必誅，由是接濟路窮，無所得食。十月末，揚帆去。秀錦等論死罪遣戍有差。是時佛郎機橫海上，紅毛與爭雄，汛舟東來，攻破美洛居國，與佛郎機分地而守（萬歷末）。侵奪台灣地，築室耕田，久留不去，又出據澎湖，築城設守，漸為求市計，守臣懼，說以毀城遠徙，即許互市，番人從之。天啓三年（公元一六二三年），果毀其城，移舟去，然其據台灣自若也。已而互市不成，番人怨，後築城澎湖，掠漁舟六百餘，俾華人運土石助築，寇犯廈門，官兵禦之，俘斬數十人，乃詭詞求款，再許毀城遠徙，而修築如故。已又泊舟風櫃仔，出沒浯嶼白坑東椗莆頭古雷洪嶼沙洲甲洲間，要求互市，而海寇李旦復助之，濱海郡邑為戒嚴。其年，巡撫南居益初至，謀討之。四年（公元一六二四年）正月，遣將先奪鎮海港而城之，且戰且守。番人乃退守風櫃城。居益增兵往助，攻擊數月，寇猶不退，乃大發兵，諸軍齊進。寇勢窘，兩遣使求援兵，容運米入舟，即退去。諸將以窮寇莫追，許之，遂揚帆去。獨高文律等十二人，據高樓自守，諸將破擒之，獻俘於朝，澎湖之警以息，而其據台灣者猶自若。」

這是荷蘭人兩次侵犯澎湖均告失敗的大概情形，但其占據台灣却依然如故。荷蘭人侵犯澎湖是在明萬曆三十二年（公元一六〇四年）七月，但因我政府對荷蘭人採取經濟封鎖政策，嚴禁奸民下海接濟荷人，故荷人「無所得食」，乃於十月末退出澎湖。荷人退去澎湖後，「即侵奪台灣，築室耕田久留不去」，時在萬曆末，天啓初。台灣府志建置稱：

「天啓元年（公元一六二一年）漢人顏思齊為東洋國甲螺（東洋就是日本，甲螺就是頭目之類——編者註）引倭屯於台。鄭芝龍附之。尋棄之。久之，荷蘭紅毛舟遭颶風飄此，愛其地，借居於土番，不可，乃紿之曰：得一牛皮地足矣，多金不惜。遂許之。紅毛剪牛皮如縷，周圍圈匝，已數十丈，因築台灣城居之（即安平城——編者註）。已復設赤嵌樓（在台灣城內——編者註）與相望；設市於城外，而漳泉之商賈集焉。」

荷蘭人到台灣的前後，台灣完全處在顏思齊，鄭芝龍等勢力下，而當時顏思齊的勢力不僅能控制台灣，且遠及日本三島，其部下多倭人，思齊是福建海澄人，少年時遭宦家之辱，憤殺其僕，逃日本謀生，後因經商得法，家業漸富，遂成為「東洋國甲螺」，[illegible]擁有一部份的勢力。後謀在日本起事，不果，乃率部屬駕船出走而抵[illegible]，入北港，築寨以居，鎮撫土番，分兵所部耕獵。顏思齊等由日本逃至台灣時，其部下的倭人隨他到台灣的為數不少，故上面引文中有「引倭屯台」之語。

當時日寇在台的勢力已相當浩大，自然與新侵入的荷蘭人勢不兩立而發生激烈的爭奪，但結果日寇完全失敗，台灣遂為荷人所控制，時天啓四年（公元一六二四年）迄至明永明王永曆十五年（即清順治十八年，公元一六六一年）鄭成功之反攻收復台灣失地時止，共歷三十七年。茲將荷蘭人占據台灣三十七年間（即自公元一六二四年至一六六一年）的各種施設情形略為敘述如下：

（1）政治方面，荷蘭人恃着自已組織之鞏固，對於因流寇之亂及滿族的壓迫而逃難來此的中國人，經商來此的日本人以及出生於此的本地土人，大施壓迫，使不能反抗，至崇禎十三年（公元一六四〇年）台灣的荷蘭人復以西班牙人占據台灣北部（天啓六年，即公元一六二六年，西班牙人自呂宋派遠征軍，率艦入據鷄籠）要求爪哇總督派兵驅逐。是年五月荷蘭駐台灣領事波宇勒斯致書西班牙人，請撤退稱：「余不忍生民罹禍，汝其速舉城降」。西班牙駐台領事昂薩路復曰：「城固在也，汝其來取。」西班牙人既不肯退出，荷蘭人乃於八月調戰艦進攻鷄籠，不得逞。後因西班牙有事於呂宋，將駐防台灣北部的兵力一部分調往呂宋增防，致防務薄弱，荷蘭人乃乘機大舉進攻。崇禎十四年（公元一六四一年）三月，荷人又以兵五百進攻西班牙一根據地之淡水。西班牙人失利，閉城固守，但終因援絕，於九月初四日棄城逃走。西班牙人據台約十五年，終為荷蘭人所逐。

荷蘭人控制了台灣以後，尚以為未足，仍欲侵犯我沿海，如崇禎十三年（公元一六四〇年）六月，荷將郎必即里哥率戰艦進犯閩浙，為鄭芝龍所擊退。明史外國傳和蘭篇云：「和蘭之據台灣者，崇禎中，為鄭芝龍所破，不敢窺內地者數年。」據此則鄭芝龍亦戰勝台灣的荷蘭人，不特屏蔽福建的廈門澎湖，且使換一王（據魏源聖武記康熙戡定台灣記稱：時荷蘭二城已置換一王守之，與南洋呂宋古城諸國互市，漸成都會）不能統一台灣，為其子成功立根基，故芝龍降清雖可恨，但其擊退荷人鞏固海防之功，亦不容吾人忽略。

明末[illegible]年（公元一六四四年），荷蘭台灣領[illegible]，召集歸化土番之長老，設評[illegible]以番自治之制，分為南北二路，四月初四日開於南路。當時的歸化，社共有六社，即新港、目加溜灣、蕭壠、麻豆、大目降、大傑顛等是也。此外並規定於每年五月初二爲土番耕獵物徵收日。是日凡土番所獵所耕之物品均須集中於所指定之公所，除納稅外，並須將所獲之物交換荷方所發之日用品，因荷人執法嚴厲，故諸番均不敢違背。當時土地初拓森林未伐，故麋鹿野獸極多，番人多從事於打獵生活，但獵者須領照納稅，其皮折餉，由荷人售之於日本，其肉則爲脯。荷人又鑒於台灣適合牧畜，在南北二路設牛頭司，管理畜牧事宜，獲利殊多。

（2）經濟方面：荷蘭人侵入台灣之前，早已占領爪哇而由東印度公司負經營之責。荷人占據台灣之後，該公司勢力更增。荷人將在爪哇所實行的殖民政策施之台灣，故在數年間，墾拓業務已大發達，我國人來台謀生者日多，約達一萬五六千人。荷人極力獎勵開墾，從事於交通水利建設，並制王田，募民耕之，計田以甲，每丁徵稅四盾。據台之初，歲收三千一百盾，但其後則驟增至三萬三千七百盾，蓄移殖者衆，而歲入亦巨也。崇禎十二年（公元一六三九年）東印度公司曾派來台視察殖民行政，荷人除獎勵繁殖及鎮壓番族外，並積極謀對外貿易之發展，與南洋，呂宋，占城諸國及我國福建之漳泉等州互市。據佛蘭克與史威斯爾合著十七世紀荷人航海記一書之導言中一節所稱：「荷人爲保護商業航綫計，於一六二四年在台灣之西岸台南地方，築一寨口，作爲中國土產蔗、絲、綢及瓷器之入口處。」就是其發展對外貿易的一種施設。

（3）教育方面：荷蘭人入據台灣後，除極力榨取資源，開展貿易進行經濟侵略外，尤不忘於文化侵略，故天主教的宣傳，荷語的教授是隨着其侵入而同時開始，但其正式設立天主教堂是在永曆二年（公元一六四八年）時。是年荷人始在新港社設天主教堂。當時入教者已有二千餘人 此外並在各社設立學校共五處，每校學生三十人，授以荷文荷語及聖經。至永曆三年（公元一六四九年），五社學生數達六百餘名。荷人牧師嘉齊宇士又以番語譯耶教問答及摩西十誡，授番童，拔其畢業者爲教習，於是番人多習羅馬字，能作書，凡契券公文均用之。荷人又與荷婦結婚，教化之力由是日進。

三、西班牙人之盤踞台灣

在我國明中葉時代，西班牙和葡萄牙同爲歐州強國，兩國競爭海上霸權甚烈，所以當西班牙人眼見荷蘭人占據台灣經營得很有成績，不禁饞涎欲滴，既羨且妬，乃於天啓六年（公元一六二六年）從其根據地的呂宋調派遠征軍進犯台灣，並占據台灣北部的天然良港雞籠（即現今的基隆港），建築嘉魯城，駐兵防守，至此台灣島的南北遂分由荷蘭，西班牙兩國所割據。到了崇禎二年（公元一六二九年），西班牙人再派兵進駐淡水，建築羅緱古城，使其與雞籠的嘉魯城成爲犄角，同時派領事駐搭，並極力墾荒，鎮撫土番。當時雞籠淡水均爲荒蕪之地，人烟稀少，所以西班牙人亦頗費經營。

崇禎五年（公元一六三二年），西班牙船遭颶風，曾被漂流到台灣的東北部之蛤仔難（即現今宜蘭）海岸，爲該土番刼殺，西班牙人曾遣兵討伐，但不久就退去了。

崇禎六年（公元一六三三年）西班牙人爲擴大勢力曾深入至大浪泵，南至竹塹（即現今新竹），謀殖民，但後因神甫被生番殺害，不敢按照計劃進行而告失敗。

到了崇禎十三年（公元一六四〇年）八月，荷蘭人以戰艦開始進攻雞籠，翌年（十四年即公元一六四一年）三月，復以兵五百分攻淡水，雙方激戰至九月初四，西班牙人不支放棄雞籠及淡水兩城，完全退出台灣。故西班牙之占據台灣，先後凡十五年，即自天啓六年（公元一六二六年）至崇禎十四年（公元一六四一年）止。

「台灣海國」記之評介及補充

周百勳

最近研究台灣問題的呼聲，甚囂塵上，惟眞正研究台灣問題的書刊尚未多見。

竊讀內容詳盡之「明延平王台灣海國記」一書，迄今印象猶深，覺得頗值介紹之必要，同時，亦感到「讀書貴精不貴多，」古人誠不我欺。

台灣海國記，爲余宗信先生所編，他博閱羣書，三易其稿，積多年心血，迨民國二十六年始由商務印書館出版，內容爲敍述鄭延平父子抗清復明事蹟，從流寇李自成陷北京，崇禎帝殉社稷起，迄其裔孫克塽納土內附，台灣夷爲郡縣止，凡三十有七年，其間若鷺江定盟，行在朝貿，舟山誓師，台灣創國……等犖犖大節，追蹤文岳之孤忠，寄存國脈於夫餘，其忠義之氣，不朽之業，是以動天地而泣鬼神，豈第激發民族意識，愛國思想而已。書仿綱目體裁，本吾國史學，[illegible]實紀載，實爲關心台事者不可不讀，尤望熱心[illegible]者商於商務書館大批翻印，廉價發售台胞，並請補入下面一段實貴史料以資參考。按：該項史料，係蔡補先生在[illegible]校閱舊稿時所參考者，原文曾編入其軼錄之「滇緬紀事」中。蔡浦先生並附數語於篇首云，崇禎中，永曆十年，在[illegible]謀大舉，清廷命之[illegible]以書招之降，成功不從，作書報父曰：

「嗟嗟，更不思往見貝勒之時，許多好言，竟爾不聽，自投虎口，無怪其有今日也，吾父禍福存亡，兒計之熟矣，見其待投誠之人，有始無終，天下共曉，先以體貌，後鈹魚肉，總是挾之字，兒豈可挾之人哉！固已言之於先，而決於早矣。今又以不入耳之言，再相勸勉，前言已盡，回之何益，但謝衷日夜跪矣，詔無可以回殺爲變，不得不因前言而詳述之：益自古治天下，惟德可以服人，三代無論矣，漢光武恢廓大度，推誠置腹，唐太宗於同遊徽德，朝爲仇敵，一見而待以腹心。宋太祖時，越王俶全家來朝，二月遣還，羣臣乞留章疏，封固賜之，皆有豁達規模，故英雄感德，樂爲之用；若專用詐力，雖可服人，而人未必心服，況詐力之不能行乎？自入關以來，要許多人馬，費許多錢糧，百姓塗炭，赤地千里，已變於往時，茲世子由閩而來，已經三載，殊無寄謀異館，只是補舊破城，建造富饒而已。一舉[illegible]於白沙，而船遂發沒，再奔兵於銅山，而金寧殲滅，揚帆所到，而甬安便得，羅源毀後，揩商授首，此果有損耶益耶？此不揣而明矣。今欲別順逆，而不知順逆在於心，不在於形，試姜填全聲相中時行，豈非寇髮之人哉！大丈夫磊磊落落，光明正大，皎如日月，背效詐僞之所爲，苟就一局，取笑當時，試觀今日之城中，竟是誰家之天下，[illegible]無數之兵馬，費無數之錢糧，死無數之生靈，爭頭上數根之髮，大爲失策，且亦貴之不恤也，試能與兵小而計其大，給地足食，補我弁將，何難罷兵息民，彼無非，我無疑，如此則率滿漢正理無非爲人民計，爲吾父也！將兵安[illegible]得宜，則滿人無內顧之憂，海外別一天地，兒效冀由殿光，修海山林，高尚其志耳。兒志已堅，而言又實，毋煩再殺，乞恕不孝之罪！」

此外，尚有成功之母田川氏致之親書，鄉淪棲惻，兒女情長，一字一淚，不忍卒讀，惟無關大體，茲不列入。

還我先人故土台灣

捲土重來未可知，江山亦要偉人持。
成名豎子知多少，海上誰來建義旗。
——恭錄丘逢甲先生離台詩六首之一——

台灣爲一美麗之島，婆娑之洋，山川峻峭，港道紆迴，人民六百多萬，土地廣袤肥沃，乃閩粵江浙之左護及倉庫，亦我國南太平洋上一眼睛，自隋虎賁郎將陳陵首先在澎湖建下歷史偉績而後，元有澎湖巡司，設治不替，迨鄭公延平，自江南敗還，決取台灣以自保，將佔據島上的荷人驅除，當其決戰安平之日，即下令一道云，「還我先人故土，子女玉帛，任汝所之……」何等豪壯！鄭氏平台後，定台灣爲東都，置一府二縣，寓兵於農，按鎮分地開荒，招漳泉及粵東一帶先民東渡入荒陬闢草萊，制法律，定官職興學校，造成民安物阜之區。在其未被日寇掠奪前，受清廷二百多年統治，由福建布使管巡轄，光緒二十一年始設行省一八七八年日寇以台灣番人殺死日籍漁民爲口實，征服台番以後，復派大久保利通到北京，向清廷交涉，幾經談判，成立協定，雙方承認台番爲中國臣民，琉球爲日本領土，中國賠款五十萬兩，從此台灣便與福建分離，另設總督管理。一八九四年朝鮮浪人受倭主使，鬧其「東學黨」事件，我國爲靖綏藩屬，進兵釜山，釀成甲午之役，結果敗於日寇，翌年馬關締約，昏庸清廷竟忍心將台灣割去，到如今已垂半世紀矣！倭寇之治台也，以軍隊爲先驅，以警察爲工具，倭皇特御定「六三法律，」行使「委任統治」，授權台督，操生殺予奪之權在政治上嚴行壓迫，在經濟上實施掠奪，在教育上則盡其欺騙愚弄之能事，台胞處境，水深火熱，慘絕人寰，非可言宣！在這半世紀當中，台民過着悲痛慘酷的日子，嘗盡苦辣辛酸的滋味，但他們無日不懷念祖國，其對日本帝國主義統治的反抗，在中華民族奮鬥史上染了紅殷的血迹平添無數可泣可歌的新頁。日寇佔台後，以九牛二虎之力，設置大小四個以上軍港，使它成侵略的爲太平洋上一游擊根據地，造成其在遠東瘋狂氣燄，弄得整個世界不寧！

現在緬桂路上，閩江內外，寇燄猶張，世界戰局亦已到了最後階段，開羅會議「戰後台灣仍屬中國」的決議，快可實現，我國爲保持東亞的利益與安全，爲世界奠下永久和平的基石，而進於大同之域，極應運用各種方式，爭取台灣光復，即盟國間爲爭取太平洋戰爭的勝利，也必須援助台灣，收復台灣！

連日以來，盟機的大炸台灣，琉球等處，無非是除牽制非島敵軍外，在誘殲敵艦，集中一隅，俾而殲之，冀使非島重光，可人迎刃而解，我們前驅的戰士革命的大衆，應如何準備配合盟軍以光復此「我國最老淪陷區的先人故土」呢！

奮起！中國的民衆，台灣的同胞！一致在「保衞祖國，收復台灣」的目標下加緊共同努力奮鬥，則「海東台島重光日，定轉先民奠九原」矣！

台灣民俗

卓柏輝譯

—譯自昭和十八年民俗台灣第三卷第八號—

書房

台灣約在二十年以前有一種所謂書房，其主要教材爲漢文，適與日本寺小屋之教育機關同樣。

書房之教科書，在最初的時候，是教以「三字經」（人之初，性本善……的這種三字句的書籍，其次卽教以四書的課程，四書乃「大學」「中庸」「論語」「孟子」等四部，論語乃「學而」「述而」「先進」「衛靈公」等四冊，孟子這部分爲「梁惠王」「天時」「離婁」「告子」四冊。四書讀完以後，在書時，卽繼續教讀五經（易經、書經、詩經、春秋、禮記），在領臺後之台灣，大概是讀過「千家詩」「聲律啓蒙」「幼學瓊林」「唐詩三百首」「指南尺牘」等普通之課本。

書房之教授法，非同學校一樣的教法，而是依照學生的程度個別予以教授的，同時以其入學之能力爲次第，其間如果學生進度迅速者，亦可按其程度而授課，通常以學生一人立於教師之教桌側，教師乃以紅筆在書本上，教一句點一句，一句一句，一節課本經數回之教授，直使學生切了解，方令其歸位，同時還須練習誦讀，如果教師認爲該生在這節課程的語句，解釋，讀讀，均能純熟，而後乃再以同樣之教法再授另一節，否則務須繼續練習，至深切了解純熟而後止，如程度較低之學生，則每日僅以一字或二三字來教解。

書房之習字，在初學者，有如下之文句，以木版刷印紅字之練習簿，以黑墨毛筆，按照紅字模寫。「上大人、孔乙己、化三千、七十士、尔小生、八九子、佳作仁、可知禮也。落字寫呈，氏名」。

如稍有進步的學生，則寫以詩句或短文，命學生以薄白紙（薄竹紙）裝成之練習簿模寫之，再有進步者，乃學寫昔時書家之法帖，例如「一去二三里、前村四五家、高樓六七座、八九十枝花」之初淺習法帖授寫之。

書房之教方，起初是以片面的作法，例如教授書寫「天」字，則以「地」字對之，「清風」即以「明月」答之，如斯即教師謂而清風，好似明月晴闊，如或加以亂答，牛頭對不上馬面的話，那末教師之作尤如黑暴後之暴風雨，所以欲求進步，作出好文章，都是要這樣繼續努力下去。

關於書房之出入，亦有一種「出入規矩」，除有晝食之外，可謂無休憩之時間，偶然教師因事外出，頑皮的學生，則以「先生無在館、學生攪海反」，而喧戲打架……任所欲爲的吵鬧。如欲往厠所時，須向教師之「出入規矩」簽上，領到（闊約一寸，長約五寸）的竹籤，放置在自已坐位之書本上，以爲記號，便耶歸返時，亦須將該竹籤，放回教師桌上之原處。當教師閑暇巡視之際，如發現某學生之席位上無竹籤者，則認爲無故外出，與大吵鬧同罪，則須罰竹籤大打屁股，或掛椅子枷。

至於書房入學之手續，在入學時，須備有葱、若柴（松柏之木片）、芹菜、餅（以豆砂糖做成之類），鷄蛋、米糕（以糯米砂糖蒸製）等物，由進學者之家長或親屬帶往書房，因「葱」與「聰」同音，是表示聰明之意，若柴之「柴」與明同音，芹菜之「芹」與「勤」字同音，俗表示勤勉之意，故入學時必須攜帶，是謂好彩頭，至於所帶餅類係供神之用，（因書房之祭神是孔子公魁星公、文昌公），供奉畢乃將餅分給各同學，新生除了拜神以後，務須拜教師，教師乃以手引於席上，並將該生所帶之鷄蛋於席上推滾之，[illegible]推滾眞直 即謂此學生之成書[illegible]

台灣稻江歲時諺

卓柏輝

春颶頭，冬頭尾

注：颶俗讀作報，暴風雨也。釋：此謂春季之颶，風一起，驟雨迅至，而多季之颶，勢較緩云。

春山頭，冬海口

釋：言測晴雨之視處也。

春南夏北，無水可磨墨

釋：春南夏北，謂風之趨向也。

春天後母面

注：後母，即繼母。

釋：春間晴雨變幻非常，猶如繼母之存心狼險，遽變其容貌也。

一斗東風三斗水

釋：春起東風，主多雨也。

春寒雨湲溽，冬寒做大旱

注：湲俗讀那。溽俗讀宜，雨淋漓也。

釋：春寒多雨。冬寒多晴之占。

旱春好適陶，旱夏連米無

注：適陶，俗讀七桃，嬉遊也。

釋：實春可旱，而夏不可旱之意。

頂看初三下看十八

釋：如初三有雨，主上半月多雨，十八日有雨，則下半月多雨之謂也。

初一落，初二散，初三落到月半

釋：初一雖雨，初二必霽，初三有雨到望不晴。

正月寒死猪，二月寒死牛，三月寒死播田夫，四月寒死堅乖驢

注：牛俗讀愚，堅乖驢，指好勇鬥很者。

釋：此言春寒歷月之狀也。

清明穀雨，寒死虎母

釋：言春寒料峭，至穀雨猶酷也。

三月無清明，四月無立夏，新米舊米價

釋：清明，立夏兩節氣，不交三四月內者，其年新米必與舊米同價也。

四月芒種，五月無乾土，六月火燒埔

釋：芒種有雨，主五月多霖，而六月旱也。

立夏小滿，雨水相趕

釋：立夏小滿多雨，八蕃兩期之謂也。

立夏塗，下可模

釋：立夏之後，水田莠草，雖可耘鋤。

四月四日晴，稻藁較大杉樑。

釋：四月初一至初四之間繼續晴朗，日四日晴，主早季豐稔。

未食五月粽，破裘不肯放

釋：端午節後方無寒氣襲來之處。

東方透過洋，六月粟発釀

注：颱俗讀墻，粟適風鼓以鐘扇也。

釋：言六月間，東風飄颻，即早季收獲，粟粒結實，毋庸鍰扇也。

小暑不見禾，大暑不見藁

釋：謂早季收獲，務須從速。

六月初一，一雷止九颱，七月初一，一雷九來颱

注：颱則是狂風，俗讀風颱。九，言其多之意。

六月十二彭祖忌，無風亦雨鍼

釋：俗傳饑餓死日，曰彭祖忌，謂此日必有風雨之候也。

六月十九，無風水亦哮

釋：水哮，謂洪水也

六月天，七月火

釋：言暑氣至七月仍盛也，即詩經七月流火之意。

六月立，即是秋，七月立秋秋後流

注：流，七月流火之意。釋，六月立秋到八月氣候和順也。

好中秋，好埕稻

注：低窪之地曰埕，稻，俗讀作冒，

釋：中秋月明，埕田豐收之兆

雷打秋，冬半收

釋：立秋雷鳴，主冬凶歉。

早冬雨，晚冬露

注：俗呼季曰冬，以收獲而言也。雨，俗讀作後。

釋：謂早稻害雨，晚稻害露也。

冬至月末，必寒正二月

注：月末，俗讀月尾。

冬至月中，無寒無霜

釋：月中，即中旬也。

冬至月頭，烏寒年都

注：俗，讀作匠，年都即年底之意也。

台灣義士林祖密傳略

中國國民黨閩南軍司令
丘念台 作

革命不難，捨富貴而革命爲難，捨富貴而革命不難，能衛國族，辨忠節，而捨富貴以革命爲尤難；台灣林祖密者，蓋能此尤難者也。

林祖密，字季商；其先由閩之平和移居台灣彰化，祖林文察，隨左宗棠平亂有功，位至福建水陸提督，父林朝棟，受陳統全台營務，有征番，平匪，破法，三大功，而擊破法軍之功，尤著；母楊氏，亦以智勇獲使台法軍，封一品夫人；祖密之家，富貴顯赫，蓋爲全台冠也。

祖密生于時門，年十二即隨父征番；乙未台亡，其父抗倭無成，率家遷回內渡，繼命祖密回台治產；父殁，祖密即決然棄台回閩，請復籍，居漳廈，闢農場，不願食台富而受倭辱。中國國民黨總理孫公，聞名造訪：時國是紛紜，清濁不辨，祖密慨慎，來即追隨。及民國五年袁氏稱帝，祖密憤然，曰：「盜國賊民，棄義爲詐，國且不國，更何有台」，乃決志追隨孫公革命，自護國護法，而至國民革命諸役，無不與之，前後以其家財五十餘萬元，雖家計日絀不之惜；其剛毅，犧牲奮鬥，蓋非借革命謀功名利祿者，可同日語矣！

祖密，於民國七年，曾受大元帥 孫公委任閩南軍司令，率隊轉戰閩中，克復永春，仙遊，永安等七縣，旋改任粵軍第二預備隊司令；民國九年，任粵軍第九支隊司令，後改委潮梅警備司令；民國十年，任大元帥府參軍，及侍從武官，旋任廣三鐵路監督，民十一，任閩水利局長，雖均官高任重，而祖密不驕，不苟，知者遂寡。民國七年，曾受北洋軍閥李厚基拘禁於廈門，民十一，陳炯明叛 孫公，又受拘禁於廣州，民十四，卒因誠坦太過，受軍閥張毅殺于華安：雖屢遭危難，而至於死，而祖密不餒不懼，亦不求知。苟非涵泳于革命精神有得者其孰能如此淡泊，如此寧靜哉？

祖密，體精幹，性剛果，眼奕奕有英氣，擅國技，善射擊，方正少嗜好，惟善游獵，習字：戎馬之餘，又常事實業建設，農場河道，碼頭，輕便鐵路，均着有遺跡于閩南焉。

其治家，嚴正，而教子有方：子嗣均能承革命之緒，其長子正熊曾任國民革命軍第一軍游擊隊司令其次子正傳在閩南，於民國十五之討逆官職任游擊司令，民十九之剿共，任自衞總團長，民二十一之平亂，任第獨立支隊司令；四子正亮，此次抗日戰役，在江西七十[illegible]連長，民二十八以來，大小十餘戰，輾轉四年，兩受重傷，爲榮譽官佐，近始歸林，猶忠懷耿耿，五子正亨，畢業軍校，近由渝赴遠征；凡此，苟非祖密之承先啓後英武忠勇，其孰能致之？祖密眞義士哉！

總理勉同志曰：「革命尚未成功，同志仍須努力！」乃今者，愈革命，而愈不革命，愈努力，而愈不努力！安得無數只知衞國族致忠節，不顧名利富貴，不懼艱暴危難，如林祖密者，而矯之歟？

署題曰台灣義士者，祖密之徹底革命精神，蓋孕育于亡台遺恨，觀其雖復祖籍而不捨其爲台人，又嘗照拂台僑，蓋孤臣孽子之操心也。其爲閩南軍司令，乃在中華革命黨時期：而署題曰中國國民黨者，重功首，尊終始，蓋與之也。民三十三夏，念台受命往台黨務來漳，因得詳林公事跡：雖聞民國二十九年經中央撫恤，及將事蹟交黨史會，而世鮮知者，仍恐其日久益湮沒也，乃爲之傳略，以彰之世，國人受倭隔閡，稍忘台胞者久矣！亦以表著台革命精神之一斑以互勵焉。

台灣革命先賢丘逢甲

本刊資料室

回溯四十九年前當時抗日衞台的民族英雄丘逢甲先生，他的轟轟烈烈的事跡，婉然猶在目前，他的精神不死，直到台灣光復，才能死心瞑目。

民族英雄丘逢甲先生，因爲生時適在同治三年甲子，所以名叫逢甲。字仙根，號蟄仙，又號仲閼，常署倉海君，或南武山人，但以後多以倉海爲名。他的世籍是在廣東蕉嶺的文福鄉，由先生的曾祖仕駿公，才由粵遷至台灣彰化縣居住，幼時由他的父親的教養，十四歲補弟子員，十九歲時補廩餼，二十五歲就應福州鄉試，中式三十一名舉人。越年，成進士，殿試列二甲，以工部主事用，但是他不求利祿功名，顧不就職，歸到他的第二故鄉——台灣主講在台中府衡文書院，台南府羅山書院，嘉義縣崇文書院，除教學生應試及文藝外，兼講中外史實，並勸諸生每日須閱讀報紙，以廣見聞。這可見先生爲台灣倡導新教育不遺餘力。

當甲午年，中倭事起，海氛日惡，滿清海軍大敗，沿海防務，無可爲力；台灣孤懸海上，物産豐饒，久爲日寇所覬覦，由是欲乘此戰勝之威爭奪這肥美的土地。先生早已洞悉日寇的野心，爲台灣民衆的安全計，於是預[illegible]，請求台灣巡撫唐景崧，自願率士民共同保衞台灣。八月奉旨許他籌辦團練，乃捐資招募台灣義民成年者均入營受訓，合台編册有六十餘營，特別編練的三十二營，用誠、信、壯、靖等十六字名營，每個字有五營，每日加緊訓練，不久成軍，人人皆能感以大義，動以利害，足見訓練成績的卓著。至十月全部改稱義軍。

明年（光緒二十一年）三月二十三日，李鴻章與伊藤博文訂立馬關和約十一款於日本的馬關，朝鮮亡而台灣割，先生聞之，益加悲憤憤激，因爲滿清的自行斷喪台灣，於是他卽首倡自主之說，呼號島中，登高一呼，全台皆應。至五月成立台灣民主國，由先生起草憲法，開議院，立政府，用藍地黃虎爲台灣民主國國旗，永清爲年號。同時舉台灣巡撫唐景崧爲第一任大總統，統率原有官兵駐守台北；由總兵劉永福爲副總統，駐守台南；先生則任義軍大將軍，統率自已訓練的新編義軍，駐守台中。五月台北府陷，七月台中府陷，九月台南府陷，因以力孤無援的台灣官軍，那裏能抵擋强如虎狼的日寇，於是官軍盡潰，但是轉戰的只有丘逢甲先生所率領的義軍。當日寇兵犯新竹時，義軍與遇，血戰至二十餘晝夜，卒因彈缺糧盡，而告失敗。

自倭寇據台後，卽知台灣自主之議出自先生，尤以先生所率義軍抗倭最爲有力的，於是至台灣完全淪陷後，卽在各地方出重賞嚴索，當時先生知事不可爲，欲據山死守，與台共亡，部將謝道隆諫曰：「台雖亡，能强祖國，則可復土雪恥，不如內渡也」。於是先生才聽他的話，乃歸廣東鎭平祖籍，當時只三十二歲。

先生不但是個民族英雄，同時也是個民族詩雄，他的詩至少有七千首，內中大部份是鼓舞民族精神，及闡發國家思想。當他將內渡時，曾作辭台詩六首，原註云：「將行矣，草此數章，聊爲積恨。妹倩張君，請珍藏之。十年之後，有心人重若拱璧矣。倉海遺民草」。詩曰：

「宰相有權能割地，孤臣無力可回天。扁舟去作鴟夷子，回首河山意黯然。虎韜豹略且收藏，休說承明執戟郎。至竟虬髯成底事，宮中一姬類咸陽。捲土重來未可知，江山亦要偉人持，成名豎子知多少，海上誰來建議師？從此中原恐陸沉，東周積弱又於今。入山冷眼觀時局，荊棘銅駝感慨深！英雄退步卽神仙，火氣消除道德編我不神仙聊劍俠，但願新亭再有天。亂世團圓骨肉難，兄弟臨別正心驚。奉親且作漁樵視，到處名山可掛單。

自辛亥武漢舉義後，我中華民國軍政府建於廣州，先生自內渡後專事教育，以歐西新法教育青年，以革命維新鼓勵士氣，於教育界頗有聲望，當臨時政府成立於廣州時，遂被舉爲教育司長；旋充組織中央政府專代表，十月赴南京。及南京臨時政府成立，任參議院議員，至越年，因積勞病歿於家，年四十九歲。

我們閱這台灣革命先賢丘逢甲先生的短短史略，予我們以無上的興奮與激勵！在這祖國抗戰將近八週年，已經奠定勝利基礎的時候，又當開羅會議後台灣和澎湖已無疑地歸還祖國的今日，台灣革命更需要加緊努力，積極促進；我們更需效法台灣革命先賢丘逢甲先生的抗日衛台之精神，繼續努力，以完先生未竟之志，以雪清「六一七」這可恨可恥的日子！（施景堂編）

中歷西歷日歷對照表

中歷	西歷	日歷	中歷	西歷	日歷
同治七年	一八六八年	明治元年	民國十年	一九二一年	大正十年
同治十年	一八七一年	明治四年	民國十二年	一九二三年	大正十二年
同治十三年	一八七四年	明治七年	民國十五年	一九二六年	昭和元年
光緒十五年	一八八九年	明治〇二年	民國十七年	一九二八年	昭和三年
光緒十六年	一八九〇年	明治〇三年	民國十九年	一九三〇年	昭和五年
光緒〇年	一八九四年	明治〇七年	民國〇年	一九三一年	昭和六年
光緒〇一年	一八九五年	明治〇八年	民國〇一年	一九三二年	昭和七年
光緒〇六年	一九〇〇年	明治卅三年	民國〇二年	一九三三年	昭和八年
光緒〇七年	一九〇一年	明治卅四年	民國〇三年	一九三四年	昭和九年
光緒卅年	一九〇四年	明治卅七年	民國〇四年	一九三五年	昭和十年
光緒〇一年	一九〇五年	明治卅八年	民國〇五年	一九三六年	昭和十一年
光緒〇三年	一九〇七年	明治四〇年	民國〇六年	一九三七年	昭和十二年
宣統二年	一九一〇年	明治四三年	民國〇七年	一九三八年	昭和十三年
宣統三年	一九一一年	明治四四年	民國〇八年	一九三九年	昭和十四年
民國元年	一九一二年	大正元年	民國〇九年	一九四〇年	昭和十五年
民國三年	一九一四年	大正三年	民國卅年	一九四一年	昭和十六年
民國四年	一九一五年	大正五年	民國卅一年	一九四二年	昭和十七年
民二八年	一九一九年	六正八年	民國卅二年	一九四三年	昭和十[illegible]年

日寇蹄鐵下的

台灣歷代總督

本刊資料室

姓名	就任年月日
樺山資紀	明治二八年五月十日
桂太郎	明治二九年六月二日
乃木希典	明治二九年十月十四日
兒玉源太郎	明治三一年二月二六日
佐久間左馬太	明治三九年四月十一日
安東貞美	大正四年五月一日
明石元二郎	大正七年六月一日
田健治郎	大正八年十月二九日
內田嘉吉	大正十二年九月六日
伊澤多喜男	大正十三年九月一日
上山滿之進	大正十五年七月十六日
川村竹治	昭和三年六月十六日
石塚英藏	昭和四年七月三十日
太田政弘	昭和六年一月十六日
南弘	昭和七年三月十一日
中川健藏	昭和七年五月二七日
小林躋造	昭和十一年九月二日
長谷川清	昭和十五年二月二七日
安藤利吉	昭和十九年十二月二五日

台灣州廳面積與人口

本刊資料室

（五州、三廳）

一、廳所在地、面積、面積方粁

廳所在地	面積方粁
台北州	四、五九四
新竹州	四、五七〇
台中州	七、三八三
台南州	五、四二一
高雄州	五、七二〇
台東州	三、五一五
花蓮港廳	四、六二九
澎湖廳	一二七

二、廳所在地　總人口（昭和十二年末現在）

廳所在地	總人口
台北州	一、一〇一、八九八
新竹州	七六六、四一五
台中州	一、二五一、五二三
台南州	一、四二二、八一四
高雄州	七九五、七三五
台東州	七七、八四二
花蓮港廳	一二四、〇六四
澎湖廳	六八、七六一

集友銀行

宗旨

溝通華僑匯款
發展社會經濟
促進生產建設
輔助教育文化

業務

辦理普通銀行業務
優待僑胞存款放款
辦理生產投資放款
辦理國內各地匯兌

總行住址：福建永安仝正路

電報掛號：中文——零大四五
西文——"CHIHYUBANK"

分支行：廣東——東興　廣西——柳州　福建——泉州

勘誤表

頁數	欄數	行數	字數	正	誤
十八	一	一	三	章	「韋」
十八	二	十六	十三	Thia	「hia」
二二	二	四	十四	隊	「隧」
二七	三	最後脫漏「1.台灣教育行政系統表」一行			
二八	二	最後一行多一字「事」字			
二九	二	九	十二	學	「平」
二九	二	九	十三	平	「學」
二九	三	十	最後多一字「防」字		
三一	二	二一	八	有	「的」
三一	二	三〇		九九·二五·	「九九，二五〇」
三一	三	五		三七·〇·	「三七，〇」
三一	三	六		七五·四六·	「七五，四六，」
三一	三	二五	一	故	「英」
三四	三	十六	十四	校別	「別校」
三五	一	二		一，七八八	「一·七八八」
四〇	一	二一	十三	嗎	「否」
五〇	二	三行以下漏		「單位千元」等字	
五二	一欄二欄頭行下漏			「單位千元」等字	
五六	一欄二欄十九行下漏			「單位千元」等字	
七四	一	五	末	去	「一的」
七四	二	三	首	受	「愛」
七四	二	十四	末字之下漏「岸」字一字		
七四	三	九	十六	激	「澈」
七四	三	十四	末字	提	「捉」
七五	二	五	首字之下脫漏「。」		
七五	三	十九	五	平	「年」
七八	一	三	雨瀛洲之下脫漏「即是台灣」等字		
八九	二	八	「四月芒種」之下脫漏「雨」一字		
八九	二	二七		一雷九颱來	「一雷九來颱」
八九	三	十一	「六月立」之下脫漏「秋」字		
八九	三	十七	五	牛	「午」

九二頁中曆西曆日曆對照表第二欄中曆欄第七行起至十六行止之「〇」字係「廿」之誤特爲改正。

10-7-52

編後說

編者

爲着喚起國人對台灣問題的注意，進而共同作誠懇熱烈的探討，加强國人對台灣的認識，以利戰後台灣的接管工作，這是本刊編輯的初意。在人力物力困難的環境下，因爲參考資料及印刷條件都成爲梗阻編印的問題，所以拖延至今日本刊才能與讀者諸君初次見面，這是編者深深抱歉的，

我們的希望還是在取得社會各界人士的同情與援助，共同培植，使本刊從萌芽以至發育，成長能够很順利的進行。本刊是一個公開的園地，輿論崇尚自由，只要是誠摯的，熱烈的探討、研究，甚至於批評，我們都歡迎能够參加到這個園地來。尤其是福建與台灣，僅一衣帶水之隔，其密切的關係，有如兄弟手足，閩台人士在探討研究的上面，應當率先倡導不甘落後的吧！拋磚引玉，還不能算是一種奢望。

本期創刊的內容，還是偏重歷史方面的研究，認識台灣歷史，在本刊初期覺得是很急切需要的。這裏值得提出介紹的，是「台灣全史研究，」爲文甚長，對台灣歷史，自始迄今，均作透徹的闡述，以後逐期均將繼續刊出，以饗讀者。關於台灣現狀方面，力求儘量充實，本期對台灣教育，財政、農業、風俗現況均有論及但以篇幅所限，覺得還很不够。希望讀者見諒。收復台灣的設計，也是不容忽視的，梁龍光先生「台灣建設前瞻」一文，可說是說明了理想的新台灣，李友邦先生的「開羅會議後的台灣問題」一文從去年六月初寄來一直到現在發表編者深深抱歉！

從台灣的過去，現在及未來，本期都略作報導，但因參考資料的陳舊與缺乏，漏洞仍然很多，深望讀者不吝指教，惠賜鴻文，使本刊能做到更完滿一點。謝謝作者百忙中撰稿賜助，我們更希望廣大社會的作者不斷的批評指教、賜助。

台灣研究季刊徵稿簡約

一、本刊研究台灣各種問題，以加强國人對台灣之認識，並供政府接收建設之參考爲宗旨。

二、本刊徵稿內容如下：

1.特載：關於 總理遺教 總裁言論及本黨政綱政策等之宣揚。

2.報導：關於台灣歷史、地理及日寇佔領台後之施政並現狀等之報導或譯述。

3.論著：關於台灣收復後之文化、教育、軍事、政治、經濟等建設之專門論著。

4.文藝：凡與台灣有關，足以激勵國民精神及民族文化等之小說、戲劇、詩歌、傳記、史略、小品文、散文等作品。

三、本刊除特約熟悉台灣人士長期撰稿外，並歡迎各界投稿。

四、來稿力求簡練，以三千字左右爲度，有特殊價值者，不在此限。

五、來稿不拘文言語體，但須繕寫清楚，並加標點符號。

六、譯稿請附寄原文，如原文不便附寄時，則須註明原文題目，作者姓名，刊物名稱及出版年月與地點。

七、來稿請附眞實姓名、略歷、住址以便通訊。

八、來稿一經刊載後，酌贈是期本刊，或酌致稿費，每千字五十元至百元，惟已在他處發表者，不另致酬。

九、來稿本刊有修改之權，如不願增删者，則請預先聲明。

十、本刊來稿除預先聲明，並附足郵票者外，概不退還。

十一、來稿請寄福建永安吉山第二號信箱，並請於封面註明「台灣研究」稿件。

福建省銀行

儲蓄部

儲蓄種類

活期儲蓄

簡易儲蓄

整存整付

整存零付

零存整付

存本付息

手續簡便

各地分支行處隨時均可存儲

利息優厚

種類完備任憑選擇

10.7.52

台灣研究季刊

第一卷第二期

「紀念六一七」

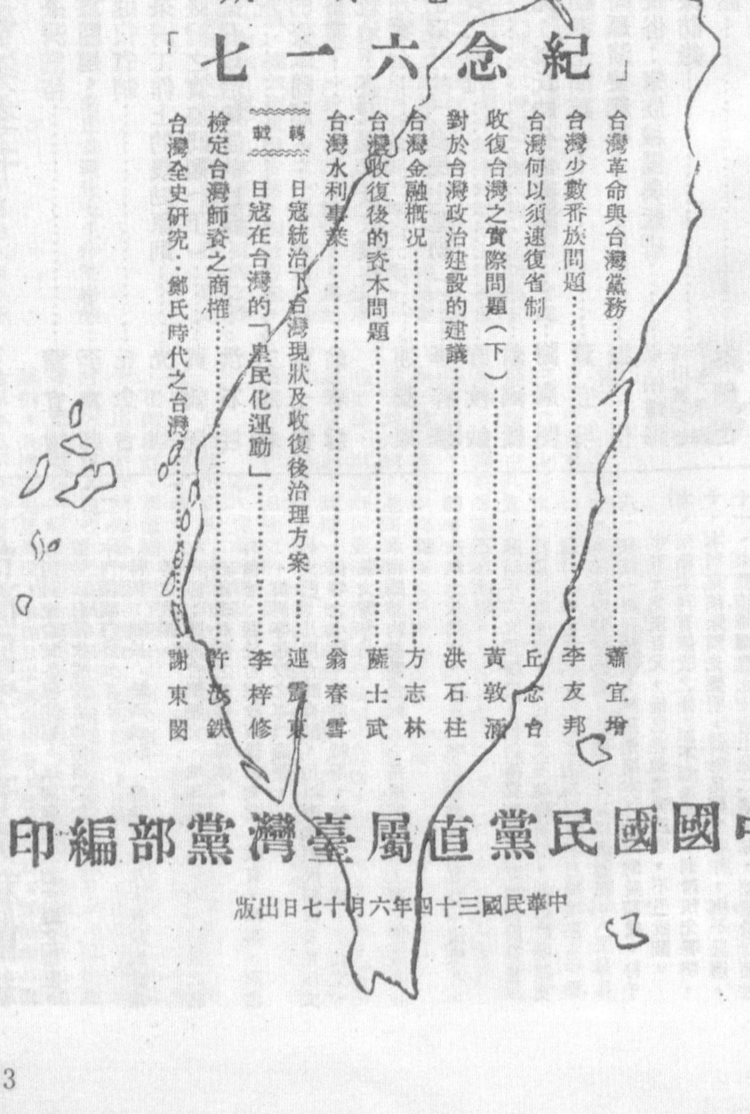

中國國民黨直屬臺灣黨部編印

中華民國三十四年六月十七日出版

5113

《台湾研究季刊》第一卷第二期　　一九四五年六月十七日

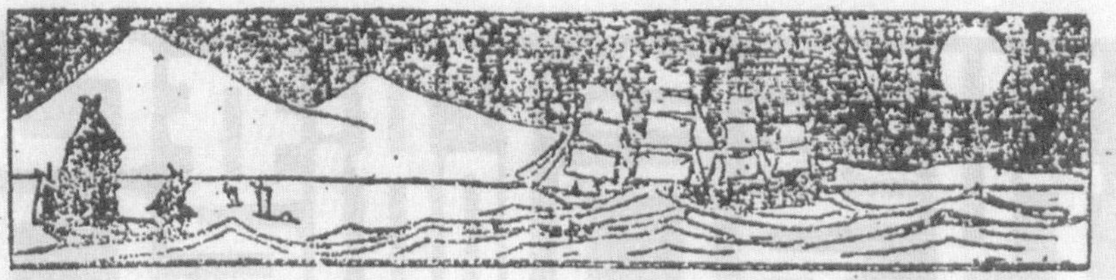

台灣研究季刊 第一卷 第二期 目錄

台灣研究季刊徵稿簡約

一、本刊研究台灣各種問題，以加强國人對台灣之認識，並供政府接收建設之參考爲宗旨。

二、本刊徵稿內容如下：

1. 特載：關於 總理遺教 總裁言論及本黨政綱政策等之宣揚。
2. 報導：關於台灣歷史、地理及日寇佔領台灣後之施政並現狀等之報導或譯述。
3. 論著：關於台灣收復後之文化、教育、軍事、政治、經濟等建設之專門論著。
4. 文藝：凡與台灣有關，足以激勵國民精神及民族文化等之小說、戲劇、詩歌、傳記、史略、小品文、散文等作品。

三、本刊除特約熟悉台灣人士長期撰稿外，並歡迎各界投稿。

四、來稿力求簡練，以三千字左右爲度，有特殊價值者，不在此限。

五、來稿不拘文言語體，但須繕寫清楚，並加標點符號。

六、譯稿請附寄原文，如原文不便附寄時，則須註明原文題目，作者姓名，刊物名稱及出版年月與地點。

七、來稿請附眞實姓名、略歷、住址以便通訊。

八、來稿一經刊載後，酌贈是期本刊，或酌致稿費，每千字五十元至百元，惟已在他處發表者，不及致酬。

九、來稿本刊有修改之權，如不願增刪者，則請預先聲明。

十、本刊來稿除預先聲明，並附足郵票者外，概不退還。

十一、來稿請寄福建永安吉山第二號信箱，並請於封面註明「台灣研究」稿件。

台灣革命與台灣黨務

蕭宜增

一、引言

本黨爲抗戰建國最高領導者，且爲中國革命發動力的根源；台灣久隸我國版圖，我漢族生息蕃繁，其間反抗清廷之鄭成功、反抗暴日之丘逢甲，以及十二次民族革命之經過，實爲中國革命歷史上可歌可泣之事蹟。本黨領導國民革命，推翻清廷反抗帝國主義，革命運動隨時代進化而演進，抗戰迄今，已使中華民族躋於四强之列，而開羅會議決定以台灣歸還中國，實爲本黨革命歷史上最燦爛光輝之一頁。

台灣黨部開始籌備於民三十年，而正式成立於民國卅二年，依照中央國策，領導台灣革命分子革命團體，一致在本黨旗幟之下，爲光復台灣而努力，這顯明地台灣革命，實爲國民革命之一環，台灣黨部今後的主要任務，對於收復台灣以後，應如何組織台胞，訓練台胞，行使四權，如何灌輸三民主義教育，消除日寇文化佈布的毒質等工作，亟待省察過去，檢閱現在，準備將來，以便推進各部門工作，而期收穫偉大的效果。

二、台灣概況

爲使先了解台灣自然環境等客觀條件，對於台灣現況先作簡略的說明：

甲、台灣的史地

台灣在歷史上地理上都是中華民族生存不可分割的部份，距今千年前，已有我們先民開發的足跡，迄今全島人口，據敵日年鑑一九四〇年底統計爲六百零七萬七千四百餘人，人口密度，每平方公里爲一六九人，與我國東南沿海各省人口密度比較佔第六位，除了四十餘萬番民和卅餘萬的敵人外，其餘全是炎黃華胄，就中以閩粵籍人爲最多，其語言風俗習慣，與福建廣東二省完全相同，氣候居溫熱帶，面積三萬六千方公里，財政歲入在六萬萬元以上，米產年在三千萬担，全部生產年在八十萬萬元以上，台灣與福建對峙，不但爲省外重門戶的屏障，且爲東西海防的要地，與海南島成犄角之勢，實爲我國海疆上兩隻眼睛，自西歷一八九五年，敵人攫取台灣後，慘淡經營，竟成爲今日敵寇進攻中國及南太平洋的跳板；在地理上，假使台灣爲前哨，配合馬尼剌，及西貢等基地，更形成婆羅洲、馬來亞及蘇門答臘的大包圍圈，以控制印度洋，台灣又爲琉球的屏障，假如沒有台灣，琉球就無險可憑，琉球一失，日本全部，已受了唇亡齒寒的威脅，由此看來，台灣的收復，不僅是我們的迫切需求，而且在盟國海上戰略上也有協助我們早日收復的必要。

乙、台灣的軍政

日寇統治台灣凡五十年，其地方組織至爲嚴密，台灣總督府下設五州、三廳，即台北州、台中州、台南州、新竹州、高雄州及台東廳、花蓮港廳、澎湖廳，再下有十一市，五十一郡，五十六街，二百七十三庄，州設州知事，廳設廳長，郡設郡守，庄設庄長，以街庄爲鄉村地方基層，由台人任庄長，以郡爲統轄基層重心，由日本人担任郡守，並以警察爲負責監督指揮全台之樞紐，近更積極推行所謂皇民化運動，及准台民服兵役，參加日本國會選舉等，籠絡台民，以攏其政治軍事之不及與困危。至軍事方面，因台灣處於日本與南洋各國之間，海防空防均極重要，以前有六支陸空軍長駐台島，現除淡水、新竹、台中、鹿港、嘉義、台南、岡山、高雄、屏東、花蓮港、宜蘭、馬公等十五機場外，並積極建築，飛機亦增加至一千架，其司機員已有萬員左右，陸軍在「七七」以前僅三聯隊，分駐台北、台中、台南三處，現已向日本本土大量徵調，並在島內實行徵兵制，已編訓入伍者統計有卅萬人以上，與日本常備兵等合計，已不下五十萬人，此外尚有義勇報國團、挺進隊等民衆武力；敵人爲求死守台灣，最近更飭令自國民學校高級以上學生均停止授課，施以軍事訓練，其用心實算毒辣。

三、台灣民族光榮革命的一頁

我們既明瞭目前環境實況，再進而了解其過去革命史實，以便按照實際情狀，繼續發揚革命精神，樹立今後黨務基礎，茲將革命運動先行分段敘述：

甲、反對壓迫爭取民主獨立的階段

A. 鄭成功據台抗清和建設台灣

一、抗清的經過：鄭成功字大木，福建南安人，當清兵南下時，明朝遺臣，紛紛起兵抗清，除了史可法以外，其規模最大，經營最久者爲鄭成功，鄭氏是芝龍之子，當清兵進至閩浙時，芝龍竟和清人暗通聲氣，雖經成功據理力諫，終不聽從，清兵攻下浙江直逼福建，芝龍卽降清，鄭成功不得已退守廈門一帶，積極練兵，在福建沿海各地，打敗清兵，、直到清世祖順治十六年，又親自率兵攻克浙江溫州、台州，更由崇明駛入長江，奪取瓜州直趨南京，聲勢浩大，頗有收復明代河山氣概，但不久被清將梁化鳳所敗，向東退走。

二、建設台灣：一六六一年三月，延平郡王鄭成功自金廈出師直攻台灣，驅逐荷蘭庫頁砂。是年六月，淪亡二十六年的台灣遂爲鄭氏收復，爲明臣抗清的大本營，鄭氏本是雄才大略深謀遠慮的人物，復台後便努力經營，一切設施，頗爲宏大，採寓兵於農的制度，訂法律，興學校，廣招明朝遺臣雜民爲將來恢復明室的準備，因此國內的志士，渡海至台灣的不知凡幾，朝氣蓬勃，儼然具有獨立國家的規模。

B. 丘逢甲倡導民主共和

中日戰爭，光緒卅年西曆一八九四年）失敗而訂立馬關條約第二款中規定：「台灣全島及所有附屬各島嶼及澎湖列島永遠讓於日本。」距今五十年矣，當時以此噩耗傳至台胞耳膜之後，台灣民衆，莫不義憤填膺，敵愾同仇，清政府既不能保護我們台灣人的自由，我們只有憑自己的力量去爭取。當時的工部主事丘逢甲，進士許南英，舉人汪春源、羅秀惠等，即率領全台同胞，上呈給台撫唐景崧，要求他向清廷力爭，呈文云：「和議割台，全台震駭，自聞警以來，台民慣輸餉械，不顧身家，無負朝廷，列聖深仁厚澤，二百餘年，所以養人心正士氣，爲我皇上今日之用，何忍棄之？全台非澎湖之比，何至不能一戰，臣等桑梓之地，義與存亡，願與撫臣誓死守禦，設戰而不勝，請俟臣等死後，再割地，皇上亦可以上對祖宗，下對百姓，如倭欲來收台灣，台民惟有開仗。」此時方針已定，旬日間就成立組織台灣民主國，公推唐景崧爲大總統，以劉永福爲副總統，李秉瑞爲軍務大臣，俞明震爲內務大臣，陳季同爲外務大臣，一面照會世界各國要求要承認這新誕生的東亞第一個民主共和國，國號爲永清，以藍底黃虎爲國旗，改台灣巡撫衙門爲內外兩部，各設大臣一人，唐景崧守台北，劉永福守台南，而丘逢甲負整理全台團練，加緊募壯丁，編練軍隊，充實糧械，儼然具有獨立自由民主國家的精神；一面張貼佈告，痛陳台民抗敵圖存的決心。當全台民衆反抗日人接收台灣的消息傳至日本政府後，卽下令以北白川宮能久親王爲統帥，率近衞師團來攻台灣，同時有地司令長官亦率其艦隊來封鎖台灣沿海，掩護師團登陸作戰，首先在澳底登陸，我官兵民衆，節節抵抗，予敵人很大的打擊，到五月中旬基隆陷落，唐景崧逃內渡後，台北相繼失守，而台民又擁戴劉永福繼任大總統，希圖反攻，終以寡不敵衆，八月廿八日，台中彰化一帶，又告失守，十二月廿日逼台南，劉永福知大勢已去，遂由安平港潛赴廈門，然而民主國並不因此而喪失鬥志，他如竹塹、中壢、桃園諸役，敵軍傷亡慘重，台民繼續作戰六年半，始終不屈服於日寇的統治下，至一九〇二年詹阿瑞被捕後，台人武力抗日才告一段落。

綜觀以上兩件革命運動，可以看出他們民族革命的特徵和癥結的地方，他們的口號，都以推翻專制的滿清政府，光復明朝的河山爲職志，換言之，口號就是主義的雛形，他們既有了主義，便能產生願損不滅的團結，有了顚撲不滅的團結，便能產生很大的力量，有了力量就可以推動一切的一切，他們雖知物質懸殊，衆寡不敵的道理，可是他們爲着民主自由的關係，不惜任何犧牲，就其本身缺點來說，義軍組織及指揮兩方面，缺乏統一，又失聯絡，這是失敗的原因；後藤實行保甲連坐法，使我台胞陷於自相殘殺，又針對了我義軍不統一而實施各個突破的戰術，又是一大原因，然而到了現在，這些血帳無疑地已讓我們後起的同志起來淸算。

乙、本黨同盟會的崛起

本黨同盟會於民國前二年開始在台灣活動，並組織台灣分會，至民國三年台灣青年前後加入同盟會爲會員的達七十餘人，台灣黨部翁故主任委員卽其一人，中國同盟會當時最大的目的，以推翻滿淸的統治，得到政治上的平等，爲了達到這個目的，在政策上，不能不因應環境，鑒於避免因台灣問題要引起日本對我革命的阻力，當時同盟會遂採取這種縮小工作範圍的政策，實爲惡劣環境下不得已的權宜辦法，民國三年十一月九日，同盟會台灣分會，宣告解散，然該會雖然解散，可是種下了台人十二次革命的因素。

日本帝國主義爲着永久保護殖民地的原因，採取高壓政策，一味殘殺，暴戾恣睢，無所不用其極，可是太台灣的「民族正氣」，屹然獨存，一有機可乘，接踵而起，成仁取義者，不知凡幾？茲將十二次民族革命運動史略，表列如左，以見其壯烈的史實：

革命次數	革命名稱	時間	革命經過與失敗原因
第一次	林大北之革命	一八九五年	林大北恨日人之兇殘及同胞遭受慘殺，毅然以光復台灣爲己任，糾合四方同志百餘人，在宜蘭揭竿起義，後以郭同志之援兵不至，被殺，遂告失敗。
第二次	劉杓之革命	一八九六年	劉氏爲清政府領台時東區守將，富於革命思想，台灣淪陷後，糾合志士陳秋菊、簡大獅、鄭吉生、柯鐵等起義抗敵，初則聲威甚盛，繼則失卻聯絡而失敗。
第三次	陳發之革命	一八九八年	陳氏目擊三次革命的失敗，隨於一八九八年四月，正擬率黨人進攻台南，因機謀不密而失敗。
第四次	詹阿瑞之革命	一九一二年	詹氏因兒玉總督實施食鹽、樟腦專賣政策，引起台民的公憤，詹氏一呼，響應甚衆，於是年三月率黨人進攻台中，台中陷，不久又陷葫蘆墩，佔東勢角，聲勢浩大，而以詹氏太驕，卒爲日本台北軍所敗。
第五次	蔡淸琳之革命	一九○七年	蔡氏目擊屢次革命的失敗，乃組織「中興會」秘密介紹黨員，至一九○六年，全島已有會員四百餘人，一九○七年十一月北埔黨人首先發難，陷支厂，旋又陷新竹及台北西部等地，後因台南黨員不密，被殺殆盡，失去聯繫。
第六次	劉乾之革命	一九一二年	劉氏乘祖國革命成功的機會，在南投林杞埔一帶，召集台民，鼓吹抗日，附和者如蟻赴羶，十一月攻頂林日警派出所，事出倉卒，又絕後援，旋即失敗。
第七次	黃朝之革命	一九一二年	黃氏聞劉氏革命失敗後，想完成先烈遺志，毅然號召台胞非抗敵無以圖存，卒以事不密，爲日警探悉圍捕殺之。
第八次	陳阿榮之革命	一九一二年	陳氏爲南投平民，但富於革命性，不忍坐視同胞之慘狀，帮胥殺添佐酒，光復台灣爲職志，遂悅近來，黨人甚衆，擬祖國雙十節謀起義，事不密，全部黨員，幾爲日寇一網打盡。
第九次	羅福星之革命	一九一三年	羅氏幼年隨父經商台灣，不願受奴化教育，乃毅然返祖國，旋應友人劉士明約赴台在栗苗組織革命黨，不幸於一九一三年三月間事洩被殺
第十次	李阿齊之革命	一九一四年	李氏以父爲日寇所害，常以父仇不報，何以生爲爲金，遂密集革命同志二百餘人，擬攻日警署，爲奸細黃天一報警，被捕，失敗。
第十一次	羅阿頭之革命	一九一四年	羅氏感福生革命的失敗，於同年五月間，又密集同志五百餘人，攻大[illegible]警署，殺警無算，又佔六甲支厂，日政府得悉後，派大軍鎮壓，羅氏不支，被捕而殺
第十二次	余清芳之革命	一九一五年	余氏，已[illegible]十一次革命的失敗，不免令台胞意志消沉，遂利用先烈陰靈之托，號召台胞，頗有成效，後因蘇東海、朱日佛等謀不密，反爲日寇先發制人而失敗。

丙、台灣文化協會運動

自丘逢甲領導民主國解散以後，抗日的目標，只打退敵人，並無新的口號，對將來的建國失去了共同的信仰，自然民衆的熱情也隨着時間推移冷淡下去，這是不可避免的趨勢，至一九二三年林獻堂、蔣潤水、林幼春等，受了屢次革命失敗的餘波的反響，在台灣組織文化協會，以溫和的辦法，向日寇要求民主參政，各地組織分會，普遍全台，智識青年參加最多，可是台督又改變以懷柔代替彈壓，以分化來緩刺刃的懷柔政策，自一九一九年田晃總督就任後，武官總督制度暫時作廢，日寇提倡同化主義，並說台灣人將來可以享受日人同等的權利爲招牌，和緩台人的反抗，一九二〇年設立「台灣總督府評議會」（略似我國各省臨時參議會），各州市街莊各設各級協議會，用以收買地主及落伍的智識份子，分化台灣的革命力量，但是革命同志仍堅持「政治獨立」的要求和「自治體的民選制度」，至一九三四年中川總督再修改地方自治制，一九三五年秋開始各級的協議員半數的民選制度，一九三四年的地方自治制度修改如左：

一、從前之州市街莊各級協議會改稱州會、市會、街會及莊會。

二、右列各州市街莊會協議會之議員官選民選各半。

三、州會各市會由諮問機關，改爲議決機關，街莊會仍爲諮問機關。

四、凡納直接國稅五元以上者，付與選舉票。

五、凡地方官廳有解散自治機關之權，對自治機關之議決有取銷權，有否決權，及要求復議權。

這種欺騙人民的自治制度，台人當然不能接受，於是一般激烈份子認爲妥協辦法，實際上亦是妥協的自治運動，故對文化協會逐漸分化與解體，遂又產生農民組合等等左傾組織共產黨，採取的策略是佔據台灣文化協會來做他們的掩護，所以因連溫卿王敏川等領導會內左傾份子，在一九二七年一月的大會，以壓迫到會的會員排除反共份子，將台灣文化協會改組，民族主義派的同志認爲這種做法，既不合理又不合法，全體退出文化協會，另組台灣民衆黨應戰，共產黨一面發刊「大衆時報」與「台灣民報」抗爭，一面又用「借屍還魂」的策略，侵入民衆黨系統的各組織裏面活動，引起內部激烈鬥爭，共產黨佔領了文化協會之後，又收台灣農民組合及總工會爲其羽翼，一九三〇年，紛紛侵入台灣開始活動，觀音山會議後，集中其全力於太平山製材廠，策劃罷工，後來因爲趙港案的牽連，組織的機密洩漏於敵警，致發生一九三一年的共產黨案，總之台灣文化協會，因其本身未具本黨革命精神，且因日人防範嚴密，終無多大成績表現。

四、台灣黨務組織的發展

甲、黨務的沿革

民國十五六年間，中央在廣東時，經派人入台灣活動，因無成效而中斷；抗戰後，內地台胞，各立團體，如「台灣獨立革命黨」、「台灣民主總聯盟」、「台灣革命黨」、「台灣國民黨」、「台灣青年黨」等，但意見紛歧，步驟凌亂。我中央高瞻遠矚，乃於民國三十年二月，統一內地各團體着手，先將五個團體合組爲「台灣革命同盟會」，進而組設台灣黨部籌備處，以翁俊明爲籌備主任，劉啓光爲秘書，工作據點設香港，向島內推進，淪陷後，工作人員先後向粵省內移，卅一年春，中央鑒其基礎不健全，遂先舉辦黨務幹部訓練班，始在曲江籌備，繼遷泰和開班，以贛省主任委員梁棟爲總指導，以翁主任爲班主任，九月一日開課，至十一月中旬結束，訓期兩月，參加學員有張潤菊等六十人，嗣以中央爲加強其工作起見，於卅二年三月一日復改組成立爲正式黨部，仍以翁俊明爲主任委員，林忠、丘念台、郭天乙、謝東閔等爲委員，并以林忠兼書記長，黨部遷福建漳州，以××委員等五人駐島內，分負督導責任，并在東南要港設交通聯絡站，爲島內外工作聯繫之樞紐。

民國卅二年十一月十八日，翁主任委員病故，中央遂派蕭宜增爲委員兼書記長，并暫代理主任委員職，除部址奉令遷永安外，一切工作人事，多仍舊貫。至組訓工作，因淪陷區種種困難，除外圍團體外，截至現在已共新征黨員七百餘名，均分佈島內外參加組織。過去島內曾用某種外圍團體名義進行組訓，現又復採用據點方式，分別建立各項工作與行動小組。至縣市區黨分部組織，開始活動者有台北台中台南台東等四個區域。

乙、現階段的黨務

一、根據前面各項認識與當前國際情勢，今後黨務，不獨應改弦更張，并應加緊進行，始能配合盟國之軍事進展，而收回此一片美麗河山。

A.組織方面

一、該島孤懸海洋，日人統治嚴密，組織工作，應以小組制爲原則，以小組組織爲黨團活動，各組中樞，始終保持聯系，并會各組員在一定期內能單獨另立小組而爲有系統性之機體。至區黨分部之組織，要条慎從事，務須肅淸敵僞份子，以宣傳展開組織，以組織擴大黨務行動，以行動利用於宣傳作爲連環性之活動，至內地之區黨分部及小組，即可作爲羅致台胞及宣傳幹部之機構。

二、台灣團體頭緒紛繁，除中央已設立台灣問題研究會外，在閩省有教育部主辦「海疆學校」；政治部主辦「台灣義勇隊」；中央警校主辦「台灣警幹班」；戰區主辦「台灣工作團」；最近中央團部成立「三民主義青年團台灣團部」等，現在接近收復，工作機構，又如此林立，殊感不便，中央亟應定統一步驟：（一）應由台灣黨部爲統一領導機關，領導台灣各團體策進工作。（二）決定每年度之全盤計劃，分配各團體負責執行，實行分工合作，收效較易。（三）集中人力財力統籌支配，完成中心工作。（四）分區負責，策進工作，實行工作競賽，提高工作精神。

三、爲配合黨政工作并研擬各種收復與建設方案起見，台灣黨部組織條例，得設特種委員會，規定已成立「台灣建設研究委員會」，聘請台灣問題專家爲委員，從事工作，年來因各種材料缺乏關係，甚感困難，引以爲憾！再加努力，羅致人才，充實一切，以期向中央提供確切方案，樹立省政基礎。

B.訓練方面

訓練工作，除加強原有「××會」及「××研究會」外，仍應用公開合法名義，組織民衆團體，以作組織行動護衛，并設法打入敵寇各團體，建立核心，潛伏活動，以收爭取分化之效。除島內情況不便敘述，茲將內地外圍工作情形，加以檢討如左：

一、各地台胞痛苦的解除：抗戰初期，閩海一帶台胞强迫集中崇安者達五百餘人，去年八月間，台灣黨部奉令赴崇安辦理接管，業將全數台胞予以解放，恢復自由。此等台胞智能品類均不齊一，亟須繼續予以訓練，使爲光復台灣之有用成員。又台胞在閩產業，因抗戰關係，被駐軍沒收者爲數甚多，現交閩省接管之財產，亦不下數千萬元，就南靖、龍溪、海澄、同安、平和等縣之農場宅第牲畜等而言，歲入達數百萬元。此種措施，在當時固有意義，但因此確使台胞發生甚大反感，現曾已發還一小部份，今後仍應依照行政院意旨，視其有無通敵嫌疑，分別敵產與非敵產，由台灣黨部會同閩省府處理。

二、各地台灣同鄉會的成立：爲求吸收台胞，團結台胞力量起見，爰於去年在廣東蕉嶺、福建崇安、龍溪等縣，先後成立台胞同鄉會。在該地台胞同鄉會登記台胞之目的，在了解其人數職業技能，生活狀況，及各種專長，使接管台灣或現在推進工作時，得盡量運用台灣人才，以達收復台灣之大業。這種工作，自去年開展以來，頗有成效，今後應於沿海各縣及各交通據點，多設立台胞同鄉會，以資聯繫。總之我們要隨時隨地扶助他，指導他，訓練他，以改變各地台胞對黨部之觀感，藉以提高黨部威信。

C.宣傳方面

一、宣傳工作，應以皇民公會（以總督御用甲長爲基幹，以台胞爲會員，遍設各州郡，實施徹底倭化台灣之花樣）、作業奉仕隊（總督强迫勞動服務之圈套，以工農爲主要份子）、青年團、少年挺進隊、及婦女防諜團（其份子多台灣之青年男女）、及志願兵伕等團體爲對象，進行各種工作。又在台灣志願兵伕，被征調者，已達三千餘萬人，分佈在安南、緬甸、海南島各地，應派幹員參加第四戰區（對安南作戰者），及遠征軍司令部（對緬甸作戰者），担任策動志願兵伕工作，以爲將來配合同盟國海軍進攻台島之前導。

二、在島內直接提出三民主義的名詞，使敵人一聽便知與本國運聚事業，是不智舉動，宜採取間接而又以五花八門論調出現於島內各階層，方稱合式，此種宣傳達到一定時機，立刻可以還原歸納於三民主義，其方式大約如次：

民族主義之宣傳方式：台胞之敬祖奉宗，保守神主與墳墓爲數千年來之傳統的習慣，其程度能使社會人士欣羨的稱爲「生須蘇杭二州，死須福建泉州」等句，根據此點，就可知台胞對血統之認眞。最近敵人在皇民化運動中，用高壓的統治權，禁台胞奉祀神，而台胞之溺於迷信，亦最爲普遍。所謂「一法立，一弊生」，不但台胞之私奉神主愈嚴愈巧，而有徒之神祀陋俗，亦愈演愈劇。予吾人以宣傳之機會，如利用海員懷念神主尊賢來宣傳民族主義，則有數方法可以採用：(1)用舊禮教來宣傳「孝」「義」，自郊社之禮歸皆之義，以及祖宗創業史實，皆可鋪張宣揚，亦必有民族主義效果。(2)用日本式的大和魂來說明引證及於中華魂，主要的闡明忠孝大義，而歸納於民族主義。(3)立於歐美式立場，尤其是德之泛日耳曼主義，來宣傳民族主義等，以上三種可分別編成有系統的教材，以訓練各部工作同志，必須達到目的。

民權主義之宣傳方式：就現狀因戰爭而招致了困苦情形以檢討民權之重要性，以同情日本政黨態度（日本政黨亦主張民權），極力宣揚民權之不可忽落，此種態度與日本人相同，可以獲得民衆之同感。其方法，亦可分爲數種不同的論調方式，在某一區域內錯綜的交互進行：(1)專採取孟子學說的民權主張，以古代的學說方式出現。(2)採取日本的立憲主張與事實來宣揚民權主義，尤要者莫於司法獨立的事實（按日本司法的獨立，爲台胞所信服）。(3)講解近代中國史，說明御史台與考選制度及近代法學通論比照，以宣傳五權分立憲法等，亦可分別訓練工作同志，以便分隊進行。

民生主義之宣傳方式：就近狀物質缺乏，米糖的被搜刮，以及官吏的貪污情形，和生活上的一切不平狀態，加以檢討，亦有數種不同的方式：(1)以舊式的學說，如孟子民生論調出現，其論據亦甚嚴底，尤可利用古代井田制，以宣傳我黨的平均地權。(2)純粹採用近代經濟學說來說明物質供需的民生意義。(3)用日本的勤勞與享受而激發大衆對統制的不公平狀況，以達到民族主義的宣傳目的。這種工作可分別編製各種教材，以資訓練黨員。

以上各種宣傳方法，皆根據「三民主義」原義，以取側面宣傳方式，分別發揮所謂「放之則彌六合」之義，及至發揮到某種時機，或達到個別理解目的後，則吸收黨員，加以正式的「三民主義」訓練，其對大衆之影響，亦至一定時期可選粹爲「三民主義」。

五、將來幾個重要工作問題

我們黨部的工作，因堅苦支持，雖不能達到理想的標準，可是已得到了相當的經驗，現在收復在即，我們更應加强努力。惟國民大會又將召集，國民大會後，本黨即要實施憲政，還政於民，將來黨的設施，自有若干部份與現制不同，未能一依舊例辦理，台灣黨務自亦不能例外：惟台灣收復伊始，千頭萬緒，意見不一，恐陷於分崩離析之狀，且台灣已狃於日制，更應須本黨來領導一切，訓練一切，逐步改進，使台胞對組織有堅固的觀念，對本黨有深刻的認識，教育、政治、經濟等，又有穩健基礎，而全島台胞達到能接受三民主義行使四權，政權才可還諸於民。而黨務自應於一定限度內確保革命立場，明示監導政治地位，同時要舉行全島黨員總登記，并要繼續吸收黨員，嚴密組織；至工作方面，除黨部核定正常職務外，應側重社會事業之推進，加强台胞內向之心理。

甲、基層的建立

台灣給日人統治了五十年，台胞狃於日人之習性者甚多，將來我們收復台灣後，固然要積極於革心工作，但是必須按步就班，潛移默化，否則恐引起台胞的誤會，其他諸問題暫且不論，就對於各縣黨部下層基層，究竟如何劃分與建立，這是值得我們討論的地方，據我個人的意見，最好根據其原有地方組織，總督府下轄五州，三廳，十一市，五十一郡，五十六街，二百一十三庄，蓋其五州三廳實等於內地行政督察區，可分設黨務督導區外；十一市可劃爲十一個市黨部，五十一郡可劃爲五十一個縣黨部，五十六個街及二百一十三個庄可劃爲二百六十九個區黨部；將來自須以黨員多少爲劃分標準，但以此爲吸收黨員發展組織目標，既可減少困難，將來黨務開展的迅速，自然是意中之事。

乙、國語的推廣

台胞受倭化教育五十年，已成「日本通」，能操寫通順文字者，有如鳳毛麟角，語言方面，除日本語外，有閩南語、客家語及番族語等等，更是種類繁多，應對他們講論「三民主義」，非先統一語言文字不篤功。古云：「工欲善其事，必先利其器。」所以我們第一個步驟就要以修正在台灣推廣日本國語辦法六條，配合我們的教育工作，要積極提倡國語，獎勵國語，全島各小學教學，固須用國語，而公共場所亦要漸次用國語；并須廣設國語講習班，使國語得在台灣迅速通行；另一面嚴厲禁用日語，方能收事半功倍之效。

丙、番族的開化

台灣高山番，約有四十餘萬，內分高砂族、平埔族等族，自從日人不斷的討番以來，生活日見困苦，已將從前恨殺漢人之念移向日人，其成性獷勇好鬥，不服威脅，其首長以多殺人頭為能事，住在高山與日人鬥殺，毫不畏懼。近來有多數台胞犯法逃入番社為伍，敵人亦無可奈何！我們治番首先確立番民政策，盡量聯絡與番人當接觸之台胞，如山中樟腦廠職工等，及諳方言風俗人士，深入聯絡，勸導番族社長；同時要趕快成立（一）物品交流所，予以漢番多接觸之機會；（二）廣設化番局，灌輸三民主義的思想；（三）提倡國語運動，避免隔膜、誤會，藉資聯絡情感；（四）增設中小學番民師資；（五）打破漢番門戶，互通婚姻；（六）提耕工具及耕作方法之傳習等等。如此，容易使番民漢化，親切合作，喻如一批抗倭的生力軍。

六、結論

甲午之戰，台灣的割讓，是中國革命的一個原因，今日抗戰的近因，雖然是「九一八」事變，而其遠因當然回溯到甲午之戰，所以中國之革命與抗戰，都可以說是因台灣的喪失而起，然則非收復台灣不能說是抗戰勝利，革命成功，建國完成；抗戰勝利，革命成功，建國完成，必自收復台灣之日起。

現在歐戰已告結束，軸心夥伴漸次滅亡，目前自然不是可能不可能收復的問題，而是如何予以適當的改造與運用的問題；台灣為日寇統治五十年，政治的設施與產業的開發，均有相當的成功，同時地處海洋上面，多數台胞且受相當時期的倭化，其一切一切均與內地各省有別；我們現在根據各方面的認識，無疑地台灣收復後，樹立黨務基礎，推行三民主義，實為當務之急，惟內地黨務已有長時期之奮鬥，而台灣則反是，收復與建設工作，要在短期間內同時進行，同時完成，千頭萬緒，深願國內人士與台灣同志，了解其特殊性與需要性，發揚台島革命先賢精神，迎頭趕上，才能建立一個嶄新的三民主義化底台灣省。

卅四年五月於文龍鄉台灣黨部

台灣少數番族問題

李友邦

一、問題的認識

在殖民地內的民主革命中，民族革命的鬥爭是必然被提到第一位的。所以在帝國主義的制度或意識還行為還沒有完全消滅以前，世界的民族問題，就是世界的政治問題；國內的民族問題，也就是國內的政治問題，台灣島內的少數民族（俗稱番族）問題，當然也不會是例外。我們台灣革命的目的，如果單是為了台灣島內漢族的自由與解放，而對番族問題，沒有同時予以合理解決的話，那末，我們平時所說的「解放台灣同胞」與「建設三民主義的新台灣」等口號也不過是點綴的條文，這無異是對世人宣佈：我們的「台灣革命」已經變了質。因之，我們要求台灣革命能夠徹底完滿，便該把漢番民族解放的利益當作不可分割的東西來看待。

台灣島內的少數民族，共有七個，如：太野兒族、保嗎族、賽來族、猪旺族、阿米族、亞米族和鄒儂之族，計有七百十四個部落，全台番民，據台灣總督府大正十一年（民國十一年）的統計，有十六萬一千九百五十一人之多。其中居「普通行政區域」的部落僅一百四十二個，佔四萬八千八百三十六人，餘皆仍居深山。雖然在日寇理番政策之下，被化爲「熟番」的數字日有增加，但這些數字位數的增加，對於島內少數民族問題的處理上並不能因之而減少麻煩，相反的，還會更增加我們的困難。台灣是祖國國防前哨，十多萬的番民留在幾乎佔四分之三的山地裏與漢族不斷的起着惡感與歧視，有力地消解我民族團結的基礎，這不但爲開發台灣富源上的障碍，而且是我國國防前哨的後患。

據「台灣小誌」的記載，島內少數番族之出處是：「生番之酹嘗，出自馬來者六之一，出自呂宋者十之一，迤北十七村多以斐利賓語。說者謂自南洋羣島遷來，其言近似，而統一之者，爲卑南王，王死之後，各社分立，以至今日。」然而今天拿他們的社會經濟與菲島或南洋的土人來比，眞有天壤之別，他們還保持着部落制度。這個落後性，固然一部份是他們的歷史與地理條件所決定，但主要的還是由於歷來民族統治政策以及長期不合理的經濟關係所造成的結果。如果我們要使他們能發揮出更多的力量用於島內建設、生產與國防的話，那就應該有計劃的合理地來改善他們的生活、幫助他們社會文化的建立與推進。

帝國主義侵略的活劇告訴我們，凡一個民族立意去壓迫異族，那就是替自己找鎖鍊、掘墓穴。所以合理地處理國內少數民族的問題，與我們民主國家反侵略革命的貫澈與勝利是一個問題。

二、歷來統治者如何處理這個問題

台灣少數番族，在三個半世紀內，他們曾受到異族四次不同的待遇。現在且把它的經過，扼要地分述於後：

首先，是荷蘭及西班牙　他們從天啓六年（一六二六）起，即先後據台，分割南北，着手宣教化土番。西班牙採用鎮撫政策，屢遭失敗。荷蘭人則用麻醉政策，設天主教堂，開辦學校，以番語譯耶穌教問答等教番童，同時訓練了一個時期，又從中挑選出優秀的學童任教職。他們也和番民通婚。番民多習羅馬字，能作書，凡契券公文亦多用羅馬文。到明末福王宏光元年，荷蘭台灣領事召集熟番（已受教導者）之長老，設評議會，公佈自治制度。將番社劃分爲南北兩路，是年四月開會於南路，與會的僅新港等六社。他們對於教導台灣番民的方法：「或以宗教教育方法撫育之，或行交易政策而感化之，或開墾番地撫化之。」然而經營了三十八年（一六二六——一六六一）對番人仍有「鞭長莫及之憾」。這就證明了用鎮壓及麻醉來處理少數民族問題，並不是個頂好的辦法。

其次，是鄭成功時代　據其戶都事楊英的「從徵實錄」所載是如此：「永曆十五年（清順治十八年）四月初一日，藩至台灣，初三日，宣毅前鎮（營）駐於北線尾，夷長揆一見我未備，即遣戰將拔鬼仔率鳥銃數百前來衝擊，宣毅前鎮向敵，一鼓而殲夷將拔鬼仔，陣中餘夷被殺殆盡。初六日，各近社土番頭目俱來迎附，如新營開感等里，藩令厚宴，並賜正副土官袍帽靴帶，由是南北路土社聞風歸附者接踵而至，各照例宴賜之。土社番平服。十二日，藩駕親臨蚊港，相度地勢，並觀田社土民向背何如。經過，而土民男婦，壺漿迎者塞道，藩慰勞之，賜之酒食，甚是喜慰。」鄭氏並將熟番加以訓導，一面開闢土地，教以耕作，所以「台島西部之番地，有三分之二能得良好收穫，番民之野性亦漸除。」鄭氏對番族採用王道，故在三世治台的二十八年中，鮮見倭佔慘殺番民及番民作亂的史實。

再次，是滿清政府　清政府對番族曾設撫墾局經營招撫，但滿台之初，僅收撫南部番民。光緒十一年，劉銘傳巡撫治台，始移省城於台北，拓殖北部番地，對北番則用武力討伐。「北番不知槍械之作用，故聞聲便驚悚無措，疑爲神鬼。」清政府便想用這種恐怖政策去解決番族問題。這個方法，起初是收了些效，可是等槍械一傳入番民之手以後，他們便更爲强悍，清廷壓力施之愈烈，番民的反響便愈大。所以，以後清政府無法招撫，竟把他們當做「化外頑民」，而且公然把這個名詞運用到外交上面。

最後也是最陰險惡毒的就是日寇　遠在一六一五年，德川家康把政時，曾委村山等安經略台灣，因村山等安係日本肥前人，信教，

「欲利用其宗教，收復台灣土番，擁兵三千入台，結果仍告失敗。」及領台後一年（一八九六），由台灣總督府之殖產局設警備四百守番界，一八九八年，改爲各地方警察本署番務課直轄。至一九一一年（宣統三年）又改爲番務本署，其職責以全力「撫綏生番人」。到民國三年，又大變其方針，番務本署，專管剿撫生番，不久又將番務本署撤廢，全由警察擔任番務　改去「番務」這名稱，大約是爲了減少番民的反感吧。

日寇的理番政策，與對島內同化漢族政策相似，分爲三個階段：第一個階段重於虐殺（一八九六　一九一九），第二個階段重於懷柔（一九一九——一九三〇），七七抗戰以後直到現在爲第三個階段，着重同化：實質上是消化的陰謀。在第一個階段中，他們對理番的軍費，「預算爲百萬錢，設精利武器，以十二年爲肅清期，其時全島各州廳之番地，有警戒所五十一，每所警官二十名至三十名，分遣所一百七十五處，警官四名至十名，計連其他行政人員達六千餘人之衆。」而且在民國八年，總督府警務局所訓練的航空班已「開始飛行，專用爆炸品，鎭懾凶番」。當時，「駐防番地的警官，嚴防之如大敵，以電網收縮其範圍，增加警備，警備人數之分佈，以彼此相呼應爲率。」這樣在台灣南北番地虐殺了一陣，總算「征服」了一部份，然而仍「時生暴動」，總督府鑑於歷屆理番政策的失敗，乃由虐殺而轉入懷柔階段：如開拓番地道路，一方面爲交通上之建設，一方面爲開發及軍事上之便利，如經營番地產業，固定耕地，次第使番衆從作，又致之種茶、烟草、植林增果、飼蠶畜牧、以及竹藤等細工，如開辦　番人公學」以及「簡易番人教育所」等。七七抗戰，更刺激了敵人對殖民地消化的要求。將台灣番民待遇和琉球人民一樣，職業及教育亦比島內漢族「優待」（？）更以居住及耕作自由等問題，來引起漢番間民族感情衝突。日台通婚，實際上稱「日番通婚」較爲恰當，因爲台灣漢人是以與日人結婚爲恥的，在改姓名運動中，從一九三〇至一九四一年止，台北州約有三千（番人約佔十分之一），新竹州七千，台中州九千名（番人佔十分之三），台東廳一萬一千名（番人佔十分之八），花蓮港廳一萬二千名（番人佔十分之七），番人共一萬八千名。這是敵人半世紀來努力的成績，犧牲的代價！

台中台北番地，樟樹林甚廣，最有名的樟腦油原料，全在番地，且番地遼闊肥沃，宜於畜牧繁殖，蘊藏礦產木材，所以歷來敵人奮不顧身的相與搏鬥，即爲此厚利。而且番人自己無文字，少見識，比漢人容易消化，容易剝削。故他們不惜犧牲，不擇手段地進行其攫取異族，消化異族的企圖。

綜覽上述各國底民族政策的結果，說明了屠殺政策，剝削主義，麻醉手段與消化陰謀，在健全完美的民族政策中都是不應該有的方式。這對於我們處理台灣少數民族問題上可說是一件很寶貴的備忘錄。

三、我們應該如何處理這個問題

帝國主義處理殖民地民族的態度與方法以及專制政府的民族政策，我們是不能採用的了：因爲他們只找出自己民族的優越性和別個民族的低劣性，利用一切便於侵略與剝削的衝突矛盾與愚昧落後，專恃暴力消滅其抵抗意識；我們則是要研究其民族社會落後的社會基礎、消除民族間的矛盾，促進其社會經濟的發展，文化生活的提高，來增强各民族抵抗侵略或壓迫的力量。

祖國人士對於台灣少數民族，向來不大重視，甚且少數人對之尚存有一種偏見，說他們沒有文字，資質魯鈍，說他們是野蠻的落後的民族，這是形而上學的看法，這種不健全不合理的觀點，是會把　國父的民族主義演繹而成爲一種變相的侵略主義的。

在上面已經說過，我們不能只找出人家的低劣性，而來建立或鞏固自己民族應該統治剝削或歧視弱者的怪理論，我們應該找出其所以低劣，與我之所以優越底形成的歷史地理條件。我們從歷來各民族對台灣少數民族政策中，就可以看出從十六世紀以來，他們一直是受着不合理的待遇，造成了極爲惡劣的地理條件，他們幾乎一直是過着異族殘暴屠殺奴化剝削的慘痛不安底日子，他們的子子孫孫對異族怎能不存仇殺之心；他們從平地被趕入深山，不强悍又怎能在猛獸毒蟲羣裏求生存。台灣少數民族，他們固然是低劣，是落後，但是他們在最險惡最困苦的環境中，已掙扎了快四個世紀，他們不斷的受外來侵路，但並沒有失掉了生存鬥爭的意識與能力。至於說他們沒有文字，這是更不是理由了。文字，不過是一個民族進化到某一個階段因需要而發明的一種記錄符號，並不能作為形成一個民族的要素，而且也不能因為他們無文字而就否認了他們的言語和他們的社會生活，更不能否認他們有享受人類自由平等的權利。

台灣少數民族，他們和我們同樣地參加了反帝國主義，反封建的鬥爭，在一八二六年四月，有黃斗奶與台灣番人合作起來，組織「番漢聯軍」與清軍抗戰，一九三〇至一九三三年，有轟動太平洋震撼了台灣天地，以生番為主幹的霧社大暴動，反抗日寇的不平等工資待遇。這些不過是已經見諸書冊的史實，實則其他較大的反日暴動，也都有番農參加。在台灣反帝反封建的戰線上，我們漢番民族所流的熱血是在一起的，是無法分開的，所以台灣漢番解放利益的享受，也是應當平等的。

我們的民族革命領袖　國父已給我們指示過：「民族主義，有兩方面之意義，一則中國民族自求解放，二則中國境內民族一律平等。……其意義不外免除帝國主義之侵略，實為倒全之反帝國主義。在中國國民革命運動中之共同利益，當瀰與諸民族為其組織之聯絡，及講求種種具體的解決民族問題之方法。承認中國以內各民族之自決權，組織自由統一的（各民族自由聯合）中華民國。」（第一次全國代表大會宣言）接着又為我們指出民族主義的精神：「……我們要決定一種政策，要濟弱扶傾，才是盡我們民族的天職。我們對於弱小民族，要扶持他，對於世界的列強，要抵抗他。」（民族主義講演）並且進一步，「對於國內之弱小民族，政府當扶植之，使之能自決自治。」（建國大綱第四條）這可說是我們國民革命反帝的政綱，也可說是本黨處理國內民族問題的政綱，在民國十二年一月，本黨的宣言裏面對這個問題更有扼要而果決的提示：「歐戰以還，民族自決之義，日愈昌明，吾人當仍本此精神，內以促全國民族之進化，外以謀世界民族之平等，」其具體辦法是：「厲行教育普及，增進全國民族之文化」，這裏所謂「內以促全國民族之進化」，其意並非是一個民族，基於己族的偏見，用種種方法使異族失却其特性，而採取一種人工的消化，而是民族之間出於自然接近的演變，彼此的政治、經濟、文化、教育等都是站在平等的關係上，一視同仁。亦即　總裁所指出的「融和於中華民族的宗教，歷代都有增加，但融和的動力是文化而不是武力，融和的方法是同化而不是征服。」（中國之命運第二頁）這裏所謂「增進全國民族之文化」，是說一個民族，對於異族不應自居於主子地位，去消滅異族的反抗意識，應該以濟弱扶傾的精神救出異族於愚昧，使他們從落後的生活中解放出來，此亦即　總裁所指示的「我們中華民族對於異族，抵抗其武力，而施以武力，吸收其文化，而廣被以文化。」（中國之命運第五頁）戰後，我們台灣漢族，自己已從日本帝國主義的牢獄中解放出了，當然不應再為島內少數民族建立起另一種民族的牢獄，我們必須根據這些處理少數民族的政綱與辦法，去使他們在政治、教育、職業、賦稅上得到平等，使他們居住、耕作的地域與宗教、婚姻上享有自由；去改造他們自己的師資，編印他們自己的教材；去協助他們開採礦產木材，發展畜牧蠶桑；去建立路政，普及醫務……。這就是說，我們的政府當局必須根據　國父民族主義的原則去精密地具體計劃，誠懇地加以有力的扶植與援助，務使他們能够解決生活問題，竭力開發富源，促進他們的文化程度，能够和我們站在一條戰線上，對三民主義社會的建設，共同努力，共享其利。

臺灣何以須速復省制

丘念台

緒言　自開羅會議後，台灣復省之議，甚囂塵上！然台灣何以須復省制？何以急須復省？則願鮮明澈之見，敢貢陳其所知焉！

歷史上應復省　夫台灣雄峙我國東南海上，距閩海岸僅二百餘里：昔僅爲福建省一府，自鴉片戰爭以後，海防緊張，台灣地位，遂日重要：日人以牡丹社蕃事掠台東於前，法人以安南戰事掠基隆於後，清廷爲掌握國防要區，力謀整內治，籌兵備，故於光緒十一年，由左宗棠建議改台灣爲行省；任劉銘傳爲巡撫，設台北、台灣、台南等三府，台東一州，淡水、新竹、宜蘭、台灣、雲林、苗栗、彰化、安平、嘉義、鳳山、恆春等十一縣，基隆、南雅、埔里社、澎湖、卑南、花蓮港等六廳，定台中之台灣縣爲省會，以城垣未備，暫設台北；時省制雖粗具，而劉銘傳勵精圖治，路礦、郵電、學校、保甲並興，其建設較內地尤新進，及光緒十七年，邵友濂繼爲巡撫，新政稍頓挫；光緒二十年，唐景崧爲巡撫，新政復興；然不一載，中日戰起，而台遂割。故開創建設雖蓬蓬勃勃，然自建省至淪倭，前後僅十一年耳。爲期甚短，國人遂鮮知其沿革矣。是以此次戰後，倭兵退出台疆後，台灣當然應仍爲一省；乃復省非改省也。

法例上主權上應復省　且此本我一行省之台灣，因甲午戰敗，馬關簽約淪倭，而自民國卅年十二月八日，我正式向倭宣戰，依國際法慣例前約盡廢，台灣主權已仍歸我，本可早依東四省例，恢復省制，設省政府省黨部於鄰省，或首都；然我政府遲遲數年未行者，或以爲我無海軍，而英美人士復有共管之議，故不得不顧慮矣？然我主權所在，我同胞所居，目前我力量雖不及，而正義終必伸張，強權終必克服；八年來之抗戰，我海空軍又何曾具備？英美人士妄言，不足惜也；況開羅會議，英美領袖已正式承認我戰後收復台灣，則我倘不將台灣依東四省例復省制，以準備一切收復計劃，是我放棄台灣主權，益滋英美人士横議啓輕視矣。

國防上戰略上政略上應復省　況台島在今日西太平洋上，實爲我東南海疆最重要海空堡壘，我無台島，則領海領空權將均操在人，毫無國防可言！其地位較海南島尤重，勢不可不收復，尤須復省制，始足資控御正視聽也。更有進者，惟其我海空軍未備，我欲準備收復台灣，只有先收復六百萬同胞之心！六百萬同胞之心如內向，則縱有強鄰不能統治台灣。然自倭運用浪人活動之離間政策成功，至今國內尚有視台灣人即漢奸，告發某爲台人即等於告發漢奸者；而台胞在國內任黨政軍要職者，亦皆不敢承認爲台人，而以閩粵祖籍爲籍；蓋一且承認，動啓嫌疑歧視，徒妨工作阻昇進也；是以台胞最明倭情，在抗戰中，本可用其所長以資爭勝者，乃軍興以來，倭人能用台胞作沿海侵略爪牙，而我反不能用，不敢用。倘我政府能彰明恢復省制、速設省政府、省黨部，則台胞知政府已承認其中華民國國籍，全心內向，在國內者，將光明効力，無有嫌忌，在島內者，將暗妨倭軍，共策恢復，則倭人日懷疑懼將變生肘腋，其力豈亞於無數海空軍哉？若我遲徊不恢復省制，則倭將儘量運用台胞人力物力，從事侵略，毫無阻滯，去年倭相東條明令台胞准服兵役，內台不分，是其明證。是故速復省制，可回復仇敵爲台胞，遲復省制，將化同胞爲仇敵，應深注意者也！

事實上可復省運用上可先設省黨部　或以爲台胞在國內者甚少，一旦恢復省制，將無台島人才可用。此則更不足慮者；蓋以他省人士任省主席、省黨委者，各地皆有，何限台省？先任用明瞭台灣、關切台灣者，然後逐漸提拔台灣本省幹部可也。或又以爲：台省未有土地，且隔大海，現無政事軍事可理；不似東四省，四境均易潛入，且有游擊隊。然台灣島內外，有關抗戰之人事待理者正多，接收準備，正待策進，可先設省黨部以鼓舞民心，運用民力，計劃民政；次設省政府，以準備接管，計劃建設。今　中央已設直屬台灣黨部，用意至周密，惟應速改爲省黨部，因非行省名義，自以爲國籍不明，尚不敢自承台胞，出而協力，黨部雖明知其台籍亦不能強，而各機關及民衆，亦以黨部名義不崇高，不明顯，諸多阻滯，是殊失中央本意，阻恢復大計也。

結論　故夫台灣之必須復省，而且急需行省，且在省府未立前，應將現黨部速改爲省黨部，蓋有國族生存之嚴重理由在。敢貢一得之見，以供高明採擇焉！

卅三，四，十八，於永安

收復臺灣問題特輯

收復台灣工作上的幾點原則

光　華

收復台灣的問題，原則上已決定，收復工作亦比前數年更進一步的開展着；我們所以要深刻考慮的是收復台灣的技術上問題，對此問題，一面切望着這次出席舊金山會議的我國代表奮鬥，一面還須實際工作的同志們把握着現實協同一致的來努力。

此地隨便提出幾個問題貢獻給關心收復台灣工作的同志。

收復台灣的工作是多方面的，但指導原則及方針須一致，這在中央方面固然有切實的決定，但卻嫌工作的各方面在分頭努力之中缺乏着密切的聯繫及了解，這是事實，統一領導，是極要緊的問題，這工作不首先做好，工作効能可能是不成大効的，如總裁所訓示的「三聯制」，這制度就是說分頭工作而須歸於統一。由黨團統一領導是今日最迫切的事情。因為台灣的收復工作及以後的復興工作，依着台灣的人民的教育、文化、經濟、政治思想的與國內斷有了差異，有許多方面，我們須把握原則，切合台灣人民們要求，所以我們須有基本精神及謹慎態度才行。

什麼是基本精神呢？就是「力行表現三民主義的革命人生觀」，缺乏這一個精神，不但不能領導今日或明日的台灣的任何工作，或者會引起更多的工作困難。缺少了這一個了解，在工作發展上必然會降低台灣同胞愛國的熱情，而發生建設三民主義新台灣的障礙的。沒有這一基本精神的工作者，就必然的會做出不能愛國家愛民族愛台灣同胞的事實來的。

台灣在日本帝國主義統治下，經過了半世紀，其壓迫的程度與台灣同胞的求解放，在心理思想上及經濟上均成為正比例，我們稍一不當心，不以革命精神來負起收復台灣建設台灣的任務，究竟工作會不會發生真正的結果呢。

什麼是基本原則呢？就是基於力行三民主義革命精神，解放了台灣同胞之後，還須遵循總理遺敎「人生以服務為目的」，而為他們造新幸福。我們可以想像，收復台灣的當初整個台灣的情形，青年壯丁大部被日寇強迫戰死，而發生社會安定力的勞動力之基礎上之破壞，及生活之形成惡劣，心理意識思想上之造成複雜紛亂，正是因此我們如不以實際需要，不緊緊地把握着原則，這一艱難的偉大工作是會成為不可設想的非常危險的因素。

工作的原則，在此略為提出幾點：

一、宜擴救濟：身心工作首先做得好，黨團的發展才獲得確實之機會。

二、實行憲政，逐漸予台灣以地方自治，這是帝國主義壓迫下人民的心理思想上唯一的潛在性要求。這一政策能表現，就是打擊消滅非民族非國家觀念的紛雜思想。

三、利用因爲戰爭而大部的半封建及資本主義的經濟破壞了的機會，澈底的執行三民主義的資本，及土地政策，而進行新的生產建設。

四、容納台灣的各方面人才，並加以親切的指導培養。我們很清楚，台灣的人才素質是日本帝國主義統治台灣所遺下來的優點中之一，我們爲復興工作就不能放棄而有疏忽不加利用。

文化教育制度以台灣的水準爲原則，切不要因此謂統一全國教育制度（如三三制）而使台灣之在科學、文化、教育開倒車而求制度形式之片面問題，就是設須將現存之程度再促其進步。我們應該注意的是台灣的學風，及學生生活紀律已有相當之基礎，所缺只是我們的三民主義教育及文化，如能對此加以更正努力，使台灣同胞在意識思想上發生效果就得了。當然在教育制度上的統一問題不但是台灣，就國內依着國家進展之需要不是亦在研究設法改正嗎。如果教育學制制度編成，不是爲了要達到國民教育之目的及意義有何用，國家所需的人才是「進步健全」，而多設制度，但如在此一點目的不能圓滿的達到，有何用處。

台灣的教育必要保留其優點發展，而在教育內容（目的及意義）上求其統一。

在執行工作上提出幾點貢獻：上級人員問題，相信中央必能選派優秀的幹員，此地沒有什麼意見。但中級及基層人員，在態度上我想應該：

一、要薦台灣同胞如他們愛護在台灣的蕃僑一樣。祖國的一般人民，過去日本帝國主義者以排斥中台人民政策，而極少數的少數敗類在祖國沿海作惡所刺激，在印象中便不了解台灣同胞，這雖是必然的事情，但實際上在島內的同胞對祖國的同胞卻完全是相反的態度，所以我們不可以絕對不可以　不正確的態度發還在將來島內的工作上去表現，就是只限於心理上之殘留亦不可以的。

二、誠率爽快的接物待人。這風氣習慣在台灣是比較容易發現的，因爲台灣同胞有藉閩南人民之氣質，幾百年來養成了大海洋島嶼生活性格，再加上了半世紀來快速的科學建設（並非完全是優點）所影響，做事的作風上與我們大陸稍有不同，我們先要知道此一普遍性的人民的富有責任心、活潑、敏捷、紀律的社會實際情形，切實的改變今日之缺點，迎合台灣的一切優點的需要，如能這樣，工作效果必由我們的努力，一定能達到所望。

三、在社會以法治精神爲行動之基本。凡事必在法令上，不可以過於用情而觸犯法令，台灣人民已過慣法治生活，雖非民主，但守法的習慣的優點是不可抹殺的。就是在政治上之鬪爭亦須依法令來進行。例如關內因戶口登記及行政上之缺點，加上國民之法治精神之培養未及相當程度，致人民之社會紀律稍差。但在台灣就不然，戶口齊整，社會中人民生活已有相當程度地「講法」，所以一人失蹤，是一件大事情，政府須負責，人民必由法律上行公事。我們切望將負台灣工作的幹部能注意此點，在社會活動要清楚的分別情與理，合理的運用。

四、組織的實行要絕對的諾信。台灣同胞半世紀來苦受日本統治者的暴行，仇惡入骨，我們對於受壓迫的同胞，更要以親愛精誠來帮同胞服務，不然給與同胞是會產生不良的印象而阻害了新台灣的建設的。

五、配合着台灣人民一般的業餘興趣，相處娛樂，如海水浴、體育、都市愛野遊、登山、洗溫泉等，這樣才而可與台灣同胞接近，亦即爲保持一般社會良好之習慣，使同胞的好動、愛自然　活潑的精神，更加提高而造就國家有爲的青年，不愛自然，只愛室中娛樂，這在從業上絕無益處，對民族之前途也不能留下更健全的子孫，我們知道今日中國人民的體格、體質均比不上他人，固然是因爲社會經濟，但卻亦是因爲教育之未能獲得「心身俱進」的目的。所謂新生活運動的意義，就在此點；而台灣人民素已有此新生活之基礎，如果能以新生活運動實施在台灣同胞中，即台灣同胞的心身前途更將促成民族健康。

六、台灣社會，是已建立了一夫一妻制度，而且在社會心理方面已獲得基礎了，據我們所知道，誰納妾誰在社會是容易被厭棄，而且在事業上法律上均得不到好結果的。所以我們必亦清楚了社會問題中之一的男女問題。台灣是由日本帝國主義社會中蛻展的，公娼制度在台灣是存在着，我們對她們的前途必要設法挽救，社會經濟釀成她們的失業，直接受男子青年的失業而失去結婚機會的女子相當多，尤其在收復後的台灣社會，此一問題更大了。此地這樣提出是要我們的工作同志切勿將此地以納妾爲光榮的錯誤觀念，而運用到台灣，而身負改革社會責任的，自己犯到這一點來影響新社會的建設工作。

七、對在台灣的日本人民的處理問題，我們須以「同情」「寬揚」「親切」的態度來做，我們知道，日本人民並非全惡，尤其是在台灣的日本人民，有多數的被壓迫的窮苦人民，素來同情台灣同胞，嫌惡日本軍閥的；又進一步說，我們的三民主義的精神是以倫理、道德、公正爲基本，我們不能向日本的任何人加以不妥當的處理。當然潛在台灣的日本軍閥的殘餘是必須積極的。我所提的這一點是要我們勿以感情用事而須以理智爲之，就是說我們必須以誠正親切的態度來進行此一重要工作，才不會失去力行主義的基本精神。

收復台灣之實際問題（下）

黃敦涵

拾壹、登陸部署

1. 港灣調查

理想的登陸作戰地，經於上編述明。至關於水道交通，最爲重要，我方部隊及先遣人員應如何利用經便交通工具，滲入內陸，亦待研究。茲將較爲切合實際理想之登陸港灣調查如下：

甲、淡水港

淡水在八里坌之北海口，水程十里至關渡門，內有大港，區分爲二部，西南至擺接社止，東北至峰仔峙止。由此地至台北十三里之河口，有汽車相通，旅程五十分鐘可達；其地屬台北洲下之芝蘭三堡，通稱爲滬尾街。該港口之西北，可資碇泊之處，面積袤，東西三十六町、南北十町，水深常際十尺，滿際十七尺以上，可容巨船。其西岸八里坌一帶，因受基隆河流砂泥沖積，河床漸起。港內風向由四月至九月間，有西南風，十月至翌年三月有東北風。該港與基隆港俱稱爲台灣北部之要港。交通工具，可以用輪船或帆船，除外尚有由土番所製之獨木舟，可資利用。港內可容此種舟楫數百。

乙、安平港

古稱台灣之門戶，位於台南城之正門，相距一里八丁之處，位置在東經百二十度十三分、北緯二十五度五十九分五秒，地屬台南州之効忠里。該港潮汐與鹿耳門七鯤身（沙線）相聯，北至洲子尾，受新港溪流，西至瀰口，受岡山溪流，港內寬衍，可容船泊千百艘，從歷史上觀察，該港實爲台灣之門戶，亦爲登陸台灣之重要港口，其中港之鹿耳門尤爲用武必爭之地，以入港即可以安平而扼府治也。奪安平則舟楫皆在港內，該地有險可扼，門內浩瀚之勢，不異大海，其下實皆淺沙，若水深可行舟處，不過一棧，而又左右盤曲，非素熟水道者，不致輕入。蓋因鹿耳門港路紆迴，船觸沙線立碎；故因此豎立標誌，以便出入，夏季遇西南信風强烈之際，最易覆舟，水陸交通亦受遮斷。

丙、鹿港

鹿港古稱鹿仔港，港口有水柵，可能碇泊之處，面積東西四丁，南北一丁，水深滿潮三十八尺，退潮六尺，可通船筏，本港氣候正月間主東北風，三月至七月轉東南風，八至十二月主正北風。

丁、東港

東港屬於下淡水溪之河口，與東港河口相

台，共碇泊之處，面積東西二十丁，南北約五、十丁，水深滿潮九尺九寸，退潮時六尺二寸。東港河口，水勢大而急，河口水深二十尋至三十尋，可泊民船　該港風向，六至九月多颱東南信風，十月至翌年二月爲東北風，三至五月爲南風。同時雨量亦多。該港沿岸，交通之港灣爲高雄、安平、馬公、淡水、基隆等，至對岸交通則爲汕頭、柘林、東石港等。

2.海上交通調査

台灣重要港口與對岸交通如下：

甲、對岸交通

基隆——甯波、溫州、福州、泉州。

淡水——甯波、溫州、福州、泉州。

舊港——泉州。

港墘——泉州、福州。

梧棲——泉州。

鹿港——泉州、汕頭、柘林、廈門、溫州、福州。

北港溪——泉州。

來石港——泉州。

安平——廈門、汕頭、柘林、泉州。

高雄——汕頭、柘林、泉州、廈門。

東港——泉州、汕頭、柘林。

馬公——廈門、泉州、福州、汕頭。

泉州沿岸交通包括深滬、永甯、崇武、辭司、蚶江、獺窟，其他如金門、安海、東石、石潯、石井、下蔡、浮古、晉江等口岸。

乙、沿岸交通

台灣東沿岸線之交通港口如下：

基隆、蘇澳、花蓮港、新港、台東、火燒島、蘭頭嶼、大板埒、高雄。

3.海口航路及交通工具調査

台灣交通航路之沿革史，分爲荷蘭人航路(1622—1661)，西班牙人航路(1626—1642)，及中國航路。日本人航路，其所發現之時代不同，其初之交通工具，無非利用火輪及帆船，此後即以此爲重要交通工具，茲據一九三七年之調査：

(甲)在籍輪船　一三八艘　九，四九六噸

(乙)在籍帆船　四六艘　三，四七八噸

(丙)入港輪船　三，五三五艘　八，四八六千噸

(丁)入港帆船　一二一艘　四三千噸

出入港帆船可行駛於淡水、高雄、基隆、安平、馬公等港(梧棲祇有少數船出港)，昔日行駛輪船於各口岸者，除日本外，尙有英、法、挪、丹、法、中(招商局船隻)等國，其中兼用帆船行駛者有英、美、法、瑞等國；在太平洋戰前者有基隆至神戶、香港、爪哇、菲律賓等五線，高雄至清津、仁川、大連、上海、天津、廣州、阿巴、曼谷等八線，自太平洋戰事發生後，歐洲航路停頓，大部份之船隻，亦被征用於南洋作戰，現在陸續停班。

今後我國要配合盟軍作戰，收復台灣，除需借助於盟國輪船以外，對於輕便之交通工具，應當儘量利用，作者意見以爲現在慣用於閩省沿海一帶之戎克船，可儎重三百担至千担者最爲適合，此種船隻可分爲商船、按邊船等項，茲列舉之如下：

(甲)商船：內容較大而可供軍運之用，可在岸往來。

(1)趕繒船　內容設備有大小風帆、大桅、小桅、水槽、斗盤、撑面、扛罩、大廍耳等，頭桅長六丈餘，闊寬四尺八九寸，大桅長八丈五六尺，船員分爲出海、舵工、操帆、下班、大繚、頭椗、司杉板、總舖、水手等共二十餘名。

(2)澁船　內容設備及船員與上項略同，惟頭桅長五丈餘，闊廣三尺七八寸，大桅長六七丈。此種船舶適宜泊碇之處，爲基隆、淡水、舊港、後壠、梧棲、鹿港、東石、馬公、安平、東港、高雄等地。

(乙)按邊船　此種船可於沿岸往來，其種類如下：

(1)澎仔船(平底)　單桅，儎量四百石——八百石。

(2)杉板頭船　雙桅，儎量三百石——七百石。

(3)一封出船　雙桅，儎量二百石——三百石。

(4)密艚船(綑竹爲蓋)　單桅，儎量一百石——二百石。

(丙)渡船　此種船可於港內往來，可分爲太結仔、小結仔等類，儎重一百石、均須預爲登記，以便徵用。

拾貳　急賑及救恤

台灣自經戰後，滿目瘡痍，對於收復時期之振濟與救恤，尤為當務之急，茲略紓所見。

1.督率原有救恤機關切實辦理急賑

原有救恤機關之內部，固須整理，然第一步之急着，並非整理問題，乃為如何督率其實踐急賑及救恤工作，台灣原有規模較大之救恤設施，為慈惠院、台北仁濟院、台南慈惠院（各院前由台灣總督府將各地慈善機關改組後合併而成者）、澎湖普濟院，及大正年間所增設之彰化、嘉義兩慈惠院，除外尚有感化院、成德院、三成協會、婦人慈善會、仁濟團、為善團等。

2.原日各院經臨費概要

台灣舊各院經費約有二百餘萬元，經常費之支出概為發放孳息之收入，台灣各慈惠院，經常貯備救濟基金約三百萬元，以為臨時遭遇非常時變之需。

台灣總督府曾經頒佈台灣罹災救助基金規則，窮民救助規則，該項救濟費之來源，由台督府在地方稅及國庫中以一小部份撥充。從前嘉義地方震災及各地風災水災皆有動用該項款額，以為救助，嘉義震災所用賑款，均達二十萬元之數。

3.原有救恤機關之接管與調整

急賑與救恤，除儘先辦理外，對各慈善機關之接管，應就地取材，選公正廉潔之人士，委託辦理，并予以嚴密監督。

4.辦理急賑之切要

日本軍閥鐵蹄所至，隨處帶來飢荒，已成為普遍的事實，台灣雖屬產米之區，但因頻年接濟，資米濫被徵發，以為供給戰食及日本內地，故積年以來，台灣人所食者，無非雜乾糧，且自戰事愈益逼近台灣，飢饉愈甚，並因糧食波動，社會不安，已成為司空見慣，況兵燹之後，必有凶年，盟國登陸台灣，吊民伐罪，拯民衆於水火之中，就民嗷嗷待哺；我國先遣人員，應當捨卻一切眼前的權利，當仁不讓，以拯救民衆為切要之圖。惟災區遼闊，為普及振務，應區分為台東、台南、台北、台中及本部五區，辦理急賑及救恤，籌劑米食，周恤傷難。

拾叁　地土病之克服

收復台灣對於克服地方病，勿令死灰復燃，亦屬要圖。

台灣醫療設備，向極完備，衛生教育與衛生事業，亦極普遍，此為日人侵略台灣以還之較有成就的設施。

台灣地方病之種類為麻拉利亞、熱帶性赤痢、甲狀腺腫、十二指腸蟲、黑水熱、恙蟲、脚氣病等類，其中尤以麻拉利亞為最烈。

麻拉利亞為瘧疾之總名，一般通稱寒熱病，傳染至廣，居民疾病死亡率，以此為最高，日人自佔台以後為實施預防此種疾病之傳染，除注意環境衛生設施以外，並在各街莊普遍設立麻拉利亞檢驗所，按期檢驗血液，實施療治，撲滅瘧內原蟲之滋生，施設以來，頗有成效，惟自太平洋戰事進至劇烈階段之際，台灣疊次遭受空襲，居民生活益見艱苦，營養缺乏，且以流離遷徙，秩序紊亂，各地醫療人員，大量調服軍役，防疫工作，日見弛緩，麻拉利亞復有日益蔓延之勢，此為台灣衛生設施之退潮現象，將來台灣復員以後，對於麻拉利亞等地土病必須澈底克服。

台灣官立醫院，於台北、宜蘭、新竹、台中、嘉義、台南、阿緱、台東、花蓮港、澎湖等地，均有設立，公立醫院，尤以台北為多。據昭和十三年調査，綜計各地之公立私立醫院，共二七一院，醫師一，九七九人，牙科醫師四〇七人，每醫師一人之平均人口二，六八三人。明治卅二年日本頒佈台灣海港檢疫規則，翌年頒有臨時海港檢疫所官制以後，陸續在海港設從臨時海港檢疫所，以辦理檢疫事務；明治四十四年又頒有港務所官制，設立淡水等處出張所，任用港務官、港務醫官等，以辦理港務，對於流行傳染病之預防，又有檢疫委員之設置。除外并規定港務所出之任命，實施船舶檢疫規則，及汽車檢疫規則，以杜傳染疫之侵入。

將來復員以後，對於上述醫務人材，必須有大批合格人員加以補充，故事前對於此種人員之訓練，必先通盤籌劃，未雨綢繆。

拾肆　復員後之文化運動

甲、台民社會團體及其思想

1.台民向以強悍著稱，尚武習勇，堅毅矯捷，此蓋出於天性使然，故「五年大反，三年小反」，「青年落荒，壯成富豪」，實為台民思想之寫照，故台紳常謂台人為「平居好亂，既平復起」，惟其強悍也，故能於五十

国民党中央直属台湾党部

年來反抗日本統治之革命行動前仆後繼，屢蹶屢起。

2.日本統治台灣，以「保持安寧秩序」、「因應本島人之生活習慣，毋爲激烈的改進」、「以人民之融和調和爲綱，以文運之暢達，產業之興盛爲旨」，此種奴化政策之實施，流弊所及，遂產生了不少盲目的應聲蟲。此種人民受麻醉愈深，其生活形態之所表現，祇見其醉生而夢死，於是有「甯爲太平狗，莫作亂世民」之醜聲，代表此種思想之人物爲日本御用紳士，所謂「本島人之雙璧」之辜顯榮林熊徵等少數份子。

3.第一次世界大戰時代，威爾遜總統盛倡「民族自決」，台灣人受此種思潮之影響而產生的民衆團體，約分爲下列各項：

a.台灣民衆黨　其主體爲文化協會舊幹部蔣渭水等，其中份子多爲台灣自由職業者，與留日學生，這是以民族主義爲指導原理之政治運動團體。

b.文化協會、台灣無產青年會　文化協會內部之變質而分化，乃因思想之分歧而各行其是，此後變質後之文化協會，已非本來面目，該兩會之領導者爲連溫卿，均以社會運動爲出發點，此種組織會屢經蹂躪，已名存而實亡。

c.台灣農民組合　會員份子有二萬餘，該會受日本勞働農民黨之指導，而有其合流之趨向，當其興盛時代，羣衆份子至多，惟此種份子當中摻雜地主在內，且間受資方援助者。

d.台灣工友總聯盟　此會爲舊文協派台灣民衆黨主幹蔣渭水等所組織，此爲經濟性之社會運動團體，但其素質並爲純粹工人。

e.台灣黑色青年聯盟　此爲無政府青年所組織，會員份子不多。

乙、內遷的台灣革命團體

「九一八」以後，台灣一切的社會運動或政治運動團體，因受日本勢力統治的加強壓迫，一度陷入分崩離析之象，但組織雖被損毀，但固有底殘存的意識，尙仍潛在。

「七七」事變以後，投入祖國懷抱的內遷團體，有中華台灣革命黨、台灣革命同盟會等，對於光復台灣問題，向政府當局建議尙多。收復台灣以後，本黨文化運動工作，急不容緩，對於言論、著述，勸行教育設施，尤其宣揚黨義，使台民認識三民主義之博大精深，實爲切要之舉。

拾五　復員後之行政機構問題

甲、台灣政治之特徵

日本統治台灣之實行漸進的同化政策，明治天皇曾有諭乃木總督謂：「台灣諸島歸朕版圖之日尙淺，新附之民，未能安堵，宜察其民情習慣，加意撫卹，俾其仰體朕意，振肅官紀，修明政綱，以宣德化」，於此足見台灣政治特徵之一斑。

乙、地方行政組織

（一）州：分爲台北、台中、台南、新竹、高雄等五州，州設知事（敕任）。

（二）廳：分爲台東、花蓮港、澎湖等三廳，廳設廳長（奏任或薦任）。

（三）郡：計有五十三郡或支廳，郡設郡守（奏任職），支廳設支廳長（警部或警視）。

（四）街莊：計有二百七十二街莊（即鄉鎮），街莊設街莊長（自治團體）。

（五）市：計十一市，市設市長（自治團體）。

丙、請願運動及時代背景

日本佔據台灣以後，以委任立法制而統治台灣，台民被剝奪參政權發言權，連年呻吟於虐政之下，自從前次歐戰期間，威爾遜總統呼出「民族自決」的呼聲，有志之士受此潮流之激盪，猛然覺醒，奔走呼號，向日本國會請願設置台灣議會及民選議員，以解除台民痛苦，計三年之中，請願五次，其理想與行動，雖屬欠澈底，但此屢仆屢繼之精神，不無相當價值。

丁、台灣自治機構

茲將台灣自治機構分述於下：

a.台灣總督府評議會——評議員四十人，一九二〇年設置。

b.各州設州議會議員名額如左：

台北　三六　　新竹　三二
台中　三二　　台南　三六
高雄　二六

州議會之外，尙有州參事會（等於駐議員），茲舉其組織內容：

（一）州知事（議長）。

（二）內務部長。

（三）名譽職參事會員六人，候補六人，內州議會議員中選出之。

c.市議會議員之定額如左：

（一）人口不足五萬之市，二十四人。

（二）人口五萬以上至十萬之市，二十八人。

（三）人口十萬以上至二十萬之市，三十二人。

（四）人口二十萬以上至三十萬之市，三十六人。

（五）人口三十萬以上之市，四十人。

市議會之外，尚有市參事會，其組織內容：

（一）市尹（議長）。

（二）助役

（三）名譽職參事會員六人，不設候補，出缺時再行補選。

戊、收復後之政治建設

1.收復台灣之政治建設，應當遵奉　總理遺教以爲施政之準繩，必須使今後政治獲得劃時代之新猷。

2.據台灣職業調査，日籍公務員爲三七，六三九人，收復時應由我方遴員接替。

3.台灣民意機關，不應根本推翻，似宜因勢利導，體察民情習慣，保留其固有優點，加以自治訓練，行使四權，人選似宜就地取材，選拔曾受四權訓練之公正士紳充任議員，以使代表民意，推進自治。

拾陸、教育之改革問題

甲、台灣教育設施之特徵

日本在殖民地實施之同化政策，對朝鮮向取急進，對台灣則取緩進，因其採取緩進之手段，故對於奴化教育，異常注重其設施，以冀台民普遍染受慢性之毒素，惟日本在台所實施之同化政策，進行歷程呈曲線狀態，方法屢有變革，仍難徹底收效，日軍爲欲變本加厲，以遂其同化意圖，對於奴化教育，改用「共學」之手段，因有「新教育令」之頒行，免除日本人、台灣人教育系統之分立，當時台灣總督有如是之聲稱：「在教育上已經完全撤去了種族的區別，與不能看出日本人本島人之差別的稱號」，此種變戲法的魔術，實由於遮遮了歐戰後民族運動之高潮所波及，而有此事實的反映。

乙、台灣教育之畸形現象

日本統治台灣所實施之殖民地教育之畸形現象，乃爲教育機會不均等。

由於日本人對台灣人之歧視，高等教育之多數學額被日本人所獨佔，日人雖號稱教育制度之同化，可是事實上等於本島人受高等教育之機會被剝奪，台灣人對高等教育不易享受，無形中即被強制成爲高等游民。

日人佔據台灣後，嫉視台民知識之開發，防範民族主義之覺醒，故對於台灣文化，特別抑制，故台灣教育等於歐洲黑暗時代之寺院教育，絕無文化之可言，同時，台民亦因負稅過重，無能再負担子女之教育經費，蓋台民能力之所及，祇勝供給其子女受初等教育而已。

丙、台灣教育之復建工作

古云：十年樹木百年樹人，栽培教育人材（尤其小學師資）以適應收復台灣後之需要，茲事體大，未能一蹴而幾，故非有長時間之充分準備不爲功。

據戰時統計台灣學校數量，祇以小學計之，已有一千一百五十餘所，學生三十八萬五千餘名，以每四十名需教師一人計，即需小學教師九千餘人，或以每一小學需教師八人計算，數目亦復相同，如此鉅量師資，自應於收復台灣以前加緊培育。

台灣人口據調査現已增至六百五十萬人，其中三十七萬爲日本人，十六萬爲生蕃，其餘五百九十萬爲漢人，漢人之中，祖籍福建閩南者佔全數百分之七十六，祖籍廣東者佔全數百分之十四，全數不諳國語。復據調査台灣各地所設日語講習所三千四百五十四所，收容學生達二十一萬四千八百六十五人，簡易日語講習所三千八百五十二所，收容學生二十五萬七千二百七十七人，又分設兒童日語講習所三百十三所，學生一萬三千九百零三人（均爲昭和十三年度統計），合計講習所共有七千六百十九所，學生四十八萬六千零四十五人，收復台灣後對於此種機構，可改組爲中華國語講習所，以受中國語文訓練，實行文化消毒。

拾柒　台灣財政經濟之特質

甲、台灣財政來源

台灣之財政收入可分爲國稅、地方稅、專賣、國營事業等，國稅有地租、所得稅、礦稅、輸入稅、噸稅、製茶、石油、酒精稅、骨料稅、砂糖消費稅、織物消費稅等，地方稅有地租附加稅、戶稅、所得稅附加稅、營業稅、雜稅等；專賣品有烟草、阿片煙膏、鹽、酒、樟腦等，歸專賣局管理；國營事業有鐵路、電報、電話、日月潭水力電氣會社，阿里山製林所等。

乙、專賣事業

台灣專賣收入、占台灣財政歲入百分之五十，爲本島歲入之一大財源，此種收入不僅爲台灣總督府財政來源，且爲實施產業政策、社會政策目的之一，此種專賣事業，日呈開展，計昭和八年收入之實績爲四千一百零四萬圓，昭和九年收入預算爲四千二百三十二萬圓，收入實績竟達四千六百三十萬元，較上年度增加五百二十六萬元，玆表列如下：

類別	昭和九年度	昭和八年度	比較增減
食鹽	二，七〇三，九六九元	二，七三二，九一七元	二八，九四八元
樟腦	八，六〇一，二七五	五，七〇七，七六一	二，八九三，五一四
阿片	二，五五八，三七〇	二，八九五，二六四	三三六，八九四
煙草	一五，二四〇，一五二	一五，二一二，三二五	二七，八二七
酒	一七，一九八，四〇一	一四，四九七，二六五	二，七〇一，一三六
計	四六，三〇二，一六八	四一，〇四五，五三四	五，二五六，五三四

丙、物產

台灣生產，以農爲主，稻爲本島第一產物，甘蔗種植甚繁，製糖廠林立；西部平原盛產米，北部的邱陵地帶產香蕉、山芋、落花生、文旦等；樟腦爲本島特產，供給世界各國所需要，家畜種類有水牛、豚等，家禽之飼畜亦盛，鹽產亦豐，礦產出自北部山中（參閱拙著台灣軍事地理），其種類爲金、銅、煤、硫磺等，尤以金礦爲最，製草帽之業亦盛。

丁、資本

台灣一切經濟資本，日本人佔絕對優勢，計資產界在日本內地之總公司向島內設置支店分發行所者甚多，如三井物產公司、三井無限公司、日本勸業銀行、三十四銀行，明治，帝國，千代田，日本，共保，共濟，第一、大同、日清、大平、日華、常盤、大正、在洋等生命保險公司，鈴木商店、大日本麥業、日本樟腦、大日本製糖、淺野水泥、大倉土木、大倉商事、日本製冰、日本石油、日本製藥、三共、大阪商船、近海郵船、及其他金融產業、商事、海運等均爲日本人所掌握，計島內資本金在五十萬以上之公司，爲日本人所獨攬者，爲鐵道、銀行、運送、旅館、保險、樟腦、製粉、撈魚、水產、牧畜、肥料、房屋土木建築、林料磚瓦石材業、造船鐵工業、電力電燈業、新聞、印刷、製藥、山貨等及絕對多數之製糖、纖維業、煤業、釀造飲料等。至其他各業祇餘有價證券買賣，倉庫業、軌道業、茶業、製紙業、鹽業、開墾物產業，雖非全由日本人獨佔，然除卻一般商事以外，已爲日本人佔優勢。

戊、台灣財政的特徵及其整理經過

自從日本佔有台灣，推行其帝國主義殖民經濟，攫取原料，統制資源，獨占商品市場，獨攬產業，同時台灣財政也自然地追隨着此種殖民經濟政策成爲日本帝國主義殖民財政之一環，把台灣財政作爲日本國庫的補助，以其盈餘供給日本本國。形成專賣事業收入龐大，租稅煩苛，負担增重，日本帝國主義愈富，而台灣人民愈貧。

日本佔領台灣之初，處心積慮推行其殖民政策，榨取台灣民衆，幾經整理及改進，由仰賴國庫補充之階段，進而由減少日本補助金，充裕財政，獨立自給，終則實施專賣政策，讓渡土地，增益地稅，發行公債，開徵地方稅，獎勵生產，發展工商業，開闢稅源，增加稅收，擴大鐵道、郵電等交通事業，於是政府之收入增加，日本得以於一九一四年，完全取消對台灣之補助金，同時台灣政府之歲入，已有顯著之增加，所有盈餘，全部無條件獻給日本本國，自此台灣便成爲日本本國的財政補給庫，此種實績係由兒玉後藤之設計，是即爲特別會計是也。

拾捌　台灣收復後之專賣問題

台灣專賣收入，佔台灣歲入百分之五十，各種專賣當中，以煙酒爲大宗，次爲樟腦，再次則爲阿片與食鹽，綜計每年收入：昭和八年四一，〇四五，五三四，昭和九年四六，三〇二，一六八，昭和十三年六八，一八八，〇〇〇（單位日圓），較之租稅收入不止倍蓰，各項專賣品開始專賣時間，以阿片爲最早，以酒專賣爲最遲，茲分列如下：

阿片專賣　明治二十九年三月
食鹽專賣　明治三十二年五月
樟腦專賣　明治三十二年八月
煙草專賣　明治二十八年三月
酒專賣　大正十一年七月

專賣局設立於一九〇一年，爲統一專賣之機構，事業逐年呈飛躍之開展，自是庫收益裕，一九〇五年台灣財政遂得以獨立，曷莫非由於專賣收入增加之力也。然此種專賣事業我國於收復台灣以後，有無予以保留之必要，應當研究其是否適合本黨民生政策，以爲取捨之標準。

茲將各種專賣事業分析如下，以資參證：

a.阿片專賣，阿片弱國病民，爲害極甚，貪婪之日本帝國主義者，亦取逐年漸減政策，與對我其他陷區之毒化政策不同，此非有殊愛於台民也，蓋恐將來「無可用之兵」，再綜計昭和八年度對於阿片專賣之收入爲二，八九五，二六四日圓，昭和九年度減爲二，五五八，三七〇日圓，計遞減三三六，八九四日圓，當明治卅三年之際，特許吸食阿片之煙民爲數達一十六萬九千餘人，佔本島人口之六．二%，但自昭和八年末時，煙民之數僅爲一萬六千人，佔本島人口之〇．三%，其比率降低甚大，昭和十年之際，據台灣總督府之預定，今後十五年，足以完全禁絕阿片；至阿片煙膏消費之數，明治卅三年度爲二十萬瓩，昭和九年祇爲一萬九千七百餘瓩，減少之數，約達十分之一，日人在台灣禁種罌粟已久，原料之來源祇從波斯土耳其輸入，台灣專賣局所專賣之阿片煙膏多係屬波斯產耳，我國收復台灣，應即取銷此種專賣，并一律根絕之。

b.食鹽專賣　食鹽專賣制度，繼阿片專賣制度而設，主要目的乃在充裕財政，增加稅收，除外對於整理荒廢鹽田，提高品質，改良製鹽、調整供求，統一價格，獎勵產業之開發，均爲設立之副目的，此項專賣收入之數字頗大，當專賣制度實施以前，鹽田面積爲三百四十甲，其產額爲一千一百萬瓩，尚不足供島內之需求，自從改用專賣制度以後，整理荒田，增闢鹽田面積，獎勵製鹽，鹽田已達一千五百甲之多，產額爲一億六千九百萬瓩，及精製鹽二千八百萬瓩，不僅足供島內之需，且可將三分之二輸移出於島外，且其品質成分增高，足供國防工業原料如化學工業等之用，較關東州青島各地之鹽質有過之無不及，台灣食鹽專賣有此實績，誠有可取之處。

c.樟腦專賣　樟腦專賣向操外國人之手，於明治卅三年日本人收回商權後，始脫外人之掌握，此後銳意於調節供求，維持價格，保護樟樹原料，取締濫伐濫採，改良品質，獎勵民業保護，開拓海外市場，前次歐戰時，爲供應世界之需要，台獨佔世界市場，專賣之初，全世界市場需要量年達二、三百萬瓩，戰前因各國加緊備戰，國防工業上需要甚亟，計全世界市場，每年需要產量爲七、八百萬瓩，其三百萬瓩均由本島出產以供軍用，日人甚爲注視此種專賣事業之發展，對於原料之調査、保護、取締，并經確立事業計劃，銳意致力於樟樹造林，乃擴張林地，近年販賣額已達七八百萬元程度，除外台灣所產之樟腦油，亦爲重要之商品，積年以來，台島之天然樟腦，一仍保持其出品數量，尚未受人造之合成樟腦所擾奪，至於樟腦副產物之香料、防臭劑、驅蟲劑及香料之原料，售出極多，此項專賣之收入，在明治卅三年已有一百六十萬元，明治四十三年達五百五十三萬元，大正六年爲六百七十四萬元，大正十三年九百七十萬元，昭和十三年時已達九百四十二萬元，此種專賣事業，關係國防與對外貿易至爲重大，且此種制度，在台灣已有相當基礎，我國接管以後，應當善爲維護，使成爲黨國的國營事業，以抵補我國過去歷年入超之損失。

d.煙草專賣　係屬寓禁於徵，此種制度已盛行於各國，台灣煙草專賣實施之初，煙葉之耕作面積僅爲百十五甲，共產額十七萬瓩，耕作方法幼稚，品質極劣，自此種專賣事業加緊推進以後，業務有飛躍之改進，耕地面積擴至八百餘甲，產額百五十三萬瓩，綜計該項專賣收入，其初不過一百四十九萬元，昭和九年增至一千六百萬元，昭和十三年達二千四百五十一萬六千元，此種專賣收入，僅次於酒專賣而已。煙草專賣我國曾經仿行，惟缺乏優良成績，非此制度之不可行，實由於人事欠缺健全而已。

e.酒專賣　酒為非生活上所必需之消耗品，日常之消耗，至為大宗，台灣之酒專賣亦為租稅政策之一，已成為收入最大之消費稅。此種專賣之成立最遲，但其收入則為各項專賣之冠，考其設置之目的無疑地乃在膨脹財政之收入，謀專賣局所謂實施之目的在於保健衛生，提高品質，調節供求，此無非為門面點綴之詞而已，此項專賣收入於昭和二年已達一千五百萬元，昭和九年一千八百萬元，較之大正十二年度之收入超出二倍，直至昭和十三年達至二千八百萬元之鉅，可謂突飛猛進。酒於人類生活，並非必需品，且屬於無謂消耗，對於衛生保健，為害甚鉅，世界各國衛生當局對此甚費苦心，對於禁酒問題或弛或張，一時未易禁絕，唯有寓禁於徵，我國對於酒專賣制度未經實行，對於台灣之酒專賣問題，今後出於積極的仿效，抑對於此制根本取銷，或在台灣一隅行局部的專賣，是應詳為研究者也。

拾玖　郵政之沿革及其現況

台灣郵政始於光緒十四年，當時由巡撫劉銘傳仿傚歐洲郵政制度而創立，略具規模，日人侵略台灣之初，明治廿八年三月曾於澎湖島設立野戰郵便局，無非適應戰時，內容設備簡陋異常，翌年三月改隸於台灣總督府民政局通信部，明治卅三年十月頒布實施郵便法後，改用新制。

台灣郵政隨鐵道與公路之發達而擴展其事業，郵政路線逐年延長，蕃地區域內亦開設新線不少，昭和九年陸路（鐵道、公路）開展至二千三百三粁，水路三千二百二十四浬，郵件集配市內每日一回至六回；對於交通困難之蕃地郵件，亦每日集配一回，根據統計：

郵件種類	昭和九年（千件）	昭和十三年（千件）
1.接受郵件	七八，二一〇	八一，八三五
2.分發郵件	九三，八六六	一〇一，七一一
3.接受郵包	六六一	八五五
4.分發郵包	一，一七三	一，三七三

台灣郵政已有五十七年之歷史，規模完備，對於郵政之接管，似宜保留其業務上之優點，陸續加以整理，並舉行人才之登記與甄別、訓練，以資調整。

貳拾　電信之現況及其接管方法

台灣電信制度，亦於明治廿九年三月由軍政而移於民政，最初設有基隆——大板占間海底線，明治四十三年十月增設淡水——長崎線，昭和九年時代，電信線已有之電線如下：

1. 長崎台北間海底電信線，二條。
2. 那霸台北間海底電信線，一條。
3. 東京、大阪、鹿兒島與各地及台北之無線電信。

台灣電信由以上三海底線及三處無線電信通報，所有通報處所，甚為普遍，昭和九年平均每月通報七千通，平均每百人發信三十二通，收信三十三通，計電信電路延長至千二百四十七粁，凡各州廳所在地與台北及各郡設所所在地均可通達，除蕃界以外，凡面積百七十七萬粁，二一之間有電訊局一，總計共達二百零三所，根據昭和十三年統計：

1. 發出電報　二，一〇二千件
2. 收到電報　二，一九七千件

至於對外通信線路有三：

1. 台北——川石山（福州間）海底電信線
2. 台北——香港間無線電信
3. 台北——馬尼拉間無線電信

以上為與中國沿岸及南洋方面通信之路線，每日通報二百次，自七七戰事發生後，已陸續中斷。

關於船舶通信，設有下列海岸間各局：

1. 基隆無線電局，聯絡內台航路船舶通信
2. 鵝鑾鼻無線電局——與歐洲南美澳洲等航路船舶通信。

海岸局所除外尚有台東、花蓮港、台南、澎湖等局，至於火燒島、彭佳嶼等無線電信局，規模甚小，祇保持與母島聯絡之便而已。

電信關係於國防交通，對於接管電信部門，尤需大量專門人員，此種人材，尤非預為儲備不為功。

式壹　電話之現況及接管方法

自明治三十三年四月制定台灣電話交換規則以後，最初之電話局所祇有台北、基隆、台中、斗六、台南各電話交換局而已，嗣後逐年擴張，至昭和十年，電話業務局之數，已增至一百七十一，電話加入數一萬六千餘，直至昭和十三年，更增至二萬零七百六十五之數，我國對於電話之接管，應加強管理，維持其業務發展。

式貳　廣播電台之現況及接管方法

台灣廣播電台，草創於昭和三年十一月，當時祇在遞信部圖書內設一KW放音機以為實驗，嗣昭和六年，增設一〇KW放音機，同時并設立台北新公園演奏所，坂橋發信所，淡水中繼受信所，由社團法人台灣放送協會經營，同年二月一日台北放送局JFAK（一〇KW）開始放送．周波七五〇），復於昭和七年四月一日於台南市大南門園遊地內設立台南放送局JFBK（一KW周波七三〇），昭和十年五月十一日在台中市內水源地公園內，設立台中放送局JFCK（一KW周波五八〇）成立以後，開始放送，同時台北、台中、台南連絡上之中繼設備，皆已完成，并計劃增設五〇KW之放送設備，向南洋華南各地放送。根據昭和十二年統計聽取廣播登記戶數：

1. 聽戶　四六，六四九戶
2. 日本人聽戶　三二，八一六戶
3. 台人聽戶　一三，八三三戶

關於聽戶對全戶數之比例

日人居其全戶數之六三．六%

台人居其全戶數之三六．四%

在台日人聽戶與日本內地聽戶之比較，為四〇%。

廣播電台為宣傳上之重要部門，無論對內對外宣傳，均極重要，對於台灣各廣播電台之接管，應首先恢復國際線路，開展對外宣傳工作，並重新登記聽戶，予以嚴格管制。

（完）

對於台灣政治建設的建議

洪石柱

一、前言

抗戰勝利，收復失土，完整國疆，已在眼前。對於收復地方之各種建設，能否「止於至善」，實有關我整個建國大業能否徹於理想。尤其對於屹峙東南國防要地之台灣的建設，其影響所及，更為重大。筆者生於台灣，長於台灣，與敵人鬥爭於台灣，共有三十年；回國後，受國家民族的薰陶，已有十餘年，在此中間研究主義以及　領袖的指示，自信微有所得。根據在台之體認，以及國家民族的要求，對於收復後，台灣的建設，尤其是在政治建設方面，有幾點意見，要貢獻國人，如能由此淺薄的意見，引起國人深切研究「台灣的政治建設」，符於主義，合於國家民族之利益，而實現於台灣，更能以此而表揚三民主義之成功於中外，而達「止於至善」，實為黨國民族以及台灣之萬幸。深請識者教正之。

二、認識台灣之過去與現在

因為政治不能離開社會事實，不能離開民族的歷史——即民族所生存下來的過程，故在敍述本題之前，要先敍述「認識台灣之過去與現在」，以為微見之基礎。

「台灣澎湖列島，本是漢人開發的區域，屹峙東南，久為我們中國的屏藩，迄至明末，乃為荷人所侵據，而終為我鄭成功所收復，其事蹟實可歌可泣」。

台灣是國人開發的區域，由　領袖這個指示，可以明白；唐朝，國人到台，深入番社，施敎與先住民——生番，著有成績，有文獻可考，元朝設巡檢司於澎湖始統治，有史可稽，明末顏思齊、鄭芝龍之集衆移住，閩撫熊文燦之大量移民，荷人之積極招致閩人渡台，鄭成功之復台，以及其擁帶明末義民以台灣爲根據地，經營復明之大業，更爲積極開拓，使台灣成爲我東南一保衞民族生存的要塞」。

在滿清統治二百餘年當中，有朱一貴揭立「復明」旗幟，領導台民，一時克復了全台；而吳球、劉卻、林爽文、戴萬生、施九段等，或爲「復明」，或爲「反抗滿清的逆政」，共達二十餘次前仆後繼之革命。是爲繼承着明末義臣、義民之精神。

在乙未割台當時，能一呼萬應，集義軍十數萬，建立東亞首創之「民主國」，與戰勝朝鮮、滿清之日軍，在陣地抗戰達五個月，刺殺統帥——日親王之頭，嗣後又能雖站在敵人之前，堅守祖宗開闢下來的斯土，與敵人奮鬥而圖存，繼續不斷進行游擊戰達十餘年，在抗爭中求生存之苦鬥，可由敵督在第十六次衆議院委員會說明，所謂「土匪」是爲「國事犯」或爲「强盜」所稱：「這，在本會已大體說過，不能一律均作那樣的看法，種種人們中，原以類似國事犯之目的而蹶起，但結果沒有辦法達到目的，乃成爲如盜賊者，有之；或因「鐵叢條例」出現，因而失去鑛山，乃挺而走險者，有之；或因「樟腦規則」出現，失去山林之利，因而蹶起者，有之；或因憤慨於偵探密探之錯誤的密告或親戚朋友之無辜被處，均認爲不若入匪爲愈，乃加入同盟爲盜者，亦有之。凡此種種，由余觀之，似均不必以强盜目之也」；以及在初期二十年當中，發起二十餘次之革命，而可知其不屈的精神。

在第一次歐戰後，又能應用現代知識，繼續發揮民族鬥爭，爲政治運動，爲農工運動，與日敵相周旋；實台灣之國人，在中華民族中，最能表現中華民族之精神——「不受外族侵侮」，最能冒險患難之一羣。

其次在「台灣政治建設」上，應爲注意的，是這羣國人，在敵人鐵蹄下五十年的實際生活。

在敵人未佔台以前，這羣國人有三百餘萬人，在與敵人戰鬥中死亡，及一小部份逃回本國後，歸敵人統治時，有二百八十萬人。

這二百八十萬國人，雖戰不過敵人，一因資產室家於台澎，不能放棄生活之基礎，二因誓欲與敵人奮鬥而圖存，故仍堅守祖宗開闢下來的斯土，雖站在敵人之前，如前所引文獻，開始其抗爭的生活。

一因台人力求在被宰割之外，尙能維持生活之奮鬥；二因敵人要年年增加掠奪，而蠶增進生產所驅策，使這區區一千二百八十餘萬市畝的耕地，三千八百萬市畝的森林，及工、鑛、水產等生產額，在一九三七年，提高到六億九千餘萬日元，而此數目中可認爲是淨生產額爲七億三千萬元。而這些生產物中，有四億四千餘萬日元之生產物，輸出到日本去。即台灣人以佔生產淨值之六〇%的物資，貢獻於日本。

而台灣最大宗的工業爲糖業。在一九三九年臺水港製糖公司之股息爲二〇・二%，明治製糖爲四〇%，大日本製糖爲三四・五%，台灣製糖爲四四・六%。而這幾家所佔的生產力在三分之二以上，台灣製糖約佔三分之一，所以以這些數目推定之，全台糖業公司，在該年的總平均利潤率約在四〇%；即敵人可以糖業公司收獲其總資本額二億九千萬元之四成——一億一千六百萬元。而此數目，實爲支出工廠的償却、薪津、辦公、事業、稅金、販運等一切費用以外，尙支出極大的公積金及幹部以及全體職工的特別酬勞（這常超過年俸的一、二十倍）以外的數目。所以實際上，台灣農民所提供賤價（敵人任意自定）的原料，而負担其一切經費及從事糖業人員的奢侈生活，尙且給與此等人員大量的貯蓄，及公司的公積，以及如斯的紅利，其數應在二萬萬元以上。

而在台灣，工、鑛、水產各方面的生產機關，幾乎完全在敵人手中。

森林二千八百萬畝中，官有（政府所有）者佔二千五百萬畝，其他多數亦爲日人所有。

山地之情形，與森林一樣。

耕地（水、旱田）一千二百八十餘萬畝中，日人所有的，爲二百五十萬畝。

而貿易、商業，則皆被日人所壟斷。

交通則除官營外，亦被日人所壟斷。

金融則在官營者外，又皆被日人所壟斷。

在這種情形之下，台灣總督府的預算，在一九三九年，則爲二億四千三百萬日元。其他地方預算、保甲費、儲蓄、捐款、公債等總額，實不會比此爲少。

所以在一九三七年全島總生產淨値，約七億三千萬之台灣，在一九三九年要負担官公費達約五億元，特業公司的得利以及經費約二億元，及供其他日人工、商、鑛、交通、金融等業的經費及利益。

其實台灣人，以生產所得的全部，不足供給日人所搜括的事實，是不得不增加負債，出伸財產，以維持生活的眞相。台灣人的處境，即是如此。

而敵人要維持這種搜括，是以較全台上下教員爲多之警察來維持社會秩序。在編制上，台灣有一萬一千四百二十三個警察。其實，在編制外，尚有不少如敵酋所說的「密探」（即秘密警察）。其數定有編制者之一半以上。以編制的警察而論，這些警察統治着五百七八十萬的台灣人及生存。即一個警察管着五百個人而已。

而敵人之能得實現上記之搜括，除了強權外，則以教育爲原動力。爲了提高生產的勞力的效率（使生產更多的生產物——即生產更多的搜括物）；及養成下級的用人；并希求養成忠於日本之台民；敵人在台灣，實竭其全力進行奴化教育。

結果變成忠於日本的台民一項，不但只能達到極少數而已，反爲變成了反日運動的革命者。但其第一、第二兩項的要求，是完全達到了。這即是所謂「奴化教育」。亦即是 奴化教育成功」的意義。

其在一九四一年及四十年之統計：

學校種類	學校數	學生數	教員數
國民學校	一〇〇〇所	七四〇六四九人	一一九〇〇人
男女中學	三五	二〇二〇三	八八七
實業學校	一八	七六一〇	四二九
實業補習學校	七三	九六九〇	三五七
師範學校	六	二〇五三	二二八
高等專門大學	七	二〇二七	一一七一
其他	一九	一三二〇	九五
總計	一一五八	七八三五五二	一五〇六七

敵人爲其本身的目的，而教育了台灣人，使台灣人幾乎全部受了教育，因此台灣人俱能理會敵人之植民政策，因而增長民族意識，發生反抗心理，而其勇敢、忠毅之志士，則爲後期政治運動、農、工運動之領導者。一因這些運動是根據全民的意識與心理，二因敵人爲了要開始侵略大戰，不得不買收台民之心，於民國九年施行了總督府評議會及各級的協議會等民意機構，并於一九三四年起，實施了市、街、庄協議會員之半數爲民選之制度。

三、應建設台灣爲三民主義的模範省及其重大意義

根據上述各種現存的條件，即可知台灣是極合於建設三民主義的模範省的。至於是否在收復後，即開始建設三民主義模範省，還是在於我們做不做的問題而已。如果我們能夠遵照總理「行易」與 領袖「力行」的指示，以及「國民只須遵循主義，按照方略，順着成功的路線，「窮理致知」「實踐力行」來應付世界歷史上空前的變局，而與全體人類分担世界改造的偉大事業，自必能達到最後的成功」。「所謂「力行」與「致知」，皆須出於「至誠」，不能有一點取巧投機的僥倖心理」以下，循循以「誠」以「公」訓示我們的去做，台灣的政治建設，是極其容易、迅速達成三民主義的模範省。

甲、應即實施民族主義

台灣雖是國人在唐朝以來開拓起來的地方，但爲墾批移住、蠻荒拓野，爲我中華民族生存的要地，則僅有三百餘年，因此「宗族主義」，未見實現於台灣，而「家族主義」亦因由各地渡海後聚居於一處，爲了共同禦番與防匪，在在需要互助，以致亦不能實現。

所以在台灣，自顏思齊、鄭芝龍以及鄭成功，然後台灣民主國，都是團結國人，從事開拓設防以「國族」爲重。

至於郭懷一之與荷人戰，鄭成功之抗清，清代的各次革命，台灣民主國之抗日戰爭以及

續後的游擊戰與各次革命，無不集國人爲一起，而與外族搏鬥。歷歷在實行了「民族主義」。

台灣的收復，爲光復「我們中國在百年以前的版圖，一千幾百萬方公里之內，沒有一個區域，不是中華民族生存之所必需……中國文化之所浸潤……」的一個區域，以完成中華民族在台灣之雪恥救亡的運動，脫離日寇的殖民政策的統治，實現民族的解放。在整個的中華民族之中，建立民族獨立、自由的境地。

國人常有以「台灣被敵人統治五十年，在此中間，敵人事事在極力消除台灣人之民族意識，大部份之台灣人，已無復有民族意識的存在。」這是錯誤的觀感。

其實：敵人在「民主國」之抗戰中的屠殺，姑且勿論，如上記敵當向敵議會所報告的事實，及歷次革命中的屠殺、監禁，尤其對於一九一五年余清風革命運動，在八月二十五日台南臨時法院拷禁而同時判處死刑者達一千三百四十七名，開世界刑事裁判史的創舉，及其在革命發生地——噍吧哖——集合兒童以機關槍掃射之慘酷，是憑無辦法禁止台人祕密傳說給其後代。而其搜括掠奪的情形又是那樣。

事實：敵人在一九三八年三月，不得不開始對台灣人的「皇民化運動」，通令「禁用閩南語」，「絕對使用日語」，將所祀「神祇及偶像」交出燒燬，并拆毀「宮廟、寺院」，推行敬日本神的運動，欲藉此「絕滅台灣人對於傳統的祖宗觀念」。……并於一九四一年一月決定組織「皇民奉公會」以爲宣傳日本主義，幫助台灣人的皇民化運動之順利進行，勸募志願兵，督導生產及統制經濟，監視人民之實行。

更要於一九四一年創立世界殖民地中所沒有的「改姓名運動」，而對於改用日本式姓名之人，給與特別的優待，以爲利誘之結果，在該年底，所得利的台灣人之改姓名者，不過只有四萬人。也就可見其奇狀百出，意圖消滅台人民族意識之落空。而不得不再在其後，於五州、三廳、五十一郡、十一市、五十六街（鎮）、二百十三庄（鄉），迫設各級的「防諜聯盟」，而至於茶樓、酒館、旅社、戲院；以爲防止反日之宣傳，民族思想之鼓吹。更可見其陰謀消滅我民族意識之無法實現，猪突闖動，試行各種奇花樣的害處。

所以要齊國人切實調查、研究台灣之事實，台灣人之民族精神；勿只看到少數民族的敗類（況且是不能發揮我們的宣傳、組織，而被敵人追誘的）爲根據，來發表阻礙正確的國策之施行。

因此筆者是極力主張，在收復後，對於台灣人，應即採取「民族解放」「國內民族平等」之國策，不因久被敵人統治，而生懷疑，施以歧視的態度的。

此外在民族主義之精神下，對於小數先住民——生番，及自願留在台灣的日本平民，亦應給與政治的、經濟的自由，不另歧視，以中華民族過去融和，同化異族的精神，及過去台灣的國人，已將先住民教育，同化融和了不少將其「熟番」」而給與同等的待遇之事蹟爲方針；表現我中華民族的政治理想，總理所創立的三民主義的偉大，光揚於世界，而爲國際所慣從，實於國家、民族、本黨俱有重大的意義。

乙、應即實施民權主義

台灣有六百萬的人民，在一九四一年有上下一，一九八所的學校，一五，〇六七名教員，經常教育着七八三，五五二名學生。所以台灣人皆受相當的教育，爲實行民權主義，比較國內任何行省便利，而具備條件的地方。并且在敵人統治下，雖不能切實實行民意機關，但亦普遍實行選舉的制度，這實給我們建立實施民權的基礎。尤其戶口編查的嚴密，保甲的健全，皆可爲活用。並且在收復後，黨團活動亦可因此而在極速的時間，建立上下機構。故在收復後，經過短短的時間之宣傳，以及準備，在黨團之組織完成後，即可由黨團的領導，按照民族主義的辦法即實行市、鎮、鄉的自治。「……」這雖然不符一般政治組織之系統之辦法，但在新光復的區域，該以革命的辦法，一以收攬民心，打破敵人在臨敗時，必會有的陰謀之惡宣傳，二爲善用台人之能力，統治台灣本身，使台人自己維持治安，協助一切的政治，實爲最妥切的辦法。由於這個設施，台人在敵人統治下，所要求，力爭而不到的事情，能在回歸祖國後，即見諸實現，以台人素來之「慷慨」、「勇於義」之心懷，定能獲得其沒齒滅肅來貢獻於台灣的建設。而其結果之完滿，可爲資斷，定能爲全國之模範。如再過一個時期，政治雖開黨」團，吸入政治機關以後，又要多「一番的手續，并因不及黨、團的接近民衆未必能較爲妥切而順利；於理、於勢，市、鎮、鄉的自治，實在黨、團的組織完成時，由黨、團之領導，來整理建立起來爲最善。

至於民權之全部實施，應在整個國家，施行憲法時，同時實施之。

丙、應即實施民生主義

台灣之產業情形，在太平洋戰事發生以前，工業生產已超過農業生產。而這工業生產機關，則完全操在敵人之手。鑛業、水產、林業等，除極小部份外，非操在日人之手則爲官營事業。土地（水、旱田）亦被敵人佔有百分之二十。故在收復台灣後，沒收這些政府及日本資本家之生產機關，發展官公生產事業，一可達到工業建國，二可阻止個人資本之發展，實比任何其他行省，更容易、更迅速實現三民主義的經濟政策——民生主義的經濟建設，不應再任發展資本主義的經濟　故在經濟方面要採取以下的政策：

一、沒收敵人的工廠、鑛山、森林、土地，除土地外全部歸於省營。土地歸爲省有，如下使用之。

二、沒收敵人的土地。視其與工廠有無連帶關係——其有關係者，應在工廠指導之下，組織「合作農場」或「集體農場」，生產工廠的原料。其無關係者，委任地方政府管理，鳩集農民組織「合作農場」或「集體農場」經營之。

三、水產事業，則將沒收之敵人漁船（但這一定是很少的）歸於各港口之地方經營之。

四、嗣後對於應興的生產事業，亦應以省或地方政府或鄉鎮經營爲原則。

五、貿易應歸於省營。

六、海運亦應歸於省營。

七、金融事業除國家銀行及合作社所經營者外，應勸其參加省行，歸省營。

八、極力發展信用合作社（台灣之信用合作社，不但資金很雄厚，其營業又甚優良）爲農民金融機關，并擴張爲生產、販賣、消費、信用合作社，推進合作事業。

至於此等人材，除極小部份專門人材尚爲缺乏外，都可能以台灣人來充任。而此極小數專門人材，如日人仍肯留任，以在駕熟就輕，是該爲留任；若日人回去，此等人材，在英及南洋各地，定極容易聘到，對於事業之進行是無問題的。此等設施，已可爲各省之模範，其切實之實施，從速實現，是爲國家爲民族之利益。願國人重視之。

丁、使從政人員忠於黨國及主義爲全國之模範的意義

台灣不但極適合於建設爲三民主義的模範省，台灣民衆之要求，亦必是如此。因爲台灣人之民族運動史，自治的要求，資本家極少，對中國每一次革命的勝利，都引以爲喜；對每一次中國國家之挫折，都引以爲憂等等情形，給予筆者這樣斷定。而台灣的光復，恰又在祖國要實施憲政之前夜，所以台灣在光復後可即依照憲政去建設政治，是爲最幸運的事情。而台灣的條件如此，民衆的要求如此，台灣實能得建設爲三民主義的模範省。

在這個時期，我們的　領袖，爲了建國，爲了國家民族的復興，循循不倦，訓示我們：「革命建國的根本問題」，舉「社會與學術風氣之改造」及「法治觀念之養成」爲要目，明白的指示：「今日的社會風氣如不改造，沒有「篤實踐履」的精神，則建國工作，仍難期其完成，而社會風氣的轉移，常繫於少數的政治家與學者的倡導和努力。」并引孟子說：「人皆可以爲堯舜」。

在我們的　領袖，已有這樣的要求，台灣的民衆，一因皆受相當的教育，具有對政治的批判力，二因敵人的統治，雖以殖民地政策爲掠奪的政治，但是以法治爲原則，尤其是貪污者，爲數極少，設有之，亦不能逃出法網，并且因黨派的關係，必受他黨所攻擊，并受道德上的制裁。三因台灣人素習於爲政治的要求，如敵人給與台灣總督，可臨時發佈緊急命令代替法律之權，而遭台灣人繼續不斷之「六三法案撤廢運動」等等關係，對於台灣的政治建設之好壞，以及從政人員之實踐　領袖的希望與否，台灣人一定會嚴加批判，無情地提出檢舉與建議。

所以爲台灣從政人員，非以「奉公守法」、「篤實踐履」的革命的手段，表現忠於黨國、民族及主義，實難爲存在。這可養成從政人員之模範，而貢獻於中國整個的建國，尤其是依前述的方針，建設台灣的政治的時候，更其是這樣。

四、台灣政治建設的步驟

要建設台灣爲三民主義的模範省，必定要

有妥切的步驟。以筆者的意見如次：

一、普遍施行三民主義的教育

這必定沒有人反對，故其意義是不用說。只因敵人在台灣是禁止「三民主義」的輸入與發佈，故在事實，台灣人只有極少數的人，能得領略主義的教育，及研究主義。所以在收復後，黨、團的工作，第一着要施行主義的教育。幸喜台灣人皆受教育，實可以頒發所預先準備好的「主義的要義」一類的小冊子二百萬部（因日人禁用中文十餘年，一半利用日文，收效較爲快速），并要到處去開會演講。台灣人對於聽演講及閱讀書刊的熱情，是極高的。此外又可利用報紙連載，亦是一個很好的辦法。在宣傳主義當中，可以馬上組織成各地的黨團組織。

二、以黨團爲先鋒，建設政治

我國立國於三民主義，以黨治國。對於新爲收復，而在施行憲政之前之台灣最重要的問題，該爲怎樣，才能確實、迅速、嚴密建立黨的領導之問題。所以在前面提出，在收復後第一個問題是主義的教育。爲了要建立黨的領導，施行主義的教育以及宣揚國策，應於全島普遍建立黨的組織。並且要達到以黨治國之黨綱、政治要建立在黨的政策之下的方針。黨的組織，應在開始建立自治機構之前，確實的完成。並且黨團工作的成果，是爲政治建設之成就的決定力。中央黨部及中央團部之早就建立了台灣之黨、團組織，實爲最切實的明見，而台灣的政治，要建立在黨的領導之下，最重要的，應該由黨、團之手來建設。所以爲之提出，「以黨團爲先鋒、建設政治」。

在收復後，黨、團已獲得全部的台灣民衆爲對象，宣傳主義，組織各級機構，施行主義的政治教育，是可極速的完成。爲了達到切實由黨來領導政治，在黨爲其本身的工作中，應爲兼行建立政治機構。

保甲之整理、領導，戶口之清查，公務人員及人民在過去的實行的調查，國民學校的恢復，警察之整編，鄉鎮活動之調整等，皆應負責去做。而政府亦應交由黨、團去做。這項政策之能否實行，實有關於台灣政治建設的成就極大的。

三、市、鄉、鎮公所的建立

在軍隊收復一個地方，黨團工作，應即開展，組織黨團機構，隨即整理保甲，選出保民代表二人，任鄉鎮會議議員，由鄉鎮會議選出鄉鎮長副，組織鄉鎮公所，負責維持地方治安，恢復國民學校，辦理地方的善後事宜。

其爲設市的地方，由各鎮選代表二人或三人組織市議會，選舉市長，組織市政府，辦理善後及市政。

這種措施，一可安定民心，二可使台人在敵人統治期間所爭而不得之政治自由，在由中國收復後即一旦獲得，而擁護國軍，進行消滅敵人，三可用台人之力，統治台灣，四可由此而爭取敵後台人內應，破壞日軍建設，實在軍事上、政治上俱有重大的意義。

四、整理地方警察

在鄉鎮公所建立的時期，就該地過去任過警察的人員中，選擇委任，使在鄉鎮長監督之下，執行警察的任務。

在台灣有極多數的警察，其中台人之數不少，可就中選用，其不足人數，由黨團員中選出委任之。至其數目，因在最初，需要較多一點，以二保一人爲標準，無需如敵人統治期間，用以壓制人民實行掠奪時之多。

五、省政府及地方政府的設置

在台灣收復後，應即設置省政府及縣政府（以十二縣爲適當，依過去台灣設有十二廳時之區域，略加調整），但在最初的三四個月間，應爲調查、整理及準備工作。盡可能的協助黨、團完成以上的任務，使其能得切實領導民衆推行主義的教育。

在黨團組織，以及鄉鎮組織建立後，各級政府即開始日常的政治，并依法處理各種憲治事項。對於經濟建設之整理及建設，依民生主義，根據上項政策，從速推行之。

至於施行憲政開始時，台灣應即施行。

其應爲拘禁、沒收、標封者，在軍隊收復一個地方之時，由黨團軍政會同，即爲調查、執行，而待政府開始辦公後，依法處理之。

若不如此，以黨、團爲先鋒，由主義的教育而着手「領導人民」一心一德建設新台灣，而使台人有懷疑或不滿的地方，則台灣的各種建設，必有不少的影響。

國父說：「國者人之積，人者心之器。」大學以「親民」爲綱領，皆以得人心爲政治的大道。對於新收復的台灣民心，由此而可雖收之

五、對於台灣政治建設應即準備的事項

甲、台灣黨團機構的健全與黨團務的積極的開展

台灣黨、團機構之是否健全，有關於不久的將來能否負起責任來完成這偉大的使命；亦即有關能否使台灣的政治建設，順利進行，迅速實現為三民主義新台灣。所以切實健全台灣黨、團機構，不止是黨、團本身的問題，實為台灣整個的建設問題，台灣的統治問題。所以切望中央黨、團部，及台灣黨、團部的領導幹部及工作幹部，注意及此，切實健全其組織，使能負起台灣政治建設的先鋒之使命，是為台灣政治建設的第一個準備工作。

對於健全台灣黨、團部，筆者有如下的意見：

1.為健全組織，雖要以黨、團的先進，領導黨、團務的進行；但黨、團工作之要旨，在領導一般思想，確定一般信仰，即領導人心為主。而台灣革命幹部之被迫回歸祖國的實在不少，都是領導過台灣革命的同胞，站在民族的立場，與敵人作過激烈的政治、農、工鬥爭，素得台人之信仰，其一言一行，皆能為台人之附從。而這些人們，皆已為本黨的優秀忠實的黨員。現在多在黨、團以外的設關團體，貢獻其所能，尚未為黨、團工作，以現在台灣之團的組織，只有在台灣總務之機關分團，且為勿論，但是台灣黨部，為準於省黨部之組織，中央應及早加派對台灣實際有革命歷史的幹部，參加，利用其號召力、組織力，使台灣黨務，收到理想成就。

台灣黨部，係在調整中，台灣區團已開始籌備，極望其有鑒及此，使今後之黨、團組織，能為極有力的領導台人思想、信仰，而使貢獻其所有力量，實實在在成為領袖所指示之「實行建國的總指揮部」「建國的總機關」之台灣支部，以為建設三民主義新台灣，是為台灣政治建設的最重要的準備工作。

2.過去國內有不少的台籍黨員，因格於中央法令，各地黨員須就原地報到的緣故，多與台灣黨部脫節，雖經該部辦理入黨者，亦悉被指令到住在地黨部報到工作，現在雖經該部請准中央在內地台胞集中地組織區黨分部，仍嫌未甚普遍，無機會參加組訓者仍多，蓋台籍黨員，俱皆抱定要收復台灣，建設三民主義新台灣，願受台灣黨部領導、訓練、工作，而遂其素志，格於此種情勢，不但自限制其革命力量，且使這些黨員對黨部失望，各另找在其他機關、團體以遂其素望，為光復台灣而工作，致使意志不能集中，力量分散，實亦為台灣革命者不能團結之一大原因。為今後之計，應即將這些同志，組織在台灣黨部之下，切實予與訓練，策勵其團結，一心一德從事台灣革命，亦是為健全台灣黨部的重要工作。

不但如此，為了要負起其日後的重大的使命，台灣黨、團部，應積極開拓其黨、團務，及準備人材，才可及時完成任務。

乙、應有書刊以及組訓、宣傳等文件的準備

根據上面的工作、所需要的書刊、文件，因應即為準備。非此臨時是一定無法辦到的，因為台灣是可組織十二縣黨部（編者按以台灣六百多萬人口計之不只此數），十一市黨部，約三百區黨部，三十萬以上之黨員；三區團二十三分團，十五直屬分團，五百區隊，十五萬團員。這所需要的，是一個極大的數目。而此組織工作，因為要為政治建設的基礎，應在收復後三個月中，予以完成。準備之要切，足致，是為臨時工作之迅速開展的基本條件。望台灣黨、團部，多多注意及此。

丙、培養工作的人材

為這工作，有關的人材之養成，以現在的局勢，是急不容緩的。至其數目，當以另文再為請教於國人。現在只以要養成怎樣的人為問題。

台灣向為法治，而公務人員之貪污者極少，並且任免升調，皆依規從公辦理，絕無隨主管進退之情形。這是台灣人所習慣，而為我國尚要改進的地方。故所養成的人，要在能為勝任。而為主管人員，應能依規、奉公處理人事，絕不可任用私人，才能得到台人的信仰，樂為受治。

領袖對於建國，需要「轉移社會風氣」所訓示我們的，在台灣是不能有折扣，一定要事事做到；已如上述，所以我們所要求的人材，是能得確實遵照，領袖所訓示「篤實踐履」「奉公守法」的人材。（完了）

臺灣金融概況

——台灣銀行及其他——

方志林

一、前言——五十年來的台灣金融可說是以台灣銀行爲總樞紐，它是台灣各銀行的神經中樞，也是台灣金融界的至高權威。追溯台灣金融的發展，首從台灣銀行說起，次敍其他銀行，台灣金融全般狀況，便可瞭然。遠在五十年前，日寇未佔領台灣之時，台灣島內便無現代化之銀行存在。迄至一八九六年日寇攻佔台灣，日本銀行乃在台灣設出張所；又至一八九七年台灣銀行法公佈，一八九九年九月台灣銀行正式設立，至是台灣金融業乃踏上現代化的道路。

二、台灣銀行的產生及其背景——提起台灣銀行，日寇曾經這樣地誇耀着說：「作爲台灣產業之母的台灣銀行，其顯示踏進足跡在世界殖民史上是值得誇耀的，無論在本國（指日本）金融界是站立在毫不動搖的地位，與台灣實力成爲財界的雙璧而存在着。」台灣銀行的創立原因，遠在明治二十八年日寇佔有台灣之際，當時日本藏相松方侯曾經主張：「台灣既得歸吾國版圖，對其開拓應利用厚生主義爲原則，必須首先設立金融機關，而該金融機關應爲具有紙幣發行權的特殊銀行乃可；而欲準備應付他日非常事變時，亦可盡其職能幫助新領土財政，所以需要如此覺悟，來圖謀經濟界發達。」這種意見的提出與堅持，便是台灣銀行的產生原因。繼之，台灣總督桂太郎以爲新領土之統治，須以經濟開發爲前提，關於創設金融機關以整幣制統一爲捷徑之意見，恰與松芳侯完全一致，而且得到內閣有力者之絕大擁護，遂於明治卅三年三月頒法律第卅八條爲佈台灣銀行法。

及至明治卅八年十月八日，便由當時大藏省監督局長添田壽一氏及澀澤榮一、高橋是清、安田善次郎、大倉喜八郎等本國（日本）財界之首要十四人爲創立委員，開始籌備創立工作。明治卅三年三月三十日定款申請官方認可，而對於一般股票之公開招募，頗獲成功；並且政府認拈一萬股股票，是年七月五日開股東大會，并繳付四分之一的最後股金，而於九月廿六日開始營業，而此具有資本金五百萬元之股份公司——台灣銀行遂告誕生。

三、台灣銀行的使命——台灣銀行是具有特殊性的銀行，由兒玉大藏次官說它無異爲台灣總督府金庫，根據該行創立目論說：「台灣銀行，是台灣之金融機關，通融資金於商工各業

台灣收復後的資本問題

薩士武

本刊第一期余曾撰「台灣收復後的教育問題」一文，指出日本統治台灣最主要的有兩種手段：一種是經濟的，用「日本資本」而達到台灣資本主義化，一種是教育的，用「日本國語」而達到台民奴隸化教育化。前文是針對日本所施奴隸化教育而作，茲特再寫一文，對於如何收取日本在台灣所投資本和集積及運用新資本，略有論列，自知疏淺，拋磚引玉，尚望□□專家有以教正爲幸。

一、日本在台灣資本發展的形態

日本佔領台灣後，促成台灣資本主義化，日本一方面極力驅逐帝國資本，一方面輸入本國資本，其資本活動形態，伸入內部，設立企業，由單純的商業資本，向產業資本發展。這種形態由於在殖民地貿易，商業資本家因欲喚起爲輸出之目的物的殖民地重要物產的大量生產，及開拓其輸入商品之大量販路，自然而然的爲必要所迫，而創立企業。因此商業資本家，成爲產業資本家，成爲資本家的企業創立者。商業資本既向產業資本發展，但產業資本的供給，是不需商業資本而進行，反而產業資本支配商業資本。同時銀行資本且與產業資本、商業資本結合而使之發展。日本在台灣資本發展的形態，便是

以及公共事業，以開發台灣之富源而圖經濟之發達，對於暫在台灣從事企業的我國人（日本人）給予方便，向他們開誘掖之門。」最初爲通融資金給予台灣各資本家，由是銀行資本與產業資本結合，產業資本以銀行資本爲與援，而銀行資本乃緊緊地統制着產業資本，由此從而控制台灣全般經濟，促進台灣經濟之發展，台灣銀行便是負有此種特殊使命的銀行。其次台灣銀行與台灣總督府關係甚爲密切，對於台灣財政之籌措甚多協助；諸凡台灣總督府所發行之公債——如台灣事業公債，台灣銀行負有接受之義務。因此台灣銀行對於融通台灣財政貢獻殊多，且以國家資本，保證放貸，促進企業集中化及資本蓄積，在政治上保障總督府收支，並保證日本資本的發展，與奠定統治台灣資本的前途。所以謂台灣銀行爲台灣總督府金融總庫，實非虛語。總之，台灣銀行是以協助日寇殖民地政治之發展，促進殖民地經濟之繁榮爲目的。

台灣銀行的使命，正如日寇所謂「帝國南進政策之經濟前驅者」，實際上作爲日寇對南洋及華南經濟侵略之掩護。該行常以國家立場，對於南洋及南支日本商人給予經濟投資便利或資金援助，故其貸放款多以台灣南洋及華南日僑爲對象，所以台灣銀行實乃日本帝國主義之南方殖民地銀行。

四、台灣銀行資金及其組織——台灣銀行是保有發行鈔票之特權的獨佔殖民地銀行。目前爲台灣本島銀行的台灣商工 華南、彰化、台灣儲蓄四行都受其資本的或資金的支配。台灣銀行之使命重大，業務繁鉅，故其資金亦極爲豐足。當一九二六年台灣各銀行之資本總額爲九千九百四十萬元，其中台灣銀行佔四千五百萬元，日本勸業銀行支店爲三千三百萬元。又全島總存款額四十九億二千五百萬元中，台灣銀行爲三十八億九千四百萬元。總貸出額四十四億二千五百萬元之中，台灣銀行爲三十九億一千九百萬元。台灣銀行在島內金融界顯然佔着獨佔地位，當時日本銀行開設支店於台灣者，僅日本勸業銀行及卅四銀行等二行而已。

台灣銀行之股東構成，除皇室外，政府不但要承認其資本金的五分之一，即一百萬日元在五年內不分紅利，此外並貸下毫無利息的二百萬日元，作爲紙幣發行基金，使台灣銀行開始營業。台灣銀行負有發展殖民地經濟之重大使命，資本逐年累積，資金極爲雄厚。而其分支機構，星羅棋布，遍及島內外，組成健全之金融網。查台灣銀行資本，在一八九九年約有五百萬元，一九一五年爲二千萬元，一九一九年爲六千萬元，一九二五年爲四千五百萬元，至一九二八年減爲一千五百萬元，一九三五年爲一千五百萬元。其資本增減趨勢，大略如此。至於業務機構，在台灣島內共有十五個支店，在日本及國外則共有十七個支店及二出張所。

這樣的。

日本在台灣資本的集積及集中，因此資本家的企業，又急激的獨占化。這種獨占化，不單止於同一生產階段，大多數涉及各生產混合企業形態而進行。

二、日本對台灣資本運用的特性

日本輸出資本在台灣掠奪重要物產，和特別高率利潤，這由於（1）利用台灣天然資源，（2）利用台灣貧銀低廉的勞動力，（3）資本家獨占勢力，（4）政府的保護，所以促進日本人投資非常的踴躍，造成日本人絕對的勢力，尤以銀行資本及產業資本爲甚。台灣人之占優勢者僅爲一般商事。因此所有重要產業經營的實權，均掌握於日本人。

但日本在台灣有勢力的資本家，不必定皆在台灣，大部分爲住居日本的日本人，稱爲「不在資本家」，「不在資本家」對於台灣經濟，無有利的影響，（一）對於台灣地方的利益不甚關心，（二）富由台灣流出。

總之日本投資於台灣，並非救濟台灣，完全以救濟日本爲主。

此外台灣人的資本，日本也積極吸收，除以一部分在台灣日本人支配之股份公司充爲股金外，而大量被吸收爲島外事業，所以台灣人層層在日本資本主義壓制的下面。

三、復鑒後應如何收取日本的資本

台灣銀行發行兌換券數目甚鉅，據民國廿三年全國銀行年鑑之統計，各主要外國銀行發行兌換券數目如次：

匯豐銀行	一三七，四四九，二五五港元
有利銀行	一六二，一一〇金鎊
正金銀行	六，五九八，一三九日元
台灣銀行	五二，六二六，四五〇日元
花旗銀行	二，〇〇〇，〇〇〇美元
美豐銀行	二三七，二九〇美元

這是主要的外國銀行發行的兌換券，台灣銀行的發行額比較起來佔着第二位；雖然台灣銀行總行設在台灣，是個發行的銀行，有一部份的兌換券是流通在台灣，但是台灣銀行戰前在我國通商口岸開設分行很多，例如上海、廣州、汕頭、廈門、福州、漢口、大連等均設有分行，所以台灣銀行兌換券流通在中國境內很多。但是民國二十四年該行發行總額增至六千二百八十萬元之紀錄，當時其貯金總額爲一億二千二百〇七萬四千八百零五元，而貸出總額則爲六千一百五十二萬三百二十七元。民國廿九年台灣銀行發行總額爲一億九千九十五萬一千元，但至最近該行總發行額已超過二萬萬元以上，而一九四二年該行發行限額爲二億四千萬元。

茲列明如下表：

台灣銀行發行總額各年比較表

一九二五年發行總額六千三百八十萬元（台灣博覽會台灣銀行一章）

一九四〇年發行總額爲一億九千九十五萬元（一九四二年滿洲年鑑）

一九四二年發行限額二億四千萬元（一九四二年朝日年鑑）

茲再列明台灣貨幣流通數量各年比較表，藉以明白台灣通貨膨脹之一斑。

台灣紙幣及銀行券流通量（單位千元）

昭和十二年（一九三七）	一一二，〇〇〇
昭和十三年（一九三八）	一四〇，〇〇〇
昭和十四年（一九三九）	一七一，二〇〇
昭和十五年（一九四〇）	一九九，七〇〇

附註：參考一九四二年朝日年鑑。

日本佔領台灣各種設施，是「極力斷絕台灣與中國的紐帶，而與日本爲新的結合。」因此我國收復後必須針對此點，換言之，即應破壞日本在台灣的勢力，一面加強中國與台灣的結合。破壞日本在台灣的勢力，首先毀滅日本的資本主義，日本一旦退出台灣，在台灣所經營的企業，非斷餓卽逃避，或將企業讓賣與台灣人，台灣的日本資本驅逐肅清，則日本和台灣的紐帶，可以斷絕。但如何換取在台灣日本的資本呢？一方面應用日本過去所吸收台灣人資本，以轉換收買日本人在台灣所投的資本。一方面也可以仿效日本剛台時消滅大租權方法，發行公債，強制收買日本人資本所經營的企業，如能利用日本戰敗的賠償，以達到沒收日本資本，則最爲適當。

四、復臺後應如何集積和運用新資本

台灣日本資本崩潰後，是否用中國的新興民營公司來代替日本的三菱三井，或設立國營的企業公司，來統制台灣產業呢？依 國父實業計劃，明白告訴我們說：「中國實業之開發，應分兩路進行，一個人企業，二國家經營是也。凡夫事物之可以委諸個人或其較國家經營爲適宜者，應任個人爲之，由國家獎勵而以法律保護之。」收復後台灣的實業，當然不能例外，所以依照實業計劃，台灣一概工業，應組成一極大公司，歸諸台灣人公有，但最好得華僑資本家爲共同經濟利益之協助，又依照實業計劃，工業發展，所生之利益，也是以一爲攤目前台灣銀行人事狀況，頭取（即經理）爲水津彌吉，副頭取（即副經理）爲和田正彥，理事駐在東京者爲山本健治、本橋兵太郎二氏，理事駐台灣者爲平野籐三、成田文雄二氏，常務監査役（即常務監事）爲木內五助，彼等均爲財界要人。

五、台灣銀行對島內之業務——台灣銀行業務非常龐大，但其業務主旨在通融資金於產業資本家，尤其是日本資本家爲首要之對象。在一九〇三年已向台灣全島重要產業作八百二十八萬元的投資，佔有當時全島產業資本總額百分之八十以上；足見銀行資本與產業資本的結合開始便極爲高度化。及至一九二八年，其貸放總額已增至四萬二千六百萬元，在二十五年間其貸放款額已增五十倍以上。但是這些產業資本是操縱在日本人手裏，因爲日本人設立企業於台灣，故日本資本在台灣多爲產業資本；更進一步日本資本在台灣復爲銀行資本，所以住在台灣之日本商人，無論是商業界或產業界，均可獲得銀行界之金融援助，這樣日本資本家在台灣便可藉此排除外商及其他勢力，這亦是台灣銀行業務上之要旨。台灣產業資本化是由商業資本家活動開始，再進而促進企業之勃興；但是產業資本不依賴商業資本來進行，反之，是產業資本支配着商業資本，兩者相互結合，共同促進產業資本的發達。但產業資本握在日本人手中，金融資本則爲台灣銀行所獨攬；不但如此，日本及台灣銀行資本亦爲援助資本家企業的發展而與產業資本結合，銀行資本集積成雄厚勢力，所以產業資本便又受銀行資本之供應與支配，造成金融資本的獨佔形態。其中除開三井三菱兩家以外，台灣銀行之金融一力量促進台灣企業界之發展，功績至偉。由此種種造成的結果，是台灣土著資本受到嚴格的限制，難於發展，於是土著資本完全受到日本資本的控制。

台灣銀行對島內之業務除融通資金於一般產業界以扶助其發展外，並援助台灣財政以協助總督府之施政。台灣銀行依照「台灣事業公債法」貸付三百二十萬日元與台灣總督府，此公債利息，在五分以下，次年又以五分利息貸給台灣總督府以二百二十一萬日元之事業公債，一九〇四年跟着土地調查之後，台灣總督府發行收買大租權之補償公債，總額爲四百零八萬日元，五年之後，一九一〇年地方廳便以賤價賣給台灣銀行，總數爲三百零二萬日元，佔總額之七八成以上。其餘的數額，台灣銀行便用二十五萬日元爲基本金，在嘉義設立嘉義銀行，又用二十二萬日元在彰化設立彰化銀行，此外在宜蘭、基隆二地設立金融組合。明治卅二年三月制定之台灣事業公債法及其後之改正所施行之事業，凡是台灣大企業依照該法所起之公債及短期借入金，都由台灣銀行及國庫儲金部負担，甚至由台灣銀行借出。所以台灣財政是受台灣銀行所援助；同時台灣財政復助長台灣銀行的發展。例如台灣財政如果歲入不足之時，恒以台灣銀行之短期借入金充作公債支辦事業之財源。

台灣銀行至一九三三年，資本額增至九千五百五十萬圓，而實收股金僅七千二百五十八

還投資的利息，一爲增加工人的工資，一爲改良與推廣機器的生產，除此以外，其餘利益，須留在爲節省各種物品及公用事業的價值，使人民一律享受近代文明的幸福，若此則台灣工業所趨向的路徑，不但改變了原有殖民地產業，脫除爲日本資本特殊利潤的工業，而在在是台灣一般利益的工業，台灣富仍能夠用於台灣的本身地方，供台灣人的享受。

臺灣之水利事業

翁春雪

（甲）水道

（一）台北水道——爲圖生活安全，防止[illegible]惡疫傳播，必須敷設水道。一九〇七年開工，一九〇九年竣功，開始給水。工費一百八十五萬元。一九一四年給水區域，人口達十三萬五千餘人，常常斷水。一九一六年起，再擴張，翌兩年，工費十萬一千四百餘元。增設喞筒[illegible]電動機各一台，濾過池、濾過井、沉澱井等，[illegible]各種設施追不上市內人口增加之速度，乃調查水源之結果，發見七星郡大屯山中有豐富之湧水，一九二八年起又繼續五整年之擴張工事，至一九三二年三月完成。工費二百五十萬元，能給水三十二萬人之用。一九三三年五月又擴張新給水區域。

（二）基隆水道——取水於西勢溪，給水台

萬圓，超出原額數倍以上。當時之台灣銀行，眼見台灣工商業之發達，遂與日本政府謀定，以每年發行四千萬元之兌換券之手段，達到榨取島民之現金。而且日本帝國主義之資本家投資台灣之工商業甚多，島內大半事業爲鈴木商店所經營。該店爲政府憲政會所主持，台灣銀行對該店投資甚鉅。一九二三年該店事業衰落，一九二七年倒閉，台灣銀行被該店拖去總額爲五億萬圓之多，損失至鉅。因此影響到台灣殖民地之統治問題，當時之若槻內閣，議決奏請日皇以緊急勅令「命日本銀行臨時貸出二億萬元之補償令」，事遭樞密院反對及（政友會）之堅決反對，遂使若槻內閣總辭職。若槻內閣倒後，政友會內閣產生，田中大將組閣，由政友會元老前首相高橋是清爲大藏大臣；於是在臨時帝國議會以「財界整理案」名義，議決八億元之鉅款，整理台灣銀行，此場風波乃告解決。

台灣銀行在一九二七年因爲受到世界經濟恐慌的影響，而不得不減縮其資本金至三分之一，降至一千五百萬元。尤是受到鈴木商店破產的影響，台灣銀行對之不得不負担鉅額，遂理整後，才在艱難險境，掙扎維持，乃得渡過難關。而當時政府對台灣銀行亦莫不竭力支持，在政府眼光以爲台灣銀行爲台灣島內之中樞機構，其他一切機關均依此機構而生活，若使其失機能，則於台灣財政發生異變，台灣統治發生動搖，所以國家必須支付任何巨大之犧牲，以免除此種危機所引起之結果。……

之見地，……台灣銀行之對外業務發展其創立之理由說：「以開發台南之富源，謀經濟上之發達，更進而擴張營業之範圍於中國南方及南洋諸島，成爲此等諸國之金融機關，以調和金融爲目的。」完成了以台灣爲根據的對外發展之使命。一方面台灣銀行爲謀於日本神戶，一九〇六年在日本大阪設置支店，此後便在日本各地增設支店網。一九〇〇年於廈門設置支店，一九〇三年復設香港支店，此後便分別在中國中部之商埠以及倫敦、紐約、孟買設立支店或辦事處。一九一一年開設上海支店，以援助日本人對外貿易及企業發展……。

台灣銀行助長對外貿易之發展，首先爲日本台灣間通貨之改善，增進日台間之貿易，其次爲促進台灣作爲南進線上的中間貿易，其三爲援助台灣與外國間之貿易，其四爲援助日本之一般外國貿易，故台灣銀行不僅爲台灣的銀行，且爲日本帝國主義之外國貿易銀行，運用金融力量，以開拓日本商品的國外市場。

以台灣銀行在中國及南洋投資甚鉅，實爲一般銀行業務的開展，從提高日本對外金融信用來促進對外貿易，由資本扶植以資本拓殖。其次台灣銀行於一九一九年對華投資總額爲叁仟四百餘萬元及銀三百萬元及七千餘萬兩，又台灣銀行與日本興業銀行及朝鮮銀行所組織之對華經濟借款共同借款團之三億八千五百餘萬元中，台灣銀行所佔分擔額爲四千九百

能力三萬人，工費四十六萬六千餘元。一八九七年三月起工，至一九〇二年三月竣工。嗣因人口增加，而該溪夏季渴水之水量不足，乃取東勢溪之水量補足之。一九〇八年及一九一五年設淨水池一台，一九一七年擴張濾過池，淨水井，又設大貯水池，一九二三年起繼續三箇年之工程，至一九二七年三月竣工。又費七十四萬元之工事可給水豫定人口十萬人，一日最大量有一萬七千九百四十四立方米之給水設備。一九三四年起又計劃三箇年之工事，總工費五十七萬四千三百八十七元，給水豫定人口十萬人，一日最大之包含給水量爲一萬九千二百立方米之給水量。……

（三）新竹水道：……水源由頭前溪上流及……之上流，給水豫定人口三萬人，工費一百零六萬餘元，一九二五年七月起繼續四箇年之事業，至一九二九年三月竣工。……成，同時開始通水，至一九三〇年三月全部完成。……

（四）台中水道：一九一六年二月……試驗鑿井，深四十三尺，內徑十二尺，湧水量良好……大，一九一七年四月起工，至一九一九年三月竣工，同時開始給水，給水豫定人口一萬五千……不足，……水源……元，至一九二七年九月竣工，可給水人口五萬人，……水流約八粁，……濾過法，給水豫定人口……萬人，……

餘萬元。復次台灣銀行又設立中日實業股份有限公司、中華銀行、中華匯業銀行等中日合辦事業於中國，利用爲對華投資機關。一九一九年台灣銀行復勸誘台灣及南洋華僑資本家共同設立華南銀行，設立總行於台北，以負起對南洋貿易及投資之使命。不但此也，台灣銀行復以金融援助在南洋日人事業，例如輪船公司、貿易公司、橡皮業、醣業等是，此即日寇對於南洋所謂「企業援助」是也。

所以台灣銀行不僅要開發台灣島內產業，而且進爲對外貿易及投資機關。其活動範圍，對內方面爲以台灣爲主，而及於日本本國；對外方面則以華南南洋爲主，而及於一般外國。她是以援助台灣產品的輸出及台灣蓄積資本的輸出爲主的銀行，不但是提倡獎勵，而且是積極的計劃實行。所以台灣銀行實爲日本帝國主義南方的殖民地銀行，與朝鮮銀行之爲日本北方的殖民地銀行一樣。

台灣銀行活動基礎是促進商品生產及資本蓄積，因此台灣產業繁興，而有生產過剩之現象，遂致促進商品輸出。因爲台灣糖業發達，生產過剩之糖業產品，遂大量向華輸出；因而大阪輪船公司開設上海、天津航路，台灣銀行開設上海支店，而台灣總督府對於航業給予補助金，對於銀行則給予匯兌資本之補助。一九一四年世界大戰發生，遂給予台灣糖業以發展之良機，日本糖業家在爪哇大肆活動，收買爪哇糖，經營橡樹業、粗糖業等。一九一六年台灣總督府着到此種貿易及投資之發展，遂設法補助向南洋發展各種企業：首即命令大阪商船公司開設南洋航路，而台灣銀行復於一九一五年開設司拉白亞(Srabaya)，一九一七年開設司馬蘭(Smala)，一九一八年開設白太必亞(Batabia)等支店。

七、台灣之各金融勢力　台灣島內之金融勢力大部握在日本人手中，尤以銀行資本及產業資本爲甚。至於台灣人僅能在商業資本方面倒佔優勢而已。在台灣島內設有支店分發行所之日本公司計有：日本勸業銀行、三十四銀行興及明治、帝國、千代田、日本、共保、共濟、第一、大同、日清、太平、日華、常盤、大正、東洋等生命保險公司，又有三井物產公司、三井無限公司、鈴木商店及大日本鹽業、日本樟腦、大日本製糖、淺野水泥、大倉土木、大倉商業、日東製冰、日本石油、星製藥、三共、大阪商船、近海郵船及其他金融、產業、商業、海運等公司廠家，在台灣均佔有強大勢力，且多爲日本資本家所直接掌握。甚至如華南銀行、彰化銀行及新興製糖公司等屬於台灣本島人系公司，其掌握經營的實權亦操諸日本人手中。此外如新高銀行是台灣土著新興資本，嘉義銀行是作爲大租權補償公債而設立的，此兩家銀行均以台灣銀行爲母行，事實上亦在日本人間接控制之下。

台灣現有之銀行除開台灣銀行以外，還有日本勸業銀行台灣支店、三和銀行台灣支店、商工銀行、彰化銀行、華南銀行、台灣儲蓄銀行等六家，其中勸業銀行及三和銀行爲日本本

費二百五十萬元，因受歐戰影響，未能全部完成，一九二〇年起，又加豫算一百六十五萬四千餘元，將未完成之部分，繼續三整年之工事，至十一年十一月始見完成，同時開始一般給水。一九二五年三月又費六萬五千餘元延長鐵管工事，同年十月完成，但市內人口不斷增加，給水不足，一九三二年乃實施計畫制，一九三二年又增設沈澱池，一九三六年三月開始供給鄰近水廣洲之水量。

（六）嘉義水道——導水於牛稠溪上流，給水人口三萬人，工費約六十萬元，一九〇七年四年起工，至一九一四年三月市街鐵管敷設工事等全部完成，同時開始一般給水。嗣因人口逐年增加，原有之設備，給水盡不足，一九三〇年爲緩和計，實施計畫制，又繼續三整年之擴張工事，至一九三三年三月竣工，總工費四十二萬三千五百餘元，給水人口五萬人。

（七）高雄水道——水源取自下淡水溪鐵橋之上流，約五百五十米之地點，給水豫定人口四萬人，一九一〇年起，繼續四整年之工事，至一九一三年十二月竣工，工費一百二十二萬元，同時對一般並船舶開始給水。一九一六年以後數度擴張工事，經三整年，至一九二三年三月三十一日竣成人口八萬人之給水量，工費七十二萬八千四百餘元。

（八）屏東水道——一九一四年七月起，經三整年之工事，至一九一六年十月竣工，同時開始給水，可供人口一萬五千人之用。嗣因人口逐年增加，飛行隊之設置及其他之臨時設施，給水不足，一九二四年增設濾過池，工費

島的銀行，而商工銀行、彰化銀行及華南銀行則爲普通銀行，此三家銀行在台灣島共有四十三個支店（卽分行），六個出張所（卽辦事處）。根據一九三七年之統計，三家銀行共繳足資本金爲七百三十萬五千元，而其存款總額爲八千二百七十八萬九千元，貸款總額則爲六千九百零四萬六千元。從資本金與其存款及貸放數字比照來說，足見三家銀行業務之發達；但是三家銀行資本合計之總額，僅等於台灣銀行之一半耳。此外台灣儲蓄銀行之金融勢力較遜，其資金亦少，而同年之存款額僅有一千一百二十五萬六千元，案其貸款額只二百零二萬九千元之數。在台灣各家銀行要以台灣銀行爲首是瞻，其金融勢力實凌駕乎各家之上，可以操持台灣全般金融，日冠譽之爲「台灣的中央銀行」；牠不但對於台灣農工商業放貸資金，且領導着台灣產業界金融界。台灣各家銀行之資金常常表現出貸款超出存款之總額，就是表現出求過於供的現象。茲列表如次，以明台灣資金之供求情形。

台灣資金之供求（包括台灣各家銀行）

年度	存款	貸款	款貸款超額
	千元	千元	千元
一九二六	一五二，六〇八	二八七，三五二	一三四，六五四
一九三一	一六三，八三八	三一九，〇八〇	一五五，二四二
一九三五	二七一，六四〇	三四五，五〇九	七三，八六九
一九三九	二六六，三四五	三一〇，三四一	四三，九九六

由此表觀之，台灣歷年資金之要求超出供給之程度，此因表現台灣產業之繁興。但其不足之貸放金額，將從何而出；此乃從台灣歷年貿易之出超，以解決此項產業資金之需要。查一九三九年台灣貿易之出超爲一萬八千四百六十八萬八千元，以此鉅額應付四千三百九十九萬六千元之貸款超額，實在綽有餘裕。

吾人知道台灣產業資本完全受到金融資本的支配，而台灣銀行尤把握着主宰的力量。觀察台灣各銀行對重要產業貸款之情形，便可知金融資本佔着領導產業資本的主要地位，而台灣銀行便作爲領導的中心。茲分別表明如下：

年度	總生產額	各銀行貸款額	台灣銀行貸款額
	千元	千元	千元
一九二六	四一九，八三四	四四八，二七六	三四〇，六九八
一九二七	五六〇，三九九	四四九，三三二	三一〇，三九二

約三萬元，給水人口可二萬人。一九三一年實施計畫制，近來市街發展，人口增加，及飛行聯隊之擴充，水量又感不足，乃另覓水源，發見屏東市近傍長興地方有豐富之地下水，乃取其地下水，此工事自一九三五年起，計劃繼續經營二整年，總工費約五十五萬五千元，可給水豫定人口四萬五千人，一日最大有一〇〇〇立方米之給水量。

（九）台東水道——水源取自呂家溪之溪水。給水豫定人口一萬人，工費四十三萬餘元，一九二七年七月起，經三整年之工事，至一九二九年三月主要工事完成，開始通水，一九三〇年全部竣工。但人口逐年增加，給水不足，且水源涸濁，乃於一九三五年增設濾過池，工費一萬七百五十元。

（十）花蓮港水道——取水於市街之西方十粁沙婆礑溪之上流，並設水源於市街之東方米崙山，最初計劃給水豫定人口萬人，導水幹線人口二萬人，一九一七年起繼續三整年之工事，至一九二一年十一月竣工，開始給水，其總工費六十三萬餘元，但最近給水不足，一九三〇年實施計畫制，一九三三年九月又着手鑿井之位置，變更送水之增加等工事，同年十一月竣工，總工費二萬三千二百九十圓（日金）。

（十一）馬公水道——馬公街是澎湖諸島統治之中樞地，亦日本之第一警備線，有陸軍要塞司令部，及海軍要港部等機關設置於其間，軍屬多在此居住，經幾多犧牲調查研究之結果，乃於地下深度一百四十米，鑿鑽井，湧

一九二八	六二四，〇五八	五〇一，四八一	四二六，〇一三
一九三五	六八〇，九七七	四九八，四九九	三六九，九五四

附註：參考一九三六年台灣金融經濟月報

除開上述各家銀行在台灣金融上高踞主要地位以外，還有其他金融機關及信用組合（即是合作社）。在台灣亦頗有勢力。像台灣拓殖公司立於一九三六年六月，其設立之主要目的，乃在收買農民之耕地，利用此種耕地以招致日本移民墾殖。當時其資本金規定爲三千萬元，實際繳足只有一千八百七十五萬元，根據已經第六十九屆議會通過之台灣拓殖公司法之規定，該公司爲一種特種公司，其業務且已發展至華南及南洋。至於其他金融機構有台灣勸業無盡股份公司（即是無限股份公司），東台灣無盡股份公司，台灣南部無盡股份公司及大東信託股份公司等，而在基隆、台北、台中、台南及高雄則有票據交換所。又郵政儲金在一九三九年九月共有存款總額三千九百二十萬六千元，而存戶人數則爲九十九萬一千〇九人。一九三九年規定儲蓄總額爲一億元。根據一九三七年之統計，台灣所有公司資本共約十六億元。

台灣信用組合可分三方面言之：第一、根據一九三九年九月末之市街地信用組合有二十二社，共有資本三百八十五萬一千元，貸款二千零三十二萬六千元。第二、根據一九三九年八月末之農村信用組合有四百一十社，共有資本金一千六百八十一萬二千元，貸款爲八千五百六十七萬七千元。第三、根據一九三九年八月末之事業組合有五十二社，共有資本金六十二萬七千元，而存款額爲四十萬五千元。總而言之，根據一九三九年之統計，台灣共有四百八十四個合作社，共有資金爲二千一百七十萬五千元，貸出共計一億零六百萬三千元。此不足之貸放額，不爲日本資金流入，便是從貿易之出超取得補足。

八、結論：總而言之台灣的全般金融，無論從任何角度來看，諸凡各家銀行以至產業界巨擘，都在台灣銀行直接間接控制之下。各家銀行及產業資本家，一方要受其支配操縱，台灣銀行是台灣金融界的魔王，牠使用魔掌，抓住台灣同胞，吮吸着血與肉，直到牠越壯起來肥大起來的時候，日本資本家已佈滿了台灣每一角落，佔住了台灣每一生產部門，台灣同胞只有迫着做苦工，過着不堪聊生的生活，還作爲日本帝國主義者的殖民地銀行的面目，是這樣地兇狠殘酷啊！總括着台灣銀行主要的金融策略有三，第一、運用金融力量，協助台灣總督府，建設財政，推行殖民地政策，壓迫台灣同胞。第二、運用金融力量，協助日本資本家，掠奪產業權益，剝削台灣同胞。第三、運用金融力量，協助所謂帝國經濟南進，使之用以掠奪我華南及南洋的經濟權益。所以台灣銀行根本不是台灣的眞命

水檢查後，認爲適好之飲料水，始着手掘鑿，至一九三六年之具體調查，馬公街外紅木埕附近之地下水，水量豐富，深度掘鑿，可給水人口一萬人。一九三七年五月開始掘鑿，一九三〇年三月一部竣工，同時開始給水，經費三十五萬三千八百餘元，其後湧水量漸次減少，給水不足，一九三三年又着手壓縮空氣揚水工事，至一九三四年竣工，給水人口四千人。

[illegible]全島水道總數，現有大小九十所，其總工費二千五十五萬七千九百餘元，給水豫定人口達一百十六萬九千百餘人，以上所述之大，所，乃既設水道中之主要者。

（乙）陂圳

陂圳者，田畔水溝之謂也。近年來台灣農產額之激增，除由於致力優良品種外，尤不能不歸功於水利灌溉之完備，故瘠地亦成沃壤，一年收穫不祇一次，溯其改良水利之辦法，乃有賴於水利事業，若僅委之民間，恐不能應產業發展之趨勢，於是認爲有官立陂圳之必要。爲一變往昔之放任政策，蓋因從前台灣陂圳之經營，均由農民各自辦理，近來陂圳對於農業生產上之重要，自一九〇一年政府制定公共陂圳規程，對於公共有關係之陂圳，監督其經營。凡規程上稱爲公共陂圳者，即田園灌溉所設之水路，及池塘並其附屬建設，經認爲有關係於公共農家利害者均屬之。

各地陂圳因各自之目的，本係各自獨立經營，惟爲節約經費，促進事務及其他理由起見，在同一州內得聯合數個地方之陂圳，設立聯

灣人的銀行，完全是日本帝國主義者的殖民地銀行的一重要金融機構。

針對着日本帝國主義者在台灣的金融策略，要在台灣收復後去建立一種新的合理化金融體制。首先必須肅清作爲日寇殖民地銀行的台灣銀行的劣根性，完全破壞殖民地銀行的不合理組織及其業務方針，以期從正本清源着手，來建立台灣收復後的金融體制。並且從而調查接管台灣銀行與及在台灣之日本銀行的產權，作爲台灣收復後銀行建設的一部基礎。其次台灣收復後的金融體制是什麽？吾人知道，要完成民生主義的經濟建設，必先要有民生主義的金融建設；而民生主義經濟建設要以計劃經濟原則來實行，戰後我國金融必須是民生主義計劃經濟的金融體制，則戰後台灣金融體制何獨不然！

台灣收復後的金融體制內容怎樣呢？牠必須具有三項原則：第一、台灣收復後金融體制，在宗旨方面言之，必須是以民生爲目的，而不是以營利爲目的。因爲是民生的，牠必須着盛調劑與協助民生經濟的作用；因爲不是營利的，牠必須不能與民生經濟相抵觸，必須給予民生經濟以自由發展的機會。所以台灣收復後金融組織，必須與台灣民生的需要相配合，廣爲分佈。而金融活動必須以扶助台胞發展民生經濟，以達到養民爲目的。第二、台灣收復後金融體制，在經營方面言之，必須以國營爲主，以民營爲附。前者可以運用雄厚金融力量，發展國家資本，防止外資競爭，並從而協助政府，推行庶政與建設。後者可使在國家銀行控制之下，繁榮民間金融，增殖民間資本。所以台灣收復後固須建立中、中、交、農各行機構，一如國內之組織，並設立台灣地方銀行，以發展地方金融；但亦不可全部限制私人經營，以防礙民間金融資本之增殖與活動，使到民間金融一如國內入於窒息狀態。第三、台灣收復後的金融體制，在政策方面言之，必須採用保護政策，不可以放任主義處之。緣台灣地處東南海，居太平洋邊緣，其於國際間工商各業競爭；感覺靈敏，影響亦大，我國欲在台灣利用其以往工業基礎，建立高度化之工業區，必須實行保護政策，凡須實行金融的保護政策，以融通雄厚資金，來獎助並維護台灣產業界，以免外商或外資的競爭或壓倒。無論公營私營工商企業均應如此，使金融資本與產業資本達到有機的配合，庶台灣金融與產業得以相輔相成，以收宏效。凡此三項原則，均爲秉承三民主義國策，並針對日寇在台灣五十年所實施之金融政策，草成結論以爲台灣收復後金融設計之參致，簡陋陳舊，殊所難免。

一九四五年四月於吉山

合會，近來改爲水利組合，使公共利益可垂永久。但二個以上之水利組合，有合辦共同事業之必要時，經由各組合之評議會擬定聯合會規約，可呈准設立水利組合聯合會。此係爲合辦共同事業而設，與公共陂圳聯合會，共同處理事務者，其性質顯有不同。

按一九〇七年，台灣政府始以二十二萬日圓之預算，着手改良水利，計自一九〇七年起至一九二三年，凡十六期年，則復以三千萬元之總預算，充作繼續完成全島陂圳十四處，發電所五處之用。其計劃以（一）於灌溉不到之地，普遍開鑿水路，（二）將原有灌溉工程，修改而普及之。（三）利用整理溪流之降差以發電，供給工業上所需之動力與燃燒之用。迨至一九二五年，計完成陂圳六處，發電所三處，其間對於工程費預算，復大有變更，共計一千九百餘萬日圓，其原定三千萬日圓之餘額，則移爲嘉南大圳灌溉建設之補助費。

於是台灣灌溉排水面積逐漸增加，在一九〇四年時，僅一五五一一二甲，至一九三四年，則已擴充至四七一八四〇甲，前後三十年間約增三倍。其中代表的工程當首推：嘉南大圳，嘉南大圳工事，係在台南州轄內，位於縱貫鐵道以北。茲將台灣各種陂圳數累年增加列表於左：

年次	公共陂圳	認定外之陂圳	水利組合	計
一九一一	一八〇	一二三六九		一二五五二
一九一五	一五九	一一九〇二		一二〇六四
一九一九	一二一	一二三〇四		一二三一八
一九二〇	一一一	一二一二三		一二三三六
一九二一	一一五	一二一四七		一二三六二
一九二二	四	一二一二七	七七	一二三四四
一九二三	七	一二一〇〇	九七	一二三〇四
一九二四	三	八四七二	一〇三	八五七八
一九二七	三	七一三三	一〇五	七二四一
一九二八	三	七五九三	一〇五	七七〇一
一九二九	三	七五六六	一〇五	七六七四
一九三〇	二	六九八七	一〇七	七〇九六
一九三一	二	七二四二	一〇七	七三五一
一九三二	二	六六六九	一〇七	六七七八

（三）台灣陂圳工程一覽（每甲約為我國十六畝）

區別	陂圳工事							
	灌漑面積（甲）	工事費（日圓）	着手年度	竣工年度	發電馬力	工事費（日圓）	着手年度	竣工年度
后里圳	三，二四六	九九五，九六三	一九〇九	一九一三	一，二〇〇	三七九，四一三	一九一〇	一九一二
莿仔陂圳	三，九二三	四二，六二八	一九一〇	一九一一				
二層行溪貯水池		六七九，九九二	一九一二	一九一五	四，〇〇〇	三，二〇四，九二一	一九一二	一九一八
獅仔頭圳	四，三三一	七四三，九〇五	一九〇八	一九一一	二，〇〇〇	九八七，四六六	一九〇八	一九一三
下淡水溪護岸工事（曹公五里新舊圳）		七〇三，二六五	一九〇八	一九一三				
八塊厝中壢附近陂圳（桃園大陂）	二七一，〇〇〇	七，六七六，九四六	一九一六	一九二五				

耕地面積及灌溉排水面積表

年度	耕地面積(甲)	灌溉排水面積(甲)	灌溉排水面積對耕地面積之比例
一九〇五年	六四三，八六八	九三，四九一	〇．三一三
一九一五年	七二一，七九一	二四九，九八〇	〇．三四六
一九二五年	七九九，五一七	三六一，四五八	〇．四五二
一九二六年	八一四，五四五	三八二，〇八二	〇．四六九
一九二七年	八二一，四七三	三九〇，七六七	〇．四七六
一九二八年	八三一，七七四	四〇〇，三一六	〇．四八一
一九二九年	八二九，八一〇	四五一，九七六	〇．五四五
一九三〇年	八三七，三〇二	四五五，一六九	〇．五四三
一九三一年	八三五，四〇六	四六三，五九五	〇．五五四
一九三二年	八三九，七二九	四六三，七〇三	〇．五五二
一九三三年	八三九，七三一	四七一，八四〇	〇．五六二

台灣陂圳中，應排嘉南大圳，為其著例。茲將嘉南大圳之建築工事略述如左：

嘉南大圳在台南。對台南十五萬甲常患旱災及排水不良等田園，增加其農作物之收穫，實有莫大利益。按其水源，係出於曾文溪濁水溪二處。

（1）對於曾文溪工程，則截斷官田溪之流，圍築長堤，使成一大貯水池，又由曾文溪之下流，以二長里許（約合六華里）最大流量一千八百立方秒尺之大暗溝隧道，貫通烏山嶺，導引曾文溪之溪水與官田溪流域之雨水，併貯其內，施以適宜給水設備，以供灌溉。

（2）對於濁水溪工程，則在台南州斗六郡斗六街林內及莿桐莊新庄子，設一進水口於該溪護岸，引水入溝，俾可供水路之用，對於排水，則於要處掘鑿排水路，一面將舊有之排水路加以改修，使其充分排除惡水。又於海岸，在適當場所築造止潮堤，以施行防止鹽分浸潤之設備。該處耕種農田，乃採用三年一次之輪作法，即第一年夏季，以其面積三分之一栽植水稻，三分之一栽植甘蔗，三分之一栽植雜作。第二年第三年照序輪流，週而復始，其所以如此者，以求節省灌溉之用水計也。

嘉南大圳設施之主要工程，及其效果，列舉於左：

1. 烏山嶺隧道，長一千七百一十間（每間合六尺）。
2. 暗渠長一百三十間。
3. 開渠延長二百間，最大流量一千八百立方秒尺。
4. 貯水池滿水面積一億一千萬平方尺。
5. 貯水量五十五億立方尺。
6. 給水路幹線長二十六里。
7. 給水路支線長二百八十里。
8. 排水路及止潮堤長二百六十四里。
9. 本工程自一九一九年十月開始施工，至一九二九年五月完成。
10 工程費總額為五千四百十三萬九千六百七十八圓（日金）。

嘉南地方經此大圳工事完成後，其灌溉地之主要產物如米、砂糖等之增加產額，以及灌溉地土地價格之增加（即地價騰貴），為數至鉅。對於十五萬甲灌溉區域內之十萬戶五十萬萬居民，增進無窮福利。

11 幹圳路計三線，延長九十六公里；支線圳路計五十二線，延長四四〇公里；分線圳路計一四六線，延長七五六公里；排水路計一四五線，延長七六〇公里；防潮堤計十四線，延長九十六公里；除官田溪之大貯水池外，尚有貯水池、取水口、送水口、山烏嶺取入隧道。各溪幹線圳路附屬之七大水橋、暗渠、取入水門、分水門、落水門、鐵道橋、車道橋、步道橋，及其他主要構造物，計達四千餘所。其規模之龐大與設施之廣泛，實非他圳所能比擬，即日本國內亦無其類例。

（丙）鑿井

台島南部一帶之降雨，有受一定之季節所

限制。而一般主要農作物當其最需要灌溉之時期，其降雨量尤最少。甚至連飲料之用水，亦感艱苦。依一九一二年至一九一六年台南與嘉義兩地方之鑽井試探，其結果，試探了十四處之鑽井中，有九處之鑽井能湧水。每一分鐘，最多能出水三斗八升，最少亦有七升五合。

(丁) 河川

台灣之河川，概由三千米以上之高峯發出，在山間亟為激流急湍，到平野時則亂流若網狀然，每逢驟雨，洪水氾濫，所受之慘痛，誠非言語所能形容，蓋因人民多聽天由命，順其自然也。然自一九一二年設立河川調查委員會，五年間每年平均約支出十萬圓（日金），始將：淡水河、頭前溪、後龍溪、大安溪、大甲溪、烏溪、濁水溪、下淡水溪、及宜蘭濁水溪等九大河川調查竣事，擬定改修計劃，更將九大河川以外之河川，比較水害為甚者，亦為調查，一直至一九二三年止，積極整理台灣各河川後，其消極之利益，即洪水氾濫之土地，防止其決潰；積極方面，可得新生地之利用。就中應推：濁水溪、大安溪、下淡水溪、宜蘭濁水溪、烏溪、頭前溪、及曾文溪等之利益最多。未整理以前，水害最大者為濁水溪。一九二〇年後台灣因中部海岸線鐵道建設之故，後龍溪、大安溪、大甲溪、各架設鐵橋，故其附近地點之工事，遂先着手整理，以致濁水溪雖最先起工，而其緊要部份之工事，延至一九二五年始得完成。茲將台灣各河川治水事業費預算額及其起工與預定竣工之年月，列表於左：

科目	總額	起工年度	預定竣工年度
治水事業費	三一九二三五		
修繕事務費	二六二七八二八		
下淡水溪	一〇七三三八四八	一九二七年	一九三八年
宜蘭濁水溪	四四六五三六三	一九二九年	一九三六年
烏溪	五六八二一〇〇	一九三一年	一九三八年
曾文溪	三九九六八〇四	一九三一年	一九三九年
頭前溪	四四二七二九二	一九三六年	一九四三年

台灣之河川其長者無多，其具有二十里（日里）以上者，共九條，茲將台灣各河川，凡其長度在十里以上者，列舉於左：

川名 本流	川名 支流	長度（粁）
濁水溪	本流	164.9
	清水溪	45.6
下淡水溪	荖濃溪	155.9
	楠梓仙溪	110.7
曾文溪		142.3
淡水河	淡水河	130.0
	新店川	72.7
	基隆川	79.7
大甲溪		117.8
烏溪	北港溪	112.3
	南港溪	43.2
	貓羅溪	47.1
	大肚溪	18.5
八掌溪		111.1
秀姑巒溪		88.8
卑南溪		84.4
大安溪		80.5
花蓮溪		67.5
朴子溪		66.4
宜蘭濁水溪		65.2
頭前溪		55.4
後龍溪		50.7
大濁水溪		45.9
中港溪		43.2

（按三九・二七粁等於十日里，一日里合我國六・八一八八里。）

日寇統治下臺灣現狀與及收復後之治理方案

連震東

——節錄思潮季刊十月號——

一、日本統治台灣之現狀

台灣本島及其附屬島嶼的全面積約有三萬五千餘方公里，西隔台灣海峽與祖國福建省相對，東面太平洋，南與菲律賓羣島之間有巴西(Bushee)海峽，北連琉球列島遙望日本的九洲，中有縱貫山脈以新高山(原名玉山西人稱爲 Mt. Morssn)爲主峯山其海拔三千九百五十五尺，西部爲一片大平原，溪山橫流其間，灌溉成良田，東部即多斷崖絕壁，氣候屬熱帶及亞熱帶多雨水，人口約六百萬，漢民族佔五百餘萬，其他日人約二十萬，生番約十餘萬，華僑約四萬，閩人多居海岸平原，粵人即居近山區域，日人均住都市及東海岸一帶，生番有 Paiyall Paiwan. Amie. Yamie 等十餘族，均處山中，出產以砂糖、米、茶、礦產、木材、樟腦、香蕉、波蘿等水菓爲大宗，日人稱台灣爲「南方之資庫」，可見其出產之豐富了。據昭和九年(民國二十三年)之統計，米之生產額爲八、九三四千石，甘蔗糖生產額爲一〇、七八三、三千担(每担百斤)全年貿易總額爲五二〇、九五〇千圓，重要出產之輸出及移出(輸出日本本國者謂之移出)總額爲：

米	一〇一、九二六千元	香蕉	八、八一〇千元
烏龍茶	三、一一五千元	包種茶	二、八二〇千元
紅茶	三、八二五千元	砂糖	一二三、四四三千元
豆類	二、六三二千元	樟腦	四、五五七千元
波蘿	五、〇六九千元	酒精	六、九七九千元
帽子	三、九四八千元	石灰	二、二四四千元
礦產	七、四九三千元	木材	二、四〇七千元

(據日本金融經濟統計年鑑昭和十年版)

日本帝國主義者，在這個地域，對這些人口，是用什麼方法來統治？筆者簡單的分爲政治、經濟、教育、社會四方面介紹於後，最後並略述台灣人對其統治之反響——民族運動。

一、政治

日本佔領台灣之時，牠的資本主義尚未發展到資本主義最後階段的帝國主義，而僅是在資本主義萌芽的時代，牠的佔領台灣，絕不像資本主義的帝國主義自然發展到非掠奪殖民地不可的結果，我們反可以說，牠因佔領台灣而加速了資本主義的發展。所以說日本的佔領台灣，僅是一種盲目的，古代的佔領慾，征服慾的結果。日本本身因尚未具備統治殖民地的條件，所以牠對於台灣也沒有具體的殖民政策，最初牠抄襲了英國、法國、德國的殖民政策，甚至於葡萄牙、西班牙、荷蘭等國的古典的殖民政策，五花八門都搬到台灣來試驗過。某次日本國會某議員質問內閣說：「帝國統治台灣的政策如何？」當時的台灣民政長官後藤新平公然回答說：「以無政策爲政策！」確實日本是無政策地統治台灣了，牠對於台灣同胞只有壓迫、掠奪、榨取、愚民化、奴化、暴力、殘殺，再也談不到什麼所謂政策了，這種暗無天日的狀態，一直繼續到大正九年(民國九年)文官總督田健治郎才發表日本帝國統治台灣的政策是：「內地延長主義」，就是同化政策，所以接連地許日台人通婚、共學，在台灣施行日本的民法、商法，成立掛羊頭賣狗肉式的總督府評議會，各洲及市街庄協議會，美其名曰自治。民政長官下村宏又將台灣的都市村莊、市街的名稱改爲日本名稱，加緊取締，禁止台灣人的舊習慣，想要叙台灣人忘記台灣的歷史，消滅台灣同胞的民族意識，向同化的大道邁進。這個政策一直繼續到太平洋戰爭爆發之後，日本成立大東亞省之時，台灣居然被編入「內地」了。

日本佔領台灣首先頒布台灣總督府暫時條例（明治二十八年五月西曆一八九五年）任命台灣總督，當時以其尙未脫離戰時狀態，乃將行政事務依戰時編制，使軍隊行使。及明治二十九年（西曆一八九六年）三月頒佈新台灣總督府條例，撤廢台灣之軍事政治，而從事於新統治之組織，翌年十月制定台灣總督府官制，以代前之總督府條例，並對總督府之組織大加改革，於是台灣之統治組織，始確立有今日之基礎。

台灣總督初以陸海軍大將或中將任之，同時委任以政權與兵權，然依大正八年（民國八年）之制度改革，台灣總督亦得任命文官，同時解除委任總督之兵權，唯有總督爲陸軍武官時，得使兼任台灣軍司令官之規定。

台灣總督之權限大要如左：

1.統理台灣之一切政務，台灣之政務，在原則上均委任於總督一點，與朝鮮同，然在官制上，明言台灣總督承拓務大臣之監督，且於台灣總督上奏時亦須由拓務大臣經內閣總理大臣行之（大東亞省成立之後，當略有變更），此外台灣總督關於貨幣、銀行、附有担保之社債、信託、關稅及樟腦、樟腦油專賣等事務，承藏大大臣之監督，關於郵信及電報等事務，承遞信大臣之監督等點則頗有異。

2.發佈律令及總督府令 對於需要法律之事須得以總督命令定之，明治二十九年法律第六十三號第一條：台灣總督在其管轄區域內得發佈與法律同效力之命令。總督事實上就是台灣無上權威者、暴君，他的命令，就是法律，台灣六百萬同胞的生死與奪之權，盡操在他一手之中，台人爲反對這法律第六十三號，曾經發動過極猛烈的運動，這種法律稱爲律令，後以屢遭反對，乃縮小其範圍，以「限於台灣特別事情而有必要之件」爲主義，故顯明的含有務其日本本土之法律亦施行於台灣之意。發佈律令須經由主務大臣呈請勅裁，其臨時必須緊急而即時發佈者，須於發佈後，即時呈請勅裁，其不得勅裁者，亦須廢止之。總督依其職權或特別之委任，得發總督府令，其在總督府令上，得以附隨之罰則。

3.總督爲保持安寧秩序，認爲有必要時，得向管轄區域內之陸海軍司令官請求兵力之使用，台灣平時的治安均由警察維持，台灣曾經數次精密的戶口調查，故窮鄉僻處，均有詳細之戶口抄本，任何台灣人的行動、思想，警察當局均洞若觀火，要抓拿一個犯人，直如探囊取物，且一切武器，早經被收沒，所以現在的台灣，可以說是夜不閉戶，路不拾遺了。

4.指揮監督所轄之官廳並總督部下之官吏 總督之輔佐爲總務長官（原稱民政長官），總務長官輔佐總督總理部務，以及監督總督官房，及各局之事務，總督府之部局，於官房之外有內務、文教、財務、殖產、警務五局，別於總督之下設有直轄之交通局、專賣局、稅關等。

總督府評議會爲總督咨詢之機關，以總督爲會長，總務長官爲副會長，合其他四十人以內之會員組織之，會員多數爲日人，少數爲台人，均由總督任命之，任期爲二年，評議會對施政之重要事項，亦可向總督建議。

台灣之司法制度係採二審制，有高等法院一，設於台北，有地方法院三，設於台北、台中、台南，台灣之法院自大正十二年（民國十二年）起，適用日本本土之民法、商法、民事訴訟法，及刑事訴訟法，而台灣的習慣法，除與法律抵觸之外，亦認爲有效，此外尙有台灣的特別法律多種，因總督之律令與法律有同等效力，故一切酷法均由此而生，如匪徒（台灣因日本帝國主義者治安之嚴密，實際並無土匪，所謂匪徒，即指富有民族思想之革命家而言）刑罰令等，不知多少台灣同胞犧牲在此令之下，這是台灣人談虎色變的命令呀！台灣至今尙有野蠻的笞刑，就是打屁股的刑罰，台人屢要求廢除這不名譽的刑罰，曾發動過强烈的運動，台灣政府回答台灣人說什麼？牠說：「這是你們的祖先在數千年前所發明的法寶呀！不是我們日本人所發明的，是你們的國粹！」若刑與保甲制度都是中國的老祖宗所發明的，今日反教台灣的子孫自食其果，實之痛心！

台灣之地方制度，屢有變更，在領台之初，地方政府所轄之區域，仍依照前清所置之縣，後乃改爲廳，及支廳，現制係依大正九年（民國九年）之改正制度，其行政區域分爲台北、新竹、台中、台南、高雄五洲，及花蓮港、台東、澎湖三廳，州有州知事，廳有廳長，州及廳得發行州令，及廳令，附屬州廳令可得而爲罰則，州令則自由刑以二月，財產刑以七十元爲限度，廳令則以拘留，科役爲限度，知事及廳長，爲維持治安需用兵力時可具呈於總督，在非常急變之時，亦可向當該地之陸海軍司令請求使用兵力。州於知事官房外置內務部，及警察部，而台北州、高雄州更別置港務部，州更分爲郡、及市，現有郡四十五，市七，郡不置警察署，郡守兼掌其事務，市有市尹，市別設警察署，郡之下有街、莊，街莊有街莊長，市、街、莊之下有保甲組織，保甲組織在中國是自治的單位，是善良的組織，在台灣被日人惡用，而成爲警察政治幫兇的組織，故台人無不反對台灣的保甲制度，保甲亦得謂壯丁團，協助警察維持治安，廳得設支廳。

州設州議會，以爲州之議決機關，州議會以州知事爲議長，外加二十人以上三十五人以下之州議會議員組織之。州議會議員之半數爲選舉者，由納直接國稅五元以上之有選舉資格者選舉之，半數爲監督，就在州內有住所之學識名望者任命之，任期爲二年，其必經州議會議決之事項爲州之預算，州稅之賦課，及其他關於州之財政事項，州知事有解散州會之權，對州會之議決亦有取消權，拒絕權，要求再議權，總督有強制執行預算權，州會之外有州參事會，以爲副議決機關，廳無廳會。

市置市議會，爲市之議決機關，市會議員半數由州知事任命之，半數爲選舉，任期爲二年，均同於州議會，其必須市議會議決之事項，以及市尹，總督對市議會所有之權限，亦與州議會同，市議會員之定數爲十五人以上三十人以下，由台灣總督決定之，市會之外有市參事會，以爲副議決機關。莊街置有街莊協議會，以爲莊街長之咨詢機關，會員之定數爲七人以上二十人以下，由總督決定之。

州市議會在大正九年初成立之時，稱爲州市協議會，僅係知事及市尹之諮詢機關，議員亦皆由知事及市尹任命之，後因爲要與台灣人要求設置台灣議會之運動妥協故改今制。

台灣之財政可分爲國稅、地方稅、專賣、國營事業等，國稅有地租、所得稅、礦稅、輸入稅、噸稅、製茶、石油、酒精稅、骨牌稅，砂糖消費稅、織物消費稅等，地方稅有地租附加稅、戶稅、所得稅，附加稅、事業稅、雜稅等，專賣品有烟草、阿片烟膏、鹽、酒、樟腦、樟腦油等，歸專賣局管理。國營事業有鐵路、電報、電話、日月潭水力電氣會社、阿里山製材所等。

台灣之預算與日本本國分離，名謂特別會計，台灣總督府在台灣所剝削的金錢，在特別會計用不完的贏餘，全部無條件獻給日本本國受用。

日本在台灣設有台灣軍司令官，駐台北，統轄全島陸軍，各地方均有駐軍，在基隆與高雄設有要塞，馬公（宮）爲軍港，屬佐世保鎮守府管轄，台北、台中，屏東有空軍根據地，屏東之飛機場爲日本有數之大飛機場，這個大根據地，可以控制東自太平洋之日領小笠原群島，北至九州，西北至長江下游，東至華南各省，西南至海南島，南至菲律賓群島，一片廣闊的海洋與陸地，日本以台灣爲南進的根據地，稱台灣爲「南洋的跳石」，在「七七」事變之後是侵略華中華南的根據地。在太平洋戰事爆發之後，是侵略南洋的根據地，「南洋的跳石」名符其實了，牠的軍略的價值發揮到百分之百了，要把日本幽禁起來，非由中國收復此島不可！

二、經濟

中日戰爭後，日本得到中國鉅億的賠款，立即改革幣制，及銀行制度，各種形態的資本，急速地變成銀行資本，由銀行資本而轉成爲產業資本，以形成金融資本，然是資本主義蒸蒸日上，大有一日千里之勢。

領台後即組織台灣銀行，以吸收台灣人的資金，用以作剝削台灣人的工具，併對華中、華南、南洋進行其經濟侵略，第一次世界大戰之後，又利用林本源家之家主，盛宣懷的女婿林熊徵做傀儡，在華南及南洋一帶，招募華僑的股本，組織華南銀行，協助台灣銀行，加緊經濟侵略。

台灣之地理的條件，最適於帝國主義的掠奪之產業，當首推糖業，糖業在平時是日本帝國主義爭霸世界市場的重要工業，在戰時因產糖是製造酒精的原料，一變而爲國防工業。台灣現在有台灣、新興、明治、大日本，鹽水港，新高、帝國、昭和、台東、新竹等巨大製糖會社，牠們均在日本寡頭金融資本家三井、三菱等會社控制之下，進行其獨佔性的掠奪，金融資本是受官僚與軍閥所支持的，官僚與軍閥爲要增進金融資本的利潤，對台灣同胞不斷地加以暴力，暴力的方法是屬於殖民政策之本質的，沒有暴力卽殖民政策失去資本主義的意義，暴力方法是構成殖民政策的主要成份，不用暴力方法，而要進行殖民政策，簡直是癡人說夢，台灣人受暴力的壓迫，不得不離開他們生活的基礎——土地，結果資本主義的財富，依照本源的蓄積的方式集中於少數大資本貴族的手中，台灣人卽變成一羣無產者。爲要生存，他們當然起而反抗，爲「鎮壓」他們，帝國主義者强行他們的國家權力了，由本國的無產者所組織的「皇軍」，開始屠殺台灣的無產者了。台灣多少次的武力革命，都是由製糖會社與農民間的衝突，而激起這種殘忍暴虐的精神，馬上由殖民地移到本國殖民地關係者之身上，你看東京有多少在殖民地發財的資本家，在那裏過着荒淫的生活呀！(obler說得好：「我們在那裏（印度）能演暴君與劊子的角色，在國內能够不使我們的品格墮落嗎？」

次於糖業的就是礦業，北部的煤礦、金礦、苗栗的石油，高雄的洋灰，都是他們的國防工業，亦均由三井、三菱，日本石油、淺野洋灰等會社所獨佔，自日月潭水力電氣會社成立之後，加速台灣的工業化，輕重工業的工場滿佈全島了。

日本帝國主義者利用他們獨佔的海運壟斷了全台的米、茶、青菓等的輸出，生產者的台灣農民僅得到接近生產費的報酬。

帝國主義對他的殖民地一方面要求供給他原料品，一方面强制殖民地土著民消費牠的製成品，台灣一切商品均係日貨，因受關稅壁壘的限制，中國及外國商品，幾乎絕跡了。

台灣的金融，工業、農業、商業，一切均操在日本寡頭金融資本家的手中，台灣人更窮化了。

三、教育

國父說道：「凡是一種民族征服別種民族，自然不准別種民族有獨立的思想，好比高麗被日本征服了，日本現在韓要改變高麗人的思想，所以高麗的學校裏的教科書凡是關於民族思想的話都要删去，由此三十年後高麗的兒童便不知有高麗了，便不知道自己是高麗人了。」日本對台灣何嘗不然，起初日本佔有台灣，他的殖民政策雖未確立，但總是以同化政策爲中心，領台當時卽在台灣各地設立了不少公學校（小學程度），及國語（日本語）傳習所，在台北設立國語（日語）學校（中學程度）一所，附設師範部及女學校，及其他職業學校，實施其奴化教育，禁止兒童在學校裏使用台灣語，每天舉行朝會之時遙向東京對日皇行最敬禮，校長及教師時時刻刻對兒童灌輸「大和魂」，一方面禁用中文，中國書籍除四書五經以外，凡足以激發民族意識之歷史、地理、詩文集、小說等，一切禁止入口，對於三民主義及其他黨義的書籍，更在嚴禁之例，誰有黨義之書，誰就是犯了大逆不道之罪。一切公文、佈告、法律、報紙、雜誌，均用日文，契約、文書，非用日文不生效力。據台灣總督府的統計，台灣人的通信，僅百分之二用中文，台灣青年不認識國文（中文）了。而台灣固有的文化、藝術，在日人摧殘之下，也漸趨消滅了。

自總督田健治郎宣佈「內地延長主義」之後，爲要加緊同化政策的進行，大正十一年（民國十一年）許可日台人共學了（在此以前台灣兒童僅許進專爲台灣兒童所設之公學校，而不許進日本兒童之小學校，中等教育卽僅許進國語學校及其他職業學校，而不許進日人之中學校），他冠冕堂皇地說：「撤廢教育的差別待遇，以視帝國之對台人一視同仁」。其實就是要使台人忘記了他們是中國人，要使台人早被同化。同時又增設中學校，醫、農、工、商等專門學校多所，又台灣帝國大學一所，教育急遽地轉變了，在台灣大學之內，設有殖民地教育研究室，聘請日本國內著名的史學、民族心理學、民俗學、人類學、語言學、生理學，各種科學的學者，在那裏研究與實驗對於台灣人的同化教育。這種同化政策比之暴力政策更爲可怕，在最短期內收復台灣，則台灣人心尚不至於滅死，倘不幸再延長數十年，老成凋謝，台灣人恐有披髮左衽之一日。

四、社會

帝國主義照牠的樣式改造殖民地，殖民地被否定了。這是帝國主義必然的結果。日本帝國主義者用盡政治、經濟、法律、教育、文化、藝術種種的力量，來改變台人的社會和家庭的生活，台灣人的衣、食、住、冠、婚、喪、祭、風俗、習慣、嗜好、行動，一切都改變了，甚至於意識、觀念、思想也改變了。我們不得不坦白地承認日本的同化政策得了相當的收穫（下略）。

五、民族運動

帝國主義者爲要永久確保殖民地，必須教殖民地的土著民忘記了他是被征服者，免得他們反抗、起革命，或從事於其他形式的分離運動。所以帝國主義者在殖民地慣用同化政策來統治被征服者，同化政策非從教育入手不可，而教育普及就很容易引起民族的覺醒。帝國主義者自已倣投給被征服者解放與獨立的手段和方法。這是帝國主義的矛盾和苦悶，儘管日本帝國主義在台灣使用同化政策，儘管對台灣人都是「一視同仁」，儘管台灣人的生活樣式改變，但台灣人的民族意識是永不消滅的。

自領台至第一次世界大戰結束之期間，日本統治台灣的方法是用暴力、壓迫、掠奪。所以反抗的方式也是用武力革命，台灣人的祖先在前清抵抗過滿族，割台之後仍然繼續地抵抗日本，最初是劉得杓、林大北的革命，受辛亥革命的影響，而有北埔羅福星的革命，在第一次世界大戰期間，有噍吧哖余清風的革命，前後凡十數次。以區區四五百萬少武裝的台灣人，而反抗世界一等強國的日本，結果唯有壯烈地犧牲幾十萬的生命而已。台人非不知力不及而盲目地流血也，激於義憤不得不不顧一切耳。前清朱一貴之役，漳浦藍鼎元從閩來台，著平台紀略一書，他說：「台人平居好亂。既平復起。」馬關中日締約之時，李鴻章對伊藤博文說：「台民素稱難治，衆聚戕官視爲常事。」這簡直是誣衊台灣人的話，我們的祖先爲要開闢自由的新天地，不避一切的危險，渡大海入荒陬，以拓斯土爲子孫萬世之業，我們做子孫的受異族的壓迫與欺侮，對於政治上感覺不滿，當然不顧成敗利鈍，起而反抗，就是自犧牲了，都覺得無面目以對祖先，豈能恬不知恥，俯首事仇哉？台人豈好亂哉？豈好亂哉？

第一次世界大戰之後，日本政府漸覺對台灣人用暴力的統治，容易激起武力的抵抗，於是改用同化政策，對台灣人開始懷柔了。同時台灣人受了美國威爾遜總統的民族自決的原則所激盪，對於民族運動的方式也改變了，他們放棄直接行動的武力革命，而採取政治的自治要求了，但是對日本帝國主義要求自治無異對虎謀皮，結果毫無成就。在這自治要求失敗之時，正是馬克思主義風靡全世界之時。於是指導台灣政治運動的團體，乃有台灣民衆黨與台灣文化協會的分裂。

台灣民衆黨的指導原理是三民主義，這一派的構成份子是台灣的自由職業者與日本留學生，及一部分的中國留學生，他們根據在日本或台灣與日本人共學的經驗斷定台灣民族比日本民族優秀，他們比較日台的歷史文化，確信台灣民族比日本民族優秀，所以他們根據人類學，生物學各科學的事實，更證明台灣民族比日本民族優秀，所以他們絕不發生像被統治民族往往要發生的自卑，不爭氣的心理，且對日本人常加蔑視。這是日人所最痛恨的，他們認爲台灣之被統治，不足以爲台人之恥，亦不足以爲中國人之恥，乃是滿清政府腐敗，日本適逢其會，僥倖得勝之果，台灣之被統治不足以證明台灣民族不如日本民族，正如北方民族之暫時征服羅馬帝國，不足以證明北方民族比羅馬人優秀一樣。日本人對於台灣人的態度，有時像白人對非洲黑人和南洋土人的態度一樣，是他們所深惡而痛絕的。但是民族的優劣是一個事實，台灣之被統治，又是一個事實，他們認爲要解決台灣問題，非先解決整個中國的政治問題不可，他們認爲中國建國完成之時，台灣問題自然解決，所以有許多青年回祖國來參加北伐的工作，北伐成功之後，他們仍然留住中國內地參加，社政治、經濟、教育、文化等工作，因過去曾有許多台灣敗類，被敵人利用，在沿海各埠做些不名譽的勾當，所以他們不願意祖國的同胞知道他們是台灣人，他們都埋名隱姓，在他們的崗位上，埋頭苦幹，從事於抗戰建國的工作。

台灣文化協會這一派的構成份子，是台灣的無產階級和農民，也有中國和日本的留學生參加，他們經由日本共產黨間受第三國際的指揮。

此外尚有兩派，一派是台灣議會期成同盟會，這一派的構成份子都是台灣的土資本家，及地主和歐美留學生，他們繼續要求日本准許台灣成立地方自治領式的立法機關台灣議會，另一派是無政府主義者所組織的黑色聯盟。

「九一八」事變前後，日本法西斯蒂的抬頭，軍人的專政，除右傾團體以外，一切的社會運動，政治運動團體，無論在日本本國，或在牠的屬地，均被打得粉碎無存，台灣這些團體，當然也被消滅了。

「七七」事變，中華民族展開了神聖的全面抗戰，凡是中華民族，無論是過去的失地，和「九一八」以後的失地內的同胞，都有和祖國的同胞站在一條陣線內共同一致，服從領袖的指揮，爲正義、人道、自由、解放而與暴敵抗戰的義務。台灣同胞深明大義，所以有中華台灣革命黨，中華台灣革命大同盟的組織與宣言，堅決表示與祖國一致團結，抗戰到底，政府西遷，台灣革命團體也隨之內移，現在重慶有台灣革命同盟會，他們屢向政府請求承認台灣爲淪陷省份，組織台灣省黨部等，但均未獲政府明確地表示，筆者自抗戰初起即主張政府應發表對台灣的具體國策，以慰六百萬台胞之熱望，總裁在美國先鋒論壇報的論文說：「關於民族被壓迫之痛苦，我們所受的經驗爲最深，所以我們對於戰後，不只要求得中國之完全獨立，也主張全世界上再沒有受壓迫受痛苦的民族。」收復台灣，就是解除台灣同胞所受的壓迫和痛苦，現際盟國間有人作不正當的議論之時，政府自應速有堅決收回的表示，以杜他人作越俎代庖之想。

二、收復後治台之方案

日本雖是我國的敵人，但是我們不能不承認牠的許多優點，日本帝國主義者在台灣的政治、經濟、教育、交通、衛生各種設施，雖然皆以進行帝國主義的便利爲中心，但台灣人無形中却受了牠的「餘惠」了。台灣人在這種環境之下受過四十九年的訓練，對於台灣特有的生活樣式已經習慣了，我們如輕率地認爲台灣人與中國內地的中國人一切都相同，而將中國現在所有的政治、經濟、教育等方式，拿到台灣去使用，台人必感覺極端的不便和痛苦，由不便和痛苦而要發生失望，因爲他們懷滿腔的熱血所祈求的，歸復祖國，而且過着自由幸福的生活，如果我們收復後治理稍有不妥善，必會引起不良的後果，台灣人是中國人絕無問題，但是我們同時要承認他們已經變質了，因此治理台灣的方法才有商榷的必要，筆者在此先提出二個治理的原則：

（一）日本在台灣之政治、法律、經濟、教育、社會等各種組織及其設施，除有違背三民主義，違反國家利益，有害台灣人幸福生活者，應立即廢除外，其他應仍承認其存在，而以漸次改進，使其與其他中國內地各省趨於一致爲原則。

（二）人員之配備，除台灣所缺乏之人才（如黨務人員）外，應以就地取才爲原則。

他如政治上之要務，如戶政、土地登記、市區改政、義務教育、專賣、經濟立法、衛生立法，及官吏非經考試及格不得任命，醫生非經正式醫科畢業者不許開業，律師非經考試及格者不准執行業務等，在中國或爲正在準備施行的，或在最近施行試辦的，在台灣即早經施行多年，且不少很有成績的，收復後自應仍照其成規繼續施行，切不必因在中國尚未施行而加以廢止。

茲再分爲黨務、政治、軍事、經濟、教育、人事各項詳述於后：

一、黨務

日本在台灣不許華僑組織黨部，因恐台人秘密參加有所發動，收復後應立即依照內地各省的黨部及團部組織法，組織各級黨部及團部，於必要之處，並應組織特別黨部及黨務人員訓練機關，以宣揚黨義，使台灣人均能認識三民主義的偉大精神，喚回他們暫時失去的國魂（如有人失去的話），提高他們的民族精神，而成爲三民主義國家的健全國民。

各級黨部團部應由中央慎選富有歷史，具有學識，精於黨義的幹部加以指導。

二、政治

收復台灣之步驟及形式，恐與收復「七七」事變以後之淪陷區域或收復東北之步驟，形式有所不同，蓋中國大陸之淪陷區域，僅須以軍事力量將敵人逐出境外，卽可收復。台灣因地理的關係，或須在日本尚未完全屈服之前，先經盟國佔領，然後移交中國，或於盟國尚未佔領之前，日本卽先行崩潰而投降，則須待至和平會議後，始由日本退還中國，無論其收復之形式如何，台灣必經一段軍政時期，自屬意中之事，惟國軍至台之時，台人必簞食壺漿以迎，絕對可保無絲毫反抗情事，故軍政時期，自可以極短期內結束而施以民政。

台灣總督府以下州、郡、市、街、莊各級政府與中國的省以下各級政府，其組織絕不相同，但在中國收復後，除將名稱改變，及其有違背三民主義，國家利益，及有損台人幸福之部份，應立卽廢除外，其原有的組織與區域，應暫時承認其繼續，以便推行政令，待他日斟酌實際情形加以調整變更，使之與內地各省政府以下各級政府組織趨於一致。

中華民國之憲法及其他法律，應立卽施行爲原則，但因社會情形及風俗習慣有難施行者卽從緩，原來的法律除與中國法律有抵觸者，及違背台人之意志而強制施行者，應立卽廢除外，其他部份應繼續承認其爲有效，並由立法院或台灣（省）議會等立法機關，再經過立法程序，使其成爲台灣特別法，而賦與以與內地各省特別法令有同等之效力。

原來之總督府評議會及州、市、街、莊議會之議員，應卽改爲民選，使其成爲地方立法機關。

公文、契約等應暫時兼用中日文，其用日文者仍認爲有效，待國文普及之時，再行廢用日文。

各種關稅及地方稅，除有違反中國之財政政策，及有剝削台民之苛捐雜稅，應立卽廢除外，並應使其合理化，以減輕台民之負担，原來之稅率，如有比中國稅率輕者，應依照原來之稅率徵收，比中國之稅率重者卽依照中國之稅率，鹽稅、關稅及國營事業應卽併入於中央，而由中央再委任台灣政府暫時代爲辦理。預算仍可使其暫時獨立，賸下之盈餘仍用於台灣，於將來適當之時，再將其編入中央之財政系統之內。

保甲制度應恢復中國原有之精神，使成爲自治組織之基本單位。

三、軍事

台灣、澎湖之軍略的價值，自古卽被重視，當荷蘭人入台之時，福建沈鐵上書巡撫南居益說：「澎湖僻居海外，實漳州門戶也，無論紅夷灣泊，則日本、西洋、呂宋諸國亦所必經，地最險要，山尤平坦，南有港門，直通西洋，紅夷築城據之，北有港門，名鎮海港，官兵渡澎居之，中間一澳，從南港門而入，名曰暗澳，可泊舟數百隻（中略），今欲使紅夷不敢去住澎湖，諸國不得往澎湖來，其策有六，一曰專設遊擊一員，鎮守湖內，二曰招募精兵環守湖外，三曰造兵船艘火器，備用防守，四曰招募兵民，開墾山蕩，以助糧食，五曰建設公署營房，以安官兵，六曰開通東西洋呂宋商船以備緩急，（下略）」顧祖禹讀史方輿紀要說：海中島嶼東南錯列，以數百十計，但其地有可哨而不可守者，有可寄泊而不可久泊者，若其險要而迂迴，則莫如澎湖，蓋其山周迴數百里，隘口不得方舟，內澳可容千艘，往時以民恃險，有執，乃徙而虛其地，馴至島夷乘隙巢穴其中，力圖之而後復爲內地，備不可不早也。」又說：「海中舊有三山之目，澎湖其一耳，東則海壇，西則南澳，並爲險要，是故守海壇則桐山流江之備益固，可以堵浙江之行勢，守南澳則銅山元鐘之防益堅，可以厚廣東之藩籬，此三山者，誠天設之險，豈可棄而資敵賊？」此係就澎湖而論」。

至清初施琅更重視台灣，他說：「台灣北連吳會，南接粵海，延袤數千里，山川峻峭，港道紆迴，乃江、浙、閩、粵四省之左護，（中略）如僅守澎湖而棄台灣，則澎湖孤懸海外，土地卑薄，隸於台灣，遠隔金廈，豈不受制於人，是守台灣卽所以固澎湖也（中略），蓋籌天下之形勢，必求萬全，台灣一地，雖屬外島，實關要害（中略），棄之必釀成大禍，留之實永固邊圍。」他認爲要守澎湖非守台灣不可。

康熙六十一年朱一貴之役，全台俱沒，及平，清廷議以澎湖海疆重地，欲移總兵於此，而台灣設副將，當時的總兵藍廷珍以爲不可，上書總督滿保說：「若果台鎮移澎湖，則海疆危若纍卵，部臣不識海外情形，憑臆妄斷，視澎湖太重，不知台之視澎，猶太倉一粟，澎湖不過水面一沙堆，山不能長樹木，地不能生米粟（中略）台灣沃野千里，山海形勢皆非尋常，其地亞於福建一省（中略），以澎湖總兵控制台灣，猶執牛尾一毛，欲制全牛（中略），何異棄台，台灣一去，漳泉先害，閩浙江廣俱各寢食不甯，卽山左遼陽，皆有邊患（下略）」他更認識台灣與沿海各省的利害關係了。

至中法戰後閩浙總督楊昌濬更具體的主張在台灣建設海軍根據地了，他對清廷奏說：「（上略）中國海面之闊，在在須防，請劃水師爲三路，北洋設於津沽，兼顧奉東各口，中洋設於吳淞，兼顧江浙定鎮，南洋設於台澎，兼顧廣東瓊廉，分佈要害，聲息相通，外侮之來，庶幾京濟。」

以上諸家皆僅就防禦方面而言，至日本領台之後，卽形勢大變，台灣在中國爲國防之要塞，在日本則爲侵略之前進根據地，他在台灣的軍事設施已略述於前，以近年來武器之進步與國際形勢的複雜，台灣之地位更趨重要，中國收復後，自應建設國防，無待多贅，至其何處要設要塞、軍港，何處應駐重兵，何處應建築空軍根據地，均爲國防上之秘密，須待軍事專家實地調査與計劃而定。

台灣收復後當先由中國派兵駐守，其高級將領須具有現代軍事與政治見識，而且絕對不干涉行政與司法之軍人方能孚台民之望，至於部隊更應嚴選配備精良，紀律嚴明者，方不至於有損國家威嚴，而後能使台民起欽仰之心。

太平天國之役，彰化林文察率鄉勇數百，轉戰閩浙，攻城克邑，所向告捷，台民向以尙武習勇，堅毅矯捷聞，中國收復後，應卽令其服務兵役，加以訓練，必可成爲勁旅，台灣四面環海，民習水性，中國將來建設大海軍，台民必可成爲海軍之中堅。

四、經濟

台灣收復後應卽建立民生主義之經濟體系，日人在台所已建立之經濟機構自當加以改造，茲將其重要者，列舉於后：

台灣銀行及華南銀行，應卽由國家銀行接收，辦理，以期幣制之能在最短期間內統一，其官股及日人之所有股份應由政府無償收沒，而台人及中國人所有者（華南銀行有中國人之股份）卽仍承認其權利，其在台灣所發行之不兌現鈔票，應令日人十足兌現，以免台人蒙受損失，其本店不在台灣之日本國家銀行如勸業銀行興業銀行等亦應由國家銀行接辦，以處理其在台灣之債權債務，其他商業銀行除台人及中國人之股份外，亦應由政府收沒之。

另由台灣省政府組織一省銀行，以爲地方政府銀行。

台灣總督府所有之交通設備及國營事業，專賣事業，應均由國家接辦，自無問題，但最初卽仍以委任台灣地方政府辦理，較爲便利。

製糖公司及其他民營之大公司，如石油、礦山、洋灰等公司，應一律收歸國營，並立卽廢除剝削台人之惡制度。日人所有之股份，應如處理銀行股份之辦法，無償收沒，台人或中國人之股份，應以公平之價格收買之，收買之方法，或以現金，或由政府發行公債掉換均可。

小公司及無關國防民生之公司，卽仍准許其繼續營業，但日人之股份卽仍由政府收沒之。

日人之私人土地房屋，其由台人掠奪而佔有者，應卽令其歸還原主，其原主不明者，卽收歸國有，其原爲荒地，經台灣總督府准許其墾熟之土地，當然收歸國有，其以公平價格由台人收買者令原主以原價贖回，不願收回者由國家發給原價收歸國有。

日人之商業無獨佔性及小規模者，在中國法律之下准其繼續經營。他如台灣正米，台灣靑菓等剝削台灣農民之公司，應立卽將其財產收沒，而解散之。

日人在台灣巨億之投資，均係由台人掠奪而成，故將其全部收沒，亦不過僅足償台人損失之萬一耳。

五、教育

台灣收復後應利用原來之各級學校，以施行三民主義之敎育，幷於必要之處，設立各種黨化之訓練機關，以協助學校敎育之不足，普設國語傳習所，務使台灣於最短期間黨化及國語統一化，唯在最短期間，學校仍須繼續敎以日文，待至台民已識國文及國語之時卽行廢止，卽台民對於日常之生活，自不至立感不便。

台灣被佔至今四十餘年，台民甚少與祖國固有文化接觸之機會，故對此亦多不能認識，對於三十年來，祖國之政治、經濟、社會各方面，因受日本之惡意宣傳與離間，亦多存不正確之觀念，故於收復後除學校教育及訓練之外，應普遍設立大小圖書館，儘量移入新頒書籍、及報紙雜誌，以闡揚中國固有之道德，及介紹現實之情形而矯正其不正之觀念。

一、同時盡量介紹中國之音樂、戲曲、電影、書畫、彫刻及工藝品等，使台民重返於祖國燦爛文化之中，潛移默化，不出數年，台民之精神生活及物質生活必可再與中國內地同一矣。

六、人事

「爲政在人」，方案擬訂之後，即應爲人事之配備，各部門及各級人員之任命，應以就地取才爲原則，前已述之，台灣不乏政治、經濟、教育各種人才，倘再加以本黨之訓練，必能爲黨國效力。

昔司馬光云：「爲政之要，莫若得人，百官稱則萬務咸治。」台灣受日本之統治四十餘年，一般人民對於政治已有較深的認識，對於人事亦有正確之判斷，因其有切身之關係也。故對於治台之人物，任用稍有不慎，即可使台人灰心，而對國家之信仰發生動搖，人事不可不慎也。台灣在有清一代不乏廉明有見識之大政治家如沈葆禎、劉銘傳、劉璈等，在日人統治之下，歷代總督及政務長官亦多屬日本有數之軍事家與政治家，如樺山資紀，兒玉源太郎，乃木希典皆爲日人所崇敬之軍人，如田健治郎、後藤新平、後藤文夫，亦均屬總理大臣級之大政治家。故在收復後，政府任命省政府委員級之大員，無論其爲台灣人士或爲內地人士，必須慎選廉明卓識，且對日本政治及台灣現勢有深刻認識之士方能孚台民之望。至於中下級幹部更應慎重甄選方可任命，因中下級幹部與民衆接觸之機會較多，其良否極易感覺，台人對日本之政治固然極覺不滿，而對於日人官吏個人却極少攻擊，蓋日本對治台之官吏皆經嚴選品識兼優之才，始加任命，以免增加台人之惡感而有所藉口也。

治台之人員雖以就地取才爲原則，然以台灣被佔已逾半世紀，台灣人士對祖國多生隔閡，爲使台灣與祖國加緊結合，自非有祖國人士協助不可，筆者以爲現在應即在中央訓練團內開設一「治台人員訓練班」，甄選各地人格高尚、身體健康、辦事敏捷，富有政治、黨務、經濟、教育、各種工作經驗之人才，及在祖國服務的台灣人士加以訓練，以備他日之用，其訓練的學科，除中央訓練團現有之科目外，應再加以日本之政治、法律、經濟、台灣之歷史，地理及日文等應有之智識，人員至少須一萬人，方克足用，收復後即在台灣訓練本地人士，或調至內地訓練，並使台灣人士在內地有服務各部門之機會，如是在政治、經濟、教育、人士各方面，台灣與祖國自可於極短期內混然成爲一體矣。

治台之道千頭萬緒，上述各節，僅就筆者思想所及，舉其犖犖大者而已，掛一漏萬之譏，自所難免，若因此簡陋之草案而能引起政府當局國內人士之注意，加以縝密之研討，訂定合理完善之方案則台民幸甚。

日寇在台灣的「皇民化運動」

李梓修

（二）由屠殺到同化

日本帝國主義者對台灣的政治政策，大約可分爲三期：自一八九五年佔領台灣至一九一四—一九一八第一次歐戰，採用屠殺政策爲第一期。自歐洲戰後至七七抗戰發生，採用懷柔政策爲第二期。自七七抗戰至現在，採用積極同化政策爲第三期。分述如次：

（一）台灣雖爲清廷割讓於日本，但台民義不受敵人統治，反抗運動風起雲湧，前仆後繼。舉其大者：一八九五年有台灣共和國之組織，及林大北林李成圍攻宜蘭街事件，藍領補進攻台北近郊事件。一八九六年有劉德杓台東起義事件，及陳秋菊簡義林阿鐵鄭清生在台中彰化南投相繼揭彪，進攻鳳山嘉義台北北斗事件，一八九八年有陳發在台南起事事件，及林天福進攻大甲事件。一九零一年有詹阿瑞台中起義事件，黃茂松進攻嘉義事件。一九零七年有蔡清淋襲擊警署事件，一九一二年有劉乾等進攻竹山日本機關事件，黃潮舉事事件，南投陳阿榮革命事件及羅福星秘密革命事件。一九一四年有羅阿頭在嘉義秘密組織革命事件。一九一五年有余清芳台南暴動事件。又有許[illegible]礦工暴動事件（所謂金色里事件），及芝山巖農民暴動事件等等。前後斷絕縣延至二十年之久，就義者達二十萬餘人。均以獨立作戰，孤軍無援，相繼失敗。日寇則採取一貫的無顧的屠殺政策以彈壓，是爲第一期。

自茲以後，一方面因日本統治網之日臻嚴密，武器來源之困難，與起事犧牲之慘重，他方面因戰後思潮之變遷，日本社會運動之影響，台灣的革命獨立運動，乃逐漸轉向於社會運動，及所謂「文化啓蒙」運動，經二十年的演變，台灣社會運動者中，有一部份回到祖國，一部份與日本社會運動合流，又一部份竟向日寇統治者乞憐，請求予以同等的待遇。日寇統治者除對間發的暴動事件予以無情的彈壓，對一般的社會組織加以嚴密的監視，對一般士紳的改良要求，最初還是裝聾作啞，不大理會，直到一九三〇年代以後，因積極備戰關係，才允許所謂「台灣自治」宣佈「日台共婚法」，採取局部的改善措施，以爲懷柔之計，是爲第二期。

至七七抗戰發生，日寇統治者對台灣漢族的統治，乃放棄消極的局部的懷柔措置，而採取積極的全面同化手段，綜其原因：第一因台灣人口六百萬，漢族有人口五百五十萬人，佔百分之九十以上，深恐一般人心傾向祖國，幫助抗戰。第二、因台灣爲日寇南進海空軍的重要基地，在統治上有加強鞏固及永久化之必要。第三 因戰事的延長消耗增加，必須盡量榨取台灣人力物力，以供補充消耗之用。第四、在中國沿海淪陷區及南洋各侵佔區，因台灣漢族與沿海民衆及閩南華僑語言相通，習慣相同，必須加以利用，以便利統治。尤其在太平洋戰爭之後，上述種種需要日益增加，同化手段亦日漸加強，而形成爲所謂今日的「皇民化運動。」茲扼要敍述，以見敵寇慘毒陰謀之一斑。

（二）荒謬的敬神運動

在抗戰期間，日寇統治者鑒於當地漢族人口之絕對多數，以及人心之傾向祖國，不得不採取各項應急處置。七七之夕，台灣總督府即宣佈全台戒嚴。八一三戰事爆發，一面大規模逮捕所謂政治犯思想犯及其嫌疑犯，一面於高雄基隆兩港，設立「被難所」收留由中國各沿海口岸被迫撤回之台灣人，分別予以跟蹤監視拷問及監禁之待遇，九月，近衛內閣通過國民精神總動員計劃，台灣總督府亦設立國民精神總動員本部，開始總動員計劃之實行。繼則以台灣總督之特殊權力，宣布台灣戰時台灣的思想犯，不論案中如何，一律處以死刑。

同時特設臨時情報部以檢査郵電，搜集情報並加強宣傳。又在五州三廳先後分設宣傳委員會，使分担宣傳工作。一九三八年一月，決定動員台灣勞力，參加戰爭，招集中學畢業生爲從軍翻譯，，徵召農工大衆從事軍需運輸及軍事建築。二月，即開始「皇民化」運動，八月，將舊有的國民精神研修所的機構人事大加調整，由文教局長兼任所長，文教局社會課課長兼任主事，並增加人員至十倍以上，使「基於統治主義教化之理論與實際，」謀「民衆敬神運動之簡易化及普遍化」以「陶冶國民敬神」。所謂「皇民化」運動，即以荒謬的「敬神運動」爲中心，而積極開始活動。

敬神運動的第一步，在毀滅台灣漢族固有信仰之形跡，大規模搗毀各地官廟寺院，勒令全島人民將所有媽祖關帝及歷代祖先之神祇偶像交出焚燬，而分派日本式神靈神牌及神社圖，勒令漢族家庭懸掛奉祀。但大多數人民皆陽奉陰違，遇有忌節，對原有祖先神祇，依舊秘密例行祭祀。第二步則大興土木，普遍增築日本式的神祠，強迫台民「參拜」。現在各城市各鄉村都有日本式神社。小學生最爲可憐，每星期至少須「參拜」一次，如遇天皇病訊及日本天災，每日天明即要前往「詣拜」。自一九三八年起。每週「興亞奉公日」（即每月一日），各學校各機關各團體的人員，必須前往附近的日本神社「禮拜」，同時又强迫台灣人去訪問傷兵及出征人員家屬向其神龕神牌及神社圖體拜，而稱爲「慰問征屬」，在該日，還有獻金，獻「慰問袋」，獻廢銅廢鐵。節食及歡樂街之靜肅（指酒樓戲院妓院之停業），種種肉麻節目。第三步爲通過教育機構，强迫推行「敬神教育」。嚴禁學校學生不得侮視絕對神聖的天皇及其皇祖皇宗，違則予以開除或禁錮，對於家屬方面，則有更嚴厲之處分。第四步爲推行敬神儀式，强迫人民遵率實行。各學校各機關各團體，每星期中須舉行一次。在設有「朝會」的小學校，則每日清晨舉行一次，所謂「國民行事」者，包括有下列程序：

一、皇城（東京）遙拜；

二、皇大神宮（伊勢）遙拜；

三、唱「君之代」（日本國歌）；

四、逢節日須加入「勅語捧讀」一段。

此外無論在家庭中或其他公共場合，每飯過必須實行一種儀式，叫做「感謝合掌」，違者處以「非皇民」的罰則。所謂感謝合掌的節目有：

一、作日本式跪坐；

二、深呼吸數次並靜默片刻；

三、鼓掌二次（日本人詣拜日本神社之儀式）；

四、四掌片刻。必須在飯前飯後實行，所謂「感謝」者，大抵是感謝天皇及皇祖宗的恩德之意。

（三）無恥的改姓名運動

這是日寇澈底同化台灣漢族的新企圖；在世界帝國主義侵略史上，可謂是空前傑作，而被日本自詡爲富有「歷史意義」的。從前台灣漢人改用日本姓氏爲數極少，只限於「贅」爲日本人「養子」時，才改用日本姓而保留其原有的漢名（但其固有籍貫亦須附帶更改），因日台人民地位之不平等，此類改姓的請求頗不容易實現，但最近爲促進台灣人民皇民化，儘量生產「原籍台灣的日本人」起見，除宣佈「日台平等」，提高台灣之殖民地地位，「國土地位」（一九四二年日本宣佈將台灣劃歸內務省直轄），並獎勵日台通婚外。又有所謂改姓名運動之產生。一九四一年有少數無聊政客和無恥敗類在台北組織一個「台灣改姓名推進會。」繼得官方鼓勵，遂在五州三廳普遍設立。其工作作爲利用報紙，發動廣大宣傳，發行「改姓名案內」「皇民化與改姓名」等宣傳小冊，定期派宣傳隊出發演講等等。截至一九四一年底，據宣佈台灣人改姓用日本姓名者，台北州有三千餘名（內生番約佔十分之一），新竹州約七千名，台中州約九千名（內生番約佔十分之三），台南州澎湖廳九百名，台東廳一萬千名（生番佔十分之八），花蓮港廳一萬二千名、生番佔十分之七，共有六萬名）。

凡改易姓名者在社會生活上可享受搭車、乘船購買日用品之種種便利，其子弟有入學優先權，不改姓名者的子弟不能入學校讀書，一生永無受教育的機會。然而實際改用日本姓名後，日台人間仍舊不得平等，台灣的報紙就有人投稿說：「台灣已經皇民化了，爲什麽日本人加以嘲笑我們台灣人做「台灣人的子弟是做我「腰拔」的事發生呢？」更有人還樣宣稱：「某某自說已皇民化，且已改換日本姓名，誰知他在家庭中，仍舊講着本地話呢，顯嚴加制裁」云云。改姓名後的台人，更被日本人看不起，可說是當然的結果啊！

（四）衣食住行澈底日本化

此外在人民日常生活上亦積極推行澈底的日本化，衣的方面：日本統治者迫令台灣漢人放棄漢服，改穿日本「着物」，近有所謂「國民服」的制定，分爲男裝女裝學生裝數種。男裝國民服裁製頗似我國的中山裝，惟顏色限於國防色。女裝國民服，大似日本醫院的工作衣，概爲圓襟短袖，穿起來好像一領袈裟，台灣女性不穿此種國民服，但要穿「着物」。靴鞋因爲皮革缺乏，已不能在市面買到：日本式的木屐與草屐便乘機大爲流行，到處都可以聽到閣閣的怪響，但在都市以外，漢裝與布鞋仍爲大多數民衆所愛用。食的方面：日本統治者利用各御用團體，極力宣傳日本食爲最合「厚生」的食法，且以「剷除迷信」，革除陋俗爲名，「禁止」台民修忌過節，同時却鼓勵台灣人過日本節，但由於糧食統制的結果，食米發生問題，前此所提倡的獎勵食「蓬萊米」運動已無形停頓。澤臉、楼蘿笛）及海苔的提倡亦無法推行，現在食的皇民化，僅剩一個「感謝合掌」的形式罷了。住的方面，欲把六十萬戶房屋全部皇民化，本非短時間所能完成，況且戰時建築材料缺乏，而軍需以外的造屋亦在禁止之列。所以目前僅能從房屋內容佈置上染以日本化的色彩，不許懸掛中堂對聯及中國神像，改掛日本神社圖及陳列日本神宮神牌等等，至行動生活方面。通令「絕對使用日語」，禁止家庭間用閩南話談話，早已實行多年。現在連走路的姿勢，亦極力提倡學習日本人的步法。笑時要盡力大哈特哈。哭也要痛切大嚎「方纔不失武士道精神」（相馬大作語），說話時要瞪暴目張，結句時要「氣合」（即一種用力突然發出之聲），連聲音笑貌行動舉止都在規定統制之列，日本人的想法眞是無微不至了。

（五）法西斯組織的台灣皇民奉公會

台灣皇民奉公會相當於日本內地的大政翼贊會。其任務：第一，爲宣傳日本主義，幫助台民「皇民化」運動的推行；第二，搜括台灣兵糧；第三，督導生產和統制經濟；第四，監視轄區內人民的言論與行動；實爲一半官性的法西斯組織。一九四一年，在台北開始組織，六月成立中樞機構，至十月底各地方組織亦告完成，由台灣總督長谷川清兼任總裁，總務長官齋藤樹兼任副總裁，另由大政翼贊會派員充任中央本部長。中央本部長之下，分設地方、生活、經濟、生產、經理、訓練六部；各部部長均由當地重要行政官兼任。各部下設參事、主事課長、所長、場長等，多係總督府官吏調任，爲一龐大的機構，此外還設立有奉公委員會，以爲監察業務及建議機關，由台灣總督任命百二十四名奉公委員組織之（各部部長是當然委員），中有台灣人十餘名。

至地方組織，則與地方政府取得密切聯繫，五州三廳均設立支部，支部長由地方行政長官之州知爲市郡支會，支會長以市長或郡守担任。全島共有十一個支會、和五十一個郡支會。郡支會以下，尙有街分會和莊分會，分會以街長或莊長兼任，偏僻地方則有部落會。會長以保長或其他相當人物充任，市支會以下，亦有區會及區分會。區會長以區長，分區會長以街長或保長充任。最下層的組織，則爲「奉公班」；每十戶爲一班，設「世話役」一人，以「皇民化」的甲長或相當人物充任。

現全台六十餘萬戶（內日本人約佔三萬戶），共被劃成五萬七千個奉公班，深入下層，努力推行其法西斯的任務。其組織系統有如下表：

奉公委員會
台灣皇民奉公會
- 州支部—市支會——區會——區分會
- 廳支部—郡支會
  - 街分會 ⎫
  - 莊分會 ⎭ 部落會
- 奉公班（每十戶爲一班）

支部支會的內部組織，分爲生活、生產、訓練三部，生活部長多選自民間的自由職業者，生產部長在州以產業部長在廳以勸業課長兼任。惟訓練部長則由台灣軍司令部派充。部以下仍設有主事幹事以襄助部務。支部會以下各級機構均設有奉公委員會，以爲監察及建議機關，惟人數依級遞減：州奉公委員會有委員五十三名，廳奉公委員會爲三十五名，市奉公委員會爲三十一名，郡奉公委員會爲二十七名，街奉公委員會爲二十九名，莊奉公委員會爲二十一名。

（六）青年訓練與陸海軍特別志願兵制度

台灣皇民奉公會成立後，即由各級組織，發動大規模的皇民訓練。訓練係採用武士道辦法，每人都脫得精光，只留一白布條掩蓋下部，在炎天赤日下舉行。在海岸及水邊一帶，則以潛水爲重要課目。一九四一年已設立的訓練所不下百餘處。全台四十五萬的青年團員少年團員及壯丁團員均被迫參加。且有自動組織「魁挺身隊」「青年挺身隊」、「奉公青年會」、「奉公挺身隊」、「志願兵後援會」等，專請訓練部及日本軍部教官特加訓練者。

一九四一年六月，台灣總督府公佈所謂台灣陸軍特別志願兵制度，同時對十八歲十五歲的台灣青年十萬人，開始施行體格檢査。向來不許台人插足的日本陸軍，因戰事之緊張，人力之缺乏，亦不得不暫時開放了。節此參加皇民訓練的台灣青年，均被迫塡寫志願書，向台灣軍司令部報名，更有少數無知青年，經「挺役話」或御用士紳的威脅利誘之後，實行血書請願，割破指尖，書寫「從勇奉公」，「天皇陛下萬歲」，「我亦日本男兒」等等字樣，均被在報紙上印出，作爲宣傳麻醉的材料。據上表（截至一九四一年底）志願者達七千名，一九四二年底增到八萬餘名，一九四三年則達十一萬餘名。同年九月二十三日，日本內閣又宣佈，在台灣實行徵召人民服務兵役，自十九歲以上四十三歲以下的台灣壯丁，皆亦被徵之列。但日閥對台灣志願兵的大量入伍，始終還是疑忌而不敢放心，主要兵種顯然不肯讓台灣人參加，臨時營房亦只有南北兩處，均與日本兵分離。已檢查合格者，第一批於一九四一年四月才開始入營受訓，六個月畢業；故台灣兵的參加作戰，至速亦在一九四二年十月以後。每批入營人數，亦不過二千餘人。

繼陸軍之後，一九四三年七月，又有「台灣海軍特別志願兵制度」之公佈，結果若何，尙不明瞭，但以時間之短促，想來亦不會有多大成績的。

（七）經濟統制與防諜同盟

台灣經濟奉公會的主要工作，除上述推行皇民化運動，吸收呆額之外，尙負有加當地生產經濟的統制，他們經由生產部召集各工廠負責人，商議原料的分配，勞力的調動，勞動時間的延長，並促動小工廠與大工廠的合併。如製糖業、製鞋業、水泥業、罐頭業，均被强制組織卡迭爾，以統一經營。對於農村方面，也組織「勤勞報國青年隊」，「女子增產青年隊」，於農忙時下鄉幫助收割，此外又組織宣傳隊，挨家挨戶宣傳「減食救國」，同時檢查各戶的存糧。又派有專員及密探多名。幫助日本政府檢舉違反經濟法令的犯罪，據發表，一九四一年台灣經濟犯罪案件有六十三萬餘件，平均每十三人中有一人是「經濟犯罪者」。

日本向有「黨治國家」之稱，但其對台灣人革命思想的取締，反

戰行爲的彈壓，尙不夠嚴密，而於原有的警察機關與憲兵隊之外，又發動民衆組織許多「防諜團體」。如一九四一年在全島五州，三廳，五十一郡，十一市，五十六街，及二百十三庄，普遍組織各州廳「防諜聯盟」。歸當地警察人員節制，又於五州三廳組織警民協會。於五十一郡先後組織保甲聯合會。於二百六十九街庄組織婦女保甲團。又在各工廠組織「工廠防諜團」。甚至把各戲院劇場，亦組成「興行業防諜聯盟」，酒樓茶館組成「飯食店防諜聯盟」，將所有男女演員招待等均施以特殊防諜訓練」。

此外在教育方面，則有中學生報國會，小學生報國會；宗教方面則有宗教護國團，佛教奉公會；體育方面，則有「薙刀」講習會，柔道强身會，劍道聯合會種種團體，不能備述。

（八）結論

日本帝國主義者於佔台四十餘年之後，忽然發動所謂「皇民化運動」，當然不是對台灣人民懷有什麼好意，想予以眞正平等的待遇的。其用意所在，消極的，顯然想消滅台灣人民的民族意識及內向心理，穩定其殖民地的統治；積極的，想盡量榨取台灣的人力物力以供其大規模戰爭的消耗。所謂「皇民化」，說穿了就是「奴隸化」「炮灰化」而已。這一點凡稍有見識的台灣同胞，無不看得明明白白，絕對不會輕易上當。不過日寇用心的深刻，設想的週到，組織的嚴密，以及推行的澈底，的確是花樣百出，無孔不入，而爲中外古今侵略史上所聞所未聞見所未見的。政治的力量是巨大的，教育的工夫也是最可怕的。使假以時日，再過十年二十年，則後一代的台灣青年，能否記得自己是中國人，能否保持有祖國的觀念，誰也不能預言。六百萬漢民族行將集團地有計劃地被日寇所消滅，所同化。在最近的將來，我們可能損失六百萬人，日寇可能增加六百萬人，一來一去便是一千二百萬人。這是需要我們急起直追，迅速採取積極的對策以謀補救的。

三十三年四月於桂林

5167

檢定臺灣師資之商榷

許汝鐵

教師資格的檢定，是現代各國提高各該國教育程度的一種措施，雖然教育程度的提高仍需有其他條件，但是教師資格的提高總是其中一重要的成份，我國亦於戰前實施這種辦法，至今還在嚴格的施行，並且還將它推行到大學裏去。

這種師資檢定的辦法，不但是在各個自由國家中有嚴格的規定和施行，即對於各殖民地亦有同樣的嚴格規定和實施，其中之所不同者，即其「檢定的本質」，亦可以說「主」與「奴」的不同。因為帝國主義者欲控制其殖民地人民的思想，使其馴服於帝國主義鐵蹄下生活，不能不用奴隸為標準的檢定辦法來檢定殖民地的師資，使他們馴馴服服的負起其主人所付托的使命。這實在是一般帝國主義者對於殖民地師資檢定的通則，因此我們淪陷五十年台灣師資的檢定也免不了受此通則的限制，不但如此，同時日本帝國主義者更變本加厲的設立了奴隸師範學校，專門培養和訓練這種師資來實施其奴化政策，五十年來已使這種政策得到相當的成功。現在我們抗戰將接近勝利而台灣的光復也就在眼前，要使光復後台灣的教育能走上三民主義之路，對於光復後台灣現有教師的檢定工作是值得我們切實加以研討。

一、台灣現有的學校師資數及其檢定方法

台灣現有國民學校共有九六〇所（國民學[illegible]校的名稱是昭和十八年將小學校與公學校改稱[illegible]者），其中一四七所原為小學校者（即日[illegible]學專收日本人兒童及常用日語之台灣兒童[illegible]，八一三所即原為公學校者（即台灣人及番人[illegible]小學專收台灣人及番人之兒童），其餘如中學[illegible]校、高等女學校共有三十所，師範學校四所，[illegible]職業學校及職業補習學校七十七所，專科學校[illegible]六所，大學一所，共有學校一〇七八所，教職員一二，六二六位，學生六四〇，七五六人。其中除了小學校、中學校、女子高等學校、師範學校、職業學校以及專科學校、大學之教職員外，只公學校的教職員就有八，七一八名之多，這八千餘名之公學校教職員，除了八[illegible]名的校長及小部分負學校行政職務之日人[illegible]學校職員外，約有五千餘名之教師均為台胞教師，這些都為小學的教師，至於其他各級學校的教師，均以日人任之為多，雖然其中亦有台胞教師，只不過一極少部份而已，若將此一極少部份不計，即台灣現有的台胞教師亦有五千餘名之多，同時此五千餘名的教師均受日人師範教育的訓練，並且也是受過奴化師資檢定的及格者。

台灣現有的教師數量已如上所述，至其對於這般教師的檢定方法亦有其特殊之處，現在他們除其本國人在台灣任教的教師依其本國師資檢定所規定的標準外，其對於台灣人教師檢定的方法，最主要者即視其是否在台灣師範學校或教員養成所畢業者為最主要的標準，否則任何台胞欲在台灣執任教師，尤其是國民學校的教師，可以說非常的困難，同時亦可以說是一種不可能的事情，因為他們沒有受過四年或五年台灣師範學校或教員養成所奴化的訓練，由此使我們很明白的看到日本對於台胞師資的檢定，並不是完全根據其學力智力為標準，而是要檢定他們對於接受奴化的資格是否够或不够，換句話說就是接受奴化程度及格或不及格而定。這也可以說是做台灣教師的台胞們所受到的最重要及最基本的一種檢定，同時他們受過這種檢定以後，並不是就可以做了一位自由的教師，因為日本人還不會相信這種受過他們四年或五年的奴化師範教育的訓練以後是可以完全信任而不成問題的，因此迫得使他們在受過第一關的檢定後，還要時時受到台灣的日本政治警察的檢查檢定工作，一直到他們成了一

拉絶奴隸，才可以算真正的得到教師檢定及格的資格。這種對於殖民地檢定師資的方法，恐怕世界上只有日本一個國家，這都是事實，而這種事實也已經實行得快到五十年了。

二、台灣師資重新檢定的必要

台灣師資檢定的情形，已經在上一節中約略的加以敍述，它的原則除了應有相當具備的學識以外，其最主要者爲奴隸思想的訓練檢定，而這種訓練檢定的辦法，在日本統治台灣時，當然是一種帝國主義統治殖民地人民思想的一種最良好而完備的方法，可是光復後的台灣，它已不是日本帝國主義下的殖民地，同時更不是我國的殖民地，而是我國的一部份領土，一個行省，而且其人民亦爲我中華民國的國民，因此對於台灣師資的檢定，不但不能再根據日本帝國主義所定的辦法，並且要把它根本剷除。同時對於舊有的台灣教師——除日本人在台灣任教的教師們外（因爲他們於台灣光復後可予全數免職）——亦應重新再給予檢定，這因爲光復後的台灣，是要建設成爲一個三民主義的新台灣，所以對於這負有教養建設新台灣的三民主義新青年的教師們，應該需要重新再加以檢定，以期他們能共同切實的負起光復後建設新台灣的新使命。

這種重新檢定的辦法或者有人會問：過去台灣在日本帝國主義下的師資，已然都是一批十足奴化教育的代理人，我們何以不在光復之後，將他們完全去職，而以我們一批新的教師去代替，這樣豈不是會使台灣的學校教育於光復之後會馬上得到一種「煥然一新」的氣象嗎？同時三民主義的教育亦會因此而得到更切實的推行，又何必要再來這麼一套又麻煩又費時的重新檢定工作呢？這種看法也許是一種理論，因爲事實上是很難行得通的，即以今日日寇在我陷區的各級學校中强迫原有教師繼續執教的情形，就可以了解這種理論施行時所遇到困難的明證。加以我們光復後的台灣，是我們國土的一部份，所以我們更要給予台胞以報答祖國的機會，絕對不能把他們看成另外一種人，排撤於另外一個範圍之內，不但如是，即欲使光復後的台灣各學校，能按時開學而不發生停頓，舊有的台灣教師是必需繼續予以任用，不過爲加强我們檢定師資的教育法令，以及加速台灣教育的三民主義化，我們對於這批將近六千人的原有台灣同胞教師，實有重新再加以檢定的必要。

三、如何重新檢定台灣師資

我們已然知道了台灣師資過去在日本帝國主義統治下檢定的情形，以及光復後重新檢定的必要，那麼我們進一步的研討，就是要如何重新去檢定台灣的師資，因爲這種檢定的辦法，假如不慎重予以規劃，即其發生的毛病，當尙因此而更多，所以我們在此台灣將欲光復之前，應先將此問題作一切實的研討，以便光復後付之實施，茲爲便利研究起見，作者擬根據我國現有檢定師資的辦法及參照當地的實際情形，擬具重新檢定台灣師資的辦法，作爲今後台灣光復時對於重新檢定師資的一種參考。

1.檢定台灣師資的機構及其標準

檢定師資的機構和檢定師資的標準，在我國各省中均有不同的規定，台灣情形更特殊於我國各省，故其對於檢定機關的組織和檢定的標準或原則，實有再加研討規定的必要。

甲、檢定的機關——檢定師資當然有固定的機關，在我國現有各省，雖有稍爲不同的組織，但大體上均由各省教育廳負其責任，而光復後之台灣，其成爲我國之一行省當無疑問，故其檢定機關亦應由台灣省教育廳負其責，但爲適應於光復初期台灣師資檢定的必需，實有由教育廳當局組織一檢定師資的機構稱爲「台灣中小學師範職業學校師資檢定委員會」，至於此委員會的組織，除由廳長暨督學及各科主管人外，當應聘請台灣教育界的老前輩參加，以免於檢定時發生了「偏見」的弊病。

乙、檢定的標準（原則）

檢定的標準大體分之約有四項，茲分述之如下：

（1）有專門學說及經驗者（以適合於應受檢定之某級某科者爲標準）佔25%。

（2）有正確的思想及專門事業之成績者（有確定證明書或親見其教授之能力及成效者）佔25%。

（3）品性及性質確合爲教員者（必先親見其人而後定之）佔25%。

（4）身體健全者佔10%。

2.檢定台灣師資的辦法

台灣光復後師資受檢定的方法和資格，因其地方環境特殊，所以我們應有特別的規定，以適應其當地的環境。這一點於上段中已加以仲明，茲為便利討論起見，將其分為小學、中學、師範、職業學校等節，並根據吾國教育部所規定的辦法與當地實際情形申述之於後：

甲、小學

台灣國民學校的師資，多為台灣四間師範學校畢業者為多，——即台北第一師範學校、台北第二師範學校、台中師範學校及台南師範學校等，其中女教師則均為高等女子學校畢業者（此等學校在台灣共有十三校），其次另有一種教員為教員養成所畢業者，——此等養成所專招收小學六年畢業的學生入學，現附設於台北第二師範學校、台中師範學校、台南師範學校三校辦理。其次還有一種所謂代用教員，這種教員為原校優秀畢業生暫充者，在台灣初期的初等教育中很多，現在因為師資比較充實，所以代用教員亦漸減少。以上幾種都是台灣現有小學的師資情形。

根據上述台灣國民學校的師資，可分為三類，第一類為師範學校畢業或女子高等學校畢業者，這類教師的程度大約等於吾國的高中師範畢業者；第二類為教員養成講習所畢業者，這類教師的程度大約等於吾國簡易師範學校畢業者；第三類為國民學校本身畢業之優秀學生，這些教師的程度當然是等於吾國的小學畢業者。那麼對於這三種程度的教師，我們應當採取何種方法來加以檢定呢？這作者擬在下面分別仿兩仲述之。

第一採用無試驗的檢定方法——這種方法的舉行，可由檢定委員會隨時受檢定的各項證明文件決定之，這種受檢定的資格可予規定如下：

具有左列資格之一者可受無試驗檢定：

（1）畢業於國語學校師範部、師範學校或女子高等學校曾充任國民學校教員二年以上者。

（2）畢業於教員養成所曾充任國民學校教員三年以上者。

（3）曾充任國民學校教員五年以上，成績優良而經督學證明或認可者。

（4）曾充任國民學校教員三年以上，有關小學教育專文發表，而經認為有價值者。

這種無試驗檢定，在這初期檢定的時候，為使其能得到檢定上能收到更完滿的效果，可以加上「口試」一項。

第二採用試驗檢定的方法——這種方法除由檢定委員會審查其各項證明文件外，並加以相當的試驗，這種受試驗檢定的資格可以規定如後：

具有左列資格之一者得受試驗檢定：

（1）曾在師範學校、女子高等學校或教員養成所畢業者。

（2）曾在師範學校、女子高等學校或教員養成所修業一年並充任教員二年以上者。

（3）曾在國民學校教學三年以上者。

（4）學有專長，並充小學教員一年以上者。

至於其應試的科目：公民、國語、史地、教育概論、教學法，以及口試，此為一般教員的考試科目，若專科教員的考試科目，除請求試驗之某科專科（如音樂、體育、美術、勞作等）須試驗外，並試驗教育概論及受試驗科目之教學法，此外另應加以公民測驗及口試。

乙、中學、師範學校及職業學校

台灣的中學（包括中學校及女子高等學校）、師範學校及職業學校等學校的教師，均以日人充任之，其中雖然亦有台灣教師，但是其所担任的科目多以書法或其他非主要科目為多。所以對於這些學校的教師於光復後除全體改組或令日人教師仍充專門技術教師外，對於台灣教師實無從加以檢定和甄審。此亦因為各校均無重要的台灣教師。這種情形並非台灣人無担任這種教師的資格或能力，而是日本人統治殖民地限制台灣人參加其殖民地之中高等教育機構，以防止民族思想及革命運動的發生。照這種情形看來，光復後台灣中等教育的師資問題實在是一件很嚴重的問題。除開我們在這光復前在國內就加以準備訓練外，不過這種中等教育師資的準備訓練也是一件很艱巨的工作，因此我們對於這台灣光復後中等教育的師資問題，除一部份由國內加緊準備外，其餘我們仍可由台胞中物色具有這種能力或資格的人才來充任這等學校的教師，以便台胞於光復後有貢獻於國家，關於這一點為免爭議起見，我們仍可於光復時用檢定的方法，令各台胞自由參加檢定，今將其檢定方法述之如左：

第一無試驗檢定方法

（1）中學

甲、初中教員：初中教員若具有左列資格之一者，得受無試驗檢定。

a.國內外專科學校或專門學校畢業者。

b.師範學校或女子高等學校畢業，具有三年以上之教學經驗而具有成績者。

c.教員養成所畢業倚充國民學校教員五年以上而具有成績者。

d.具有精練的藝術技能者（此項專適用於圖畫、音樂、勞作等科教員之檢定用）。

乙、高中教員：高中教員若具有左列之資格者，得受無試驗檢定。

a.國內外大學本科畢業者。

b.國內外專科學校或專門學校本科畢業後有二年以上之教學經驗者。

c.具有精練之藝術技能（與初中同）。

（2）師範學校：師範學校教員若具有左列資格之一者，得受無試驗檢定。

a.國內外大學本科畢業者。

b.高等師範畢業者。

c.有價值之專門著作者。

d.具有精練的技術者（與初高中同）。

（3）職業學校：職業學校教員若具有左列資格之一者得受無試驗檢定。

a.國內外大學本科畢業者。

b.高等實業學校畢業有二年以上工作經驗者。

c.具有精練特殊的技能者。

第二試驗檢定方法：

（1）中學

甲、初中教員：初中教員若具有左列資格之一者得受試驗檢定：

a.國內外專科學校或專門學校本科肄業一年以上者。

b.師範學校或女子高等學校畢業者。

c.教員養成所畢業倚任國民學校教員二年以上者。

d.具有精練的藝術技能者（同上）。

乙、高中教員：高中教員若具有左列資格之一者得受試驗檢定：

a.國內外大學本科肄業二年以上者。

b.國內外專科學校或專門學校本科畢業者。

c.具有精練之藝術技能（同上）。

（2）師範學校

師範學校教員若具有左列資格之一者，得受試驗檢定：

a.國內外大學本科肄業二年以上者。

b.高等師範學校肄業二年以上者。

c.師範學校畢業倚任教五年，並有專題發表者。

d.具有精練藝術技能者（同上）。

（3）職業學校

職業學校教員若具有左列資格之一者得受試驗檢定：

a.國內外大學本科肄業二年以上者。

b.高等實業學校畢業者。

c.具有特殊的技能者。

至於上列各校教員受檢定的科目可分為三類：

甲、共同應試科目：a.公民，b.教育概論，c.教學法。

乙、專科應試科目：a.國文科，b.體育科，c.算術科，d.生物科，e.生理衛生科，f.化學科，g.物理科，h.歷史科，i.地理科，j.英語科，k.圖畫科，l.音樂科，m.師範學校教育科，n.幼稚教育科，o.職業學校商業簿記科，p.機械或電機工業科，q.農業科等。以上各科均依其所欲担任之科目任選三種，其中另有一種為各該專科之教學法。

丙、口試

以上所列試驗之科目，初中可酌量減低其程度。

此種檢定方法及標準均用以檢定台灣島內之師資而定，至於國內人士之欲担負台灣教育工作者，均依我國現在所有之標準而定，則台灣大學及專科學校之教授亦宜依國內之規定實施之。

台灣之茶業

翁國樑

台灣之茶葉，初僅能自給，後產額增加。於一八五六年已輸入福州經再製後運銷外國。一八六九年英人始能採購烏龍茶粗製約二十萬斤，載二帆船運往美國紐約銷售，爲台灣茶直接輸出之嚆矢。邇年來逐漸增其產額，一八八八年輸出一千三百五十七萬斤。一九一一年及一九一八年突破二千萬斤，爲台灣空前未曾有之輸出額。

據一九三五年調查，台灣之粗製茶農戶或稱爲產地農戶二五戶，再製茶八九戶，粗製茶產額之數量一七，八〇二，七七二斤，價額三七七，〇九三圓（日金），再製茶數量一六，四六八，二四二斤，價額一〇，五九三，六五九圓（日金）。

烏龍茶數量五，二八〇，〇三一斤，價額三，五三八，三二一圓，包種茶數量五，六八五，四八〇斤，價額三，〇八六，〇九五圓，紅茶數量五，四八九，七二八斤，價額三，九六三，六九〇圓，綠茶數量一三，〇〇三斤，價額五，五五三圓，總計各種茶之產量一六，四六八，二四二斤，總價額一〇，五九三，六五九圓（以上價額概以日金計算）。

茶產地，現今台北，新竹，台中，皆適於茶樹之栽培，將來中南部地方亦可希望其爲紅茶之產地。台灣本島山茶之栽培頗多，新竹有二五，三〇六公頃，台北約一八，三九七公頃，台中有四九九公頃，高雄一一四公頃，台南有九公頃（每公頃等於英畝二·四七一）。

茶性喜濕度高，氣候溫暖且稍帶酸性，含水力強之土壤。台灣每年平均溫度爲攝氏二十二度，多雨。尤以台北、新竹之第四紀洪積層，帶赭色之土壤，適於茶樹之栽培。

台灣茶之起源，其說不一，有謂始係傳自我國；有謂於三百年前台灣中部山上已有野生茶樹之記載。惟今之所栽植者確爲百年前隨華族移殖而傳入台北州文山郡，日後漸次普及。台灣茶樹除本地種外，尚有由中國，印度輸入品種頗多，計有三十餘種。但由中國種中所育成之優良品種，有青心烏龍、大葉烏龍、青心大冇、硬枝紅心、鐵觀音、黃柑、青心、紅心、烏龍、白毛猴及時茶等，惟前五種栽培較廣。茶樹之繁殖，多用壓條法，播種者甚少。其壓條法乃就茶園中選擇生長旺盛之茶叢，將其生長於外部之嫩枝數本，徐徐攀下，用二竹片夾之埋入土中，枝之上部以物支撐之，或以繩維緊之，不使橫臥地上，而使其向上生長，其著土之部份經久則漸生根，若用小刀割之成痕，則根尤易生出，每年十二月至翌年三月均可剪下而移植之。其距離以畦間四尺，株間二尺爲最佳。普通每年中耕四次。

茶樹所需要之肥料，以氮、燐、鉀三要素爲主，氮肥可使產量增加，燐肥及鉀肥可使品質優良。據台灣茶業試驗所之試驗，茶之肥料配合成分，以鉀十分之一·五，燐酸十分之二，氮素十分之四，或五，成績最佳、台灣茶之施肥時期與次數不等，有的一年只施一次，有的一年中施至四五次之多。總而言之，台灣茶農，對於茶之施肥不甚注意。

台茶多不剪枝，但有台刈一法，性質與重修剪相同。普通自八九年至十二三年，無論其爲秧植或分叢而成之茶叢，概行第一次之台刈，再於六七年或八九年後，施行第二次台刈。其法乃於茶株離地三四寸之處，用鋒利鐮刀斜爲刈斷，待三四年後則又成新叢。茶葉之採摘，最早於三月下旬，通常於四月中旬，至十一月中旬。採摘之次數，視各品種之早晚而不同，普通者茶摘二次，夏茶摘五次，秋茶摘二次，冬茶摘一次。亦一年間摘十次至十五次者。摘茶多用女工，摘時手之拇指與食指之指頭，用濕布裹之，拇指在葉上，食指在葉下摘之，兩手輪流並用，每日可採數十斤。

凡每一新枝頂端未展之葉芽，品質最好；芽下之第一葉次之，第二葉第三葉又次之，距芽愈遠，則品愈劣。劣茶於再製時，多加以香花燻之（首莉、黃枝、秀英）。

據一九二二年之調查，台灣有烏龍茶館三十六家，包種茶館三十一家，兩種兼營者六家，輸出商之貿易只限於烏龍茶，故稱之爲烏龍茶輸出茶館，共有七家。其他各種茶皆不經輸出商之手，自行直接輸出。

烏龍茶之主要輸出地，爲英美及澳洲，尤以北美爲最多，佔總輸出百分之九十二。包種茶之主要輸出地爲爪哇，佔總輸出額百分之七十四，印度遜邏次之。在包種茶於一八九六年始有輸出，數量年有增加，至一九二六年時，遂超烏龍茶之上。紅茶，初因製造不良，輸出不多，自一九二八年以後，所製之紅茶，品質優良，輸出額乃行激增，其主要輸出地爲英國，美國次之。

台灣全史研究（續）

謝東閔

第二編　鄭氏時代之台灣

第一章　鄭成功之收復台灣

一、郭懷一之抗荷運動

在未敍述鄭成功收復台灣之前，有一段悲壯史實不容我們遺漏，那就是郭懷一等反抗荷人之統治，事敗身殉一事。自荷蘭人據台後，除採取壓奴政策，課人頭稅外，並對我國人大加壓迫，所以當時我國移民莫不懷恨荷人，奈因缺之組織和團結，故敢怒而不敢言。那時有一位頭目名叫郭懷一者，在台灣從事農墾事業致富，爲人深明大義，好結交英雄好漢，因憤恨荷人之暴政，便團結有志之士，發動抗荷運動。乃於永曆十一年（公元一六五七年）九月初，召集黨人開祕密會議，討論舉事的步驟，並激勵各同志曰：「諸君爲紅毛（台人稱荷蘭人爲紅毛番）所虐，不久皆相率而死，然死等耳，計不如一戰，戰而勝，台灣我有也。否則一死，唯諸君圖之。」各同志大爲感動，均誓死抵抗荷人。至初七夜，伏兵於城外，並放火焚市街，殺荷人，乘勢攻城，一時秩序大亂。城內荷兵少，極爲狼狽，城幾被陷，後因荷將富爾馬率兵一百二十名來援，始解圍，雙方復在大湖一帶激戰，但終因郭部多係烏合之衆，缺乏嚴密之組織和訓練，結果爲荷軍擊敗，郭部及民衆犧牲者約達四千人，而荷人被殺者亦有千餘人，郭懷一亦被捕殺死。一幕轟轟烈烈的抗荷運動，雖告失敗（時距鄭成功收復台灣僅四年前耳），但一般民衆反荷情緒因此益形高漲。

二、鄭成功入台抗滿清

鄭成功福建南安縣石井人，爲鄭芝龍之子。芝龍在日本時娶日本平戶士族田川氏之女，於天啓四年（公元一六二四年）七月十四日，在日本產一子，是爲成功，年七歲時始歸中國。成功初名森，字大木，豐儀整秀，讀書穎敏。年十一，學制藝，題曰：「洒掃應對進退」；後幅云：「湯武之征誅，一洒掃也，堯舜之揖讓，一應對進退也。」師對其學識大爲驚異。年十五，補南安縣學生員。唐王聿鍵在福州稱王，芝龍奉唐王即位時，晉芝龍爲平國侯，引森入覲，王一見奇之，撫其背曰：「恨朕無女以妻，當盡忠吾家無相忘。」因賜國姓朱，改名成功，拜爲中軍都督，儀同駙馬都尉。自此多稱爲國姓，在台灣則稱爲「國姓爺」。日本初不肯送田川氏至中國，後見芝龍貴，乃送至。唐王隆武二年（即清順治三年，公元一六四六年），封成功爲忠孝伯。是年八月唐王遇害，成功憤極。這時他的父親鄭芝龍擬降服滿清，成功頗不以爲然，毅然諫曰：「閩粵之地，不比北方，得任意馳驅。若憑險設伏，收人心以固其本，販各港以足其餉，選將練兵，號召不難矣。夫虎不可離山，魚不可脫淵，離山不威，脫淵則困，願吾父思之。」芝龍不聽，於是父子決裂，各行其是，一爲滿清順民，一爲大明圖報復。從此成功乃率所部赴金門。芝龍又召之同行，但成功復書曰：「從來父教子忠，未聞教子以貳。今大人不聽兒言，倘有不測，兒只有縞素而已。」芝龍接書嘆曰：「他日爲清患，必成功也。」

芝龍被清貝勒挾以北去，其家以爲既投降，當可免於暴行，乃清兵至南安，仍大肆淫掠，成功母被辱，自縊而死。成功既憤父降滿，父痛母傍死，遂詣孔廟焚儒服，四拜先師曰：「成功昔爲儒子，今爲孤臣，向背居留，各行其是，謹謝儒服，唯先師鑒之。」旋偕部屬陳輝、張進、施顯、陳霸、洪旭、施琅等以及其他願與同行者九十餘人，分乘二艦入海，樹「殺父報國」旗，至南澳募兵，得數千人；於永曆元年（順治四年，公元一六四七年），歸泊鼓浪嶼，設高皇帝神位於島上，與諸人共盟，抗清復明。這時正是永明王三年在肇慶即位改元永曆的時候，鄭成功時僅二十四歲。

此後，鄭成功則以廈門及金門兩島爲根據地，不斷向閩浙沿海一帶進攻，俾擴大地盤，計自永明王永曆五年（即清順治八年，公元一六五一年），到永曆十年（順治十三年，即公元一六五六年）的五年間，與清軍激戰凡數十次，連陷同安、漳浦、南安、平和、海澄、長泰等地，並進圍漳州，一時所向，清兵披靡，其中尤以海澄一戰，最爲悲壯。同時效忠魯王的張名振、張煌言亦與成功相策應，故鄭軍聲勢大振。

永曆十一年（順治十四年，公元一六五七年），明永明王以成功屢立奇功，封爲延平郡王，遣漳平伯周金湯，太監劉國柱齎印冊航海至廈門，並手詔令進師江南，伸大義於天下。成功當時擁有兵力共十七萬人，其中海兵五萬，騎兵五萬，步兵五萬，別動隊一萬，另有「鐵人」萬人，力皆能舉五百斤，披鎧，畫以朱碧彪文，留兩目，執斫馬大刀立陣前砍馬足，望之如神兵，彼時聲勢最盛。

鄭成功大舉北伐，乃在永曆十三年（順治十六年，公元一六五九年），是時清兵正在進攻永明王於雲南，故成功認爲北上良機，乃於五月由金廈出師，由海道直趨崇明，六月再由崇明進入長江，克焦山，瓜州，陷鎭江，圍南京。與成功相呼應的張煌言，更由蕪湖進取徽州、甯國。當時起而爲成功響應者更有太平、甯國、池州、徽州、廣德、無爲、和州等四府三州二十四縣。維揚、蘇州、常州亦旦夕待變，東南爲之震動。

鄭成功圍攻南京時，清帝驚恐起來，準備親征，後兩江總督郎廷佐投計南京守將梁化鳳佯爲約期投降，以緩其攻。成功信之，遂懈敵無備。不料越二日，清兵大舉反攻，鄭軍失利，不得不退出長江。成功退至鎭江，大慟曰：「是我輕敵，非諸將之罪也。」遂棄瓜州，泊排沙嶼，令將督舟師堵江口，十月回師廈門，上表待罪，立忠臣祠，祭祀陣亡將士，此後清兵幾乎平定中國本部，是故江南之役，謂爲成功成敗之關鍵亦不爲過。永曆十四年（清順治十七年，公元一六六〇年）明永明王已被清軍壓迫，退入緬甸、雲南、貴州等亦被平定。但成功效忠明室之心，始終不變。

永曆十四年（清順治十七年，公元一六六〇年），清帝以鄭成功新自江南敗退金廈，實力大損，欲乘機殲滅之，乃命將軍達素，總督李率泰等進攻金廈兩島。鄭軍將士大爲震怒，莫不英勇迎戰，清軍多不諳水性，眩暈顚仆，潰不成軍，遂大敗。清將達素因戰敗自殺於福州。自是竟成功之世，無敢再言取金廈兩島者。

成功自江南敗還後，一以兵力損失過甚，二鑒金廈二小島地蹙軍孤，非長久之計，乃思謀向外發展，而以台灣密邇廈門，故收回台灣以爲抗清復明的根據地之計乃起。適在台灣任荷蘭人通事之何斌負了荷人二十萬元債務走廈，力言台灣沃野千里，爲天府之地，四通外洋，如能取爲基地則不患不能發展，又出地圖指示攻取之易。成功觀其圖嘆曰：「此亦海外之扶餘地」。遂召集各將領討論，終決定收回台灣。鄭成功乃於永曆十五年（清順治十八年，公元一六六一年），留其子鄭經守金廈，親率精兵二萬五千分乘艦船百餘艘，向盤踞台灣的荷蘭人進攻，三月抵澎湖，除令陳廣、楊祖、林福、張在諸將駐守澎湖外，其餘悉數開赴台灣之鹿耳門。是時荷人已得報，加緊戒備，並沉舟堵塞港口。然鄭軍抵鹿耳門時，適値水大漲，大小兵艦乃得啣尾挺進，捨艦登陸與荷兵展開激戰。荷蘭歸一王（一作揆一王）以死拒戰。四月二十六日成功命使者以書告之曰：「執事率數百之衆，困守城中，何足以抗我軍，而余尤怪執事之不智也。夫天下之人固不樂死於非命。余之數告執事者，蓋爲貴國人民之性命，不忍陷之瘡痍爾。今再命使者，前往致意。願執事熟思之。執事若知不敵，獻城降則余當以誠意相待，否則我軍攻城而執事始揭白旗則余亦止戰，以待後命。我軍入城之時，余嚴飭將士，秋毫無犯，一聽貴國人民之去。若有願留者，余亦保衞之，與華人同。夫戰敗而和，古有明訓。臨事不斷，

二一二

智者所賤。貴國人民遠渡重洋，經營台島，至勢不得已，而謀自衛之道，固余之所壯也。然台灣者中國之土地也。久爲貴國所踞，今余既來索則地當歸我。珍瑤不急之物悉聽而歸。若執事不聽，可揭紅旗請戰。余亦立馬以觀，毋游移而不決也。生死之權，在余掌中，見機而作，不俟終日。唯執事圖之。」荷人不肯獻城投降，鄭成功乃困而攻之。雙方相持至十二月初三（公元一六六一年）荷兵已戰死一千六百名，知戰局無挽回之希望，乃率殘兵千餘人而去。至是失陷三十七年（自天啓四年至永歷十五年清順治十八年，即公元一六二四年至一六六一年）之「故土」——台灣，復爲我國版圖，而鄭成功之威名，震乎寰球。

成功收台灣，即以熱蘭城爲安平鎮，改名爲王城。又改赤嵌城爲承天府，總稱東都，設天興、萬年二縣，另在澎湖設安撫司，興農墾，修兵備，定法制，建學校。清廷知成功終不可致，乃聽叛將黃梧言，誅其父芝龍，鄭氏在京無論大小皆被誅，並嚴令山東、江、浙、閩、粵沿海居民遷至內地三十里，禁漁舟商船出海，以封鎖台灣；並毀鄭氏祖墳以洩恨。成功聞之嘆曰：「使吾徇諸將意，不自斷東征，得一塊土，英雄無用武之地矣。沿海幅員上下數千里，盡委而棄之，使田廬坵墟，墳墓無主，寡婦孤兒望哭天末，惟吾之故。以今雖波猖亦復何用，但當收拾殘民，移我東土，闢地休兵，養精蓄銳，以待天下之清未晚也。」除命諸將移眷入台外，並招撫漳、泉、惠、潮各地居民至台灣墾殖。

當台灣收復後與金門廈門二島互爲犄角，足以抵禦滿清之勢力。當成功入台時，我國人之在呂宋者已有數十萬人之多，彼等遭西班牙人之壓迫，久思起事而未獲機會，故聞鄭成功入台，莫不欣喜，乃遣人入台請援，成功遂決奪取呂宋爲外府，於是派羅馬神甫李科羅，到馬尼拉，一面勸諭呂宋總督入貢，一面暗中激發華僑起事，並約派舟師後援。該事雖告失敗，但我華僑抵抗異族統治之勇敢精神，則始終存在也（此事之詳細記載，請參照第四章第六節）。

三、鄭成功之死

永歷十四年，清康熙元年（公元一六六二年），成功積勞患病，時適聞其子鄭經在廈門與其弟乳婢生一子事，怒甚，命董昆及洪有鼎到廈門，諭其兄鄭泰監殺鄭經及其妻董氏，蓋以其子無方也。金廈諸將聞訊大驚，謀保全之，謂爲亂命拒之。成功本來病已嚴重，再受此打擊，遂於五月初八日（公元一六六二年）逝世。是日成功登台望海畢，乃冠帶請太祖訓出，坐胡床，命左右進酒，讀至第三帙，歎曰：「吾有何面目見先帝於地下！」遂以雙手掩面而逝。一代民族英雄的鄭成功，自興兵起，縱橫海上者凡十七年而卒，享年三十有九。

第三章　鄭經之武功

一、鄭經之嗣位

鄭成功卒時，長子鄭經在廈門，當時台灣無主，人心搖動，諸將舉成功弟鄭襲爲護理。是時，鄭襲野心勃勃，謀奪位，命親信曹從龍假成功遺命，數鄭經罪狀，自稱東都王，並分兵守險，以防鄭經入台。鄭經於成功死後六日即永歷十六年（清康熙元年，公元一六六二年）五月十四日，始接訃告，並獲悉鄭襲奪位之陰謀，大爲驚駭，乃一面部署軍旅，以周全斌爲五軍都督，陳永華爲諮議參軍，馮錫範爲侍衛，準備回台。一面遣人布告台灣謂：「世子親率六師，抵台奔喪。」七月，清靖南王耿繼茂，閩浙總督李率泰，以鄭成功死爲誘鄭氏降清之良機，乃遣使者游說鄭經，但鄭經仍不爲所動，並預料清軍或將乘機來犯，乃以忠振伯洪旭，永安侯黃廷輔助鄭泰（成功之兄）守廈門，并諭銅山、南澳諸將，勿疏防務，至十月，經率師抵澎湖，檢閱各島防務後乃赴台。那時擁護鄭襲的部將黃昭及蕭拱宸謀拒，陳兵海岸，經以奇兵擊破之，斬黃蕭二將，遂入王城嗣位。鄭襲入見，經不提往事，叔侄和好如初。

二、金廈二島之失守

永歷十七年（即康熙二年，公元一六六三年）正月，台灣方面始接永明王在雲南死於非命之消息，但鄭經仍奉明朔稱永歷（按永歷爲明永明王之年號。永明王於永歷十三年，即清順治十六年，公元一六五九年，被清兵追入緬甸，在緬凡三年，緬人懾於吳三桂之威脅，乃於永歷十五年，即清順治十八年，公元一六六一年，執王交吳三桂，而於翌年，即永歷十六年即清康熙元年，公元一六六二年被吳三桂絞死於滇南。故事實上，永歷年號，至十六年已終，但鄭氏在台仍奉朔稱永歷，蓋示扶明抗清之決心也。編者在敘述鄭氏三代之年號時，仍以永歷年號爲先，而附以清朝之年號及公元者，蓋欲藉以紀念鄭氏忠於明室之苦心也）。鄭經嗣位後除極力整頓防務，如以統領顏望忠守安平城，勇衛黃安坐鎮承天府，提調南北軍務外，並親率周全斌、陳永華、馮錫範諸將領到廈門巡視防務。抵廈後，探悉黃昭、蕭拱辰等前此之抗拒，其伯父鄭泰曾參與其事，乃於是年六月誘殺之。鄭泰子鄭纘緒及部將蔡鳴雷、蔡協吉、陳輝、楊富等憤而先後投清。當時荷蘭人欲報復失台之恨，亦向清廷獻議，願爲攻台之先鋒，於是清帝決意用兵。是年（康熙二年，即公元一六六三年）十月，命靖南王耿繼茂、閩浙總督李率泰統領投降諸軍聯合荷蘭兵由泉州，提督馬得功由同安，降將施琅，黃梧由漳州，分三路進攻。鄭經部署諸將迎戰。十月十九日兩軍會戰於金門烏沙巷一帶，荷蘭戰艦十餘艘，巍巨如山，泉州之兵船三百艘，箕張而來。周全斌親率艨艟二十艘，往來衝擊，剽疾如馬，荷蘭戰艦所發之砲無一中者，清軍見之，膽寒不敢進，叛將楊富，清提督馬得功均被擊落海中溺死。此役海戰，鄭軍初大捷，但後因高崎守將陳昇降清，致各路清兵齊集分水陸反攻，鄭軍寡不敵衆，遂不得不退守銅山，而金門、廈門兩島遂淪入清手。

清軍佔領金廈二島後，亦不敢窮追，乃改取分化政策，致鄭將中之動搖分子續有降清者。如永歷十八年（清康熙三年，公元一六六四年）正月援剿右鎮林清之降清，二月南澳護衛左鎮杜輝之降清等是也。鄭將洪旭見長守銅山之非計，向鄭經建議曰：「金廈新破，銅山難守，不如退保東都，以待後圖。」經亦恐台灣有變，讚成洪旭之建議，乃於永歷十八年（即康熙三年，公元一六六四年）春，下令全軍退守台灣，明宗室寧靖王、瀘溪王、巴東王 魯王世子暨鄉紳王忠孝，辜朝薦、盧若騰、沈佺期、郭貞一、李茂春等均隨軍赴台。

鄭經班師回台時，曾周全斌與黃廷部爲殿後部隊，以掩護全軍退出銅山，但全斌與洪旭有宿嫌，故遲疑不往，後降清。黃廷亦受黃梧勸誘降清，又予鄭軍以一大打擊。

三、清之招降政策

永歷十九年（清康熙四年，公元一六六五年）四月，降將施琅（時任清水師提督）率投降諸軍周全斌等進攻台灣，但舟至外洋，遭颶風，不克而歸。清廷乃命施琅及周全斌歸北京諮詢台灣情形，因知攻台之困難，乃決定改用招撫策略。茲將清廷招撫鄭經之情形列述如左：

（1）永歷二十一年（康熙六年，公元一六六七年）五月，清廷派河南人孔元章爲使者來台議撫，鄭經卻之，并允照朝鮮例入貢，清廷不許，交涉遂告失敗。

（2）永歷二十三年（康熙八年，公元一六六九年）七月，清帝再派刑部尚書明珠，兵部侍郎蔡毓榮至福建會同靖南王耿繼茂、總督祖澤沛等在泉州商議招撫事宜，結果命興化知府慕天顏齎詔書入台招撫，經不肯接詔，僅披閱明珠致經之手函，該函極盡游說之能事，茲抄錄如左：

「嘗聞安民之謂仁，識時之謂知。古來豪傑，知天命之有歸，傷殘民之無益。決策不疑，委身天闕，慶衍黎庶，澤流子孫，名垂青史，常爲美談。閣下通時達變，爲世豪傑，比肩前哲，若易易爾。而姓名不通於上國，封爵不出於天朝，浮沉海外，聊且一時，不令有識之士爲惋惜耶。今聖天子一旦洞然，念海濱之民，瘡痍未復，其有去鄉離井，漂流海嶼，近者十餘年，遠者二十餘載，骨肉多殘，生死茫然，以爲均在覆載之中，孰非克復之責。稅車簡使，會同將藩督撫提督，宣諭德衷：約當先之以信，崇遣太常寺卿慕天顏都督僉事季佺等，開於左右。閣下桑梓之地，無論舉天子前還作抱，所當仰體不違。即閩之黃童白叟，大都閣下桑梓之父老子弟，而忍令其長相離散耶。況我國家與人以誠，待人以信，德意咸孚，遐邇畢達，是以車書一統之盛，振古無儔，窮荒絕域，尚不憚重譯來朝，閣下人中之傑，反自外於皇仁。此豈有損朝廷哉。但爲閣下惜之爾，誠能翻然歸命，使海隅變爲樂土，流離復其故鄉，閣下亦自海外而歸中原，不亦千古之大快事，而事機不可再得者乎？我皇上推心置腹，具有盟誓，閣下宜審之命，自當仰見朝廷寬仁至愛之心，佇俟德音，臨穎神往。」

經閱函後，召集文武百官商議並對使者慕天錫說：「本藩豈不能坐享富貴哉，但念生靈塗炭，故遠處海外。癸卯以來，業已息兵，又何必深求耶？」天錫答稱：「朝廷頻頻招撫，亦憐貴藩忠誠，不忍加兵。若能翻然削髮歸命，自當藩封，永爲柱石，不然豈少樓船甲兵哉？」於是鄭經乃派禮官柯平偕慕天錫至閩報聘，並復函明珠曰：

「竊聞鯨鵬之姿，非藩籬所能囿；英雄之志，豈游說所能移？自遷界以來，五省流離，萬里坵墟，是以不穀遠處海外，建國東寧，於茲十年，息兵息民，相安無事，而貴國尚未忘情於我，以致濱海之人，流亡失所，心竊憫之。閣下銜命以來，欲爲生靈造福，漢已復業，海宇義安，爲德建業，而貴使諄諄以剃髮爲辭。事必前定而後可以寡悔，言必先定而後可以踐跡。大丈夫相信於心，披肝見膽，磊磊落落，何必游移其說哉。特遣刑官柯平、禮官葉亨，前來答賞，亦不恭承先訓，恪守不違，必不薙先人之裝也。若以爲一時之利，唯是生民塗炭，悉爲在懷，倘貴朝果以愛人爲心，不毀不詐，降心以從，奉事大之禮。至通好之後，巡邏兵哨，自當弔回。若夫沿海地方，俱屬執事撫綏，非不穀所與焉，不穀之舊，俾存敬慎，唯閣下教之，俾貴稽以聞。」

從前議和的條件，是台灣與清廷的關係，如能如朝鮮，不剃髮而不登岸，則不妨降心以從，奉事大之禮」，其後雙方使者往返數次，磋商條件，但終因「薙髮」與「不薙髮」一問題，意見未能一致，其間鄭經又復寄書明珠，傾吐衷懷，其書曰：

「蓋聞佳兵不祥之器，是以禍福無常，強弱無常勢。恃德者興，恃力者亡，曩者思明之役，不穀深惜民生疾苦，暴骨原野，棄師而退，遠絕大海，建國東寧，於版圖疆域之外，別立乾坤，自以爲休兵息民，可相安於無事矣。不謂閣下猶有意嫉過之，驅我叛將，再啓兵端，豈未聞陳軫蛇足之喻與桑中之說乎？夫苻堅寇晉，力非不強也。隋煬以一征遼，志非不勇也；此二君者，閣下之所明知也。況我之叛將逃卒，爲先王撫養者，二十餘年，今其歸貴朝者，非必盡忘舊恩而慕新恩也，不過憚波濤，戀故土，爲偷安計耳。閣下所以驅之東侵而不顧者，亦非必以其才能爲足恃，心迹爲可信也。不過以若輩狂瀾，姑使前死，勝負無深論耳。今足下待之之意，若輩亦稔知之矣。而況大洋之中，晝夜無期，風雲變態，波濤不測。閣下雖能以來，三軍征帆，其勢豈得失，既已自知，豈非天意之昭昭者哉。所引夷齊田橫等事，夷齊千古高義，未易齒冷，即如田橫，不過三齊一匹夫爾，猶知守義不屈，而況不穀世受國恩，紹承先訓乎。倘以東寧不受羈縻，則海外列國如日本、琉球、呂宋、越南，近接浙粵，豈盡服屬？若虛詞開出沒，實緣貴旅臨江，不得不遣舟偵邏。至於休兵息民，以免生靈塗炭，仁人之言，敢不佩服。若夫重爵厚祿，永鎮藩封，海外孤臣，無心及此。敢披腹膺，維祈垂鑒。」

又復致孫蕃之函曰：

「捧讀華翰，有誠來誠往，延攬英雄之語，雖不能從，然心異之。執事中國英豪，天人合德，金戈鐵馬之雄，固自有在，而諄諄所言，尚蹈游移之餘談。豈猶是不相知者之論乎。東寧偏隅，遠在海外，與版圖渺不相涉。雖居落部曲，日與爲鄰，正如張仲堅遠絕扶餘，以中土讓太原公子，執事亦知其意乎。所云貴國寬仁無比，遠者不論，以耳目所聞見言之，如方國安孫可望，豈非竭誠貴朝者，今皆何在？往事可鑒，足寒心，執事倘能以延攬英雄，休兵息民爲念，即釋佈部曲，慰安邊陲，羊陸故事，敢不勉承。若夫疆場之事，一彼一此，勝負之數，自有天在，得失難易，執事自知，亦毋庸贅也。」

明珠知不可說，遂借議英返京。至此清廷知招撫無效，而台灣地又險阻，遂亦不得不暫時置之度外。

（四）鄭經之反攻閩粵

自永曆二十三年（康熙八年，公元一六六九年）清廷派刑部尚書明珠入閩與鄭經議和停頓後，至永曆二十七年（康熙十二年，公元一六七三年）的四年間，清廷亦不致再來進犯，鄭經得以從容治理，加緊整頓，台灣日以富庶，而鄭軍經四年來之養精蓄銳，實力大增，故自永歷二十七年（康熙十二年）至永歷三十四年（康熙十九年，公元一六八〇年）的七月間，可謂鄭經重整旗鼓反攻閩粵的時期。茲將此次之軍事反攻情形敘述如左：

（1）吳三桂約會師起義：在未敘述本題之前，有將清廷平定後三藩的經過予以說明的必要。所謂「後三藩」，是指耿精忠、尚之信，及吳三桂等三人而言。他們原爲大明帝國之重要邊將或其後裔，如耿精忠，其祖父耿仲明便是明登州參將　尚之信，其父尚可喜便是明廣鹿島副將。吳三桂本人便是明山海關總兵官。他們都是替明廷防禦滿淸的，但或因征戰之苦，軍餉缺乏而投降滿族，如耿、尚皆是。或因國內流賊太兇，不惜請外兵助剿，因而降了滿族，如吳三桂便是。他們降了滿族爲之效忠，於是滿族倚爲重鎮，將自大明奪來的地盤分封給他們，故耿仲明封爲靖南王，統治福建，尚可喜封爲平南王，割據廣東，吳三桂封爲平西王，稱霸於雲南。這三藩因明宗室之福王、唐王、桂王（即永明王）被稱「前三藩」，故他們便稱爲「後三藩」了。三藩中，以吳三桂的勢力最大。滿族起初，因爲需要利用他們的實力，以滅大明，故不得不厚遇他們，但等到明朝滅亡的目的達到之後，對他們勢力的坐大，不易控制，發生了恐慌，而「撤藩」之議乃定。恰好康熙十二年（公元一六七三年）三月，尚可喜爲他的兒子之信所制，不得已採用金光之計，請歸老遼東，將廣東地盤讓給其子之信，滿廷遂利用這個難得的機會，令尚可喜盡撤藩兵回籍，撤廢尚藩，同時並欲乘機把吳藩、耿藩一律撤廢，陡諸山海關外。這麼一來，吳三桂等就不得不起兵反清了。

吳三桂的反滿是在康熙十二年（公元一六七二年）十一月二十一日發動的。他一面起兵反清，一面派祝治國及劉宗先兩人聯絡耿精忠、尚之信後入台灣約鄭經起義。三桂致經書曰：

「令祖舉全閩投誠，大有勳勞，横遭殂戮，百世必報之仇也。及令先王存心大義，至死靡他，誠大丈夫特立獨行。每言及此，未嘗不歎爲偉人也。殿下少承家訓，練兵養威，審時觀釁。今天下大舉，此千載一遇，乞速整貔貅，大揚舟師，經取金陵或抵天津，閉其門戶，絕其糧道，此以奇兵乘虛，萬全之策也。復累世之大仇，洩天人之共憤，何快如之。」

鄭經接書，極爲興奮，認再起此其時也，乃禮待二使，遣監紀推官陳克岐副將劉文煥報聘，并覆書吳三桂曰：

「頃聞台命，欲伸大義於天下，不勝欣慰。然敢獻一言，自古成天下之大業，必先建天下之大義。以殿下之貞忠而擁立先帝之苗裔，則足以號召人心而感奮忠義之士。不穀亦欲依日月之末光，早奮匡復之業也，枕戈待旦，以俟會師。」

當時吳三桂的勢力很大，清朝中諸將，沒有一個能當得住他的，但對出師的名義，却感覺難以決定。因爲如果揭復明爲號召，則曾絞殺永明王，無以自解，若待至中原，據腹心，始舉事，又恐日久，事機洩露，但後以勢在必行，終於發難了。稱兵討虜，建號改元，蓄髮易服，以康熙十三年爲周元年（公元一六七四年）。

（2）耿精忠求援與鄭經渡海西征：康熙十三年（公元一六七四年）三月，耿精忠據福建，響應吳三桂，自稱總統兵馬大將軍，蓄髮易服，一如吳三桂之所爲。他以福建爲中心，向浙、贛、粵三方面發展，構成反清運動的右翼。同時並求援於鄭經，允以漳、泉二府相讓，經大喜，五月以子克𡒉爲監國，陳永華輔之，率侍衛馮錫範兵官陳繩武，吏官洪磊等率永歷二十八年（即康熙十三年，公元一六七四年）正朔，渡海西征。精忠中悔，不欲踐約，經大怒，進攻同安，守將張學堯降，六月，陷泉州，鄭軍聲勢大振，精忠極爲怕懼，乃於永歷二十九年（康熙十四年，公元一六七五年）與經議和。

永歷二十九年（康熙十四年，公元一六七五年）五月，鄭將劉國軒入駐潮州城，與何祐，劉進忠猶爲邑之未下者。請平南王尚之信（尚可喜之子）率兵十餘萬，傾力來犯，戰於鱟母山一帶，劉國軒與何祐率精兵奮戰，尚軍大敗，死二萬餘，被俘達七千人之多，於是劉國軒，何祐之名，震於南粵。

永歷三十年（康熙十五年，公元一六七六年）二月，吳三桂部已進抵廣東的肇慶和韶州兩地。碣石總兵苗之秀與東莞守將張國勳亦向鄭將劉國軒投降。當時尚之信見大勢已去，向吳三桂投降。三桂乃命尚之信將惠州城讓與鄭軍，鄭經派劉國軒駐守之。至此鄭軍遂奄有閩南興專東，勢盛一時。

（3）耿尚的再度降清：耿精忠之加入反清運動，鄭經之率師渡海西征，歸使反清勢力驟張，清廷補爲旗損，急命康親王傑書與浙江總督李之芳會同進擊。康親王於康熙十五年（公元一六七六年）八月進軍至閩浙交界之仙霞嶺，向建陽進攻之前，寄書精忠勸降。當時鄭耿因爭地盤，早已交惡，現又加上清大軍之壓境，故至十月，精忠又再降清，並請隨大軍反攻鄭軍，立功贖罪。清史列傳云：

「康親王進征建陽，移齊精忠曰：『爾蒙累朝厚恩，世授王爵，正當忠時立功，以承先緒。乃溺於奸計，自取誅夷，要上念爾祖父之功，凡爾在京諸弟，仍留原職，如昔豢養。復遣爾弟聚忠招撫，因不得前進還京。大兵屯仙霞嶺，長驅直入，攻拔浦城，乃閩省財賦要地。咽喉既塞，糧運不通；建甯，延平旦夕可下。與其業頸受戮，不如率衆歸誠，仍投王爵，保全百萬生靈。況鄭錦（即鄭經——編著註）與爾有不共戴天之仇，據奪郡邑無已時。爾當助大兵進勦立功，何久苟仇人爲？』……精忠得書，猶豫未決。客書言：『自顧歸誠，恐部衆不從，致滋變也』，室奏賜明詔，許赦罪立功，以慰衆心，乃可率屬降。』康親王復趨甯府，次延平，精忠震懾無措，遣其子顯祚詣軍前，籲救歸留之懇。……陳嘉猷迎大軍。十月朔，康親王遣官齎救宣示精忠，精忠出城降，請隨大軍剿海賊，立功贖罪。康親王以聞，下王貝勒大臣議奏復精忠靖南王爵，屬下官職如舊，令精忠率之征剿。上乃以耿昭忠爲鎮平將軍，赴福州駐守；命精忠隨大軍剿海賊，旋收復興化、泉州、漳州，遂錦（即鄭經——編著註）入台灣，進征潮州。命之信以廣州歸順，精忠亦降（清史列傳耿精忠傳）。」

耿精忠投降後，廣東的尚之信亦相繼向滿清輸誠，至是「後三藩」的反清，就僅餘下吳三桂一人的了。

（4）鄭軍失利退守金廈二島：耿精忠降清時，鄭軍的勢力已由閩南伸至閩東北的興化和邵武一帶。興化城係由守將馬成龍於耿精忠降清時，獻城；邵武城則由守將楊德於十一月獻給鄭軍的，但邵武於十二月再被清軍奪回。至永曆三十一年（康熙十六年，公元一六七七年）正月，清軍進犯興化城，鄭方守將趙得勝，何祐力戰不敵，得勝戰死，祐僅以身免，該城淪陷。清軍攻取邵武，興化後，長驅南下，至二月泉州，漳州兩城亦相繼失陷，鄭經乃退守思明。不久劉國軒亦放棄惠州城而歸。至此自永曆二十八年（即康熙十三年，公元一六七四年）至三十一年（即康熙十六年，公元一六七七年）的三年間所克服的泉州、漳州、興化、邵武、汀州、潮州、惠州等地均全部棄守。

（5）鄭經再拒招撫入台：清康親王以漳、泉既平，而鄭師尚駐守金廈二島，乃遣僉事朱麟赴向鄭經議撫，經嚴予拒絕；乃於永曆三十一年（康熙十六年，公元一六七七年）四月，率諸將回台灣。

至七月，康親王再命興化知府卞永譽，泉州知府張仲舉各加衛衡，佐以泉紳黃志美、吳公鴻，再赴台灣申前議，並致書鄭經略曰：

「年來使車往還，議撫議貢，幾於舌敝脣焦矣。而至今迄無定論者，良由貴君臣挾一舉節爲明之見，以爲波波議撫，我朝廷自圖便利爾。夫議撫者，爲全爾君臣之名節也，爲培我國家萬年之根本也。假執事大破拘攣，俾得塌躍愚衷，一聽貴君臣之自擇可乎？昔箕子，殷之忠臣也，殷祚既滅，就封朝鮮，以存殷祀。田橫齊之義士也，恥臣於漢，與客俱刎洛陽。夫田橫雖義，非箕子比也。顧貴君臣同於箕子，毋蹈田橫之故轍，則何不罷兵休士，全軍而歸台灣，自處於海外賓臣之列。其受封爵惟願，不受封爵亦惟願。我朝廷亦何惜以窮海遺遠之區爲爾君臣完全名節之地。執事如果有意，肯降心相從，余雖武人，忝爲勳戚，自當特請朝命，飭各有司，以歲時守護貴君臣之光榮，恤其族姓宗支，不許兵民侵擾，行三代之曠典，成千秋之美談，尤當亦我皇上所不靳也。執事如感朝廷之恩，則以歲時通貢，如朝鮮故事。通商貿易，外求無猜嫌，豈不美哉。夫保國存祀，至忠也。隨祖光宗，至孝也。全身遠害，至智也。息兵恤民，至仁也。舍此四者而圖萬一之僥倖，爾君臣亦何苦而不爲此。如徒悍然不顧，希旦夕之安，忘先機之哲，一遇議撫，則大言誇詞，遷地待斃，此蓋小人挾執事之謀，素不足信，夫形勢隔壁之時，人心一散，禍變難防，舟中之人，曾致調也。勢事雖欲全師而歸，恐不可得，且事勢窮蹙之時，然後始以何面目以見父老乎？執事宜內斷於心，與一二親信有職者計議，速諧將歸合，三年不成，大懼身名之俱毀，以盡執事厚也。如終不可復合，請斷兩管，虛意周旋，無復望爲。唯執事裁之。」

經閱書後，召集文武大員討論。時諸將中有作受撫爲得策之議論者，馮錫範慨然加以反駁曰：「先王在日，僅有兩島，尚欲大舉征伐，以復中原，況今又有台灣。進戰退守，櫂操自我，豈以一敗而易夙志哉。」詞嚴義正，無復敢言和者。

（6）鄭軍向閩南最後一次的反攻：永曆三十二年（康熙十七年，公元一六七八年）二月，鄭經再命劉國軒、吳淑諸將率師反攻漳州，數戰皆勝。劉國軒因戰功，授中提督。當時閩南沿海一帶，清軍雲集，而國軒及吳淑諸將兵僅數千人，乃運用鄭成功的戰略，飄忽馳突，以一當百，清軍皆阻栗莫敢進。六月清廷任按察司吳興祚爲閩撫，隨軍布政，姚啓聖爲總督，並調大軍增援海澄，但均不敢進城，於是海澄遂被鄭軍攻破。是役，鄭軍擊破四路合圍之清軍，提督段應舉自殺，總兵黃藍戰死，清軍總計戰死者達三萬人，馬萬餘匹。鄭經遂升劉國軒爲武平伯兼征北將軍，吳淑爲定西伯兼平西將軍，何祐爲左武衛，林陞爲右武衛，江勝爲左虎衛，於是鄭軍在閩南之勢復盛。

鄭軍收復漳州後，又乘勝連陷長泰、同安等地，至七月進圍泉州，清軍大舉來援，雙方血戰激烈，但鄭軍終因寡不敵衆，向漳州敗退，清軍節節進迫，與鄭軍吳淑、何祐部大戰於龍虎山，但結果鄭軍戰敗。國軒乃收兵退保海澄。九月姚啓聖諮張雄請退海澄，不從。

（7）清軍反攻思明，鄭軍敗退台灣：永曆三十三年（康熙十八年，公元一六七九年），鄭經以馮錫範爲援剿左鎮，擊退清軍於定海，至十月清軍攻蠶井塞，不克而退。十一月鄭將吳淑歿死於蠶井塞，經損一良將，極爲悲慟，乃任淑子吳天駟爲鐵成鎮，以統率吳淑部隊。是時清廷又勵行封鎖政策，強移沿海居民入內地，同時開修來館於漳州，以誘鄭將投降。

永曆三十四年（康熙十九年，公元一六八〇年）正月，清水師提督萬正色再率大軍進犯廈門，淋勢浩蕩，劉國軒亦放棄海澄來援，是役，鄭軍雖奮勇力戰，但終歸不敵清軍，於是全軍又不得不退出廈門，而退回台灣了。是年六月清吳興祚覆書給鄭經，約以不必薙髮，不必易服，以台灣爲箕子之朝鮮，爲徐福之日本。經從其議，惟欲保留海澄爲互市，總督姚啓聖不肯答應，和議遂破。

五、鄭經之死

永曆三十四年（康熙十九年，公元一六八〇年）春，經兵敗東歸台灣後，志氣大喪，不理政政，大興土木，建築園亭，日與美人醉酒爲樂。部將陳永華深憂之，見事之不可爲，乃請辭兵權，以兵交國軒，並是年四月，陳永華病逝，而不久刑官柯平，戶官楊英亦相繼逝世。至永曆三十五年（康熙二十年，公元一六八一年）正月，鄭經亦卒，時年僅三十九，嗣位凡十九年耳。

第三章　鄭克塽之降清

一、鄭克𡒉之立

永曆二十八年（康熙十三年，公元一六七四年）五月，鄭經應耿精忠之求援，渡海西征時，以長子克𡒉爲監國，陳永華輔之，故自該時起，台灣的政治與軍事可以說完全由克𡒉與永華兩人負其全責。克𡒉爲妾所出，年少，明毅果斷，有乃祖風，而永華又悉心輔助，人心咸服，台灣大治。鄭經死後，諸弟及黨小共譖克𡒉於其祖母董氏，收監國印，並私幽克𡒉於別室，然後謀殺之，克𡒉妻陳氏聞訊，痛不欲生，自殺殉夫，衆情益憤。

克𡒉被害後，乃立經次子克塽爲延平郡王，佩招討大將軍印。克塽立時，年僅十二，以叔父鄭聰爲輔政公，聰貪而儒，軍政大事皆決於馮錫範，劉國軒等均爲所制，人心離散。

二、施琅征台與克塽之降清

永曆三十五年（康熙二十年，公元一六八一年）十月，總督姚啓聖獲悉鄭軍內部渙散，爲奪取台灣之良機，乃奏請清廷曰：「鄭經死，子少國亂，時不可失；水師提督施琅習海道，可用。」清廷納其議，並於康熙二十二年（公元一六八三年）下令施琅統領大軍征台，是年六月十四日，施琅由銅山率水師出發，與其他清軍，會合於八罩嶼，向澎湖進犯。劉國軒率師迎戰，初戰甚利，施琅受傷。閱數日，施琅復分兵三路探進，鄭師不支，大敗而走，鄭將林陞、邱輝、江勝、陳起明、吳潛、王詳等皆陣亡，大小船艦被焚沒者二百餘艘，士兵死者萬餘人。劉國軒知大勢已去，不可挽回，乃逃回台灣告急。克塽大會文武，議戰守之策。建威中鎮黃良驥建議放棄台灣，進取呂宋，提督中鎮洪邦柱讚之，願為先鋒。馮錫範將許之，但劉國軒則以兵力大損，遠征呂宋為不可能，故力陳不可，乃議降，派鄭聰禮官鄭英平，賓客司林維榮二人齎表詣施琅，願稱臣入貢，惟仍准居留台灣。施琅不肯接納，乘勝進迫台灣。七月十一日克塽再遣馮錫圭、陳夢煒、劉國昌等至澎湖謁施琅呈上降表並繳納延平郡王印一顆，招討大將軍印一顆，武平侯臣劉國軒印一顆，忠誠伯臣馮錫範印一顆及版籍、土地、戶口、府庫、軍實等冊。施琅得表許之，令薙髮待命。

八月十三日施琅入台。琅以台灣既定，乃奏請清廷送克塽至北京投漢軍公。鄭氏治台，凡三世，歷二十二年而終，即自成功於公元一六六一年收復台灣時起至克塽於公元一六八三年降清時止。

三、寧靖王與五妃之殉明

克塽降清之時，有一悲壯的事件，不容吾人遺忘的，那就是明宗室寧靖王朱術桂及其五妃自縊殉明的史實。寧靖王係於永曆十八年（康熙三年為公元一六六四年）奉隨鄭經入台灣的。他到了台灣以後，不理世事，廣闢田園，招共墾殖，又因為人謙恭有禮，和睦鄰舍，不恃勢非為，故萬民咸頌其德。當其獲悉克塽降清，以己為大明後裔，義不受辱，乃於清軍入台前，集五妃王氏、袁氏、荷姑、梅姑、秀姐而留之曰：「孤不德，將全髮膚以見先帝先王於地下，若輩可自為計。」諸妃咸泣對曰：「王死國，妾死王，義一也。」遂盛服並縊於堂。寧靖王亦自縊，時年六十有六。諸妃死後，遺屍收殮，合葬於台南之桂子山，號五妃墓，享祀弗替。我國已故史家連雅堂氏於辛亥年，嘗到台南謁其墓時，特誌其事以作歎曰：「鶯老花殘桂子山，天高月冷聞靈[illegible]。人[illegible]涼後，[illegible]，憶待王孫[illegible]，翡翠寶釵還顏色，寡[illegible]依舊落[illegible]，曰黃，五湖從花燭披碧，九州南盡大荒瀛，華表飛來一鶴鳴，高帝神靈仍日月，五陵宮闕自山川，陌上條桑衣蠶緒，寶珠呼婢修羅屋，歸來分偶話流香，好伴君王夜深讀，謂胥萬壽共悠悠，覆後相依一散愁，天荒地老存三烈，荊布釵荊占一丘，黑風一夜呼滄海，朱顏未換雕欄改，虎臣執挺佈車忙，龍種攀髯弓劍在，金環猶弟拜空皇，王死官家妾死王，翠鬟永閉千年井，素練紛飛六月霜，滿目衣冠窮偽鼠，如此江山在兒女，合門盡節九京香，嘉古大明一抔土，百年南雲映多青，靈物深深護碧城，遺老久忘劉氏臘，秋祭猶作鮑家墳，我來再換紅羊劫，景陽冷盡胭脂血，雨濕清明有夢歸，海枯碣石憑誰說，天涯盡處晚濤哀，刮骨酸風起夜寒，莫唱縈均遺標曲，九疑帝子不歸來。」

明亡先後，宗室遺臣之渡台灣依鄭氏者凡八百餘名，遺民而不願為滿清順民赴台者約二十萬人，遠赴南洋群島謀生者亦數千人，此輩均為赴忠蹈義之徒，亦為我漢族最優秀之兒女，台胞之富於反抗異族日本統治之精神，及南洋僑胞最富祖國之愛，殆血統關係使然耶？

第四章　鄭氏三代之建設

我國雖早在三國時代就已經發現了台灣，在隋時代就加以經略，元時代且正式設巡檢司於澎湖，但這些，只能看做我國武力之發展，不能說是正式的開發，故我國正式經營台灣可說自鄭氏始，台灣之郡縣實施行政亦自鄭氏始。

台灣經鄭氏三代二十二年間之開闢草萊，宵旰治理，始燦然成為人類文明的東土。其各種建設施，如政制、軍備、墾殖、撫番、財政、教育等制度之樹立與實施，或根據我國，或因地制宜，而具獨特之創見者，均值得吾人之研究，茲特分別予以敘述如左：

一、政制之確立

關於鄭氏三代在台之行政制度，可分為（1）中央政制，（2）地方政制，（3）特殊制度三部份來說。

（1）中央政制：鄭成功未收復台灣之前，原以金廈兩島為抗清的根據地，而設府治於廈門島的思明。當時軍政大事千頭萬緒，乃分所部爲七十二鎮，並於永曆八年（清順治十一年，公元一六五四年）設吏官、戶官、禮官、兵官、刑官、工官等六官，分理政務，收復台灣後仍沿用之，是爲鄭氏入台後之中央政制。

（2）地方政制：成功克台之歲，以荷蘭人所築之赤嵌城爲承天府，名曰東都，熱蘭遮城爲安平鎮，改名王城，並設天興，萬年二縣，另在澎湖設安撫司，府之長官稱府尹，縣之長官稱知縣，是爲成功入台時之地方政府。

鄭經嗣位後，改東都爲東寧省，升天興、萬年二縣爲州，三司，即東寧省，天興州，萬年州，南北路及澎湖各一安撫司。

（3）鄉治制度：除上述中央及地方政制外，尚有一種制度，那就是鄉治制度。台灣當鄭氏之時，草昧初啓，萬庶偕來，而能蔚然成爲上國，與鄉治制度大有關係。鄭經立位後，除將上述地方制度改革外，對鄉治極爲注意，乃分都中爲四坊，即：東安坊、西定坊、寧南坊、鎮北坊，坊置簽首，以理民事。坊下爲里，當時有三十四里，里置總理；里有社。社之下則爲保、甲、牌、戶；而以十戶爲牌，牌有長；十牌爲甲，甲有首；十甲爲保，保有長；理戶籍之事。凡人民之遷移，職業、婚嫁，生死等均由保長報告總理，然後由總理彙報於官；在消極方面，則考其善惡，或賞或罰，在積極方面則勸農工，禁淫賭，計丁庸，嚴盜賊，而又訓之以詩書，申之以禮義，範之以刑法，勵之以忠敬，故民皆有勇知方，而台灣大治，此則鄭氏鄉治之效也。

鄭氏當時的行政區域，僅限於濱海一帶，而稍亦不過一二百里耳，但其能儼然自立爲「[illegible]」，鄭經且以之爲根據地進攻福建沿海各府，致清廷屢次遣使議和，約以視之爲「箕子之朝鮮」，徐福之日本」，尤不可得者，除土肥野沃，產物豐富外，鄉治制度之完備與健全，實爲最大原因之一。

二、軍事之設施

鄭成功入台前，我國在台灣無軍備之可言，僅於元時置巡檢司，及明時（萬曆二十五年，公元一五九七年）設游兵於澎湖耳，故台灣的軍事設施實始自鄭氏，可無疑義。

（1）軍事制度

A. 陸軍編制：鄭成功入台時陸軍七十二鎮，至鄭經時已增至一百三十九鎮，其編制可分爲下列三種：

a. 每鎮分中前後三鎮，其下又分中前後左右五協，又有總理、驍翊、領旗、領兵四協，由鎮帥主之。屬於此類的有勇衛、侍衛、左武衛、右武衛、左虎衛、右虎衛、中提督、前提督、後提督、左提督、右提督等鎮。茲圖示如左：

勇衛、侍衛、左武衛、右武衛、左虎衛、右虎衛、中提督、前提督、後提督、左提督、右提督 ｝—｛中、前、後｝鎮 — 協 —｛中協、前協、後協、左協、右協、總理協、驍翊協、領旗協、領兵協

b. 每鎮分中前後左右五鎮，其下又分中前後左右五協，各以副將主之，此種之協或稱爲營，屬於此類的有衛鋒、援剿、果毅、宣毅、揚威、建成、龍驤、折衝、護衛等鎮，茲圖示如左：

衛鋒、援剿、果毅、宣毅、揚威、建成、龍驤、折衝、護衛 ｝—｛中、前、後、左、右｝鎮 — 協（營）—｛前協、後協、中協、左協、右協

c. 每鎮分前後左右五協，各以副將主之，協或稱營，屬於此類的有左先鋒、右先鋒、振義、奮義、昭義、濟氣、正兵、奇兵、進兵、殿兵、游兵、親兵、耀兵、奧兵、前鋒、中權、後勁、大武、仁武、義武、禮武、智武、信武、金武、木武、水武、火武、土武、虛宿、危宿、室宿、壁宿、奎宿、婁宿、胃宿、昴宿、畢宿、觜宿、參宿、井宿、鬼宿、柳宿、星宿、張宿、翼宿、軫宿、角宿、亢宿、氐宿、房宿、心宿、尾宿、箕宿、斗宿、牛宿、女宿、戎旗一、戎旗二、戎旗三、戎旗四、戎旗五等鎮，茲圖示如左：

[illegible]左先鋒、右先鋒、殿後 }鎮 前、後、中、左、右 }協
[illegible]樓船[illegible]（下略）

B.水師編制：鄭氏水師共有二十鎮，其編制及名稱如左：樓船前鎮、樓船後鎮、樓船中鎮、樓船左鎮、樓船右鎮、水師前鎮、水師二鎮、水師三鎮、水師四鎮、水師五鎮、水師六鎮、水師七鎮、水師八鎮、水師九鎮、水師十鎮。

C.軍官之名稱：

鄭氏武官即有：正總督、勇衛、侍衛、左武衛、右武衛、左虎衛、右虎衛、正提督、副提督、中提督、前提督、後提督、左提督、右提督、五軍都督、中軍都督、督理戎政、五軍戎政、旗鼓、中軍、總練使、行軍司馬、諮議參軍、參軍、監紀推官、材官、正總兵、副總兵、[illegible]遊擊、[illegible]都司、守備、千總、把總等名稱。[illegible]諸將則有左龍驤將軍、右龍驤將軍、征北將軍、平北將軍、定北將軍、征西將軍、鎮南將軍、安東將軍、威遠將軍、殄虜將軍、破虜將軍、平虜將軍、征虜將軍、滅虜將軍等名稱。[illegible]，防守台灣及各島守將則有總督承天南北二路軍務、北路總督、承天府守將、安平鎮守將、鹿耳門守將、澎湖守將、淡水守將、思明州守將、金門守將、銅山守將、[illegible]守將、南日守將，及舟山守將等名稱。[illegible]

(2)屯兵政策之實施：鄭成功入台即召集諸鎮將領，決定採取「寓兵於農」的政策，而實行屯兵制度。成功諭諸將領以「寓兵於農」的意義曰：「為治之道，在於足食，足食然後，乃可足兵。今類集天下之衆，藉諸將之力，克有茲土，當致為安之計。然而食之者衆，作之者寡，倘一旦匱餉，師不宿飽，則難以圖國家。今台灣土肥泉甘，將來未闢，當用寓兵於農之法，庶可以足食而後足兵，然後觀時而動，以恢復中原。安平守將黃安曰：「開疆闢土，創業萬世，諸將自當遵行，但其法何如？」成功即將實行屯田之法，詳為解釋曰：「夫法古者，可擬制宜，明時者可以圖治。古者量人受田，量地取賦。至商雖變為井田，亦行九一之法，周代因之。鄉出師徒，里出車馬，無民無分。及秦始廢井田，後代不改，故兵自為兵，民自為民，餉輸輓，屢為國患。故善為將者不得不行屯兵之法，如充國之屯兇中，諸葛之屯斜谷，姜維之屯漢中，杜預之屯襄陽，而後戰無乏餉，守無饑色。若夫元代之分地立法，太祖之設衛安軍，乃天下已平，恐虛糜空乏，故為農者七，為兵者三，非無故也。今台灣為新創之地，雖僻處海濱，安敢忘戰，故行屯田之法，就留勇衛侍衛二旅以守安平、承天，餘鎮各按分地，分赴南北開墾，使野無曠土而軍有餘糧。三年之後乃定賦稅。農隙之時，訓以武事，俾無廢弛。有事則執戈以戰，無事則負耒而耕，而後可以圖長治也。」於是除留勇衛、侍衛二旅以守安平城及承天府外，其餘五軍果毅各鎮開赴會文溪之北，前鋒、後勁、左衛各鎮，開赴二層行溪之南，各擇地屯兵，從事於農墾，而實行屯兵制度。

(3)台海防之佈置：永曆十八年（康熙三年，公元一六六四年）鄭經由金廈兩島敗退返台，途次澎湖時，曾巡觀各島之防務，部將洪旭建議曰：「澎湖為台灣門戶，上通江浙，下達南洋，必須建設重鎮，以固海疆。若澎湖有失則台灣無所措手足。」經從其議，乃建砲壘於媽宮，左右峙各築砲台，由此澎湖防務益為鞏固。永曆十九年（康熙四年，公元一六六五年）台灣獲知降將施琅有奏請清廷取台之議，經集諸將計議防禦之策，洪旭除力陳鞏固澎湖防務之重要性外，並主張建安平砲台，及以戰艦十艘防守鹿耳門，別遣一將鎮守澎湖，經贊同其議，乃以部將楊祥守鹿耳門，顏望忠坐鎮澎湖，並命洪旭調屯田軍十分之三，加以勇衛侍衛各半旅，合萬餘人，分配戰船二十艘，增防澎湖及鹿耳門之防務，又恐台灣北部海口防務空虛，遂命劉國軒以一旅兵力駐守雞籠城，何祐以一旅駐守大坵頭。是年三月顏望忠率軍抵澎湖，駐守媽宮，積極修築左右峙各砲台。

[illegible]鄭氏三代在台灣及澎湖各地所築之砲台總計有媽宮嶼上下砲台二座，風櫃尾砲台一座，四角嶼砲台一座，雞籠嶼砲台一座，東西山峙裏砲台四座，內外塹砲台二座，西嶼頭砲台二座，牛心灣頂砲台一座等。[illegible]

三、墾撫之勵行

於台灣史上所說「墾撫」，係指我國人之移民墾殖與鎮撫土番兩項而言。台灣因係荒蕪之新天地，故在台灣歷史上，移民墾殖與理番實占全部歷史之一大部份，而成爲台灣歷史的一大特色。然而我國之移民台灣及鎮撫生番兩項施政，可謂皆由鄭氏始。茲分別敘述之如次：

（1）大規模墾殖之開始：

A.鄭氏入台前之移民：當海寇林道乾在明中葉作亂閩海，被都督俞大猷痛剿以後，乃於嘉靖四十二年（公元一五六三年）被迫率部屬逃入台灣，開闢田園，鎮撫生番。這可以說是我國人正式移民台灣之始。嗣後海寇顏思齊，及鄭芝龍亦曾率部入台，但此種移民乃爲官軍所追補發生的，並非政府有計劃之移民。顏思齊死後，鄭芝龍亦於崇禎元年（公元一六二八年）投降於巡撫熊文燦。至崇禎中葉，福建大旱，飢民遍境，巡撫熊文燦不知所措，都督鄭芝龍（芝龍於崇禎三年，因平海寇有功，升爲都督）乃向熊文燦建議將飢民數萬人載往台灣，每人給以三金一牛，使墾島荒而漸成邑聚。這不但是我國政府作有計劃移民台灣之第一次，且爲破例，因明清時皆嚴禁人民往台的緣故。不但嚴禁人民入台，在明初尚且遷台民，墟其地；清初未平台前並遷界五省邊地，而民生益爲顛沛，就是以後海禁亦未嘗稍衰。

B.鄭氏入台後之移民情形：永曆十五年（清順治十八年，公元一六六一年）鄭成功克復台灣時，所率入台之陸師計十二鎮，水師二十鎮，每鎮兵力參差，因史籍記載不明，無從知悉，但假定一鎮以千人計，總共亦達九萬二千人，加以所挈去的水陸官兵眷口三萬餘人，即單就此項之移民爲數已達十二萬人。永曆十八年（康熙三年，公元一六六四年）鄭經狃金廈諸島敗退台灣時亦挈去六七千人，而當時我國沿海人民爲避海氛而往台的至少亦在十萬人左右，故僅鄭氏二代時我國人之移往台灣的至少當在二十萬人以上（以上數目均根據連雅堂氏所著台灣通史戶役志內所推算者）。這確是我國民族史上漢民族大移動之一，現時島上人口六百餘萬人，多爲彼等之子孫後裔，單就此點而言，鄭氏之功，已可不朽矣。

鄭氏在台，除採取寓兵於農的政策，獎勵士兵墾荒外，對其隨軍入台之官眷人民以及因反抗西班牙統治失敗逃入台灣的呂宋華僑，均分配土地，使其安居墾殖，至台灣南至恆春，北至雞籠，莫不有漢人之蹤跡，而土番因無法抵抗，便逐漸竄入高山深谷，以下且將鄭氏時代軍民墾殖情形敘述之：

a.鄭氏陸軍各鎮之屯田：鄭氏陸軍各鎮的屯田均在鳳山諸羅（現今之嘉義）雲林、恆春等地，其中尤以鳳山及諸羅兩地佔絕大多數，在鳳山屬之屯田計有參軍莊、前鎮莊、前鋒莊、後協莊、中衛莊、後勁中莊、援剿右莊、中權莊、角宿莊、仁武莊、北領旗莊、三鎮莊、左鎮莊、營前莊、營後莊等，其中參軍莊爲參軍陳永華所墾，規模最大。在諸羅之屯田有天軍營莊、赤山營莊、果毅後莊、新營莊、舊營莊、中營莊、後營莊、下營莊、大營莊、三鎮莊、左鎮莊、中協莊、林鳳莊等；其中林鳳莊爲參軍林鳳所墾。在雲林屬者有林圯埔莊，該莊爲參軍林圯所墾，而林圯竟爲墾殖被生番圍攻殉職。在恆春屬的有統領埔莊。

b.官民之墾殖：官民中墾殖之規模較大者，首推甯靖王術桂之經營。甯靖王術桂入台，見台灣初闢，土壤肥沃，乃就萬年縣竹滬墾田數十甲，召民經營，歲入頗豐，有餘則賜佃戶。

（2）理番政策之推行：台灣原爲土番之地，由我先民入而開拓之，以繁殖子孫迄於今日，所以自開拓以來，官司之所經劃，人民之所籌謀，莫不以理番爲首務。荷蘭人、西班牙人分據台灣南北部時，對理番政策，亦不惜以全力赴之，這已在前面說過，茲不重贅。至鄭氏時，其理番政策，仍剿撫並施，換句話說，就是其負隅跋扈的就派兵進剿，其望風來歸的就安撫。

成功克復台灣後，因深感撫番之重要，所以他一入台灣就親率部將何斌、馬信、楊祥、蕭拱宸等，帶銃手三百、藤牌手三百、弓手三百，巡視番社，每到一個番社，則賜以煙布等物，恩威並施，番莫不心服，率衆歸誠，聽命約束。

及永歷十七年（康熙二年，公元一六六三年）春，鄭經以撫番事宜非有專職不易奏功，乃派部將十人掌管各番社事，同時定斷絡，目加溜灣、蕭壠、麻豆爲四大番社，除徵收獸皮外，並與之交易。縱此漢人與番人之來往甚密，感情亦逐漸融洽。而該四大番社區域內的開發亦隨之發展。

（三）鄭氏積極推行屯田制的結果，漢人與番人間利害衝突之益形尖銳化，乃是必然的現象。蓋當時台灣可墾之地均為番人所居，而這些地方適為鄭氏屯田之目標所在故。成功初入台灣時，因顧慮番變，極力避免與番人發生衝突。所以將屯之地有限。至永曆十九年（康熙四年，公元一六六五年）因入台之漢人日多，一因應付清朝之進犯，有充實軍實之必要，故是時諮議參軍陳永華乃請擴大屯田之制，以拓番地，由此全島北自雞籠，南至琅璚，凡富庶之地，皆有漢人踪跡；因此漢人與番人間之衝突，就無法避免的了。以下將鄭氏時代台灣生番事變列舉之：

A.永曆十八年（康熙三年，公元一六六四年），北路生番阿狗讓叛亂，鄭經令勇衛黃安率隊平定之。

B.永曆二十二年（康熙七年，公元一六六八年）水沙連生番亂，總兵將軍林圯率部屬數十人，被番所襲，林圯亦慘被殺死，鄭經聞訊，大為震怒，立遣大軍往剿，亂事方平後，開墾其地，並以參軍林圯命之，以誌勿忘。即現今之林圯埔也。

C.永曆二十四年（康熙九年，公元一六七〇年），沙轆番叛亂，鄭經遣左武衛劉國軒率兵討伐，番拒戰，國軒殲滅之，全社生番悉遭殺戮。是時大肚番聞訊，恐遭誅，乃起恐慌，遂率其族逃匿山內之埔里社，因不久該埔里社亦淪鄭軍之手，遂率領諸社番亦相繼叛亂，該二社番以其地險，與猶或身負有如鬼魅之戰人為藉，以所殺之人頭作飯器竭鬭，右武衛劉國軒曾率兵大舉鎮壓，殲滅其社，並為絕後患計，乃留官兵屯田鎮撫該地，以制蕃亂的事件。

D.永曆三十六年（康熙二十一年，公元一六八二年）三月，即鄭克塽嗣位之翌年，竹塹（即現今新竹）諸社番大叛，而官軍難平。此次之反亂，係因土番不堪徭役之苦而起的。因當時鄭軍為防禦清軍，築雞籠城，駐軍北之軍實由土番擔任輸送，番不能就行，故取暴戾，而沿途強徵土番供役輸運，以致土番已不堪其苦，加之督運者又鞭撻加，遂相聯為亂，殺通事，劫掠餉，南竹塹、新港等社番又起而響應，致變亂蔓延形勢擴大，幾至不可收拾。後由侍衛馮錫範獻議，派左協理陳絳率其兵討伐，宜致前鎮葉明、左武衛左協陳進剿之，大軍進抵番界番社時，番社番大起恐懼，悉數遁入深山，致鄭軍既不能進剿又不能撤退。吏官洪磊見戰局之不可久持，乃向克塽獻議曰：「土番之變，勢出無奈，勞師遠征，似非所宜，蓋以番如野獸，深土藏匿，難搗其巢，不如寬以撫之，懷德致來，將為歸順，則番當自服。況當國家有事之時，尤不宜輕動，以生外侮。」克塽從之，遣各社通事往招，並命葉明、陳絳率兵至谷口，剿撫兼施，但番仍不敢出，且乘虛襲殺。後不得已改用封鎖政策，遂刑困之，番困絕食，遂乞降。

四、財政之設施

鄭氏在台灣養兵之數達百餘鎮，器械、糧秣之數當不少，但鄭氏布屯田之制後，自耕自贍，而內興農業，外興貿易，所獲之利亦多，故無枯竭之患。及經西伐，軍費浩大，轉漕輸餉，取之無藝，而積年積弊，因而滿蔽，然不敢之於民，而以王家所儲者撥用之，故其治理台民，猶有西周遺法，殊值得吾人歡頌。茲將其財政上所徵收之稅，分為丁稅、田賦及雜稅三種略述於左：

（1）丁稅：台灣原為荒穢之地，當明代中葉，福建漳泉二州人之到台灣的，為數已達數千人，荷蘭人佔台後，始賦課丁稅。當時每丁課四盾，初至時，丁稅之歲收僅三千一百盾，但到鄭成功收復前，已增至三萬三千七百盾，這當然是因漢人口增加的緣故。及鄭氏入台後，仍沿用荷蘭制度，賦課丁稅，每丁改為六錢，後又減少為四錢八分六厘。丁稅的課收不僅漢人，就是社番亦須繳納，社番之丁稅，分為壯番、少番、番婦三種，壯番徵米一石七斗，少番一石三斗，番婦一石，當時歸化八社，共三千五百九十二人，歲共徵米四千六百四十五石三斗。鄭時由閩粵沿海各地而至台灣的移民已有十餘萬人，永曆三十四年（康熙十九年，公元一六八〇年）鄭經放棄金廈兩島退回台時，來台者尤眾。又居呂宋之華僑因不堪西班牙人之暴政而逃至台灣者亦復不少，所以當時，漢人丁稅之收入，為數亦頗有可觀，雖因現有史籍對是項歲入不詳，故鄭氏時代之丁稅歲收實額多少，現在尚無法確稽。

（2）國賦：台灣歲收中，以國賦爲最大宗。台灣的田賦可說始自荷蘭人及西班牙人之據台時。當時他們制王田，募民耕之，而徵其賦。計田以甲，方一丈二尺五寸爲一戈，三十一戈二尺五寸爲一甲。田分三等，即上田中田下田是也。上田每年徵穀十八石，中田徵穀十五石六斗，下田徵穀十石二斗。那時台灣土田初闢，一歲三熟，故稻米之生產極多，除供給島內外，餘均輸出外洋。

鄭氏入台後，乃將王田改爲官田，耕者皆爲官佃，田賦則仍照上述荷蘭人所定之額徵收。除官田外又有私田（或稱爲文武官田）與營盤兩種。凡明宗室及鄭氏文武官員召民自闢之田園，統稱爲私田或文武官田，此種私田亦分三等，除納稅外，又課其賦。耕後數年，則桀其舊，故三年一丈，課其增減，定其肥磽，所以恤民之困也。

又鄭氏諸鎮之兵，各分其地，按地開墾，自耕自給者謂之營盤，但三年之後，始決定其田則以爲賦稅之標準，故各鎮兵墾之田，初三年不徵稅。但三年後則須按田地之等則而賦稅。

（3）雜稅：荷蘭據台時，除徵收丁稅外，就是番社的社餉。社餉之歲入，大社數千金，小社至少亦在數百，是爲什稅之一。又台灣山地多麋鹿。獵者領照納稅，初同課一盾，後增至十五盾，故僅是項歲入，就有三萬六千盾，少亦有二萬餘盾，其鬻皮革之日本或中國，每年亦可獲十餘萬金。此外設關徵稅，每年歲入亦達十餘萬金，亦爲雜稅之一。

鄭氏入台後所徵雜稅，除上述之社餉，關稅外，尚有厝稅，贌社稅，港潭稅，樑頭牌稅，澎湖船集稅，安平鎮渡船稅，牛磨稅，蔗車稅，大小網箔稅，罟，罾，縺，縺等稅，烏魚旗稅，大港罾稅，出口鹽稅，僧道度牒稅等，其中以厝稅年徵七千七百七十五兩四錢二分，贌社稅年徵五千六百六十兩，港潭稅年徵一萬九千三百八十八兩，樑頭牌稅年徵一千五百兩七分，蔗車稅年徵二千九百七十六兩，入港貨稅年徵廿萬三千兩，出港稅年徵六百四十八兩，安平鎮渡船稅年徵四百兩及罟、罾、縺、網等稅年徵八百四十兩等爲最大宗。

鄭氏成功入台，國用不足，多沿荷人舊制，及經嗣之，諮議參軍陳永華乃籌長治之策，盡心經劃，講保甲之方，布屯田之制，開魚鹽之利，伐林木之材；內課農桑，外興貿易。十數年來，移民大至，多至數十萬人，拓地遍及南北，故在最初的二十年間，台灣大有取其有餘以供國用之勢，但自陳永華死後，貪污之吏漸多，而雜稅之徵亦隨之而愈濫矣。

五、文化之傳播

（1）學校之建立：台灣之教育設施雖始自荷蘭人，但荷人當時的教育對象可說是番人，故以我國人爲對象的教育實鄭氏開其端。鄭成功克台時，一切均在草創時代，且休兵息民爲當時之急務，所以初時尚無暇顧及教育問題。至永曆十八年（康熙三年，公元一六六四年）勇衞陳永華以在台諸端部署就緒，民生亦漸裕，乃向嗣王鄭經建議設聖廟立學校。當時經亦以「荒服新創，地狹民寡」爲理由擬暫緩辦理。永華乃曉以大義曰：「昔成湯以百里而王，文王以七十里而興。國家之治，豈必廣土衆民？唯在君王之用人求賢，以相佐理爾。今台灣沃野千里，遠濱海外，人民數十萬，其俗素醇，若得賢才而理之，則十年生聚，十年教養，三十年之後，足與中原抗衡，又何慮其狹小哉。夫逸居無教，則近於禽獸。今幸民食稍足，寓兵待時，自當速行教化，以造人才，庶國有賢士，邦以永寧，而世運日昌矣。」經遂從之，擇地寧南坊，面魁斗山，旁建明倫堂。永曆二十年（康熙五年，公元一六六六年）正月，聖廟落成。又施命各鄉社建立學校，延聘中土通儒以教子弟。凡兒童年至八歲者入小學，課以經史文章。天興，萬年二州，三年一試。州試有名者移府，府試有名者移院，各試策論，取進者入太學，月課一次，給廩膳。三年大試，拔選成績優秀者補六科內部事。是年三月，經以永華爲學院，葉亨爲國子助教。至此台灣學制始備，而避難來台的縉紳尤多博學之士，故一時學風大盛。當是時太僕寺卿沈光文居羅漢門亦以漢文教授番人，是爲我國正式施行番人教育之始。

（2）遺老之渡台：明末之爭，奸賊竊國，移植，民彝蕩盡，恬不知恥，而我延平郡王獨仲大義於天下，開府思明，經略閩粵，一時有義之士，不二之臣，奔走疏附，爭趨闕難。延平王入台後，不甘異族之壓迫，不願作順民的遺老，東渡入台者據說有八百餘人之多。他們都是一國之賢，飽學之士，如沈光文、徐孚遠、王忠孝、辜朝薦、沈佺期、盧若騰、許吉燝、李茂春，郭貞一、張葛倬、黃事忠、林奕、黃驤陛、張熀、張灝、葉后、張士楖或藉詩文表達眷懷故國之情緒，或著書立說，如沈光文、張熀、王忠孝、盧若騰、葉后等，或以醫藥濟人，如沈佺期等，其中尤以沈光文之組織福台咏社爲最著，而實有加以詳說之必要。

滿族進關之後，對漢族大肆壓迫，而具有民族意識之文人尤爲他們之眼中釘，壓迫尤爲厲害，而他們對付之道，始則以武力抵抗，但後因滿族政權日固，戒備嚴密，無法抵抗，乃轉而在各地組織各種文社，如復社、幾社、驚隱社、小築社、望社、吟社等，將懷念明室，仇恨滿族之情緒，用詩歌吐露出來，故這些文社都可說是民族意識的結晶體。而在台灣方面之文社就是沈光文所組織的福台新咏社。

然以上所舉僅遺老中之一小部份，其餘多因姓氏遺落，碩德無聞，致湮沒而不彰，思之實無痛心！

六、鄭氏之外交

台灣當鄭氏之時，以彈丸之孤島，內抗强盛之滿清，外防列强之覬覦，其困難情形可想而知。鄭氏時代外交中足爲記述者一爲聘問日本，一爲經略呂宋，茲分述如下：

（1）聘問日本：日本與我國爲鄰，且與鄭氏有渭陽之誼，故鄭氏較爲重視。當鄭成功起師北伐滿清之時，曾遣使聘問，並致書德川幕府曰：「□洲同體，就一水以判東西，境邇蓬萊。連三島而壯天地之中，域古稱君子之位，先拂若木之華，百稱古文，早得嬴秦之仙使，以來歷代列史，並分七國之車轍，道不拾遺，風欲追乎三代；人重然諾，謙讓俗取教於四維，恭維上將軍麾下，才智撐天，勳高浴日！緬想大明□□州之刀劍，雖維爲精，服近百十郡之版圖，礫沙皆寶。文□齒丹府，屢有表使至金滄，羅輔儒宗，再見荒公參黃屢。雖共臨，承滿逆殘，還獨糞其山河，成功生於日出，長而從從，身當天下之兩安危，百戰占師中貞吉，叨世勳之賜李，愿宣分茅，效文忠之旌入貢，明季情深，復且馬嘶塞外，寬恕不從偷鬼在目中，如貳幾無猾虜，祇緣征伐未息，以致玉帛久疏，仰止高山，宛濤安之在望，溯洄秋水，假滄海之太長，敬勸尺函，稍伸丹悃，爰齎將命，用締締交，舊好可敦，若島使於今後在，中興伊邇，丹鳳詔不日重來，文雖悉情，辭不盡意，伏祈鑒照，無任翹瞻。」

此爲成功運用外交藉連好日本，以壯聲勢之始。至永曆三年（清順治六年，公元一六四九年）成功復遣使赴日本乞師後援，具書曰：

「大明龍興三百年，治平日久，人遂忘亂。韃靼乘虛而破兩京，神州悉淪胡羶。成功深荷國恩，不敢坐視，故灑血以報仇爲念，徘徊閩浙之間，以義感人，從者頗衆。然孤軍懸絕，千辛萬苦，中心未遂，日月幾何。成功生於貴國，仰崇實深。今際艱難之時，傾貴國儲之，乞假數萬之兵，則感戴無限矣。」

是時日本德川幕府方行封鎖政策，不欲有事於國外，遂拒絕所請，僅以軍儲相助，成功克台後，日人之在台者，均以禮待之。永曆二十年（康熙五年，公元一六六六年）忠振伯洪旭以商船販日本，購造銅炮刀劍甲胄之類，並鑄永曆錢。永曆二十八年（康熙十三年，公元一六七四年）夏，鄭經渡海西征，至思明時命兵都事李德東聘，再鑄永曆錢，而日本亦歲以寬永錢相贈，貿易繁盛。及鄭氏亡，德川幕府亦嚴鎖港，往來遂絕。

（2）經略呂宋：鄭成功於克台之翌年，即永曆十六年（清順治十九年，公元一六六二年）召在廈門布教之經馬神甫李科羅來台，旋是年三月命該神甫赴呂宋勸西班牙人入貢，一面嗾華人起事，反抗西班牙政府並約以再師聲援。李科羅抵呂宋後，呂宋總督禮之。久遭西班牙人壓迫之華僑聞鄭成功遣使抵呂宋，甚爲興奮，一時勃勃欲發亂，以報夙怨。事洩，西班牙人除宣佈戒嚴外，並以騎兵一百，步兵八千分駐馬尼拉，嚴密監視華人之活動，那時我華僑見事機洩露，不可再延長，乃於五月上旬實行暴動，向西班牙兵進襲，激戰數日，華人終不敵，死者數萬，餘多乘小船逃來入台，但溺死者達一半以上。幸而逃抵台灣者，成功撫之，而呂宋騷亂仍未稍息。西人又慮鄭師來伐，遣使隨李科羅入台報聘。鄭氏諸將議討之，時適成功病逝，事遂未成。永曆二十年（康熙五年，公元一六六六年）八月，呂宋總督再遣使入貢並要求在台傳教，勇衛陳永華拒絕所請，命以中國之禮入覲，申通商之約，於是販賈南洋，遂至安南、暹邏、嗎拉巴等地，因以日殖。永曆二十六年（康熙十一年，公元一六七二年）正月，統領顏望忠、楊祥等又請伐呂宋，以爲外府，侍衛馮錫範反對之曰：「呂宋既已入貢，修好往來。今若伐之，有三失焉。師出無名，遠人攜貳一也。殘擾地方，得之無用，二也。戍兵策應，鞭長莫及，三也。且自頻年以來，歲幸豐稔，民樂其業，豈可復興無益之兵。」議遂止。永曆三十七年（康熙二十二年，公元一六八三年）六月，清軍破澎湖，諸將以台灣勢蹙，不可居，議全師攻取呂宋。建威中鎮黃良驥主其議，中書舍人鄭德瀟力贊之，出呂宋地圖，指示險要曰：「諸島之中，惟呂宋待我國人最無禮，先王在日，每欲征之以雪我中國人之恨，然因開創，未遑；世藩，業已興師，乃接耿藩之變，遂移兵過廈，而事又止。呂宋之兵不過千有餘人，所恃者城上之大砲而已。自西班牙竊據茲土，於茲已百四十餘年。我漳泉人耕鑿其地者，何啻數十萬。兩遭屠戮，痛恨何如。決賴怨者神人所共憤，而裝貨者興盛所取給也。呂宋富饒甲諸國，今之辭給公班已贓者數十萬，是皆昔所誘惑愚民死而抬藏之物。天下安有久積而不散，虛侮而不復之理；又安知非天鍾其藏，以待興王之探取耶？故以取呂宋者爲上策。」提督中鎮洪邦柱願爲先鋒，正總督劉國軒以爲不可，馮錫範詰之。國軒曰：「呂宋非不可取，顧當取之於無事之日，今清兵已迫，救之不暇，尚何能勞師遠襲。若事機一失，進退兩難，則滅亡隨之。」克塽在猶豫莫決之間，而施琅追師且急，遂罷遠征。

七、鄭氏之對外貿易

鄭氏來台後，其財用之所以不匱者，除屯墾殖產外，就是台灣有海通之利。成功入台以前，其父鄭芝龍駐台灣南部之安平時，建造堅艦貿易於南洋羣島。凡海船不得鄭氏之令旗者，不能來往，每船例納二千金，歲入以千萬計。至鄭成功入台後，清廷方嚴海禁，沿海數千里，盡委而棄之，故得獨握其利，通飭金門、廈門、銅山、達濠諸鎮與民交易，無相詐欺。凡中國諸貨，海外之人皆仰給焉。故能以彈丸之島而養九十二鎮（鄭經時曾增至一百餘鎮）之兵，苟非歲入充裕，其何以堪。

永曆二十八年（康熙十三年，公元一六七四年）嗣王經命戶都事楊賢監督洋船，往貿暹邏、爪哇、呂宋。是時華人之在南洋者已數百萬人，多遭異族苛待，而清廷不欲亦不能保護，且認彼等爲叛民，任人殺虐，結果凡被家滿淸之華僑，莫以翹祈，故延平有征伐呂宋之舉，而經亦有經略南洋之議也。使行其議，鎮撫諸僑，用眾國力以開闢外府，則南洋羣島皆早爲我有，而延平無祿，經亦早世，遂致跼蹐一隅，不能展布，豈非天哉？

是年（永曆二十八年即康熙十三年，公元一六七四年）英國水師提督奉命東來，八日經兩次航至安平，求通商。鄭經命禮官待之，許開安平、廈門兩埠並訂立條約。是爲台灣與英國通商之始。方是時歐洲各國之在東海者，葡萄牙有澳門，西班牙有呂宋，荷蘭雖失台灣尚有爪哇，而東印度之勢力未艾也。是諸國者皆與台灣貿易，歲率數十萬金，而日人之居台者皆禮之，則以雞籠爲商埠，許其僑住。台灣所用之銅，多來自日本，日本德川幕府亦時以寬永錢助餉，歲率數十萬貫，此則鄭氏通商之策也。其所以裨益於國計民生者甚大，故漳泉二州人爭附之，是台灣不但爲農業之國，同時也是商務之國也。

琉球王韓元勳進士簡誌

蕭宜增

琉球原我藩屬，開羅會議只定台灣歸還中國，未及琉球，當時陪都輿論界力主戰後琉球應劃歸台灣省，始可確保世界和平，今盟軍已在琉球登陸，解放在即，而靑者仍少，此爲同里先賢一點歷史資料，惜其出使琉球事蹟，因喪亂散佚，容在琉球國誌、南明野史、明季南略等書中搜補之。

宜增識

韓公元勳，字昌顯，號霽巖，又號弈侯，廣東平遠八尺鄉人。貴池父冲賢，以公貴，勅封浙江道監察御史。　公生於明萬歷十二年戊申正月十七日申時，自幼聰穎，七齡即能屬對，里人驚奇！十八成秀才，隨叔父設館公寓遊江南，於無爲州任所特聘名儒，哲研經史。旋以州學廣生中崇禎庚午科舉人；明年禮部會試被黜；而廣交燕趙名號，與嘉興李太史士淳稱莫逆，故遂爲秦晉。北遊燕趙，周覽天下名山大川，遍觀古帝城池苑囿，與益精；果於崇禎丁丑成進士。時朝綱不振，國勢衰微，滿奴降朝鮮，寇氛逼人，京都鼎沸。　公以新榜進士，被召入覲，慷慨陳詞，稱旨，勅授行人司行人，出使琉球，揚威異域，島民敬服。崇禎十一年清兵分道叩關，畿輔要鎮幾陷，江北甚危！而　公奉召回國，拜御史，巡視浙江，旰宵憂勤，察民隱，劾貪瀆，所至有聲。嗣欽命冊封琉球王，勅封靳陽王，給一品服俸，晉階光祿大夫。友邦震仰勛華，官級推嶺南第一。

迨李自成釀亂周遇吉戰死，崇禎帝自縊於煤山，兇耗頻作；　公乃隨尙書史可法渡江金陵，擁立福王[illegible]，整飭官常，維護綱紀；其時新都初立，馬士英等謀陷忠良，與大學士陳方策嚴劾之，雷霆震威，傾動朝野！後清兵破揚州，史可法殉國，南京不可爲，公又扈唐王稱帝於福州，自任福建巡按；禦侮靖亂，再膺艱鉅，聯絡上下江民兵，爲故主謀恢復，爲人民謀保障，其心皎然，不欺其志，雖有魯唐兩王之變，亦關天命，非　公之人謀弗臧也。

自道周遇害汀甯，而唐王運祚日蹙，同天下共睹。　公仍忠勇護之；當何騰蛟、楊廷麟之獅振於湘，贛，鄭芝龍伸張在八閩，各懷遊李。　公知鄭之不可恃，密奏宜出汀依湘，何，王從之；無何，仙霞敗報至，　公侍王倉卒自延平，走汀州，途次無間賓夜，與羣臣共決進止，及王被擄，隻身間關回粵，號召志士，圖再舉。然轟烈之壽光書勵兵殉職，清議修甲、李成棟自漳使粵，故國河山，盡淪夷狄，徒嘆奈何！而廣西巡撫瞿式耜，兩廣總督丁魁楚，以書招之，以李成棟之直趨湖、惠，道阻不果行。悲憤梓邦，設席遙祭孝陵，哭之慟，粒米不納口者三日，家人苦勸，始復食；自是徜徉山水，不復聞問國事矣。惟清順治之某年溫詔徵之，拒不納。遂於順治七年庚寅二月十五日申時卒於家。享年四十有三；子三：長光珙，邑庠生；次光瑛，邑庠生，幼光瓚，邑庠生；遺手澤雖夥，而惜散失，僅一品朝衣，諸侯寶劍，尙珍藏家廟云。

近年來台灣問題演變記事

——紀念「六一七」台灣淪陷五十週年——

振五

炮火燬滅了馬關條約

五十年前，甲午一役，清軍敗績，滿清政府派遣李鴻章爲議和全權大臣，與日本總理大臣伊藤博文，外務大臣陸奥宗光，會談於馬關的春帆樓，簽訂了喪權辱國的馬關條約；其內容包括清停戰賠款割地等條款：此條約第二條之第二項第三項，卽爲割讓台灣之條文。該約第二條，清政府於左記土地之主權及地方之城壘，兵器製造所，及官有物等，須得永遠割讓與日本國。(一)……(二)台灣全島及其附屬諸島嶼。(三)澎湖列島，卽東經一百九十度(以英國格林維基之子午線爲準)至一百二十度北緯二十三度至二十四度間之諸島嶼。(四)……(五)清日兩國政府，於本約批准後，各派大臣一人，赴台灣辦理授受事宜。批准兩月內，須授受完畢。由是此滲遍了漢人血汗的美麗台灣，便從腐敗的滿清政府的手裏，拱讓於日寇，而六百萬的炎黃子孫，五十年來困處孤島，在日寇壓迫奴役之下，渡着人間最慘的牛馬生活。雖然在馬關條約簽訂之後，繼之有民主時代唐景崧、劉永福、丘逢甲等領導下轟轟烈烈的抗日運動，但終因孤立無援，而不支潰敗，後此五十年間，前後發生十數次可歌可泣的民族革命運動，迭予日寇以嚴重打擊，粉碎敵人長久統治台灣的迷夢，但在日寇武力盤踞之下，亦均如曇花一現，終歸失敗。惟有積此十數次民族革命傳續，造成不屈不撓的民族精神，好似一片烽火在台灣革命志士心坎中蔓延着，希望着算清血債日子的光臨。

一九三七年七月七日盧溝事起，抗戰軍興，正當整個中華民族狂呼怒吼的時候，對外要求中國國土的完整，主權的獨立，成爲此次全面抗戰的神聖使命；中日間以往一切不平等條約，在這個時候，便完全起着否定的作用，馬關條約應將變成一片廢紙。一九四一年十二月九日我國民政府對日本正式宣戰，其全文的最後一段是：「茲特正式對日宣戰，昭告中外，所有一切條約協定合同有涉及中日間之關係者，一律廢止，特此布告。」至是，中日間一切不平等條約完全廢止，而馬關條約亦在猛烈炮火之下完全燬毀，因此台灣必須歸宗祖國，台灣革命運動跟着祖國抗戰有了新的轉機。

中國國土須要完整

同年英美先後宣佈廢除在華治外法權及有關特殊權利，並且交還租界。一九四三年一月中、英、美各派代表，外長宋子文，駐美大使魏道明、英駐華大使薛穆爵士、美國務卿赫爾共同依照平等互惠之原則，簽訂新約。至是百年來我國奇恥大辱完全掃除。蔣總裁說：「這個新約卽將爲中國與世界上獨立自由的各國之間的平等互惠條約的範本，……所有百年來不平等條約的文字和精神，從這一天起可以說是根本掃除了。」自此以後，中華民國已成爲世界上獨立自由的民主國家，在國際間已與各國共處於平等互惠的地位，這是英美各國共同承認的。從不平等條約的廢除以至平等互惠新約的成立，就是中國主權的獨立領土的完整，開始獲得英美各國有力的保證，可說是五十年來本黨外交政策的成功。基於這種理由，中國必須收復東北四省，台灣、澎湖羣島，甚至於香港，已成爲當然之事，具有政治遠見的國內人士早已洞悉無遺了。至是台灣必須歸宗祖國，而祖國必須收復台灣，遂至完全成熟的時期。

國際間的迷霧

從馬關條約的廢除以至中國必須收復台灣，由於國際間的默契與同情，演成一連串的事實。首先是美國顧寧爾海軍上將及美遠東情報局局長拉鐵摩爾二氏爲我國伸張正義，說戰後台灣應該劃歸中國。但是國際間政治局面風雲變幻，紊亂複雜，當時在輿論崇尚自由的美國，便有一種荒謬的主張出現，有人說台灣是一個國際航空及海軍基地，戰後不能完全屬於中國；這就是美國一九四二年八月號幸福什誌附刊所發表幸福生活及時代三大什誌合革之戰後和平方案中第二件備忘錄：「台灣應劃歸國際共管，台灣不宜劃爲中國領土，台灣居民亦不得投票，要求歸回中國。」此項主張，極爲荒謬，完全蔑視台灣與中國之歷史關係。當時孫院長哲生及重慶大公報均著論駁斥。廿九四三年十月間，宋外長子文（現任行政院長）返國後，在重慶正式招待中外記者，廣闡答問的各種談話，關於戰後領土問題，曾強調地說：「中國應收回東北四省，琉球及台灣。」這種談話可見得當時我國外交的態度，表現政府對於戰後台灣的決心，[illegible]之命題，[illegible]命題。因此：[illegible]的命題，[illegible]

艾登訪美的結果

一九四三年四月前旬，[illegible]四十分重要[illegible]據倫敦訊：「英日郵報駐華盛頓訪員五日稱，據非官方消息，因艾登訪美結果，英美兩國間對於戰後在太平洋與遠東之政策，現已吾到最圓滿的協議。……據稱，英外長艾登曾向美方建議，日本在太平洋中之[illegible]主張[illegible]，[illegible]交[illegible]台灣[illegible]，[illegible]中國[illegible]，[illegible]而交[illegible]於戰後[illegible]日本問題。

至是盟國官方對於戰後台灣的態度非常明朗化。同年四月二十日據[illegible]華盛頓中央社二十七日專電：「據芝加哥太陽報倫敦訊，倫[illegible]台灣[illegible]教之八號[illegible]政府已獲得英美所擬戰後世界機構建立計劃之詳細內容，由此項計劃亦已包括遠東方面之若干辦法，即：（一）建立國際委託制度，管理若干日屬海島（二）由美國、中國甚或蘇聯（假若蘇聯表示同意）爲對日之監視國，（三）以台灣交還中國，（四）朝鮮在獨立之前，暫由國際保管，（五）東四省交還中國」

在這戰後世界機構建立計劃中，戰後東北四省及台灣應交還中國一節，已經得到英美盟邦當局確切的保證，這亦算是艾登訪美的中點貢獻。

「[illegible]一大[illegible]」

第八次太平洋學會

[illegible]其實，在一九四二年末太平洋學會在加拿大魁北克舉行第八次會議，與會各國外交家、學者、專家等非官方而有權威之代表來共同討論：「太平洋之戰爭與和平」，作學術上之研究，那時候中國代表確已表示戰後台灣必須交還中國之意見。根據[illegible]華盛頓中央社合衆電太平洋學會曾發表報告書，題爲「太平洋上之戰爭與和平」，謂由該會召集到會之遠東外交家及專家，自從提議戰爭結束後，應由盟方之亞洲軍隊，將東京暫時佔領，並應將日本完全解除武裝，彼等並提議還交日本之所有屬地，包括朝鮮、滿洲、及委任統治諸島，中國與代表表示中國應獲得台灣[illegible]日本派遣之人至中國從事[illegible]因戰事被破壞者[illegible]日本[illegible]。第三大盟[illegible]太平洋學會所發表報告書，其與會各國之意見，其內容爲：（甲）日本在軍事上必須[illegible]日本必須解除武裝，但[illegible]與美[illegible]之解除武裝[illegible]殖民地[illegible]必須獨立[illegible]滿洲與台灣必須歸還中國[illegible]略可能[illegible]應避[illegible]日本能成爲太平洋及世界集團中平等

而受尊敬之一員，在一九四三年中國際人士對於處置戰後日本問題，關於領土方面多主張剝奪其所有殖民地及代管地，台灣歸還吾國五十年前之失土，五十年來從爲日本所佔領之殖民地，戰後自應將其剝除，交還我國，此乃理所當然，事所必至。第八次太平洋學會提出此項主張，實可代表國際輿論，伸張正義；但此亦甚於我國代表所提議之要求。至是台灣問題在國際論壇上，跟隨着處置戰後日本問題，被提到最確實的階段。

光榮的開羅會議

一九四三年十二月富有歷史價值的開羅會議，在中美英三大盟國領袖蔣、羅、邱推誠合作之下揭幕了，於是決定了東方寇盜日本敗亡之命運，亦決定了台灣的解放命運。根據：

華盛頓中央社是年十二月一日合衆電：「蔣羅邱所訂之作戰新計劃，確定對日本之懲罰，其意義即等於日本之最終崩潰，而中國既起復爲亞洲之强國，宜實由中、美、英三國聲明共同作戰，直至日本無條件投降而後已，然後解決日本之武裝，令其孤立無援，並迫令其放棄在過去半世紀中所攫奪之每一寸土地，使其僅有日本本部之一小組火山島。盟國計劃預示日本所非法取得之殖民地，將全部剝奪，而將主要戰略基地及作戰物資產地，亦在剝奪之列。中國之所得者，不僅爲光復一切失地，如台灣澎湖及東北四省等，且將成爲亞洲之一被尊重國家。」

當開羅會議的公報發出，中國國際地位被提高與被尊重，這完全是此次長期堅苦抗戰的結果；而五十年來失去得有重光的保證，何嘗不是血汗換來的代價。所以開羅會議在中國歷史記載上，將是光輝奪目的一頁。茲刊開羅會議公佈全文於下：

「重慶同年十二月一日電」：「中美英三國領袖，於舉行會議後發表公佈，其公佈全文如次：「羅斯福總統，蔣委員長，邱吉爾首相偕同各該國軍事與外交顧問人員，在北非舉行會議，業已完畢，茲發表概括之聲明如下：三國軍事方面人員，關於今後對日作戰計劃，已獲得一致意見。我三大盟國決心以不鬆弛之壓力，懲海陸空各方面加諸殘暴之日人，此項壓力已經在增長之中。我三大盟國此次進行戰爭之目的在於制止及懲罰日本之侵略，三國決不爲自己圖利，亦無拓展領土之意思。三國之宗旨在剝奪日本自從一九一四年第一次世界大戰開始後，在太平洋上所奪得或佔領之一切島嶼；在使日本所竊取於中國領土例如東北四省，台灣澎湖群島等歸還中華民國；其他日本以武力或貪慾攫取之土地，亦務將日本驅逐出境。我三大盟國稔知朝鮮人民所受之奴隸待遇，決定在相當時期，使朝鮮自由與獨立。根據以上所認定之各項目標，並與其他對日作戰之聯合國目標一致，我三大盟國將堅忍進行其重大而長期之戰爭，以獲得日本無條件之投降」。」

自從開羅會議以後，國際人士對於台灣問題錯雜紛岐的意見，完全爲之廓清；而我國黨政軍當局與及國內各界人士，對於收復台灣信心，因之彌益堅定，而收復台灣工作亦愈爲積極了。

顧大使對英表示

自開羅會議公佈全文發表，當時我國駐英大使顧維鈞氏向英國記者發表聲明，表示中國決心收復台灣。據

中央社倫敦三日路透電：「記者今訪駐英大使顧維鈞，詢以「中國是否必將自此次戰爭中起而爲亞洲人民之領導者？」」大使答稱：「此視諸君對領導一詞之解釋如何爲定？去年 蔣主席在國民參政會訓詞時，曾强調中國對他國毫無帝國主義野心，中國但求歸還應有之領土，如台灣東北等，而決無開拓領土之願望。本年國民參政會開會時，主席仍重申此言」。

蔣總裁之指示

蔣總裁早在其手著：「中國之命運」一書中，宣示中國必須收復台灣的理由。首先指出台灣是中國的國土，他是漢人開墾的地方，「台灣澎湖列島本是漢人開發的區域，屹峙東南久爲我們中國的屏藩，迄至明末乃爲荷蘭人所侵據，而終爲我鄭成功所收復，其事蹟眞可歌可泣……」（中國之命運第八頁）。蔣總裁復指示台灣在中國國防上的

重要性。「以國防的需要而論，上述的完整山河系統，如有一個區域受異族的佔據，則全民族全國家，即失其自衞上天然的屏障。河淮江漢之間，無一處可以作鞏固的邊防，所以台灣，澎湖，東北四省，內外蒙古，新疆，西藏，無一處不是保衞民族生存的要塞。這些地方的割裂，即爲中國國防的撤除」。（同書第七頁）。我們知道台灣澎湖列島實乃我國東南海上的天然屏障，而台灣與海南島又構成中國海岸的防線，將來我國海疆防務與及海軍建立必須以此爲基地。

蔣總裁對於台灣問題，高瞻遠矚，早已藉著收復失土復興民族的決心。在「中國之命運」一書，充分流露政治的卓見，國內有識人士，亦深信賴。而開羅會議的偉大成功，便是具體事實的表現，在中國近百年史上，值得大書特書，實爲最光榮最煊赫的一頁。這次偉大的成功，是在　蔣總裁領導下的中國國民黨五十年來堅苦奮鬥的收穫，亦即是中國長期抗戰的碩果，三十年來中國外交的新曙光。

倭寇狼狽恐慌

自從開羅會議中、美、英三國領袖共同發表宣言聲稱戰後台灣歸還中國以後，日寇聆得此項消息，手忙脚亂，狼狽不堪。一九四三年十二月九日台灣總督府宣佈禁止台灣人出口，封鎖台灣人與外界之接觸；並且對於進出口施行嚴厲的檢查，加强其戶口的管制。這種企圖無非欲强「皇民化運動」因此瓦解，此亦表示其黔驢技窮，不得不作最後的掙扎。「一九四四年十月廿一日倭寇鑒於台灣情勢之日趨嚴重，爲預先加强台灣防務起見，遂以加薪晉級手段，討好台灣官吏。根據

一九四四年十月（中央社重慶二十日電）：據美新聞處舊金山十八日電，日方本日廣播稱：日內閣已獲日皇批准，對台灣之地方官吏加薪晉級，該地爲日本海空重要據地，過去八日來曾遭盟方空軍襲擊，廣播稱：台灣官吏之薪給將增加與本土鄉鎮長所得者相等。

據此亦見日寇恐慌與窘態之畢露了。而在此情勢緊迫下之一點「小恩惠」，據於小磯首相在第八十五次臨時議會中所作予台灣朝鮮以某種特權之保證，日寇想藉種種方法攏絡台灣人心，要驅使台灣同胞爲保衞日人生命財產，死守台灣，充當炮灰，所以小磯便在八十六屆議會，提出要改善台灣朝鮮民衆的待遇，處心積慮，卑鄙酷毒，莫甚於此。根據

重慶中央社三十四年二月二十一日電：據東京廿一日廣播：「日首相小磯國昭本日對議會演說中……最後關於改善朝鮮，台灣民衆之待遇方面，吾人在議會上屆會議已允加以改善，政府已就旅行，轉移登記，入學，就業，勞工處理各方面，採取適當措施，甚至政治待遇亦有改善」

此議提出，由日本政府逐步付諸實施，一面將台灣朝鮮宣佈併入日本本土，一面明令允許台灣人有參政機會。根據

倫敦中央社今年四月一日路透電：東京本日廣播稱：「日本政府宣佈：朝鮮及台灣將併入日本本部」。又據

重慶中央社二日電：「據東京一日廣播：日政府頒佈特別法令，使朝鮮、台灣人士未來可充任帝國議會議員，而參與國家行政」

日寇此種用意甚爲顯然。根據倫敦方面人士的見解，認爲：「日本政府本日宣佈將朝鮮及台灣以政治上與本土之同等待遇一節，乃欲鼓勵兩地人民於日本掙扎戰中，給予積極而熱誠之援助，過去若干時內，日本曾採取容納台灣及朝鮮人民加入日本本部軍隊之政策，此舉端在强調施行此一政策所給予非日本人民之特權及榮譽。惟據聞此種增加炮灰之運動，成效極微，日本今予兩地人民以完全之公民資格，或將使彼等成爲榮譽之「天子之兒童」，精求其本此名義，作無謂犧牲。」

其實，日寇這種技倆，不但要空費心血，徒成泡影，而且結果將適得其反。五十年來的仇與恨，恥與辱，到了這個總淸算的階段，台灣的每一個同胞，誰不額手稱慶！！誰不起來對日寇總反攻！！共同摩滅敵人，誰願再度忍受奴隸的生活？這是很明白的道理。

轟炸台灣襲擊台灣

首次的轟炸台灣時間是一九四三年十一月二十五日，完成這一次襲擊的任務的是美國空軍第十四航空隊與中美空軍混合大隊。這一次的戰果，據美國時代雜誌記者章特的報告：「軟化了日本帝國南線的

的中心，實際上重創了廣大的新竹機場，毀壞了地面設備，無情地打擊了驚慌四逃的地面敵軍，在空中和地面擊毀轟炸機和戰鬥機的敵機約有五十架而美機全部安返。」這首次的空中襲擊是非常完滿的，相當成功的。自此以後在一九四三年中盟美國空軍常以重轟炸機光臨台灣，且以中國基地之空中鉄鳥不斷摧毀台灣的敵人工業中心，在台北高雄岡山均受到嚴重的轟炸，而台灣之台北、基隆、高雄、台南兩大城市澈底實行疏散。當時日寇深感台灣防務之重要，强迫台民效死，徵發島內及淪陷區台灣同胞，以補兵員之不足。一九四四年八月七日根據

重慶中央社電：「據柏林七日廣播東京訊，台灣總督下令全島人民總動員，重要作戰物資亦予集中利用，當局鑒於島防之重要，已令全島人民參加要塞工事及防空服務。」又據是年十月卅一日中央社屯溪電：「滬訊：在陷區各地之台灣籍居民，年在十六歲以上五十歲以下者，於上月間一律被敵強行徵發，補充兵員缺額。」

凡此種種均可以看到日寇手忙腳亂的窮狀，日寇爲着時局嚴重，對於台灣同胞積極加强壓迫，台灣人民被迫抽調充當兵員者日益增多，其戰死者亦激增不已，台灣日寇於一九四四年元旦日舉行「出征軍人武運久長祈願會」，台人被迫調服兵役之家屬，均强令參加，當時婦孺成羣結隊沿途啼哭爲狀殊慘。敵人之下令搜括台人財物，凡破銅廢鐵被括一空，又舉辦國民獻金，即所謂「居民國防獻金」，台人對之甚爲冷淡，而島內空防極爲緊張，台灣總督府每出示警戒用以嚴防空襲。另一方面日寇在台灣復積極加强其「皇民化運動」的實施，規定台人改用日本式的姓名，如「伊藤」「山本」之類，學校中學生如不改用日本式的姓名，便被政府勒令停學。而「統一國語運動」（即日語）也積極推行，在機關學校中，全用日語，但在台灣農村則不能通行，又其強迫台民服用日本服，也不遺餘力。此其皇民化積極推行，亦在配合戰時要求，無非欲使台人效死於日寇而已。

一九四四年十月中旬，美太平洋艦隊特種混合部隊配合美大隊超級機首次進擊台灣，在台灣南部海面與日本艦隊展開大規模海戰，參加作戰之美航空母艦在十三艘以上，而美驅逐機與轟炸機羣亦極儘摧毀掃蕩之能事。此次出擊戰果，根據珍珠港合衆社公佈，共計擊敗或重創日艦及小型艦隻三百三十八艘，而自十月九日以來擊毀日機九百三十四架，此爲美太平洋艦隊及機羣首次給予台灣敵軍之嚴重打擊。日寇對於台灣防務發生極度恐慌，十月十六日台灣總督長谷川清海軍上將，遂由東京匆促飛返台灣，十二月三十一日東京發表更換台總督消息，原任總督長谷川清調任最高軍事參議官，台灣陸軍指揮官安藤利吉調任台灣總督。

一九四五年一月二日美太平洋航艦及飛機更度對台灣及沖繩島襲擊，作四十八小時之攻勢，此次戰役共計毀傷日本飛機三百三十二架，船艦九十五艘，此足以顯示美太平洋艦隊之縱橫於日本領海港無顧忌。自一九四五年開始，台灣全島均日沒在美空中堡壘之大海中，在美艦隊之嚴密封鎖中，台灣與日本之海上交通完全斷絕，而台灣與廈門亦僅以木船行駛維持交通而已，而自美軍攻克琉磺島以後，台灣全島震撼，情勢益深嚴重，島南主要工業區如台南岡山泰半被毀，嘉大日月潭發電廠亦被美機以兩千磅炸彈破壞，於是台灣人口緊急疏散，更爲澈底，台島日僑返日本，而台人均被征調服役，並將老弱婦孺驅入我淪陷區沿海就食，如福州一地則被分配二千多人。自從美軍攻進大琉球島，戰事迫近日本本土，倭寇深感本島防務之危機四伏，極度恐慌。且從柏林攻陷，德義無條件投降，美軍將以一千萬兵爲東移作戰，使到日寇惶惶無措手足，由是不得不着重於本土防務，而視台灣爲次要。從戰略上來觀察，此千萬部隊之盟軍，應在中國沿海登陸，並乘機攻佔台灣，以加速擊潰日寇，乃今日事實上的迫切要求。

盟邦人士的認識

台灣爲中國故土，早爲國際人士共同承認。二年前美國人 A. L. gwzdangou 在美國太平洋季刊發表「日寇統治下的台灣」一文，曾謂「西方人一般的認識，都以爲台灣之割歸日本版圖是在一八九五年四

月十七日中日簽訂馬關條約時，敗績的中國把台灣和澎湖列島割讓給日本的，但實際上滿清政府之割讓此島，並不足以使日本即爲該島主人。一八九五年五月二十三日台灣宣佈共和，由台灣總將唐景崧充任第一任大總統，並曾召集立憲會議，準備起草憲法。……新成立的台灣共和國不承認滿清政府把台灣割讓給日本的舉動，並且將以武力保衛台灣的獨立。……所以事實上台灣之割歸日本並非於一八九五年時「作爲中日戰爭的戰利品而取自中國的」，乃在台民抵抗之下和反乎台民的意志，用暴力征服而侵佔的。即此後在日本統治下若干年間，亦時常發生騷動和革命行爲」。這一段記載頗爲翔實，盟邦人士認識台灣亦頗深刻正確。

最近美國人羅辛克在一九四四年外交政策雜報發表「拆散日本帝國」一文，其中有一節「台灣五十年」首謂「日本第一次併吞中國本土，是在一八九四——一八九五年中日戰爭後的强迫割讓台灣和澎湖列島……台灣人口於一九三八年總計五百七十四萬七千人，其中中國人佔百分之九十一，日本人佔百分之五，土番佔百分之二、五，由是可見日本努力殖民的失敗，台灣依然保持中國的特質」。由此我們可以測知國際輿論之所趨，都承認台灣爲中國的失地，而戰後必須歸還中國。一般人咸知台灣的重要性，因爲「在戰略上，台灣和澎湖是到華南和東南亞洲的主要海港和空軍基地，同時他們亦可以用來控制戰敗的日本」。

第九次太平洋學會

今年太平洋學會第九次會議於一月六日在美國佛吉尼亞洲溫泉城舉行，出席會議者有中國、澳洲、加拿大、法國、印度、韓國、荷蘭、紐西蘭、菲律賓、泰國、英、美等十三國代表，當討論戰後管制日本及戰後亞洲時，曾談及台灣問題，由是開羅會議再度被國際人士加以重視，這是國際輿論的有力保證。根據中央社紐約一月十日專電：「太平洋學會對戰後處置日本問題經過三日之討論後大致決定……（4）不備須制奪日本所轄之台灣滿洲及其委任統治島嶼等一如開羅會議所已決定，且其琉球千島等屬地亦須剝奪，供作聯合國之海空軍戰略基地」。

當時我國出席代表亦有所表示。據佛吉尼亞州溫泉城十一日合衆電：「中國出席太平洋代表發表私人意見稱：中國尊重開羅會議之決議案，且不爭取以前非其所屬之任何領土」。

關於戰後台灣敵產處置問題，會議中曾加討論。據合衆社佛吉尼亞州溫泉電：「太平洋學會中國代表在廣泛討論戰後如何處置日人在國外財產時，曾强調東北原爲且將爲中國領土，其他國家不得對東北有所裁判。彼等認爲美國有處置日人在台灣及朝鮮財產之權……」。

勿論如何，戰後台灣歸還中國，其政治的經濟的文化的主權，均要歸還中國，歸還台灣同胞。日寇在台灣的財產不過乃五十來年榨取台胞的脂膏集積而成的；戰後台灣敵產移爲台胞救濟費更爲恰當，此種消息，吾人應視爲國際間一點誤解。

國內人士重視台灣

台灣與祖國在歷史上、地理上有不可分性，這是國內外人士所熟知的，這鋼鐵般事實是世界任何帝國主義者或野心家無法斷滅的。蔣主席早就指出台灣澎湖列島本是漢人開發的區域，久爲我國中國的東南屏藩（中國之命運）。孫院長哲生曾謂：「台灣本來是我們福建省的府治，台灣住民以福建人爲多，台灣初期墾荒，都是福建人的功勞」。「註四」

台灣對祖國軍事地位非常重要，蔣主席在「中國之命運」一書指出台灣在我國國防上的重要性，前中宣部梁部長寒操曾說「大家翻開地圖來看，便知道在東經一百廿度和北回歸線交叉點旁邊橫臥着一條天蠶，即就是我們所說的台灣。它和我們福建省只有一衣帶水之隔，在戰略上說，它和海南島成犄角之勢，等於中國的一對眼睛，同時也是中國東南海岸的屏障。從敵人來說，它是敵人南進的跳脚，也是敵人所稱爲「一隻不動的航空母艦」，落在敵人手裏，不但使我國東海岸失去屏障，也使我們成爲獨眼的殘廢者。大家看「七七」事變以後，一直到現在敵人是怎樣利用它去使略我們的華南，怎樣利用它去鯨吞海南島和中印半島，怎樣利用它去瘋狂南進，便了然於台灣地位的重要」「註二」。前福建省陳主席公治亦曾說：「在戰略上台灣是日寇南進總兵站，與我海南島並稱「南進中兩隻眼」，但我海南島設施尚未充分，軍事經濟價值還不很大，台灣經營已逾五十年，確爲「點睛之眼」，其軍事價值非常之大。我國與同盟國如能設法挖去倭寇這隻眼睛，則倭寇南進，完全變成盲人瞎馬，其將顛踣不起，不卜可知「註一」。

台灣對於祖國經濟地位的重要，遠過於國內任何區域。「收復台灣，不獨爲台灣利益，實亦全國利益之所在。台灣素以產米著名，每年產米二千萬石，剩餘產米五百萬石，補救日本內地的米荒；出產無數量的糖，供給全部日人消費而有餘；出產佔世界十分之八的樟腦，南方有數的大森林，再如金礦、鉛礦、土敏土、海產等等，都是日人獲得巨利的來源。」(註一)「在台灣經濟上說，是產米區域，每年除供給自己需要外，可剩餘爲百萬日石，敵人在利用它解決日本的米荒，其餘爲糖、樟腦、木材等，都有大量的生產，這些都是敵人侵略的資本」(註二)。

綜觀上述，可知台灣的重要性，其得失可以影響我們國家的獨立民族的生存，甚至於影響太平洋的安全。 蔣主席訓示我們，要建立三民主義新中國，必先建立高度現代化的國防力量，可是國防力量的發揮，須要依靠地理的國防戰略的據點；台灣在戰略上很是重要，它是我們沿海的屏藩，惟有收復台灣乃可保持戰後國防的完整，庶能達到建立三民主義新中國的目的。我們既知台灣的重要性，必須努力爭取台灣，中國抗戰要達到完全勝利，亦必須以收復台灣爲其主要目的。陳部長立夫曾說：「今抗戰已操勝算，台灣光復即將實現，吾國內外同胞皆有收復失土之責。吾人對倭交涉之失敗，固以台灣之棄守爲創最鉅，痛最深，但今日對倭抗戰之成功，亦必以台灣之光復爲標的之一無疑也。」(註三)

(註一)陳儀之「台灣必須光復」一文。(註二)梁寒操之「滑寫時候到了」一文。(註三)「寧[illegible]積」一文。(註四)「解放已在目前了」一文。

本黨及政府的努力

我國當局注意台灣問題，非惟今日開始，還在民國二十九年亦即我國對倭正式宣戰廢除不平等條約的前一年，中國國民黨中央執行委員會早具收復台灣的決心，具有政治卓見之朱部長家驊爲蔣策復台灣重光，統一台灣革命領導起見，特爲集領導台灣革命份子，籌設台灣黨部，作爲收復台灣工作的先導。并由中央黨政軍當局議決收復台灣的一切工作均以先從黨務工作入手爲始。於是先從香港以至島內，後從上海以至島內，建立黨務組織，發動革命工作。自此以後台灣革命益爲積極，而人人咸能在三民主義旗幟之下，策勵并進，共同努力於光復台灣的工作。前此數十年間的革命工作爲台胞自發自動組成的各個革命團體來負責推進，至此在本黨積極領導之下，乃聯成爲大革命戰鬥體，使到解放台灣的前途更露曙光。民國三十一年間，本黨爲加强台灣黨務，在蘇設班訓練台灣黨務幹部人員，以培植三民主義優秀鬥士，以加强台灣黨務戰鬥力量。自從開羅會議決定戰後台灣歸還中國，陪都及國內各界人士，對於台灣問題非常興奮十分關切，而由於全國人心之振奮，政府對於收復台灣工作，則維容綴，愈爲實際。民三十二年本黨中央黨部曾召集中央黨政軍各機關代表開會，討論收復台灣問題，大家都以爲訓練幹部爲當前要務。民國三十三年我國民政府行政院亦舉行台灣問題談話會，以爲收復台灣問題，須先從事調查與設計工作。因此中央設計局有台灣調查委員會之設立，而與東北調查委員會爲同樣性質之機構，延攬台灣及國內人士參加，推進收復台灣之調查及設計工作。從此以後，收復台灣行政機構，相繼成立；如中央訓練團設立台灣高級行政人員訓練班，以培植台灣高級行政幹部；中央警校在渝設台灣警察幹部訓練班，教育部亦在閩設立海疆學校，軍委會又設立台灣工作團，中央團部在閩設立區團，而原有義勇隊亦在改進加强中，至於其他之通訊訓練亦有成就，凡此各種消息，均先後披露於國內報章，具見我政府對於收復台灣堅强信念以及埋頭苦幹之奮鬥精神，此種信念與精神，乃完全基於「自强不息」與「自力更生」的道理，本黨同志，全國同胞，實應體認我國民政府抗戰建國之苦心，共同努力，收復台灣，以達到最後勝利爲目的。

自開羅會議以後，我政府固已從實際步驟積極推進收復台灣之準備。但我國內各界人士對於台灣問題之注意，亦有自動自發，蔚然風起之勢，首先在陪都、桂林各地報紙雜誌文化界，五年來對於台灣問題都有熱烈主張與討論，國內同胞對於台灣注意及認識亦漸普遍。台灣革命同盟會爲台灣革命團體的總結合，其自動自發之革命精神，自深可佩，而對解放台灣之倡導宣傳，以往貢獻亦多，最近二年來東南各省對台灣問題亦逐漸注意，且以各種方式發動研究台灣之組織，此種社會風氣之促成，實爲將來台灣文化運動之先聲。居留國內台胞及台灣革命同盟會曾屢向中央請求台灣復省，并設參政員與聞國事，政府因限於國際局勢未予邀准，但國內台胞與祖國同胞已毫無異致。而本黨六全大會於今年五月間舉行，大會承認台灣法律地位，并願積極依照開羅會議決定，扶助朝鮮獨立。而在六全大會場中，亦有台灣黨代表出現矣。無論如何，台灣復省問題，台灣入參政問題，以及行政機構之確立問題均爲當前之要圖，惟必在全國同胞之共同努力，以縮短戰爭勝利之過程而已。

舊金山會議的陰影

國際間政治演變叵測，今年五月間的舊金山會議，因爲盟國間的領導人物美總統羅斯福的逝世，對於戰後世界政治難免發生若干不良的影響。由於託治制度的問題，引起各國意見的紛歧，幸我中國代表提議加上「獨立」一辭，以爲託治之最高目標，并經蘇聯的贊同，美英二國亦表擁護，於是各國對於託治制度的意見乃告一致。但是在託治制度的爭論中，便謠傳在雅爾達會議中，美、英、蘇三領袖對於朝鮮戰後地位，另有秘密協定，而英外相艾登發表談話，對於戰後朝鮮獨立問題，亦持模棱之態度。甚至由於謠傳所引起之誤會，謂戰後台灣與朝鮮均須列入託治範圍。根據五月

舊金山中央社二十三日專電：「擬議中之世界安全機構託治制度，嗣經大會通過，則從國際聯盟所規定之委任統治地與被保護民族，恐將均受其影響，依照舊國際聯盟約規定以前之敵人領土分爲A、B、C三大類，視其未來可予獨立或自治之程度而定。A類委任統治地爲不久可以獨立之區域，……舊盟約中之B與C兩類委任統治地爲最近將來難望畀予獨立之區域，……C類委任統治地有由英委任統治之太平洋上之那盧島，由澳委任統治之新幾內亞，由日本委任統治之太平洋各島，……上次大戰後，法、英、義、日、美等主要協約國與其協合國，曾賴一九一九年之巴黎和會分配前屬德國之委任統治地。此次舊金山會議時際各界人士及私人團體，尤以英美之團體，對於所謂「落後區域」之戰後措施，提出建議甚多，所謂落後區域可分爲四類：一……，二……，三、原歸聯合國或中立國管理，但經敵人佔領，而以後將由數聯合國重新收復之殖民區，如婆羅洲、荷屬東印、越南、馬來亞、與及原屬澳、英、法、葡、美之各島，戰前日本奪自中國之台灣等區域，及奪自俄國之區域，亦可屬於此類。……此間人士認爲一九四三年之開羅會議宣言，或將使美國不能歸併太平洋上之海島……」

從此段電訊中，吾人可知從託治制度問題所產生謠言的由來，而一般人士咸認開羅會議之不可否定，且開羅會議與雅爾達會議，亦無作前後矛盾決議案之可能，因爲蘇邱均曾參與此二次會議。故與雅爾達會議對於朝鮮台灣之另一種決定，實係謠言，不攻自破。惟據一項電訊，關於朝鮮與台灣之謠傳，不幸乃爲英倫人士所傳出，此不啻爲盟國間之嗤礁。茲摘錄於於次：

重慶中央社二十四日電：「據美新聞處莫斯科二十四日電：美聯社訊：著名觀察家之某評論家，今在消息報譏責英報業聯合會所傳蘇方擬獲得朝鮮，東三省與台灣一說爲荒謬之談。美聯社轉述蘇評論家之言稱：任何此類傳說，皆爲意識不清者不負責任之誹謗。」

此項謠言，實由於別有用心者之所由出，但此極易淆惑國際視聽，自經過美國務卿斯退丁紐及英外相艾登之間接保證，此項迷霧，完全爲之廓清。根據

華盛頓中央社二十六日合衆電：朝鮮問題研究會會長金揚庸稱：美國務卿斯退丁紐斯與英外相艾登，曾向渠保證，雅爾達會議並未建立與開羅會議關於朝鮮獨立有衝突之約束」。

開羅會議之宣言乃中、美、英三領袖之共同決議，無論任何人或任何國家任何會議均不能作與此違反之建議，尤以中、美、英三國應竭誠擁護，以實踐此項宣言。此次本黨六全大會曾鄭重決議「實現開羅會議宣言。力謀國家領土主權行政之完整，並扶助朝鮮之獨立」。我外交部吳次長國楨在外國記者招待會席上答復記者之詢問謂：「依照開羅宣言，台灣應歸還中國，完全隸屬於其主權之下，迄至現在，吾人並未獲悉有任何利用各聯合國本土之基地，以維持國際和平與安全之具體計劃」（本年五月廿五日中央日報）。本黨及政府對於開羅會議宣言之態度嚴正，立場堅定，從此可見。而美蘇亦均迭申開羅會議宣言，保證韓國地位。欲知此次謠言，應由何者負責，請讀下面一段電訊可知。

重慶中央社二十七日電：韓國臨時政府發言人今日就近傳雅爾達會議對韓國戰後地位曾有秘密協定一節，發表談話如次：余認爲無對此毫無根據之謠言多加討論之必要，此事已屬過去。雅爾達會議以後，重慶即有此種謠言，最初不知其來源，旋即知其發自歐洲，歐美報紙均曾刊載，吾人因對盟國深刻信心，故相信此僅爲一不快之事，目前吾人深感實有澄清之必要，所幸美國務院遠東司長巴蘭亭最近亦謂是項謠言實屬無稽。蘇聯消息報五月廿四日曾載一文：謂此事責任應由英新聞社負之。余頗引爲快慰。因此破壞盟國團結之煙幕，已豁然開明矣。最後余認爲前以造成謠言之責任，諉之於韓國代表李承晚，實爲不公」。

瞻望台灣

自從今年五月德國無條件投降，歐戰勝利結束以後，美英盟軍以龐大海空部隊迅速東移加强對倭作戰，首即肅清琉球島倭寇，繼而麥克阿瑟宣佈次一行動計劃將襲擊暴日本土，並有登陸中國東海岸之趨勢，使倭國朝野惶惶終日。最近暴日且欲以割讓庫頁島南部及千島群島以求得對蘇聯之妥協，但蘇聯忽即召回駐日大使，更使倭寇陷入極端恐慌，此亦足以顯示暴日對於若干委任統治區甚至於殖民區域不得不稍示讓步，並將其置於較爲次要之地位。自從開羅會議雅爾達會議以至舊金山會議，台灣問題已從理論到實踐，決議到行動的時候了，在這暴日軍務倥傯之際，四面楚歌之中，再欲加强台灣防務，眼見徒成畫餅，這是極好機會，只要盟軍隨時發動對台島攻勢，台灣垂手可得重光，何況六百萬台胞，莫不摩拳擦掌，以待此解放日子的到臨。所以今日我國同胞應卽趁此良機，加强台灣收復工作：首先，我們應知道戰後台灣歸還我國，乃八年來中國堅苦抗戰的偉大成功，但在台灣未收復以前，我們亟應加强自信之信念，益增自强之決心，刻苦努力，勇往邁進，切實推進台灣革命，加緊策復台灣工作，絕不可徒託依賴心理，或易受謠言所惑以動搖信心，亦不能完全抱望於國際和會，要之，貴在自强不息，自力爭取，乃可達到收復目的。其次今日台灣地位固然與淪陷區相同，但欲實現歸宗祖國，必有更艱苦之過程，故吾人須儘最大努力，忍受一切犧牲，惟欲求迅赴事功，達成效果，須針對於收復台灣之黨政軍各方面之工作，務求嚴密之聯擊，確實配合：在收復步驟，首以軍事爲第一，武裝爲前導，除國軍外，革命同志與一部份台胞均有武裝之必要，而國軍與盟軍間在行動上尤須要有密切聯繫，政略與軍略務須一致。最後，吾人知道台灣初經鄭成功開闢繼有清朝數百年經營，日寇佔有台灣五十年，更加努力整頓，物質建設，進步特多，此一現代化台灣，戰後接管問題，實爲當前急務：惟如何以利接管，厥爲未雨綢繆事前設計，凡事預則立，事半功倍，恆基於是。政府與人民亟須打成一片，要以自動自發精神，突破本年來台灣文化封鎖政策，研究戰後台灣各種問題，無論台灣之歷史、地理、政治、經濟、軍事、交通、文化、教育、風俗、民情等，均在探討設計之列，此須由機關團體學校之提倡，政府當局之推行。綜此三點，實爲吾人應有之態度與努力、台灣光復在邇，實乃刻不容緩之事，但台灣收復問題，一言斷之，視吾人之計劃與執行之程度如何而已。

一九四五年六月[illegible]日於永安文龍村

臺灣民俗

卓柏輝譯

「宗族械鬭與艋舺」

——譯自昭和十九年民俗台灣第四卷第七號——

一、宗族械鬭之要因

台灣宗族械鬭之種別及經過。有由閩族粵族之爭鬭，在閩族中又有漳州泉州之鬭爭，或是於出身地不同之同鄉集團鬭爭，以及同姓中氏族之爭執等，只有大小之差，及種種系統之分別而已，這些械鬭之直接原因，在一般言之，最初是由於經濟的利害關係，次則風俗語言之差馳而發生出來者，及後如以一小事為誘因，互相情感之可言，竟而惹至械鬭者亦爲數甚多。終於變成這一個惡習慣，究係爲何而爭，考其意義，是由於無意識之意氣而爭。總而言之，只是所留存之根本惡習慣，如強烈種族意識及同鄉同族意識，或是復仇觀念等所構成。

閩族粵族之鬪爭代表者，係因在乾隆五十一年林爽文之亂。這種械鬭，是由叛亂下發展者，蓋在叛軍中負實者幾乎全是閩族，因官軍到處勢如破竹之進擊，全島閩族遂如風起雲湧之參加叛軍？及攻入新竹地方，乃由粵族陳紫雲組織下之義勇軍協助官軍猛烈與之抵抗，蓋於此遂成爲時常反覆性之鬪爭，此乃全島種族鬭爭之一。從來之叛亂，官方於處置之時，均藉此種族不和而加利用以處理之。

二、艋舺及宗族械鬭

艋舺街，自古係泉州人所開拓的，在往年台灣三都邑是占有一個樞要之地位，在淡北地方之械鬭，大概是以艋舺爲中心而來的，且艋舺人以艋舺是自己老祖宗所開拓之事而誇耀，因此，對於種族意識特別強，凡此均使鬪爭心加倍強烈，艋舺械鬥，因爲地域的關係，且無他族來接觸，故與漳州人之鬥爭實較對粵族爲多，但與他姓之鬥爭仍是始終有之。

現在，巷間仍有傳說，自己亦曾聞及，咸豐三年之同安械鬥及咸豐九年十年之泉州械鬥等，此外均爲小規模之異姓鬥爭而已。

三、艋舺與同安械鬭

所謂咸豐三年之同安械鬥由來，首先開拓艋舺者是爲泉州之晋江、惠安、南安等三縣出身者，謂之艋舺三邑人，對于要商業占有繁榮之地域，居住街尾之八甲庄有同安人（同泉州人），彙之由結合少數不和之漳州人，以攻擊三邑人爲發端，雙方隔池進行激烈鬥爭（昔日迄至領台前之艋舺街之周圍均以池環繞之，卽今之新富町、元園一帶全部爲池，以八甲庄爲界，常時須架浮橋以爲往來）。

三邑人於物資人力方面均佔有優勢，然不論如何是爲池所隔，而不易攻入，最後由好意中立之安溪人，准將祖師廟燒燬開爲進攻之路（通八甲庄之地域要衝），然後將土沙裝滿於空樽之中，做成掩護物，於是進攻者乃藉此異動式掩護器推轉突入八甲庄，燒燬衙殺，至是此時同安人乃先將城隍爺神體挾走，一方面開血路走到大稻程之圭府聚社，因此建立今日大稻程之基礎（現在所謂全島文明之大稻程城隍爺，乃爲當時之城隍爺），同廟之另一隅立有同安海內地方戰死者之牌位以祭祀。至於被燒燬之祖師廟，亦於翌年咸豐四年重新建築還安溪人。在之祖父少年時代，頂石路中街路（今之新富町，四、五町目）八甲庄（今之八甲町、若竹町、老松町一帶）附尙見殘留有往時之土壘。

將者，對於此種械鬥出陣之情形，據長輩云，從前有一位名曰炎伯公者亦戰死於此役。據云：當炎伯公欲出陣之前，其母必先設燈香案，祈求嗣告其子武運長久後才出發，其時並禁止全家之婦女與之接近，如是，第一日第二日之出陣均平安無事，尙且得勝而歸，至第三日炎伯公燒香稍告要離家時，其妻戒其年老不該多事，並於耳邊密語問其何時回來吃午飯，其日炎伯公出陣在場隨中敵彈戰死，此謂其妻破戒云。

四、艋舺與泉漳械鬬

咸豐九年及十年之漳泉械鬬，其主要還是板橋與新庄之戰，其原因據傳出自林本源家，此一械鬬，約有二年之久，雙方因戰事疲敝，結局，無勝敗而講和，大概艋舺方面較負而已，有時亦曾退却至下嵌庄（今之綠町）則利用其隘門以防守。

這種械鬬，或可以說是台北地方漳泉械鬬代表之一，並非單單是艋舺板橋，甚至波及至相當之範圍，即台北近鄉之各部落亦分兩方而鬥，確切之那實是無從之知，據自己之想像，泉州方面是以艋舺爲盟主，但是新庄之泉州人，樹林、和尙洲、以及港仔嘴、加蚋仔、溪州等，雖是同安縣人，然均參加攻擊漳州人。咸豐三年之同安械鬬，是由於仇恨艋舺，早就想參加協力，或即是因大義名分上同爲泉州人，所以才參加艋舺方面（但是就地域上來說是加入艋舺之組織）。其他，鶯歌、三角湧、大溪等，也是泉州人，不過因爲離開械鬬地域太遠，是否參加不明。

關於泉州方面是以板橋爲中心，新庄、枋寮、土城、[illegible]林等，均可呼應而起。關於此種械鬬文獻紀載甚少，只據口傳之調查而已。

五、艋舺之同姓集團爭鬬

由來本島人同姓觀念是非常之强，因由祖先之相同，故有血緣親之稱，在同姓者之結合而牽制異姓之行事者爲數甚多，同姓者由於無甚要緊之事而牽引到他姓之門爭者，亦往往有之。只是宗族鬥爭，無有組織，不但期間短，而且規模亦小，如銃砲火器之類亦甚少使用，最多是以棍棒爲利器，而以亂鬥爲程度，至於死傷者亦甚少有之。

艋舺往昔是黃、吳、林姓所壟斷，黃、吳、林姓有三大姓之稱，因其佔有相當之勢力。龍山寺之祭典委員，迄至近年來尙無三大姓以外之人，此由於艋舺之政治、經濟諸事多操於三大姓之中，因此，三大姓之威風十足橫行於艋舺市中，視爲尋常之事。其處三大姓與他姓之爭鬬打架是無問題的，由於三大姓勢力之宏大，械鬬之事的確絕難間斷。

艋舺及對岸諸地方交易繁盛之時，在淡水河之舞船場之起卸貨苦力之間，各各有勢力範圍之定界，大溪口蠻勾角（今之第一水門）是黃姓，王公宮口（第二水門）是林姓，滬尾渡頭（第三水門）是吳姓，均劃有頗淸楚之界限，如遇發生任何爭鬥事件，隨即通知很多之夥伴，開始大械鬬，其糾紛或械鬬，迄至官方之調停或是兩方頭人之調停，械鬬已有幾日矣。

此種調停據長輩者實際見過者有如下之說。

雙方均負氣沸騰時，尋至危險，如暴虎予以調停，仍無結果。衙門方面，雖得到報告，亦依然擱置，通常老爺（知縣）須找尋適當之機會後，逐次抽出隨員排成行列乘轎，慢慢的向爭鬥場所前往，並着先行者於遠處先行敲鑼，喊「散啦，散啦」等類之口號，加以抑制，由是雙方等均且鬥且退，終於散去。

按此種類似內地（日本）過去之博徒，結隊相鬬代官（德川幕府直接派出地方官）趨往相鬬場所喊止。同樣有點趣味。

這幫夥伴，又多少帶有義氣，各自持同姓者之勢力背景，往常並保持密切聯絡，而唯頭人（領袖者）之命是聽，若遇頭人家裏有任何事故，必須親切前往照應，如遇葬事時，亦由這些同姓之苦力者二十四名或三十六名負担扛棺木，扛至山上爲止（淡水河之苦力，雖爲數無幾，於二十年前尙有殘留此事）。

這些幫人，一面在過去是相當的暴惡，曾在料館口（今之黃姓祖廟）之山水舍（黃姓）之手中，擁有苦力廿四人，且有特別優良之武藝。據說：這班夥伴，如去打架負歸時，頭人不僅斜眼鄙視，且加以「馬鹿野郎」等之挨罵，連飯也不肯與吃，如或打架得勝而歸，頭人則甚爲高興，並詢問「勝否？」「眞好眞好，並着向裏頭殺鷄吃酒」等加以犒賞與激勵。因此，這班夥伴均任所欲爲。如爭鬥打架有殺傷人命時，亦因被甚於山水舍之威勢，大概也就無事，因此一般人甚爲恐懼，有以「二十四王爺」之稱。

六、同姓之結合及祭祀公業

本島人之同姓親密觀念，是非常之緊强，本島到處均有頗多之祭祀公業，或是比較有意義之同族間之結社，是到處可以看到的。在同姓者之醵金實公業及建設祖廟，以祭祀共同之祖先，每年春秋二回之公祭，同族間之親睦，是一種共同體之光榮。

在中國南部，對於同族之成功者是必須到祖廟去祭祀感謝，這種是稱爲「拜祖」，此時候對於祖廟應有一番之捐獻，由開祖廟門之祝儀，以至地方公共事業，頗要相當之花費。今福建出身之華僑歸鄉亦是如此，致一般在外之華僑或成功者，對歸鄉「拜祖」之捐獻或是對同鄉同族之請酒應酬送禮等，頗覺討厭，大有歸不得之概，故迄今踏留台灣之二世華僑或三世華僑者爲數甚多。

七、關於同姓不婚

本島人之間，同姓不婚之事，就一般所知者，此謂同先祖與血族觀念爲出發點，迄今綜於留存這一向之習慣。此事，非單於同姓間之不婚，而與他姓間也有特殊之不婚關係。將其原因，多由於祖先之糾紛抱着非常的仇恨，而遺言與子子孫孫，對於對手姓者斷絕交際往來並無婚嫁之風俗，此俗語謂之「無相嫁娶」。亦有非由怨恨關係爲原因而與異姓不婚者，此多爲因血統關係而禁止者 例如劉與唐與杜，「陳、田、胡」，「蘇、周、連」，「張、廖、簡」，「許（或是鄭姓）、柯、蔡」等，均由於同宗關係而禁止。

怨恨關係者，有黃姓李姓及楊姓等。黃姓與李姓之不婚理由，大概有如下之傳說。

遠在春秋列國時代，有楚國宰相春申君黃歇。時楚王年老又未得子，大有抱子心切之感，斯時適黃歇之妾恰度懷妊，於是黃歇乃密商妾之兄李園，當作不知而將已妾獻於楚王，越八個月安然生下一男，三年之後，楚王死了，其子乃繼楚王之位，李園即一躍爲國舅。而李園中途竟抱野心，欲將知此秘密之黃歇一人除滅之，及後計謀思成，遂起惡心，一日用計將黃歇一家殺死，幸而黃歇之另一子免難逃脫，因此子子孫孫世世相傳以李姓爲仇人。

八、械鬪與大墓公

以上所述係艋舺中械鬪之大體，此處略述械鬪者之處置問題，雖然迄今於台灣這種械鬪是沒有國家性質的，一向乃係屬於私門，然由全宗族、全街、全村之相爭者有之，其對於犧牲者即謂之同族之英雄，特鄭重設祀以爲感謝想念，在過去對於犧牲者之處理，實極簡單，大部份將這些犧牲者收容共埋於公墓，是曰大墓公。大墓公是較諸普通之墓爲大，並於墓牌書以「萬善同歸」等字，其他並無任何之裝飾，至於埋入之骨中亦有枯骨外露者，大有淒涼之概，可忍鬪而不可忍視，然而這種大墓公任何處均是非常之神顯與靈驗云。艋舺之大墓公，在二十餘年前是在雙老堂之花園內，其後發老堂廢止，乃於同時遷移於芳蘭（富田町）之共同墓地，其他台北近郊之土城、士林、鶯歌等地亦有之。

九、粵族與義民廟

關於處理戰死者之問題，在廣東族即與閩族略有不同，原來粵族之渡台者，多爲廣東之梅縣人，其團結心較之閩族略强，倘就其對於械鬪之犧牲者之埋葬而言，實爲全粵族所崇敬者，這是值得誇耀的。

其一例，在林爽文之亂時，爲對於同族戰死者之處理，係由同族者發舉獻金，在新竹州新埔庄築有壯大之義民廟及義民塚以祭祀。此廟財産有數十萬之額，每年有二萬以上之所得，是爲全島最富之寺廟。於每年陰曆七月十二日均有舉行盛大之祭祀。其祭祀是新竹州下最大之祭典，有千頭以上二三百斤大豚及鷄鴨幾萬羽之供奉，其日，從州下集至之進香客爲數五萬人以上，廟中每屆此日至少都要花費數百石之白米及六七千斤砂糖等，使用於砂糖湯之製造，以接待進香客，此祭日之費用大概有二十餘萬元之開消云。

其他如苗栗、南崁、林口庄等，亦有這類義民廟之設立。

以上所述，是分類械鬪之大略，在過去官廳對於這種械鬪亦想盡方法嚴厲取締，然收效甚微，及至劉銘傳巡撫赴任後，諸般均大爲改革，自是之後，大部分械鬪始漸息滅云云。

竹山採訪錄

高山富夫著
莊千里譯

日人不遺餘力，介紹此美麗「台灣」之名勝古蹟於其國民者，乃欲喚醒其國民曉此美島之史蹟，得知彼佔台灣之不易，并藉以提高其繁殖精神，以爲組傳實施移守於萬代。然知八年來中國長期抗戰使其迷夢覺醒，在此勝利將臨，台灣重光之前夕，特爲選擇日人之介紹台灣史蹟於其國民者「竹山採訪錄」一篇以饗祖國同胞，惟望同胞能如日人之愛好台灣而加以深切注意，則是乃譯者之微願也。

本文所述爲台中州竹山郡治之名勝古蹟見聞集錄，大部根據杉山靖憲著「台灣名所古蹟誌」（大正五年刊），雲林縣第四代知縣稅森編著「雲林采訪冊」而作成。

（一）雲林城址（前山第一城）

雲林城址位於南投郡沙連堡林圮埔街土名雲林坪（即竹山街字竹圍）。此地與東面一葉山連接，朝暮雲霧濃厚，饒生竹林，因名之。清政府時代隨開山撫番之進展，於光緒十二年新設雲林縣，至翌（十三）年正月卜定此地爲城址，知縣陳世烈，向地方紳士募捐建立縣城土垣，周環植竹三重，高六尺周一千三百丈。完成後延請旌義亭於城外，用以旌表捐輸者之義心，亭內則立有石碑題云「前山第一城」而取名爲「雲林城」，故其時之雲林經已爲林圮埔之代表。「前山第一城」碑在九十九嶺山上之旌義亭內，高六尺寬三尺正，書前山第一城五字，光緒十三年前縣令陳世烈勒石（雲林採訪錄）然而每年夏季，橫於縣城之南北之濁水及清水之泛濫，恐交通陷入災危之虞乃於同十九年知縣李烇時將縣城遷移至斗六之四清里，建築周圍千一百六十丈高五尺廣八尺之土墻，東西南北分成四門環植以竹，其外周鑿成深七尺幅八尺之城濠，仍襲稱爲雲林城，由是代表林圮埔之地名轉而代表斗六矣。日本領台當初一時仍呼斗六爲雲林。但現已恢復矣（台灣名所舊蹟誌）。

光緒拾叁年仲春月
前山第一城
嶺南陳世烈題

注（1）前山第一城石碑及旌義亭經破毀，現已無存。

（2）所謂九十九嶺即今之竹山街竹圍子與和溪厝之間，立於坡上可將和溪厝、清水溪納入眼簾。據云二十年前，九十九段階尚存。

（3）城基蹟現僅可由官有地及民有地之區分而推測之，現在該城蹟築有「竹山神社」，爲郡民之崇拜地。

（二）林圮之墓

墓在林圮埔街之西北方竹圍仔庄之田園中，圍中造成一坵，現除數十年前栽植之橄欖樹一株，可示墓址外無所存。此山城之主林圮爲明歷年間「紀元二千三百十七年」鄭氏部將，率領部下二百餘名由牛相觸口（斗六街林內途）進入，以竹圍仔庄爲根據地，對土著山人驅逐於東北之東埔蚋庄附近，而屯墾其地，但山人夜襲致林圮及部下百餘人盡被消滅。後被害遺族起而進擊，打退土著於山之背後，繼林圮之志重爲開拓是地，此所謂林圮埔地名之起因，街內林姓祖廟崇本堂之以奉祀林圮神位「開錠水沙連右參軍衍林圮公神主」亦爲此。尚有當時殉難百餘名之遺屍並合葬其傍（雲林採訪冊）。

皇紀二千六百年紀念
明代開闢水沙連
功授右翼參軍
林圮公墓

注 1.橄欖樹被盜砍現已無存。

2.本墓在竹山街竹圍仔竹山國民學校之背。

3.昭和十一年十二月竹山神社（觀）營造工業中，發掘石器（有石斧三支各長約七寸，幅三寸）及石壺一個，現物暫時保存於竹山郡役所及竹山公學校，其後詳情不明。

（三）萬年亨衢之巨石

該巨石在鹿谷庄大水堀，土名頂城二〇七〇米，海拔一四一〇米之地點。光緒元年當時之台灣總鎮吳光亮為紀念二月動工開鑿，至十一月完成，由今之竹山街頂心仔通至台東山界之橫斷道路，以草書自題四大字「萬年亨衢」，於絕立山中路傍之高二十尺之一大巨石上，字縱三尺橫約一尺五寸乃至二尺，其字始則充填以朱土，今則剝落矣，巨石在樹林鬱茂之蔭下，故字體尚鮮明可考，但舊道則已無存矣。

（四）鳳凰之眼

距谷庄大水堀土名頂城未定地（距頂城約四哩之鳳凰山腰）之天然巨石中，有酷似雙眼之兩孔，其態儼如睥睨新高郡方面之山界。巨石與雙眼故稱謂鳳凰眼，傳說此為古時理山政策之一種，用以威壓生番之良法，在其酷似雙眼之巨石兩孔中填充以銀，使如睥睨山界，使生番不敢越山一步。然今則銀已被撤，所存者石耳。銀眼之填充者傳說為吳光亮，但不可考矣。

（五）德遍山陬碑

此碑在鹿谷庄鹿谷字新寮一一五番地，碑有大小二基，大高一·三三米，幅五九生的，厚五一生的，字刻在石切面，大者為光緒元年十一月初吳光亮之入山撫番碑之諭示，小者為光緒二年三月沙連大坪頂（現在之竹山街鹿谷庄）等七莊住民為顯彰頌德吳光亮而立者，題云「德遍山陬」等字。

> 賜名提督軍門、新授福甯鎮……廣東
>
> 德遍山陬
>
> 官軍　親民艱辛　寬放禁例
>
> 光亮號　深沐恩被惠　永矢不忘　飛躍尚德
>
> 府縣公　以石為碑　依附告示
>
> 光緒二年三月　紳士吳人等仝叩立

（六）沙東宮

在竹山街江西林字東埔蚋。嘉慶七年一月創建，內廟滿有「開疆[illegible]」匾額，境域一一四〇餘坪，本殿前殿拜庭左右等廂門，規模相當宏壯。奉祀鄭成功。每年其祭典於舊曆一月十六日及七月十七日舉行之，現有廟宇係於昭和十六年重建者。

（七）開漳聖王廟

此廟在竹山街社寮四〇番地，乃嘉慶元年陳恰偶募發起，糾集社寮後埔子方面之民衆捐款，至嘉慶二十四創建者。廟宇至昭和元年修復，祭典皆在每年一月十五日，六月九日舉行。

（八）甘井泉

在竹山街社寮未定界土名頂埔之山麓。直徑三丈深四尺，水深普通一尺，除掘鑿土沙而外未經施以工程，雖至冬季渴水期，非但未曾枯渴，且而滾滾向上，因有甘味，地方人民平常皆飲用之。所在地為古時濁水溪南之小市鎮，明為鄭氏部將林、楊二姓合墾者，但年代不可考矣。後台灣總鎮吳光亮率兵經此，兵士爭先恐後飲此水以消渴，以其甘味可口，故吳光亮名之曰「甘泉井」。據雲林採訪錄「甘泉井在社寮頂埔前福省福康安駐兵大營後，泉湧而甘，大旱不涸，前台灣總鎮吳光亮開兵過此，飲而甘之，遂鳩工修築，四面環以石，因水甘遂以甘泉名井」者，即記載其事也。

（九）永濟義渡

永濟義渡為竹山街社寮土名水底寮乃新高郡集集街渡上濁水溪之一渡頭，為光緒元年貢生黃榮華，倡捐創設者，所謂義渡，意即供公衆以免費渡場之謂），此義渡至昭和九年四月竹山街社寮當新高郡隘寮間之大濁水橋架設後，由管理關係人自義的解散，以其全部財產寄附為橋設大橋工事建築費之一部，而渡場亦因濁水橋開通後遂失其存在必要性，據雲林採訪冊有一段記載「永濟義渡者，濁水莊縣東[illegible]

里，濁水庄爲沙連堡適當彰二邑要津，嶺東屬彰化縣，岸西屬沙連堡，光緒己卯年貢生黃榮燕倡建義渡，鎮軍吳光亮捐俸置義渡租業」卽記其事也。

注　永濟義渡碑記在竹山街後埔仔指南宮土地公廟前及南投郡名間庄濁水祖媽廟中。

（十）女傑傅氏之碑

此碑在鹿谷庄車輄寮一六三番地，部落西端，沿傍民房軒下。傅氏僉六歲時夫客死故，獨撫五齡幼兒泉甚盡撫守貞節之能事，鄉中不論大小事，是非曲直概在彼決於鄰之下，氏之爲鄉黨所尊重。同治四年九月三日，年五十有七仙故，石碑爲同年十二月欽加布政銜投內閣中書舉人林鳳池所題者，題云「堅德可嘉」。

（十一）林爽文之古戰場

戰場在鹿谷庄水牛天未奔定地（小牛天山）。爲阿里山之支脈，鳳凰山之分脈西行，一謂大牛天山一謂小牛天山。淸乾隆五十二年十一月匪魁林爽文敗後由台中鄉縣興從大里杙（現之大屯郡大里庄）踰越東南之火炎山經北港方面之山地進入集集，再度敗北後於十二月逃遁入小半天山，在山頂設防預備死守，但淸軍由西方之大坪頂進軍猿攀蟻附攻上。賊兵雖經投石放鎗抗拒甚力，終以衆寡懸殊，無法抵敵，爽文因之遁匿於水沙連邊界。將軍福康安得重修此山。翌年正月爽文自覺難逃，單由山界潛脫到達老衢崎。對舊相高振說：「爲報答你的恩德」自縛由彼呈獻於官，繼則其弟及賊兵全部就捕，亂亦平矣。當時山上築有營寨，內以石牆外則列以木柵斷樹塞路，以此防戰死守，至今可供回顧之戰績，無所存矣。

（十二）照鏡山

竹山街西林地方爲山明水秀之鄉，於土名江西林山之附近，江西林山一見宛如屏風之處，猶如立鏡，故又有照鏡山之稱。於其向側之村落，東埔內爲古時美人之名產地而聞名，昔時吳大人光亮開兵經此，觀及此地美人，爲確悉其品行，曾對該地之女人質問曰「汝日出栖粧」或「日落栖粧」（意卽化粧在於日出或日落），村老聞錯爲日出西山或日落西山，以其山屬於日落方面，因速答之曰「日落西山」，吳光亮爲之頗惜曰「可惜哉，日出栖粧出貴人，日落栖粧是賤人」，傳說云因被吆破，故遂來該地婦女品性漸惡，美人亦因之減少。

（十三）紅蕃薯（地瓜）

竹山街江西林土名坪頂，其地至今尙爲紅蕃薯之名產地，傳說云：吳光亮曾經以此珍貴土產呈獻於當時之朝廷，因之獲得敕封。雲林採訪冊記云「江西林山在縣東北二十八里，其山突由平地起，勢如橫屏，山頂坪平廣二三里，四面玲瓏秀麗，山背二峯形如獅象傳說淸濁二溪，山嶺居民錯處，厥土丹赤，所產地瓜大異尋常，味甘如飴，黃如蒸朱，世稱佳品，其山西行爲下坪山坪頂」。聞乾隆中福公中堂討林爽文之亂，曾駐屯大軍於山上，故老猶有能道其遺跡者。

（十四）隆恩圳

竹山街社寮隆恩圳至今尙爲郡下最優良之埤圳，以濁水溪水灌漑四五五甲步之美田，淸朝時每年以爭奪圳水而發生之訴訟幾乎無時間斷，甚至事件有時提上彰化縣，因之當時之縣主名陰者爲之設壇祈雨，終於未獲點滴，因之農民暗中寫成告白，「乞食陰求雨無中點」貼於衙門前縣主容易覺察之地以諷刺之，但縣主以德厚非但未之發怒，凡造成時句「縣主不是仙，縣主若是仙，山上可耕田」以覆之。農民等反自恥己之無智，深服縣主之德厚，嗣後縣主以其事奏聞於朝廷，淸帝宣敕曰「今後可得而風調雨順哉」，以來爭水事未曾發生，而地方民衆因爲感其德，名之曰「隆恩圳」。

（十五）開闢荒鴻

在新高郡集集郡林尾水稻栖腳附近之濁水溪岸一巨石上，刻有「開鎗荒鴻」等字，傳爲古時吳光亮征×途次題成者，但無足考究。

台灣詩詞續話

朱劍芒

往昔爲龍鳳月刊寫台灣詩詞叢話，以弱歲讀梁新會所編新民叢報，俯記茶期雜俎欄載有鄭延平五律七絕各一首，惜事隔四十年，已不復憶其隻字，茲偶檢蘇菱槎先生東甯百詠，有「舟山北伐下瓜州，黃葉西風片片愁。一例長城詩律壯，峴山名句足千秋」一首，其附注云：「已亥五月，成功誓師北伐，少司馬張煌言以所部義兵從，未至儀徵五十里，吏民迎降。六月二十八日，煌言抵觀音門，成功已下鎮江，大會文武，登峴山，援筆賦詩：「黃葉古祠寒，西風寒殿阶。沉沉松柏老，暝暝飛鳥廻。碑碣空堆地，庭階蘚雜苔。此地到人少，瘞世轉堪哀！」」蓋即新民叢報所揭載之五律，據蘇注，是詩爲延平攻下鎮江登峴山所作，雖係憑弔古蹟，然出諸延平之手，且在長驅無阻，克敵誌功之際，似不應作此蕭颯語，必如鄂西林「問訊何年招濟火，斜陽滿樹武鄉祠」等句，庶合名將身分。意者是時清師入滇，永曆帝蒙塵異國，故延平結句，有「瘞世堪哀」之歎乎？又按峴山之著名者有二，一在鄂之襄陽，即晉人爲羊祜立墮淚碑處，一在汴之東陽，即殷仲文登眺處。初未知鎮江亦有一峴山也。至云 六月二十八日登山賦詩」，似與詩中起句「黃葉」「西風」等字面，亦多未合，蘇注究何所本，暇當再爲細考耳！

余最愛讀各地有關風物之竹枝詞，梁任公旅台時，亦有竹枝詞之作，詩前戲擬序云：「晚涼步城落，輒聞男女相從而歌，譯其詞意，惻惻然若不勝谷風小弁之怨者，乃掇拾成什，爲遺黎寫哀云爾！」詩傋十絕，寫爲男女相悅，據附注，多數係直用原句，或略竄數字，茲摘錄四首如下：「相思樹底說相思，情樂情深似伊。樹頭能結相思子，問伊相思知不知？」原注云：「全台所至植相思樹」。按相思樹即紅豆樹，我國南方諸省均產，江浙間亦間有之，王摩詰詩所謂「紅豆生南國，春來發幾枝」是也。全台既多此樹，實爲竹枝詞中之絕好資料，惜此首用意平凡，可見掇拾成什，亦至不易也。其二云：「檳榔深處打檳榔，贏得蒟醬待勸郎。願郎到口莫嫌澀，箇中甘苦郎細嘗！」按：蒟醬爲胡椒科植物，唐蘇恭著本草，嘗云：「取其葉合檳榔食之，味辛而香。」足見我國在千餘年前亦早有此食法，不止台島爲然也。其三云：「蕉葉長大難遮陽，蕉花雖好不經霜。蕉肥蕉老有人食，欲寄郎行愁路長！」按蕉爲台島特產，我國閩廣等地雖有移植，大都來自海外，第不知始於何時。至以蕉入詠，在唐宋人詩中，已不恆見，若蕉花一詞，則梁氏以前，更從未有人用過，蓋非至產蕉地區，幾不知蕉之有花也。其四云：「郎行贈妾猩猩木，妾贈郎行蝴蝶蘭。猩紅血淚有時盡，蝶翅低垂那得乾。」按蝴蝶蘭，疑即紫蝴蝶花，惟猩猩木爲何種樹木，殊無可考，想係作者身歷耳之游者，當有所知耳。

許南英窺園留草中，亦有台灣竹枝詞十首，則所詠要皆爲歲時令節之社會習俗，若放爆竹、鬧龍舟、盂蘭會、中秋月餅等，與我中土並無二致，固不能謂爲一地方特有之風尚，惟以詩而論，則許詩較新會所作似勝多矣。茲亦摘錄三首如下：「春晚羅衫逸帶輕，賽船廿日渡安平。旌旗簇擁天妃過，茶果香花夾道迎。」其二云：「鯤鯓王入小西門，一月香煙不斷溫。回想偏遊城內外，下船時節已黃昏。」其三云：「秋風策馬出南郊，帶得新詩馬上敲。小住竹溪蕭寺好，淋漓佳句壁中鈔。」

蘇菱槎之東甯百詠，其大部分雖詠史事，而山川、風俗、人物，亦偶有涉及，且詩後遍附詳注，尤感翔實，無一不備，他日人有撰是邦新志者，若蘇氏之作，有不可不採錄也。茲亦摘鈔數首，以實我詩話。其誌諸番所種香米及釀酒云云：「香米新登蒸荐肥，釀罌釀鮮婦背衣，衣飄裾口開衿隙，伏股雞脯潛醉歸。」其誌番社男女之衣飾云：「番兒初攤卓戈紋，番女雙股落細袖。頭上野花名給綢，螺錢一串各半分。」其誌番俗男女之相戀訂婚云：「小姑結屋傍溪林，撻得阿郎蘆嘴琴，欲解佩環太希澀，紗巾為合訂同心。」其誌台南婦女之嗜食檳榔云：「猩脣初綻玉脂香，理鬢熏衣卸晚妝。嫁得雜潮好夫壻，歸來園半與檳榔。」其誌基隆之長年多雨云：「半嶺如沃遍燕麻，嶼闢基隆雜港汊。造物偶然旋籟籟，頓教兩地雨晴差。」其誌台灣茶業之盛云：「採茶歌裏上茶山，採得新茶帶雨還。商人重利育徵稅，千艘萬艘出台灣。」其誌島上物產有鄭氏父子建國時之舊稱云：「街頭喚賣國姓餅，番社猶稱皇帝魚。名物東寧重品第，故人遺我比瓊琚」。

許南英本台灣革命志士之一，當台灣民衆舉義抗日時，劉永福、丘逢甲分掌軍民諸政，許亦出任籌防局統領，及台北台南相繼陷落，唐景崧首遁廈門，劉、丘亦先後歸中土，許氏於日軍入台南之第三日，始微服出亡。其到閩詞中有搔天喚角一首，即詠出亡時之情狀，詞云：「已無生氣，進退真狼狽。半壁東南已去，忍不住牛山淚。汐社社閑拜，河山悲破碎。多謝安平漁父，扁舟渡來相濟。」又有別台灣一首，調寄如夢令云：「望見故鄉雲樹，鹿耳鯤身如故。城郭已全非，彼族大難相與。歸去，歸去，哭別先人廬墓。」按許氏世居台南，所謂窺園，即在延平郡王祠畔，故余贈某詩有云：「海東舍島當光日，定博先民笑九原。並囑他年休忘卻，延平祠畔訪窺園」。（待再續）

台灣民俗

——譯自昭和十九年民俗台灣——

百 飛

二、童歌、

一

哀呂哀，柿路柿，
豚槽柿過溪，
溪仔淺，溪仔深，
佛祖抱觀音，
抱過嶺，
狗毋生狗子，
飼大隻，
賣錢糴木米，
緞紅岡，
食飽飽，
偏菜炙，
轉落來吐肉舌。

二

臭頭的臭皮巴，
食飽鑽橋腳，
橋腳三尾蝦，
掠臭頭的去脫皮，
皮張鼓，
肉飼虎，
虎頭燒香，
虎尾蒸蒸，
蒸軟軟，
一人分一房，
炒脈脈，
一人分一塊。

三

摭扶曳，
戴米戴菜來飼雞，
飼雞要叫更，
飼狗要吠賊，
飼後生有老世，
飼査某子別人的，
飼媳婦仔做大家。

四

摭扶，
刣雞請阿舅，
阿舅食勿了，
剩一支雞腳爪，
與阿施食了了。

（未完）

臺灣研究論文索引

蘆士武

引言

余既將台灣史料書目提要正續兩編，檢尋台灣資料者頗稱便利，因又搜訪期刊發表之論文，約有百餘則，依照省政府圖書館所用分類法彙成分類索引，惟所錄斷自抗戰發生時期，並以知見爲限，遺漏或尚甚多，務希讀者指敎，續加增補爲幸。日文期刊發表之論文，亦擬另行搜集，成否尚不可知也，蘆士武識。

編名	著者	期刊名	卷	期	頁數	年	月	日
〇〇〇 台灣總論								
台灣與中國關係的檢討	子堅	亞洲文化		1	2-3	24	1	10
台灣	孫銘修	革命公論		6	78-81	24	6	20
台灣的透視	章叔淳	香港華商	2	5	16-9	26	2	
台灣	吳清友	世界知識	3	12	658-61	26	3	1
〇一〇 台灣圖書題記								
台灣外記與台灣外誌考	黃典誠	廈大學報		7	1-48	25	7	
台灣通史題辭	太炎	制言		40	1-2	26	5	1
三二五 台灣僑民								
台灣歷史上的殖民與華僑之關係	郭振裳	華僑		62	9-12	24	12	
台灣國人村落的和美莊	張覺人	邊事研究	4	4	46-66	25	9	20
台灣人在福建	南天	國本	1	4	64-5	26	1	16
台灣僑務的總調查	陳覺訓	僑務月報		10	1-16	25	11	
在廈門之台灣人	孤萍	國訊		71	177-8	23	6	16
日本在台灣殖民近況		正風雜誌	3	9	1067-9	25	12	16
三二七 台灣外交關係								
日帝國主義壓迫下的台灣	何明	文化線	1	1	3-4	23	11	20
四十年來日本統治下之台灣	林空谷	民族雜誌	3	4	691-71	24	4	1
日帝國主義者統治台灣之政治組織	孫銘修	獨立評論		4	30-5	25	11	25
日本帝國主義鐵蹄下之台灣	雷峯	中國公論	1	2	1	26	1	16
日本帝國主義鐵蹄下之台灣（續）	雷峯	中國公論	1	4	38-40	29	2	16
日本治台成績	明水譯	國風報	1	16	17	宣統2	6	11
日本統治台灣制度之商榷	章錫琛譯	東方雜誌	13	4	58-65	5	4	
論台灣之統治	法孝	大中華	2	5	1-5	5	5	
日本併吞琉球琉島及台灣的經過		民衆旬刊	4	4	5-7	22	11	10
台灣遺民會致祖國書		軍事雜誌		6	185-6	23	1	1

篇名	著譯者	刊物						
日本統治下的台灣	直洸	社會新聞	6	8	9	28	3	1-2
關於台灣事件之考察	田保橋潔著 王仲廉譯	人文	5	1	1-20	23	2	15
從台灣說到瓊崖	丁穎講 周元光記	瓊農			6-10	23	3	1
台灣會議與大連會議	曙生	新中華	2	15	2-3	23	8	0
台灣的領事幹什麼		新社會	7	3	66-7	23	8	1
南庫頁與台灣	湘人譯	新亞細亞	8	3	69-78	23	9	1
三三六　台灣財政賦稅								
台灣全島各種稅收狀況		外交公報	9	4	185-7	25	4	
台灣總督府一九三六年之預算		外交公報	9	1	106-11	25	1	
三四〇　台灣法律								
台灣法政制度的解剖	冷雪冰	三民半月刊	5		9-10	20	1	16
台灣之司法制度	陳淑珠	福建學院季刊	1	4-5	10-2	23	10	20
三五二·五　台灣自治								
台灣要求自治		重心		12	5-6	23	10	31
台灣民衆之自治運動	克威	砥柱週刊	3	9	1-2	23	10	1
三三五·六　台灣保甲								
台灣保甲諸法規		外交公報	7	8	10-1	23 24	1	10
台灣保甲諸法規(續)		外交公報	7	12	310-3	23	12	
三五五　台灣軍備								
台灣在遠東軍備上之價值	冰輪	軍事雜誌		92	108-13	25	12	16
三七〇　台灣教育								
台灣之教育	王棟琴譯	鄉村改造	6	2	42-7	26	4	16
觀台灣公立小學校觀察報告	牛伯友	安陽教育	2	17	1-5	23	12	15
日本帝國主義下的台灣教育	洪炎秋	教育什誌	23	9				
三八一　台灣貿易								
台灣貿易完全為日本獨占		貿易		77	1-5	25	4	12
一九三五年台灣對外貿易之回顧		外交公報	6	1	323-6	25	1	
昭和八年台灣貿易之回顧		外交公報	7	5	138-53	23	5	
二十三年上半期台灣主要貿易品之消長		外交公報	7	9	260-9	23	10	
二十三年上半期台灣對華貿易概況		外交公報	7	10	109-11	23	10	
最近台灣對華南貿易概況		外交公報	7	11	52-4	23	12	
三九七　台灣番族								
台灣生番底衆祭	靜君譯	藝風月刊	4	4	43-4	25	4	1
台灣番族之原始文化	顧天樞	邊疆	2	3-4	89-90	26	2	8
台灣番族概觀	鈴木作太郎著 王輿瑞譯	民俗	1	2	63-141	26	1	30
百年前的台灣及其土番	春雷	民俗	1	2	143-52	26	1	30
台灣生番生活之概況	駕鵡譯	東方雜誌	15	12	69-71	7	12	
台灣生番生活之概況		地學雜誌	11	10	1-5	9	10	

台灣番族的社會組織	芳琛	社會新聞	7	6	410-11	23	6	81
台灣太公番族底俗信	小礫	藝風月刊	3	2	61-2	24	2	1
三九八 台灣歌謠								
台灣番族歌曲	靜聞	藝風月刊	4	1	84-5	25	1	1
台灣俗歌	靜聞	民俗		10	37-9	17		
台灣情歌集序	鍾敬文	民俗		3	1-7	17		
五五〇 台灣地質								
台灣地震	閆粱	國訊		95	661-2	24	5	4
台灣大地震之實況	金詠深	科學畫報	3	2	42-3	24	8	
五九五 台灣昆蟲								
台灣之昆蟲事業	陶家駒	昆蟲植病	4	24-5	480	52	9	1
六一〇 台灣工業								
台灣製冰業之現狀		上海水產	3	11	12-5	23	12	25
六二一 台灣礦業								
台灣基隆煤礦概況		礦業週報		302	799-801	24	12	14
台灣基隆金山礦床調查報告	出口三雄	地學雜誌	7	4-7		5	6	10
六三〇 台灣農業								
台灣之農業	盧守耕	農報	2	32	1111-29	24	11	20
台灣之農業		中大月刊		1-6	4-7	24	12	
台灣農業現狀之一瞥		教育職業		160	677-80	23	11	1

六三三 台灣農作物								
台灣之茶業	張天福	協大學術		3	1-24	24	8	
台灣茶業發達及對於我國茶業之希望	孟軒	現代生產	3	1	72-5	25	1	
台灣米傾銷華米衰落		湖南國貨		33	8-0	24	9	
台灣蘭生產近況		外交公報	9	4	224-6	25	4	
台灣茶業及其貿易概況	倪考先譯	中行月刊	12	6	13-9	25	6	
台灣茶業見聞之概要	小泉武雄 劉君約譯	現代生產	2	8	70-4	25	8	15
台灣蔗糖業之發展及其前途	朱博能	國際貿易	8	9	87-93	25	9	15
日本與台灣之茶業	吳覺農	實業部刊	1	7	178-91	25	10	31
台灣之茶樹品種	山本幹馬 陳興琰譯	現代生產	2	1	37-40	26	2	1
台灣樟腦業之現狀與將來	威爾遜 鍾心炫譯	科學	6	5	539-43	10	5	
台灣糖	璣	農光	2	35	9-10	23	2	3
台灣茶葉檢驗章程		國際貿易	6	9	223-6	23	9	16
台灣紅茶大發展之新紀錄		外交公報	7	4	132-4	23	4	
台灣香焦輸移出額值一千一百八十三萬元		外交公報	7	7	382-4	23	7	
台灣蔗糖發達之原因	蕃編	浙江建設	9	10	107-9	25	4	
六三四 台灣林業								
台灣阿里山森林遊覽記	孟軒	現代生產	1	12	1-5	24	12	

六三九　台灣水產

台灣水產事業之變遷及其新動向		外交公報	8	10	319	24	11	
台灣水產事業之變遷及其動向		工商	7	24	141-2	24	12	15
台灣台南州水產試驗場之虱目魚養殖調查報告	林叔藻	集美週刊	18	4-5	45-7	24	12	23
台灣高雄州水產事業調查報告	陳兆麟	集美週刊	18	14-5	3-28	24	12	23
台灣基隆市珊瑚魚業調查報告	林茂燕	集美週刊	18	14-5	28-40	24	12	23
台灣魚業視察報告	黃文澧	集美週刊	18	14-5	44-5	24	12	23
台南州水產試驗場之牡蠣養殖概況	唐永鏡	集美週刊	18	14-5	47-9	24	12	23
基隆市與拖漁業調查報告	臧焯樓	集美週刊	18	14-5	44-5	24	12	23
高雄漁港鮪旗延繩釣魚業試查報告	林景滄	集美週刊	18	14-5	49-51	24	12	23
台灣水產業之展望	共速	水產月刊	1	4	41-6	23	9	1

九〇〇　台灣歷史

割讓台灣的回顧	劉逕民	民族雜誌	3	10	1-22	24	10	1
最近台灣朝鮮的革命兩事件	天燊	禮拜六		667	328	25	11	21
割台遺恨記	浩劫餘生	新國民		3		6	6	
割台記	羅惇曧	庸言	1	6	4	2	2	
台灣開創記	穆其保	地學雜誌	8	10	3-5	6	10	
台灣之革命運動	章錫琛	東方雜誌	10	7	45-6	3	1	

台灣民族運動的過去和現在	利生	行健月刊		48	12-3	23	5	21

九一〇　台灣地理

遊台心影	涵酒鄉	廈大附中	1	5-6		24	2	
台灣野記	撫慈	大中華	1	2	1-12	4	12	
台灣遊記	鐵樵譯	小說月報	5	2	9	3	5	
台灣之新高嶺	林傳甲	地學雜誌	10	9-12		8		
游台雜憶	滄江	國風報	2			宣統3	3	1
美人開爾式夫民台灣記遊	粲之衡譯	地學雜誌	11	8-10		6	8	10
台灣現在情形		教育雜誌	1	8	35-44	宣統1	7	
台灣縱貫鐵道上	鄧海容	現實	2	9	129-35	24	6	1
台灣的史地產業	趙非蓀	日本評論	4	3	109-17	23	4	

九二〇　台灣傳記

徐驤傳	江山淵	小說月報	9	3	9	7	3	

二五七

編後話

本期季刊出版，適逢「六一七」台灣淪陷五十週年紀念日，匆匆付印，殊不掩簡陋之嫌。若干譯稿內容詳實，因爲印刷關係，不得不留待下期刊出。

本期內容無論台灣民族問題、經濟問題、台灣風俗及倭寇在台灣統治政策等俱有論列。友邦先生「台灣少數民族問題」一文，談及台灣番族狀況，敵人理番政策，及將來我國對待台灣番族問題應持態度，頗多可供參考之處。而梓修先生之「日寇在台灣的皇民化運動」一文，亦作透澈敘述，可謂已揭穿倭寇統治台灣之眞相。台灣經濟問題，當前亟需有縝密週詳之檢討，作爲台灣收復後經濟建設之參考：本期對台灣金融、資本、水利、茶業，均有論及，并想藉此引起大家研究台灣經濟的志趣。「近年來台灣問題演變紀事」是將抗戰以來國際間對於台灣問題的輿論及態度，根據各通訊社消息，作時事紀述，俾國人知道收復台灣乃我國抗戰八年來之成就，亦爲我國民應盡天職。台灣民情風俗，據說與福建漳泉差不多，但亦有不同之處，「宗族械鬥與結髒」即是日人對台灣民俗逼眞的寫照。

臺灣研究季刊價目表

時間	冊數	價目	郵費
一季	一冊	六十元	在外
半年	二冊	一百二十元	在外
全年	四冊	二百四十元	在外

臺灣研究季刊廣告刊例

地位	全面價格	半面價格
封裏外面	二千元	一千元
封底裏面及封面內頁	一千五百元	七百元
正文前後	一千元	五百元

臺灣研究季刊

第一卷　第二期

中華民國三十四年六月十七日出版

發行人　蕭宜增

主編人　謝東閔　方志林

發行所　中國國民黨直屬台灣黨部台灣研究季刊社

經售所　改進出版社　勝利出版社　東南書店　立達書店　青年書店　及南平　福州　泉州　漳州　長汀　梅縣　瑞金　各地書店

印刷所　長風社印刷部　永安橋尾

台湾省党部关于机构改组及人员任用给福州市政筹备处的函

一九四五年十月二十五日

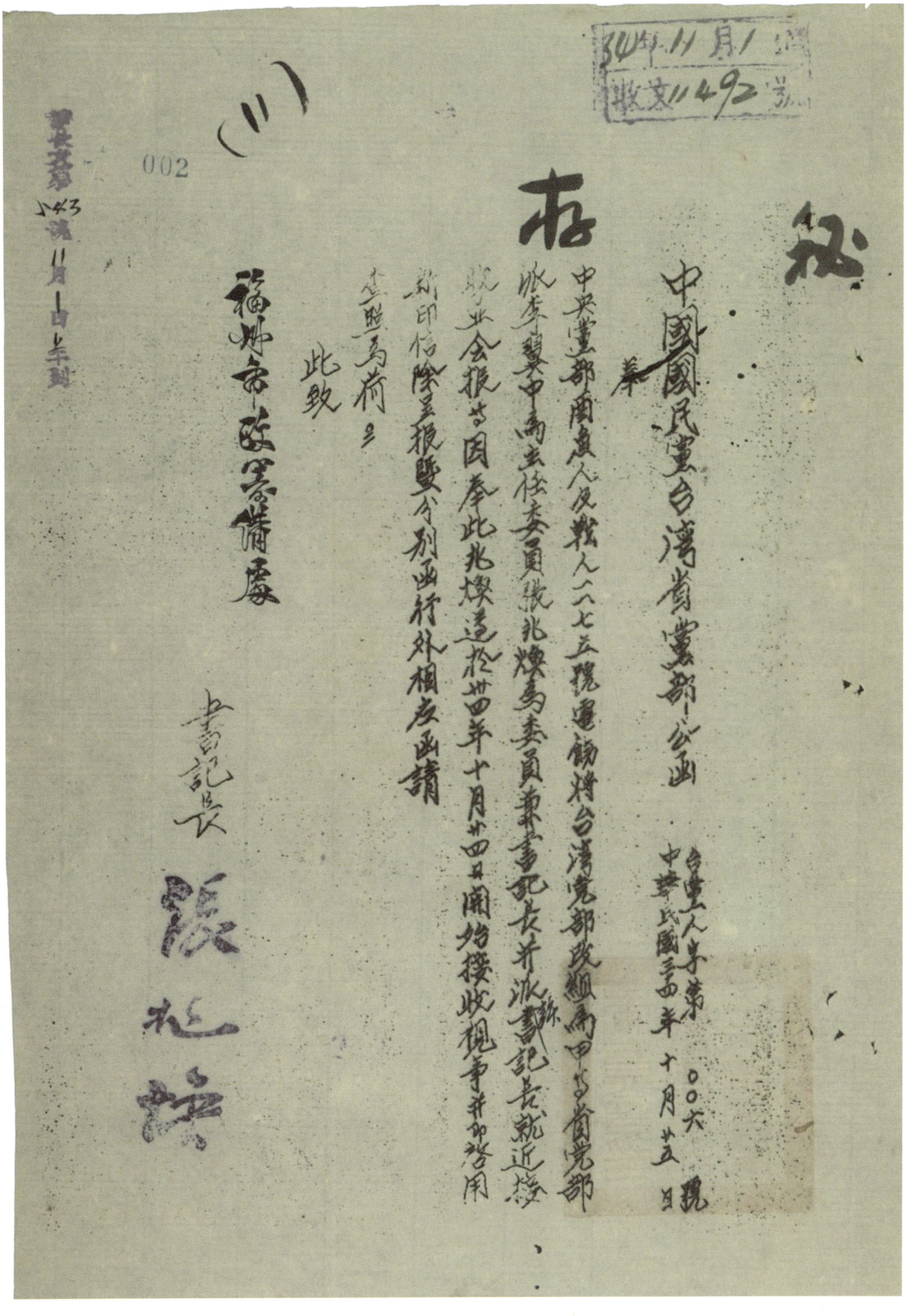

34年11月1日
收文11492號

002

秘

存

中國國民黨台灣省黨部公函

台黨人字第〇〇六號
中華民國三十四年十月廿五日

奉

中央黨部酉真人及戰人一八七五號電飭將台灣黨部改組爲甲等省黨部，派李翼中爲主任委員，張兆煥爲委員兼書記長，并派孫書記長就近接收，並令張書記長因奉此，兆煥遂於卅四年十月廿四日開始接收視事，并即啓用新印信，除呈報暨分別函行外，相應函請

查照爲荷

此致

福州市政籌備處

書記長 張兆煥

台湾省党部关于机构改组及人员任用给福州市政筹备处的函　　一九四五年十月二十五日

台湾革命同盟会南方执行部

福建省政府关于查报台湾革命同盟会南方执行部设立及组织实情与龙溪县政府等的来往文电

一九四一年九月—一九四二年九月

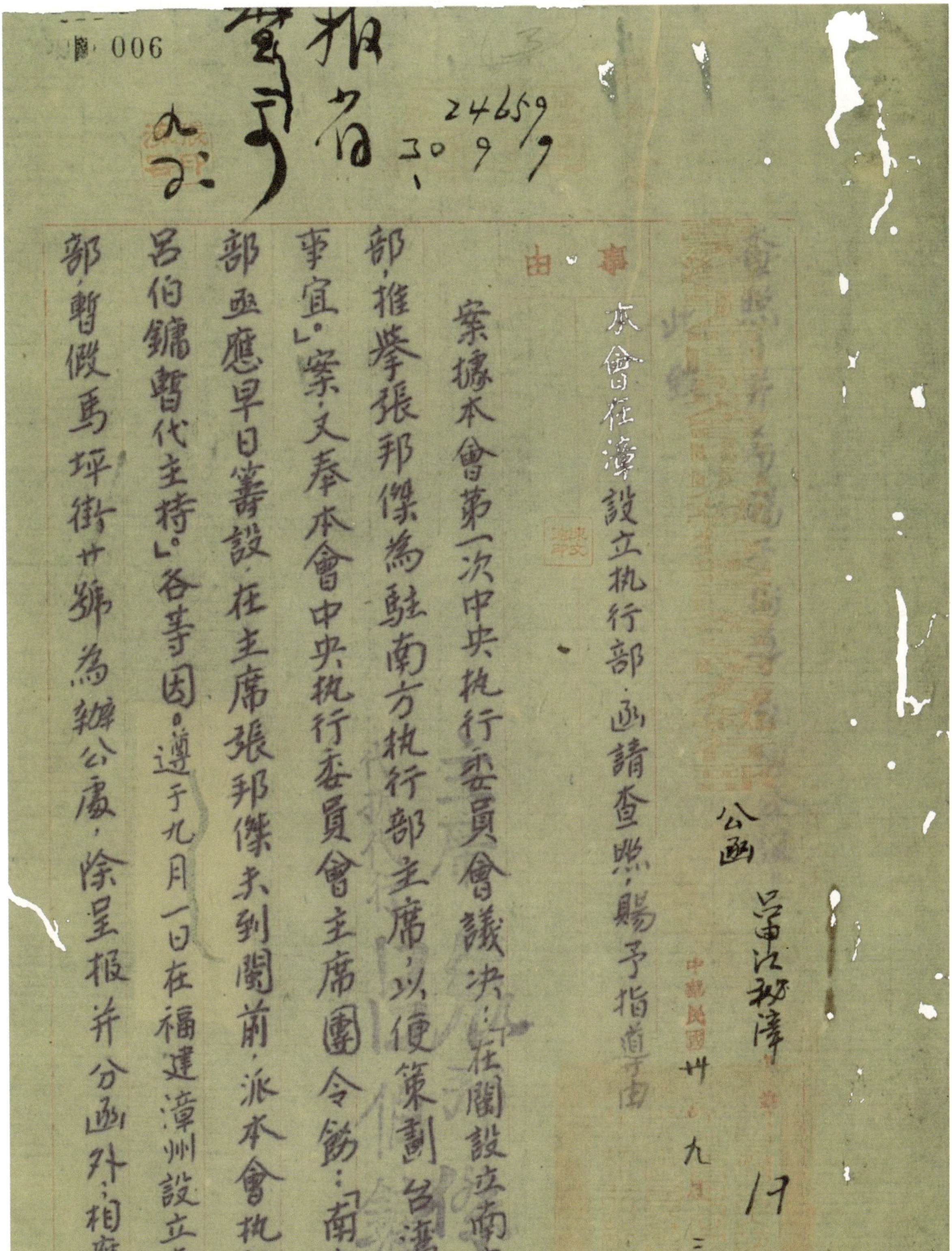
006

公函

中華民國卅年九月三日

事由：本會在漳設立執行部，函請查照，賜予指導由

案據本會第一次中央執行委員會議決：「在閩設立南方執行部，推舉張邦傑為駐南方執行部主席，以便策劃台灣革命事宜。」案；文奉本會中央執行委員會主席團令飭：「南方執行部亟應早日籌設，在主席張邦傑未到閩前，派本會執行委員呂伯鏞暫代主持。」各等因。遵于九月一日在福建漳州設立本執行部，暫假馬坪街廿號為辦公處，除呈報并分函外，相應函請

台湾革命同盟会南方执行部关于在漳州设立执行部并请给予指导给龙溪县政府的函

一九四一年九月三日

007

查照！并希賜予指導，至紉公誼！

此致

龍溪縣政府

主席 張邦傑

代折代行 呂伯鏞

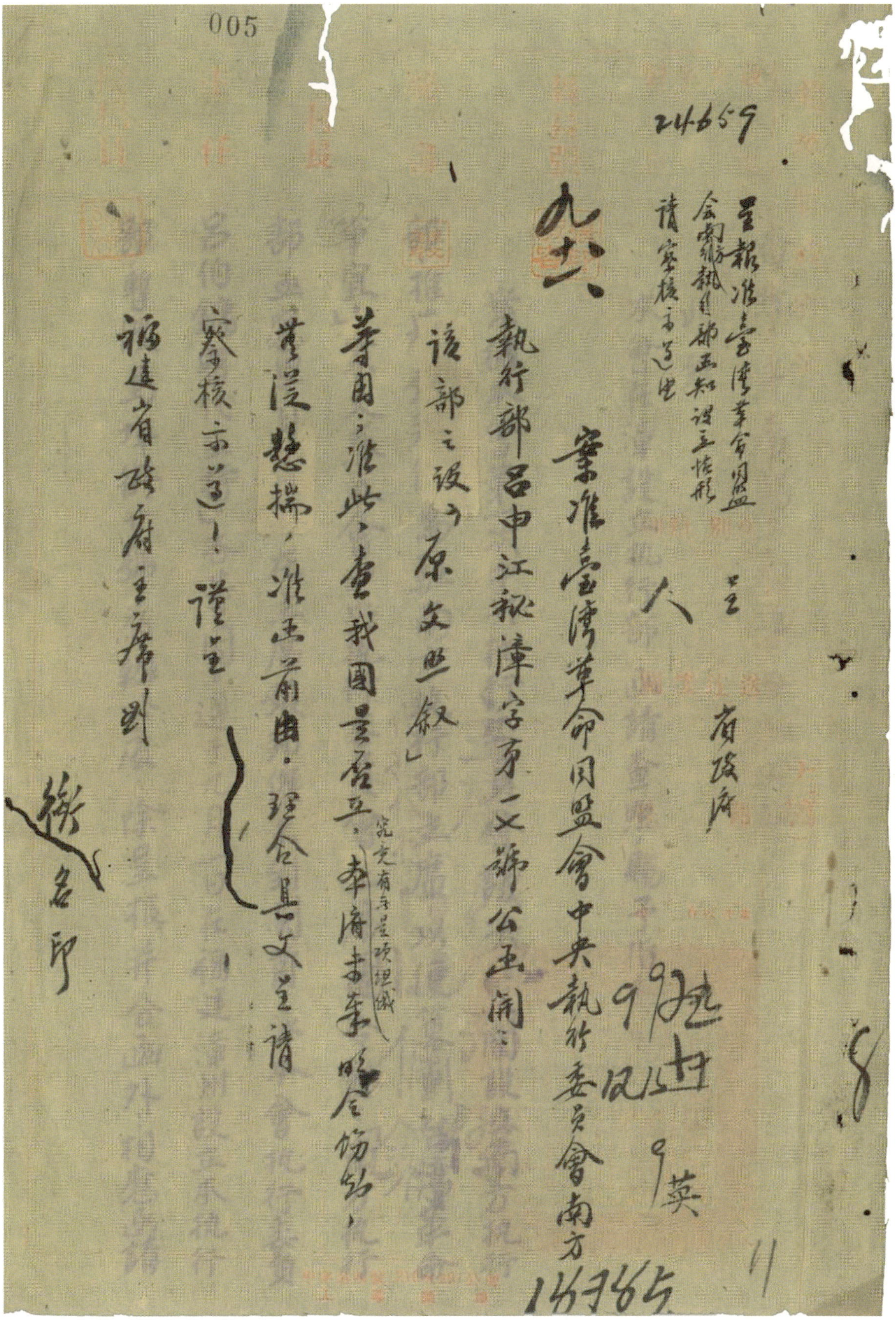
005

24659

呈報准臺灣革命同盟會南方執行部函知設立情形請察核示遵由

九六

呈

省政府

案准臺灣革命同盟會中央執行委員會南方執行部呂申江秘漳字第一〇一號公函開：「該部之設立，原文照敘」等因，准此。查我國是否承認（究竟有無呈頌組織），奉有中央明令飭知，業經懸揣，准函前由，理合具文呈請

察核示遵！謹呈

福建省政府主席劉

縣名印

龙溪县政府关于台湾革命同盟会南方执行部设立情形给福建省政府的呈

一九四一年九月十二日

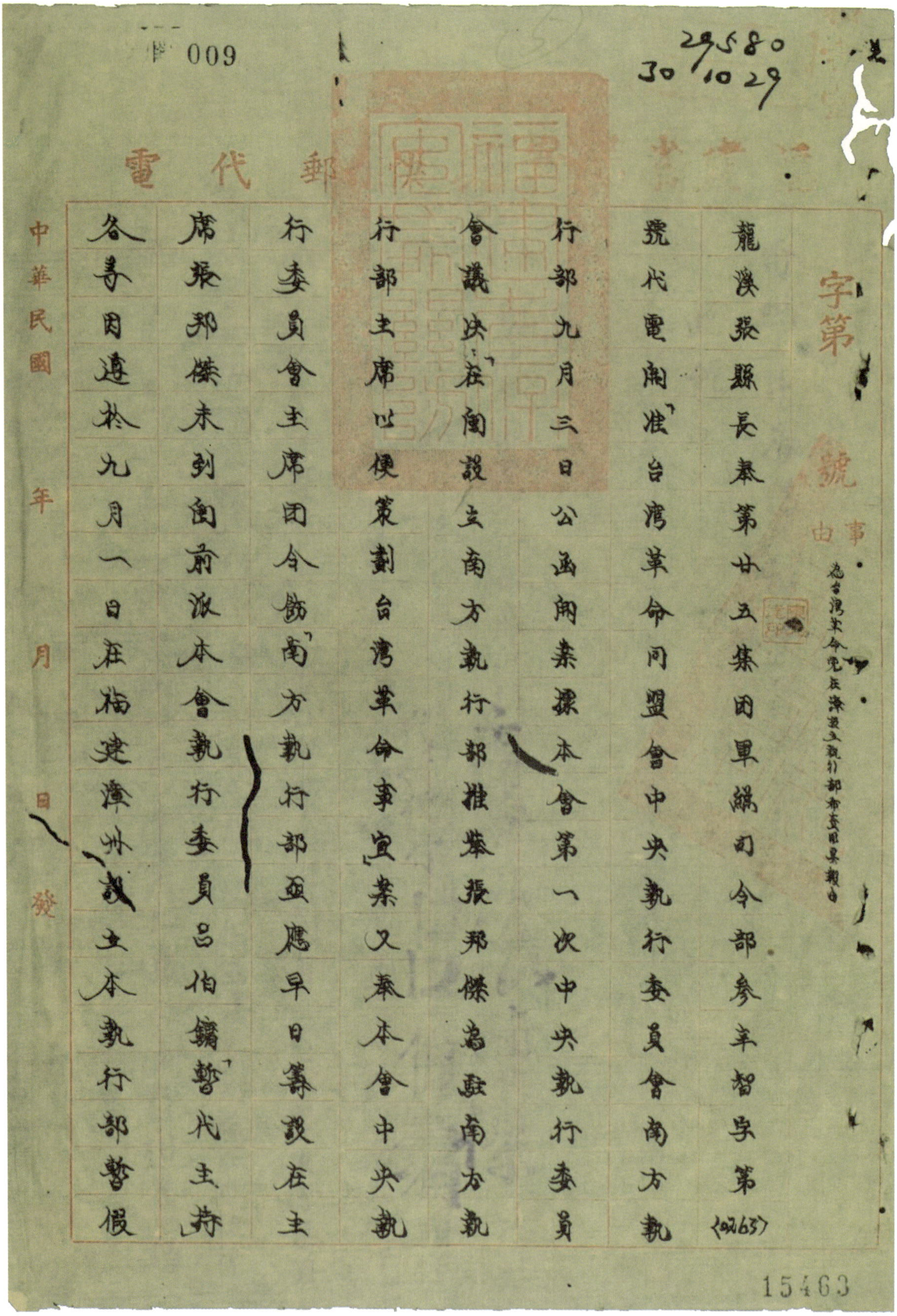

009

29580
30 10 29

郵代電

字第 號

事由：為台湾革命黨在漳設立執行部查明具報由

龍溪張縣長：奉第廿五集團軍總司令部參辛智字第〈0263〉號代電開：「准台湾革命同盟會中央執行委員會南方執行部九月三日公函開：案據本會第一次中央執行委員會議決：『在閩設立南方執行部，推薦張邦傑為駐南方執行部主席，以便策劃台湾革命事宜』案，又奉本會中央執行委員會主席團令飭『南方執行部亟應早日籌設，在主席張邦傑未到閩前，派本會執行委員吕伯鏞暫代主持』各等因，遵於九月一日在福建漳州設立本執行部，暫假

中華民國　年　月　日發

15463

福建省保安处关于查报台湾革命同盟会南方执行部情形给龙溪县政府的代电

一九四一年十月十二日

010

快郵代電

字第　　號

馬坪街卅號為辦公處除呈報並分函外相應函請查照並希賜予指導至收公證等由希切實查明是否係愛國志士確為策劃台灣革命事宜以憑保護為要等因希就近切實查明具報憑轉黃珍吾文巳印

中華民國卅年十月　日發

收文 30年10月30日 組字第7520號

福建省政府公函

事由：据龍溪縣政府呈台灣同盟會擬在漳州設立執行部相應函請查核見復由

案据龍溪縣政府呈准臺灣革命同盟會中央執行委員會南方執行部函擬在閩設立南方執行部推舉張邦傑為主席在未到前派呂伯鏞暫代并假漳州馬坪街二十號為辦公處等由查該部之設立究竟有無是項組織無從懸揣請核示等情据此相應函請

貴部查核見復為荷此致

中國國民黨福建省執行委員會

中華民國三十年十月　日

福建省政府关于请查核台湾革命同盟会在漳州设立南方执行部事宜给国民党福建省执委会的函

一九四一年十月三十日

76

主席刘建绪

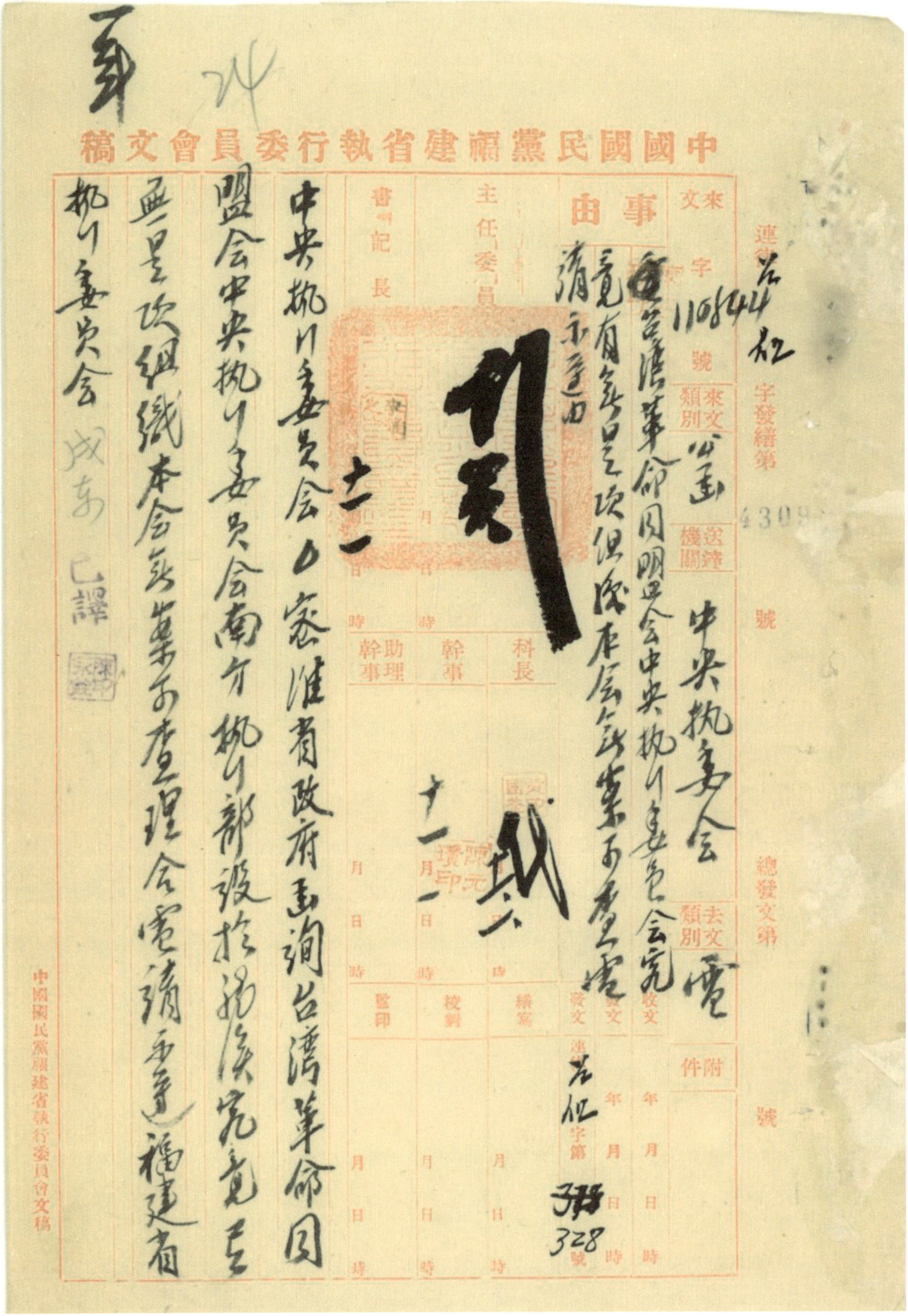

中國國民黨福建省執行委員會文稿

事由：查台湾革命同盟会中央执行委员会究竟有无呈准组织，请示遵由

中央执行委员会：案准省政府函询台湾革命同盟会中央执行委员会南方执行部设于福建究竟是否呈准组织，本会无案可查，理合电请示遵。福建省执行委员会

国民党福建省执委会关于查核台湾革命同盟会组织给中央执委会的函

一九四一年十一月一日

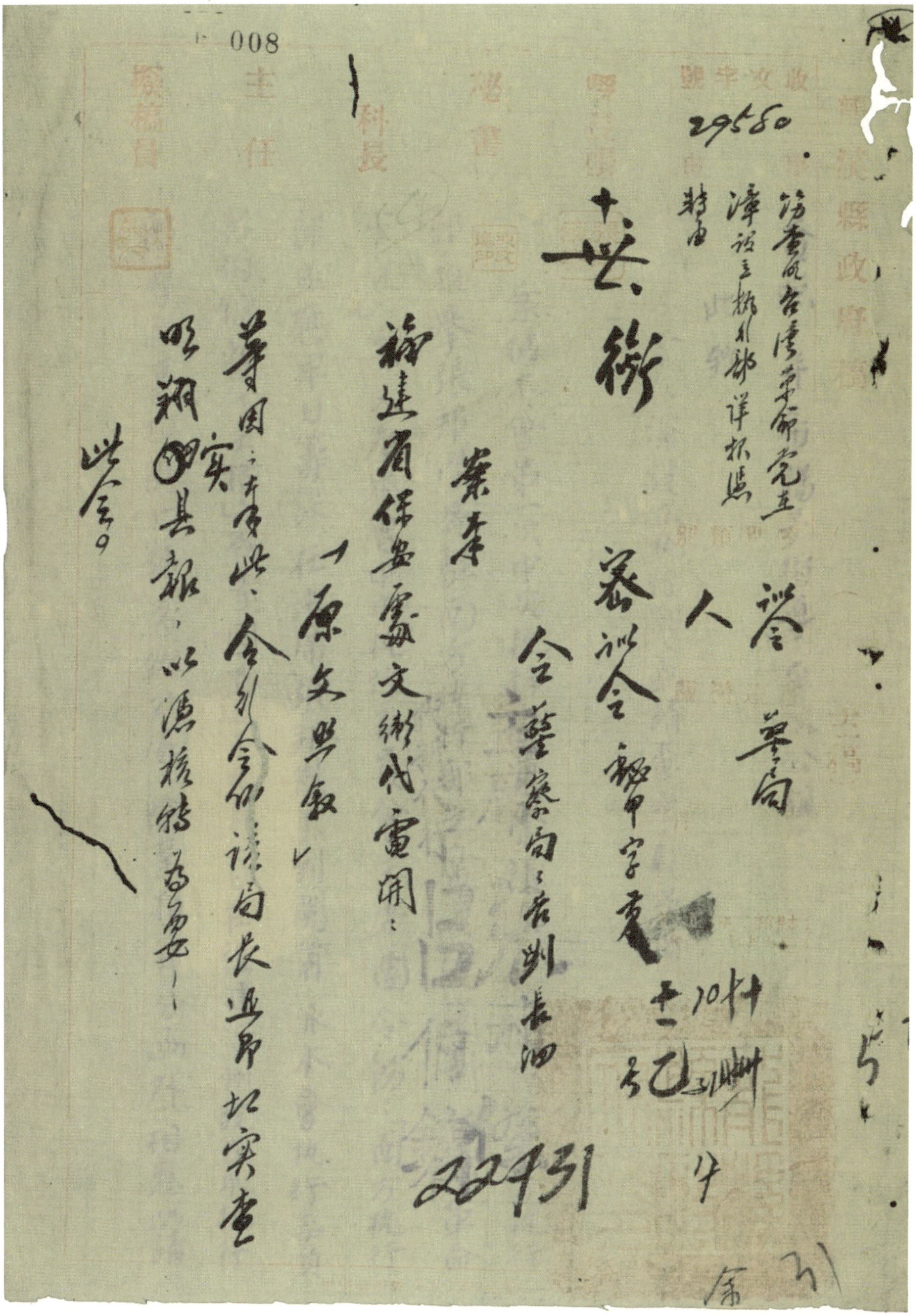
008

龍溪縣政府稿

29580

為查係台灣革命黨在漳設立執行部詳報核辦由

十一 一

安衛

密訓令 警字第 號

令警察局局長

案准

福建省保安處文衛代電開：

「原文照敘」

等因，奉此，合行令仰該局長迅即切實查明具報，以憑核轉為要！

此令。

22491

龙溪县政府关于迅即查报台湾革命同盟会在漳州设立执行部情形给龙溪县警察局的密训令

一九四一年十一月一日

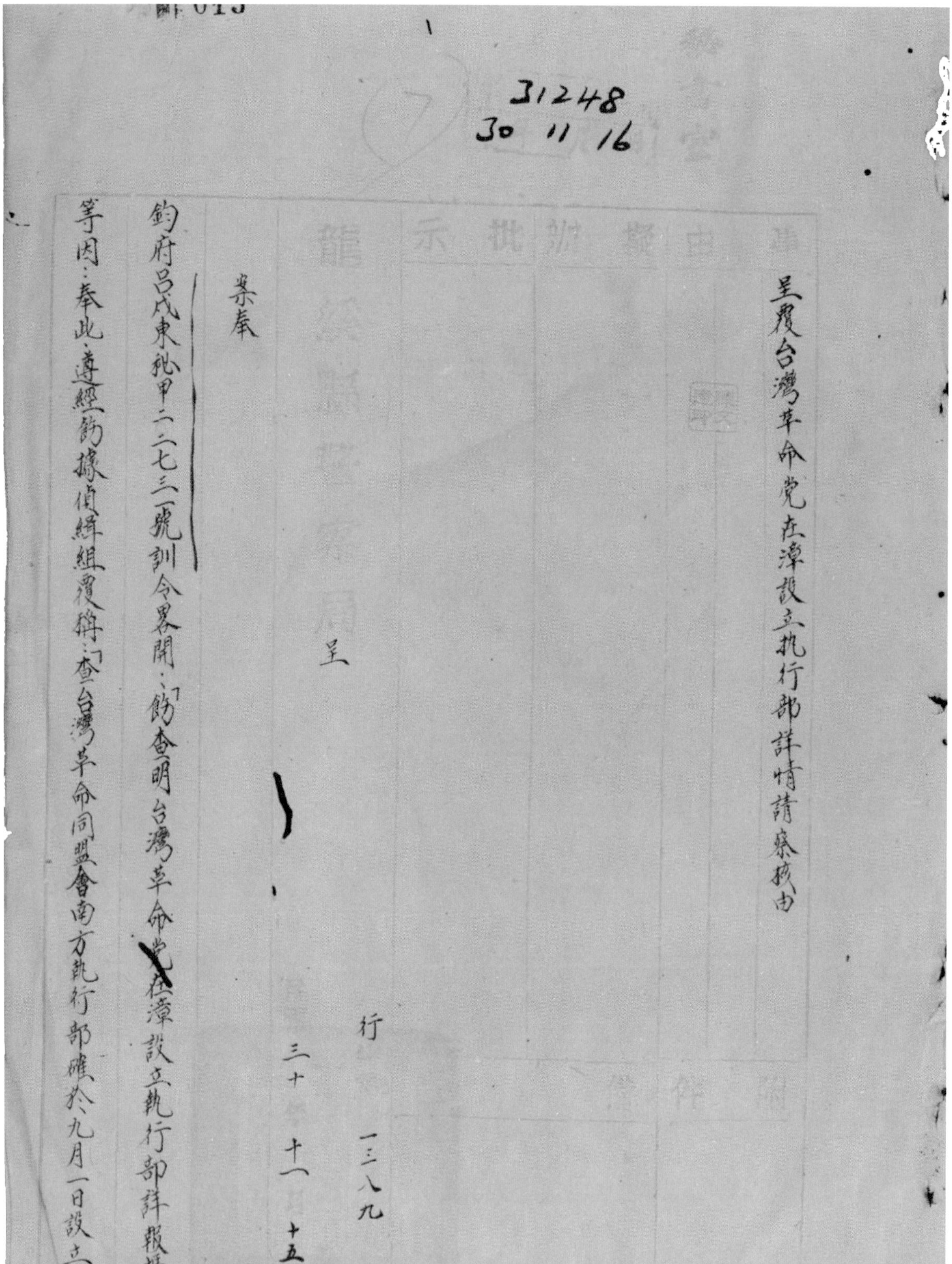
31248
30 11 16

事由
呈覆台灣革命党在漳設立执行部詳情請察核由

擬辦

批示

龍溪縣警察局 呈

行 一三八九

三十年十一月十五

附件

備考

案奉
鈞府呂戌東秘甲二二七三一號訓令略開：「飭查明台灣革命党在漳設立執行部詳報凭轉」
等因。奉此，遵經飭據偵緝組覆稱：「查台灣革命同盟會南方執行部確於九月一日設立於漳

龙溪县警察局关于台湾革命同盟会在漳州设立执行部详情给龙溪县政府的呈

一九四一年十一月十五日

州下沙街一零九號並非在馬坪街二十號主席為張邦傑聞現已抵永安漳州之執行部確為該會執行委員呂伯鏞暫代查該會成立於本年二月間為中央軍委會所領導綜合台灣較正式之五革命黨即台灣革命黨台灣青年革命黨台灣獨立革命黨台灣國民革命黨及台灣反日總聯盟而成該會於重慶設立主席團並選謝李友邦張邦傑三人為常務委員其經費由中央撥給現謝南光駐重慶李友邦負責北方執行部駐金華張邦傑負責南方執行部駐漳州該會尚設有台灣義勇軍隊長為李友邦閩南分設一組組長牛光祖唯此義勇軍之組織目今尚未有多大力量其在廈鼓亦設有交通站為該會之成立確為一班愛國志士專事策劃台灣革命事宜等情：前來奉令前因理合將查得情形備文覆請

察核

014

謹呈

縣長張

龍溪縣警察局局長劉長洄

15

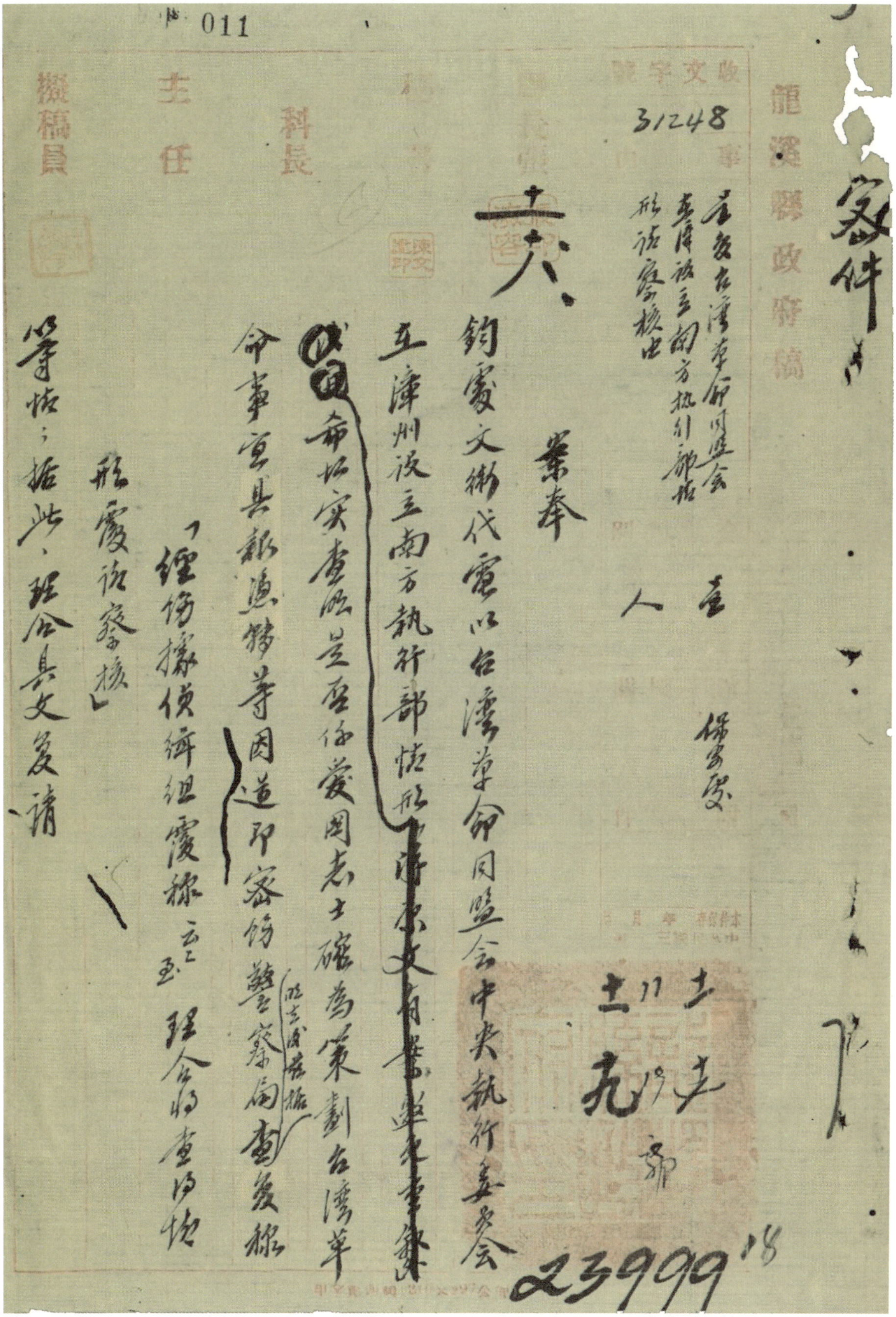

龙溪县政府关于台湾革命同盟会在漳州设立南方执行部情形给福建省保安处的呈

一九四一年十一月十九日

012

察核！

谨呈

福建省保安处

处长黄

副处长张

衔名印

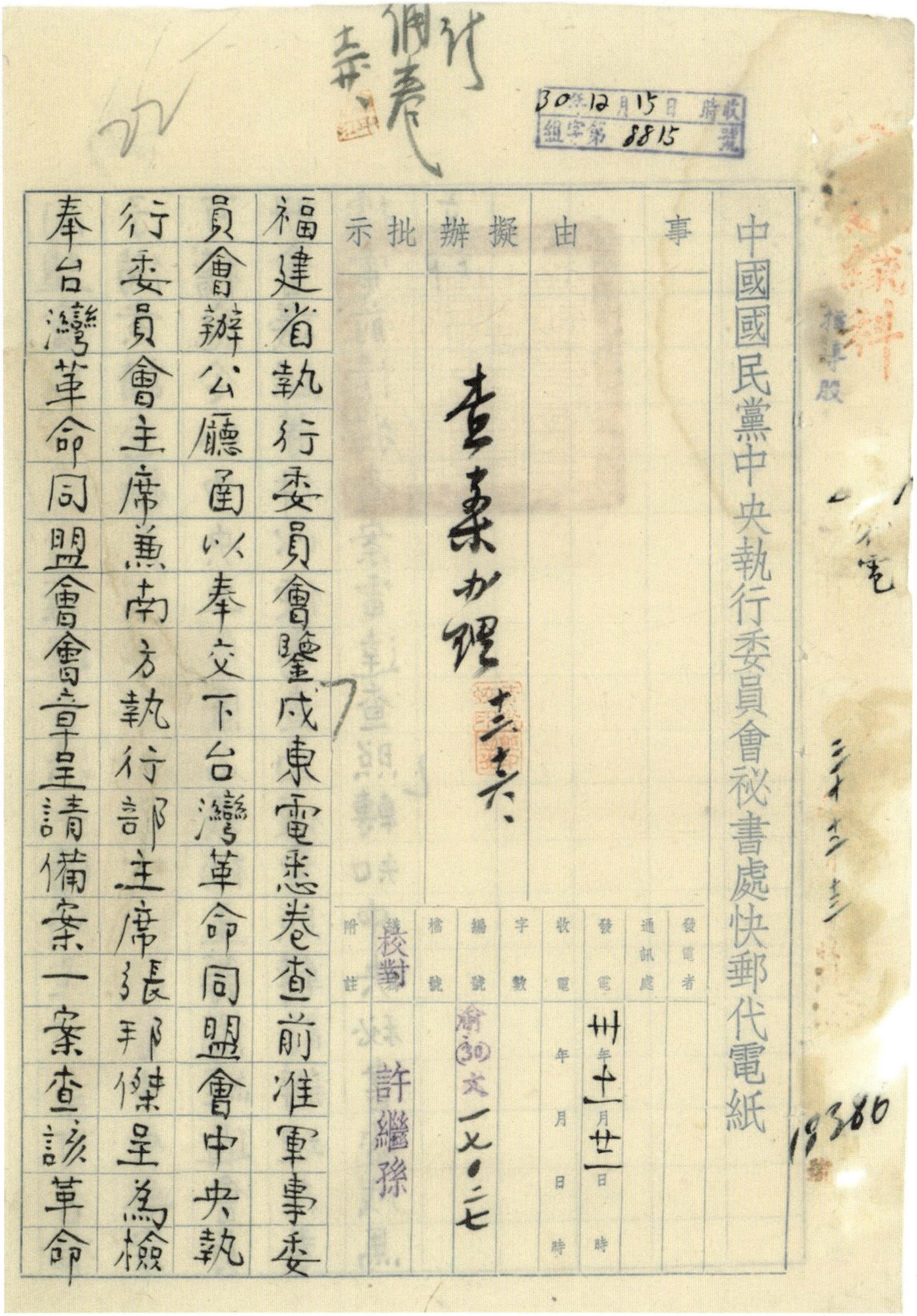
中國國民黨中央執行委員會祕書處快郵代電紙

事由

擬辦

批示　查案办理　十一.十六

30年12月15日　收到　組字第8815號

福建省執行委員會鑒戌東電悉卷查前准軍事委員會辦公廳函以奉交下台灣革命同盟會中央執行委員會主席兼南方執行部主席張邦傑呈為檢奉台灣革命同盟會會章呈請備案一案查該革命

發電者　通訊處　發電　卅年十一月廿一日　時　收電　年　月　日　時　字數　編號　文一七〇二七　檔號　校對　許繼孫　附註

国民党中央执委会秘书处关于台湾革命同盟会成立无案可稽给福建省执委会的代电

一九四一年十一月二十一日

223

同盟會成立是否經過合法手續所呈會章可否准予備案請查核見復等由到處當以該會中央無案可稽應令以中央主席團名義補呈籌備經過會員册會議錄等件以便審查函復查照轉飭辦理在卷據電前情特查案電達查照轉知中央秘書處戍馬文印

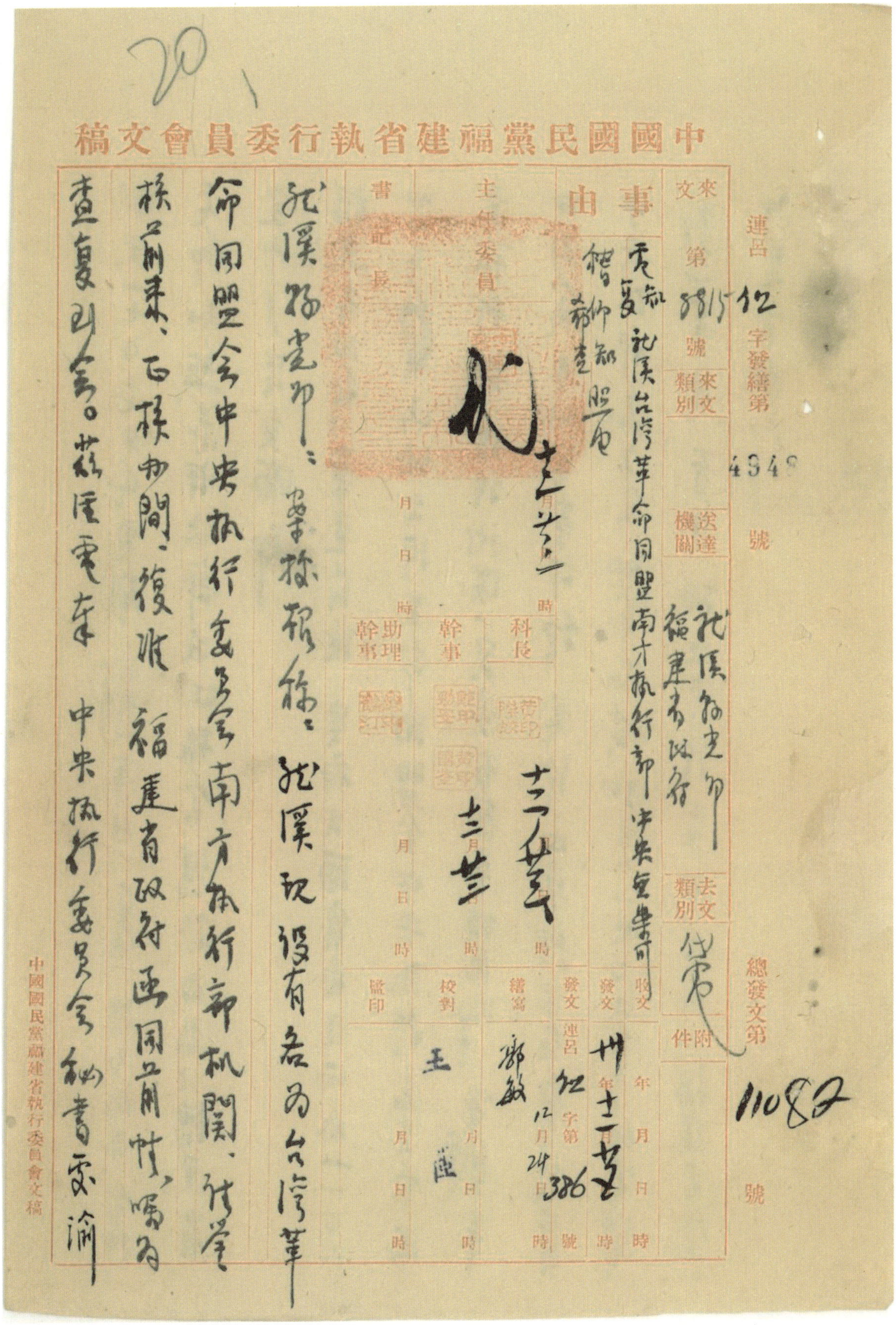

中國國民黨福建省執行委員會文稿

來文第8815號 仁字發繕第4949號 總發文第11082號

事由：電復知龍溪台灣革命同盟南方執行部中央並未許可 轉飭查照 令仰知照由

送達機關：龍溪縣黨部 福建省政府

去文類別：代電

龍溪縣黨部：案據報稱：龍溪現設有名為台灣革命同盟會中央執行委員會南方執行部機關，請予核示前來。正核辦間，復准福建省政府函同前情，囑為查復到會。茲經電奉中央執行委員會秘書處諭

中國國民黨福建省執行委員會文稿

国民党福建省执委会关于查核台湾革命同盟会南方执行部近况给龙溪县党部及福建省政府的代电

一九四一年十二月二十五日

(30)文一七〇二七号代電開（31）等因，奉此，除分函外，合行
電仰知照，并將該部近況報會，憑核為要。福建省
黨部。宣亥有印

福建省政府：案查前准 貴府民酉宥府民兩永一〇八
四四号代電函詢台灣革命同盟會中央執行委員會南
方執行部設於龍溪，究竟有無是項組織？囑查覆等
由，到會。查以無案可稽，電請中央釋示在案。茲奉
中央執行委員會秘書處渝(30)文一七〇二七号代電開：
（31）等因，奉此，相應電請查照為荷。福建省黨
部宣亥有印

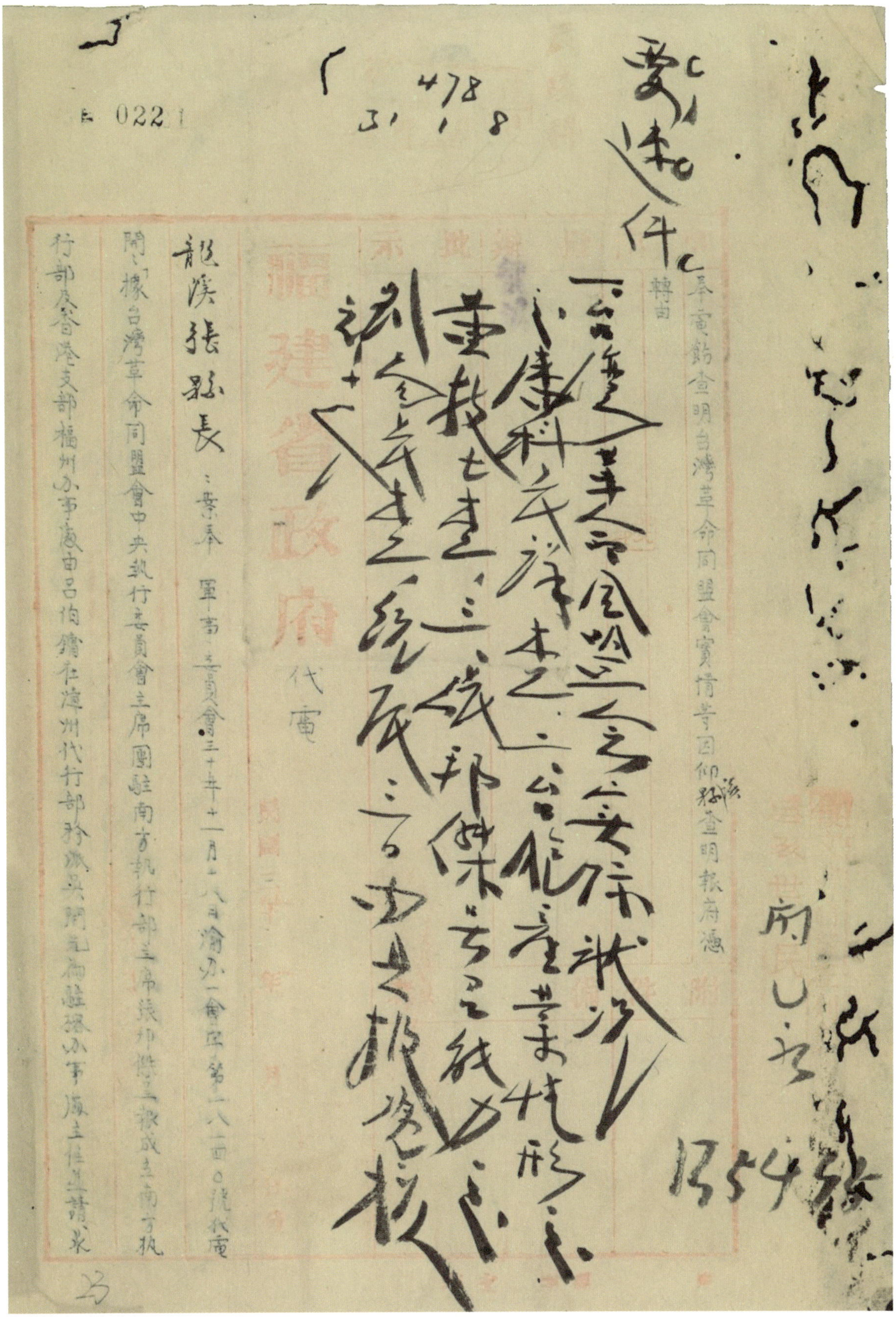
福建省政府代電
事由：奉電飭查明台灣革命同盟會實情等因仰該縣查明報府憑
龍溪張縣長：案奉軍事委員會三十年十二月十八日渝办一會字第二八一四〇號代電開：「據台灣革命同盟會中央執行委員會主席團駐南方執行部主席張邦傑呈報成立南方執行部及香港支部、福州办事處，由呂伯鑽在漳州代行部務，吳開先為駐港办事處主任等情，請求

福建省政府关于迅即查明台湾革命同盟会南方执行部组织实情等给龙溪县政府的代电

一九四一年十二月三十一日

將台肥產業明令行文該部暫時保留生產以免蝕費等情到會特檢發原呈各件仰即就近查明台灣革命同盟會實際狀況台肥產業情形及張邦傑呂伯鏞等號召能力報會以憑核辦等因奉此除分電外合行電仰該處長迅即逐項查明詳細具報以憑核轉為要省政府永戌乙（印）

24

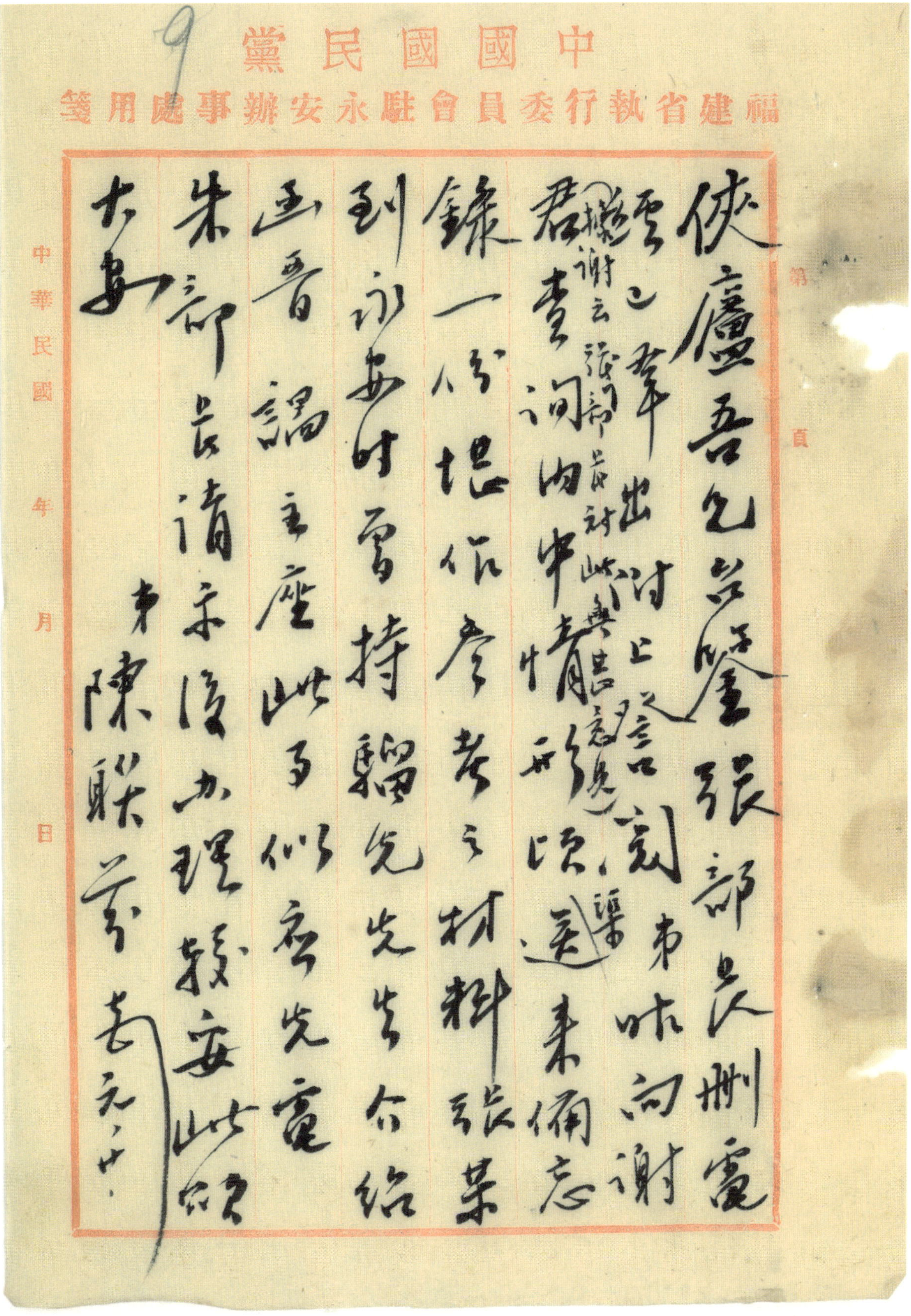

中國國民黨
福建省執行委員會駐永安辦事處用箋

俠廬吾兄台鑒：張部長删電云已奉出討上之言割，弟昨詢謝君青詢內中情形，頃送來備忘錄一份，堪作參考之材料。張某到永安時曾持騮先先生介紹函晉謁主席，此事似應先電朱部長請示後辦理較安。此頌

大安

弟陳聯芬 敬 元、廿

陈联芬关于处理张邦杰事宜先请示国民党中央组织部长朱家骅给李雄的函（附：备忘录）

一九四二年一月二十日

11

備忘錄

一、張錫鈞（又名邦傑）與台灣義勇隊

(1)台灣義勇隊係政治部之宣傳隊伍，設在浙江金華，以李友邦爲隊長，隊員約六十人。

(2)去年夏季，張邦傑經毛秘書慶祥（軍委會）介紹與張部長（治中）會見，要求准予在福建成立第二台灣義勇隊俾得容納福建同志參加。

(3)張部長經考慮後决定緩議，而遂張邦傑以「台灣義勇部名譽顧問」，張邦傑拒而不受，嗣後張部長乃託毛慶祥轉交張邦傑，經毛秘勸解始接受其名義。

12

(4) 去年十月張邦傑回閩前，張部長仍派盛參事與張邦傑接洽第二隊之組織問題，仍無結果。

二、台灣革命同盟會

(1) 民國廿九年四、五月间，三民主義青年团康處長（澤）與謝南光及劉啓光會談多次，經康處長面諭「中央已決定收復台灣為國策，希望台灣各团体統一組織，以实現國策」並謂台灣工作負責指導者已決定陳部長立夫、朱部長家驊，賀秘書長衷寒及康處長澤等四人，後來又指定朱部長直接領導，經半年之接洽，於民國卅年二月成立「台灣革命同盟會」，將原有五

13

团体取消，其所属队伍亦归该会领导，而以谢南光
李友邦、张邦杰三人为主席团，谢南光负责总会，李
友邦负北方执行部责任，张邦杰负南方执行部责
任，以至今日，

(2)同盟会在中央党部备案以外，另在军事委员会备案。

(3)两执行部之工作范围曾划定为浙江以北归北方执行
部，闽粤沿海为南方执行部工作地区，台湾岛内
双方均派人深入工作，

三、牛光祖与张邦杰之磨擦，

(1)牛光祖原为北执行部书记长，不应该放弃北方工作

二

14

來閩，到閩後，因義勇尚差四十人之隊員，既欲在閩招募而不提會解決，專以分化及中傷手段吸收張邦傑之同志，且稱同盟会未備案，不是合法團体，只有義勇隊是唯一之合法團体。

(2)張邦傑則稱「義勇隊有許多紅色份子，內部不純潔」，又責牛光祖自任北方執行部書記長，不應該自毀其立場。

(3)兩執行部均受中央党部同等之津貼，牛光祖亦屬過份，且顛倒是非誣告於政治部，更屬不當。

四、台灣義勇軍與台灣革命軍

15

(1)民國三十年李友邦曾向軍政部提議請將台灣義勇隊」改為「台灣義勇軍」，軍政部批「緩議」

(2)張邦傑亦經毛秘書向軍委會呈請組織「台灣革命軍」該案在戴副局長（笠）手中未批示。

(3)政治部電報所稱之「義勇軍」似與事實不相符

(4)台灣義勇隊為宣傳隊，但作風重公開宣傳，台灣復國挺進隊以在淪陷區之行動為目的，重機密，不尚宣傳，因此，時常起衝突，

真相如此，所謂張邦傑以義勇隊顧問指揮並非事實

三

16

謝南光（現任福建省政府秘書處第三科科長）

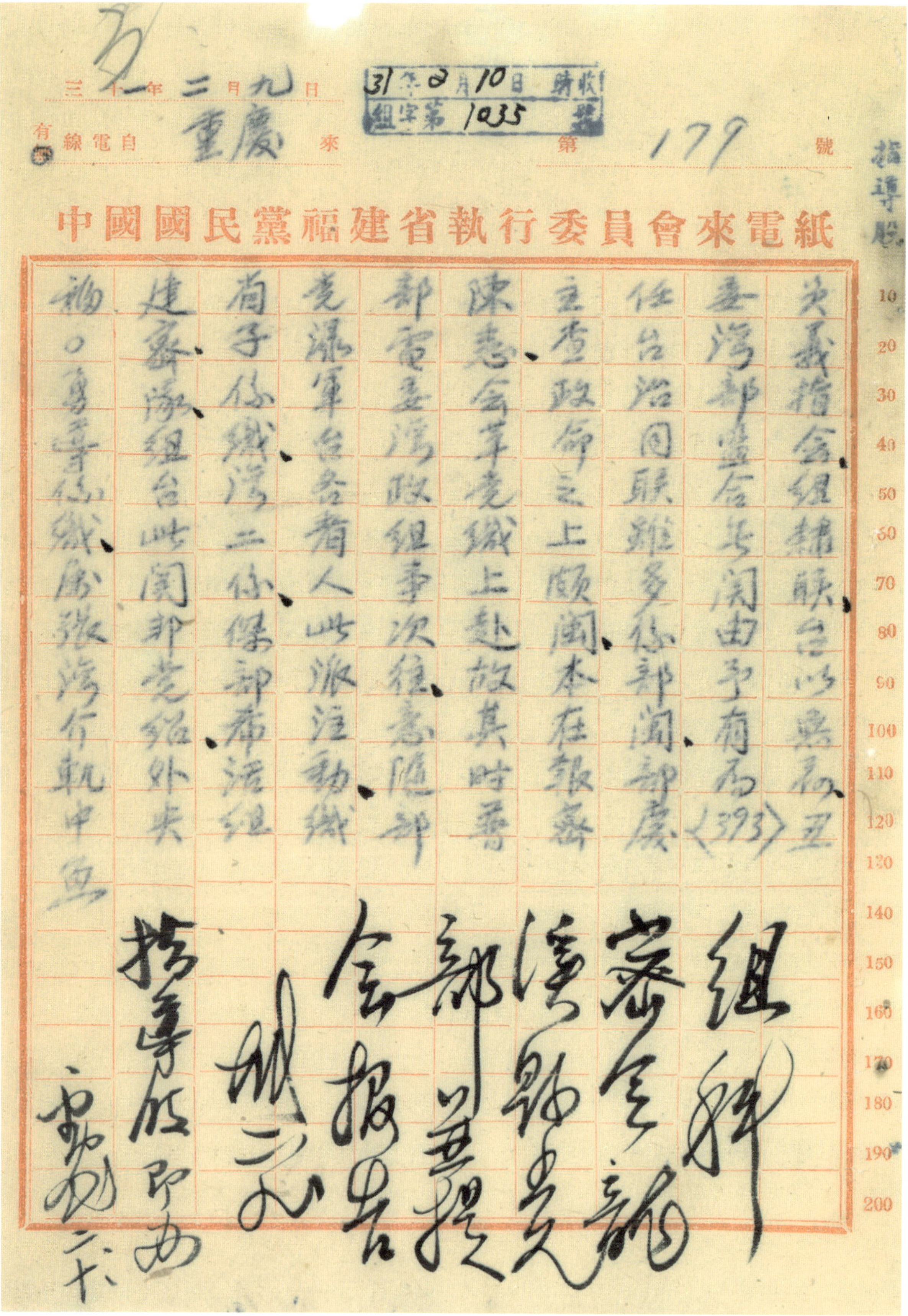

国民党中央组织部关于告知台湾义勇队和台湾革命同盟会关系并请注意张邦杰在闽行动给国民党福建省执委会的电

一九四二年二月六日

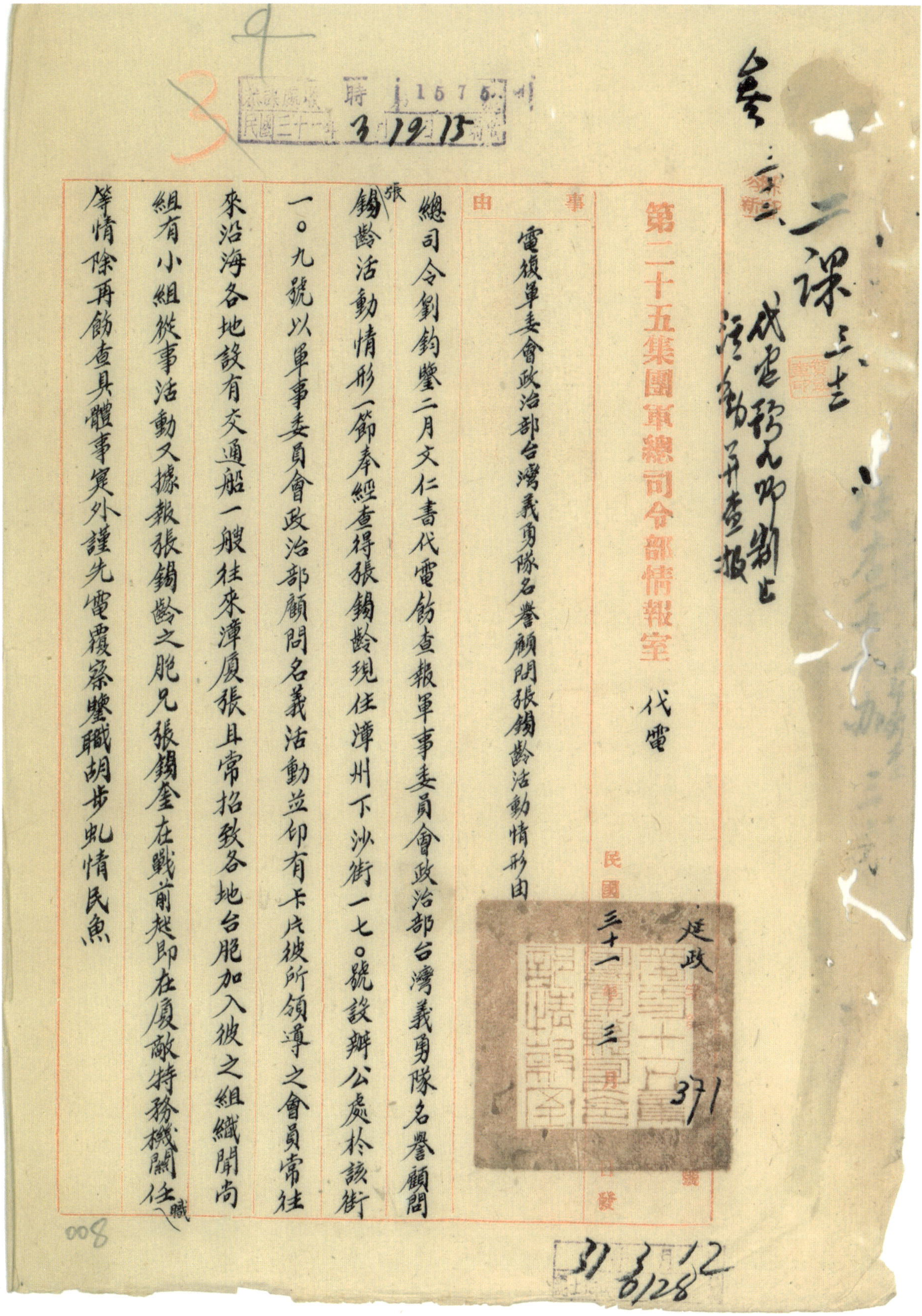

第二十五集團軍總司令部情報室 代電

事由：電復軍委會政治部台灣義勇隊名譽顧問張錫齡活動情形由

民國三十一年三月 日發

總司令劉鈞鑒二月文仁書代電飭查報軍事委員會政治部台灣義勇隊名譽顧問張錫齡活動情形一節奉經查得張錫齡現住漳州下沙街一七〇號設辦公處於該街一〇九號以軍事委員會政治部顧問名義活動並印有卡片彼所領導之會員常往來沿海各地設有交通船一艘往來漳廈張且常招致各地台胞加入彼之組織聞尚組有小組從事活動又據報張錫齡之胞兄張錫奎在戰前起即在廈敵特務機關任職等情除再飭查具體事實外謹先電覆察鑒職胡步虬情民魚

第二十五集团军总司令部情报室关于张锡龄活动情形给总司令部的代电

一九四二年三月六日

参谋处 情报室

同安縣政府快郵代電

保(一)字第1890號

事由

南平二十五集團軍總部密准台灣革命同盟會金廈組訓導員辦事處調寅支組代電開擬擴大金廈革命運動多派幹部潛入、為避免敵偽之發覺特就范軍防範不到之禾山乂地對崎｜同安第二區浦南社海岸及金門乂地距近｜同區彭厝下墩兩地魁日分批密渡開始聯絡進行并着派本部漳廈聯絡總站主任李馨實地主持請查照并飭屬密為照護等由事関軍情未敢擅專理合電請察核祇遵同安縣長胡邦憲代行秘書楊永泉元保(一)

中華民國三十一年三月十三日發

同安县政府关于台湾革命同盟会南方执行部拟扩大金厦革命运动派员潜入同安给第二十五集团军总司令部的代电　　一九四二年三月十三日

011

龍溪縣政府 呈

事由：呈復台灣革命同盟會實情附送台產調查表請核轉由

案奉

鈞府呂亥世府民乙永(三五四三號代電飭查明台灣革命同盟會實情具報憑轉等因查該會係于民國三十年九月一日設立正式開始辦公其目的在集中一切台灣革命力量參加祖國抗戰以打倒日本帝國主義收復台灣協助建設三民主義國家為職志內設主席書記長各一人及總務組織行動宣傳等四處視其宗旨尚屬正確至主席張邦傑等號召能力如何因會員均派往淪陷區活動據稱係秘密工作號召人數若干尚難查明至台產情形茲經查明分別列表附送奉令前因理合將查明情形連同台產「調查表及該會組織情形」備文復請

核轉

謹呈

中華民國三十一年三月十九日

民甲字第四八九三號

附件

45486

12

龙溪县政府关于查报台湾革命同盟会南方执行部实情及台产调查表给福建省政府的呈

一九四二年三月十九日

012

福建省政府主席劉

計呈送台產調查表三種組織情形五份

龍溪縣縣長張海容

台湾革命同盟會中央執行委員會南方執行部在漳設立經過及組織情形暨四月來動態

一、設立時間：民國三十年九月一日正式開始辦公

二、設立地點：原臨時設於馬坊街二十號，至三十年九月廿日因地點不敷應用，移設下沙一〇九號

三、本會宗旨：集中一切台湾革命力量，打倒日本帝國主義，收復台湾，与祖國協力建設三民主義新中國

四、本會綱領：1.台湾乃中國失地，台湾革命為中國國民革命之一環，中國抗戰勝利之日，即台湾人民獲得自由解放之時。本會決心遵行三民主義及抗戰綱領，服從 蔣總裁領導，積極發展革命鬥爭

2.本會確信打倒日本帝國主義乃光復台湾之唯一途徑，更決加緊團結台湾各族各界及日本帝國主義之革命力量，積極參加祖國抗戰，以促日寇早日崩潰

3.聯合同情台湾革命事業之各民族團体或个人，共同奮鬥，為完成革命之要旨，本會決与日本、朝鮮革命勢力、東方各被壓迫民族乃至反侵略之世界人士保持密切之合作或聯絡

014

五、執行部現在組織情形：

1、主席一人，係本會主席、國主席張邦傑兼。

2、書記長一人（陳友歐）下設机要秘書二室，室設主任一人，秘書一人，幹事二人，辦事員二人。

3、總務處設處長一人（蔡國琨）下設文書、人事、事務、會計四股，股設主任一人，幹事一人，辦事員一人或二人。

4、組織處設處長一人（呂伯雄）下設組織、訓練、[illegible]三股，股設主任一人，幹事一人，辦事員一人，另組訓指導員廿五人。

5、行動處設處長一人（陳淨生）下設行動、諜報二股，股設主任一人，幹事一人，辦事員一人，另設諜報隊二隊，一隊入台，一隊在金廈鼓，各設隊長一人，每隊下分三組，每組設組長一人，組員五人。又設行動隊三隊（二隊入台灣，一隊在金廈鼓），每隊設隊長一人，下分三組，組設組長一人，行動員六人。

6、宣傳處設處長一人（徐時侯）下設宣傳、編輯、印發三股，股設主任一人，幹事一人，辦事員一人，另設宣傳隊一隊，設隊長一人，現隊員十二人（一隊長帶隊員十人潛入台灣，留隊員二人在金廈）。

15

015

7、駐榕办事處設主任一人（盧涌光）幹事一人办事員二人

8、駐厦办事處設主任一人（胡其剛）幹事二人办事員五人

9、香港支部設書記長一人（柯台山）下分總务組訓行動三組組設組長一人幹事二人办事員二人

10、福建特别支部設書記長一人（周海）下設總务組訓行動三組組設組長一人幹事二人办事員一人

六、四月来工作概要：

1、佈置漳厦台联絡網

2、重新登記審查會員並派組訓指導員卅五人潛入金厦鼓及台灣島内（台灣二十人金厦鼓五人）擴大組織訓練會員

3、組織行動隊、諜報隊、宣傳隊專潛返台灣及金厦鼓工作（行動隊入台二隊在金厦一隊，諜報隊一隊入台一隊在金厦，宣傳隊長兼隊員十人入台在厦金二人）

16

018

4、协助地方军事当局搜集情报
5、派员潜入日本国内鼓动反战工作（计派二人）
6、组织福建特别支部（业于本年元旦成立）
7、筹备在漳州设立台湾中正医院
8、筹组救护队战地医疗队
9、筹办模范农场
10、筹备发行蓬岛晨钟半月刊
乙、现在进行工作：
1、继续努力进去筹办未完成事项
2、加紧训练返台工作人员（计百二十五人）拟于二月间完成后陆续潜入台湾扩大组织及行动

17

3. 在金廈鼓積極招集有為台灣青年參加本會革命工作

4. 增派幹員潛入沪上廣東汕頭海南島等處加緊組織及行動工作

以上各節、事關革命机要尚希嚴密為荷。

018

福建省臺胞業產調查表（回國未歸） 臺產調字第一號

業主姓名	土地種類	土地面積	公司名稱	公司地址	歷耕種情形及每年收入	接收機關	接收年月	現在管理機關	現在耕作情形及收入	備考
李遵南	水田	約二千畝	長南公司	南靖縣珍山鄉	種稻每年收穀三千餘担	陸軍一五七師業產委員會	民國卅五年冬	閩省農業改進處	現由農改處出租收租	系歸農改處管理以前由南靖縣政府將南靖縣政府所收台人種農場全部出租金五千二百二十五元
〃	菜園	〃	〃	〃	種荔枝二百餘株	〃	〃	〃	〃	
〃	山地	約數千畝	〃	〃	種鳳梨果約數萬株	〃	〃	〃	〃	
施至善	水田	約壹[illegible]畝	興農公司	仝上	種稻，年收穀四百担	〃	〃	〃	〃	
楊勝	〃	約一百畝		〃	種稻，年收穀二百担	〃	〃	〃	〃	
李某	〃	約[illegible]畝	老李公司	〃	〃	〃	〃	〃	〃	
高先進	〃	約廿五畝	恒慶公司	〃	種稻，年收穀五十担	〃	〃	〃	〃	
楊番	〃	約十五畝		〃	種稻，年收穀三十餘担	〃	〃	〃	〃	

19

王廷輝	水田	約百五十畝		南靖縣下庄鄉	種稻，年收谷四百担	陸軍五七師善後委員會	民卅六年冬	閩省農業改進處	現由改進處出租、收租
林季商、蔡竹山	〃	約五百畝	榕本農場	南靖修鄉	種稻，年收谷七百担	〃	〃	南靖縣政府	由縣府設中心農場
〃	園地約三百畝、山地一千畝	〃	〃		種竹粮	〃	〃	〃	〃
李逸甫	竹園	約千余畝	華南公司	龍溪城馬逸房	種綠竹及麻竹	〃	〃	閩省農政處	由農政處出租、收租
鄭春映	水田	約一千畝	萬祥公司	龍溪田邊社	種稻，年收谷二千四百担	〃	民卅六年春	〃	由農政處設漳屬第一農場
〃	菓園	約千二百畝	〃	〃	種柑、竹葉菜，年收八千担	〃	〃	〃	〃
〃	竹園	約二十畝	〃	〃	種綠竹麻竹，年收筍三百担	〃	〃	〃	〃
〃	山地	五百畝	〃	〃	種竹葉菜，年收五百担	〃	〃	〃	〃
〃	魚地	六畝	〃	〃	養魚，年收魚五十担	〃	〃	〃	〃
郭瑞森	水田	八百五十畝	萬森公司	龍溪亭頭社	種稻，年收谷二千二百担	〃	卅六年春		第二農場

由該收接同管理不善，田園荒廢，不少菓樹枝萎，以致失敗，以致收入大減，不敷開支。

020

郭添森	園地	一千五百畝	農林公司	龍溪亭頭社	種柑、年收六千担	一五七師生產委員會	民卅六年十月廿五日	周有由改	由改進處[illegible]
〃	山地	二百畝	〃	〃	種竹菓年收一千六百担	〃	〃	〃	農場
〃	森林	五百畝	〃	〃	造林	〃	〃	〃	〃
郭春秧	水田	一百畝	華祥公司	海澄縣珠坑社	種穀、年收谷一百担	〃	民卅六年十二月	〃	第二農場
〃	園地	一千五百畝	〃	〃	種竹根年收一千五百担	〃	〃	〃	〃
〃	山地	二百畝	〃	〃	種竹根年收百千担	〃	〃	〃	〃
〃	蕉園	一百畝	〃	〃	種蕉、年收蕉二百担	〃	〃	〃	〃
郭春秧	水田	一百畝	華祥公司	同安縣水頭鄉	種穀、年收谷二百担	〃	民卅六年十一月十一日	〃	由改進處出租農民
〃	園地	三千畝	〃	〃	種柑竹根年收柑一千担竹根一百担	〃	〃	〃	〃
〃	山地	一百畝	〃	〃	種竹菓年收二百担	〃	〃	〃	〃

21

郭春秋	園地	三百畝	華祥 八分司(?)	龍溪 郭坑社	[illegible]	〃	〃	〃	現被某(?)荒廢	一部被鄉民佔用
曾厚坤 吳蔭甫	水田	二百五十畝	三井和 陽美(?)	平和 琯溪	稻穀四百担 年收成			平和縣政府	由平和縣府出租收租	由要分之二(?)莊春林收

022

福建省台胞業產調查表（建築物）台產調字第二號

業主姓名	建築物	公司名稱	地址	原被敵機關	被敵年月	現由何人佔用	備考
林木土	洋樓一座		龍溪縣[illegible]巷三十二號	（五七師生）[illegible]	廿六年六月	龍溪縣政府	第五區行政督察專員公署職員（公署職員）該屋係[illegible]實與林木土
李[illegible]南	二層店屋一座	廣南公司	龍溪縣[illegible]三號	〃	〃	閩省[illegible]民政廳	[illegible]
林木土	樓屋一座	[illegible]公司	南門	〃	〃	龍溪縣政府	〃
林逸惠	洋樓店屋二座	日新醫院	石碼公園西路	〃	廿六年五月		三民主義青年團

附註：其他不動產尚在調查中容後續報

23

~~023~~

福建省台胞农业产业调查表（动产）台产调字第三号

所有者姓名	品类	数量	公司名称	接收机关	接收年月	现在管理机关	该物件保管何处	备考
李道南	耕牛	八十头	南农公司	一区[illegible]员会	廿六年冬	闽省农业改进处	由改进处运往[illegible]出租给农民饲养	
施里善	〃	二十头	吴农公司	〃	〃	〃	〃	
林季商	〃	廿二头	裕木公司	〃	〃	南靖县政府	由县政府发给农民饲养	
郭春秋	制糖机器	一组	华祥公司	〃	〃	闽省农改处	现放置在郭[illegible]保管 坑	机件不全

24

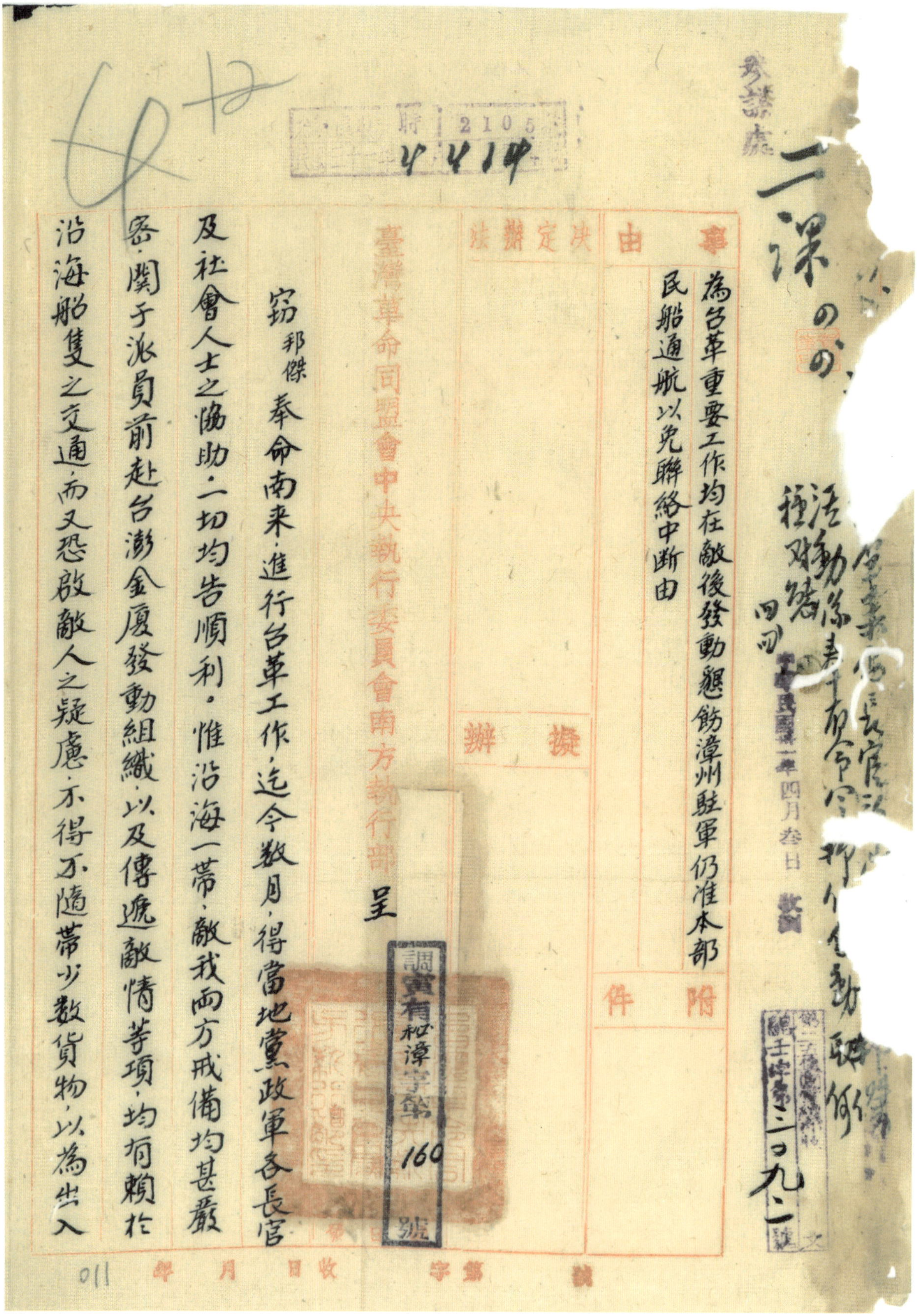

事由：為台革重要工作均在敵後發動懇飭漳州駐軍仍准本部民船通航以免聯絡中斷由

臺灣革命同盟會中央執行委員會南方執行部 呈

調查有秘漳字第160號

竊邦傑奉命南来，進行台革工作，迄今數月，得當地黨政軍各長官及社會人士之協助，一切均告順利。惟沿海一帶，敵我兩方戒備均甚嚴密，關于派員前赴台澎金廈發動組織，以及傳遞敵情等項，均有賴於沿海船隻之交通，而又恐啟敵人之疑慮，不得不隨帶少數貨物，以為出入

中華民國三十一年四月叁日收到

台湾革命同盟会南方执行部关于请饬漳州驻军仍准本部民船通航以利台革工作给第二十五集团军总司令部的呈

一九四二年三月二十五日

掩護。故前曾函准駐軍預九師胡師長，核發〈0110〉號通行証一紙，准予本部遣派小民船二艘，往返金厦，以免聯絡中断。但行駛僅只兩次，近得駐軍函告謂奉令除交通船以外，禁止通航，如欲復航，須呈

鈞部核准，等由；事関通案，自當遵辦。惟本部重要工作，均在敵後發動，如輸送人員及傳遞情報，非有船隻出入，必難期嚴密，諸多延誤。至隨帶少数物品，亦係藉資掩護，並非牟利營私可比。為此瀝叙緣由，備文呈乞

察核，俯予令飭駐軍預九師司令部，仍准給証航行，俾利台革工作，實為幸甚。

謹呈

6/14

第二十五集團軍總司令劉
副總司令李
主席 張邦傑

013

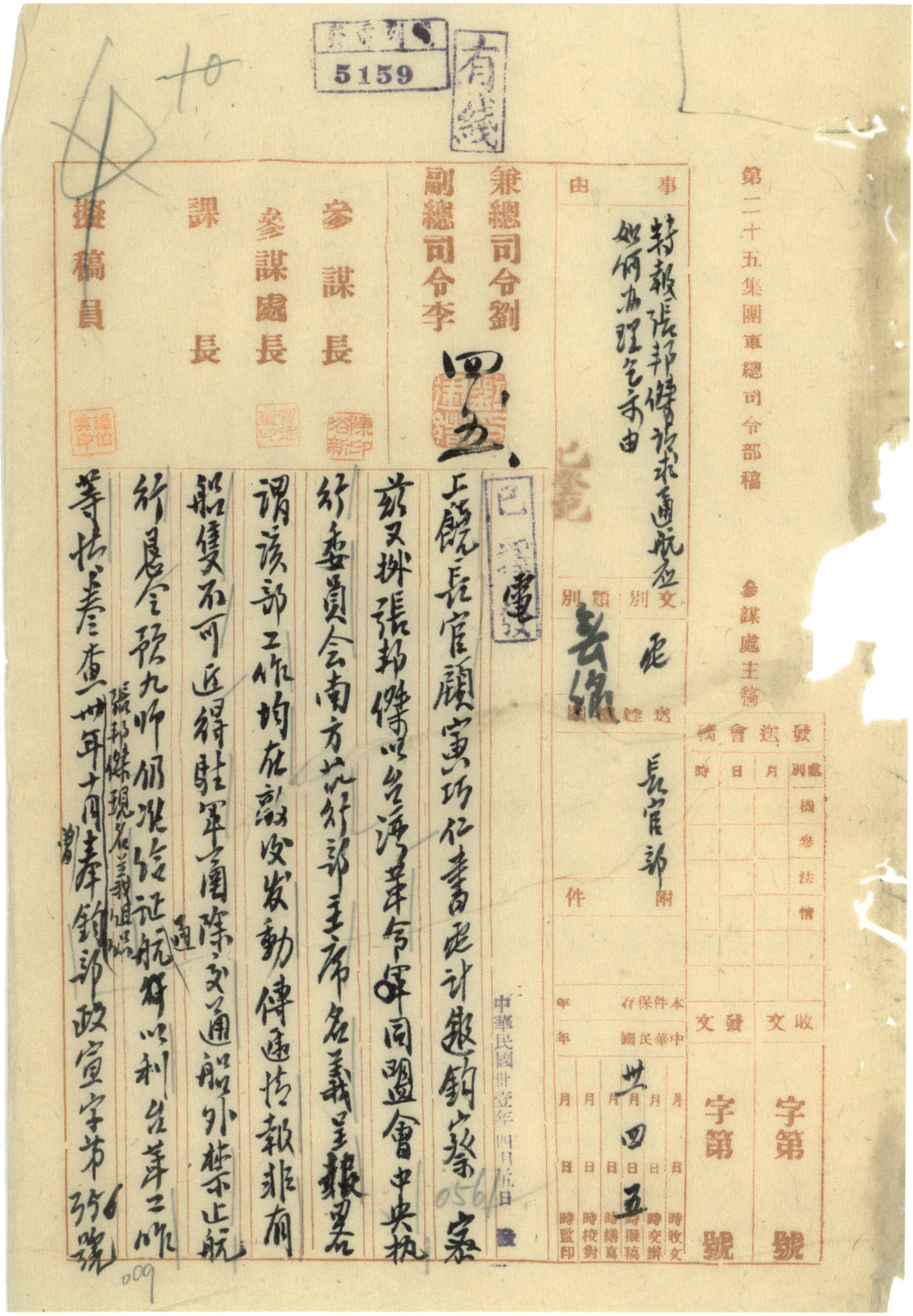

第二十五集团军总司令部关于是否让张邦杰通航给第三战区副司令长官部的电

一九四二年四月五日

准予设立奉卅一年元月梗忠悦代电饬制止活动查报等以寅珩红寿忠呈复并请示各在奉令前拟遵前应如何办理之示遵。南丰刘〇〇歌红美印

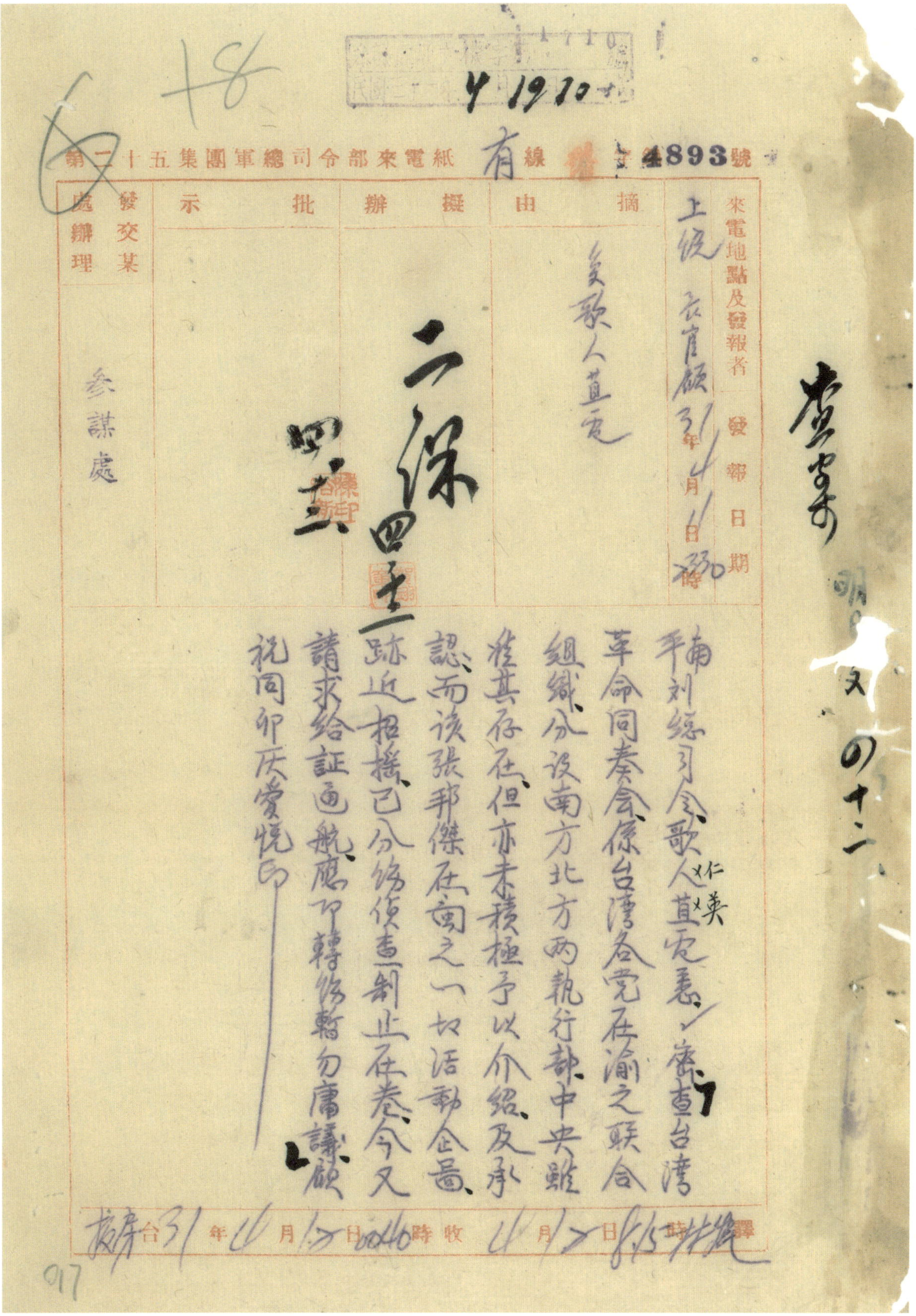
第二十五集團軍總司令部來電紙 有線 第4893號

來電地點及發報者：上級 長官顧

發報日期：31年4月11日2330時

摘由：复歌人真電

二課 四十三

參謀處

平南刘総司令歌人真電悉。密查台湾革命同盟会係台湾各党在渝之联合組織，分設南方北方兩執行部，中央雖准其存在，但亦未積極予以介紹及承認。而該張邦傑在閩之一切活動企圖、跡近招搖，已分飭偵查制止在卷。今又請求給証通航，應即轉飭暫勿庸議。顧祝同卯灰賞悅印

長庚台31年4月12日0040時 收4月12日815時

第三战区副司令长官部关于制止张邦杰招摇行为并暂不给证通航给第二十五集团军总司令部的电训

一九四二年四月十日

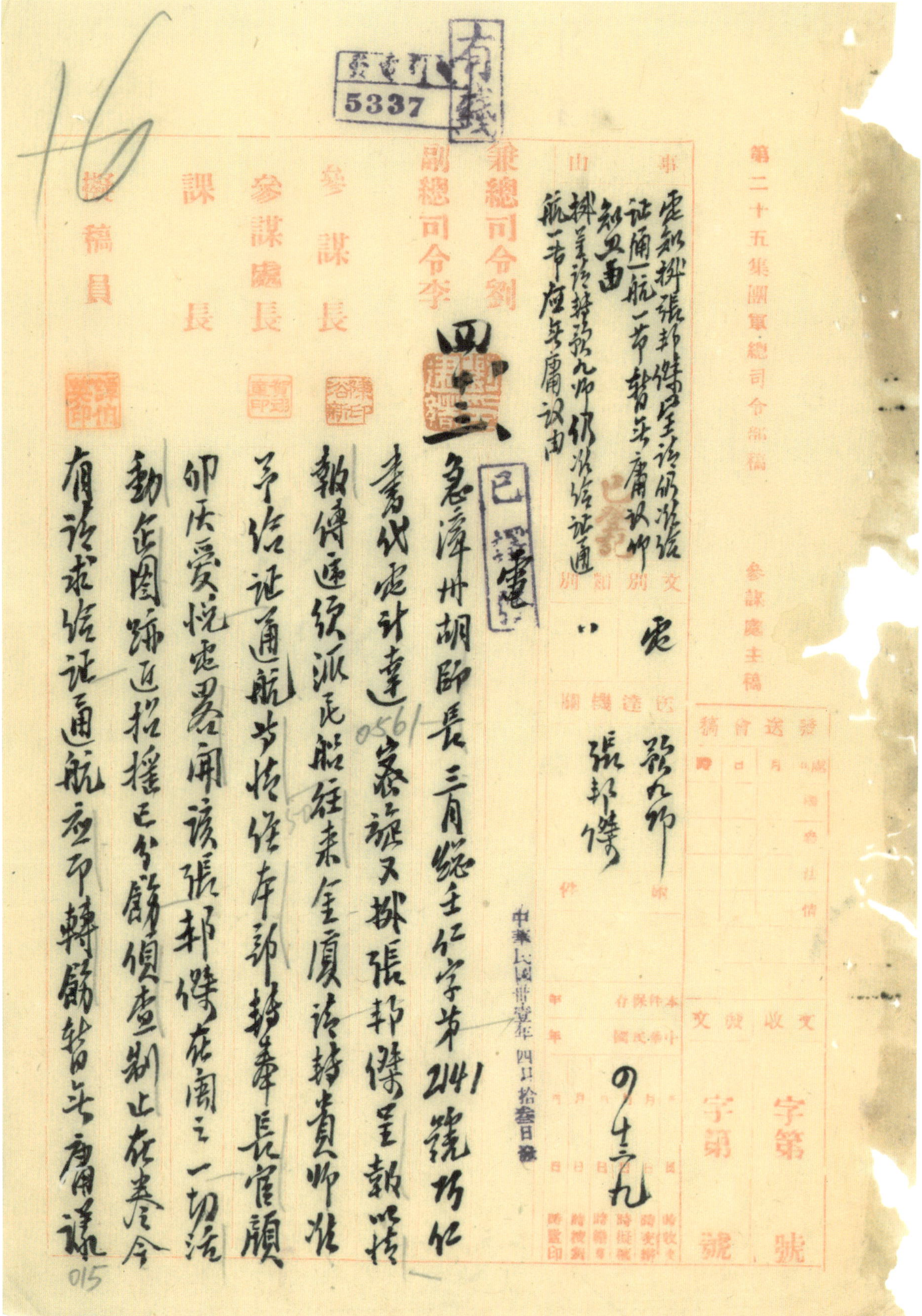

第二十五集團軍總司令部稿

參謀處主稿

事由：電知拟張邦傑呈請仍准給証通航一節暫無庸議仰知照由

文別：電

發文：預九師

張邦傑

兼總司令劉

副總司令李

參謀長

參謀處長

課長

擬稿員

5337

四十三

急 漳州胡師長 三月總壬仁字第2141號代電悉

寄代電計達 案據又拟張邦傑呈

報傳運統派民船往來金廈請轉貴師准

予給証通航並經本部轉奉長官顧

卯庚電開該張邦傑在閩之一切活

動應嚴予指導並飭偵查制止在案令

復請求給証通航應即轉飭暫無庸議

中華民國卅壹年四月拾叁日發

第二十五集团军总司令部关于张邦杰请求通航暂无庸议给陆军第九预备师的电

一九四二年四月十三日

6廿

有線

5338

已

茅國特察處知照南平劉○○ 仁美 印

元未

漳州胡師長譯轉張邦傑 調查有秘漳字第160號呈悉 密○呈請轉飭發九師

○准給證通航一節暫無廣諒 經奉長官顧卯灰愛悅震閱在即轉飭知 南平劉○○ 苦閱報告

元未 仁美 印

中華民國卅五年四月拾叁日發

1324

1400

016

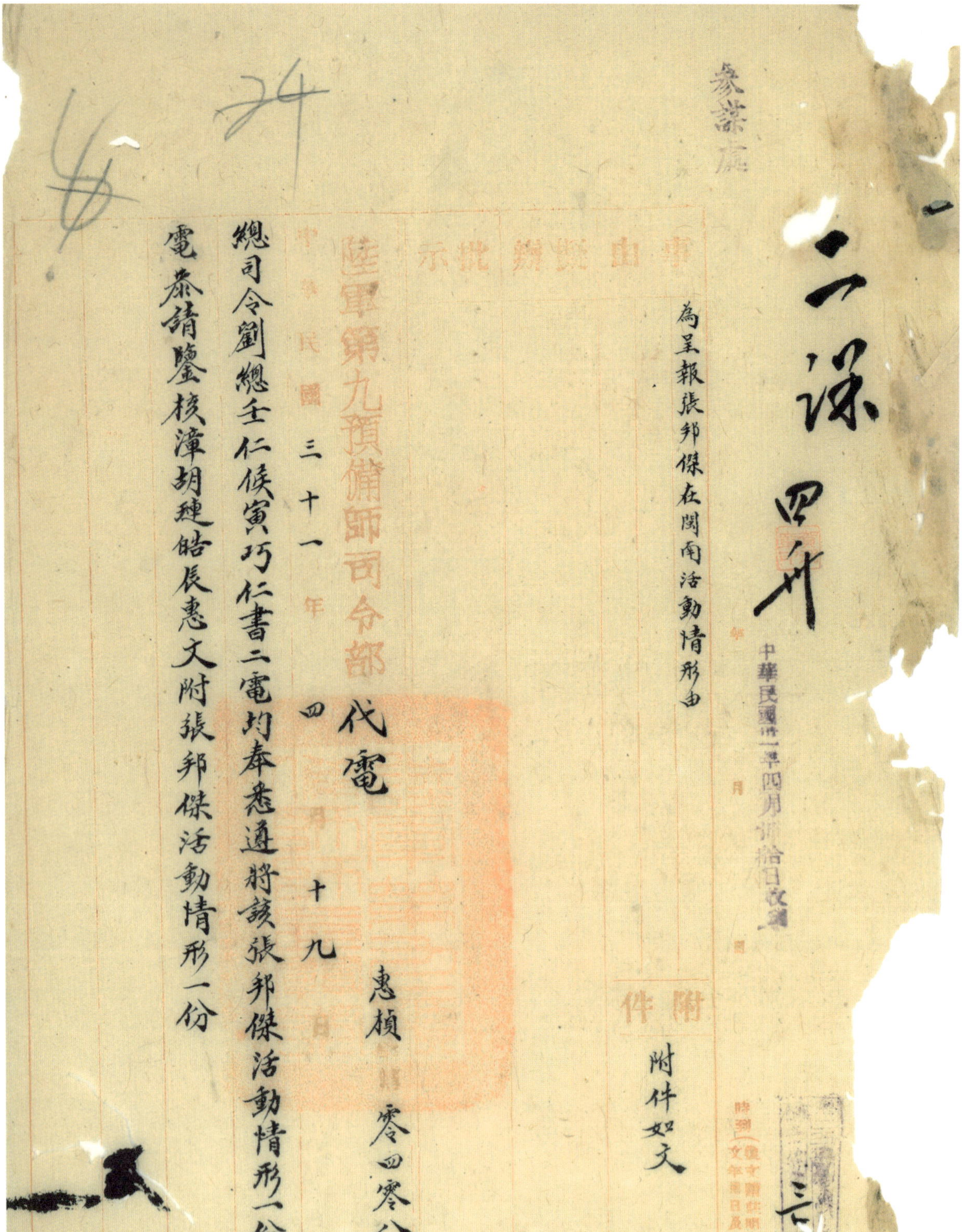
參謀處

二課 四卅

事由 擬辦 批示

為呈報張邦傑在閩南活動情形由

中華民國卅一年四月卅拾日收到

附件

附件如文

陸軍第九預備師司令部代電

中華民國三十一年四月十九日

惠楨 時 零四零八 號 發

總司令劉總壬仁候寅巧仁書二電均奉悉遵將該張邦傑活動情形一份隨電恭請鑒核潭胡建皓長惠文附張邦傑活動情形一份

陆军第九预备师司令部关于呈报张邦杰在闽南活动情形给第三战区副司令长官部的代电（附：张邦杰在闽南活动情形）

一九四二年四月十九日

五、龄在闽南活动

一、组织台湾革命同盟会南方执行部

1.设立时期—民国三十年九月一日正式开始办公

2.设立地点—最初设于漳州马坪街二〇号，后迁于下沙街一〇九号

3.经济来源—前由本党台湾省党部每月拨款二千元及会员之捐款，近因香岛沦陷，只靠中正医院收入及捐款维持

4.组织情形—如左表

台湾革命同盟会南方执行部

主席 张邦傑

代行 吕伯雄

书记长 陈友欽

1.秘书室

2.机要室

1.总务处—蔡国魂

- 1.文书股
  - 主任一
  - 干事一
  - 事务员二
- 2.庶务股
- 3.人事股
- 4.会计股

2.组织处—吕伯雄

- 1.组织股
- 2.训练股
- 3.调查股
  - 仝右
- 4.训练指导员（二五八）

3.行动处—陈泽生

- 1.行动股
- 2.谍报股
- 3.行动队
  - 第一行动队
  - 第二行动队
  - 第三行动队
  - 第一组
  - 第二组
  - 第三组
  - 组长一
  - 行动员五

4.宣传处—陈师石

- 1.宣传股
- 2.编辑股
- 3.印发股
- 4.宣传队
  - 队长一
  - 队员十二

5.特别支部 书记长 周海

- 1.候补委员—苏臻仁、蔡世美
- 2.干事—蔡高山
- 3.行动组长—卓柏辉
- 4.漳厦联络总站—胡其刚
- 5.石码组—刘正德
- 6.与嵩组—白国风

6.驻榕办事处主任卢开先

7.香港支部 书记长 何台山

- 总务组
- 组训组
- 行动组

二、活動情形

1、極積宣傳工作招收青年會員四出活動其會員多台籍者海澄龍溪同安次之又派組訓指導員二五人潛入金廈鼓台灣各地活動去歲九月十四日曾函送會員證樣請求保護

2、佈置漳廈連絡網——設漳廈聯絡總站石美石碼嵩嶼港尾禾山金門鼓浪嶼台灣聯絡站活動

(1)去歲十一月十五日函請援助各聯絡站人員

(2)去歲十二月該部行動處處長陳澤生呈請發給警戒綫通行證及設置聯絡船

(3)本年元月電請發胡其綱等工作人員之長期通行證

3、組織行動隊宣傳隊小組潛入金廈鼓各地工作去歲十二月曾電報廈鼓敵情

4、在海澄龍溪泉州同安等處密組小組並調查政府前收設之台人產業擬收作經費

5、宣傳李友邦圖執台灣獨立與農工政策對三民主義之統治政策懷疑而不

~~27~~

與合作

~~1027~~
26

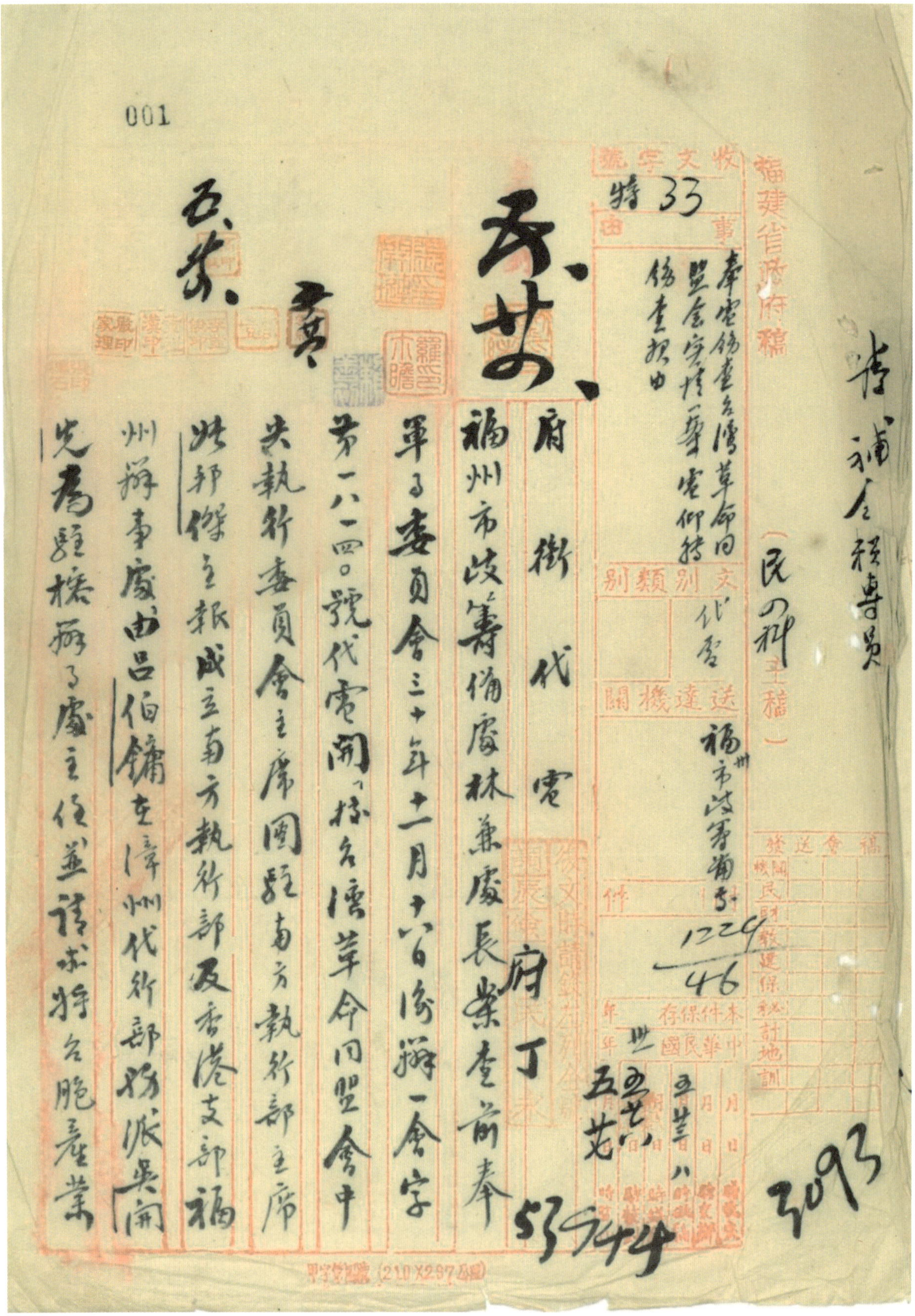
福建省政府稿
收文字號 特33
事由：奉電飭查台灣革命同盟會南方執行部事電仰飭查報由
文別類別：代電
送達機關：福州市政籌備處
（民四科主稿）
府衛代電
福州市政籌備處林兼處長棨覽：前奉軍事委員會三十年十一月十八日侍辦一會字第一八一四〇號代電開：據台灣革命同盟會中央執行委員會主席團駐南方執行部主席張邦傑呈報成立南方執行部及香港支部、福州辦事處由呂伯鏞主持，漳州代行部務派吳開先為駐福辦事處主任，並請求將台胞產業
府丁
待補令稿專員
卅一 五、廿六
53544
2093

福建省政府关于查报台湾革命同盟会南方执行部福州办事处情形给福州市政筹备处的代电

一九四二年五月二十八日

002

明令移交該部旨行保發生產以充經費等情到會據
簽原呈各件飭即查明台灣革命同盟會實情及各股產
業情況及該部保呂伯鏞等號名能分報會以憑核辦等
因奉此業經本府以呂亥卅府民乙永字第一三五四九五號
代電飭福州警察局遵照查明具報在案現為時已久
尚未據報合行電仰該處長迅予轉飭該局長即速查
報以憑核轉為要省政府永民亥卅印

此邊線右邊應保持空白以便裝訂

福建省政府

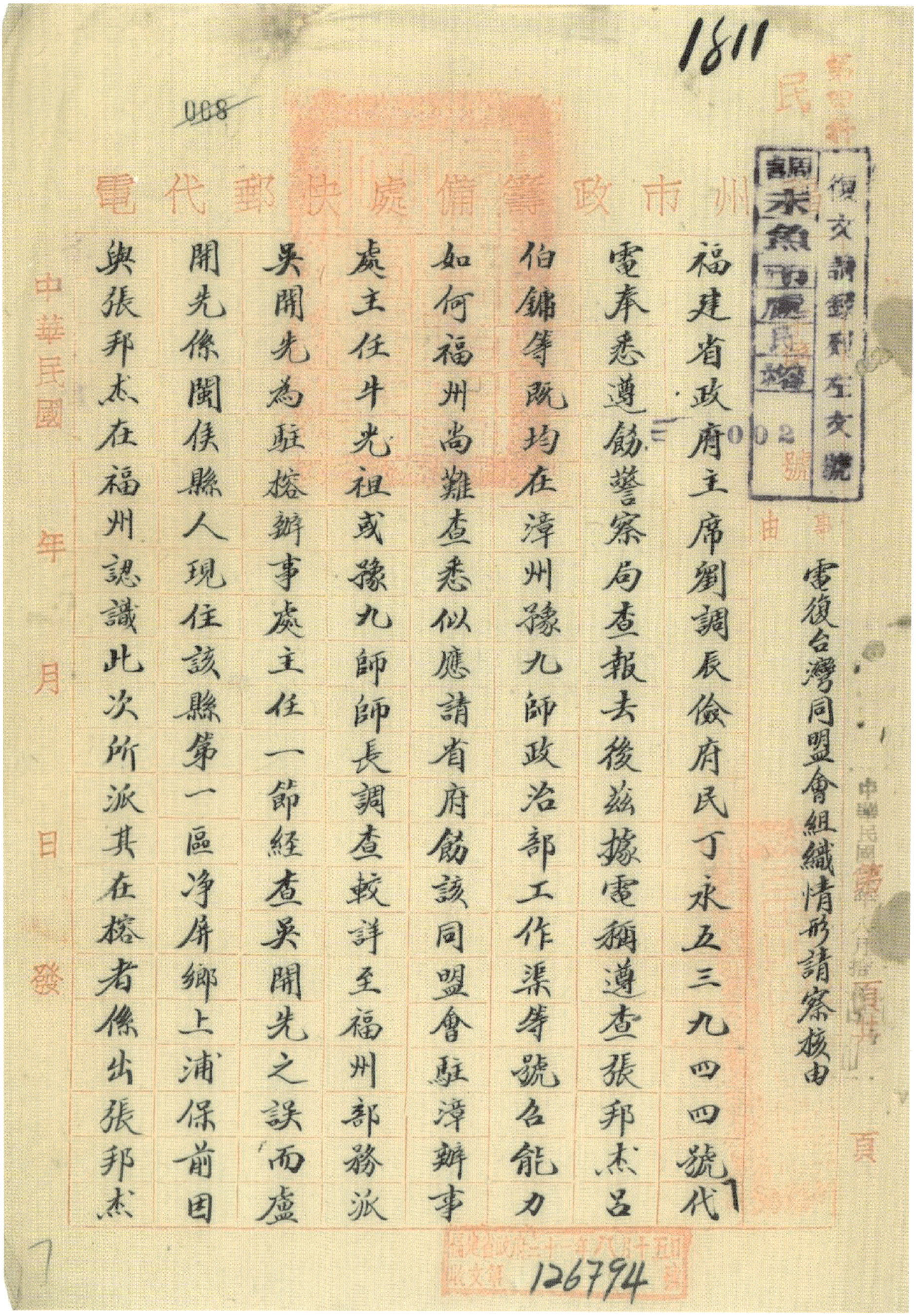

1811

008

福州市政籌備處快郵代電

事由：電復台灣同盟會組織情形請察核由

復文請錄列左文號　閩榕民字第002號

福建省政府主席劉鈞長儉府民丁永五三九四四號代電奉悉遵飭警察局查報去後茲據電稱遵查張邦杰呂伯鏞等既均在漳州豫九師政治部工作渠等號召能力如何福州尚難查悉似應請省府飭該同盟會駐漳辦事處主任牛光祖或豫九師師長調查較詳至福州部務派吳開先為駐榕辦事處主任一節經查吳開先之誤而盧開先係閩侯縣人現住該縣第一區淨屏鄉上浦保前因與張邦杰在福州認識此次所派其在榕者係出張邦杰

中華民國　年　月　日發

福建省政府 卅一年八月十五日 收文第126794號

福州市政筹备处关于查报台湾革命同盟会南方执行部组织情形给福建省政府的代电

一九四二年八月六日

007

查該执行部駐榕办事處確已
撤銷相應復請
查照核辦为荷此致
民四科
秘二科啓 卅一、八、廿

福建省政府便用箋

中華民國卅一年八月廿日

8

008

僑處快郵代電

……頁
……察核由
……三九四四號代
……遵查張邦杰呂
……渠等號召能力
如何福州尚難查悉似應請省府飭該同盟會駐漳辦事
處主任牛光祖或豫九師師長調查較詳至福州部務派
吳開先為駐榕辦事處主任一節經查吳開先之誤而盧
開先係閩侯縣人現任該縣第一區浄屏鄉上浦保前因
與張邦杰在福州認識此次所派其在榕者係出張邦杰

中華民國　年　月　日發

7

福建省政府三十一年八月廿五日收文

126794

本案現據福州市政籌備處電

復文廿卯占

貴科前簽情形似有未符前擬

彙復軍委會應請

簽示以便辦理爲荷此致

秘二科

附1229/46及調查信箱民字第七六九九四號

民四科 潘光國印 啟 卅八、十九

張壽石印

9

福建省政府民政廳便用箋

1/3 A4(96×210MM)

~~009~~

福州市政警備處快郵代電

字第　號

事由

私人本意非由同盟會委派並無與義勇隊隊員聯絡似
難視為正式台胞負責人現在榕之義勇隊隊員經查僅
有二人一名林玉峰字子雲住本市從船浦積善里十四
號其妳林杏燕家現操家庭工業造牙粉鞋膏外兼台胞
海外通訊工作一名林江龍住本市義洲奪錦標怡園乃
操技術工業近受聘省農業改進處安溪縣農具製造廠
長月內將赴安溪工作在榕台產原由福州敵產管理處
負責保管名租納款解府淪陷後由本局清理調查造册

第　頁共　頁

中華民國　年　月　日發

10

010

福州市政筹备处快邮代电

字第　号

事由

現已移請鈞處核辦在案所請移充經費一節似應請省核示奉電前因理合將調查經過情形電請核轉等情據此理合電請察核福州市政籌備處兼處長林有壬（魚）民

中華民國三十一年八月六日發

校對鄭銘鎧

第　頁共　頁

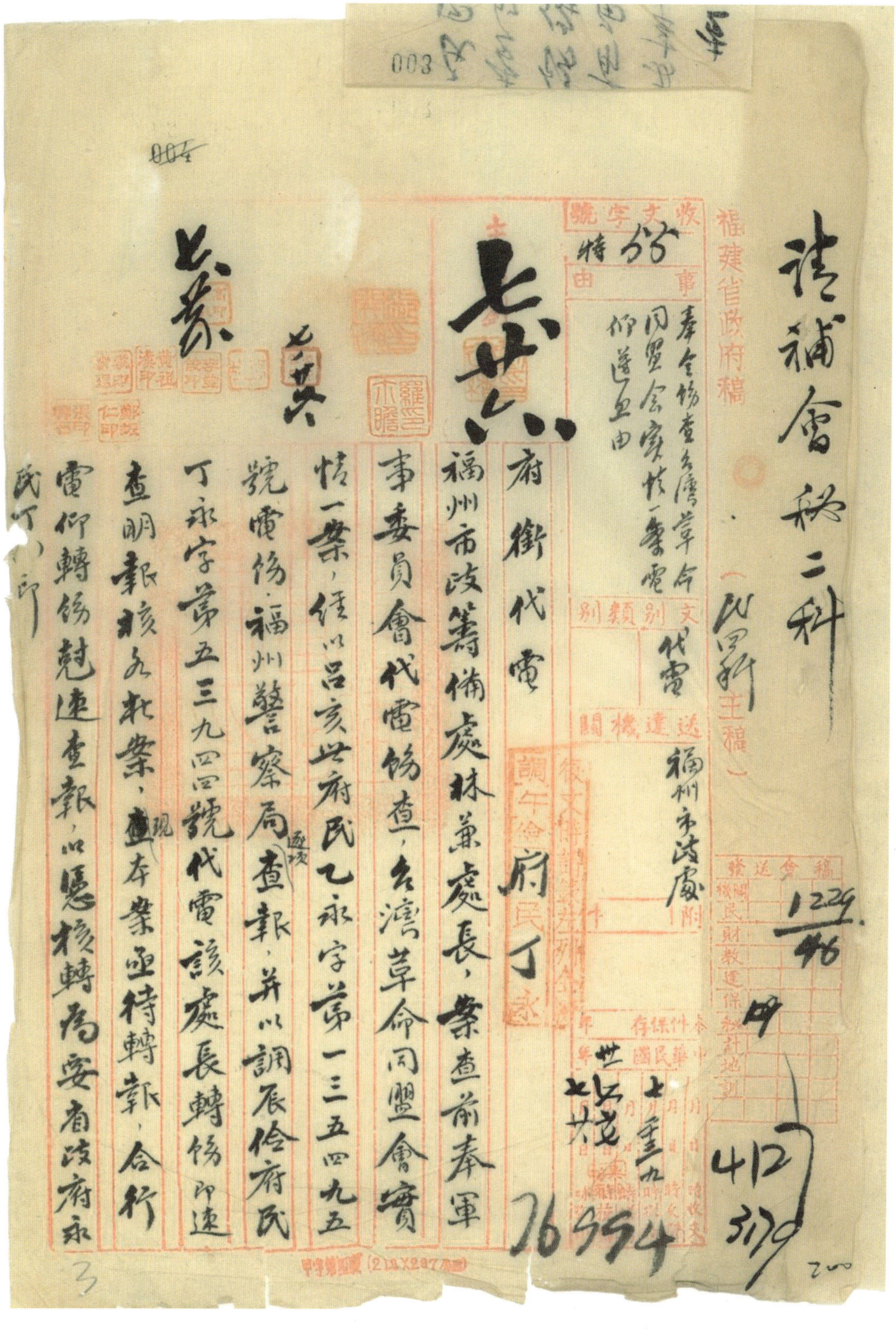

請補會秘二科

福建省政府稿（民四科主稿）

收文字號：特 5?

事由：奉令飭查台灣革命同盟會實情一案電仰遵照由

文別：代電

送達機關：福州市政處

府衛代電

福州市政籌備處林兼處長：案查前奉軍事委員會代電飭查台灣革命同盟會實情一案，經以呂亥世府民乙永字第一三五四九五號電飭福州警察局查報，並以調辰條府民丁永字第五三九四四四號代電該處長轉飭迅速查明報核各在案。查本案亟待轉報，合行電仰轉飭趕速查報，以憑核轉為要。省政府永

民丁（八）印

福建省政府关于饬报台湾革命同盟会实情给福州市政筹备处的代电

一九四二年七月二十八日

請補會秘二科

查台灣革命同盟會南方執行部駐榕辦事處已於本年五月間撤銷，惟本案前曾分電龍溪縣政府查報，似應再行飭催，相應簽請查照核辦為荷。此致

民四科

秘二科啓　卅、八、八

……案查前奉軍……革命同盟會賓……情一案，經以呂亥世府民乙永字第一三五四九五號電飭福州警察局查報，並以調辰俭府民丁永字第五三九四四號代電該處長轉飭即速查明報核各在案。現查本案亟待轉報，合行電仰轉飭剋速查報，以憑核轉為要。省政府永

民丁、印

26994

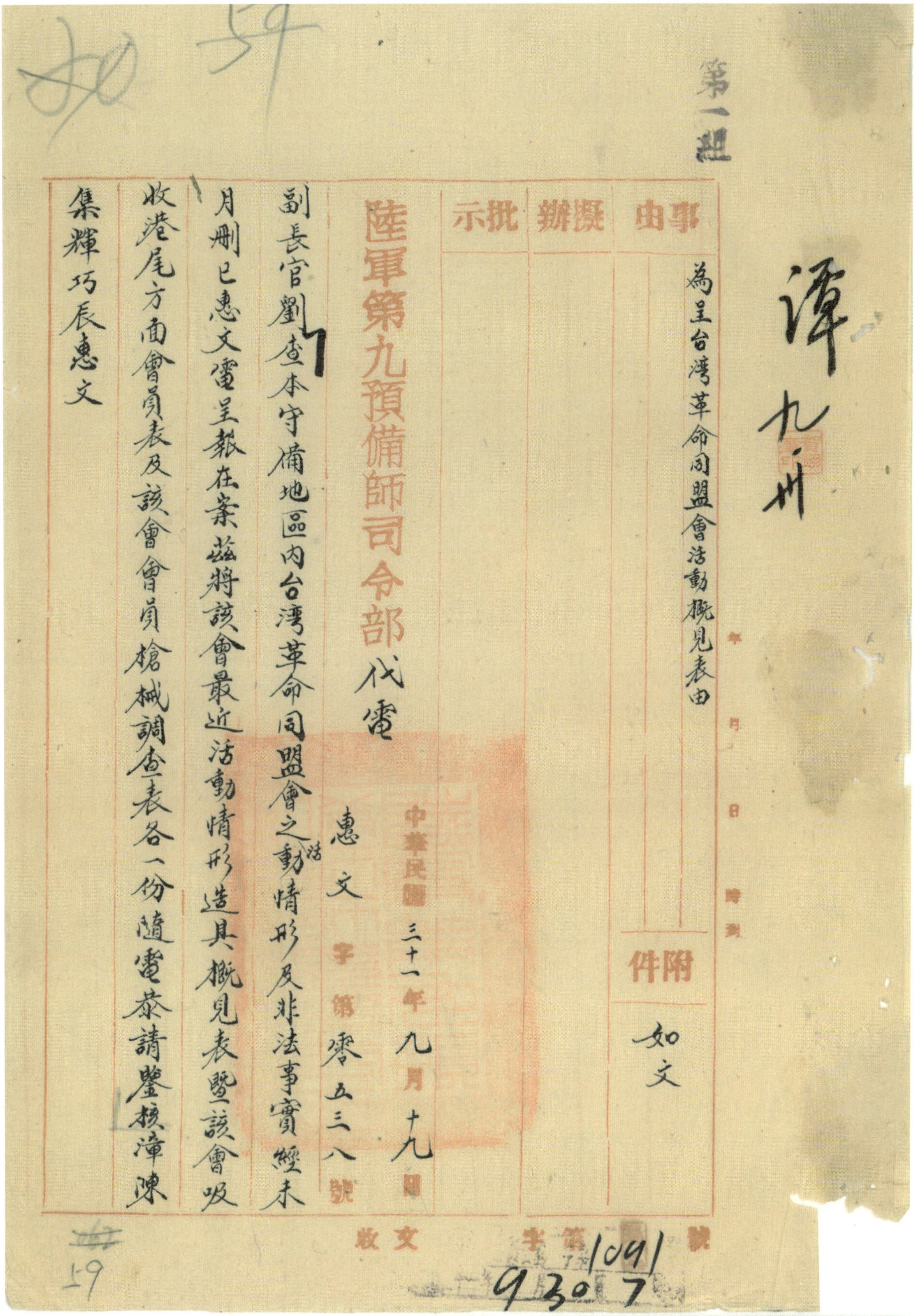

第一組

渾九卅

事由：為呈台灣革命同盟會活動概見表由

擬辦

批示

附件：如文

陸軍第九預備師司令部代電

副長官劉：查本守備地區內台灣革命同盟會之活動情形及非法事實經未月刪已惠文電呈報在案，茲將該會最近活動情形造具概見表暨該會吸收港尾方面會員表及該會會員槍械調查表各一份，隨電恭請鑒核。漳陳集輝巧辰惠文

中華民國三十一年九月十九日

惠文字第零五三八號

收文 字第 號

1091

9307

59

陆军第九预备师司令部关于呈报台湾革命同盟会南方执行部活动概见表及该会吸收港尾会员表等给第三战区副司令长官部的代电　　一九四二年九月十九日

64 60

台灣革命同盟會活動概見

濫收會員	該會不察會員身份糊亂招收凡漳碼及沿海一帶之流氓份子逃役壯丁及奸商等糜不招收而以可免兵役及保護走私為號召只港尾一隅已達二十餘人為逃避壯丁破壞國法莫此為甚（附港尾收之壯丁表）
培植勢力	該會利用革命名義或偽為蒐取情報或偽為對敵行動以培植勢力私置槍械藉以招謠撞騙横行鄉井强行走私「本月十二日該會委員劉文鄉等十二人并號證件攜械向漳浦縣府請求在舊鎮設情報所」足具其份子之複雜及不法行動之一班（附該會會員自置槍械現調查表）
包庇壯丁	該會暨利用革命機関蒐取情報名義其職員當可緩役乃大肆鼓吹以能自備短槍一桿及會費五百元加入乃可緩役致適齡壯丁多數参加而其更不法之行動則為1、該會會員黃茲本為浦西鄉之征傳壯丁該會竟派行動員鄭擬持械威嚇鄉公所不得徵征2、又該鄉壯丁黃茂連已送港尾區署該會竟派會員張德進等七人携械至區署搶返
走私毒品	該會在青浦大峙高港同安沿海常以收集厦方情報名義派遣情報船隻攜帶槍械不服檢查而以緒米柴炭運厦資敵并運回毒品轉漳泉各屬出售其行動隊陳澤山黃烏鑾等輩各獲十餘萬元
附記	一、本表根據各方報告彙編而成

45

64

台灣革命同盟會會員槍械調查表

姓名	手槍數	姓名	手槍數	姓名	手槍數
張邦傑	卜克1左輪1	黃烏鑾	左輪1曲九1	黃茂連	曲九2
蔡國太	曲七1	李世民	卜克1曲九1	陳寶夫	曲九1
陳友欽	曲九1左輪1	羅振和	卜克2曲九2	林進德	左輪1曲九1曲七2
呂伯雄	曲九1	李伯輝	左輪1	陳六賜	曲九1
許逸民	左輪1	陳騰飛	卜克1左輪1	鄭擬	曲九1
李德音	曲九1左輪1	陳次山	曲九2	劉文鄉	曲九1
陳洋生	左輪2曲九1	黃育才	曲九1		
附記					

64

60

20

台湾革命同盟會吸收港尾方面會員表

姓名	住址 鄉鎮	保	社
張水	港尾鎮	東山	東山
江山	〃	〃	〃
蔡振文	〃	上伍	上地
汪觀濤	〃	梅市	港尾村
王金城	〃	〃	〃
吳秋波	〃	〃	〃
汪倫德	〃	象山	港尾
江金仁	〃	上五	賴厝

61

~~63~~

江頌忠	港尾頭	象山	滄山
江澤源	〃	杉市	滄洋
江義松	〃	上五	嶺樓
黄鎰	浦田	店地	尖山
黄茂連	〃	林尾	林尾
高九熊	〃	白沙	下白沙
黄顯文	〃	城外	城外
藍可平	隆教	油車	油車
江奇峰	〃	〃	〃
楊蕙麟	〃	碧塘	碧塘

62

~~20~~ 64

張發武	隆教	新厝	新圩
蔡林枝	太武	升社	
王古粒	〃	深澳	深澳
王玉成	〃	〃	〃
王文水	〃	〃	〃
李永志	〃	黄坑	黄坑
胡陳武	青浦		青浦
謝騰飛			
曾水蓮	深宫	保岸	后保
郭鼻	霞谷	霞城	霞城

~~64~~ 63

李結	太武	黃坑	黃坑
鄭捷	漳浦	炉逢	炉逢

~~068~~ 64

国民党中央组织部、福建省政府、台湾革命同盟会南方执行部等关于在漳州创办台湾中正医院的来往文电

一九四一年十二月—一九四三年十月

呈事

中央組織部收文 日期 卅一年 月5日 字號 00129

事由：為擬設「臺灣中正醫院」呈請察備並懇予以援助由

附件：開辦費經常費概算書各乙份。

決定辦法

擬辦

臺灣革命同盟會中央執行委員會南方執行部呈

竊以人力乃抗戰最大要素之一，我國人民既多，人力自可勝敵，惟人民之健康，亟應保持，庶可成為強有力之鬥士，故保健事業，實為抗戰期中不可忽視之要務。福建位居國防前綫，時刻必須準備與敵血戰，是以軍民體健尤宜注意，然數年來，一因氣候變幻，一因醫師及藥品缺之，以致流行症一

民國 年 月 日 字第131號

年 月 日收 字第 號

台湾革命同盟会南方执行部主席张邦杰为拟在漳州创办台湾中正医院给国民党中央组织部的呈（附：台湾中正医院开办费、每月经常费概算书） 一九四一年十二月二十二日

發、蔓延不滅、僅漳屬一隅、年來死於非命者不鮮，且人人面有菜色、似此、對於抗戰前途妨碍絕大！必應設法早予克服、本部有鑒及此、特集本會富有經驗醫術人才之一部同志（約共先集醫師二十人）擬在福建漳州設立「臺灣中正醫院」、施診軍民、並組織救護隊、醫療隊等出發前線工作、現已積極籌備、定於民國卅一年一月間開幕、惟在此醫藥缺乏及百物昂貴之秋、開辦計需國幣叁拾萬元、每月經常費需弍萬伍千元、除本會基本會員捐獻儀器藥品約拾萬元外、亟應懇請

鈞部多多撥助、庶可有濟、事關國計民安、伏乞

鈞長垂詧、予以援助、而利進行！

謹呈

中國國民黨中央組織部部長朱

附呈：台灣中正醫院開辦費及經常費概算書各一份。

台灣革命同盟會中央執行委員會南方執行部主席張邦傑呈

臺灣革命同盟會中央執行委員會南方執行部附設台灣中正醫院開辦費概算書

第一款 開辦費			
第一項 儀器購置費		六七、〇〇〇元	
第一目	各科普通儀器	三五、〇〇〇元	
第二目	顯微鏡	一二、〇〇〇元	一千五百倍乙架
第三目	電療器	二〇、〇〇〇元	
第二項 藥品購置費		一六〇、〇〇〇元	
第一目	各科普通藥品	六〇、〇〇〇元	
第二目	高貴藥品	一〇〇、〇〇〇元	
第三項 院內設置費		三六、五〇〇元	

第一目 器具購置 二四、〇〇〇元 椅桌、病床、被褥等計需如上數

第二目 衛生衣 一〇、〇〇〇元 衛生衣、手術衣、看護衣等計一百件平均每件一百元合如上數。

第三目 裝置費 二、五〇〇元 電灯裝設之材料及工資等如上數。

第四項 院址修理費 五、〇〇〇元

第一目 材料 二、〇〇〇元

第二目 工資 三、〇〇〇元

第五項 印刷費 二、〇〇〇元

第一目 表紙印刷 二、〇〇〇元

第二款 預備費 三〇、〇〇〇元

第一項 準備費 三〇、〇〇〇元

第一目 准备金　三〇、〇〇〇元　准备预算不足及临时购置之用。

總計：叁拾萬零伍百元。

臺灣革命同盟會中央執行委員會南方執行部附設台灣中正醫院每月經常費概算書

第一款　經常費　二〇、六〇〇元

第一項　員工生活費　一一、〇〇〇元

第一目　醫師生活費　六、〇〇〇元　醫師、助理醫師、藥劑師計二十人平均每人月給生活費三百元合如上數。

第二目　職員生活費　一、六〇〇元　職員十人平均每人月給生活費一六〇元計如上數

第三目　護士生活費　二、四〇〇元　護士二十人平均每人月給生活費一二〇元合如上數

第四目　工役生活費　一、〇〇〇元　工役十人平均每人月給生活費一〇〇元合如上數

第二項　施診費　五四〇〇元

第一目　施診藥品　五四〇〇元　每日施診六十人以現在藥價計每人每日藥價需三元合如上數。

第三項　救護費　一、〇〇〇元

第一目 救護藥品 一、〇〇〇元

第四項 公費 三、二〇〇元

第一目 房租 四〇〇元

第二目 燈火 一、〇〇〇元

第三目 銷耗 八〇〇元

第四目 什費 一、〇〇〇元

第二款 臨時費 五、〇〇〇元

第一項 臨時救護費 二、〇〇〇元

第一目 救護藥品 二、〇〇〇元 臨時出發前線救護工作平均每月按此上數。

第二項 準備費 三、〇〇〇元

第一目 準備金 三〇〇〇元

經臨兩款合計每月需費弍萬伍仟陸百元。

查台湾革命同盟会南方执行部，本部亦曾备案，所呈拟筹集廿万元设立"台湾中正医院"，其热心可嘉，至请求援助经费一节，本部实无法照办，本件拟予存查。

如拟

职萧宜增 六月七日

拟办

龙 王泉笙 六、七、

中華民國卅一年叁月拾八日收到

文收部組織 3926

事由：為在漳創辦台灣中正醫院定期開幕懇察核備案並予扶助由

附件：台灣中正醫院組織大綱一份。

決定辦法

擬辦

臺灣革命同盟會中央執行委員會南方執行部呈

竊查漳州為閩南國防前線，人口密集，對於醫藥配備，素感缺乏，加以年來氣候失常，疾疫四起，輾轉傳播，為害至鉅！而一般貧苦民衆，及抗戰征屬，因經濟關係，不能延醫購藥，死於非命者尤多，言之實堪憫恤。本部在漳工作，有見及此，爰體總裁痌瘝在抱、仁民愛物之旨，特集資創辦臺灣中正醫院於漳州，並召集本會同

年　月　日收　字第　號

张邦杰为台湾中正医院定期开幕请予备案给国民党中央组织部的呈（附：台湾中正医院组织大纲）

一九四二年三月四日

志中醫術湛深之醫師多人，出而服務，期於軍民衛生方面，稍效微勞，業以呂友養秘漳字第一三〇號呈報在案，現已賃定漳市陸安東路九八號為院址，確定於本年三月十日先行開診，擇期補行開幕典禮，內部暫分為內科、外科、產婦人科、眼科、耳鼻喉科等。關於藥品方面，除由本會同志自動捐助達十萬元以外，現正籌巨款，分別補充，以冀規模擴大，拯救創痍。茲再檢具臺灣中正醫院組織大綱一份，報乞

察核備案，並懇

咨行衛生主管機關，加以扶助，無任屏營之至！

謹呈

中國國民黨中央黨部組織部長朱

計呈台灣中正醫院組織大綱一份。

台灣革命同盟會中央執行委員會南方執行部主席張邦傑

臺灣革命同盟會中央執行委員會南方執行部附設臺灣中正醫院組織大綱

(一)、定名：臺灣中正醫院

(二)、宗旨：以服務社會及救濟扶屬普惠貧民為宗旨

(三)、院址：暫假福建漳州陸安東路九十八號為本院院址（候覓適當地点自行建築）

(四)、組織：本院組織如下：

甲、名譽董事會－由南方執行部函聘黨政軍長官及同情台灣革命贊助本院事業者為名譽董事，並敦聘 蔣總裁夫人為名譽董事長，名譽董事名額無限。

乙、董事會－以南方執行部主席、書記長、各處處長及臺灣省黨部主任委員暨福建特別支部各委員為當然董事，其

他盡力捐献之本會同志及地方熱心人士亦得選任為本院董事，名額暫定二十一人至三十一人。

丙、常務董事會—董事會、董事中互選七人至十一人組織之。

丁、院長—本院設院長、副院長各一員，由董事會函聘，報請南方執行部備案，同時為本院當然董事。

戊、醫務課—設課長一員由副院長兼任，內分內科（兒科附）、外科（皮梅科附）、耳鼻喉科、產婦人科、眼科、各科設主任一員，醫師一員，助理醫師一至二員、看護若干員，各員均由院長函聘，報請董事會轉請南方執行部備案。

己、總務課—設課長一員，內分文書、會計、事務、保管四股，每股

設主任一員，辦事員一至二員，各員均由院長函聘，報請董事會轉
請南方執行部備案。
以上組織，除名譽董事外，其他所有人員均以聘用台灣革命同盟會
會員為原則。

五、經費：本院經費概要預計如下：

一、開辦費——儀器購置費六萬七千元，藥品購備費十六萬元，院內
設置費三萬六千元，院址修理費五千元，印刷費二千元，準備金
三萬元，合計叁拾萬元

六、每月經常費——員工生活費一萬一千元，施診費五千四百元，救護
費三千元，辦公費三千二百元，預備費三千元，合計每月二萬五千

六百元。

以上開辦費業由本會同志捐獻藥品、儀器計值十萬元外，餘擬由南方執行部籌充之，至每月經常費除由南方執行部撥充一部分外，擬請中樞及地方軍政机關或慈善机關按月撥助之。

関於南方執行部創辦患民醫院一案，經與台灣党部呈准張安同志洽商，由其負責查報，奉此擬暫存。

如擬

蕭宜增代 四月廿四日。

甘家馨印

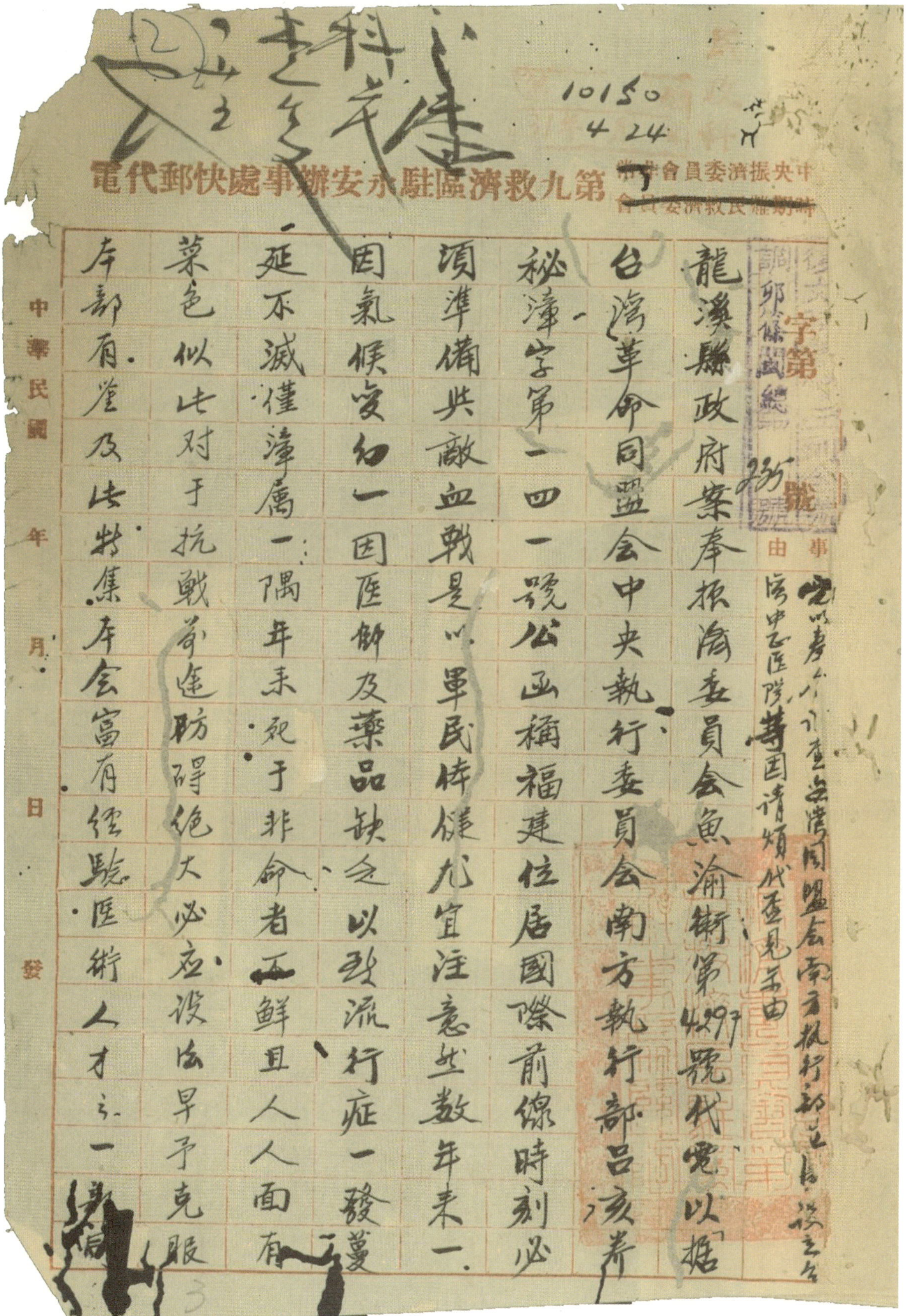

中央振濟委員會
戰時難民救濟委員會
第九救濟區駐永安辦事處快郵代電

龍溪縣政府案奉振濟委員會魚渝衛第4997號代電以據
台湾革命同盟会中央執行委員会南方執行部呂[illegible]
秘漳字第一四一號公函稱福建位居國際前線時刻必
須準備與敵血戰是以軍民健康尤宜注意然數年來一
因氣候[illegible]一因医師及藥品缺乏以致流行症一發蔓
延不滅僅漳屬一隅每年死于非命者[illegible]鮮且人人面有
菜色似此对于抗戰前途防碍絕大必應設法早予克服
本部有鑒及此特集本会富有經驗医術人才[illegible]一[illegible]

中央振济委员会第九救济区驻永安办事处关于查核台湾中正医院内部组织设备及实际需要给龙溪县政府的代电
一九四二年四月十七日

中央振濟委員會非常時期難民救濟委員會

第九救濟區駐永安辦事處快郵代電

字第　　號

事由

志（初步先集医師二十人）拟在福建漳州設立台湾中心医院，施診難民，并组織救護隊、医療隊出發前线工作。現已積極籌備，定于民國卅一年一月間開幕。惟在此医药缺乏及百物昂贵之秋，開辦计需國幣叁拾萬元，每月經常费需貳萬伍千元。除本会会员捐獻儀器药品约拾萬元外，相應函請贵会查照，多多援助，庶可有成。事関國计民安，務希予以捐助開辦費及每月經常费，而利進行，并賜見复，並附開辦费、經常费概算書各乙份等由，查該鄭[illegible]

中華民國　年　月　日　發

~~中央振濟委員會非常時期難民救濟委員會~~

第九救濟區駐永安辦事處快郵代電

字第　　號

事由

准福建漳州設立「台湾中正医院」现已着筹备，兹意其内部组织设备并实际需要若何，仰即切实详细查明具复，以凭核办等因。奉此，相应电请查照，即烦代查详细见示为感。中振会第九救济区驻闽办事处卯（篠）永总

中華民國三十一年四月　日發

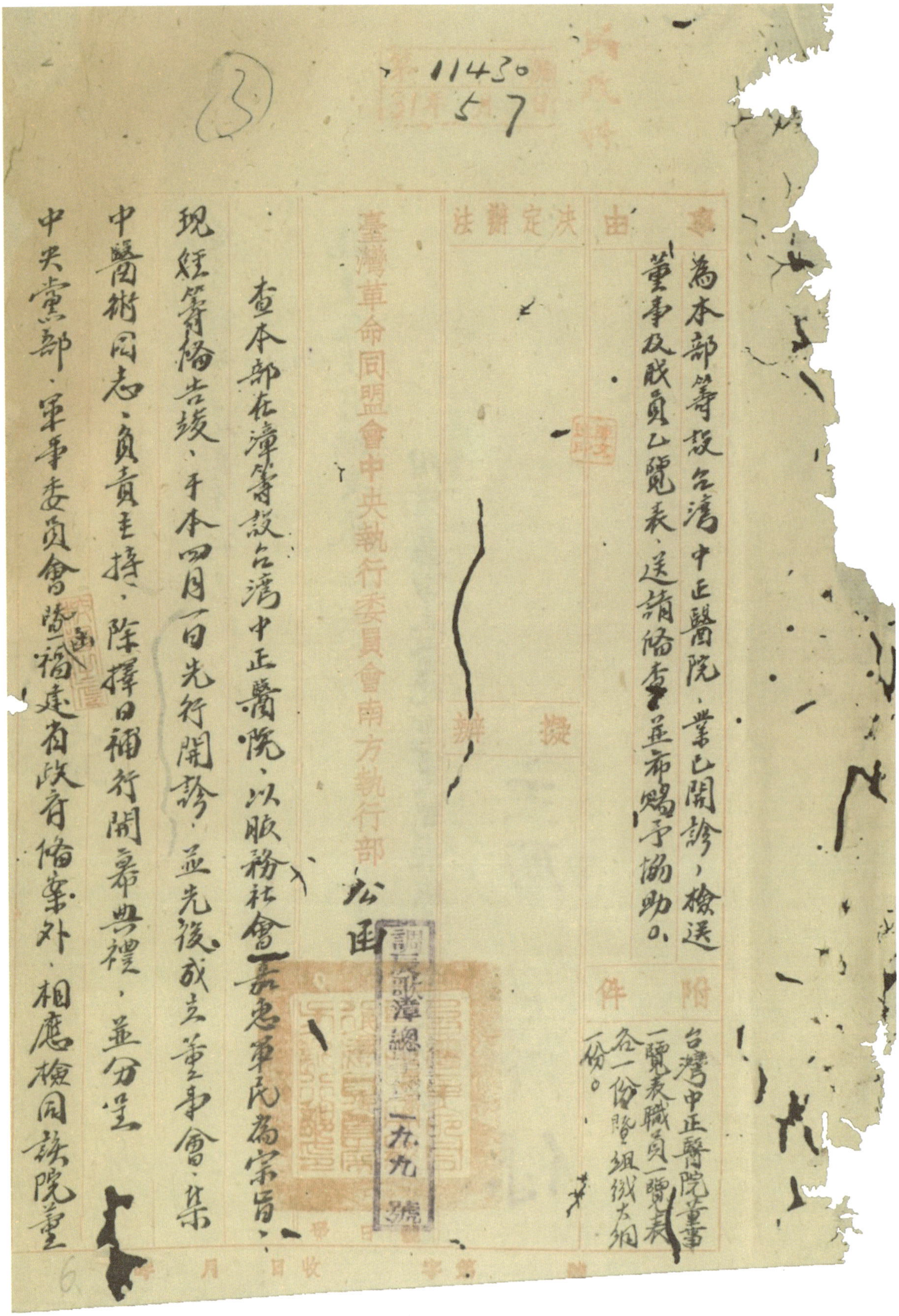
11430
5 7

事由：為本部籌設台灣中正醫院，業已開診，檢送董事及職員一覽表，送請備查並希賜予協助。

附件：台灣中正醫院董事一覽表、職員一覽表各一份，暨組織大綱一份。

決定辦法

擬辦

臺灣革命同盟會中央執行委員會南方執行部 公函

漳總字第一九九號

查本部在漳籌設台灣中正醫院，以服務社會、嘉惠軍民為宗旨，現經籌備告竣，于本四月一日先行開診，並先後成立董事會，柬中醫術同志負責主持，除擇日補行開幕典禮，並分呈中央黨部、軍事委員會暨福建省政府備案外，相應檢同該院董

年 月 日收 字第 號

台湾革命同盟会南方执行部关于检送台湾中正医院董事、职员一览表及组织大纲给龙溪县政府的函
一九四二年五月五日

事一覽表及職員一覽表各一份，送請

查照，並希

賜予協助，是為至荷。

此致

龍溪縣政府縣長張

附送台灣中正醫院董事一覽表職員一覽表各一份組織大綱一份。

主席 張邦傑

臺灣革命同盟會南方執行委員會臺灣中正醫院組織大綱

（一）定名：臺灣中正醫院

（二）宗旨：以服務社會及救濟抗屬普惠貧民為宗旨

（三）院址：暫假福建漳州陸安東路九十八號為本院院址（候覓適當地點自行建築）

（四）組織：本院組織如下：

甲、名譽董事會：由南方執行部函聘黨政軍長官及同情臺灣革命贊助本院事業者為名譽董事，並敦聘　蔣夫人為名譽董事長，名譽董事名額無限。

乙、董事會：以南方執行部主席、書記長、各處處長及臺灣黨部主任委員暨福建特別支部各委員為當然董事，其他努力捐獻之本會同志及地方熱心人士亦得選任為本院董事名額暫定二十一至三十一人。

丙、常務董事会：由董事中互選七人至十一人組織之。

丁、院長：本院設院長、副院長各一員，由董事会函聘，報請南方執行部備案，同時為本院當然董事。

戊、醫務課：設課長一員，由副院長兼任，內分內科（兒科附）、外科（皮膚科附）、耳鼻喉科、產婦人科、眼科，各科設主任一員、醫師一員、助理醫師一至二員、看護若干員，均由院長函聘，報請董事会轉請南方執行部備案。

己、總務課：設課長一員，內分文書、會計、事務、保管四股，每股設主任一員、辦事員一至二員，各員均由院長函聘，報請董事会轉請南方執行部備案。

以上組織，除名譽董事外，其他所有人員均以聘用台灣革命同盟会会員為原則。

庚、經費：本院經費概要預計如下：

台幣[illegible]為七十九[illegible]台幣[illegible]十六萬[illegible]

院内設備費三萬元，合計叁拾萬元。
（二）每月經常費：一、員工生活費壹萬壹千元，施診費五千四百元，救護費叁千元，辦公費叁千弍百元，預備費叁千元，合計每月弍萬五千六百元。
以上開辦費業由本会同志捐献药品儀器計值十萬元外，餘擬由南方執行部籌足之。至每月經常費除由南方執行部撥充一部分外，擬請中樞及地方軍政機關或慈善機關按月撥助之。

臺灣中正醫院董事一覽表

職別	姓名	年齡	籍貫	略歷	附註
董事長	張邦傑	四四	臺灣	日本早稻田大學	
常務董事	楊逢年	五六	龍溪	保定軍官學校 曾任陸軍四九師旅長	
仝	鄭啟沂	四八	龍溪	私立閩西法政專門學校 曾任龍溪縣長	
仝	嚴灼如	四二	龍溪	曾任廈市商會執委	
仝	林正傳	四二	龍溪	北平中國大學法科畢業 福建省銀行漳州分行經理	
仝	呂明賢	五七	臺灣	玉隆鐵工廠廠主	
仝	呂伯雄	四三	臺灣	現任南方執行部組織處處長	
董事	蔡國魂	四二	晋江	留日九州帝國大學工科畢業	

仝	陳澤生	三三	臺灣	臺灣水產學校畢業	
仝	陳師石	四七	龍溪	福建省圖書雜誌審查處漳州分處主任	
仝	謝南光	四二	臺灣	日本高等師範 現任福建省政府科長	
仝	翁俊明	五〇	臺灣	臺灣總督府醫學畢業 東京帝國醫大學	
仝	陳友欽	三〇	臺灣	日本早大 中央警校三期	
仝	許逸民	三三	臺灣	泉州西隅中學 臺灣省黨部[illegible]	
仝	柯台山	三〇	臺灣	湖南大學 臺灣國民革命黨主席	
仝	洪發安	五六	臺灣	東京農科大學畢業	
仝	周東源	四八	龍溪	臺灣醫專畢業	
仝	黃光亮	四二	龍溪	漳州華僑公會主席	

12

董事	周、海	四一	平和	法國勤恩大學理科碩士
仝	吳炳南	三四	龍溪	省立第八中學畢業
仝	蔡竹禪	五八	龍溪	前任龍溪縣縣長
仝	曾廼敷	三乂	龍溪	上海持志大學文科畢業 龍溪政幹所教育長
仝	許贊裔	四八	龍溪	廣東光華醫專畢業
仝	呂德聲	三九	澎湖	東京昭和醫專肄業 臺灣限地醫師試驗合格
仝	蔡高山	六〇	臺灣	私塾畢業
仝	蘇聰仁	四乂	臺灣	東京麻布獸醫畢業 神田病院内科肄業
仝	胡其剛	[illegible]一	晋江	上海暨南大學肄業
仝	陳碧樵	[illegible]八	臺灣	臺灣安主醫院畢業

仝

楊九拴

五八

龍溪

華安縣碧玉鄉鄉長

14

臺灣中正醫院職員一覽表

職別	姓名	年齡	籍貫	略歷	備攷
院長	翁俊明	五〇	臺灣	臺灣總督府醫專畢業 東京帝國醫科大學畢業	
副院長	許贊裔	四八	龍溪	廣東光華醫專畢業	
醫務課長	呂德聲	三九	澎湖	東京昭和醫專三年肄業 臺灣限地醫師試驗合格	
總務課長	許逸民	三三	臺灣	泉州西隅中學 臺灣省黨部機要室主任	
醫師	周東源	四八	龍溪	臺灣總督府醫學專畢業	
〃	蘇聰仁	四七	臺灣	東京麻布獸醫學校畢業 神田病院內科畢業	
〃	陳碧樵	四八	臺灣	臺灣安生醫院畢業	
〃	王俊賢	三〇	華安	臺灣台北病院六年畢業	

15

〃	林昭仁	二七	臺灣	上海光華醫學院畢業
〃	黃宗棟	二〇	龍溪	漳州宏仁醫學院畢業
〃	許茂年	三二	南靖	海澄普濟醫院畢業
見習醫師	楊雅堂	二六	龍溪	漳州懷仁醫院畢業
〃	呂棋椿	三〇	龍溪	漳州石眼科五年畢業
會計	蔡高山	六〇	臺灣	私塾畢業
文牘	余崇仁	二〇	龍溪	廈門美華中學肄業
藥劑師	王棟材	二二	惠安	漳州遠東醫院畢業
司藥員	吳添水	二三	龍溪	龍溪崇正中學畢業
辦事員	李玉賢	一八	龍溪	仝

16

臺灣中正醫院學生及護士一覽表

職別	姓名	年齡	籍貫	學歷
學生	周文通	一八	龍溪	龍溪東華小學畢業
〃	黃金本	一九	〃	龍溪崇正中學肄業
〃	徐天榮	一八	〃	龍溪崇正中學肄業
〃	林蔚文	二一	〃	福建省立南靖師範[illegible]肄業
〃	[illegible]嵩輝	一八	〃	仝
〃	李玉賢	一八	華安	龍溪崇正中學畢業
〃	吳添水	二三	龍溪	龍溪崇正中學畢業
〃	黃清渠	一七	〃	福建省立龍溪中學肄業

護士	吳長芸	三〇	龍溪	龍溪女子中學畢業 龍溪地方醫院護士班畢業
〃	林韻芳	三一	〃	龍溪縣立女子中學畢業
〃	蔡冰詩	一八	〃	龍溪私立崇正中學肄業
護士見習生	余素勤	一七	〃	龍溪文鳳小學畢業
〃	辛寶蓮	一八	〃	仝
〃	蘇蔭	一九	〃	龍溪岱東小學畢業
〃	許惠嬌	一八	〃	龍溪松濤小學畢業
〃	王賜英	一八	龍巖	龍溪中學肄業
〃	林文琛	一九	閩候	福華中學肄業
〃	呂玉燕	一六	龍溪	養正小學畢業

八

18

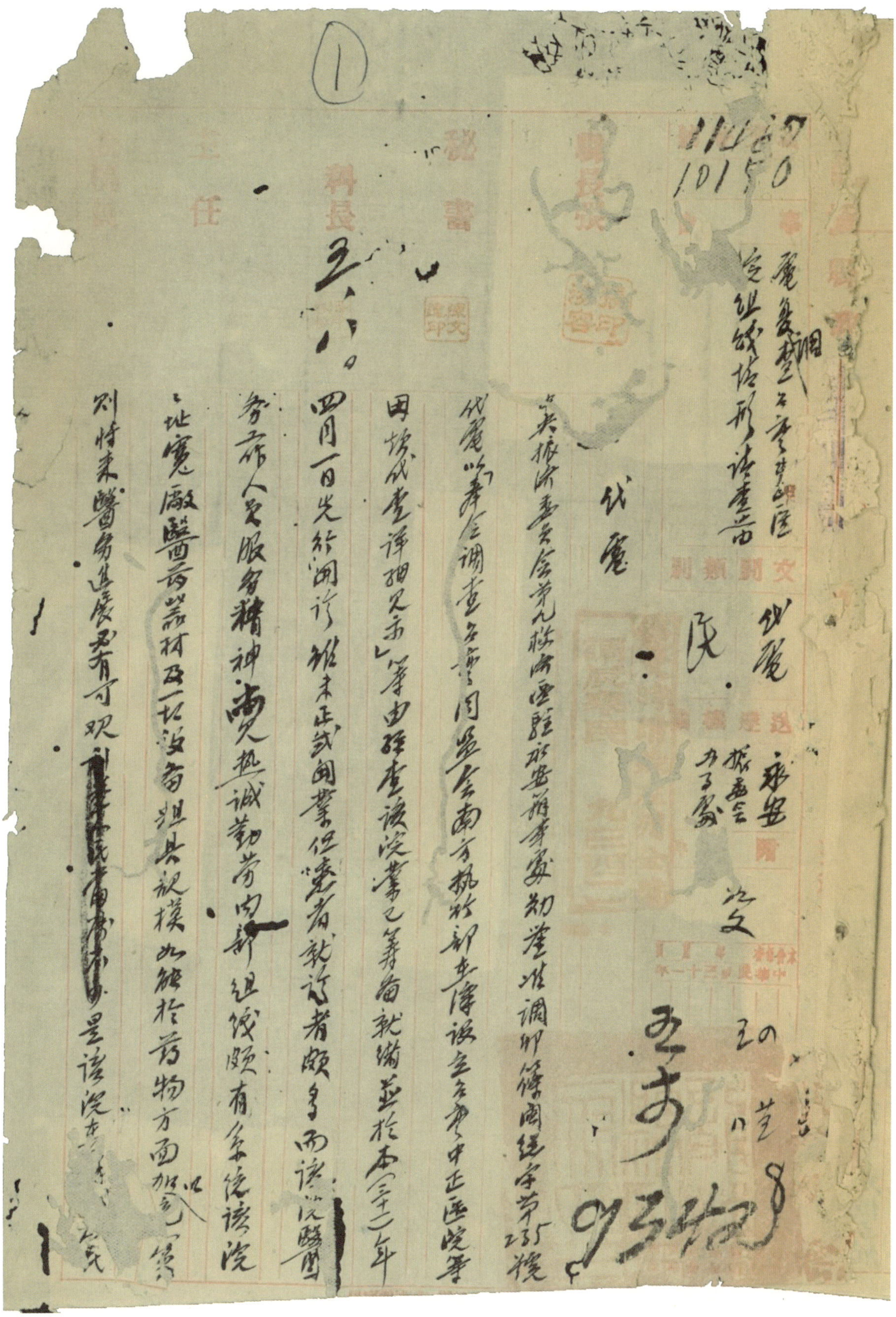

龙溪县政府关于调查台湾中正医院组织情形给中央振济委员会第九救济区驻永安办事处的代电

一九四二年五月十四日

健康利益上言實有設立必要准予備前由相應將調查該形並檢同該院組織大綱
經費開支計算職員薪俸表冊乙份函請查照 部復湯縣政府（八）民甲 附至齊 中
西醫院組織大綱經費預算職員薪俸表冊乙份

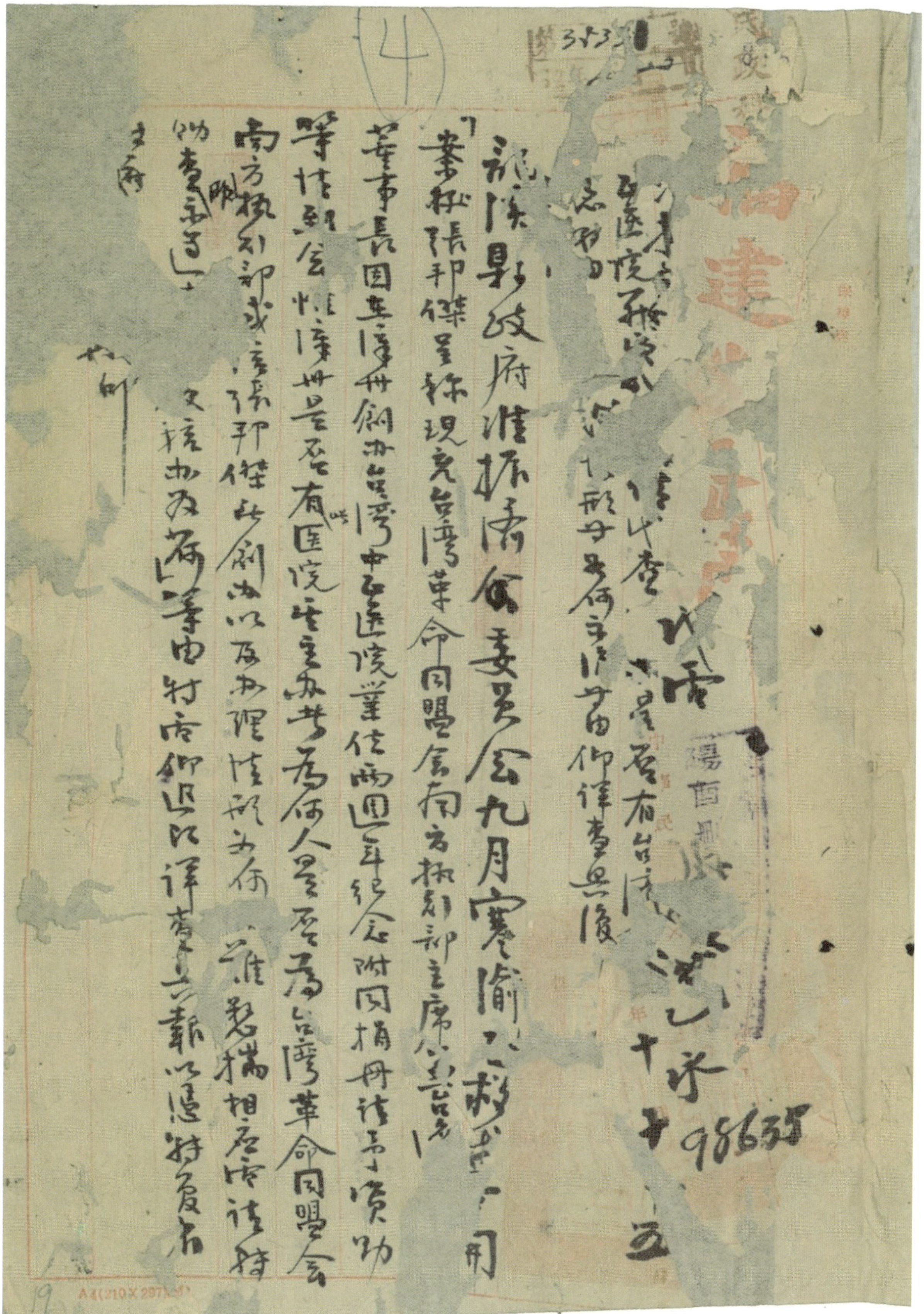

龙溪县政府：准振济委员会九月寒渝六救字第 号代电开：「案据张邦杰呈称，现充台湾革命同盟会南方执行部主席兼台名誉董事长，因在漳州创办台湾中正医院，业经两周年纪念，附同捐册请予资助等情，究竟该漳州是否有医院，主办者为何人，是否为台湾革命同盟会南方执行部，或系张邦杰私人创办，以及办理情形如何，为此电请查明见复」等由，准此，希即遵照详查具报，以凭转复为要。

省府

福建省政府关于核查台湾中正医院创办详情给龙溪县政府的代电　　一九四三年十月十五日

中央警官学校第二分校台湾警察干部训练班

中央警官学校、福建省政府等关于在闽筹办中央警官学校第二分校的来往文电

一九四四年九月—十二月

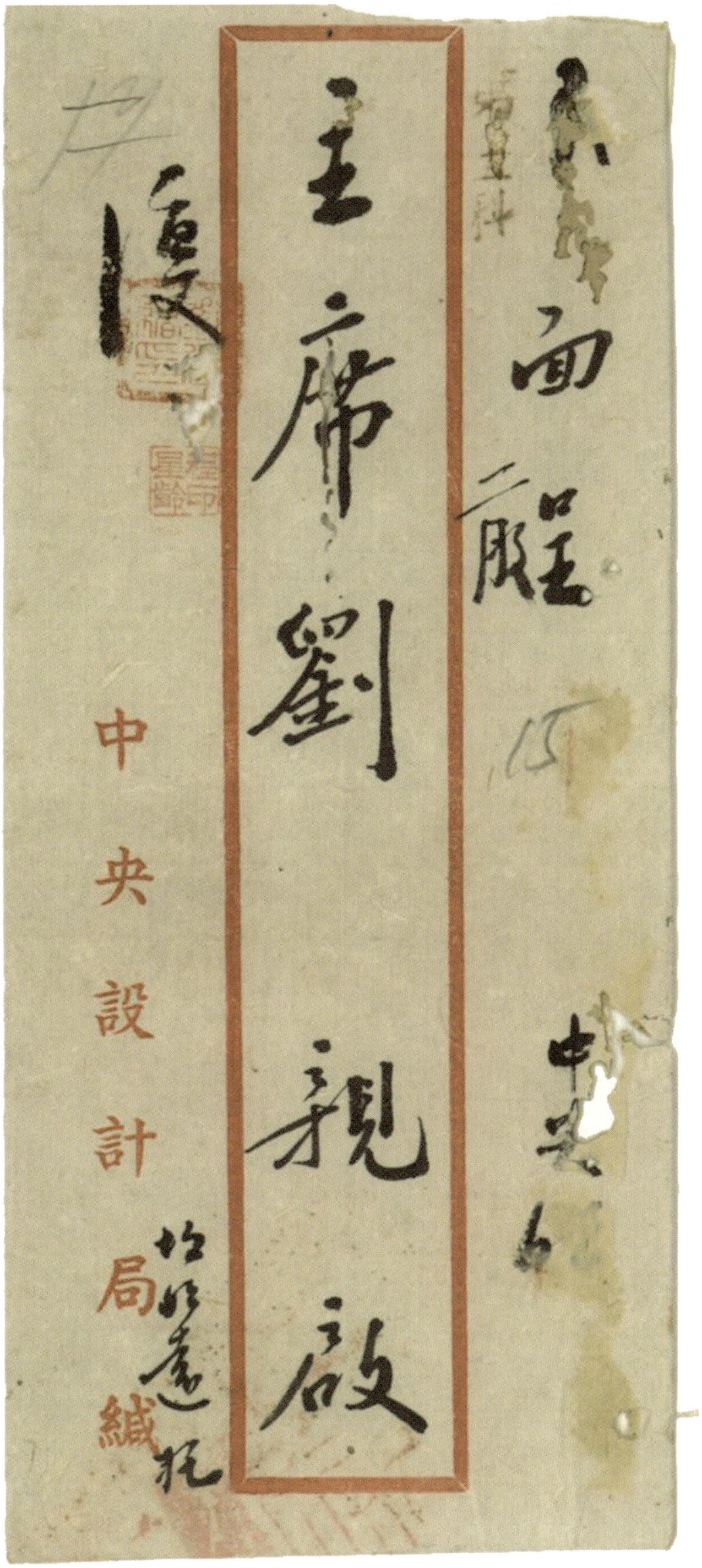

胡福相关于郭绍文赴闽筹办中央警官学校东南警官训练班给刘建绪的函

一九四四年九月十二日

16

中央設計局用箋

壽六

恢公主席賜鑒：二月前曾上一電，未蒙諭覆，為念。職奉總裁派任本局專門委員，到職已二有餘月矣。彼時職以受訓半年，積累甚大，道遠費巨，告貸不易，兼以專員一職事較閒散，誠恐不易致大勞於吾公，適蒙總裁派任現職，故即肅電懇辭，蓋意在陪都部會接觸較頻，或有

三十三　九　前　7791

中央設計局用箋

可為吾
公效勞者而今後有機會與一部國家
大計亦可藉此力自磨練期圖報於異
日也區區下情務祈
俯賜鑒宥為禱目前陳秘書長與李
教育長同感台灣接收在途經劉
簽准　委座先行儲備警政幹部於校
設高級幹部講習班長訂設中級幹部

中央設計局用箋

訓練班警員教導總隊則設閩南漳泉戰
奉令兼高幹班主任日來正忙籌備
工作定下月開訓為期二月畢訓後
並將偕此等高級幹部赴閩訓練中下
級幹部如無意外當可於本年年底再聆
訓誨幸何如之茲因中央警校東南警
官訓練班教務組長　紹文君赴閩
籌備該班之便謹陳下情並囑面謁

中央設計局用箋

敬祈

暇賜進教爲禱專肅敬頌

鈞安

職 胡福相 謹叩

九月十二日

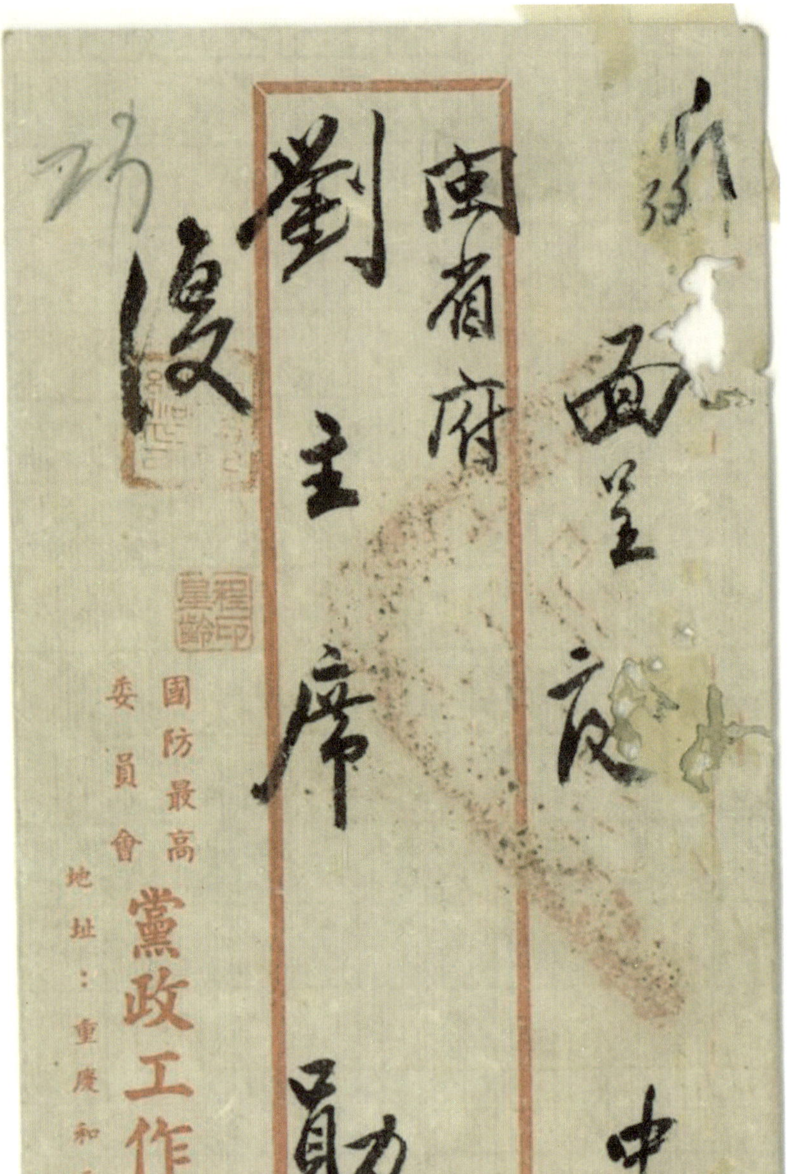

陈仪关于派郭绍文赴长汀筹设台湾警察干部训练班给刘建绪的函　　一九四四年九月十三日

人生以服務為目的，
不以奪取為目的。

要自立纔能獨立，
要自強纔能自由。

24

恢先吾兄主席勛鑒：關於台灣黨幹部在長汀設班訓練一事，先已電告，計邀荃察。茲由李士珍兄派郭君紹文來閩籌備，特函介謁，祈延晤並賜指導為荷。專此，敬頌勛綏。

弟 陳儀 敬啟

九月十二日

國防最高委員會黨政工作考核委員會用箋

185191

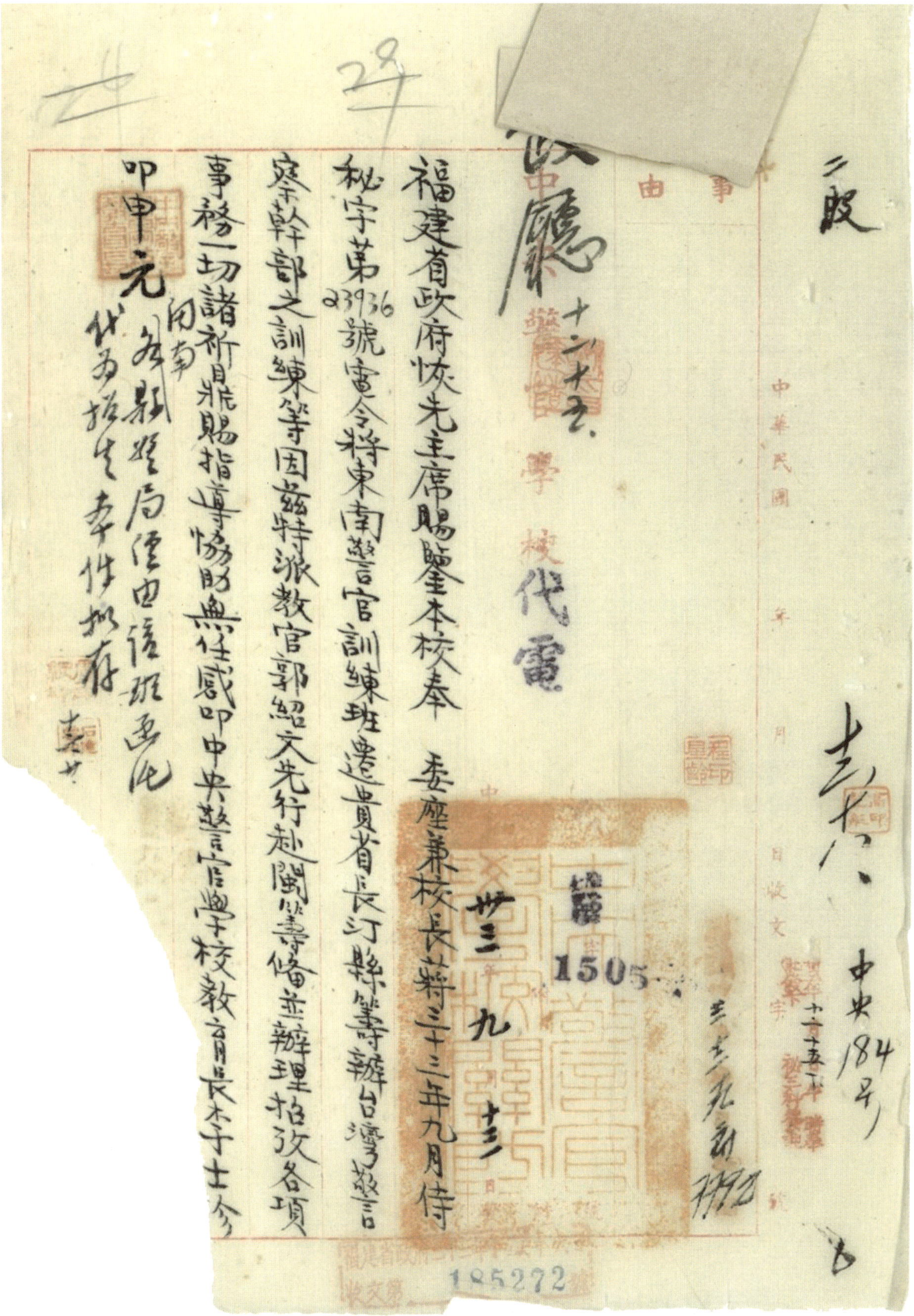
中央警官學校代電

福建省政府恢先主席賜鑒本校奉委座兼校長蔣三十三年九月侍秘字第23936號電令將東南警官訓練班遷貴省長汀縣籌辦台灣警察幹部之訓練等因茲特派教官郭紹文先行赴閩籌備並辦理招攷各項事務一切諸祈賜指導協助爲荷感叩中央警官學校教育長李士珍叩申元

中央警官学校关于郭绍文赴闽筹备台湾警察干部训练给福建省政府的代电

一九四四年九月十三日

中央警官學校教官
東南警官訓練班教務組長
郭紹文
士英 浙江

代電

福建省政府恢先主席賜鑒本校奉
委座兼校長蔣三十三年九月侍
秘字第23936號電令將東南警官訓練班遷貴省長汀縣籌辦台灣警
察幹部之訓練等因茲特派教官郭紹文先行赴閩接洽籌備並辦理招考各項
事務一切諸祈鼎賜指導協助無任感叩中央警官學校教育長李士珍
叩申元

中華民國　年　月　日收文　字第　號

1505

福建省政府三十三年　月　日收文第185272號

30

中央警官學校第一號公文用紙

29

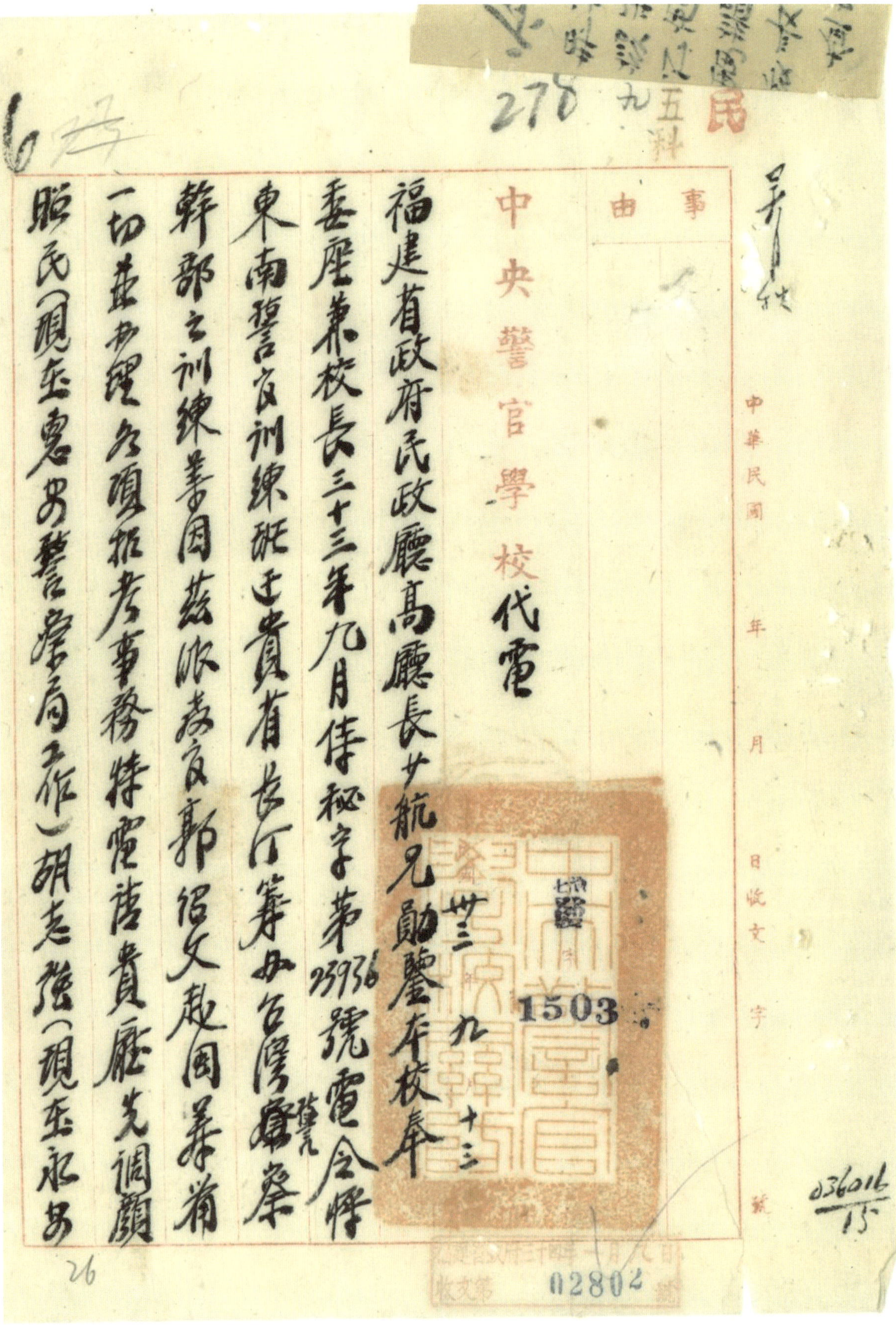
中央警官學校代電

事由

福建省政府民政廳高廳長廿航兄勛鑒：本校奉
委座蒸校長三十三年九月侍秘字第23936號電令，擇
東南警官訓練班迅負責在行籌办台灣警察
幹部之訓練，業因茲派教官郭紹文赴閩籌備
一切，並办理各項招考事務，特電請貴廳先調顧
聯民（現在惠安警察局工作）、胡志強（現在永安

中華民國　年　月　日發文　字　號

1503

02802

036016/15

278

26

中央警官学校关于请派员协同筹备台湾警官训练班事务等给福建省民政厅的代电

一九四四年九月十三日

存

查中央警官學校東南警官訓練班遷移長汀招訓台灣警察幹部，前准該校電請派員協助，经派股长林天綱前往長汀商籌班址後事，至於招生事宜，亦经該班逕函各縣警局代為办理，本件已逾時效，拟存。

示

存 元、十一

元、十

27

福建省政府民政廳高廳長……鈞鑒：本校奉

委座兼校長三十三年九月侍秘字第23936號電令擇

東南警官訓練班迁貴省長汀籌办台灣警察

幹部之訓練事宜，茲派本校教官郭紹文赴閩籌備

一切，并办理各項招考事務，特電請貴廳先調願

服民（現在惠安警察局工作）胡志強（現在永安

九 十三

1503

福建省政府三十四年一月八日 收文第 02802 號

036016/15

26

警察局工作之二員協同華籍其餘調訓之人員俟
鈞部選定就緒後再行電達該員指導協助為
任公感　中央警官學校教育長李士珍申元

中央警官學校第一號公文用紙

秘三 民

事由：為電達遷移日期請查照由

決定辦法：擬存

擬辦

中央警官學校東南警官訓練班代電

福建省政府賜鑒本班奉令遷往福建長汀已于刪日起程相應電達即請查照爲荷 監山中央警官學校東南警官訓練班主任李一民赴渝副主任楊錦標代行酉刪印

中華民國卅三年十月十五日 民總字第一三〇號

收文 字第 號

164578

中央警官学校东南警官训练班关于删日启程迁往长汀给福建省政府的代电

一九四四年十月十五日

福建永安

福建省政府

中央警官學校東南警官訓練班緘

33

（電務股編號2073）

民政廳 第五科

來電人：周鍾嶽

日韻：巧

33年10月18日

事由：

劉主席恢先兄勛鑒：密。支電計達。警校東南班已趑程遷長汀，請迅飭羅專員速覓妥（500）人班址，并先電詳復為荷。弟周鍾嶽巧印

閱。大鈞

三十、廿、責

周钟岳关于请饬第七专署罗尔瞻专员速觅五百人班址给刘建绪的电　　一九四四年十月十八日

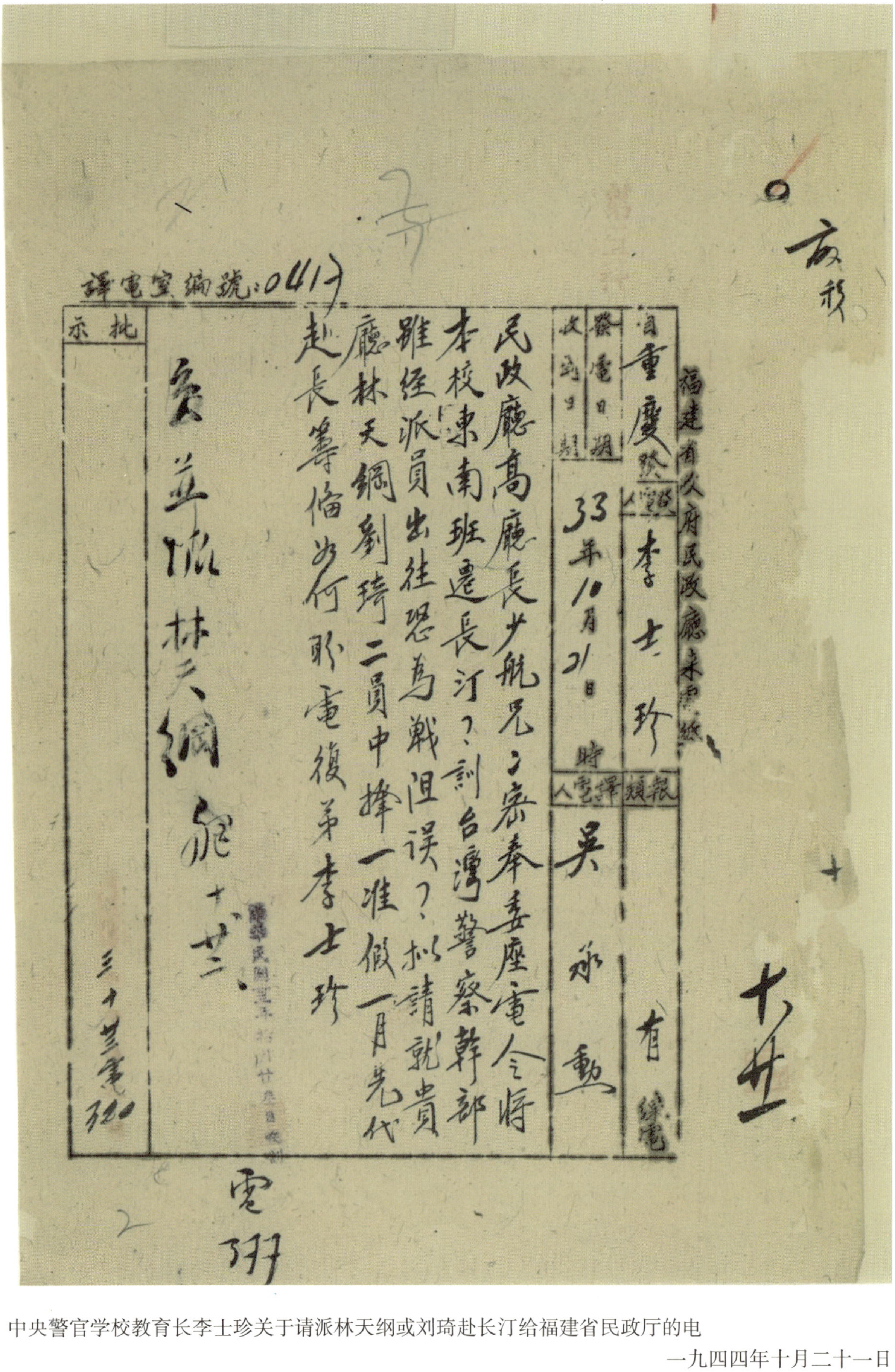
譯電室編號：0417

福建省政府民政廳來電紙

自重慶　發電人　李士珍

發電日期　收到日期　33年10月21日　時

報類　有　綠電

譯電人　吳承勳

民政廳高廳長少航兄：密。奉委座電令將本校東南班遷長汀，訓台灣警察幹部，雖經派員出往，恐爲戰阻誤。擬請就貴廳林天綱、劉琦二員中擇一准假一月，先代赴長籌備，並盼電復。弟李士珍

批示

民國卅三年拾月廿叁日收到

中央警官学校教育长李士珍关于请派林天纲或刘琦赴长汀给福建省民政厅的电

一九四四年十月二十一日

福建省政府民政廳來電紙

自	重慶 發
發電人	李士珍
發電日期	33年10月21日 時
收到日期	
報類	有 綠電
譯電人	吳承勳

民政廳高廳長少航兄：密。奉委座電令將本校東南班遷長汀，訓台灣警察幹部，爲戰阻誤，擬請就貴員中擇一准假一月先代，祈電復。弟李士珍

本件擬請
貴室核示以憑知照 此致
人事室
第五科啟 十、廿三

福建省政府民政廳使用

譯電室
批示

天綱 十、廿二

三十三年電 320

電冊

○ 存 十、廿

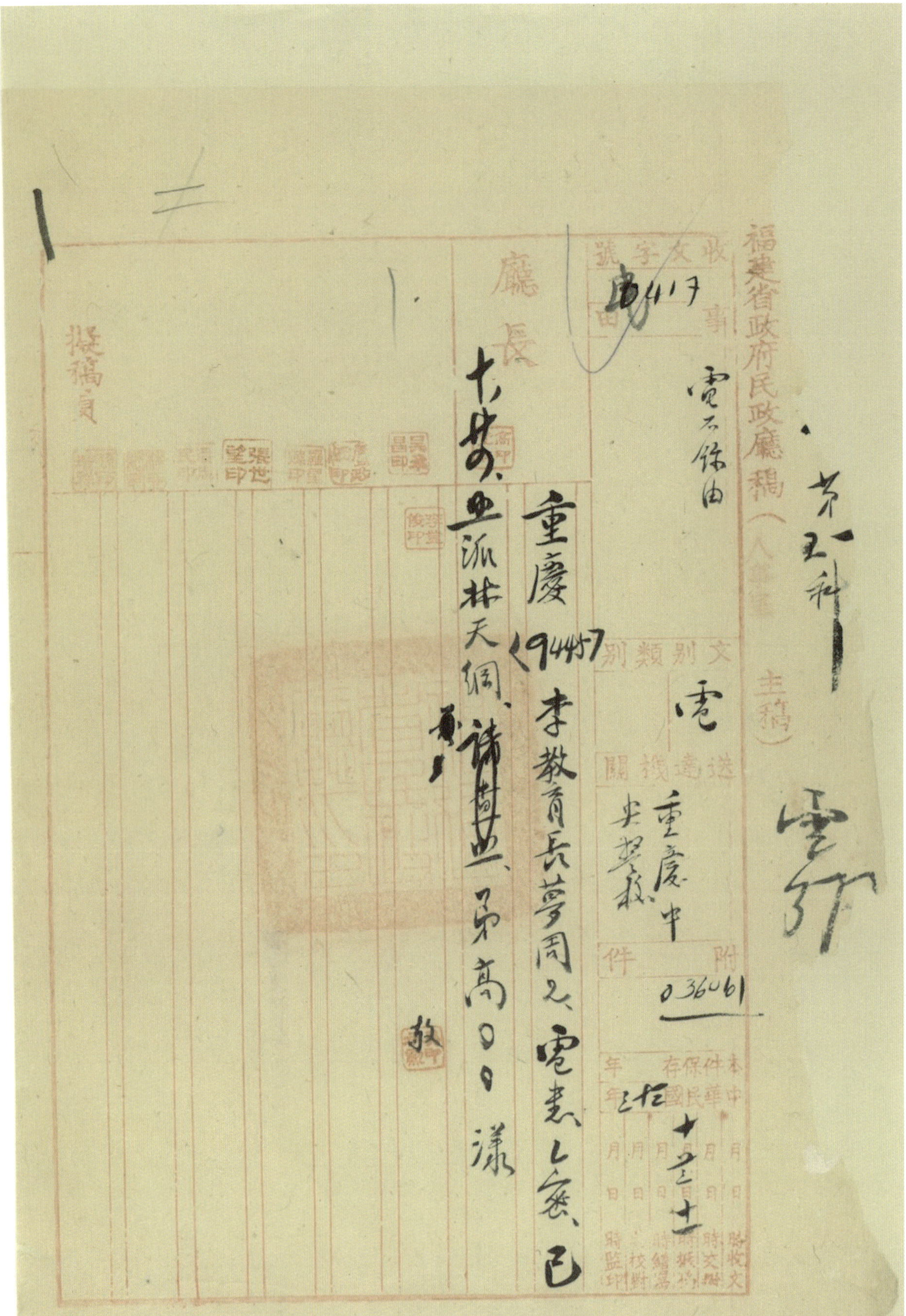
福建省政府民政廳稿（人事室主稿）

收文字號：申417

事由：電石保由

文別類別：電

送達機關：重慶中央黨校

附件：036061

廳長

擬稿員

重慶（9445）李教育長夢周兄：電悉。已大安，並派林天綱、謝志并，弟高〇〇漾

十月二十三日

節五科

電行

福建省民政厅关于已派林天纲前往给李士珍的电　　一九四四年十月二十三日

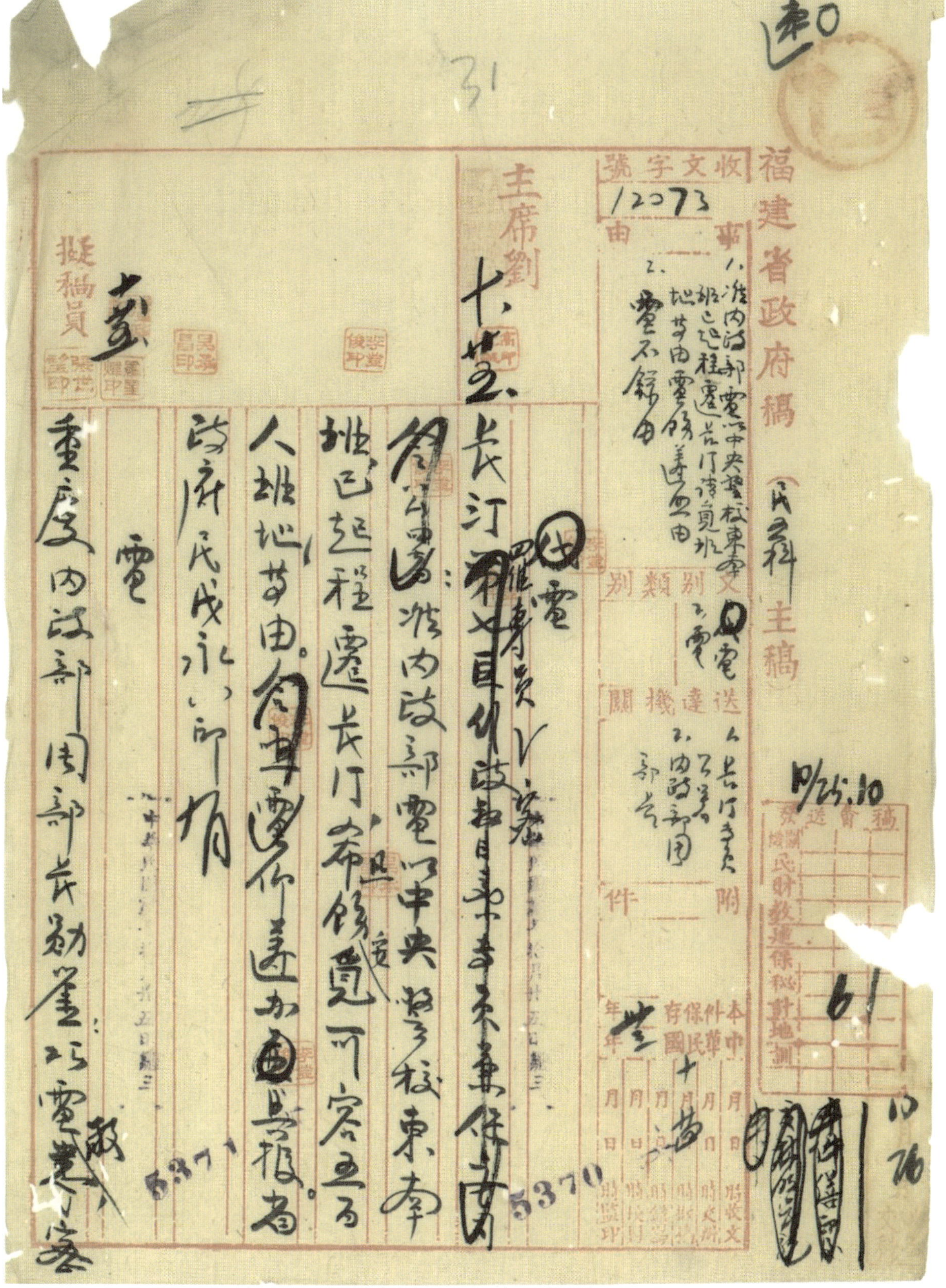

福建省政府稿　（民）科主稿

收文字號 12073

事由：1. 准内政部電以中央警校東南班已起程遷長汀請覓址地並由電復　2. 電遵辦具報

文別：1. 代電　2. 電

送達機關：1. 長汀羅專員　2. 内政部周部長

主席劉

擬稿員

十一月廿五日

長汀羅專員覽：案准内政部電以中央警校東南班已起程遷長汀，希飭覓可容五百人班址地等由。合亟電仰遵照辦具報為要。省府民戌永印

電

重慶内政部周部長勛鑒：巧電敬悉。

5371　5370

福建省政府关于中央警官学校东南班已迁址长汀请妥觅可容五百人班址给罗尔瞻的电

一九四四年十月二十五日

三五　35

已飭羅專員壽遐辦理復。示劉建。民戌江印

有

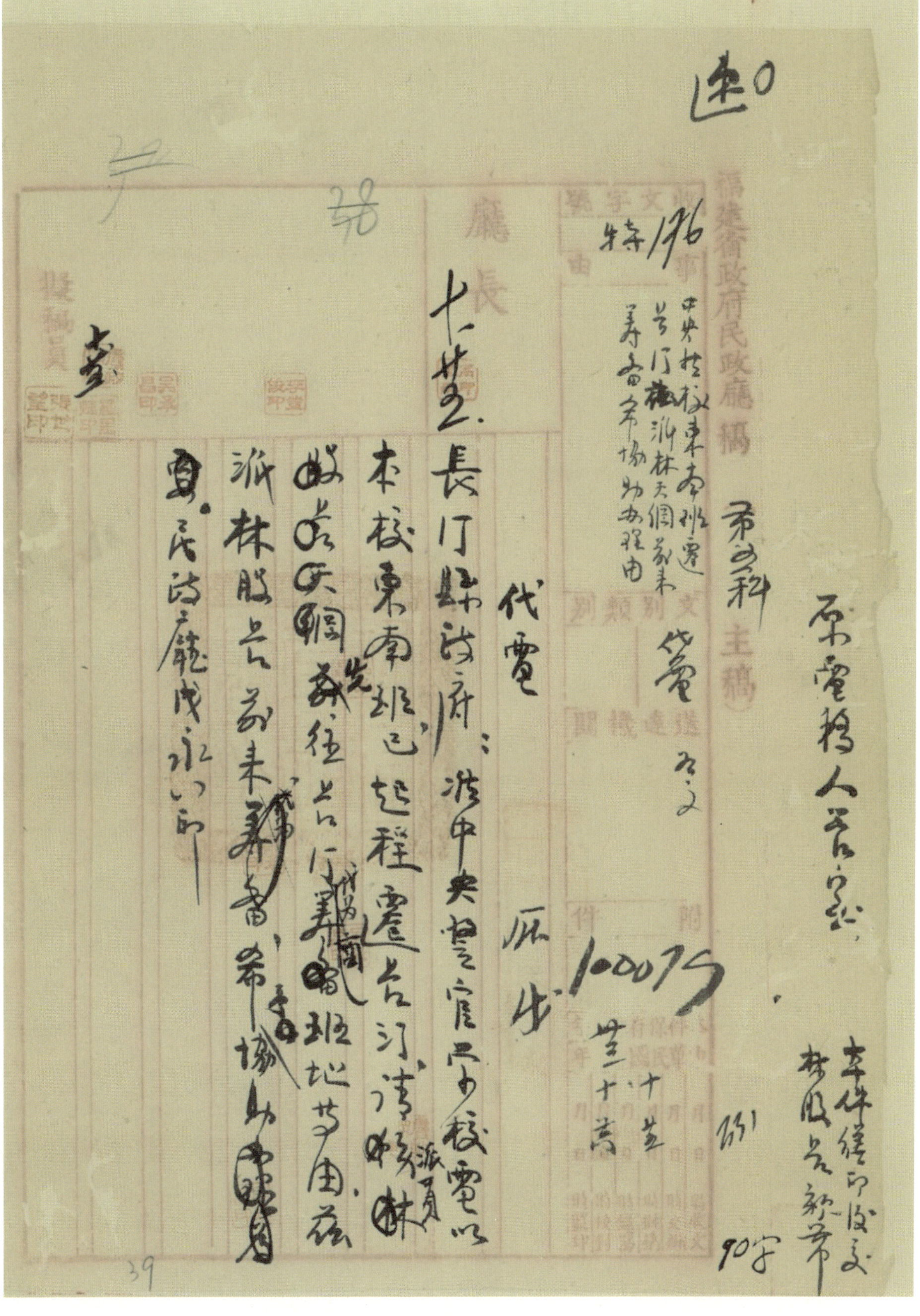

福建省民政厅关于希协助林天纲筹备东南警训班在汀事务给长汀县政府的代电

一九四四年十月二十六日

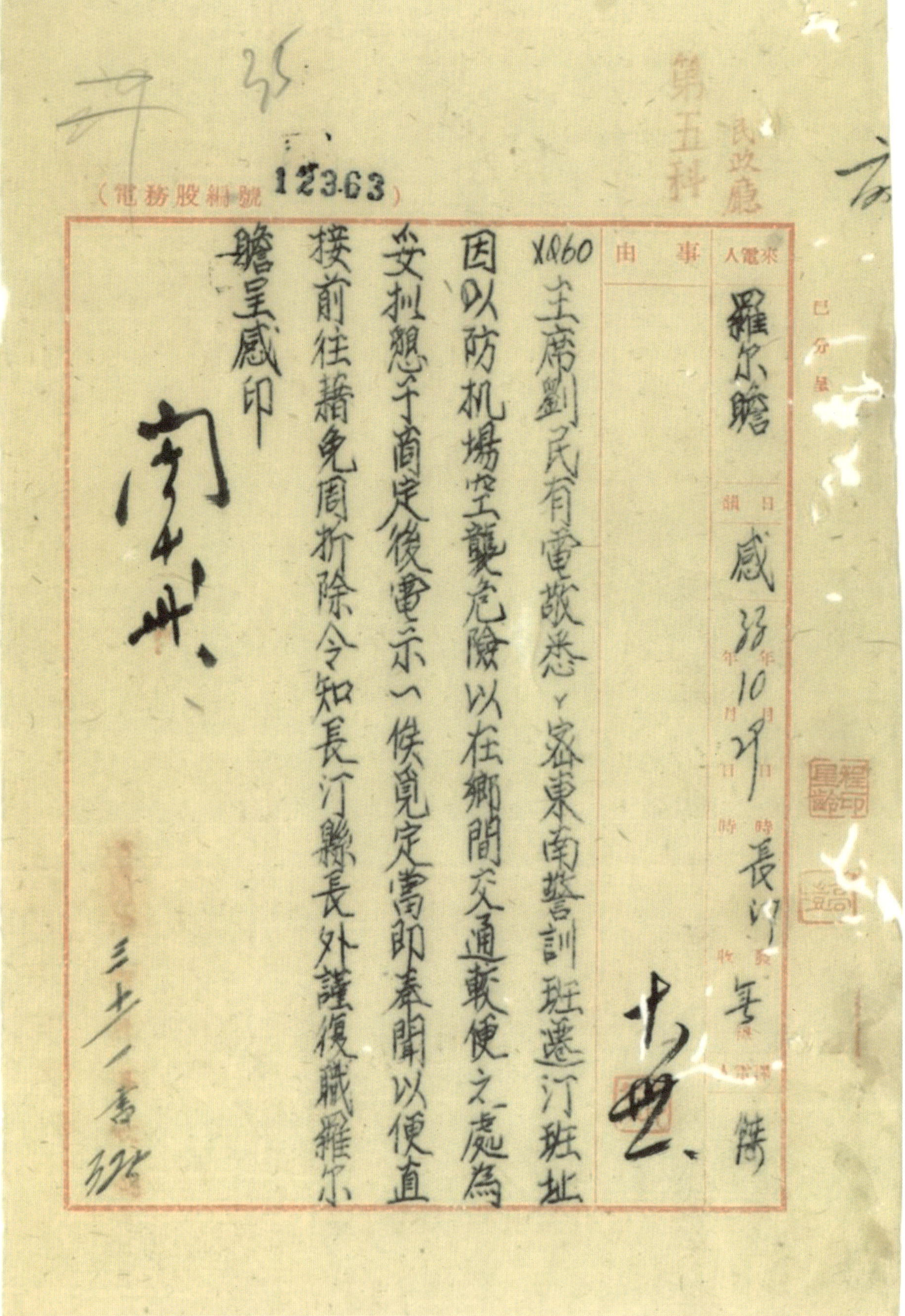
（電務股編號 12363）

來電人：羅尔瞻

日期：感　年：33　月：10　日：27　發：長汀

事由：

X860

主席劉：民有電敬悉。尋東南警訓班遷汀班址，因以防机場空襲危險，以在鄉間交通較便之處為妥，拟懇予商定後電示，一俟覓定，當即奉聞，以便直接前往，藉免周折。除令知長汀縣長外，謹復。職羅尔瞻呈。感印

罗尔瞻关于寻觅东南警训班迁汀班址给福建省政府的电　　一九四四年十月二十七日

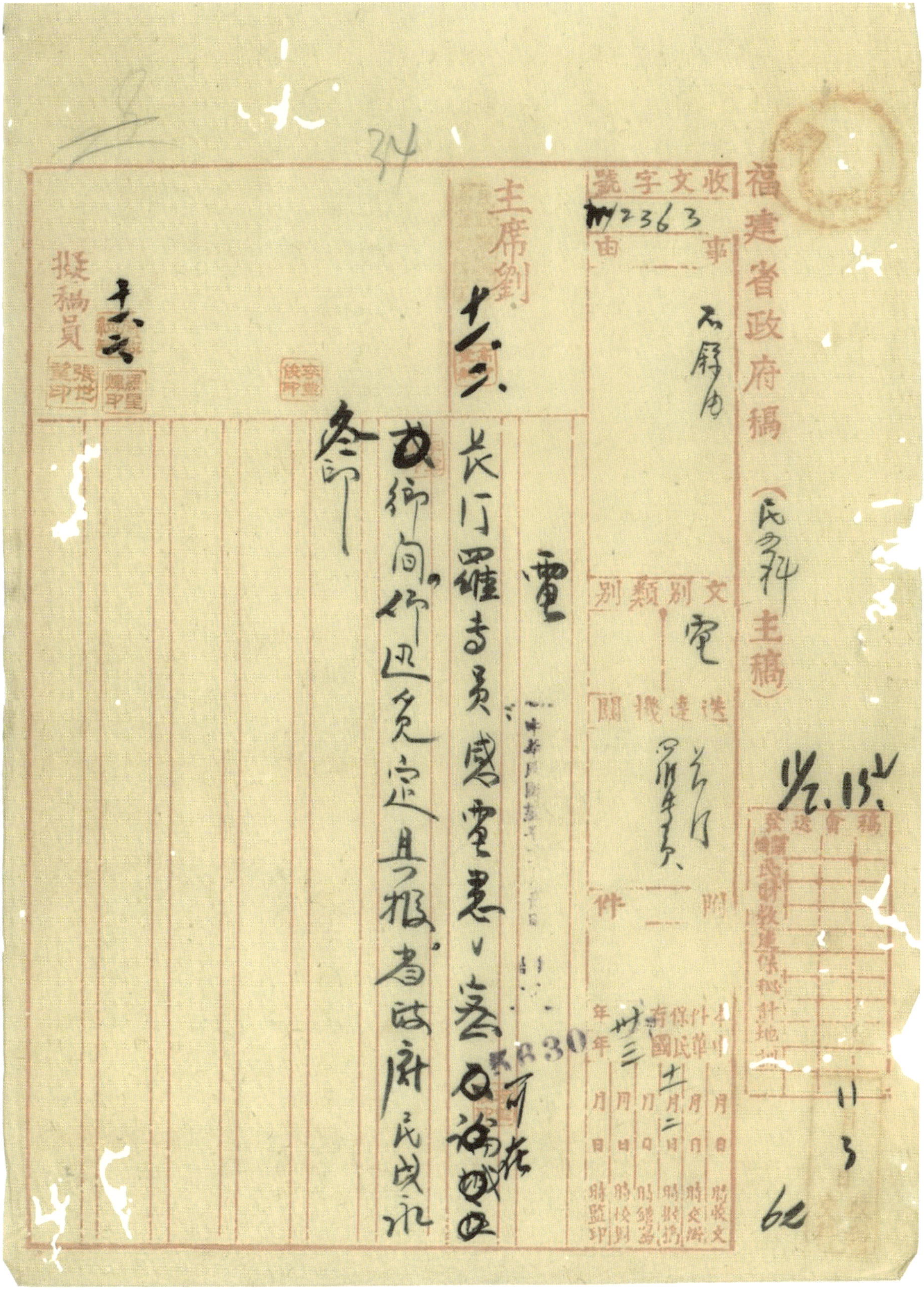

福建省政府稿（民字科主稿）

收文字號 2363

事由 不錄由

文別 電

送達機關 羅特員

主席劉

擬稿員

電

長汀羅專員感電悉……該鄉向仰迅覓定具報。省政府民戌冬印

卅三年十一月二日

福建省政府关于请迅觅定东南班校址给罗尔瞻的电　　一九四四年十一月二日

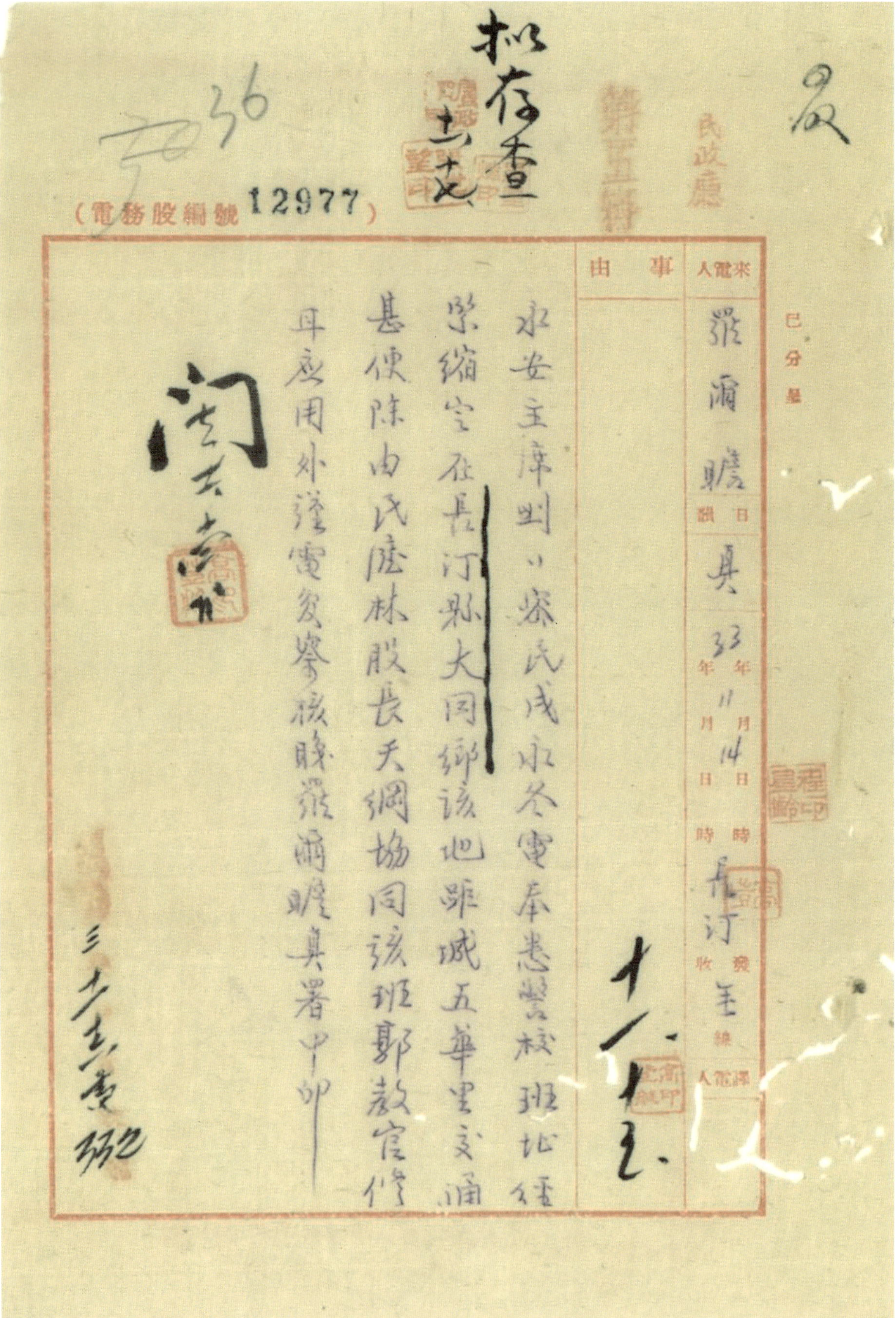
（電務股編號 12977）

擬存查 十一.十九

民政廳 第五科

來電人	事由
羅爾瞻	

韻日：真

33年11月14日 時

發收：長汀

綫

譯電人

巳分呈

永安主席劉：密。民戌永冬電奉悉，警校班址經緊縮定在長汀縣大同鄉，該地距城五華里，交通甚便，係由民廳林股長天綱協同該班鄭教官修耳應用外，謹電察核。職羅爾瞻。真。署中印。

閱 十一.廿

十一.十九

三十三.十一.十四

罗尔瞻关于东南警训班迁汀班址定在长汀大同乡给刘建绪的电　　一九四四年十一月十一日

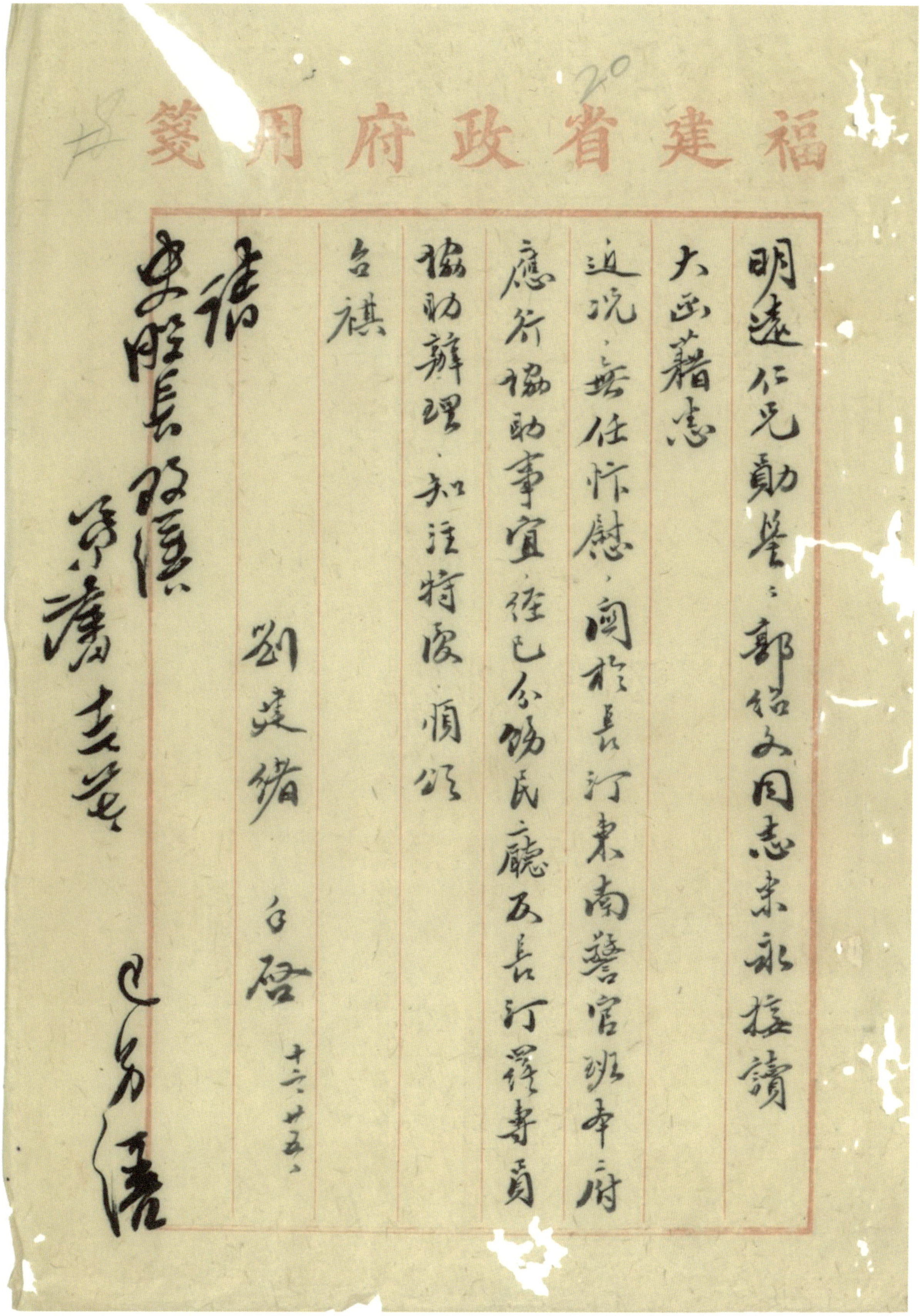

福建省政府用箋

明遠仁兄勛鑒：鄭紹文同志來永接讀

大函藉悉

近況，無任忻慰。關於長汀東南警官班本府

應予協助事宜，經已分飭民廳及長汀羅專員

協助辦理，知注特復，順頌

台祺

劉建緒 手啓 十二、廿五

請史股長照簽

京濤

已另簽

福建省政府关于已饬民政厅及长汀罗专员协助办理东南警官班给中央设计局的笺函

一九四四年十二月二十五日

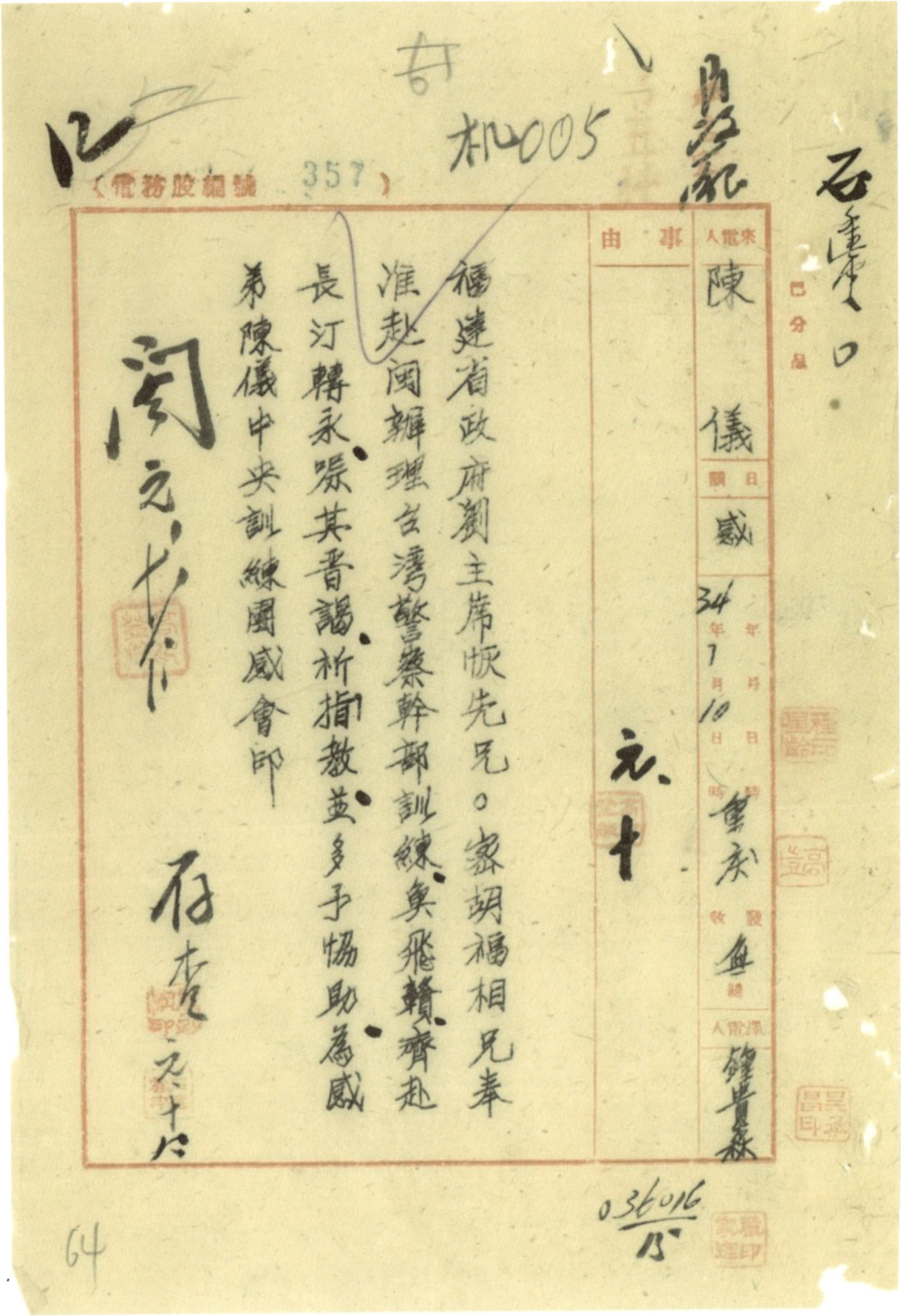
（電務股編號 357）

機005

來電人：陳儀
日韻：感
34年1月10日 時
重慶 發
無
譯電人：鐘貴森

事由

福建省政府劉主席恢先兄。密。胡福相兄奉准赴閩辦理台灣警察幹部訓練、與飛贛齊赴長汀轉承、琮其晉謁、祈指教並多予協助為感。弟陳儀。中央訓練團感會印

閱 元、七、十

存

0360116
15

64

陈仪关于请协助胡福相赴闽办理台湾警察干训班给刘建绪的电　　一九四四年十二月二十七日

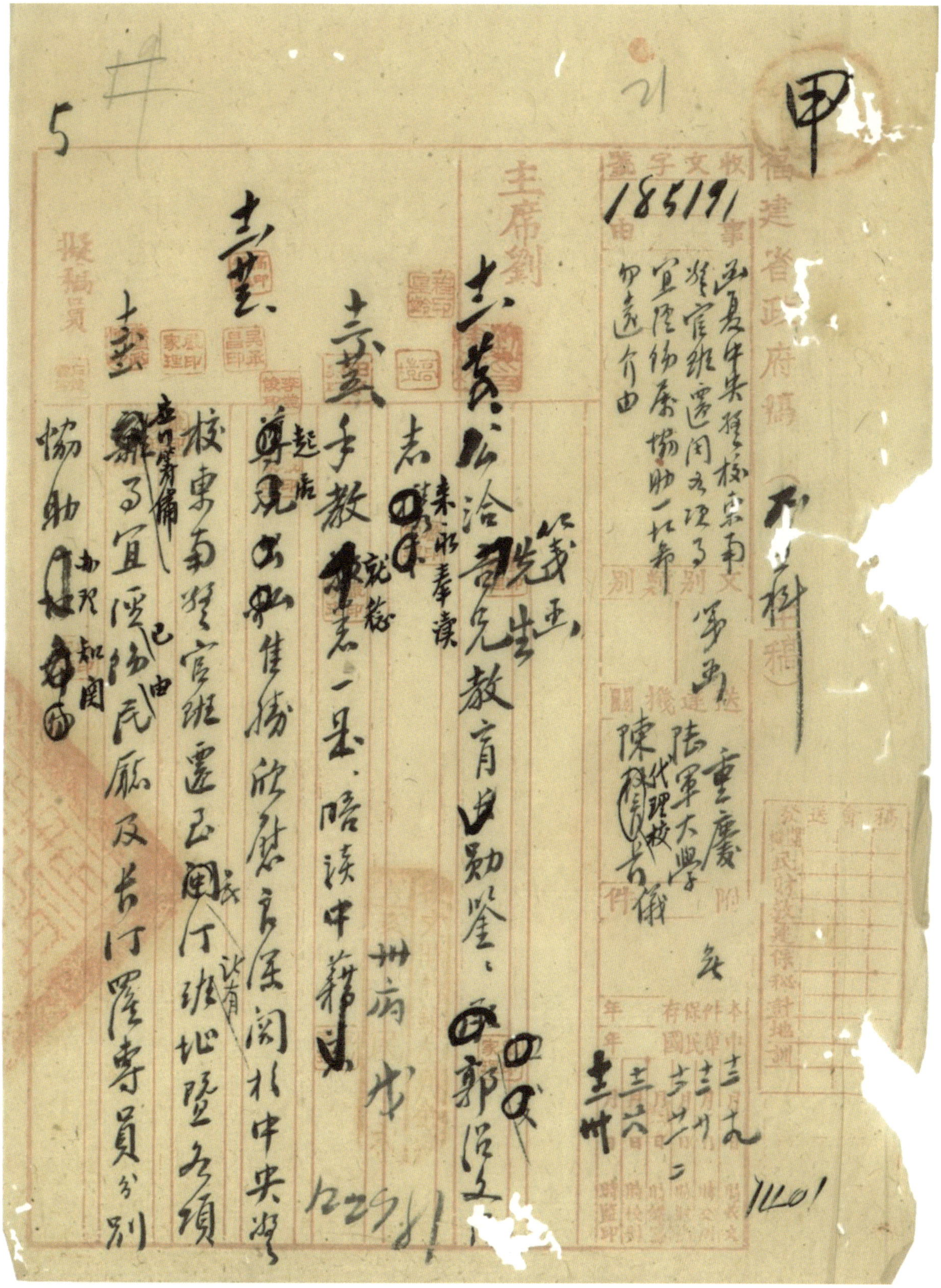

刘建绪关于已饬民政厅及长汀罗专员协助办理中央警校东南警官班迁闽事宜给陈仪的笺函

一九四四年十二月三十日

22

錦堂謹啟奉聞

速將本案專函復　順頌

勛綏

弟劉永福頓首

月　日

福建省政府、陈仪等关于台湾警察教导总队集中永春训练的来往电

一九四四年九月—十月

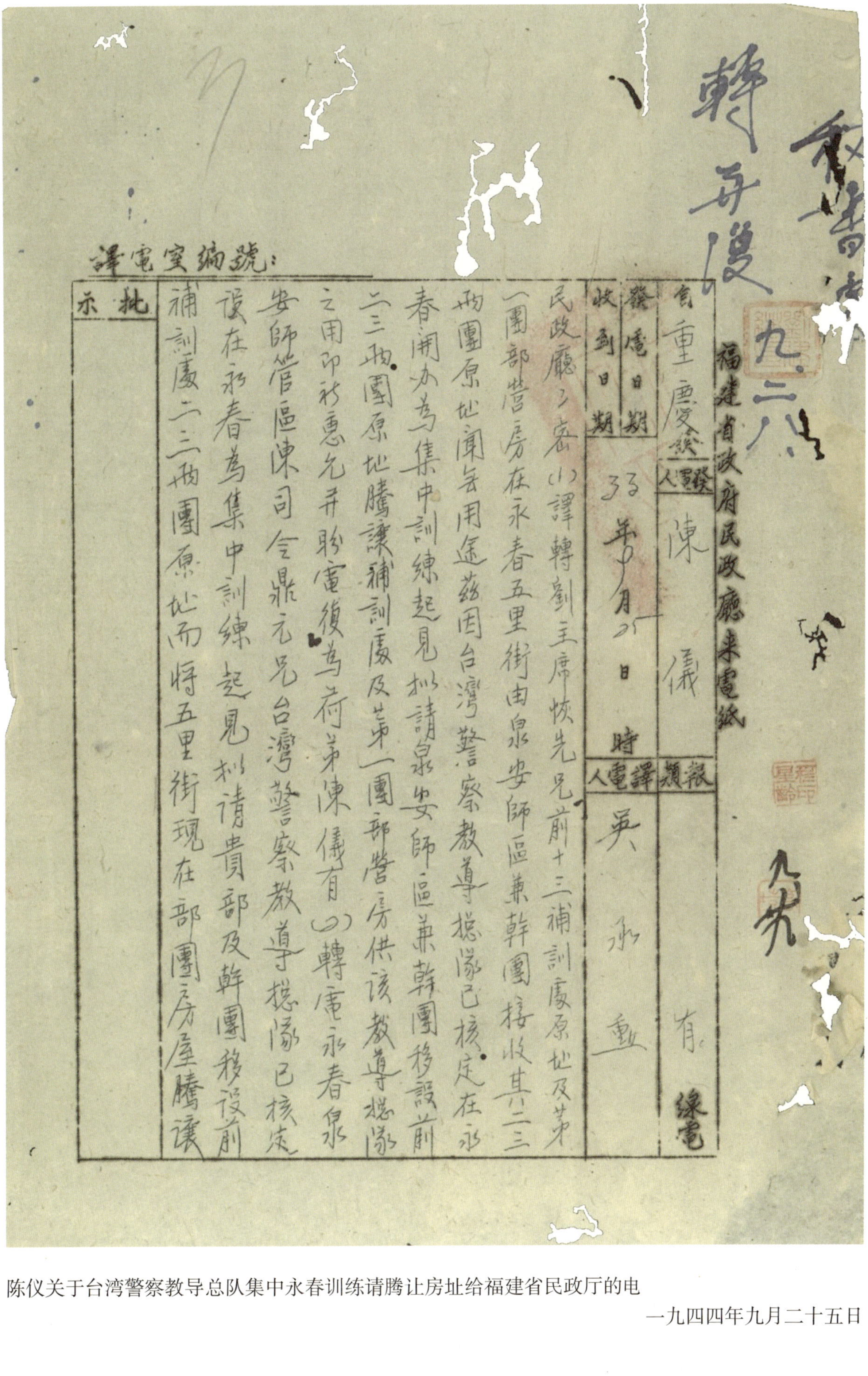

福建省政府民政廳來電紙

來電：重慶

發電人：陳儀

報類：有

發電日期：

收到日期：33年9月25日 時

譯電人：吳承璽

批示：

民政廳：密。（1）譯轉劉主席恢先兄：前十三補訓處原址及第一團部營房在永春五里街，由泉安師區兼幹團接收，其一二三兩團原址閑無用途。茲因台灣警察教導總隊已核定在永春開辦，為集中訓練起見，擬請泉安師區兼幹團移設前二三兩團原址，騰讓補訓處及第一團部營房供該教導總隊之用，即祈惠允，并盼電復為荷。弟陳儀有。（2）轉電永春泉安師管區陳司令鼎元兄：台灣警察教導總隊已核定設在永春，為集中訓練起見，擬請貴部及幹團移設前補訓處一二三兩團原址，而將五里街現在部團之房屋騰讓

譯電室編號：

陈仪关于台湾警察教导总队集中永春训练请腾让房址给福建省民政厅的电

一九四四年九月二十五日

福建省政府民政廳來電紙

譯電室編號：

自	發電字數	收到日期
除		年 月 日 時

發電人	報頻	譯電人
綠		

為該總隊之用涂電劉主席外，彩電覆為荷。陳儀有

批示

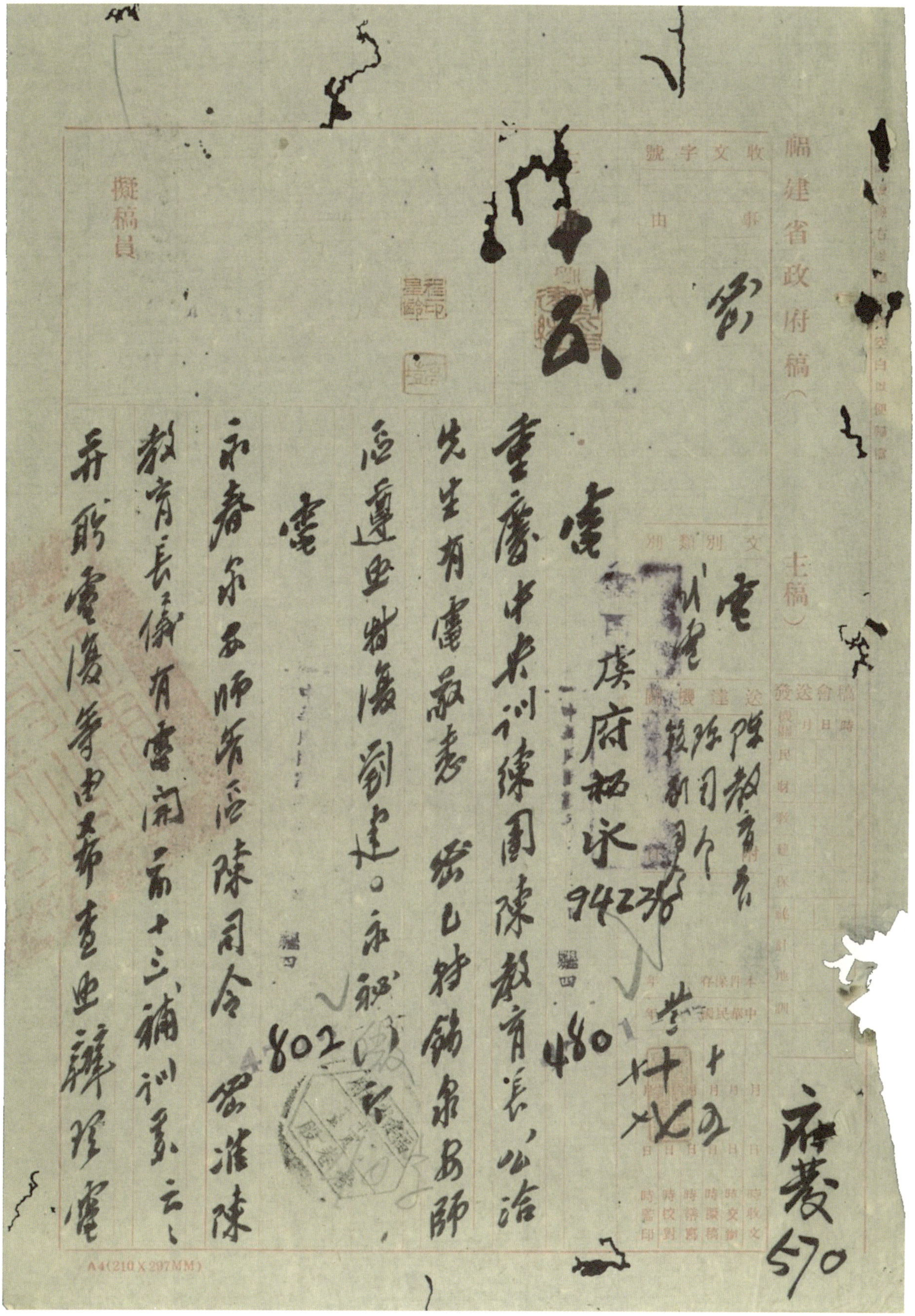
福建省政府稿（主稿）

電

虞府秘永 94236

重慶中央訓練團陳教育長公洽

先生有電敬悉 茲已特飭泉安師

區遵照辦理 劉建○永秘

電

永春泉安師管區陳司令 習淮陳

教育長儀有電開前十三補訓處云云

弁股電復等由希查照辦理電

福建省政府关于台湾警察教导总队集中永春训练给陈仪及泉安师管区等的电、代电

一九四四年十月七日

潘司要劉建〇永秘〕印

代電

此准錢副司令楚為先頃准陳教育長公洽

先生有電開前十二補訓處示已并聯電復等

由除電漳並遞電陳司令查遵照外希查照飭

知劉建〇永秘〕印

電務股注意：本電用江項密代爲譯持

中央警官学校、福建省政府等关于举办台湾警察干部训练班等事宜的来往文电

一九四四年十二月—一九四五年十月

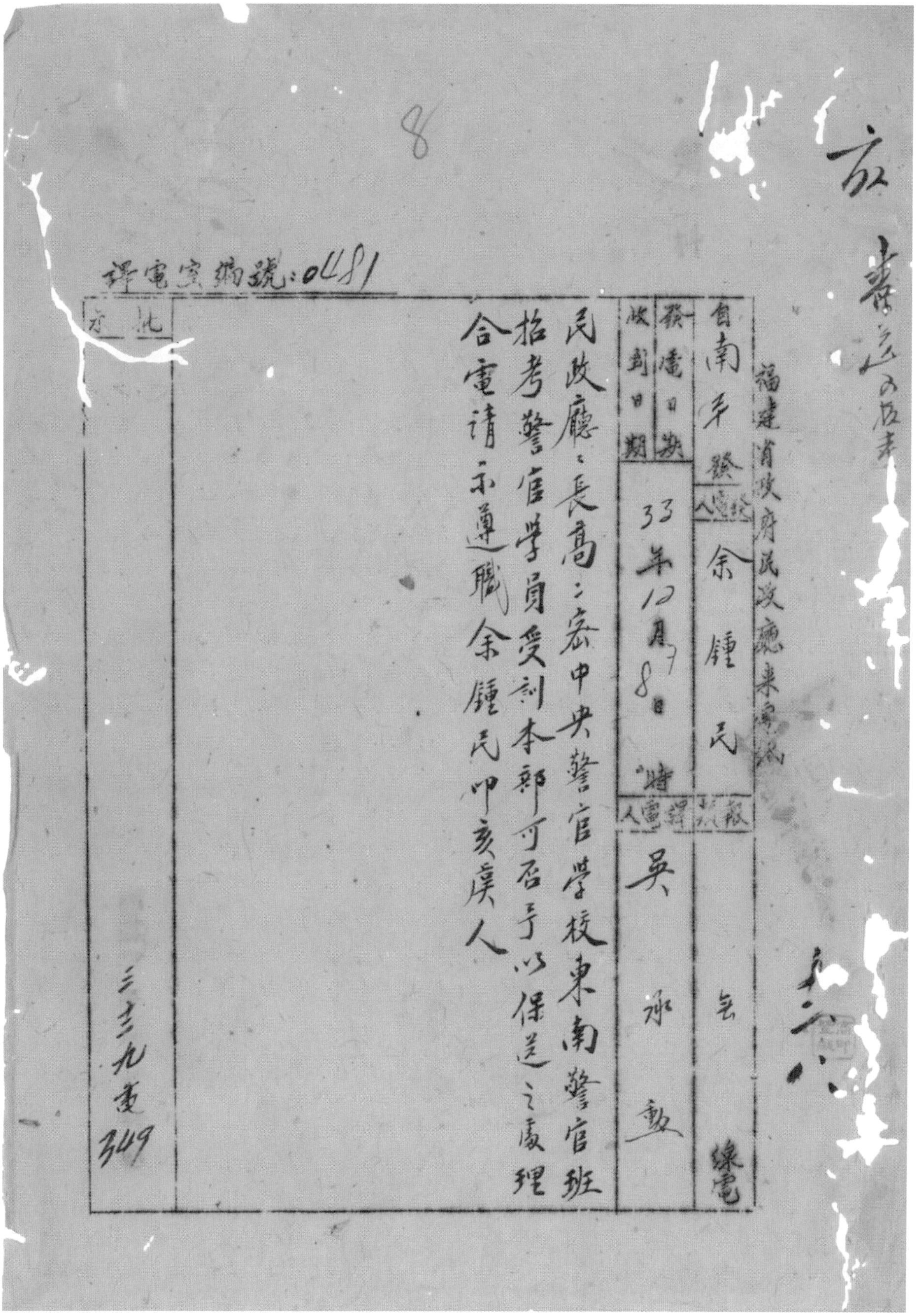
譯電室編號：0481

福建省政府民政廳來電紙

自南平發

發報人 余鍾民

發電日數 收到日期 33年12月7/8日 時

譯電人 吳承勳

線電

民政廳廳長高：密。中央警官學校東南警官班招考警官學員受訓，本部可否予以保送之處，理合電請示遵。職余鍾民叩亥虞人

三三九處 349

福建省南平水警总队关于东南警官班招考警官学员受训可否保送给福建省民政厅的电

一九四四年十二月七日

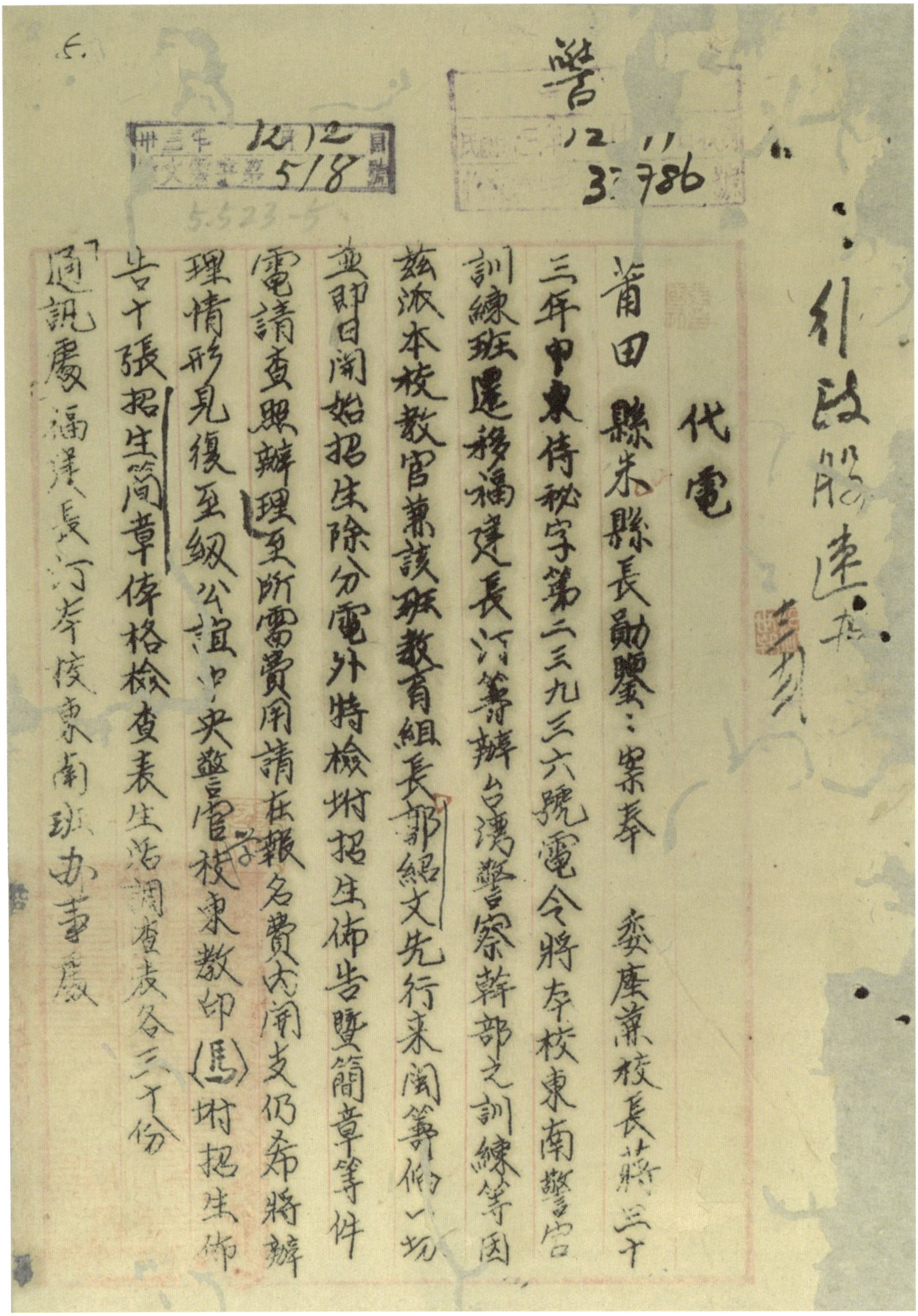

代電

莆田縣朱縣長勛鑒：案奉　委座兼校長蔣三十
三年申東侍秘字第二三九三六號電令將本校東南警官
訓練班遷移福建長汀籌辦台灣警察幹部之訓練等因
茲派本校教官兼該班教育組長鄧紹文先行來閩籌備以竣
並即日開始招生除分電外特檢附招生佈告暨簡章等件
電請查照辦理至所需費用請在報名費内開支仍希將辦
理情形見復至紉公誼　中央警官校東　教印（馬）附招生佈
告十張招生簡章俸格檢查表生活調查表各三十份
通訊處福建長汀本校東南班辦事處

中央警官学校东南警官班办事处关于招收台湾警官员生并检送招生布告及简章给莆田县政府的代电
一九四四年十二月十一日

6.

5.523.4

附報名表及報名收據式樣各一份

中央警官學校東南警官班
招考台灣警官學員生警員教導總隊簡章

第一條 本校爲儲備台灣警察幹部人才起見特訂定本簡章

第二條 招考名額：(1)警官班學員壹百名 (2)警官班學生三百名(3)警員隊學生六百名

第三條 投考資格名額：凡品行端正思想純潔身體健康素無不良嗜好精通台灣語(卽閩南語)或英語日語年在十八歲以上三十五歲以下之男性(學員爲三十五歲以下)而有左列資格之一者得分別參加考試

1.警官班學員曾受警官教育現任或曾任委任警官一年以上而有高中程度持有證明文件者

2.警官班學生曾在高中以上學校畢業或有同等學力持有證明文件者

3.警員隊學生曾在初中以上學校畢業或有同等學力持有證明文件者

第四條 報名手續：投考人須於投考前攜帶畢業證書或證明文件最近二寸半身正面脫帽照片三張親赴各地報名處填寫報名書報名並須領體格檢查表聽候檢查(體格檢查表向報名處領用)報名費五十元(報名後未參加考試或錄取與否槪不退還。)

第五條 考試地點：1.警官班——長汀、永安、龍溪、晉江、南平、建陽、廣東梅縣。

2.警員教導總隊——龍溪、漳平、永定、漳浦、平和、霞霄、東山、詔安、華安、南靖、長泰、海澄、同安、安溪、永春、德化、莆田、仙遊、惠安、南平、龍岩、晉江、廣東梅縣

第六條 報名日期：自三十三年十二月一日起至十五日止

第七條 考試日期：自三十三年十二月十八日起至二十日止

第八條 考試程序：(1)檢查體格依左列標準行之

甲、身長一六五公分以上體重五十二公斤以上胸圍約爲身長之半呼吸差在六公分以上

乙、握力在七十度以上視力在八公尺距離能識三公分以上寬度之筆劃

丙、五官四肢無殘缺及贅生物或畸形並無體格檢查表中所列記病疾之一者

丁、言語精神無特殊異狀者

(2)資格審查：審查投考人所繳之證件如發現有假冒僞造情事時不予參加考試已錄取入校者勒令退學

(3)筆試科目 一、[illegible]——[illegible]遺教、國文、警察法、警察實務、史地

二、[illegible]——國父遺教 國[illegible]、理化、史地、數學、外國文(英日語任擇其一)

智力測驗(生活調査)

(4)口試標準另定之

第九條 揭曉：一、錄取學員生於考試後五日內在考試地點揭曉

二、警官班學員生錄取後由校酌給津貼逕向長汀本校東南警官班報到

三、警員隊學生錄取後向 警員教導總隊隊部報到

第十條 應繳文件：警官班學生錄取後應依照規定格式塡志願書並取具荐任職(或相當荐任[illegible])以上公務員之保證書 警員隊學生取具該管警察局所或鄉鎭公所之保證書於開學[illegible]入班(除[illegible]

第十一條 修業期限：警官班學員定爲六個月學[illegible]一年警員隊學生訓練期間定爲六個月([illegible]時得[illegible]或延長之)

第十二條 待遇：學員生入校後之服裝膳宿講義等項由校供給並每月酌予津貼但應[illegible]1.被[illegible]全套(棉被棉褥及白被單各一條) 2.白色襯衣褲二套素色毛線衣[illegible]色皮(布)鞋兩雙 4.盥洗用具全[illegible] 5.文具(鋼筆日記簿墨盒等) 6.[illegible]不得[illegible]十元)

第十三條 任用：學員生畢業後依左列標準由校呈請分發台灣任用

(一)警官班學員生以委任職任[illegible]

(二)[illegible]以委任待遇[illegible]用

第十四條 本[illegible]分[illegible]事宜隨時修正呈報核備

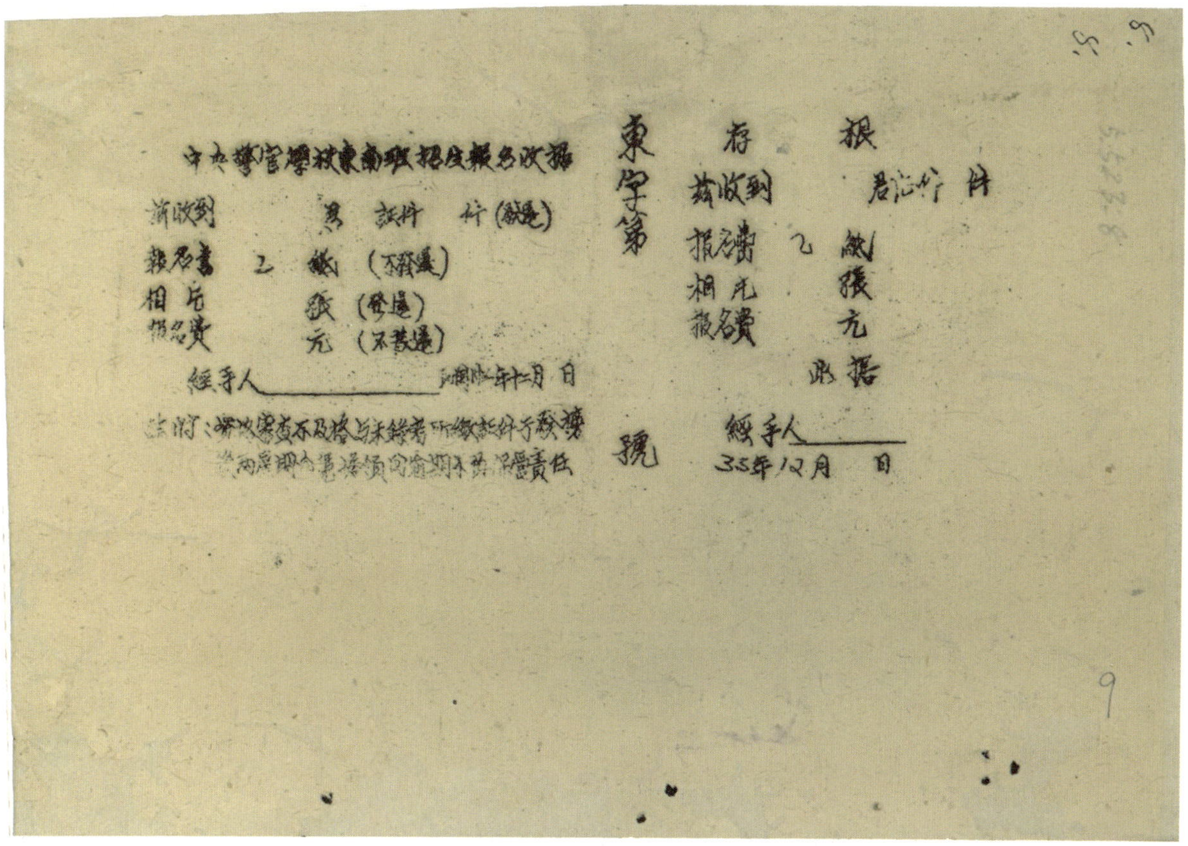

中央警官學校東南班招生報名收據

茲收到　君　証件　件（繳還）

報名書　乙　紙（不發還）

相片　張（發還）

報名費　元（不發還）

經手人＿＿＿＿＿＿ 民國卅五年十二月　日

注意：本收據遺失不及格與未錄者所繳証件予發還並兩星期內憑據領回逾期本校不負保管責任

東字第　號

存根

茲收到　君証件　件

報名書　乙　紙

相片　張

報名費　元

此據

經手人＿＿＿＿＿＿

35年12月　日

9

中央警官學校承辦□□招考台灣□□員教導總隊報名審查表　第　號

（上方補寫：□□□學員生）

報考人應填明下列各項	資格審查表
姓名：＿＿＿＿　別號：＿＿＿＿	□□□□□□與規定相符／不相符 尚待證明
年齡：＿＿＿＿　籍貫：＿＿省＿＿縣	
固有學歷	委員
校名：＿＿＿＿	
校址：＿＿＿＿	
校長姓名：＿＿＿＿　畢業年月：＿＿＿＿	
曾否入黨：＿＿＿＿　入黨年月：＿＿＿＿	
家庭狀況	口試表
家長姓名：＿＿＿＿　關係：＿＿＿＿	見解：＿＿＿＿
家長與本人之關係：＿＿＿＿	志趣：＿＿＿＿
家庭狀況：父母（存）（歿）　婚否：＿＿＿＿	儀表：＿＿＿＿
家長職業：＿＿＿＿	言詞：＿＿＿＿
經濟狀況：＿＿＿＿	
永久通訊處：＿＿＿＿	委員
現在通訊處：＿＿＿＿	
照片　｜　資歷　｜　學員除應繳文憑外須另□□□□□並加以圖記　｜　英 / 白	主備

注意：本表□□□□後連同證明□□□□□□入□□□

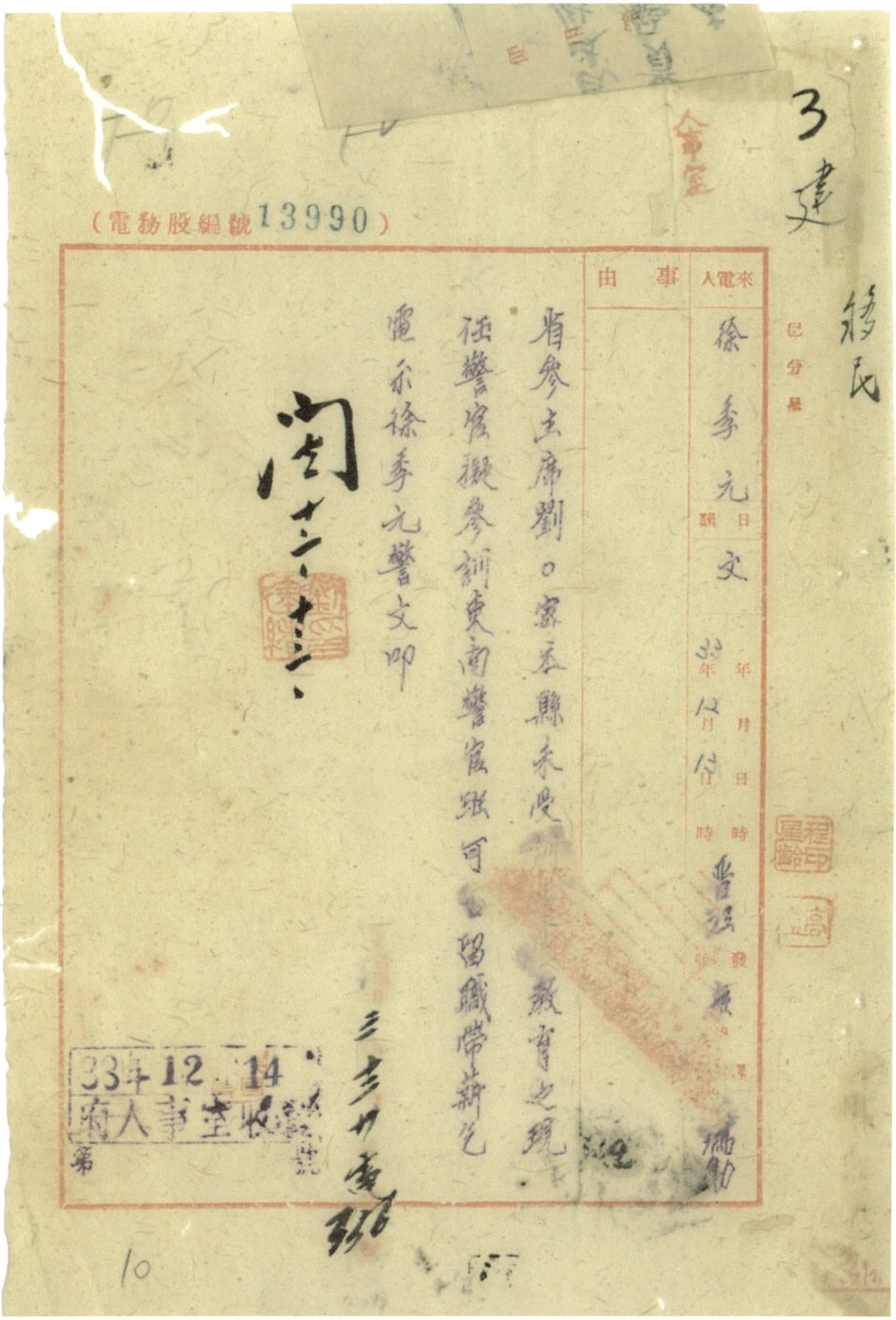
（電務股編號13990）

來電人：徐季元

日　號：文

33年12月11日

事由：

省參主席劉○密。本縣參受教育之現任警官擬參訓東南警官班可否留職帶薪乞電示。徐季元警文叩

閱 十二、十三

33年12月14 府人事室收

徐季元关于现任警官参训东南警官班可否留职带薪给福建省政府的电

一九四四年十二月十二日

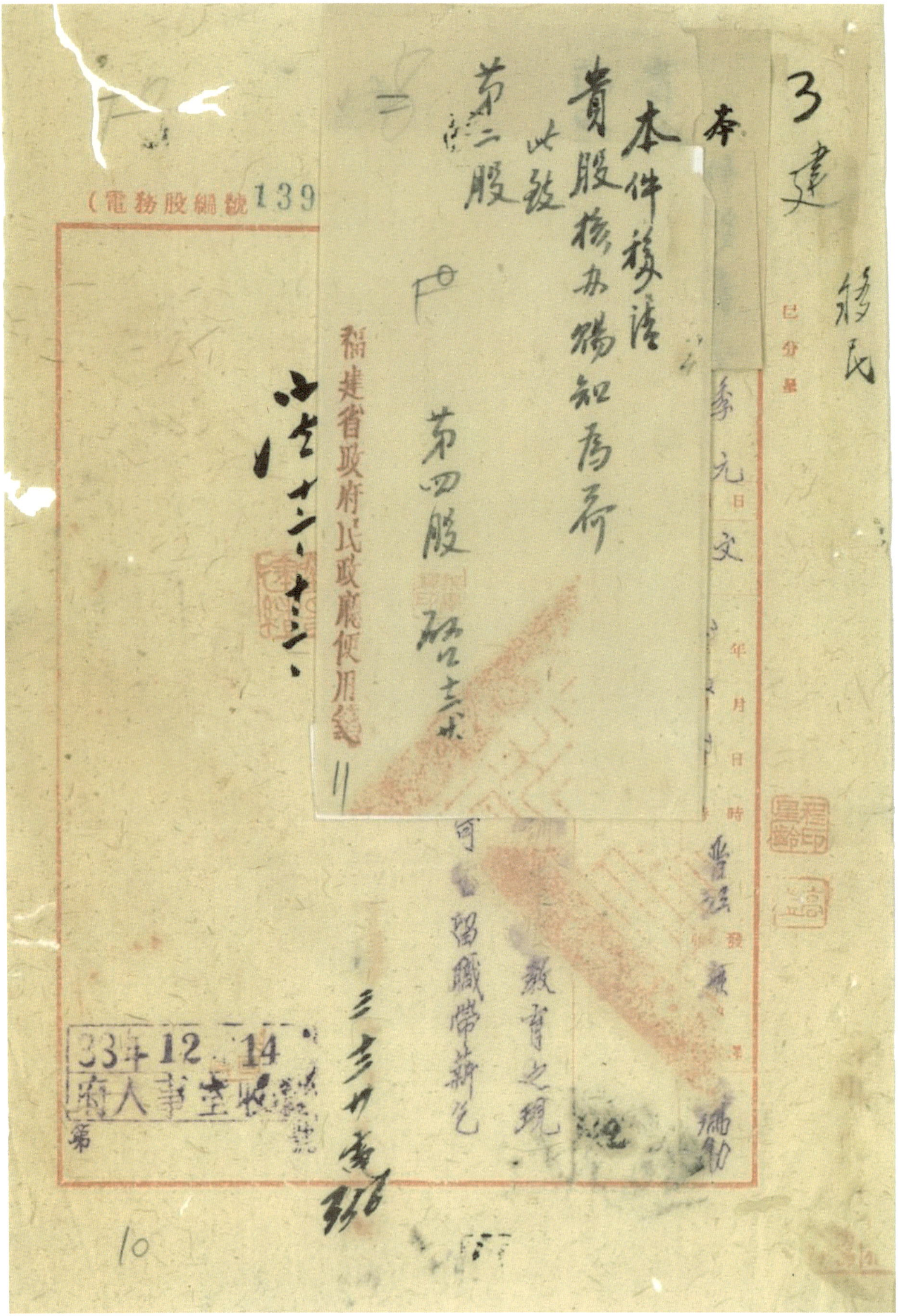

（電務股編號139

本件移請
貴股核办竭知爲荷
此致
第二股
第四股

福建省政府民政廳便用箋

33年12月14
府人事室收

教育之現
留職帶薪乞

本件移請
貴廳核辦飭知爲荷此致
民政廳

府參事室
啓十二、十六

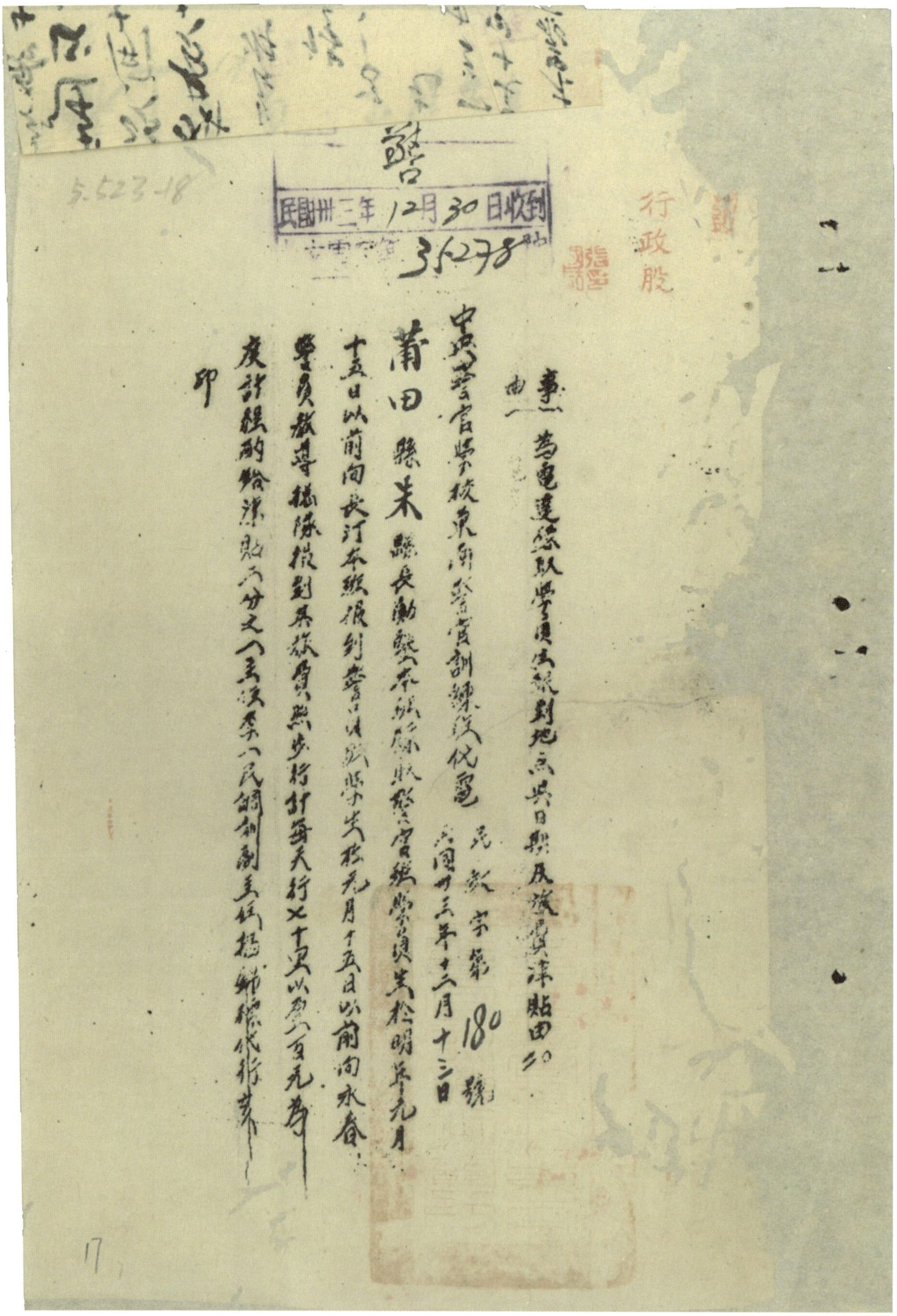

中央警官学校东南警官训练班关于录取学员报到地点、日期及旅费津贴给莆田县政府的代电

一九四四年十二月十三日

18.

本校六日敬遵总队学生旅费准
每名七十里共发给旅费七百元附准贴二纸
六一三由、六元○开支未准至学生应如何处
理乞
示遵！
谨呈

5.523-17

17.
局长准

旅费未敷之 数 保 金 元 共、
何项开支之由各生自备
再达以向警校请领速
各生前经指示 元、三

承办

…黄汉贴田二○
数字第180号
卅三年十二月十三日
据实检明第 元月
元月十五日以前向永春
行×十里以 百元费
美…

17

中央警官學校東南警官班

招考台灣警官學員生警員教導總隊簡章

第一條　本校爲儲備台灣警察幹部人才起見特訂定本簡章

第二條　招考名額：（1）警官班學員壹百名　（2）警官班學生三百名（3）警員隊學生六百名

第三條　投考資格名額：凡品行端正思想純潔身體健康素無不良嗜好精通台灣語（卽閩南語）或英語日語年在十八歲以上三十歲以下之男性（學員爲三十五歲以下）而有左列資格之一者得分別參加考試

1. 警官班學員曾受警官教育現任或曾任委任警官一年以上而有高中程度持有證明文件者
2. 警官班學生曾在高中以上學校畢業或有同等學力持有證明文件者
3. 警員隊學生曾在初中以上學校畢業或有同等學力持有證明文件者

第四條　報名手續：投考人須於投考前攜帶畢業證書或證明文件最近二寸半身正面脫帽照片三張親赴各地報名處塡寫報名書報名並須領體格檢查表聽候檢查（體格檢查表向報名處領用）報名費五十元（報名後未參加考試或錄取與否槪不退還。）

第五條　考試地點：1. 警官班——長汀、永安、龍溪、晉江、南平、建陽、廣東梅縣。

2. 警員教導總隊——龍溪、漳平、永定、漳浦、平和、雲霄、東山、詔安、華安、南靖、長泰、海澄、同安、安溪、永春、德化、莆田、仙遊、惠安、南平、龍岩、晉江、廣東梅縣

第六條　報名日期：自三十三年十二月一日起至十五日止

第七條　考試日期：自三十三年十二月十八日起至二十日止

第八條　考試程序：（1）檢查體格依左列標準行之

甲、身長一六五公分以上體重五十二公斤以上胸圍約爲身長之半呼吸差在六公分以上

乙、握力在七十度以上視力在八公尺距離能識三公分以上寬度之筆劃

中央警官学校东南警官班招考台湾警官学员生、警员教导总队简章

一九四四年十二月十四日

乙、握力在七十度以上視力在八公尺距離能識三公分以上寬度之筆劃

丙、五官四肢無殘缺及贅生物或畸形並無體格檢查表中所列記病疾之一者

丁、言語精神無特殊異狀者

（2）資格審查：審查投考人所繳之證件如發現有假冒僞造情事時不予參加考試已錄取入校者勒令退學

（3）筆試科目　一，學員班——國父遺敎、國文、警察法、警察實務、史地

二、學生班——國父遺敎　國文、理化、史地、數學、外國文（英日語任擇其一）

智力測驗（生活調査）

（4）口試標準另定之

第九條　揭曉：一、錄取學員生於考試後五日内在考試地點揭曉

二、警官班學員生錄取後由校酌給津貼逕向長汀本校東南警官班報到

三、警員隊學生錄取後向　　警員教導總隊隊部報到

第十條　應繳文件：警官班學生錄取後應依照規定格式填志願書並取具荐任職（或相當荐任職）以上公務員之保證書　警員隊學生取具該管警察局所或鄉鎮公所之保證書於開學前報到入班（隊）

第十一條　修業期限：警官班學員定爲六個月學生爲一年警員隊學生訓練期間定爲六個月（必要時得縮短或延長之）

第十二條　待遇：學員生入校後之服裝膳宿講義等項由校供給並每月酌予津貼但應自帶下列各件 1.被蓋全套（棉被棉褥及白被單各一條） 2.白色襯衣褲二套素色毛綫衣一件 3.黑色皮（布）鞋兩雙 4.盥洗用具全套 5.文具（鋼筆日記簿墨盒等） 6.參考書籍（不得超過十本）

第十三條　任用；學員生畢業後依左列標準由校呈請分發台灣任用

（一）警官班學員生以委任職任用

（二）警員隊學生以委任待遇任用

第十四條　本簡章自呈准公布日施行如有未盡事宜隨時修正呈報核備

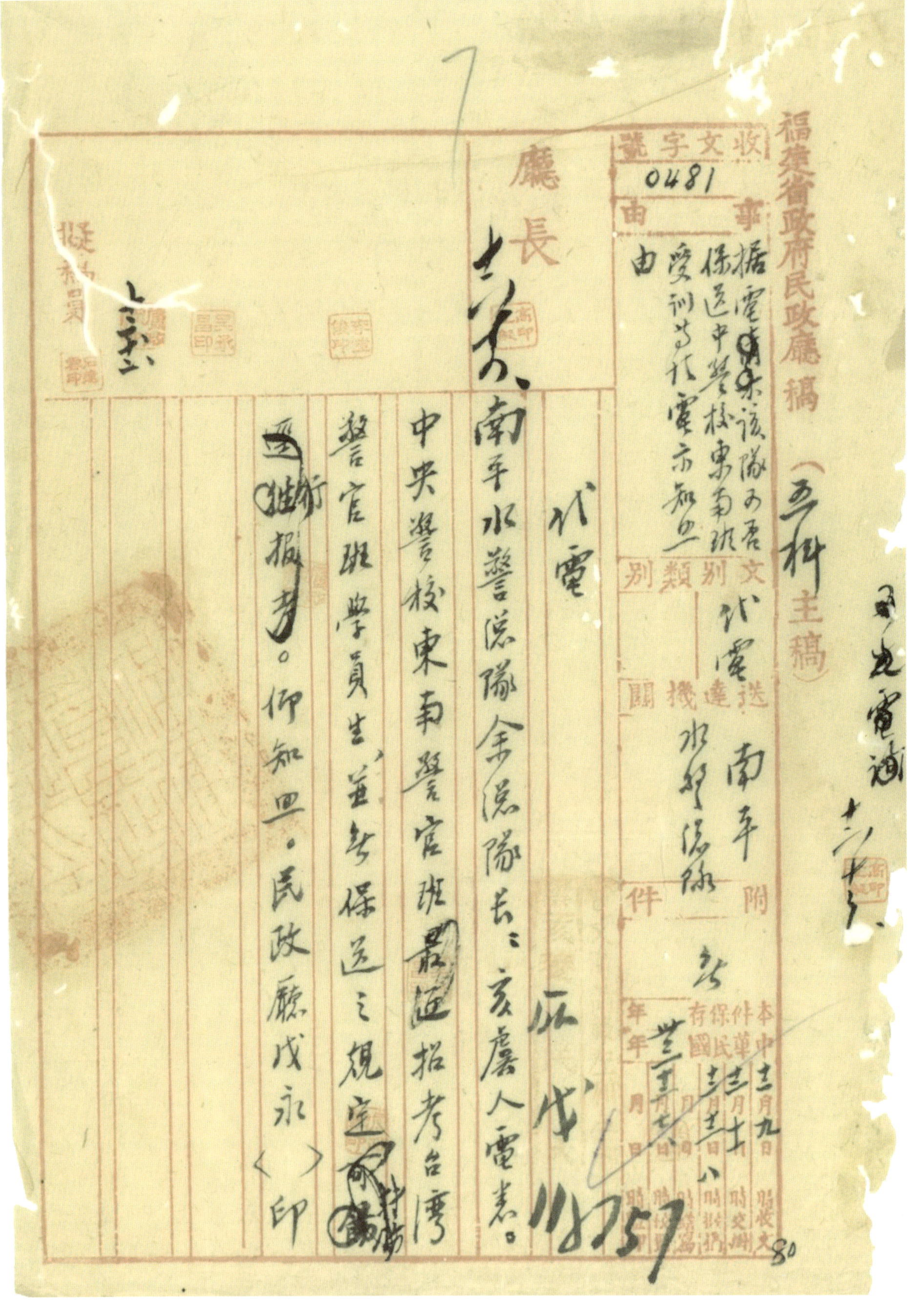

福建省政府民政廳稿 （五科主稿）

收文字號 0481

事由：據電請保送該隊人員赴中警校東南班受訓前來電示知照由

文別：代電

送達機關：南平水警總隊

附件：無

代電

南平水警總隊余總隊長：亥虞人電悉。中央警校東南警官班最近招考台灣警官班學員生並無保送之規定，毋庸報考。仰知照。民政廳戌永（　）印

福建省民政厅关于中央警官学校东南警官班招考台湾警官班学员生无保送规定给南平水警总队的代电

一九四四年十二月二十二日

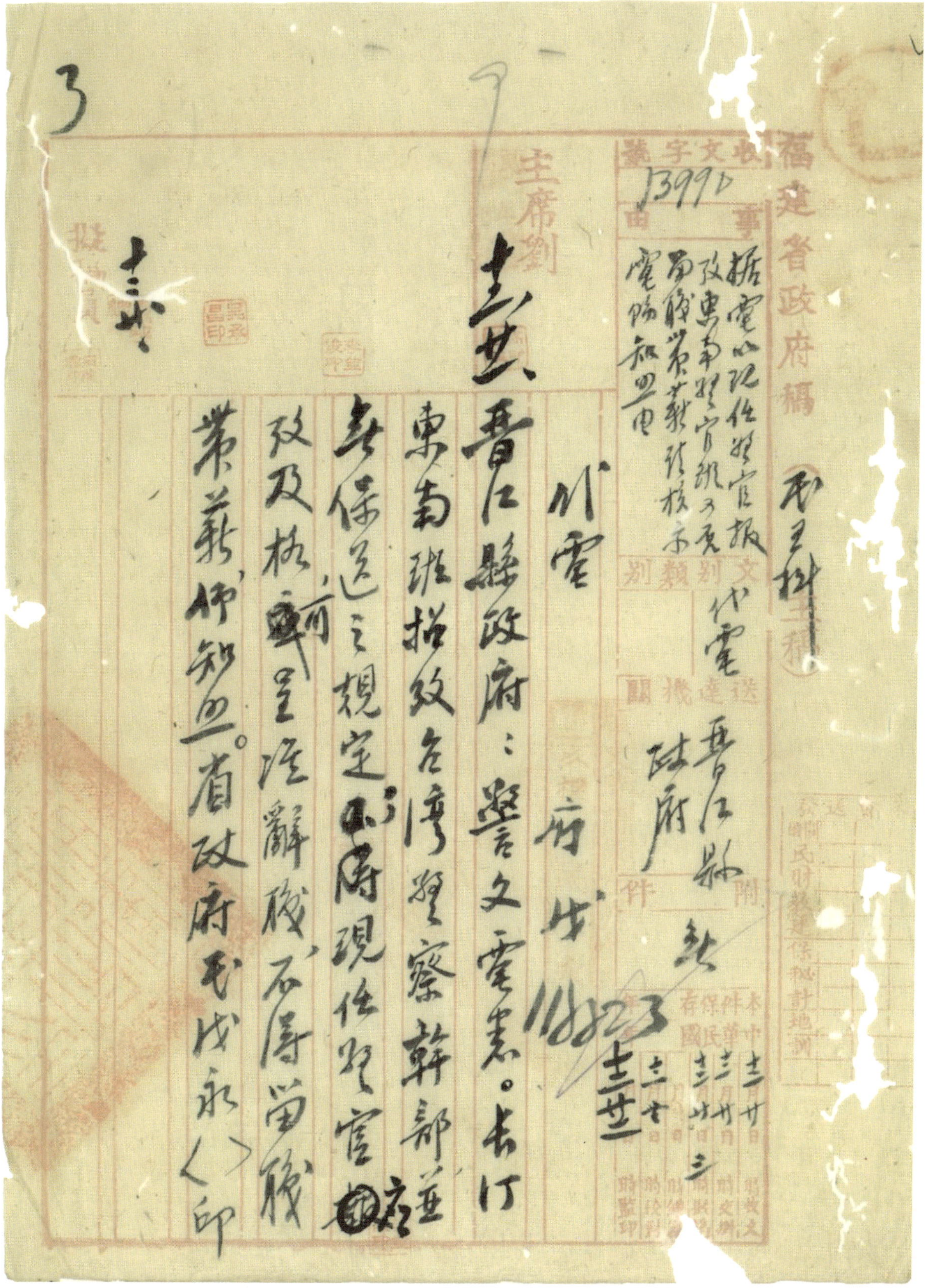
福建省政府稿

收文字號 13990

事由：據電以現任警官報考東南警官班不應留職帶薪請核示電飭知照由

文別：代電

送達機關：晉江縣政府

主席劉

民三科主稿

代電

晉江縣政府：豐文電悉。查東南班招考台灣警察幹部並無保送之規定，該府現任警官考取及格前，應呈准辭職，不得留職帶薪，仰知照。省政府民戌（亥）（印）

福建省政府关于东南警官班招考台湾警察干部应考及格不得留职带薪给晋江县政府的代电

一九四四年十二月二十三日

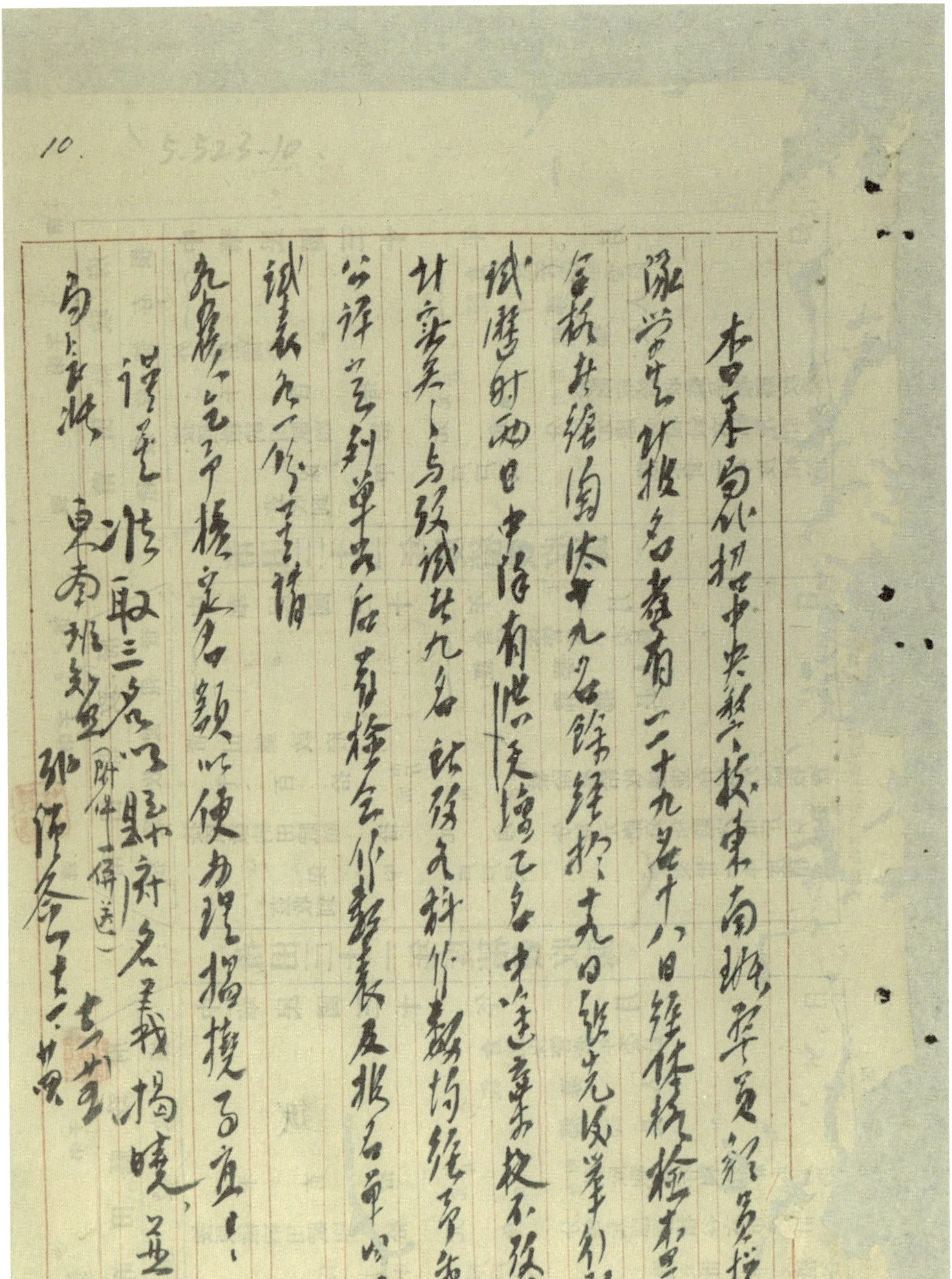

莆田县警察局关于报考台湾警员人数及录取名额给莆田县政府的签呈

一九四四年十二月二十五日

11.

5.523-11

取 取 取

中央警官學校東南訓練班台灣警員教導總隊學生分數表

姓名	國文	英文	史地	理化	數學	智力測驗	國父遺教	總平均	体格檢查	口试	
方祖德	80	37	64	96	38		35	58.4	丙		取
陳開濬	60	33	37	85	33		19	44.1	乙		取
游祖全	55	22	31	86	33		23	40.19	丙		
傀瑞文	40	30	36	91	15		17	38.1	乙		取
韓宗幹	38	20	38	63	20		11	31.7	丙		
陳金銓	65	0	20	63	0		33	30.3	丙		
葉元鉄	40	4	21	67	18		15	27.5	乙		
林金仙	25	15	10	35	18		0	18.	丙		

12.

林玉舜	20	6	11	30	0		0	11.1	丙
洪天壇	55				0		30		乙

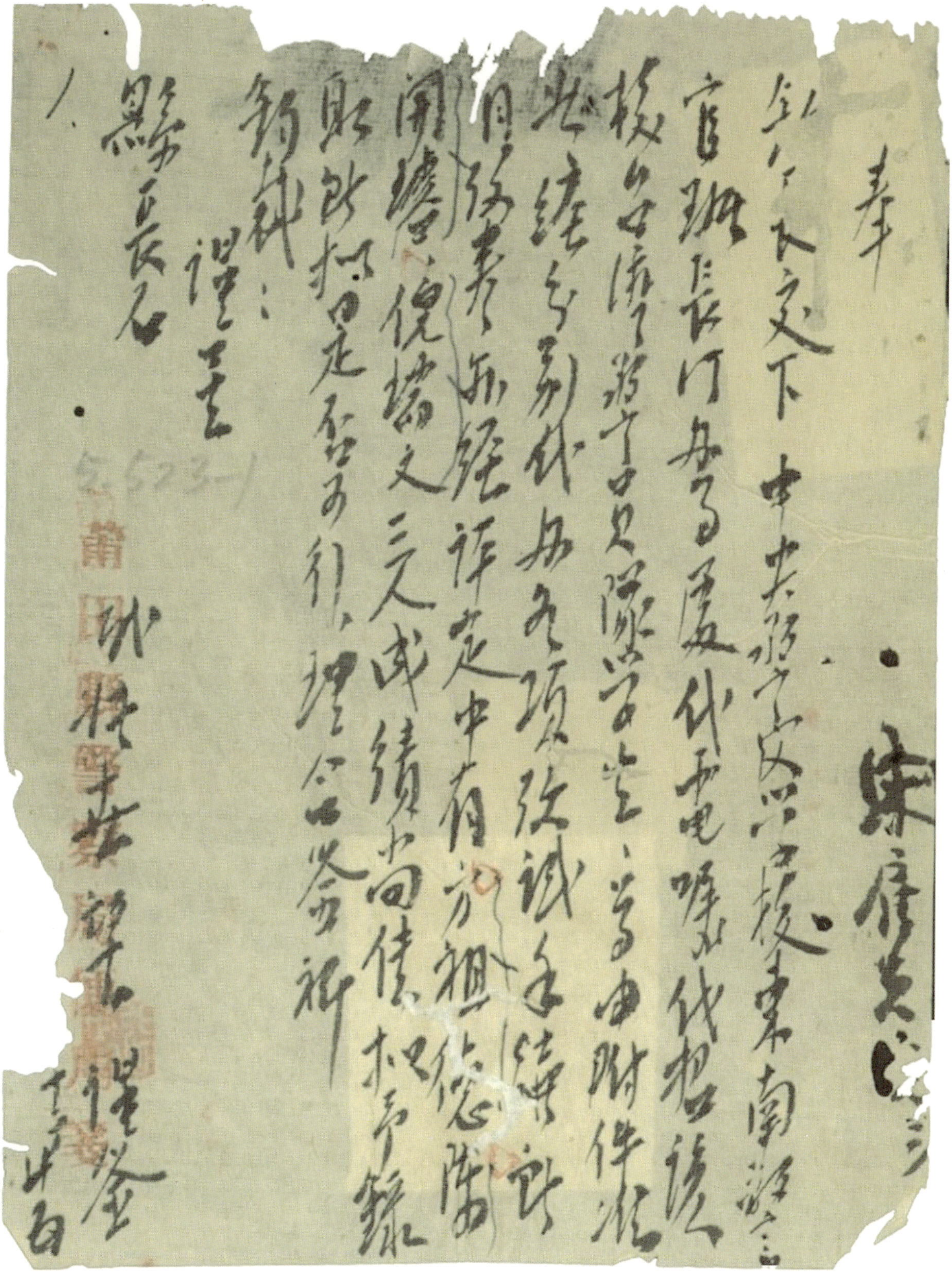

莆田县警察局关于拟录取方祖德、陈开璿、倪瑞文为台湾警员教导总队学生给莆田县政府的签呈

一九四四年十二月二十五日

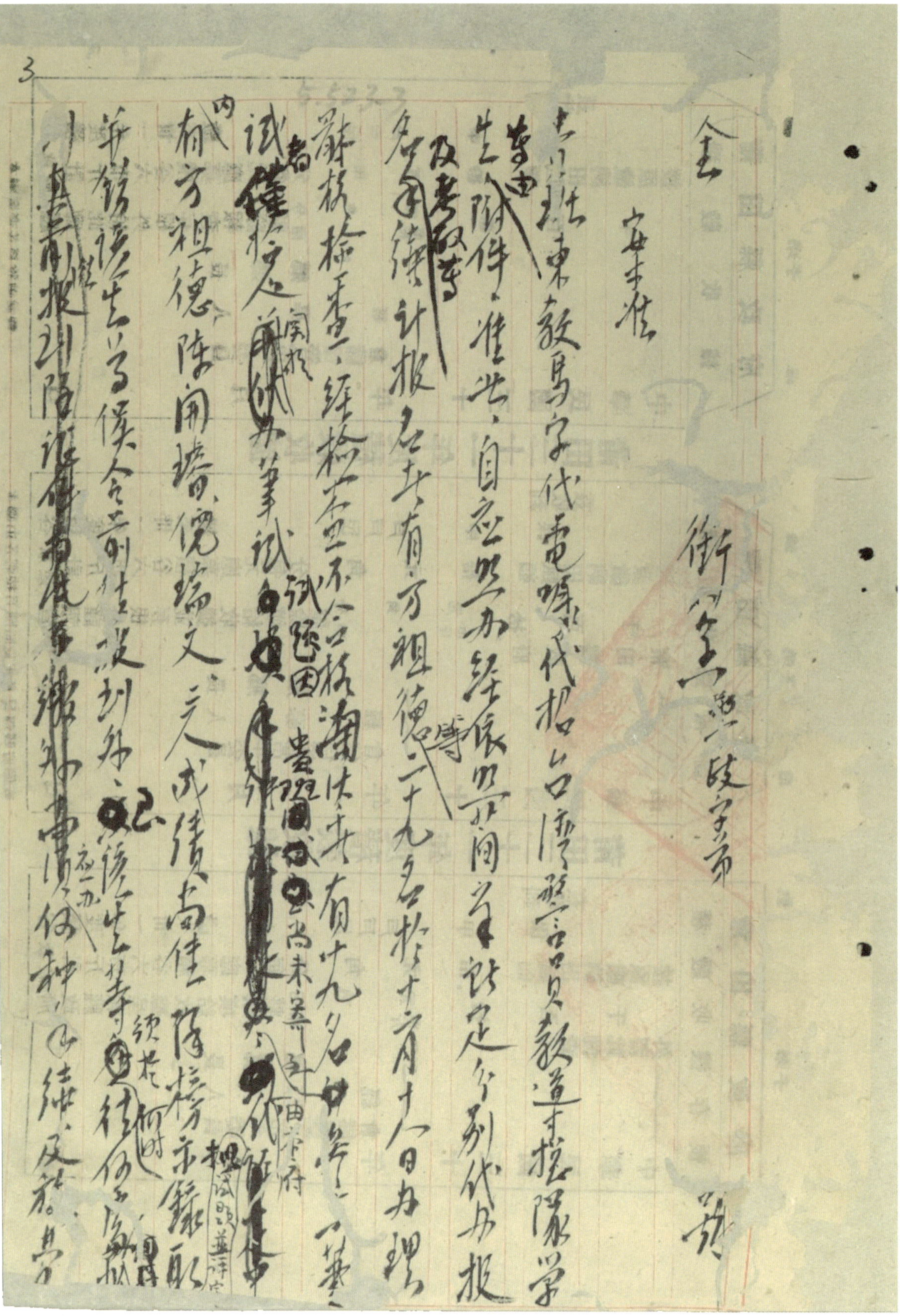

莆田县政府关于代招台湾警员教导总队学生情形给中央警官学校东南警官班办事处的函

一九四四年十二月二十五日

4.

由[illegible]处长[illegible]……[illegible]前由本班将
此次各科试卷及体格检查表生活调查表与致试
成绩表及证件三种均存本班随函送请
希即办理见覆为荷！
此致
中央警官学校东南区分校办事处
附件

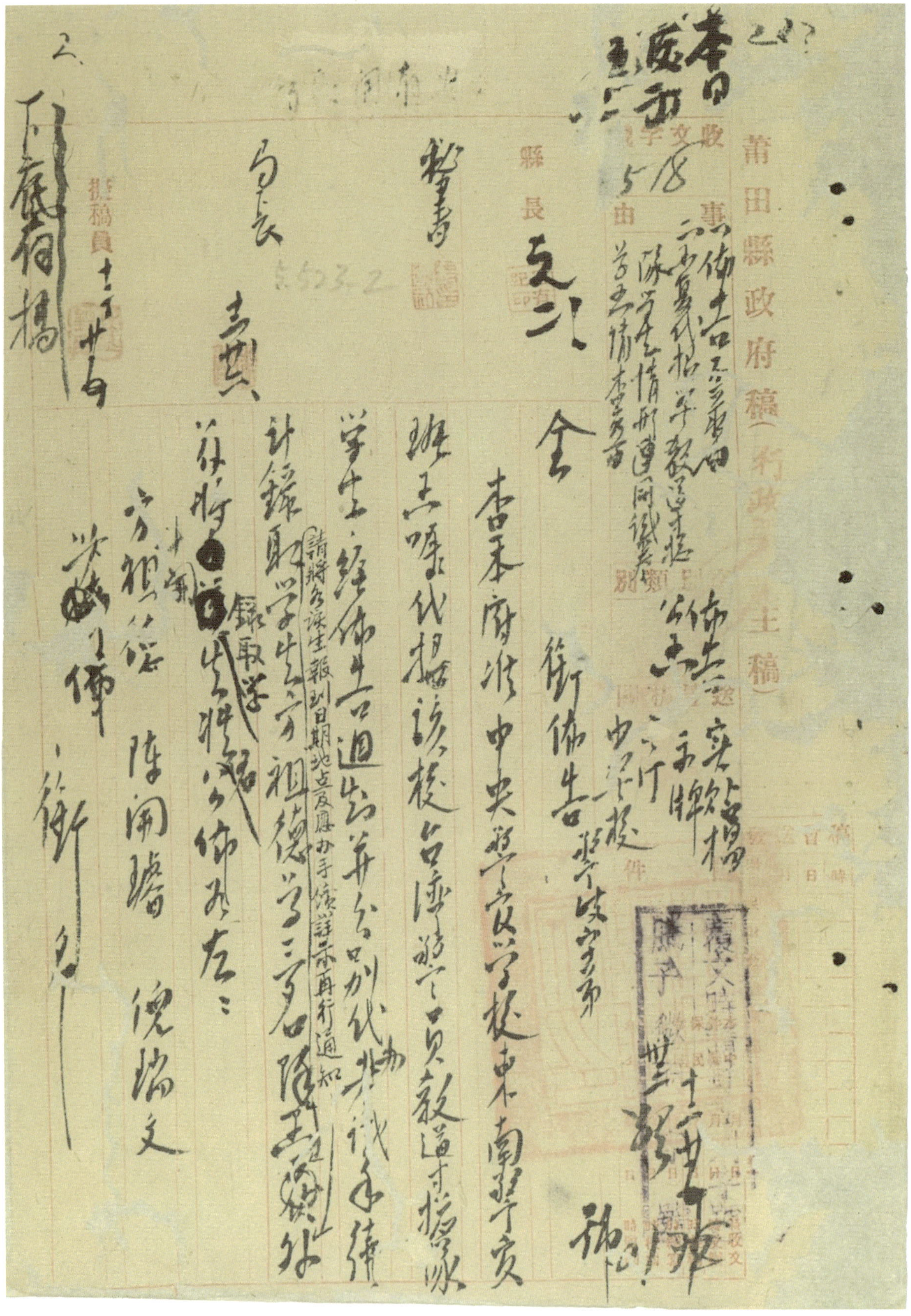

莆田縣政府稿

事由

縣長

擬稿員

布告

令

查本府准中央警官學校東南警官班函請代招該校台湾警員教導總隊學生

請將各該生報到日期地点及應辦手續詳示再行通知

茲將錄取學生姓名公佈如左

方祖德　陳開璿　倪瑞文

此佈

莆田县政府关于录取方祖德、陈开璿、倪瑞文为台湾警员教导总队学生的布告

一九四五年一月五日

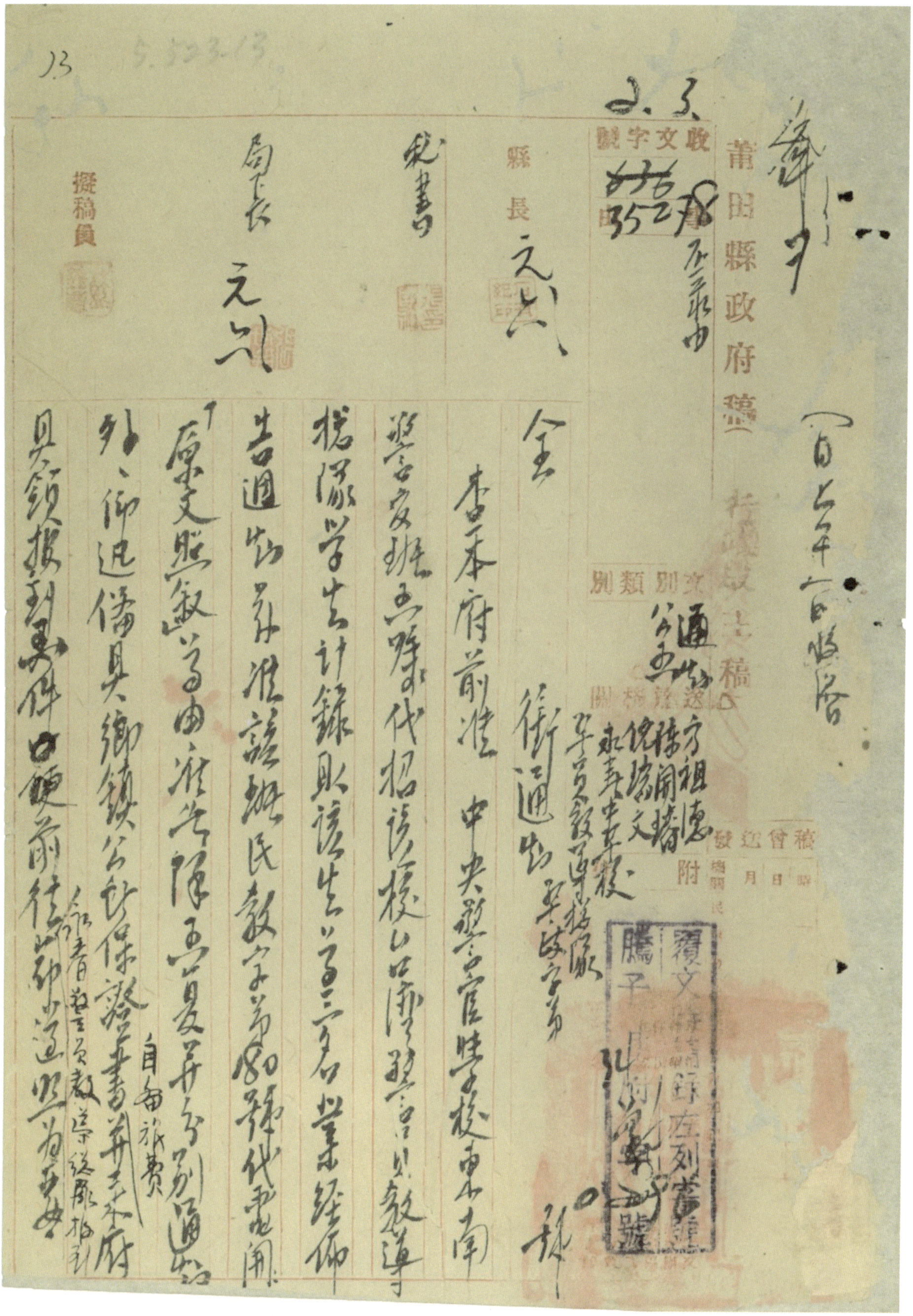

莆田县政府关于新招台湾警员教导总队学员报到的通知及给中央警官学校东南警官班的函

一九四五年一月六日

右通知

方祖德
陳開璿
傅瑞文

銜名

銜公函 主政字第　　號

仝上

六廿七注

贵班民教字第180號代電（略）附代招募台員教導援隊學生錄取方祖德、陳開璿、傅瑞文等三名業經函請查照在案

学生館元月十五日前向我部招募台員教導援隊報到并每

七十四師所給津貼旅費五十元以為由，准按本查庫所代撥

15.

5.523.15

通知該生持函前往報到并應遵請
查照并希准予報到編訓為荷
此致
中央警官學校東南警官班第十四期籌備隊
衔 名 印
令台
衔 証明書 字第 號
茲有本府保送中央警官學校東南警官班台灣
警員蔡道生投考學生方祖德陳開璠倪瑞文等三名
往東南警官班報到 隨帶行李 件該生等并不得攜
帶違禁物品沿途經過仙遊福清等處
沿途軍警查驗放行特此証明

16. 5.523-16

存

給方祖德

李翔磨(?)馬鴻執

饒培文

銜　　　　印

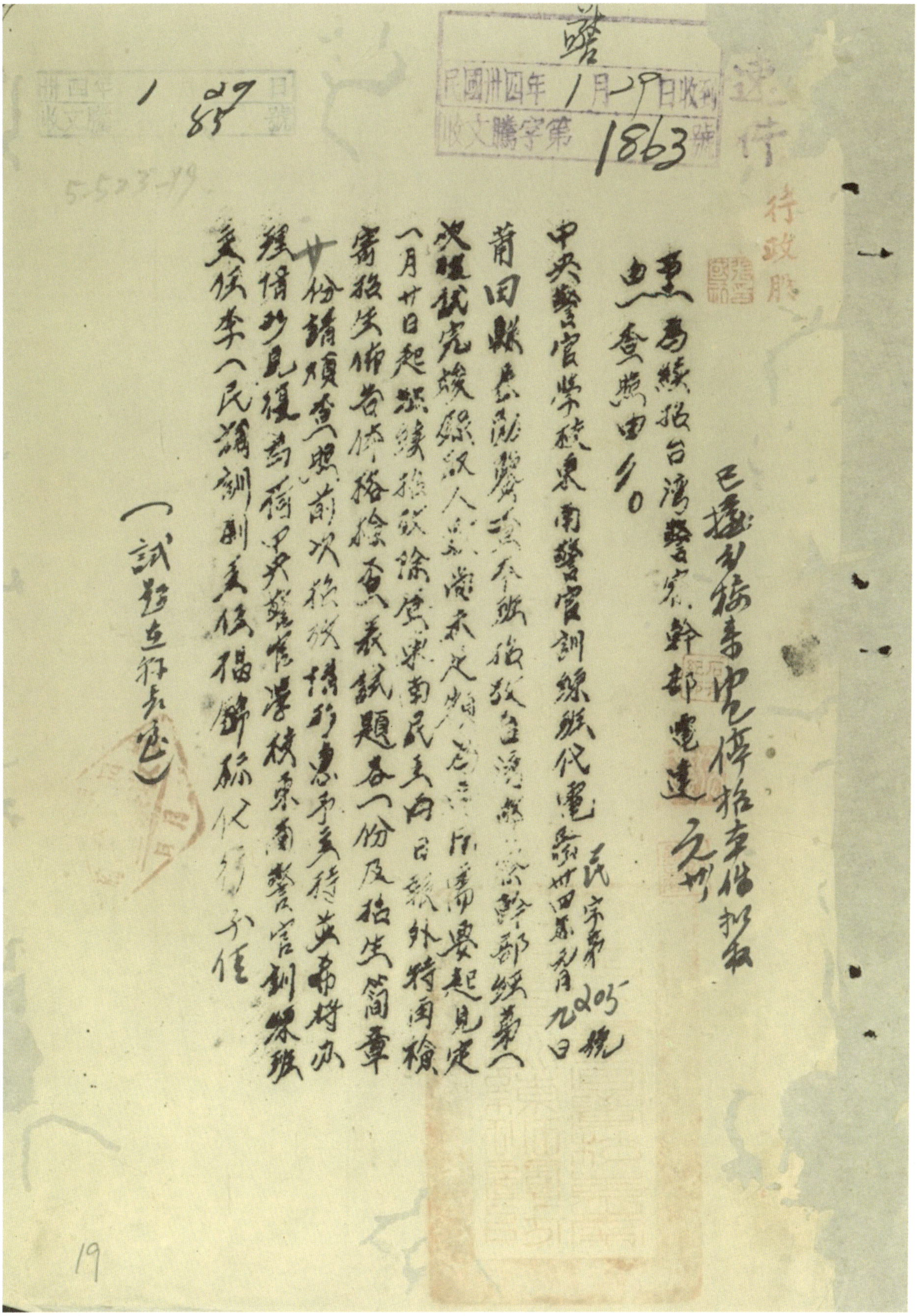

事由：為續招台灣警察幹部電達查照由

莆田縣政府

中央警官學校東南警官訓練班代電 發卅四年元月九日 民字第205號

莆田縣長勛鑒：查本班招收台灣警察幹部經第一次招試完竣，錄取人數尚未足額，茲為應需要起見，定一月廿日起繼續招收，除登東南日報外，特函檢寄招生佈告、體格檢查表、試題各一份及招生簡章廿份，請煩查照前次招收情形惠予支持並希協辦，理情形見復為荷。中央警官學校東南警官訓練班[illegible]代行

（試題[illegible]存卷）

中央警官学校东南警官训练班关于续招台湾警察干部并检送相关资料给莆田县政府的代电（附:续招布告、学员体格检查表、续招简章）

一九四五年一月九日

佈告式樣

中央警官學校東南警官訓練班續招台灣警官學員生／警員教導總隊佈告

查本班第一次招收台灣警察幹部業已完竣錄取人數尚未足額為適應需要起見定一月二十日起繼續招考除登東南民主兩日報公告外合行佈告週知

附註：招生簡章向招生處索閱

中華民國卅四年元月　日

校長蔣中正

教育長李士珍

第　　號

中央警官學校體格檢查表

姓名	性別　婚嫁	年齡　籍貫
住址	學歷	
身長　公分	體重　公斤	
胸圍　公分	呼吸差　公分	肺量
視力 左 右	辯色力 左 右	視器 左 右
握力 左 右	關節運動	
聽力 左 右	聽器 左 右	
口鼻 咽喉	言語 精神	
皮膚	花柳	
痔瘻	脫肛 痔瘻	
疝氣	生殖系	
其他外科病		
心臟	肺臟	
其他內科病		
附記	營養　等位	
	民國　年　月　日	
	主檢醫官	

中央警官學校東南警官班

續招台灣警官學員生 警員敎導總隊簡章

第一條 本校爲儲備台灣警察幹部人才起見特訂定本簡章

第二條 招考名額：（1）警官班學員壹百名（2）警官班學生三百名（3）警員隊學生六百名

第三條 投考資格：凡品行端正思想純潔身體健康素無不良嗜好精通台灣語（即閩南語）或英語日語年在十八歲以上三十歲以下之男性（學員爲三十五歲以下）而有左列資格之一者得分別參加考試

1.警官班學員曾受警官敎育現任或曾任委任警官一年以上而有高中程度持有證明文件者

2.警官班學生曾在高中以上學校畢業或有同等學力持有證明文件者

3.警員隊學生曾在初中以上學校畢業或有同等學力持有證明文件者

第四條 報名手續：投考人須於投考前將畢業證書或證明文件最近二寸半身正面脫帽照片三張親赴各地報名處填寫報名單並填具體格檢查表聽候檢查（體格檢查表向報名處領用）報名費五十元（報名後未參加考試或錄取與否概不退還）

第五條 考試地點：1.警官班——長汀、永安警察局、龍溪、晉江、南平水警總隊部、建陽、廣東梅縣等縣政府

2.警員隊——龍溪、漳平、永定、漳浦、平和、雲霄、東山、詔安、華安、南靖、長泰、海澄、同安、安溪、永春、德化、莆田、仙遊、惠安、南平、龍岩、晉江、廣東梅縣等縣政府

第六條 報名日期：自三十四年一月廿日起至一月卅一日止

第七條 考試日期：自三十四年二月三日起至二月五日止

第八條 考試程序：（1）檢查體格依左列標準行之

甲、身長一六五公分以上體重五十二公斤以上胸圍約爲身長之半呼吸差在六公分以上

乙、視力在七十度以上視力在八公尺距離能識三公分以上寬度之筆劃

丙、耳目四肢無殘缺及寄生物或畸形並無體格檢查表中所列記病症之一者

丁、言語精神無特殊異狀者

（2）資格審查：警官投考人所繳之證件如發現有假冒僞造情事時不予參加考試已錄取入校者勒令退學

（3）筆試科目：一、學員班——國父遺敎、國文、警察法、警察實務、史地 二、學生班——國父遺敎、國文、理化、史地、數學、外國文（英日語任擇其一）智力測驗（生活調查）

（4）口試標準另定之

第九條 各招考區初試成績在六十分以上者爲合格錄取名額不受限制

第十條 揭曉：一、錄取學員生於考試後五日內在考試地點揭曉 二、警官班學員生錄取後由校酌給津貼逕向長汀本校東南警官班報到 三、警員隊學生錄取後向永春警員敎導總隊隊部報到

第十一條 初試錄取學員生須於二月十五日前攜帶證件分別趕赴長汀永春報到聽候複試

第十二條 應繳文件：警官班學生錄取後應依照規定格式填寫志願書並取具現任職（或相當薦任職）以上公務員之保證書 警員隊學生取具該管警察局所或鄉鎮公所之保證書於開學前報到入班（隊）

第十三條 修業期限：警官班學員定爲六個月學生爲一年警員隊學生訓練期間定爲六個月（必要時得縮短或延長之）

第十四條 待遇：學員生入校後之服裝膳宿講義等項由校供給並每月酌予津貼但應自帶下列各件 1.被蓋全套（棉被棉褥及白被單各一條）2.白色襯衣襯褲二套素色毛綫衣一件 3.黑色皮（布）鞋兩雙 4.盥洗用具全套 5.文具（鋼筆日記簿墨盒等）6.參考書籍（不得超過十本）

第十五條 任用：學員生畢業後依左列標準由校呈請分發台灣任用

（一）警官班學員生以委任職任用

（二）警員隊學生以委任待遇任用

第十六條 本簡章自呈准公布日施行如有未盡事宜隨時修正呈報核備

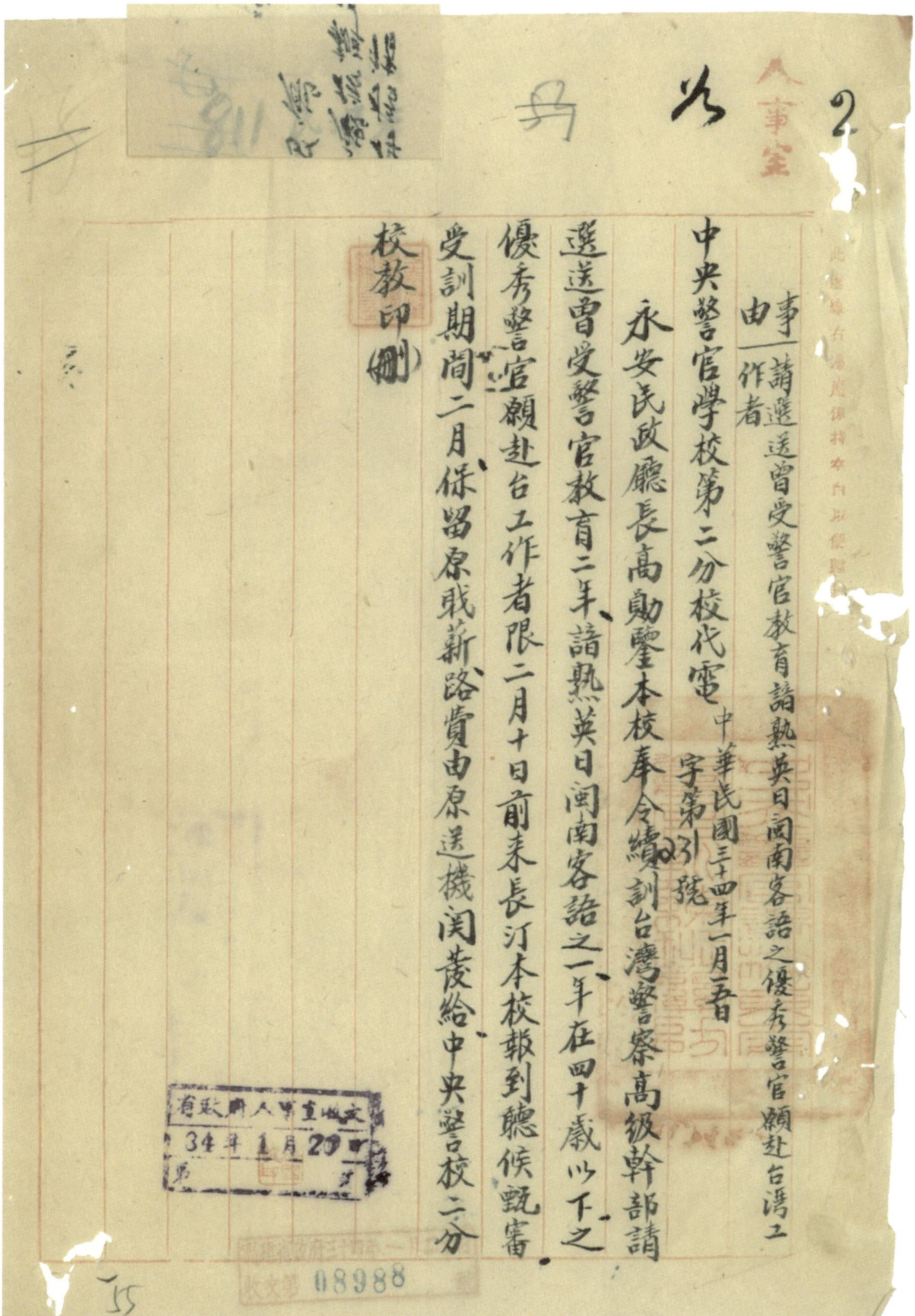
人事室

事由：請選送曾受警官教育諳熟英日閩南客語之優秀警官願赴台灣工作者

中央警官學校第二分校代電

中華民國三十四年一月十五日

字第引號

永安民政廳長高勛鑒：本校奉令續訓台灣警察高級幹部，請選送曾受警官教育二年、諳熟英日閩南客語之一、年在四十歲以下之優秀警官願赴台工作者，限二月十日前來長汀本校報到，聽候甄審，受訓期間二月，保留原職薪，路費由原送機關發給。中央警校二分校教印（冊）

34年1月20日

收文第08988

中央警官学校第二分校关于请选送优秀警官赴台工作给福建省民政厅的代电

一九四五年一月十五日

人事室

2

事由：請選送曾受警官教育諳熟英日閩南客語之優秀警官願赴台灣工作者

中央警官學校第二分校代電 中華民國三十四年一月二日 字第231號

永安民政廳長高勛鑒：本校奉令續訓台灣警察高級幹部，請選送曾受警官教育二年、諳熟英日閩南客語之一、年在四十歲以下之優秀警官願赴台工作者，限二月十日前來長汀本校報到聽候甄審，受訓期間二月，保留原職，薪路費由原送機關發給。中央警校二分

811

本件擬請
貴廳核辦賜知為荷 此致
民政廳
府人事室啓 元

福建省政府便用箋

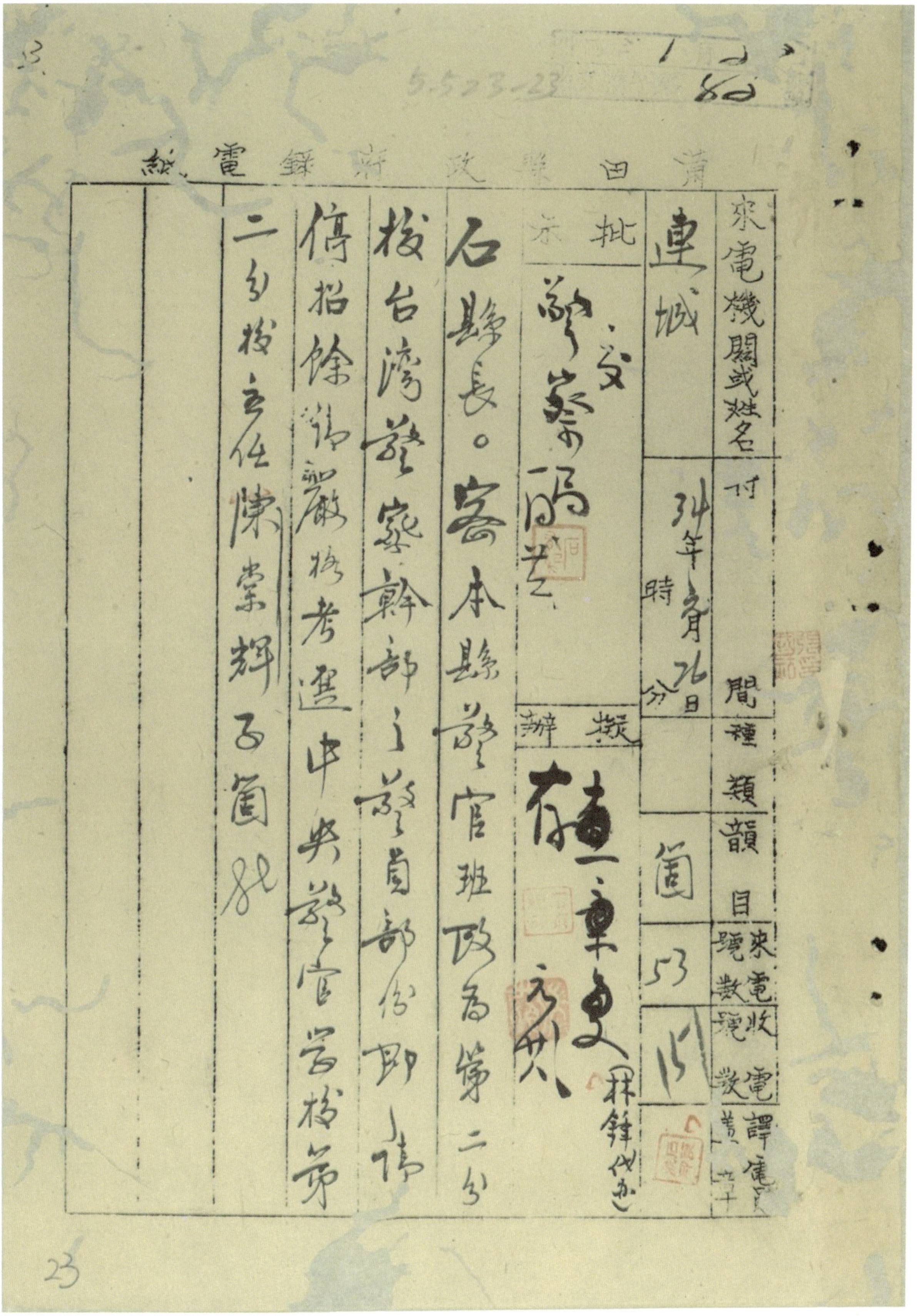

莆田縣政府錄電紙

來電機關或姓名：連城

付：34年1月26日 時 分

批示：交警察所閱

擬辦：存查

種類：箇

來電號數：53

收電號數：15

譯電員：黃

石縣長。密。本縣警官班改為第二分校台灣警察幹部之警員部份即請停招餘聽嚴格考選中央警官學校第二分校主任陳棠輝子箇

中央警官学校第二分校关于停招台湾警察干部班警员给莆田县政府的电

一九四五年一月二十一日

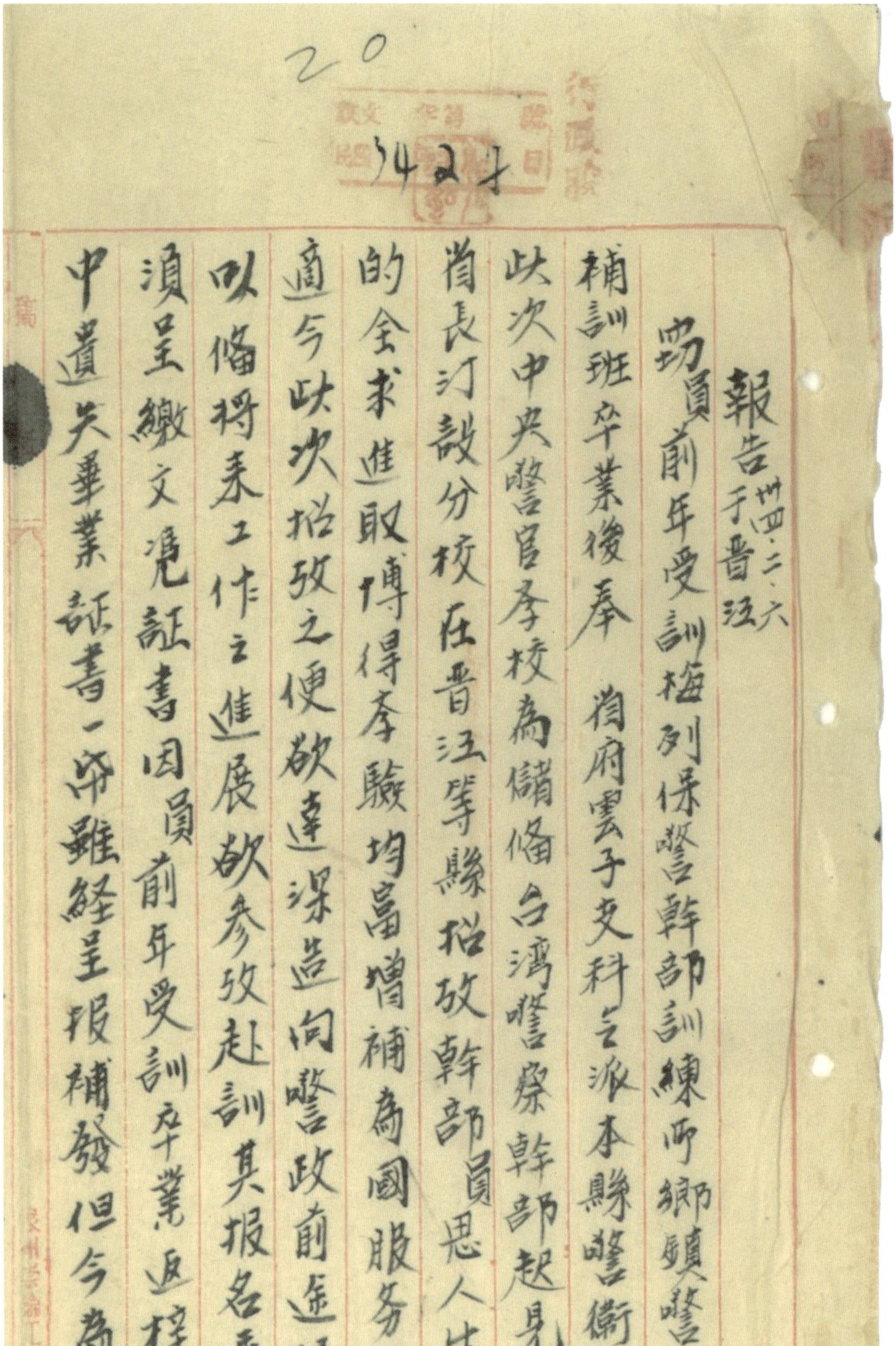

報告 卅四·二·六 于晋江

竊員前年受訓梅列保警幹部訓練所鄉鎮警衛人員補訓班卒業後奉 鈞府雲子支科三派本縣警衛幹事茲次中央警官學校為儲備台灣警察幹部起見在本省長汀設分校在晉江等縣招考幹部員思人生之目的全求進取博得學驗均當增補為國服务智能適今茲次招考之便欲達深造向警政前途猛進以備將來工作之進展欲參考赴訓其報名手續須呈繳文憑証書因員前年受訓卒業返梓在途中遺失畢業証書一帋雖經呈报補發但今為投考

林耕山为请发服务证明书以便报考中央警官学校台干班给晋江县政府的报告

一九四五年二月六日

之須謹此　呈上省府訓令及縣府訓令各乙件送上
察查懇祈俯准發下服务証明書乙份以遂求進
之意寔為便便之

謹呈

縣長徐

員林耕山　呈

附：省政府縣政府訓令各乙件

核發　二、十六

該員係卅三年八月鄉鎮儲編時解任
查該員自卅二年三月派往羅
溪鄉公所服務至離職日

請
警察局查明起止年月　二、十六　期傳　貴科主办

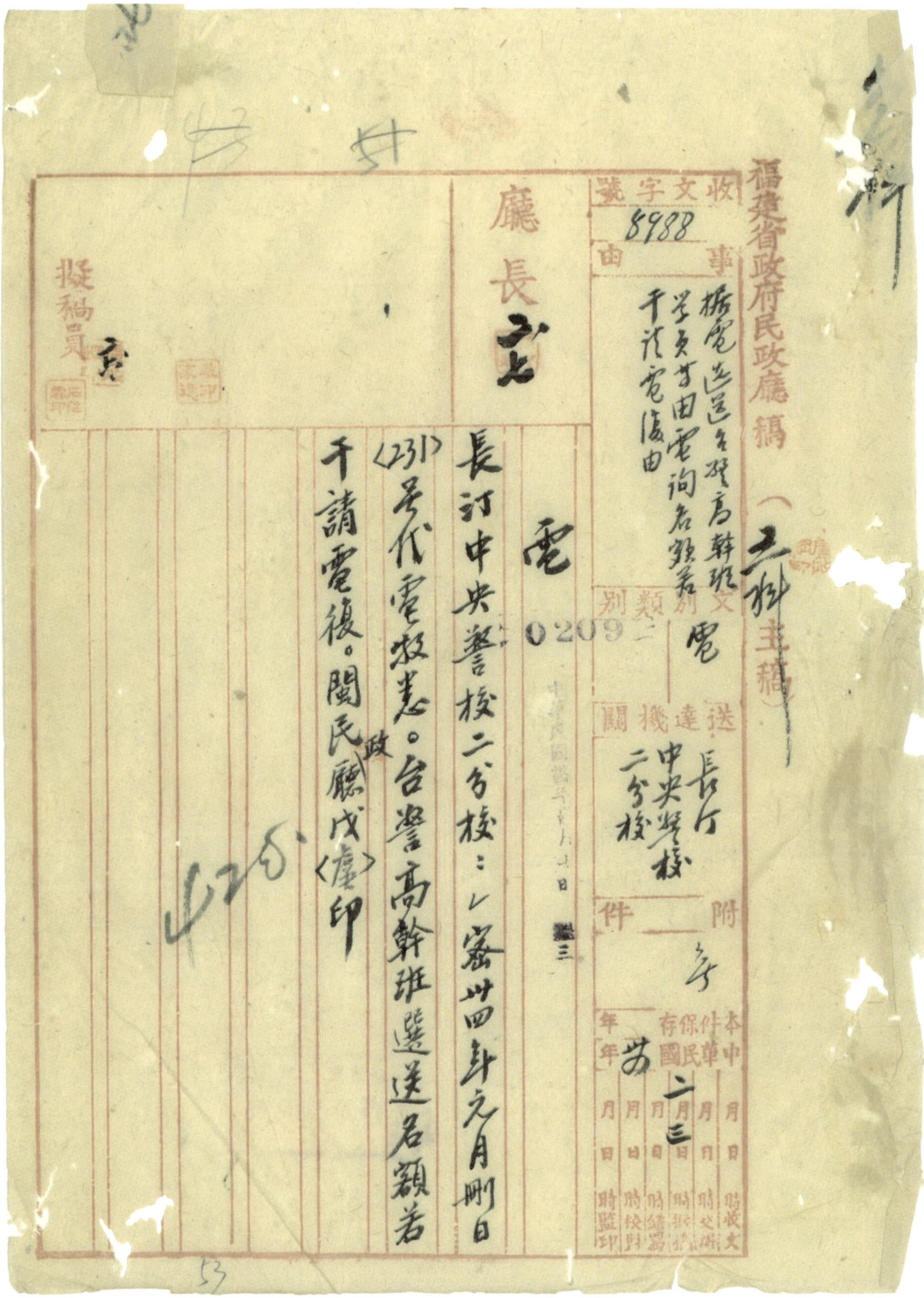

福建省政府民政廳稿（二科主稿）

收文字號：8988

事由：據電選送台警高幹班學員若干由電詢名額若干徑電復由

文別：電

送達機關：長汀中央警校二分校

附件：無

廳長

擬稿員

電

長汀中央警校二分校：丑〈艷〉卅四年元月卅日〈231〉號代電敬悉。台警高幹班選送名額若干，請電復。閩民政廳戌〈虞〉印

福建省民政厅关于选送台警高干班名额数给中央警官学校第二分校的电

一九四五年二月七日

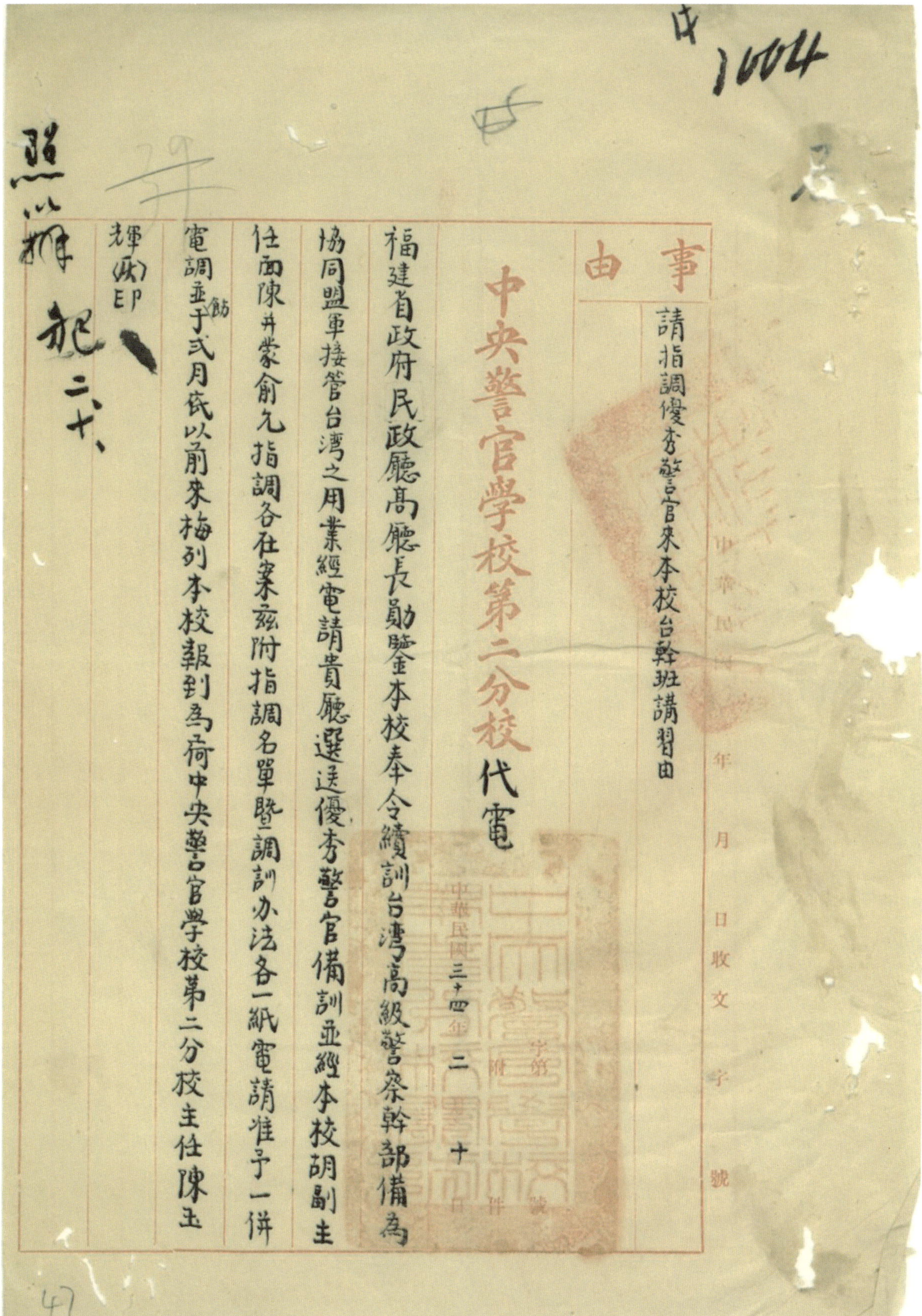

事由：請指調優秀警官來本校台幹班講習由

中央警官學校第二分校代電

福建省政府民政廳高廳長勛鑒本校奉令續訓台灣高級警察幹部備為協同盟軍接管台灣之用業經電請貴廳選送優秀警官備訓並經本校胡副主任面陳并蒙俞允指調各在案茲附指調名單暨調訓办法各一紙電請准予一併（飭）電調並于弍月底以前来梅列本校報到為荷中央警官學校第二分校主任陳玉輝丑印

中華民國三十四年二月十日

照以辦

中央警官学校第二分校关于指调优秀警官赴梅列台警班讲习受训给福建省民政厅的代电（附：调训办法与指调名单）

一九四五年二月十日

中央警官學校台湾警察幹部調訓办法

一、資格：調訓學員應具有左列各項條件

1. 曾受警官教育二年以上之現任優秀警官

2. 熟諳英日語及閩南話客話之一者

3. 志願赴台湾工作者

二、名額：除指調外選送十名

三、時間：暫定二個月必要時得縮短或延長之

四、旅費：來校旅費由原服務机関發給回程旅費由本校負担

五、待遇：1. 受訓期內保留原職並支原薪

2. 受訓期間膳食服裝講義等均由本校供給

六、報到日期：限於二月二十八日前到達梅列本校聽候甄審

七、攜帶物品：1. 白色被單及棉被各乙條

48

（四）

2、襯衫褲二套黑色鞋袜各二双

3、盥洗用具一付

4、參考書籍（總理遺教總裁言論警察法律等）

姓名	現任職務
趙栢璋	水警訓練所教官
吳九成	德化縣警察局長
黃昌介	福州警察總隊督察員
江秋心	仝右
吳譽賢	長汀警察局巡官
林勝雲	水警總隊訓練所教官
朱啟洪	仙遊警察局巡官
林金聲	水警第一大隊督察員（現駐古田）
顏昭民	惠安警察局督察員
黃祖耀	建陽警察局長
胡志強	永春警察局督察長

呼

洪以楣 永春警察局行政股長

邱陵 水警訓練所教務主任

57

代電乙件

民政廳

高廳長 勛啟

社址：永安[illegible]街一號

永安中南旅運社

電報掛號：六六六三 電話：二七八 三三六

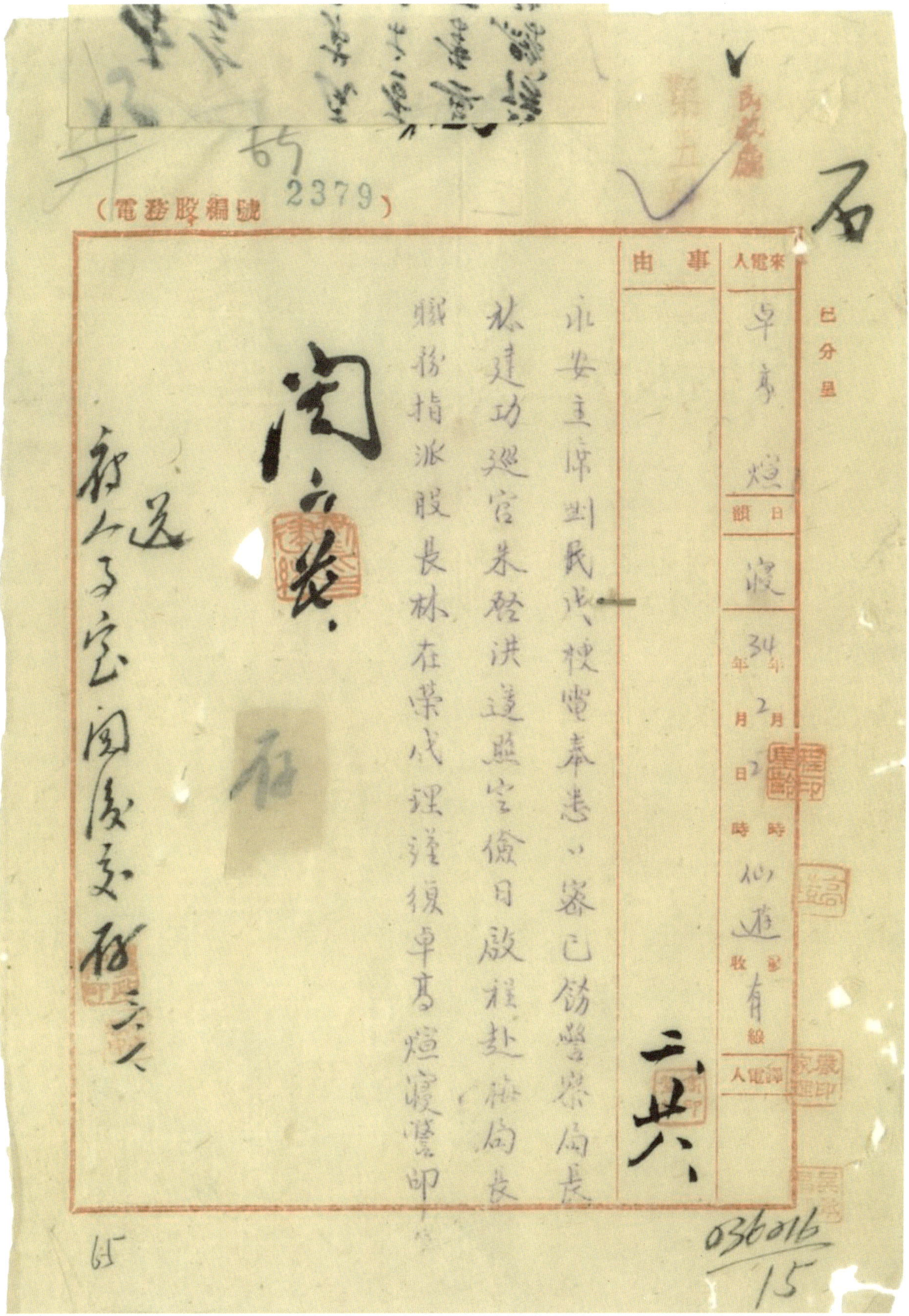
（電務股編號 2379）

來電人：卓亨煊
日額：寢
34年2月
來電地：仙遊
收發：有線

事由：

永安主席劉鈞鑒：民代梗電奉悉。以寄已飭警察局長林建功、巡官朱啓洪遵照定儉日啟程赴梅。局長職務指派股長林在棠代理。謹復。卓亨煊寢警印

閱 六 發

二十六

發人事室閱處

仙游县政府关于已饬警察局局长林建功、巡官朱启洪赴梅列中央警官学校第二分校台警班受训给福建省政府的电　　一九四五年二月二十六日

该县警察局长林建功想官朱启洪何啟龙梅本宽无案可稽，希请查示以便登记。此致
民萃五科
府人事室启
育
会稿已送
人事室
该室
存供拟存
二八、十六

福建省政府便用笺

来电人：卓高煊
日额：寝
34年2月2日
收到：有

66

65

036216
15

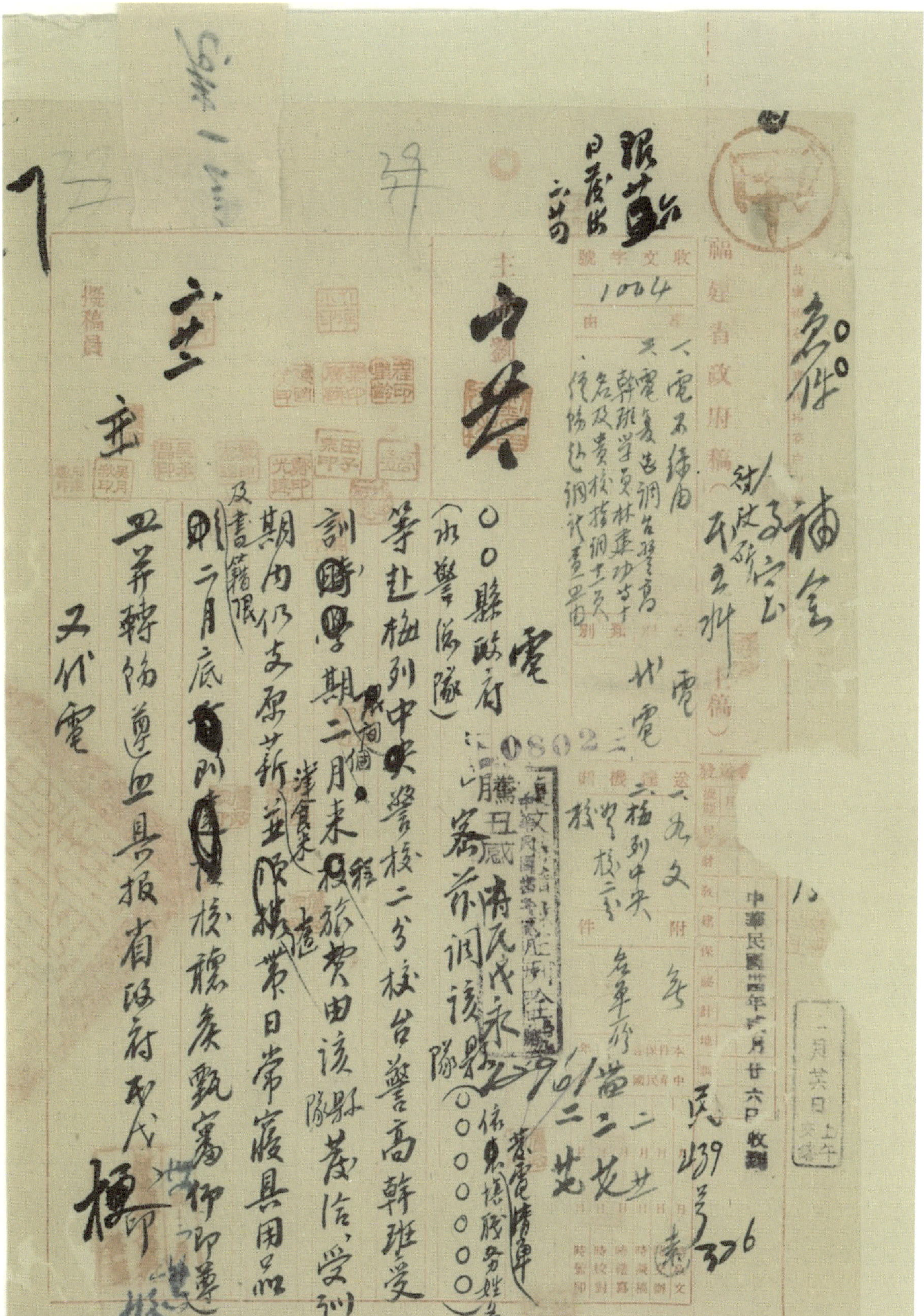
福建省政府稿（　　　字第　　號）
收文字號 1004
中華民國卅四年二月廿六日收到
擬稿員
○○縣政府（水警總隊）電
等赴梅列中央警校二分校台警高幹班受訓，學期二月末，旅費由該縣隊發給，受訓期內仍支原薪，並準備日常寢具用品
限二月底前到校報到
並希轉飭遵照具報省政府
丑代電

福建省政府关于选调林建功等赴梅列参加台湾警察高干班受训给相关县及水警总队、中央警官学校第二分校的电

一九四五年二月二十七日

梅列中央警校二分校：據本政廳案呈卅四年十一月十日

東省長指調台籍警員趙裕璋等十三員赴訓外，並代電及附件敬悉。除遵選調仙游縣警察局長林建功

等十員赴訓，其黃林指調警隊陳新調彙寧籍郭琛

及黃祖根及水警林陳啟所書四員未隨

同調外，相應檢送選調名單一份電請查照見復

為荷。省政府民戊 印

附本省選調台警幹班學員名單一份

福建省政府選送台灣幹部訓練班學員名單

縣別	服務	姓名
仙游	警察局長	林建功

42

連城警察局長林欽

詔安警察局長陳鼐

龍溪警察局行政股長張希鴻

永泰警察局總務股長李仲泰

同安警察所長葉啓基

長汀警察所長郭祖光

海澄警察所長林振中

莆田警察局督察長楊錦楓

南靖警察所長楊殿芸

又發電清單

43

核填 抄

雲平水警隊	教務主任	邱陵
〃〃〃〃〃	教官	趙柏璋
〃〃〃〃〃	教官	林勝雲
〃〃〃〃〃	醫務員	林金聲
仙遊縣政府	警察局長	林達功
〃〃〃〃〃	巡官	朱啟洪
連城〃〃〃	警察局長	林欽
〃〃〃〃〃	〃〃〃	陳[illegible]
詔安〃〃〃	行政股長	張希鴻
龍溪〃〃〃	總務股長	李仲泰
永春〃〃〃	警察長	胡志强

44

永春縣政府 行政股長 洪以楷
同安〃〃 警察所長 葉習堯
長汀〃〃 警察所長 鄧祖克
〃〃〃 巡官 吳譽賢
海澄〃〃 警察所長 林振甲
莆田〃〃 督察長 楊錦楓
南靖〃〃 警察所長 楊殿芸
福州縣警察總隊 督察組員 黃昌介
〃〃〃 〃〃 江秋心
德化縣政府 警察局長 吳九成

此邊線右邊務保存完整以便歸檔

惠安县政府督察员颜贻民

建宁县政府营产处处长黄祖耀

计二十二人

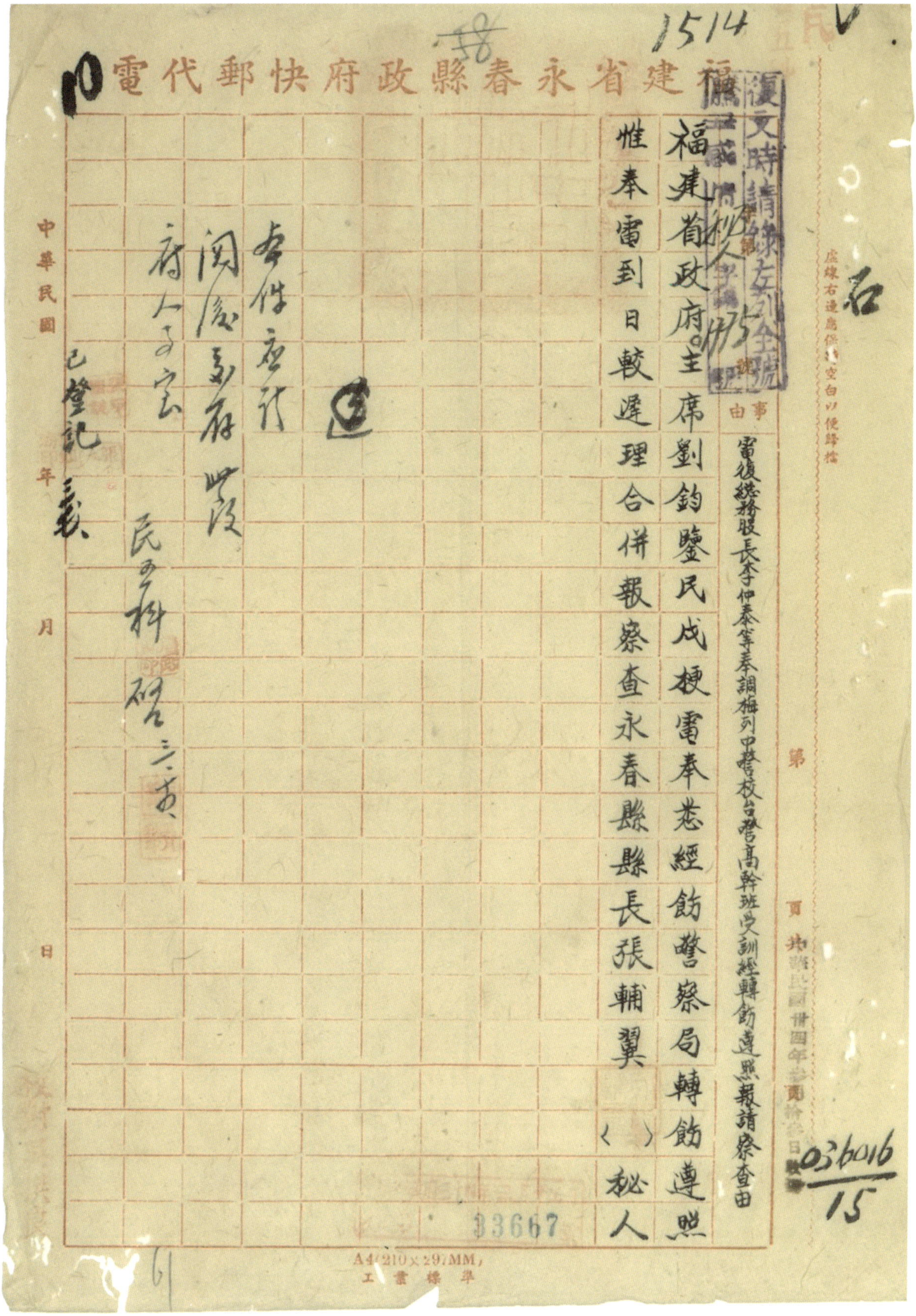
福建省永春縣政府快郵代電

事由：電復總務股長李仲泰等奉調梅列中警校台警高幹班受訓經轉飭遵照報請察查由

福建省政府主席劉鈞鑒民戍梗電奉悉經飭警察局轉飭遵照

惟奉電到日較遲理合併報察查永春縣縣長張輔翼（ ）秘人

中華民國　年　月　日

虛線右邊應保留空白以便錄檔

A4(210×297MM)

工業標準

永春县政府关于李仲泰等赴梅列中央警官学校第二分校台警高干班受训给福建省政府的代电

一九四五年二月二十七日

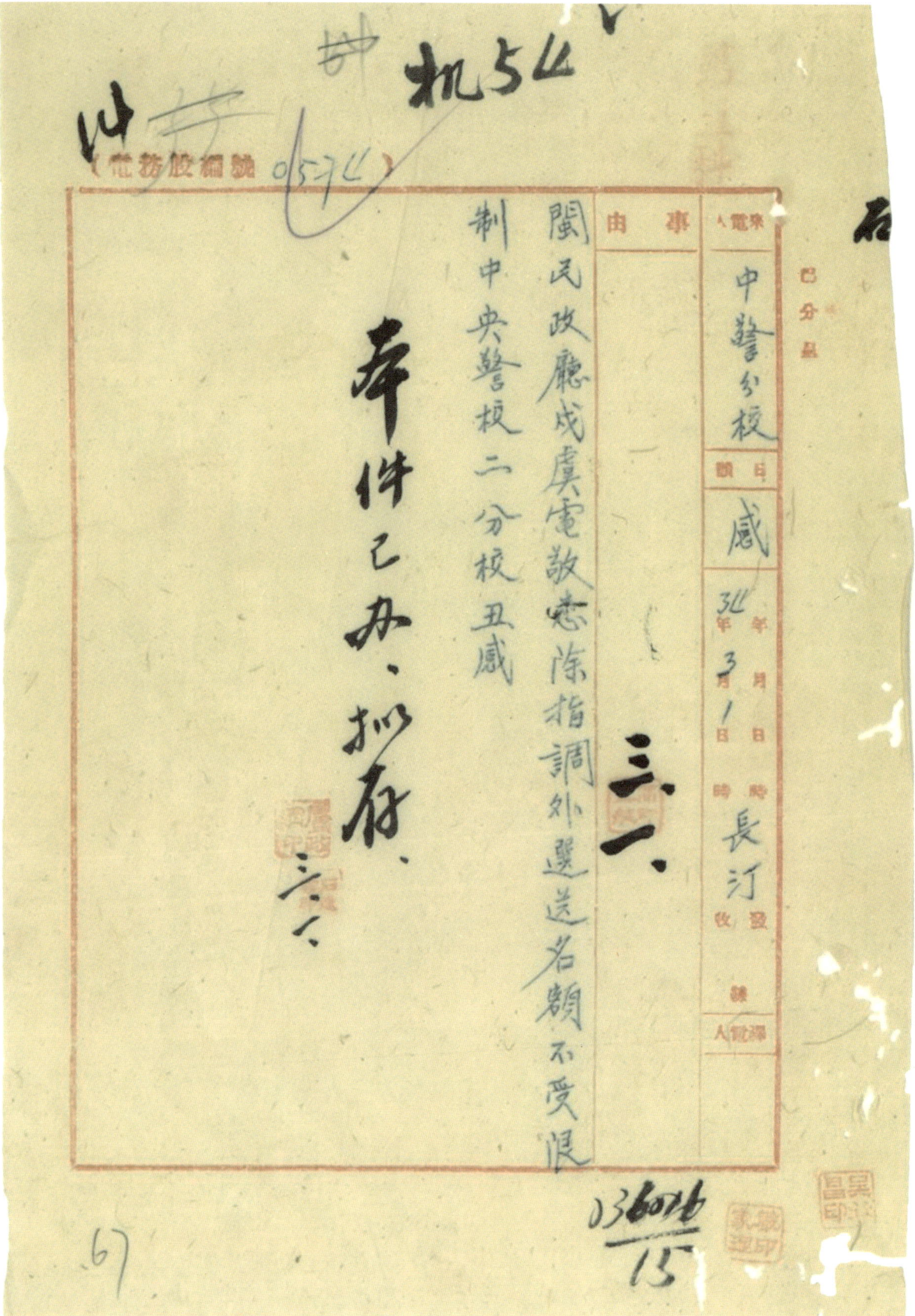
（電務股編號 0534）

來電人	中警分校
韻目	感
年月日時	34年3月1日 時
收發	長汀
事由	

閩民政廳戍虞電敬悉除指調外選送名額不受限制中央警校二分校丑感

本件已办，抄存。

三、一

中央警官学校第二分校关于除指调外选送名额不受限制给福建省民政厅的电

一九四五年二月二十七日

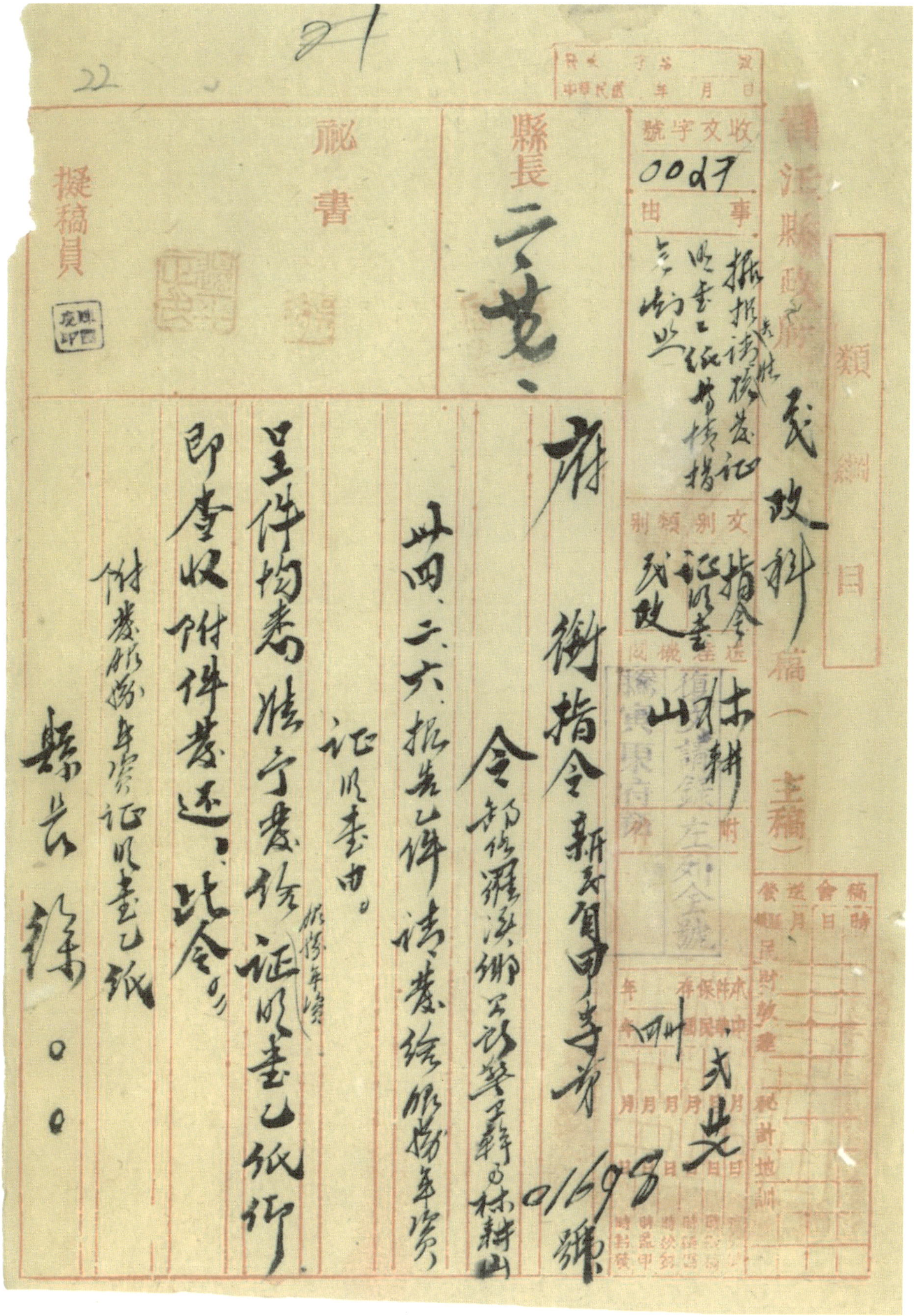
府衔指令 新县自甲字第0169号
令卸任罗溪乡公所警干林耕山
卅四、二、六、报告乙件请发给服务年资证明书由。
呈件均悉，准予发给服务年资证明书乙纸，仰即查收。附件发还，此令。
附发服务年资证明书乙纸
县长 ○○

晋江县政府关于核准发给服务证明书给卸任罗溪乡公所警干林耕山的指令

一九四五年三月一日

文存　衛服務年資證明書　新衛甲字第　　號

查林耕山曾於民國卅三年叁月起至卅叁年捌月止任本縣羅溪鄉公所衛生幹事特此證明！

此證

右給林耕山收執

中華民國卅四年貳月　　日

縣長　徐○○

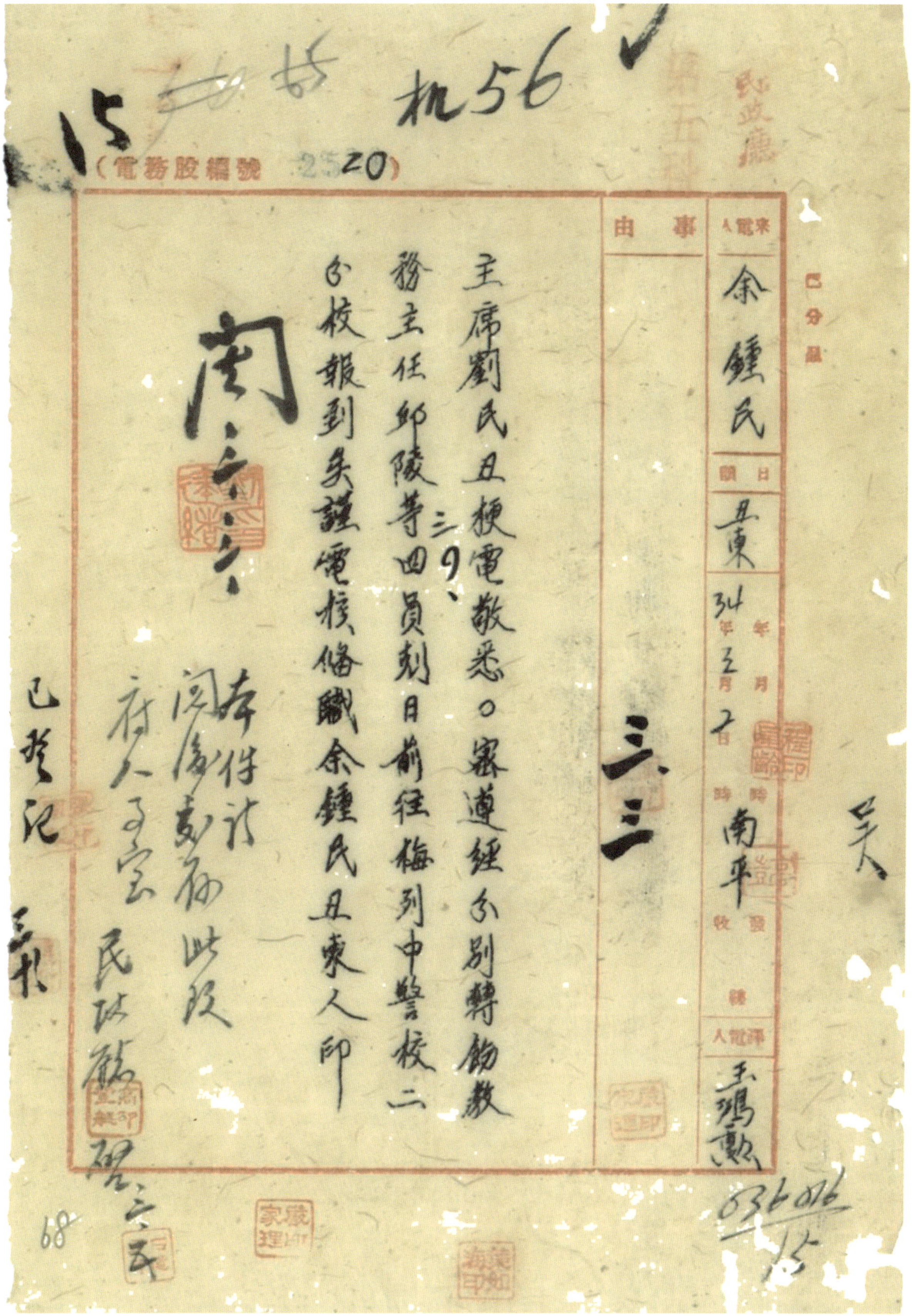
(電務股編號 2520)

來電人：余鍾氏
日韻：丑東
34年3月1日
發報：南平
譯電人：王鴻勳

事由：

主席劉氏丑梗電敬悉。寒遵經分別轉飭教務主任邱陵等四員剋日前往梅列中警校二分校報到矣。謹電核。備職余鍾氏丑東人印

閱 三.六.

存件 閱後交府 此致 府人事室 民政廳

南平县政府关于已饬教务主任邱陵等前往梅列中央警官学校第二分校报到给福建省政府的电

一九四五年三月一日

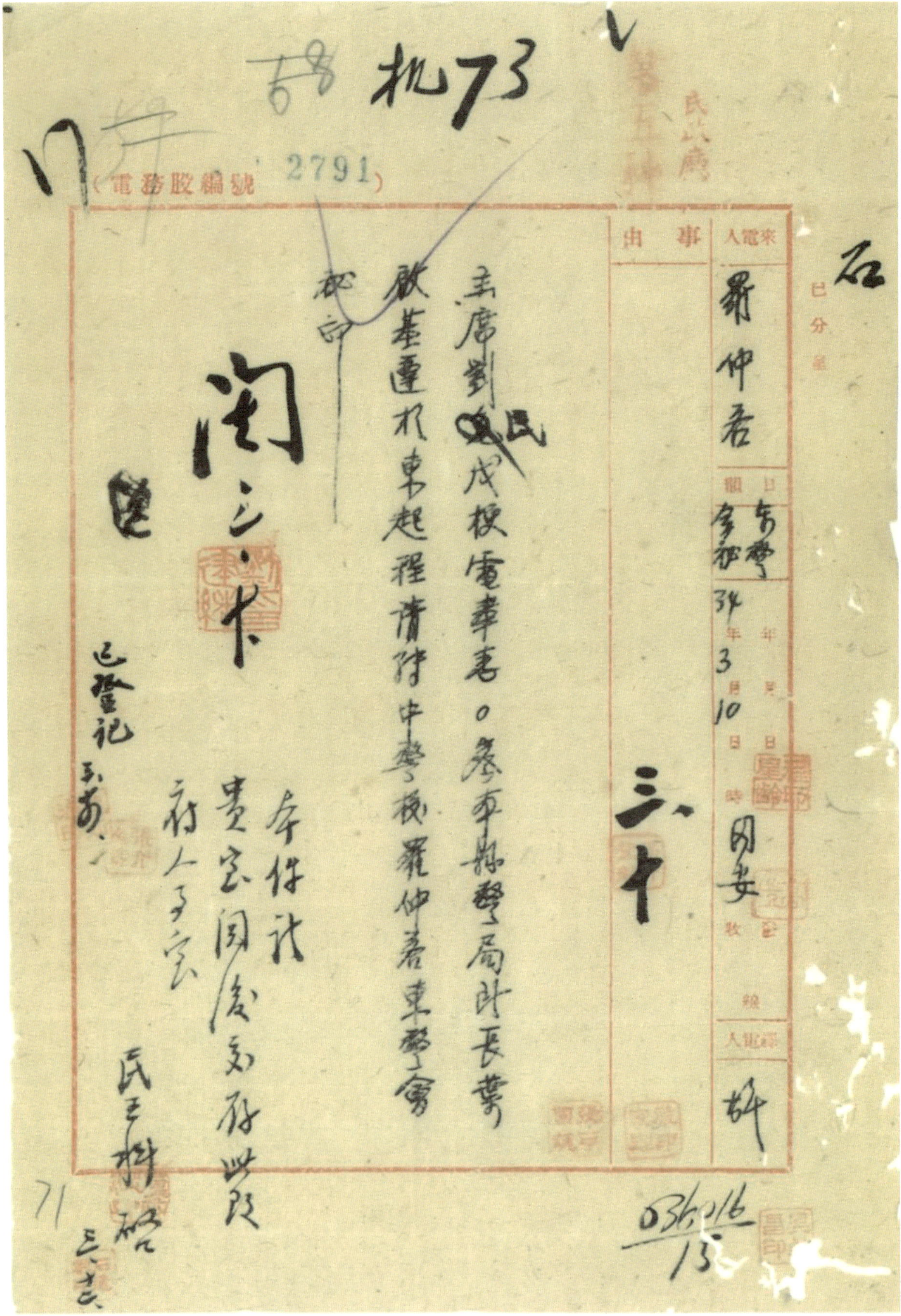
机73

（電務股編號 2791）

來電人：羅仲若

日期：34年3月10日

局別：同安

事由：

主席劉：戌梗電奉悉。本縣警局所長葉啟基遵於東起程，請轉中警校。羅仲若。東。警印

閱 三、十

同安县政府关于警局所长叶启基启程赴训日期给福建省政府的电　　　　一九四五年三月一日

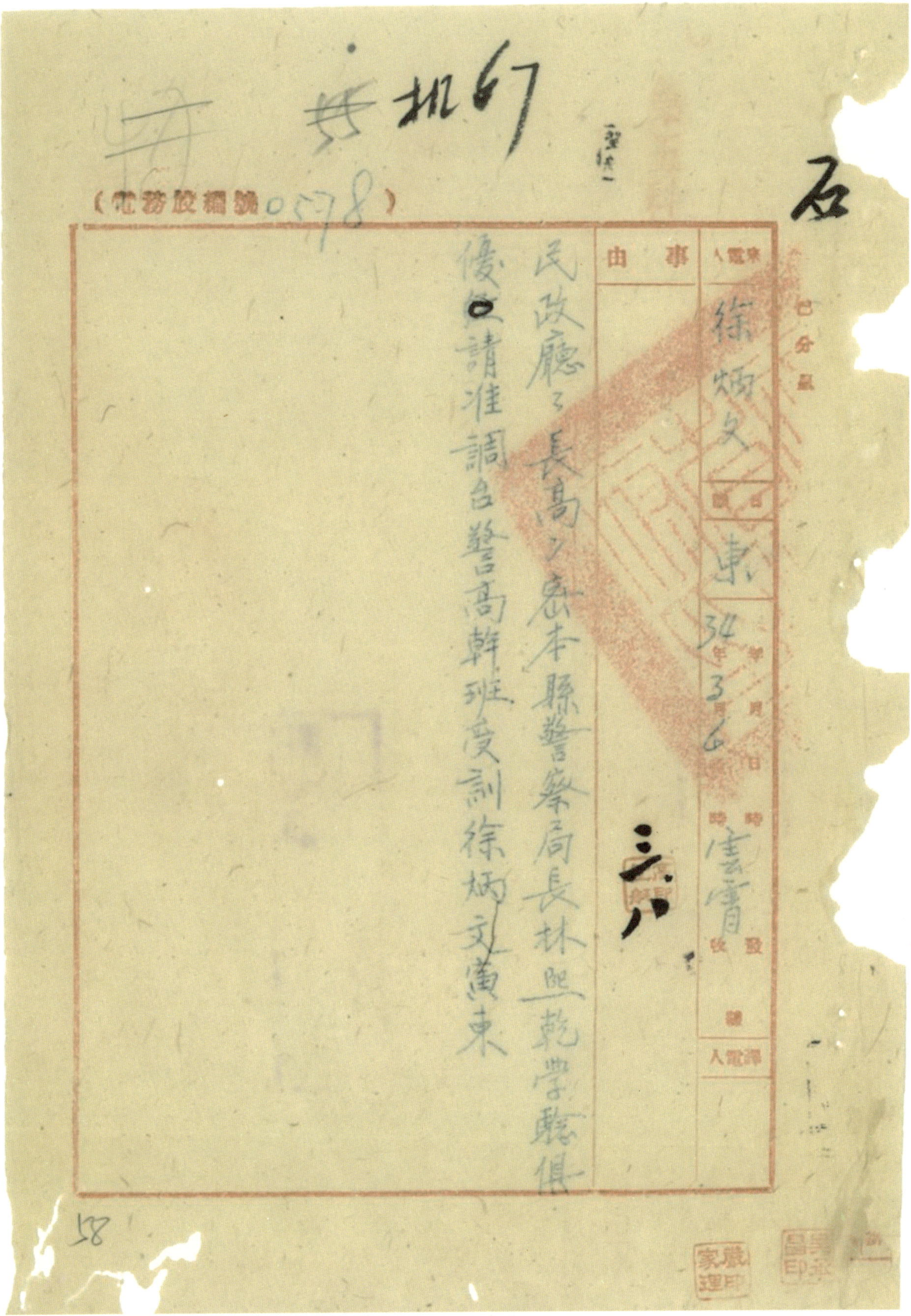

（電務股編號0578）

來電人：徐炳文

韻目：東

34年3月6日

發報：雲霄

事由：

民政廳：長高：密。本縣警察局長林熙乾學驗俱優，請准調台警高幹班受訓。徐炳文寅東

云霄县政府关于云霄县警察局局长林熙乾学验俱优请准调台警高干班受训给福建省民政厅的电

一九四五年三月一日

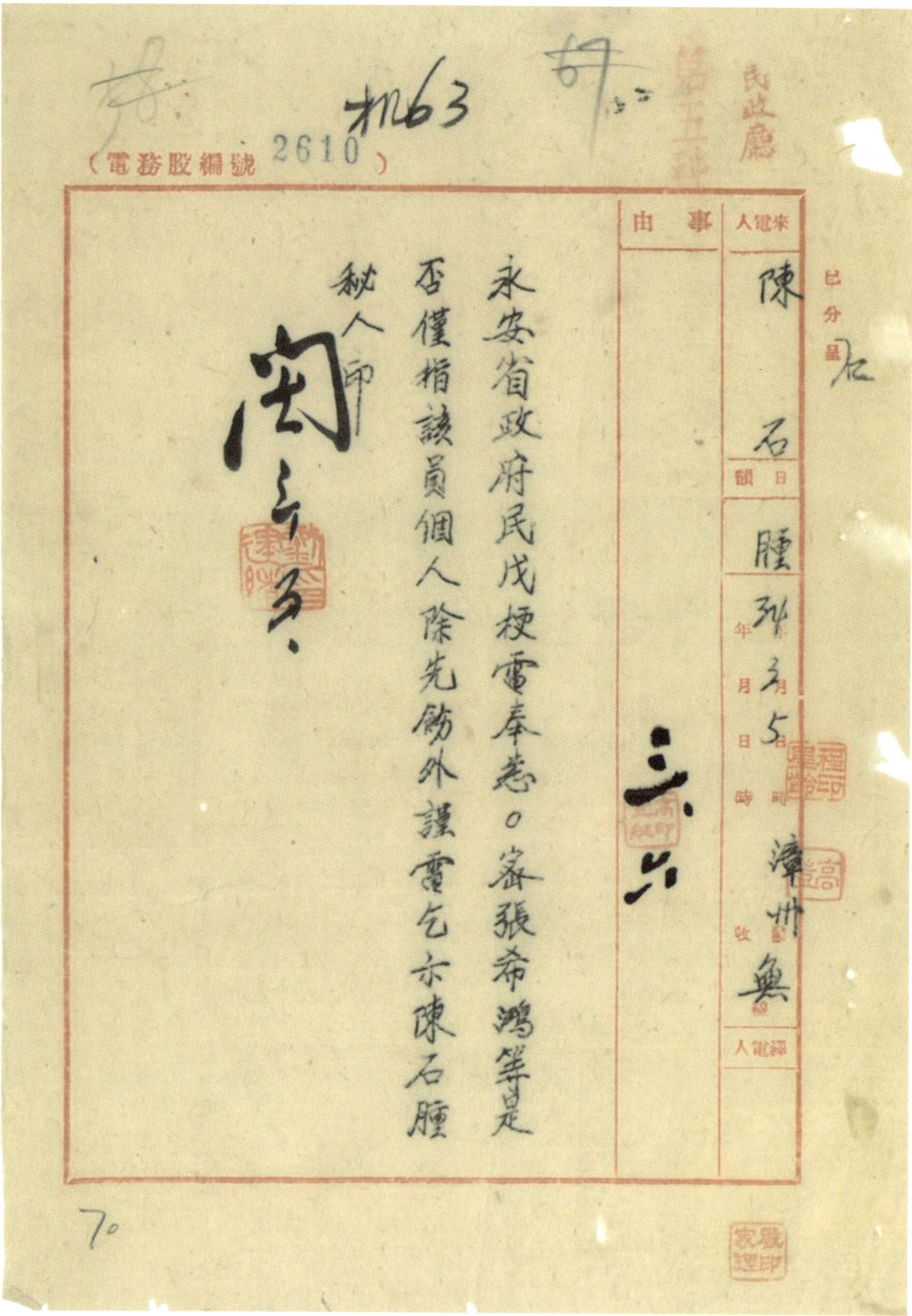

（電務股編號 2610）

机63

民政廳

來電人：陳石

日韻：腫

34年3月5日時收 漳州

譯電人：奐

事由

永安省政府民戌梗電奉悉○案張希鴻等是否僅指該員個人除先飭外謹電乞示陳石腫

秘人印

龙溪县政府关于台干班调训学员是否仅指张希鸿给福建省政府的电

一九四五年三月二日

存

66

建陽縣警察局用箋

第　頁

簽呈　三十四年三月八日　於建陽警察局

竊
職
蒙

鈞座保送中央警校第二分校台灣警察高級幹部訓練班深造復奉令與建寧局長對調服務惟建寧盧局長因交通阻碍尚未來建陽接收現距開訓期迫而校方來函催促報到極為迫切職若先赴建寧到差後再趕往受訓則恐貽誤訓期而事實上到差後又不能有相當時間在縣工作其往返旅費消耗鉅大且時間亦有所不經濟為此不已懇請

中華民國　年　月　日

82

建阳县警察局局长黄祖耀关于请准在建阳移交后直接赴训给福建省民政厅的签呈

一九四五年三月八日

建陽縣警[illegible]簽

第　頁

簽呈 三十四年三月八日 於建陽警察局

竊職蒙

鈞座保送中央警校第二分校台灣警察高級幹部訓練班深

造[illegible]奉令與建寧局長對調服務惟建寧盧局長因交通阻

[illegible]收現距開訓期迫而校方来電催促報到

[illegible]建寧到差後再趕往受訓則恐貽誤訓

又不能有相當時間在縣工作且往返旅

費消耗鉅大且時間亦有所不經濟為此不已懇請

查新調建寧縣警察局長黃祖耀調訓電令業已據建寧縣政府謄丑魚寧一民字一〇六九號代電呈復經飭遵照等情（該員）所請由建陽起程赴訓一節擬飭候新調建陽縣警察局長盧烈到局接收後赴訓并一、電飭該盧烈趕速赴調當否乞

示

職盧政綱 三、廿

中華民國　年　月　日

建陽縣警察局用箋

第　頁

鈞座体念戰時交通困難及開訓期迫准予在建陽移交清楚後逕由建陽啓行赴訓俾免受旅費與時間之損失是否有當理合簽請

察核並乞電示遵照

謹呈

科長盧　轉呈

廳長高

建陽縣警察局局長黃祖耀（黃祖耀印）謹簽

中華民國　年　月　日

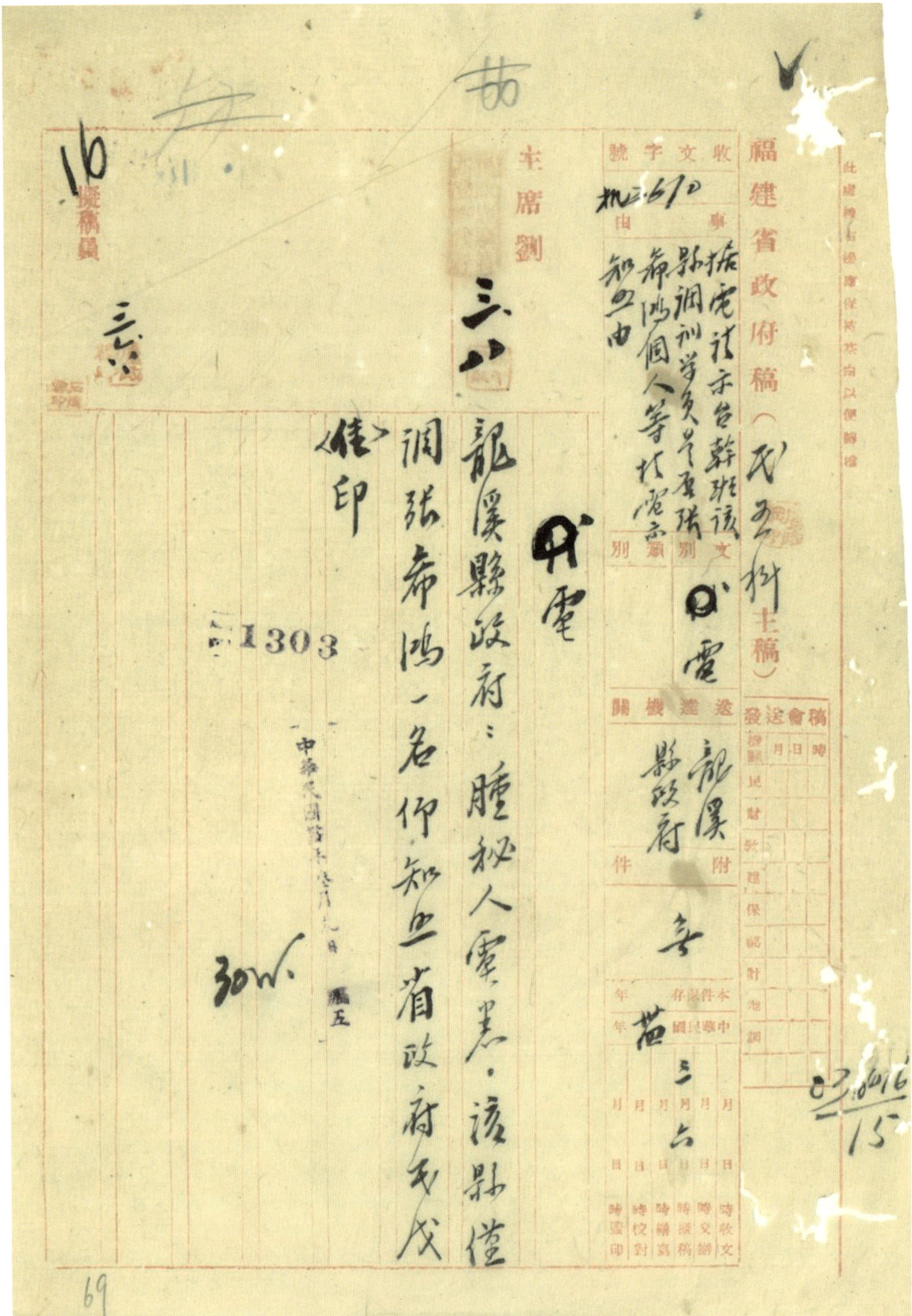
福建省政府稿（代 科 主稿）

收文字號：机三.610

主席劉

事由：據電請示台幹班該縣調訓学员只有張希鴻個人等情電示知照由

文別：代電

送達機關：龍溪縣政府

龍溪縣政府：[illegible]秘人寅[illegible]。該縣僅調張希鴻一名，仰知照。省政府[illegible]戌（佳）印

1303

中華民國卅四年三月九日

福建省政府关于台干班调训学员仅调张希鸿一名等情给龙溪县政府的电　一九四五年三月九日

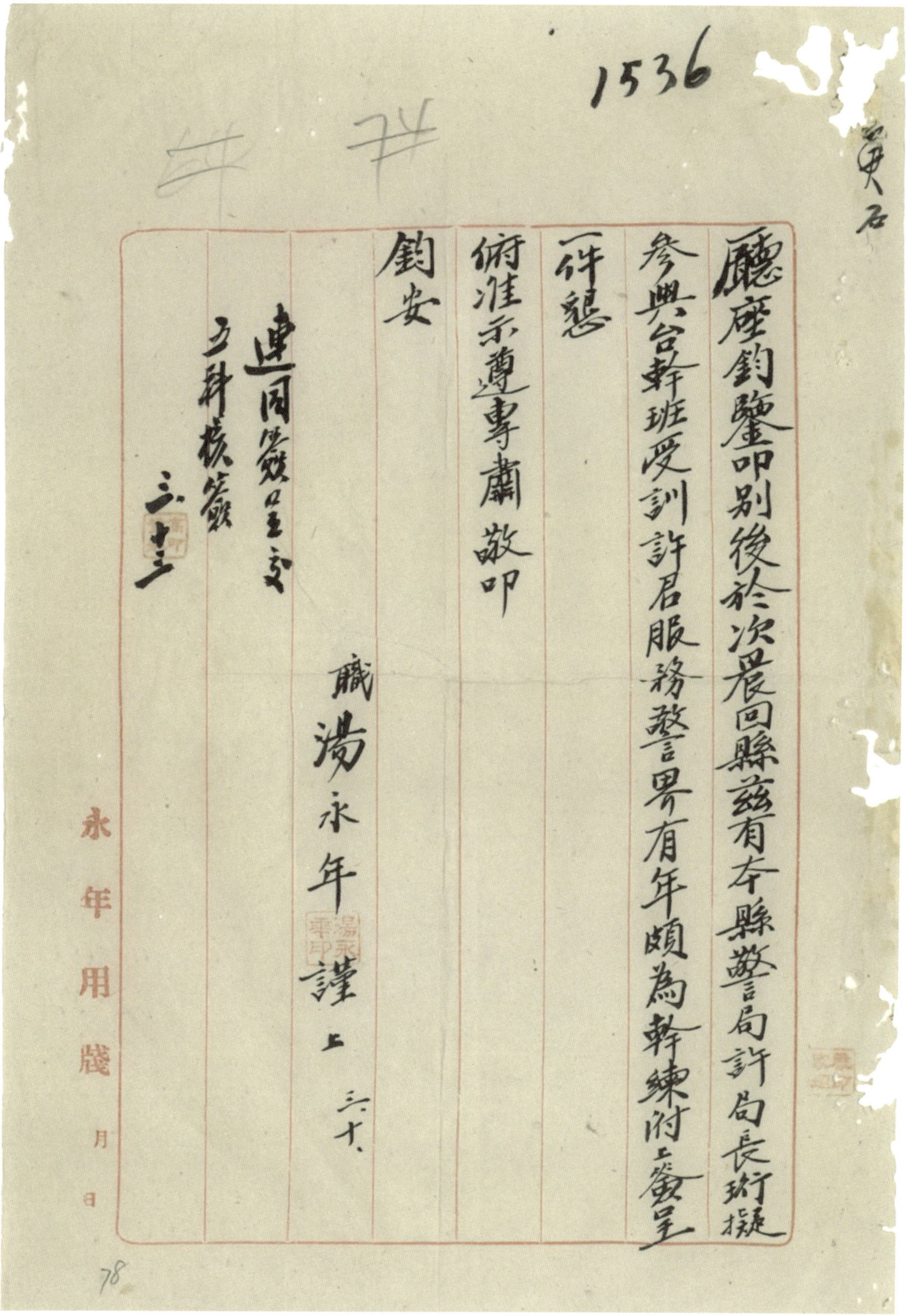

1536

廳座鈞鑒叩別後於次晨回縣茲有本縣警局許局長珩擬參與台幹班受訓許君服務警署有年頗為幹練附上簽呈一件懇

俯准示遵專肅敬叩

鈞安

職 湯永年 謹上 三、十、

連同簽呈交
主科核簽
三、十三

永年用箋 月 日

78

三元县县长关于拟派警察局局长许珩参加台干班受训给福建省民政厅长的函

一九四五年三月十日

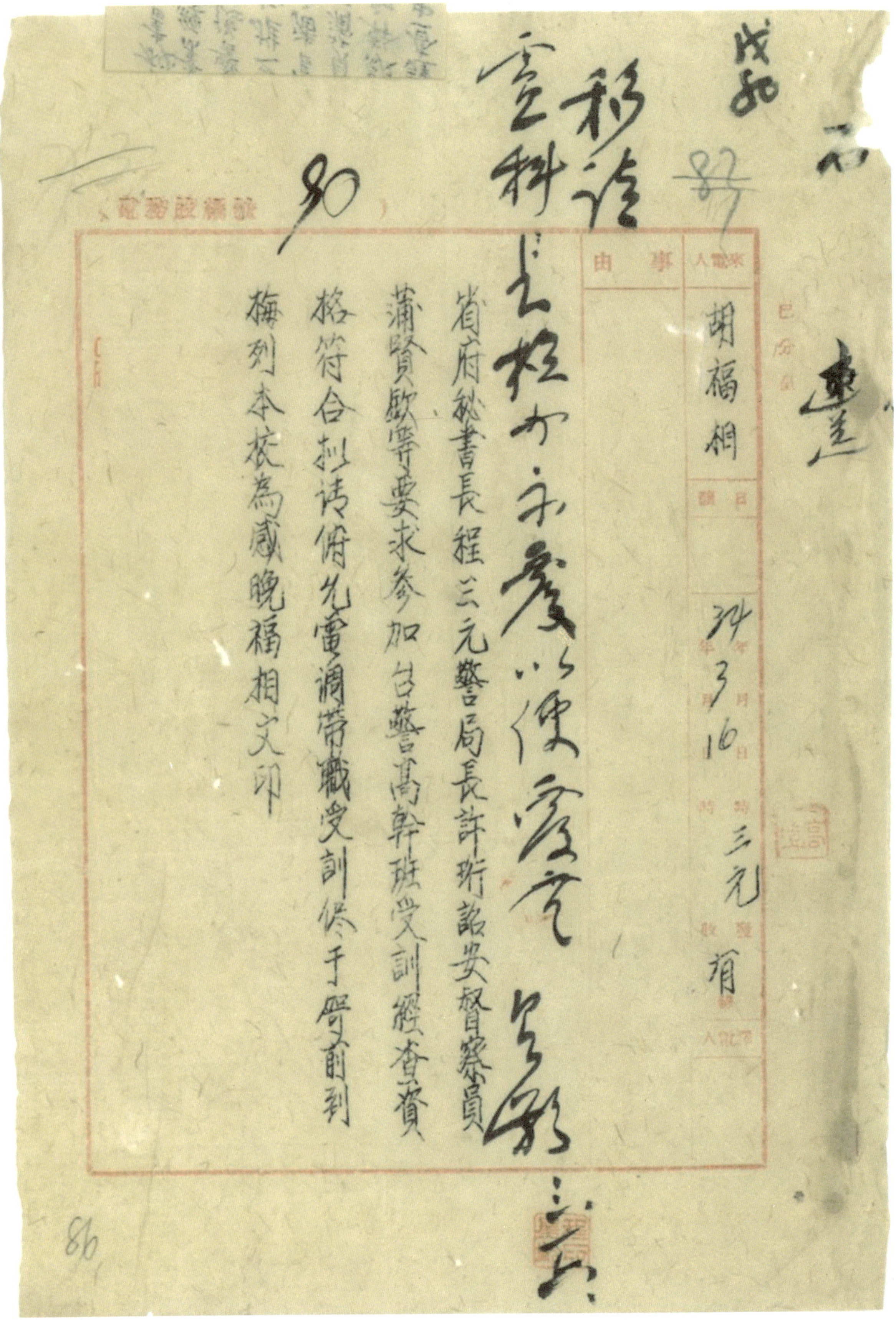
發報政務電

來電人：胡福相

事由：

日期：34年3月16日

三元 銷

省府秘書長程三元警局長許珩詔安督察員
蒲賢欽等要求參加台警高幹班受訓經查資
格符合擬請俯允電調帶職受訓俾于本月前到
梅列本校為感晚福相文印

胡福相为请准许珩、蒲贤钦等参加台干班受训给福建省政府秘书长的电

一九四五年三月十二日

戌知

函

速

移送警科核辦并簽以便奉覆 三、十六

來電人	事由
胡福相	

日期：34年3月16日

字號：三元 梢

省府秘書長程：三元警察局長許珩、諮安督察員……台高幹班受訓，經查資……職受訓，終了學前到……

……卯

謹查中央警校第二分校第二批指調台灣警察高級幹部訓練班學員許珩等五人，除諮安縣督察員蒲賢欽因該縣近已調訓三人，路程又遠，連城巡官潘立基亦因該縣已調訓四人，為顧縣方警務之推行，均未予送訓，餘三元縣警察局長許珩、水警總隊督察員俞錫荃、本廳科員陳祖治等三人業經本科擬敘簽稿於昨日送判矣。謹呈

秘書長程

職盧政綱 三、十七、

456

86

1536

五科

三元縣政府快郵代電

字第　　號

事由：為據本縣警察局長許珩報告以擬參加台幹班受訓等情轉請核示由

福建省政府民政廳廳長高鈞鑒案據本縣警察局局長許珩報告稱查我國浴血抗戰現臨最後勝利之時亦即暴日崩潰之期失地收復指日可望竊聞中央設立台灣警察幹部訓練班召訓各省警察官員準備赴台工作茲思收復地警察勤務較諸一切為需要職服務警政九年於茲雖無成績可言但亦未有覆鼎之過此番情殷志切乞請赴台工作理合簽乞察核轉呈省民政廳破格准予保送訓練藉求深造以資報効祖國等情據此查該員操

中華民國　年　月　日發

三元县政府关于请准警察局局长许珩参加台干班受训给福建省民政厅的代电

一九四五年三月十四日

字第　號

事由

守廉潔忠誠可靠堪可造就又查此次保送台幹班高級
幹部講習班十三名中有趙伯璋不參加講習擬請鈞長
准予破格送訓並乞電示三元縣縣長湯永年〈湯印〉秘八叩

中華民國　日發

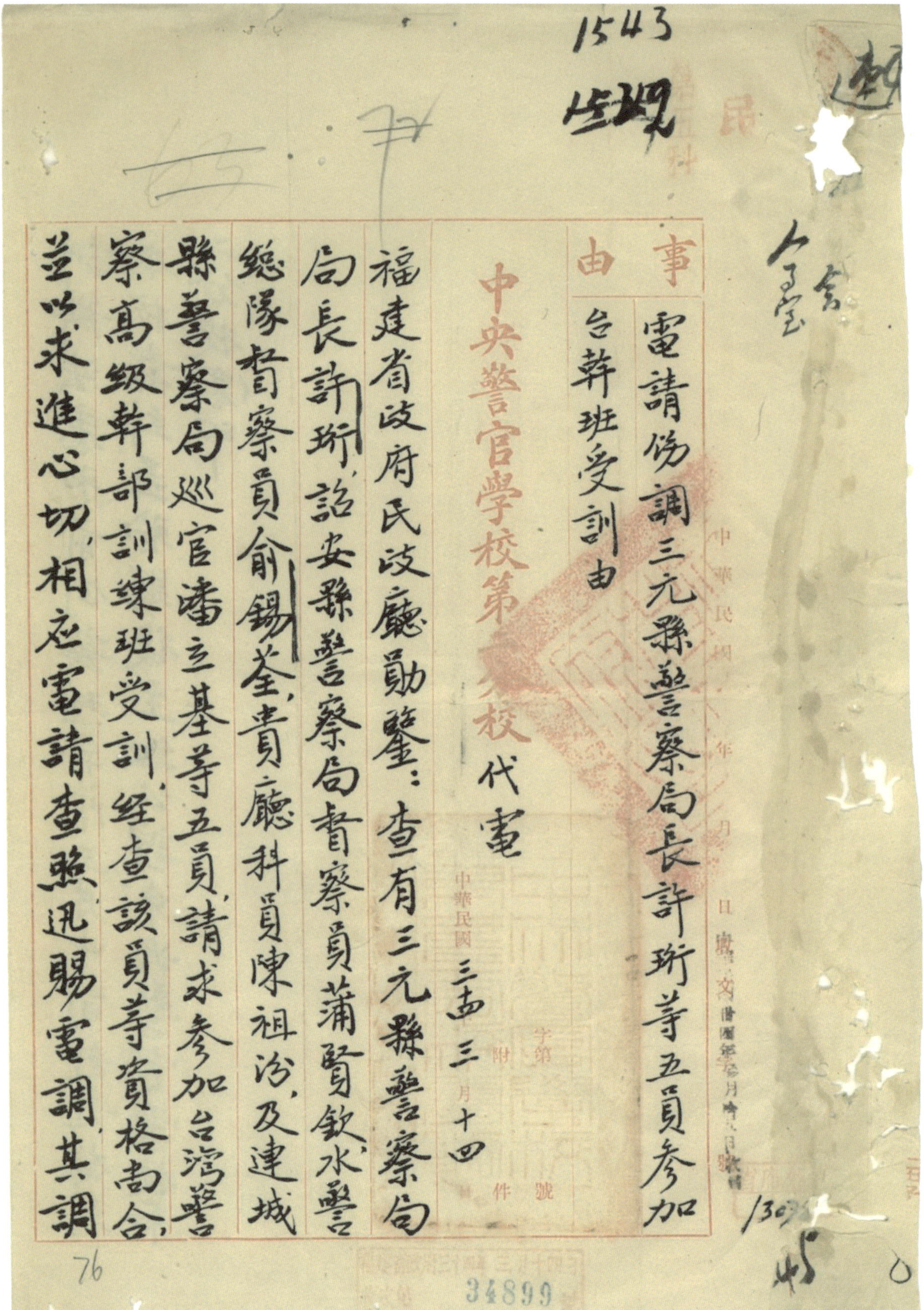
事由：電請飭調三元縣警察局長許珩等五員參加台幹班受訓由

中央警官學校第二分校代電

福建省政府民政廳勛鑒：查有三元縣警察局局長許珩、詔安縣警察局督察員蒲賢欽、水警總隊督察員俞錫荃、貴廳科員陳祖浴及連城縣警察局巡官潘立基等五員，請求參加台灣警察高級幹部訓練班受訓，經查該員等資格尚合，並以求進心切，相應電請查照，迅賜電調，其調

中華民國三十四年三月十四

中央警官学校第二分校关于请饬调许珩等五人参加台干班受训给福建省民政厅的代电

一九四五年三月十四日

77

訓辦法，悉照前例辦理，并限三月中旬赶赴梅列本校報到，並盼賜復至紉公誼。中央警官学校第二分校（寒）印

77

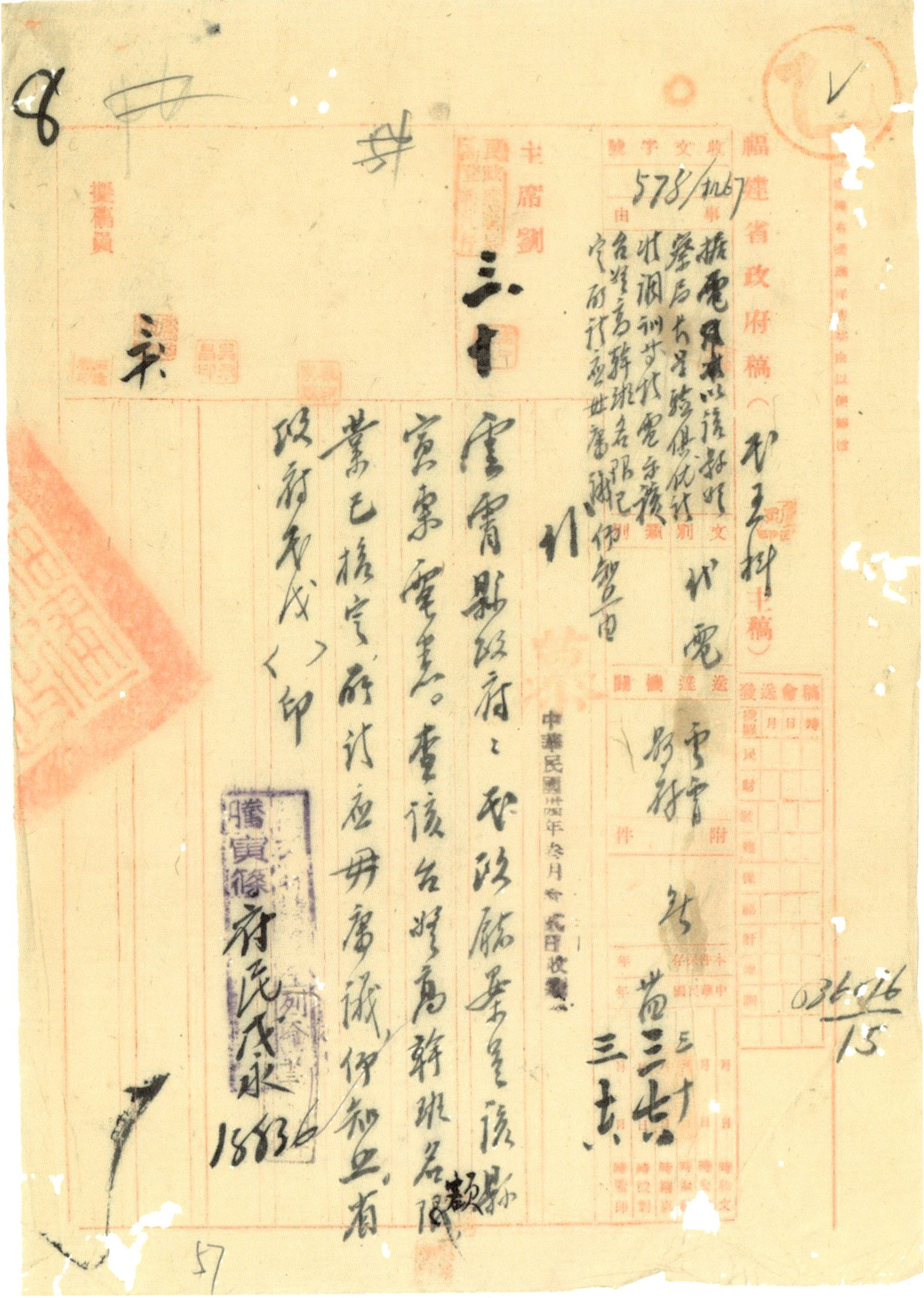
福建省政府稿（社三科主稿）

收文字号 578/机67

事由：据电为保送警员参加台湾警察干部训练班请核定名额一案，电复该县已核定，所请应毋庸议，仰知照由

代电 云霄县政府

主席 刘

中华民国卅四年叁月十七日

云霄县政府：[illegible]电悉。查该县台湾警察高干班名额业已核定，所请应毋庸议，仰知照。省政府[illegible]民戌[illegible]印

福建省政府关于台湾警察高干班名额已核定给云霄县政府的代电　　　　一九四五年三月十七日

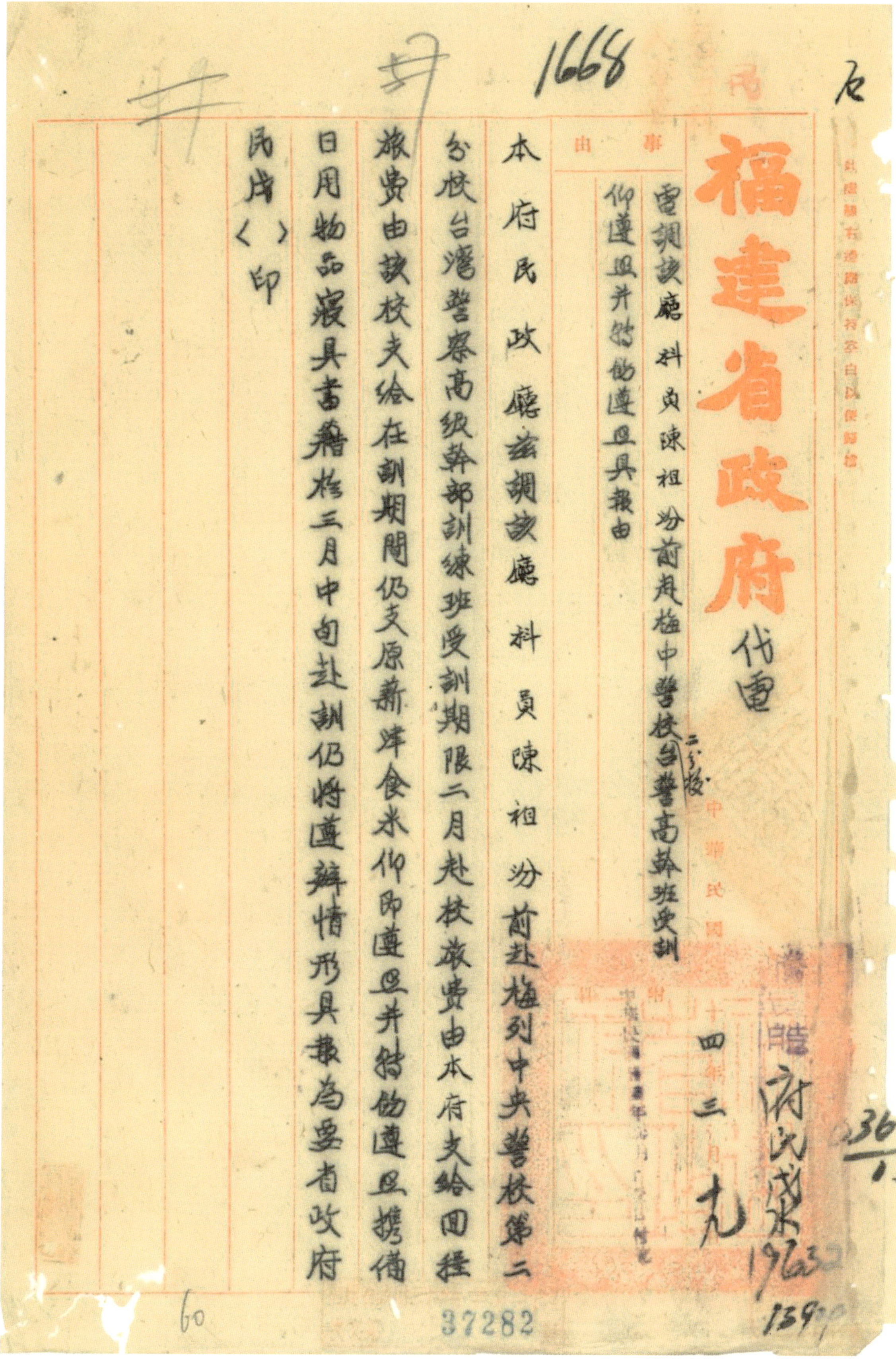

1668

福建省政府代電

事由：電調該廳科員陳祖汾前赴梅中警校二分校台警高幹班受訓仰遵照并轉飭遵照具報由

本府民政廳：茲調該廳科員陳祖汾前赴梅列中央警校第二分校台灣警察高級幹部訓練班受訓，期限二月，赴校旅費由本府支給，回程旅費由該校支給，在訓期間仍支原薪津食米，仰即遵照并轉飭遵照，携備日用物品寢具書籍於三月中旬赴訓，仍將遵辦情形具報為要。省政府民戌（ ）印

中華民國三十四年三月十九日 府民戌

37282

福建省政府关于调陈祖汾赴梅列中央警官学校第二分校台警高干班受训给福建省民政厅的代电

一九四五年三月十九日

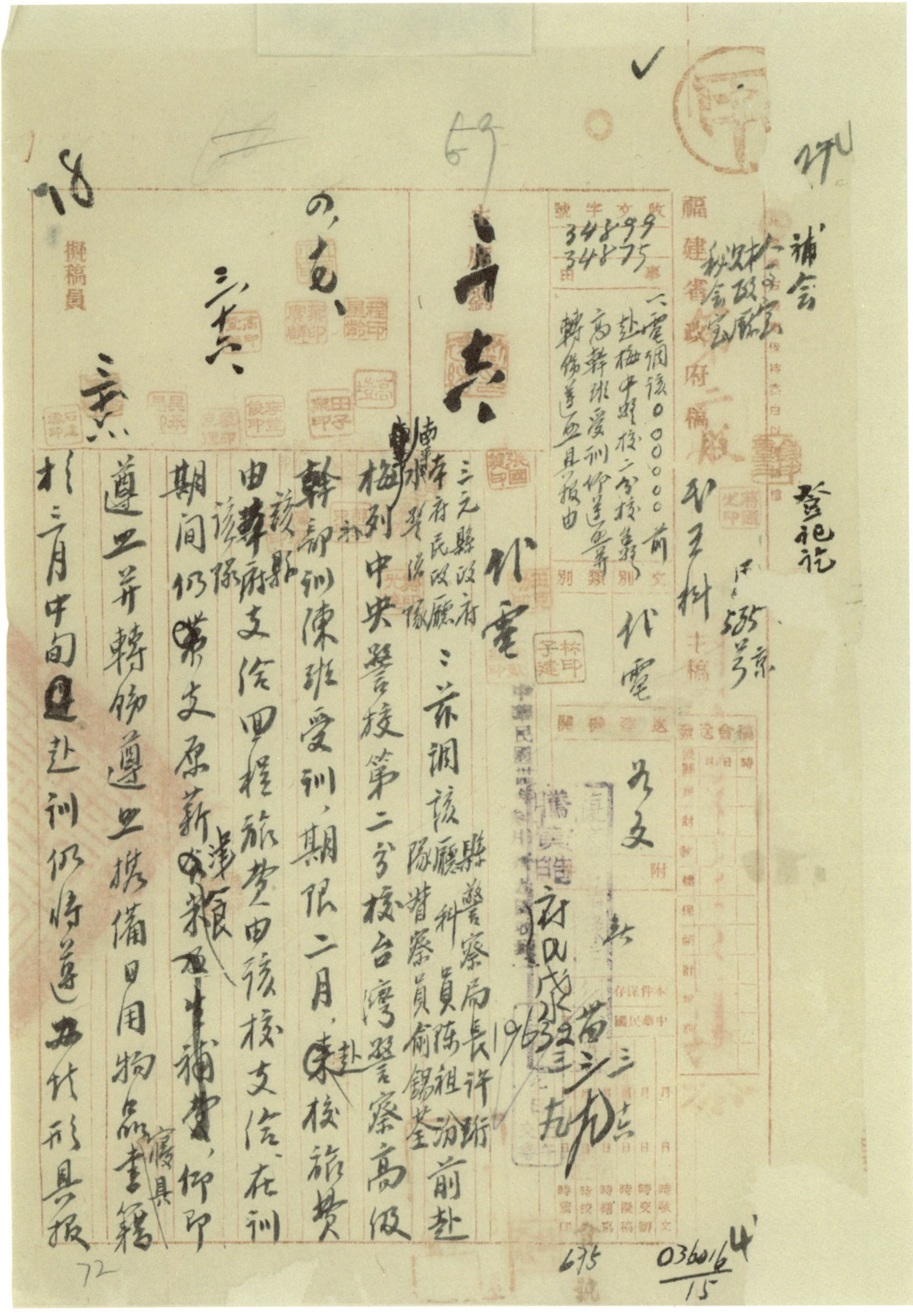
福建省政府代電
三元縣政府、中央警察學校第二分校
代電
三元縣政府、中央警校第二分校：查該縣警察局長許珩、科員陳祖涵、警察員俞錫荃前經本府保送中央警校第二分校台灣警察高級幹部訓練班受訓，期限二月，赴校旅費由該縣府支給，四程旅費由該校支給，在訓期間仍照支原薪及生活補助費，仰即遵照並轉飭遵照攜備日用物品書籍，於三月中旬赴訓，仍將遵辦情形具報。

福建省政府关于派许珩等三人赴台干班受训给三元县政府及中央警官学校第二分校的代电

一九四五年三月十九日

福建省政府稿

收文字號：34899、34875

事由：電調該○○○○○○前赴梅中警校二分校台灣警察幹部訓練班受訓仰遵照並具報由

補会

秘書室 財政廳

登記訖

535號

代電

發文

查詔安、連城已各調訓三四人，為顧全縣方警務之推行及時間路程等問，係該蒲賢欽、潘立基兩員擬不予送訓，三元縣警察局長許珩、水警總隊督察員俞錫荃及本廳科員陳祖汾均擬以送，惟本廳人少事繁，未便多人離理，該陳祖汾所遺職務擬調回本府派遣省警訓所服務科員林若楫接辦，庶免公務停滯，當否，乞示。謹呈

主席劉

職高登艇

三、十六

三、茲調該縣警察局長許珩、科員陳祖汾、警察員俞錫荃前赴中央警校第二分校台灣警察高級幹部訓練班受訓，期限二月，赴該校旅費由本府支給，回程旅費由該校支給，在訓期間仍支原薪津糧及伙食補助費，仰即遵照並轉飭遵照，携備日用物品書籍，於二月中旬趕赴訓練，仍將遵辦情形具報。

三十六年三月十九

72

五 70

為要。省政府卯戊ㄅ印

又代電（准電復台灣高幹班選送學員許琰等三員赴查照由）

極列中央警校第二分校：三十四年三月六日代電敬悉

民政廳簽呈

准查該安連城兩縣最近調訓警官已有三人該蕭賈欽潘之基兩員（因缺額關係）未便送訓至三元縣警察局長許琰等三員已飭赴訓，除分電外相應復請查照為荷

回

福建省政府卯戊ㄅ印

又代電（令調本府派遣該府服務科員林若梅回省（返）民政廳工作仰遵照並轉飭剋日起程回省由）

貢川省警訓所：茲着調本府派遣該所服務科員林若梅剋日回返民政廳工作（其來省旅費由府支給）仰即遵照並轉飭遵

74

此處線右邊應保持空白以便歸檔

四、省政府民政廳印

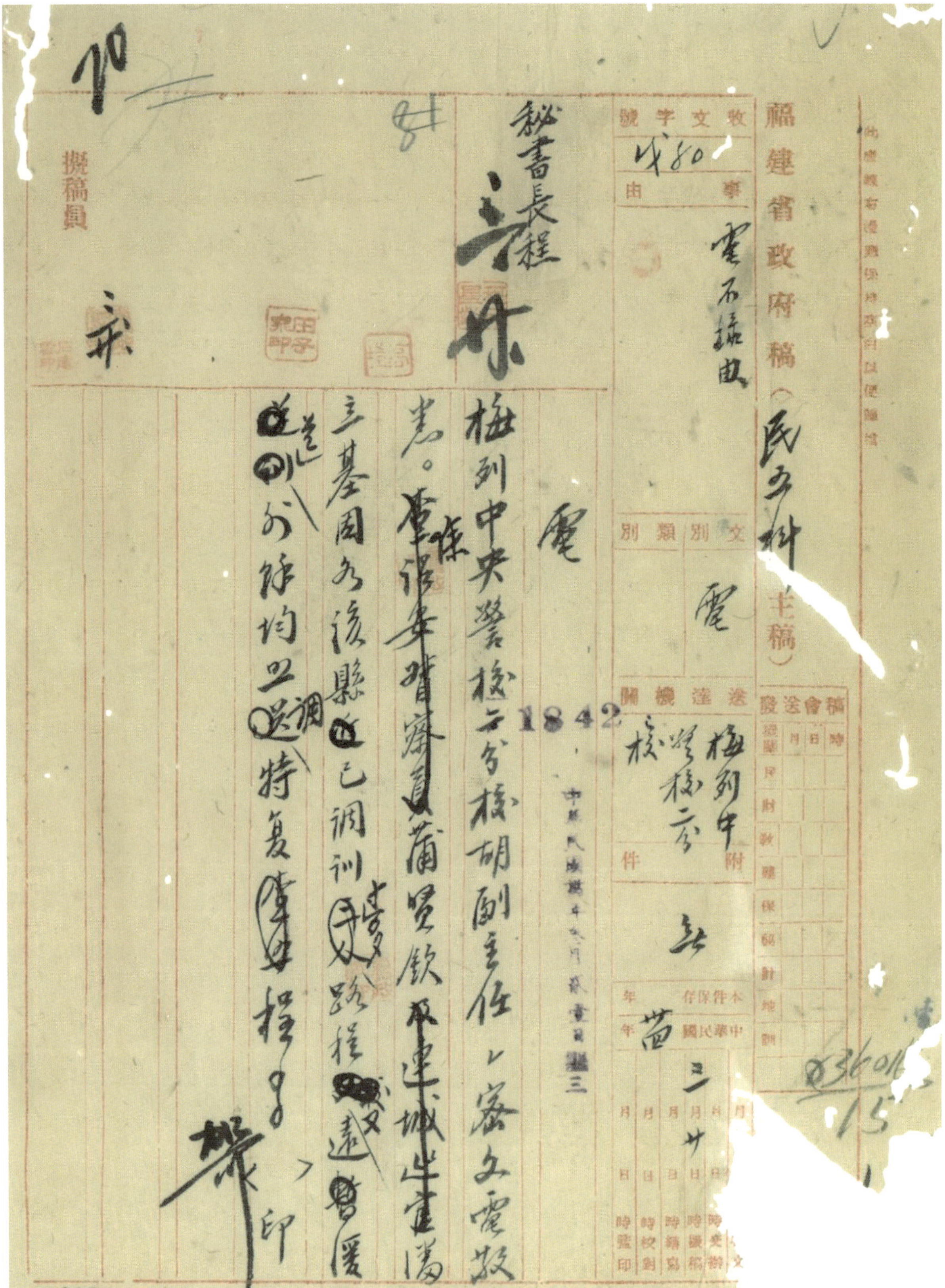

福建省政府关于蒲贤钦、潘立基暂缓赴训给中央警官学校第二分校的电

一九四五年三月二十日

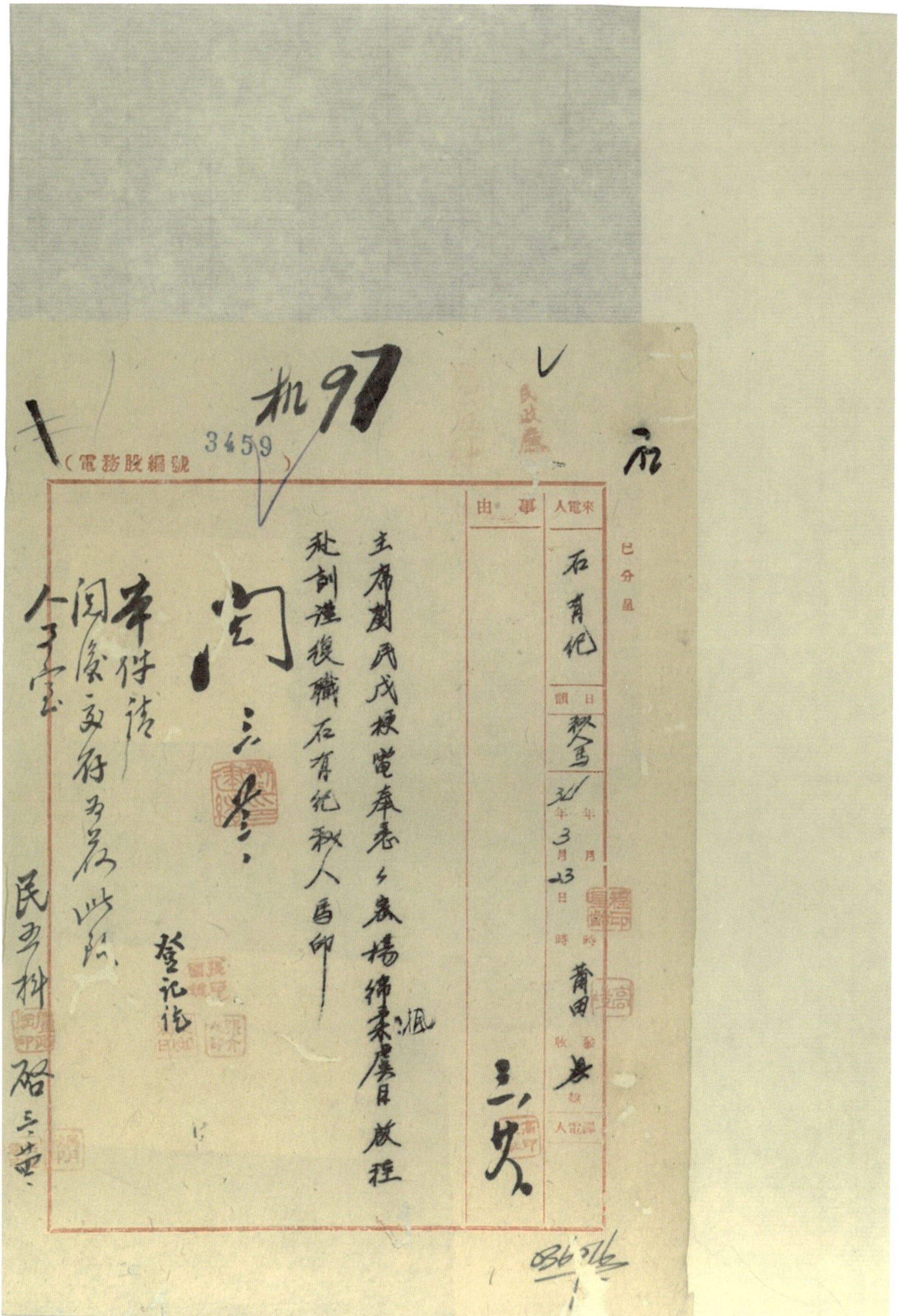

机97

3459

（電務股編號）

來電人：石有纪

事由：

主席劉 民戌梗電奉悉。杨绵柔虞日啟程赴訓，謹復。職石有纪。秋人酉印

石有纪关于杨绵柔启程赴训给刘建绪的电

一九四五年三月二十一日

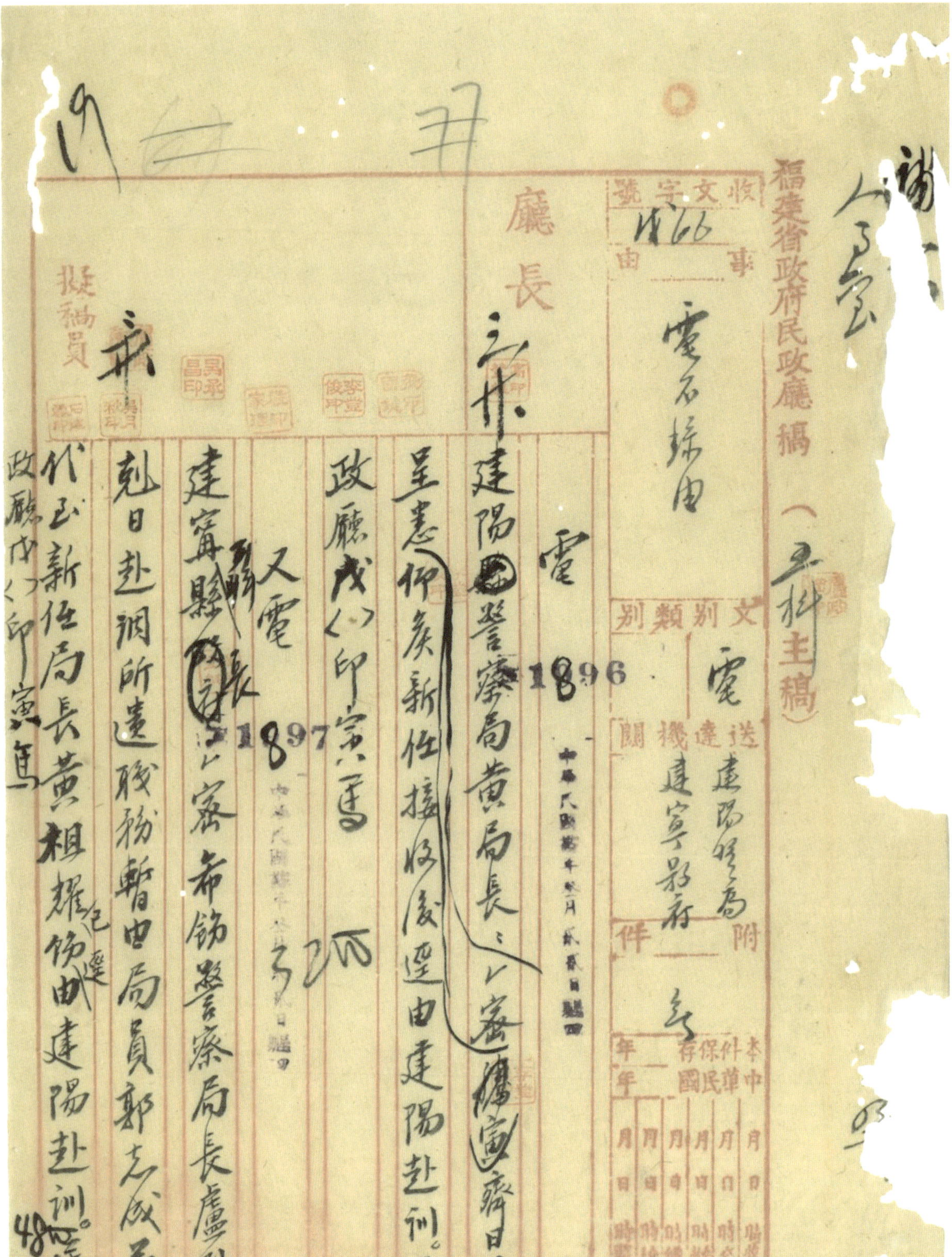

福建省民政厅关于黄耀祖移交后直接赴训及卢烈克日赴调给建宁县政府、建阳县警察局的电

一九四五年三月二十二日

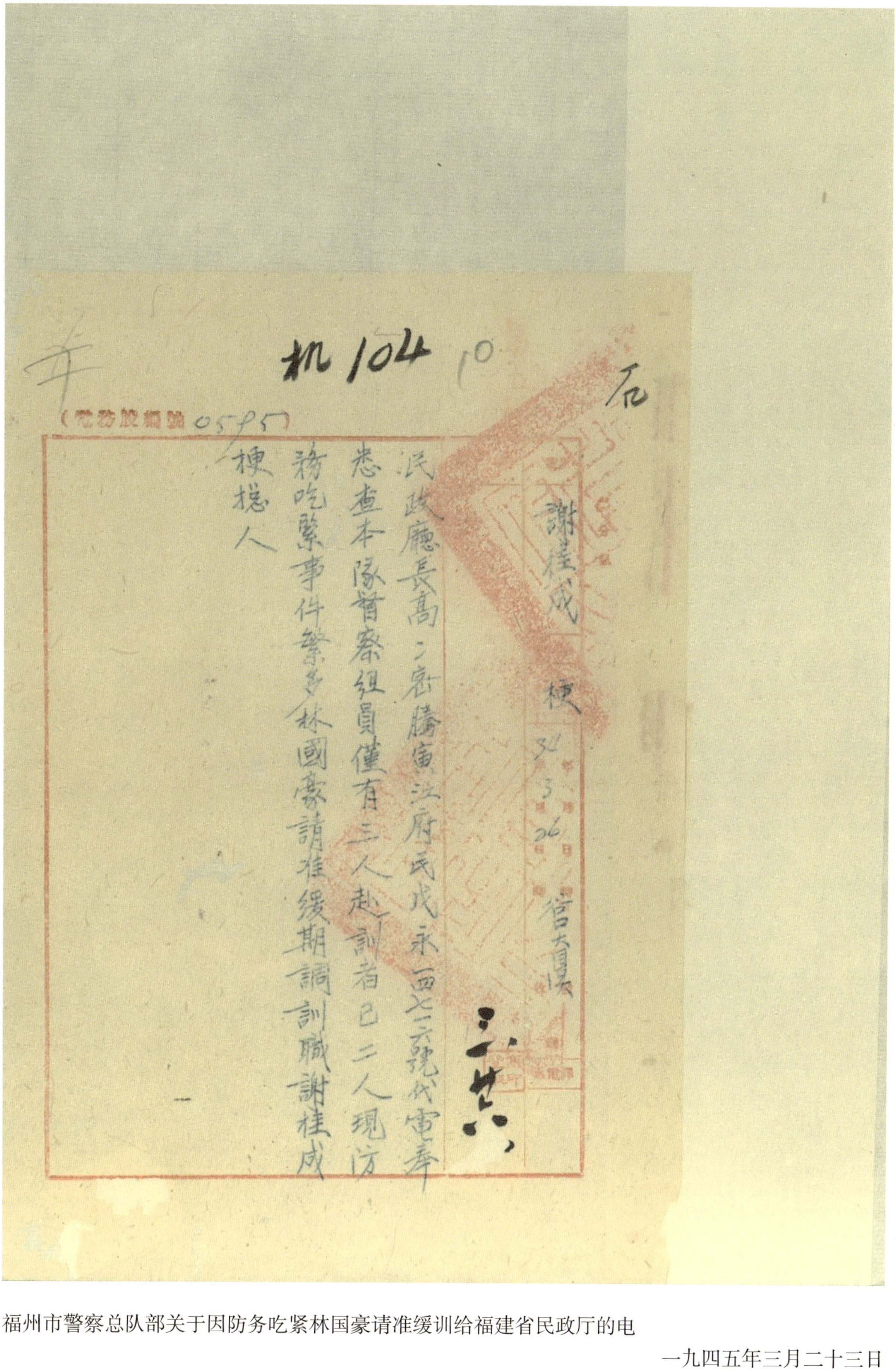

机104 10

（電務股編號0595）

謝桂成 梗 34 3 26

民政廳長高〻鈞騰寅江府民戌永西七二六號代電奉
悉查本隊督察組員僅有二人赴訓者已二人現防
務吃緊事件繁多林國豪請准緩期調訓職謝桂成
梗揔人

福州市警察总队部关于因防务吃紧林国豪请准缓训给福建省民政厅的电

一九四五年三月二十三日

安

民政廳長高鑒騰寅江府民戍永14316號代電奉悉查本隊督察組員僅有三人赴訓者已二人現防務吃緊事件繁多林國豪請准緩期調訓職謝桂成梗揔人

谷口大目溪有線來

三月廿六日

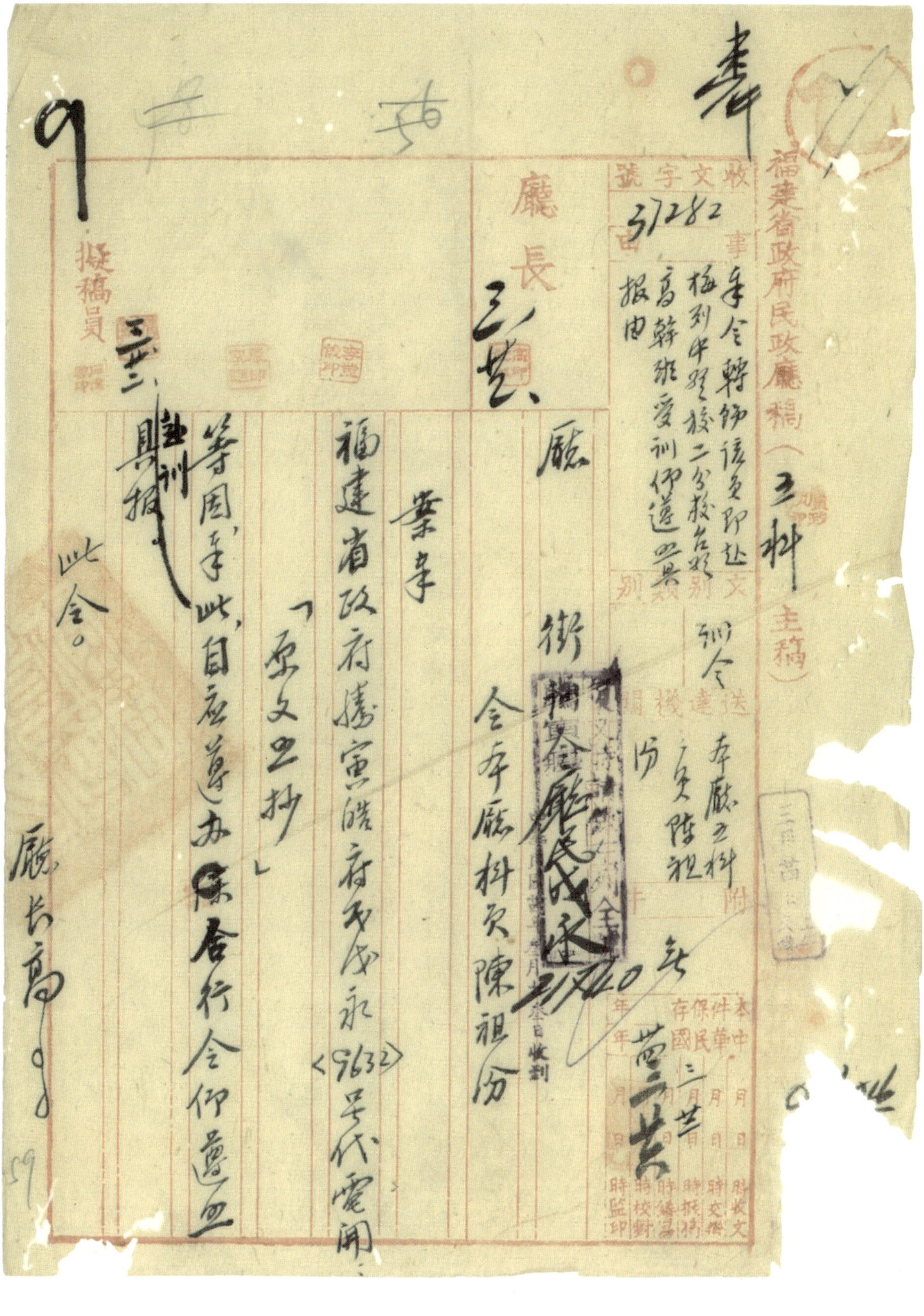
福建省政府民政厅稿（三科主稿）

收文字号：37282

事由：奉令转饬该员即赴梅列中警校二分校台干班受训仰遵照具报由

文别：训令

送达机关：本厅三科科员陈祖汾

厅长 三、廿六

拟稿员 三、廿三

令本厅科员陈祖汾

案奉

福建省政府據寅皓府秘民永<9632>号代电开：

「原文照抄」

等因，奉此，自应遵办。除分行外，合行令仰遵照具报。

此令。

厅长 高登艇

中华民国三十四年三月廿六日

福建省民政厅关于饬科员陈祖汾赴中央警官学校第二分校台干班受训的训令

一九四五年三月二十六日

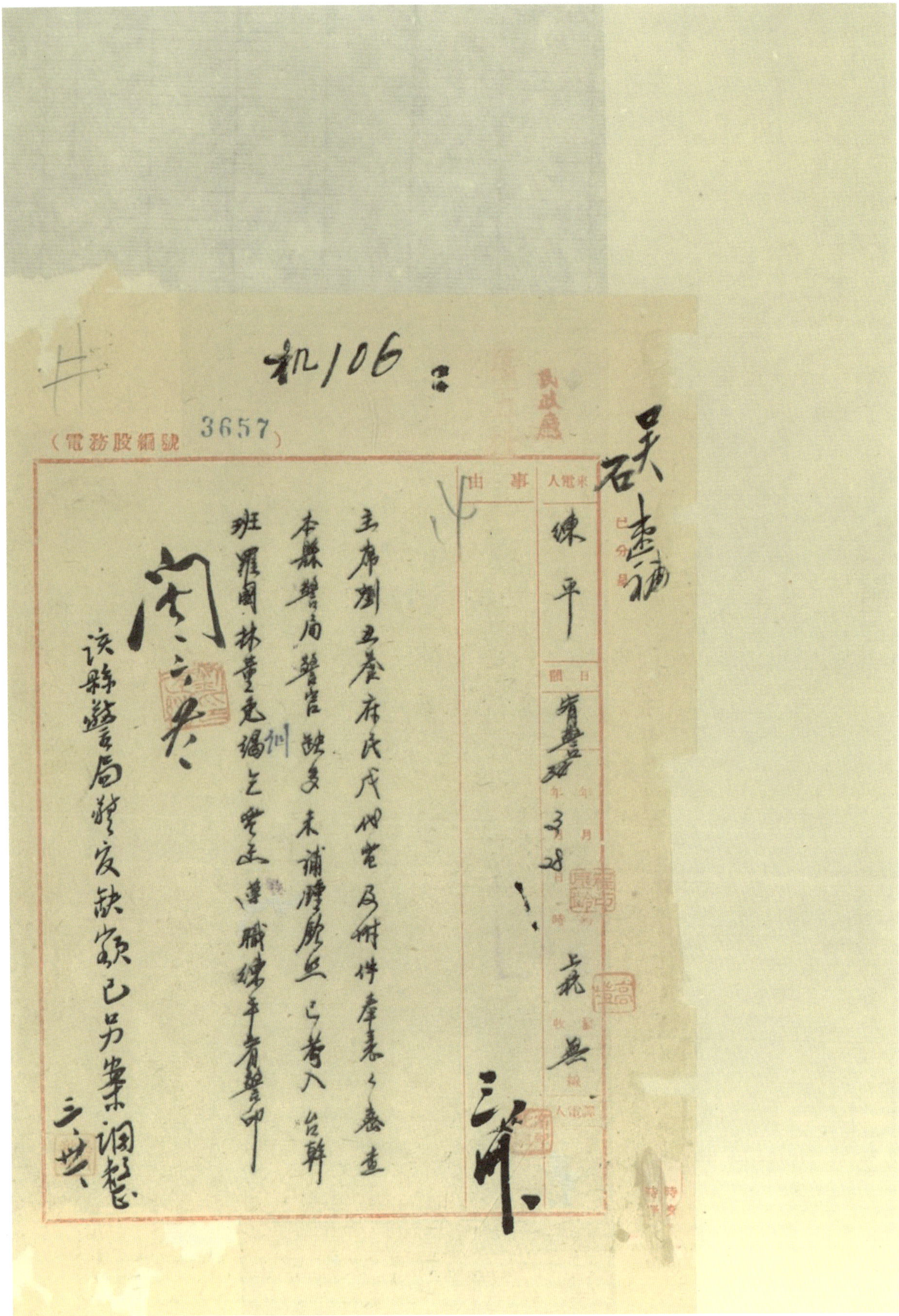

机106

（電務股編號 3657）

吴石速辦

來電人：練平

日期：省警丑 年3月28日

上杭

無

事由：

主席劉：丑養府民戌代电及附件奉悉。查本縣警局警官缺多未補，曾經考入台幹班羅國林等免調（訓）之必要，未遵。職練平肖警印

閲。該縣警局警官缺額已另案調整。三卅

上杭县政府关于本县警官缺额未补请免赴训给福建省政府的电　　一九四五年三月二十六日

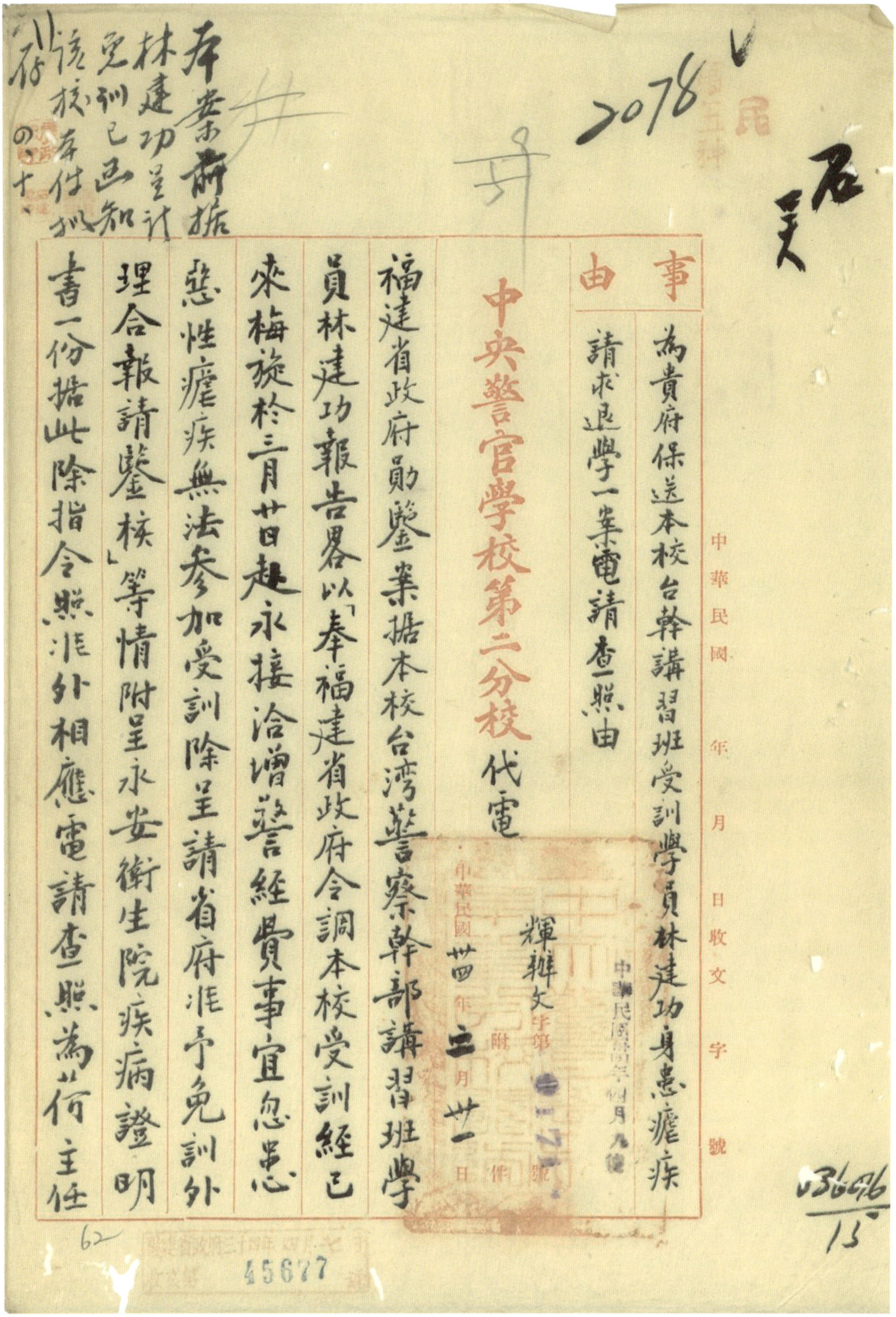
事由：為貴府保送本校台幹講習班受訓學員林建功身患瘧疾請求退學一案電請查照由

中央警官學校第二分校代電

福建省政府勛鑒：案據本校台灣警察幹部講習班學員林建功報告略以「奉福建省政府令調本校受訓，經已來梅，旋於三月廿日赴永接洽增警經費事宜，忽患惡性瘧疾，無法參加受訓，除呈請省府准予免訓外，理合報請鑒核」等情，附呈永安衛生院疾病證明書一份。據此，除指令照准外，相應電請查照為荷。主任

中華民國卅四年三月卅一日

中央警官学校第二分校关于林建功患病请求退学给福建省政府的代电

一九四五年三月三十一日

62

陳玉輝公出副主任李一民代行輝辦教寅〈世〉印

校對 周禄生
監印 鄭炳元

63

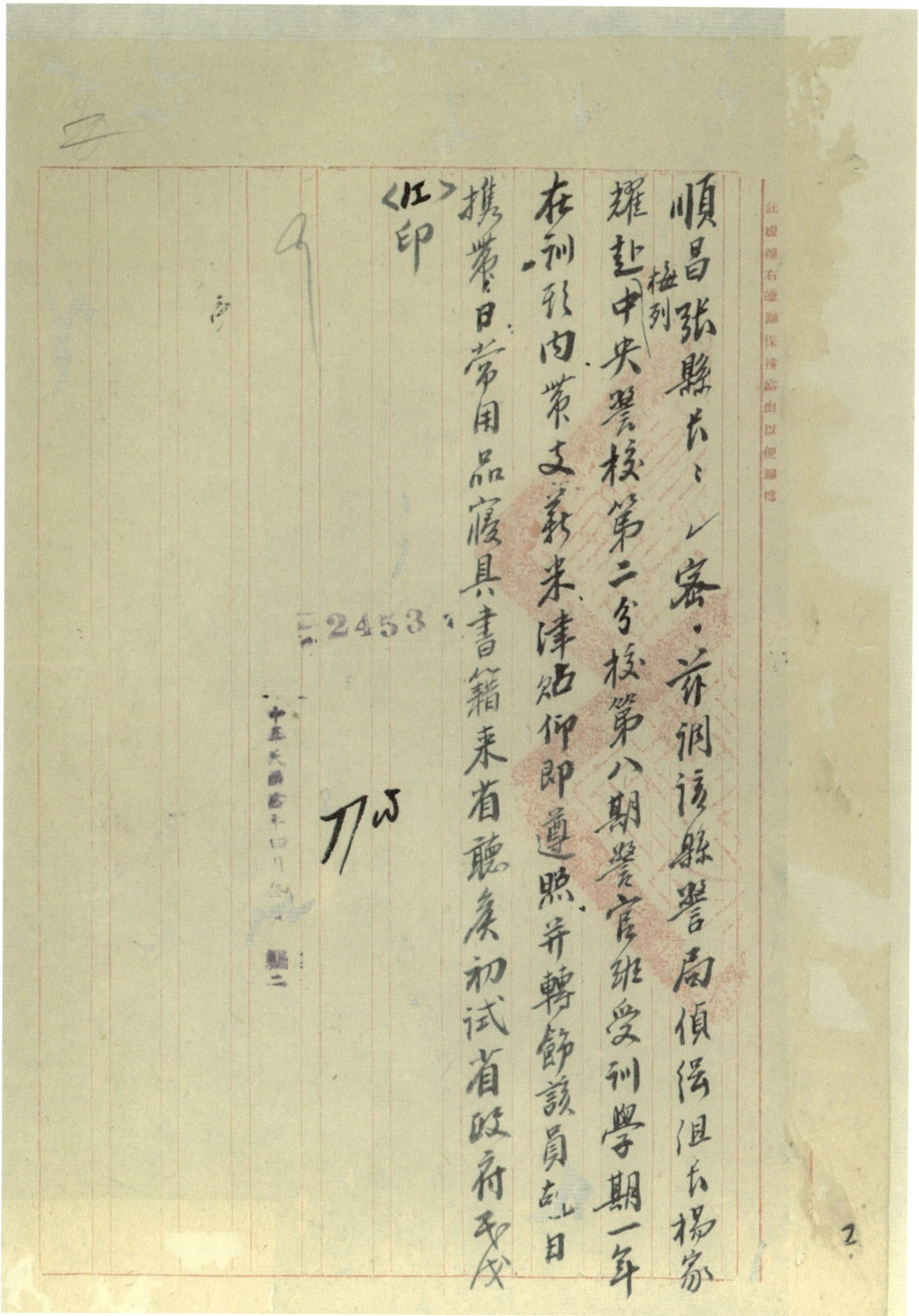
顺昌张县长：密。并调该县警局侦缉组长杨家耀赴梅列中央警校第二分校第八期警官班受训学期一年，在训期内薪支薪米津贴，仰即遵照，并转饬该员克日携带日常用品、寝具、书籍来省听候初试。省政府民戌〈江〉印

福建省政府关于调杨家耀赴中央警官学校第二分校台干班受训给顺昌县政府的电

一九四五年四月三日

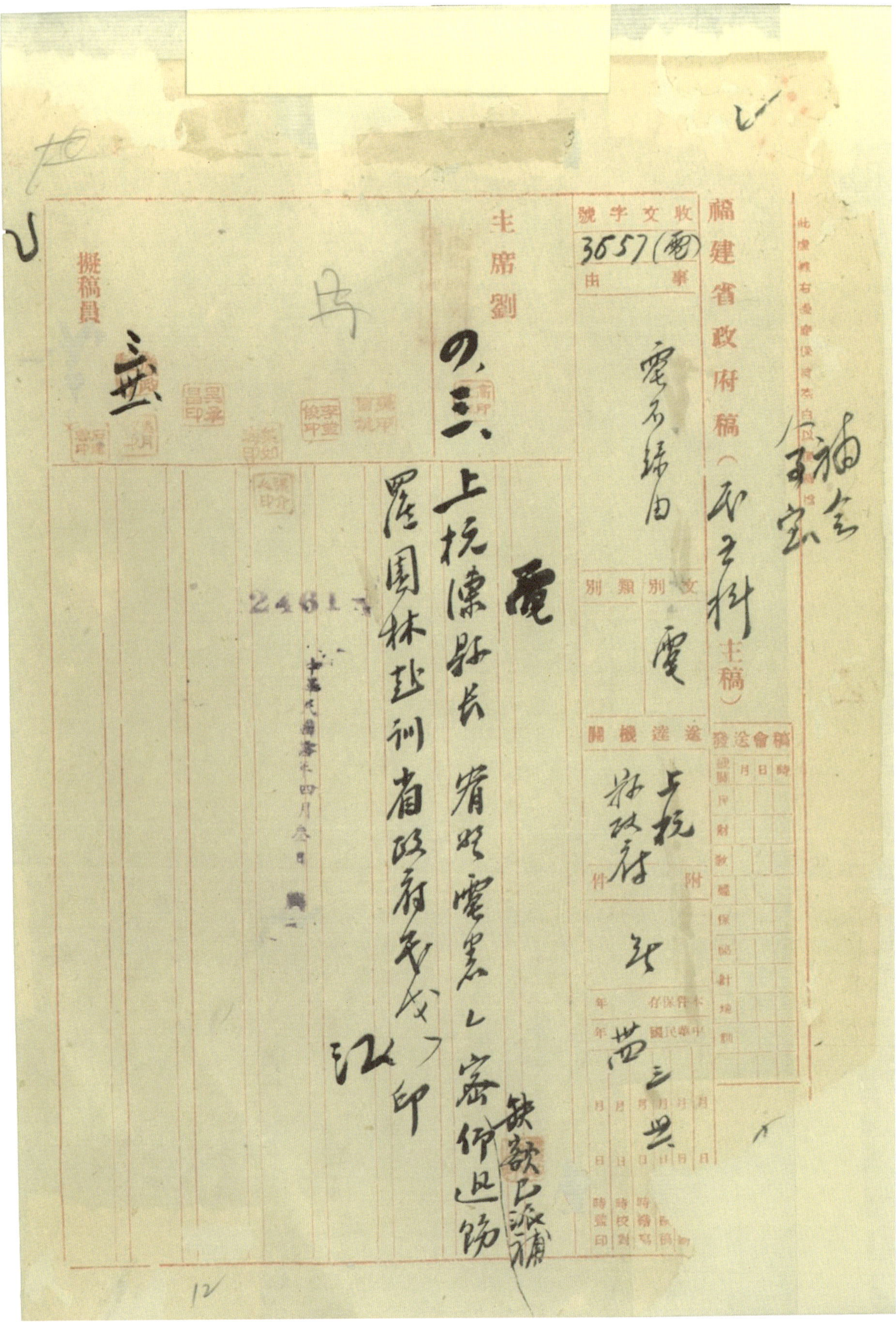
福建省政府稿（民三科主稿）

收文字号：3557（电）

事由：电不录由

文别：电

送达机关：上杭县政府

主席刘

四、三

上杭县长：肴灰电悉。缺额已派补，仰迅饬罗园林赴训。省政府民〇卯江印

中华民国卅四年四月叁日

福建省政府关于缺额已派补仰迅饬罗园林赴训给上杭县政府的电　　一九四五年四月三日

查地官黄欽照考進中央警校台幹班受訓本室無案本件除先會章外該局地官遺缺應如何調整之處應請

核簽並辦為荷 此致

民政廳

府人事室 啟 四月廿日

已另案簽奉 四.七.

福建省政府稿（民政科 主稿）

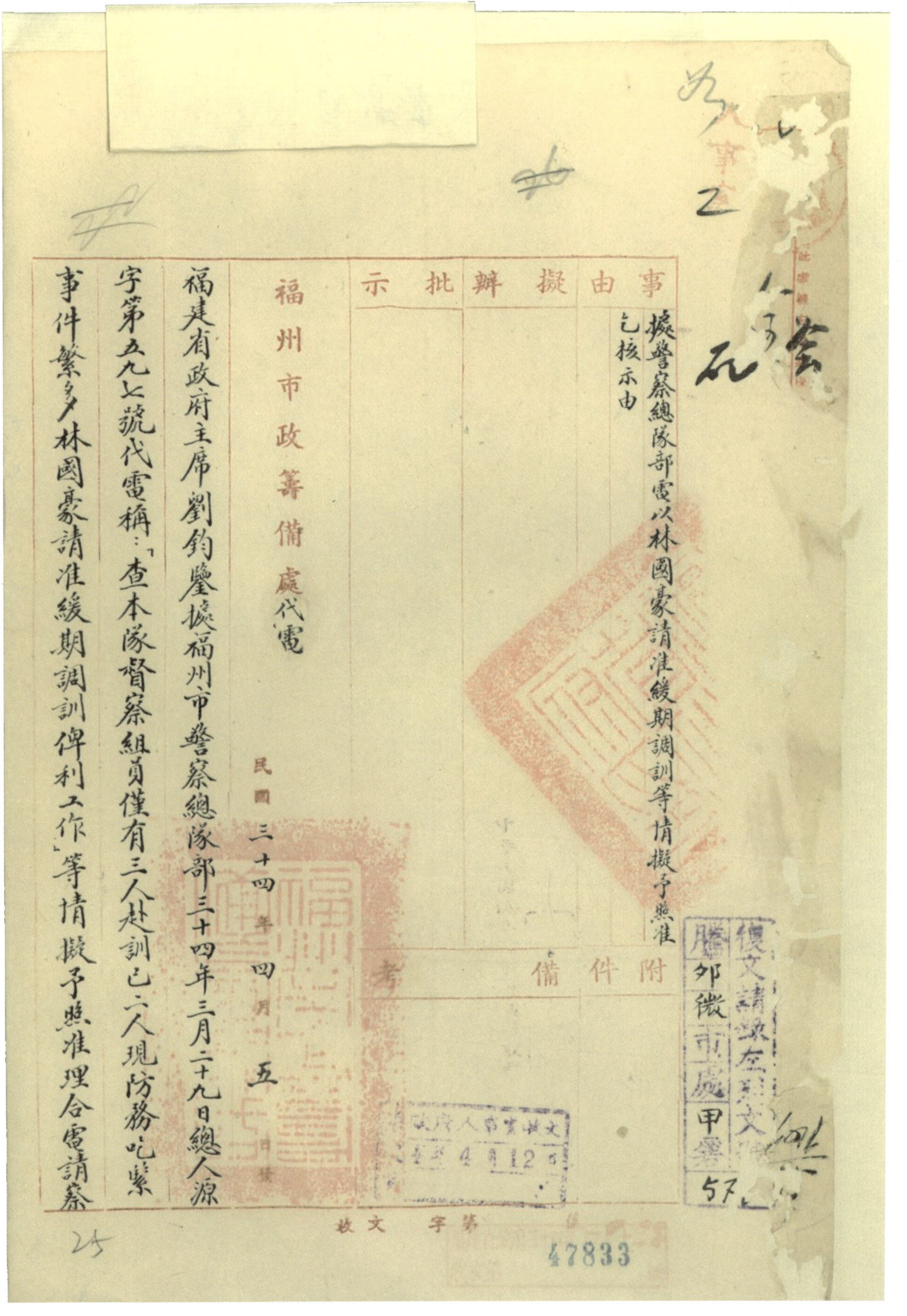
事由：據警察總隊部電以林國豪請准緩期調訓等情擬予照准乞核示由

擬辦

批示

福州市政籌備處代電

福建省政府主席劉鈞鑒：據福州市警察總隊部三十四年三月二十九日總人源字第五九七號代電稱：「查本隊督察組員僅有三人赴訓已二人現防務吃緊事件繁多林國豪請准緩期調訓俾利工作」等情擬予照准理合電請察

民國三十四年四月五日發

附件

備考

收文 字第 47833

福州市政筹备处关于拟准林国豪缓训给福建省政府的代电　　一九四五年四月五日

2315

本件移請

貴科核辦為荷 此致

民第五科

人事室 啓 四月八日

事由：據警察總隊部電以林國豪請准緩期調訓等情擬予照准乞核示由

擬辦

事件繁多林國豪請准緩期調訓俾利工作」等情擬予照准理合電請簽

入訓已二人現防務吃緊

十四年三月二十九日總人源

四月五日

附件

備考

收文 字第 47833

人事室收文 34 4 12

復文請繳左列文號 外徵 甲 57

27

核示遵福州市政筹备处兼处长黄曾樾〈徽〉叩甲筱

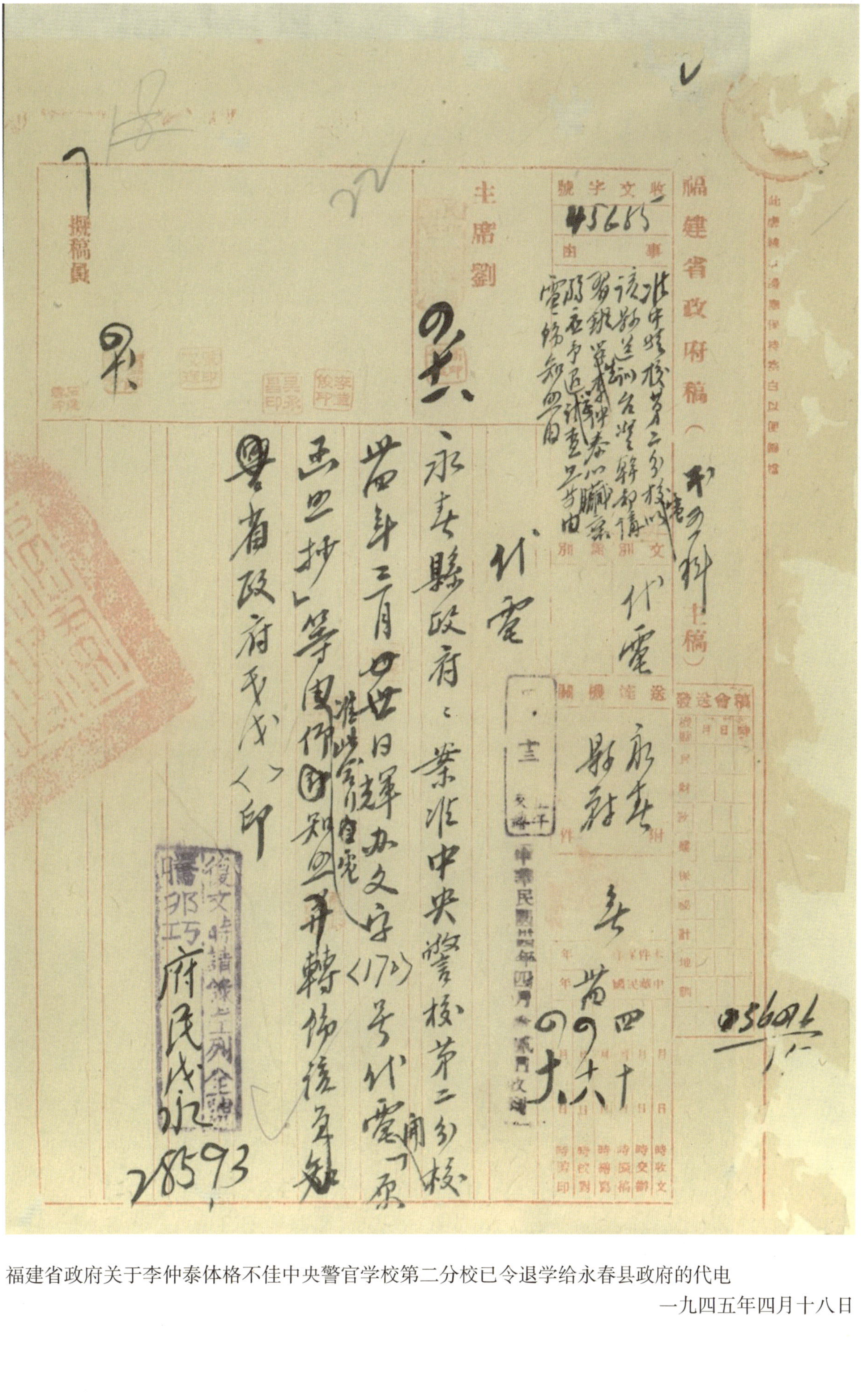

福建省政府关于李仲泰体格不佳中央警官学校第二分校已令退学给永春县政府的代电

一九四五年四月十八日

存查

·2716

28

中央警官學校第二分校代電紙

辦教字第282號

中華民國三十四年四月卅日

永安福建省政府案准貴府四月十六日府民戌永字第二七八七八號代電為本校前請保送學員係入台灣警察高級幹部訓練班受訓核與函稱台灣警察幹部講習班名義似有出入嘱查照見復等由准此查本校奉令訓練各級台灣警察幹部除初中級幹部另設台幹學員生隊訓練外並專設台灣警察幹部講習班訓練台灣警察高級幹部並未設有台灣警察高級幹部訓練班前經電請選送學員入班受訓在案兹准前由相應復請查照為

59425

0360u

15

中央警官学校关于台湾警官训练班分学员队和讲习班给福建省政府的代电

一九四五年四月三十日

中央警官學校第二分校代電紙

字第　號第　頁

中華民國　年　月　日

荷中央警官學校第二分校稱教卯(陽)印

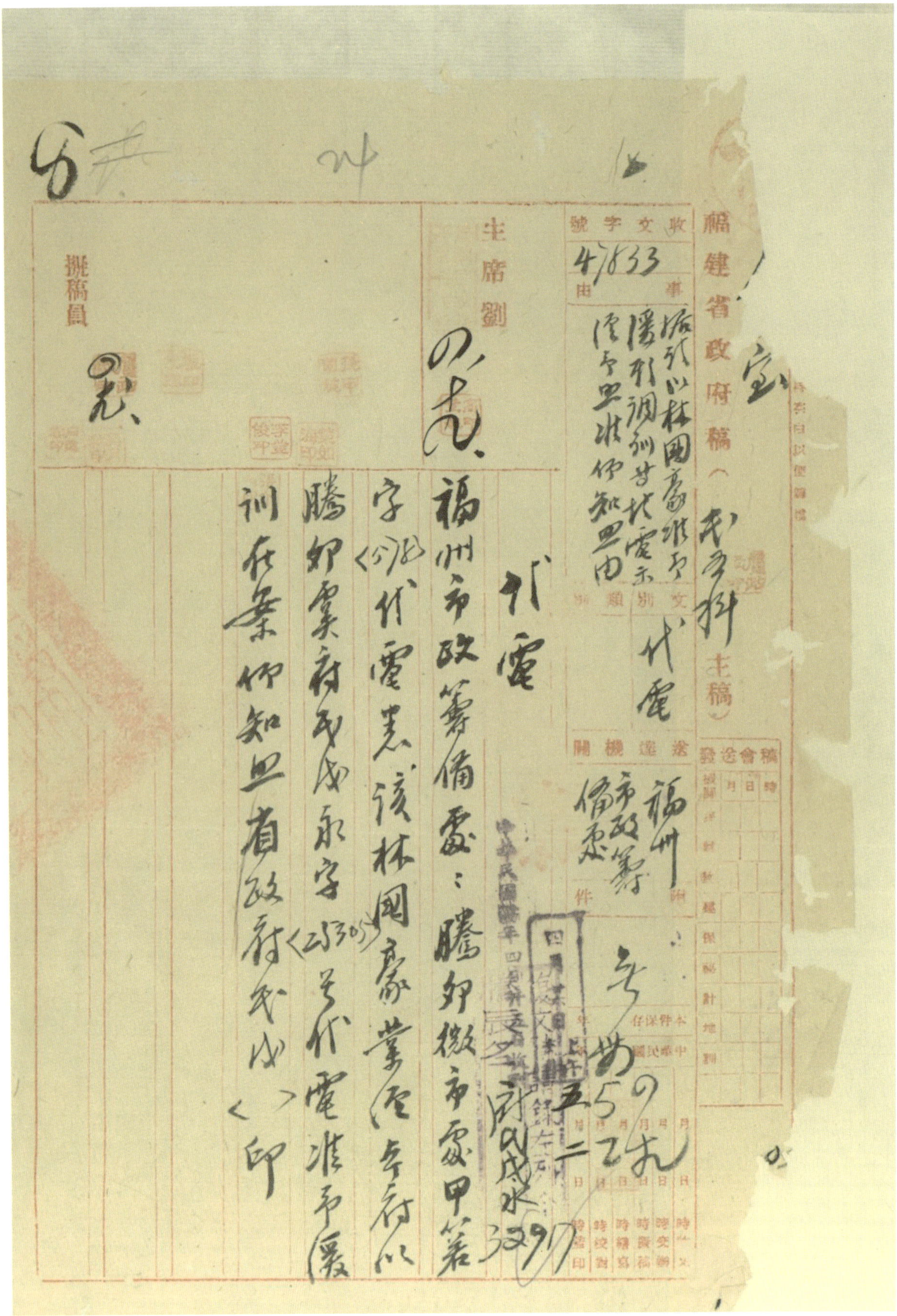
福建省政府稿（秘书科主稿）

收文字号：4/1833

事由：据呈以林国豪准予缓训请核示等情代电示遵令照准仰知照由

文别：代电

送达机关：福州市政筹备处

拟稿员

主席刘

代电

福州市政筹备处：腾卯微市处甲第　字〈公函〉代电悉。该林国豪业经本府以腾卯宥府民丙字〈四三〇五〉号代电准予缓训在案，仰知照。省政府民丙〈卯〉印

福建省政府关于准予林国豪缓训给福州市政筹备处的代电　　一九四五年五月二日

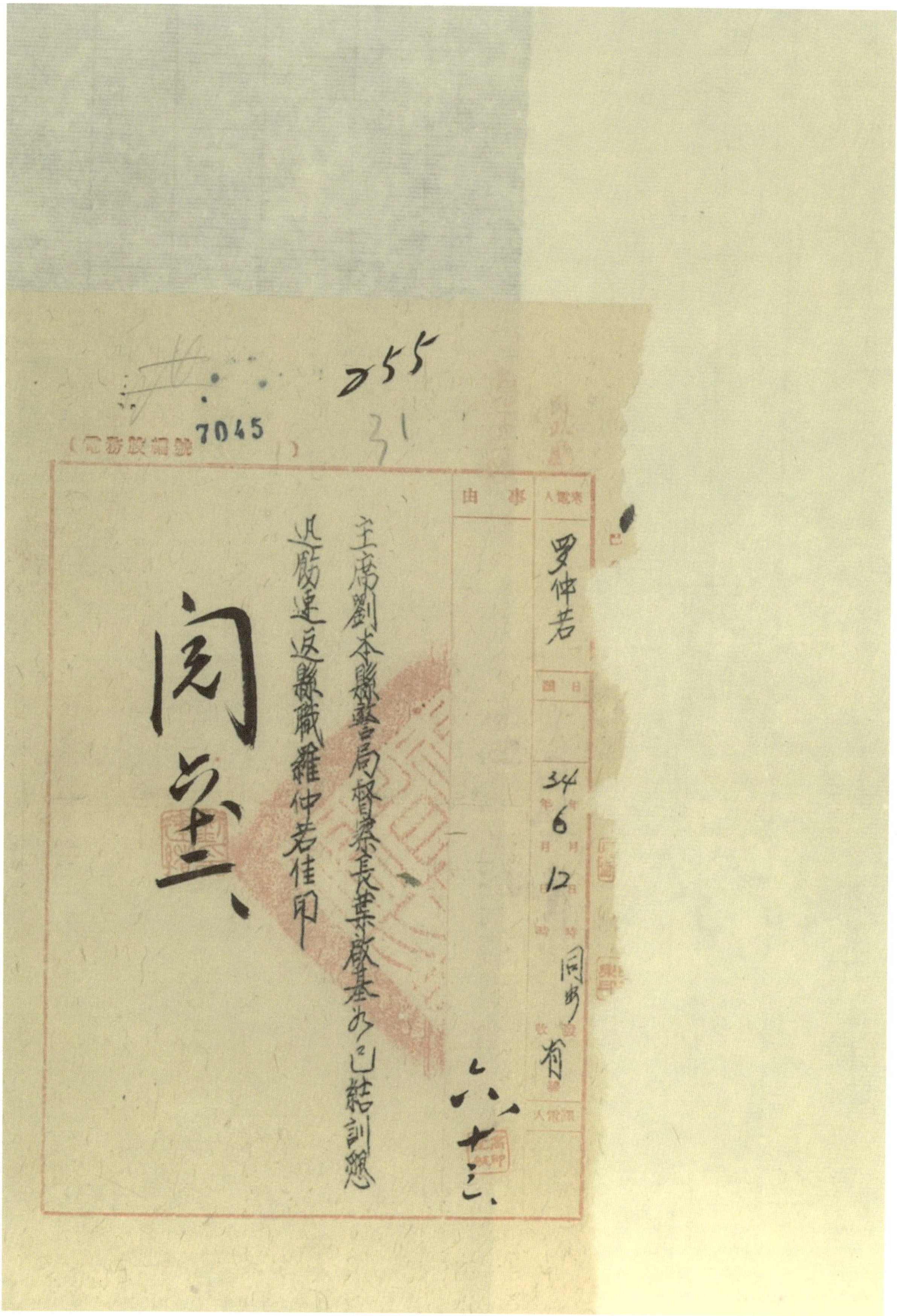
7045

255

31

來電人：罗仲若

事由：

主席劉本縣警局督察長葉啟基刻已結訓懇迅飭速返縣藏羅仲若佳印

34年6月12日

同安

阅

同安县政府关于叶启基结训后请饬速返县给福建省政府的电　　一九四五年六月九日

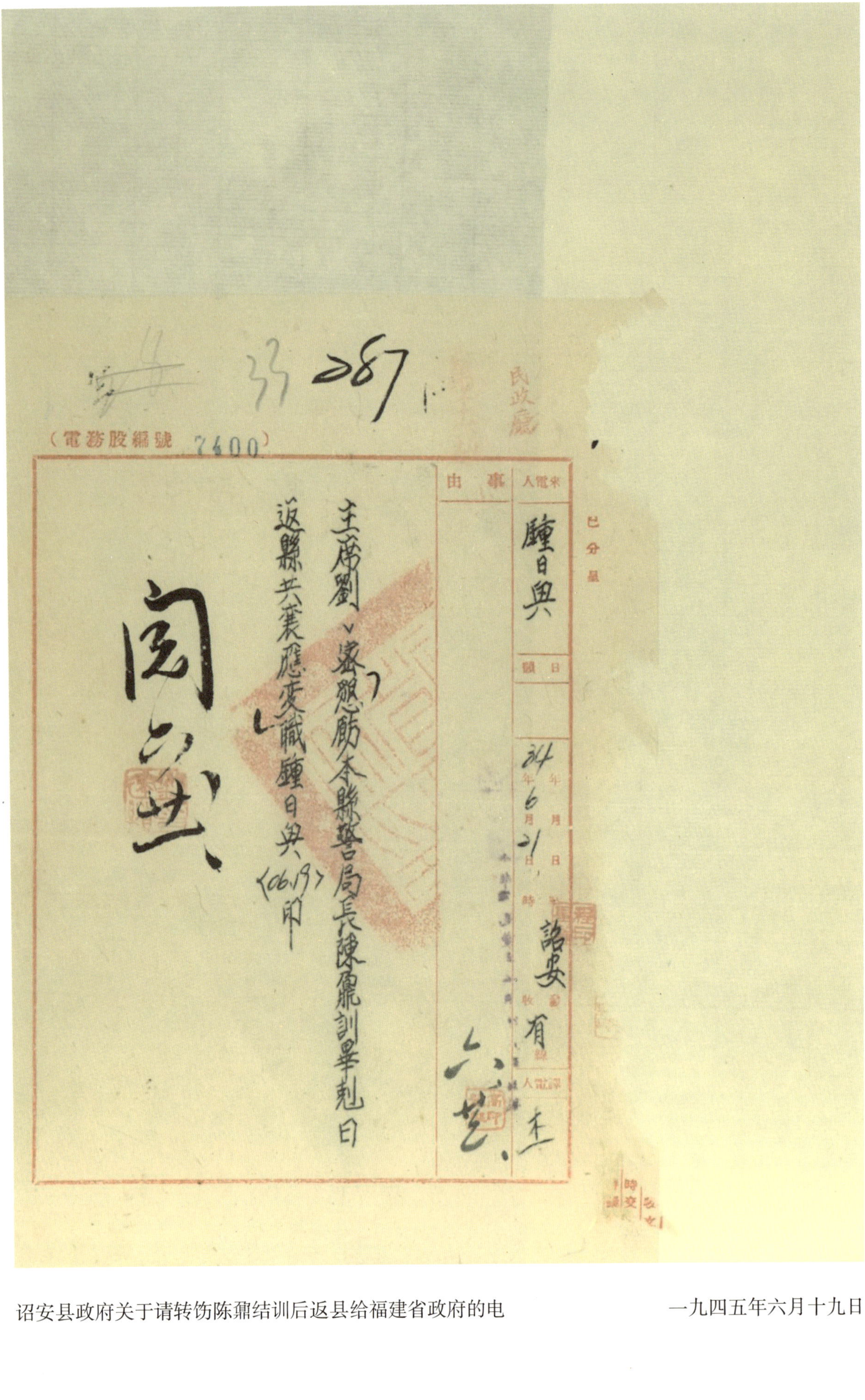
（電務股編號 7400）

來電人：鍾日興

日期：34年6月21日

來電地點：詔安

韻目：有

事由：

主席劉：密。懇飭本縣警局長陳鼐訓畢剋日返縣共襄應變。職鍾日興（06.19）印

诏安县政府关于请转饬陈鼐结训后返县给福建省政府的电　　一九四五年六月十九日

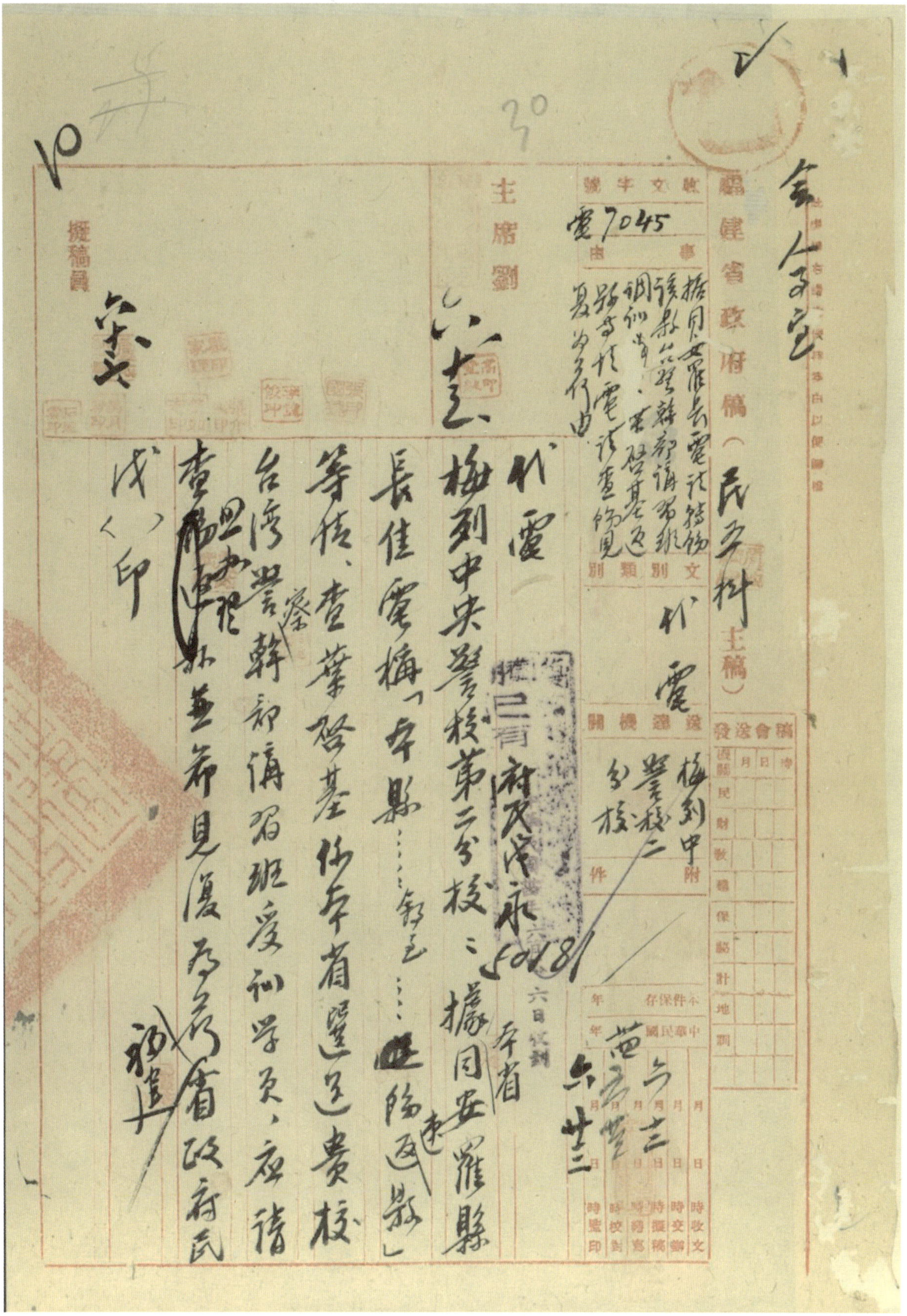

福建省政府关于同安县政府请转饬叶启基训后返县给中央警官学校第二分校的代电

一九四五年六月二十五日

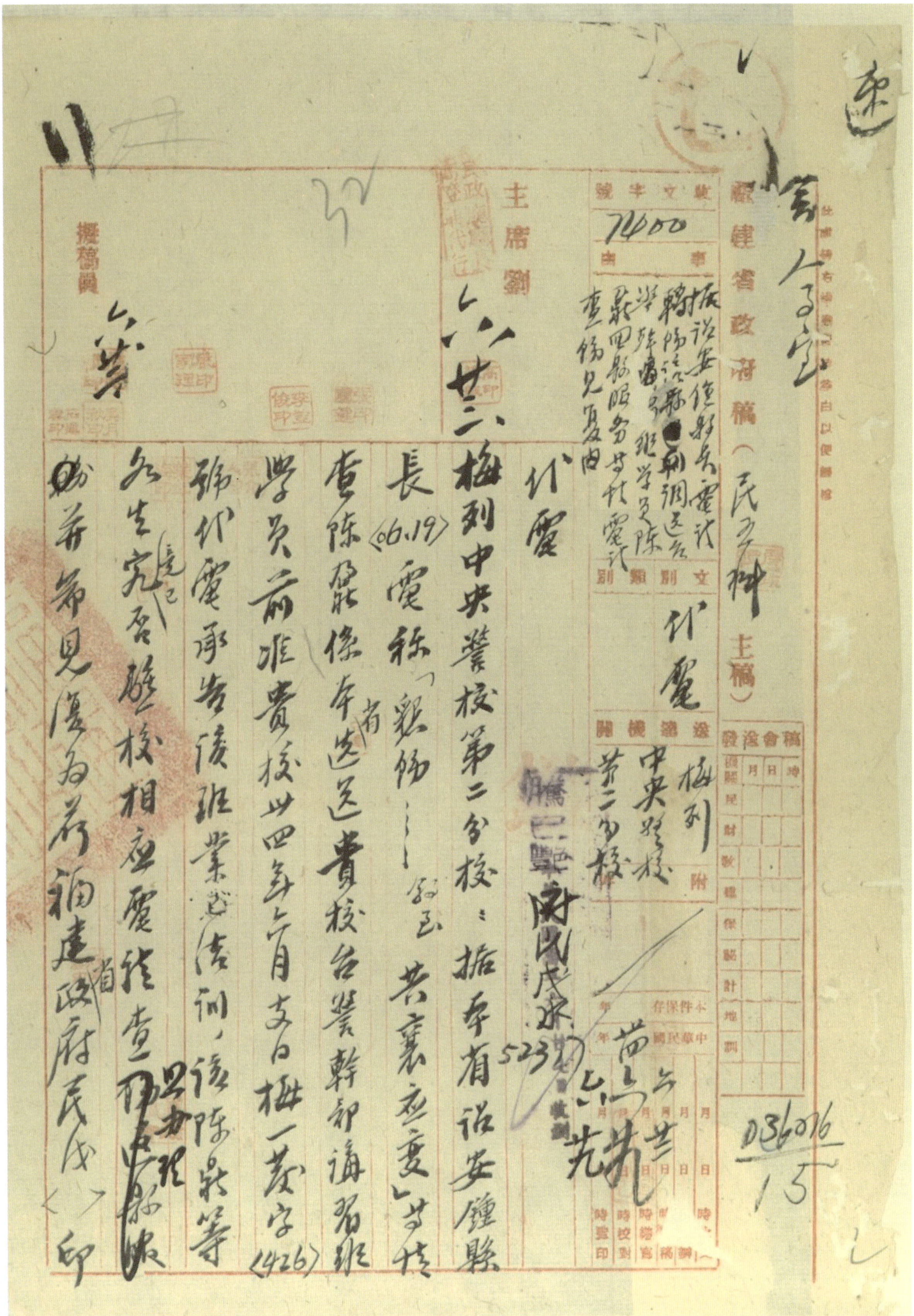
福建省政府稿（民三科 主稿）

代電

梅列中央警校第二分校：據本省詔安鍾縣長〈06.19〉電稱「……」。查陳鼒係本省選送貴校台警幹部講習班學員，前准貴校卅四年六月支日梅一教字〈426〉號代電，承告該班業已結訓，該陳鼒等究否離校，相應電請查照見復為荷。福建省政府民〈 〉印

福建省政府关于诏安县政府请转饬陈鼒训后返县给中央警官学校第二分校的代电

一九四五年六月二十九日

4681

中央警官學校第二分校代電紙

發一字第5617號

永安福建省政府勛鑒查本校前以重慶總校儲備台灣警察較高級幹部因交通梗阻一時不克來閩奉命依照儲備台灣警察幹部訓練辦法之規定增設台灣警察幹部講習班分別商請貴省及粵浙等省選送曾受二年以上警官教育並願赴台工作之現任警官來校訓練以為訓練中初級幹部並備隨時配合盟軍接管台灣之用各在案現該班學員業於六月十六日結訓所有貴府選送該班受訓學員葉啓基林振中楊錦楓楊殿芸張希鴻陳

中華民國 年 月 日

103210

中央警官学校第二分校关于请转饬台干班学员叶启基等二十人调留本校工作给福建省政府的代电

一九四五年七月十日

42

中央警官學校第二分校代電紙

字第　號第　頁　中華民國　年　月　日

鼐及向貴府商調來班受訓之學員顏昭民陳祖汾黃昌介朱啓洪胡志强洪以榴吳九成黃祖耀俞錫荃許斯江秋心林勝雲吳譽賢林金声等二十名擬請調留本校工作以備隨時配合盟軍接管台灣警政茲該學員陳鼐等業于六月中旬先後離校返回原職相應電請惠飭各該所屬機關轉飭從速移交來校工作並見复為荷中央警官學校第二分校梅一午（灰）印

校對胡君毅

4778

中央警官學校第二分校代電紙

民 字第561號

中華民國卅四年七月廿六日

永安福建省民政廳勛鑒案准貴廳騰午元廳民戌永字第五六九八一號代電略以貴省前送本校台幹講習班受訓學員黃昌介、江秋心早已結訓未返原職囑即查明見復等由查貴省前送本校台幹講習班受訓學員葉啓基、黃昌介、江秋心等經於七月十日以梅一發字第五六一號電請調留本校工作以備隨時配合盟軍接管台灣警政在案茲准前由相應復請查照見復為荷中央警官學校第二分校午(宥)梅一印

校對胡君毅

監印張君衡

105387

中央警官学校第二分校关于调派学员黄昌介、江秋心留校工作给福建省民政厅的代电

一九四五年七月二十六日

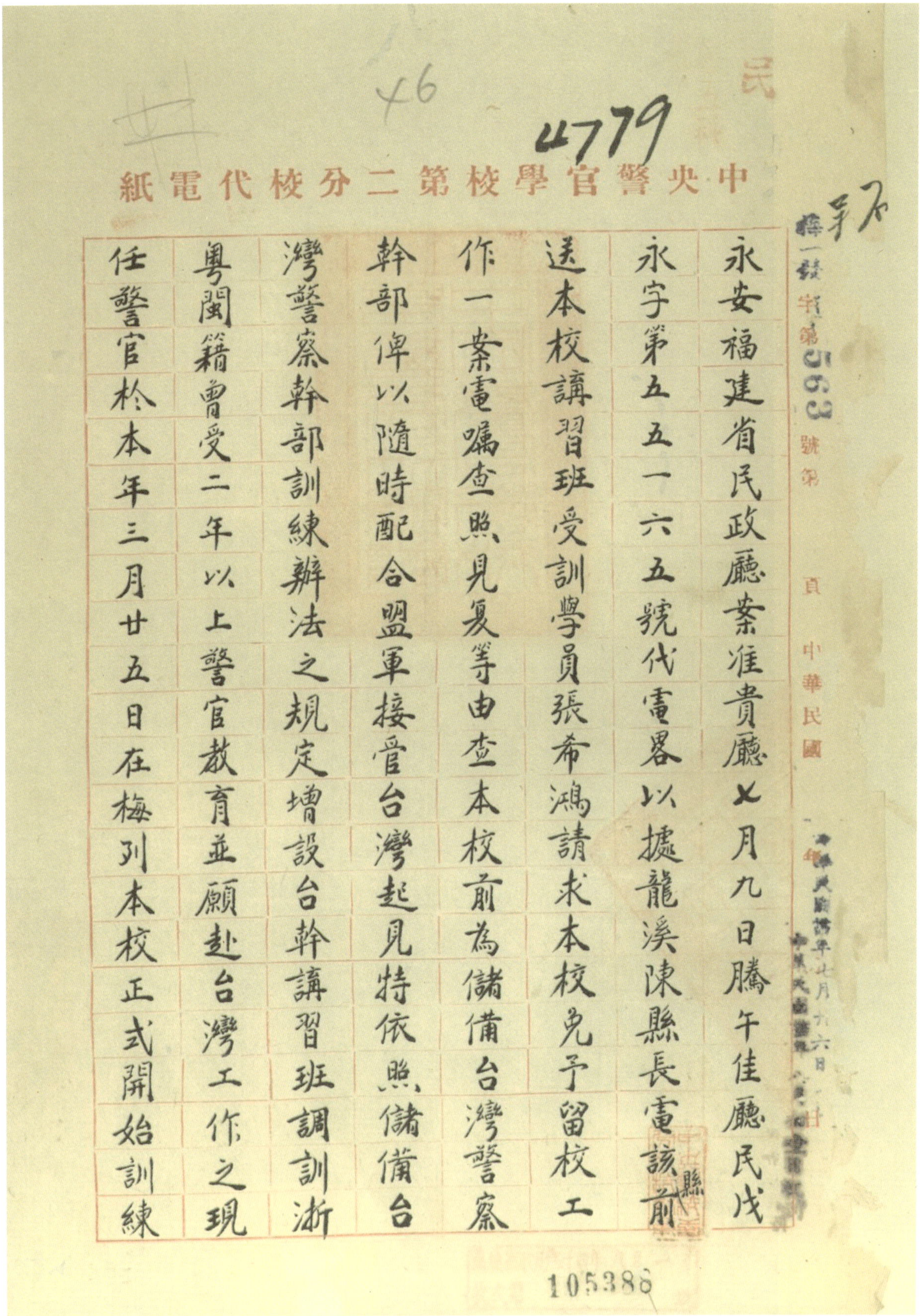
中央警官學校第二分校代電紙

永安福建省民政廳案准貴廳七月九日騰午佳廳民戌永字第五五一六五號代電略以據龍溪陳縣長電該前送本校講習班受訓學員張希鴻請求本校免予留校工作一案電囑查照見復等由查本校前為儲備台灣警察幹部俾以隨時配合盟軍接管台灣起見特依照儲備台灣警察幹部訓練辦法之規定增設台幹講習班調訓浙粵閩籍曾受二年以上警官教育並願赴台灣工作之現任警官於本年三月廿五日在梅列本校正式開始訓練

105386

中央警官学校第二分校关于张希鸿准免留校工作给福建省政府的代电

一九四五年七月二十六日

47

中央警官學校第二分校代電紙

六月十六日結業經於七月九日以梅一發字第五六一號代電請貴省政府將前選送暨商調來校受訓學員張希鴻顏昭民等二十名調留本校工作以備隨時配合盟軍接受台灣警政籍赴事機各在案該學員張希鴻原任龍溪縣警察局行政股長既以沿海警務繁重暫回原職自無不可但必要時仍須立即來校聽候調遣准電前由相應復請查照並希轉飭知照為荷中央警官學校第二分校午(宥)梅一印

字第　號第　頁　中華民國　年　月　日

校對胡君毅　監印張君衡

3021
50

中央警官學校第二分校代電紙

辦一發字第686號 第 頁 中華民國 年 月 日

中華民國卅四年八月壹日

永安福建省政府案准貴府騰午梗府民戌永五九八三三號代電略以據海澄縣午寒電以該縣浮宮地位衝要該警察所長林振中前調本校受訓業已結業是否留校服務囑即查明見復等由查貴省前送本校台幹講習班受訓學員林振中等業於七月九日以梅一發字第五六一號電請貴府惠予留校工作以備隨時配合盟軍接管台灣警政籍赴事機在案茲查該員業已遄返海澄但貴府如以該縣目前防務重要飭返原職自無不可惟必要

中央警官学校第二分校关于林振中准免留校服务给福建省政府的代电　　一九四五年八月一日

44

中央警官學校第二分校代電紙

字第 號第 頁 中華民國 年 月 日

時仍請轉飭立即來校聽候調遣准電前由相應復請查照並希轉飭知照為荷中央警官學校第二分校午（隶）梅

一印

校對胡君穀
監印張君衡

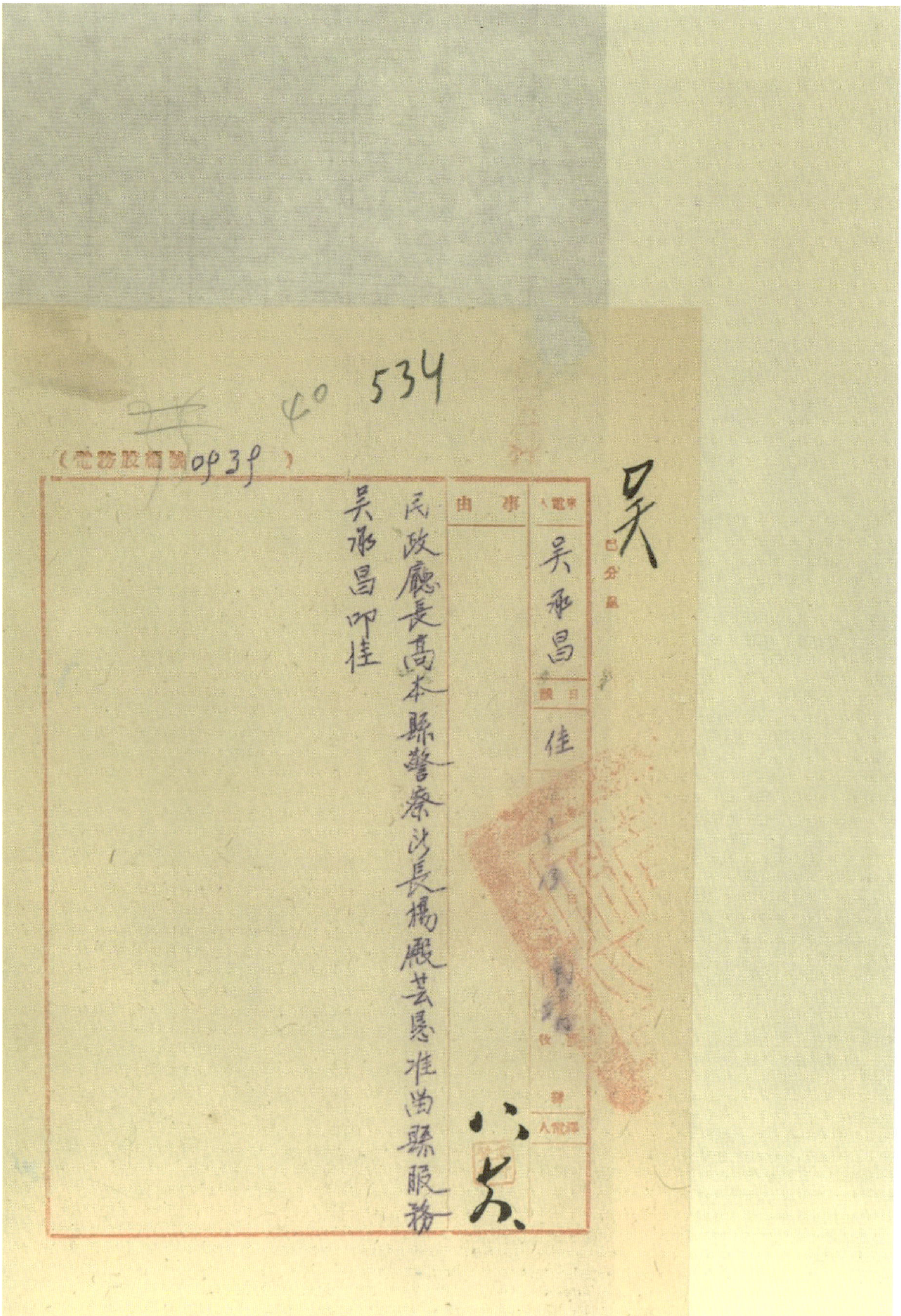
40 534

（電務股編號 0935）

來電人：吴承昌

日期：佳

民政廳長高：本縣警察所長楊殿芸懇准留縣服務。吴承昌叩佳

南靖县政府关于请准杨殿芸留县服务给福建省民政厅的电　　一九四五年八月九日

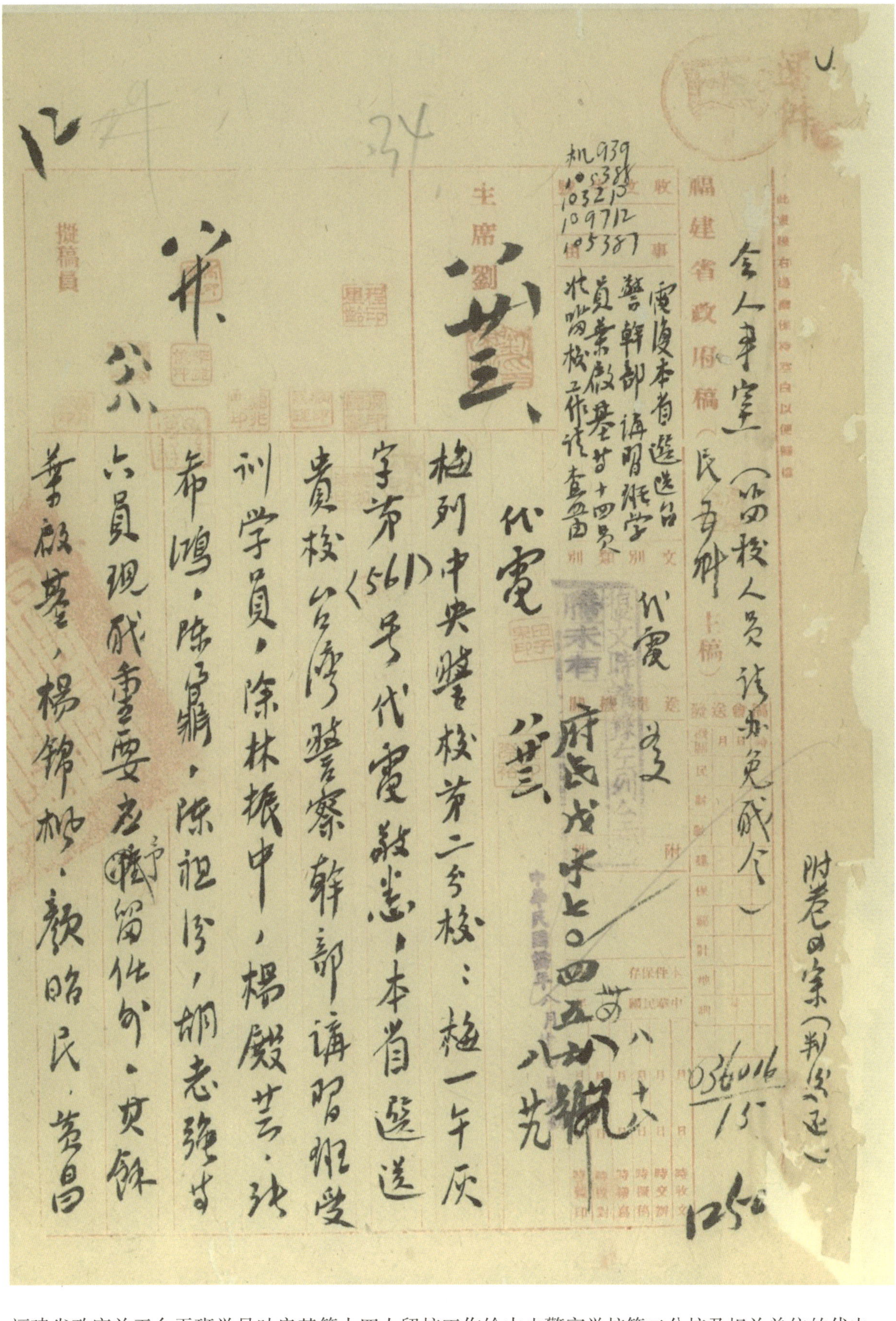
福建省政府稿
代電
梅列中央警校第二分校：梅一午灰字第561號代電敬悉，本省遴送貴校台灣警察幹部講習班受訓學員，陳林振中、楊殿芸、張布鴻、陳□鵬、陳祖深、胡志強等六員現職重要應准留作外，其餘葉啟基、楊錦標、顏昭民、黃昌

福建省政府关于台干班学员叶启基等十四人留校工作给中央警官学校第二分校及相关单位的代电

一九四五年八月二十五日

钧、朱启洪、洪以杨、吴九成、黄祖猷、俞锡荃、汪秋心、林胜云、吴誉贤、林金声、许训等十四员经饬前往贵校报到，除分电外，相应复请查照为荷。福建省政府民代（印）

代电　电知本省选送警校台干班受训学员经准留校服务仰遵照由

福州市政筹备处
南平水警总队
○○县政府：查该市警察局督察员黄昌圻、汪秋心，总队督察员林金声、俞锡荃、林胜云，县警察局（职务姓名照附表填）前经本府选送中央警官学校第二分校台湾警察干部讲习班受训，兹准该校极一午灰字第（461）号代电以该班学员业于六月卅日结训，并请将各该员调留该校工作，以便随时记

36

令照单接管台湾财政等由，除电复应准照办外，并分电外，合行电仰遵照并将□□具报为要。该员离差日期（报达）。省政府民代卯印

代电 电知选送该校台干班受训学员业已结训并分返原所仰知照由

海澄、南靖、龙溪、诏安、永春、长泰县政府、民政厅：查该县警察局（县长林振中、局长杨骏英、民政股长□希鸿、局长陈□□、督察长胡志强、总务科员陈□□）本府选送中央警官学校第二分校台湾警察干部讲习班受训，前准该校梅一午灰字第（561）号代电以该班学员业于六月廿六日结训并

37

情、除飭該員應迅回原職服務外，仰知並轉

該府民代〃〃仰

38

准留校工作学员名单

职　务　及　姓　名	
同安县警察局所长	叶启楚
龙溪县警察局督察长	杨锦机
惠安县警察局督察员	颜顺民
仙游县警察局巡官	宋启洪
永春县警察局代理股长	洪以楷
德化县警察局局长	吴九成
建宁县警察局局长	黄祖耀
长汀县警察局巡官	吴誉贤

三元县警察局局长　许珝

6072

53

中央警官學校第二分校代電紙

梅一發字第808號

永安福建省政府騰未有府民戌永704560號代電敬悉查接管台省警政任務至關重要講習班畢業學員係經訓練之警察幹部人數尚感不敷分配設再將林振中等六員留任原職非特有失調訓初旨且使臨時發生困難准電前由相應復請查照仍希惠允轉飭該員等尅速來校報到俟命前往服務并希見復為荷中央警官學校第二分校辛(灰)梅一印

中華民國 年 九月拾日

校對胡君毅

監印張君衡

133236

中央警官学校第二分校关于请转饬学员林振中六人来校报到给福建省政府的代电

一九四五年九月十日

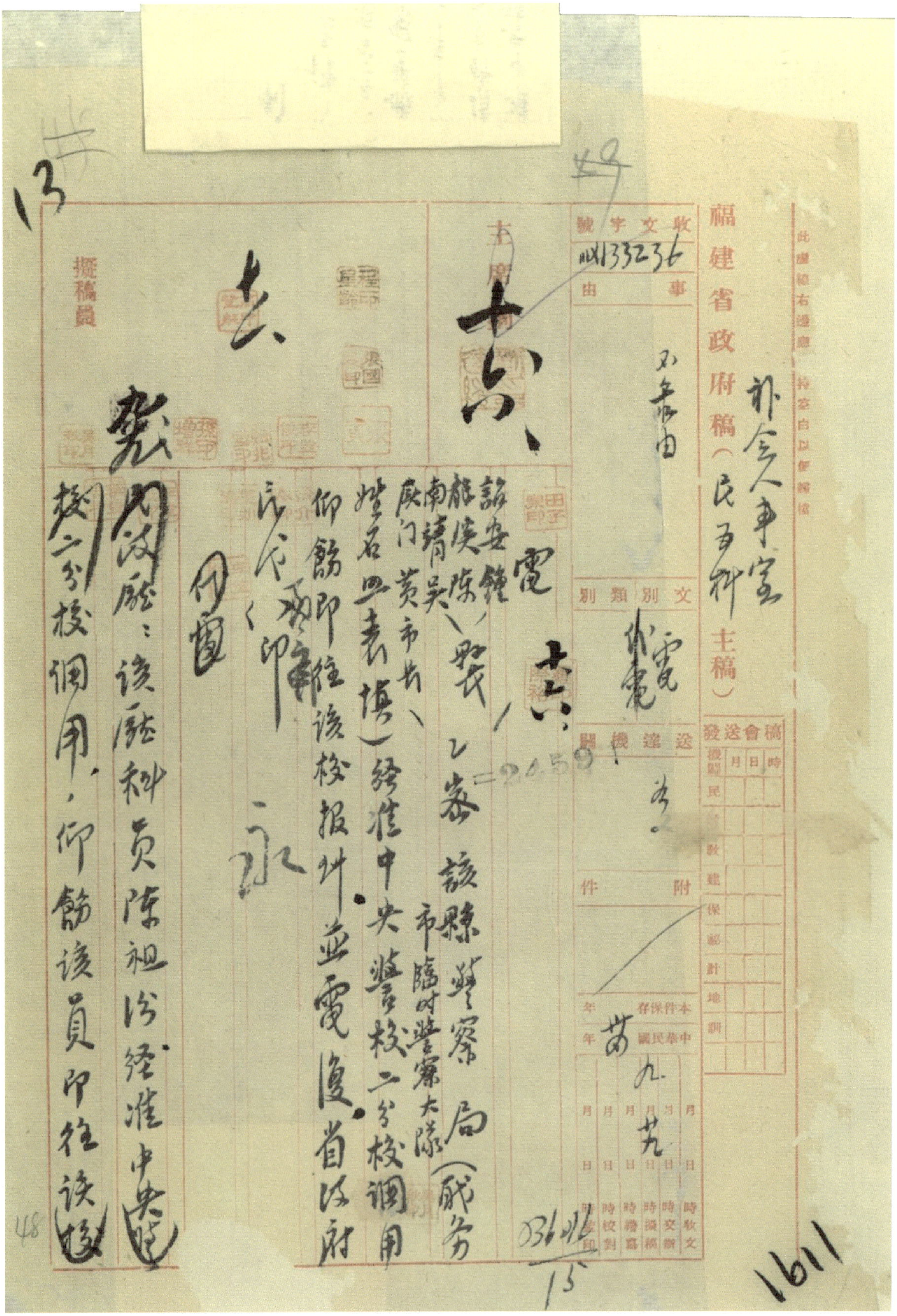

福建省政府稿（民政科主稿）

补令人事室

不备由

電

詔安鍾、龍溪陳、南靖吳、厦门黄市長、[illegible]該縣警察局（[illegible]）、市臨时警察大隊[illegible]姓名照表填）經准中央警校二分校調用，仰飭即往該校报到並電復。省政府[illegible]

[illegible]該縣科員陳祖[illegible]經准中央警校二分校調用，仰飭該員即往該校[illegible]

福建省政府关于中央警官学校第二分校调用学员陈鼐等五人即赴校报到给诏安、龙溪县政府等的电

一九四五年十月六日

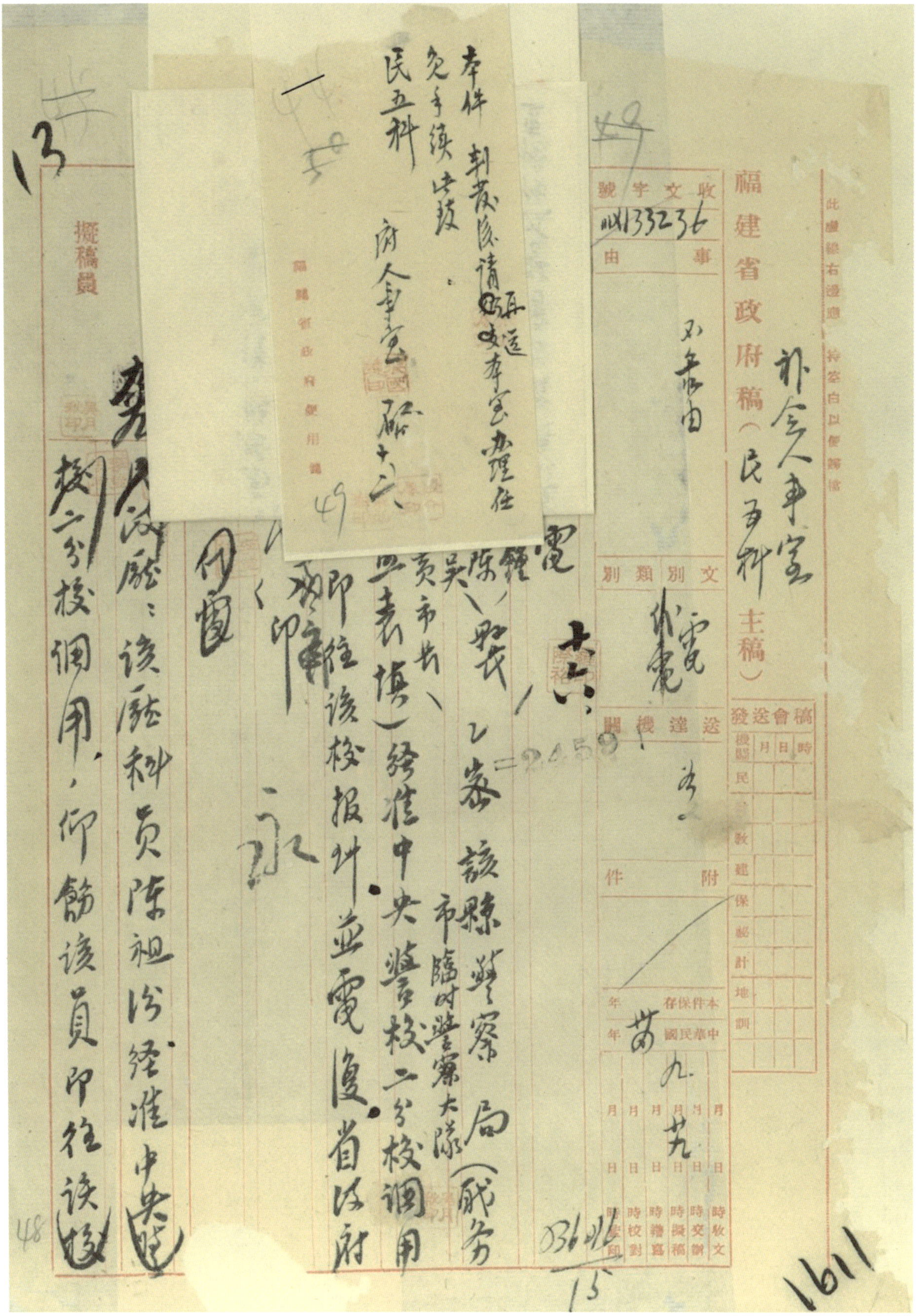
奉件判發後請送本室辦理任免手續
此致
民五科
府人事室 [illegible]十六

福建省政府稿（民五科主稿）
補會人事室

收文字號 [illegible]133236
事由
文別 代電

電
陳、鍾、吳、貢 縣長、市長：乙案 該縣警察局（所務）、市臨時警察大隊 [illegible]（並表填）經准中央警校二分校調用，[illegible]即往該校報到，並電復。省政府 [illegible]印

民政廳：該廳科員陳祖[illegible]經准中央警校二分校調用，仰飭該員即往該校[illegible]

准中央警校第二分校代電以接管台灣警政任務重要，請將本省以前選送該校台灣警察幹部講習班學員林振中等六員留校工作等由，除胡志強一員業經發表花蓮縣警察局長，未便准留外，其餘陳鼎等五員擬准照。是否有當，謹敘稿簽請

核示。謹呈

主席 制

職 高登艇 謹簽

50

51

鑒核，並將其實施日期報查省政府民政廳

印

名單

~~邵武縣警察局督察長胡[illegible]~~

詔安縣警察局局長 陳鼐

龍溪縣警察局所長 張希鴻

南靖縣警察局所長 楊毅芸

廈門市臨時警察大隊指導員林振中

民政廳科員陳祖治（志願赴台灣工作）

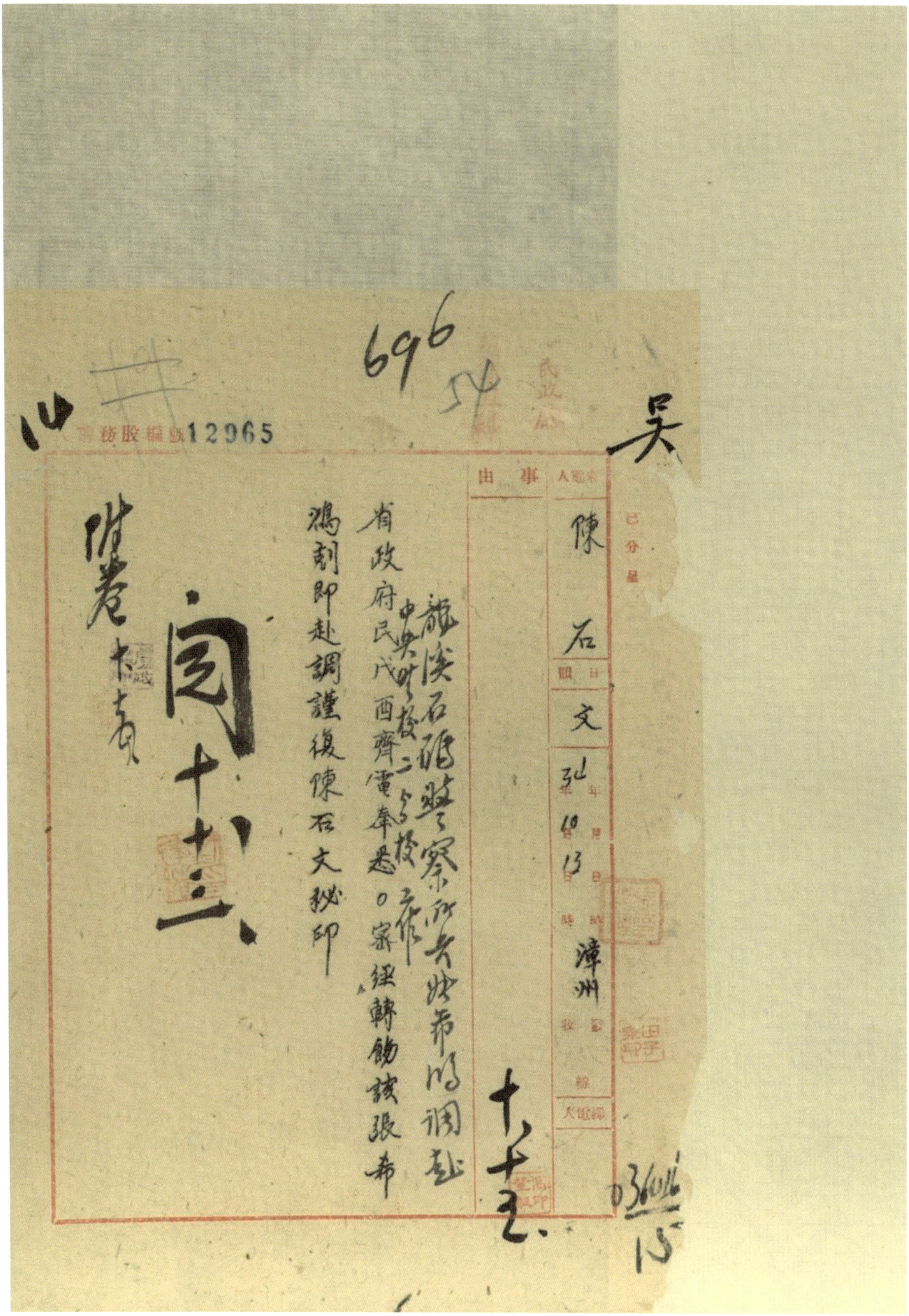

12965

來電人　陳石文

事由

龍溪石碼警察所長張希鴻調赴中央警校二分校工作

省政府民戌酉齊電奉悉。案經轉飭該張希

鴻剋即赴調。謹復。陳石文秘印

漳州

龙溪县政府关于转饬张希鸿即赴中央警官学校第二分校工作给福建省政府的电

一九四五年十月十二日

中央警官学校、行政院、内政部关于台湾警察干部训练班毕业学员在未离渝赴闽前薪津如何支给的来往呈、训令

一九四五年二月—八月

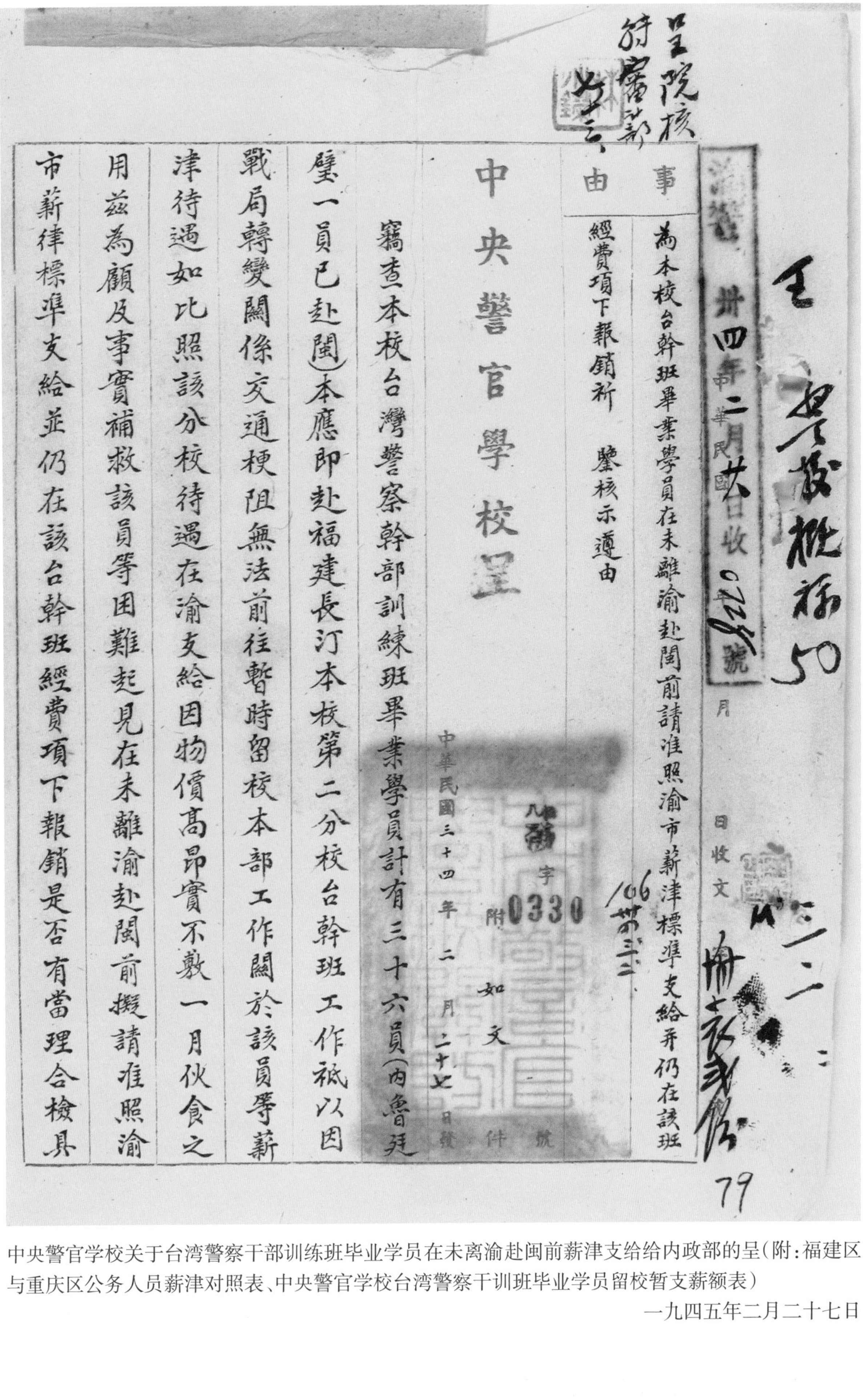

事由　為本校台幹班畢業學員在未離渝赴閩前請准照渝市薪津標準支給并仍在該班經費項下報銷祈　鑒核示遵由

中央警官學校呈

竊查本校台灣警察幹部訓練班畢業學員計有三十六員（內魯廷璧一員已赴閩）本應即赴福建長汀本校第二分校台幹班工作祇以因戰局轉變關係交通梗阻無法前往暫時留校本部工作關於該員等薪津待遇如比照該分校待遇在渝支給因物價高昂實不敷一月伙食之用茲為顧及事實補救該員等困難起見在未離渝赴閩前擬請准照渝市薪律標準支給並仍在該台幹班經費項下報銷是否有當理合檢具

中華民國三十四年二月二十七日發　字0330號　附件如文

中央警官学校关于台湾警察干部训练班毕业学员在未离渝赴闽前薪津支给给内政部的呈(附:福建区与重庆区公务人员薪津对照表、中央警官学校台湾警察干训班毕业学员留校暂支薪额表)

一九四五年二月二十七日

該員等薪額表及對照表備文呈請

鑒核示遵

謹呈

內政部部長張

附呈本校台幹班畢業學員薪額表及地區薪津對照表各一份

中央警官學校教育長李士珍

融幹部訓練班學員調查表共四件各乙份隨函送請

洽照辦理並希將各受訓人員姓名履歷清冊及學歷及

服務証件於十二月五日以前彙寄訓練所以憑審查為

荷此致

中國農民銀行總處

附件

交通 中央 中國 農民 銀行聯合辦事總處

抄錄福建區與重慶區公務人員薪津對照表

區別	生活補助費數目 基本數	加成數	食米代金標準數	備註
福建區	一、五〇〇	十倍	二〇〇(斤)	係按照卅三年十一月份起之標準
重慶區	三、五〇〇	十五倍	三七〇〃	〃

中央警官學校台灣警察幹部訓班畢業學員留校暫支薪額表

職別	姓名	擬支薪額	備
研究員	黃麗川	一三〇	
〃	郜桂金	一六〇	
〃	楊元俊	一三〇	
科員	陰士賢	一四〇	
助教	鄭仲陶	一三〇	
隊附	何顯	一三〇	
助教	王厚才	一三〇	
科員	黃尚宇	一三〇	

3次

助教	林士賢	一三〇
隊附	顔自超	一三〇
助教	伍普星	一三〇
″	許振庠	一一〇
″	邱恕鑑	一〇〇
″	毛彦群	一一〇
隊附兼區隊長	沈寶通	一〇〇
助教	季癸祥	九〇
區隊長	林國璋	九〇
實習員	黄起雲	五五

實習員	林文彬	五五
〃	王友煥	五五
〃	蕭延禧	五五
〃	彭紹盛	五五
〃	黃永碩	五五
〃	吳彬泉	五五
〃	陳克標	五五
〃	連明輝	五五
〃	陸祖珍	五五
〃	陳傳風	五五

實習員	吳永義	五五
〃	陳式琛	五五
〃	何其楷	五五
〃	梁倫銑	五五
〃	杜世珪	五五
〃	陳宏文	五五
區隊長	吳健群	九〇

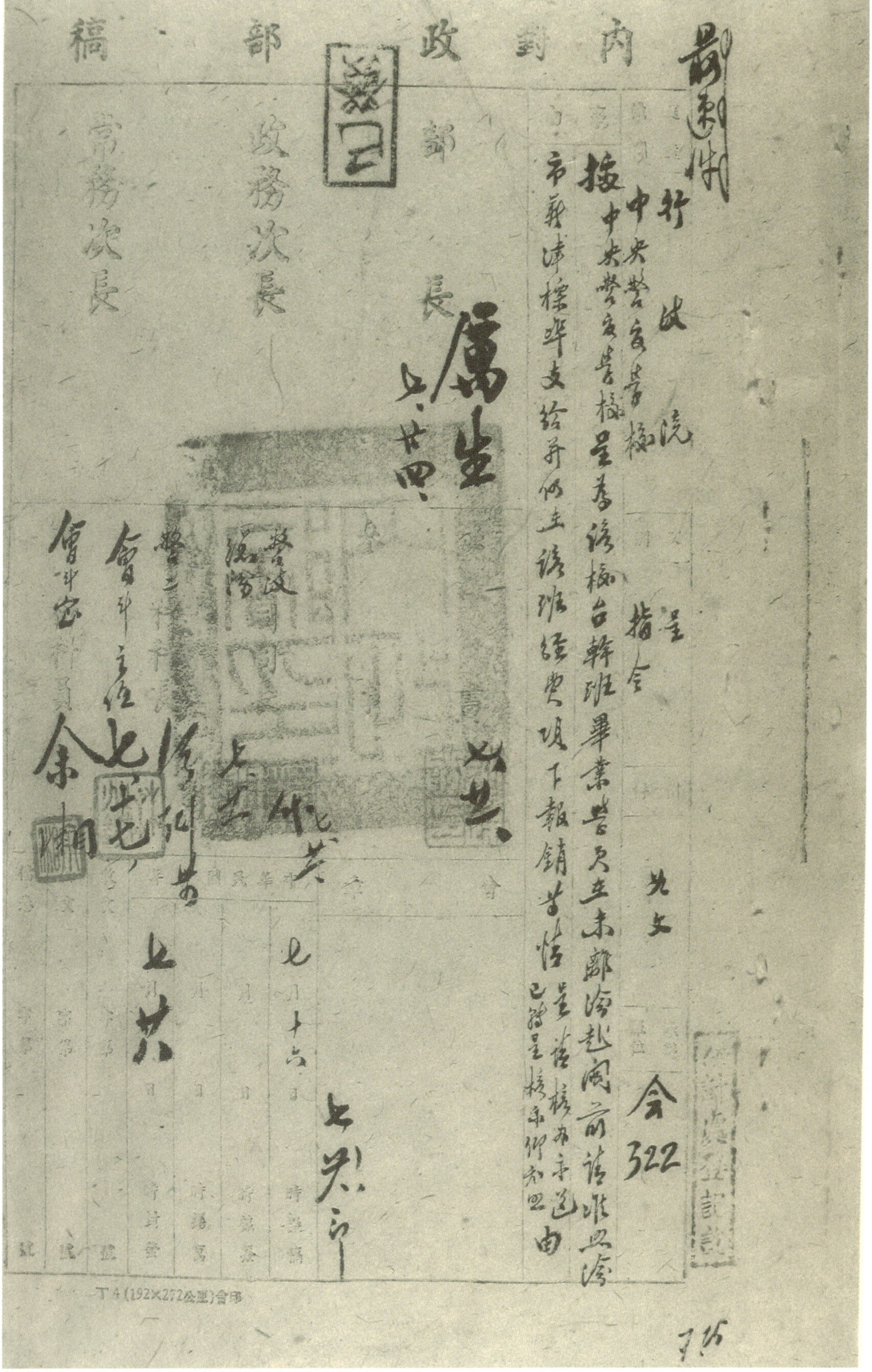

内政部关于毕业学员未离渝赴闽前薪津标准是否按渝标准支给给行政院、中央警官学校的呈、指令

一九四五年七月二十八日

呈 0450

案據中央警官學校當年六月廿日呈，稱該校台灣警察幹部訓練班畢業學員計三十六員（內魯廷璧一員已赴閩）本應遵赴閩長汀本校第二分校台幹班工作，嗣以因戰局發展，閩、贛交通梗阻，無法前往，暫留校本部工作，關於該員等薪津待遇，比照該分校待遇在渝支給，因物價高日漲，實不敷一月伙食之用，為顧及事實補救該員等困難起見，在未離渝赴閩前，擬請准照渝市薪俸標準支給，並仍在該台幹班經費項下報銷，檢具該員等薪額表、

丁 1942.7.22 …

及財出表，請核示並轉[illegible]部，經核准後，尚希[illegible]

祈，除指令外，理合[illegible]呈請

鑒賜核准，並轉審計部備查，伏乞

示遵，實為公便。謹呈

祈[illegible]

指令 〇[illegible]

計呈送中央警校台幹班畢業生人數報表及地區[illegible]津財出表各一份（以掃存查）

令中央警官學校

附件發訖

卅四年十月廿日以[illegible]字第〇三三〇號呈為本校台幹班畢業

生員在未離滬赴閩前請准以滬市[illegible]津[illegible]支給並

該班經費項下報銷請核示由

呈件均悉。據由分別轉呈行政院核辦，暨咨內政部備案，俟奉指令，再行飭知。仰即知照。此令。

[illegible]印夏潤之

印

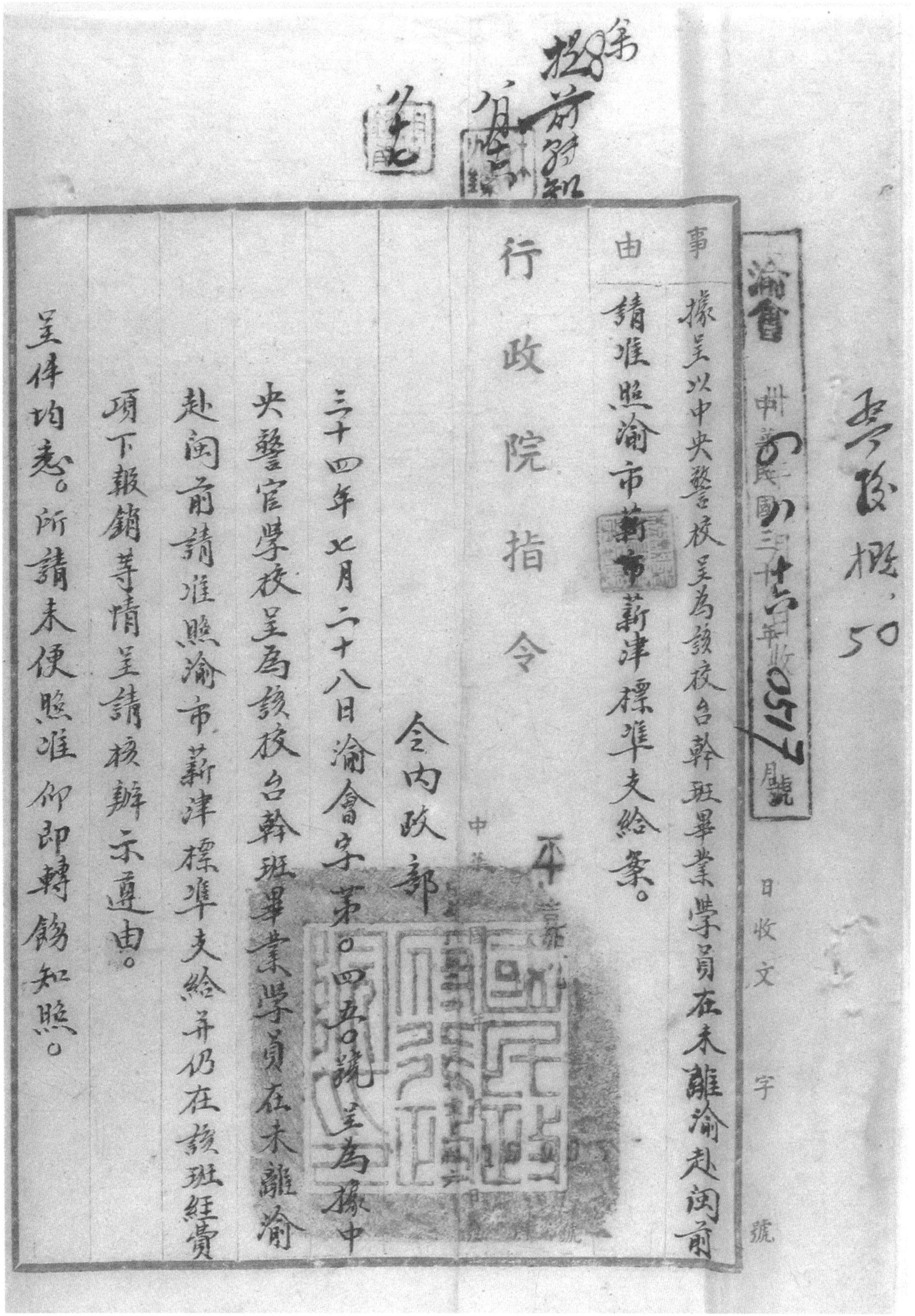

事由：據呈以中央警校呈為該校台幹班畢業學員在未離渝赴閩前請准照渝市薪津標準支給案。

行政院指令

令內政部

三十四年七月二十八日渝會字第〇四五〇號呈為據中央警官學校呈為該校台幹班畢業學員在未離渝赴閩前請准照渝市薪津標準支給並仍在該班經費項下報銷等情呈請核辦示遵由。

呈件均悉。所請未便照准，仰即轉飭知照。

行政院关于毕业学员未离渝赴闽前薪津不能按渝标准支给给内政部的指令

一九四五年八月十六日

此令。

院長 蔣中正

監印

校對

最速件

内政部稿

已發

送達機關	中央警官學校
事由	案准摘令本部主江該標王為台幹班畢業學員未離渝赴閩前該班四海市薪津……
文別	訓令
附件	
承辦單位	會46

部長

政務次長

常務次長

警政司司長

警二科科長

會計主任

會計科科員

中華民國		
擬稿	八月十九日	時
核奪	月 日	時
繕寫	月 日	時
封發	八月廿日	時
收文	字第 號	
發文	字第 0476 號	
檔卷	字第 號	

丁4（142×272公厘）當印

818

内政部关于毕业学员未离渝赴闽前薪津不能按渝标准支给给中央警官学校的训令

一九四五年八月十三日

训令

令中央警官学校

案查前据该校呈为该校台干班毕业学员在未离渝赴闽前请准照渝市薪津标准支给，并仍由该班经费项下报销等情到部，当经转呈行政院核示，并指令在案。兹奉行政院本年八月十一日平嘉乙字第一六九九五号指令开：

"呈件均悉。所请未便照准，仰知照。此令。"

等因。奉此，合行令仰知照。此令。

监印 夏涛之